Das große Buch

Elisabeth Dregger-Cappel • Michael Gutmann
Detlef Lannert • Friedhelm Sowa

Hans-Georg Eßer • Thomas Förster

Linux

DATA BECKER

Copyright	© 2000 by DATA BECKER GmbH & Co. KG Merowingerstr. 30 40223 Düsseldorf
	2., überarbeitete Auflage 2000 mp
Produktmanagement	Andreas Modschiedler
Lektorat	Karsten Schulz, Thomas Reuther
Schlussredaktion	Jutta Brunemann
Grafiken	Werner Leinhos und die Autoren
Umschlaggestaltung	Inhouse-Agentur DATA BECKER
Satz und Layout	LaTeX, Friedhelm Sowa
Druck	Media-Print, Paderborn
E-Mail	buch@databecker.de

ISBN 3-8158-1443-X

Wichtiger Hinweis

Liebe Leser und Interessenten,

unser „Großes“ ist wirklich ein dickes Ding geworden: über 1000 Seiten Know-how. Schwergewichtig, aber leicht verdaulich – in jeder Hinsicht. Um dies zu gewährleisten, haben wir besonderen Wert auf das gewisse Extra gelegt: So gibt es einen **Top-Index**, zahlreiche **Praxis-Workshops** und viele **Tipps & Tricks**.

Im Mittelpunkt stehen aber selbstverständlich die heißen Themen zu Linux. Bei deren Auswahl haben wir auf Vielfalt und einen direkten Praxisbezug geachtet, um allen Lesern und Bedürfnissen gerecht zu werden. Einsteiger finden genauso wie Kenner und Profis wertvolle Informationen sowie verblüffend einfache Lösungswege für den erfolgreichen Einsatz von Linux. Praxis wird bei uns großgeschrieben, daneben gibt's aber auch die richtige Dosis Know-how und technischen Background für alle Interessierten.

Denn unser „Großes“ soll für Sie das beste Nachschlagewerk sein.

So, genug der großen Worte. Im Folgenden finden Sie einen kleinen Wegweiser, der Ihnen helfen soll, sich im großen Buch zu orientieren.

Der Top-Index

Das große Buch lässt keine Fragen offen, also braucht es einen Index, der keine Stichwörter außer Acht lässt. Der speziell für die großen Bücher entwickelte Top-Index ist deshalb ein besonders ausgefeiltes Stichwortverzeichnis mit integriertem Praxisregister. Stichwort gesucht – Thema gefunden!

So finden Sie im Index Informationen noch schneller

Trojanisches Pferd 940
true 964, 996
TrueType-Fonts 629
ttmkfdir **630**, 1028
Turbo-Pascal-Editor 293
TV-Karte 511
Twisted-Pair-Kabel 888
type 364, 996

Fett gedruckte **Zeilen** sind Praxiseinträge. Hier finden Sie Anleitungen, mit denen Sie schnell in das betreffende Thema einsteigen.

Fett gedruckte **Seitenzahlen** weisen auf den Haupteintrag zu dem jeweiligen Stichwort hin.

Die Workshops und Exkurse

Unsere vielen Workshops und Exkurse sind keine teuren Seminare, sondern Praxiskurse zu speziellen Themen. Sie zeigen Ihnen die entscheidenden Mausklicks und Arbeitsschritte zum Ziel.

Tipps & Hinweise

In den Tipp- und Hinweis-Kästen finden Sie zusätzliche brandheiße Informationen zum Thema.

Wir hoffen, dass Ihnen das große Buch auch wirklich „große“ Dienste leistet und keine Fragen offen lässt. Viel Freude beim Lesen, Stöbern und Nachschlagen!

Ihr DATA BECKER Lektorat

INHALTSVERZEICHNIS

INHALTSVERZEICHNIS

INHALTSVERZEICHNIS

INHALTSVERZEICHNIS

INHALTSVERZEICHNIS

INHALTSVERZEICHNIS

INHALTSVERZEICHNIS

INHALTSVERZEICHNIS

1. Anstelle eines Vorworts: Über Linux und dieses Buch

Kennen Sie Linux? Ja? Sind Sie sicher? Nein? Dann sind Sie hier richtig. Aber auch wenn Sie sich mit Linux schon auskennen, glauben wir, dass dieses Buch Ihnen weiterhelfen kann. Was kommt denn auf Sie zu, wenn Sie sich jetzt weiter vortasten wollen?

Haben Sie Linux bereits installiert? Nein? Dann zeigen wir Ihnen in Kapitel 2 und 3 einen einfachen Weg, wie Sie zu einer Linux-Installation kommen. Wenn Sie sich zum ersten Mal mit Linux auseinander setzen, können Sie danach in Kapitel 4 erste Gehversuche unternehmen.

Und dann? Dann entlassen wir Sie in die weite Welt von Linux und in die anderen Kapitel dieses Buchs.

1.1 Was genau ist Linux?

Im Prinzip ist Linux viel weniger, als man gemeinhin denkt. Eigentlich passt Linux auf eine Diskette und kann überall hin mitgenommen werden. Nur damit könnten Sie (und eigentlich auch alle anderen) nicht viel anfangen. Darum ist man sehr schnell dazu übergegangen, so genannte Linux-Distributionen zusammenzustellen, in denen neben dem eigentlichen Linux auch noch Software enthalten ist, die Sie unter Linux nutzen können.

Linux selbst ist ein Betriebssystem, dessen rudimentäre Anfänge vom finnischen Studenten Linus Torvalds – der inzwischen aber kein Student mehr ist – als Studienübung programmiert worden ist. Es basiert auf dem Konzept von Unix, das es in seiner reinen Ausprägung so noch nicht für PCs gab. Herr Torvalds dachte in diesem Moment nicht so sehr daran, eine kleine Revolution anzuzetteln, sondern er suchte eher nach einem Betriebssystem, das die damals hypermodernen 386-Prozessoren besser auszunutzen verstand, als es das damalige MS-DOS tat.

Der schwimmende Vogel wird zum Markenzeichen für Linux, weil ein Exemplar seiner Gattung zur rechten Zeit den richtigen Mann in den Finger gebissen hat

Das eigentliche Wunder resultierte jedoch aus der Faulheit des Studenten Torvalds, der, als das Ganze einigermaßen lief, den Quellcode frei im gerade zu wachsen beginnenden Internet zur Verfügung stellte. Und es begab sich, dass viele Leute auf der ganzen Welt daran Interesse fanden und flugs mit der Erweiterung des Torsos zu einem ordentlichen Betriebssystem begannen. So wurde aus dem Programmierer Torvalds relativ bald ein Koordinator Torvalds, der „nur noch" (er fände das „nur noch" wahrscheinlich sehr unpassend) für die Abstimmung der mittlerweile über 2000 Programmierer sorgen und „ab und zu" eine neue Version herausgeben muss. Dieses Talent, als letzte Entscheidungsinstanz in Form eines „wohlwollenden Diktators" in einem höchst diversifizierten Arbeitsprozess die richtigen Entscheidungen zu treffen und den Überblick zu behalten, ist mindestens genauso hoch zu bewerten wie die anfängliche Großzügigkeit bei der Freigabe der Quelltexte.

Es haben natürlich noch eine Menge anderer Faktoren zur Realisation dieses etwas seltsamen Märchens namens Linux beigetragen – der Name wurde zu Ehren von Linus Torvalds, aber nicht von ihm selbst gewählt; Torvalds selbst ist nur für das Maskottchen, Tux, den Pinguin, verantwortlich, dessen lebender Artgenosse Torvalds einmal in einem Zoo gebissen haben soll.

Das Gnu hat seinen Kopf für die GNU-Bewegung hingehalten (Quelle: http://www.gnu.org)

Wesentlich zur Verbreitung von Linux hat die zum damaligen Zeitpunkt bereits starke GNU-Bewegung beigetragen. Unix war damals ein unübersichtlicher Wald von Derivaten mit zum Teil inkompatibler Software. Die GNU-Bewegung hatte es sich nun zum Ziel gesetzt, frei verfügbare Software für Unix-Betriebssysteme zu schaffen bzw. deren Erstellung zu fördern. Hauptprodukte sind z. B. die GPL, die **G**NU **P**ublic **L**icense, die der Erstellung und Verbreitung freier Software eine rechtliche Grundlage gibt und fast den Status eines Manifestes der Open Source-Bewegung besitzt. Außerdem gab es zum Zeitpunkt der Entwicklung von Linux bereits einen unter der GPL verfügbaren C-Compiler (abgek. GCC), der als die erste wesentliche Software bezeichnet werden kann, die auf Linux portiert wurde. Im Gefolge des GCC konnten die gesamte Softwarepalette der GNU-Welt und viele andere Produkte unter Linux nutzbar gemacht werden, sodass aus einem akademischen Projekt ein eigenständiges Betriebssystem entstand.

Der momentane Erfolg von Linux basiert daher auf vielen Momenten, von denen die wichtigsten Aspekte die Kostenfreiheit und die Offenheit des Quellcodes sind. Es ist zu einem Betriebssystem geworden, das aus Ihrem PC einen leistungsfähigen Computer macht, egal wie alt er ist! Auch die neusten Kernel können auf „uralten" (ab 386-Prozessor) PCs eingesetzt werden und nutzen die Fähigkeiten jedes Gerätetyps optimal aus. Und die mittlerweile ins Unüberschaubare wachsende Menge an Anwendungssoftware gibt Ihnen die Möglichkeit, auch etwas mit dieser Leistung anzufangen.

Außerdem darf man den Aspekt der Standardisierung, die Linux in die Unix-Welt hineingetragen hat, nicht vernachlässigen. Nicht nur, dass kommerzielle Unix-Anbieter jetzt ihr eigenes Unix zugunsten von Linux aufgeben, die Standardisierung hat auch dazu geführt, dass endlich Standard-Anwendungssoftware auf diese Plattform portiert wird. Damit haftet einem Unix-PC nicht mehr nur der Geruch der Großrechnerwelt oder der Spezialanwendung an, sondern Unix respektive Linux hat die Chance, ein Betriebssystem für den Desktop zu werden.

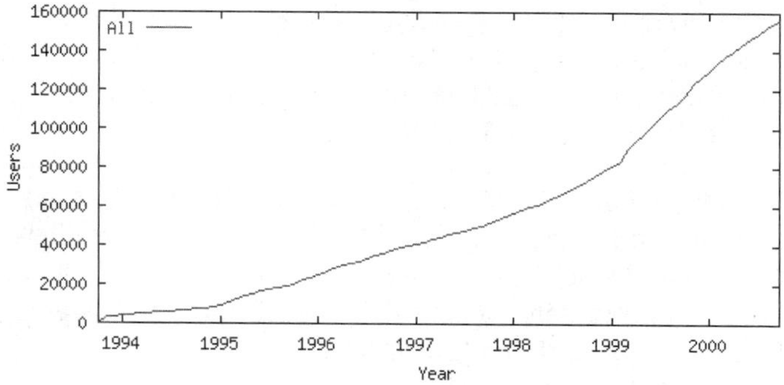

Die Zahl der auf freiwilliger Basis „registrierten" Linux-Installationen beträgt laut Einschätzung des Betreibers der Website zwischen 0,2 % und 5 % der wahrscheinlichen Linux-Installationen (Quelle: http://counter.li.org/reports/short.html)

Hier sei auch angefügt, dass Linux-Programme nicht veralten. Alle Anwendungsprogramme, die jemals auf Linux kompiliert worden sind, laufen auch noch unter den neueren Kerneln. Sie als Nutzer werden weder bei der Auswahl noch bei der Nutzung einer Software von irgendjemandem bevormundet. Keiner zwingt Sie, auf eine neuere Version umzusteigen, wenn die alte Version noch klaglos ihren Dienst tut. Im Gegenteil, durch die Offenheit der Programm-Quelltexte haben Sie die Möglichkeit, eine Software, auf die Sie zwingend angewiesen sind, auf eigene Kosten weiterzuentwickeln und auf Ihre Bedürfnisse abzustimmen.

Als Heimanwender trifft Sie dieses Problem natürlich eher selten, aber wenn Sie eine kleine oder große Firma besitzen, wird der finanzielle Aufwand, einen freien Programmierer mit der Weiterentwicklung einer bestehenden Software zu beauftragen, wesentlich geringer sein, als die bisher genutzte Software einer Firma, die vor vielleicht kurzem in Konkurs gegangen ist, durch ein Produkt einer anderen Firma zu ersetzen. Die Nutzung freier Software erlaubt Ihnen zwar nicht, Ihre Weiterentwicklung gewinnbringend zu verkaufen, aber Sie können sich mit dieser generösen Geste immerhin weltweit einen Namen machen! Und wäre eine solche Erweiterung des globalen Wissenspools nicht eine sinnvollere Unterstützung als z. B. eine Parteispende?

Wir möchten noch einmal auf die am Anfang erwähnten Distributionen zurückkommen: Diese haben ebenfalls einen großen Anteil an der Verbreitung von Linux, nicht nur, weil sie es im eigentlichen Sinne verbreiten, sondern weil sie seine Installation und Nutzung auf ein Komplexitäts-Level herunterschrauben, das es auch dem Normalanwender erlaubt, Linux zu installieren und anzuwenden. Stellvertretend für die Menge der vielen seien hier RedHat und SuSE genannt, auf die wir uns im Buch auch hauptsächlich konzentrieren wollen.

Zum Schluss sei noch ein Aspekt angesprochen, der im Zusammenhang mit Distributionen häufig zu Verwirrung führt: Linux ist frei und kostet nichts. Alle Programme, die bei Linux dabei sind – außer es wird explizit erwähnt – sind ebenfalls frei und kosten nichts. Mit dem Geld, das Sie den Distributoren für Linux bezahlen, erhalten Sie zusätzliche Werte wie Support, ein Handbuch und natürlich die CDs.

Wenn Sie sich eine RedHat- oder eine SuSE-Distribution kaufen, können Sie diese so oft Sie wollen auf so vielen PCs wie Sie wollen installieren und auch an so viele Freunde weitergeben, wie Sie wollen. Support erhalten aber nur Sie persönlich und in den meisten Fällen auch nur dann, wenn Sie sich bei Ihrem Distributor registrieren lassen.

Die Leistungen der Distributoren stellen den eigentlichen Mehrwert dar, für den Sie Ihr Geld ausgegeben haben! Nutzen Sie ihn also und registrieren Sie sich! Dieser Punkt hat in der Linux-Welt eine weit wichtigere Bedeutung als z. B. bei kommerziellen Softwareprodukten. Je mehr registrierte Nutzer es gibt und je mehr Nutzer dadurch ihr Interesse an Linux zeigen, desto größere Anstrengungen werden weitere Softwarefirmen unternehmen, um ihre Produkte in einer Linux-Version herauszubringen.

1.2 Linux, die echte Alternative

Ist Linux eine echte Alternative? Vor anderthalb Jahren hätten wir uns beim Bejahen dieser Frage wahrscheinlich noch unwohl gefühlt. Aber mittlerweile hat Linux, was die Bedienbarkeit und den Umfang an zur Verfügung stehender Software angeht, gewaltig aufgeholt, sodass wir jetzt mit einem eindeutigen „Ja“ antworten können.

Das Konzept von Linux unterscheidet sich jedoch in einigen Punkten wesentlich von z. B. dem von MS-Windows 9x. Dies hat aber keine Auswirkungen auf die Bedienbarkeit, sondern erfordert nur ein gewisses Umdenken, das zu vergleichen ist mit dem Umstieg von MS-Windows 95 auf MS-Windows NT/2000. Damit Sie Linux ein bisschen besser einschätzen können, geben wir Ihnen hier einen kleinen Überblick über das Konzept, das Linux zu Grunde liegt.

Textmodus und grafische Oberfläche X Window

Der Linux-Kernel stellt den Programmen die grundlegenden Funktionen, die von einem Betriebssystem erwartet werden, zur Vefügung. Er verfügt über keine Nutzerschnittstelle im eigentlichen Sinn. Eine direkte Interaktion mit dem Kernel ist zwar möglich, aber in ihrer reinen Form nicht unbedingt empfehlenswert – es ist nicht ganz so schlimm, als müssten Sie sich mit Ihrem Fax durch Pfeifen verständigen, aber fast.

Nach dem Boot-Vorgang müssen daher Programme aufgerufen werden, die zwischen Ihnen und dem Kernel vermitteln. Hier existieren verschiedene Varianten, die von der schlichten Kommandozeile bis zur ausgefeilten grafischen Oberflächen reichen. Während Sie unter MS-DOS nur eine Kommandozeile kennen (*command.com*), haben Sie unter Linux die Auswahl zwischen vielen verschiedenen Kommandozeilen, die Shells genannt werden. Das reicht von der einfachsten aller Shells, der Shell (sh) bis zu Shells wie der Bourne-Again-Shell (bash) und der C-Shell (csh, tcsh), die einen Kommandozeilen-Editor beinhalten und viele nützliche Funktionen anbieten, die die Eingabe über die Tastatur sinnvoll unterstützen.

Aber auch auf eine grafische Oberfläche müssen Sie nicht verzichten. Das Konzept von X Window, dem Windows-System der Unix-Welt, unterscheidet sich jedoch grundlegend von dem der PC- und Mac-Welt. X Window ist eigentlich eine Art Betriebssystem für die Grafikkarte, das – wie es der Kernel für den Textmodus tut – nur einfache grafische Funktionen zur Verfügung stellt. Die eigentliche Nutzer-Schnittstelle wird von den so genannten

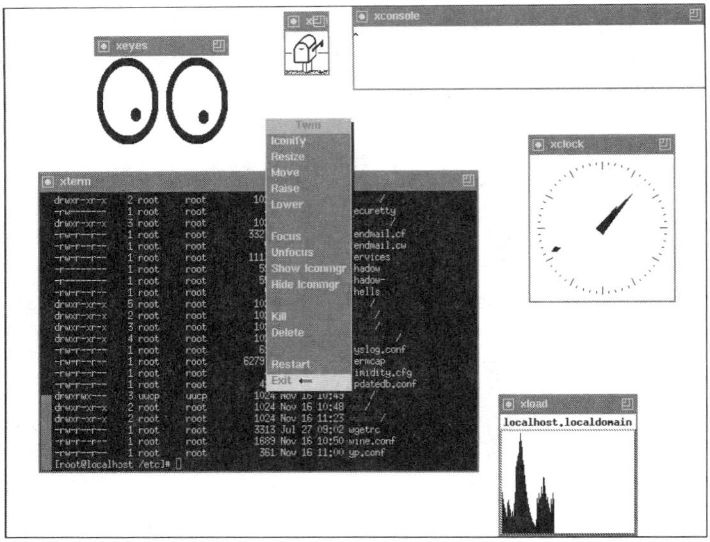

Minimal art: ein Urahn aller Window-Manager, der twm

Window-Managern verwaltet, die in ähnlicher Differenzierung und Vielfalt existieren wie die Shells. Hier reicht die Palette vom minimalistischen **T**ab **W**indow **M**anager (twm) bis zu den aus vielen Einzelkomponenten bestehenden Desktop-Systemen KDE und GNOME.

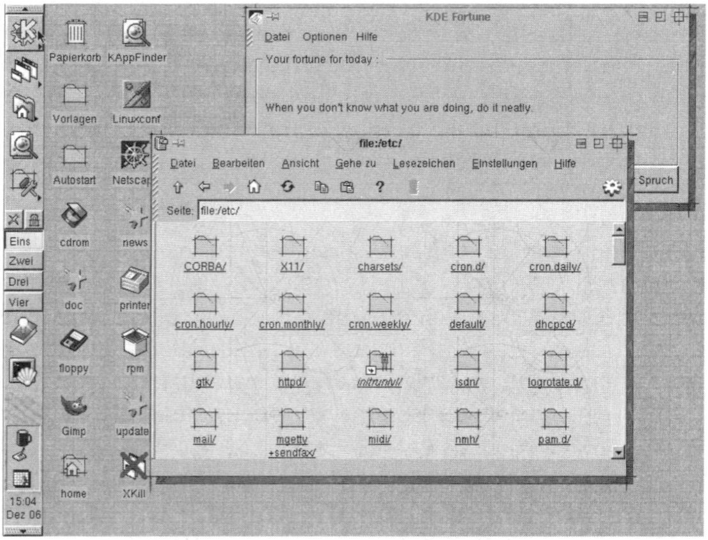

Vielfalt und Kreativität auf dem Desktop: das KDE-Thema DrawBoard, in dem viele Elemente einer Bleistiftzeichnung ähneln

Diese Desktop-Systeme bieten eine ähnliche Bedienung, wie Sie sie von MS-Windows 9x oder MacOS kennen, und besitzen in der Standard-Konfiguration mindestens gleichen Bedienkomfort. Was am Anfang jedoch leicht zu Verwirrung führen kann, ist bei längerer Nutzung ein wichtiger Aspekt, den man nicht mehr missen möchte: die freie Konfigurierbarkeit. Alle Window-Manager zeichnen sich dadurch aus, dass sie eine fast chamäleonhafte Veränderbarkeit an den Tag legen können.

Wenn Sie KDE nutzen, können Sie diese Fähigkeiten mit der Auswahl verschiedener Themen ausprobieren. Es gibt Varianten, die die grafische Oberfläche wie einen Mac aussehen lassen, aber auch MS-Windows 9x-ähnliche Varianten. Unter den anderen Window-Managerexistiert z. B. einer mit dem Namen *fvwm95*, der sich in seiner Darstellung an MS-Windows 95 anlehnt. Am interessantesten sind unserer Ansicht nach jedoch die Kreationen, die versuchen, völlig neue Wege bei der Gestaltung des Desktops zu gehen.

Abgeschaut: ein Window-Manager mit dem Look & Feel von MS-Windows 95

Wenn Sie schon Erfahrung mit einigen Betriebssystemen gemacht haben, werden Sie festgestellt haben, dass man oft durch einen Blick auf eine grafische Oberfläche erkennen kann, welches Betriebssystem auf diesem Rechner läuft. Bei Linux und X Window ist dies nicht mehr so einfach. Hier kann jeder seinen persönlichen Stil entwickeln und diese Stile können auf einem PC koexistieren, ohne dass es zu Konflikten oder Überschneidungen kommt. Der Grund dafür liegt in der Multiuser-Fähigkeit von Linux.

Multiuser- und Multitasking-Fähigkeit

Linux hat von seiner konzeptionellen Mutter Unix die Multiuser-Fähigkeit geerbt. Was auf den ersten Blick und beim anfänglichen Umgang mit Linux eher lästig wirkt, hat aber auf lange Sicht eindeutige Vorteile.Jedes Mal, wenn Sie Ihren PC anschalten und mit ihm arbeiten wollen, müssen Sie sich über eine Kennung und ein Passwort authentisieren. Jede Linux-Installation verfügt zumindest über eine Root-Kennung, die die für Wartung und Pflege des Systems notwendigen globalen Rechte besitzt, und eine oder mehrere Nutzer-Kennungen. Auch wenn es am Anfang bequemer ist, können wir

Ihnen nur raten: Arbeiten Sie nicht unter der Root-Kennung! Linux ist bisher unter anderem wegen der Trennung zwischen Administration und Nutzung weitgehend von Viren-Programmen verschont geblieben.

Jedes Programm, das Sie nutzen, legt seine Konfigurationsdateien im Arbeitsbereich Ihrer Kennung ab. Damit ist gewährleistet, dass, wenn Paul sich anmeldet, er immer seine grafische Oberfläche und seine Mail- und WWW-Konfiguration wiederfindet, die Icons am richtigen Platz sind und wenn ein Software-Update gemacht wird, alle Einstellungen erhalten bleiben. Wenn Sie also einen PC zu Hause haben, der von mehreren Personen genutzt wird, kann es Ihnen passieren, dass Sie Ihren PC unter der Kennung Ihrer Tochter nicht wiedererkennen. Und alle Veränderungen sind lokal: Wenn Sie sich unter Ihrer Kennung anmelden, sehen Sie Ihren gewohnten Desktop.

Den Multitasking-Fähigkeiten von Linux wird oft eine zu geringe Bedeutung beigemessen. Multitasking bedeutet, dass auf einer sehr technischen Ebene die Arbeitszeit des Prozessors so aufgeteilt wird, dass sich keines der laufenden Programme die gesamte Arbeitszeit mopsen kann. Daher haben Sie im Problemfall, wenn also z. B. ein Programm in eine Endlosschleife gerät und auf keinerlei Eingaben reagiert, immer noch die Möglichkeit – ausreichend Arbeitsspeicher vorausgesetzt –, ein anderes Tool oder eine Kommandozeile aufzurufen, mit dem Sie das „eingeschlafene“ oder aus dem Ruder laufende Programm beenden können.

Natürlich können Sie unter MS-Windows 9x auch mehrere Programme starten. Unter Linux laufen aber alle Programme in einem eigenen, so von den anderen Programmen getrennten Speicherbereich ab, dass ein Absturz eines Programms nur dann negative Folgen für ein anderes Programm hat, wenn diese zusammenarbeiten. Wenn Sie also eine Textverarbeitung, einen Webbrowser und Ihr E-Mail-Programm starten und dann noch nebenher eine Diskette formatieren, während die Textverarbeitung druckt und Sie im Internet surfen und auf E-Mail warten, kommt sich keines der laufenden Programme mit einem anderen in die Quere.

Der Client-Server und der Server-Client

Linux ist flexibel. Seine Multitasking-Fähigkeiten und seine integrierten Netzwerkfähigkeiten, die im Übrigen auch ohne eine Netzwerkkarte oder eine Modemverbindung funktionieren, bieten Ihnen auch an Ihrem Arbeitsplatz eine Server-Umgebung und auf Ihrem Server einen Arbeitsplatz.

Die Anforderungen an den Heim- oder Büroarbeitsplatz haben sich durch die immer größere Attraktivität und Verbreitung von Internet-Diensten geändert: Waren früher die Büro-Anwendungen die wichtigsten Applikationen, benötigen Sie heute zusätzliche Funktionen, die z. B. das Publishing im Internet unterstützen. Linux bietet Ihnen auch auf dem Standalone-Arbeitsplatz-PC den vollen Funktionsumfang einer Server-Umgebung für standardisierte Netzwerkdienste wie Mail, FTP und WWW.

Sie können zu Testzwecken einen eigenen Webserver laufen lassen, auf dem Sie Ihre Webseiten publizieren und anschauen können, so wie Sie es von Ihrem Provider gewöhnt sind. Und wenn Sie erst einmal die Vorteile eines PCs kennen gelernt haben, mit dem Sie im Netzwerk für Kollegen oder für sich selbst Daten oder zusätzliche Dienste anbieten, werden Sie Ihren Rechner auch nach der Arbeit gar nicht mehr ausschalten wollen.

Auf dem Vormarsch: Linux im Büro

Office-Pakete sind das A und O der modernen Büro-Arbeit – je umfangreicher, desto besser. Auch wenn wir diesem Grundsatz nicht unbedingt beipflichten können, ist die Verfügbarkeit von Büro-Software ein wichtiger Aspekt bei der Entscheidung zu Gunsten von Linux. Mit der Verbreitung von Linux wuchs auch auf diesem Sektor die Bereitschaft kommerzieller Anbieter, ihre Produkte auch für Linux anzubieten.

Der erste, dem hier die Lorbeeren eines Pioniers gebühren, ist die Firma Applix mit ihrem Produkt Applixware. Aber auch die Firma StarDivision, die jetzt zu SUN gehört, hat relativ früh ihre StarOffice Suite (siehe a. Seite 751) auf Linux angeboten. Dieses Produkt können Sie jetzt kostenfrei auf Ihrem PC einsetzen. Aber auch WordPerfect® von Corel (S. 763) existiert als Linux-Version und ist gegen eine kostenfreie Registrierung unter Linux im Heimbereich einsetzbar. Mittlerweile gibt es auch für kleines Geld Corel WordPerfect® Office 2000.

Aber Linux wäre nicht Linux, wenn es nicht auch Projekte gäbe, Office-Software als OpenSource unter der GPL zu veröffentlichen. Hier ist vor allem das ehrgeizige Projekt KOffice zu nennen, mit dem ein in die KDE-Oberfläche integriertes Office-Paket entsteht und das mit KDE Version 2.0 ausgeliefert werden soll. Sie sehen also, dass es nicht an der Software liegt, wenn Sie Linux noch nicht im Büro einsetzen.

1.3 Nutzen Sie dieses Buch richtig!

(Man muss ja nicht in jeder Auflage den gleichen Witz machen :-)

Wie nutzt man ein Buch richtig? Abgesehen von einer eher anatomisch-ergonomischen Sichtweise – die wir hier nicht vertreten – gibt es zu jedem Buch nur den eigentlichen Hinweis, es zu lesen. Bei Sach- bzw. Computer-Büchern ergeben sich aber häufig noch Fragen, die den inhaltlichen Aufbau und das Wechselspiel zwischen Gestaltung und Inhalt betreffen. Wir haben versucht, die Probleme, die in diesem Umfeld auftauchen können, auf ein Minimum zu reduzieren. Trotzdem ein paar kurze Hinweise, die Ihnen helfen sollen, sich im Buch zurechtzufinden:

Bemerkungen zur Schreibweise

Im Gegensatz zu manchen anderen Computerbüchern haben wir die Auszeichnungen, also die Schriftarten, auf eine möglichst geringe Anzahl reduziert. Inhalte, die sich auf Kommandos, Schaltflächen oder sonstige Elemente des betrachteten Objekts einer Software beziehen, sind in *kursiver Schrift* dargestellt. Ausgaben der Kommandozeile im Textmodus haben wir jedoch in einer nicht proportionalen Schrift gesetzt. Dies soll als Ausnahme von der Regel das Abtippen und das Wiedererkennen des am Bildschirm Dargestellten erleichtern:

```
Red Hat Linux release 6.2 (Zoot)
Kernel 2.2.14 on an i686

linux login: root
Password:
You have new mail in /var/spool/mail/root.
Last login: Tue May 23 10:13:17 on tty3
Have a lot of fun...
linux:~ # pwd
/root
linux:~ #
```

Im obigen Beispiel sind der Text bzw. die Kommandos, die von Ihnen eingegeben werden, **fett** gedruckt, während das Drumherum und die Ausgabe des von Ihnen eingegebenen Kommandos in normaler Schreibmaschinenschrift ausgegeben werden. Alle Eingaben und Kommandos werden im laufenden Text noch einmal erläutert, damit Sie zu jeder Zeit und in jeder von uns geschilderten Situation wissen, welche Daten Sie eingeben müssen.

Nur bei einer Sache haben wir aus Gründen der Lesbarkeit auf die regelmäßige Angabe verzichtet: das Drücken der [Enter]-Taste. Daher hier noch einmal in kurzer und prägnanter Form: Alle Kommandos, die im Textmodus mit der Tastatur eingegeben werden, müssen mit der [Enter]-Taste abgeschlossen werden, damit Ihr Computer sie ausführt. Das ist so, als würden Sie sich die Worte erst im Kopf überlegen – Sie können nämlich wie in einer guten Textverarbeitung die von Ihnen auf der Kommandozeile eingegebenen Zeichen vor dem Ausführen noch bearbeiten, korrigieren und ergänzen – und erst wenn Sie genau wissen, was Sie sagen wollen, „schicken" Sie das zu Sagende an Ihr Mundwerk. Und genau diese Funktion hat die [Enter]-Taste.

In den als Einführung gedachten Teilen des Buchs weisen wir auf den Gebrauch der [Enter]-Taste hin, in den Referenz-Teilen haben wir jedoch darauf verzichtet, in der Hoffnung, Sie mit diesem Anspruch nicht zu überfordern. Denn wir sind uns ziemlich sicher, dass wir sonst Ihre Geduld überfordert hätten.

Einführung und Referenz

Dieses Buch soll eine Mischung aus Einführung und Referenz darstellen – falls es so etwas überhaupt geben kann. Wir haben uns bemüht, alle wichtigen Themen, die den Umgang mit Linux betreffen, in diesem Buch anzusprechen. Wenn hier und da Ihr Drang nach Vertiefung nicht gestillt werden konnte, bitten wir Sie, es uns nachzusehen und die jetzt schon nicht immer „tragbare“ Dicke des Buchs zu berücksichtigen. Wir haben zwar überlegt, das Buch mit einem praktischen ausklappbaren Plastikgriff auszustatten. Dies hätte den Preis jedoch unnötig erhöht und wir hätten Probleme mit einer weltweit operierenden Computerfirma bekommen können, die zur Zeit die Rechte auf bunte Computer mit Klapp-Griffen besitzt.

(Fast) jedes Kapitel beginnt mit einem einführenden Teil, der durch referenzartige Abschnitte und die von uns für wichtig und sinnvoll gehaltenen Profitipps ergänzt wird. Zwei Kapitel des Buchs sind jedoch explizit für den Linux-Einsteiger gedacht: zum einen das Installationskapitel, das Ihnen auf einfache Art und Weise zu einer lauffähigen Linux-Installation verhelfen soll, und Kapitel 4 „Erste Schritte mit Linux“, das Sie anhand einiger Beispiele in Form einer guided Tour in die Besonderheiten der Linux-Welt einführen soll.

Jedes Kapitel behandelt auch separat Fehler, die passend zum behandelten Thema auftreten können. Es existiert jedoch auch im Anhang ein Troubleshooting, das weitere Probleme behandelt oder auf bereits behandelte verweist.

Leitfäden für die Installation

Kommen wir noch einmal zurück zum Installationskapitel: Die Installation von Linux ist in vielen Fällen das größte Hindernis auf dem Weg des Kennenlernens, da Sie – zu Recht – nicht direkt den harten Weg einer alleinigen Linux-Nutzung gehen wollen. Die meisten Betriebssysteme, die man zusätzlich auf einem PC betreiben kann, sind jedoch sehr egoistisch und auf einen parallelen Betrieb von mehreren Betriebssystemen nicht eingerichtet. Die größten Schwierigkeiten bereitet daher die Bereitstellung von Lebensraum für Linux auf einem PC mit bereits einem anderen installierten Betriebssystem. Damit Sie in dieser schwierigen Phase der Emanzipation nicht allein gelassen werden, nimmt die Behandlung der damit verbundenen Probleme vergleichsweise viel Raum ein.

Damit Sie aber nicht alle technischen Details lesen und begreifen müssen, haben wir uns drei Nutzertypen ausgedacht, denen wir verschiedene Installationsarten empfehlen:

Dem Linux-Einsteiger unterstellen wir, dass er Linux aus Neugier ausprobieren möchte, ohne großen Aufwand treiben zu müssen. Wir beschreiben Ihnen, wie Sie dies bewerkstelligen können und nennen Ihnen die Teile des Buchs, die Sie dafür lesen müssen.

Vom etwas engagierteren Nutzer, den wir den Internet-User genannt haben, erwarten wir, dass er sich ernsthaft mit Linux auseinander setzen und prüfen möchte, inwieweit Linux für ihn eine Alternative zu herkömmlichen

Betriebssystemen darstellen kann. Aber auch der Internet-User muss nicht mehr Aufwand treiben als der Linux-Einsteiger; wir bieten ihm jedoch an manchen Stellen Optionen an, die etwas weitergehen als ein Test aus Neugier.

Zum Schluss wollen wir auch denjenigen, die die Stärken von Linux als Server-System nutzen wollen und bereit sind, dafür auch Einarbeitungszeit in Kauf zu nehmen, unter dem Namen Profi-Anwender die Möglichkeiten einer professionellen Linux-Einrichtung vorstellen.

Aber keine Bange, keiner der drei vorgestellten Leitfäden schließt den anderen aus. Linux ist so flexibel, dass Sie als Linux-Einsteiger anfangen und als Profi-Anwender enden können, wenn Ihnen der Sinn danach steht und wir Sie entflammen konnten.

1.4 Ein Buch nur für Männer?

Es ist so eine Sache, mit der heutzutage gültigen politischen Korrektheit bei der Anrede der Geschlechter. Wir haben uns einstimmig (!) dazu entschieden, die männliche Anrede im Buch beizubehalten. Wir fanden, dass es einfacher zu lesen und weniger diskriminierend ist, wenn wir den bisher üblichen Weg der Anrede gehen, als ein verkrampftes Binnen-I durch den gesamten Text zu schleifen oder überhaupt nur die weibliche Form zu wählen. Abgesehen von der mit Letzterem stattfindenden Diskriminierung der Männer hätte diese Form – hier und da zwar nett und humorig wirkend – an wichtigen Stellen das Verständnis durch die ungewohnte Lesart unnötig erschwert. Wir möchten hier jedoch betonen, dass wir jeder und jedem den Umgang mit Linux zutrauen.

1.5 Wir über uns

Zum Abschluss dieser einleitenden Worte wollen wir uns kurz vorstellen: Wir sind (bis auf unseren Jüngsten, für den wir nur das Attribut „mehrjährig" gelten lassen ;-) langjährige Mitarbeiter des Universitätsrechenzentrums der Heinrich-Heine-Universität Düsseldorf. Wir nutzen Linux seit frühen Kernelversionen jenseits der 0.99 und haben seine Entwicklung von Beginn seiner Verbreitung über das Internet an verfolgen können.

Wurde am Anfang unser Interesse durch die Faszination des Erfolgs einer gänzlich freien Software, die auf freiwilliger Basis erschaffen, gepflegt und erweitert wurde, wachgehalten, so haben wir schon relativ früh den Nutzen von Linux in unserer Arbeitsumgebung erkannt. Mittlerweile nutzen wir alle Linux als Betriebssystem für unseren Arbeitsplatz-PC und nur der Aufgabenbereich zwingt zwei von uns noch, ab und zu ein anderes Betriebssystem einzusetzen.

Damit kommen wir zu unserer Motivation, (noch) ein Linux-Buch in den überlasteten Regalen der Buchhandlungen zu platzieren: Unserer Ansicht nach fehlt es auf dem Linux-Sektor noch zu sehr an praxisorientierten Linux-Büchern, die den Einsteiger bei seinen ersten Schritten und den fortgeschrittenen Anwender bei den alltäglichen Problemen unterstützen. Dass wir uns so spät für diesen Schritt entschieden haben, liegt zum Teil auch daran, dass erst im letzten Jahr ein großer Teil der Linux-Software die notwendige Reife erreicht hat, um Linux auch außerhalb unseres speziellen Arbeitsumfeldes zu einer echten Alternative zu machen. Ob wir unserem Anspruch gerecht werden können, werden Sie uns, liebe Leserin und lieber Leser, durch Ihre Geldbeutel mitteilen. Wir würden uns natürlich auch über ausführlichere Stellungnahmen freuen.

Noch ein paar Worte zu den Autoren (in alphabetischer Reihenfolge):

Elisabeth Dregger-Cappel hat an der Heinrich-Heine-Universität Düsseldorf das Internet mit aufgebaut. Sie war bis zu seiner Außerdienststellung verantwortlich für den Hochleistungs-Vektorrechner der Universität und betreut jetzt unter anderem die stark frequentierten Server des Universitätsrechenzentrums, die Standard-Internet-Dienste wie Mail, News, FTP und WWW für die Universität anbieten. Ihr Spezialinteresse ist seit Mitte der 80er-Jahre Unix auf PCs.

Michael Gutmann begann seine Arbeit am Rechenzentrum mit dem Projekt „NRW Schulen ans Netz" und betreut zusammen mit Friedhelm Sowa den Nordrhein-Westfälischen Bildungsserver in technischer Hinsicht. In diesem Umfeld ist er zusätzlich für die technische Realisierung dynamischer Webseiten verschiedener, vom URZ betreuter Webserver zuständig und hat an Weiterbildungsveranstaltungen für Lehrerinnen und Lehrer mitgewirkt.

Detlef Lannert wurde nach vielen Jahren des Betreuens klassischer Großrechner (und Hackens ihres Betriebssystems) 1992 auf das Linux-Projekt aufmerksam, das ihm endlich die Gelegenheit bot, auf der allgegenwärtigen PC-Hardware mit einem „richtigen" Betriebssystem zu arbeiten. Sein Aufgabenschwerpunkt im Rechenzentrum sind Fragen der System- und Netzwerksicherheit. Er ist aktives Mitglied der DLUG, der **D**üsseldorfer **L**inux **U**ser **G**roup.

Friedhelm Sowa ist als TeXperte zuständig für die Beratung bei DTP- und Webpublishing-Problemen. Er ist Gründungsmitglied von DANTE e.V., der Deutschen Anwendervereinigung TeX und hat dort lange Jahre im Vorstand mitgearbeitet. Außerdem hat er zusammen mit Michael Gutmann die Entwicklung des Internet-Bildungsangebotes für NRW beratend begleitet und betreut die in der Universität Düsseldorf angesiedelten Bildungsserver.

Wir bedanken uns bei Hans-Georg Eßer und Thomas Förster, dass wir Teile des Linux-BigPacks überarbeiten und verwenden durften.

Wir alle sind begeisterte und engagierte Linux-Nutzer, die sich aber auch über die Ecken und Kanten, die Mängel und Problemstellen dieses Betriebssystems im Klaren sind. Nicht zuletzt unsere Verbindung zu den verschiedensten Nutzergruppen zeigt uns immer wieder, wo Linux noch Lücken und Mängel hat. Alle können wir nicht beseitigen oder zufriedenstellend erklären, dazu wäre eine wahrhaft enzyklopädische Anstrengung notwendig und eine Ausgabe in einer zweistelligen Anzahl von Bänden, aber wir hoffen doch, Ihnen mit diesem Buch eine (Lebens-)Hilfe im Umgang mit Linux an die Hand geben zu können.

1.6 Danksagung

Wir haben früher nie verstanden, warum es anderen Autoren so wichtig war, Angehörige, Partner und andere Personen explizit in einer Danksagung zu erwähnen. Jetzt sind wir schlauer: Es hat nichts mit dem Winken zu tun, wenn die Fernsehkamera gerade in die eigene Richtung schaut, und auch nichts mit „Ich grüße meine Oma"!

Die zweite Auflage hat wieder in einem Sommer stattgefunden, nur dass wir die Gunst eines verregneten Julis zu nutzen wussten. Daher haben sich die innerfamiliären Verwerfungen diesmal in Grenzen gehalten. Trotzdem sei auch hier noch einmal allen Leid und Anderes Ertragenden für Geduld und kalte Getränke gedankt. Außerdem danken wir RedHat und SuSE für die Veröffentlichung grundlegend neuer Versionen zu einem Zeitpunkt, als die wichtigen Kapitel bereits überarbeitet waren. Wir danken auch dem Verlag, der unsere speziellen Wünsche bezüglich des Entstehens dieses Buchs akzeptiert hat und uns das Buch so machen ließ, wie wir es wollten.

Dieses Buch ist komplett unter Linux entstanden. Es wurde in LaTeX geschrieben mit einer von Friedhelm Sowa erstellten Klassendatei. Die Quelltexte wurden mit Hilfe von CVS (dem **C**oncurrent **V**ersioning **S**ystem) gepflegt, sodass auch vier Idioten nie den ganzen Text ruinieren konnten.

Und zum Schluss danken wir – wem auch immer – dafür, dass wir unseren Humor nicht verloren haben und hoffen, dass Ihnen auch der Ihre bei allen Problemen, die Sie mit Linux und diesem Buch haben werden, erhalten bleibt. Um einen großen deutschen Distributor zu zitieren: „Have a lot of fun!"

2. Installation und Umstieg von Windows

Damit Ihre Linux-Installation möglichst problemlos abläuft und Sie nur den für Ihre Bedürfnisse notwendigen Aufwand treiben müssen, haben wir uns überlegt, Ihnen drei Linux-Installationen vorzustellen, die wir durch unterschiedliche Benutzer-Typen charakterisieren. Sie sehen dann, welchem der drei Typen Sie am besten entsprechen und können die Installation anhand unserer Vorschläge nachvollziehen.

2.1 SuSE und RedHat im Vergleich zu anderen Distributionen

Es gibt mittlerweile eine ganze Reihe von Linux-Distributionen, hier werden überwiegend die SuSE und die RedHat-Distribution beschrieben. Grundlage für die folgenden Beschreibungen sind die zum Zeitpunkt der Drucklegung aktuellen Versionen RedHat 7.0 und SuSE 7.0.

Hinweis

Was ist eine Distribution?

Linux selbst besteht eigentlich nur aus dem Betriebssystem ohne die Programme, mit denen die Arbeit mit dem Computer erst möglich ist. Daher wird von Gruppen oder Firmen – im Prinzip unabhängig von der Entwicklung von Linux — Software zusammengestellt, die aus Linux erst ein nutzbares System macht. Diese Softwaresammlung wird dann zusammen mit einer meist bei jeder Distribution etwas anders gemachten Installationsroutine auf einer oder mehreren CDs ausgeliefert oder kann über das Internet heruntergeladen werden.

Neben dem hohen Marktanteil, den RedHat und SuSE mit ihren Distributionen besitzen, haben beide auch ein ausgereiftes System, mit dem die Linux-Installation und die Software gepflegt werden können. RedHat kommt zwar mit einer kleineren Grundausstattung - die Distribution wird auf zwei CDs ausgeliefert - jedoch können Sie eine Vielzahl von Softwarepaketen im RedHat-eigenen RPM-Format aus dem Internet herunterladen und auf Ihrem Rechner installieren.

2.2 Installieren Sie nur das, was Sie brauchen: Benutzersteckbriefe

Wir werden versuchen, die Typen von Benutzern anhand von Steckbriefen darzustellen, und wollen Ihnen damit einen Anhaltspunkt geben, welche Installationsart für Sie die geeignetste ist.

Linux lässt sich unproblematisch mit den Betriebssystemen DOS, Windows 95, Windows 98, Windows NT und OS/2 auf einem Rechner installieren. Allerdings muss es auf die Eigenheiten des jeweiligen Partners Rücksicht nehmen. Wir geben Ihnen daher in den Kapiteln 2.3 (S. 39–49 für MS-DOS/MS-Windows 9x), 2.4 (S. 49–52 für MS-Windows NT/2000) und 2.5 (S. 52–53 für OS/2) einige Hinweise, die Sie berücksichtigen müssen, wenn Sie Linux zusammen mit einem anderen Betriebssystem installieren wollen.

Wie Sie die Installation starten, erfahren Sie in Kapitel 2.7 (S. 66–72). Wenn Sie RedHat installieren, finden Sie die Installationsbeschreibung auf den Seiten 72–94. Die SuSE-Installation wird auf den Seiten 94–117 beschrieben.

Installationsleitfaden für den Linux-Einsteiger

Sie haben von Linux gehört und sind etwas erstaunt, welcher Aufwand da um ein Betriebssystem getrieben wird, das vor allem noch nicht einmal etwas kosten soll, obwohl man immer etwas dafür bezahlen muss, wenn man es irgendwo in den Regalen stehen sieht. Außerdem sind Ihnen Berichte zu Ohren gekommen, nach denen Linux magische Kräfte besitzen und außerdem so stabil laufen soll wie andere Betriebssysteme nur nach dem Ausschalten. Sie haben sich daher entschlossen, Linux näher zu betrachten und es auf Ihrem PC zu installieren, um mal zu sehen, was an dem ganzen Gerede so dran ist.

Wir bieten Ihnen unter dem Label „Linux-Einsteiger“ folgenden Installationsvariante:

- Linux wird auf einer eigenen Partition installiert. Wir erklären Ihnen, wie Sie diese Partition anlegen bzw. Platz für eine solche schaffen (S. 39–49).
- Für den Boot-Vorgang schlagen wir MS-Windows NT/2000- und OS/2-Nutzern die einfachste der bestehenden Alternativen vor: die Bootdiskette. Sie kommen so zu einer einfach zu nutzenden Linux-Installation. MS-DOS und MS-Windows 9x-Nutzer haben es einfacher: Wenn Sie die RedHat-Distribution installieren oder das grafische Installationstool der SuSE-Distribution nutzen, werden in den meisten Fällen automatisch ein Boot-Manager installiert und konfiguriert.
- Auf 1 GByte erhalten Sie ein System, mit dem Sie alle Features von Linux ausprobieren können. Bei der Installation von RedHat wählen Sie als

Installationsart die *KDE-Workstation*, mit der alle für ein Kennenlernen wichtigen Softwarepakete installiert werden. Bei dieser Installationsart werden viele der sonst von Ihnen manuell einzugebenden Einstellungen mit sinnvollen Standardwerten gefüllt. Sie erhalten so mit minimalem Aufwand ein lauffähiges Linux-System.

Hinweis

SuSE im grafischen Modus installieren

Wenn Sie einen Rechner besitzen, der mehr als 40 MByte Arbeitsspeicher besitzt, können Sie auf das grafische Installationstool YaST2 zurückgreifen. Sie können jedoch auch auf bewährte Art und Weise mit YaST1 im Textmodus die SuSE-Distribution installieren, was nur ein wenig mehr Zeit in Anspruch nimmt. Da Sie während der Installation aber auch auf sinnvolle Voreinstellungen zurückgreifen und Teile der Installation überspringen können, erhalten Sie so ebenfalls mit wenig Aufwand ein Linux-System, das neben einer großen Anzahl freier Software auch Demoversionen kommerzieller Linux-Software enthält.

Installationsleitfaden für den Internet-User

Sie sind bereits ein erfahrener PC-Anwender, der jetzt auch das Internet für sich entdeckt hat. Dort treffen Sie immer öfter auf Linux als „Internet-Betriebssystem", über das Ihnen immer wieder berichtet wird, wie stabil und sicher es in einer Netzwerkumgebung läuft. Vielleicht sind Sie auch in der Situation, dass Sie eine Lösung für einen Intranet-Server suchen, mit dem Sie Ihr Büro oder Ihre Schule vernetzen wollen.

Noch haben Sie sich nicht entschieden und testen verschiedene Möglichkeiten auf ihre Eignung. Dabei geht es Ihnen nicht nur um die Netzwerkfähigkeit des neuen Betriebssystems, sondern auch um die Eignung für den Arbeitsplatz. Langfristig suchen Sie nach einer kostengünstigen und stabilen Alternative für das bisher von Ihnen genutzte Betriebssystem, die das Potenzial eines Arbeitsplatz-PCs und eines Intranet-Servers miteinander vereint.

Was haben wir für Sie auf dem Speisezettel?

- Wir schlagen Ihnen die Installation von Linux als gleichwertiges Betriebssystem neben bereits von Ihnen genutzten Systemen vor. Linux wird auf wenigen Partitionen installiert und über einen Boot-Manager zugänglich gemacht (Kap. 2.6, S. 62–64). Sie können Linux auch von MS-DOS oder MS-Windows 9x aus starten. In diesem Fall erklären wir Ihnen, wie Sie das Tool LOADLIN installieren, mit dem Sie Linux in den Boot-Vorgang von MS-Windows 9x einbinden können.
- Die Installation wird alle Tools enthalten, die Sie benötigen, um sich mit Ihrem PC unter Linux ins Internet einwählen zu können. Bei der

RedHat-Distribution haben Sie die Möglichkeit, auf die Installationsart *KDE-Workstation* zurückzugreifen, wenn Sie Ihr System mit minimalem Aufwand installieren wollen. Sie können auch auf eine differenzierte Partitionierung verzichten und Linux unter dem Label „Linux-Einsteiger" installieren.

Wollen Sie jedoch die volle Kontrolle über die installierte Software behalten, wählen Sie die Installationsart *Benutzerdefiniert* und können hier Ihre Linux-Installation noch mit ein paar Power-Anwendungen garnieren, mit denen Sie die Leistungsfähigkeit freier Software kennen lernen können. Vielleicht installieren Sie aber auch einfach alles?

Auch hier der Hinweis, wenn Sie die SuSE-Distribution installieren wollen: Wenn Ihr Rechner mehr als 40 MByte Arbeitsspeicher besitzt, können Sie das grafische Installationstool YaST2 nutzen. Andernfalls wird automatisch die Installation im Textmodus mit YaST1 gestartet.

Installationsleitfaden für den Profi-Anwender

Sie wissen, was Sie wollen. Linux ist nicht nur ein Betriebssystem neben vielen, sondern das einzige, das Sie auf Ihrem PC laufen lassen wollen. Er wird es Ihnen danken. Sie haben vielleicht auch die Aufgabe, einen Server in einem kleinen oder sogar großen Netzwerk einzurichten, der verschiedene Aufgaben übernehmen soll, von denen die Internet-Anbindung nur eine unter vielen ist.

Zusätzlich benötigen Sie Windows-Connectivity, einen Intranet-Webserver und -FTP-Server, über die Sie interne Kommunikation und Datenaustausch regeln wollen. Anwendungen auf dem PC sind nur insofern wichtig, wie sie auch von Windows-PCs aus genutzt werden können.

Wir werden versuchen, Ihre Probleme in eine Aufgabe umzuwandeln:

- Wir bieten Ihnen verschiedene Partitionsvorschläge, mit denen Sie Ihren Linux-Server optimal auf bestimmte Aufgaben ausrichten können (S. 65–65). Je nach Anforderung sollten Sie Ihrem Server mindestens 2 GByte an Festplattenplatz gönnen, da bei seiner Nutzung nicht mehr nur die installierte Software, sondern vor allem der für das Netzwerk nutzbare Speicherplatz im Vordergrund steht.
- Den (mehrgängigen) Hauptgang bildet entweder eine voreingestellte Auswahl von Softwarekomponenten, die eine ausgewogene und nährstoffreiche Server-Nahrung bilden. Sie können sich Ihre Menü jedoch auch selbst zusammenstellen; aber da die Installation von Softwarepaketen mit dem RedHat-Paket-Manager kein Problem darstellt, können Sie es auch zuerst mit der Basisinstallation versuchen.

Bei alledem haben Sie jedoch immer die Möglichkeit, verschiedene Gänge auszulassen und sich auf die von Ihnen gewünschten Bereiche zu konzentrieren. Sie können auch mit wenigen Komponenten beginnen und sukzessive weitere installieren, wenn die Anforderungen an Ihren Linux-Server steigen. Mittlerweile können Sie die Installation einer SuSE-Distribution auch mit dem neuen Tool YaST2 durchführen. Ihr Rechner muss dafür nur mehr als 40 MByte Arbeitsspeicher besitzen. Besitzt Ihr Rechner weniger RAM, wird automatisch auf YaST1 zurückgegriffen.

2.3 Linux neben DOS und Windows 95/98

Installieren Sie nur Linux auf Ihrem PC, können Sie jetzt in Kapitel 2.8 auf Seite 72 weiterlesen. Nutzen Sie MS-Windows NT/2000, finden Sie in Kapitel 2.4 auf Seite 49 Hinweise zum parallelen Betrieb mit Linux. OS/2-Nutzer werden in Kapitel 2.5 auf Seite 52 fündig.

Bei der Kombination von Linux mit den Betriebssystemen DOS, Windows 95, Windows 98 und noch kommenden Windows-Versionen stehen zwei Probleme im Vordergrund: Das eine ist eine geeignete Aufteilung der Festplatte, die beiden Betriebssystemen gerecht wird, das andere die Auswahl einer angemessenen Startmöglichkeit der Betriebssysteme.

S.u.S.E.-Hinweis

Die Problematik, die wir Ihnen hier schildern, gilt für alle Linux-Distributionen gleichermaßen. Die Tools, die zur Lösung dieser Fragen eingesetzt werden, sind auch bei allen Distributionen gleich. Sie können den konzeptionellen Teil bis zur Beschreibung der eigentlichen Installation ab Seite 72 bzw. 103 also auch mit Gewinn bei einer anderen als den von uns beschriebenen Distributionen einsetzen.

Linux zu bestehenden Betriebssystemen hinzufügen

Ein Betriebssystem beansprucht mindestens eine Partition. Linux nutzt dieses Konzept sogar sehr intensiv und ist in der Lage, mit mehreren Partitionen sinnvoll zu arbeiten. Wenn Ihre Festplatte jetzt jedoch komplett durch eine Partition belegt ist, müssen Sie diese verkleinern, was „eigentlich" gar nicht funktioniert, jedoch mit speziellen, von trickreichen Programmierern gemachten Programmen möglich ist.

Es gibt einige Produkte im kommerziellen Bereich wie z. B. Partition-Magic, mit denen Sie diese Aufgabe auch erledigen können. Eine Linux-Distribution wäre jedoch nicht eine Linux-Distribution, wenn nicht mit *fips* auch ein freies Tool zur Verfügung stünde, das diese Aufgabe ebenfalls bewältigen kann. Leider entbehrt diese nicht einer gewissen Komplexität, aber wir werden Sie ab Seite 42 durch die Strudel des Verkleinerns einer Partition hindurchführen.

1 GByte für Linux

Gönnen Sie Linux mindestens 1 GByte an Festplattenplatz, sonst haben Sie nicht genügend „Stauraum", eine adäquate Auswahl an Software kennen zu lernen. Wenn Sie dann auch noch verschiedene Programme intensiver ausprobieren wollen, sollten Sie mindestens 2 GByte für Linux reservieren, damit noch Platz für die von Ihnen produzierten Dateien ist. Bei den heutigen Festplattengrößen würde es uns jedoch hart treffen, wenn Sie Linux nicht den gleichen Platz einräumen würden, den Sie dem oder den anderen Betriebssystem(en) auf Ihrem PC bieten.

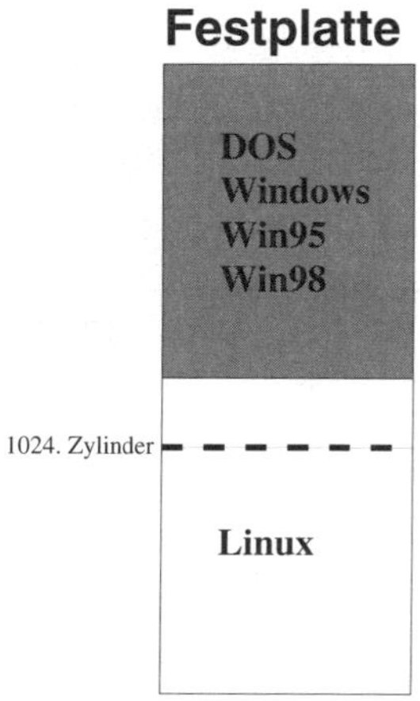

Aufteilung bei bereits installiertem Betriebssystem

Bei großen Festplatten: Achten Sie auf Ihre Zylinder!

Es gibt eine durch das BIOS vorgegebene Einschränkung, die eine Installation von Linux neben einem anderen Betriebssystem komplizierter macht, als es eigentlich notwendig wäre: Die Boot-Partition, auf der der Linux-Betriebssystemkern gespeichert ist, muss unterhalb des 1024. Zylinders ihrer Festplatte liegen. Was bedeutet das für die Installation?

Ihre Festplatte ist in Sektoren eingeteilt, die in Zylindern zusammengefasst werden. Ein Zylinder stellt demnach nur eine Einheit dar, mit der die Festplattengröße beschrieben werden kann (wie bei Pfennig und Mark). Die Datenmenge, die in einen Zylinder passt, ist jedoch variabel. Deswegen lässt sich keine generelle Aussage darüber machen, wie groß der Bereich unter- und oberhalb des 1024. Zylinders ausfallen kann. Moderne BIOSe sind jedoch in der Lage, die physikalischen Daten Ihrer Festplatte in eine virtuelle Aufteilung umzusetzen, sodass Sie auf jeden Fall 8 GByte unterhalb des 1024. Zylinders zur Verfügung haben. Wenn Sie die Problematik genauer studieren wollen, finden Sie im Exkurs auf Seite 60 eine ausführliche Darstellung.

Bei der Verkleinerung Ihrer DOS-/Windows-Partition mit *fips* werden Ihnen die Zylinder angezeigt. Sie können dann die Aufteilung so wählen, dass unterhalb des 1024. Zylinders mindestens 2 MByte in mindestens zwei Zylindern frei bleiben, um dort die Linux-Boot-Partition einzurichten. Probleme bekommen Sie hier nur, wenn Sie ein älteres BIOS mit einer neueren, großen Festplatte benutzen. Aber auch in diesem Fall brauchen Sie nicht zu verzweifeln – es gibt auch hier Möglichkeiten, Linux zu installieren und zu starten (siehe auch „Mehrere Betriebssysteme starten: LILO & Co.", S. 49).

Weniger Arbeit: mehrere Festplatten einsetzen

Eine neue Festplatte für das Linux-System einzusetzen erspart Ihnen die Mühe, eine bestehende Partition verkleinern zu müssen, wenn die erste Festplatte bereits von einem anderen Betriebssystem belegt wird. Die Partitionierung einer neuen Festplatte erfolgt nach den gleichen Regeln wie die Partitionierung der ersten Festplatte. Auch die Lagebeschränkung der Linux-Systempartition bleibt bestehen.

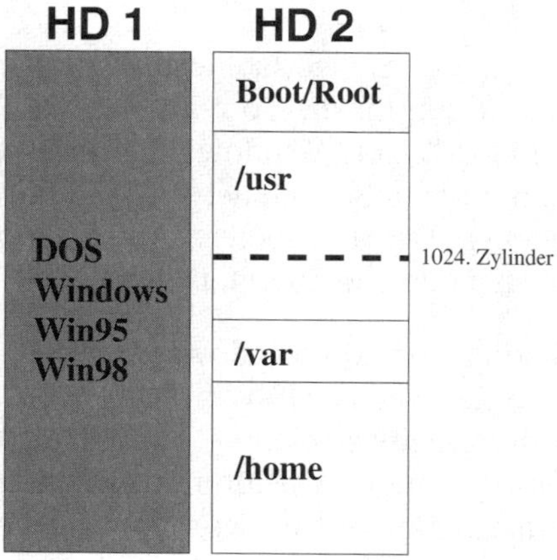

Aufteilung bei zwei Festplatten

Im Allgemeinen können Sie Linux nur auf einer der ersten beiden Festplatten installieren, zumindest wenn der Linux-Boot-Manager LILO verwendet werden soll. Die meisten BIOSe können nämlich nur von den ersten beiden im System gefundenen Festplatten booten. Wenn Sie Linux auf einer eigenen Festplatte installieren und die automatische Partitionierung nutzen wollen, können Sie auf S. 66 weiterlesen.

Linux und ein anderes Betriebssystem neu installieren

Wenn Sie noch einen leeren Rechner (oder eine leere Festplatte) vor sich haben, ist die Einrichtung eine wesentlich einfachere Sache. Planen Sie zuerst die Aufteilung der Festplatte, bzw. überlegen Sie sich, wie viel Platz Sie den von Ihnen ausgewählten Betriebssystemen gönnen und wie Sie den Boot-Vorgang gestalten wollen.

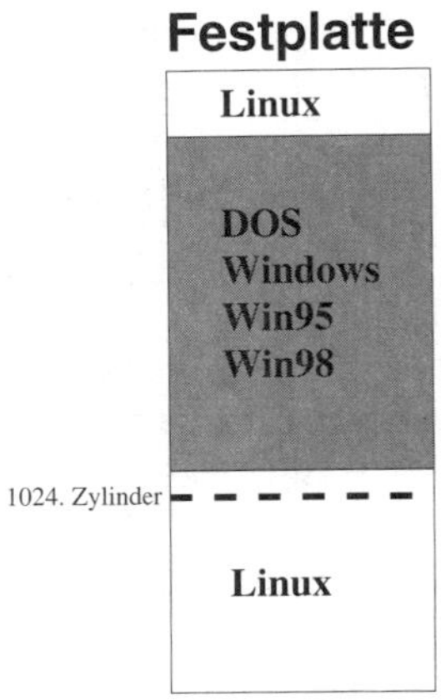

Aufteilung bei Neuinstallation zusammen mit einem anderen Betriebssystem

Wollen Sie LILO für die Boot-Auswahl nutzen, sollten Sie bei der Partitionierung ganz vorn eine kleine Partition für die Boot-Dateien von Linux frei lassen und dahinter direkt die MS-DOS-/MS-Windows 9x-Partition anlegen. Dann liegen beide Partitionen im unteren Bereich der Festplatte und können über das BIOS angesprochen werden. Der Datenbereich von Linux darf ruhig hinter der magischen Grenze liegen oder sie überlappen.

Wenn Sie sich bei der Installation von MS-Windows 9x das lästige Verkleinern der Partition sparen wollen – das MS-Windows 9x-Installationsprogramm belegt automatisch die ganze Festplatte –, installieren Sie zuerst Linux und legen dabei eine DOS/Windows-Partition an. Dann beschränkt sich MS-Windows 9x bei der Installation auf die von Ihnen angelegte Partition.

DOS-/Windows-Partitionen verkleinern

Eine Repartitionierung von Festplatten ist normalerweise mit dem Verlust aller Daten auf den veränderten Partitionen verbunden. Kommerzielle Produkte zeigen aber auch, dass eine Änderung der Partitionierung ohne Datenverlust möglich ist. Diese Aufgabe lässt sich für DOS-Partitionen mit dem frei verfügbaren Programm *fips.exe* erledigen, das den meisten Distributionen beiliegt.

Das Programm verkleinert eine primäre DOS-Partition und legt vom restlichen Bereich eine neue Partition an, die für die Linux-Installation genutzt werden kann. Dazu muss natürlich genügend freier Platz auf der Partition verfügbar sein. *fips* überprüft vorher auch, ob eine Verkleinerung möglich ist. Im Fehlerfall können Sie den ursprünglichen Zustand restaurieren. Sie müssen aber immer damit rechnen, dass bei diesem Schritt Daten verloren gehen. Legen Sie deshalb unbedingt eine Sicherheitskopie Ihrer wichtigsten Daten an!

Diese Schritte müssen Sie beim Verkleinern einer Partition durchführen:

1. Wichtige Daten sichern: Wenn Sie nicht auf Band sichern können, speichern Sie wenigstens alle von Ihnen erzeugten Dateien (Word-Dokumente, Grafikdateien, Mail-Dateien etc.) auf Disketten ab. Programme lassen sich mit nur wenig Aufwand nachinstallieren, aber wie ist das z. B. mit von Ihnen selbst geschriebenen Texten?
2. Jetzt beginnt die eigentliche Repartitionierung: Zunächst werden die Partitionen auf Fehler überprüft und diese gegebenenfalls behoben. Dies geschieht mit einer Software, die bei DOS bzw. MS-Windows 9x mitgeliefert wird: *ScanDisk/chkdsk*.

Führen Sie diese beiden Schritte vor der Defragmentierung aus. Als Nächstes beginnen Sie dann mit der Defragmentierung.

3. Dann werden mit Hilfe des Programms *Defrag* alle Daten an den Anfang der Partition verschoben, damit der hintere Teil als neue Partition abgeteilt werden kann. Vorher müssen Sie eventuell versteckte oder geschützte Dateien enttarnen, damit *Defrag* diese auch verschieben kann.
4. Einen von Ihnen festgelegten Anteil dieses freigelegten Bereichs können Sie jetzt mit *fips* von der Partition abtrennen. Dieser Bereich wird als DOS-Partition angelegt, die Sie vor der Installation löschen sollten.

Hinweis

Erst probieren, dann enttarnen

Bevor Sie sich große Mühe mit dem Enttarnen versteckter oder geschützter Dateien machen, sollten Sie die Defragmentierung durchführen und dann versuchen, mit fips die MS-Windows 9x-Partition zu verkleinern. Erst wenn sich die Partition nicht oder nicht genügend verkleinern lässt, müssen Sie sich unter MS-Windows 9x um die versteckten Dateien kümmern.

Wichtig: System- und Auslagerungsdateien bei der Defragmentierung berücksichtigen

Probleme bereiten bei der Defragmentierung zunächst versteckte Dateien und Systemdateien, da deren Lage wegen des Status „Systemdatei" nicht verändert wird. Das kann dazu führen, dass *fips* die Partitionen nicht weit genug verkleinern kann. Die Dateien sind mit den Attributen *H* als „versteckt" (engl. „hidden") und *S* als Systemdateien gekennzeichnet.

Zu den Kandidaten, deren Attribute Sie verändern müssen, gehören die Dateien *io.sys* und *msdos.sys*. Es können jedoch noch weitere Dateien auf Ihrer Festplatte mit diesen Attributen versehen sein. Mit dem Kommando

```
C:\> attrib /s|find "SH">attrib.lst
```

erhalten Sie eine Liste aller Dateien, bei denen die Attribute „SH" gesetzt sind – und leider auch die Programme, die die Buchstaben „S" und „H" in ihrem Namen haben. Die gefundenen Dateien werden in der Datei *attrib.lst* gespeichert, die Sie mit einem Editor Ihrer Wahl bearbeiten können. Entfernen Sie die Dateien, deren Attribute *S* und *H* nicht gesetzt sind. Dann haben Sie eine Übersicht über die Dateien, deren Attribute Sie vorher und nachher umsetzen müssen.

Attribute der Systemdateien in MS-Windows 9x ändern

Unter MS-Windows 9x können Sie die Attribute der Dateien mit dem Explorer verändern. Dazu muss jedoch unter *Ansicht/Optionen* der Punkt *Alle Dateien anzeigen* ausgewählt sein.

1. Klicken Sie mit der rechten Maustaste auf *io.sys*.
2. Aus dem Kontextmenü wählen Sie *Eigenschaften*.
3. Unter der Rubrik *Dateiattribute* können Sie die Häkchen vor *Versteckt* und *System* entfernen.
4. Dies machen Sie genauso mit der Datei *msdos.sys*.

Hinweis

System-Attribut unter MS-Windows 98 ausschalten

MS-Windows 98 lässt die Veränderung des System-Attributs im Eigenschaftendialog nicht zu. Sie können diese jedoch weiterhin in einer *MS-DOS-Eingabeaufforderung* mit dem Komando *attrib* verändern, wie im nächsten Abschnitt beschrieben.

Systemdateien unter MS-DOS freigeben

Auf der Partition, von der Sie MS-DOS booten, existieren zwei Dateien, deren Attribute Sie ändern müssen: *io.sys* und *msdos.sys*. Das Programm, mit dem Sie dies tun können, heißt *attrib*.

1. Wechseln Sie auf das Laufwerk *C:* und dort in die oberste Ebene mit den Kommandos *c:* und *cd *.

```
D:\WOBINICH> c:
C:\BINICHWO> cd \
C:\>
```

2 Durch einen einfachen Aufruf des Programms *attrib* erhalten Sie eine Übersicht über die gesetzten Attribute einer Datei. Das Kommando zeigt dabei sogar Dateien an, die Sie mit *dir* nicht sehen würden:

```
C:\>attrib *.sys
     SHR       C:\IO.SYS
     SHR       C:\MSDOS.SYS
  A            C:\CONFIG.SYS
```

3 Sie ändern die Attribute mit folgenden Kommandos:

```
C:\>attrib -h -s io.sys

C:\>attrib -h -s msdos.sys

C:\>attrib *.sys
       R       C:\IO.SYS
       R       C:\MSDOS.SYS
  A            C:\CONFIG.SYS
```

Mit dem letzten *attrib*-Kommando haben wir die Ausführung der vorherigen Kommandos noch einmal überprüft. Wie Sie an der Anzeige sehen können, sind die Dateien *io.sys* und *msdos.sys* jetzt nur noch mit *R* als „Schreibgeschützt" gekennzeichnet.

Wichtig: Auslagerungsdateien deaktivieren

Weitere Probleme können die Auslagerungsdateien verursachen, wenn diese ungünstig auf der Partition liegen: Unter Windows 95 und Windows 98 ist dies die Datei *Win386.swp*. Sie sollten deshalb den Auslagerungsbereich ausschalten, dann die Defragmentierung durchführen und schließlich den Auslagerungsbereich wieder aktivieren.

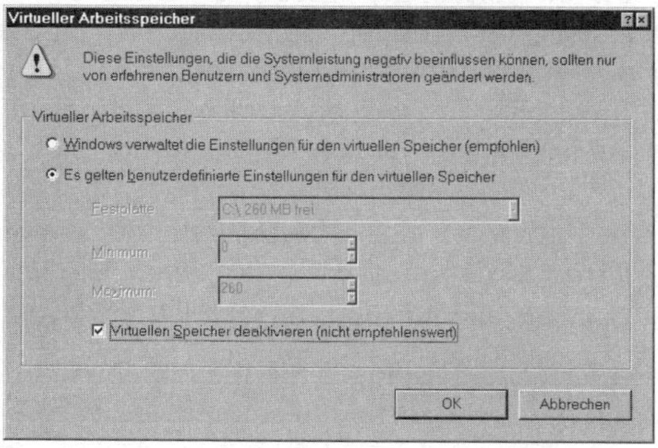

Auslagerungsdatei deaktivieren unter Windows 98

1 Wählen Sie dazu aus dem *Start*-Menü den Menüpunkt *Einstellungen/Systemsteuerung*.

2 Öffnen Sie dann mit einem Doppelklick auf *System* die System-Eigenschaften.

3 Wählen Sie im neuen Fenster *Leistungsmerkmale* aus und klicken Sie auf *Virtueller Arbeitsspeicher*.

4 In dem sich öffnenden Fenster wählen Sie dann *Es gelten benutzerdefinierte Einstellungen für den virtuellen Speicher* und aktivieren das Feld *Virtuellen Speicher deaktivieren.*

Jetzt muss der Computer neu gestartet werden. Danach können Sie die Defragmentierung durchführen. Sie finden das Programm *defrag* im *Start*-Menü unter *Programme/Zubehör/Systemprogramme.*

Hinweis

Führen Sie die Defragmentierung auf jeden Fall aus!

Das Programm *defrag* kontrolliert vor der eigentlichen Defragmentierung, ob diese überhaupt notwendig ist. Wenn die Fragmentierung unterhalb eines bestimmten Prozentsatzes liegt, führt *defrag* sie nur auf Anforderung durch. Lassen Sie sich aber nicht beirren: Auch in diesem Fall ist die Defragmentierung notwendig, obwohl sie nach Meinung des Programms nicht sinnvoll ist.

Nach der Repartitionierung können Sie Windows neu starten und die eben durchgeführten Änderungen rückgängig machen, also auf gleichem Wege die Auslagerungsdatei wieder aktivieren. Wenn Sie *attrib* benutzen, führen Sie die oben genannten Schritte mit den Optionen *attrib +H +S* aus. Im Explorer kreuzen Sie einfach die Häkchen wieder an.

Schnellversion: Verkleinerung der Partitionen mit fips

Nachdem die Daten nun am Anfang der jeweiligen Partitionen liegen, können die Partitionen entsprechend verkleinert werden. Wir erklären Ihnen hier eine Schnellversion einer Partitionsverkleinerung. Die Dokumentation zu *fips* liegt zwar in Englisch vor, ist aber einfach geschrieben und geht auch ausführlich auf Sonderfälle ein, die wir hier nicht behandeln können.

1 Erstellen Sie zuerst eine bootfähige DOS-Diskette, auf die Sie die drei Dateien *fips.exe, restorrb.exe* und *errors.txt* kopieren, die *fips* benötigt. Sie finden *fips* auf der Installations-CD im Verzeichnis *dosutils.*

2 Booten Sie von der Diskette, bestätigen Sie die Angaben bezüglich Datum und Uhrzeit mit der Enter-Taste und starten Sie *fips.*

```
A>fips
```

3 Das Programm meldet sich mit einem Copyright-Hinweis und zeigt Ihnen dann die Partitionsliste an. Wenn mehrere Partitionen angezeigt werden, müssen Sie eine davon durch Eingabe der Ziffer (0/1/2) auswählen.

4 Jetzt wird die Integrität und die Aufteilung der ausgewählten Partition auf Fehler überprüft. Danach bietet *fips* Ihnen an, den Root- und den Boot-Sektor auf der Diskette abzuspeichern. Nehmen Sie das Angebot

an, sonst können Sie im Fall eines Fehlers diesen nicht rückgängig machen.

```
Do you want to make a backup copy of your root and boot sector
before proceeding (y/n)? y
Do you have a bootable floppy disk in drive A: as described
in the documentation (y/n)? y

Writing file a:\rootboot.000
```

Hinweis

Wo ist mein „y"?

Wenn sich bei der Eingabe von „y" nichts tut, haben Sie bei der Erstellung der Bootdiskette keinen deutschen Tastaturtreiber geladen. Macht nichts! Das „y" finden Sie auf der deutschen Tastatur auf dem „z". Die anderen Tasten, die Sie für die weiteren Schritte brauchen, finden Sie dort, wo sie auch auf der deutschen Tastatur liegen.

5 Die Frage nach der bootfähigen Diskette beantworten Sie ebenfalls mit „y".

6 Dann geht's ans Eingemachte: Mit den Tasten [←] und [→] können Sie die Partitionsgröße verändern. Wenn Sie die jeweilige Taste gedrückt halten, geht die Verschiebung schneller. Sind Sie mit Ihrer Aufteilung zufrieden, drücken Sie die [Enter]-Taste.

Hinweis

Denken Sie jetzt an die Zylinder!

Wir haben auf Seite 40 auf die Bedeutung des Zylinderwerts hingewiesen. Hier finden Sie heraus, ob Sie später Probleme mit der Lage Ihrer Partition bekommen: *fips* gibt in der Spalte *Start Cyl.* den ersten Zylinder der neuen Partition aus. Dieser sollte soweit unterhalb von 1023 liegen, dass mit mindestens zwei Zylindern eine mindestens 2 MByte große Partition gebildet werden kann. Wenn die Partition im kritischen Bereich in der Nähe des 1024. Zylinders beginnt, gehen Sie am einfachsten so vor:

Setzen Sie den Anfangspunkt der Partition auf den 1024. Zylinder und merken Sie sich die Größe der alten Partition.

Verkleinern Sie jetzt mit [←] die alte Partition so lange, bis diese um 2 MByte kleiner geworden ist, mindestens jedoch um zwei Zylinder.

Wenn Sie sicher gehen wollen, geben Sie noch einen Zylinder zu.

7 Jetzt ist es nicht mehr weit bis zur geteilten Partition. *fips* teilt Ihnen zuerst einmal mit, was es aus den von Ihnen vorgeschlagenen Werten für Partitionen errechnet hat. Sie können diese jetzt mit „c" annehmen oder mit „r" erneut bearbeiten.

8 Sorgfalt ist das höchste Gebot: Noch ein weiterer Check wird durchgeführt, wenn Sie „c" getippt haben. Wagen Sie jetzt den endgültigen Schritt und sagen Sie „y".

```
Ready to write new partition scheme to disk
Do you want to proceed (y/n)? _
```

```
Enter start cylinder for new partition (132 - 643):

Use the cursor keys to choose the cylinder, <enter> to continue

Old partition       Cylinder       New Partition
   20.1 MB             326             19.6 MB

First Cluster: 10207
Last Cluster: 20223

Testing if empty ... OK

New partition table:

     |        |     Start        |      |     End         | Start  |Number of|
Part.|bootable|Head Cyl. Sector|System|Head Cyl. Sector| Sector |Sectors  | MB
-----+--------+----------------+------+----------------+--------+---------+----
1    |    yes |  1     0      1|   04h|  1   325     63|      63|    41013| 20
2    |     no |  0   326      1|   04h|  1   643     63|   41076|    40068| 19
3    |     no |  0     0      0|   00h|  0     0      0|       0|        0|  0
4    |     no |  0     0      0|   00h|  0     0      0|       0|        0|  0

Checking root sector ... OK

Do you want to continue or reedit the partition table (c/r)? _
```

fips zeigt Ihnen ausführlich die durchgeführten Änderungen an

9 *fips* verabschiedet sich mit den Worten

```
Repartitioning complete
Bye!
```

und DOS meldet sich sehr wahrscheinlich mit der Meldung

```
Speicherzuordnungsfehler
COMMAND kann nicht geladen werden, System angehalten
```

Dieser Fehler trat bei uns eigentlich immer auf, da *fips* das Betriebssystem so durcheinander bringt, dass nach der Repartitionierung die Festplatte nicht mehr richtig angesprochen werden kann. Das sollte Sie aber nicht stören, da Sie sowieso einen Reboot machen müssen, um die neuen Einstellungen zu aktivieren.

10 Nach dem Reboot sollten Sie die neu angelegte Partition mit *fdisk* löschen. Gehen Sie in den DOS-Modus und starten Sie das Programm *fdisk*. Dort können Sie mit *3. Löschen...* und *1. ...primären...* die neue (2.) Partition löschen.

Haben Sie es endlich geschafft, ist Ihre Partition so klein, wie Sie es haben wollten, ist der Rest so groß, dass sich Linux wohlfühlen kann, können Sie sich den Schweiß von der Stirn wischen, die Sicherheitskopien Ihrer Daten ordentlich wegräumen und nun zum erfreulichen Teil schreiten, der eigentlichen Installation. Wenn Sie Probleme mit den Zylinderwerten hatten, lohnt sich vielleicht noch ein Blick in den nächsten Abschnitt.

Ist etwas schief gegangen und Ihr System bootet nicht mehr von der Festplatte, keine Panik! Starten Sie noch einmal von der Diskette – bevor Sie irgendwelche Aktionen mit Ihrer Festplatte durchführen – und restaurieren Sie den alten Boot-Sektor mit dem Kommando *restorrb.exe*.

Mehrere Betriebssysteme starten: LILO & Co.

Wenn Sie Ihren Rechner anschalten, startet er das Betriebssystem, was bei einem kein besonderes Kopfzerbrechen macht. Wenn Sie jedoch zwei Betriebssysteme auf Ihrem Rechner installieren wollen, müssen Sie an irgendeiner Stelle das gewünschte Betriebssystem auswählen. Hier bieten sich Ihnen mehrere Möglichkeiten:

- Sie können Linux jedes Mal über eine Boot-Diskette starten. Diese Lösung ist die einfachste und empfiehlt sich, wenn Sie Probleme mit der Lage der Root-Partition haben und Linux nur ausprobieren wollen, d. h. sporadisch nutzen.
- Unter MS-DOS oder im DOS-Modus von MS-Windows 9x kann Linux mit dem Tool LOADLIN gestartet werden. Wenn Sie öfter zwischen Linux und MS-Windows 9x oder MS-DOS wechseln, aber Probleme mit der Lage der Partition haben oder LILO nicht installieren wollen, können Sie sich im DOS-Modus ein Boot-Menü einrichten. Eine ausführliche Erklärung finden Sie ab Seite 121.
- Sie richten einen Boot-Manager wie z. B. LILO ein, der Ihnen vor dem Booten die Auswahl zwischen mehreren Boot-Varianten ermöglicht. LILO unterliegt einer Einschränkung, die durch das BIOS vorgegeben wird: Die Partition, die den Betriebssystemkern von Linux enthält, muss vollständig unterhalb des 1024. Zylinders liegen. Wenn diese Voraussetzungen aber gegeben sind, können Sie mit LILO nicht nur Linux, sondern auch MS-DOS und MS-Windows 9x starten.

OS/2- und MS-Windows NT/2000-Nutzer können LILO jedoch nicht nutzen und müssen entweder auf ihre eigenen Boot-Manager zurückgreifen oder Linux über eine Boot-Diskette starten.

2.4 Linux mit Windows NT/2000 kombinieren

Die Installation von Linux zusammen mit MS-Windows NT/2000 unterscheidet sich im Ablauf z. B. von einer Installation neben MS-Windows 9x. Wir haben Ihnen daher im Abschnitt „Installationsreihenfolge und Partitionierung“ eine Checkliste zusammengestellt, in der wir Ihnen die Ausnahmen, die Sie beachten müssen, beschrieben haben. Sie können dann die Installation wie in den Kapiteln 2.8 bis 2.10 beschrieben unter Beachtung der von uns genannten Ausnahmeregelungen durchführen.

Linux in eine bestehende Installation integrieren

Wenn Sie bereits MS-Windows NT/2000 auf Ihrem Rechner installiert haben und kein Platz für Linux zur Verfügung steht, kommt es darauf an, welches Dateisystem Sie einsetzen. Nutzen Sie das DOS-Dateisystem FAT (oder VFAT), können Sie die Verkleinerung einer Partition auf Seite 42 nachlesen.

Eine Verkleinerung von NTFS-Partitionen ist nicht mit den bei einer SuSE- oder RedHat-Distribution mitgelieferten Programmen möglich. In diesem Fall müssen Sie auf kommerzielle Produkte wie z. B. Partition-Magic zurückgreifen, die Ihnen neben dem Verkleinern auch zusätzliche Features wie das Verschieben einer Partition ermöglichen. Sie können das Geld aber auch in eine neue Festplatte investieren, die Sie Linux spendieren.

Eine Ausnahme stellt die Situation dar, in der Sie MS-Windows NT/2000 und MS-DOS gleichzeitig auf Ihrem Rechner installiert haben. Dann dürfen Sie sich als DOS-Nutzer betrachten und die für MS-DOS ab Seite 39 beschriebenen Schritte durchführen.

Linux wird durch LILO, den Linux-Loader, gestartet. LILO ist zwar in der Lage, MS-DOS oder MS-Windows 9x zu starten, nicht jedoch MS-Windows NT/2000. Daher müssen Sie auf den Boot-Manager von MS-Windows NT/2000 zurückgreifen, wenn Sie ein Boot-Menü nutzen wollen. Sie können Linux aber auch jedes Mal von einer Boot-Diskette starten, die Sie während der Installation anfertigen können – und in diesem Fall auch müssen.

Installationsreihenfolge und Partitionierung

1a Haben Sie bereits MS-Windows NT/2000 installiert und keinen Platz mehr auf der Festplatte frei, müssen Sie, wie oben erwähnt, die MS-Windows NT/2000-Partition soweit verkleinern, dass noch unterhalb des 1024. Zylinders Platz für eine Boot- (2 MByte) oder eine Systempartition (mind. 64 MByte) ist. Die Informationen über den Anfangs- und End-Zylinder Ihrer Partition sollte Ihnen das Tool anzeigen, das Sie zum Verkleinern nutzen. Zusätzliche Informationen zum 1024-Zylinder-Problem finden Sie ab Seite 59.

1b Installieren Sie MS-Windows NT/2000 und Linux auf einem System neu, gehen Sie wie folgt vor: Zuerst installieren Sie MS-Windows NT/2000. Während des Installationsvorgangs müssen Sie Partitionen für MS-Windows NT/2000 festlegen. Beim Anlegen der Partitionen legen Sie auch eine Linux-Systempartition (64 MByte) oder eine Linux-Boot-Partition (2 MByte) unterhalb des 1024. Zylinders an (vgl. S. 59). Weitere Linux-Partitionen können Sie ebenfalls schon während der MS-Windows NT/2000-Installation anlegen. Sie können aber auch einfach noch Platz auf der Festplatte freilassen und diesen während der Linux-Installation in Partitionen aufteilen.

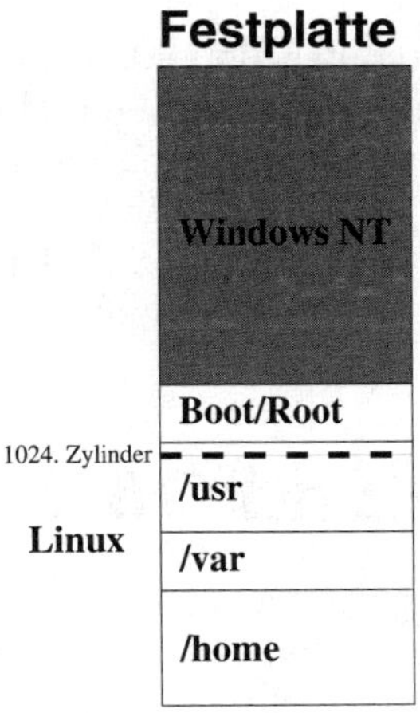

MS-Windows NT/2000 und Linux kombiniert mit einer kleinen Systempartition unterhalb des 1024. Zylinders

1c Den geringsten Aufwand müssen Sie treiben, wenn Sie Linux allein auf einer zusätzlichen Festplatte installieren. Sie müssen weder MS-Windows NT/2000-Partitionen verkleinern noch werden Sie Schwierigkeiten haben, eine Boot- oder Systempartition unterhalb des 1024. Zylinders anzulegen.

2 Danach installieren Sie Linux. Nutzen Sie die RedHat-Distribution (Anleitung ab Seite 72), müssen Sie den Modus *Benutzerdefiniert* wählen. Die SuSE-Installation (ab Seite 103) bietet für den parallelen Betrieb zweier Betriebssysteme sowieso nur eine manuelle Partitionierung. Wenn Sie die Installation anhand des jeweiligen Kapitels durchführen, achten Sie noch auf folgende, MS-Windows NT/2000 betreffende Besonderheiten:

3 Bei der Partitionierung weisen Sie den unterhalb des 1024. Zylinders liegenden Partitionen den passenden Mountpoint zu und legen, wenn Sie es noch nicht bei der MS-Windows NT/2000-Installation getan haben, weitere Linux-Partitionen für die Daten an.

4 LILO kann sich in verschiedenen Bereichen Ihrer Festplatte einrichten, um seinen Dienst zu versehen. Wenn in der Installation die Frage nach dem Ort kommt, an dem LILO installiert werden soll, wählen Sie den ersten Sektor der Boot-Partition. Installieren Sie LILO nicht im *Master Boot Record*! Damit würden Sie den Boot-Manager von MS-Windows NT/2000 deaktivieren.

5 Lassen Sie sich auf jeden Fall eine Linux-Bootdiskette anfertigen. Diese benötigen Sie nach der Installation, um Linux zu starten. Sie können dann entweder Linux immer über diese Diskette starten oder den MS-Windows NT/2000-Boot-Manager um einen Eintrag für Linux erweitern.

Einrichtung des MS-Windows NT/2000 Boot-Managers

MS-Windows NT/2000 kann zwar durch den Boot-Manager von Linux gestartet werden, bringt aber Probeme mit sich, da der Boot-Manager von MS-Windows NT/2000 die Linux-Partitionen nicht richtig erkennt. Andersherum macht dies jedoch keine Probleme. Der MS-Windows NT/2000-Boot-Manager hat übrigens auch eine schönere Oberfläche. Seine Einrichtung wird nach der Installation des Linux-Systems in Kapitel 3.1 ab Seite 126 beschrieben.

2.5 Das Gespann Linux und OS/2

Wie auch bei MS-Windows NT/2000 unterscheidet sich die Installation von Linux zusammen mit OS/2 im Ablauf z. B. von einer Installation neben MS-Windows 9x. Wir haben Ihnen daher im Abschnitt „Installationsreihenfolge und Partitionierung" eine Checkliste zusammengestellt, in der wir Ihnen die Ausnahmen, die Sie beachten müssen, beschrieben haben. Sie können dann die Installation nach Kapitel 2.8 bis 2.10 unter Beachtung der von uns genannten Ausnahmeregelungen durchführen.

Installationsreihenfolge und Partitionierung

Wir können Ihnen leider kein frei verfügbares Programm anbieten, mit dessen Hilfe die Größe bestehender HPFS-Partitionen verändert werden kann. Allerdings existieren kommerzielle Programme wie z. B. Partition-Magic, die dazu in der Lage sind. Wenn Sie kein Geld für ein solches Tool ausgeben wollen, können Sie sich eine neue Festplatte anschaffen, auf der Sie dann Linux installieren. Ansonsten gilt hier wie immer: Was kein Geld kostet, kostet Zeit. Denn wenn Ihre Festplatte bereits komplett von OS/2 belegt ist, bleibt Ihnen nur eine Neuinstallation, bei der Sie dann die für eine Linux-Installation notwendigen Voraussetzungen berücksichtigen können.

1a Haben Sie bereits OS/2 installiert und sich für die Nutzung eines Repartitionierungstools entschieden, achten Sie bei der Verkleinerung darauf, dass unterhalb des 1024. Zylinders noch Platz für eine Boot- (2 MByte) oder eine Systempartition (mind. 64 MByte) ist. Die Informationen über den Anfangs- und End-Zylinder Ihrer Partition sollte Ihnen das Tool anzeigen, das Sie zum Verkleinern nutzen. Zusätzliche Informationen zum 1024-Zylinder-Problem finden Sie ab Seite 59. Machen Sie sich auf jeden Fall eine OS/2-Boot-Diskette, bevor Sie mit der Linux-Installation beginnen und sichern Sie vor der Repartitionierung alle wichtigen Daten!

1b Installieren Sie OS/2 und Linux auf einem System neu, beginnen Sie mit der OS/2-Installation. Während des Installationsvorgangs richten Sie neben den Partitionen für OS/2 auch eine Linux-Systempartition (mind. 64 MByte) oder eine Linux-Boot-Partition (2 MByte) unterhalb des 1024. Zylinders an (zu dieser Problematik s. S. 59). Partitionen erhalten eine so genannte ID, die den Typ und die Zugehörigkeit zu einem Betriebssystem kennzeichnet. Der OS/2-Boot-Manager kennt die ID einer Linux-Partition nicht, daher müssen Sie während der Linux-Installation noch die ID dieser Partition berichtigen. Lassen Sie auf der Festplatte auch noch Platz für Daten-Partitionen frei bzw. legen Sie die von Ihnen benötigten Partitionen direkt mit dem OS/2-fdisk an.

1c Einfacher ist es, wenn Sie nur Linux auf einer zusätzlichen Festplatte installieren. Sie müssen weder OS/2-Partitionen verkleinern noch werden Sie Schwierigkeiten haben, eine Boot- oder Systempartition unterhalb des 1024. Zylinders anzulegen.

2 Installieren Sie neu, können Sie die Linux-Systempartition bereits jetzt in den OS/2-Boot-Manager aufnehmen. Damit ist die Konfiguration des Boot-Managers bereits vor der eigentlichen Linux-Installation abgeschlossen, also auch bevor sich auf dieser Partition ein Betriebssystem befindet. In den beiden anderen Fällen führen Sie diesen Schritt nach der Linux-Installation durch.

3 Jetzt installieren Sie Linux. Nutzen Sie die RedHat-Distribution (Anleitung ab Seite 72), müssen Sie den Modus *Benutzerdefiniert* wählen. SuSE müssen Sie mit YaST1 installieren (ab Seite 103).

4 Bei der Partitionierung unter Linux müssen Sie den bereits unter OS/2 angelegten Partitionen nicht nur einen Mountpoint, sondern auch den richtigen Partitionstyp zuweisen.

5 Linux wird über ein Programm mit dem Namen LILO (Linux Loader) gestartet. Dieses Programm kann sich in verschiedenen Bereichen Ihrer Festplatte einrichten, um seinen Dienst zu versehen. Wenn in der Installation die Frage nach dem Ort kommt, an dem LILO installiert werden soll, wählen Sie den ersten Sektor der Boot-Partition. Installieren Sie LILO nicht im *Master Boot Record*! Damit würden Sie den Boot-Manager von OS/2 deaktivieren.

6 Während des Installationsvorgangs haben Sie die Option, eine Boot-Diskette anlegen zu lassen. Nutzen Sie diese Möglichkeit! Wenn Sie Schwierigkeiten mit der Konfiguration des OS/2-Boot-Managers haben, können Sie Linux auch jedes Mal über die Boot-Diskette starten.

2.6 Partitionieren wie die Profis

In MS-DOS und MS-Windows 9x hat die Aufteilung einer Festplatte in mehrere Partitionen meist keinen Sinn, sondern erschwert die Nutzung eher durch notwendige zusätzliche Laufwerkbuchstaben. In Linux ist die Einrichtung mehrerer Partitionen jedoch sinnvoll, teilweise sogar notwendig. Im Gegensatz zu MS-Windows 9x, das eine Auslagerungsdatei auf der Festplatte anlegt, um den physikalischen Arbeitsspeicher zu erweitern, kann Linux für diesen Zweck eine eigene Swap-Partition nutzen.

Aber auch mehrere Daten-Partitionen (im Unterschied zu Swap-Partitionen) machen aus Gründen Sinn, die wir weiter unten noch näher erläutern werden. Linux kennt keine Laufwerkbuchstaben, sondern stellt alle Daten-Partitionen über ein Verzeichnis zur Verfügung. Ein solches Verzeichnis wird *Mountpoint* genannt. Alle Partitionen werden nach dem Verzeichnis benannt, in das sie gemountet werden: Wir sprechen nicht mehr wie unter DOS von einer *C:*- oder einer *D:*-Festplatte, sondern von Root-(/)- oder /usr-Partitionen.

Primäre, erweiterte und logische Partitionen

Noch einmal zurück zur physikalischen Aufteilung einer Festplatte: Auf einer Festplatte können maximal vier so genannte *primäre Partitionen* angelegt werden. Um mehr als vier Partitionen anlegen zu können, wurde das Partitionskonzept um die so genannte *erweiterte Partition* ergänzt. Diese ist ein Behälter, der weitere Partitionen aufnehmen kann. Die innerhalb der erweiterten Partition angelegten Partitionen werden *logische Partitionen* genannt.

Wenn Sie also mehr als vier Partitionen nutzen wollen, legen Sie maximal drei primäre Partitionen an und deklarieren die verbleibende vierte Partition als erweiterte Partition. Innerhalb der erweiterten Partition, die den Rest des verfügbaren Festplattenplatzes einnehmen sollte, legen Sie dann die noch von Ihnen benötigten Partitionen als logische Partitionen an.

Partitionsbezeichnungen verstehen

Unter Linux haben alle Partitionen einen Namen, egal zu welchem Betriebssystem sie gehören. Dieser bildet sich aus einem Anfangskürzel, das den Typ der Festplatte definiert: Hier gibt es *hd* (Abkürzung für *hard disk*) für IDE- und EIDE-Festplatten und *sd* (als Abkürzung für *SCSI disk*) für SCSI-Festplatten.

Die Anzahl der Festplatten wird im dritten Buchstaben mitgeführt. Hier geben Kleinbuchstaben die Reihenfolge an: Die erste Festplatte am ersten IDE-Kontroller bekommt den Buchstaben *a* und heißt dann mit vollem Namen *hda*. Die zweite Festplatte am ersten IDE-Kontroller kann unter *hdb* erreicht werden. Ein CD-ROM-Laufwerk, das am zweiten IDE-Kontroller hängt, wird mit *hdc* angesprochen. Hier legen die meisten Distributionen jedoch noch einen Verweis mit dem Namen *cdrom* an, der auf das gleiche Gerät zeigt und Ihnen das Leben leichter machen soll.

SCSI-Festplatten werden auf die gleiche Art und Weise durchnummeriert, wobei hier jedoch die SCSI-ID einer Festplatte die Reihenfolge vorgibt: Die

Festplatte mit der kleinsten ID, z. B. 0, bekommt den Namen *sda*, die nächste Festplatte – die auch die ID 2, 3 oder 5 haben kann – den Namen *sdb*.

Hinweis

Neue SCSI-Festplatten und das Problem mit der ID

Wenn Sie jetzt eine neue Festplatte mit einer ID zwischen der ersten und der zweiten Festplatte hinzufügen (z. B. mit der ID 1), bekommt diese beim nächsten Boot-Vorgang den Namen *sdb* und die ehemalige Festplatte *sdb* rutscht einen Platz weiter auf *sdc*. Das kann das System ganz schön durcheinander bringen, vor allem, wenn wichtige Mountpoints auf der jetzt *sdc* heißenden Festplatte liegen, die aber vom System auf der vielleicht noch gar nicht eingerichteten neuen Festplatte gesucht werden, die jetzt *sdb* heißt.

Partitionen werden nun über eine Zahl dargestellt, die an die jeweilige Festplattenbezeichnung angehängt wird. So heißt z. B. die erste Partition auf der zweiten IDE-Festplatte *hdb1* und die zweite Partition der ersten Festplatte *hda2*. Wenn Sie jetzt noch von allein darauf kommen, wie die dritte Partition der ersten SCSI-Festplatte heißt, dann haben Sie es verstanden. Wir verraten noch nichts, sondern nur, dass diese Partition im gleich folgenden Beispiel die MS-Windows 95-Partition enthält.

Der Ort der Geräte: das Verzeichnis /dev

Die oben genannten Partitionen gelten unter Linux als eigene Geräte und werden über das Verzeichnis */dev* verwaltet. Dieses Verzeichnis enthält meistens eine Unmenge von Dateien, die für die dem Kernel bekannten Geräte wie z. B. CD-ROM- oder Diskettenlaufwerke vorkonfiguriert sind. Die Geräte, für die diese Einträge gedacht sind, müssen jedoch nicht an Ihrem PC angeschlossen sein.

Wenn man also die dritte Partition der ersten SCSI-Festplatte, auf der z. B. MS-Windows 95 installiert ist, dem Dateisystem von Linux zugänglich machen und über einen Mountpoint einhängen möchte, „mountet" man den Device */dev/sda3* in ein Verzeichnis, dem man z. B. den Name */win95* gibt. Wie man das macht, finden Sie auf Seite 228 beschrieben. Meistens müssen Sie das auch gar nicht selbst tun, da diese Arbeit von den Installationsroutinen der Distributionen für Sie erledigt wird, wie Sie später noch sehen werden.

Hier ein Beispiel einer Aufteilung einer 8-GByte-Festplatte mit MS-Windows 95 und einer auf mehrere Partitionen aufgeteilten Linux-Installation:

- **Partition 1** Linux: Root + Boot
- **Partition 2** Linux: Swap

- **Partition 3** MS-Windows 95
- **Partition 4** Erweiterte Partition
  (enthält keine Daten, aber Partitionen!)
  - **Partition 5** Linux: Standardsoftware der Distribution
  - **Partition 6** Linux: zusätzliche Anwendungssoftware (z. B. KDE)
  - **Partition 7** Linux: Variable Daten und Log-Dateien
  - **Partition 8** Linux: Nutzerdaten

Wir haben es hier mit einem System zu tun, in dem eine SCSI-Festplatte vorhanden ist. Wenn Sie sich die Partitionen mit dem Linux-Tool *fdisk* anschauen, werden sie Ihnen so dargestellt:

```
Disk /dev/sda: 255 heads, 63 sectors, 1111 cylinders
Units = cylinders of 16065 * 512 bytes

   Device Boot    Start       End    Blocks   Id  System
/dev/sda1             1         9     72261   83  Linux
/dev/sda2            10        41    257040   82  Linux swap
/dev/sda3   *        42       172   1052257+  50  Win95 FAT32
/dev/sda4           173      1111   7542517+   5  Extended
/dev/sda5           173       303   1052226   83  Linux
/dev/sda6           304       434   1052226   83  Linux
/dev/sda7           435       500    530113+  83  Linux
/dev/sda8           510      1111   4835565   83  Linux
```

In den Spalten *Start* und *End* werden Ihnen der Anfangs- und End-Zylinder einer Partition ausgegeben; diesem Wert kommt bei der Einrichtung eines Boot-Managers eine besondere Bedeutung zu.

Wenn Sie sich später unter Linux den belegten Festplattenplatz mit dem Tool *df*, das Ihnen die Auslastung der Partitionen anzeigt, ausgeben lassen, erhalten Sie folgende Übersicht:

```
Filesystem           1k-blocks      Used Available Use% Mounted on
/dev/sda1                69965     52893     13459  80% /
/dev/sda3              1052257    666064    386193  63% /win95
/dev/sda5              1018298    811483    154204  84% /usr
/dev/sda6              1018298    480779    484908  50% /opt
/dev/sda7               513147     97504    389138  20% /var
/dev/sda8              4671266   4151125    278363  94% /home
```

Hier werden Ihnen über die Swap-Partition und die erweiterte Partition keine Daten ausgegeben, weil Sie auf diese ja keinen direkten Zugriff haben.

Linux-Partitionen und ihre Bedeutung

Jetzt wollen wir Ihnen noch kurz die Bedeutung der jeweiligen Partitions-Bezeichnungen erklären. Wir haben in der ersten Übersicht auf Seite 55 ja bereits einige Hinweise gegeben, wie wir die verschiedenen Partitionen nutzen wollen.

Die Mountpoints, also die Punkte in der Verzeichnishierarchie, an denen die Partitionen eingehängt werden, beziehen sich auf eine Verzeichnisstruktur, den so genannten File-System-Standard. Dieser legt inhaltlich fest, welche Dateien eines Programmpakets in welchen Verzeichnissen gelagert werden sollen — ähnlich wie z. B. unter MS-Windows 9x das Verzeichnis *Programme* die Anwendungsprogramme und *Windows\System* die Windows-Bibliotheken enthält.

Bis auf ein paar kleine Unterschiede halten sich auch die meisten Distributionen an diesen Standard. Wir möchten Ihnen hier die hauptsächlich genutzten Verzeichnisse mit ihren jeweiligen Inhalten kurz vorstellen. Weitergehende Erläuterungen zu den Verzeichnissen und ihren Bedeutungen finden Sie in Kapitel 6.2 ab Seite 209.

/: Die Root- oder auch System-Partition ist der Startpunkt jedes Boot-Vorgangs und damit die erste Partition, auf die der Kernel zugreift. Diese Partition muss jedem Kernel bekannt gemacht werden, damit das System booten kann. Alle weiteren Partitionen werden mit dieser verbunden. Das bedeutet auch, dass die Inhalte aller Verzeichnisse, die nicht auf eine zusätzliche Partition zeigen, auf der Root-Partition abgelegt werden.

/usr: In diesem Verzeichnis wird die Anwendungssoftware gespeichert. Hier lagert nach einer Installation die größte Menge an Daten. Eine Partition, die dieses Vereichnis enthält, darf eine bestimmte Größe nicht unterschreiten — für die RedHat-Distribution sollte sie nicht kleiner als 800 MByte sein, da 90% der installierten Daten auf dieser Partition abgelegt werden.

/home: Dieses Verzeichnis enthält die Startverzeichnisse der auf dem System eingerichteten Nutzer. Bei einer Workstation sind das wahrscheinlich nur Sie selbst. Bei einem Server können das aber viele Nutzer sein, die dort z. B. ihre Webseiten abgelegt haben.

/var: Hier werden alle „variablen" Daten abgelegt, u. a. Log-Dateien mit den gespeicherten Zugriffsdaten z. B. Ihres Webservers oder den Cache-Daten eines Proxy-Servers. Auch E-Mails werden in diesem Bereich zwischengespeichert, bis sie von den Nutzern abgeholt worden sind. Der */var*-Bereich wird von den verschiedenen Nutzungsarten unterschiedlich stark belegt. Eine Workstation kommt z. B. mit einer wesentlich kleineren */var*-Partition aus als ein Webserver oder ein Gateway.

/tmp: Ein Temporärbereich ist für alle Unix-Programme eine Notwendigkeit. In ihm werden - wie der Name schon sagt - temporäre Dateien abgelegt, die bei vielen Programmenläufen anfallen. Er kann aber auch von jedem, der eine Nutzungsberechtigung auf diesem Rechner hat, als Zwischenspeicher genutzt werden. Wenn für */tmp* keine eigene Partition angelegt wurde, wird das Verzeichnis oft mit einer anderen Partition (z. B. mit der var-Partition als */var/tmp*) verbunden.

/opt oder /usr/local: Wenn zusätzliche Anwendungssoftware installiert wird, die auf der bereits überfüllten */usr*-Partition nicht mehr unterkommt, wird meist eine neue Festplatte eingebaut, die dann über eines der beiden Verzeichnisse in das System eingebunden wird.

swap: Last but not least die Swap-Partition. Ihr kommt eine besonders wichtige Bedeutung zu, die von den meisten Linux-Nutzern unterschätzt wird. Das physikalische RAM wird durch eine Swap-Partition erweitert. Früher war oft sogar die vierfache Menge des vorhandenen RAMs Standard, heute nimmt man im Allgemeinen die doppelte RAM-Größe. Bis zur Kernelversion 2.2 war jedoch bei einer Größe von 127 MByte für Swap-Partitionen Schluss. Bei Arbeitsspeicher-Größen von 64 oder 128 MByte (oder noch mehr) können jetzt auch entsprechend große Swap-Partitionen angelegt werden.

Hinweis

SOS: Linux und Arbeitsspeichermangel

Wenn Linux an die Grenzen des Arbeitsspeichers gerät (physikalisch plus Swap), können Sie böse Überraschungen erleben! Das System wird dann sehr langsam, ist nur noch mit dem Aus- und Einlagern von Teilen des Arbeitsspeichers beschäftigt und kann kaum noch bedient werden. Im schlimmsten Fall können Sie das System nur noch mit einem Reset oder durch Ausschalten zur Aufgabe zwingen. Zu so einem Engpass sollte man es nie kommen lassen!

Linux-Programmen wird keinerlei Beschränkung bezüglich der von ihnen zu belegenden Arbeitsspeicher-Menge auferlegt. Der Kernel versucht auch, jedem Programm, das Arbeitsspeicher anfordert, die notwendige Menge zuzuweisen. Da Linux so stabil läuft, dass Sie sehr schnell alle Programme, die Sie brauchen, gleichzeitig starten werden, sind auch 128 MByte RAM schneller verbraucht, als Sie denken.

Gönnen Sie Linux daher den Swap-Bereich. Der Zugriff ist wesentlich schneller als unter MS-Windows 9x auf eine Swap-Datei. Zur Zeit nicht benötigte Programme werden so intelligent ausgelagert, dass Sie für die Programme, mit denen Sie arbeiten, immer genügend RAM zur Verfügung haben, so dass die Arbeitsgeschwindigkeit nicht unnötig sinkt. Und bei modernen Festplatten mit Speicherkapazitäten jenseits der 10 GByte können Sie die 256 MByte doch auch verschmerzen, oder?

Mehr Sicherheit bei differenzierter Partitionierung

Sie werden sich jetzt sicher fragen, warum bei der Partitionierung unter Linux ein solcher Aufwand getrieben wird. Jede Aufteilung der Festplatte in kleinere Partitionen schränkt die Flexibilität bei der Nutzung des freien Plattenplatzes ein. Wenn Sie sich jetzt also denken, dass dieser Aufwand eigentlich gar nicht notwendig ist und eher schadet als nutzt, haben Sie nicht in allen Fällen unrecht.

Eine ausgefeilte Strategie bei der Wahl der Partitionen ist nur dann sinnvoll, wenn man sein Linux-System auf bestimmte Anforderungen optimal ausrichten möchte. Um Linux zu testen oder auch um damit mehr oder weniger häufig zu arbeiten, reicht eine Root- und eine Swap-Partition völlig aus (wie auf Seite 62 dargestellt).

Bei der Konfiguration von Partitionen spielt die Datensicherheit jedoch auch eine Rolle, da auch schreibende Zugriffe auf Partitionen im Arbeitsspeicher zwischengespeichert werden. Wenn das System z. B. wegen eines Stromausfalls ausfällt, kann es zu Inkonsistenzen – im schlimmsten Fall Datenverlusten — in den Dateisystemen kommen, auf die schreibend zugegriffen wurde. Wenn Sie nur mit einer einzigen großen Partition arbeiten, können diese Verluste alle Teile Ihres Systems betreffen, schlimmstenfalls gerade die für das Booten und die Wiederherstellung der gestörten Dateisysteme notwendigen Dateien.

Daher wird in vielen Fällen zumindest eine Root-Partition angelegt, die nur die wirklich wichtigen Konfigurationsdateien, Systemprogramme und Bibliotheken enthält. Auf die so angelegte Root-Partition wird nur noch selten schreibend zugegriffen, was bedeutet, dass bei einem Ausfall auch keine Fehler im Dateisystem auftreten sollten. Diese Entscheidung bringt es jedoch mit sich, dass Sie zusätzlichen Speicherplatz für die Verzeichnisse */usr*, */var* und */home* in Form eigener Partitionen zur Verfügung stellen müssen.

Zusätzliche Sicherheit erlangen Sie beim Aufbau eines Linux-Servers, der Anwendungssoftware anderen Linux-Workstations zur Verfügung stellen soll, wenn Sie diese Software auf einer eigenen Partition unterbringen. Diese können Sie dann als *read-only*-Dateisystem freigeben, sodass auch bei missbräuchlicher Nutzung einer Workstation die Datensicherheit auf der Server-Seite weiterhin gewährleistet ist.

Es liegt also an Ihnen, wie weit Sie bei der Partitionierung gehen wollen. Und ein möglichst einfaches Konzept – auch wenn es am Stammtisch nicht so eindrucksvoll präsentiert werden kann – hat gerade in seiner Flexibilität einen Vorteil, besonders für den Linux-Einsteiger. Denn was machen Sie, wenn Sie auf Ihrer /home-Partition noch reichlich Platz haben, der Ihnen aber auf der vollen /usr-Partition für die neuste Version eines ganz tollen Programms fehlt? (Aber auch zu diesem Problem gibt es einfache Lösungen)

Einschränkungen für Boot-Partitionen

Die Geometrie einer Festplatte spielt bei der Nutzung von Linux keine Rolle. Hier kann völlig von der zu Grunde liegenden Hardware abstrahiert werden. Leider gilt das nicht für den Moment, in dem Linux auf die Verständigung mit anderen Betriebssystemen oder dem BIOS angewiesen ist, wie es beim Booten der Fall ist.

Für das BIOS ist durch die Art und Weise, wie es die Festplatte anspricht, der 1024. Zylinder eine magische Obergrenze. Dateien, die hinter diesem Zylinder auf der Festplatte abgespeichert sind, können nicht in den Boot-Vorgang einbezogen werden. Und das kann bei der Kombination älterer BIOSe mit neuen Festplatten bedeuten, dass der zum Booten nutzbare Bereich gerade einmal 500 MByte groß ist.

▼▼▼ EXKURS

Die 1024-Zylinder-Frage

Sie wollen es also genau wissen? Gut, Sie haben es so gewollt!

Daten werden auf einer Festplatte in so genannten Sektoren (S) gespeichert, die in der Regel eine Größe von 512 Byte haben. Diese Sektoren sind physikalisch auf den Magnetplatten in so genannten Zylindern (C) organisiert. Bei älteren Platten war das Verhältnis von Sektoren pro Zylinder fest, neuere IDE-, EIDE- und SCSI-Platten haben ein variables Sektoren-/Zylinder-Verhältnis, wodurch sich die Magnetplatten besser ausnutzen lassen. Wie bei einer Schallplatte haben die inneren Zylinder einen geringeren Durchmesser als die äußeren, diese können daher mehr Sektoren aufnehmen als die inneren.

Jede Festplatte besitzt mehrere Magnetplatten, auf denen Zylinder mit Sektoren eingerichtet sind. Nur wird in diesem Fall nicht von der Platte, sondern von den Schreib-/Leseköpfen (H) gesprochen. Die Gesamtzahl aller Sektoren einer Festplatte errechnet sich also aus $Cylinder * Heads * Sectors$. Eine Festplatte mit C/H/S $= 4092/16/63$ enthält also $4092 * 16 * 63 = 4\,124\,736$ Sektoren, die – bei einer Sektor-Größe von 512 Byte – eine Kapazität von 2 111 864 832 Byte hat.

Bei der Angabe dieser großen Zahl in KByte, MByte oder GByte entsteht ein weiteres Problem: Offiziell werden Byte dezimal in die nächst höhere Einheit umgerechnet. Dann entsprechen 1000 Byte einem KByte, 1000 KByte einem MByte und 1000 MByte einem GByte. Nach dieser Rechnung sind 2 111 864 832 Byte 2,11 GByte. In vielen Fällen wird jedoch in Blockgrößen gerechnet, die der doppelten Sektorgröße, also 1024 Byte entsprechen. Dies wird dann fortgeführt, sodass 1024 KByte einem MByte und 1024 MByte einem GByte entsprechen. Würden wir so rechnen – wie es auch das Programm *df* tut, erhalten wir eine Festplattengröße von 1,97 GByte. Wenn Sie also das Gefühl haben, Ihre Festplatte wäre kleiner, als auf der Packung angegeben, betrachten Sie die Anzahl der Byte, denn die Festplattenhersteller richten sich nach der Dezimalnorm.

Kommen wir zurück zu unserem Beispiel: Alle modernen Festplatten lassen sich, was ihre interne Aufteilung in Zylinder, Köpfe und Sektoren angeht, nicht mehr in die Karten gucken. Bei diesen Festplatten wird ein bestimmter Sektor über eine fortlaufende Nummer angesprochen, die von der Festplatte intern auf die Geometrie umgerechnet wird. Dieses Verfahren wird bei IDE- und EIDE-Festplatten LBA (**L**ogical **B**lock **A**ddressing) genannt.

Zum Booten wird über den Interrupt 13 eine Funktion genutzt, die über die Angabe der Geometrie Sektoren von der Festplatte liest. Dieser Aufruf, der über ein 3-Tupel C/H/S abgewickelt werden muss, akzeptiert nur eine Zylinder-Nummer von maximal 1023 (die Zählung beginnt bei 0). Bei älteren BIOSen können nur 16 Köpfe und 63 Sektoren angesprochen werden, was den verfügbaren Raum, innerhalb dessen gebootet werden kann, auf $1024 * 16 * 63 = 1\,048\,576$ Sektoren begrenzt. Das entspricht in dezimaler Umrechnung 528 MByte.

Bei modernen BIOSen mit LBA-Adressierung erhöht sich die mögliche Anzahl der ansprechbaren Köpfe auf 256, was insgesamt eine maximale Adressierung von $1024 * 256 * 63 = 16\,515\,072$ Sektoren erlaubt, also dezimal 8,5 GByte entspricht. Bei unserer Beispielfestplatte rechnet unser BIOS im LBA-Modus die Zahl der Zylinder und die Zahl der Köpfe so um, dass alle Sektoren angesprochen werden können: Es entsteht eine virtuelle Festplatte mit den Werten C/H/S = 1023/64/63, über die ebenfalls auf alle 4 124 736 Sektoren zugegriffen werden kann.

Diese Einschränkungen gelten nur für die Lesevorgänge, bei denen auf das BIOS und den IRQ 13 zurückgegriffen werden muss. Linux verzichtet darauf zur Gänze und ist, wenn es einmal läuft, in der Lage, bis zu 2 TByte große Festplatten zu verwalten. Für die Einrichtung der Partitionen, die für das Booten genutzt werden sollen, sind diese Informationen jedoch von immenser Wichtigkeit, weswegen Ihnen unter Linux jedes Partititionierungstool den Anfang und das Ende einer Partition über die Nummer des Zylinders mitteilt.

Exkurs–Ende

Eine Linux-Boot-Partition sollte immer komplett unterhalb des 1024. Zylinders liegen, wenn sie von einem Boot-Manager wie LILO angesprochen werden soll. Nur dann können Sie sicher gehen, dass die Dateien, die beim Booten geladen werden müssen, sich auch wirklich unterhalb der magischen Grenze befinden. Unter Linux haben Sie nämlich keinen Einfluss auf die Lage der Dateien innerhalb einer Partition.

Wir bieten Ihnen daher auch Vorschläge an, die bei einer kompletten Neuinstallation dieses Problem umgehen und beide installierten Betriebssysteme (oder auch nur Linux) einem Boot-Manager zugänglich machen. Wenn Sie bereits MS-DOS oder MS-Windows 9x installiert haben, können Sie Linux mit der Software LOADLIN auch von einer Partition starten, die hinter dem 1024. Zylinder beginnt. Dies wird in Kapitel 3.1 nach der Installation erklärt. Bei der Partitionierung mit *fdisk* können Sie die Lage der Partitionen übrigens sehr leicht nachvollziehen: Die Werte, die Ihnen als Start- und Endwerte im Beispiel auf Seite 56 angezeigt werden, sind die Zylinderzahlen.

Für jede Situation eine Lösung: Partitionierungsvorschläge

Wir wollen Ihnen hier verschiedene Partitionierungsmöglichkeiten vorstellen. Beide von uns beschriebenen Distributionen bieten Ihnen eine „Schnellpartitionierung", die Ihnen die Vorüberlegungen erspart. Sie können sogar eine automatische Partitionierung neben schon bestehenden MS-Windows 9x- oder anderen Partitionen nutzen. Aber auch eine manuelle Partitionierung muss nicht kompliziert sein. Wir bieten Ihnen drei verschiedene Vorschläge, mit denen Sie Ihr Linux-System optimal an Ihre Bedürfnisse anpassen können.

Die schnelle Wahl: Partitionierung mit geringem Aufwand

Grundsätzlich kommen Sie bei Linux mit einer Datenpartition aus, wie bei MS-DOS oder MS-Windows 9x auch. Da wir die Einrichtung einer Swap-Partition dringend empfehlen, müssen Sie als minimale Lösung zwei Partitionen einrichten.

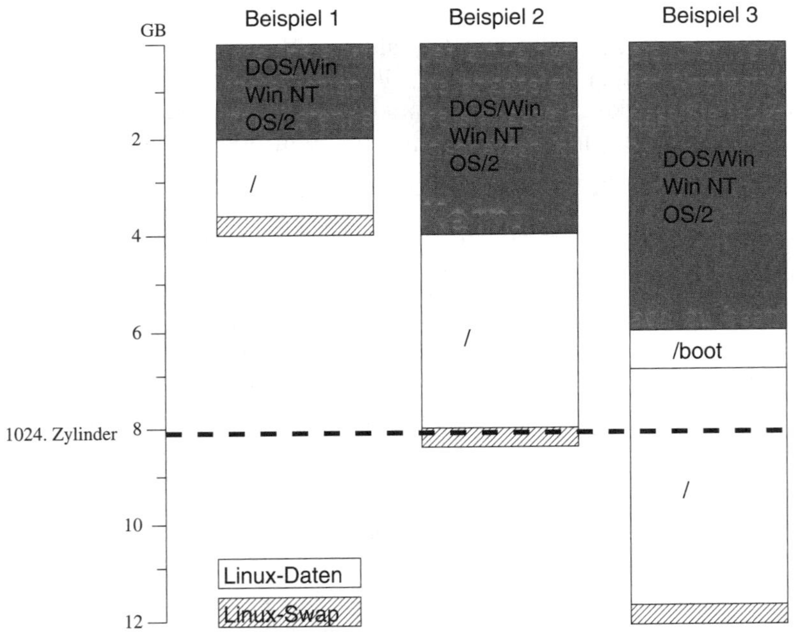

Drei Beispiele für eine Partitionierung mit minimalem Aufwand. Dort, wo die Root-Partition die 1024-Zylinder-Grenze überschreitet, wurde eine kleine Boot-Partition angelegt, die komplett unterhalb dieser Grenze liegt.

Die Notwendigkeit einer dritten Partition für die Boot-Dateien von Linux ergibt sich nur, wenn die Root-Partition (/) über die 1024-Zylinder-Grenze hinausragen würde. In diesem Fall legen Sie direkt hinter der ersten Partition Ihrer Festplatte eine kleine Boot-Partition an, die mindestens 2 MByte groß sein sollte. Wenn Sie experimentierfreudig sind und eventuell auch die neueren Entwicklerkernel ausprobieren wollen, sollten Sie die Boot-Partition etwas größer wählen, damit alle Kerneldateien dort Platz finden. Hier sind 10 MByte eine passende Größe.

Partitionieren mit minimalem Aufwand

Mountpoint	Partitionsgröße bei RedHat	und bei SuSE
/	mind. 850 MByte	mind. 300 MByte besser 1,5 GByte
/boot	2 bis 10 MByte	2 bis 10 MByte
Swap	2∗ RAM-Größe	2∗ RAM-Größe

Die Größe der Swap-Partition richtet sich in erster Linie nach der Größe Ihres Hauptspeichers und nicht nach der Größe Ihrer Festplatte. Wählen Sie nach Möglichkeit die zwei- oder dreifache Menge Ihres Arbeitsspeichers. Sie müssen jedoch selbst entscheiden, wie viel Platz Ihrer Festplatte Sie für die Swap-Partition opfern wollen. Mehr als 10 Prozent des von Linux genutzten Bereichs erscheinen uns da nicht sinnvoll. Denken Sie jedoch auch daran, dass nur die neueren Kernel (ab Version 2.2) in der Lage sind, Swap-Partitionen größer als 128 MByte zu nutzen.

Das hier von uns vorgeschlagene Partitionierungsschema wird im Übrigen bei der automatischen Partitionierung bei einer RedHat- und der grafischen SuSE-Installation verwendet. Wenn Sie sich also für diese Variante entscheiden, können Sie bei beiden Installationsvarianten auf die automatische Partitionierung zurückgreifen.

Partitionsvorschlag für eine Linux-Workstation

Wenn Sie Linux bereits intensiver genutzt oder sich von dem Platzbedarf der von Ihnen genutzten Software bereits ein Bild gemacht haben, raten wir Ihnen zu einer etwas differenzierteren Partitionierung. Wichtigster Punkt ist hier die kleine Root-Partition (/), mit der Sie bei Systemausfällen besser gegen Datenverluste bzw. ein nicht mehr lauffähiges System geschützt sind.

Partitionierung für eine Workstation

Mountpoint	Partitionsgröße bei RedHat	und bei SuSE
/	mind. 64 MByte	mind. 64 MByte
/usr	mind. 600 MByte besser 1 bis 1,5 GByte	mind. 800 MByte besser 1 bis 1,5 GByte
/var	mind. 200 MByte	mind. 200 MByte
/home	den Rest des freien Platzes	
Swap	2∗ RAM-Größe	2∗ RAM-Größe

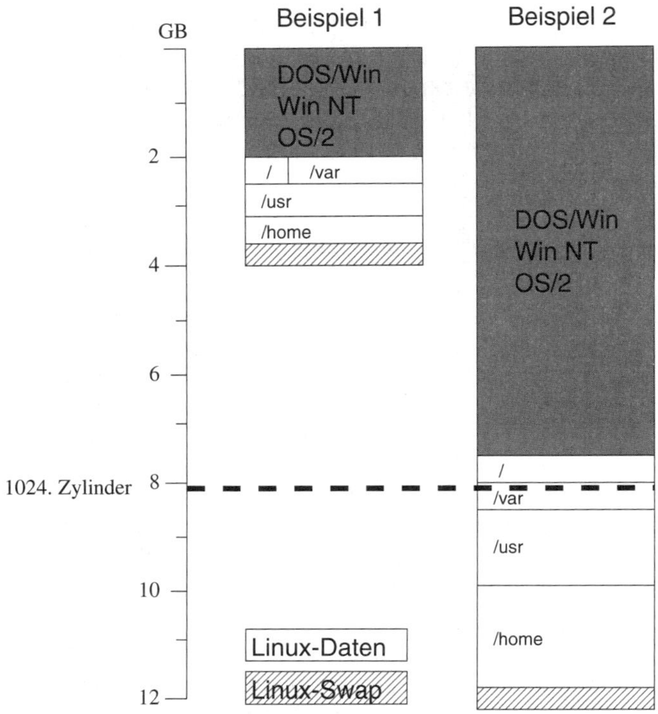

Bei einer Workstation lohnt sich eine differenziertere Partitionierung, um mehr Sicherheit bei Ausfällen zu gewinnen. Hier muss auch nur noch die relativ kleine Root-Partition (/) unterhalb des 1024. Zylinders liegen.

Zusätzliche Flexibilität gewinnen Sie mit einer separaten /home-Partition. Wenn Sie andere Distributionen ausprobieren wollen, bleiben Ihnen Ihre persönlichen Daten auf der /home-Partition erhalten.

Alle Angaben in der Tabelle sind Richtwerte, die nach oben offen sind. Jedoch macht eine Vergrößerung von /var- und Swap-Partition bei einer Workstation nur wenig Sinn. Wenn Sie also viel Festplattenplatz zu verteilen haben, erweitern Sie hauptsächlich die /usr- und die /home-Partition, je nachdem ob Sie eher neue Software ausprobieren (=> größere /usr-Partition, SuSE z. B. benötigt für eine Vollinstallation über 6 GByte) oder ob Sie intensiv mit großen Datenmengen arbeiten wollen (=> größere /home-Partition, denn Audio-Samples von einer CD in MPEG-Dateien umzuwandeln, braucht eine ganze Menge Speicherplatz).

Sie können aber auch auf einzelne Partitionen verzichten: Wenn Sie z. B. nur eine /home-Partition anlegen wollen, rechnen Sie die von uns vorgeschlagenen Werte für die /usr- und /var-Partition einfach zur Root-Partition dazu und kommen damit auf eine 1,3 bis 2 GByte große Root-Partition. Sie müssen jedoch darauf achten, dass die Partition nicht über die 1024-Zylinder-Grenze hinausragt, bzw. wenn sie es tut, eine separate Boot-Partition einrichten.

Partitionieren mit besonderen Anforderungen: Linux als Server

Für einen Server gelten andere Maßstäbe als für eine Workstation. Dies liegt vor allem an der unterschiedlichen Nutzung der verschiedenen Verzeichnisse. Wir haben Ihnen hier einmal zwei Beispiele aufgeführt, die in ihrer Gegensätzlichkeit die Problematik deutlich machen.

Ein Mail- und Newsserver legt seine Daten hauptsächlich im /var-Bereich ab. Daher müssen Sie bei intensiver Nutzung beider Dienste dieser Partition ein großes Stück vom Festplattenkuchen abgeben. Anders sieht es jedoch aus, wenn Sie einen Webserver aufsetzen: Wenn Sie z. B. den Nutzern Ihres Intranets die Möglichkeit geben wollen, auf Ihrem Server HTML-Seiten abzulegen, benötigen Sie einen entsprechend großen /home-Bereich.

Partitionierung für einen Server

Mountpoint	Partitionsgröße als Mail-/Newsserver	als Webserver
/	mind. 64 MByte	mind. 64 MByte
/usr	mind. 500 MByte, je nach eingesetzter Software	
/var	den Großteil des Platzes	mind. 200 MByte eher 500 MByte
/home	mind. 200 MByte besser 500 MByte	den Großteil des Platzes
Swap	2∗ RAM-Größe	2∗ RAM-Größe

Wenn Sie jedoch eine dynamische, Datenbank-gestützte Website aufbauen wollen, hängt es davon ab, wo das Datenbanksystem seine Daten ablegt. Hier kann es wiederum sinnvoll sein, eine große /var-Partition anzulegen, da viele Datenbanksysteme dort ihre Daten speichern. Außerdem ist der Zeitraum, über den Sie die Log-Dateien Ihres Webservers für eine statistische Auswertung vorhalten wollen, ein wichtiger Aspekt bei der Planung des /var-Bereichs. Wenn Sie viele Zugriffe haben, können diese Log-Dateien schnell eine recht ansehnliche Größe annehmen. Unsere Empfehlung von 200 bzw. 500 MByte ist in diesen Fällen eher knapp bemessen.

In allen Fällen raten wir Ihnen jedoch zu einer separaten kleinen Root-Partition. Beim Server-Betrieb kann jeder noch so kleine Sicherheitsvorsprung Sie vor peinlichen Situationen retten. Und auch wenn Sie immer eine Boot-Diskette neben dem Rechner liegen haben: das Programm, dass Sie gerade für das Recovery des Systems benötigen, ist bestimmt nicht dabei.

Wenn Ihr Server sowohl Mail- als auch Webserver sein soll, gestaltet sich die Planung einfacher: Legen Sie Root-, Swap- und /usr-Partition mit festen Werten an und teilen Sie den Rest einfach zwischen /var- und /home-Partition auf. Damit sind Sie für alle Fälle gerüstet. Und wenn es einmal klemmt, können Sie immer noch eine neue Festplatte dazukaufen und die zu klein werdende Partition damit ergänzen.

2.7 Von CD booten oder Erstellen und Verwenden einer Boot-Diskette

Die Linux-Installationsroutinen laufen (natürlich) unter Linux ab. Daher müssen Sie für die Installation Linux booten. Jetzt stellt sich natürlich die Frage, von welchem Medium?

Von der CD-ROM booten

Wenn Sie in der glücklichen Lage sind, dass Sie von CD-ROMs booten können, sollten Sie diesen Schritt als Erstes ausprobieren. Sie ersparen sich damit das Erstellen einer Bootdiskette zu diesem Zeitpunkt. Die aktuellen Ausgaben z. B. der RedHat- und der SuSE-Distribution werden auf einer bootfähigen CD-ROM ausgeliefert.

▼▼▼ EXKURS

Im BIOS die CD-ROM als Boot-Medium einstellen

Auch wenn Ihr BIOS in der Lage wäre, von einer CD-ROM zu booten, ist dieses Feature in den seltensten Fällen aktiviert. Sie müssen daher in den sauren Apfel beißen und diesen Schritt selbst vornehmen. Dabei hängt es von Ihrem BIOS-Hersteller ab, wie diese Aktivierung vorzunehmen ist:

AMI-BIOS: Mit [F1] gelangen Sie in das BIOS-Menü. Im AMI-BIOS navigieren Sie nur mit den Pfeiltasten und selektieren mit der [Enter]-Taste. Wählen Sie das Untermenü *Boot Options*. Dort finden Sie vier (oder mehr) Einträge, die mit *First...*, *Second...* usw. gekennzeichnet sind. Selektieren Sie den ersten mit der [Enter]-Taste und wählen Sie die CD-ROM. Mit *Exit* und *Save* speichern Sie Ihre Änderungen ab.

Award-BIOS: Mit der [Entf]-Taste gelangen Sie in das Hauptmenü. Mit den Pfeiltasten wählen Sie zuerst *CHIPSET FEATURES SETUP* und drücken die [Enter]-Taste. Dann selektieren Sie den Eintrag *Boot-Sequence*. Wählen Sie mit den Tasten [Bild↑] und [Bild↓] die für Sie passende Boot-Reihenfolge (meist *A,CDROM,C*). Mit [Esc] gelangen Sie zurück ins Hauptmenü und speichern mit *SAVE AND EXIT* Ihre Änderung ab.

Phoenix-BIOS: Sie aktivieren das Phoenix-BIOS mit [F2]. Im Menü *Boot*, das Sie mit [→] erreichen, finden Sie die möglichen Boot-Medien in der aktuell festgelegten Reihenfolge. Selektieren Sie mit [↓] das CD-ROM-Laufwerk und bewegen Sie es mit der [+]-Taste aus dem Nummernblock vor die Festplatte. Dann geht es mit [→] auf *Exit*. *Exit Saving Changes* sollte selektiert sein, bestätigen Sie dies mit der [Enter]-Taste.

Jetzt bootet der Rechner neu und sollte sich auf die eingelegte CD-ROM stürzen. Sie sollten diese Einstellung jedoch nach der Installation wieder rückgängig machen, damit Ihr Rechner nicht jedes Mal, wenn Sie eine CD im Laufwerk vergessen, von dieser bootet oder sich darüber beschwert, dass diese vielleicht nicht bootfähig ist.

▲▲▲ **Exkurs–Ende**

Beim Booten von CD ergibt sich nur eine Schwierigkeit: Wenn Sie ein CD-Laufwerk mit Schublade besitzen, können Sie die CD erst einlegen, wenn der Rechner eingeschaltet ist. Aber mit ein wenig sportlicher Betätigung schaffen Sie das Einlegen, bevor Ihr PC nach einem Boot-Medium sucht. Aber es gibt auch eine sichere Methode:

1. Schalten Sie Ihren Rechner ein, egal, ob bereits ein Betriebssystem installiert ist oder nicht.
2. Legen Sie in aller Ruhe die CD-ROM in das Laufwerk.
3. Wenn sich noch nicht Linux meldet, sondern Ihr Betriebssystem, warten Sie, bis es gestartet ist.
4. Unter MS-DOS können Sie jetzt einfach Strg+Alt+Entf drücken. Unter MS-Windows 9x wählen Sie bei *Beenden* den Punkt *Windows neu starten*. Sollte dann wieder Windows starten, funktioniert das Booten von CD bei Ihnen leider nicht.

Wenn Ihr Rechner es kann, sollte er jetzt von der CD booten und Sie können auf Seite 74 weiterlesen. Wenn er es nicht tut, aber eigentlich können sollte, lohnt sich vielleicht noch mal ein kontrollierender Blick in das BIOS, ob dort bei der Einstellung der Boot-Reihenfolge auch wirklich das CD-ROM-Laufwerk vor der Festplatte erscheint (haben Sie evtl. noch eine Diskette im Laufwerk?). Ansonsten bleibt Ihnen noch folgende Möglichkeit:

Linux im DOS-Modus von der CD-ROM starten

Stört sich Ihr Rechner nicht an der eingelegten CD, lassen Sie ihn am besten direkt weiterlaufen, da Sie jetzt DOS oder MS-Windows 9x benötigen, um entweder eine Bootdiskette anzulegen oder unseren zweiten Boot-Tipp auszuprobieren.

1. Wechseln Sie in den DOS-Modus. Wenn Sie sowieso nur DOS benutzen, haben Sie diesen Schritt schon erledigt. Arbeiten Sie noch mit Windows 3.x, sollten Sie Windows vor dem nächsten Schritt beenden. Benutzen Sie MS-Windows 9x, wechseln Sie über *Start/Beenden* in den DOS-Modus. Ein Aufruf des nächsten Schritts aus einer DOS-Box könnte fatale Folgen haben.

Hinweis

ACHTUNG: Linux nie von der MS-DOS-Eingabeaufforderung oder per Doppelklick starten!

Linux ist keine „Anwendung", die man unter MS-Windows 9x starten kann. Als eigenes Betriebssystem würgt es dasjenige, von dem aus es aufgerufen wird, gnadenlos ab, wenn es gelassen wird. Deswegen funktioniert diese Methode auch nicht unter MS-Windows NT/2000 und OS/2, da diese Betriebsysteme solche schwerwiegenden „Angriffe" auf die eigene Existenz nicht zulassen. MS-Windows 9x besitzt jedoch keine derartigen Schutzmechanismen. Daher hat ein Start von Linux z. B. per Doppelklick – wenn es überhaupt funktioniert – für Ihr Windows ungefähr den gleichen Effekt, als würden Sie Ihren PC einfach ausschalten.

Falls Sie im DOS-Modus nicht auf Ihr CD-ROM-Laufwerk zugreifen können, müssen Sie dort noch den CD-ROM-Treiber einbinden. In MS-Windows 9x erledigen Sie diese Aufgabe am einfachsten, indem Sie Ihren PC über die Windows-Startdiskette booten. Diese können Sie über die *Systemsteuerung* unter *Software* anlegen.

2 Die RedHat-Distribution enthält im Verzeichnis *dosutils* eine Batch-Datei mit dem Namen *autoboot.bat*. Durch einen Aufruf dieser Datei starten Sie Linux mit Hilfe des Programms LOADLIN, das Sie auch für die Boot-Konfiguration benutzen können.

```
C:\WINDOWS> d:
D:\> cd dosutils
D:\DOSUTILS> autoboot
```

Wenn Sie sich bei Ihrer Vorauswahl für diesen Weg des Starts von Linux entschieden haben, können Sie sich hier schon einmal ansehen, wie das Ganze funktioniert und bei der Installationsbeschreibung Ihrer Distribution weiterlesen.

Und es funktioniert immer noch nicht? Wir sind entsetzt. Gut, Sie haben noch gar kein Betriebssystem auf Ihrem Rechner und folglich auch keine Möglichkeit, ein Programm von der CD zu starten. In diesem Fall müssen wir Sie an einen funktionierenden Rechner verweisen, damit Sie sich dort eine funktionsfähige Bootdiskette erstellen können, wenn bei Ihrer Distribution keine mitgeliefert wurde.

Unter MS-Windows NT/2000 und OS/2 kann die Installation auch nicht aus einer DOS-Sitzung gestartet werden. Hier haben Sie keine andere Wahl, als auf die Bootdiskette zurückzugreifen.

Hinweis

Installations-Bootdiskette ist nicht gleich System-Bootdiskette

Die Bootdiskette, die Sie für die Installation anlegen, können Sie später nicht zum Booten Ihres Linux-Systems benutzen, da diese speziell für die Installation gemacht wurden. Deshalb bieten die meisten Installationsroutinen Ihnen die Möglichkeit, während der Installation eine Bootdiskette anzulegen, der Informationen über Ihre Installation – also z. B. über Lage und Inhalt der Partitionen – mitgegeben werden. Diese Diskette sollten Sie sorgfältig aufbewahren, während Sie die Installations-Bootdiskette nach der Installation für andere Zwecke weiterverwenden können. Überschreiben Sie sie jedoch nicht direkt mit der System-Bootdiskette! Wenn die Installation aus irgendwelchen Gründen abbricht, müssen Sie die folgende Prozedur ein zweites Mal durchführen!

Bootdisketten erstellen mit RAWRITE

Wenn Sie sich noch nicht am DOS-Prompt befinden, starten Sie eine DOS-Box. Wir demonstrieren Ihnen das Anlegen einer Bootdiskette anhand der RedHat-Installations-CD. Hinweise zum Anlegen einer Bootdiskette mit SuSE finden Sie auf Seite 70.

Es existieren mehrere Boot-Images, die jeweils unterschiedlich Hardware ansprechen können.

- Die Datei für eine Standard-CD-ROM-Installation ist *boot.img*. Wenn Sie keine spezielle Hardware (z. B. ein Notebook) haben, sollten Sie mit einer Bootdiskette aus dieser Datei problemlos Linux installieren können.
- Wenn Sie eine Installation über das Netz vornehmen wollen, wählen Sie die Datei *bootnet.img*.
- Wollen Sie eine Installation auf einem Notebook durchführen, nehmen Sie die Datei *pcmcia.img*.
- Wollen Sie Linux für eine Hilfsorganisation einrichten, nehmen Sie die Datei *rescue.img*. Halt, nein, das war ein Scherz. Diese Datei ist selbst die Notrettung, wenn Ihre Linux-Installation einmal nicht mehr funktioniert.

Im Normalfall wählen Sie jedoch die Datei *boot.img*, anhand derer wir Ihnen den Vorgang auch erklären wollen.

1. Legen Sie eine formatierte, aber leere Diskette ein. Darauf enthaltene Daten würden Linux zum Opfer fallen.
2. Jetzt kommt ein Befehl, der auf eine spezielle Art und Weise die gerade eingelegte Diskette um Linux bereichert. Sie müssen dazu das Programm *rawrite* benutzen. Ein einfaches Kopieren reicht hier nicht. Wir gehen davon aus, dass Ihr CD-ROM-Laufwerk den Laufwerkbuchstaben D hat:

```
C:\> d:\dosutils\rawrite -f d:\images\boot.img -d a:
Please insert a formatted diskette into drive A:
and press -ENTER- :_
```

3 Wenn sich das Programm mit der Ausgabe „Please insert ...“ meldet, drücken Sie die [Enter]-Taste. Jetzt wird die Datei *boot.img* so auf die Diskette kopiert, dass Sie von dieser Diskette demnächst Linux booten können.

Natürlich ist auf dieser Diskette viel mehr drauf als nur Linux. Sie enthält auch den ersten Teil der Installationsroutinen, die dafür sorgen, dass Linux auf Ihrer Festplatte eingerichtet wird. Mit dem Erstellen der Bootdiskette sind alle Zutaten für die Installation von Linux vorbereitet.

Booten mit dem SuSE-Setup-Tool

Die SuSE-Distribution kommt mit einem eigenen Setup-Programm, das Sie im DOS-Modus starten müssen. Mit diesem Programm können Sie eine bootfähige Linux-Version auf Ihrer Festplatte anlegen, mit deren Hilfe Sie dann die Installation starten können. Oder Sie erzeugen mit *Setup* Bootdisketten für die SuSE-Installation.

1 Starten Sie *Setup* von der CD.

2 Wählen Sie *Deutsch* mit den [↑]- und [↓]-Tasten. Sie beenden Ihre Auswahl hier und bei allen weiteren Dialogen mit der [Enter]-Taste.

3 Geben Sie dann den Laufwerkbuchstaben des CD-ROM-Laufwerks ein.

Dann erscheint der Begrüßungsbildschirm, bei dem Sie sich entscheiden können, ob Sie Linux mit dem Programm *LOADLIN* von der Festplatte starten oder ob Sie Bootdisketten anlegen wollen (erste Wahl für MS-Windows NT/2000- und OS/2-Nutzer). Wenn Sie Letzteres wählen, lesen Sie bitte weiter auf Seite 71. Sie können das Programm Setup jederzeit mit der [Esc]-Taste beenden.

SuSE-Installation von der Festplatte starten

Mit diesem Programm wird eine DOS-fähige Linux-Version auf Ihrer Festplatte angelegt und danach gestartet. Im Normalfall können Sie alle Abfragen von Setup mit der [Enter]-Taste bestätigen.

1 Bestätigen Sie die freundliche Begrüßung mit der [Enter]-Taste und wählen Sie im folgenden Bildschirm LOADLIN (ein Druck auf die [Enter]-Taste sollte dazu genügen).

2 Die Größe des Arbeitsspeichers sollte richtig erkannt worden sein. Stimmt dieser Wert nicht mit Ihrer Arbeitsspeichergröße überein, korrigieren Sie ihn.

3 Die Frage nach der CD-ROM beantworten Sie mit der [Enter]-Taste.

4 Sie sollten in der Regel mit dem i386-Kernel (*k_i386*) zurechtkommen.

5 Verzichten Sie auf eine Eingabe bei den Kernelparametern. Drücken Sie einfach einmal die Enter-Taste.

6 Nutzen Sie die Möglichkeit, LOADLIN auf die Festplatte kopieren zu lassen. Wählen Sie hier mit → *Ja*.

7 Speichern Sie auch die bisher gemachten Angaben ab, vor allem, wenn Sie bei einem der Punkte zusätzliche Informationen eingetragen haben.

8 Jetzt können Sie die Installation starten.

Bootdisketten mit SuSE-Setup erstellen

Haben Sie zwei leere, aber formatierte Disketten bereitliegen? Diese werden jetzt von Setup mit dem eigentlichen Installationsprogramm gefüllt. Die erste Diskette enthält den Linux-Kernel, die zweite die Kernelmodule (Module entsprechen Treibern unter DOS), die nicht mehr auf die erste Diskette gepasst haben.

1 Bestätigen Sie die freundliche Begrüßung mit der Enter-Taste und wählen Sie im folgenden Bildschirm mit der →-Taste *Floppy*. Mit der Enter-Taste gelangen Sie zur nächsten Auswahl.

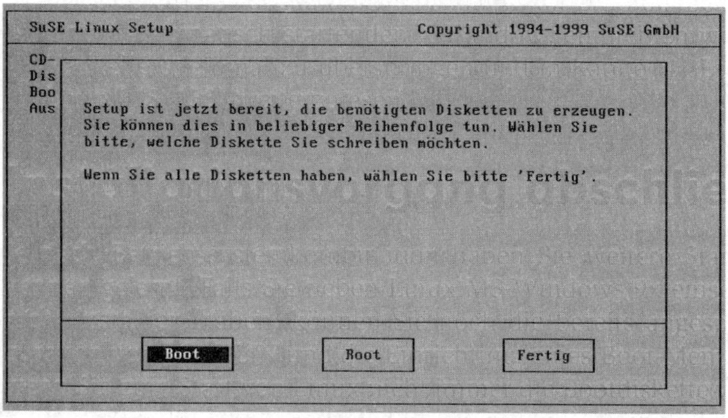

Die SuSE-Linux-Installation benötigt zwei Startdisketten, eine Boot- und eine Root-Diskette

2 Hier können Sie jetzt der Reihe nach die beiden Bootdisketten anlegen. Im ersten Schritt genügt ein Druck auf die Enter-Taste, um die Bootdiskette zu erstellen.

3 Jetzt müssen Sie den passenden Kernel für Ihre Installation wählen. Wenn Sie mit der ↓- und ↑-Taste den Markierungsbalken auf einen anderen Kernel setzen, werden Ihnen im unteren Fenster Kurzhinweise zum ausgewählten Eintrag gegeben. Mit der Enter-Taste bestätigen Sie die Auswahl. Versuchen Sie es beim ersten Versuch mit dem Eintrag *Boot*.

4 Dann werden Sie aufgefordert, die erste der beiden leeren, aber formatierten Disketten einzulegen und den Vorgang mit der [Enter]-Taste zu starten. Sie können den Kopiervorgang am Bildschirm verfolgen. Ist dieser beendet, gelangen Sie mit der [Enter]-Taste zurück in das Auswahlmenü.

5 Jetzt wählen Sie mit der [→]-Taste die Schaltfläche *Root* und bestätigen die Auswahl mit der [Enter]-Taste.

6 Im folgenden Menü haben Sie die Möglichkeit, eine Diskette mit den noch fehlenden Modulen oder eine Notfalldiskette anzulegen. Erstere brauchen Sie gleich für die Installation, Letztere kann Ihnen in Zusammenarbeit mit der auf Ihre Installation zugeschnittenen Bootdiskette, die während des Installationsvorgangs erstellt wird, wertvolle Dienste bei einem nicht mehr funktionierenden System leisten. Aber jetzt wählen Sie erst einmal die *Module* und drücken die [Enter]-Taste.

7 Legen Sie dann die zweite (nicht wieder die erste!) Diskette ein und beobachten Sie den Kopiervorgang. Ist dieser beendet, gelangen Sie durch einen Druck auf die [Enter]-Taste wieder zurück in das Auswahlmenü.

8 Selektieren Sie *Fertig* und nutzen Sie den Service, Ihre bisherigen Angaben in einer Konfigurationsdatei abspeichern zu lassen.

Damit „haben" Sie fertig. Nehmen Sie jetzt die Module-Diskette aus dem Laufwerk und legen Sie die Bootdiskette wieder ein. Jetzt können Sie mit einem Reboot den Computer neu starten und die Installation beginnen (weiter auf S. 103).

2.8 Installation der RedHat-Distribution in zehn Schritten

Mit *Anaconda* steht Ihnen für die Installation von RedHat 7.0 ein grafisches Frontend zur Verfügung, das Ihnen viele Mühen abnimmt. Die meisten an Ihren PC angeschlossenen Komponenten werden automatisch erkannt. Sie können es daher zuerst einmal darauf ankommen lassen, ob alle Geräte richtig gefunden werden. Sollten Sie jedoch Schwierigkeiten erwarten — vielleicht durch Probleme bei einer anderen Installation, geben wir Ihnen hier noch einmal eine Checkliste der Informationen über die Hardware, nach der Sie bei der Installation gefragt werden könnten:

Checkliste Hardwareinformationen

Die folgenden Daten können Sie z. B. dem Handbuch zu den jeweiligen Geräten entnehmen. Wenn Sie bereits ein Betriebssystem installiert haben, können Sie auch dort die installierten Komponenten anhand ihrer Eintragungen im System oder ihrer Treiber nachsehen – unter MS-Windows 9x z. B. im Hardware-Manager in der Systemsteuerung.

CD-ROM-Laufwerk Welchen CD-ROM-Laufwerktyp haben Sie: ATAPI, SCSI oder ein älteres Modell?

Festplatte Sie sollten wissen, welches Festplattenmodell und welchen Adapter (IDE, E-IDE oder SCSI) Sie verwenden.

Maustyp An welchem Anschluss haben Sie Ihre Maus angeschlossen und welchen Maustyp haben Sie?

Netzwerkkarte Wenn Sie eine Netzwerkkarte eingebaut haben, wissen Sie den Hersteller und den Kartentyp? Zusätzlich sollten Sie bei einer ISA-Karte die Werte für den Speicherzugriff bereithalten, z. B. Interrupt, IO-Basisadresse und wenn nötig den DMA-Kanal.

Grafikkarte & Monitor Die Einrichtung der grafischen Oberfläche kann prinzipiell übersprungen werden; die sofortige Konfiguration im Installationsvorgang ist aber zu empfehlen. Dazu brauchen Sie technische Informationen über Grafikkarte und Monitor.

Installationsübersicht

Freien Speicherplatz auf Ihrer Festplatte haben Sie ja bereits eingerichtet (siehe S. 42). MS-Windows NT/2000- und OS/2-Besitzer haben sich hoffentlich schon in den Kapiteln 2.4 und 2.5 über das Zusammenleben von Linux mit ihrem Betriebssystem informiert. Wie Sie das Installationsprogramm starten, wissen Sie bereits auch schon (S. 66).

Der Ablauf des nun folgenden Installationsvorgangs wird hier kurz skizziert:

1 Starten des Installationsprogramms und Angabe der Sprach-, Tastatur- und Mauskonfiguration

2 Auswahl des Installationstyps (S. 76)

3 Partitionierung der Festplatten (S. 78)

4 Linux-Boot-Manager einrichten (S. 83)

5 Netzwerkeinstellungen (S. 84)

6 Uhrzeit einstellen (S. 86)

7 Root-Passwort und Nutzerkennung festlegen (S. 86)

8 Installation der diversen Softwarepakete (S. 88)

9 Konfiguration der grafischen Oberfläche (S. 92)

Nach Abschluss des Installationsprogramms nehmen Sie gegebenenfalls die Einstellungen an den parallel installierten Betriebssystemen vor, wie z. B. die Boot-Manager-Konfiguration (S. 123).

Schritt 1: Die Installation beginnt

Das Installationsprogramm befindet sich zusammen mit einem Standard-Betriebssystemkern von Linux in einer Datei, die beim Booten geladen werden muss. Wenn Sie von Diskette booten, legen Sie am besten die CD-ROM gleichzeitig ein, damit das Installationsprogramm diese direkt findet.

Sie haben im vorherigen Kapitel entweder herausgefunden, dass das Laden dieser Datei automatisch von der CD-ROM erfolgt, oder aber Sie haben sich eine Bootdiskette erstellt. Starten Sie nun die Installation, entweder wie oben beschrieben direkt von der CD – sei es nun durch Booten oder durch den Aufruf von *autoboot* – oder durch die Bootdiskette. Legen Sie die eben erstellte Bootdiskette ein und starten Sie Ihren Rechner neu.

Falls Ihr Rechner Ihre so mühsam erstellte Bootdiskette ignoriert, liegt es wahrscheinlich daran, dass im BIOS Ihres Rechners die falsche Boot-Reihenfolge eingestellt ist. Hier muss das Diskettenlaufwerk A: vor der Boot-Partition Ihrer Festplatte C: eingetragen sein. Hinweise, wo Sie in Ihrem BIOS die Boot-Reihenfolge einstellen, finden Sie auf Seite 66.

Ansonsten können Sie jetzt mit der [Enter]-Taste Linux booten und den eigentlichen Installationsvorgang starten.

Die Installation beginnt

Das Installationsprogramm geht direkt „in medias res“ und fragt einige organisatorische Dinge ab, bevor die eigentliche Installation gestartet wird. Dazu gehören die Sprache, in der die Installationshinweise gegeben werden sollen, das Tastaturlayout, mit dem Sie arbeiten, und der Typ Ihrer Maus. Die automatische Erkennung der Maus sollte jedoch so gut funktionieren, dass Sie bereits beim ersten Bildschirm Ihre Auswahl mit der Maus treffen können.

Wenn Ihre Maus noch nicht erkannt wurde, können Sie zwischen den folgenden Listen und Schaltflächen mit der Taste [Tab] umschalten. Eine Auswahl wird über die [Enter]-Taste getroffen. Markierungen können Sie mit der [Leertaste] aktivieren und deaktivieren. Wenn Sie eine Schaltfläche ohne Maus „anklicken“ wollen, drücken Sie so lange die Taste [Tab], bis die Schaltfläche mit einem Rahmen dargestellt wird, und bestätigen Ihre Auswahl dann mit der [Enter]-Taste.

Ungeduldigen wollen wir die nächsten Angaben in einer Übersicht kurz auflisten: Für alle Angaben gilt, dass Sie sie mit [↑] und [↓] auswählen und die Auswahl mit der [Enter]-Taste bestätigen.

Schnell-Installation

Erste Einstellungen des Installationsprogramms:

1 Die deutsche Sprache stellen Sie mit *German* ein.

2 Dann wählen Sie die deutsche Tastaturbelegung: Wenn Sie eine Tastatur mit MS-Windows 95-Tasten haben, wählen Sie *Generic 105-key (Intl) PC*, ansonsten *Generic 102-key (Intl) PC*. Die Tastaturbelegung ist *German* und unter *Dead Keys* wählen Sie *Dead Keys deaktivieren*.

3 Die Maus sollte bereits erkannt worden sein.

4 Danach geht es erst richtig los (S. 76).

Die deutsche Unterstützung für die Installation auswählen

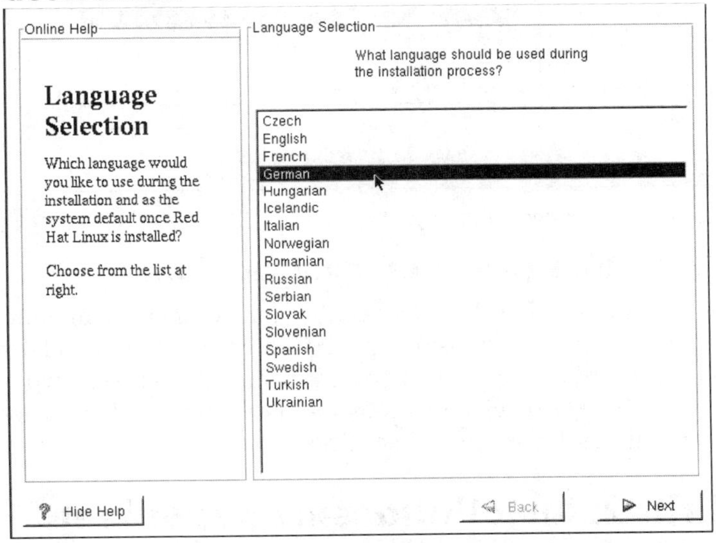

Stellen Sie die Sprache ein, in der die RedHat-Installation durchgeführt werden soll

Zuerst legen Sie die länderspezifischen Einstellungen fest. Die erste Frage nach dem Land wird noch in Englisch gestellt. Wählen Sie in der Liste der angebotenen Länder den Eintrag *German* aus. Damit werden Ihnen im Folgenden deutsche Beschreibungstexte angezeigt.

Es folgt die Auswahl der Tastaturbelegung. Wenn Sie eine Tastatur mit MS-Windows 9x-Tasten besitzen, wählen Sie im Fenster *Modell* den Eintrag *Generic 105-key (Intl) PC*. Haben Sie eine Tastatur ohne diese zusätzlichen Tasten, ist der Eintrag *Generic 102-key (Intl) PC* der richtige.

Als Tastaturbelegung wählen Sie *German* und unter *Dead Keys* selektieren Sie *Dead Keys deaktivieren*. Dieser Punkt hat folgende Bedeutung: die so genannten „toten Tasten“ (z. B. ^ und ´) dienen als Umschalter für Sonderzeichen, die nicht als eigene Taste auf Ihrer Tastatur enthalten sind, wie z. B. Buchstaben mit Akzenten: „ŏ“, „ò“ oder „ó“. Dieses zusätzliche Linux-Feature kann jedoch bei der Installation zu Verwirrung führen. Sie können aber im laufenden Betrieb wieder auf diese Einstellung umstellen, wenn Sie sie brauchen.

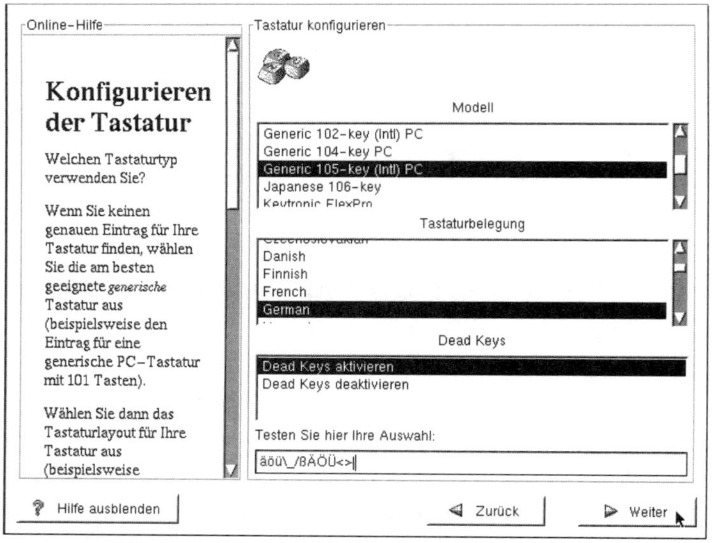

Wählen Sie das deutsche Tastaturlayout

Ist Ihre Maus richtig erkannt worden?

Wenn Ihre Maus sich bisher nicht gerührt hat, können Sie im nun folgenden Dialog mit den [↑]- und [↓]-Tasten Ihren Maustyp selektieren und dann mit der [Tab]-Taste auf *Weiter* springen. Sobald Sie den richtigen Maustyp ausgewählt haben, sollte diese bereits funktionieren. Probieren Sie daher zuerst aus, ob Sie nicht mit der Maus auf *Weiter* klicken können.

Schritt 2: Installationsart auswählen

Jetzt begrüßt Sie das Installationsprogramm mit einem Eingangsbildschirm. Diesen können Sie mit einem Klick auf *Weiter* zur Auswahl der Installationsart verlassen.

Die RedHat-Distribution bietet Ihnen die Möglichkeit, eine vordefinierte Installationsart auszuwählen, die Ihnen mit ein paar Voreinstellungen die Installation erleichtern will. Im Gegensatz zur bisherigen Verfahrensweise werden bei der Wahl einer GNOME- oder KDE-Workstation die Partitionen anderer Betriebssysteme nicht verändert. Nur bereits bestehende Linux-Partitionen werden gelöscht und bei der automatischen Partitionierung neu angelegt.

Platzbedarf der einzelnen Installationstypen		
GNOME-Workstation	mind. 600	MByte
KDE-Workstation	mind. 850	MByte
Server	mind. 1,6	GByte
Benutzerdefiniert (Custom)	600 bis 1,6	GByte

Linux-Einsteiger: Wenn Sie keinen besonderen Grund haben, eine manuelle Partitionierung durchzuführen und auf das Anlegen einer Bootdiskette

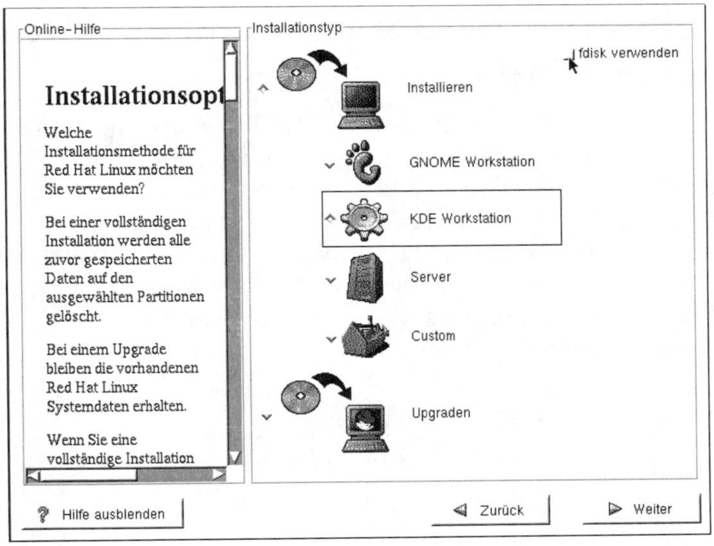

Mit der Auswahl von KDE Workstation erhalten Sie ein Basissystem mit allen wichtigen KDE-Tools

vorerst verzichten können, wählen Sie die KDE-Workstation. Diese enthält neben KDE auch alle Teile der GNOME-Workstation, sodass Ihnen hier nichts entgeht.

Internet-User: Versuchen Sie auf jeden Fall zuerst einmal die Installationsart *KDE-Workstation*! Wenn die automatische Partitionierung nicht funktioniert, kommen Sie um eine manuelle Partitionierung nicht herum. Dafür geht aber der Rest der Installation zügiger vonstatten und Sie müssen sich keine Gedanken um die Auswahl der Softwarepakete machen. Nur wenn Sie sich eine differenziertere Partitionierung überlegt haben und bereits bei der Installation die Kontrolle über die zu installierenden Pakete haben wollen, müssen Sie hier *Benutzerdefiniert* (Custom) auswählen.

Profi-Anwender: Sie können mit der Auswahl von *Server* eine „Standard-Server-Installation" anfordern. Wenn Sie nur mit einfachen Intranet-Services arbeiten wollen, die nicht intensiv genutzt werden, können Sie sich hier etwas Arbeit bei der Installation ersparen. **Aber Achtung!** Mit dieser Installationsart werden alle bestehenden Partitionen und damit alle Daten auf der Festplatte gelöscht! Haben Sie spezielle Anforderungen an Ihre Linux-Installation oder wollen Sie auf dem Linux-Server noch andere Betriebssysteme betreiben, müssen Sie den etwas längeren, dafür aber frei konfigurierbaren Weg *Benutzerdefiniert* (Custom) wählen.

Wenn Sie die KDE-Workstation gewählt haben und eine Netzwerkkarte in Ihrem Rechner eingebaut haben, geht es für Sie auf Seite 84 weiter. Ansonsten können Sie diesen Punkt auch überspringen und ab Seite 86 weiterlesen. Nur wenn Sie *Custom* ausgewählt haben, müssen Sie im nächsten Abschnitt Ihre Festplatte selbst partitionieren.

Schritt 3: Festplatten optimal partitionieren und einrichten

Jetzt kommt der Moment, in dem Sie Ihre Partitionsplanung hervorkramen und in reale Formen gießen müssen. Wir werden Ihnen das Anlegen einer Swap- und einer normalen Linux-Partition vorführen. Wenn Sie weitere Partitionen anlegen wollen, funktioniert das analog. Alle Eintragungen, die Sie jetzt machen, werden kurz vor dem Beginn des Kopiervorgangs wirksam. Solange Sie keine Ihrer bestehenden Partitionen löschen, können Sie neue Partitionen anlegen und wieder entfernen, bis Sie eine für Sie passende Kombination gefunden haben.

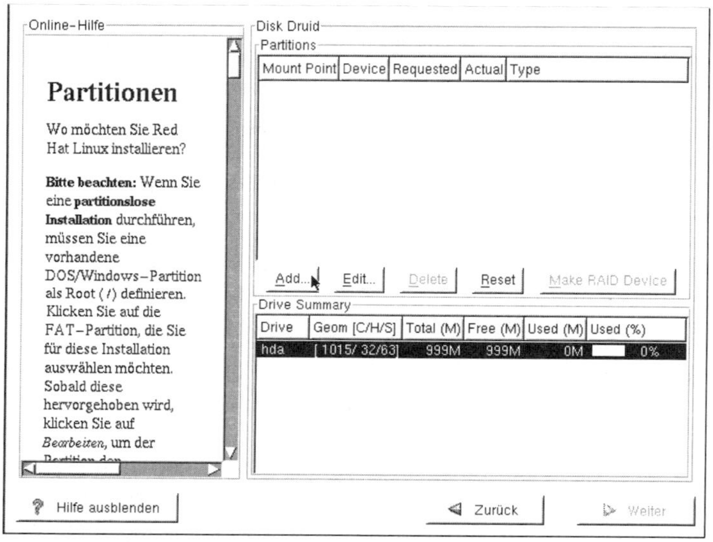

Eine leere Festplatte mit DiskDruid partitionieren

Ein kurzer Überblick über den Aufbau der Bildschirmmaske des Partitionierungstools DiskDruid: Beginnen wir im Gegensatz zur üblichen Reihenfolge einmal unten: In der unteren Hälfte unter der Überschrift *Laufwerkzusammenfassung* (*Drive Summary*) werden Ihnen die verfügbaren Festplatten dargestellt. Neben der Größe der Festplatte insgesamt (*Total*) wird Ihnen auch der bereits belegte (*Used*) und der noch freie (*Free*) Plattenplatz angezeigt. Unter der Überschrift *Geom* verbirgt sich die Geometrie der Festplatte, angegeben in Zylindern ((*C*)ylinders), Köpfen ((*H*)eads) und Sektoren ((*S*)ectors).

Der obere Bereich enthält die Liste der angelegten Partitionen. Bereits bestehende DOS-, Windows- oder andere Partitionen sollten Ihnen dort angezeigt werden. Sie können diese auch direkt in Ihre Linux-Installation einbinden: Klicken Sie einen Eintrag an und wählen Sie dann die Schaltfläche *Edit*. Geben Sie dann ein Verzeichnis an, über das die Partition später unter Linux zu erreichen sein soll. Sie können diesen Schritt aber auch später nachholen.

Schnell-Installation

DiskDruid: Referenz für Ungeduldige

1 Das Anlegen neuer Partitionen erfolgt immer nach dem gleichen Rhythmus: Zuerst klicken Sie auf *Add*.

2 Wählen Sie dann einen *Mountpoint* aus der Liste, die sich öffnet, wenn Sie auf den kleine Pfeil, der nach unten zeigt, klicken, z. B. /.

3 Klicken Sie jetzt in das Feld *Size (Megs)* und tragen Sie dort die gewünschte Größe ein.

4 Wählen Sie dann einen Partitionstyp aus, z. B. *Linux Native*.

5 Mit *OK* haben Sie dann die Partition eingerichtet.

Auf diese Art und Weise richten Sie alle Partitionen ein. Denken Sie daran, auf jeden Fall auch eine Swap-Partition einzurichten!

Tipp

Grow to fill disk?

Die Partition, die Sie mit diesem Feld markieren, erhält den Rest des noch nicht verteilten Plattenplatzes. Sie können sich also das Rechnen sparen und für den Notfall auch noch eine Mindestgröße angeben. DiskDruid merkt nämlich auch, wenn Sie Ihr Plattenkonto überziehen. Markieren Sie mehrere Partitionen mit *Grow to fill disk?*, wird der über die angegebene Mindestgröße hinausgehende Restbestand an Plattenplatz christlich-kommunistisch zwischen diesen Partitionen aufgeteilt.

Festlegung der Swap-Partition

Beginnen wir die Partitionierung mit der Einrichtung der Swap-Partition. Die Größe hängt, wie wir oben (S. 58) bereits dargelegt haben, von der Größe des Arbeitsspeichers ab. Wir nehmen für unseren Beispiel-PC einmal eine Hauptspeicher-Größe von 32 MByte an und legen eine Swap-Partition von 64 MByte an. Klicken Sie auf *Add*, um eine neue Partition hinzuzufügen.

1 Wählen Sie zuerst den Partitionstyp aus der Liste aus, in diesem Fall *Linux Swap*.

2 Geben Sie dann im Eingabefeld *Size (Megs)* die Größe der Swap-Partition in MByte an, in unserem Beispiel den Wert 64.

3 Das war's schon. *OK* legt die Partition an.

Sie gelangen in die Übersicht der Partitionen zurück. In die Liste der Partitionen ist nun die neu erstellte Partition aufgenommen worden. Sie ist mit dem Typ *Linux Swap* gekennzeichnet.

Anlegen der Linux-Systempartition

Wenn Sie den verbleibenden Platz zum Anlegen einer einzigen Systempartition einsetzen, dann gestaltet sich der nächste Schritt einfach. Zuerst klicken Sie noch einmal auf *Add*.

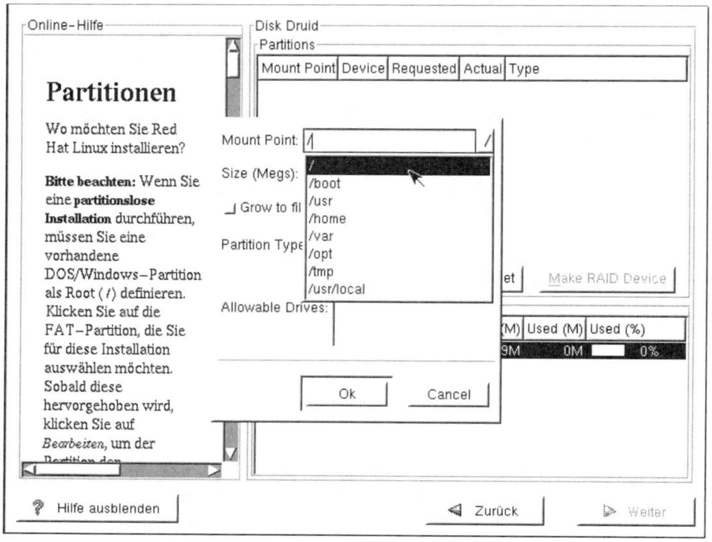

Wählen Sie den Mountpoint aus einer Liste von Vorgaben

1 Als Erstes muss das Verzeichnis angegeben werden, über das die Partition in den Linux-Dateibaum eingebunden werden soll. Dieser Mountpoint ist für die Systempartition /. Wählen Sie „/“ aus der Liste, die sich öffnet, wenn Sie auf den kleinen Pfeil rechts neben dem Eingabefeld für den Mountpoint klicken.

2 Im Eingabefeld *Size (Megs)* tragen Sie nun die von Ihnen vorgesehene Größe in MByte ein. Wenn Sie den gesamten verbleibenden Platz einer Festplatte für die Systempartition verwenden möchten, können Sie alternativ die Größe auch bei 1 MByte bestehen lassen und den Schalter *Growable* anklicken.

3 Jetzt wählen Sie aus der Liste der Partitionstypen *Linux native* aus. Dies bedeutet, dass diese Partition für Linux verwendet und später mit dem Linux-Dateisystem formatiert werden soll.

Bestätigen Sie nun das Anlegen der Systempartition über *OK*. Die neu angelegte Partition finden Sie nun in der Partitionsliste wieder. In der ersten Spalte mit der Überschrift *Mountpoint* taucht die Angabe / auf. Für die Partition ist automatisch eine Nummer vergeben worden, die unter *Device* aufgeführt ist. Wenn Sie die Größe der Partition fest vorgegeben haben, entsprechen die Größenangaben unter *Requested* und *Actual* dem angegebenen Wert. Falls Sie dagegen nur einen Minimalwert vorgegeben haben, wird dieser Minimalwert unter *Requested* angezeigt und die tatsächliche Größe, die beim Verlassen des DiskDruid angelegt werden würde, ist in der Spalte *Actual* zu finden. Als Partitionstyp wurde die Vorgabe *Linux native* übernommen.

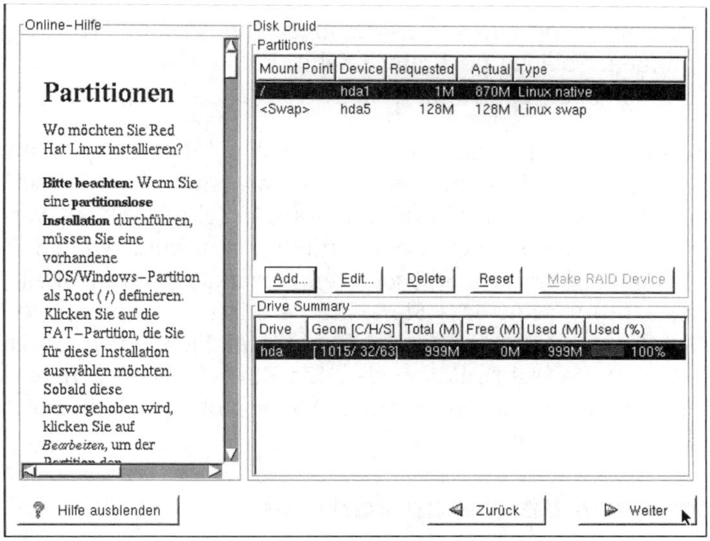

Eine minimale Partitionierung in der Übersicht

Alte, bereits bestehende Partitionen unter Linux zugänglich machen

Auf Partitionen anderer Betriebssysteme kann von Linux aus zugegriffen werden. Dies bietet sich für einen bequemen Austausch von Daten zwischen Linux und einem weiteren Betriebssystem an. Diese Möglichkeit gibt es unter anderem für DOS-Partitionen, wie sie unter DOS, Windows 95, Windows 98 und gegebenenfalls auch unter Windows NT und OS/2 genutzt werden. Diese DOS-Partitionen werden in der Partitionstabelle mit dem Typ *DOS 16-bit >=32M* angezeigt.

Um diese nach der Installation sofort zur Verfügung zu haben, können Sie nun die Verbindung zu den gewünschten Partitionen herstellen. Dies wird nicht wie unter anderen Betriebssystemen über Laufwerkbuchstaben realisiert, sondern die Partitionen sind jeweils über ein Verzeichnis erreichbar, das Sie diesen jetzt zuordnen können.

1 Klicken Sie die gewünschte Partition in der Liste an und klicken Sie dann auf *Edit*.

2 Setzen Sie im folgenden Dialog den Mountpoint für diese Partition. Sie haben die Wahl: Eine einfache Lösung wäre bei einer MS-Windows 95-Partition z. B. */win95*. Wenn Sie sich an den Dateisystem-Standard halten wollen, können Sie dieses Verzeichnis auch in das */mnt*-Verzeichnis verlegen, das für die Aufnahme aller nicht zu Linux gehörenden Dateisysteme gedacht ist. Dann würden Sie hier */mnt/win95* eintragen.

3 Mit *OK* übernehmen Sie die Änderung in die Partitionsübersicht.

DiskDruid beenden

DiskDruid prüft, ob alle Voraussetzungen für Partitionierung und Installation stimmen. Solange noch etwas fehlt, können Sie nicht mit *Weiter* zum nächsten Eingabefenster weiterschalten.

Beschwert sich DiskDruid z. B. über die von Ihnen eingerichtete Systempartition und wird diese in roter Schrift dargestellt, kann es sein, dass die Partition nicht komplett unterhalb des 1024. Zylinders liegt. Versuchen Sie in diesem Fall, eine kleinere Boot-Partition anzulegen. Wählen Sie dazu als Mountpoint das Verzeichnis */boot*. Wenn auch diese Möglichkeit nicht funktioniert, kann es sein, dass Sie keine Partitionen unterhalb des 1024. Zylinders anlegen können. In diesem Fall müssen Sie die Partitionen für Linux vor dem Start des DiskDruid anlegen. Ein Hinweis, wie das innerhalb der Linux-Installation zu machen ist, finden Sie im Unterabschnitt *Die Alternative: Standard-Tool fdisk* auf Seite 462.

Einschalten der Swap-Partition

Als Nächstes erhalten Sie die Meldung, dass der Swap-Bereich aktiviert werden soll. Diese Meldung bestätigen Sie einfach mit *OK*.

Lassen Sie sich auch nicht von dem Kommentar irritieren, Sie hätten zu wenig Arbeitsspeicher. Man hat immer zu wenig Arbeitsspeicher. Das Einschalten des Swap-Bereichs dient hier nur der Sicherheit, damit es während der Installation auf keinen Fall zu Speicherengpässen kommt. Die grafische Installationsroutine benötigt wesentlich mehr Arbeitsspeicher als die bis zur Version 6.0 genutzte Text-Oberfläche.

Formatierung der angelegten Partitionen

Jetzt erhalten Sie eine Übersicht über die von Ihnen angelegten Linux-Partitionen und können diese nun für die Formatierung freigeben. Sie sollten auf jeden Fall alle Partitionen formatieren, auf denen Systemsoftware abgelegt wird, insbesondere */*, */usr*, */var* und */boot*. Im einfachsten Fall haben Sie nur eine Systempartition angelegt, die automatisch markiert wird.

Wenn Sie auch eine */home*- oder */opt*-Partition angelegt haben, müssen Sie entscheiden, ob diese ebenfalls formatiert werden soll. Installieren Sie zum ersten Mal und können Sie sich sicher sein, dass Sie noch keine Daten auf diesen Partitionen abgelegt haben oder diese durch eine Repartitionierung gelöscht worden sind, müssen Sie sie formatieren. Wenn Sie diese Partitionen jedoch bereits genutzt haben, dürfen Sie sie nicht formatieren, wenn Sie die darauf gespeicherten Daten behalten wollen.

Beim Einrichten einer neuen Festplatte oder einer Linux-Erstinstallation müssen Sie alle Partitionen formatieren und sollten auch nach fehlerhaften Blöcken suchen lassen. Wenn Sie den Dialog mit *Weiter* verlassen, wird jedoch noch nicht formatiert. Der Formatiervorgang wird erst direkt vor der Installation der Softwarepakete durchgeführt.

Schritt 4: Damit Sie bestimmen, welches System gestartet wird: LILO einrichten

In diesem Dialog konfigurieren Sie den Boot-Manager von Linux, LILO. Außerdem finden Sie hier einen kleinen Schalter, der eine wichtige Funktion erfüllt: die Wahl, ob Sie eine Bootdiskette erstellen lassen wollen oder nicht. Sie sollten diese Möglichkeit auf jeden Fall wahrnehmen, vor allem, wenn Sie bei der Partitionierung Probleme mit der Lage Ihrer System- oder Boot-Partitionen (oberhalb des 1024. Zylinder) hatten bzw. wenn Sie OS/2 oder MS-Windows NT/2000 parallel einsetzen.

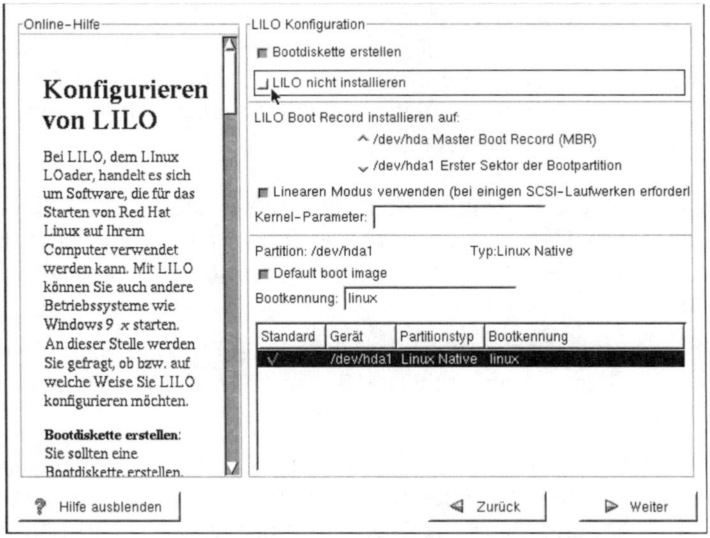

Mit LILO können Sie beim Booten entscheiden, welches Betriebssystem Sie starten wollen

Wenn alle installierten Betriebssysteme über LILO gestartet werden sollen und können, wird es am Anfang der ersten Festplatte im so genannten Master Boot Record eingerichtet.

- Installieren Sie LILO im Master Boot Record, wenn Linux das einzige Betriebssystem auf dem Rechner ist oder Sie Linux zusammen mit MS-DOS oder MS-Windows 9x nutzen und die Linux-Systempartition unterhalb des 1024. Zylinders eingerichtet wurde.
- Entscheiden Sie sich für den ersten Sektor der Boot-Partition, wenn Linux mit OS/2 oder Windows NT kombiniert wird.
- Verzichten Sie auf die LILO-Installation, wenn Linux über das Programm LOADLIN oder eine Bootdiskette gebootet werden soll.

Kernelparameter angeben

Über LILO wird der Betriebssystemkern (englisch: Kernel) aufgerufen. Da der Kernel die Verbindung zu allen angeschlossenen Geräten, Festplatten und Schnittstellen herstellt, muss er auch in der Lage sein, alle wichtigen Geräte zu finden. Die automatische Suchfunktion des Kernels findet in der Regel die für den Boot-Vorgang notwendige Hardware. Nur wenn noch Optionen für das Auffinden der Root-Partition notwendig sind, müssen Sie LILO hier noch Parameter mitgeben.

Der lineare Modus wird in den seltensten Fällen benötigt. Sie können daher zuerst einmal ruhigen Gewissens auf die Angabe irgendwelcher Optionen verzichten, wenn Sie die Erstellung einer Bootdiskette angefordert haben.

Bootbare Partitionen festlegen

Die im unteren Fenster angezeigten Partitionen können von LILO gestartet werden. Die von Ihnen angelegte System-Partition ist LILO bereits bekannt und mit der Boot-Kennung *linux* versehen worden. Wenn Sie weitere Betriebssysteme auf Ihrer Festplatte installiert haben, können Sie diese ebenfalls in die Konfiguration einbinden.

1. Klicken Sie die Partition an, die Sie mit in die LILO-Konfiguration aufnehmen wollen. Die Einträge der über der Liste liegenden Felder *Partition*, *Typ*, *Default boot image* und *Boot-Kennung* ändern sich entsprechend der Partition.
2. Tragen Sie jetzt im Feld *Boot-Kennung* einen zum Betriebssystem passenden Kurznamen ein, wie z. B. „dos" für MS-DOS oder „win" für MS-Windows 9x.
3. Die Partition, bei der Sie den Schalter *Default boot image* einschalten, wird automatisch gebootet, wenn Sie während der Boot-Auswahl keine Boot-Kennung angeben. Es kann immer nur eine Partition als *Default* angewählt werden.

Wenn Sie ausschließlich Linux auf Ihrem Rechner installiert haben, wird nur eine Eintragung für Linux in die LILO-Konfiguration aufgenommen. Das Gleiche gilt, falls Sie LILO im ersten Sektor der Boot-Partition abgelegt haben, das heißt, Sie verwenden Linux in Kombination mit OS/2 oder Windows NT.

Schritt 5: Netzwerkkarte und Netzwerk konfigurieren

Wenn eine Netzwerkkarte in Ihrem PC gefunden wurde, können Sie im nächsten Schritt die Eigenschaften des Netzwerks konfigurieren. Dieser Dialog erscheint nur, wenn eine Netzwerkkarte bei der Erkennung gefunden wurde. Ist Ihre Netzwerkkarte nicht erkannt worden und Sie erhalten diesen

Dialog nicht, können Sie diese ohne Probleme nachträglich installieren und konfigurieren.

Schnell-Installation

Netzwerk konfigurieren für Linux-Einsteiger und Internet-User:
Sollten Sie eine Netzwerkkarte in Ihrem Rechner eingebaut haben, aber die für die Konfiguration notwendigen Daten Ihnen nicht vorliegen, können Sie diesen Punkt übergehen, indem Sie *Beim Starten aktivieren* ausschalten.

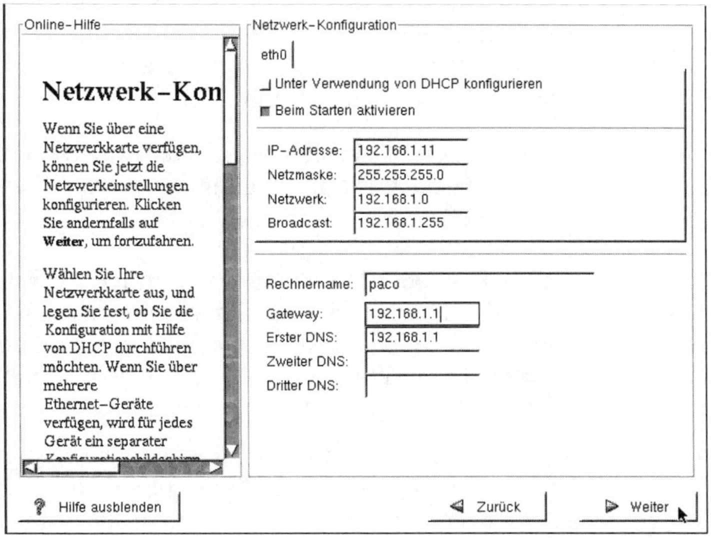

Das Netzwerk müssen Sie nur konfigurieren, wenn Sie eine Netzwerkkarte in Ihrem Rechner eingebaut haben

Wenn Sie Ihren PC in ein bestehendes größeres Netzwerk integrieren, haben Sie es natürlich am einfachsten, wenn in Ihrem Netzwerk bereits ein DHCP-Server läuft. Wenn nicht, müssen Sie sich jedoch bei Ihrem Netzwerkadministrator erkundigen, welche Daten Sie in den Feldern eintragen müssen.

Wenn Sie Ihr eigenes Netzwerk aufbauen, wählen Sie bei der statischen Konfiguration am besten eine Adresse aus einem so genannten privaten Netzwerk. Wir haben in unserem Beispiel die 192.168.1.11 gewählt. Soll Ihr Rechner ein Internet-Gateway sein, sollten Sie ihm die Endziffer 1 zugestehen. Eine ausführliche Beschreibung der Vergabe von IP-Adressen im Internet und auf Ihrem privaten Rechner finden Sie im Netzwerk-Kapitel auf Seite 829.

Sobald Sie eine Eingabe im Feld *IP-Adresse* gemacht haben, werden die weiteren Felder mit Standardwerten ausgefüllt, die Sie nur noch anpassen müssen. Das einzige Feld, das Sie noch komplett selbst ausfüllen, ist der Rechnername.

Bei der Netzwerkkonfiguration können wir hier nur auf Standards oder Vorgaben verweisen, die Sie von anderer Seite bekommen. Wenn Sie selbst ein Netzwerk aufbauen wollen, sollten Sie diese Vorgaben als „ersten Versuch" ansehen und sich im Netzwerk-Kapitel (S. 829ff.) über die nötigen Schritte für den Aufbau eines richtigen Netzwerks informieren.

Schritt 6: Eine andere Zeitrechnung: Uhrzeit unter Linux

Es folgt die Einstellung der Zeitzone. Dieser Dialog hat im Vergleich zur älteren Version am meisten gewonnen. Wählen Sie aus der Liste *Anzeige* den Unterpunkt *Europe*. Jetzt können Sie auf der Karte Berlin anklicken und haben damit schon Ihre Zeitzone ausgewählt.

Was auf den ersten Blick als eher belanglose Einstellung erscheint, hat auf den zweiten Blick seine Tücken: Die Einstellung *Systemuhr verwendet UTC* kann Schwierigkeiten machen.

Linux parallel mit MS-DOS oder MS-Windows 9x nutzen: In diesem Fall sollten Sie dieses Optionsfeld nicht einschalten, da sonst die Uhrzeiten von DOS/Windows und Linux um ein oder zwei Stunden differieren können. Außerdem verstellt MS-Windows 9x Ihnen bei jeder Zeitumstellung die Hardwareuhr, wodurch die Linux-Uhr ebenfalls verstellt wird.

Linux als einziges System auf Ihrem PC: Aktivieren Sie diese Option unbedingt! Ihre Hardwareuhr ist dann die Konstante in sich ständig wandelnden Zeiten. Sie bekommen damit eine automatische Umstellung auf Sommer- und Winterzeit und die Chance, auf einfache Art und Weise sämtliche Zeitzonen der Erde anzeigen zu können.

Schritt 7: Nutzerverwaltung initialisieren

Nun werden Sie aufgefordert, ein Root-Passwort auszuwählen. Bedenken Sie, dass Ihr System bei einer Internet-Anbindung Hackern ausgesetzt ist und daher alle Accounts – insbesondere der sensible Root-Account des Systemadministrators – mit einem Passwort versehen werden sollten. Da das Passwort während der Eingabe nicht angezeigt wird, müssen Sie es gleich zweimal eingeben, um Tippfehler zu vermeiden. Das Root-Passwort muss mindestens sechs Zeichen lang sein. Solange das von Ihnen eingegebene Passwort in beiden Feldern nicht übereinstimmt, wird Ihnen die Meldung *Root-Paßwörter stimmen nicht überein* angezeigt und die Schaltfläche *Weiter* bleibt deaktiviert. Haben Sie sich bei der Eingabe vertippt, geben Sie in diesem Fall am besten das Passwort in beiden Feldern noch einmal ein.

Hinweis

Wenn die Tastatur spinnt: Vorsicht bei der Passworteingabe!

Sollten Sie Probleme mit dem Tastaturtreiber haben, wählen Sie hier ein Passwort, das nur aus Sprach-unkritischen Zeichen (also nur Kleinbuchstaben und kein „y" oder „z") besteht. Da Sie die Zeichen nicht sehen können, die Sie für das Passwort eingeben, kann es sein, dass Ihr Passwort anders abgespeichert wird, als Sie es nach der Aufschrift auf Ihren Tasten eingegeben haben. Verzichten Sie z. B. auf die Nutzung von „y" und „z" und geben Sie keine Sonderzeichen ein. Das so gewählte Passwort entspricht zwar nicht den üblichen Sicherheitsstandards, aber Sie können (und sollten) es nachträglich ändern.

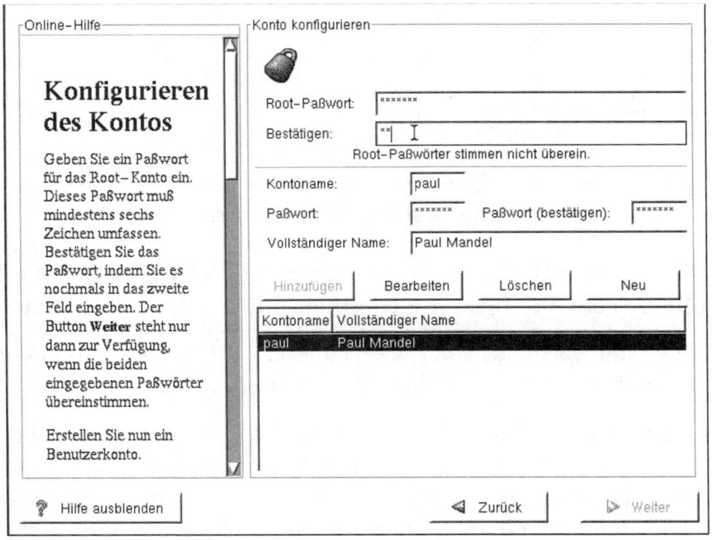

Initialisierung der Nutzerkonten

Für den täglichen Gebrauch: Nutzerkennungen einrichten

Sie sollten neben Root auf jeden Fall noch mindestens eine weitere Kennung einrichten, mit der Sie im täglichen Betrieb arbeiten. Füllen Sie die Felder *Kontoname*, *Paßwort*, *Paßwort (bestätigen)* und *Vollständiger Name* aus und klicken Sie auf *Hinzufügen*. Wenn die Schaltfläche *Hinzufügen* deaktiviert bleibt, haben Sie sich bei der Eingabe des Passworts vertippt. Geben Sie in diesem Fall am besten das Passwort in beiden Feldern noch einmal neu ein.

Wenn Sie mit der Einrichtung von Nutzerkennungen fertig sind, gelangen Sie mit *Weiter* zur nächsten Eingabemaske.

Art der Passwortverwaltung festlegen

Im folgenden Fenster werden weitere Einstellungen für den Umgang mit Passwörtern angegeben.

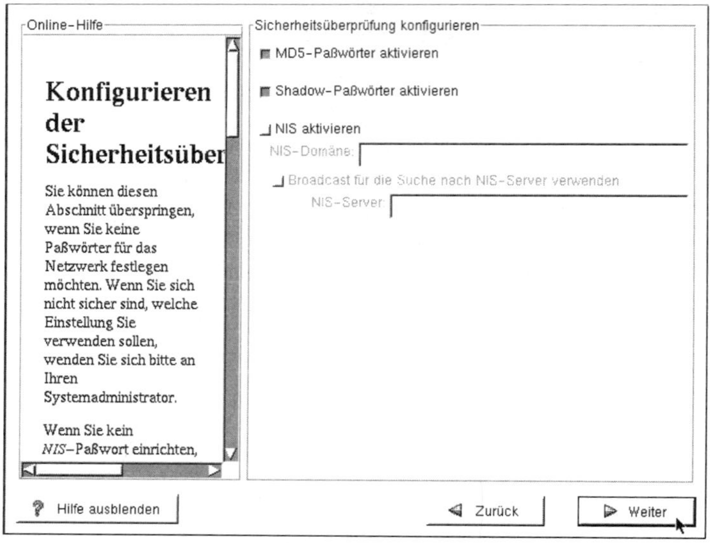

Es gibt verschiedene Sicherheitsstufen bei der Passwortverwaltung

1. Die Option *MD5-Paßwörter aktivieren* legt fest, wie die Verschlüsselungen für Paßwörter generiert werden sollen. Hier ist ein Kreuz sinnvoll.
2. Sie sollten das Feld *Shadow-Paßwörter aktivieren* ebenfalls ankreuzen, da damit die Sicherheit Ihres Systems erhöht wird.
3. Passwörter können für ein Netzwerk zentral über den **N**etwork **I**nformation **S**ervice, oder kurz NIS, verwaltet werden. Fragen Sie Ihren Netzwerkadministrator, ob Sie diesen Service nutzen sollen oder nicht. In allen anderen Fällen sollten Sie diesen Service nicht wählen.

Schritt 8: Hilfe bei der Installation mit RPM

Die folgenden Erläuterungen zu RPM-Paketen dienen nur dem tieferen Verständnis und sind für eine erfolgreiche Installation nicht notwendig. In der Installation geht es weiter auf Seite 90.

▼▼▼ **EXKURS**

Grundlagen zum RedHat Package Manager (RPM)

RedHat ist unter anderem deshalb so beliebt, weil hier mit dem RPM-Format (**R**ed Hat **P**ackage **M**anager) ein intelligentes Tool zur Installation von Programmpaketen verwendet wird. In früheren Linux-Distributionen (unter anderem bei dem Klassiker Slackware) sah die Installation einzelner Programme so aus, dass einfach große *tar.gz*-Archive (vergleichbar den *Zip*-Archiven aus der DOS/Windows-Welt) in geeignete Verzeichnisse auf der Festplatte ausgepackt und einige Konfigurationsdateien angepasst wurden. Dies hatte jedoch den erheblichen Nachteil, dass Abhängigkeiten zwischen verschiedenen Paketen überhaupt keine Berücksichtigung fanden. Allenfalls gab es einen Hinweis der Form „Installieren Sie nicht Paket A und Paket B gleichzeitig“.

RPM übernimmt die Kontrolle der Abhängigkeiten

Hier hat sich RedHat mit der Entwicklung des RPM-Formats einen Namen gemacht: RPM-Archive enthalten zwar im Inneren auch ein Zip-ähnliches-Archiv, aber zusätzlich werden zu jedem Paket Informationen darüber gespeichert,

- welche anderen Pakete ebenfalls installiert sein müssen, damit das Programm ordentlich arbeiten kann (z. B. benötigt die grafische Oberfläche KDE zum Arbeiten die Qt-Bibliothek)
- und mit welchen anderen Paketen es zu Konflikten kommen würde, wenn beide installiert wären. Zum Beispiel ist es unsinnig, die beiden Mail-Pakete *sendmail* und *smail* gleichzeitig zu installieren, da nur eines dieser Programme aktiv sein darf; RedHat 7.0 enthält aus diesem Grund nur das sendmail-Paket.

Ein typisches Beispiel ist der Versuch, ein Paket zu installieren, das schon in einer älteren Version installiert ist: Hier wäre zunächst eine Deinstallation des alten Pakets notwendig – mit dem RPM-System können Sie in einem solchen Fall ein Update vornehmen.

Neben diesem Sicherheitsmechanismus, der Sie davor bewahren soll, Ihr Linux-System in einen Zustand zu versetzen, in dem es nicht mehr ordentlich arbeitet – denken Sie nur an die Qualen, die unter Windows nach dem Einspielen einiger neuer System-DLLs auftreten können, wenn diese mit den übrigen Programmen nicht zusammenarbeiten wollen –, bieten die RPM-Archive zusätzlichen Platz für Installations- und Deinstallations-Skripts, die vor und nach dem Entpacken bzw. Löschen des Paketinhalts ausgeführt werden. Dadurch können Sie mit einem einzelnen Aufruf des *rpm*-Kommandos oder auch komfortabler mit den grafischen *rpm*-Frontends *gnorpm* oder *KPackage* (unter X Window) die Installation eines Programms vorbereiten, die Programmdateien an den richtigen Ort kopieren und die abschließende Konfiguration des neuen Programms vornehmen lassen.

Gleichzeitig behalten Sie die Kontrolle über die installierten Pakete: In einer Installationsdatenbank werden alle Pakete mit allen enthaltenen Dateien archiviert – das geht sogar so weit, dass Sie mit einem einzigen Befehl feststellen können, ob versehentlich bestimmte Dateien eines Pakets gelöscht oder überschrieben wurden; in einem solchen Fall können Sie das nun fehlerhafte Paket einfach neu installieren, und das Problem ist gelöst. Wenn Sie jemals versucht haben, einen solchen Fehler unter Windows zu beheben, ohne das komplette Betriebssystem neu installieren zu müssen, werden Sie diesen Komfort zu schätzen wissen.

Exkurs-Ende

Auswahl der Pakete im Installationsprogramm

Um Ihnen die Auswahl der nötigen Pakete zu erleichtern, wurden die etlichen Pakete, die zum Standardumfang von RedHat-Linux gehören, thematisch nach Verwendungszwecken in verschiedene Gruppen aufgeteilt. Sie können also zunächst eine grobe Vorauswahl treffen – für eine schnelle Installation ist diese Vorgehensweise völlig ausreichend, sodass Sie diesen Auswahlprozess in nur wenigen Minuten abschließen können.

Wenn Sie detaillierter einstellen möchten, welche Pakete aus diesen Gruppen installiert werden sollen, ist auch dies möglich: Das Installationsprogramm kann Ihnen (nach der Vorauswahl) die vollständigen Paket-Listen der ausgewählten Gruppen anzeigen und Sie können dadurch einzelne Pakete ausschließen, wenn Sie sicher sind, dass Sie diese nicht brauchen.

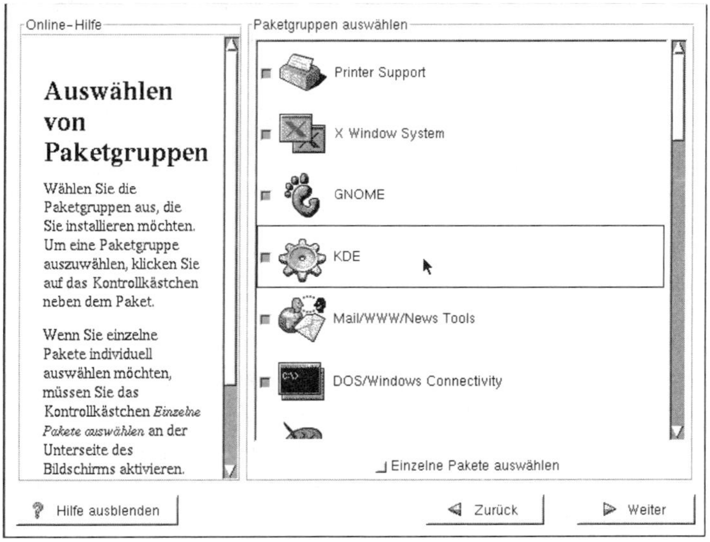

Wählen Sie die Pakete, die Sie installieren möchten

Mit Linux ins Internet und mehr

Ihnen als Internet-User empfehlen wir natürlich die für den Internet-Zugriff notwendigen Pakete. Aber auch aus dem Anwendungsbereich sollten Sie sich ein paar Rosinen herauspicken. Und alles, was Sie jetzt nicht installieren, können Sie nachinstallieren, wenn Sie es brauchen:

- Printer Support
- X Window System
- KDE
- Mail/WWW/News Tools
- DOS/Windows Connectivity
- Multimedia Support
- Dialup-Workstation
- und, wenn Sie vernetzt sind, die Networked Workstation
- DNS Nameserver
- das C- und C++- und Kerneldevelopment sollten Sie ebenfalls installieren, wenn Sie für einen ISDN-Zugang einen neuen Kernel kompilieren müssen.

Der Linux-Server für Profis

Wir hatten Ihnen als Anforderung die Server-Dienste ins Stammbuch geschrieben. Dazu benötigen Sie folgende Komponenten:

- Printer Support
- DOS/Windows Connectivity
- Networked Workstation
- Dialup Workstation
- News, FTP, WWW-Server, je nachdem, was Sie einrichten wollen
- NFS Server, wenn Sie weitere Unix-Maschinen bedienen wollen
- SMB (Samba) Connectivity, wenn Sie komfortablen Zugriff von Windows aus ermöglichen wollen
- IPS/Netware(tm) Connectivity, wenn auch Novell-Server angebunden werden sollen

Sollten Sie hier eine wichtige Komponente vergessen, macht nichts! Die Installation eines Softwarepakets ist mit dem RedHat-Paket-Manager kein Problem!

Schnell-Installation

X Window konfigurieren:

Das X Window-System ist die grafische Oberfläche für Linux. Wenn Sie Ihren Linux-PC nur als Server einsetzen wollen, können Sie das nächste Unterkapitel getrost überspringen. Das Programm, mit dem Sie die folgenden Einstellungen vornehmen, heißt Xconfigurator und steht

Ihnen nach der Installation weiter zur Verfügung. Wenn Sie Ihren PC als Arbeitsplatz nutzen wollen, sollten Sie die nächsten Schritte noch durchführen.

Schritt 9: Grafikkarte und Monitor

Im folgenden Schritt werden nun die Konfigurationen für das X Window-System vorgenommen. Das X Window-System bildet die Grundlage für die grafische Benutzeroberfläche des Linux-Systems.

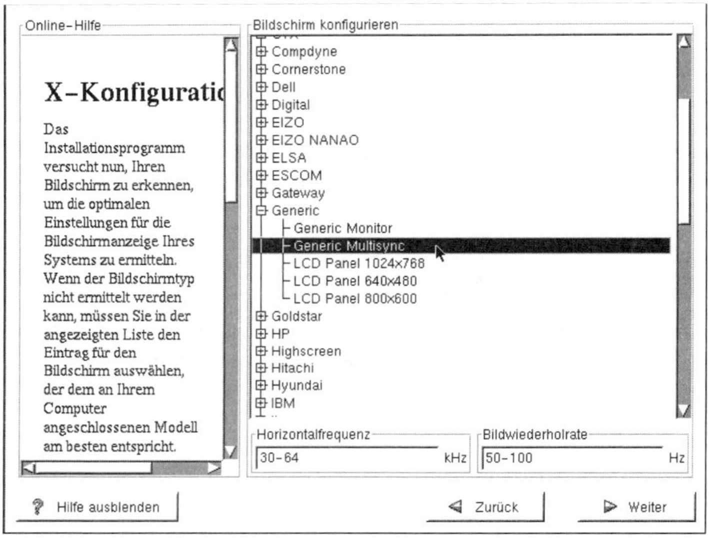

Wenn Sie Ihren Monitor nicht in der Liste der angezeigten Geräte finden, wählen Sie Generic Monitor *oder* Generic Multisync

Die Hardwareerkennung hat auch unter Linux große Fortschritte gemacht. Mittlerweile werden von RedHat alle gängigen Grafikkarten erkannt und müssen nicht mehr per Hand konfiguriert werden. Auch die Monitore werden in vielen Fällen richtig bestimmt. Wird der Monitor jedoch nicht erkannt, können Sie Ihr Gerät aus der Liste wählen.

Wenn Sie für eine der beiden Komponenten keinen passenden Treiber auswählen können, sollten Sie die Installation von X Window überspringen und hinterher mit dem Tool *Xconfigurator* manuell vornehmen. Dort haben Sie auch die Möglichkeit, die zu Ihrem Monitor passenden Parameter einzustellen.

Schritt 10: Formatierung und Installation in einem Rutsch

Wenn Sie Ihre Auswahl mit *Weiter* beenden, erhalten Sie einen Hinweis darauf, dass jetzt die eigentliche Installation beginnt. Mit *Weiter* bestätigen

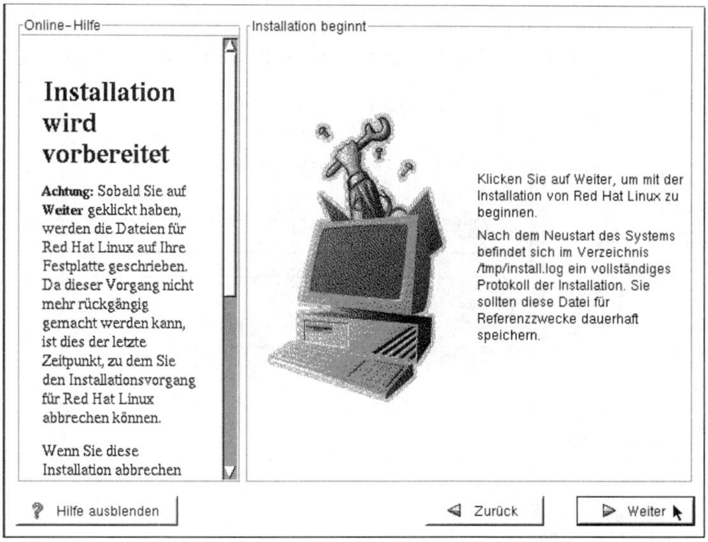

Mit dem nächsten Weiter werden die Daten auf die Festplatte kopiert

Sie alle bisher gemachten Angaben. Dies ist der richtige Moment, um sich ein oder zwei große Tassen Kaffee oder Tee zu kochen.

Zuerst werden die Partitionierung durchgeführt, die neu eingerichteten Partitionen formatiert und danach die ausgewählten Pakete auf Ihre Festplatte kopiert.

Den Installationsfortschritt können Sie auf dem Bildschirm mitverfolgen: In der oberen Hälfte wird das Paket angezeigt, das gerade installiert wird; im unteren Bereich sehen Sie, wie viele Pakete insgesamt installiert werden und wie viele davon schon auf die Platte kopiert wurden bzw. wie viele noch übrig sind. Ergänzend finden Sie dort MByte- und Zeitangaben, inklusive der geschätzten Gesamt- und Restzeit.

Hinweis

Die verbleibende Zeit, eine variable Größe

Lassen Sie sich von der Anzeige der „verbleibenden Zeit" am Anfang nicht schrecken. Diese wird bei der Installation der Pakete über die Zeit, die für die Installation eines einzelnen Pakets verstreicht, jedes Mal neu berechnet. Daher ändert sich dieser Wert am Anfang sehr stark – und kann auch ziemlich daneben liegen. Wenn die ersten paar Pakete installiert sind, wird aber sehr schnell eine Prognose erreicht, auf die Sie sich verlassen können. Vielleicht doch nur eine Tasse Kaffee?

Wenn alle Pakete installiert sind, können Sie, wenn Sie es vorher angefordert haben, eine Bootdiskette erstellen. Legen Sie dazu eine formatierte, aber leere Diskette in Ihr Diskettenlaufwerk ein und bestätigen Sie die Aufforderung mit *OK*. Diese Diskette sollte keine weiteren Daten enthalten.

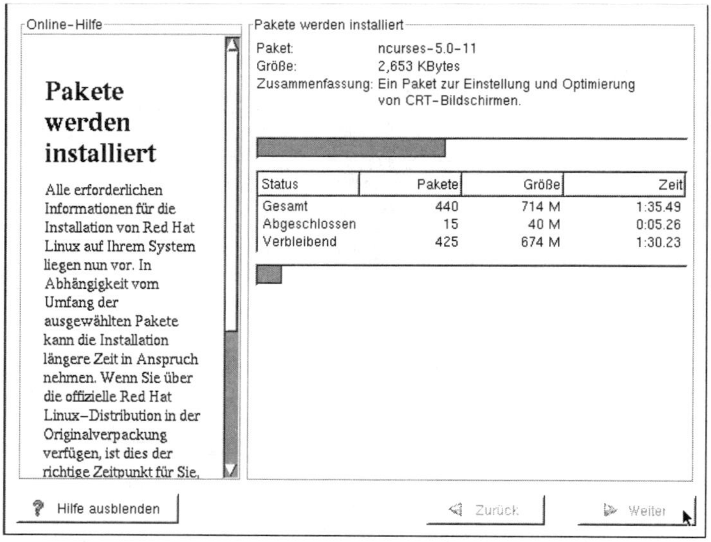

Die ausgewählten Pakete werden installiert

Ansonsten ist die Installation beendet. Eine Gratulation von uns und von RedHat ist Ihnen sicher. Wenn Sie die letzte Dialogbox mit *OK* bestätigen, sollten Sie keine Disketten (oder CDs, wenn diese gebootet werden können) mehr im Laufwerk haben und sich auf das Rebooten freuen. Sie lernen dann den Boot-Prompt kennen, an dem Sie mit der [Tab]-Taste eine Liste der verfügbaren Betriebssysteme erhalten. Drücken Sie nur die [Enter]-Taste, startet automatisch Linux.

Haben Sie keinen Boot-Manager konfiguriert, können Sie entweder zuerst Windows starten oder die während der Installation angelegte Bootdiskette – die vielleicht ja noch im Laufwerk liegt – eingelegt lassen und Linux von der Diskette booten. Weitere Informationen über das Booten erhalten Sie dann in Kapitel 3 (S. 119).

2.9 SuSE mit dem grafischen Installationstool in acht Schritten installieren

Das grafische Installationstool YaST2 richtet sich an Nutzer, die eine SuSE-Distribution ab der Version 6.4 besitzen. Sie erhalten auf schnellem Weg eine Linux-Installation, die auf den meisten PCs neuerer Bauart ohne Probleme eingerichtet werden kann. Für diese Installationsart benötigen Sie jedoch mehr als 40 MByte Arbeitsspeicher. Besitzen Sie noch eine ältere SuSE-Version, empfehlen wir Ihnen, die Installation mit dem bewährten Tool YaST1 durchzuführen, die wir ab Seite 103 beschreiben.

Installationsübersicht

Freien Speicherplatz auf Ihrer Festplatte haben Sie ja bereits eingerichtet (siehe S. 42). MS-Windows NT/2000- und OS/2-Besitzer haben sich hoffentlich schon in den Kapiteln 2.4 und 2.5 über das Zusammenleben von Linux mit ihrem Betriebssystem informiert. Wie Sie das Installationsprogramm starten können, wissen Sie auch schon (S. 70).

Der Ablauf des nun folgenden Installationsvorgangs wird hier kurz skizziert:

1 Start der grafischen SuSE-Installation und Angabe der länderspezifische Einstellungen

2 Installationsart auswählen (S. 97) und Festplattenpartitionierung festlegen

3 Softwarepakete auswählen (S. 98)

4 LILO konfigurieren bzw. Bootdiskette erstellen (S. 98)

5 Nutzerkennungen einrichten (S. 99)

6 Installation der Pakete (S. 100)

7 Grafikkarte und Monitor spezifizieren (S. 101)

8 Abschließende Konfigurationen (S. 103), wie z. B. Konfiguration der Sound- oder Netzwerkkarte etc.

Schritt 1: Sprache und Eingabegeräte konfigurieren

Im ersten Schritt legen Sie die länderspezifischen Angaben fest. Wenn Sie in der Spalte *Installation Language* den Punkt *German* ausgewählt, erscheinen ab diesem Zeitpunkt alle Meldungen und Hilfetexte in Deutsch. Bei der deutschen Vollversion ist die deutsche Sprache voreingestellt.

Hinweis

Wenn die Maus noch nicht funktioniert: Konfigurieren mit der Tastatur

Sie können alle Angaben, die während der Installation von Ihnen erwartet werden, mit der Tastatur auswählen und eingeben. Die [Tab]-Taste schaltet zwischen den verschiedenen Eingabefeldern und Schaltflächen um, mit der [Leertaste] können Sie Schaltflächen aktivieren bzw. „anklicken". Wenn Sie sich in einer Auswahlliste befinden, bewegen Sie den Selektionsbalken mit den [↑]- und [↓]-Tasten in der Liste nach oben und nach unten. Schaltflächen, in denen der Hinweistext einen unterstrichenen Buchstaben (z. B. *Weiter*) enthält, können Sie auch mit der [Alt]-Taste aktivieren (z. B. [Alt]+[w]). Sollten Sie sich bei einer Konfiguration vertan haben, können Sie jederzeit mit der Schaltfläche *Zurück* auf die vorhergehenden Dialoge zugreifen und eine andere Einstellung wählen.

Für die Tastatur wählen Sie ebenfalls *Deutsch*. Jetzt können Sie im darunter liegenden Eingabefeld testen, ob alle Zeichen – wichtig sind z. B. „+-.#\$/", aber auch „äöüÄÖÜß" – erreicht werden können und auf der richtigen Taste liegen. Wenn die Tastenbelegung nicht Ihren Vorstellungen entspricht, können Sie eine andere aus der Liste auswählen.

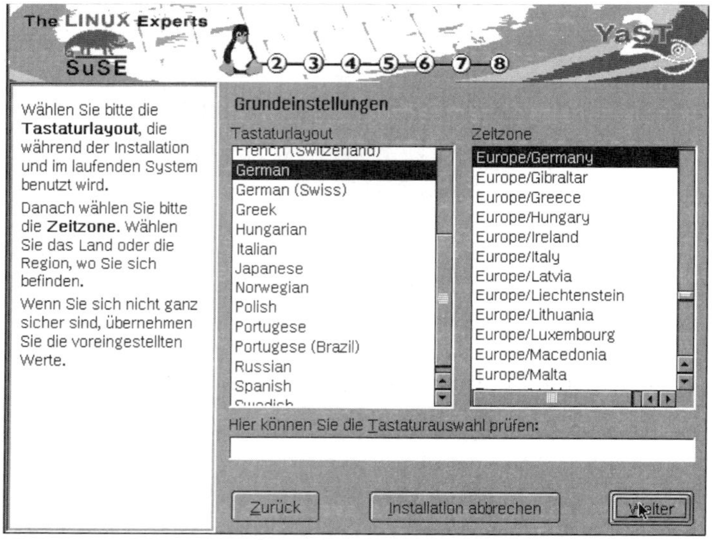

Angabe der länderspezifischen Einstellungen

Zuletzt legen Sie noch die Zeitzone fest, in der Sie sich befinden. Wählen Sie hier z. B. *Europa/Deutschland.*

Maus konfigurieren

Die Mauskonfiguration sollte eigentlich keine Probleme bereiten, vor allem, wenn sie bereits automatisch richtig erkannt worden ist. In diesem Fall wird der Konfigurationsdialog gar nicht mehr angezeigt. Wenn Ihre Maus nicht automatisch erkannt worden ist, wählen Sie mit der [↑]- oder [↓]-Taste den zu Ihrer Maus passenden Eintrag.

Hinweis

Vorsicht, falscher Eintrag selektiert!

Wenn das Installationsprogramm Schwierigkeiten bei der automatischen Erkennung des Maustyps gehabt hat, wird Ihnen der Konfigurationsdialog angezeigt, ohne dass für die vielleicht schon funktionierende Maus der passende Maustyp voreingestellt wird. Wenn Sie jetzt einfach auf *Weiter* klicken, kann es passieren, dass Sie im nächsten Dialog die Maus nicht mehr benutzen können. Ist Ihnen dieses Missgeschick bereits passiert? Macht nichts! Gehen Sie mit [Alt]+[z] zurück in die Mauskonfiguration und wählen Sie mit [↑] oder [↓] Ihren Maustyp.

Schritt 2: Installationsart auswählen

Sie können bei Erscheinen neuerer SuSE-Versionen mit Hilfe der Installations-CD auch ein Update durchführen. Wir gehen jetzt jedoch davon aus, dass Sie die SuSE-Distribution zum ersten Mal installieren. Da *Installation* voreingestellt ist, können Sie einfach auf *Weiter* klicken.

Jetzt müssen Sie dem Installationsprogramm mitteilen, wo es Linux installieren soll. Zuerst fragt YaST2 nach der Festplatte, auf der Linux installiert werden soll.

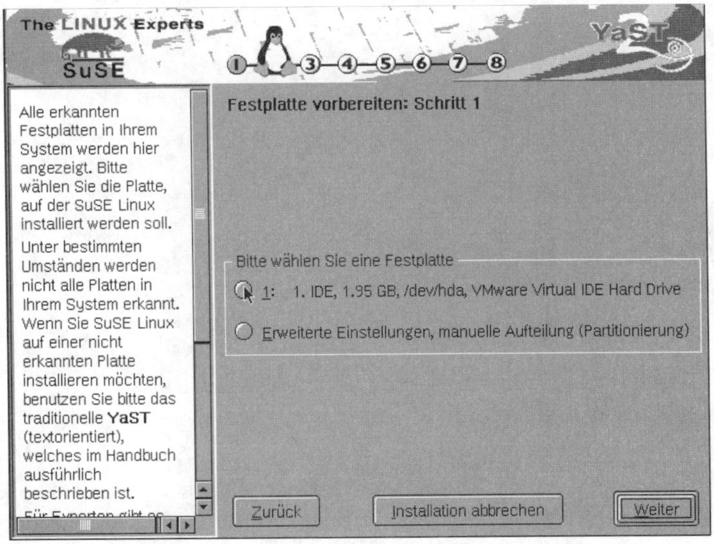

Wählen Sie die Festplatte, auf der Linux installiert werden soll

Wird auf der ausgewählten Festplatte freier Platz gefunden, fragt YaST2 nach, ob dieser für Linux genutzt werden soll. Haben Sie bei der Aufteilung der Festplatte die von fips erstellte, leere Partition nicht gelöscht, können Sie diese für Linux auswählen. Wenn Sie mit keiner der angebotenen Möglichkeiten zufrieden sind, können Sie die Partitionierung selbst vornehmen.

In unserer Beispielgrafik hat YaST2 eine leere Festplatte gefunden, auf der Linux nach den automatischen Vorgaben des Installationsprogramms installiert wird.

Schritt 3: Software für die Installation auswählen

Im nächsten Schritt können Sie die zu installierende Software mit einer Feinheit nach eigenem Belieben auswählen. Der einfachste Weg ist die Auswahl eines Minimal- oder Standard-Systems. Wenn Sie mehr als sechs GByte Festplattenplatz für Linux eingerichtet haben, können Sie auch *fast alles* auswählen.

Wir empfehlen Ihnen hier noch einen Blick auf die *Erweiterte Auswahl*. Hier können Sie verschiedene Themenbereiche zum Standard-System hinzufügen, die auch für den Anfang eine sinnvolle Erweiterung darstellen.

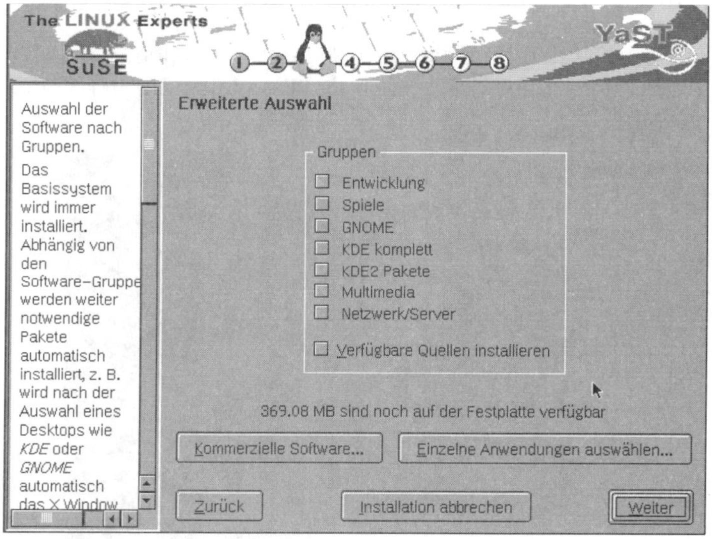

Wählen Sie aus einer Gruppe von Softwarethemen die aus, die Sie interessieren

Als Einsteiger erweitern Sie die Standardinstallation sinnvollerweise um *KDE komplett*. Außerdem könnte *Multimedia* und *Spiele* für Sie interessant sein. Sie finden außerdem unter der kommerziellen Software zusätzliche Spiele-Demos von *Civilization: Call To Power* und *RailRoad Tycoon Delyxe*, die Sie aus einer Liste auswählen können, die Sie erhalten, wenn Sie *Kommerzielle Software* anklicken.

Die Software zur Einwahl ins Internet ist im Übrigen im KDE-Paket enthalten. Wenn Sie sich nur mit Ihrem PC ins Internet einwählen wollen, können Sie daher auf das Paket *Netzwerk/Server* verzichten.

Schritt 4: LILO konfigurieren

Wenn YaST2 bei der Analyse der Linux-Partitionen weitere Betriebssysteme feststellt, können Sie entscheiden, wie Sie Linux später booten wollen.

- Wenn Sie Linux neben MS-Windows 9x, MS-DOS oder anderen Betriebssystemen installieren, wird Ihnen automatisch die Erstellung einer Bootdiskette angeboten.
- Wenn Sie Linux, wie im Grafikbeispiel gezeigt, alleine auf Ihrem PC installieren, wird LILO als Boot-Manager installiert.

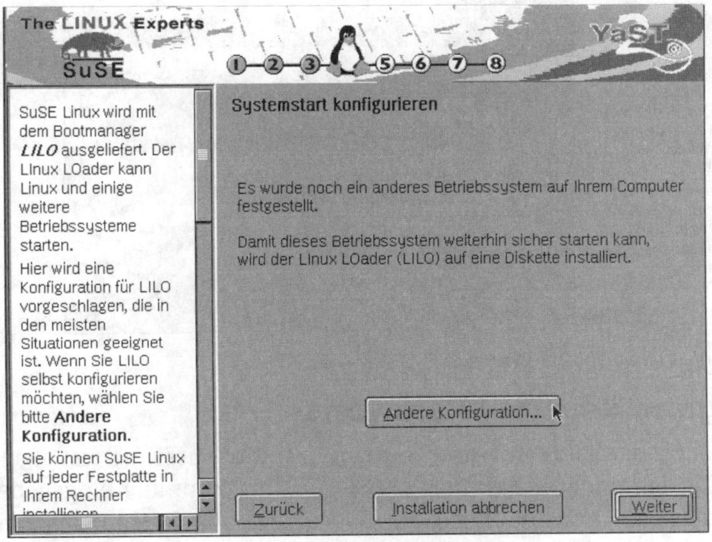

YaST2 schlägt Ihnen eine Startmöglichkeit für Linux vor

Die Bootdiskette wird nicht sofort erstellt, sondern nach Abschluss der Installation. Wundern Sie sich daher nicht, dass Sie mit *Weiter* in die Eingabe der Benutzerinformationen gelangen. Wenn Sie mit der Auswahl der Startform nicht zufrieden sind, erhalten Sie über *Andere Konfiguration* z. B. die Möglichkeit, eine Bootdiskette anzulegen oder LILO zu installieren.

Schritt 5: Benutzerinformationen eingeben

Im nächsten Schritt richten Sie eine Nutzerkennung ein, unter der Sie nach der Installation arbeiten können. Füllen Sie zuerst die Felder *Vorname* und *Nachname* aus.

Jetzt können Sie sich durch einen Klick auf *Vorschlagen* eine Kennung aus Ihrem Vor- und Nachnamen generieren lassen. Dieser würde aus den ersten drei Buchstaben des Vor- und des Nachnamens zusammengestellt. In unserem Beispiel wird uns der Vorschlag „pauman“ unterbreitet, der uns aber nicht gefällt. Daher haben wir im Textfeld *Loginname* „paul“ eingetragen.

Dann geben Sie zweimal das gleiche Passwort in die Felder *Passwort eingeben* und *Passwort zur Überprüfung wiederholen* ein. Wenn Sie sich bei der Eingabe vertippt haben, erscheint bei einem Klick auf *Weiter* eine Meldung, die Sie auf Ihren Fehler hinweist. Erst wenn Sie beide Passwörter identisch eingegeben haben, können Sie den nächsten Schritt durchführen.

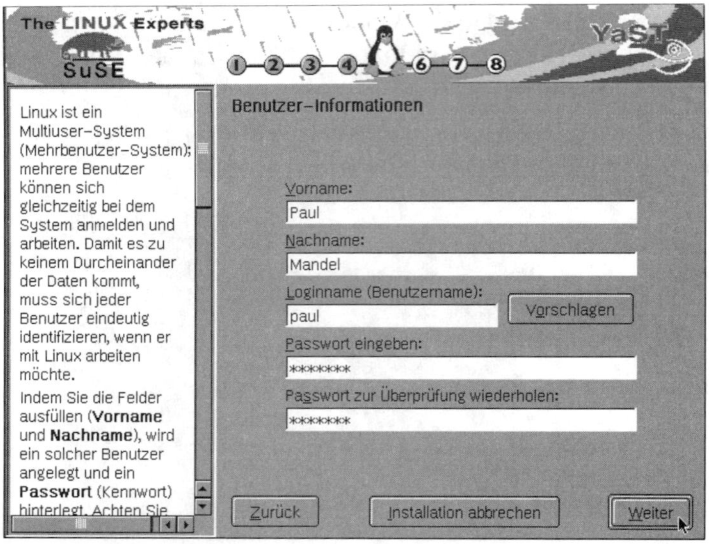

Einrichten einer Nutzerkennung

Eingabe des Root-Passworts

Im nächsten Dialog müssen Sie noch das Root-Passwort festlegen. Wählen Sie hier ein anderes Passwort als Sie für Ihre Kennung eingegeben haben. Mit diesem Passwort haben Sie Zugriff auf alle Ressourcen Ihrer Linux-Installation und können beliebig Programme installieren und löschen.

Schritt 6: Installation der Pakete

Damit haben Sie alle Einstellungen vorgenommen, die das Installationsprogramm benötigt, um Linux zu installieren. Im folgenden Dialog können Sie die Installationseinstellungen noch einmal kontrollieren. Wenn Sie hier noch irgendwelche Fehler entdecken, bewegen Sie sich zum Ändern der Angaben mit *Zurück* zu den jeweiligen Dialogen.

Um Ihnen die Wichtigkeit der Entscheidung deutlich zu machen, springt Ihnen, wenn Sie auf *Weiter* klicken, eine in leuchtendem Grün gehaltene Dialogbox ins Gesicht, die Ihnen den kleinen Schritt für Sie, aber großen Schritt für Ihren Computer noch einmal deutlich machen möchte. Aber erschrecken Sie nicht! Diese Dialogbox hat nicht den Inhalt „Eintritt strengstens verboten", auch wenn sie diesen Eindruck vermittelt. Mit diesem Hinweis wollen die Hersteller nur sichergehen, dass Sie wissen, was Sie jetzt tun. Und darum wagen Sie nun den Schritt und klicken auf *Ja – Installieren*.

Jetzt werden zuerst die Partitionen angelegt und dann formatiert. Danach beginnt die Paketinstallation, die in zwei Etappen abläuft. Bis zum nächsten Installationsschritt können Sie sich nun eine Tasse Kaffee oder Tee genehmigen.

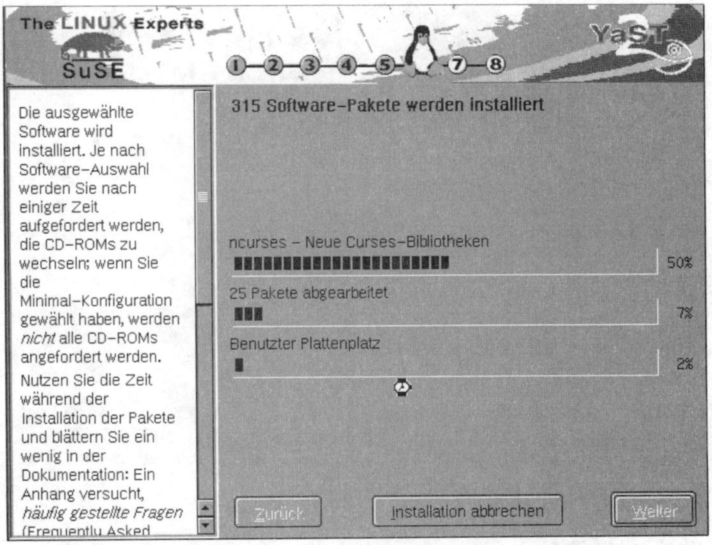

Den Verlauf der Installation der Softwarepakete können Sie am Bildschirm verfolgen

Das Ende des ersten Teils der Paket-Installation wird durch einen Neustart des Systems eingeläutet. Wenn Sie in Schritt vier das Anlegen einer Bootdiskette ausgewählt haben, müssen Sie jetzt noch eine leere, formatierte Diskette einlegen. Diese sollten Sie auch nach dem darauf folgenden Systemstart im Laufwerk lassen.

Schritt 7: Grafikkarte und Monitor angeben

Mit der Festlegung der Daten Ihres Monitors und Ihrer Grafikkarte nähern wir uns dem Abschluss der Installation. Im folgenden Dialog können Sie entweder Ihren Monitor aus der Liste der angebotenen Fabrikate heraussuchen, oder in den Textfeldern die Werte Ihres Monitors eingeben. Wir empfehlen Ihnen jedoch, falls Sie Ihren Monitor in der Liste nicht finden können, einen der VESA-Bildschirmtypen auszuwählen. Sie können z. B. die Auflösung, die Sie unter MS-Windows 9x eingetragen haben, als Anhaltspunkt nehmen.

Ihre Grafikkarte sollte in den meisten Fällen automatisch erkannt werden. Wird sie es nicht, empfehlen wir Ihnen hier, den Punkt *Kein X11 konfigurieren* auszuwählen. Sie können dann in nach Abschluss der Installation X Window mit dem SuSE-Tool SaX konfigurieren. Wurde Ihre Grafikkarte erkannt, können Sie jetzt aus der Liste der möglichen Auflösungen und Farbtiefen wählen.

Bei der Farbtiefe sollten Sie immer den höchsten Wert wählen, während Sie bei der angegebenen Auflösung auf die Fähigkeiten Ihres Monitors, bzw. auf eine augenfreundliche Darstellung Rücksicht nehmen sollten. In jedem Fall müssen Sie Ihre Auswahl mit Hilfe der Schaltfläche *Testen* ausprobieren. Erst wenn das Tool xfine gestartet werden kann, mit dem Sie die Ausrichtung

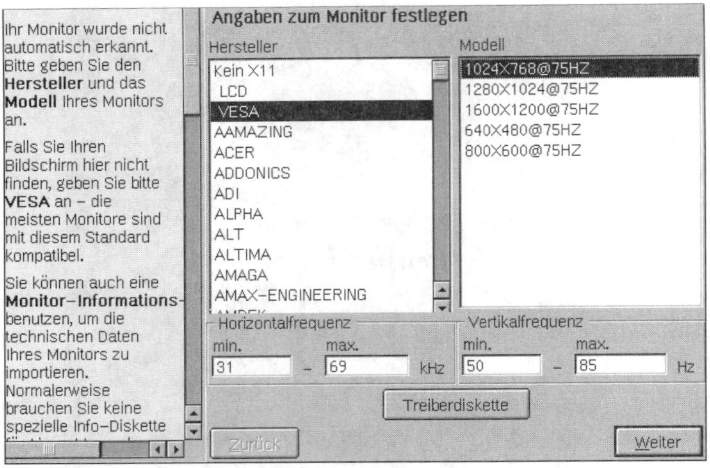

Wählen Sie den zu Ihrem Monitor passenden Eintrag

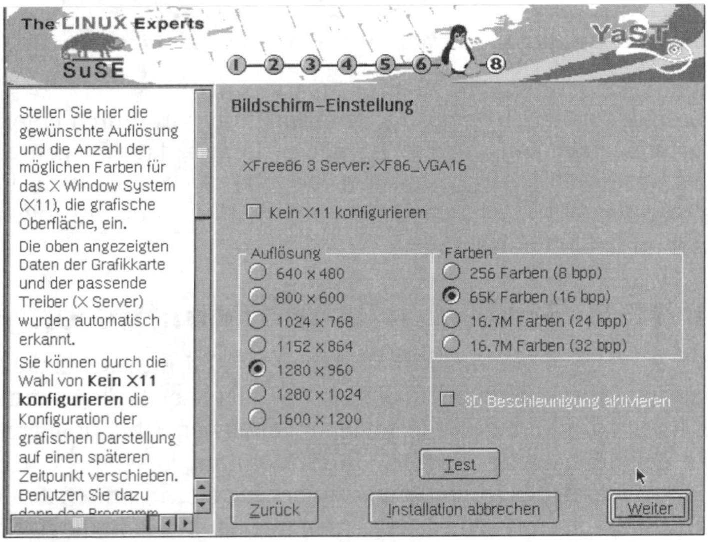

Konfigurieren Sie das Aussehen Ihrer grafischen Oberfläche

und Größe des Bildes passend zu Ihrem Bildschirm konfigurieren, können Sie die Installation fortsetzen.

Hinweis

Wenn die Feineinstellung nicht startet

Wenn Sie eine nicht funktionsfähige Einstellung bei der Auswahl der Farbtiefe oder der Bildschirmauflösung gewählt haben, können Sie den vergeblichen Versuch, diese Auflösung auf Ihrem Monitor darzustellen, mit der Esc-Taste beenden und die nächst kleinere Auflösung ausprobieren. Wenn keine der angebotenen Auflösungen richtig gestartet wird, wählen

Sie *Kein X11 konfigurieren* und konfigurieren X Window im laufenden Betrieb mit dem Konfigurationstool SaX.

Schritt 8: Abschließende Konfigurationen

Zuletzt haben Sie noch die Möglichkeit, zusätzliche Hardware einzurichten. Diese Einstellungen können Sie jedoch auch nachträglich vornehmen, wenn keine der dort angegebenen Komponenten gefunden worden ist.

Drucker oder Modem können während der Installation nur erkannt werden, wenn sie angeschaltet sind. Sie können die automatische Erkennung jedoch wiederholen, indem Sie einmal auf *Zurück* klicken, dann Drucker oder Modem anschalten und diesen Dialog erneut aufrufen. Wenn keine der Komponenten automatisch erkannt worden ist, können Sie über die Schaltflächen die notwendigen Angaben manuell eingeben.

Danach werden die restlichen Pakete installiert und das System startet im normalen Anwendermodus, in dem Sie sich jetzt mit Ihrer zuvor eingerichteten Kennung anmelden können.

2.10 Installation der SuSE-Distribution in elf Schritten

Das SuSE-Installationsprogramm YaST1 ist mittlerweile etwas in die Jahre gekommen, weswegen SuSE jetzt auch eine neue, überarbeitete grafische Version von YaST ausliefert. Die grafische Version ist jedoch erst ab der SuSE-Version 6.4 sinnvoll nutzbar. Wenn Sie daher eine ältere SuSE-Version besitzen, sollten Sie die Installation mit dem bewährten Tool YaST1 im Textmodus durchführen. Wenn der PC, auf dem Sie Linux installieren wollen, weniger als 40 MByte Arbeitsspeicher besitzt, sind Sie ebenfalls auf YaST1 angewiesen, der Ihnen auch bei den neueren SuSE-Versionen noch zur Verfügung steht. Lassen Sie sich nicht davon irritieren, dass die gezeigten Screenshots noch auf SuSE 6.3 basieren: Der Ablauf und die Dialoge haben sich auch in den neueren Versionen nicht geändert.

Checkliste Hardwareinformationen

Die folgenden Daten können Sie z. B. dem Handbuch zu den jeweiligen Geräten entnehmen. Wenn Sie bereits ein Betriebssystem installiert haben, können Sie auch dort die installierten Komponenten anhand ihrer Eintragungen im System oder ihrer Treiber nachsehen – unter MS-Windows 9x z. B. im Hardware-Manager in der Systemsteuereung.

CD-ROM-Laufwerk Welchen CD-ROM-Laufwerktyp haben Sie: ATAPI, SCSI oder ein älteres Modell?

Festplatte Sie sollten wissen, welches Festplattenmodell und welchen Adapter (IDE, E-IDE oder SCSI) Sie verwenden.

Maustyp An welchem Anschluss haben Sie Ihre Maus angeschlossen und welchen Maustyp haben Sie?

Netzwerkkarte Wenn Sie eine Netzwerkkarte eingebaut haben, wissen Sie den Hersteller und den Kartentyp? Zusätzlich sollten Sie bei einer ISA-Karte die Werte für den Speicherzugriff bereithalten, z. B. Interrupt, IO-Basisadresse und wenn nötig den DMA-Kanal.

Installationsübersicht

Freien Speicherplatz auf Ihrer Festplatte haben Sie ja bereits eingerichtet (siehe S. 42). MS-Windows NT/2000- und OS/2-Besitzer haben sich hoffentlich schon in den Kapiteln 2.4 und 2.5 über das Zusammenleben von Linux mit ihrem Betriebssystem informiert. Wie Sie das Installationsprogramm starten können, wissen Sie auch schon (S. 70).

Der Ablauf des nun folgenden Installationsvorgangs wird hier kurz skizziert:

1 Starten des Installationsprogramms (S. 104) und Angabe der Installationssprache, der Bildschirm- und Tastatur-Konfiguration

2 Partitionierung der Festplatten (S. 106)

3 Auswahl und Installation eines Softwareprofils (S. 109)

4 Den passenden Kernel installieren (S. 110)

5 Linux-Boot-Manager einrichten (S. 111)

6 Zeitzone einstellen (S. 113)

7 Rechnername festlegen (S. 113)

8 Netzwerk konfigurieren (S. 114)

9 Root-Passwort und Nutzerkennung festlegen (S. 114)

10 Modemnutzung vorbereiten (S. 116)

11 Maustyp auswählen und konfigurieren (S. 116)

Nach Abschluss des Installationsprogramms nehmen Sie gegebenenfalls die Einstellungen an den parallel installierten Betriebssystemen vor, wie z. B. die Boot-Manager-Konfiguration (S. 123).

Schritt 1: SuSE-Installation starten

Starten Sie die SuSE-Installation mit dem Boot-Medium, das Sie vorbereitet haben (siehe auch S. 66). Das Installationsprogramm meldet sich mit einer freundlichen Begrüßung:

Wenn Sie die Installation über *LOADLIN* oder eine mit *Setup* angelegte Bootdiskette starten, haben Sie die Angaben zu den länderspezifischen Einstellungen bereits gemacht. Haben Sie von der beiliegenden Diskette gebootet, müssen Sie zuerst noch die Sprache, in der die Meldungen während der Installation ausgegeben werden sollen, auswählen. Alle weiteren Abfragen erscheinen bei jeder Boot-Konfiguration.

1 Sie wählen „Deutsch" als Installations-Sprache.

2 Sie haben doch bestimmt ein Farbbildschirm? Aber auch in monochrom sieht die Installation sehr elegant aus.

3 Die nächste Frage beantworten Sie wieder mit „Deutsch", nur dass diesmal nicht die Sprache, sondern Ihre Tastatur gemeint ist.

Hinweis

Spezielle Hardware vor dem Beginn der Installation einbinden

Wenn die für den Installationsvorgang notwendige Hardware (CD-ROM-Laufwerk, Festplatte) vom Betriebssystem noch nicht erkannt worden ist, was in Spezialfällen geschehen kann, müssen Sie diese im Hauptmenü von *Linuxrc* über den Menüpunkt *Kernelmodule (Hardwaretreiber)* laden. Dies ist aber nur notwendig, wenn Sie spezielle SCSI-Festplatten oder CD-ROM-Laufwerke besitzen. Versuchen Sie es daher erst einmal ohne zusätzliche Angaben.

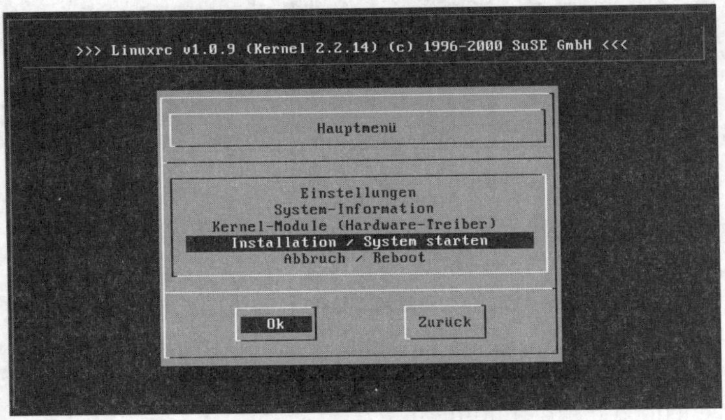

Das Hauptmenü des Installationsprogramms Linuxrc

Jetzt beginnt die eigentliche Installation.

1 Danach starten Sie aus dem Hauptmenü den Installationsvorgang über den Menüeintrag *Installation / System starten*.

2 Im Installationsmenü haben Sie wieder mehrere Möglichkeiten. Am Anfang starten Sie jedoch einfach die Installation.

3 Danach müssen Sie das Installationsmedium festlegen. Dies ist in unserem Fall die CD-ROM.

4 Jetzt können Sie nocheinmal auswählen, ob Sie die grafische Installation mit YaST2 oder die textbasierte Installation mit YaST1 wählen wollen. Alle weiteren Erklärungen beziehen sich auf die Installation mit YaST1.

5 Dann wählen Sie als Installationstyp *Linux neu installieren.*

Schritt 2: Partitionen einrichten oder einrichten lassen

Die Partitionierung erledigen Sie in der SuSE-Installation mit YaST. Wir werden Ihnen den Umgang mit diesem Tool erklären. Wenn Sie jedoch nur einmal in Linux hineinschnuppern wollen, empfehlen wir Ihnen, die Partitionen vom Installationstool selbst anlegen zu lassen. Dies funktioniert aber nur dann, wenn Sie vor der Installation einen Teil Ihrer Festplatte freigeräumt haben, so dass er nicht durch eine Partition belegt ist. Der freie Platz wird von YaST erkannt und für die Linux-Installation genutzt. Diese Variante empfehlen wir vor allem dem Linux-Einsteiger, aber auch dem Internet-User.

Haben Sie in einem früheren Installationsversuch bereits eine Partitionierung durchgeführt, mit der YaST zufrieden ist, können Sie diese weiternutzen und müssen dann nur noch die Mountpoints festlegen.

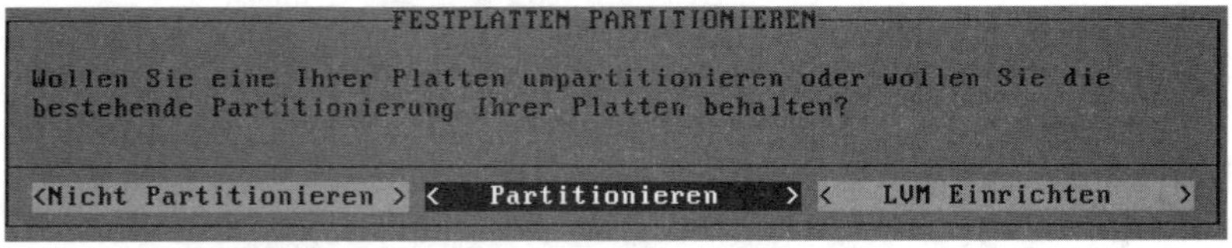

Wählen Sie Ihre Partitionen selbst

Wenn Sie jedoch zum ersten Mal installieren, wählen Sie *Partitionieren.*

Automatische Partitionierung

Die Abfrage nach der automatischen Partitionierung erscheint nur, wenn YaST freien Platz auf der Festplatte erkannt hat. Dann können Sie diesen Service jedoch mit *Ja* anfordern.

Danach werden die automatisch angelegten Partitionen formatiert und die Swap-Partition aktiviert. Weiter geht es mit der Auswahl der zu installierenden Pakete auf Seite 109.

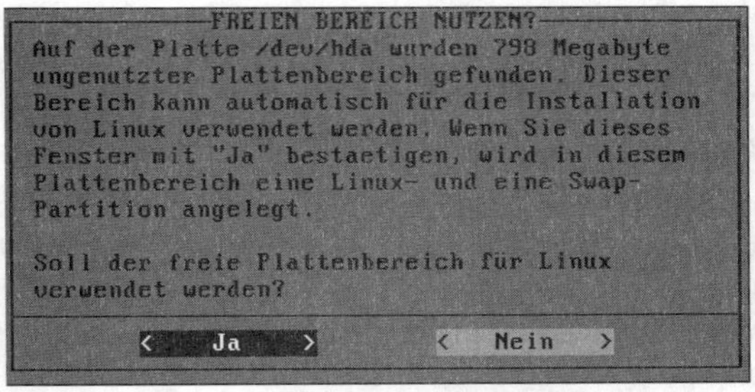

YaST hat freien Festplattenplatz für eine automatische Partitionierung gefunden

Die volle Kontrolle: Partitionierung mit YaST

Die nächste Abfrage erleichtert Ihnen die Arbeit nur, wenn Sie die gesamte Festplatte für Linux nutzen wollen. Dann können Sie hier *Gesamte Platte* auswählen und auf Seite 109 weiterlesen.

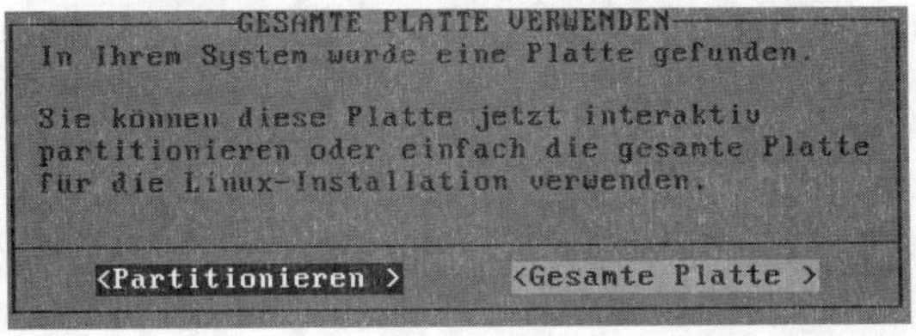

Wenn Sie bestehende Partitionen weiternutzen wollen, müssen Sie per Hand partitionieren

Ansonsten wählen Sie *Partitionieren*. Damit gelangen Sie in das Partitionierungsmenü von YaST. Im unteren Bereich werden Ihnen die bereits angelegten Partitionen angezeigt. Da Sie mindestens zwei Linux-Partitionen anlegen wollen, sollten Sie sich jetzt zuerst einmal einen Überblick verschaffen, wie viele primäre Partitionen Sie noch anlegen können (vgl. a. S. 54).

Wenn die Zahl der noch nutzbaren primären Partitionen kleiner ist als die Anzahl der Partitionen, die Sie anlegen wollen (es sind z. B. schon zwei primäre Partitionen belegt, also nur noch zwei weitere übrig, während Sie drei Linux-Partitionen anlegen wollen), legen Sie zuerst die erweiterte Partition an. Dann können Sie die restlichen Partitionen als logische Partitionen anlegen, ohne dass Sie sich über den Partitionstyp weiter Gedanken machen müssen.

Das Anlegen einer Partition erfolgt in drei Schritten. Rufen Sie mit F5 den Dialog zum Neuanlegen einer Partition auf.

1 Zuerst wählen Sie mit ↑ und ↓ den Partitionstyp. Wenn nur noch logische Partitionen angelegt werden können, haben Sie hier nur einen Punkt, den Sie mit der Enter-Taste bestätigen können.

2 Dann legen Sie die Größe fest. Der erste Wert ist immer der Startzylinder der Partition. Es wird Ihnen jeweils der niedrigste noch freie Zylinder

angegeben, sodass Sie bei sukzessiver Einrichtung der Partitionen hier einfach die Enter-Taste drücken können.

3 Der zweite Wert ist wesentlich wichtiger, weil Sie mit diesem die Größe der Partition festlegen. Hier können Sie neben dem End-Zylinder, den Sie bei der letzten einzurichtenden Partition als Angabe wählen sollten, damit kein Platz verschwendet wird, auch eine Größe in MByte angeben, wenn Sie dem Wert ein Plus-Zeichen voransetzen und ihn mit einem „M“ beenden.

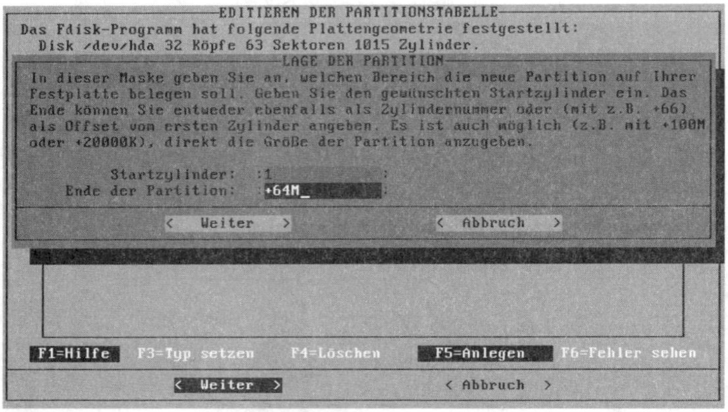

Partitionsgrößen können über Start- und End-Zylinder, aber auch über eine Größenangabe in K- oder MByte angegeben werden

Damit haben Sie die Partition eingerichtet. Sie erhält automatisch den Typ „Linux native“. Wenn Sie eine Swap-Partition anlegen, sollten Sie jetzt den Typ ändern, damit die Partition später direkt erkannt und eingesetzt werden kann.

1 Wählen Sie mit F3 den Dialog *Typ setzen*.

2 Jetzt legen Sie für die Partition den Typ fest, z. B. *Linux Swap Partition*.

Wenn Sie alle notwendigen Partitionen eingerichtet haben, können Sie mit *Weiter* die Partitionierungsdaten auf die Festplatte schreiben. Danach erscheint sofort die Abfrage, ob Sie die Swap-Partition aktivieren wollen. Nur wenn Sie mindestens 64 MByte RAM haben, sollten Sie darauf verzichten. Es ist jedoch immer sicherer, die Swap-Partition schon während der Installation zu nutzen. Dafür haben Sie sie ja nun auch angelegt.

Im nächsten Schritt müssen Sie YaST nur noch mitteilen, wo die soeben angelegten Partitionen denn nun hin sollen:

1 Mit F4 erhalten Sie eine Liste von möglichen Mountpoints unter Linux. Hier können Sie einen Eintrag aus der Liste auswählen oder über *Anderen Eintrag* selbst ein Verzeichnis eingeben. Wenn Sie z. B. eine bereits eingerichtete MS-Windows 9x-Partition direkt zugänglich ma-

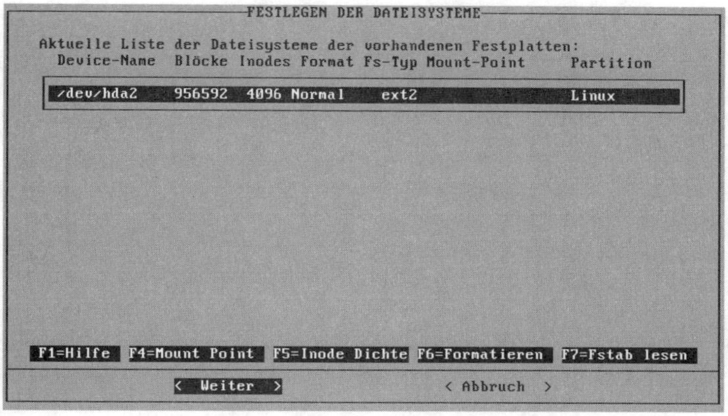

Legen Sie die Mountpoints der gerade angelegten Partitionen fest

chen wollen, wählen Sie *Anderen Eintrag* und geben dort z. B. */win* als Verzeichnis an.

2 Mit [F6] legen Sie dann fest, welche der Partitionen formatiert werden sollen. Sie sollten alle wichtigen Systempartitionen wie */*, */usr* und */var* formatieren. Wenn Sie einer MS-Windows 9x-Partition einen Mountpoint zugewiesen haben, sollten Sie darauf achten, dass diese Partition nicht formatiert wird!

Haben Sie alle Einstellungen gemacht, können Sie mit *Weiter* das Anlegen der Dateisysteme starten. Vorher erhalten Sie noch einmal eine Übersicht über die von Ihnen ausgewählten Partitionen. Unter denen sollte sich keine Partition eines bereits eingerichteten Betriebssystems befinden!

Schritt 3: Verschiedene Paket-Konfigurationen laden

Sie können bei der Installation zwischen mehreren vorgefertigten Paket-Konfigurationen wählen. Als Linux-Einsteiger oder Internet-User empfehlen wir Ihnen, zu den bereits ausgewählten Paketen noch das KDE-System hinzuzufügen. Die Angaben über den benötigten Plattenplatz finden Sie auf der rechten Seite in Klammern. Die drei Systeme benötigen gut 1, 3 GByte.

1 Wählen Sie aus dem Installationsmenü zuerst den Punkt *Konfiguration laden*

2 Um die zu installierenden Paketgruppen auszuwählen, bewegen Sie mit den [↑] und [↓]-Tasten den Selektionsbalken auf die jeweilige Konfiguration und markieren diese mit der [Leertaste].

2a Wollen Sie die bereits mit einem Stern markierten Pakete durch die von Ihnen ausgewählten und mit einem „X“ markierten ersetzen, wählen Sie die Schaltfläche *Ersetzen*.

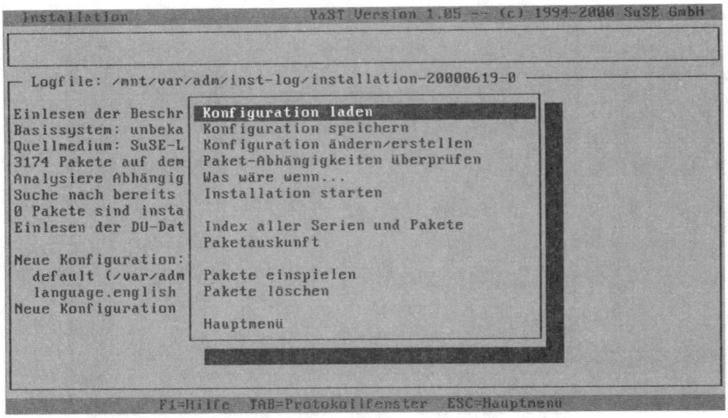

Bei der Auswahl der zu installierenden Software stehen verschiedene Konfigurationen zur Verfügung

2b Sie können aber auch die von Ihnen markierten Einträge den schon selektierten über die Schaltfläche *Hinzufügen* hinzufügen.

Haben Sie sich für eine Konfiguration entschieden, können Sie diese noch über den Menüpunkt *Konfiguration ändern* an Ihre Wünsche anpassen und eventuell Pakete hinzufügen oder löschen. Diese Option sollten Sie jedoch nur wahrnehmen, wenn Sie sich bereits mit Linux-Software auskennen.

Wenn Sie mit Ihrer Auswahl zufrieden sind, starten Sie über den Menüpunkt *Installation starten* die Installation der einzelnen Pakete. Der Verlauf wird Ihnen anhand der installierten Pakete angezeigt. In der Kopfzeile werden Ihnen die noch zu installierenden Pakete angezeigt, sodass Sie jederzeit den noch zu erwartenden Zeitaufwand einschätzen können.

Schritt 4: Des Pudels Kern: Einen Linux-Kernel auswählen

Die Frage nach dem auszuwählenden Kernel ist einfach zu beantworten, wenn Sie sich an die grundlegenden Informationen erinnern, die Sie bereits am Anfang für die Auswahl des Installationskernels benötigt haben (vgl. S. 70). Da alle Linux-Kernel modularisiert sind, ist es hier nur wichtig, den Kernel auszuwählen, der zu Ihrem Prozessor passt. Alle anderen Gerätetreiber können dann über Module nachgeladen werden. Dies gilt leider nicht für Laptops: Falls Sie einen solchen besitzen, sollten Sie den *Kernel mit APM-Support* auswählen.

Im Prinzip müssen Sie sich nur zwischen drei Alternativen entscheiden:

1 Sie sind sich keiner Besonderheiten bei Ihrem PC bewusst. Dann sollten Sie den *Standard-Kernel (Pentium-optimiert)* auswählen. Wenn Sie einen PC mit einem älteren Prozessor haben, wählen Sie den *Kernel für Rechner mit 386 und 486 Prozessoren.*

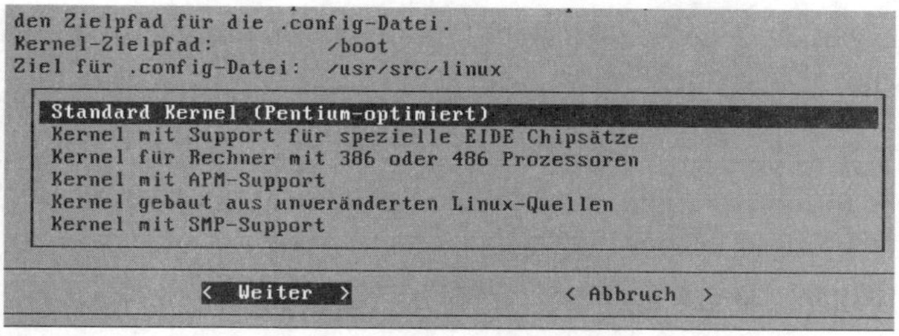

Wählen Sie den passenden Kernel für Ihr System

2 Sie wollen Linux auf einem Laptop installieren. In diesem Fall sollten Sie den *Kernel mit APM-Support* wählen, der die Stromspar-Funktionen des Laptops nutzen kann.

3 Wenn Sie einen Rechner mit Doppelprozessorboard haben, können Sie auf den *Kernel mit SMP-Support* zurückgreifen.

Die Variante für *spezielle EIDE-Chipsätze* benötigen Sie nur, wenn Sie beim Booten der Installationsroutine bereits Schwierigkeiten gehabt und dort auf diesen speziellen Kernel zurückgegriffen haben.

Schritt 5: LILO mit YaST konfigurieren

Es gibt eigentlich nur einen Grund, auf die Konfiguration von LILO zu verzichten: Nur wenn Sie Linux immer mit Hilfe der Bootdiskette starten wollen, sollten Sie hier auf die LILO-Konfiguration verzichten. Auch MS-Windows NT/2000- oder OS/2-Nutzer müssen LILO konfigurieren, wenn sie Linux über den jeweiligen Boot-Manager starten wollen.

Wenn Sie zum ersten Mal den Konfigurationsdialog von YaST aufrufen, über den LILO eingerichtet wird, ist noch kein Eintrag für irgendein Betriebssystem angelegt worden.

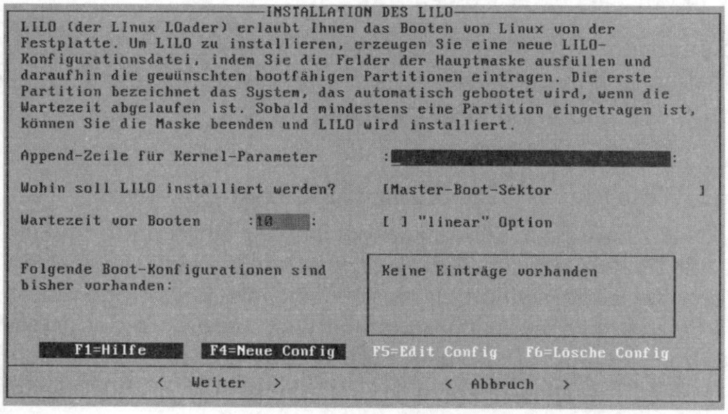

Der Konfigurationsdialog von YaST, mit dem LILO eingerichtet wird

1 Legen Sie einen neuen Boot-Eintrag an. Starten Sie den dazu notwendigen Dialog mit [F4].

2 Tragen Sie jetzt unter *Name der Konfiguration* „linux“ ein.

3 Wenn Sie nach der Eingabe die [Enter]-Taste drücken, landen Sie automatisch im nächsten Eingabefeld.

4 Wählen Sie aus der Liste der Betriebssysteme *Linux booten*.

5 *Kernel optional* lassen Sie ausgeschaltet.

6 Zum Schluss geben Sie noch einen Kernel an. Standard ist hier der Eintrag */boot/vmlinuz*, den Sie entweder eintippen oder mit [F3] aus dem Dateisystem heraussuchen können.

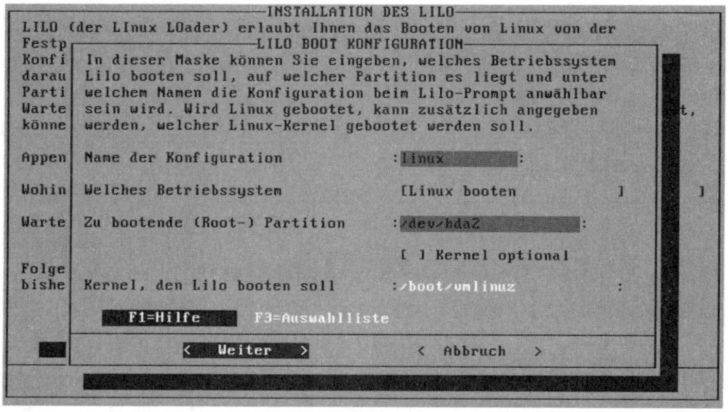

Mit diesem Dialog legen Sie für jedes Betriebssystem, das LILO booten soll, die notwendigen Parameter fest

7 Schließen Sie diesen Dialog.

8 Diese Schritte können Sie für jedes Betriebssystem wiederholen, das von LILO gebootet werden soll.

9 Zum Schluss wählen Sie aus dem Feld *Wohin soll LILO installiert werden?* den Eintrag *Master-Boot-Sektor*, wenn Sie Linux parallel zu MS-DOS oder MS-Windows 9x nutzen.

Hinweis

LILO für MS-Windows NT/2000 und OS/2 konfigurieren

MS-Windows NT/2000- und OS/2-Nutzer wählen hier einen anderen Eintrag, entweder *Boot-Sektor der Root-Partition* oder *Boot-Sektor der Boot-Partition*. Wenn Sie eine Partition für das Verzeichnis */boot* eingerichtet haben, weil Sie z. B. nur eine kleine Boot-Partition unterhalb des 1024. Zylinders anlegen konnten (zu dieser Problematik s. a. S. 59), müssen Sie LILO dort installieren. Ansonsten installieren Sie LILO am Anfang Ihrer Root-Partition.

10 Die *Wartezeit* können Sie bei *10* Sekunden belassen,

11 Die *„linear" Option* lassen Sie auch erst einmal ausgeschaltet.

12 Wenn Sie jetzt den Dialog über *Weiter* beenden, wird LILO installiert und Ihnen die Ausgabe des Einrichtungsvorgangs in einer Dialogbox angezeigt. Es hat funktioniert, wenn dort eine Zeile mit dem Inhalt *Added linux* * steht.

Schritt 6: Zeitzone festlegen

Linux behandelt Zeit auf eine etwas andere Art und Weise, als Sie es vielleicht unter MS-DOS oder MS-Windows 9x gewohnt sind: Sie legen die Zeitzone fest, in der Sie sich bewegen. Am einfachsten ist hier die Auswahl einer Stadt, der Sie sich zurechnen, also z. B. *Europe/Berlin*.

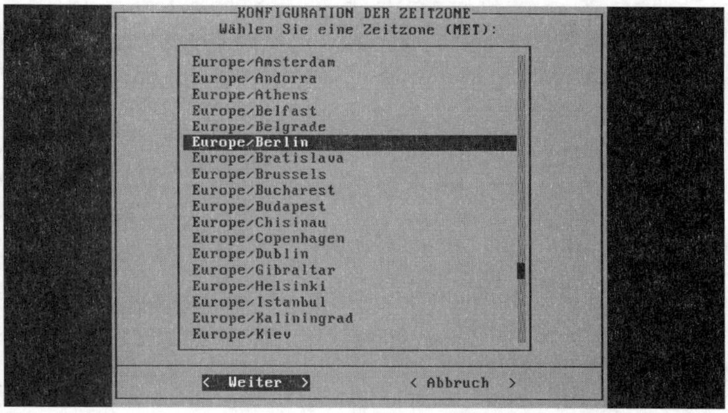

Legen Sie fest, in welcher Zeitzone Sie sich befinden

Wenn Sie nur Linux auf Ihrem PC nutzen, sollten Sie im nachfolgenden Dialog unbedingt Ihre Hardwareuhr auf GMT einstellen. Damit nutzen Sie die Möglichkeiten voll aus, die Ihnen Linux beim Umgang mit verschiedenen Zeitzonen und der Umstellung von Winter- auf Sommerzeit und umgekehrt bietet. Wenn Sie jedoch ein anderes Betriebssystem parallel nutzen, das mit dieser Art der Zeitdarstellung nicht zurechtkommt – und dazu gehören leider MS-DOS und alle MS-Windows 9x-Derivate – sollten Sie auf diese Einstellung verzichten.

Schritt 7: Ein Rechner braucht einen Namen

In Linux hat jedes System einen eigenen Namen, damit Sie es begrüßen und ihm Sitz und Platz beibringen können. Den Namen für Ihren Rechner können Sie bei einem nicht vernetzten Einzelplatz-System frei wählen. Sie sollten nur auf die Verwendung von Sonderzeichen wie z. B. der deutschen Umlaute verzichten, da noch nicht jede Software mit diesen Zeichen in einem Hostnamen umgehen kann.

Bei der Wahl des Rechnernamens sind Sie nur dann nicht frei, wenn Sie Ihren PC in ein bestehendes Netzwerk integrieren müssen. Dann sollten Sie

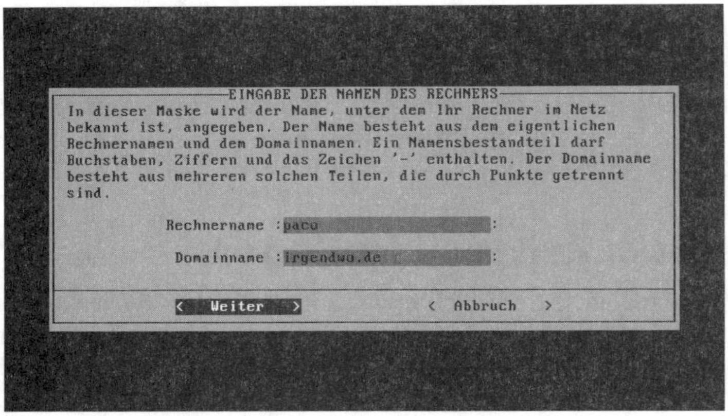

Geben Sie Ihrem PC einen Namen, damit er auf Sie hört, wenn Sie ihn rufen

sich von Ihrem Netzwerkadministrator einen Rechnernamen und einen Domainnamen zuweisen lassen. Nur dann ist gesichert, dass Ihr Linux-PC auch innerhalb des Netzwerks unter diesem Namen angesprochen werden kann. Wählen Sie in diesem Fall eine falsche Domain, können Sie unter Umständen die Hosts Ihres Netzwerks nicht ansprechen. Daher ist die Angabe des Namens und der Domain bereits der erste Teil der Netzwerkkonfiguration.

Wenn Sie jedoch einen Einzelplatz-PC Ihr eigen nennen, Ihren PC nur über Modem oder ISDN-Karte ins Internet bringen oder erst ein eigenes, privates Netzwerk einrichten wollen, können Sie hier Ihrer Phantasie freien Lauf lassen. Sie müssen jedoch auf jeden Fall einen Namen und eine Domain angeben, sonst ist YaST nicht mit Ihren Eingaben zufrieden.

Schritt 8: Einrichten des Netzwerks

Wenn Sie keine Netzwerkkarte in Ihrem PC eingebaut haben, richten Sie jetzt nur ein internes Netzwerk, ein so genanntes *Loopback*, ein. Damit funktionieren alle Internet-Funktionen auch ohne dass ein Internet-Zugang besteht. Sie können dann einige der folgenden Abschnitte überspringen. Nur wenn Sie tatsächlich eine Netzwerkkarte in Ihrem PC eingebaut haben, sollten Sie an dieser Stelle *Netzwerk* wählen.

Schritt 9: Konfiguration der Nutzerverwaltung

Die nächsten Schritte sind wichtig für die Sicherheit Ihres Systems. Sie müssen ein Passwort für die Systemadministration, das so genannte Root-Passwort, angeben und eine Nutzerkennung einrichten, mit der Sie dann arbeiten können.

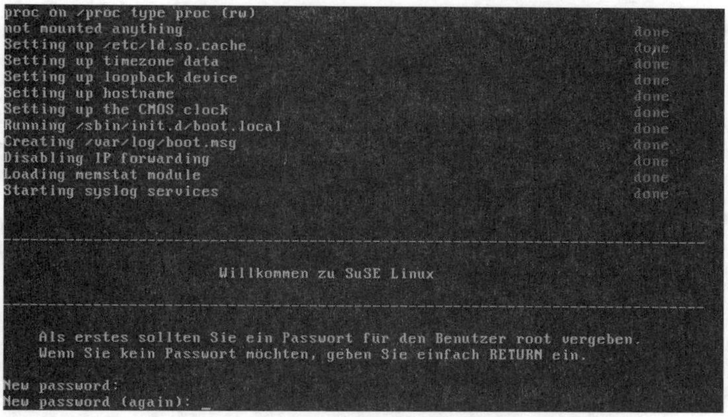

Nach dem ersten Booten müssen Sie ein Root-Passwort vergeben

Angabe des Root-Passworts

Sie haben bei der Eingabe des Root-Passworts die Möglichkeit, durch einfaches Drücken der Enter-Taste auf die Einrichtung eines Passworts zu verzichten. Wir möchten Sie jedoch davor warnen! Ohne Passwort ist der Rechner jedermann mit allen Konsequenzen zugänglich. Nutzen Sie also diese Möglichkeit nicht und schützen Sie Ihren Rechner durch ein Root-Passwort vor unberechtigtem Zugriff.

Eine Nutzerkennung anlegen

Aus Sicherheitsgründen sollten Sie nur in Ausnahmefällen, d. h., wenn Sie administrative Aufgaben am System vornehmen, mit der Root-Kennung arbeiten. Im normalen Betrieb ist die Arbeit mit einer Kennung mit beschränkten Rechten sinnvoll. Damit können Sie das System nicht dauerhaft schädigen, wenn Sie auch einmal unkonventionelle Dinge ausprobieren wollen.

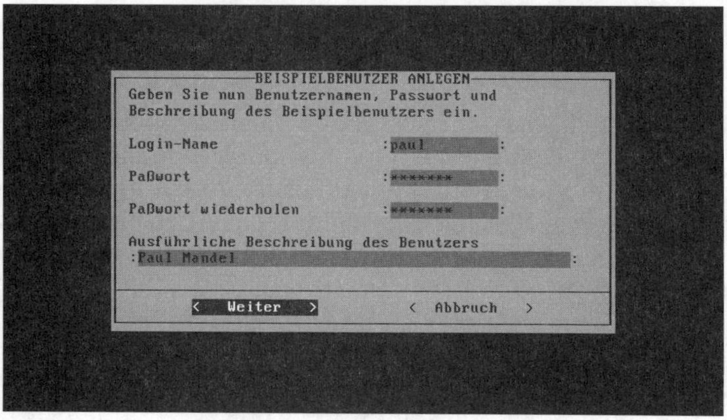

Eine Nutzerkennung wird angelegt

Die Nutzerkennung sollten Sie nur in Kleinbuchstaben ohne Umlaute eingeben. Sie darf aus maximal acht Zeichen bestehen. Bei der ausführlichen Beschreibung können Sie sich dann jedoch richtig austoben. Wenn Sie hier

Ihren vollen Namen eingeben, können andere Programme wie z. B. ein Mail-Reader auf diese Daten zurückgreifen.

Schritt 10: Modem vorbereiten

Die Modemkonfiguration beschränkt sich an dieser Stelle auf die Angabe der Schnittstelle, mit der Ihr Modem verbunden ist. Weitere Konfigurationsangaben müssen Sie dann in den Programmen machen, die Sie für den Verbindungsaufbau nutzen (siehe auch Kapitel 13, S. 829).

Schritt 11: Maus konfigurieren

Die Konfiguration der Maus bildet den Abschluss der SuSE-Installation. Wählen Sie hier den passenden Typ aus, wobei Sie in den meisten Fällen auf die Standardeinträge *Microsoft kompatible serielle Maus* oder *PS/2 Maus oder ...* zurückgreifen können. Nur wenn Ihr Maustyp hier explizit aufgeführt wird, sollten Sie es zuerst mit diesem Eintrag versuchen.

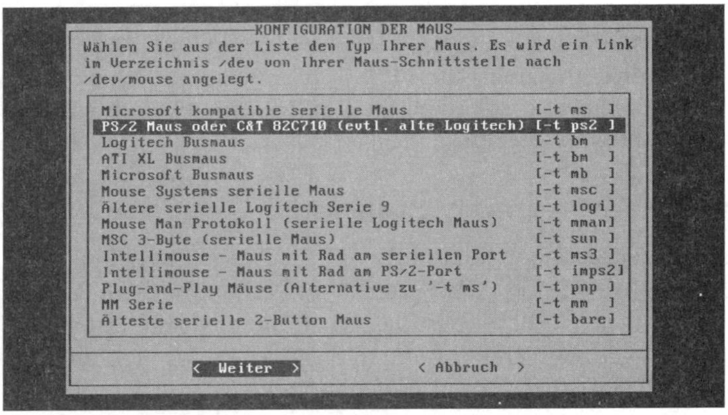

Wählen Sie den passenden Eintrag, damit Sie auch im Textmodus mit Ihrer Maus arbeiten können

Sie haben hier aber auch die Möglichkeit, mehrere Treiber auszuprobieren. Anworten Sie im nächsten Dialog mit *Ja*, damit der Maustreiber im Textmodus geladen wird. Während dann der darauf folgende Dialog angezeigt wird, bewegen Sie Ihre Maus. Wird jetzt kein Mauscursor – im Textmodus nur ein Rechteck – angezeigt, gelangen Sie mit der Schaltfläche *Umkonfigurieren* zurück zur Auswahl der Maustreiber und können es mit einem anderen Eintrag probieren.

Leider ist das Installationsprogramm nicht auf Mausklicks eingestellt, sodass Sie bis zu seinem Ende Ihre Angaben weiter mit der Tastatur machen müssen. Wenn also ein Klick auf die Schaltfläche *Beibehalten* nicht funktioniert, liegt das nicht an Ihrer Maus, sondern am Programm. Bewegen Sie mit Ihrer Maus ein kleines rotes Rechteck auf dem Bildschirm, ist sie richtig eingestellt.

Installation der restlichen Pakete

Jetzt können Sie die Installation der Pakete anfordern, die während des ersten Installationsdurchlaufs noch nicht installiert wurden. Dies sollten Sie auf jeden Fall tun, da sonst Ihre Installation nicht vollständig ist. Jetzt werden Sie auch aufgefordert, die restlichen CD's einzulegen.

Dann ist die Installation abgeschlossen. Alle weiteren Konfigurationen, wie vor allem die Einrichtung der X Window-Oberfläche können Sie nachträglich durchführen (zu X Window s. a. Kap. 10.2 auf Seite 525).

3. Systemanpassung: Mehr Sicherheit und Komfort

Sie haben es also geschafft und Linux erfolgreich auf Ihrem PC installiert. An dieser Stelle bieten sich Ihnen mehrere Möglichkeiten, mit der Lektüre des Buchs fortzufahren:

- Die nächsten Schritte erfordern bereits ein paar Kenntnisse im Umgang mit der Kommandozeile. Wenn Sie sich hier unsicher fühlen, können Sie in Kapitel 4.4 „Erster Kontakt mit der Shell“ auf Seite 170 erste Eindrücke vom Umgang mit Linux gewinnen. Wir haben uns jedoch bemüht, die Kommandos, die Sie im weiteren Kapitel benutzen müssen, so einfach zu erklären, dass Sie auch ohne Vorwissen zurechtkommen sollten. Dort, wo Vorwissen notwendig ist, weisen wir Sie auf den Teil des Buchs hin, in dem das Thema ausführlich erklärt wird.
- Haben Sie eine vollständige Installation mit LILO als Boot-Manager und einem automatisch startenden X Window, empfehlen wir Ihnen, dieses Kapitel erst einmal zu überspringen und in Kapitel 4 „Erste Schritte mit Linux“ (S. 153) weiterzulesen.

3.1 Installationsvorgang abschließen

Je nach Betriebssystemkombination haben Sie weitere Startmöglichkeiten kennen gelernt. Falls Sie neben Linux MS-Windows 9x einsetzen und LILO nicht installiert haben, können Sie noch die bereits angesprochene Konfiguration von LOADLIN und die Einrichtung eines Boot-Menüs durchführen, wenn Sie zum Start von Linux nicht immer die Bootdiskette verwenden wollen. Auch bei der Kombination Linux + DOS oder Linux + MS-DOS + MS-Windows NT/2000 kann LOADLIN zum Einsatz kommen. Lesen Sie dazu „LOADLIN richtig konfigurieren“ (S. 121).

Falls Sie Linux mit OS/2 einsetzen und die Linux-Systempartition bei der Partitionierung wie beschrieben im OS/2-Boot-Manager eingetragen haben, können Sie OS/2 und Linux über den OS/2-Boot-Manager starten. Die Einrichtung des MS-Windows NT/2000-Boot-Managers beschreiben wir ab Seite 127.

Linux über LILO starten

Haben Sie LILO im Master Boot Record installiert, meldet sich der Rechner nach dem Neustart mit der folgenden Zeile:

```
LILO boot:
```

Nach Ablauf einer voreingestellten Wartezeit – bei RedHat werden fünf Sekunden und bei SuSE zehn Sekunden eingestellt – wird das als Standard festgelegte Betriebssystem automatisch gestartet. Wenn Sie zuvor die Taste [Tab] drücken, wird der Countdown deaktiviert und eine Liste der verfügbaren Betriebssysteme angezeigt.

```
LILO boot:
linux      dos
boot: linux
```

Geben Sie nun das Betriebssystem an, das gestartet werden soll, indem Sie den Namen eingeben, hier also „dos“ oder „linux“, und die Eingabe mit der [Enter]-Taste abschließen. Falls Sie nur die [Enter]-Taste drücken, wird das Standard-Betriebssystem gestartet.

Hinweis

Probleme beim automatischen Start der grafischen Oberfläche

Sie haben bei der Installation von RedHat oder SuSE den Start der grafischen Oberfläche bereits für den Anmeldevorgang konfiguriert. Leider startet X Window nicht oder ist falsch konfiguriert, sodass Sie sich nicht anmelden können. In diesem Fall können Sie Linux in einem anderen Runlevel (zu diesem Thema siehe auch Kapitel 9.4, S. 393) starten, in dem auf den Start der grafischen Oberfläche verzichtet wird. Bei RedHat hat das Standard-Runlevel ohne grafische Oberfläche die Nummer drei, bei SuSE die Nummer zwei. Das Runlevel kann bei der Angabe des Betriebssystems am LILO-Boot-Prompt einfach durch ein Leerzeichen getrennt angegeben werden:

RedHat: `LILO boot: linux 3`
SuSE: `LILO boot: linux 2`

Linux über Boot-Diskette starten

Während der Installation wurde Ihnen die Möglichkeit gegeben, eine Boot-Diskette zu erstellen. Diese ist auf Ihre Installation zugeschnitten und kann immer verwendet werden, um das installierte Linux-System zu starten. Dazu legen Sie die Diskette in das Diskettenlaufwerk ein – wenn Sie zwei Diskettenlaufwerke haben, in dasjenige, das unter MS-DOS und MS-Windows 9x mit *A:* angesprochen wird – und starten den Rechner neu.

Hinweis

Diskette als erstes Boot-Laufwerk im BIOS eintragen

Nun, Sie haben alles so gemacht, wie im obigen Absatz beschrieben, aber das System bootet nicht von der Diskette, sondern von der Festplatte? In diesem Fall ist die Boot-Reihenfolge im BIOS falsch eingetragen. Das können Sie ändern, indem Sie Ihren Rechner neu booten und dann das

BIOS-Setup aufrufen. Hinweise, wie Sie bei verschiedenen BIOSen die Boot-Reihenfolge ändern, finden Sie im Exkurs auf Seite 66.

Nach dem Systemstart werden Sie nach dem Benutzernamen gefragt. Geben Sie den Namen „root" ein und bestätigen Sie die Eingabe mit der Enter-Taste. Geben Sie bei der Passwortabfrage das von Ihnen während der Installation festgelegte Passwort an und drücken Sie erneut die Enter-Taste. Nun können Sie die ersten Befehle eingeben.

Dieser Anmeldevorgang sieht wie folgt aus:

```
Welcome to SuSE Linux 6.4 (i386) - Kernel 2.2.14 (tty1).

paco login: root
Password:
You have new mail in /var/spool/mail/root.
Last login: Tue May 23 10:13:17 on tty3
Have a lot of fun...
paco:~ #
```

LOADLIN richtig konfigurieren

Das Programm LOADLIN können Sie verwenden, falls Sie neben Linux eines der Betriebssysteme MS-DOS oder MS-Windows 9x verwenden. Nach dem Start wird bei laufendem System das Programm LOADLIN aufgerufen, um so Linux zu booten. LOADLIN bietet den großen Vorteil, Linux auch von logischen Partitionen oder primären Partitionen jenseits des 1024. Zylinders booten zu können. Im Folgenden wird nun nur noch über MS-DOS gesprochen. Der gesamte Vorgang läuft unter MS-Windows 9x auf die gleiche Weise ab.

Den Linux-Kernel kopieren

Für einen Boot-Vorgang mit LOADLIN benötigen Sie den jeweils aktuellen Kernel. Der Kernel wird bei der Linux-Installation auf die Festplatte kopiert und ist in dieser Form auch für LOADLIN einsetzbar. Dieser muss nun auf die DOS-Partition kopiert werden. Gehen Sie dazu wie folgt vor:

1. Starten Sie Linux über die während der Installation erstellte Bootdiskette.

2. Nun wird die DOS-Partition in den Linux-Verzeichnisbaum integriert und über das Verzeichnis */mnt/dos* zugänglich gemacht. Geben Sie dazu die folgenden Befehle ein. Ersetzen Sie gegebenenfalls */dev/hda1* durch die Bezeichnung Ihrer DOS-Systempartition.

   ```
   paco:~ # mkdir /mnt/dos
   paco:~ # mount /dev/hda1 /mnt/dos
   ```

3. Legen Sie ein Verzeichnis mit dem Namen *loadlin* auf der DOS-Partition an.

   ```
   paco:~ # mkdir /mnt/dos/loadlin
   ```

4 Jetzt kopieren Sie den Linux-Kernel in das neu angelegte Verzeichnis.

```
paco:~ # cp /boot/vmlinuz /mnt/dos/loadlin/vmlinuz
```

5 Damit sind alle Aufgaben unter Linux erledigt. Mit dem folgenden Befehl beenden Sie Linux und starten den Rechner neu.

```
paco:~ # /sbin/reboot
```

LOADLIN aufrufen

Nach dem Neustart des Rechners booten Sie das DOS-System. Dort geht nun die LOADLIN-Konfiguration weiter. Sie werden unter *C:\loadlin* das unter Linux angelegte Verzeichnis finden.

1 Kopieren Sie von der ersten Installations-CD aus dem Verzeichnis *dosutils\loadlin* das Programm *loadlin.exe* in das Verzeichnis *C:\loadlin*.

2 Damit sind Sie schon in der Lage, LOADLIN zu starten. Unter Windows 95 und Windows 98 müssen Sie nun in den DOS-Modus wechseln.

3 Falls Sie das Programm *smartdrv* verwenden, geben Sie den folgenden Befehl ein – auch wenn Sie sich nicht sicher sind, ob *smartdrv* genutzt wird.

```
C:>smartdrv /C
```

4 Nun kann LOADLIN aufgerufen werden. Dazu muss die Linux-Systempartition (also die Root-Partition) angegeben werden – z. B. */dev/hda2* – und der Linux-Kernel, der unter dem Namen *vmlinuz* bereits in das Verzeichnis *loadlin* kopiert wurde. Der Befehl sieht dann wie folgt aus:

```
C:> C:\loadlin\loadlin C:\loadlin\vmlinuz root=/dev/hda2
```

5 Damit wird Linux gebootet. Wenn alles funktioniert, beenden Sie Linux wieder. Wenn der Login-Prompt angezeigt wird, können Sie z. B. Strg+Alt+Entf drücken.

6 Hat der Rechner wieder nach DOS gebootet, erstellen Sie eine Stapelverarbeitungsdatei z. B. unter dem Namen *linux.bat* im Verzeichnis *C:\loadlin*. Wir benutzen dafür z. B. den bei DOS mitgelieferten Editor:

```
C:> edit \loadlin\linux.bat
```

In diese tragen Sie dann folgende Kommandos ein (*/dev/hda2* müssen Sie natürlich durch Ihre Root-Partition ersetzen):

```
rem Linux"=Startdatei
smartdrv /C
C:\loadlin\loadlin C:\loadlin\vmlinuz root=/dev/hda2
```

Zukünftig können Sie Linux über diese Datei starten, also über die Befehlszeile „C:\loadlin\linux".

LOADLIN unter MS-Windows 9x

Falls Sie Linux mit MS-Windows 9x kombiniert haben, können Sie im folgenden Abschnitt nachlesen, wie Sie LOADLIN beim Systemstart über ein Menü aufrufen.

Ein Boot-Menü unter MS-Windows 9x einrichten

Bisher wurde beschrieben, wie LOADLIN direkt und über eine Stapelverarbeitungsdatei aufgerufen werden kann. Bei dieser Vorgehensweise muss jedoch immer Windows 95 oder Windows 98 komplett gestartet und dann die Stapelverarbeitungsdatei per Hand aufgerufen werden.

Sie haben aber auch die Möglichkeit, ein Boot-Menü mit der Datei *Config.sys* zu erzeugen. Mit diesem Menü haben Sie dann noch vor dem Laden der meisten MS-Windows 9x-Systemdateien die Möglichkeit, sich zwischen Windows und Linux zu entscheiden. Sie müssen dazu an folgenden Dateien Änderungen vornehmen:

- Zuerst deaktivieren Sie den Standard-Systemstart in der Datei *msdos.sys*.
- Dann erstellen Sie in der Datei *config.sys* ein Auswahlmenü, über das Sie zwischen dem Start von Linux und MS-Windows 9x wählen können.
- Zum Schluss aktivieren Sie in der Datei *autoexec.bat* noch den Aufruf von Windows, das wegen des Boot-Menüs zu diesem Zeitpunkt noch „schläft".

Änderungen an der msdos.sys

Damit die vorgestellte Lösung überhaupt funktioniert, müssen zwei Einstellungen in der Datei *msdos.sys* vorgenommen werden. Diese Datei finden Sie unter *C:*.

1. Falls diese Datei nur lesbar ist, also das Attribut *R* besitzt, müssen Sie dieses Attribut entfernen. Klicken Sie dazu im Explorer mit der rechten Maustaste auf die Datei *msdos.sys*. Wählen Sie im erscheinenden Menü den Punkt *Eigenschaften* aus. Entfernen Sie unter der Rubrik *Dateiattribute* den Haken bei *Schreibgeschützt*. Schließen Sie das Fenster mit *OK*.
2. Öffnen Sie die Datei *msdos.sys* in einem Editor.
3. Unter dem Abschnitt mit der Kennzeichnung *[Options]* finden Sie die Zeile *BootGUI = 1*. Ändern Sie den Eintrag in *BootGUI = 0*. Damit landen Sie beim nächsten Neustart nicht mehr direkt in der grafischen Oberfläche von Windows 95/98, sondern es erscheint eine Eingabezeile. Dort müssen Sie dann den Befehl „win" eingeben, um die grafische Ober-

fläche zu starten. Dieser Vorgang wird noch am Ende dieser Anleitung automatisiert.

4 Tragen Sie im gleichen Abschnitt eine neue Zeile mit dem Inhalt *Logo=0* ein. Damit wird das Anzeigen des Windows-Logos (fliegende Fenster) unterbunden, denn dies kann in Einzelfällen zu Problemen führen. Damit sieht die Datei *msdos.sys* jetzt ungefähr so aus (wundern Sie sich nicht, wir haben auf der rechten Seite etwas gekürzt; dort, wo die Punkte (...) stehen):

```
[Options]
BootGUI=0
BootMulti=1
Logo=0
;
;The following lines are required for compatibility with ...
;Do not remove them (MSDOS.SYS needs to be >1024 bytes). ...
;xxxxxxxxxxxxxxxxxxxxxxxxxxxxxxxxxxxxxxxxxxxxxxxxxxxxxxx ...
;xxxxxxxxxxxxxxxxxxxxxxxxxxxxxxxxxxxxxxxxxxxxxxxxxxxxxxx ...
;xxxxxxxxxxxxxxxxxxxxxxxxxxxxxxxxxxxxxxxxxxxxxxxxxxxxxxx ...
;xxxxxxxxxxxxxxxxxxxxxxxxxxxxxxxxxxxxxxxxxxxxxxxxxxxxxxx ...
;xxxxxxxxxxxxxxxxxxxxxxxxxxxxxxxxxxxxxxxxxxxxxxxxxxxxxxx ...
;xxxxxxxxxxxxxxxxxxxxxxxxxxxxxxxxxxxxxxxxxxxxxxxxxxxxxxx ...
;xxxxxxxxxxxxxxxxxxxxxxxxxxxxxxxxxxxxxxxxxxxxxxxxxxxxxxx ...
;xxxxxxxxxxxxxxxxxxxxxxxxxxxxxxxxxxxxxxxxxxxxxxxxxxxxxxx ...
;xxxxxxxxxxxxxxxxxxxxxxxxxxxxxxxxxxxxxxxxxxxxxxxxxxxxxxx ...
;xxxxxxxxxxxxxxxxxxxxxxxxxxxxxxxxxxxxxxxxxxxxxxxxxxxxxxx ...
;xxxxxxxxxxxxxxxxxxxxxxxxxxxxxxxxxxxxxxxxxxxxxxxxxxxxxxx ...
;xxxxxxxxxxxxxxxxxxxxxxxxxxxxxxxxxxxxxxxxxxxxxxxxxxxxxxx ...
;xxxxxxxxxxxxxxxxxxxxxxxxxxxxxxxxxxxxxxxxxxxxxxxxxxxxxxx ...
;xxxxxxxxxxxxxxxxxxxxxxxxxxxxxxxxxxxxxxxxxxxxxxxxxxxxxxx ...
;xxxxxxxxxxxxxxxxxxxxxxxxxxxxxxxxxxxxxxxxxxxxxxxxxxxxxxx ...
;xxxxxxxxxxxxxxxxxxxxxxxxxxxxxxxxxxxxxxxxxxxxxxxxxxxxxxx ...
;xxxxxxxxxxxxxxxxxxxxxxxxxxxxxxxxxxxxxxxxxxxxxxxxxxxxxxx ...
;xxxxxxxxxxxxxxxxxxxxxxxxxxxxxxxxxxxxxxxxxxxxxxxxxxxxxxx ...
;xxxxxxxxxxxxxxxxxxxxxxxxxxxxxxxxxxxxxxxxxxxxxxxxxxxxxxx ...
DoubleBuffer=1
Network=1

[Paths]
WinDir=C:\WINDOWS
WinBootDir=C:\WINDOWS
HostWinBootDrv=C
UninstallDir=C:\
```

5 Speichern Sie die Datei ab.

Die Attribute brauchen Sie nicht zurückzusetzen, das übernimmt das System beim nächsten Neustart automatisch.

Änderungen an der Config.sys

Über die Datei *config.sys* wird nun das Auswahlmenü erzeugt. Diese Datei finden Sie ebenfalls unter *C:*.

1 Öffnen Sie die Datei *config.sys* in einem Editor. Die Datei enthält zum Beispiel die folgenden Einträge:

```
device=C:\WINDOWS\COMMAND\display.sys con=(ega,,1)
Country=049,850,C:\WINDOWS\COMMAND\country.sys
```

2 Die Einträge werden für den Start von Windows 95/98 benötigt. Diese Zeilen versehen Sie nun mit einer Überschriftszeile *[WIN]*:

```
[WIN]
device=C:\WINDOWS\COMMAND\display.sys con=(ega,,1)
Country=049,850,C:\WINDOWS\COMMAND\country.sys
```

3 Unter diesem Abschnitt legen Sie nun einen neuen Abschnitt für den Start des Linux-Systems an. Beginnen Sie mit der Überschriftszeile *[LINUX]* und tragen Sie darunter die bereits vorgestellte Befehlszeile für LOADLIN ein:

```
[LINUX]
shell=C:\loadlin\loadlin.exe C:\loadlin\vmlinuz root=/dev/hda2
```

4 Damit sind die Abschnitte für den Start von Linux und Windows bereits eingerichtet. Nun muss nur noch eine Auswahlmöglichkeit geschaffen werden. Dies erreichen Sie über folgende Menüdefinition, die Sie ganz am Anfang der Datei anlegen:

```
[menu]
menuitem=WIN,Windows 98
menuitem=LINUX,Linux
menudefault=WIN,10
```

Mit den Namen *[WIN]* und *[LINUX]* beziehen Sie sich auf die unten definierten Abschnitte; die Bezeichnungen *Windows 98* und *Linux* werden später im Boot-Menü angezeigt. Die Zahl *10* in der dritten Zeile bedeutet, dass nach zehn Sekunden der davor stehende Eintrag automatisch aktiviert wird, hier also der Abschnitt *[WIN]*.

Die komplette Konfiguration sieht also wie folgt aus:

```
[menu]
menuitem=WIN,Windows 98
menuitem=LINUX,Linux
menudefault=WIN,10
[WIN]
device=C:\WINDOWS\COMMAND\display.sys con=(ega,,1)
Country=049,850,C:\WINDOWS\COMMAND\country.sys
[LINUX]
shell=C:\loadlin\loadlin.exe C:\loadlin\vmlinuz root=/dev/hda4
```

Sollten sich in Ihrer *config.sys* noch weitere Einträge außer den von uns genannten befinden, integrieren Sie diese einfach in den *[WIN]*-Teil.

Änderungen an der Autoexec.bat

Sie können nun schon das Auswahlmenü verwenden. Wenn Sie allerdings Windows 95/98 starten, landen Sie in einer DOS-Befehlszeile. Dort können Sie wie beschrieben den Befehl „win" angeben, um die grafische Oberfläche von Windows 95/98 zu starten.

Wenn Sie dagegen „win" als letzte Zeile in die Datei *C:\autoexec.bat* eintragen, wird der Befehl automatisch ausgeführt und Sie landen sofort in der grafischen Oberfläche. Wundern Sie sich nicht, dass der Bildschirm bis zur Aktivierung der Oberfläche schwarz bleibt, da das Windows-Logo deaktiviert wurde. Wenn Sie experimentierfreudig sind, können Sie es über die Option *Logo = 1* in der Datei *msdos.sys* aktivieren. Wenn Sie dann aber Probleme beim Start von Linux haben, müssen Sie leider zum „schwarzen Schirm des Starts“ zurückkehren.

Den Boot-Manager von MS-Windows NT/2000 konfigurieren

Wenn Sie Linux gemeinsam mit MS-Windows NT/2000 installiert haben, haben Sie gemäß der Anleitung den Linux-Boot-Manager LILO nur auf der Systempartition Ihres Linux-Systems installiert. Damit Linux beim nächsten Systemstart über den MS-Windows NT/2000-Boot-Manager gebootet werden kann, müssen noch folgende Schritte durchgeführt werden:

1 Sie müssen eine Kopie des Boot-Sektors für MS-Windows NT/2000 verfügbar machen. Dazu kopieren Sie unter Linux den Boot-Sektor z. B. auf eine Diskette.

2 Dann kopieren Sie den Boot-Sektor unter MS-Windows NT/2000 auf die NT-Partition. Diese beiden Schritte müssen Sie jedes Mal, wenn Sie einen neuen Kernel generiert haben und nutzen wollen, wiederholen.

3 Dann muss nur noch ein Eintrag in das Boot-Menü des MS-Windows NT/2000-Boot-Managers gemacht werden.

Wenn Sie die Abschluss-Seite der Red Hat-Installation mit *OK* abschließen, wird erst einmal der Rechner neu gebootet. Jetzt kommt die erstellte Boot-Diskette ins Spiel. Wenn die Diskette nicht mehr im Laufwerk ist, sollten Sie diese einlegen, bevor Sie den Reboot vornehmen.

Eine Kopie des Linux-Boot-Sektors anlegen

1 Wenn Sie sich im Linux-System angemeldet haben, können Sie mit der folgenden Befehlszeile die von LILO vorgenommenen Eintragungen in der Linux-Systempartition auslesen und in der Datei */root/bootsek.lin* abspeichern:

```
[root@localhost /root]# dd if=/dev/hda1 of=/root/bootsek.lin
bs=512 count=1
```

Wir haben hier angenommen, dass Ihr Boot-Sektor auf der Root-Partition */dev/hda1* abgelegt worden ist.

2 Diese Datei muss nun auf die Systempartition von MS-Windows NT/2000 kopiert werden. Falls Sie dort das FAT-Dateisystem verwenden und mit dem *mount*-Kommando vertraut sind, können Sie die Datei direkt dorthin kopieren. Wenn aber auf der Partition das Dateisystem NTFS angelegt wurde, muss die Datei zum Beispiel über eine Diskette ausgetauscht werden. Legen Sie dazu eine leere Diskette in

das Diskettenlaufwerk ein und kopieren Sie mit der folgenden Befehlszeile die Datei */root/bootsek.lin* auf die Diskette.

```
[root@localhost /root]# mcopy /root/bootsek.lin a:
```

3 Beenden Sie nun das Linux-System, indem Sie die Befehlszeile „/sbin/reboot" eingeben. Beim nächsten Systemstart gibt es noch keine Möglichkeit, das Linux-System zu booten. Starten Sie also wie üblich MS-Windows NT/2000. Kopieren Sie die Datei *bootsek.lin* auf die MS-Windows NT/2000-Systempartition, zum Beispiel nach *C:\bootsek.lin*.

Eintragungen im MS-Windows NT/2000 Boot-Manager vornehmen

Nun werden die Eintragungen für den MS-Windows NT/2000-Boot-Manager vorgenommen.

1 Die Konfiguration des Boot-Managers wird über die Datei *Boot.ini* verwaltet. Um diese Datei sichtbar und beschreibbar zu machen, entfernen Sie das System- und ReadOnly-Attribut mit dem folgenden Befehl in einem *Command-Fenster*:

```
C:> ATTRIB -S -R C:\boot.ini
```

2 Öffnen Sie die *boot.ini* in einem Editor. Die Datei hat zum Beispiel das folgende Aussehen. Hier sind die Eintragungen für ein weiteres DOS-System und die üblichen zwei Eintragungen für MS-Windows NT/2000 zu erkennen.

```
[boot loader]
timeout=30
default=multi(0)disk(0)rdisk(0)partition(4)\
WINNT
[operating systems]
C: = "DOS"
multi(0)disk(0)rdisk(0)partition(4)\
WINNT="Windows NT Workstation, Version4.0"
multi(0)disk(0)rdisk(0)partition(4)\
WINNT="Windows NT Workstation, Version4.0 [VGA"=Modus]"\
/basevideo /sos
```

3 Wenn Sie die folgende Zeile anhängen, erscheint beim nächsten Systemstart ein Eintrag mit dem Namen *Linux*, über den Sie das Linux-System booten können.

```
C:\bootsek.lin = "Linux"
```

4 Speichern Sie die Datei und beenden Sie den Editor. Dann sollten Sie die Attribute der *Boot.ini* in den Ursprungszustand zurücksetzen, zum Beispiel mit dem folgenden Befehl:

```
C:> ATTRIB +S +R C:\boot.ini
```

Wichtige Informationen für zukünftige Systemänderungen

Wie bereits erwähnt, ist diese Lösung nur dann möglich, falls die Linux-Systempartition unterhalb der ersten 1024 Zylinder auf der Festplatte beginnt. Dies sollte bei zukünftigen Repartitionierungen bedacht werden.

Nach der Installation eines neuen Linux-Kernels muss dieser Vorgang erneut durchgeführt werden, ansonsten kann das Linux-System nicht mehr über den MS-Windows NT/2000-Boot-Manager gestartet werden. Sie rufen also nach der Übersetzung des Linux-Kernels den Befehl *lilo* auf, um LILO nach wie vor in der Linux-Systempartition einzurichten. Dann lesen Sie mit dem vorgestellten Befehl den Boot-Sektor aus und ersetzen die alte Datei *Boot-Sek.lin* durch die neu generierte.

3.2 Dynamische Aktualisierung via Internet

Vor allem, wenn Sie Linux von einer CD installiert haben, können in der Zeit, in der die CD im Laden auf Sie gewartet hat, zu wichtiger Software Updates gemacht worden sein, deren Installation sinnvoll erscheint. RedHat besitzt zu diesem Zweck ein neues Tool *up2date*, das wir Ihnen auf Seite 130 beschreiben. Ein Update mit diesem Tool ist vergleichbar mit dem Einspielen eines Service-Packs unter MS-Windows 9x, nur dass *up2date* diese Aufgabe über das Netzwerk oder eine Telefonverbindung erledigt und Sie die freie Wahl haben, welche Komponenten Sie auf den neusten Stand bringen möchten.

Sie finden im Internet Informationen über die Softwarepakete, die sich seit der Veröffentlichung der CD geändert haben:

http://www.redhat.de/support/services/update.html

Sie können aber auch einzelne Softwarepakete zusätzlich installieren oder updaten.

1. Besorgen Sie sich das Paket aus dem Internet; Server, die aktuelle Versionen von RPM-Paketen enthalten, finden Sie auf Seite 129; oder Sie nutzen den Suchdienst für RPM-Pakete, RPMFind (S. 130). Wir nehmen einmal an, Sie wollen das Programm *gzip* auf eine neuere Version bringen. Sie besorgen sich die neuste Version, die Sie finden konnten – wir wählen einmal eine fiktive neue Version des Pakets *gzip*, *gzipneu* {}.*i386.rpm* –, und speichern sie in Ihrem Startverzeichnis im Unterverzeichnis *tmp* ab.
2. Öffnen Sie dann ein Terminalfenster und wechseln Sie in das *tmp*-Verzeichnis.

```
[paul@localhost paul]$ cd tmp
[paul@localhost tmp]$
```

3 Wechseln Sie mit *su* (siehe auch S. 284) in die Root-Kennung, da für Paket-Updates Administratorrechte nötig sind.

```
[paul@localhost paul]$ su
Password:
[root@localhost tmp]#
```

4 Um nun eines der Pakete zu installieren, rufen Sie den *rpm*-Befehl mit der Option *-U* auf: Anstelle der sonst üblichen Option *-i* (install) muss zum Ersetzen eines Pakets die Option *-U* (Update) verwendet werden. Versuchen Sie eine Installation statt eines Updates, beschwert sich *rpm*.

```
[root@localhost paul]$ rpm -U gzip-1.2.9-3.i386.rpm
```

Dadurch würde die installierte Version gzip-1.2.4a-2 des gzip-Programms durch eine (von uns nur ausgedachte) aktuellere Version gzip-1.2.9-3 ersetzt werden.

Auf diese Art und Weise können Sie relativ schnell Softwarepakete updaten. Eine Anmerkung müssen wir jedoch machen: In vielen Fällen reicht ein Update nur eines Softwarepakets nicht aus, Sie müssen auch noch andere Pakete erneuern. Diese Information teilt Ihnen *rpm* jedoch beim Aufruf mit, sodass Sie danach auf die Suche nach den fehlenden Paketen gehen können.

Wo sind aktuelle Linux-Versionen und Informationen erhältlich?

Die Zahl der Server, die rpm-Dateien enthalten, hat mittlerweile ein beträchtliches Ausmaß angenommen. Sie werden in Ihrer Nähe bestimmt mehrere Server finden, die das Original „spiegeln“, also komplette Abzüge der RedHat-FTP-Site vorhalten. Wir nennen Ihnen einige Orte, an denen zu suchen sich lohnt.

Mirror-Server von RedHat

Für deutsche Anwender bringt der Aufbau der deutschen Website von RedHat ein großes Stück an Komfort.

Der deutsche RedHat-Server
http:// www.redhat.de *ftp:// ftp.redhat.de*

Dort sind immer die aktuellsten Versionen der RedHat-Pakete enthalten. Zusätzlich finden Sie dort alle Webangebote von RedHat, die bei den folgenden FTP-Servern nicht angeboten werden. Weitere Mirror-Server, die auch nicht immer die komplette Produktpalette von RedHat spiegeln, sondern sich teilweise nur auf die PC-Linie beschränken, finden Sie in der folgenden Liste:

Deutsche Mirror-Server
ftp.mpi-sb.mpg.de
ftp.uni-bayreuth.de
ftp.cs.tu-berlin.de
ftp.ivev.bau.tu-bs.de
ftp.tu-chemnitz.de
ftp.de.uu.net

Was soll's denn sein? Der RPM-Suchdienst

Zuletzt noch einen Hinweis auf ein Service-Angebot, das unter dem Titel „RPMFind" im Netz angeboten wird. Hier finden Sie eine Datenbank von RPM-Paketen, die Sie entweder nach Themen oder alphabetisch durchsuchen können. Hier finden Sie auch im RPM-Format vorliegende Pakete, die nicht offiziell von RedHat angeboten werden.

RPM-Pakete suchen mit RPMFind
http:// fr.rpmfind.net/ linux/ RPM/

RedHat mit up2date auf den neusten Stand bringen

Zu RedHat 7.0 existiert jetzt auch ein Tool, das Ihnen die Aktualisierung Ihrer Software stark vereinfacht. Es hat den eingängigen Namen *up2date* und sorgt bei bestehender Internet-Verbindung dafür, dass Sie nur die Softwarepakete herunterladen müssen, die sich verändert haben, seit Sie das letzte Mal auf den RedHat-Server gesehen haben.

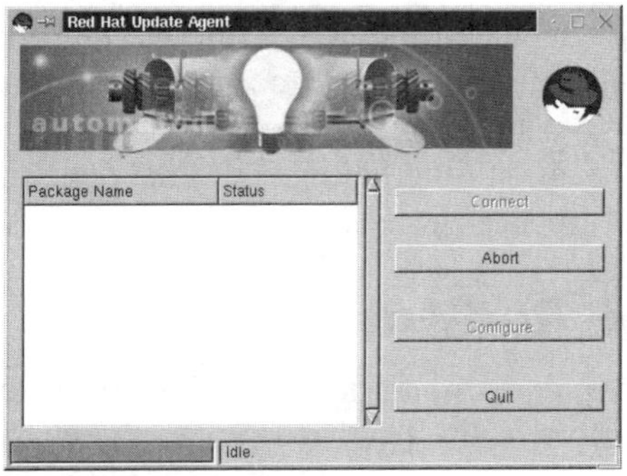

Mit up2date können ganz einfach die neusten Versionen der von Ihnen benutzten RPM-Pakete installiert werden

1 Wenn das Programm bei Ihnen noch nicht in das Startmenü integriert ist, starten Sie es mit dem Befehl *up2date* von der Kommandozeile.

2 Wenn Sie nicht unter *root* angemeldet sind, dürfen Sie das Root-Passwort in einer kleinen Dialogbox nachreichen. Toller Service, nicht?

3 Ihr erster Klick darf dann der Schaltfläche *Configure* gelten. Im folgenden Dialog können Sie Ihre Registriernummer und Ihre RedHat-Kennung eintragen, wenn Sie eingetragener RedHat-Nutzer sind. Wenn nicht, reicht hier die Angabe Ihrer gültigen E-Mail-Adresse.

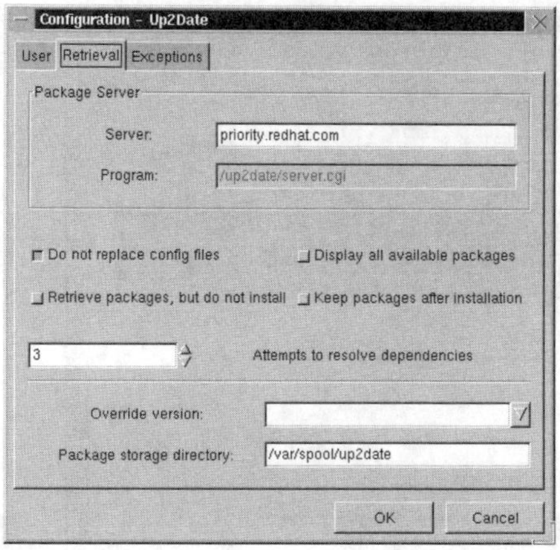

Sorgen Sie dafür, dass die Pakete nach dem Herunterladen installiert und keine Konfigurationsdateien überschrieben werden

4 Werfen Sie auch einen Blick auf den Dialog *Retrieval*. Hier sollten Sie einstellen, dass die Konfigurationsdateien beim Update nicht verändert werden (*Do not replace config files* einschalten) und die Pakete nach dem Herunterladen auch installiert werden (*Retrieve packages, but do not install* ausschalten). Wenn Sie kein eingetragener RedHat-Nutzer sind, müssen Sie noch den freien FTP-Server von RedHat als Server eintragen. Ersetzen Sie im Feld *Server* den Text *priority* durch *ftp*.

5 Sind Sie mit dem Internet verbunden? Wenn nicht, sorgen Sie jetzt dafür, dass *up2date* auch auf den RedHat-Server zugreifen kann, wenn es will.

6 Jetzt können Sie mit *Connect* eine Verbindung zum RedHat-Update-Server herstellen. Die aktuelle Paketliste wird heruntergeladen und mit den auf Ihrem PC installierten Paketen verglichen. Über die Pakete, die sich geändert haben, erhalten Sie eine Liste, aus der Sie diejenigen auswählen, die Sie updaten wollen.

7 Alle neueren Paketversionen werden Ihnen mit *Netscape* in einem HTML-Formular angezeigt. Wählen Sie nun diejenigen Einträge aus, die Sie updaten wollen, und bestätigen Sie Ihre Auswahl mit *Retrieve packages* ganz unten auf der Seite.

8 Jetzt lädt *up2date* die Pakete herunter und installiert sie. Diesen Vorgang können Sie in der Statuszeile am unteren Fensterrand von *up2date* verfolgen. Die heruntergeladenen Pakete werden Ihnen in der Paketliste angezeigt. Wenn alles geklappt hat, erscheint ein Häkchen rechts neben dem Paketnamen.

Ist das Update zu Ihrer Zufriedenheit durchgeführt worden, können Sie das Programm über die Schaltfläche *Quit* beenden. Die Pakete, die nicht richtig installiert werden konnten, bleiben Ihnen für einen späteren Installationsversuch im Verzeichnis */var/spool/up2date* erhalten.

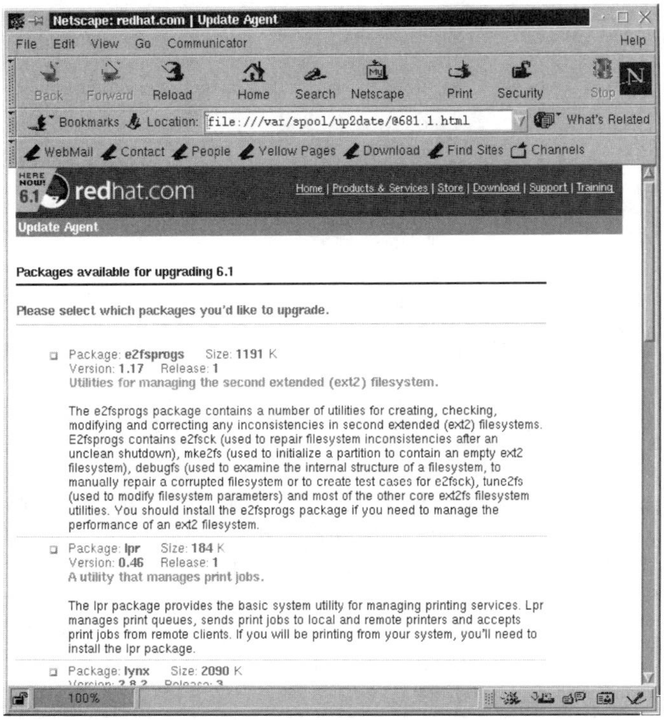

Die neuen Pakete werden Ihnen mit Netscape angezeigt

SuSE-Update mit Hilfe von YaST

Das Konfigurationstool YaST der SuSE-Distribution bietet Ihnen ebenfalls die Möglichkeit, Ihr System bequem von den verschiedensten Medien mit neuen Versionen aufzustocken.

1. Melden Sie sich unter Root an und starten Sie YaST.
2. Dann wählen Sie aus dem Hauptmenü den Punkt *Installation festlegen/starten*.
3. Dort finden Sie einen Unterpunkt *Pakete einspielen*.
4. Im folgenden Menü wählen Sie als Quelle *FTP* und tragen dort den FTP-Server von SuSE ein, auf dem die neusten Pakete liegen:

   ftp.suse.de:/pub/suse/i386/update/6.4 oder auch *ftp.gwdg.de:/pub/linux/suse/ftp.suse.com/pub/linux/suse/6.4_update*
5. Jetzt erhalten Sie eine Liste mit Verzeichnissen, in denen Sie die RPM-Pakete wie gewohnt mit der Leertaste markieren können.
6. Wenn Sie alle Pakete ausgewählt haben, können Sie mit F10 die Installation beginnen.
7. Wenn die Übertragung beendet und das Paket installiert worden ist, können Sie den Dialog mit Esc beenden.

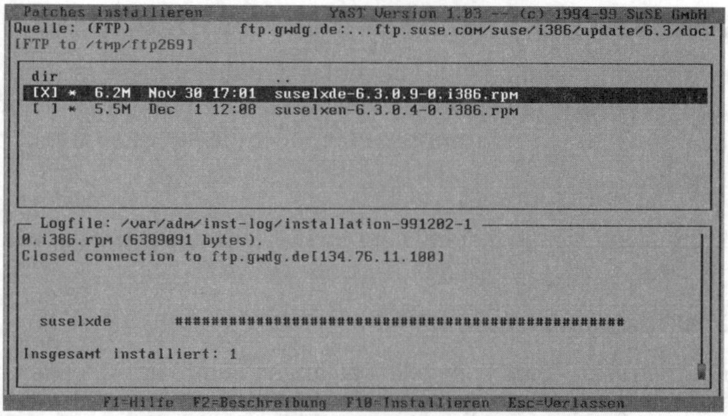

Die ausgewählten Pakete werden von YaST übertragen und danach installiert

Die heruntergeladenen Pakete werden übrigens auf Ihrem PC im Verzeichnis */tmp/ftp⟨nnnn⟩* (< nnnn > ist die Nummer des FTP-Prozesses) abgespeichert, sodass Sie – falls etwas schief geht – diese Pakete auch per Hand nachinstallieren können.

3.3 Hardware nachträglich einrichten: Installation der wichtigsten Komponenten

Wenn Sie verschiedene Optionen bei der Installation bewusst nicht genutzt haben, weil Ihnen wichtige Informationen fehlten, bieten wir Ihnen hier noch einmal einen Überblick über die wichtigsten Geräte, deren Einrichtung bei einer Standardinstallation in vielen Fällen nicht unbedingt notwendig ist. Die nächsten Unterkapitel bieten Ihnen einen Schnelleinstieg in die Installation dieser Komponenten, der im Regelfall zum Erfolg führt. Sie finden aber auch Hinweise auf eine ausführliche Darstellung der Problematik in anderen Kapiteln dieses Buchs. Wenn Sie bei der RedHat-Installation die Konfiguration des X Window-Systems ausgelassen haben, finden Sie eine ausführliche Anleitung zur Installation von X Window mit dem *Xconfigurator* auf Seite 525.

▼▼▼ WORKSHOP

X Window bei SuSE einrichten

Wir wollen Ihnen hier kurz die Informationen geben, mit denen Sie im Schnelldurchlauf X Window einrichten können. Für eine weitergehende Beschreibung des Umgangs mit X Window lesen Sie bitte Kapitel 10 auf Seite 515.

Mit YaST die Grafiktreiber einrichten

Da sowohl der Linux-Kernel als auch das X Window-System sehr hardwarenah arbeiten, benötigen Sie für den nächsten Schritt Informationen über Ihre Grafikkarte. Wichtig sind Informationen über die auf der Karte verwendeten Grafik-Chips.

1 Dann legen Sie die erste CD der SuSE-Distribution ein und starten YaST als *root*.

2 Über *Installation festlegen/starten* und

3 *Konfiguration ändern/erstellen* gelangen Sie in die Paket-Übersicht.

4 Wählen Sie dort den Punkt *xsrv* und

5 lassen Sie sich mit der [Enter]-Taste den Inhalt anzeigen.

6 Dort suchen Sie sich dann den zu Ihrer Grafikkarte passenden Treiber heraus und aktivieren ihn mit der [Enter]-Taste für die Installation.

7 Dann beenden Sie die Paketauswahl mit zweimal [F10].

8 Im Installationsmenü sorgen Sie dann mit *Installation starten* für die Ausführung des eigentlichen Installationsvorgangs. YaST fragt automatisch nach den notwendigen CDs, mit denen Sie ihn dann füttern müssen.

Nach der Installation der X-Server können Sie aus dem Hauptmenü über *Administration des Systems* „XFree86 ^{tm} konfigurieren".

Wenn kein passender Treiber für Ihre Grafikkarte existiert, können Sie es mit einem generischen Treiber auf Kernelbasis probieren. Nähere Informationen dazu finden Sie auf Seite 546ff. In diesem Fall können Sie schon einmal den Treiber *xfbdev* für die Installation aktivieren. Außerdem kann in einigen Fällen auch der *xsvga*-Server über Standardroutinen eine unbekannte Grafikkarte zum Leben erwecken. Da die einzelnen Server nicht allzu viel Speicherplatz wegnehmen, können Sie ruhig beide installieren.

Mit SaX das Windows-System konfigurieren

Mit dem Konfigurationstool SaX richten Sie nach der Installation des passenden Grafiktreibers die X Window-Oberfläche ein. Die Bedienung von SaX wird in Kapitel 10.2 auf den Seiten 525 ff. ausführlich erklärt. Wir geben Ihnen hier eine Übersicht der Punkte, die von Ihnen eingetragen werden müssen:

1 Zuerst richten Sie die Maus ein. Da die aus der Konfiguration für die Text-Terminals übernommenen Einstellungen voreingestellt werden, sollten Sie hier keinen großen Aufwand treiben müssen. Sehen Sie sich die Einstellungen jedoch noch einmal an! X Window ist ohne Maus etwas schwierig zu bedienen. Sollte die Maus noch nicht funktionieren,

können Sie mit [→] und [←] zwischen den Eingabefeldern wechseln. [↑] und [↓] dienen zur Auswahl eines Punkts in einem Listenfeld.

Sie beenden den jeweiligen Konfigurationsschritt mit der Schaltfläche *Weiter*. Solange die Konfiguration noch nicht vollständig durchgeführt ist, stehen die Reiter am oberen Bildrand nicht zur Verfügung.

2 Als Nächstes konfigurieren Sie Ihre Tastatur. Auch hier sollte die Voreinstellung schon auf Ihre Konfiguration passen. Nur wenn Sie ein spezielleres Modell haben, müssen Sie noch den passenden Treiber aus der Liste wählen. Die Standard-Tastaturen mit MS-Windows 95-Taste fallen unter die Rubrik *Generic 105-Key PC*.

3 Wählen Sie beim Typ der Grafikkarte den zu Ihrem Modell gehörigen Eintrag. Die Liste ist so umfangreich, dass Sie nur in seltenen Fällen auf den Eintrag *!!! GENERIC SERVER SELECTION !!!* zurückgreifen müssen. Dann sollten Sie jedoch den SVGA-Server ausprobieren.

Der nach jeder Auswahl folgende Test des Grafiktreibers gibt Ihnen Aufschluss darüber, ob Sie den Passenden ausgewählt haben.

4 Für die Monitore existiert eine ebenso umfangreiche Liste wie für die Grafikkarten. Wegen der großen Anzahl von Monitoren – es gibt wesentlich mehr verschiedene Monitor- als Grafikkarten-Modelle – kann es Ihnen jedoch leicht passieren, dass Ihr Monitor nicht in der Liste auftaucht. Dann brauchen Sie unbedingt technische Informationen über Ihr Gerät. Wählen Sie in diesem Fall *!!! VESA !!!* und den zu den Leistungen Ihres Monitors passenden Eintrag auf der rechten Seite. Überanstrengen Sie Ihren Monitor nicht! Er wird es Ihnen mit einer endgültigen, beleidigten Arbeitsverweigerung quittieren!

5 Im letzten Dialog stellen Sie die Auflösung ein, mit der Sie arbeiten wollen. Hier können Sie nicht viel falsch machen: Alle vorher von Ihnen angegebenen Konfigurationen fließen in die Ihnen hier angebotenen Möglichkeiten ein. Wählen Sie also bei *Farben* den größtmöglichen und bei der *Auflösung* einen zu Ihrem Bildschirm und zu Ihren Sehgewohnheiten passenden Wert.

6 Wenn Sie im letzten Konfigurationsdialog auf *Weiter* klicken, werden die von Ihnen vorgenommenen Einstellungen auf ihre Realisierbarkeit überprüft: SaX versucht, den X-Server mit Ihren Einstellungen zu starten. Gelingt der Start nicht, erhalten Sie ein Textfenster, in dem die Log-Ausgabe des Starts enthalten ist. Am Ende der Ausgabe sollten Sie einen Hinweis finden, welcher Wert Schwierigkeiten bereitet. Ändern Sie diesen auf den nächst kleineren Wert und versuchen Sie es nochmal.

7 Zum Schluss speichern Sie Ihre Konfiguration unter dem Namen *XF86Config* ab.

Workshop–Ende

Einrichtung der Soundkarte

Wir wollen Ihnen hier eine Kurzübersicht über die Installation einer Soundkarte geben. In den meisten Fällen wird diese ausreichen, um Ihnen unter RedHat akustische Erlebnisse zu liefern. Eine ausführliche Beschreibung der Installation einer Soundkarte finden Sie in Kapitel 9.8 „Neue Hardware einrichten“ unter „Soundkarten“ auf Seite 468ff.

Die Einrichtung der Soundkarte erfordert Eintragungen in globalen Konfigurationsdateien. Daher müssen Sie sich für die nächsten Schritte unter *root* in einem beliebigen Text-Terminal anmelden. Wenn Sie keine Plug & Play- oder PCI-Soundkarte besitzen, sollten Sie die Daten über die Konfiguration der Soundkarte vorliegen haben, z. B. Interrupt (IRQ), DMA und Basisadresse. Diese erhalten Sie entweder aus dem Handbuch oder einer bereits bestehenden Windows- oder DOS-Konfiguration.

1. Starten Sie das Konfigurationstool *sndconfig* und
2. bestätigen Sie die Begrüßung mit der Enter-Taste.
3. Jetzt sucht das Tool nach automatisch konfigurierbaren Plug & Play- oder PCI-Soundkarten. Wenn Sie eine solche besitzen und diese auch richtig erkannt wird, können Sie die nächsten beiden Schritte überspringen.
4. Sie müssen leider Hand anlegen. Wählen Sie den passenden Eintrag aus der Liste der Soundkarten.
5. Danach müssen Sie die Werte auswählen, mit denen die Soundkarte angesprochen werden kann.
6. Der nächste Schritt beinhaltet den Test der eben eingegebenen Konfigurationen. Ihnen wird eine Audio- und eine MIDI-Datei vorgespielt. Wenn Sie eine der beiden Ausgaben nicht mithören konnten, gelangen Sie mit *Nein* wieder zurück zu Schritt 3 und können einen weiteren Konfigurationsversuch unternehmen.
7. Ist die Konfiguration erfolgreich abgelaufen, werden die gewonnenen Daten in der Datei */etc/conf.modules* als Parameter für das jeweilige Sound-Modul eingetragen.

Ab jetzt sollten Sie bei jedem Start von RedHat = LLinux auf die Soundkarte zugreifen können.

Das Modem konfigurieren

Die Modemkonfiguration ist unter Linux keine aufwendige Angelegenheit. Die Vorbereitungen, die Sie treffen müssen, um den Programmen das Modem bereitzustellen, die später darauf zugreifen sollen, sind minimal. Sie beschränken sich darauf, einen Datei-Link anzulegen, der auf den Geräteeintrag der Schnittstelle zeigt, an der das Modem angeschlossen ist.

S.u.S.E.-Tipp

Modem mit YaST konfigurieren
Bei der SuSE-Distribution können Sie diesen Schritt mit YaST erledigen. Starten Sie es mit Root-Berechtigung. Dann gelangen Sie über *Administration des Systems* und *Hardware in System integrieren* zum Punkt *Modem konfigurieren*. Im nun folgenden Dialog können Sie die Schnittstelle auswählen, an die Ihr Modem angeschlossen ist.

Unter RedHat erledigen Sie diesen Schritt am komfortabelsten mit dem *modemtool*.

1 Starten Sie die grafische Oberfläche und melden Sie sich unter *root* an.

2 Rufen Sie das *modemtool* auf, entweder über einen Menüpunkt oder aus einem Text-Terminal.

3 Wählen Sie die Schnittstelle, an die Ihr Modem angeschlossen ist, und bestätigen Sie die Angabe mit *OK*.

4 Das war's schon. Das Tool legt einen Link an und beendet sich.

Wenn Sie die X Window-Oberfläche noch nicht starten können, müssen Sie diesen Schritt per Hand durchführen:

1 Melden Sie sich unter *root* an.

2 Wechseln Sie in das Verzeichnis */dev*.

   paco: ~ # **cd /dev**

3 Jetzt legen Sie einen Link mit dem Namen *modem* an, der auf die Schnittstelle zeigt, an der Ihr Modem angeschlossen ist.

   paco:/dev # **ln -s ttyS0 modem**

   Die Zählung der *ttyS*-Schnittstellen (*S* wie *S*eriell) fängt unter Linux mit 0 an. Das heißt, die COM1-Schnittstelle wird dabei *ttyS0* zugeordnet, COM2 ist *ttyS1* usw.

4 Fertig. Damit haben Sie – wie ein echter Profi – auch ohne grafisches Tool alle Vorbereitungen für den Modemeinsatz geschaffen.

3.4 Hardwaretroubleshooting

Hardwareprobleme haben Sie bei Linux an einer sehr frühen Stelle, nämlich beim Booten. Wenn einmal alle Laufwerke, also Festplatten, Disketten- und CD-ROM-Laufwerke erkannt worden sind, sind die Fehler, die im Verlauf der Installation auftreten, nicht mehr die Ursache einer fehlerhaften Erkennung des Geräts, sondern eines Fehlers im Gerät selbst.

Wir haben es sehr oft erlebt, dass Computer (verschiedenster Bauart, aber für Linux geeignet) bei der Installation von Linux zusammenbrachen, weil schon längere Zeit ein Bauteil defekt war, dieser Umstand beim ursprünglichen Betriebssystem jedoch nicht aufgefallen ist. Daher können wir Ihnen nicht viele Ratschläge zu Linux geben, wenn Sie Probleme mit dem Zusammenwirken Ihrer Hardware mit Linux haben.

Außerdem werden viele Themen, die auch Probleme mit Hardware betreffen, in verschiedenen Kapiteln des Buchs behandelt. Wir wollen Ihnen daher an dieser Stelle keinen doppelten Text verkaufen, nur um Ihren Bücherschrank zum Einsturz zu bringen. Sie finden bei den angesprochenen Problemen nicht nur Hinweise zu deren Lösung, sondern auch Verweise auf andere Kapitel, in denen diese behandelt werden.

Diagnose-Hilfen bei der Installation

Wenn ein Konfigurationsschritt mit einer Fehlermeldung abbricht, aber keine Informationen über das Problem, das den Fehler verursacht hat, ausgegeben werden, ist guter Rat teuer. Während des Installationsvorgangs stehen Ihnen jedoch unter RedHat mehrere virtuelle Bildschirme zur Verfügung, auf die die Ausgaben der gerade aufgerufenen Programme und die Statusmeldungen des Systems geleitet werden. In vielen Fällen können Sie hier noch Hinweise entdecken, die Ihnen Aufschluss über den erfolglos ausgeführten Installationsschritt geben können. Und mit Strg+Alt+F1 bzw. Strg+Alt+F7 bei der grafischen Installation gelangen Sie immer wieder in das Installationsprogramm zurück.

Während der Installation Kommandos eingeben

Mit Strg+Alt+F2 gelangen Sie zu einem Text-Terminal, in dem Sie – einige wenige verfügbare – Kommandos eingeben können. Die hier zur Verfügung stehenden Kommandos finden Sie in den Verzeichnissen */bin*, */sbin* und */usr/bin*. Dies können wir aber nur bereits etwas erfahrenen Anwendern empfehlen. Hier lassen sich z. B. fehlgeschlagene Mount-Versuche korrigieren u. Ä.

Kontrollausgaben der Systemkommandos prüfen

Mit Strg+Alt+F3 erreichen Sie einen Bildschirm, auf dem die Ausgaben der aufgerufenen Systemkommandos protokolliert werden. Hier finden Sie z. B. die Statusmeldungen, die bei der Formatierung der Partitionen oder bei der Installation von LILO ausgegeben werden.

Kernelmeldungen im Auge behalten

Die Kernelmeldungen werden auf dem virtuellen Bildschirm Strg+Alt+F4 ausgegeben. Hier finden Sie z. B. Meldungen über das Ein- und Aushängen von CD-ROM-Laufwerken und ob die formatierten Partitionen gemountet werden konnten. Wenn es zu schweren Systemfehlern kommt – und Sie noch die Möglichkeit haben, auf diesen Bildschirm umzuschalten – erhalten Sie hier Informationen über das Gerät, das die Probleme bereitet.

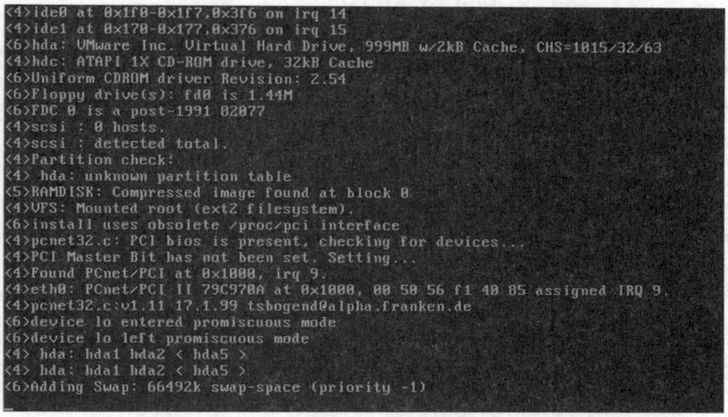

Die Meldungen des Linux-Kernels werden auf dem vierten virtuellen Bildschirm ausgegeben

Die Maus richtig einrichten

Wenn Sie während des Installationsvorgangs den falschen Maustyp angegeben haben, können Sie die Einstellungen jederzeit korrigieren. Dazu steht Ihnen unter RedHat das Tool *mouseconfig* zur Verfügung. Wenn Sie Ihren Maustyp nicht in der dort angegebenen Liste wiederfinden, können Sie mit etwas mehr Aufwand und dem Tool *mouse-test* eine Analyse Ihrer Maus durchführen lassen.

Mit mouseconfig die Maus nachinstallieren

Für den Start von *mouseconfig* müssen Sie in einem Text-Terminal unter *root* angemeldet sein.

1. Starten Sie das Programm mit dem Kommando *mouseconfig*.
2. Wählen Sie aus der Liste der angezeigten Maustypen den passenden Typ aus. Es macht nichts, wenn Sie hier einen falschen Typ wählen.
3. Wenn Sie eine 2-Tasten-Maus besitzen, schalten Sie hier die Emulation der dritten Taste an. Wenn Sie mit einer 3-Tasten-Maus arbeiten, sollte dieser Schalter auf jeden Fall ausgeschaltet sein.
4. Mit *OK* gelangen Sie zu einer Abfrage, die Ihnen anbietet, die Mausdaten direkt in der X Window-Konfiguration abzuspeichern. Hier lohnt ein *Ja*.
5. Das Programm beendet sich. Jetzt können Sie unter RedHat mit dem Kommando
   paco: ~ # **/etc/rc.d/init.d/gpm restart**
   den „Maustreiber" neu starten.

6 Wenn Sie nun die Maus bewegen, sollten Sie ein kleines weißes Kästchen über den Bildschirm huschen sehen. Wenn nicht, können Sie wieder mit dem ersten Punkt anfangen.

Ein paar kurze Tipps wollen wir Ihnen zum Schluss noch geben. Weitere Hinweise finden Sie in Kapitel 8.3 „Besondere Mausunterstützung mit gpm“ auf Seite 347.

- Eine Besonderheit stellt die dritte Maustaste dar: Hat Ihre Maus nur zwei Tasten, sollten Sie den Punkt *drei Tasten emulieren* einschalten.
- Hat Ihre Maus drei Tasten, sollte dieser Punkt deaktiviert sein.
- Haben Sie eine PS/2-Maus, können Sie zuerst einmal die Einstellung *Standardmaus (PS/2)* ausprobieren; wenn Ihre Maus drei Tasten hat, wählen Sie die *Standard-3-Tasten-Maus (PS/2)*.
- Wenn sich nach längerem Herumprobieren mit verschiedenen Konfigurationen nichts tut, überprüfen Sie, ob der Link */dev/mouse* auf den richtigen seriellen Port zeigt.

Den passenden Tastaturtreiber wählen

Bei der Installation von RedHat 7.0 kann es vorkommen, dass im Textterminal die Tastatur nicht richtig eingestellt wird. Sie können aber mit dem RedHat-Tool *kbdconfig* auf einfache Art und Weise den richtigen Treiber einstellen.

Melden Sie sich unter *root* an. Sie können vor der Eingabe der Kennung ausprobieren, welchen Tastaturtreiber Sie eingestellt haben. Der einfachste Test ist die Eingabe eines „z“; erscheint jetzt hinter dem Wort *login:* ein „y“, ist hier noch die englische Tastaturbelegung eingestellt. Bei der Eingabe des Passworts müssen Sie dann auf die vertauschten Tasten achten.

Linux im Single-User-Mode booten

Wenn das Anmelden überhaupt nicht funktionieren will, booten Sie Linux im *Single Mode*. Dazu starten Sie Ihren Rechner neu. Erscheint dann der LILO-Prompt, geben Sie zusätzlich zu dem Boot-Label *linux* die Option *single* an:

```
LILO boot:
linux      dos
boot: linux single
```

In diesem Fall startet Linux nach dem Booten des Kernels in Runlevel 1, in dem nicht nach einem Passwort gefragt wird.

Deutsche Tastatur mit kbdconfig einstellen

Haben Sie die Anmeldung geschafft, sind Ihre Probleme auch beinahe schon behoben: Starten Sie jetzt das Programm *kbdconfig*.

```
paco:~ # kbdconfig
```

Das Programm meldet sich mit einer Liste der verfügbaren Tastaturtreiber. Wählen Sie mit ↑ und ↓ den Eintrag *de-latin-nodeadkeys* und bestätigen Sie die Auswahl mit der Enter-Taste.

Wählen Sie mit kbdconfig den passenden Tastaturtreiber

Das Programm meldet Ihnen die Einstellung des neuen Tastaturtreibers. Ein Druck auf die Enter-Taste, und Sie erhalten wieder die Kommandozeile. Dort können Sie direkt ausprobieren, ob das „z" jetzt an der richtigen Stelle sitzt.

Probleme bei der Installation von X Window beheben

Wenn Sie bei der Installation die Installation von X Window übergangen haben, erklären wir Ihnen auf Seite 525 in Kapitel 10.2, wie Sie X Window nachträglich installieren können. Probleme während des Installationsvorgangs werden in Kapitel 10.8 ab Seite 614 behandelt.

Ein paar Tipps, wonach Sie schauen sollten:

- Haben Sie keine Informationen über Ihre Hardware, können Sie mit dem Programm *SuperProbe* (vgl. Kap. 10.1, S. 519 f.) eine automatische Erkennung laufen lassen. Die so gewonnenen Informationen können Sie dann bei der Installation nutzen.
- Werden nicht alle Tasten Ihrer Tastatur richtig umgesetzt, können Sie die Systemkonfiguration der Text-Konsole mit der Option *XkbDisable* auch für X Window übernehmen (vgl. Kap. 10.6, S. 607). Diese tragen Sie direkt als erste Option der Sektion *Keyboard* in der Datei */etc/X11/XF86Config* ein.
- Schwierigkeiten mit der Größe des Bildes auf dem Monitor können auch unter X Window mit dem Programm *xvidtune* gelöst werden: Mit diesem Tool können Sie die Position und die Breite des Bildes per Software

verändern. Das Tool liefert Ihnen dann eine Mode-Zeile, die Sie in der Datei */etc/X11/XF86Config* eintragen. Ausführliche Infos finden Sie ab Seite 605.

Probleme bei Laufwerkzugriffen beheben

Wir wollen Ihnen an dieser Stelle ein paar Tipps geben, wie Sie Fehler beseitigen können, die unter Linux, aber nicht unter MS-DOS oder MS-Windows 9x auftreten. Treten vor, während oder nach der Installation so merkwürdige Effekte beim Zugriff auf die Harware auf, wie

- nur langsam anlaufende CD-ROM-Laufwerke,
- Dateien mit falschen oder fehlerhaften Inhalten,
- Probleme beim Speicherzugriff sowohl beim Hauptspeicher wie auch bei der Grafikkarte,
- Fehler beim Formatieren oder späteren Nutzen der Festplatte,

leidet Ihr Computer unter Hardwarefehlern, die sich bei MS-DOS oder MS-Windows 9x nicht so negativ auswirken wie unter Linux. Dazu gehören z. B. Timing-Probleme bei übertakteten Prozessoren oder PCI-Bussen, fehlerhafte Speicherbausteine oder eine überhitzte CPU.

Linux nutzt Ihre Hardware wesentlich stärker aus, als es andere Betriebssysteme tun. Dadurch wird aus einer Normalkonfiguration die größtmögliche Leistung herausgeholt, die Sie bei anderen Betriebssystemen nur mit einem besondern Tuning der Hardware erreichen können. Während aber bei MS-DOS und MS-Windows 9x die entstehenden Ungereimtheiten nicht auffallen, verweigert Linux – zu Recht, wie wir meinen – den Dienst. Sie können das Verhalten von Linux nutzen, um eventuell defekte Hardware auf Fehler zu testen.

Wenn Ihnen also die Installation von Linux auf Ihrem PC, den Sie so schön „auf Leistung" gebracht haben, Schwierigkeiten bereitet, nehmen Sie Ihr Tuning wieder zurück: Sie werden unter Linux keine Leistungseinbußen feststellen. Sie werden im Gegenteil merken, dass Sie mit Linux ein sehr stabiles und schnelles System bekommen, das Ihre Hardware endlich einmal intensiv ausnutzt.

Defekte Speicherbausteine

Eine besonders bösartige Situation entsteht, wenn die Speicherbausteine ihren Dienst versagen. Die hier auftretenden Fehler bilden in den seltensten Fällen ein einheitliches Muster. Sie haben nur die Gewähr, dass das System unter Linux in einem solchen Fall wesentlich instabiler läuft als unter MS-DOS oder MS-Windows 9x. Hier kann es helfen, über das BIOS den Memory-Test auf einen ausführlichen Testlauf umzustellen. Es lohnt auch ein Blick in den PC, ob die Speicherbausteine richtig an ihrem Platz sitzen und nicht etwa verkantet eingebaut oder nicht richtig in ihre Steckplätze gedrückt wurden.

Überhitzte CPU

Die Auslastung der CPU bei Volllast ist unter Linux generell höher als bei MS-DOS oder MS-Windows 9x. Gleichzeitig nutzt Linux den Stromsparmodus einer CPU besser als MS-DOS oder MS-Windows 9x.

▼▼▼ EXKURS

Linux optimiert Plattenzugriffe

Die ständigen Kommentare, dass Linux ja so viel besser und schneller als MS-DOS oder MS-Windows 9x wäre, sind nur teilweise „Hype". Die Zugriffe auf die im Rechner enthaltenen Geräte sind unter Linux wesentlich stärker optimiert als in anderen Betriebssystemen. Betrachten wir z. B. die Ausnutzung des Hauptspeichers: Jede Erweiterung des Hauptspeichers bringt unter Linux ein Plus an Leistung, wenn das Motherboard einen ausreichenden Speicher-Cache besitzt.

Der nicht von Programmen belegte Arbeitsspeicher wird dabei variabel als Festplattencache genutzt. Das bedeutet, dass die Zugriffe auf langsame Peripherie so optimiert werden, dass Schreib- und Lesezugriffe nur noch im Hauptspeicher stattfinden und damit wesentlich schneller abgearbeitet werden können. Achten Sie einmal darauf, wie oft die Festplatte schnurrt, wenn Sie die Programme geladen haben, mit denen Sie arbeiten wollen. Sie werden nur noch ab und zu einen kleinen Plattenzugriff vernehmen, wenn die Daten im Cache mit denen auf der Platte abgeglichen werden. Haben Sie z. B. 128 MByte Arbeitsspeicher, rappelt es am Anfang ordentlich in der Kiste und danach ist Ruhe.

Exkurs–Ende ▲▲▲

Die Ausnutzung der CPU-Leistung hat jedoch zur Folge, dass „der Motor" bei Volllast auch richtig warm wird. Funktioniert Ihr CPU-Lüfter jetzt nicht ordentlich, wird es der CPU zu heiß. Sie nimmt es dann hier und da mit einem Befehl nicht mehr so genau, was unter Linux extremere Folgen hat als unter MS-DOS oder MS-Windows 9x.

Hier hilft ein Blick in den PC und ein (vorsichtiges!) Befühlen der CPU. Einen defekten CPU-Lüfter sollten Sie vor allem bei den neuen, hochgetakteten Prozessoren schnellstmöglich ersetzen und bis dahin den Rechner nicht mehr fordern.

3.5 Anpassungen für mehr Komfort

Damit Sie sich am Anfang nicht alle Komfort-Features mühsam aus dem gesamten Buch heraussuchen müssen, haben wir hier einige wenige aufgeführt, die nach unserer Erfahrung den größten „Effekt" haben.

Unberechtigte Zugriffe aus dem Internet verhindern

Während Sie mit Ihrem Linux-PC über Modem oder ISDN im Internet surfen, dient dieser gleichzeitig als Server für aus dem Internet kommende Anfragen. Damit hier kein Schindluder getrieben wird, verraten wir Ihnen einen kleinen Trick, mit dem Sie die Zugriffe aus dem Internet sperren können, ohne Ihren Zugriff ins Internet zu beschränken.

Die Änderungen, die wir jetzt vornehmen, beziehen sich auf zwei Dateien, in denen Einträge für Rechner gemacht werden können, die auf Ihren PC zugreifen dürfen. Diese Einträge sind ein schneller „Hack", der Ihren PC vor Zugriffen schützt. Wenn Sie Ihren PC als Gateway oder Router nutzen wollen, sperren Sie mit diesen Einträgen jedoch auch den Zugriff für alle Rechner im internen Netzwerk!

1 Melden Sie sich mit root-Berechtigung an. Sie benötigen für die folgenden Schritte nur einen Texteditor Ihrer Wahl.

2 Öffnen Sie die Datei */etc/hosts.deny*, ergänzen Sie sie um den Eintrag *ALL:ALL* und speichern Sie sie ab.

```
#
# hosts.deny    This file describes the names of the hosts which are
#               *not* allowed to use the local INET services, as decided
#               by the '/usr/sbin/tcpd' server.
#
# The portmap line is redundant, but it is left to remind you that
# the new secure portmap uses hosts.deny and hosts.allow.  In particular
# you should know that NFS uses portmap!

ALL:ALL
```

Damit haben Sie erst einmal allen Rechnern den Zugriff auf Ihren PC verboten, auch sich selbst.

3 Jetzt erlauben Sie einem speziellen Rechner, nämlich Ihrem eigenen, den Zugriff wieder. Diese Einträge müssen in der Datei */etc/hosts.allow* gemacht werden:

```
#
# hosts.allow   This file describes the names of the hosts which are
#               allowed to use the local INET services, as decided
#               by the '/usr/sbin/tcpd' server.
#
ALL:localhost
```

Das sollte für den Anfang reichen. Wenn Sie differenziertere Rechte vergeben wollen, sollten Sie einen Blick in die man-Page von *hosts_access(5)* werfen. Dort finden Sie die Beschreibung der Konfigurationsdatei, mit der Sie auf Serverbasis und sogar bis hinunter auf die Nutzerebene den Zugriff auf Ihren Linux-PC steuern können.

Konfiguration von LILO

Wir wollen Ihnen hier zum Einstieg kurz zwei Dinge erklären, die das Booten von Linux bequemer machen. Dieser Teil ist für Sie jedoch nur interessant, wenn Sie mit LILO alle Betriebssysteme auf Ihrem PC booten.

Wartezeit verlängern

Zentrale Anlaufstelle für die Konfiguration von LILO ist die Datei */etc/lilo.conf*. Sie enthält zwei Arten von Einträgen: globale und speziell auf ein Boot-System bezogene Einträge. Die Wartezeit, während der der Boot-Prompt angezeigt wird und Sie die Möglichkeit zur Auswahl eines Betriebssystems haben, ist eine globale Einstellung. Die globalen Einstellungen erkennen Sie daran, dass diese direkt am Zeilenanfang beginnen und am Anfang der Datei stehen. Die globalen Einstellungen enden mit dem ersten *image*-Eintrag.

```
boot=/dev/hda
map=/boot/map
install=/boot/boot.b
prompt
timeout=50
image=/boot/vmlinuz
        label=linux
...
```

Wichtig ist hier der Eintrag *timeout*. Hier geben Sie in Zehntelsekunden die Wartezeit an, die nach der Anzeige des Boot-Prompts auf eine Eingabe gewartet wird, bis dann das Standard-Betriebssystem (in den meisten Fällen der erste Eintrag in der folgenden Auflistung) geladen wird.

1. Melden Sie sich mit Root-Berechtigung an.

2. Starten Sie einen Texteditor Ihrer Wahl und laden Sie die Datei */etc/lilo.conf*. Wir demonstrieren Ihnen das am Beispiel des Editors *joe*:

   ```
   paco:~ # joe /etc/lilo.conf
   ```

3. Ändern Sie den Wert hinter *timeout*= auf einen Zeitraum Ihrer Wahl. Wenn das System immer auf eine Eingabe von Ihnen warten soll, entfernen Sie die Zeile ganz.

   ```
   boot=/dev/hda
   map=/boot/map
   install=/boot/boot.b
   prompt
   timeout=600
   image=/boot/vmlinuz
           label=linux
   ...
   ```

4. Speichern Sie die Datei ab und beenden Sie den Editor. Wenn Sie *joe* benutzen, erreichen Sie dies mit Strg+k und x.

5. Jetzt kommt der wichtigste Schritt: Rufen Sie LILO auf, damit die Änderung in der Konfigurationsdatei in den Boot-Sektor geschrieben wird.

```
paco:~ # lilo
Added linux *
Added dos
```

S.u.S.E.-Tipp

Mit YaST die Wartezeit verändern
Wenn Sie die SuSE-Distribution nutzen, können Sie diese Änderungen auch von YaST erledigen lassen. Starten Sie dazu das Programm und wählen Sie über die Menüeinträge *Administration des Systems, Kernel- und Boot-Konfiguration* den Punkt *LILO konfigurieren.* In diesem Dialog finden Sie das Feld *Wartezeit vor dem Booten,* das Sie auf einen Ihnen genehmen Wert ändern können. YaST führt danach den notwendigen Aufruf von LILO durch und zeigt Ihnen das Ergebnis am Bildschirm an.

Den Boot-Prompt aktivieren

Bei manchen Distributionen kann es sein, dass das Erscheinen des Boot-Prompts deaktiviert ist. Er erscheint nur, wenn Sie während des Boot-Vorgangs die Strg-Taste gedrückt halten. In der Datei */etc/lilo.conf* fehlt der Eintrag *prompt*; stattdessen ist mit *delay* eine Wartezeit eingerichtet, während der Sie die Möglichkeit haben, mit der Strg-Taste den Boot-Prompt zu aktivieren.

```
boot=/dev/hda
map=/boot/map
install=/boot/boot.b
delay=40
image=/boot/vmlinuz
        label=linux
...
```

Sie können auf einfache Art und Weise den Boot-Prompt aktivieren, indem Sie den Eintrag *delay=40* durch einen Eintrag *prompt* ersetzen. Sie können danach mit *timeout=xxx* eine beliebige Wartezeit in Zehntelsekunden eintragen.

S.u.S.E.-Tipp

SuSE immer mit Boot-Prompt
Diesen Hinweis können Sie als SuSE-Nutzer getrost überlesen, da bei Ihnen der Boot-Prompt immer aktiviert ist.

Ein Boot-Menü einrichten

Die Auswahl des Betriebssystems während des Bootens lässt sich durch die Ausgabe eines Boot-Menüs komfortabler gestalten. Um dann auch noch das lästige Eintippen ganzer Wörter auf ein Minimum zu reduzieren, wollen wir Ihnen zeigen, wie Sie den einzelnen Einträgen Zahlen zuordnen und so mit zwei Tastendrücken den Boot-Vorgang einleiten können.

Für diese Änderungen sind zwei Dinge notwendig: Sie müssen ein Menü erstellen und den Konfigurationen Aliase zuweisen. Wir beginnen mit Letzterem:

Betriebssysteme mit einem Tastendruck auswählen

Wir nehmen als Beispiel eine Konfiguration mit Linux und MS-Windows 95. Die Datei */etc/lilo.conf* könnte so aussehen:

```
boot=/dev/hda
map=/boot/map
install=/boot/boot.b
prompt
timeout=600
image=/boot/vmlinuz
        label=linux
        root=/dev/hda2
        read"=only
other=/dev/hda1
        label=dos
        table=/dev/hda
```

Wir haben hier mit den Einträgen *image* und *other* zwei Boot-Einträge. Diesen weisen wir die Aliase *1* und *2* zu, damit wir beim Booten nicht so viel tippen müssen. Es reicht dann die Eingabe von „1“ plus Enter-Taste am Boot-Prompt aus, um Linux zu starten.

1 Sind Sie noch unter *root* angemeldet? Wenn nicht, holen Sie dies nach.

2 Bearbeiten Sie die Datei */etc/lilo.conf* mit einem Texteditor Ihrer Wahl. Wir tun dies mit *joe*:

```
paco:~ # joe /etc/lilo.conf
```

3 Dann tragen wir unter den Einträgen *label* in einer neuen Zeile die Aliase ein.

```
...
image=/boot/vmlinuz
        label=linux
        alias=1
        root=/dev/hda2
        read"=only
other=/dev/hda1
        label=dos
        alias=2
        table=/dev/hda
```

4 Das war's schon: Jetzt muss noch abgespeichert werden (bei *joe* mit Strg+k und x)

5 Und zum Schluss nicht den Aufruf von LILO vergessen, damit die Änderungen auch im Boot-Sektor gespeichert werden:

```
paco:~ # lilo
```

```
Added linux (alias 1) *
Added dos (alias 2)
```

Die neu eingetragenen Aliase werden Ihnen angezeigt.

Die Aliase allein erhöhen den Komfort nur marginal, darum erstellen wir im nächsten Schritt ein Boot-Menü, das diese nutzt.

Erstellen eines Boot-Menüs

Das Boot-Menü wird nicht aus den vorhandenen Konfigurationen erstellt, sondern muss von Ihnen als Text angelegt werden. Sie erstellen also eine Textdatei, in der Sie die auf Ihrem System vorhandenen Boot-Konfigurationen dokumentieren.

1. Sie sind doch hoffentlich noch unter *root* angemeldet?
2. Wir wählen für unser Boot-Menü den Dateinamen *lilo.message* und legen diese Datei im Verzeichnis */boot* an. Die Textdatei mit dem Menü muss für LILO während des Boot-Vorgangs erreichbar sein; sie sollte daher im selben Verzeichnis liegen wie die Kerneldateien, die zum Booten benötigt werden.

```
paco:~ # joe /boot/lilo.message
```

3. In diese Datei schreiben Sie folgenden Text:

```
(1) Linux
(2) Windows 98
```

4. Dann speichern Sie diese Datei ab und
5. laden noch einmal die Datei */etc/lilo.conf*.

```
paco:~ # joe /etc/lilo.conf
```

6. Hier tragen Sie im Bereich der globalen Konfiguration jetzt einen Hinweis auf unser ausgefeiltes Boot-Menü ein:

```
boot=/dev/hda
map=/boot/map
install=/boot/boot.b
prompt
timeout=600
message=/boot/lilo.message
image=/boot/vmlinuz
       label=linux
...
```

7. Speichern Sie die Datei ab und
8. rufen Sie noch einmal LILO auf:

```
paco:~ # lilo
Added linux (alias 1) *
Added dos (alias 2)
```

Sie bekommen zwar keine Information darüber, dass Sie ein Boot-Menü eingerichtet haben, aber wenn keine Fehlermeldung kommt, hat es funktioniert.

Jetzt müssen Sie eigentlich nur noch einen Reboot machen, um diese Features auszuprobieren. Wenn Ihnen dann das Menü angezeigt wird und der Boot-Prompt erscheint, brauchen Sie nur noch die gewünschte Zahl einzugeben und die Enter-Taste zu drücken, damit der Boot-Vorgang beginnt.

Die Sicherheitslücke im Single-User-Mode stopfen

Im Single-User-Mode – also wenn Sie am Boot-Prompt einen Linux-Kernel mit der Option *single* starten – erhalten Sie Zugang zum System, ohne ein Passwort eingeben zu müssen. Das ist so lange sinnvoll, wie nur Sie an Ihren Rechner herankönnen bzw. während der Einrichtungs- und Konfigurationsphase. Sobald Sie Ihren Rechner aber im täglichen Einsatz nutzen und dort sensible Daten abspeichern, sollten Sie sich vor einer unberechtigten Nutzung des Single-User-Mode schützen.

Sie können in der Datei */etc/lilo.conf* einen Eintrag vornehmen, mit dem Sie ein Passwort deklarieren. Dann markieren Sie alle Boot-Einträge, die nur so gebootet werden sollen, wie sie in der Datei deklariert worden sind, mit dem Kennwort *restricted*. Jetzt können Sie das System ganz normal booten, müssen aber bei der Angabe zusätzlicher Optionen das von Ihnen in der Datei */etc/lilo.conf* hinterlegte Passwort eingeben.

1. Laden Sie die Datei */etc/lilo.conf* in einen Texteditor Ihrer Wahl (unsere Wahl ist *joe*).

```
paco:~ # joe /etc/lilo.conf
```

2. Dann fügen Sie einen Eintrag *password* mit einem Passwort (wir wählen hier „fingerweg“) im globalen Konfigurationsbereich hinzu:

```
boot=/dev/hda
map=/boot/map
install=/boot/boot.b
prompt
timeout=600
message=/boot/lilo.message
password=fingerweg
image=/boot/vmlinuz
        label=linux
        alias=1
        root=/dev/hda2
        read"=only
other=/dev/hda1
        label=dos
        alias=2
        table=/dev/hda
```

Hinweis

Beim Booten gilt noch die englische Tastaturbelegung!

Denken Sie bei der Festlegung des LILO-Passwortes daran, dass zu diesem frühen Zeitpunkt noch die englische Tastaturbelegung gilt. Sie verzichten daher am besten auf irgendwelche Sonderzeichen und die Buchstaben *y* und *z*.

3 Jetzt markieren Sie alle Einträge, die ohne eine Passwortabfrage geladen werden sollen, mit dem Kennwort *restricted*:

```
boot=/dev/hda
map=/boot/map
install=/boot/boot.b
prompt
timeout=600
message=/boot/lilo.message
password=fingerweg
image=/boot/vmlinuz
        label=linux
        alias=1
        root=/dev/hda2
        read"=only
        restricted
other=/dev/hda1
        label=dos
        alias=2
        table=/dev/hda
        restricted
```

4 Damit wäre es schon fast geschafft. Speichern Sie die Änderungen ab und beenden Sie Ihren Texteditor.

5 Zwei Dinge sind jetzt noch zu tun: Da die Datei */etc/lilo.conf* jetzt sensible Daten enthält, werden wir sie für alle anderen Nutzer als *root* unlesbar machen. Das funktioniert mit folgendem Kommando:

```
paco:~ # chmod go-r /etc/lilo.conf
```

6 Zum Schluss muss noch einmal LILO aufgerufen werden, damit die Änderungen auch im Boot-Sektor gespeichert werden:

```
paco:~ # lilo
Added linux (alias 1) *
Added dos (alias 2)
```

Wie Sie sehen, hat sich bei der Kontrollausgabe nichts verändert. Wenn Sie jedoch vergessen haben, die Leserechte der Datei */etc/lilo.conf* herabzusetzen, beschwert sich LILO mit der Meldung:

```
Warning: /etc/lilo.conf should be readable only for root if using PASSWORD
```

Die Konfiguration wird jedoch trotzdem eingetragen. Es stellt sich nur die Frage, wie sicher ein solches Passwort ist, wenn es von jedem Nutzer des Systems gelesen werden kann.

Tipps zur Systemkonfiguration

Viel bleibt an dieser Stelle erst einmal nicht mehr zu sagen. Es ist jetzt an Ihnen, sich Ihr Linux nach Ihren Vorstellungen einzurichten. Ein paar Tipps möchten wir Ihnen jedoch noch geben und Hinweise auf die Dinge, die wir für die Erläuterung der Beispiele in der Konfiguration verändert haben:

- Wir beschreiben in Kapitel 4.4 „Erster Kontakt mit der Shell" einige Konfigurationsänderungen, deren Auswirkungen in unseren Beispielen vor allem bei auf der Kommandozeile eingegebenen Befehlen sichtbar sind. Sie müssen diese nicht auf Ihrem System nachvollziehen, nur sollten Sie die Unterschiede erkennen und für Ihre Nutzung adaptieren können.
- Vor allem bei X Window lassen sich noch einige Verbesserungen machen. Werfen Sie z. B. einen Blick in das Kapitel 10.6 „Feineinstellungen" (S. 605 ff.) und die nachfolgenden Kapitel, mit denen Sie sich Ihre X Window-Oberfläche passend gestalten können. Oder lesen Sie Kapitel 11 „Mehr Komfort bei der Bedienung mit KDE" (S. 657 ff.), wenn Sie mit KDE arbeiten und leben wollen.
- Die Standard-Betriebssystem-Kernel können noch in Bezug auf die Ausnutzung Ihrer Hardware optimiert werden, da alle vorhandenen Treiber eingebunden wurden, um größtmögliche Flexibilität bei der Installation zu gewährleisten. Trauen Sie sich ruhig, einen neuen Kernel zu generieren. In Kapitel 9.5 „System-Tuning" (S. 401 ff.) erklären wir Ihnen, wie Sie zu einem schnelleren Betriebssystemkern kommen und wie Sie diesen mit Fallschirm und Sicherheitsgurt testen können.
- Der Internet-Zugang mit Linux wird in Kapitel 13 „Internet-Zugang mit Linux" (S. 829 ff.) ausführlich erklärt. Im Gegensatz zu MS-Windows 9x existieren unter Linux mehrere Programme, die eine Internet-Verbindung herstellen können. Wie einfach dies geht und wie stabil es läuft, erfahren Sie dort.
- Oder sind Sie an Office-Software für Linux interessiert? In Kapitel 12 „Linux im Büro: Anwendungsprogramme" (S. 751 ff.) erfahren Sie, was Sie wie installieren, damit Sie auch unter Linux nicht auf professionelle Software verzichten müssen. Wir haben es uns jedoch verkniffen, die vorgestellten Office-Pakete näher zu beschreiben. Dann wäre dieses Werk bestimmt mehrbändig geworden. Stattdessen finden Sie dort zu StarOffice oder WordPerfect® die Informationen, die Sie benötigen, um diese Software gewinnbringend unter Linux einzusetzen.

Dies soll als kleines Kaleidoskop genügen. Wir wünschen Ihnen weiterhin viel Spaß und Erfolg bei der Nutzung von Linux und der dazu existierenden reichhaltigen Softwareauswahl.

4. Erste Schritte mit Linux

Das Erste, was Sie von Ihrem neuen Betriebssystem zu sehen bekommen, ist ein Programm, das eigentlich gar nicht zu Linux gehört, Ihnen die Arbeit mit Linux und weiteren Betriebssystemen auf Ihrem Rechner jedoch sehr erleichtern kann: LILO, der **Li**nux **Lo**ader.

Nach dem Anschalten meldet sich LILO mit einem einfachen *LILO boot:*. Sie können die nun entstehende fünfsekündige Pause einfach abwarten, um die Spannung zu erhöhen, oder durch einen Druck auf die Enter-Taste den Boot-Vorgang von Linux starten.

Hinweis

Mit LILO das Booten managen

An dieser Stelle entscheiden Sie demnächst, ob Sie Linux oder ein anderes Betriebssystem starten möchten. Die fünfsekündige Wartezeit lässt sich später verlängern und statt des einfachen *LILO boot:* kann LILO ein Menü ausgeben, das Ihnen die Auswahl des Betriebssystems erleichtert. Die Voreinstellungen lassen sich jederzeit Ihren Bedürfnissen anpassen (siehe auch S. 145).

Lassen Sie sich am Anfang von der sich über den Bildschirm ergießenden Informationsflut nicht verwirren: Wenn Sie länger mit Linux arbeiten und in Ihrem Rechner irgendwann vielleicht einmal eine Komponente das Zeitliche segnet, werden Sie sich über die ausführliche Berichterstattung des Kernels über seinen Arbeitsbeginn freuen. Zum jetzigen Zeitpunkt müssen Sie die vor Ihren Augen ablaufenden Geschehnisse jedoch nicht verstehen. Sehen Sie einfach zu und gewöhnen Sie sich an das Bild. Irgendwann wird Ihnen der Ablauf so vertraut sein, dass Ihnen kleinste Veränderungen auffallen und nach dem Start einen Einstieg bei der Fehlersuche und -behebung ermöglichen.

4.1 Ganz wichtig: Login/Logout unter Linux

Hat sich das System nach dem Startvorgang beruhigt, können Sie am so genannten Login-Prompt eine Arbeitssitzung (engl. session) starten. Dazu melden Sie sich mit einer Kennung und dem dazu gehörenden Passwort am System an.

Hinweis

Die Anmeldung kann verschiedene Gesichter haben

Es hängt von der installierten Distribution ab, wie der Login-Prompt genau aussieht: Wenn Sie die im Installationskapitel erläuterte RedHat-Distribution genutzt haben und unseren Empfehlungen gefolgt sind, X Window automatisch beim Start des Systems laden zu lassen, meldet sich jetzt der Display-Manager. Wird X Window nicht automatisch beim Start geladen, erscheint die Textversion der Anmeldeprozedur. Diese Anmeldemöglichkeit ist im Allgemeinen gemeint, wenn unter Linux-Computerfreaks von einem Login-Prompt gesprochen wird. Allen Programmen ist jedoch gemeinsam, dass auf mehr oder weniger komfortable Art eine Kennung und ein Passwort abgefragt wird.

1 Geben Sie die Kennung, z. B. *root*, unter der Sie sich anmelden wollen, ein. Sie können auch im grafischen Anmeldemodus direkt zu tippen anfangen.

2 Wenn Sie die Kennung eingegeben haben, drücken Sie die [Enter]-Taste. Im Textmodus wird Ihnen jetzt in einer neuen Zeile ein Passwort-Prompt angezeigt. Bei der grafischen Anmeldung wechselt der Cursor in das Eingabefeld für das Passwort.

3 Geben Sie jetzt das Passwort ein. Im Normalfall wird Ihre Eingabe nicht am Bildschirm angezeigt. Die grafischen Anmeldetools können aber so konfiguriert werden, dass jeder Buchstabe zumindest als Sternchen angezeigt wird. Damit erkennen Sie wenigstens die Anzahl der eingegebenen Buchstaben.

4a Befinden Sie sich im Textmodus, drücken Sie nach der Eingabe des Passworts die [Enter]-Taste und haben den Anmeldevorgang beendet.

4b Im grafischen Modus wählen Sie jetzt noch eine Oberfläche aus, mit der Sie nach der Anmeldung arbeiten wollen.

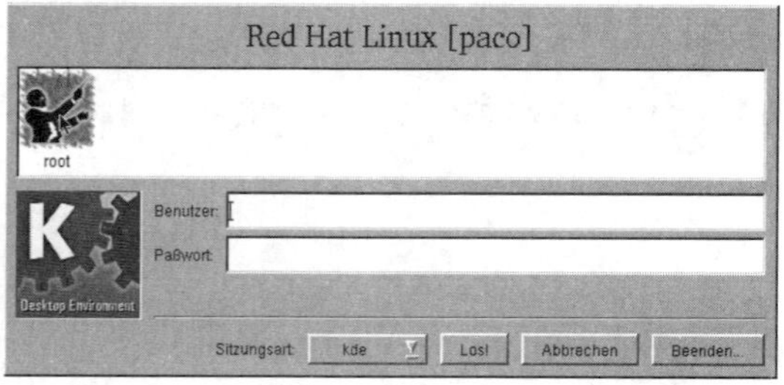

Anmelden mit dem KDE-Display-Manager

Im Normalfall ist im Feld *Sitzungsart* (engl. *Session type*) beim KDE-Display-Manager *kde* als X Window-Oberfläche voreingestellt. Wenn nicht, wählen Sie den Unterpunkt aus dem Menü aus, bevor Sie den nächsten Schritt durchführen.

5 Jetzt können Sie die Anmeldung entweder mit der Enter-Taste oder durch Anklicken von *Los!* (engl. *Go!*) beschließen.

Im Textmodus wird jetzt eine Kommando-Shell gestartet, über die Sie Kommandos eingeben oder X Window „per Hand" starten können. Im grafischen Modus wird jetzt die ausgewählte Oberfläche gestartet, was einige Zeit dauern kann.

Hintergrund: Datensicherheit durch Passwörter

Warum eigentlich diese lästige passwortgeschützte Anmeldeprozedur? Das hat einerseits historische Gründe: Unix, die konzeptionelle Basis für Linux, ist ein Multiuser-Betriebssystem. Die Trennung der Datenbereiche durch eine Kennung und ein Passwort ist auf jedem Multiuser-Betriebssystem die übliche Vorgehensweise, um zwischen den Arbeitsbereichen einzelner Nutzerinnen und Nutzer zu trennen. Außerdem bietet dieses System auch Schutz vor unberechtigtem Zugriff. In jedes Unix ist die Netzwerkfähigkeit integriert, die es erlaubt, einen Rechner von anderen Rechnern aus so zu nutzen, also Kommandos auszuführen und Programme zu starten, als stünde dieser Rechner auf dem eigenen Schreibtisch. Um ein sicheres Arbeiten für alle Systemnutzer zu ermöglichen, ist ein Zugangsschutz dringend erforderlich.

Sie werden sich jetzt fragen, ob dieses Ausmaß an Sicherheit für Ihren PC zu Hause überhaupt notwendig ist? Nutzen Sie Linux im Büro als Server, sind wir uns über den Sicherheitsaspekt bestimmt einig. Nutzen Sie Linux auf Ihrem Arbeitsplatz-PC in einer vernetzten Umgebung, ist Ihnen der Zugangsschutz ebenfalls wichtig. Auch wenn Ihr PC nicht vernetzt ist, werden Sie sich über einen Zugangsschutz freuen, wenn Ihr PC verlassen im Büro steht.

Als Heimnutzer sind Sie vernetzt, sobald Sie eine Internet-Verbindung aufbauen. Damit wäre es theoretisch möglich, über die Verbindung, die Sie nutzen, um Daten aus dem Internet herunterzuladen, auf Ihren Rechner zuzugreifen! Da kann Ihnen ein Betriebssystem wie Linux, das die Internet-Fähigkeit bereits eingebaut hat, eine sichere Arbeitsumgebung liefern. Und ein Teil dieser Sicherheit ist die Anmeldung über eine Nutzerkennung und ein Passwort. Welche zusätzlichen Möglichkeiten es gibt, Ihre Daten zu schützen und Ihren PC gegenüber Angriffen aus dem Internet sicher zu machen, verraten wir Ihnen in Kapitel 3 „Systemanpassung: Mehr Sicherheit und Komfort".

Passwörter sind eine schwierige Angelegenheit: Sie müssen sich Ihr Passwort leicht merken können, andere Personen dürfen jedoch nicht die gleiche Idee haben. Wir können Ihnen daher keine hunderprozentigen Verhaltensregeln geben, die Sie vor einem Ausspähen Ihres Passworts schützen, wenn es einmal unter die Hacker geraten ist. Besitzt Ihr Rechner einen Netzzugang, sollten Sie Ihr Passwort sowieso in regelmäßigen Abständen ändern. Weitergehende Hinweise zur Wahl eines Passworts finden Sie auf Seite 184 f.

4.2 Linux-Tour in einer Stunde

Wenn Sie eine Distribution installiert haben, die Ihnen nicht die Möglichkeit bietet, Linux mit einer grafischen Oberfläche zu booten, können Sie Ihre ersten Schritte direkt mit dem Kapitel 4.4 „Erster Kontakt mit der Shell" beginnen.

Die zur Zeit am weitesten entwickelte Desktop-Oberfläche ist KDE. Wir werden uns in diesem Kapitel daher auf diese Software beschränken. Es existieren aber weitere Window- und Desktop-Manager, die jedoch nicht alle die ausgefeilten Möglichkeiten von KDE bieten. Ein Produkt sollte da nicht unerwähnt bleiben, da es ein großes Entwicklungspotenzial besitzt, im Moment aber noch nicht so ausgereift ist wie KDE: GNOME. GNOME ist bei allen RedHat-Distributionen als Standard-Desktop-Oberfläche eingestellt.

Tipp

Konkurrenz belebt das Geschäft: GNOME

Wenn Sie sich näher für GNOME interessieren, bietet Ihnen die ausführliche Online-Dokumentation einen Einblick in die Funktionsweise dieser Oberfläche. Wir würden Ihnen jedoch empfehlen, sich zuerst mit KDE zu beschäftigen, da Sie einerseits viele der dort verwendeten Konzepte unter GNOME wiederfinden werden, diese dort aber noch nicht so ausgereift sind. Warten Sie daher noch eine Weile ab. Die in nächster Zeit angepeilten Ziele der GNOME-Entwickler versprechen, dass sich GNOME in seinen Fähigkeiten an die von KDE angleichen wird.

Wenn Sie es noch nicht getan haben, melden Sie sich bitte jetzt wie oben beschrieben unter Ihrer Nutzer-Kennung (also nicht unter *root*) an.

KDE nach dem ersten Start

Wenn Sie KDE zum ersten Mal starten, werden verschiedene Dateien und Verzeichnisse angelegt, mit denen die Oberfläche ihre lokalen Daten verwaltet. Unter Umständen müssen Sie diesen Vorgang durch ein *OK* in einer Dialogbox bestätigen, bis sich die Oberfläche eingerichtet hat.

KDE besteht im Wesentlichen aus drei Komponenten, die das Look and Feel der Oberfläche ausmachen: Der Window-Manager *kwm* ist für das Aussehen und die Bedienung der Fenster zuständig. Über das *Panel* starten Sie Programme, entweder aus dem *K*-Menü oder über die auf dem Panel abgelegten Symbole. Außerdem verwaltet das Panel auch die *Task-Leiste* am

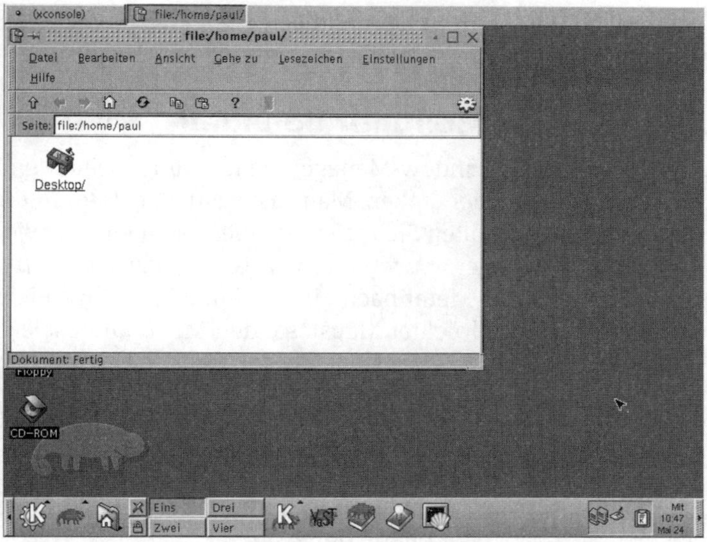

KDE nach dem ersten Start

oberen Bildschirmrand, in der die laufenden Programme angezeigt werden. Last but not least können Sie mit dem Datei-Manager *kfm* komfortabel Ihre Daten verwalten. Außerdem sorgt der *kfm* dafür, dass Sie Icons auf dem Desktop ablegen und per Drag & Drop Programme starten oder Dateien kopieren können.

Beenden einer anderen Oberfläche als KDE

Gerade beim ersten Start nach einer Installation kann es Ihnen passieren, dass Sie Opfer der Voreinstellung einer spezifischen Distribution werden. Wenn Sie nun zufällig eine andere Oberfläche als *KDE* gestartet haben, wollen wir Ihnen hier kurz erklären, wie Sie diese beenden und auf *KDE* umsatteln können (vorausgesetzt natürlich, Sie haben es installiert).

GNOME beenden

Die unterschiedlichen Oberflächen sind für den ungeübten Betrachter auf den ersten Blick nicht so leicht zu unterscheiden. Da erleichtert es sehr, wenn eine Oberfläche ein charakteristisches Symbol besitzt. GNOME besitzt dort, wo unter MS-Windows 9x die Task-Leiste mit der *Start*-Schaltfläche ist, einen „Fußabdruck“, hinter dem sich das GNOME-eigene Startmenü versteckt. Über dieses Menü können Sie GNOME beenden.

GNOME-Logo

1. Öffnen Sie das Startmenü von GNOME.
2. Wählen Sie *Abmelden* und
3. bestätigen Sie die folgende Kontrollfrage mit *Ja*.

Jetzt sollte sich GNOME beenden und nach einer kleinen Weile der Display-Manager melden, mit dem Sie sich jetzt erneut unter KDE anmelden können.

Andere Window-Manager beenden

Die meisten anderen Window-Manager bieten Ihnen ein Menü, das erscheint, wenn Sie mit der linken Maustaste auf den Bildhintergrund klicken. In diesem Menü finden Sie meistens einen Menüeintrag wie *Quit* oder *Exit <wmname>*, wobei *<wmname>* z. B. für *fvwm* oder *fvwm95* stehen kann. Oft bleibt das Menü nach einem einmaligen Klick nicht sichtbar. Dann müssen Sie bei gedrückter Maustaste den Menüpunkt selektieren, der die Oberfläche beendet.

1. Klicken Sie auf den leeren Bildhintergrund und halten Sie die linke Maustaste gedrückt.
2. Jetzt ziehen Sie die Maus auf den Eintrag, der den Window-Manager beendet, also z. B. *Quit* oder *Exit Session*.
3. Wenn der Mauszeiger auf den Menüpunkt zeigt, wird ein Untermenü geöffnet, in dem sich meist ein Eintrag wie *Quit* oder *Really quit?* befindet. Sie halten die linke Maustaste immer noch gedrückt und ziehen den Mauszeiger auf diesen Eintrag im Untermenü.
4. Jetzt können Sie die linke Maustaste loslassen. Der Window-Manager sollte sich nun beenden und wieder dem Display-Manager Platz machen.

Wenn Sie keinen dieser Punkte wiederfinden und es nicht schaffen, die Oberfläche zu beenden, gibt es noch eine Notbremse, mit der Sie X Window beenden können.

Hinweis

Die Notbremse für X Window

Mit der Tastenkombination Strg+Alt+Rück können Sie X Window beenden, ohne dass auf die Bedürfnisse des Window-Managers Rücksicht genommen würde. Dies ist in manchen Fällen notwendig, in denen z. B. der Window-Manager nicht mehr auf Eingaben reagiert oder wichtige Teile der Oberfläche abgestürzt sind. Sie sollten diese Funktion jedoch nur anwenden, wenn der normale Weg nicht mehr funktioniert. Neuere Oberflächen wie GNOME und KDE brauchen einen (von ihnen selbst) geregelten Ausstieg, damit die volle Funktionalität erhalten bleibt.

4.3 Erste Schritte mit KDE

Wir möchten Ihnen nun einen kleinen Überblick über den Umgang mit KDE geben. Eine detaillierte Beschreibung der Möglichkeiten, sich mit KDE eine komfortable Arbeitsumgebung zu schaffen, finden Sie in Kapitel 11 (S. 657). Zunächst soll es aber um die grundlegenden Konzepte gehen, die für den Umgang mit dem Windows-System unter Linux wichtig sind.

RedHat in der Version 7.0 wird bereits mit KDE 2.0 ausgeliefert. Wir geben Ihnen in speziellen KDE2-Tipps Hinweise auf die Unterschiede zu den bewährten KDE-Versionen 1.x, wie z. B. den folgenden:

Hinweis

KDE2-Tipp

Der Start von KDE 2.0 unterscheidet sich ein wenig von dem der Versionen 1.x: Sie sehen zuerst das Programm *ksplash*, das Ihnen den Fortgang des KDE-Starts anhand einer grünen Ampel anzeigt. Während dieses Vorgangs können Sie im Hintergrund die einzelnen Komponenten wie z. B. Desktop-Symbole u.Ä. auftauchen sehen. Sind alle Komponenten von KDE 2.0 glücklich gestartet, erhalten Sie eine ähnliche Ansicht wie bei KDE 1.x.

Umgang mit der Maus

Wenn Sie bereits mit MS-Windows 9x gearbeitet haben, ist Ihnen der Umgang mit der Maus bestimmt vertraut. Unter X Window gibt es jedoch eine Besonderheit, die Sie von anderen Betriebssystemen nicht kennen werden: Die Bedienung der X Window-Oberfläche geschieht mit drei Maustasten. Die dritte (mittlere) Maustaste wird zwar nicht sehr häufig eingesetzt und hat unter KDE auch keine große Bedeutung, aber sie kann sehr nützlich sein. Bei GNOME spielt sie dagegen eine bedeutende Rolle, da sich nur mit ihr das Programm-Menü des Enlightenment-Window-Manager aufrufen lässt.

Unter KDE hat die Mausbelegung eine ähnliche Bedeutung wie unter MS-Windows 9x. Die linke Maustaste startet Programme oder öffnet Dateien, die rechte Maustaste zeigt ein Kontextmenü an. Die mittlere Maustaste hat wie die rechte Maustaste eine kontextsensitive Bedeutung in Abhängigkeit vom Klickort auf dem Bildschirm. (Wir bitten an dieser Stelle die Linkshänder um Entschuldigung. Für Sie gelten die Tastenbelegungen entsprechend andersherum. Glücklicherweise werden bei der Nutzung der mittleren Taste keine Verständigungsschwierigkeiten auftreten.)

Hinweis

Wie oft Sie klicken müssen

Generell gilt für die Symbole unter KDE, dass alle Aktionen mit nur einem Mausklick ausgeführt werden, ähnlich wie bei Windows 98. Bei der GNOME-Oberfläche sind für Aktionen jedoch Doppelklicks notwendig, vergleichbar zu Windows 95.

Alle Funktionen parat: Kontextmenüs

Die auf dem Desktop abgelegten Symbole besitzen eigene Kontextmenüs, die in Abhängigkeit von der Art des Icons unterschiedlich sein können. Klicken Sie mit der rechten Maustaste auf das Disketten-Symbol. Neben den Funktionen, die jedes Symbol besitzt, wie z. B. *Öffnen*, *Löschen* oder *Kopieren*, finden Sie hier einen weiteren Menüpunkt *Mounten*, der dem Anwender eine eingelegte Diskette zugänglich macht.

Das Kontextmenü einer Datei oder wie in diesem Fall eines Geräts ist in maximal vier Abschnitte unterteilt. Der dritte Abschnitt enthält die Programme, die auf diese Datei angewendet werden können. Das erste Programm in dieser Liste wird gestartet, wenn Sie mit der linken Maustaste einmal auf das Symbol klicken. Bei der Diskette wird also der Mount-Vorgang ausgeführt und danach das Verzeichnis angezeigt.

Hinweis für DOS-Umsteiger:

Symbole haben Löcher

Der Bereich, den Symbole auf dem Bildschirm ausfüllen, ist auf den Teil beschränkt, der durch das Bild belegt wird. Probieren Sie es einmal aus: Wenn Sie die Maus über ein Symbol bewegen, verwandelt sich der Mauszeiger von einem X in einen Pfeil. Bei der Selektion ist es daher wichtig, dass Sie mit der Mausspitze das Bild (oder den beschreibenden Text) treffen, sonst gilt die Aktion, die Sie mit einem Mausklick auslösen wollen, nicht für das Symbol, sondern für den darunter liegenden Bildhintergrund.

Virtuelle Bildschirme

Die KDE-Oberfläche besteht im Wesentlichen aus drei Funktionseinheiten, die Ihnen erst zusammen ein komfortables Arbeiten ermöglichen. Das technisch gesehen wichtigste Element ist der K-Window-Manager *kwm*. Er stellt die Grundelemente der Fensterbedienung und bis zu acht virtuelle Desktops bereit.

Tipp

Mehr Übersicht mit virtuellen Desktops

Virtuelle Desktops sind unter X Window schon länger bekannt. Sie bieten auf einfache Art und Weise die Möglichkeit, bei einer Vielzahl geöffneter Fenster die Übersicht zu behalten. Jeder virtuelle Desktop beherbergt eigene Fenster, die nur auf ihm sichtbar sind. Einige der Programme wie z. B. das Grafik-Programm *Gimp* öffnen in einer Session mehrere kleine Fenster. Diese können Sie auf einem virtuellen Desktop sammeln, wo sie z. B. dem Browser, mit dem Sie nebenbei im Internet nach netten Cliparts suchen, nicht ins Gehege kommen. Sie können dann mit einem Klick zu einem anderen Programm wechseln, ohne vorher eine Anzahl von Fenstern ikonisieren oder schließen zu müssen.

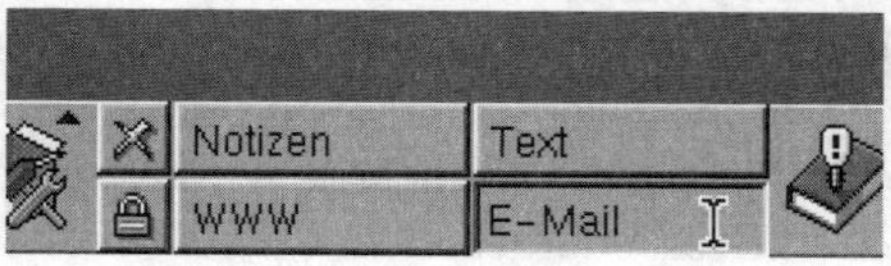

Mit Namen virtuellen Desktops ein Thema zuordnen

Es bietet sich an, die virtuellen Desktops mit Namen zu versehen und damit einem Thema zuzuordnen. Wenn Sie sich dann an Ihre Vorgaben halten, müssen Sie niemals lange nach einem Fenster suchen.

1 Die Bezeichnung können Sie ändern, indem Sie zweimal auf die Schaltfläche eines Desktops klicken.

2 Dann verwandelt sich die Schaltfläche in ein Texteingabefeld mit einem blinkenden Cursor, in dem Sie einen Text Ihrer Wahl eingeben können.

3 Beenden Sie Ihre Eingabe mit der Enter-Taste, wird der Text übernommen. Klicken Sie mit der Maus auf eine andere Schaltfläche oder auf den Desktop-Hintergrund, wird der Text nicht verändert.

Hinweis

KDE2-Tipp

In KDE 2.0 ist bei den virtuellen Desktops zuerst die Darstellung über die Nummern eingestellt. Rufen Sie mit der rechten Maustaste über die Anzeige der virtuellen Desktops in der Symbolleiste deren Kontextmenü auf. Dort können Sie im Kontextmenü mit dem Eintrag *Name* die Darstellung auf Text-Bezeichnungen umstellen. Jetzt geben Sie wie oben für die KDE-Version 1.x beschrieben den virtuellen Desktops passende Namen.

Von Fenstern und ihren Griffen und Hebeln

Jedes Fenster besitzt in der Titelleiste mehrere Schaltflächen, mit denen Sie die Darstellung des Fensters verändern können.

Von rechts beginnend bietet die X-Schaltfläche die Möglichkeit, ein Programm zu beenden.

Mit der Quadrat-Schaltfläche können Sie ein Fenster auf maximale Ausdehnung vergrößern oder ein maximal vergrößertes Fenster wieder auf seine urpsrüngliche Ausdehnung zurückschalten.

Die Punkt-Schaltfläche lässt ein Fenster vom Bildschirm verschwinden. Dieser Modus wird fälschlicherweise Ikonisierung genannt, obwohl das Fenster nach dem Ikonisieren nirgendwo auf dem Desktop als Symbol erscheint. Ein minimiertes Fenster ist nur noch in der Task-Leiste und im Fenstermenü sichtbar. Wenn Sie es dort anklicken, wird es wieder in seiner ursprünglichen Größe dargestellt.

Links neben dem Titel befindet sich eine Schaltfläche mit einem Pin. Dieser Modus dient dazu, ein Fenster auf allen virtuellen Desktops sichtbar zu machen. Die Statusanzeige einer Modemverbindung ist ein geeigneter Kandidat, um dieses Fenster an den Desktop zu „pinnen“.

Ganz auf der linken Seite finden Sie die Menü-Schaltfläche, hinter der sich das Kontextmenü eines Fensters verbirgt. Dort haben Sie zusätzlich die Möglichkeit, das Fenster einem bestimmten Desktop zuzuordnen, wenn Sie ein Fenster nach dem Öffnen auf einen anderen Desktop verschieben wollen.

Sie können die Fenster auch mit der Maus bewegen, vergrößern und verkleinern. Der gesamte Rand eines Fensters ist maussensitiv. Seitenränder und Ecken haben unterschiedliche Bedeutungen: Wenn Sie an den Ecken ziehen, können Sie das Fenster in jede beliebige Richtung vergrößern und verkleinern. Ziehen Sie jedoch an den Seitenrändern, verändern Sie die Fenstergröße senkrecht zu der jeweiligen Fensterseite.

Ein Blick auf das Dateisystem

Der Datei-Manager *kfm* hat eine ganze Reihe von Aufgaben, die zusammengenommen erst ein komfortables Arbeiten ermöglichen. Er bietet über seine Sichtfenster einen bequemen Weg, um durch das Dateisystem zu navigieren. Außerdem sorgt er für die Darstellung der Symbole auf der Desktop-Oberfläche. Sie können mit ihm per Drag & Drop Dateien kopieren oder löschen, per Kontextmenü Verzeichnisse oder Dateien erzeugen und auf einfache Art und Weise Disketten- oder CD-Laufwerke in den Dateibaum einhängen.

Aber halt, Disketten- oder CD-Laufwerke einhängen? Das bedarf noch näherer Erklärung:

Hintergrund: Der Verzeichnisbaum integriert alle Geräte

Unter Linux werden alle Geräte, die im und an den Computer angeschlossen sind, über das Dateisystem angesprochen. Dieses ist der übergreifende Mechanismus, der alle Teile Ihres Rechners miteinander verbindet. Der Startpunkt ist das so genannte Root- oder Wurzelverzeichnis, das durch einen einfachen Schrägstrich / dargestellt wird. Der Zugriff auf Disketten- oder CD-Laufwerke erfolgt nicht mehr wie unter DOS über einen Laufwerkbuchstaben, sondern über speziell dafür eingerichtete Verzeichnisse.

Hinweis für DOS-Umsteiger:

Verzeichnisse: / statt \ als Trennzeichen

Zur Trennung der Verzeichnis- und Dateinamen wird unter Unix ein anderes Zeichen benutzt als unter DOS: Die Datei *kedit*, die sich im Unterverzeichnis *bin* des Verzeichnisses *usr* befindet, wird über die Pfadangabe */usr/bin/kedit* angesprochen und nicht über *\usr\bin\kedit*.

Wenn das Betriebssystem startet, wird zuerst die so genannte root-Partition von der Festplatte geladen und dem Kernel als Startpunkt des Verzeichnisbaums übergeben. Alle weiteren Partitionen der Festplatte, auf denen Daten des Systems liegen, werden dann über Verzeichnisse, die als Platzhalter auf der Root-Partition angelegt worden sind, in diesen Verzeichnisbaum integriert. Disketten- oder CD-ROM-Laufwerke werden nicht automatisch in den Baum eingehängt. Das bedeutet, dass die Verzeichnisse, die dafür angelegt wurden, noch leer sind.

Auf Disketten und CD-ROMs zugreifen

Die RedHat besitzt für variable Laufwerke das Verzeichnis */mnt*, in dem vorbereitete Verzeichnisse *floppy* und *cdrom* für die spätere Einbindung einer Floppy oder einer CD existieren. Sie können sich diese Verzeichnisse mit dem Datei-Manager von KDE ansehen.

1 Haben Sie ein Dateifenster geöffnet? Wenn nicht, können Sie mit dem Eintrag *Persönliches Verzeichnis* aus dem *K*-Menü eines öffnen.

2 Schalten Sie über den Menüpunkt *Ansicht/Verzeichnisbaum anzeigen* die Darstellung des Verzeichnisbaums ein.

Hinweis

KDE2-Tipp

Beim Datei-Manager von KDE 2.0, dem *Konqueror* finden Sie den Punkt *Verzeichnisbaum anzeigen* im Menü *Fenster*.

3 Wichtig ist im Moment der erste Eintrag *Wurzelverzeichnis*. Wenn Sie durch einen Klick auf den blauen Pfeil die Verzeichnisdarstellung ausklappen, sehen Sie die Hauptverzeichnisse des Dateibaums.

4 Wenn Sie jetzt auch noch das Verzeichnis */mnt* ausklappen, sehen Sie die vorbereiteten Verzeichnisse für Diskette und CD-ROM. Klicken Sie mit der linken Maustaste z. B. auf das Verzeichnis *cdrom*, wird Ihnen auf der rechten Seite, der Dateiansicht, der Inhalt des Verzeichnisses angezeigt.

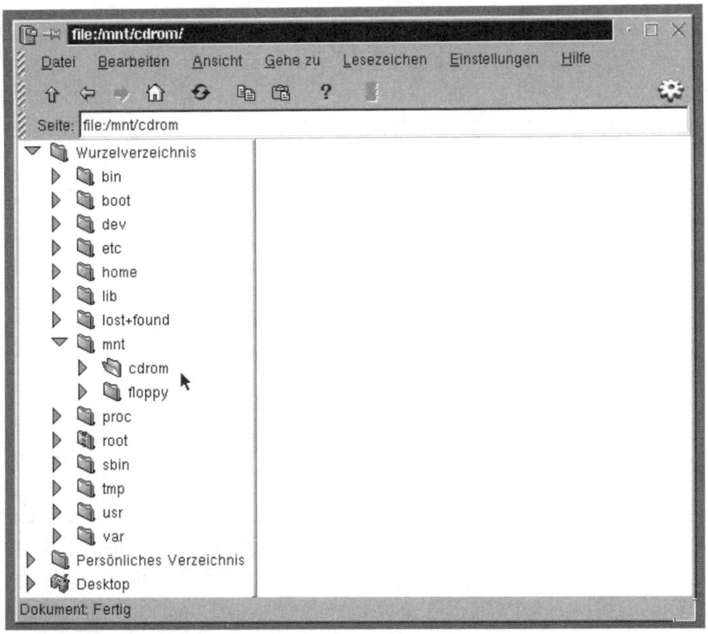

Das leere CD-ROM-Verzeichnis im Linux-Dateibaum

5 Wir haben Ihnen ein leeres Verzeichnis gezeigt. Dieses soll nun gefüllt werden. Haben Sie eine CD zur Hand? Legen Sie diese doch bitte in Ihr CD-ROM-Laufwerk ein.

Hinweis

Der Automounter bindet externe Laufwerke automatisch ein

Unter RedHat 7.0 wird ein Programm eingesetzt, das Ihnen das Mounten per Hand abnimmt. Dies ist der so genannte Automounter, der ständig die Disketten oder CD-ROM-Laufwerke auf einen Statuswechsel hin überwacht. Wenn jetzt also Ihr CD-ROM-Laufwerk anfängt zu brummen und ein Dateifenster erscheint, das Ihnen den Inhalt der CD-ROM anzeigt, hat der Automounter seine Arbeit getan. Wenn Sie die RedHat-CD eingelegt haben, wird sogar noch der Paket-Manager gestartet. Der Automounter besitzt also auch die Fähigkeit, automatisch Programme zu starten. In beiden Fällen können Sie die neu aufgetauchten Fenster schließen und einmal auf das Symbol *Neu laden* – die sich in den Schwanz beissenden Pfeile – klicken und mit dem übernächsten Punkt der Anleitung fortfahren.

6 Jetzt rufen Sie über das Kontextmenü des auf dem Desktop liegenden CD-ROM-Symbols den Punkt *Mounten* auf.

7 Nach einer kleinen Weile sollte in der Dateiansicht des Datei-Manager-Fensters der Inhalt der CD-ROM zu sehen sein.

8 Jetzt können Sie mit der Maus per Drag & Drop eine Datei aus dem CD-Fenster auf den Desktop ziehen.

9 Wenn Sie das Symbol auf den Desktop fallen lassen, zeigt Ihnen KDE immer ein Menü an, über das Sie die Art der Aktion auswählen können. Wählen Sie in diesem Fall *Kopieren*.

10 Wenn Sie die CD nicht mehr brauchen, können Sie sie über das Kontextmenü des CD-ROM-Symbols aus dem Dateibaum lösen. Der Menüpunkt *Mounten* wird bei bereits eingehängten Laufwerken durch *Unmounten* ersetzt. Bei CD-ROM-Laufwerken können Sie auch den Menüpunkt *Eject* benutzen, durch den direkt der Laufwerksschacht geöffnet wird.

Das Menü, das nach einem „Drop“ einer Datei erscheint, erspart Ihnen die Überlegung, ob die „gedragte“ Datei jetzt kopiert oder verschoben wird und ob Sie vielleicht die [Umschalt]-Taste hätten drücken müssen etc. Vielleicht kommt Ihnen dieses Problem ja bekannt vor. Nur wenn Sie Dateien oder Verzeichnisse auf das Mülleimer-Symbol ablegen, nimmt *kfm* automatisch an, dass Sie die Dateien dorthin verschieben wollen.

Hintergrund: Der Papierkorb und das Datennirwana

Das Linux-Dateisystem kennt keine *Undelete*-Funktion wie z. B. MS-DOS. Es geht zwar die Mär, dass ein Linux-Guru, den Sie zum Zeitpunkt des Löschens neben sich sitzen haben, in der Lage ist, durch sofortige hektische Betriebsamkeit diesen Vorgang umkehrbar zu machen, aber dieser Versuch scheitert schon daran, dass der Guru meist nicht zeitgerecht vor Ort ist.

Wir möchten Ihnen eine Erklärung für dieses Phänomen nicht vorenthalten: Änderungen am Dateisystem werden vor dem physikalischen Speichern auf der Festplatte im Festplatten-Cache, also im Arbeitsspeicher, zwischengelagert. Wenn dann beim Schreiben der Festplatte erst einmal mitgeteilt wird, dass bestimmte Dateien gelöscht werden sollen, ist es auch schon zu spät: Die Linux-Dateisysteme besitzen eine automatische Defragmentierfunktion. Das bedeutet, dass freier Platz auf der Festplatte direkt umorganisiert und neu zugewiesen wird.

Nur wenn man also das System an der Aktualisierung der Festplattendaten mit den Cache-Daten hindert, kann man den Löschvorgang eventuell rückgängig machen. Aber diese System-Überlistung trauen sich noch nicht einmal die Autoren dieses Buchs zu, woran Sie sehen, dass wir keine wirklichen Gurus sind. Und meistens merkt man den Verlust einer wichtigen Datei sowieso erst am nächsten Tag, und dann ist es endgültig zu spät!

Sehen Sie aber bitte nicht nur die Nachteile dieser technischen Realisierung: In den meisten Fällen hat das Löschen einer Datei einen guten Grund. Daher sollte eine gelöschte Datei auch von niemandem mehr wiederherstellbar sein, allein aus Gründen des Datenschutzes. MS-DOS-Disketten oder -Festplatten sind in dieser Hinsicht ein wahres Eldorado für Datenklauer.

Dateien und Verzeichnisse löschen

Der KDE-Papierkorb

Dateien und Verzeichnisse haben in ihren Kontextmenüs zwei Einträge, um gelöscht zu werden. Ein Eintrag bezieht sich auf die Arbeit mit dem Papierkorb.

Wenn Sie eine oder mehrere Dateien oder Verzeichnisse löschen wollen, gehen Sie wie folgt vor:

1 Markieren Sie die Dateien und die Verzeichnisse mit der Maus.

2a Jetzt können Sie entweder die markierten Dateien und Verzeichnisse auf den Papierkorb ziehen

2b oder das Kontextmenü der markierten Dateien und Verzeichnisse aufrufen und dort den Punkt *In Papierkorb werfen* auswählen.

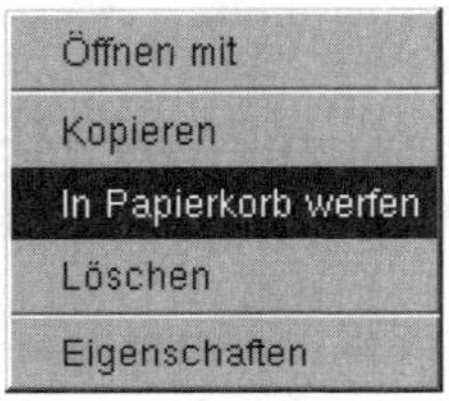

Kontextmenü für eine Datei

Jetzt füllt sich der Papierkorb.

Ordner anlegen über das Kontextmenü

Die einfachste Art und Weise, ein Verzeichnis anzulegen, ist die Auswahl der Funktion *Neu/Verzeichnis* aus dem Kontextmenü. Sie bekommen dieses Menü sowohl, wenn Sie auf den Desktop-Hintergrund als auch auf den Hintergrund in einem Dateifenster klicken.

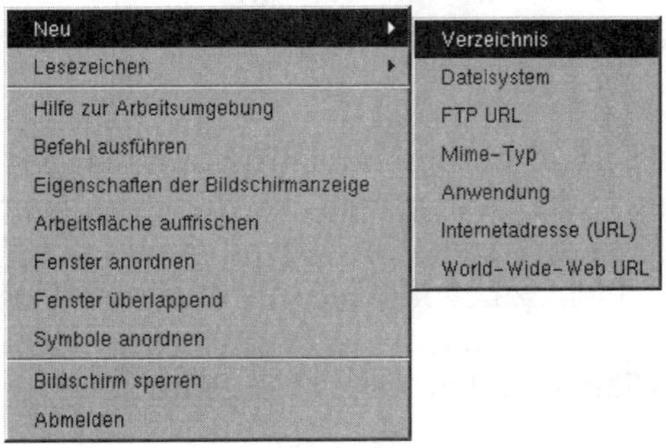

Ein Verzeichnis über das Kontextmenü erstellen

1 Öffnen Sie das Kontextmenü des Bildhintergrunds und

2 wählen Sie aus dem Menü *Neu* den Unterpunkt *Verzeichnis*.

3 Sie erhalten dann eine Dialogbox, in der Sie einen Namen für das Verzeichnis angeben müssen. Geben Sie einen Namen ein und bestätigen Sie die Eingabe mit der [Enter]-Taste.

4 Jetzt wird das neue Verzeichnis an der Stelle angelegt, an der Sie mit der rechten Maustaste das Kontextmenü geöffnet haben.

Verzeichnisse lassen sich mit ihrem Inhalt genauso löschen wie Dateien. Das geht so einfach, dass wir Ihnen empfehlen, immer den Papierkorb zu nutzen. Wenn Sie dann merken, dass im Unterverzeichnis eines gelöschten Verzeichnisses noch ein wichtiges Dokument steckt, können Sie diese Datei aus dem Papierkorb herausfischen.

Prozesse bei der Arbeit beobachten

Ein wichtiger Aspekt eines Multiuser-Multitasking-Betriebssystems wie Linux ist die Verwaltung der laufenden Prozesse. Ein Prozess ist im Grunde ein Programm, das in einem eigenen abgeschlossenen Bereich im Hauptspeicher abläuft. Dem Programm ist es dabei ganz egal, wie und wo das geschieht, und es hat im Normalfall auch keine Möglichkeit, anderen Prozessen ins Gehege zu kommen.

Hintergrund: Wie entsteht ein Prozess?

Prozesse entstehen nicht von selbst, sie müssen von einem anderen Prozess gestartet werden. Beim Booten des Systems werden anfänglich zwei Prozesse „aus dem Nichts“ erzeugt: der Prozess *idle*, der die ID *0* bekommt, und der Prozess *init* mit der ID 1. Der *idle*-Prozess (engl. f. „Leerlauf“) hat dabei die ehrenvolle Aufgabe, die Untätigkeit Ihrer CPU zu absorbieren. Mit seiner Hilfe können Energiesparfunktionen realisiert werden, um z. B. die CPU in den Stromsparmodus zu schalten.

Alle weiteren Prozesse werden nach dem Booten vom Prozess *init* gestartet. Dadurch entsteht eine Baumstruktur, in der sich jeder „Sohn“-Prozess auf seinen „Vater“-Prozess zurückverfolgen lässt. So sind z. B. alle Programme, die Sie aufrufen, Sohn-Prozesse Ihres Window-Managers. Das bekommt dann eine besondere Bedeutung, wenn es darum geht, Prozesse zu beenden, die abgestürzt sind oder die, wenn es X Window-Programme sind, nicht mehr auf einen Mausklick oder einen Tastendruck reagieren. Jeder Prozess ist einer Kennung zugeordnet, die sich in den meisten Fällen aus der Kennung des startenden Prozesses ergibt. Der *init*-Prozess wird der *root*-Kennung zugeordnet, daher ist *root* der Herr über alle laufenden Prozesse.

Laufende Prozesse anzeigen

Sie können die Prozesse, die im Moment auf Ihrem Rechner laufen, über das Programm *kpm*, den **K**-**P**rozess-**M**anager, auflisten lassen. Mit diesem Tool erhalten Sie eine Übersicht, welche Prozesse wie viel Rechenzeit beanspruchen. Es kann z. B. vorkommen, dass ein Prozess in eine Endlosschleife gerät. Diesen können Sie dann anhand der Übersicht durch seinen hohen Prozentsatz an CPU-Zeit erkennen und mit Hilfe des Tools beenden.

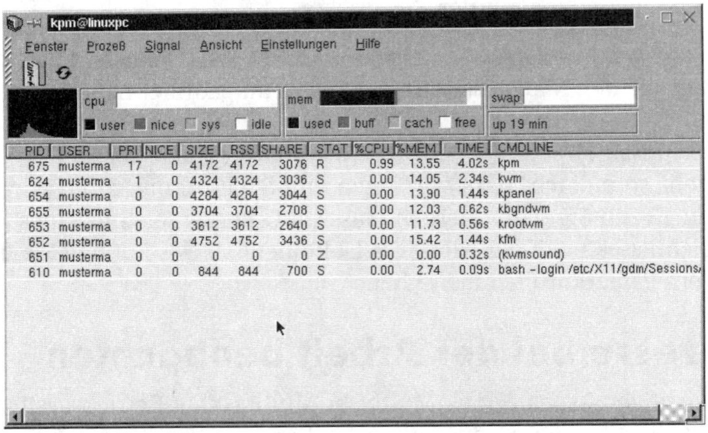

Prozesse anzeigen mit kpm

1. Starten Sie das „Prozessmanagement". Sie finden es im *K*-Menü unter *Dienstprogramme*.
2. Sie erhalten eine Übersicht über die laufenden Prozesse.
3. Schalten Sie über das Menü *Ansicht* auf die Darstellung *Ihre Prozesse* um.
4. Jetzt werden Ihnen nur noch die Prozesse angezeigt, die Sie gestartet haben.

Die Zeilen der Übersicht sind kontextsensitiv. Mit der rechten Maustaste erhalten Sie zu jedem Prozess ein Kontextmenü, in dem alle Signale aufgeführt sind, die Sie an einen Prozess versenden können.

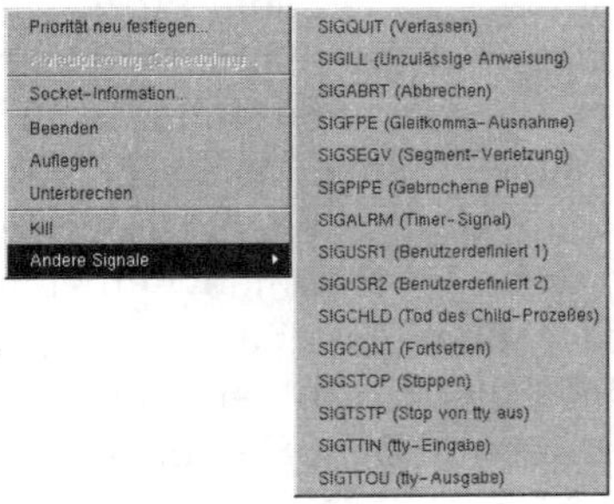

Signale für das Prozess-Management

Ein Signal zeigt immer eine Wirkung, das ist das Signal *Kill*. Mit diesem Signal wird dem Teil des Prozesses, der nicht zum Programm, sondern zum Betriebssystem gehört, gemeldet, den Prozess sofort zu beenden. In der Unix-Umgangssprache spricht man auch von „abschießen".

Sinnvoller ist es jedoch, einem Prozess die Möglichkeit zu lassen, sich geordnet zurückzuziehen, also eventuell noch nicht gespeicherte Daten zu sichern und geöffnete Dateien zu schließen etc. Dieses erreicht man, indem man dem Prozess das Signal *Beenden* sendet. In schweren Fällen lässt sich der Prozess jedoch nicht von diesem Signal beeindrucken. Dann können Sie es nur noch mit *Kill* versuchen.

Mit einem Terminal unter X Window arbeiten

Wenn Sie den nächsten Teil dieser Einführung innerhalb der X Window-Oberfläche mitverfolgen wollen, können Sie dies mit Hilfe eines *X-Terminals* tun. Diese Programme haben ungefähr die gleiche Funktion wie die DOS-Box unter MS-Windows 9x. Von diesen X-Terminals gibt es mehrere verschiedene Versionen. KDE besitzt eine eigene Version mit dem Namen *kvt*. Sie können das Terminal über das Symbol im *Panel* starten.

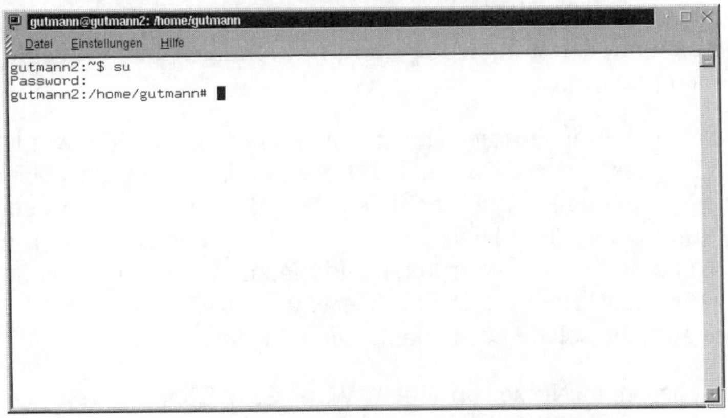

Mit der kvt-Kommandoshell die Kennung wechseln

1. Starten Sie ein Terminalfenster über das Symbol im *Panel*.
2. Wechseln Sie in den Root-Modus mit dem Kommando *su –*.
3. Jetzt können Sie alle Kommandos nachvollziehen, die im nächsten Teil vorgestellt werden.
4. Beenden Sie den Root-Modus mit dem Kommando *exit*.
5. Jetzt können Sie das Terminalfenster schließen, entweder über das Kommando *exit* oder über die „X"-Schaltfläche.

Mit dem Shell-Kommando *su* können Sie in den Root-Modus wechseln, der für den nächsten Teil notwendig ist. Wenn Sie die Option – angeben, also ein einfaches Minus-Zeichen ohne einen weiteren Buchstaben, können Sie danach so arbeiten, als hätten Sie sich neu angemeldet.

4.4 Erster Kontakt mit der Shell (einfache Befehle)

Die Kommandozeile stellt den kleinsten gemeinsamen Nenner dar, der Ihnen bei einer Fehlfunktion des Systems ein Beheben der aufgetretenen Fehler ermöglicht.

Oft die letzte Rettung: die Kommando-Shell

Kommandozeilen-Interpreter wie die *Bash*, die unter Linux die Standard-Kommandoshell ist, sind bewährte Software und gehören zu den stabilsten Programmen, die auf Ihrem Computer laufen können. Außerdem sind die für die Nutzung eines Kommandozeilen-Interpreters notwendigen Programmdateien und Bibliotheken klein im Vergleich zu Programmen, die die Windows-Oberflächen nutzen. Sie werden kein Windows-System finden, das zusammen mit den für eine Reparatur notwendigen Tools auf eine oder zwei Disketten passt.

Nahezu alle Konfigurationsdateien, die unter Linux benötigt werden, sind als ASCII-Text gespeichert. Das bedeutet, wenn das System nur noch notdürftig läuft oder wichtige Progammdateien oder Bibliotheken verloren gegangen sind, können Sie diese Fehler mit einem Notsystem reparieren, das aus einem Kommandozeilen-Interpreter und einem einfachen Texteditor besteht. Wir wünschen Ihnen nicht, dass Sie jemals in eine Situation kommen, in der Sie auf eine solche Lösung angewiesen sein werden!

Aber neben dem Nutzen in einem Worst-Case-Szenario geht das Arbeiten mit der Kommandozeile auch manchmal einfach schneller! Wir werden Ihnen im Folgenden ein paar Befehle und einen einfachen Texteditor vorstellen, die Sie für die Arbeit mit der Kommandozeile benötigen. Wenn Sie sich nicht weiter mit der Eingabe von Kommandos beschäftigen wollen, sollte dieser Teil genügen, um Ihnen das Wissen zu vermitteln, das Sie in den seltenen Fällen benötigen, in denen Sie auf die Kommandozeile zurückgreifen müssen. Und wenn Sie Spaß daran finden, können Sie sich in Kapitel 7 „Manchmal einfach schneller: Die Kommandozeile“ (S. 257) einige Profitips und Arbeitshilfen aneignen.

Login im Textmodus

Wenn Sie bei der Installation nicht den grafischen Modus voreingestellt haben, meldet sich Linux nach dem Booten mit einem Text-basierten Terminalfenster und zeigt Ihnen den Login-Prompt an.

```
Red Hat Linux release 6.2 (Zoot)
Kernel 2.2.14 on an i686

paco login:_
```

Die ersten Zeilen des Login-Prompts enthalten Hinweise auf das System und die Distribution. Der eigentliche Prompt besteht meist aus dem Rechnernamen, dem Wort *login:* und einem blinkenden Cursor.

1. Melden Sie sich unter der Kennung *root* an. Tippen Sie zuerst das Wort „root" ein und beenden Sie die Eingabe mit der Enter-Taste.
2. In der nächsten Zeile wird jetzt das Wort *Password:* ausgegeben. Tippen Sie jetzt Ihr Passwort ein und lassen Sie sich nicht dadurch verwirren, dass am Bildschirm keine Ausgabe erfolgt. Dieser Mechanismus ist notwendig, um Ihre Eingabe vor neugierigen Blicken zu schützen. Dabei wird sogar auf die Ausgabe von Platzhaltern wie z. B. Sternen verzichtet, die Sie vielleicht vom Eurocheque-Automaten bei der Eingabe der PIN-Nummer kennen.
3. Beenden Sie die Eingabe Ihres Passworts mit der Enter-Taste. Wenn Sie sich vertippt haben, erscheint die Meldung

   Login incorrect

   und Sie können den Versuch wiederholen. Wenn Sie während der Eingabe des Passworts nicht die richtige Taste getroffen haben oder merken, dass Sie sich bei der Kennung vertippten, drücken Sie einfach direkt die Enter-Taste.

Wo bin ich? Standort anzeigen mit *pwd*

Nach der Anmeldung meldet sich das System mit dem Kommando-Prompt. Jetzt können Sie beginnen, Befehle einzugeben. Ein Befehl besteht aus einem oder mehreren Wörtern, die durch Leerzeichen getrennt und mit der Enter-Taste abgeschlossen werden. Ein einfaches Beispiel am Anfang: Mit dem *pwd*-Kommando können Sie sich das aktuelle Verzeichnis anzeigen lassen:

1. Tippen Sie das Kommando „pwd" ein und
2. beenden Sie die Eingabe mit der Enter-Taste.

```
[root@paco /root]# pwd
/root
[root@paco /root]#
```

3. Die Ausgabe des Programms *pwd* wird in einer neuen Zeile angezeigt.
4. Danach erhalten Sie wieder den Prompt.

Die Ausgabe von *pwd* finden Sie in der einzelnen Zeile unter Ihrer Eingabe. Das Ergebnis ist so einfach wie sprechend: Sie befinden sich im Verzeichnis */root*. Wenn Sie sich den Kommando-Prompt genauer betrachten, werden Sie feststellen, dass die Information über das Verzeichnis in ihm enthalten ist.

Mit Umgebungsvariablen Programme steuern

Die Darstellung des Prompts wird über eine so genannte Umgebungsvariable gesteuert. Viele Informationen, die Programme unter Unix benötigen, werden ihnen mit Hilfe von Umgebungsvariablen vermittelt. Die Variable, in der die Informationen über die Ausgabe des Kommando-Prompts gespeichert sind, heißt *PS1*.

1 Sie können sich den Inhalt dieser Variablen mit dem Kommando *echo* ausgeben lassen:

```
[root@paco /root]# echo $PS1
[\u@\h \W]\$
[root@paco /root]#
```

Achten Sie dabei auf die Angabe des Dollarzeichens vor dem Variablennamen. Das Dollarzeichen sagt der Kommando-Shell, dass Sie den Inhalt einer Umgebungsvariablen angezeigt bekommen oder benutzen möchten.

Hinweis

Groß- und Kleinschreibung

Unter Unix-Betriebssystemen und damit auch unter Linux gilt die Unterscheidung von Groß- und Kleinschreibung für alle Dateinamen, Befehle und Variablen. Das bedeutet, dass es zwei Dateien *Datei* und *datei* geben kann, die verschieden sind, während z. B. unter MS-Windows 9x dies zwei Namen für die gleiche Datei wären. Befehle werden im Allgemeinen in Kleinbuchstaben geschrieben. Großbuchstaben werden hauptsächlich für Umgebungsvariablen verwendet: Die Variable *PATH*, die wie unter MS-DOS die Pfade zu den Programmen enthält, muss unter Unix in Großbuchstaben geschrieben werden. Der Befehl *ls*, der eine ähnliche Funktion wie der DOS-Befehl *dir* hat, muss jedoch klein geschrieben werden.

2 Wenn Sie eine Variable verändern wollen, müssen Sie das anfängliche Dollar-Zeichen weglassen.

```
[root@paco /root]# PS1="\h:\w\\$ "
paco:~ #
```

3 Mit der Bestätigung des Kommandos mit der Enter-Taste stellt die Kommando-Shell die Ausgabe des Kommando-Prompts sofort auf die neue Version um.

Die von uns gewählte Version für den Prompt *\h:\w \\$* ist etwas kürzer und beinhaltet alle wesentlichen Informationen, die man für die Navigation im Dateisystem benötigt. Es werden Ihnen der Rechner, auf dem Sie sich gerade befinden, das aktuelle Verzeichnis und durch das letzte Zeichen die Sitzungsart angezeigt. An der Raute *#* können Sie erkennen, dass Sie mit Root-Berechtigung angemeldet sind. Melden Sie sich unter einer anderen Kennung an, wird Ihnen statt der Raute ein Dollarzeichen *$* ausgegeben.

Hinweis

Der Ausgangspunkt nach jedem Login: das Home-Verzeichnis

Auf eine Besonderheit möchten wir noch hinweisen: Zu jeder Kennung auf einem Unix-System gehört ein so genanntes Home-Verzeichnis. Nach jeder Anmeldung befinden Sie sich in diesem Verzeichnis und als einfacher Nutzer haben Sie nur in diesem Verzeichnis das Recht, weitere Verzeichnisse und Dateien zu erzeugen. Da diesem Verzeichnis eine so besondere Bedeutung innerhalb des Systems zukommt, wird es abkürzend durch die Tilde ~ dargestellt, die auch bei der Ausgabe des Kommando-Prompts genutzt wird.

Hintergrund: Globale und lokale Konfiguration

Gestatten Sie uns eine kleine Abschweifung, um den Grund für die Auswahl der nächsten Schritte zu erläutern: Das Arbeiten mit dem Computer umfasst unter anderem zwei thematische Bereiche, denen wir uns mit mehr oder weniger Zeitaufwand widmen. Der wichtigste Bereich ist oder sollte zumindest produktiv sein: Briefe, Berichte, Bücher schreiben, E-Mails versenden, Surfen, Spielen usw. Der zweite Bereich, dem man sich aber mit ebenso großem zeitlichen Aufwand widmen kann, ist die Konfiguration des Systems, d.h. der Zuschnitt der Mensch-Maschine-Schnittstelle auf die eigenen Bedürfnisse.

Im Allgemeinen ist die Konfigurationsarbeit der eher lästige Teil und nur da interessant, wo sie sich mit dem Interesse am Neuen verbindet. Wenn Sie Ihren Rechner gerade neu eingerichtet haben, werden Sie noch die Lust aufbringen, sich mit den Möglichkeiten und Funktionen des Systems zu beschäftigen. Je länger Sie daran arbeiten, desto weniger werden Sie sich an die Dinge erinnern, die Sie bei den ersten Entdeckungsreisen durch das System aufgespürt haben. Daher ist es besonders wichtig, diese Informationen so festzuhalten, dass sie Ihnen auch bei einem System- oder Softwareupdate nicht verloren gehen.

Unter Linux besitzt jedes Programm eine Konfigurationsdatei, in der man bestimmte Regeln oder Verhaltensweisen ablegen kann. Es gibt einerseits globale Konfigurationsdateien, in denen Standardeinstellungen eingetragen werden, die für alle Nutzer des Systems sinnvoll sind. Zusätzlich kann sich aber jeder Nutzer eine Konfigurationsdatei anlegen, in der er nach eigenem Geschmack Änderungen vornimmt. Wird nun eine neue Version dieser Software installiert, bleibt die persönliche Version und damit das Verhalten des Programms in der eigenen Arbeitsumgebung erhalten.

Die Kommando-Shell konfigurieren

Mit der Veränderung des Kommando-Prompts haben Sie bereits eine Konfigurationsänderung vorgenommen, die jedoch nach dem Abmelden verloren gehen würde. Damit diese Änderung auch für folgende Sitzungen erhalten bleibt, muss die Information über das Aussehen des Kommando-Prompts in die Konfigurationsdatei für die Kommando-Shell eingetragen werden.

Konfigurationsdateien sind meistens unsichtbar

Begeben wir uns also auf die Suche nach dieser Datei. Die Kommando-Shell heißt mit bürgerlichem Namen *bash*, die dazugehörige Konfigurationsdatei wird unter dem Namen *.bashrc* gespeichert.

1 Das Kommando, mit dem Sie sich die Dateien in einem Verzeichnis anzeigen lassen können, heißt *ls*, eine Abkürzung für engl. „list".

```
paco:~ # ls
paco:~ #
```

Wenn Sie das Kommando ausführen, sehen Sie, dass in Ihrem Verzeichnis keine Dateien zu existieren scheinen.

Hinweis

Unsichtbare Dateien unter Linux

Unter Unix gibt es keinen Mechanismus wie z. B. unter DOS, um eine Datei unsichtbar zu machen. Stattdessen werden Dateien, die mit einem Punkt beginnen, als „unsichtbar" behandelt, d. h., sie werden bei der normalen Ausgabe nicht angezeigt. Um diese Dateien sichtbar zu machen, muss dem Programm *ls* durch eine Option mitgeteilt werden, dass es auch die unsichtbaren Dateien anzeigen soll. Auf der Kommandozeile bestehen Optionen aus dem Zeichen „–", das dem Programm mitteilt, dass eine Option folgt, und dann der eigentlichen Option, einem einzelnen Buchstaben. Das Kommando *ls* benötigt den Buchstaben *a* für „alle anzeigen".

2 Versuchen Sie es doch bitte noch einmal mit folgendem Kommando:

```
paco:~ # ls -a
.     .Xdefaults     .bash_logout    .bashrc  .tcshrc
..    .bash_history  .bash_profile   .cshrc
paco:~ #
```

Unter den Dateien, die Ihnen jetzt angezeigt werden, ist auch die Datei *.bashrc*.

Diese Dateien sind, bis auf wenige Ausnahmen, Konfigurationsdateien für bestimmte Programme, die Sie entweder bereits benutzt haben oder die für eine zukünftige Nutzung bei der Einrichtung Ihres Home-Verzeichnisses angelegt wurden. Es wäre nun interessant zu erfahren, wie viel Speicherplatz diese Dateien in Anspruch nehmen. Dazu muss dem Kommando *ls* die Option *-l* (ein „ell“) mitgegeben werden, um es zu einer „langen“ Ausgabe zu bewegen.

3 Hier können wir Ihnen eine weitere Besonderheit der Arbeit mit der Kommandozeile unter Unix zeigen: Die Buchstaben, die als Optionen an Kommandos übergeben werden, müssen nicht alle einzeln mit einem – eingeleitet werden. Sie können also die Angabe der Optionen auf der Kommandozeile als Kommando *ls -la* zusammenfassen.

```
paco:~ # ls -la
drwxr-x---  18 root  root  1024 Aug 15 13:50 .
drwxr-xr-x  20 root  root  1024 Jul 26 11:16 ..
-rw-r--r--   1 root  root  1126 Aug 23  1995 .Xdefaults
-rw-------   1 root  root 13744 Aug 15 13:50 .bash_history
-rw-r--r--   1 root  root    24 Jul 14  1994 .bash_logout
-rw-r--r--   1 root  root   254 Jul 27 19:09 .bash_profile
-rw-r--r--   1 root  root   176 Aug 23  1995 .bashrc
-rw-r--r--   1 root  root   182 Mar 22 05:00 .cshrc
-rw-r--r--   1 root  root   166 Mar  4  1996 .tcshrc
```

Durch die Angabe von *-l* wird für jede Datei eine einzelne Zeile generiert, die neben im Moment noch unwichtigen Angaben die Dateigröße und das Datum der Erstellung anzeigt (in der Ausgabe fett gekennzeichnet).

Die Dateigröße wird immer in der mittleren Spalte genannt und in Bytes angegeben. Sie können also sehen, dass diese Konfigurationsdateien alle nicht viel Speicherplatz beanspruchen. Sie sind in der Regel eher klein und enthalten nur die Informationen, die Ihre eigene Konfiguration von der Standard-Konfiguration des jeweiligen Programms unterscheidet.

Befehle abkürzen mit alias

Nun werden Sie sich sicher fragen, wieso wir behauptet haben, die Arbeit mit der Kommando-Shell wäre manchmal einfach schneller, wenn man bei den wirklich wichtigen Kommandos noch lästigerweise Optionen angeben muss, die ein schnelles Eingeben verhindern. Wir haben auch nicht das „manchmal“ besonders betonen wollen.

Jetzt lernen Sie ein Kommando kennen, das unter Unix wahrscheinlich am häufigsten genutzt wird, aber eigentlich gar kein eigenes Kommando ist: das Kommando *ll* für „lange Liste“. Mit dem Befehl *alias* existiert eine einfache Möglichkeit, lange Befehlszeilen auf ein beliebig einfaches Kommando zu reduzieren. Der Befehl *ll* z. B. wird aus dem *ls*-Kommando und der Option *-l* generiert.

Tipp

Lange Kommandos abkürzen mit alias

Mit dem Kommando *alias* können Sie eine Abkürzung für eine Kommandozeile erstellen: Um zum Beispiel das *ll* zu erzeugen, rufen Sie *alias* wie folgt auf:

paco:~ # **alias ll="ls -l"**
Achten Sie bei der Eingabe darauf, dass Sie hinter dem Gleichheitszeichen kein Leerzeichen eingeben und das Kommando, das ausgeführt werden soll, in Anführungszeichen setzen.

Wir haben oben schon erwähnt, dass die unsichtbaren Dateien deswegen als unsichtbar behandelt werden, weil sie für die tägliche Arbeit nicht unbedingt gebraucht werden und daher auch nicht in jedem Dateilisting auftauchen sollen. Der Befehl *ll* wird daher so generiert, dass er die Dateien des Verzeichnisses mit allen wichtigen Informationen ausgibt, aber die unsichtbaren Dateien ausspart. Deshalb generieren wir uns in Anlehnung an MS-DOS mit *dir* einen weiteren Alias, der sichtbare und unsichtbare Dateien in einer langen Liste ausgibt.

1 Legen Sie mit folgendem Kommando den Alias für das *ll*-Kommando fest.

```
paco:~ # alias ll="ls -l"
```

2 Die Abkürzung *dir* wird wie folgt generiert:

```
paco:~ # alias dir="ls -la"
```

3 Noch ein wenig Farbe gefällig? Sie können auch für das Kommando *ls* einen Alias einrichten, der bei den anderen Aliases berücksichtigt wird:

```
paco:~ # alias ls="ls --color=auto"
```

4 Jetzt können Sie die Kommandos ausprobieren.

```
paco:~ # ll
insgesamt 0
paco:~ # dir
drwxr-x---  18 root  root   1024 Aug 15 13:50 .
drwxr-xr-x  20 root  root   1024 Jul 26 11:16 ..
-rw-r--r--   1 root  root   1126 Aug 23  1995 .Xdefaults
-rw-------   1 root  root  13744 Aug 15 13:50 .bash_history
-rw-r--r--   1 root  root     24 Jul 14  1994 .bash_logout
-rw-r--r--   1 root  root    254 Jul 27 19:09 .bash_profile
-rw-r--r--   1 root  root    176 Aug 23  1995 .bashrc
-rw-r--r--   1 root  root    182 Mar 22 05:00 .cshrc
-rw-r--r--   1 root  root    166 Mar  4  1996 .tcshrc
```

Und im Gegensatz zur recht farblosen Darstellung hier im Buch sollten Sie Dateien und Verzeichnisse in unterschiedlichen Farben sehen können (in diesem Fall betrifft das leider nur die Verzeichnisse . und ..).

Vor der Änderung: Konfigurationsdateien sichern!

Nun wäre es an der Zeit, die bisher vorgenommenen Konfigurationen in der passenden Datei festzuhalten. Jetzt stellt sich natürlich die Frage, welches denn nun die passende Datei ist: Da Sie mit einem Multiuser-Betriebssystem arbeiten, auch wenn Sie vielleicht der einzige „Multiuser" sind, müssen Sie entscheiden, ob die Konfiguration nur für eine Kennung, im Moment also für *root*, oder für alle Kennungen gültig sein soll.

Wir empfehlen, diese Änderungen den anderen Kennungen auch zugänglich zu machen. Daher müssen der neue Prompt und die beiden Aliase in der Hauptkonfigurationsdatei der *bash* eingetragen werden. Diese heißt *bashrc* und befindet sich im Verzeichnis */etc*.

1 Wechseln Sie zuerst in das Verzeichnis */etc*.

```
paco:~ # cd /etc
paco:/etc #
```

2 Sehen Sie sich einmal die Dateien an, die in diesem Verzeichnis abgelegt sind:

```
paco:/etc # ls
<...>
X11                  group.bak              mc.global
adjtime              gtk                    midi
aliases              host.conf              mime-magic
aliases.db           hosts                  mime-magic.dat
at.deny              hosts.allow            mime.types
bashrc               hosts.deny             minicom.users
charsets             httpd                  motd
codepages            im_palette-small.pal   mtab
conf.linuxconf       im_palette-tiny.pal    mtools.conf
conf.modules         im_palette.pal         named.boot
conf.modules.bak     imrc                   named.conf
<...>
```

Das Verzeichnis */etc* (das wir hier nur gekürzt darstellen) enthält für viele wichtige Programme die Konfigurationsdateien, unter anderem auch für das System selbst. Bei dieser großen Anzahl von Dateien können Sie erkennen, dass die Ausgabe von *ls* Spalten-orientiert ist, d. h., die Dateien werden alphabetisch innerhalb der ausgegebenen Spalten angezeigt. Dabei werden Großbuchstaben immer vor den Kleinbuchstaben ausgegeben. Eine Datei oder ein Verzeichnis mit dem Namen *X11* wird also vor der Datei *bashrc* angezeigt.

Bevor Sie die Änderungen in der Datei *bashrc* vornehmen, möchten wir Ihnen empfehlen, eine Sicherheitskopie dieser Datei anzulegen, damit Sie das Original noch besitzen, wenn etwas beim Neueintrag schief geht. Wir schlagen folgende Vorgehensweise vor: Zuerst legen Sie ein Verzeichnis mit dem Namen *save* in Ihrem Home-Verzeichnis an, danach kopieren Sie die Datei *bashrc* dort hinein.

Verzeichnisse anlegen mit mkdir

Verzeichnisse werden mit dem Kommando *mkdir* angelegt. Dabei können Sie auf alle Hilfen und Kürzel zurückgreifen, die bei der Behandlung von Dateinamen zur Verfügung stehen. Da Sie sich im Moment im Verzeichnis */etc* befinden, müssen Sie, wenn Sie nicht mit *cd* das aktuelle Verzeichnis wechseln wollen, den kompletten Pfadnamen angeben.

3 Ihr Home-Verzeichnis ist zur Zeit */root*, daher müsste das Kommando eigentlich *mkdir /root/save* lauten. Sie erinnern sich vielleicht noch an das Kürzel ~ für das Home-Verzeichnis, das wir Ihnen weiter oben gezeigt haben. Dieses können Sie hier nutzen:

```
paco:/etc # mkdir ~/save
```

4 Da die Unix-Kommandos auf eine Rückmeldung verzichten, wenn das Kommando erfolgreich ausgeführt worden ist, wollen wir kurz nachprüfen, ob das Anlegen des Verzeichnisses wirklich geklappt hat:

```
paco:/etc # ll ~
insgesamt 1
drwxr-xr-x   2 root   root   1024 Aug 15 14:31 save
paco:/etc #
```

Dateien kopieren mit cp

Dateien kopieren Sie mit dem Kommando *cp*. Die zu kopierenden Dateien werden dabei durch Leerzeichen getrennt hintereinander angegeben. Geben Sie einen eventuell auch noch nicht vorhandenen Dateinamen als letzten Parameter an, wird die zuerst angegebene Datei unter dem zweiten Dateinamen neu angelegt, z. B. *cp bashrc ~/save/bashrc*. Ist der letzte Parameter aber ein Verzeichnis, wird die Datei unter dem gleichen Namen in das Verzeichnis kopiert. Das bedeutet, dass *cp bashrc ~/save/bashrc* und *cp bashrc ~/save* den gleichen Effekt haben.

5

```
paco:/etc # cp bashrc ~/save
```

6 Auch hier trauen wir dem Braten erst nach dem Nachschauen:

```
paco:/etc # ll ~/save
insgesamt 1
-rw-r--r--   1 root   root    330 Aug 15 14:34 bashrc
paco:/etc #
```

Hinweis

ll gibt den Inhalt des Verzeichnisses aus

Auch hier können wir uns eines pädagogisch wertvollen Hinweises nicht enthalten: Wenn Sie *ls* ein Verzeichnis mitgeben, wird der Inhalt des Verzeichnisses und nicht etwa nur das Verzeichnis selbst angezeigt. Daher haben auch die Kommandos *ll* und *ll ** ein unterschiedliches Ergebnis! Probieren Sie es einmal aus! Zur Erklärung nur ein kleiner Tipp: *ll* alleine, also ohne Optionen, steht für *ll .* – also „ell ell Leerzeichen Punkt".

Ändern der Konfigurationsdateien mit einem Texteditor

Um die gewünschten Änderungen an der Datei *bashrc* vorzunehmen, benötigen Sie ein weiteres wichtiges Tool, das Sie bei der Administration und Konfiguration immer brauchen werden: einen Texteditor. Dabei spielt es keine Rolle, ob es sich dabei um einen funktionsüberladenen Alleskönner oder um die einfache Sparversion handelt. Wichtig ist, dass Sie sich an einen

Editor Ihrer Wahl gewöhnen und sich die wenigen wichtigen Kommandos einprägen. Für den Anfang empfehlen wir „Joe's own editor".

Jetzt müssen wir zuerst einmal herausfinden, ob dieser Editor bereits auf Ihrem Computer installiert ist. Ob ein Programm zur Verfügung steht, erfahren Sie mit dem Kommando *whereis*, dem Sie als einzigen Parameter den Namen der gesuchten Anwendung mitgeben:

```
paco:/etc # whereis joe
joe: /usr/bin/joe /usr/lib/joe /usr/man/man1/joe.1
paco:/etc #
```

Wenn Sie eine RedHat-Distribution installiert haben, wird sich das Kommando nur mit dem Ergebnis *joe:* melden. Das bedeutet, dass die Software nicht gefunden worden ist und wir Ihnen jetzt noch einen kleinen Exkurs zumuten müssen, damit Sie sie nachinstallieren können. Aber auch wenn der Editor gefunden wurde, möchten wir Ihnen empfehlen, einen Blick auf den nun folgenden Exkurs zu werfen:

▼▼▼ **EXKURS**

Installation des Editors joe

Die nachträgliche Installation von Software ist auf Systemen, die mit dem RedHat-Paket-Manager arbeiten, kein großes Problem. Zu diesen gehören z. B. SuSE und natürlich RedHat selbst. Zur Installation gehen wir wie folgt vor: Sie benötigen eine Diskette oder CD, auf der sich das Programmpaket befindet. Wir gehen einmal davon aus, dass Sie dazu die zweite RedHat-Installations-CD nutzen.

1 Legen Sie diese nun in Ihr CD-ROM-Laufwerk ein. Anders als z. B. unter MS-DOS müssen alle externen Datenträger in den Verzeichnisbaum des Dateisystems eingebunden werden, wenn man auf die darauf enthaltenen Daten zugreifen möchte. Standard-Geräte wie z. B. das Diskettenlaufwerk oder die CD-ROM sind für das Einhängen bereits vorbereitet und besitzen einen Eintrag in der Datei */etc/fstab*. Dort ist unter anderem festgelegt, in welchem Verzeichnis die Daten des jeweiligen Laufwerks erscheinen sollen. Wir suchen jetzt einmal den passenden Eintrag für das CD-ROM-Laufwerk aus der *fstab* heraus:

```
paco:/etc # fgrep cdrom fstab
/dev/cdrom     /mnt/cdrom  iso9660 noauto,owner,ro   0 0
paco:/etc #
```

Das Kommando *fgrep* sucht aus der Datei *fstab* eine Zeile heraus, in der das Wort *cdrom* vorkommt. Wichtig ist im Moment nur der fettgedruckte Teil der Ausgabe. Wie Sie unschwer erkennen können, ist bei den RedHat-Distributionen für die CD-ROM das Verzeichnis */mnt/cdrom* vorkonfiguriert.

2 Durch den Eintrag in der Datei */etc/fstab* können Sie nun auf relativ einfache Art und Weise die eingelegte CD dem System zugänglich machen:

```
paco:/etc # mount /mnt/cdrom
paco:/etc #
```

3 Jetzt können Sie sich mit dem *ls*-Kommando den Inhalt der CD-ROM anzeigen lassen. Wenn Sie dazu die dem Buch beigelegte CD genommen haben, sollte die Ausgabe ungefähr so aussehen:

```
paco:/etc # ls /mnt/cdrom
COPYING  RPM-PGP-KEY  boot.cat  doc
images   README       Red Hat   dosutils
paco:/etc #
```

Nun installieren Sie mit Hilfe des RedHat-Paket-Managers, der sich über das Kommando *rpm* aufrufen lässt, das Programmpaket des Editors *joe*. Dazu müssen Sie dem Kommando die Option *–i* für „Installation" und den Namen des Pakets angeben. Das Programmpaket des Editors heißt `joe-2.8-24.i386.rpm` und befindet sich im Verzeichnis `RPM/` auf der CD.

4 Installieren Sie den Editor mit dem folgenden Kommando:

```
paco:/etc # rpm -i /mnt/cdrom/RedHat/RPMS/joe-2.8-24.i386.rpm
paco:/etc #
```

Tipp

Automatische Dateinamenergänzung mit der Tab-Taste

Lange Dateinamen erhöhen ja die Lesbarkeit, aber wenn man sie eintippen muss, ist das schon ein wahres Kreuz. Unix-Nutzer sind aber tippfaul; daher ist sehr schnell eine einfache Möglichkeit gefunden worden, um sich die Eingabe des Dateinamens ganz oder teilweise zu ersparen. Wenn Sie den Anfang eines Dateinamens eingeben (z. B. „/m") und dann die Tab-Taste drücken, ergänzt die Bash den Namen (auf z. B. „/mnt"). Bei kurzen Verzeichnisnamen ist das noch nicht so bedeutsam, aber wenn es um eine Datei mit dem Namen „joe-2.8-24.i386.rpm" geht, hilft dieses Feature sehr. Wenn es nach dem Drücken der Tab-Taste piept, existieren noch weitere Dateien oder Verzeichnisse mit dem gleichen Namen. Dann müssen Sie einfach einen weiteren Buchstaben anfügen und es noch einmal probieren.

5 Auch hier prüfen wir mit dem Kommando *whereis* nach, ob die Installation richtig funktioniert hat.

```
paco:/etc # whereis joe
joe: /usr/bin/joe /usr/lib/joe /usr/man/man1/joe.1
paco:/etc #
```

Jetzt können Sie die CD in ihre Hülle zurückstecken, da wir sie nicht mehr benötigen. Sie haben Schwierigkeiten, das Laufwerk zu öffnen? Zweifeln Sie nicht an Ihrer geistigen Gesundheit oder Ihren körperlichen Fähigkeiten, dieser Effekt ist vom System beabsichtigt.

Hinweis

Sperrung des CD-Laufwerks gegen unbeabsichtigtes Öffnen

Wenn Sie eine CD-ROM „gemountet" haben, wird das Laufwerk gegen unbeabsichtigtes Öffnen gesperrt. Sie können die CD erst dann wieder entnehmen, wenn das System das Laufwerk aus dem Dateibaum gelöst, auf Linux-Deutsch „ungemountet“, hat.

6 Um die CD aus dem Laufwerk nehmen zu können, müssen Sie das Laufwerk aus dem Dateibaum herauslösen. Diesen Vorgang können Sie mit dem Kommando *umount* auslösen:

```
paco:/etc # umount /mnt/cdrom
paco:/etc # eject
paco:/etc #
```

Nach einer kleinen Weile können Sie dann die CD entnehmen. Wir haben Ihnen hier noch ein weiteres Kommando angegeben, dass Ihnen das lästige Knöpfchen-Suchen und -Drücken erspart. Mit *eject* wird das CD-ROM-Laufwerk angeregt, den Schlitten auszufahren, sodass Sie die CD einfach herausnehmen können. Wenn Sie *eject* ohne vorheriges *umount* aufrufen, wird der Unmount-Vorgang von *eject* automatisch ausgeführt. Das heisst, wir hätten uns hier das *umount /mnt/cdrom* eigentlich sparen können.

Wenn Sie sich diesen Exkurs einmal näher anschauen, werden Sie feststellen, dass der kleinste Teil zur Erklärung der Installation gedient hat. Software, die in Form von RPM-Paketen vorliegt, lässt sich auf sehr einfache Art und Weise installieren. Wenn Sie also bei neuer Software zwischen Source-Paket und RPM-Paket wählen können, entscheiden Sie sich für das RPM-Paket. Es erspart Ihnen eine Menge Arbeit.

Exkurs–Ende

Nach diesem etwas längeren Umweg möchten wir Ihnen den Sinn dieses Ausfluges noch einmal kurz ins Gedächtnis rufen: Wir haben Ihnen am Anfang dieses Kapitels drei Konfigurationsänderungen vorgeschlagen, die die Arbeit mit der Kommando-Shell erleichtern. Diese Änderungen sollen in der Datei */etc/bashrc* eingetragen werden.

1 Starten Sie nun den Editor und geben Sie ihm den Namen der Datei als Parameter mit. Da Sie sich (hoffentlich) noch im Verzeichnis */etc* befinden, reicht es, wenn Sie den Dateinamen ohne Pfadangabe eingeben.

```
paco:/etc # joe bashrc
```

S.u.S.E.-Tipp

Die SuSE-Distribution nutzt für die Bash eine andere Konfigurationsdatei als die RedHat-Distribution. Wenn Sie die von uns vorgeschlagenen Änderungen unter SuSE beibehalten wollen, müssen Sie diese in die Datei */etc/profile.local* eintragen. Diese Datei existiert wahrscheinlich noch nicht auf Ihrem Rechner und wird neu erzeugt, wenn Sie den Editor mit dem Kommando *joe profile.local* aufrufen. In diese leere Datei schreiben Sie dann wie unten beschrieben die gewünschten Änderungen.

2 Jetzt meldet sich der Editor und zeigt Ihnen die angegebene Datei am Bildschirm an. Sie können nun mit den Pfeil-Tasten innerhaCursorlb

des Textes navigieren. Bewegen Sie bitte den Cursor an das Ende des Textes und drücken Sie einmal die Enter-Taste.

3 Geben Sie nun die oben beschriebenen Kommandos ein. Drücken Sie, wie Sie es auf der Kommando-Shell getan haben, nach jedem Kommando die Enter-Taste. Sie besitzt in dieser Datei die gleiche Bedeutung, die sie auf der Kommandozeile hat.

```
   I   bashrc                          Row 33   Col 1    9:27  Ctrl-K H for help
        xterm*)
            PROMPT_COMMAND='echo -ne "\033]0;${USER}@${HOSTNAME}: ${PWD}\007"'
            ;;
        *)
            ;;
    esac
    PS1="[\u@\h \W]\\$ "

    if [ "x$SHLVL" != "x1" ]; then # We're not a login shell
        for i in /etc/profile.d/*.sh; do
            if [ -x $i ]; then
                . $i
            fi
        done
    fi
fi

PS1="\h:\w\\$ "
alias ls="ls --color=auto"
alias ll="ls -l"
alias dir="ls -la"
```

Joe mit bashrc und Änderungen

Hinweis

Tastenkombinationen des Editors joe

Funktionen des Editors können Sie durch die Eingabe einer Strg-Tastenkombination, die vergleichbar den Steuerungscodes von Wordstar bzw. den Entwicklungsumgebungen der Borland-Programmiersprachen ist, aufrufen. Wollen Sie nach den Änderungen den Editor verlassen, nutzen Sie die Kombination Strg+K und X. Dazu halten Sie zuerst die Strg-Taste fest und drücken nacheinander die Taste K und die Taste X. Wollen Sie nur abspeichern, drücken Sie die Kombination Strg+K und D. Dann erscheint am unteren Bildrand eine Kommandozeile mit dem Dateinamen, den Sie mit der Enter-Taste bestätigen können. Wollen Sie den Editor verlassen, ohne irgendwelche Änderungen abzuspeichern, drücken Sie Strg+C. Es erscheint wieder eine Kommandozeile am unteren Bildrand, in der Sie den Abbruch mit Y bestätigen müssen. Dann wird der Editor beendet und die Datei in ihrem ursprünglichen Zustand belassen.

4 Speichern Sie bitte die Datei mit Strg+K, D und der Enter-Taste ab.

Die Änderungen sind jetzt nach jeder neuen Anmeldung wirksam. Um dies zu testen, zeigen wir Ihnen nun eine Eigenheit von Linux, die in der Multiuser-Fähigkeit des Betriebssystems begründet ist.

Mehrfach anmelden mit virtuellen Terminals

Linux stellt Ihnen im Textmodus standardmäßig sechs verschiedene virtuelle Terminals zur Verfügung. Auf das jeweilige Terminal können Sie mit den

Tastenkombinationen Alt+F1 bis Alt+F6 umschalten. Nach dem Booten landen Sie automatisch auf dem ersten virtuellen Terminal, also auf Alt+F1.

Hinweis

Von der grafischen Oberfläche auf ein Textterminal umschalten

Die Tastenkombinationen Alt+F1 bis Alt+F8 werden von X Window für eigene Funktionen genutzt. Daher müssen Sie, wenn Sie sich im grafischen Modus befinden, eine leicht geänderte Tastenkombination benutzen, um auf eine Textkonsole zu wechseln: Drücken Sie zusätzlich zur Alt-Taste noch die Strg-Taste. Um z. B. auf die erste Textkonsole umzuschalten, drücken Sie Strg+Alt+F1. Der grafische Modus wird dabei wie eine Konsole behandelt, in den Sie (auf den meisten Systemen) von einer Textkonsole aus mit Alt+F7 wieder zurückschalten können.

1. Drücken Sie jetzt bitte Alt+F2. Die bisherige Ansicht verschwindet und macht einem weiteren Login-Prompt Platz.
2. Dort können Sie sich jetzt wie am Anfang mit Kennung und Passwort einloggen. Wenn sich jetzt der Kommando-Prompt meldet, sollte er das von Ihnen vorhin definierte Aussehen zeigen:

```
Red Hat Linux release 6.2 (Zoot)
Kernel 2.2.14 on an i686

paco login:root
passwd:
Last login: Sun Aug 15 16:40:53 on <...>
paco:~ #
```

3. Probieren Sie einmal aus, ob die Befehle *ll* und *dir* erkannt werden! Beschwert sich das System nicht und zeigt Ihnen klaglos erst alle sichtbaren und dann sichtbare und unsichtbare Dateien, haben Sie die Konfigurationsänderungen erfolgreich eingetragen.

Sie können jetzt noch die anderen Terminals ausprobieren: Drücken Sie nacheinander einmal die Tastenkombinationen Alt+F3 bis Alt+F7. Wenn das X Window-System bereits läuft, werden Sie nach dem Drücken von Alt+F7 wieder auf der X Window-Ebene sein. Haben Sie kein X Window gestartet, finden Sie dort nur einen leeren Bildschirm mit einem blinkenden Cursor. Wechseln Sie jetzt bitte zurück auf das zweite virtuelle Terminal (Alt+F2). Wenn Sie sich im X Window-System befinden, müssen Sie Strg+Alt+F2 eingeben, um auf die virtuellen Textterminals umzuschalten.

Sie können diese Sitzung jetzt mit dem *exit* beenden. Die RedHat-Systeme sind so konfiguriert, dass nach dem Abmelden der Bildschirm gelöscht wird. Bei anderen Distributionen kann es sein, dass direkt der Login-Prompt angezeigt wird. Wenn Ihnen der Text *Login:* angezeigt wird, können Sie zurück auf das erste virtuelle Terminal wechseln und wenn Sie es noch nicht getan haben, den dort noch laufenden Editor mit der Tastenkombination [Strg]+[K] [X] beenden.

Neue Kennung mit der Kommandozeile anlegen

Wenn Sie bisher noch keine neue Kennung unter X Window angelegt haben, zeigen wir Ihnen jetzt noch die Kommandozeilenversion dieses Tools.

1 Wenn Sie die – sinnvollen – Voreinstellungen bei der Einrichtung nutzen, reicht für die Einrichtung einer Kennung folgendes Kommando:

```
paco:/etc # useradd -c 'Paul Mandel' paul
paco:/etc #
```

Mit diesem Kommando haben wir für „Paul Mandel" die Kennung *paul* eingerichtet. Das Kommando legt automatisch ein Home-Verzeichnis für diese Kennung an und kopiert einige Standard-Konfigurationsdateien hinein. Eine Sache erledigt das Kommando jedoch nicht, die Sie jetzt mit einem weiteren Kommando nachholen müssen: Die Einrichtung eines Passworts. Sollten Sie dieses vergessen, können Sie sich unter RedHat und SuSE mit dieser Kennung nicht anmelden. Bei älteren Distributionen kann es sogar sein, dass sich in diesem Fall jeder, der den Wortlaut der Kennung kennt, am System anmelden kann.

2 Ein Passwort vergeben Sie mit dem Kommando *passwd*:

```
paco:/etc # passwd paul
Changing password for user paul
New UNIX password:
Retype new UNIX password:
passwd: all authentication tokens updated successfully
paco:/etc #
```

Aus Gründen der Systemsicherheit lässt sich ein einmal eingebenes Passwort nicht wieder in Klartext zurückverwandeln. Der Verschlüsselungsprozess ist eine Einbahnstraße. Nun könnte man denken, dass dann auch keine Anmeldung möglich sei, da Sie das Passwort zwar unsichtbar, aber doch im Klartext am Login-Prompt eingeben. Das Verfahren bedient sich eines einfachen Tricks, um dieses Problem zu umgehen: Das eingegebene Passwort wird ebenfalls verschlüsselt und das Ergebnis dann mit dem Eintrag in der Passwortdatei verglichen. Nur wenn das Ergebnis und der Eintrag übereinstimmen, wird Ihnen der Zugriff erlaubt.

Hintergrund: Zuverlässige Passwörter auswählen

Hacker, die versuchen, fremde Passwörter herauszubekommen, entschlüsseln diese nicht im eigentlichen Sinn, sondern „erraten" sie, indem sie Wörter verschlüsseln und die Ergebnisse mit den Einträgen in der meist gestohlenen Passwortdatei vergleichen. Dies ist eine so genannte Brut-Force-Methode, die eine große Menge an Rechenzeit benötigt, um erfolgreich zu

sein. Jedoch existieren Wörterbücher mit häufig gebrauchten Passwörtern, die immer als erste bei einem solchen Entschlüsselungsversuch ausprobiert werden. Die Methoden der Hacker werden glücklicherweise bei der Neueingabe von Passwörtern berücksichtigt. Wenn Ihnen also die Meldungen
BAD PASSWORD: it is too short oder
BAD PASSWORD: it is based on a dictionary word
bei der Eingabe Ihres Passworts erschienen sind, bedeutet dies, dass Ihr Passwort mit den bisher bekannten Mitteln zu einfach zu erraten ist.

Hinweis

Passwörter sind wichtige Geheimnisse!

Passwörter sind eine schwierige Angelegenheit: Sie müssen sich Ihr Passwort leicht merken können, andere Personen dürfen jedoch nicht auf die gleiche Idee kommen. Wir können Ihnen daher keine hundertprozentig sicheren Verhaltensregeln geben, die Sie vor einem Ausspähen Ihres Passworts schützen, wenn es einmal unter die Hacker geraten ist. Besitzt Ihr Rechner einen Netzzugang, sollten Sie Ihr Passwort sowieso in regelmäßigen Abständen ändern.

Es gibt eine Vorgehensweise, die unserer Ansicht nach ein befriedigendes Sicherheitsniveau ermöglicht.

1. Suchen Sie sich Begriffe aus einem Wissensgebiet, das Sie interessiert und von dem Sie wissen, dass dieses Interesse von den Personen in Ihrer Umgebung nicht geteilt wird (z. B. „brotkorb“).
2. Dann setzen Sie an eine für Sie sinnvolle Stelle ein oder zwei Sonderzeichen oder Zahlen, die das Wort unterbrechen, sodass es nicht als Ganzes erkennbar ist (statt des kleinen „o“ eine Null „0“: „br0tk0rb“).
3. Nutzen Sie auch die Möglichkeiten, das von Ihnen gewählte Wort durch Groß- und Kleinschreibung zu verfremden (z. B. „br0tK0rb“), aber so, dass Sie sich die Stelle, an der Sie den Großbuchstaben eingefügt haben, leicht merken können!

Weiter Beispiele für solche Passwörter, die Sie jetzt bitte nicht mehr benutzen, da sie in einem Buch veröffentlicht worden sind, wären „H1lm@nn“ (kommen Sie auf Heinzelmann ?) oder „Re(ti0n“ (wir wollen hoffen, dass Sie nach dem Kauf dieses Buchs keine solche haben). Aber wir möchten noch einmal darauf hinweisen: Keine Regel und kein Passwort kann Ihnen einen hundertprozentigen Schutz gegen das Ausgespäht-Werden geben. Daher wechseln Sie besonders wichtige Passwörter regelmäßig. Und verraten Sie sie nie ohne Grund und nur in Face-to-face-Kommunikation.

Damit wären wir zum Ende dieses ersten Kontaktes mit der Kommando-Shell gekommen. Sie haben in dieser Einführung bereits eine recht große Anzahl von Kommandos kennen gelernt, unter denen jedoch nicht alle die gleiche Wichtigkeit besitzen. Wir geben Ihnen daher hier noch einmal einen kurzen Überblick über die unserer Ansicht nach wichtigsten Elemente dieses Kapitels:

Dateien und Verzeichnisse anzeigen	

`ls`
`ll (ls -l)`
`dir (ls -la)`
	Zeigt Dateien im aktuellen oder einem anderen Verzeichnis an. Die Befehle *ll* und *dir* werden mit dem Befehl *alias* aus dem *ls*-Kommando und seinen Optionen erzeugt.

Dateien kopieren, bewegen, löschen	
`cp <von> <nach>`	Kopiert eine Datei <von> in eine neue Datei oder ein Verzeichnis <nach>.
`mv <von> <nach>`	Benennt eine Datei <von> in <nach> um oder bewegt sie an einen anderen Ort <nach>.
`rm <eins> <zwei>...`	*rm* löscht eine oder mehrere Dateien.
Disketten- oder CD-ROM-Laufwerke einhängen	
`mount <verzeichnis>` `umount <verzeichnis>`	Mit dem *mount*-Kommando kann man CD-ROM- oder Disketten-Laufwerke in den Dateibaum integrieren und kann dann über das Verzeichnis <*verzeichnis*> darauf zugreifen. Dieser Aufruf funktioniert jedoch so nur, wenn die Zuordnung von <*verzeichnis*> zu einem Laufwerk bereits in der Datei */etc/fstab* eingetragen ist.
Kommandos des Editors joe	
`joe <dateiname>`	Mit diesem Kommando rufen Sie den Editor auf und laden direkt die Datei <*dateiname*>.
[↑], [↓], [→], [←], [Bild↑], [Bild↓], [Pos1], [Ende], [Entf], [Rück]	Mit den Cursor-Tasten und den Bild-Tasten navigieren Sie im Text. Die Tasten [Pos1] und [Ende] setzen den Cursor an den Anfang bzw. das Ende einer Zeile. Mit [Entf] und [Rück] können Sie Zeichen löschen.
[Strg]+[K] [X]	Speichern der Datei und Beenden des Editors.
[Strg]+[K] [D] und [Enter]-Taste	Speichern der Datei, ohne den Editor zu verlassen.

4.5 Nie vergessen: Herunterfahren des Systems (Shutdown)

Seit MS-Windows 9x ist auch auf PCs eine Zeit angebrochen, in der man einen Rechner nicht mehr einfach so ausschalten kann wie noch zu MS-DOS-Zeiten. Aber selbst da gab es Situationen, in denen das Ausschalten, ohne den Rechner sicher herunterzufahren, nicht angeraten war. Grund dafür sind die in den modernen Betriebssystemen integrierten Cache-Verfahren. Um die Lade- und Speicherzeiten zu verringern, werden Daten, die vermeintlich abgespeichert sind, nicht direkt physikalisch auf die Festplatte geschrieben, sondern im Cache gehalten und in Zeiten geringer Systemauslastung gesichert. Diese Arbeitsweise ist in allen Unix-Betriebssystemen von Anfang an integriert gewesen.

Ein weiterer Grund, der gegen ein einfaches Ausschalten spricht, sind die vielen Dämon-Prozesse, die im Hintergrund vielfältige Aufgaben erledigen. Sie brauchen oft einen geregelten Ausstieg, um ihre Datenbasis konsistent zu halten. Daher ist es wichtig, dass Sie Ihr System in einem geregelten Verfahren zum Stillstand bringen. Die neueren ATX-Computersysteme mit Powermanagement haben dazu noch den Vorteil, dass sie sich automatisch ausschalten, wenn sie vom Kernel den Auftrag dazu bekommen.

Shutdown mit Hilfe des Display-Managers

Wenn Sie eine grafische Oberfläche nutzen, sollten Sie sich zuerst abmelden. Die modernen GNOME- oder KDE-Display-Manager bieten Ihnen eine komfortable Möglichkeit, das System herunterzufahren. Im KDM finden Sie im Menü *Beenden* (engl. Shutdown) den Unterpunkt *Beenden*.

1. Klicken Sie auf die Schaltfläche *Beenden*.
2. Klicken Sie einmal mit der linken Maustaste auf *Beenden* und
3. bestätigen Sie die folgende Sicherheitsabfrage mit *OK*.

Jetzt wird das System heruntergefahren. Sie können anhand der Bildschirmausgabe erkennen, wie die einzelnen Systemkomponenten beendet werden. In der SuSE-Distribution wird ein gelungenes Programmende durch ein grünes *done* gemeldet.

Meldet sich das System mit der Bemerkung *System halted* oder in neueren Kernelversionen mit *Power Off*, ist der Vorgang des Herunterfahrens beendet. Wenn Sie einen Rechner mit ATX-Funktionalität besitzen, werden Sie diese Meldungen nicht mehr zu sehen bekommen, da sich der Rechner automatisch abschaltet.

Shutdown von der Kommandozeile

Haben Sie nur die Kommandozeile zur Verfügung, wartet noch etwas mehr Arbeit auf Sie. Sie können einerseits mit dem noch aus MS-DOS-Zeiten bekannten Klammergriff Strg+Alt+Entf Linux zu einem Reboot bewegen. Dann warten Sie einfach ab, bis alle Prozesse beendet worden sind und der Rechner neu startet, und schalten ihn dann einfach ab.

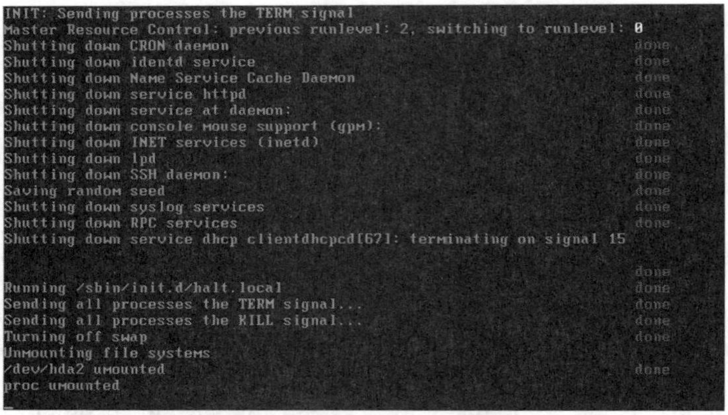

Die Beendigung eines Prozesses wird durch „done“ (SuSE, bzw. „Ok“ bei RedHat) bestätigt

Sie können sich aber auch unter *root* anmelden und den Befehl zum Herunterfahren geben. Unix-Systeme werden in den meisten Fällen mit dem Kommando *shutdown* zum Stehen gebracht. Unter Linux haben sich jedoch zwei sehr nützliche Abkürzungen etabliert, die den Systemhalt sehr vereinfachen.

1 Melden Sie sich unter *root* an.

2a Zuerst zeigen wir Ihnen die Originalversion des Kommandos. Mit diesem Kommando können Sie auf jedem Unix-System das Betriebssystem herunterfahren.

```
paco:~ # /sbin/shutdown -h now
```

2b Dies ist zwei Abkürzungungen, die sich unter Linux etabliert haben. Beide fahren unter RedHat und SuSE das System sicher herunter. Bei älteren Linux-Versionen kann es sein, dass das Kommando *halt* einen Not-Stop ausführt. Nutzen Sie es daher nur auf neueren Linux-Systemen. Bei den neuesten Linux-Distributionen haben *halt* und *poweroff* den gleichen Effekt.

```
paco:~ # /sbin/halt
```

oder

```
paco:~ # /sbin/poweroff
```

5. Drucken unter Linux

Die Standarddruckersprache unter Linux ist PostScript. Nun nennt nicht jeder einen PostScript-Drucker sein Eigen. Dazu wurde das Tool GhostScript entwickelt, das „wie von Geisterhand" PostScript-Dateien in andere Formate umwandeln kann. Nur leider sind Sie dann auf die Fähigkeiten dieses Tools angewiesen, wenn Sie PostScript-Dateien drucken wollen.

Nicht-unterstützte Drucker ansprechen

Wenn Sie bei der Installation – die Einrichtung eines Druckers mit allen Grundlagen finden Sie in Kapitel 5.1 ab Seite 190 beschrieben – feststellen, dass Ihr Drucker in der Liste der von GhostScript unterstützten Geräte fehlt, heißt das aber noch lange nicht, dass Sie Ihren Drucker unter Linux nicht nutzen können. Sie müssen jedoch mit Hilfe des Druckerhandbuchs herausfinden, ob und wenn zu welchem Drucker der Auswahlliste Ihr Gerät einen Kompatibilitätsmodus besitzt. Das Einrichten eines solchen Druckerfilters müssen Sie jedoch in den seltensten Fällen selbst durchführen: Die Tools, wie z. B. YaST bei SuSE, erledigen diese Aufgabe für Sie und bieten Ihnen dazu noch eine übersichtliche Liste der einstellbaren Drucker.

- Ältere Nadeldrucker beherrschen z. B. den Druckmodus eines Epson-Nadeldruckers. Wählen Sie hier, wenn nur „Epson-Kompatibilität" angegeben ist, bei einem 9-Nadel-Drucker den *Epson Dot Matrix, 9 pin* und bei einem 24-Nadel-Drucker den *Epson Dot Matrix, 24 pin* als ersten Versuch. Wenn Ihr 9-Nadel-Drucker damit klar kommt, können Sie es zusätzlich auch einmal mit dem Treiber für den *Epson Dot Matrix, 9 pin, hi-res* ausprobieren.
- Neuere Tintenstrahl-Drucker können oft mit den HP-Befehlen umgehen. Wenn kein Modell angegeben ist, versuchen Sie zuerst den Treiber *HP Deskjet/Deskjet Plus*. Wenn dieser keinen interpretierbaren Ausdruck erzeugt, testen Sie den Treiber *HP Deskjet 500*. In manchen Fällen wird auch „Kompatibilität zu HP PCL" angegeben. Dann können Sie es mit dem Treiber für einen *HP LaserJet* probieren.
- Haben Sie einen Drucker, der im HPGL-Modus drucken kann, ist der Treiber für einen *HP PaintJet* einen Versuch wert. Wenn Sie einen HP Deskjet 1200C besitzen, finden Sie diesen Treiber auch unter den *HP PaintJet*-Einträgen.
- Die GDI-Drucker, die das MS-Windows 9x-interne Druckformat nutzen, können unter Linux noch nicht angesprochen werden, da das GDI-Format von Microsoft nicht freigegeben wird.

- Für alle Notfälle können Sie Ihren Drucker auch in den Text-Modus schalten und mit dem *Text-only Printer*-Treiber alle von GhostScript verstandenen Formate als reinen ASCII-Text ausdrucken. Es sieht dann zwar nicht mehr so schön aus, aber der Inhalt bleibt in den meisten Fällen erhalten.

Haben Sie eine passende Einstellung gefunden, können Sie unter RedHat den Drucker über das *printtool* einrichten. Wir geben Ihnen einen kurzen Überblick über die Installation eines Druckers. Wenn Sie noch nie mit dem *printtool* gearbeitet haben, finden Sie eine ausführliche Beschreibung auf Seite 191ff.

1 Melden Sie sich mit Root-Berechtigung unter X Window an und

2 starten Sie das *printtool* aus einem Text-Terminal.

3 Sie erhalten eine Übersicht der bereits installierten Drucker. Hier können Sie jetzt entweder mit *Edit* eine bestehende Konfiguration ändern oder mit *Add* eine neue hinzufügen.

4 Wenn Sie den Drucker hinzugefügt oder einen aktuellen Drucker selektiert haben, können Sie über die Schaltfläche *Select* im Feld *Input Filter* die Konfiguration der Druckausgabe einstellen.

5 Suchen Sie aus der Liste den passenden Drucker heraus.

6 Wenn Sie beide Dialoge mit *OK* bestätigt haben, können Sie über das Menü *Tests* einen Probedruck anfordern. Wählen Sie hier den Punkt *Print PostScript test page.*

In den meisten Fällen ist es erforderlich, am Drucker eine Umschaltung auf den jeweiligen Kompatibilitätsmodus vorzunehmen. Wenn ein Ausdruck nur Müll erzeugt, hilft hier leider nur wechselseitiges Ausprobieren.

5.1 Drucker einrichten

Vermutlich haben Sie direkt bei der Installation Ihres Linux-Systems einen Drucker installiert – falls nicht, können Sie dies nun nachholen und außerdem etwas über die Grundlagen der Linux-Druckerwarteschlangen und Druckerfilter erfahren. Wir beschreiben im Folgenden nur die Installation eines lokalen Druckers an einer parallelen Schnittstelle.

Wenn Sie einen puristischen Ansatz verfolgen, können Sie unter Linux – ähnlich wie unter MS-DOS mit dem Befehl *copy Datei lpt1* – Dateien mit dem *cat*-Befehl direkt an den Drucker schicken. Eine ASCII-Datei *test.txt* lässt sich beispielsweise (nur vom Administrator *root*) über *cat test.txt >/dev/lp1* ausdrucken. Diese Methode bleibt aber eher einem „Notbetrieb“, etwa mit einem minimalen Linux-Rettungssystem, vorbehalten.

1 Drucker-Unterstützung im Kernel

Wenn Sie bisher unter Linux noch nie gedruckt haben, sollten Sie zunächst überprüfen, ob Ihr Linux-System prinzipiell auf die Ansteuerung eines Druckers vorbereitet ist. Dies ist mit Sicherheit der Fall, wenn Sie den Standard-Kernel aus der Erstinstallation verwenden. Haben Sie jedoch zwischenzeitlich einen eigenen Kernel erzeugt, könnten Sie die Druckerunterstützung abgeschaltet haben.

2 Kernel mit Druckerunterstützung kompilieren

Erzeugen Sie wie in Kapitel 9.6 über die Kernelkompilierung einen neuen Kernel, der auch die Druckeransteuerung über die serielle Schnittstelle unterstützt. Dies ist dort ausführlich beschrieben.

3 Welche Gerätedatei wird verwendet?

Im nächsten Schritt müssen Sie überprüfen, unter welchem Gerätenamen Ihre (parallele) Druckerschnittstelle angesprochen wird: Die Faustregel „LPT1 = /dev/lp0, LPT2 = /dev/lp1, LPT3 = /dev/lp2“ für die Übersetzung der DOS-Gerätenamen gilt leider nicht immer, da die Zuordnung der Linux-Gerätenamen von den Hardware-I/O-Adressen der Schnittstellen abhängt. Probieren Sie also (als Administrator) die verschiedenen Gerätenamen aus, indem Sie eine kleinere ASCII-Datei (z. B. */etc/fstab*) auf diesen Geräten ausgeben:

```
paco:~ # cat /etc/fstab > /dev/lp0
paco:~ # cat /etc/fstab > /dev/lp1
paco:~ # cat /etc/fstab > /dev/lp2
```

Nach dem ersten erfolgreichen Versuch können Sie diese Testreihe natürlich abbrechen und sich den Gerätenamen merken, unter dem Sie Ihren Drucker ansprechen konnten. Wenn die Druckerausgabe bei diesem Versuch ungewöhnlich (unbrauchbar) formatiert war, braucht Sie dies nicht weiter zu stören, da es hierbei nur um die Feststellung des Gerätenamens ging: Sie werden im Normalbetrieb nicht auf diese Weise drucken müssen. Bei manchen Druckern werden Sie vielleicht gar keine Ausgabe erhalten, bemerken aber durch das Aufblinken von Kontroll-Leuchten, dass der Drucker angesprochen wurde. Auch dies ist ein ausreichender Hinweis auf die richtige Wahl der Gerätedatei.

Jetzt, da Sie wissen, an welcher Schnittstelle Ihr Drucker angeschlossen ist, erklären wir Ihnen, wie Sie die Druckausgabe konfigurieren können. Zuerst beschreiben wir das bei auf RedHat basierenden Distributionen enthaltene *printtool* und dann den Konfigurationsdialog von YaST, der zur SuSE-Distribution gehört.

Den Drucker mit printtool konfigurieren

Starten Sie unter X Window als Administrator *root* das Drucker-Konfigurationsprogramm *printtool*. Falls Sie das Paket *samba*, mit dem der Zugriff auf in einem Windows-Netzwerk freigegebene Drucker möglich ist, nicht installiert haben, erscheint folgende Warnung:

```
Samba does not appear to be installed
You will not be able to print to a LAN Manager printer without
it installed.
Please quit and install samba before configuring any LAN Manager
printer entries.
If you are not interested in support of LAN Manager remote printers,
ignore this message.
```

Diese können Sie ignorieren, da wir hier die Installation eines lokalen Druckers durchführen wollen.

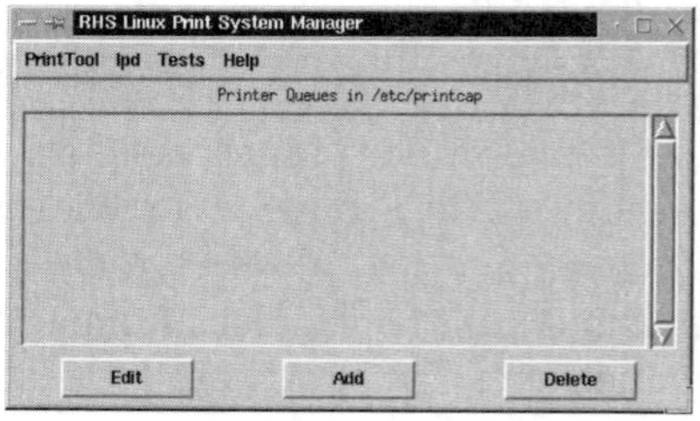

Die Liste der Druckerwarteschlangen – im Beispiel ohne Einträge

Es erscheint nun eine (eventuell leere) Liste der bereits installierten Drucker(-Warteschlangen). Wir beschreiben nun, wie Sie einen zusätzlichen Eintrag hinzufügen können – ebenso lassen sich aber auch vorhandene Einträge ändern.

1 Eintragen eines neuen Druckers

Wählen Sie *Add* aus, um einen neuen Drucker einzutragen. Es erscheint nun ein Fenster, in dem Sie gefragt werden, ob Sie einen lokalen Drucker oder einen Netzwerkdrucker installieren wollen:

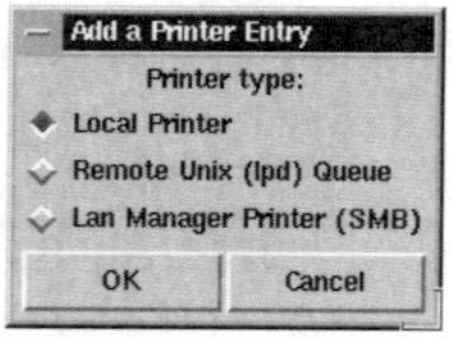

Bestätigen Sie die Auswahl Local Printer

Da die Option *Local Printer* (lokaler Drucker) bereits vorausgewählt ist, können Sie diesen Dialog einfach mit [Enter] bestätigen.

Das Konfigurationsprogramm versucht nun festzustellen, an welchen Schnittstellen möglicherweise ein Drucker angeschlossen ist:

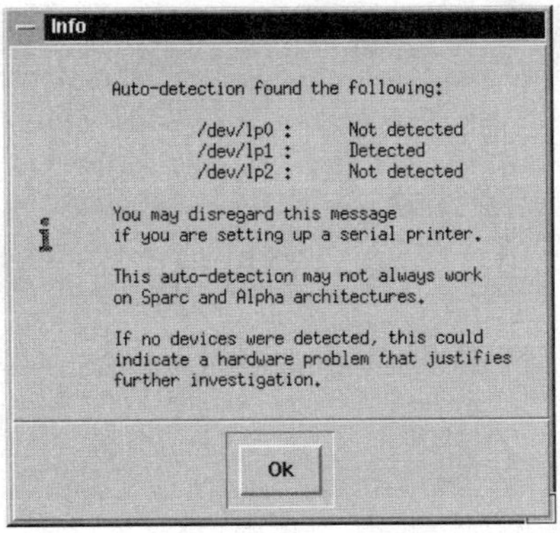

Hier wurde eine parallele Schnittstelle /dev/lp1 erkannt

2 Konfiguration des neuen Druckers

Bestätigen Sie dieses Informationsfenster mit *OK*, und es erscheint ein Konfigurationsdialog für den neuen Drucker:

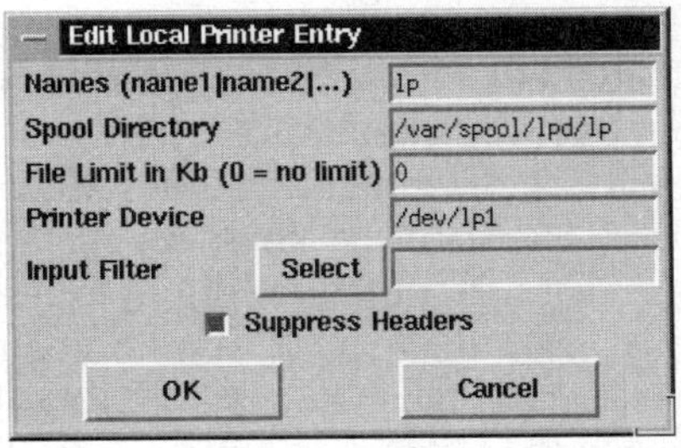

Die Einstellungen für den neuen Drucker

Die Angaben unter *Names* (*lp*), *Spool Directory* (*/var/spool/lpd/lp*) und *File Limit in Kb* (*0*) können Sie ohne Prüfung übernehmen. Im Feld *Printer Device* wird automatisch die erste erkannte Druckerschnittstelle eingetragen (im Beispiel: */dev/lp1*). Falls diese von der am Anfang dieses Kapitels festgestellten Gerätedatei abweicht, tragen Sie hier stattdessen den korrekten Gerätenamen ein.

3 Klicken Sie nun auf *Select* neben dem Feldnamen *Input Filter*, um Ihren Druckertyp auszuwählen: Es erscheint nun ein größeres Fenster, in dem Sie die abschließenden Einstellungen für Ihr Druckermodell vornehmen können:

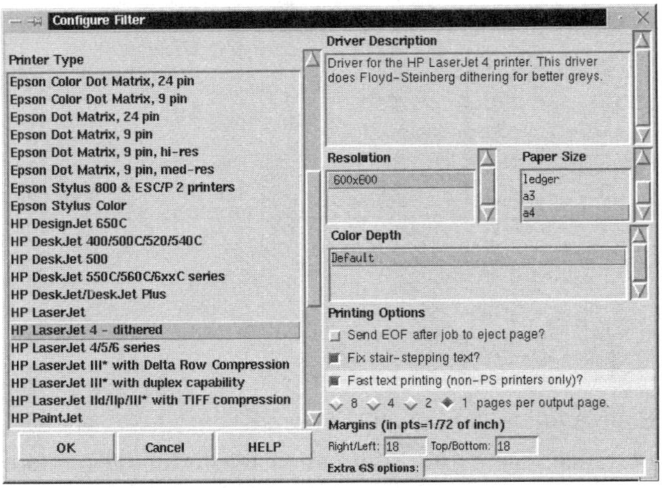

Die Modellauswahl bietet auch Optionen für Papierformat und Druckqualität

In der linken Spalte können Sie nun aus der Liste der verfügbaren Druckertreiber einen passenden Eintrag auswählen. Wenn Ihr Drucker hier nicht aufgeführt wird, wählen Sie ein kompatibles Modell aus: So sind beispielsweise die Kyocera-FS-*-Drucker kompatibel mit HP-LaserJet 4, viele Tintenstrahldrucker sind kompatibel mit HP-DeskJet 500, und zahlreiche Matrixdrucker bieten einen Epson-Kompatibilitätsmodus. Durch die Auswahl eines kompatiblen Druckers werden allerdings eventuell nicht alle Auflösungen Ihres Druckers unterstützt! Zu Kompatibilitäten sollte Ihr Druckerhandbuch Hinweise bereithalten.

4 Unter *Resolution* (dt. Auflösung) können Sie zwischen verschiedenen Druckerauflösungen wählen, sofern der Druckertreiber mehrere vorsieht. Stellen Sie unter *Paper Size* das Papierformat *a4* ein. Wählen Sie außerdem unter *Color Depth* (dt. Farbtiefe) aus, in wie viel Farben Ihre Ausdrucke erfolgen sollen, wenn Sie einen Farbdrucker verwenden. In vielen Fällen finden Sie hier nur das Schlüsselwort *Default* – so etwa bei allen Schwarzweißdruckern.

5 Nun sind noch drei Optionen zu bearbeiten. Das Feld *Send EOF after job to eject page* sollten Sie zunächst nicht aktivieren: Nur wenn der Drucker fertige Seiten nicht automatisch bzw. erst nach einem im Drucker eingestellten Timeout-Wert auswirft, können Sie hiermit bewirken, dass am Ende jeder Seite das Steuerzeichen EOF (**E**nd **o**f **F**ile) an den Drucker gesendet wird. *Fix stair-stepping text* verwendet das Antialiasing-Verfahren, um Treppenstufen in Buchstaben mit schrägen Linien zu vermeiden. Mit Hilfe von *Fast text printing* können Sie die Ausgabe von ASCII-Dateien beschleunigen.

Wählen Sie unter diesen Einträgen, ob Sie auf jedem Blatt Papier eine Seite (Standard) in normaler Größe oder zwei, vier oder acht Seiten entsprechend verkleinert ausdrucken wollen, um Papier zu sparen. Zwei Seiten auf eine zu drucken ist in vielen Fällen sinnvoll; bei vier bis acht

Seiten leidet allerdings die Lesbarkeit beim Ausdruck von Dokumenten mit „üblichen“ Schriftgrößen erheblich.

Bestätigen Sie schließlich Ihre Angaben mit *OK*. Es erscheint dann wieder das vorherige Fenster, in dem nun in der *Input Filter*-Zeile der ausgewählte Druckertyp angezeigt wird.

6 Stellen Sie abschließend ein, ob jedem Ausdruck eine Header-Seite (mit Angaben zum Benutzer und Dateinamen) vorangestellt werden soll: Wenn Sie diese Form der Papierverschwendung nicht wünschen, lassen Sie einfach das Feld *Suppress Headers* (dt. Header unterdrücken) aktiviert; andernfalls deaktivieren Sie es.

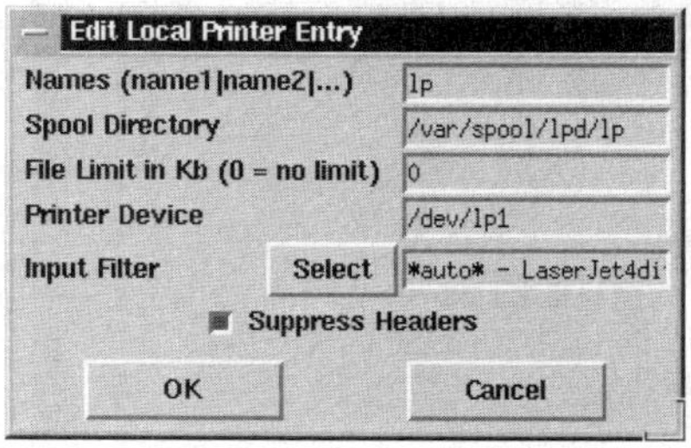

Der ausgewählte Druckerfilter wird angezeigt

7 Nach einem Klick auf *OK* werden alle Einstellungen übernommen: Die Konfiguration des neuen Druckers ist abgeschlossen. Es werden nun Einträge in der Drucksystem-Konfigurationsdatei */etc/printcap* gemacht, und *printtool* zeigt den neuen Drucker an.

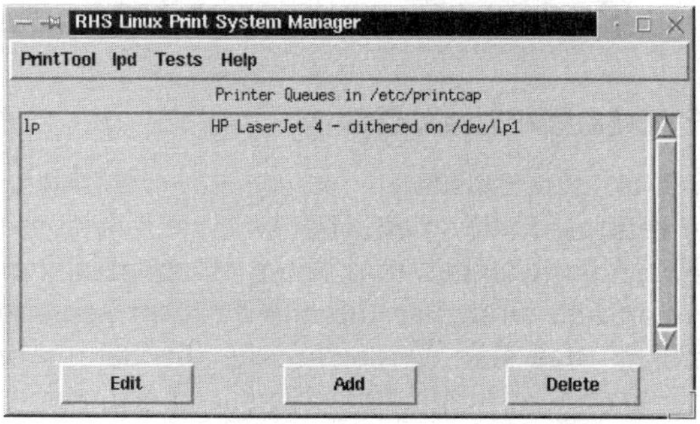

Jetzt enthält die printtool-Anzeige den neu konfigurierten Drucker

8 Um Linux die geänderte Druckerkonfiguration mitzuteilen, müssen Sie den für den Ausdruck zuständigen Drucker-Daemon *lpd* neu starten: Wählen Sie dazu den Menüpunkt *lpd/Restart lpd* und beenden Sie *printtool* danach.

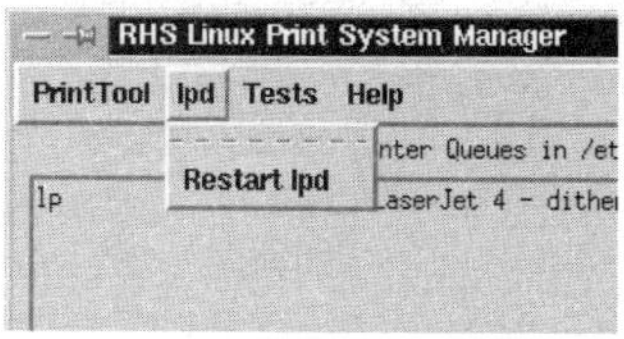

Als letzten Schritt den Drucker-Daemon lpd neu starten

Drucker einrichten mit YaST

Beim Einsatz der SuSE-Distribution kann auch die Einrichtung eines Druckers bequem über YaST erledigt werden. Nach Aufruf von YaST erreichen Sie das Druckerkonfigurationsfenster über *Administration des Systems*, *Hardware im System integrieren* und *Drucker konfigurieren*.

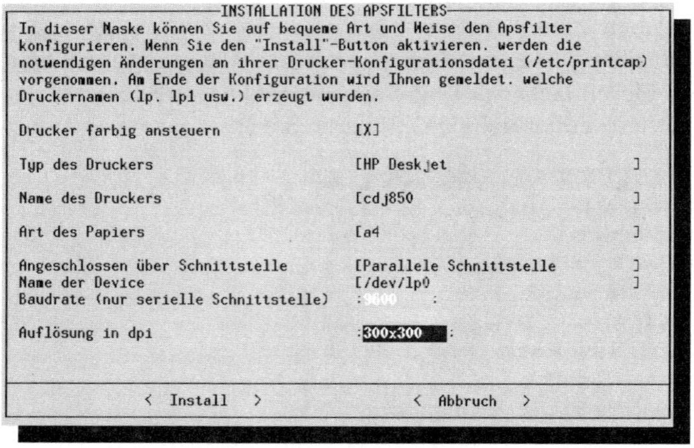

Druckereinrichtung mit YaST

Füllen Sie entsprechend Ihrer Hardware und der Schnittstelle, an der Ihr Drucker angeschlossen ist, die Maske aus und bestätigen Sie die Eingaben mit *install*. YaST erzeugt damit einen geeigneten Printcap-Eintrag.

Die Datei /etc/printcap

printtool hat die Konfigurationsdatei */etc/printcap* verändert, die im Linux-Drucksystem die zentrale Rolle spielt. Hier wird dem System mitgeteilt, welche Drucker zur Verfügung stehen und unter welchem Namen sie angesprochen werden. Außerdem sind hier für alle Drucker separate Druckerwarteschlangen definiert; das sind Verzeichnisse, die beim Abschicken eines Druckauftrags die Daten so lange zwischenspeichern, bis der Drucker bereit ist, sie zu drucken. Die von *printtool* erzeugte Datei hat den folgenden Inhalt:

```
#
#PRINTTOOL3
#
# LOCAL lj4dith 600x600 a4 {} LaserJet4dither Default 1

lp:\
 :sd=/var/spool/lpd/lp:\
 :mx#0:\
 :sh:\
 :lp=/dev/lp1:\
 :if=/var/spool/lpd/lp/filter:
```

Jeder der Abschnitte, der aus einer vorn beginnenden Zeile und mehreren folgenden, mit Tab eingerückten Zeilen besteht (Hier gibt es nur einen solchen Abschnitt. Sie dürfen nicht mit Leerzeichen einrücken, wenn Sie die *printcap*-Datei selbst überarbeiten wollen!), definiert einen Drucker, den Sie unter dem in der ersten Zeile angegebenen Namen ansprechen können. Hier wird also ein Drucker definiert, der auf den Namen *lp* hört. Diesen Namen können Sie beim Aufruf des *lpr*-Befehls explizit mit der Option *-PName* angeben, um den Ausdruck auf diesem Drucker zu erzwingen. In den folgenden eingerückten Zeilen wird beschrieben, wie das Linux-Drucksystem diesen Drucker ansprechen soll.

Die einzelnen Zeilen haben folgende Bedeutung:

:sd = /var/spool/lpd/lp: Mit :sd = *Spool-Verzeichnis*:\\ wird das Verzeichnis angegeben, in dem die zum Ausdruck vorgesehenen Daten gespoolt werden (*sd*, engl. **s**pooling **d**irectory). In diesem Fall ist es das Verzeichnis */var/spool/lpd/lp*.

:mx#0: In dieser Zeile kann eine Maximalgröße der zulässigen zu druckenden Dateien angegeben werden: Übersteigt ein gewünschter Ausdruck die Grenze, wird nicht gedruckt. Der hier eingetragene Wert 0 bedeutet keine Beschränkung.

:sh: Mit dieser Zeile wird der Ausdruck einer Header-Seite unterdrückt (siehe oben).

:lp = /dev/lp1: Mit der :lp = *Gerätename*:\\-Zeile wird die Gerätedatei bestimmt, über die der Drucker angesprochen wird, hier ist es der Drucker am ersten Parallelport.

:if = /var/spool/lpd/lp/filter: In der *if*-Zeile wird ein Input-Filter (Eingabefilter) bestimmt, der die zu druckenden Daten vorverarbeitet, bevor sie an den Drucker weitergeleitet werden. Hier wird ein Shell-Skript */var/spool/lpd/lp/filter* als Filter definiert, das eine Konvertierung der Daten in PostScript durchführt und diese dann mit *ghostscript* in eine für Ihren Drucker verständliche Ausgabedatei verwandelt.

5.2 Kommandos zum Drucken

Wenn an die Parallelschnittstelle Ihres Computers ein Drucker angeschlossen ist, steht dieser meist als Gerät */dev/lp0* zur Verfügung (siehe Kapitel 5.1 ab Seite 190), und Sie könnten beispielsweise mit dem Kommando

```
echo "Linux rulez!" > /dev/lp0
```

Daten darauf ausgeben. Abgesehen davon, dass viele Drucker nicht mit der Ausgabe beginnen würden, bevor sie nicht einen Steuerbefehl erhalten, der das Seitenende signalisiert, ist diese Art der Druckeransteuerung in einem Multitasking- (und erst recht in einem Multiuser-)System sehr unzweckmäßig: Würden mehrere Prozesse gleichzeitig ihre Daten zum Drucker schicken, käme dort ein unbrauchbares Datengemisch an. Deshalb sorgt in einem Linux-System ein eigenständiger Prozess, der Druckerdämon lpd (**l**ine **p**rinter **d**aemon), für die notwendige Koordination. Er nimmt alle Aufträge zum Drucken von Dateien entgegen und reiht sie in eine Warteschlange ein; sobald der Drucker mit einer Ausgabe fertig ist, wird der betreffende Auftrag aus der Warteschlange gelöscht, und es kommt der nächste an die Reihe, bis die Warteschlange geleert ist.

Damit die Daten zu einem beliebigen späteren Zeitpunkt zum Drucker übertragen werden können, werden sie solange in einer temporären Datei abgelegt, die nach vollständiger Abarbeitung des Druckauftrags (oder nach dessen Abbruch durch den Benutzer) automatisch gelöscht wird. Dies hat den Vorteil, dass Sie das Ausdrucken nicht abwarten müssen, bevor Sie mit Ihren Daten weiterarbeiten. Allerdings wird dadurch vorübergehend im Verzeichnis */var/spool/lpd/Drucker* noch einmal so viel Speicherplatz benötigt, wie die zu druckende Datei selbst belegt.

Mit dem Kommando

`lpr` *`Druckdatei`*

veranlassen Sie die Ausgabe der *Druckdatei* auf den Standarddrucker, der normalerweise unter dem Namen *lp* eingerichtet ist. (Zur Druckereinrichtung lesen Sie Näheres in Kapitel 5.1 ab Seite 190.)

▼▼▼ EXKURS

Druckdateiformate

Normalerweise erwartet das Drucksystem, dass die angelieferten Daten so formatiert sind, wie es für den angeschlossenen Drucker erforderlich ist. Leider gibt es zahlreiche, miteinander inkompatible Standards für die Formatierung von Druckdaten; die wichtigsten sind:

- **ASCII-Text:** Die einfachste Art von Druckdaten sind normale (ASCII-) Textzeilen mit Zeilentrennzeichen (*newline*) dazwischen.

  Zwar können die meisten Drucker einfache ASCII-Dateien ohne weiteres ausgeben, doch gibt es unglücklicherweise verschiedene Konventionen darüber, wie die Zeilentrennzeichen auszusehen haben: Während Unix (und Linux) mit einem einfachen Zeilenvorschubzeichen auskommen, ist es in der DOS- und Windows-Welt üblich, zwei Zeichen zu verwenden (carriage return und line feed, Wagenrücklauf und Zeilenvorschub), und das erwarten auch viele Drucker.

- **PostScript:** Dies ist eine sehr mächtige Programmiersprache, mit der das Aussehen von Druckseiten beschrieben werden kann. PostScript unterstützt auch die Definition qualitativ hochwertiger Schriften (Fonts).

  Drucker können nur dann PostScript-Dateien richtig verarbeiten, wenn sie über einen integrierten Interpreter für diese Sprache verfügen; dieses Feature findet man üblicherweise nur bei teureren Geräten.

PostScript-Dateien besitzen meist eine der Dateiendungen *.ps*, *.eps* oder *.epsi*.

- **PDF:** Das **P**ortable **D**ocument **F**ormat von Adobe ist dem PostScript-Format ähnlich, bietet aber zusätzliche Möglichkeiten, mit Hilfe eines speziellen Betrachters (z. B. *acroread*) innerhalb des Dokuments zu navigieren. Es ist zwar mittlerweile als Austauschformat recht verbreitet, doch kann es von Druckern in der Regel nicht direkt verarbeitet werden.

  PDF-Dateien haben üblicherweise die Dateiendung *.pdf*.

- **PCL:** Viele Drucker, auch im Low-Cost-Bereich, können Druckdaten nach den Spezifikationen der **P**rinter **C**ommand **L**anguage verarbeiten. Es gibt mehrere, nicht abwärtskompatible Versionen von PCL, die spezifische Eigenschaften bestimmter Drucker berücksichtigen.

Auch wenn vielen Linux-Anwendern kein teurer Drucker mit eingebautem PostScript-Interpreter zur Verfügung steht, bereitet das Ausdrucken von PostScript-Dokumenten doch keine Probleme: Alle gängigen Linux-Distributionen enthalten das Programm *ghostscript*, das PostScript-Dateien umwandeln kann in eine Vielzahl von Ausgabeformaten, darunter auch druckerspezifische Formate für die meisten marktgängigen Druckermodelle. Eine Liste der möglichen Ausgabeformate gibt *ghostscript* aus, wenn Sie es mit dem Kommando *gs -h* aufrufen; weitergehende Erklärungen finden Sie – allerdings nur auf Englisch – in der Datei *devices.txt*, die im selben Verzeichnis steht wie die allgemeine Beschreibung *use.txt*; den genauen Dateinamen gibt Ihnen das Kommando *gs -h* an.

Bei den meisten Linux-Systemen sorgt ein in das Drucksystem integriertes Filterprogramm dafür, dass die Daten beim Drucken nötigenfalls in ein anderes Format konvertiert werden, das der Drucker versteht.

▲▲▲ **Exkurs–Ende**

Mehrere Druckerwarteschlangen benutzen

Mit dem Druckkommando *lpr* können Sie nicht explizit einen Drucker (als Gerätedatei */dev/lpn*) ansprechen, sondern nur über die *-P*-Option eine (in der Datei */etc/printcap*) vordefinierte Druckerwarteschlange.

Die Kommandos

```
lpr Druckdatei
lpr -Plp Druckdatei
```

sind gleichwertig, da die Warteschlange *lp* als Voreinstellung gilt. Zusätzliche Warteschlangen können definiert werden, um

- auf einen weiteren lokal angeschlossenen Drucker auszugeben,
- Daten über das Netzwerk zu einem Drucker oder Druckserver zu schicken,

- die Druckdaten vor der Ausgabe durch ein Umsetzprogramm bearbeiten zu lassen.

Über Warteschlangen informieren

Mit dem Kommando *lpq* können Sie den Status der Druckerwarteschlangen abfragen.

```
paco:~ $ lpr /etc/printcap
paco:~ $ lpq
lp is ready and printing
Rank   Owner      Job  Files                                Total Size
active paul       38   /etc/printcap                        3685 bytes
paco:~ $
```

Derjenige Druckauftrag, der gerade Ihren Drucker beschäftigt, ist in der Spalte *Rank* als *active* gekennzeichnet; weitere Aufträge, die auf dessen Beendigung warten, werden fortlaufend durchnummeriert. Die Ausgabespalten *Owner*, *Files* und *Total Size* enthalten wichtige Informationen über einen Druckauftrag, nämlich die Kennung, unter der er erzeugt wurde, den Dateinamen (soweit das System ihn kennt) und die Dateigröße, die ganz grob darauf schließen lässt, ob der Drucker viel Arbeit mit dem Auftrag haben wird. Die Nummer unter *Job* wird vom Drucksystem vergeben und identifiziert den Auftrag, beispielsweise wenn Sie ihn löschen wollen.

Wenn Sie keine weitere Option angeben, erhalten Sie Informationen über die Standard-Warteschlange *lp*; um etwas über andere Warteschlangen zu erfahren, müssen Sie die Option *-P* angeben:

```
paco:~ $ lpr -Ppr2 fhs.ps
paco:~ $ lpq
no entries
paco:~ $ lpq -Ppr2
lp is ready and printing
Rank   Owner      Job  Files                                Total Size
active paul       51   fhs.ps                             151513 bytes
paco:~ $
```

Wenn Sie, wie hier im ersten Aufruf von *lpq*, keinen Parameter *-P* angeben, bekommen Sie die Aufträge nicht angezeigt, die in anderen Warteschlangen als *lp* stehen (auch wenn sie letztlich vielleicht auf denselben Drucker ausgegeben werden).

Druckaufträge löschen

Mit dem Kommando *lprm* können Sie aktive oder wartende Druckaufträge aus der Warteschlange entfernen. Wenn die Warteschlange nicht die normale (*lp*) ist, muss wiederum ihr Name in einer *-P*-Option angegeben werden; der Auftrag selbst wird auch hier wieder durch seine Nummer identifiziert, wie sie in der *lpq*-Ausgabe unter *Job* erscheint.

```
paco:~ $ lpq -Ppr2
pr2 is ready and printing
Rank   Owner      Job  Files                                Total Size
active paul       51   fhs.ps                             151513 bytes
paco:~ $ lprm -Ppr2 51
```

```
dfA051paco dequeued
cfA051paco dequeued
paco:~ $
```

Im Gegensatz zur sonstigen Unix-Gepflogenheit, dass ein Kommando nichts ausgibt, wenn es funktioniert hat, meldet *lprm* seine Erfolge: *dequeued* heißt so viel wie „ausgetragen" und wird für jeden Auftrag zweimal ausgegeben. Erscheint keine Ausgabe, hat *lprm* auch nichts getan, weil es den Auftrag nicht gefunden hat. Möglicherweise war er schon komplett an den Drucker übertragen; das weitere Drucken kann dann bestenfalls noch durch Drücken irgendwelcher Tasten an Ihrem Drucker unterbunden werden, worüber dessen Bedienungsanleitung Auskunft geben sollte.

lpq mit grafischer Oberfläche: klpq

Wenn Sie unter KDE arbeiten, können Sie als Ersatz für das *lpq*-Kommando das übersichtlichere und einfacher zu handhabende Programm *klpq* verwenden. Wenn Sie es zum ersten Mal aufrufen, erscheint ein Menü zur Auswahl des von Ihnen benutzten Drucksystems; in der Regel sollte *BSD* die richtige Wahl sein.

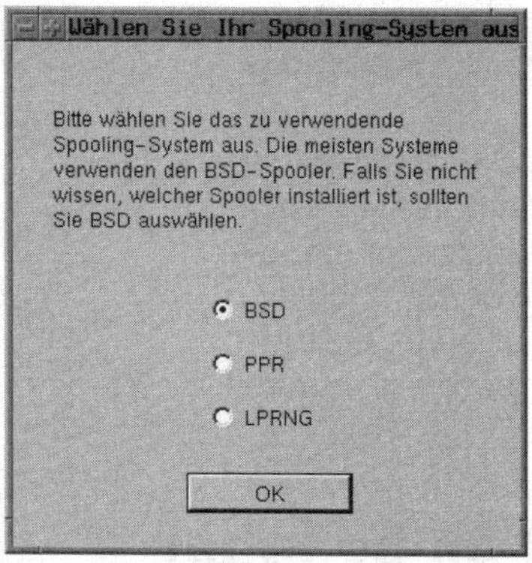

Auswahlbildschirm nach dem ersten Start von klpq

Danach (und bei weiteren Aufrufen sofort) sehen Sie ein Fenster mit einer Statusanzeige: Zu einer (über ein Auswahlfeld *Drucker*) wählbaren Warteschlange werden die aktiven und wartenden Aufträge angezeigt. Sie können die Anzeige auf Knopfdruck aktualisieren oder über *Auto* eine regelmäßige, automatische Aktualisierung verlangen. Zusätzlich ist die *lprm*-Funktionalität integriert: Wenn Sie einen der angezeigten Aufträge markieren und die Schaltfläche *Entfernen* anklicken, wird (nach einer Bestätigungsanfrage) dieser Auftrag aus der Druckerwarteschlange gelöscht.

Tipp

Drucker umschalten

Da PCs üblicherweise nur eine parallele Schnittstelle besitzen, an die ein Drucker normalerweise angeschlossen wird,

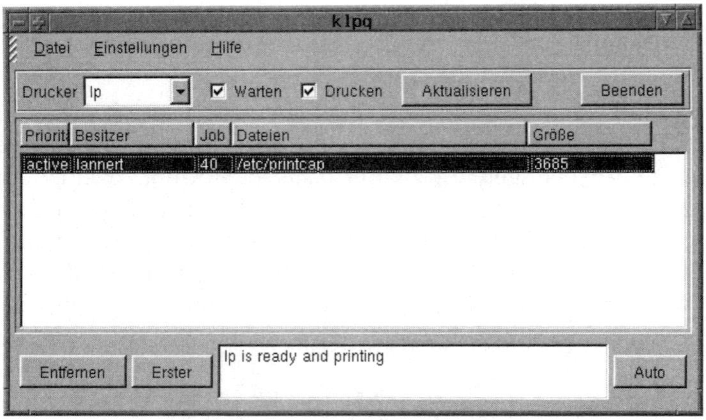

Statusanzeige von klpq

bedienen sich viele Anwender eines Druckerumschalters, um zwischen zwei (oder mehreren) Ausgabegeräten zu wählen.

Wenn Sie eine solche Lösung mit Ihrem Linux-System einsetzen, „weiß" das Betriebssystem nichts davon; Sie sollten den Umschalter nur betätigen, wenn die Druckerwarteschlange leer ist, und nur Druckaufträge für den jeweils zugeschalteten Drucker absetzen.

Unterscheiden sich die Drucker hinsichtlich der Ansteuerung (z. B. ein PCL- und ein PostScript-Drucker), richten Sie zweckmäßigerweise für jeden eine eigene Warteschlange ein, die an das jeweilige Gerät angepasst ist. Die Koordination zwischen der Geräteumschaltung und der Ausgabe in die zugehörige Warteschlange müssen Sie allerdings selbst manuell vornehmen.

Probleme beim Drucken beheben

Wenn sich Ihr Drucksystem „verklemmt" hat und anscheinend gar nichts mehr geht, können Sie – sozusagen als ultima ratio – alles zurücksetzen:

1. Melden Sie sich als Administrator *root* an.
2. Stellen Sie mit dem Kommando *lpc status all* fest, in welchen Druckerwarteschlangen noch Aufträge vorhanden sind:

```
paco:/ # lpc status all
ascii:
        queuing is enabled
        printing is enabled
        no entries
        printer idle
lp:
        queuing is enabled
        printing is enabled
        no entries
        printer idle
```

```
         ⋮
oce:
        queuing is enabled
        printing is enabled
        1 entry in spool area
        printer idle
paco:/ #
```

In dieser Ausgabe sehen Sie links hervorgehoben die Namen aller dem System bekannten Druckerwarteschlangen, dahinter jeweils deren Status. Der Eintrag *no entries* bedeutet, dass die Warteschlange leer ist; bei den anderen zeigt eine Zahl mit der Angabe *entry in spool area* (oder *entries in ...*) die Anzahl der noch wartenden Aufträge an. Suchen Sie alle Warteschlangen heraus, die auf diese Weise als nicht leer gekennzeichnet sind.

3 Informieren Sie sich mit *lpq -PWarteschlange* über diese nicht leeren Warteschlangen (im obigen Beispiel *oce*) und löschen Sie jeden Auftrag, der noch darinsteht, mit *lprm -PWarteschlange Nummer* wie oben beschrieben:

```
paco:~ # lpq -Poce
oce is ready and printing
Rank   Owner      Job  Files                              Total Size
active paul       59   README.linux                       4726 bytes
paco:~ # lprm -Poce 59
dfA059paco dequeued
cfA059paco dequeued
paco:~ #
```

4 Geben Sie das Kommando

```
lpc restart all
```

ein, das die internen Dämon-Prozesse für alle Warteschlangen beendet und wieder neu startet.

5 Melden Sie sich wieder als Normalbenutzer an (oder wählen Sie eine entsprechende Textkonsole oder ein *xterm* aus) und versuchen Sie, eine Datei auszudrucken. Vielleicht funktioniert es jetzt ...

Nicht genügend Speicherplatz

Wenn Sie eine sehr große Datei drucken wollen, kann es passieren, dass nicht genügend Platz auf der Festplatte (bzw. im Dateisystem, das die Spoolqueues enthält) frei ist, um eine Kopie dieser Datei anzulegen. In diesem Fall wird der Druckauftrag zwar angenommen, aber die Datei unvollständig ausgedruckt:

```
paco:~ $ lpr /tmp/all.ps
lpr: /tmp/all.ps: temp file write error
paco:~ $
```

Die Meldung *temp file write error* informiert darüber, dass keine temporäre Kopie angelegt werden konnte.

Löschen Sie daher am besten gleich wieder den Druckauftrag:

```
paco:~ $ lpq
Rank   Owner      Job  Files                          Total Size
2nd    paul       2    /tmp/all.ps                    17432832 bytes
paco:~ $ lprm 2
dfA002paco dequeued
cfA002paco dequeued
paco:~ $
```

Geben Sie das *lpr*-Kommando anschließend noch einmal ein, aber mit der zusätzlichen Option *-s*; dadurch wird das Kopieren der Datei unterbunden und nur ein Verweis auf die Originaldatei in den Warteschlangeneintrag übernommen. Sie benötigen dann nicht zusätzlichen Speicherplatz, müssen die Datei aber (unverändert) bestehen lassen, bis die Druckausgabe abgeschlossen ist.

Unleserliche Druckausgabe

Wenn Ihr Druckauftrag zwar ausgeführt wird, aber die Ausgabe unleserlich erscheint, kann dies viele Ursachen haben. Die folgenden Punkte sollen helfen, die häufigsten Fehlerquellen zu vermeiden:

1. Hat die Datei wirklich einen druckbaren Inhalt? Diese Frage mag banal klingen, aber einige Dateiformate lassen sich beispielsweise mit *less* problemlos betrachten, weil *less* gegebenenfalls intern ein Konvertierungsprogramm aufruft, aber nicht in dieser Form ausdrucken. Dateiendungen können, müssen aber nicht, Aufschluss über das Format einer Datei geben; rufen Sie im Zweifel das Kommando *file Dateiname* auf, das Ihnen Informationen über das Format einer Datei gibt.

2. Wenn zwar eine Ausgabe erscheint, aber die Zeilen treppenartig zum rechten Blattrand verlaufen (und dann dort im Nichts verschwinden),

   ```
   erste Zeile
              zweite Zeile
                          dritte Zeile
                                      und so weiter
                                                   ...
   ```

   liegt das daran, dass der Drucker die Daten im Unix-ASCII-Format erhält und die Zeilenwechselzeichen nicht versteht. Bei einem Standard-RedHat- oder SuSE-System sollte dies eigentlich nicht passieren, da das Drucksystem die Daten standardmäßig durch einen Filter schickt, der ein für den Drucker passendes Format erzeugt. Verwenden Sie eine Standard-Druckerkonfiguration oder benutzen Sie ein Filterprogramm (wie z. B. *a2ps*), um Ihre Daten passend aufzubereiten.

3. Kommt der gedruckte Text ganz zerstückelt und in Form unleserlicher „Hieroglyphen“ auf das Papier, ist möglicherweise nicht der zu Ihrem Druckertyp passende Filter eingerichtet. Wiederholen Sie die Druckerinstallation (wie in Kapitel 5.1 beschrieben) und wählen Sie dort einen anderen Druckertyp; probieren Sie notfalls mehrere aus, bis Sie befriedigende Ergebnisse erzielen.

4 Wenn die Ausgabe zwar entzifferbaren, aber nicht vernünftig lesbaren Text enthält, der meist auch noch erschreckend umfangreich ist, dann wurde wahrscheinlich eine PostScript-Datei im internen Format ausgedruckt. Sie erkennen dies daran, dass nahe am Dateianfang eine Zeichenfolge *%!PS* und (ziemlich weit) hinten Fragmente Ihres Drucktextes in Klammern (...) eingeschlossen erscheinen.

Wenn Ihre Datei durch den Standard-Druckerfilter gelaufen ist, hat dieser wahrscheinlich das Dateiformat nicht korrekt erkennen können; möglicherweise steht vor dem Beginn der Eingabedaten irgendwelcher Text, der dort nicht hingehört. (Versuchen Sie, mit einem Editor alles zu löschen, was vor *%!PS* steht.)

Die Ursache kann auch in einem Konfigurationsproblem liegen, wenn der Druckfilter fälschlicherweise davon ausgeht, dass Ihr Drucker PostScript versteht. Konfigurieren Sie in diesem Fall einen anderen, zutreffenderen Druckertyp (siehe Kapitel 5.1).

Die Dienstprogramme lpr, lpq und lprm

Zum Ausdrucken können Sie nun das Programm *lpr* verwenden, dem Sie als Parameter den Namen der Datei übergeben. Wenn Sie einen bestimmten Drucker ansteuern wollen (weil Sie z. B. gleichzeitig einen Laserdrucker und einen Farbtintenstrahldrucker benutzen), können Sie den Parameter *-PDruckername* verwenden: Haben Sie etwa mit Hilfe von *printtool* einen weiteren Drucker mit dem Namen *lp2* in der *printcap*-Datei definiert, sähe ein solcher Aufruf so aus:

```
paco:~ $ lpr -Plp2 datei.ps
```

Alle Dateien, die Sie dem Drucksystem mit einem *lpr*-Aufruf übergeben, werden in eine Warteschlange eingereiht und in der Reihenfolge des Eintreffens in der Warteschlange gedruckt. Eine Übersicht über die aktuelle Warteschlange gibt der *lpq*-Befehl (**l**ine **p**rinter **q**ueue, dt. Druckerwarteschlange): Die Warteschlange wird dann wie im folgenden Beispiel ausgegeben.

```
Rank   Owner Job Files              Total Size
active paul  107 linux-bigpack.ps  536447 bytes
1st    paul  108 index.html          4797 bytes
2nd    paul  109 red-hat.txt        13954 bytes
3rd    root  110 kde-gnome.ps      303799 bytes
```

Die Anzeige enthält neben den Dateinamen auch den User-Namen des Anwenders, der den Druckjob abgeschickt hat, und die Job-Nummer: Über diese können Sie einzelne Jobs mit dem *lprm*-Befehl auch wieder aus der Warteschlange entfernen. Dieser Befehl wird einfach mit der Nummer des zu löschenden Druckjobs aufgerufen. Dateien können allerdings nur vom Anwender, der sie ursprünglich an das Drucksystem übergeben hat, wieder aus der Warteschlange genommen werden – eine Ausnahme bildet natürlich der Administrator *root*, der jeden Druckjob entfernen kann. Um alle Ihre Druckjobs zu löschen, können Sie den Befehl *lprm* - verwenden.

Der Dämon lpd

Diese Funktionen setzen ein weiteres bisher unerwähntes Programm voraus: den Drucker-Dämon *lpd* – dieser wartet als Hintergrundprozess auf neue Druckaufträge und koordiniert die Übertragung der in den Spool-Verzeichnissen liegenden Dateien an den oder die Drucker. *lpd* wird beim Hochfahren des Systems automatisch gestartet.

6. Linux-Basics

In diesem Kapitel wollen wir einige grundlegende Aspekte des Betriebs eines Linux-Systems ansprechen. Sie sollen Ihnen beim Verständnis der nachfolgenden Kapitel eine Hilfe sein, aber auch Unterstützung geben bei der Fehlersuche, falls wirklich einmal etwas nicht klappt.

6.1 Das Handbuch im Rechner: man-Pages

Die wichtigste Dokumentation zu Ihrem Linux-System finden Sie (außer natürlich in diesem Buch) online, nämlich die Seiten des Systemhandbuchs oder manual pages, kurz man-Pages genannt. Als „Seite“ bezeichnet man dabei die Dokumentation zu einem einzelnen Kommando, Systemaufruf oder Datenformat, auch wenn sie nicht gerade den Umfang einer Druckseite hat, sondern in einzelnen Fällen auch um ein Vielfaches länger oder mal ganz kurz und knapp sein kann. Seit den Gründerzeiten des Unix-Systems wird die Software auf diese Weise dokumentiert. Mit Hilfe eines speziellen Kommandos, *man*, können diese Seiten durch Angabe ihres Namens abgerufen werden, der in der Regel mit dem Namen des darin beschriebenen Programms übereinstimmt.

Aus der langen *man*-Tradition und der Tatsache, dass die Ursprünge von Unix in den Vereinigten Staaten liegen, resultiert, dass die man-Pages vorwiegend in Englisch verfasst sind. In letzter Zeit entstehen immer mehr Übersetzungen in andere Sprachen, so auch ins Deutsche; wenn Sie das Kommando

```
export LANG=de
```

eingeben, werden von *man* anschließend die deutschen Fassungen der man-Pages ausgegeben, vorausgesetzt, sie existieren und sind auf Ihrem Rechner installiert.

Wollen Sie beispielsweise die man-Page zu *ls* aufrufen, geben Sie ein:

```
paco:~ $ man ls
LS(1)                                                        LS(1)

NAME
       ls, dir, vdir - list contents of directories
       ls  [-abcdfgiklmnpqrstuxABCFGLNQRSUX1] [-w cols] [-T cols]
       [-I pattern] [--all]  [--escape]  [--directory]  [--inode]
  ...
       [name...]

DESCRIPTION
       This manual page documents the GNU version of ls.  dir and
```

```
      vdir are versions of ls with different default output for-
      mats.  These programs list each given  file  or  directory
 ...
 OPTIONS
      -a, --all
             List all files in directories, including all  files
             that start with .'.
 ...
```

Die Ausgabe wird jedoch nicht einfach fortlaufend auf den Bildschirm geschrieben, denn dann hätten Sie bei umfangreichen Seiten Mühe, so schnell mitzulesen. Sie wird über einen Pager geleitet (das Programm *less* oder *more*), der einen Bildschirm voll schreibt und dann pausiert, bis Sie eine Eingabe machen und damit den Text als gelesen bestätigen. Wenn Sie die [Leertaste] drücken, wird um eine Bildschirmhöhe weitergeblättert; mit der [Enter]-Taste schreiten Sie um nur eine Zeile weiter, und mit der Taste [Q] beenden Sie die Anzeige.

Wenn als Pager das (komfortablere) Programm *less* eingestellt und Ihr Bildschirm richtig konfiguriert ist, sollten auch die Cursortasten das Navigieren in der man-Page ermöglichen. Mit [>] und [<] springen Sie ans Ende bzw. den Anfang der Seite, und [H] schließlich zeigt eine Hilfeseite an und präsentiert Ihnen eine fast unüberschaubare Vielzahl weiterer Steuerungsmöglichkeiten.

Der Inhalt der man-Page ist traditionell in verschiedene Abschnitte eingeteilt: In einer Kopfzeile steht meist der Programmname zusammen mit der Nummer des „Kapitels" des Online-Manuals, der das Programm zugerechnet wird (bei normalen Kommandos ist dies üblicherweise *(1)*). Es folgen mehrere Abschnitte, die von einem fett geschriebenen Schlüsselwort eingeleitet werden; im englischen Original sind dies meist die folgenden:

NAME Der Name des Programms und, sehr kurz gefasst, seine Funktion. Das obige Beispiel zeigt schon, dass sich mehrere Programme eine man-Page teilen können; sie werden dann alle hier aufgezählt, und der *man*-Aufruf für jedes führt zu derselben Seite.

SYNOPSIS Eine schematische Darstellung des Programmaufrufs mit den angebbaren Optionen. Werte, die in eckige Klammern *[. . .]* eingeschlossen sind, dürfen weggelassen werden, wenn man sie nicht spezifizieren will; durch | getrennte Angaben sind alternativ; Pünktchen . . . zeigen an, dass das Davorstehende wiederholt werden darf.

DESCRIPTION Hier steht eine oft etwas ausführlichere Beschreibung des Programms. Manchmal ist Wichtiges nur in einem Nebensatz erwähnt, weshalb der Text genau gelesen werden sollte.

OPTIONS Sämtliche Optionen (beginnend mit einem oder zwei Minuszeichen), die das Programm versteht, sind hier aufgelistet und erklärt.

Je nach Bedarf kommen weitere Abschnitte hinzu; zu erwähnen sind noch *FILES* mit Verweisen auf Dateien, die für den Ablauf des Programms relevant sind (z. B. Konfigurationsdateien), *SEE ALSO*, das auf andere man-Pages verweisen kann, und *BUGS*, das manchmal auf bekannte (und noch nicht behobene) Fehler des Programms hinweist, manchmal aber auch nur dem Autor Gelegenheit zu ironischen oder sarkastischen Anmerkungen gibt.

Nicht immer ist der Name eines gesuchten Programms genau bekannt, sodass die man-Page nicht gefunden werden kann, oder sie existiert nicht unter dem erwarteten Namen. Wie Sie sich in solchen Fällen trotzdem helfen können, lesen Sie in Kapitel 8.5 auf Seite 357.

6.2 Die Dateisystemstruktur unter Linux

Ist Ihnen jemals in den Sinn gekommen, dass die Verwendung von Laufwerkbuchstaben – nicht nur zur Unterscheidung von Diskettenlaufwerken und Festplatten, sondern auch zur Unterscheidung einzelner Partitionen auf der Festplatte – ein wenig unverständlich ist? Mit Linux können Sie sich von diesem Konzept befreien.

Unter Linux gibt es keine Laufwerkbuchstaben, sondern nur einen großen Verzeichnisbaum: Wie bei einem großen DOS-Laufwerk speichern Sie Ihre Dateien in einer Hierarchie von Unterverzeichnissen. Jede einzelne Partition, Diskette oder jedes sonstige Speichermedium stellt ein Dateisystem dar, das Sie an beliebiger Stelle in diese Hierarchie integrieren können: Die Wurzel dieses Verzeichnisbaums hat den Namen /, der unter DOS dem Verzeichnisnamen \ entspricht.

Hinweis

/ statt \ als Pfadnamen-Trennzeichen

Bitte beachten Sie, dass Linux – anders als DOS – grundsätzlich das Zeichen / zur Trennung von Pfadnamen verwendet: So heißt beispielsweise das Unterverzeichnis *bin* des Verzeichnisses *usr* in Linux-Notation */usr/bin* und nicht *\usr \bin* .

Eine zweite Partition, die Sie etwa für die Speicherung privater Daten verwenden wollen und die Sie unter DOS unter dem Laufwerkbuchstaben D: erreichen würden, könnten Sie unter Linux beispielsweise als */Daten* in die Verzeichnishierarchie einbinden (mehr dazu in Kapitel 6.3).

Ein Teil der Verzeichnisstruktur einer typischen RedHat-Linux-Installation ist in der Zeichnung dargestellt und soll im Folgenden etwas näher erläutert werden.

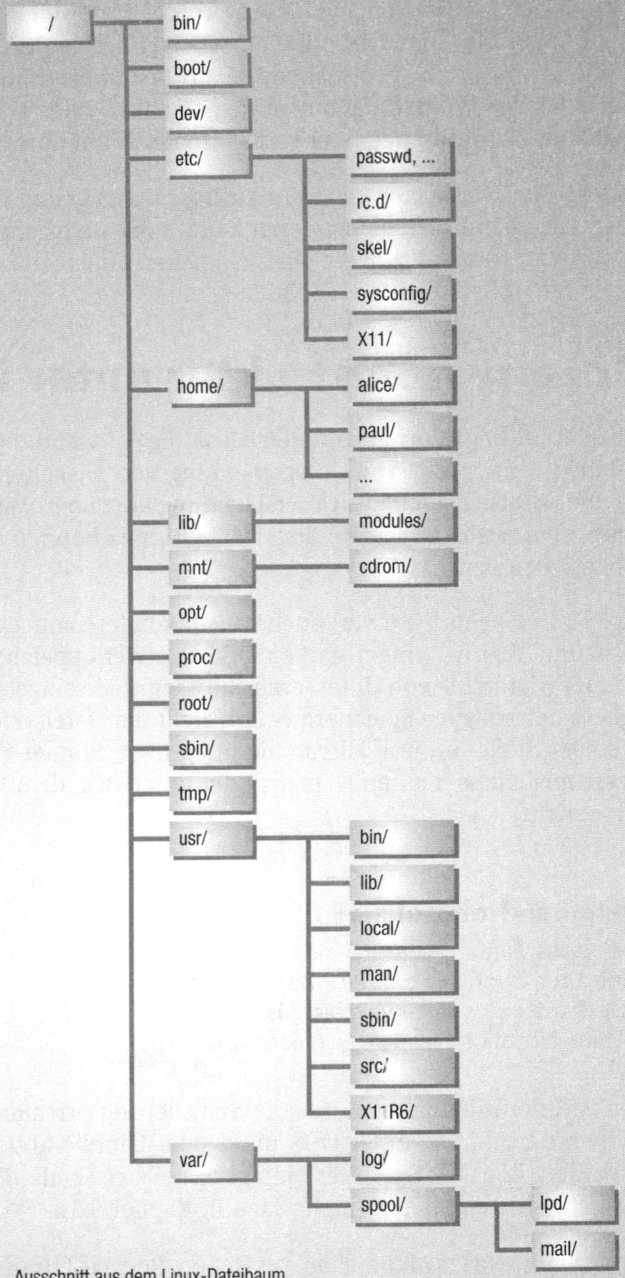

Ausschnitt aus dem Linux-Dateibaum

Home-Verzeichnisse

Das Verzeichnis */home* enthält die persönlichen Daten der Benutzer; */home/paul* heißt auch das Home-Verzeichnis des Benutzers *paul*. Dabei ist *paul* der Name, mit dem sich der Benutzer beim Systemstart anmeldet. Beachten Sie, dass Linux (im Gegensatz zu DOS und Windows 95/98/NT) streng zwischen Groß- und Kleinschreibung unterscheidet: Unter dem Namen */HOME/paul* können Sie dieses Verzeichnis nicht ansprechen.

Home-Verzeichnis von root

Eine Sonderrolle spielt hier der Administrator *root*: Dessen Home-Verzeichnis ist nicht */home/root*, sondern */root*. Der Grund für dieses abweichende Verhalten ist, dass das */home*-Verzeichnis sich auf einer anderen als der Root-Partition befinden kann. Wenn nun das System zu Wartungszwecken im Single User Mode hochgefahren und nur die Root-Partition gemountet wird, soll es dem Administrator trotzdem möglich sein, auf seine persönlichen Daten, also auf sein Home-Verzeichnis, zugreifen zu können. Daher kann dieses nicht unter */home* liegen.

Hinweis

Exkurs: Groß- und Kleinschreibung unter Windows 95/NT

In Windows 95/98/NT können Sie zwar Groß- und Kleinbuchstaben in Dateinamen verwenden, und Ihre Schreibweise bei der Namenserzeugung wird auch später von Windows so angezeigt. Trotzdem können Sie beim Dateizugriff jede andere Schreibweise (z. B. *cOmMand.COm*, identisch mit *Command.com*) verwenden. Unter Linux können Sie dagegen in einem Verzeichnis zwei unterschiedliche Dateien *makefile* und *Makefile* haben.

Dies sollten Sie vor allem dann beachten, wenn Sie den Inhalt eines Linux-Verzeichnisses in ein Windows-Verzeichnis kopieren wollen, da hierbei Dateien mit (aus Windows-Sicht) gleichem Namen verloren gehen.

Datei- und Verzeichnisnamen dürfen in Linux normalerweise bis zu 255 Zeichen lang sein und aus Buchstaben (in Groß- oder Kleinschrift), Ziffern und einigen Sonderzeichen bestehen.

Verboten sind die Zeichen in der folgenden Tabelle:

/	\	?	*	&	|	(	)	[	]	{	}
<	>	;	!	$	’	‘	^	=	#	“	

Wenn Sie in einem Dateinamen Leerzeichen verwenden wollen, sollten Sie den Namen in Apostrophe einschließen. (In der Literatur findet man oft den falschen Hinweis, dass Leerzeichen in Dateinamen nicht erlaubt sind.) Vergessen Sie die Apostrophe, werden die durch Leerzeichen getrennten Namensbestandteile als verschiedene Parameter betrachtet: Der Befehl

```
rm Mein falscher Versuch.txt
```

würde also versuchen, drei Dateien *Mein*, *falscher* und *Versuch.txt* zu löschen. Richtig muss es heißen:

```
rm 'Mein falscher Versuch.txt'
```

Dies gilt nur für Dateinamen, die sie über die Kommandozeile an die Shell übergeben, nicht aber, wenn Sie Dateinamen beispielsweise über ein Dialogfeld eines Programms (wie einen *Speichern als*-Dialog) eingeben: In diesem Fall sind keine Apostrophe nötig (und würden womöglich vom Programm als Bestandteile des Dateinamens interpretiert).

Beispiele für zulässige Dateinamen	Bemerkung
test.txt	–
Mein Leerzeichen-Test.txt	Muss in Apostrophe `'...'` eingeschlossen werden.
Viele...Punkte...txt...	–
....warum-nur....	Unsichtbar, weil `.` am Anfang steht.

Der Punkt . hat eine besondere Bedeutung, wenn er am Anfang eines Dateinamens verwendet wird: Eine Datei, die mit . beginnt, ist versteckt – sie wird bei der normalen Verzeichnisausgabe mit *ls* oder *ls -l* nicht angezeigt. In Ihrem Home-Verzeichnis befinden sich eine ganze Reihe solcher Dateien, die Konfigurationsinformationen verschiedener Programme enthalten. Sie können im Verzeichnislisting die zusätzliche Ausgabe dieser Punkt-Dateien erreichen, wenn Sie den Parameter *-a* (alle) verwenden, also *ls -a* oder *ls -al* für die ausführliche Ausgabe:

```
paco:~ $ ls -l
total 2
-rwxrwxr-x 1 root     root      238 Sep  1 22:22 ppplogin.84808
-rwxr-xr-x 1 root     root      238 Sep  1 22:25 ppplogin.88721
paco:~ $ ls -al
total 13
drwx------ 4 paul     users    1024 Sep  1 22:25 .
drwxr-xr-x 6 root     root     1024 Aug 30 12:11 ..
-rw-r--r-- 1 paul     users    3768 Aug 30 12:11 .Xdefaults
-rw-rw-r-- 1 paul     users    2718 Aug 30 14:18 .Xmodmap
-rw-rw-r-- 1 paul     users     433 Aug 30 16:47 .bash_history
-rw-r--r-- 1 paul     users      24 Aug 30 12:11 .bash_logout
-rw-r--r-- 1 paul     users     220 Aug 30 12:11 .bash_profile
-rw-r--r-- 1 paul     users     124 Aug 30 12:11 .bashrc
drwx------ 2 paul     users    1024 Aug 30 14:19 .gnome
drwx------ 2 paul     users    1024 Aug 30 14:19 .gnome_private
-rw-rw-r-- 1 paul     users    3336 Aug 30 12:11 .screenrc
-rwxrwxr-x 1 root     root      238 Sep  1 22:22 ppplogin.84808
-rwxr-xr-x 1 root     root      238 Sep  1 22:25 ppplogin.88721
paco:~ $
```

Auch Verzeichnisnamen können mit einem Punkt beginnen und sind dann ebenfalls versteckt.

Einen speziellen Befehl (wie etwa *attrib +h Datei* unter MS-DOS) für das Verstecken von Dateien gibt es unter Linux nicht – der einzige Weg, Dateien zu verstecken, ist die Verwendung des Punkts am Anfang des Dateinamens.

Beispiele für ungültige Dateinamen	Bemerkung
.	Reserviert für das aktuelle Verzeichnis.
..	Reserviert für das nächsthöhere Verzeichnis.
08/15.txt	Enthält Pfad-Trennzeichen */*.
Frage?.doc	Enthält Wildcard-Zeichen *?*.
*a*b.math*	Enthält Wildcard-Zeichen *.
Linux&Co.	Enthält das Zeichen *&*.

Hinweis

Verbotene und ganz verbotene Zeichen

Genau genommen dürfen Unix- (und damit auch Linux-) Dateinamen alle Zeichen außer dem Schrägstrich / und der binären Null enthalten. Nur können die oben genannten Sonderzeichen unbeabsichtigte Nebenwirkungen haben: Wenn Sie *rm Linux&Co.* eingeben, um eine Datei dieses Namens zu löschen, wird *rm Linux* als eigener Prozess gestartet und das Kommando *Co.* gesucht (und nicht gefunden).

Vermeiden Sie deshalb die Sonderzeichen; wenn trotzdem auf irgendeine Weise eine Datei mit solch einem Namen entstanden ist, löschen Sie sie oder benennen Sie sie um, indem Sie allen „gefährlichen" Zeichen einen Backslash \ voranstellen: *rm Linux\&Co.* wird funktionieren.

Probleme kann es auch mit Dateinamen geben, die einen Bindestrich als erstes Zeichen enthalten: Wenn Sie mit *rm -r* eine Datei namens *-r* löschen wollen, wird *-r* als Option („rekursiv") für das *rm*-Kommando interpretiert und nichts gelöscht.

Geben Sie in einem solchen Fall den Dateinamen mit vorangestelltem Verzeichnis an, und sei es in der Form *rm ./-r*; die Bedeutung des Dateinamens ist die gleiche (der Punkt sagt nur ausdrücklich, dass die Datei im aktuellen Verzeichnis zu suchen ist), aber da der Bindestrich nicht mehr am Anfang steht, wird er vom *rm*-Kommando als normales Zeichen behandelt.

Mehr über die Verzeichnishierarchie

Kurz beschrieben haben wir schon die Bedeutung des */home*-Verzeichnisses, das die persönlichen Daten der Benutzer aufnimmt. Im Folgenden stellen wir Ihnen weitere wichtige Verzeichnisse und einige der enthaltenen Dateien vor.

/boot

Das Verzeichnis */boot* ist wichtig für den Systemstart: Hier liegen die startbaren Kernel (Dateinamen der Form *vmlinuz* oder *vmlinuz-2.x.y-**), eventuell beim Start zu aktivierende Ramdisks (Dateinamen der Form *initrd-2.x.y-**) und ein paar weitere Dateien. Bei bestimmten Boot-Problemen (zu wenig freier Plattenplatz unterhalb der 1024-Zylinder-Grenze) kann es notwendig sein, für */boot* eine eigene Partition vorzusehen; deshalb sollen alle für den Boot-Vorgang benötigten Daten in diesem Verzeichnis liegen (siehe Kapitel 2.8).

Sie werden auf *boot* in der Regel nur dann von Hand zugreifen, wenn Sie einen neuen Kernel übersetzen. Es ist aber wichtig, die Funktion dieses Verzeichnisses zu kennen, da es sich auf der Partition befinden muss, von der gebootet wird: Beim Hochfahren des Systems ist im Normalfall zunächst nur die Root-Partition (die dann unter / gemountet wird) zugreifbar; andere Partitionen sind erst wesentlich später ansprechbar. Würden Sie beispielsweise eine separate Partition für */usr* erzeugen und dann versuchen, die Kerneldateien unter */usr/kernels* abzulegen, könnten Sie mit diesen Kerneln nicht booten.

/etc

Im */etc*-Verzeichnis finden sich alle globalen Konfigurationsdateien für Linux: Hier liegt unter anderem die Datei *passwd*, die die Liste der Benutzernamen enthält; die verschlüsselten Paßwörter (die sich zwar nicht in Klartext zurückverwandeln lassen, aber eine Überprüfung des beim Login eingegebenen Passworts ermöglichen) sind entweder auch in *passwd* oder in einer separaten Datei *shadow* abgelegt. Außerdem befindet sich hier die Datei *fstab*, in der alle Dateisysteme mit ihren jeweiligen Mount-Punkten eingetragen sind. Auch die Netzwerk- und Druckerkonfiguration wird in */etc* abgelegt. Der Übersichtlichkeit halber gibt es für die Konfigurationsdaten einiger Systemkomponenten eigene Unterverzeichnisse.

/etc/X11

Hier finden Sie alle Konfigurationsdateien rund um das X Window-System, als wichtigste die Datei *XF86Config*, die Informationen zur verwendeten Grafikhardware (Grafikkarte und Monitor) und deren Einstellungen (Auflösung, Farbtiefe) enthält. Im Verzeichnis */etc/X11/xdm* liegen die Dateien für den X-Display-Manager *xdm*, über den das grafische Login realisiert wird.

/etc/rc.d

Hier liegen die Skripts, die bei der Systeminitialisierung ausgeführt werden. Lesen Sie hierzu das Kapitel 9.4 auf Seite 393. (Bei einem SuSE-System befinden sich diese Skripts stattdessen in */sbin/init.d*.)

/etc/skel

Hier befinden sich die user skeletons: Das Verzeichnis stellt eine Vorlage für neue User-Verzeichnisse dar. Wenn Sie mit dem Konfigurationsprogramm *linuxconf* einen neuen Benutzer *alice* anlegen, werden alle hier vorhandenen Dateien automatisch in das neu geschaffene Verzeichnis */home/alice* kopiert.

/etc/sysconfig

Das *sysconfig*-Verzeichnis ist RedHat-spezifisch: Hier werden verschiedene Einstellungen gespeichert, die von den RedHat-Startskripts beim Booten ausgewertet werden. Darüber hinaus gibt es ein Verzeichnis */etc/sysconfig/network-scripts*, das Shell-Skripts für die Netzwerkkonfiguration (einschließlich PPP) enthält.

/bin und /sbin

Diese beiden Verzeichnisse enthalten ausführbare Programme, so genannte Binaries, die elementare Linux-Bestandteile sind: Unter */sbin* (system binaries) finden Sie etwa die Dateisystem-Tools *mke2fs*, *e2fsck* und *mkswap* zum Erstellen und Überprüfen von Linux-Partitionen, das Programm *init*, das den Systemstart steuert und den Wechsel des Runlevels erlaubt, sowie das Partitionierungsprogramm *fdisk*. (Ausführbare Programme unter Linux sind mit den EXE- und COM-Dateien von MS-DOS und Windows vergleichbar, können aber auch Prozeduren oder Skripts sein, ähnlich BAT-Dateien.)

In */bin* liegen neben der Shell *bash* Dienstprogramme wie *ls*, *mkdir*, *rmdir*, *cat*, *gzip* und *tar*, aber auch das Konfigurationsprogramm *linuxconf*. All diese Programme sind auch beim Linux-Start im Single User Mode verfügbar, der in der Regel nur zur Reparatur eines beschädigten Linux-Systems verwendet wird: Dieser ist in etwa mit dem abgesicherten Modus von Windows 95 vergleichbar, da hier nur die absolut benötigten Linux-Bestandteile aktiviert werden, sodass Konfigurationsfehler, die einen normalen Systemstart verhindern, korrigiert werden können. Werden beim Booten schwere Fehler im Dateisystem entdeckt, gelangen Sie ebenfalls in diesen Modus.

Der wesentliche Unterschied zwischen */bin* und */sbin* liegt darin, dass im */sbin*-Verzeichnis Programme abgelegt werden, die nur unter der Systemverwalter-Kennung *root* ablaufen können oder jedenfalls sollten. Deshalb ist */sbin* auch nicht im Suchpfad (im *PATH*) eines Normalanwenders enthalten.

/lib

Dieses Verzeichnis enthält die wichtigsten Systembibliotheken (shared libraries), die bereits beim Systemstart vorhanden sein müssen, so unter anderem die *libc6*, auf der die meisten Programme basieren. Diese Bibliotheken halten Standardfunktionen bereit, die von vielen Programmen benötigt werden, und entsprechen den Windows-DLL-Dateien (**d**ynamic **l**ink **l**ibraries). Der Vorteil solcher Bibliotheken ist, dass der entsprechende Programmcode nicht in jedes einzelne Programm integriert werden muss, was die Programme erheblich aufblähen würde. Wenn Sie ein Programm starten, das Funktionen aus einer solchen Bibliothek benötigt, wird diese zusätzlich in den Speicher geladen, und jedes weitere Programm, das dieselbe Bibliothek benötigt, kann dann ebenfalls darauf zugreifen, ohne dass die Bibliothek ein weiteres Mal geladen werden müsste.

/lib/modules

Hier liegen die Kernelmodule – das sind Betriebssystemteile, die nur im Bedarfsfall während des Betriebs zusätzlich geladen und auch wieder entladen werden, um nicht dauerhaft den Speicher zu belegen. Seltener benötigte Gerätetreiber werden meist nicht fest in den Kernel eingebunden, sondern als Modul in */lib/modules* abgelegt. Wenn Sie beispielsweise einen SCSI-Controller haben, an dem nur ein Streamer angeschlossen ist, werden Sie SCSI-Unterstützung nur gelegentlich zur Datensicherung benötigen: In diesem Fall können Sie einen Kernel mit modularem SCSI-Support erzeugen. Das bedeutet, dass der Kernel prinzipiell auf die Unterstützung Ihres SCSI-Controllers vorbereitet ist, der zugehörige Treiber aber beim Systemstart nicht aktiviert wird. Erst wenn Sie tatsächlich mit einem SCSI-Gerät arbeiten wollen, laden Sie den Treiber (das Modul) mit dem *insmod-* oder dem *modprobe*-Befehl nach.

/mnt

Das */mnt*-Verzeichnis enthält weitere (leere) Unterverzeichnisse, die zum Mounten (Einhängen) anderer Dateisysteme verwendet werden. So können Sie beispielsweise auf die Daten einer eingelegten CD nach dem Befehl *mount /mnt/cdrom* über das Verzeichnis */mnt/cdrom* zugreifen. Zwar können Sie mit dem *mount*-Befehl prinzipiell Dateisysteme an jede Stelle Ihres Dateibaums mounten, aber es empfiehlt sich, die auf entfernbaren Datenträgern (Diskette, CD, ZIP-Disk) liegenden Dateisysteme stets in ein Unterverzeichnis von */mnt* zu mounten. So wird deutlich, dass die darin liegenden Dateien nicht ständig verfügbar sind und dass nirgends fester Bezug darauf genommen werden sollte. Mehr zu diesem Thema finden Sie in Kapitel 6.3 über das Mounten von Dateisystemen.

/usr

Das Verzeichnis */usr* enthält eine Reihe weiterer Unterverzeichnisse. In */usr/bin*, */usr/sbin* und */usr/lib* finden Sie ähnliche Dateien wie in */bin*, */sbin* und */lib* – der Unterschied ist, dass die unter */usr* liegenden Dateien nicht so „lebenswichtig" für das System sind; sie werden weniger vom System selbst, sondern vom Benutzer (user) gebraucht. Während der Systeminitialisierung und im Single User Mode sind sie nicht unbedingt erforderlich und dürfen sich daher auch auf einer anderen als der Startpartition befinden. Einige dieser Unterverzeichnisse verdienen noch besondere Erläuterungen.

/usr/man

Hier finden Sie die man-Pages (dt. Manual-Seiten), die von der Online-Hilfe *man* verwendet werden. Diese sind nach Themen in weitere Unterverzeichnisse sortiert:

man1 enthält Anleitungen zu den Programmen, die Sie von der Shell aus starten können und die nichts mit der Systemverwaltung zu tun haben. In vielen Fällen werden Ihre *man*-Aufrufe hier fündig werden. *man2* und *man3* sind hauptsächlich für Programmierer interessant: Hier werden Standard-C-Routinen und Linux-Systemaufrufe behandelt. Unter *man4* sind Beschreibungen einiger Gerätedateien abgelegt, und in *man5* finden Sie Hinweise über den Aufbau wichtiger Konfigurationsdateien. *man6* widmet sich dem Bereich der Spiele (ja, auch das gibt es unter Linux ;-), und *man7* beschreibt einige grundlegende Konventionen (z. B. Codetabellen) und Makropakete. *man8* enthält Anleitungen zu den Programmen zur Systemadministration, *man9* zur Programmierung von Kernelaufrufen, und schließlich gibt es unter *mann* „neue" Einträge, die noch in keine der anderen Kategorien einsortiert wurden.

Diese Unterteilung stammt aus den Unix-Gründerzeiten und findet sich so auch auf anderen Unix-Systemen. Wenn Sie in der Linux-Dokumentation einen Verweis lesen wie z. B. *ls(1)*, bezieht sich die in Klammern nachgestellte Zahl auf den man-Page-Abschnitt; *(1)* steht also für ein ausführbares Programm. Im Kommandoaufruf *man 1 ls* können Sie den Abschnitt explizit angeben, aber erfreulicherweise brauchen Sie sich diese Einteilung nicht zu merken, um eine man-Page zu finden: das Kommando *man* durchsucht automatisch alle Verzeichnisse, in denen üblicherweise man-Pages stehen. (Das Kommando *man man* zeigt übrigens Informationen über sich selbst an!)

/usr/X11R6

Dies ist der Ort für das X Window-System, das auch unter dem Namen *X11* bekannt ist. Die *11* ist eigentlich eine Versionsnummer, jedoch war die elfte die erste und bisher einzige offiziell verfügbare Version des X Window-Systems. *R6* steht für den derzeit aktuellen „Revisionsstand"; da sich dieser in größeren Abständen mal ändert, ist das Verzeichnis auch unter dem Namen */usr/X11* ansprechbar.

Alle ausführbaren Programme, Bibliotheken und man-Pages der grafischen Oberfläche wurden nicht in die üblichen Verzeichnisse */bin*, */lib* und */man* einsortiert, sondern liegen unterhalb von */usr/X11R6*, also in */usr/X11R6/bin*, */usr/X11R6/lib* und */usr/X11R6/man*. Lediglich die Konfigurationsdateien für X Window liegen nicht hier, sondern, wie weiter oben beschrieben, unter */etc/X11*.

/usr/src

Das */usr/src*-Verzeichnis enthält die Programm-Quelltexte (sources) des Linux-Kernels und die mit *rpm* installierten SRPM-Pakete. Dabei liegen die Kernelquellen im Verzeichnis */usr/src/linux*, das in der Regel ein symbolischer Link auf ein Verzeichnis der Form */usr/src/linux-2.x.y* ist. Wenn Sie Quelltext-, also SRPM-Pakete mit *rpm* installiert haben, werden diese unter */usr/src/redhat* (oder, auf einem SuSE-System, */usr/src/packages*) abgelegt.

/usr/local

Wenn Sie eine Linux-Distribution installieren, werden eine Menge Dateien in den Verzeichnissen */usr/bin*, */usr/lib*, */usr/man* etc. abgelegt und bei einem Update auf eine neue Version teilweise aktualisiert. Würden Sie nun selbstgeschriebene oder aus dem Internet bezogene Programme ebenfalls dorthin legen, könnte irgendein später installiertes RPM-Paket Ihrer Software in die Quere kommen und Ihre Dateien überschreiben.

Um solche Konflikte zu vermeiden, existiert das Verzeichnis */usr/local*, das für die „lokal" installierte Software reserviert ist. Es hat wiederum die schon bekannten Unterverzeichnisse *bin*, *lib*, *man* etc., in denen Sie nach eigenen Vorstellungen Dateien ablegen können (die meiste im Internet verbreitete Open-Source-Software für Unix installiert sich standardmäßig dorthin). Auf Konflikte innerhalb von */usr/local* müssen Sie als Administrator Ihres Systems notfalls selbst achten; die Konvention, dass der „Unix-Lieferant" Ihr */usr/local* in Ruhe lässt und Sie dafür möglichst keine Dateien in andere */usr*-Bereiche einbringen, führt aber in der Praxis dazu, dass es kaum zu Kollisionen kommt.

Damit Ihre lokale Installation Vorrang hat, stehen normalerweise die */usr/local*-Unterverzeichnisse vor den entsprechenden */usr*-Bereichen in den Suchpfaden, die bei einer Suche nach ausführbaren Programmen, nach Bibliotheken und man-Pages über die Reihenfolge der zu durchsuchenden Verzeichnisse entscheiden. Diese Suchpfade sind beispielsweise in den Variablen *PATH* (für Programme) und *MANPATH* (für man-Pages) hinterlegt.

Tipp

/usr/local für eigene Programme nutzen

Wenn Sie selbst geschriebene Programme auf Ihrem Linux-System installieren und aus verschiedenen Verzeichnissen heraus (und vielleicht auch unter mehreren Benutzerkennungen) aufrufen wollen, bietet sich */usr/local* als Ablageort an. Erstellen und testen Sie aber trotzdem Ihr Programm zunächst in einem Unterverzeichnis Ihrer normalen Kennung (nicht *root*, wenn es nicht unbedingt sein muss!) – das Risiko, dass Sie irgendeine Datei versehentlich löschen oder überschreiben, ist dort am geringsten.

Sobald das Programm fertig ist und fehlerfrei läuft (gibt es das wirklich? ;-), kopieren Sie die Programmdatei nach */usr/local/bin*, etwaige Konfigurationsdateien nach */usr/local/etc*, Bibliotheken nach */usr/local/lib* und man-Pages nach */usr/local/man/manNummer*. Die Quellen und, sofern benötigt, Includedateien können Sie in */usr/local/src* und */usr/local/include* (oder Unterverzeichnissen davon) ablegen, was freilich für den Ablauf des Programms weniger wichtig sein dürfte. Erfahrene Programmierer werden diesen Installationsablauf mit Hilfe eines Makefiles leicht automatisieren können.

Es kann sogar sinnvoll sein, eine eigene Partition für */home* und für */usr/local* anzulegen: Wenn Sie auf Ihrem Rechner mehrere Linux-Installationen eingerichtet (und dafür hoffentlich alle anderen Betriebssysteme gelöscht) haben, können Sie auf dieselben privaten Daten und selbst installierten Programme zugreifen, unabhängig davon, welches Linux-System Sie gebootet haben.

/var

var steht für variabel: Hier finden Sie Dateien, die ihrer Natur entsprechend ständigen Veränderungen unterliegen. Im Unterverzeichnis */var/spool* liegen die Verzeichnisse für so genannte Spool-Dateien, das sind zum Beispiel Druckerwarteschlangen (in */var/spool/lpd*), aber auch die Verzeichnisse mit noch nicht abgeholten und noch nicht verschickten E-Mails (in */var/spool/mail* bzw. */var/spool/mqueue*). Auch WWW-Server, Proxy- und Newsserver legen hier ihre Daten ab.

Tipp

Eine /var-Partition anlegen

Wenn Sie über genügend freien Plattenplatz und unbenutzte Partitionen verfügen, ist es zweckmäßig, für */var* eine separate Partition anzulegen. Damit begrenzen Sie den für variable Daten zur Verfügung stehenden Platz; dies kann zwar von Nachteil sein, wenn */var* zu knapp bemessen ist, sorgt andererseits aber dafür, dass eine versehentlich ins Unermessliche wachsende */var*-Datei nicht im Root-Verzeichnis sämtlichen freien Speicherplatz verschlingt und damit womöglich wichtige Prozesse zum Absturz bringt.

In */var/log* finden Sie Log-Dateien (dt. Protokolldateien), etwa die zentrale Datei */var/log/messages*, in der alle wichtigen Vorgänge im System protokolliert werden: Diese Datei ist immer eine der ersten Anlaufstellen bei der Suche nach Fehlern (hierzu mehr in Kapitel 6.6 ab Seite 254).

/tmp

Dieses Verzeichnis ist temporären Dateien vorbehalten: Linux-Programme halten sich in der Regel an die Norm, solche temporären Dateien, die nur für Zwischenschritte benötigt werden, nicht etwa im jeweiligen Arbeitsverzeichnis, sondern stets im Verzeichnis */tmp* abzulegen. Wenn Sie selbst temporäre Hilfsdateien erzeugen wollen (z. B. eine zur Ausgabe auf den Drucker aufbereitete Datei), können Sie dazu auch */tmp* benutzen; dies hat den Vorteil, dass Sie nur an einer Stelle regelmäßig „aufräumen" und die nicht mehr benötigten Dateien löschen müssen. Zudem können Sie das Löschen auch automatisch durch einen *cron*-Job erledigen lassen (siehe Kapitel 9.2).

Wenn Sie eine separate Partition für */var* angelegt haben, kann es sinnvoll sein, das Verzeichnis */tmp* durch einen symbolischen Link auf */var/tmp* zu ersetzen.

/dev

Das */dev*-Verzeichnis enthält keine Dateien im herkömmlichen Sinn: Hier finden Sie nur so genannte Gerätedateien (device files), über die Sie mit den verschiedenen angeschlossenen Geräten kommunizieren können. Um eine maximale Systemstabilität und -sicherheit zu garantieren, ist es keinem Anwender (auch nicht *root*) erlaubt, die physikalische Hardware direkt anzusprechen: Es gibt kein Programm, das etwa direkt die parallele Schnittstelle ansteuern oder einen Befehl an Ihren Festplatten-Controller schicken könnte. Solche Aufgaben sind ausschließlich dem Kernel vorbehalten. Um beispielsweise eine ASCII-Datei an den Drucker an der ersten parallelen Schnittstelle zu schicken, müssen Sie die Gerätedatei */dev/lp1* ansprechen. Übertragen Sie eine Datei etwa mit *cat Datei >/dev/lp1* in diese Gerätedatei; der Kernel nimmt die Daten dann entgegen und leitet sie an die physikalische Schnittstelle weiter. Analog können Sie eine Audiodatei mit einem Befehl der Form *cat Musik.au >/dev/audio* dem Kernel zur Ausgabe auf der Soundkarte übergeben.

Im Folgenden besprechen wir kurz die wichtigsten Gerätedateien im */dev*-Verzeichnis:

- **Festplatten**: IDE-Festplatten haben die Gerätenamen */dev/hda*, */dev/hdb*, */dev/hdc* und */dev/hdd*. Dabei gilt die folgende Zuordnung:

Gerätename	Gerät
/dev/hda	Master am primären IDE-Controller
/dev/hdb	Slave am primären IDE-Controller
/dev/hdc	Master am sekundären IDE-Controller
/dev/hdd	Slave am sekundären IDE-Controller

Die Bezeichnung *hd* steht für **H**ard **D**isk.

Sollten Sie über weitere, also dritte, vierte IDE-Controller verfügen, werden die Geräte entsprechend mit */dev/hde, /dev/hdf* ... weiternummeriert: immer zuerst der Master, dann der Slave.

SCSI-Festplatten werden fortlaufend mit */dev/sda, /dev/sdb, /dev/sdc* ... bezeichnet, abhängig von der SCSI-ID. Die Bezeichnung *sd* steht für **S**CSI **D**isk.

Beachten Sie hier den konzeptionellen Unterschied in der Zählweise: Wenn Sie zwei IDE-Platten jeweils als Master an den beiden Controllern angeschlossen haben, heißen diese */dev/hda* und */dev/hdc* – die zweite heißt also nicht */dev/hdb*! Andererseits werden SCSI-Platten mit den SCSI-IDs 0 und 2 die Namen */dev/sda* und */dev/sdb* erhalten, selbst wenn sich dazwischen noch ein CD-ROM-Laufwerk oder ein anderes SCSI-Gerät mit SCSI-ID 1 befindet.

- **Partitionen**: Die Partitionen werden bei IDE- und SCSI-Platten nach demselben Schema benannt: So haben die vier (möglichen) primären Partitionen der Platte */dev/hda* die Namen */dev/hda1, /dev/hda2, /dev/hda3* und */dev/hda4*. Die Partitionsnummer wird also einfach an den Namen der Platte angehängt. Analog heißen die primären Partitionen einer SCSI-Platte */dev/sda* dann */dev/sda1, /dev/sda2* usw. Logische Partitionen innerhalb einer erweiterten Partition haben die Partitionsnummern 5, 6, 7 usw., also beispielsweise */dev/hda5* oder */dev/sda5*.

- **CD-ROM-Laufwerke**: IDE-(ATAPI-)CD-ROM-Laufwerke werden wie Festplatten angesprochen. Ein Laufwerk, das als Slave am ersten (primären) Controller hängt, erhält also den Gerätenamen */dev/hdb*, wie bei den Festplatten beschrieben. SCSI-CD-ROM-Laufwerke erhalten die Gerätenamen */dev/scd0, /dev/scd1* ... – abhängig von den gewählten SCSI-IDs: Haben Sie nur ein solches SCSI-Laufwerk, wird dies stets */dev/scd0* sein. (Die Abkürzung *scd* steht für **S**CSI **CD**.) Andere Laufwerke, die über einen eigenen Controller angeschlossen werden, erhalten den Namen des zugehörigen Treibers (genaueres dazu in Kapitel 9.8 über den Anschluss von CD-ROM-Laufwerken ab Seite 482).

  Wenn Sie eine normale Installation von der CD durchgeführt haben, erzeugen RedHat- und SuSE-Linux automatisch einen Link von */dev/cdrom* auf die zu Ihrem CD-ROM-Laufwerk gehörende Gerätedatei, sodass Sie Ihr CD-ROM-Laufwerk stets unter dem leichter einzuprägenden Namen */dev/cdrom* ansprechen können – egal, von welchem Typ es ist.

- **Diskettenlaufwerke**: Die beiden Diskettenlaufwerke werden über die Gerätedateien */dev/fd0* (das DOS-Gerät A:) und */dev/fd1* (B:, sofern vorhanden) angesprochen. Daneben gibt es noch Gerätedateien der Form */dev/fd0h1440, /dev/fd0h720*: Diese werden nur beim Formatieren benötigt und dienen dazu, die Kapazität der eingelegten Diskette anzugeben, sodass Sie eine HD-Diskette auch im (veralteten) DD-Format (720 KByte) formatieren können, indem Sie das Laufwerk als */dev/fd0h720* ansprechen.

Hinweis

Disketten mit höherer Kapazität formatieren

Unter den Gerätedateien */dev/fd0h** und */dev/fd0u** sind einige, die eine Formatierung mit einer höheren Kapazität als 1440 KByte erlauben. Sie können damit eine größere Datenmenge auf Ihre Disketten „quetschen"; ob das jedoch gut geht, hängt u. a. vom Diskettencontroller, dem Laufwerk und der Qualität der Disketten ab. Sie können die Grenzen Ihrer Hardware experimentell bestimmen; es ist jedoch Vorsicht geboten, denn eine „Superdiskette" kann später zu vermehrten Lesefehlern führen und ist auf anderen Rechnern und insbesondere unter anderen Betriebssystemen oft nicht lesbar.

- **ZIP-Laufwerke**: IDE- (ATAPI-) und SCSI-ZIP-Laufwerke werden genau wie Festplatten behandelt. Der Gerätename ist also derselbe, so als ob es sich um eine Festplatte mit gleichen Einstellungen (gleichem Controller, gleichen Master- oder Slave-Jumper-Settings bzw. gleicher SCSI-ID) handeln würde. Sie können diese wie Festplatten partitionieren. Übrigens sind die Standard-ZIP-Medien von Iomega bereits ab Werk partitioniert: In der Partitionstabelle eines ZIPs ist eine vierte primäre DOS-Partition eingetragen, bei den Nachbauten von Nomai ist es eine erste primäre DOS-Partition. Daher sind ZIP-Medien eher als Wechselplatte denn als Diskette zu bezeichnen.
- **Drucker**, genauer: Druckerschnittstellen. Die parallelen Druckerschnittstellen heißen */dev/lp0*, */dev/lp1* und */dev/lp2*. Für die Zuordnung dieser Gerätedateien zu Ihrer/n parallelen Schnittstelle/n lesen Sie bitte das Kapitel 5.1 über den Anschluss von Druckern ab Seite 190. Falls Sie einen seriellen Drucker verwenden, können Sie diesen über die entsprechende serielle Schnittstelle ansprechen.
- **Serielle Schnittstellen, Modems**: Auch für die seriellen Schnittstellen, an die z. B. Maus oder Modem angeschlossen werden, gibt es Gerätenamen. Diese lauten */dev/ttyS0*, */dev/ttyS1* ... bzw. */dev/cua0*, */dev/cua1* ... Die Namen *ttyS0* und *cua0* sprechen beide die erste serielle Schnittstelle (unter DOS: COM1) an; den genauen Unterschied entnehmen Sie bitte Kapitel 13 über die Konfiguration eines Internet-Zugangs. Das Installationsprogramm erzeugt in der Regel einen symbolischen Link von */dev/mouse* auf die Gerätedatei der seriellen Schnittstelle, an der Ihre Maus angeschlossen ist (dies gilt nicht für PS/2-Mäuse, die über */dev/psaux* angesprochen werden; in dem Fall gibt es einen Link von */dev/mouse* auf */dev/psaux*).
- **Soundkarten**: Für diese gibt es eine Reihe von Gerätedateien mit unterschiedlichen Funktionen. Über */dev/audio* können Sie Sounddaten aufnehmen und wiedergeben; dabei wird das Audioformat der Firma Sun verwendet. Audiodateien in diesem Format haben die Endung *.au*. Weitere Informationen finden Sie in Kapitel 9.8 über den Einbau einer Soundkarte.

Informationen über alle Gerätedateien finden Sie unter */usr/src/linux/Documentation/devices.txt*, vorausgesetzt, dass Sie die Kernelsourcen installiert haben.

/proc

Unterhalb von */proc* finden Sie die „Dateien" des so genannten Prozess-Dateisystems: Diese sind keine echten Dateien – das Prozess-Dateisystem bietet vielmehr eine Möglichkeit, auf Eigenschaften des Betriebssystems und der laufenden Prozesse direkt zuzugreifen. So können Sie beispielsweise mit *cat /proc/meminfo* Informationen über die Belegung des Arbeitsspeichers erhalten, und *cat /proc/pci* zeigt eine Liste der eingebauten PCI-Karten an. Für jeden laufenden Prozess gibt es ein Unterverzeichnis */proc/Prozessnummer*, das Daten über diesen Prozess beherbergt: So erhalten Sie etwa Statusinformationen über den Befehl *cat /proc/Prozessnummer/status* (wobei *Prozessnummer* durch den jeweiligen Zahlenwert zu ersetzen ist).

Alle Dateien unter */proc* sind, wie gesagt, nicht „echt": Sie werden vom Kernel simuliert und belegen keinen Platz auf der Festplatte. Zum Glück, möchte man sagen, denn */proc/kcore* ist beispielsweise so groß wie der ganze Arbeitsspeicher (und ermöglicht einem Prozess mit *root*-Rechten, den Speicher unmittelbar anzusehen – wenn er denn etwas damit anfangen kann).

/root

Wie schon beschrieben, ist */root* das Home-Verzeichnis des Administrators *root*. Wenn Sie lieber über */home/root* auf dieses Verzeichnis zugreifen würden, können Sie natürlich mit

```
ln -s /root /home/root
```

einen symbolischen Link anlegen (was symbolische Links sind, ist in Kapitel 7.2 auf Seite 274 beschrieben). Danach können Sie auch unter */home/root* die Dateien des Administrators erreichen.

/opt

Einige Zusatzprogramme legen ihre Daten unterhalb von */opt* (optional) ab: Dazu gehören in einigen Linux-Versionen unter anderem Netscape, KDE und GNOME. Die Verzeichnishierarchie des **K** **D**esktop **E**nvironments wird in Kapitel 11 über KDE beschrieben.

RedHat Linux 6.0 weicht hier allerdings vom „Standard" ab: das */opt*-Verzeichnis ist nach einer Standardinstallation leer; die KDE- und GNOME-Dateien finden Sie stattdessen unterhalb von */usr*.

Der Linux-Filesystem-Standard

Eine detaillierte Beschreibung, welche Dateien in welches Verzeichnis gehören, liefert der Artikel *Linux File System Structure*; Sie finden ihn bei einer RedHat-Distribution unter *Dokumentation/Artikel/fsstnd-1.2.ps.gz*; bei einem SuSE-System kann der aktuelle *Filesystem Hierarchy Standard* unter */usr/share/doc/FHS/fhs.txt* (im ASCII-Textformat) bzw. *fhs.ps* (im PostScript-Format) installiert werden. Mit dem Programm *gv* können Sie die *.ps-* und *.ps.gz-*Dateien unter X Window betrachten.

6.3 Linux bedienen und steuern

Ihr Linux benötigt, außer zum Starten und Beenden des Systems, nur wenig besondere Zuwendung, sprich Bedienungshandlungen. Im Rahmen der „Basics“, die wir in diesem Kapitel behandeln wollen, ist es in erster Linie das Einlegen und Entnehmen externer Datenträger wie Diskette oder CD-ROM, bei dem Sie sich als „Maschinenbediener“ fühlen können (was in grauer Vorzeit, in der Epoche der Großrechner-Dinosaurier, ein eigenständiger und wichtiger Beruf war).

Direkter Zugriff auf das CD-ROM-Laufwerk

Für den Zugriff auf das CD-ROM-Laufwerk ist das Verzeichnis */mnt/cdrom* vorgesehen. Nach dem Einlegen einer CD muss lediglich die Verknüpfung zwischen dem Verzeichnis und der CD hergestellt werden. Für einen Wechsel der CD wird zuerst eine bestehende Verknüpfung aufgehoben, die CD gewechselt und erneut eine Verknüpfung erstellt.

Einlegen einer CD

1. Legen Sie eine CD in das CD-Laufwerk ein.
2. Wenn eine von Ihnen gestartete Shell (in einer Textkonsole oder einem *xterm*) das Verzeichnis */mnt/cdrom* als aktuelles Verzeichnis hat, wechseln Sie auf dem entsprechenden Bildschirm mit *cd* in Ihr Home- oder ein anderes Verzeichnis. Falls Sie dies versäumen, können Sie aus dieser Shell heraus nachher die CD nicht ansprechen (und erhalten Fehlermeldungen), bis Sie mit *cd* anderswohin wechseln.
3. Geben Sie den Befehl *mount /mnt/cdrom* ein.
4. Bei den meisten CD-Laufwerken ist nun die Laufwerkschublade verriegelt; der Auswurfknopf hat dann keine Wirkung, bis die Verknüpfung mit der CD durch *umount* wieder aufgehoben ist.
5. Nun kann auf die CD über das Verzeichnis */mnt/cdrom* zugegriffen werden. Verwenden Sie zum Beispiel den Befehl *ls /mnt/cdrom*, um sich den Inhalt der CD anzuschauen.

Wechseln der CD

1. Vergewissern Sie sich, dass keine von Ihnen gestartete Shell (in einer Textkonsole oder einem *xterm*) */mnt/cdrom* oder ein Unterverzeichnis

davon (d. h. ein Verzeichnis auf der CD-ROM) als aktuelles Verzeichnis hat, sonst lässt sich die CD nicht unmounten:

```
paco:~ $ umount /mnt/cdrom
umount: /mnt/cdrom: device is busy
paco:~ $
```

In einem solchen Fall checken Sie am besten alle Konsolen (virtuelle Textkonsolen und *xterms*) durch, ob bei einer der Kommandoprompt auf ein Verzeichnis der CD zeigt. Wechseln Sie dort mit *cd* in ein anderes Verzeichnis – oder vergessen Sie den CD-Wechsel für eine Weile.

Gegebenenfalls müssen Programme beendet werden, die gestartet wurden, als Sie im Verzeichnis */mnt/cdrom* oder in Unterverzeichnissen von */mnt/cdrom* standen, und ein Verzeichnis auf der CD-ROM als aktuelles Verzeichnis „festhalten". In hartnäckigen Fällen kann das Kommando *lsof* enthüllen, welches Programm Schuld ist (siehe Seite 350).

2 Geben Sie den Befehl *umount /mnt/cdrom* ein.

3 Die CD-ROM kann nun aus dem Laufwerk entnommen werden.

4 Für den Zugriff auf eine neue CD-ROM gehen Sie wie oben unter „Einlegen einer CD" beschrieben vor.

Problembehebung

Im Folgenden werden nun typische Fehlermeldungen aufgeführt und mögliche Ursachen dafür angegeben.

- *mount: special device /dev/cdrom does not exist*

  Das CD-ROM-Laufwerk wird über eine Gerätedatei angesprochen. Diese Gerätedatei kann zum Beispiel */dev/hdc* sein. Auch andere Bezeichnungen sind je nach Gerät möglich.

  In der obigen Fehlermeldung wird der Name */dev/cdrom* aufgeführt. Dies ist keine Gerätedatei, sondern ein Verweis auf eine Gerätedatei. Der Zugriff auf */dev/cdrom* ist damit identisch mit einem Zugriff auf diese Gerätedatei, in diesem Fall */dev/hdc*. Legen Sie also bei dieser Meldung einen Verweis auf die Gerätedatei Ihres CD-ROM-Laufwerks an – in diesem Beispiel mit dem Befehl *ln -s hdc /dev/cdrom*.

- *mount: mount point /mnt/cdrom does not exist*

  Das CD-ROM-Laufwerk soll über ein Verzeichnis erreichbar sein. Ein solches Verzeichnis wird auch mount point genannt. In der Voreinstellung ist dafür */mnt/cdrom* vorgesehen. Dieses Verzeichnis wird nicht automatisch beim *mount*-Kommando erzeugt, sondern es muss vorher bereits existieren. Legen Sie also dieses Verzeichnis an mit dem Befehl

  ```
  mkdir /mnt/cdrom
  ```

  oder, wenn Sie nicht unter der Administratorkennung *root* angemeldet sind, mit

  ```
  su -c 'mkdir /mnt/cdrom'
  ```

(Sie werden danach aufgefordert, das Passwort der *root*-Kennung einzugeben) und wiederholen Sie das *mount*-Kommando.

- *mount: can't find /mnt/cdrom in /etc/mtab or /etc/fstab*

  Der *mount*-Befehl ist im Allgemeinen etwas umfangreicher, als er hier beschrieben wurde. In der oben verwendeten Kurzfassung wird in einer Datei nachgeschaut, welches Laufwerk mit dem angegebenen Verzeichnis */mnt/cdrom* verknüpft werden soll. Diese Datei heißt */etc/fstab*. Wenn dort kein Eintrag zu finden ist, wird die obige Fehlermeldung ausgegeben. Dieser Eintrag kann leicht nachgeholt werden. Lesen Sie dazu mehr über die *fstab* ab Seite 750.

Disketten bequem benutzen

Auf Disketten können verschiedene Dateisysteme angelegt werden. Zum Beispiel kann das beschriebene *ext2fs* oder das Dateisystem *minix* verwendet werden. Oft wird jedoch einfach das DOS-Dateisystem auf Disketten verwendet. Analog wie bei den anderen Datenträgern wird eine Diskette über das Kommando *mount* in den Verzeichnisbaum integriert und kann über das Kommando *umount* entfernt werden. Eine Besonderheit gibt es bei Disketten, die eine DOS-Formatierung haben. Hier gibt es eine Reihe von Programmen, die als *mtools* bekannt sind und die einen direkten Zugriff auf Disketten erlauben. Die bequeme Arbeitsweise mit diesen Programmen, die insbesondere für Linux-Neueinsteiger weniger Fehlerquellen birgt, wird nun vorgestellt.

Die mtools für den Diskettenzugriff

Die *mtools* sind an DOS-Befehle angelehnt, mit dem Unterschied, dass den Kommandos der Buchstabe *m* vorangestellt wird. Unter anderem gibt es die Befehle *mcd*, *mcopy*, *mdel*, *mdeltree*, *mdir*, *mmd*, *mmove* und *mrd*. Anstatt der beschriebenen Gerätedateien für die Diskettenlaufwerke werden nach DOS-Konvention die Bezeichnungen *a:* für das erste und *b:* für das zweite Diskettenlaufwerk verwendet. Anhand einiger Beispiele wird nun die Arbeitsweise der Kommandos beschrieben. Für fortgeschrittene Anwendungen lesen Sie bitte die man-Page der *mtools* mit dem Befehl *man mtools*.

Damit MS-DOS-Umsteigern das Leben erleichtert wird, greifen die *mtools* auf die Diskette zu, ohne dass sie gemountet wird. Wenn Sie bereits mehr Erfahrung mit *mount* und den üblichen Unix-Kommandos haben, werden Sie wahrscheinlich die *mtools* weniger schätzen und stattdessen Disketten mounten und mit den normalen Kommandos bearbeiten wollen.

Anlegen von Verzeichnissen

Legen Sie eine formatierte, nicht schreibgeschützte Diskette ein; um ein neues Verzeichnis *test* auf der Diskette einzurichten, verwenden Sie das Kommando *mmd a:/test* (für das erste Laufwerk).

Anzeigen von Verzeichnisinhalten

Das *mdir*-Kommando ist die Entsprechung zum *dir*-Kommando unter DOS. Lassen Sie sich den Inhalt der Diskette im Laufwerk A mit dem Kommando *mdir a:* anzeigen.

```
> paco:~ $ mdir a:
Volume in drive A has no label
Directory for A:

test          <DIR>      08-10-1998  21:15  test
1 file(s)                    0 bytes
                   1 457 152 bytes free
paco:~ $
```

Löschen von Verzeichnissen und Dateien

Zum Löschen von Verzeichnissen wird der Befehl *mrd* verwendet, beispielsweise wird das Verzeichnis *test* durch das Kommando *mrd a:/test* gelöscht.

Dies funktioniert aber nur, wenn das Verzeichnis leer ist. Ansonsten muss der Befehl *mdeltree* verwendet werden. Bei Verwendung des Befehls *mdeltree a:/test* werden dann sowohl das Verzeichnis *a:/test* als auch alle Dateien und Unterverzeichnisse in diesem Verzeichnis gelöscht.

Für das Löschen von Dateien wird der Befehl *mdel* verwendet. Falls zum Beispiel die Datei *testdat* im Verzeichnis *a:/test* gelöscht werden soll, kann das Kommando *mdel a:/test/testdat* verwendet werden.

Kopieren von Dateien und Verzeichnissen

Einer der wichtigsten Befehle ist *mcopy*. Damit können Dateien zwischen einer Linux-Partition und einer Diskette ausgetauscht werden, ohne die Diskette über das Kommando *mount* in den Verzeichnisbaum einzuhängen. Wenn beispielsweise eine Datei *testdat* im Linux-Verzeichnisbaum unter */tmp* steht, kann diese mit der Zeile *mcopy /tmp/testdat a:* auf die Diskette kopiert werden. Analog kann eine Datei *testdat* von einer Diskette in den Linux-Verzeichnisbaum mit dem Befehl *mcopy a:/testdat /tmp* kopiert werden.

Bewegen oder Umbenennen von Dateien und Verzeichnissen

Mit dem Kommando *mmove* können Dateien bewegt bzw. umbenannt werden. Falls beispielsweise die Datei *testdat1* auf der Diskette existiert, benennt das Kommando *mmove a:/testdat1 a:/testdat2* die Datei *testdat1* in *testdat2* um.

Im Gegensatz zum *move*-Kommando unter DOS können mit *mmove* auch ganze Verzeichnisse bewegt werden, zum Beispiel wird mit der Zeile *mmove a:/test1 a:/test2* das Verzeichnis *test1* nach *test2* verschoben. Allerdings ist *mmove* auf den Verzeichnisbaum der Diskette beschränkt und kann nicht für den Austausch zwischen Linux-Partition und Diskette verwendet werden.

Zwischen Verzeichnissen auf der Diskette wechseln

Das Arbeitsverzeichnis auf der Diskette kann mit dem Befehl *mcd* geändert werden. Auf diese Weise wird aber nicht der Linux-Verzeichnisbaum verlassen und auf die Diskette gewechselt, sondern nur die folgenden Programme der *mtools* werden mit diesem neuen Arbeitsverzeichnis ausgeführt.

Zum Beispiel zeigt die Befehlszeile *mdir* den Inhalt der Diskette an. Wenn das Arbeitsverzeichnis mit der Befehlszeile *mcd a:/test* nach *a:/test* verlegt wird, zeigt nun die Wiederholung der Befehlszeile *mdir* den Inhalt des Verzeichnisses *a:/test* an.

Verwendung neuer Datenträger

In diesem Unterkapitel werden nun die Grundlagen dafür vermittelt, dass Sie beliebige Datenträger, wie Festplatten, CDs, Disketten, MO-Disks, ZIP-Disks etc., unter Linux ansprechen können, sofern diese von Linux unterstützt werden. Dazu werden die Befehle *mount* und *umount* ausführlicher als bisher angesprochen.

Es gibt eine Reihe von zusätzlichen Einstellungen beim *mount*-Befehl, die auf Wunsch vorgenommen werden können. Damit diese nicht jedes Mal angegeben werden müssen, können sie in die Datei */etc/fstab* eingetragen werden. Damit kann zum Beispiel festgelegt werden, dass Dateien auf einem Datenträger nur gelesen werden dürfen oder dass auch normale Benutzer berechtigt sind, den Befehl *mount* auszuführen.

Hilfe bei der Erstellung und Verwaltung dieser Datei erhält man durch das Programm *linuxconf*, das in Kapitel 9.1 auf Seite 367 beschrieben wird. Die weitere Bedeutung der Datei */etc/fstab* wird am Ende dieses Unterkapitels beschrieben.

Datenträger mit dem mount-Kommando integrieren

Die Einfachheit des bisher beschriebenen *mount*-Kommandos hat von der Vorkonfigurierung des Linux-Systems profitiert. Wesentlich komplizierter ist die ausführliche Variante dieses Kommandos aber auch nicht. Es müssen nur drei Parameter angegeben werden: Sie müssen festlegen, welcher Datenträger eingehängt werden soll, welches Dateisystem auf diesem Datenträger besteht und über welches Verzeichnis der Datenträger zugreifbar sein soll. Wenn diese Daten erst einmal in die bereits erwähnte Datei */etc/fstab* eingetragen wurden, reduziert sich das Kommando auf die Angabe des Verzeichnisses.

Verwendbare Datenträger

Neben den bisher angesprochenen Festplatten, CD-ROM- und Diskettenlaufwerken werden unter anderem auch MO-Laufwerke oder ZIP-Drives unterstützt. Allgemein können alle Laufwerke verwendet werden, die vom Linux-Kernel unterstützt werden. Letztendlich wird auf alle Datenträger über eine Gerätedatei im Verzeichnis */dev* zugegriffen.

Verfügbare Dateisysteme

Ein Datenträger kann auf unterschiedliche Weise formatiert worden sein. Wenn das Dateisystem von Linux unterstützt wird, können die Daten auf dem Datenträger gelesen und je nach Dateisystem geschrieben werden.

Welche Dateisysteme von Linux unterstützt werden, hängt erneut vom Linux-Kernel ab. Auch wenn Linux zum Beispiel im Allgemeinen das DOS-Dateisystem unterstützt, kann diese Unterstützung im Linux-Kernel ausgeschaltet sein. Das heißt, nur bei einem aktivierten Dateisystemmodul kann das entsprechende Dateisystem verwendet werden. Die Aktivierung von Dateisystemtreibern wird auf Seite 402 beschrieben.

Wenn das Programm *mount* das Dateisystem eines Datenträgers nicht automatisch ermitteln kann, muss das Dateisystem explizit angegeben werden. Die wichtigsten Dateisysteme für einen Einzelplatzrechner sind mit einer kurzen Beschreibung in der folgenden Tabelle aufgeführt.

Dateisystemtyp	Beschreibung
ext2	Das Standard-Dateisystem von Linux, das insbesondere auf Festplatten verwendet wird. Dateinamen können eine Länge von 255 Zeichen haben, und es wird zwischen Groß- und Kleinschreibung unterschieden. Es können Links auf andere Dateien erzeugt werden.
hfs	Das Dateisystem des Macintosh. Bei Schreibzugriffen auf dieses Dateisystem sind aufgrund seiner Struktur einige Besonderheiten zu beachten.
hpfs	Das Dateisystem von OS/2. Auf dieses Dateisystem kann zur Zeit nur lesend zugegriffen werden.
iso9660	Das Standard-Dateisystem einer CD-ROM.
minix	Das erste Dateisystem von Linux. Es wird gelegentlich noch auf Disketten verwendet.
msdos	Das Dateisystem von DOS. Dateinamen können eine Länge von acht Buchstaben mit einer Endung von drei Buchstaben haben.
ntfs	Das Dateisystem von Windows NT. Auf dieses Dateisystem kann zur Zeit nur lesend zugegriffen werden.

Dateisystemtyp	Beschreibung
umsdos	Erweiterung des DOS-Dateisystems, sodass lange Dateinamen und Links möglich sind. In jedem Verzeichnis werden dazu die zusätzlichen Informationen in einer Datei abgelegt. Linux kann auf diese Weise von einem DOS-Dateisystem aus starten.
vfat	Das erweiterte DOS-Dateisystem mit einer Dateinamenslänge bis zu 255 Zeichen. Es wird nicht zwischen Groß- und Kleinschreibung unterschieden.

Verzeichnis

Als dritter Parameter muss das Verzeichnis angegeben werden, über das der Datenträger zugänglich ist. Dieses Verzeichnis muss bereits vor dem *mount*-Kommando angelegt worden sein. Verwenden Sie dazu das Programm *mkdir*.

Das Verzeichnis sollte leer sein, denn während der Verknüpfung mit einem Datenträger werden alle Daten in diesem Verzeichnis verdeckt. Durch die Verdeckung werden die Dateien nicht gelöscht. Sie sind erst nach dem *umount*-Kommando wieder erreichbar.

Die mount-Befehlszeile

Die Befehlszeile hat die folgende Form. Einige Beispiele machen die Benutzung deutlich.

```
mount -t Dateisystemtyp Gerätedatei Verzeichnis
```

Beispiel 1: Eine CD-ROM mounten

Angenommen, die Gerätedatei Ihres CD-ROM-Laufwerks sei */dev/scd0* und eine eingelegte CD-ROM soll über das Verzeichnis */mnt/cdrom* zugänglich sein, so verwenden Sie die folgende Befehlszeile:

```
mount -t iso9660 /dev/scd0 /mnt/cdrom
```

(ISO 9660 ist ein internationaler Standard, der den Aufbau eines Dateisystems auf CD beschreibt.)

In der Regel wurde ein Verweis auf die richtige Gerätedatei unter dem Namen */dev/cdrom* angelegt, sodass Sie anstatt */dev/scd0* auch */dev/cdrom* verwenden können. Die Befehlszeile sieht dann folgendermaßen aus:

```
mount -t iso9660 /dev/cdrom /mnt/cdrom
```

Beispiel 2: Eine Windows 95-Partition mounten

Angenommen, Sie haben Windows 95 auf der Festplattenpartition */dev/hda1* installiert und möchten über das Verzeichnis */win95* darauf zugreifen. Da Windows 95 das Dateisystem *vfat* verwendet, sieht die Befehlszeile wie folgt aus:

```
mount -t vfat /dev/hda1 /win95
```

Beispiel 3: Eine Macintosh-CD mounten

Das Macintosh-Dateisystem, das sich auch auf einigen Mac-spezifischen CDs findet, kann als Typ *hfs* angesprochen werden:

```
paco:~ # mount -t hfs /dev/cdrom /mnt/cdrom
mount: block device /dev/cdrom is write-protected, mounting read-only
paco:~ #
```

Ein Mac-Dateisystem enthält zusätzliche Metadaten (die „resource fork" sowie Informationen für den Finder), die unter Linux in separaten Unterverzeichnissen (*.resource*, *.finderinfo*) dargestellt werden. Um auf ein *hfs*-Filesystem in Mac-konformer Weise zugreifen zu können, gibt es ein Paket *hfsutils*, auf das hier jedoch nicht näher eingegangen werden soll.

Beispiel 4: Eine ZIP-Disk mounten

Werkseitig vorformatierte ZIP-Datenträger besitzen ein MS-DOS-kompatibles Dateisystem, wobei der eigentliche Datenbereich oft als vierte Partition eingerichtet ist (über die Gründe dafür kann nur gerätselt werden). Das ZIP-Laufwerk wird (auch wenn es am Parallelport angeschlossen ist) als SCSI-Plattenlaufwerk behandelt und heißt deshalb, wenn es das einzige SCSI-Gerät ist, */dev/sda*. Um lange Dateinamen verwenden zu können, mounten Sie eine ZIP-Disk so:

```
mount -t vfat /dev/sda4 /zip
```

Solange die Disk gemountet ist, können Sie auf ihre Dateien über das angegebene Verzeichnis zugreifen. Der Auswurfknopf ist wie bei einer CD gesperrt, bis Sie mit

```
umount /zip
```

die Disk wieder freigeben. Falls das Verzeichnis */zip* (oder wie immer Sie es nennen wollen) noch nicht existiert, müssen Sie es (ebenfalls unter der Kennung *root*) mit *mkdir /zip* zunächst anlegen.

Wenn Sie auf Kompatibilität zu anderen Betriebssystemen verzichten wollen, können Sie auch für ZIP-Medien ein anderes Partitionierungsschema oder ein anderes Dateisystem wählen; gegenüber anderen Datenträgern bestehen keine grundsätzlichen Einschränkungen.

Der Befehl umount

Eine über den Befehl *mount* festgelegte Zuordnung kann mit dem Befehl *umount* freigegeben werden. Die entsprechende Verknüpfung kann entweder über die Gerätedatei oder das Verzeichnis angegeben werden. (Bitte beachten Sie das fehlende „n" im Befehlsnamen; weswegen die Unix-Väter dies einsparten, wird wohl für immer ein Rätsel bleiben.)

In den obigen Beispielen können also die Verknüpfungen wie folgt rückgängig gemacht werden. Im ersten Fall entweder über *umount /dev/cdrom* oder *umount /mnt/cdrom*. Im zweiten Fall entweder über *umount /dev/hda1* oder *umount /win95*.

Die Verwendung von Wechselmedien

Während eine Zuordnung zwischen einem Datenträger und einem Verzeichis besteht, darf der Datenträger nicht aus dem Laufwerk entfernt werden. CD-ROM-Laufwerke unterstützen in der Regel diesen Mechanismus, indem die Herausgabe der CD bis zum Befehl *umount* unterbunden wird.

Dagegen funktioniert der Diskettenauswurf auf PCs meist mechanisch und kann nicht verhindert werden. In Unix-Workstations werden deshalb elektronische Diskettenlaufwerke eingebaut, die die Diskette erst nach dem Kommando *umount* automatisch auswerfen. Über diesen Mechanismus wird sichergestellt, dass ein Datenträger erst dann entfernt werden kann, wenn er von keinem Anwender mehr benötigt wird. Dies ist insbesondere im Netzwerkbetrieb wichtig und wird durch das *umount*-Kommando überprüft.

Vermeidung von Problemen beim mount- und umount-Kommando

Die zugeordneten Verzeichnisse sollten während eines *mount*- oder *umount*-Kommandos nicht in Benutzung sein. Das heißt, bei der Benutzung des *mount*-Kommandos soll kein Anwender in dem Verzeichnis stehen, über das die Verknüpfung hergestellt werden soll. Andernfalls können Fehlermeldungen auftreten, oder die betreffenden Prozesse „sehen" den gemounteten Datenträger möglicherweise nicht.

Auch bei der Freigabe des Datenträgers darf dieser nicht mehr in Benutzung sein, und kein Anwender darf im zugeordneten Verzeichnis stehen. Es darf auch kein Programm auf die Dateien in diesem Verzeichnis zugreifen. Gegebenenfalls müssen sogar Programme beendet werden, die in diesem Verzeichnis aufgerufen wurden.

Die Dateien /etc/mtab und /etc/fstab

In die Datei */etc/mtab* werden stets alle Zuordnungen zwischen Laufwerken und Verzeichnissen automatisch vom Betriebssystem eingetragen. Diese können zum Beispiel über den Befehl *cat /etc/mtab* angezeigt werden. (Sie sollten die Datei nicht selbst verändern!) Alternativ hierzu kann auch der Befehl *mount* ohne Argumente angegeben werden. Dann wird eine entsprechende Liste aller Zuordnungen angezeigt, zum Beispiel so:

```
/dev/sdb4 on / type ext2 (rw)
none on /proc type proc (rw)
/dev/sda1 on /mnt/dos type vfat (rw)
/dev/sdc4 on /mnt/zip type vfat (rw)
/dev/scd0 on /mnt/cdrom type iso9660 (ro)
```

In die Datei */etc/fstab* können die üblichen *mount*-Befehle in einer festgelegten Notation eingetragen werden. Sie sollten die Eintragungen nicht von Hand vornehmen, sondern dazu das Programm *linuxconf* verwenden. Das *mount*-Programm nutzt die Eintragungen in dieser Datei, sodass als Befehlszeile die Angabe des Verzeichnisses reicht, also *mount Verzeichnis*.

Eine besondere Bedeutung kommt der Datei */etc/fstab* beim Systemstart zu. Dort wird nachgeschaut, welche Datenträger automatisch in den Verzeichnisbaum integriert werden sollen. Auch diese Festlegung kann über *linuxconf* getroffen werden.

Als weitere Eintragungen in dieser Datei sind die Auslagerungsbereiche zu finden, die ebenso beim Systemstart aktiviert werden. Allerdings wird dazu nicht das *mount*-Kommando verwendet.

Wie viele andere Konfigurationsdateien ist auch */etc/fstab* in einer eigenen man-Page beschrieben (*man fstab*); diese enthält auch Beschreibungen weiterer Optionen, die wir Ihnen hier vorenthalten haben.

6.4 Die Basis Ihres Betriebssystems: Kernel, Kommandos, Programme

Obwohl sich der Linux-Kernel ständig abplagt, Ihnen die Dienstleistungen eines modernen Betriebssystems verfügbar zu machen, kommen Sie mit ihm doch nur bei wenigen Gelegenheiten in direkten Kontakt: Zum einen natürlich bei der Linux-Installation, wenn Sie einen vorgefertigten Kernel auf Ihre Festplatte kopieren und mit LILO für den Systemstart vorbereiten. Darüber hinaus bei der so genannten Kernelgenerierung – und dann, wenn er ausnahmsweise einmal Probleme bereitet.

Wie Sie durch das Generieren eines eigenen Kernels Ihr Linux-System an die Gegebenheiten Ihrer Hardware und der angeschlossenen Geräte noch besser anpassen und insgesamt schlanker und effizienter einrichten können, lesen Sie in Kapitel 9.5 auf Seite 401.

Was macht der Kernel überhaupt?

Während in jedem „ordentlichen Betriebssystem" ein normales Anwenderprogramm nur über sauber definierte und überwachte Schnittstellen mit der Umwelt in Kontakt treten (und deshalb auch nur in begrenztem Umfang Schaden anrichten) kann, hat der Kernel uneingeschränkten Zugriff auf die Hardware, das heißt den gesamten Arbeitsspeicher, alle Prozessorregister, die Festplatte und andere angeschlossene Geräte. Alle übrigen Programme können nur die ihnen vom Kernel zugewiesenen Speicherbereiche nutzen und müssen, um auf Festplatten und sonstige Geräte zugreifen zu können, über hardwaremäßig geschützte Schnittstellen dem Kernel entsprechende Aufträge erteilen. (Für Experten: Ein Linux-System läuft grundsätzlich immer im Protected mode des x86-Prozessors.)

Ein großer Teil der Kernelaktivitäten wird vom eigentlichen „Kernelprogramm" abgewickelt. Dieses enthält alle lebenswichtigen Routinen, die bei der Generierung fest miteinander verknüpft wurden. Neben diesem „monolithischen" Kernel, der während des Boot-Vorgangs in den Arbeitsspeicher geladen wird und sich dort bis zum Shutdown fest einnistet, können einige Funktionen in so genannte Kernelmodule ausgegliedert sein, die erst während des Systemlaufs vom Administrator oder bei Bedarf automatisch in den Speicher geladen und dem Kernel hinzugefügt werden.

Flexibel durch Module

Dieses Nachladen von Modulen kann zwar im Einzelfall zu Verzögerungen führen und macht den Betriebssystem-Code komplexer, sorgt aber für mehr Flexibilität und weniger Speicherbedarf (da nicht benötigte Module auch wieder entladen werden). Im Übrigen hat es sich seit der Kernelversion 2.0 im praktischen Betrieb als stabil erwiesen.

Da Sie bei der Kernelgenerierung für viele Funktionen entscheiden können, ob sie fest in den Kernel eingebunden oder als separate Module erzeugt werden, können Sie – wenn Sie denn Ihren Kernel tatsächlich optimieren wollen – die weniger wichtigen Features, wie beispielsweise die Unterstützung spezieller Dateisysteme auf CD oder Diskette, jederzeit nutzen, ohne damit den Kernel unnötig aufzublähen.

Der Kernel ist nur die Basis

Der Kernel inklusive der zugehörigen Module stellt alle wichtigen Grundfunktionen zur Verfügung, die ein Linux-System ausmachen. Dazu gehören z. B. die Multiuser- und die Multitasking-Eigenschaft, Gerätetreiber, die Implementationen der verschiedenen Dateisysteme oder die Netzwerkfähigkeit. Er bietet all das aber nur als Programmierschnittstellen an (System calls).

Dazu gehört eine an diese Linux-spezifischen Schnittstellen angepasste Bibliothek mit fertigen Unterprogrammen und Definitions-(Header-)Dateien, die zusammen den Zugang zu Linux von der Programmiersprache C aus ermöglichen (auch bekannt als die glibc library).

Linux plus GNU

Wie man diese Funktionalität als C-Programmierer nutzt, ist erfreulicherweise weitgehend (wenn auch leider nicht präzise) standardisiert für alle Unix-ähnlichen Betriebssysteme, sodass eine große Menge von Programmen, die für Unix-Systeme geschrieben wurden, auf Linux ablaufen können.

Viele solcher Programme sind im Rahmen des GNU-Projekts schon lange vor der Entstehung von Linux geschrieben worden; als Linux in einem brauchbaren Zustand auf der Bildfläche erschien, machten sie dieses anfänglich experimentelle Betriebssystem in kurzer Zeit zu einer Plattform, die weitgehend kompatibel ist mit anderen, auch kommerziellen Unix-Systemen, diesen aber in mancherlei Hinsicht (und nicht nur durch geringere Kosten) überlegen ist.

Mittlerweile werden die mit einer Linux-Distribution ausgelieferten Programme von vielen Anwendern als Bestandteil des Linux-Systems angesehen, was manchen Programmautoren und auch einigen überzeugten Kämpfern für die Freiheit von Software nicht behagt, die deswegen lieber von einem „GNU-Linux-System" sprechen. Die Autoren wollen in diesem Buch aber eher dem allgemeinen Sprachgebrauch Rechnung tragen, der all das, was auf den CDs der gängigen Distributionen zusammengestellt ist, als „Linux-System" ansieht.

Programme, Kommandos, Befehle – Wo ist der Unterschied?

Genau genommen gibt es keinen. Programme, die nicht im Kernelmodus ablaufen, sind technisch gesehen gleichwertig, egal, ob es sich um so elementare Dinge handelt wie die *bash*-Shell und das *ls* oder um Programme, die ein Anwender selbst geschrieben hat. Sie könnten sich Ihre eigene Shell und Ihr eigenes *ls* programmieren, ohne in den Linux-Kernel eingreifen zu müssen.

Traditionell spricht man bei gewissen Programmen von „Kommandos" oder „Befehlen", wenn sie unixtypische Leistungen erbringen und bei der Installation des Systems für alle Anwender zur Verfügung gestellt werden. Bisweilen wird auch der Begriff „Dienstprogramm" verwendet, der ebensowenig auf technische Unterschiede hinweist.

Kommandoargumente

Noch ein Wort zur Terminologie: Die Ergänzungen, die die Funktion eines Kommandos (oder eben Programms) beeinflussen und in der Kommandozeile nach dem Kommandonamen aufgeführt sind, werden ebenso uneinheitlich als „Argumente", „Parameter" oder „Optionen" bezeichnet. Meist bezieht sich in einem Kommando wie

```
ls -l tux.gif
```

die Bezeichnung „Option" auf die mit einem - beginnenden Spezifikationen (hier das *-l*), die in erster Linie das Verhalten des Kommandos steuern, während die aufgezählten Objekte (Dateinamen etc., hier *tux.gif*) als „Parameter" bezeichnet werden. Zu den „Argumenten" zählen oft – in Anlehnung an die übliche Benennung in C-Programmen – alle diese Zusatzangaben.

In der Praxis werden jedoch diese Benennungen sehr uneinheitlich verwendet; daher wird auch den Autoren nicht das Kunststück gelingen, eine konsequente Bezeichnungsweise einzuhalten.

Keine Panik: Wenn der Kernel Probleme macht

Gerade der Linux-Kernel ist dafür bekannt, dass er ausgesprochen selten Probleme bereitet. Die meisten Linux-Anwender dürften noch nie mit Hilferufen des Kernels konfrontiert worden sein – am ehesten diejenigen, die mit Entwicklerversionen arbeiten oder sogar eigene Kernelroutinen oder -module schreiben.

Trotzdem wollen wir in diesem Abschnitt einige Hinweise darauf geben, was Sie tun können, wenn doch Probleme auftreten, und wie Sie Ihr Linux vielleicht noch zuverlässiger machen können.

Tipp

Stabile Kernelversionen verwenden

Wenn Sie auf der sicheren Seite sein wollen, sollten Sie stets nur die stabilen Linux-Kernelversionen verwenden; Sie erkennen sie daran, dass die aus drei Zahlen bestehende Versionsbezeichnung an der zweiten Stelle geradzahlig ist. Beispielsweise sind Versionen wie 2.0.36, 2.2.5 und 2.2.15 stabil; während an der jeweils neusten stabilen Version nur die allerwichtigsten Änderungen vorgenommen werden (wobei die letzte Zahl bei jeder Freigabe hochgezählt wird), spielt sich die eigentliche Entwicklung bei den ungeradzahligen Versionen ab. Die so genannten Entwicklerkernel (z. B. 2.3.*x*) erscheinen zeitweilig in kurzer Folge und sind dann schon mal etwas „wackelig". Wenn Sie nicht sehr wagemutig sind und die Spitze des technischen Fortschritts hautnah miterleben wollen, sollten Sie vom Einsatz dieser Versionen absehen, auch wenn eine davon Ihrer Distribution beiliegen sollte.

Tritt ein Fehler in einem Anwender- oder auch Systemprogramm auf, weil beispielsweise eine ungültige Speicheradresse angesprochen wird oder der Prozessor sich (verständlicherweise) weigert, durch Null zu dividieren, wird von der Hardware ein Fehler signalisiert, der zur Aktivierung einer Fehlerbehandlungsroutine des Betriebssystems führt.

Im Gegensatz zu anderen Betriebssystemen, die in einem solchen Fall den Anwender häufig mit einem blauen Bildschirm abspeisen und einen Neustart des Betriebssystems erzwingen, schafft es Linux in aller Regel, das betroffene Programm ordentlich zu beenden und den Anwender wieder auf der Kommandozeile oder mit der grafischen Oberfläche weiterarbeiten zu lassen. Manchmal erscheint im aktuellen Verzeichnis eine Datei namens *core*, die eine Kopie des virtuellen Arbeitsspeichers zum Zeitpunkt der Unterbrechung enthält. Für Programmentwickler kann dieser core dump sehr nützlich sein, um die letzten Aktivitäten des Programms vor seinem Ableben rekonstruieren zu können. Alle anderen werden diese Datei schnellstens löschen, da sie meistens ziemlich viel Platz auf der Platte belegt.

Wenn aber ein solcher Fehler bei der Ausführung von Kernelroutinen passiert, kann das verursachende Programm, nämlich der Kernel, ja nicht so einfach zu den Akten gelegt werden. Je nachdem, unter welchen Umständen der Fehler auftritt, kann es sein, dass

- eine Meldung ausgegeben wird, die unter anderem den Text *kernel oops* (was so viel heißt wie „hoppla") sowie einige kryptische Diagnoseinformationen enthält,
- eine Meldung *kernel panic* (ebenfalls mit Begleitinformationen für Eingeweihte) erscheint oder
- das System tatsächlich einschläft und auf keine Eingaben mehr reagiert.

Der erste Fall (*oops*) ist vergleichsweise harmlos; der Kernel hat eine Situation erkannt, die eigentlich gar nicht hätte vorkommen dürfen. Das Betriebssystem läuft weiter, und wenn diese Meldungen nur ganz vereinzelt auftreten, besteht eigentlich noch kein Grund zur Sorge.

In den beiden anderen Fällen muss das Betriebssystem neu geladen werden (durch Betätigen des Hardwareresetknopfes oder des Netzschalters) – dies sollte aber bei einem Linux-System eigentlich gar nicht passieren.

▼▼▼ EXKURS

Lebt mein System noch?

Wenn der Computer auf Eingaben oder Mausklicks nicht mehr reagiert, kommt beim Anwender Unruhe auf: Ist das System eingeschlafen und muss rebootet werden, oder verzögert sich die Antwort des Systems nur und nach kurzer Zeit läuft alles weiter?

Wenn Sie von diesen Zweifeln befallen werden, können Sie Folgendes versuchen:

1. Haben Sie ein Programm von der Kommandozeile aus gestartet, das sich anscheinend nicht mehr rührt, geben Sie zunächst Strg+D ein – möglicherweise erwartete das Programm eine Eingabe, und mit Strg+D signalisieren Sie, dass Sie nicht gewillt sind, (weitere) Daten einzugeben. Wenn Sie Glück haben, beendet sich nun das Programm (oder lässt Aktivität erkennen).
2. Mit Strg+C können Sie ein Programm, das sich partout nicht beenden will, zum Abbruch auffordern. Gelingt dies, erscheint wieder der Kommandoprompt; ein Programm kann aber auch diese Unterbrechung abfangen und (aus Boshaftigkeit oder, meist, infolge eines Programmierfehlers) einfach weiterlaufen.
3. In manchen Fällen hilft Strg+Z besser: Im Erfolgsfall erscheint eine Meldung, die das Wort *Stopped* enthält, und das Programm ist unterbrochen. Mit dem Kommando *kill %%* (oder, in hartnäckigen Fällen, *kill -KILL %%*) beenden Sie das gerade unterbrochene Programm. (Weitere Informationen zu *kill* erhalten Sie mit *help kill* sowie auf Seite 250.)
4. Gelingt es Ihnen überhaupt nicht, das Programm zu unterbrechen, so können Sie das *kill*-Kommando von einem anderen Terminalfens-

ter oder einer anderen Textkonsole aus aufrufen. Bestimmen Sie mit *ps* oder *pstree* die Prozessnummer des amoklaufenden Programms oder benutzen Sie das auf Seite 251 beschriebene Kommando *killall Programmname* bzw. *killall -KILL Programmname.*

5 Wenn Sie mit KDE arbeiten, können Sie ein widerspenstiges Programm über den Eintrag *Schließen* des Fenstermenüs beenden; dieses Menü erreichen Sie durch Anklicken des Schalters mit dem Minuszeichen oder dem Anwendungssymbol, das normalerweise in der linken oberen Ecke des Fensters zu finden ist.

6 Reagiert die Tastatur überhaupt noch, d. h., gehen die Kontroll-Lampen an und aus, wenn Sie die Umschalt-Feststelltaste oder die [Num]-Taste betätigen? Diese Lampen werden nicht von der Tastatur selbst, sondern vom Kernel gesteuert; wenn er sich darum nicht mehr kümmert, ist er meist auch zu anderem nicht mehr zu gebrauchen, und ein Hardwarereboot dürfte fällig sein.

7 In Ausnahmefällen kann die Tastatur „eingefroren" sein, obwohl Linux eigentlich noch normal weiterläuft. Diesen Effekt kann man sich am leichtesten einhandeln, wenn man im laufenden Betrieb an den Maus- und Tastaturanschlüssen herumstöpselt (was grundsätzlich bei ausgeschaltetem Rechner erfolgen sollte). Dass Ihr System noch arbeitet, ist dann nicht von großem Nutzen – es sei denn, Sie verfügen über eine Netzwerkverbindung zu diesem Rechner: Dann können Sie sich beispielsweise über *ssh* oder *rlogin* (siehe Kapitel 13.8 auf Seite 894) einloggen und den Rechner ordnungsgemäß herunterfahren.

Bevor Sie den Resetknopf drücken, können Sie mit [Strg]+[Alt]+[Entf] noch einen normalen Restart versuchen; dies setzt aber ein im Grunde funktionierendes Linux voraus und hilft daher nicht, wenn der Kernel wirklich seine Arbeit eingestellt hat.

Exkurs–Ende

Profitipp: Die Taste mit dem direkten Draht zum Kernel

Seit Version 2.2 unterstützt der Linux-Kernel auf Wunsch eine „magische Anforderungstaste" (magic system request key), mit der man in kritischen Situationen mit etwas Glück noch Notmaßnahmen veranlassen kann.

Voraussetzung dafür ist, dass bei der Kernelgenerierung (die im Abschnitt 9.5 genauer beschrieben wird) die Option *CONFIG_MAGIC_SYSRQ: Magic System Request Key Support* aktiviert ist, die sich unter *Kernel Hacking* findet. (Bei einem SuSE-System muss zusätzlich noch die Option *ENABLE_SYSRQ* in der Datei */etc/rc.config* auf *yes* gesetzt sein.)Sie sollten diese Option nur aktivieren, wenn Sie erfahrener Linux-Benutzer sind *und* wenn keine Unbefugten Ihre Rechnertastatur benutzen können, denn die Funktion der „magischen“ Taste ist nicht an ein gültiges Login gebunden.

Die Magie besteht darin, dass das gleichzeitige Drücken von [Alt], [Druck] und einer Buchstabentaste von einer Kernelroutine auf unterster Ebene abgefangen wird. Damit können einige Notfallaktionen ausgelöst werden, wenn das System ansonsten unbenutzbar ist. Um den Rechner herunterzufahren oder wenigstens das Risiko eines Datenverlustes beim Reset zu minimieren, drücken Sie [Alt]+[Druck] zusammen mit den folgenden Buchstabentasten in dieser Reihenfolge:

1. *s* – sync: Geänderte Daten werden aus den Pufferbereichen im Hauptspeicher auf die Festplatte zurückgeschrieben (wie bei dem Kommando *sync*) und gehen damit bei einem Neustart nicht verloren.
2. *u* – umount: Alle gemounteten Dateisysteme werden in den Nurlesemodus gebracht (sofern das möglich ist), wodurch die Chancen weiter verbessert werden, alle Daten heil über den Neustart zu retten.
3. *b* – boot: Sofortiger Reboot ohne weitere Rücksicht auf Verluste.

Zuvor können Sie noch versuchen, etwaige laufende Programme durch die Magic System Requests *e* regulär oder durch *i* brutal zu beenden.

Wenn sich die X Window-Oberfläche „aufgehängt“ hat und die Tastenkombination [Strg]+[Alt]+[Rück] zum „Abschießen“ von X Window versagt, können die Requests *k* und *r* helfen, den X-Server abzubrechen und die Tastatur wieder in einen benutzbaren Zustand zu bringen.

Ursachenforschung: Warum streikt der Kernel?

Sollte sich tatsächlich einmal der Kernel mit einer *panic*-Meldung oder stillschweigend verabschiedet haben, kann die nachfolgende Checkliste eine Hilfe sein, um der Ursache des Problems auf die Spur zu kommen.

1 Gab es Probleme beim Systemstart?

Lassen Sie sich mit dem Kommando *dmesg | less* die Meldungen des letzten Systemstarts anzeigen und prüfen Sie, ob (auffällige) Fehlernachrichten dabei sind. Dies geht freilich nur bei ordnungsgemäß laufendem System, aber vielleicht gibt es Hinweise auf Probleme, die nur sporadisch zu einem Absturz führen.

Suchen Sie auch in der Syslog-Datei nach Auffälligkeiten; Näheres hierzu in Kapitel 6.6 auf Seite 254.

2 Tritt der Fehler hauptsächlich bei hoher Last auf, beispielsweise während einer Kernelgenerierung?

Es könnte sich um ein Timing-Problem handeln, weil beispielsweise der Arbeitsspeicher zu langsam ist, die Speichermodule nicht zueinander passen oder das Motherboard bzw. der Prozessor übertaktet wird. Auch wenn die Probleme unter Windows nicht auftreten, spricht dies nicht unbedingt dafür, dass die Hardware in Ordnung ist; Linux ist bekannt dafür, gerade den Prozessor und den Hauptspeicher „gut" auszulasten. Versuchen Sie, im BIOS-Setup weniger aggressive Zeiteinstellungen zu finden, und probieren Sie aus, ob der Fehler damit verschwindet.

3 Schläft das System sporadisch ein?

Auch dies kann auf Hardwareprobleme hindeuten. Neben unzuverlässigen SCSI- oder IDE-Controllern sind ebenfalls der Speicher und das Motherboard verdächtig.

Prüfen Sie, ob ein BIOS-Update in Betracht kommt (dafür benötigen Sie leider in der Regel eine bootbare DOS-Diskette ...). Eventuell finden Sie Hinweise oder Updates in den Informationsangeboten der Motherboard- oder Controller-Hersteller; die Vorgehensweise sollte in der Anleitung zu Ihrem Motherboard beschrieben sein.

Werden in den Optionen zur Kernelgenerierung oder in den HOWTOs (z. B. im Ethernet-HOWTO) Hinweise zu Hardwarekomponenten Ihres Rechners gegeben?

4 Sind Ihr Kernel und die Module OK?

Wenn Sie einen eigenen Kernel (und hoffentlich auch die dazu passenden Module) erzeugt haben, wiederholen Sie sicherheitshalber die Generierung. Falls Sie einen „Entwicklerkernel" (z. B. 2.3.x) benutzen oder Optionen aktiviert haben, die als experimentell, *alpha* oder *beta* gekennzeichnet sind, deaktivieren Sie diese wenn möglich und verwenden eine stabile, aber aktuelle Kernelversion. (Mehr über die Kernelgenerierung lesen Sie in Kapitel 9.5 ab Seite 401.)

Zusätzliche Hinweise, die sich allerdings in erster Linie an fortgeschrittene Anwender richten, finden Sie auch in der Datei */usr/src/linux/README*.

5 War der Rechner vor einiger Zeit mal abgestürzt und hat daraufhin *fsck* beim nächsten Boot-Vorgang eine große Anzahl von Problemen auf der Festplatte gemeldet?

Beim Neuladen nach einem Systemabsturz wird zwar automatisch ein *fsck* ausgeführt und versucht, die Strukturen auf der Festplatte zu reparieren, doch ist dies nicht in allen Fällen erfolgreich. Es könnten logische Fehler in Dateien bestehen bleiben, die die eigenartigsten Folgen nach sich ziehen. Versuchen Sie, eigene Daten und Änderungen an den Konfigurationsdateien zu sichern und anschließend die Festplatte neu einzurichten sowie Linux neu einzuspielen.

6 Haben Sie Ihr Linux-System über lange Zeit in Eigenregie aktualisiert oder aus mehreren Distributionen zusammengesetzt?

Eigentlich sollte dies alles nicht schaden; Sie sind keinesfalls verpflichtet, ausschließlich die jeweiligen Updates der von Ihnen gewählten Distribution einzuspielen. Bei der Kombination von Paketen verschiedener Herkunft können in Einzelfällen dennoch Unverträglichkeiten auftreten, die nur mit einiger Linux-Erfahrung zu erkennen und zu beheben sind. Im Zweifel sollten Sie eine Neuinstallation mit einer aktuellen Version irgendeiner renommierten Distribution in Erwägung ziehen.

6.5 Aktivitäten im Hintergrund: Zeitscheiben und virtuelle Konsolen

Linux ist, wie wir schon zu Beginn des Buchs kurz angesprochen haben, ein Multitasking-System, das mehrere Aufgaben gleichzeitig ausführen kann. Wirkliche Gleichzeitigkeit gibt es natürlich nur, wenn in Ihrem PC zwei (oder mehr) Prozessoren werkeln; aber auch auf einem Ein-Prozessor-System sorgt Linux für scheinbar gleichzeitigen Ablauf mehrerer Programme, indem es sie in kurzen Abständen immer wieder (nach Ablauf einer Zeitscheibe) unterbricht und der Reihe nach ein Stückchen weiterrechnen lässt (präemptives Multitasking). Diese Fähigkeit kann man nicht nur nutzen, um auf der grafischen Oberfläche mehrere Fenster darzustellen, in denen die Programme parallel ablaufen, sondern auch im Textmodus, um zwischen verschiedenen Programmen hin- und herzuschalten, und Programme können zusätzlich noch im „Hintergrund“ ablaufen, ohne mit ihren Ein- und Ausgaben an ein Fenster oder überhaupt einen Bildschirm gekoppelt zu sein.

In diesem Unterkapitel wollen wir einige Steuerungsmechanismen beschreiben, mit denen Sie die Multitasking-Fähigkeiten Ihres Linux-Rechners noch effektiver nutzen können.

Mehrere Konsolen verwenden

Wenn Sie im Textmodus arbeiten, kann es Ihnen passieren, dass Sie ein Programm gestartet haben, das Sie nicht beenden wollen, und dass es aber trotzdem notwendig ist, zwischendurch einen anderen Befehl auszuführen. Dazu bietet Ihnen Linux mehrere virtuelle Konsolen, zwischen denen Sie mit den Tastenkombinationen [Alt]+[F1], [Alt]+[F2] usw. hin- und herwechseln können. Über [Alt]+[F1] erreichen Sie dabei stets die erste Konsole, die auch beim Systemstart aktiviert ist. Wenn Sie auf eine neue, noch nicht benutzte Konsole wechseln, begrüßt Sie auch dort ein Login-Prompt, und Sie müssen sich vor der Verwendung dieser Konsole erneut anmelden – unabhängig davon, ob Sie bereits auf einer anderen Konsole angemeldet sind.

Wie viele dieser virtuellen Konsolen beim Systemstart aktiv sind, wird in der Datei */etc/inittab* festgelegt – mehr dazu in Kapitel 9.4; meist sind es sechs. Wenn das X Window-System gestartet wird, stellt es auf der ersten unbenutzten Konsole, normalerweise also auf der siebten, die grafische Oberfläche dar. Außerdem ergreift es Besitz von der „siebten Tastatur“ und ändert einige Tastenbelegungen; wenn Sie vom X-Bildschirm aus zu einer der Textkonsolen wechseln wollen, genügt es nicht, die Alt-Taste zusammen mit einer Funktionstaste zu drücken. Sie müssen die Strg-Taste zusätzlich betätigen: Mit Strg+Alt+F1, Strg+Alt+F2 usw. können Sie auf eine der anderen virtuellen Konsolen wechseln, und mit Alt+F7 erhalten Sie dann den X-Bildschirm wieder zurück.

Wenn Sie nun auf zwei oder mehr Konsolen angemeldet sind, können Sie jederzeit die Arbeit auf einer Konsole unterbrechen, um auf einer anderen etwas völlig anderes zu unternehmen: Da Linux ein Multiuser-Multitasking-Betriebssystem ist, heißt dies natürlich nicht, dass der Job auf der Konsole, die Sie gerade verlassen haben, angehalten würde. Falls ein dort laufendes Programm noch mit einer Aufgabe beschäftigt ist – beispielsweise mit dem Durchsuchen Ihrer Verzeichnisse nach einer bestimmten Datei –, läuft dieser Prozess selbstverständlich weiter, während Sie auf der anderen Konsole die Wartezeit für eine andere sinnvolle Tätigkeit nutzen. Sie können zwischendurch jederzeit auf die ursprüngliche Konsole zurückwechseln, um zu überprüfen, ob die dort laufende Aufgabe inzwischen beendet ist.

Wo bin ich? Virtuelle Konsole identifizieren

Wenn Sie mit mehreren Konsolen im Textmodus arbeiten, kann schon einmal (wenn womöglich das Telefon klingelt oder andere Haushaltsmitglieder Aufmerksamkeit einfordern) der Überblick verloren gehen, welche Konsole gerade aktiv ist und als reale Konsole vor Ihnen steht. Geben Sie dann das Kommando *tty* ein:

```
paco:~ $ tty
/dev/tty3
paco:~ $
```

Die auf */dev/tty* folgende Zahl ist die Nummer der Konsole, an der das Kommando eingegeben wurde.

Wenn Sie den Shell-Prompt sinnvoll konfiguriert haben (wie in Kapitel 4.4 auf Seite 172 beschrieben), sehen Sie auch an dessen letztem Zeichen, ob Sie als Administrator (*#*) oder als Normalbenutzer (*$*) eingeloggt sind.

Hinweis

Virtuelle Konsolen abmelden

Beachten Sie, dass Sie auch bei der Abmeldung (Logout) vom System alle Konsolen berücksichtigen, auf denen Sie sich angemeldet haben – andernfalls könnte ein anderer Anwender durch Wechsel auf eine der Konsolen, auf denen Sie sich nicht abgemeldet haben, unter Ihrer Benutzerkennung weiterarbeiten.

Wenn Sie der einzige Anwender Ihres Systems sind, entfällt natürlich diese Vorsichtsmaßnahme; auf jeden Fall sollten Sie sich aber vor einem Shutdown auf allen benutzten Konsolen abmelden – es könnte ja sein, dass Sie auf einer einen Editorprozess gestartet, aber die geänderten Daten noch nicht zurückgeschrieben haben. Welche Konsolen durch Dialogprozesse belegt sind, sehen Sie in der Ausgabe des Kommandos *w*:

```
paco:~ $ w
 11:09pm  up 12:48,  7 users,  load average: 0.02, 0.02, 0.00
USER     TTY      FROM              LOGIN@   IDLE   JCPU   PCPU  WHAT
root     tty1                       9:06pm  2:02m  0.07s  0.05s  -bash
paul     tty2                       9:06pm  2:02m  5:24   0.03s  -bash
paul     pts/1    :0.0              9:07pm 12:44m  1:15   0.02s  w
paul     pts/0    :0.0              9:07pm 12:44m  1:15   0.02s  w
paul     pts/2    :0.0              9:07pm 12:44m  1:15   0.02s  w
paul     pts/3    :0.0              9:15pm 12:44m  1:15   0.02s  w
paul     pts/4    :0.0             10:58pm 12:44m  1:15   0.02s  w
paco:~ $
```

In diesem Beispiel sind die virtuellen Konsolen 1 und 2 benutzt (*tty1* bzw. *tty2*); die Konsolen *pts/n* sind *xterm*-Fenster.

Prozesse – die Arbeitstiere im System

Von entscheidender Bedeutung für ein Multiuser-Multitasking-Betriebssystem wie Linux ist die Organisation der verschiedenen Programme, die eventuell von mehreren Benutzern gestartet wurden.

Jedes Programm wird intern als so genannter Prozess verarbeitet: Ein Prozess ist – vereinfacht beschrieben – eine in den Arbeitsspeicher geladene Kopie eines Programms, zusammen mit Informationen über den Anwender, dem dieser Prozess „gehört", und über den so genannten Vaterprozess, der ihn gestartet hat.

Das Konzept der Vater- und Sohnprozesse sieht folgendermaßen aus: Beim Start des Betriebssystems werden (nach dem Laden des Kernels) zunächst zwei wichtige Prozesse gestartet. Der erste ist der *idle*-Prozess (engl. idle, untätig), der in Ruhezeiten alle Prozessorleistung verbraucht und einfach nichts tut; der zweite ist der *init*-Prozess, der die Initialisierung des Systems übernimmt und dazu eine ganze Reihe weiterer Prozesse startet.

Jeder Prozess erhält vom Betriebssystem eine eindeutige Prozess-ID zugeordnet; *idle* und *init* haben die IDs *0* und *1*. Um die Anmeldung an einer Konsole zu ermöglichen, startet *init* unter anderem eine Reihe von *mingetty*-Prozessen, die auf je einer Konsole einen Login-Prompt erzeugen. Melden Sie sich nun (erfolgreich) auf einer Konsole an, wird der *mingetty*-Prozess beendet und stattdessen Ihre Standard-Shell – in der Regel */bin/bash* – gestartet: Nun können Sie arbeiten. In dieser Konstellation ist */bin/bash* ein Sohn von *init*, und wenn Sie nun in der Shell den Editor *vi* starten, ist dieser ein Sohn der *bash*. Da ein Prozess mehrere Söhne, aber nur genau einen Vater haben kann, entsteht so eine Baumstruktur.

Baumstruktur der Prozesse mit pstree betrachten

Mit dem Kommando *pstree* (engl. process tree, Prozessbaum) lassen sich die Vater-Sohn-Beziehungen verdeutlichen: Rufen Sie es mit den Parametern *-cp* auf, um die Baumstruktur aller Prozesse mit ihren Prozess-IDs anzuzeigen. Sie erhalten eine lange Liste, die so wie im folgenden Beispiel aussieht:

```
paco:~ $ pstree -cp
init(1)-+-atd(155)
        |-cron(207)
        |-inetd(165)
        :
        |-login(234)---bash(247)---joe(414)
        |-login(236)---bash(289)---less(369)
        |-login(238)---bash(512)---tail(519)
        :
        |-sshd(196)
        `-syslogd(90)
paco:~ $
```

Sie sehen hier ganz oben den *init*-Prozess mit ID *1*, und einer der Söhne ist ein *login*-Prozess (ID *234*), der eine Benutzeranmeldung am (virtuellen) Terminal durchgeführt und dann die Shell (*bash*, ID *247*) als Sohn gestartet hat. Diese hat ihrerseits einen Nachfahren, nämlich einen Editorprozess (*joe*, ID *414*). (Dass der ganze Stammbaum nur aus „Männern" besteht, hat keinen tieferen Sinn; vermutlich liegt es vor allem daran, dass das englische Wort für „Sohn" kürzer ist als das für „Tochter".)

In dieser Darstellung erhalten Sie allerdings neben dem Prozessnamen, seiner ID und den „Verwandtschaftsverhältnissen" keine weiteren Informationen über die Prozesse – für ausführlichere Informationen gibt es eine Reihe weiterer Kommandos.

Prozessliste mit ps

Der *ps*-Befehl erzeugt eine Liste aller Prozesse mit Namen, ID, Besitzer und weiteren Informationen, wenn er mit den Parametern *aux* aufgerufen wird:

```
paco:~ $ ps aux
USER       PID %CPU %MEM  SIZE   RSS TTY STAT START   TIME COMMAND
at         155  0.0  0.2  1264   552  ?  S   Aug 14   0:00 /usr/sbin/atd
paul       266  0.0  0.5  2264  1340   2 S   Aug 14   0:00 -bash
paul       369  0.0  0.2  1480   644   3 S   Aug 14   0:00 less README
paul     29865  0.0  0.3  2320   776   2 S    12:44   0:00 xinit /usr/X11R6/lib
paul     29979  0.0  4.9  6404  3912   ? S    12:44   0:03 kfm
paul     29981  0.0  2.9  4176  2316   ? S    12:44   0:00 kbgndwm
paul     29982  0.0  3.7  4572  3008   ? S    12:44   0:01 krootwm
paul     29983  0.1  7.2  7248  5724   ? S    12:44   0:08 kpanel
paul     29984  0.0  3.3  3860  2656   ? S    12:44   0:01 /usr/bin/kwm
paul     30305  0.0  0.8  3672  2104   2 S    15:10   0:00 xterm -e bash -login
paul     30306  0.0  0.5  2336  1384  ?  S    15:10   0:00 bash -login
paul     30314  0.1  5.6 22780 14592   2 S    15:10   0:59 /opt/netscape/netsca
paul     31498  0.0  0.5  2348  1392  ?  S    22:45   0:00 bash -login
paul     32190  0.0  0.3  1804   888   2 T    00:56   0:00 joe hugo
paul     32227  0.0  0.2  1212   564  ?  R    01:05   0:00 ps aux
lp       30938  0.0  1.4  6760  3844  ?  S    18:07   0:00 /usr/bin/gs -sDEVICE
```

```
lp         30939  6.9  0.1  1116   348  ?  S     18:07  29:04 cat -
root           1  0.0  0.0   368   196  ?  S    Aug 14   0:09 init [2]
root           2  0.0  0.0     0     0  ?  SW   Aug 14   0:06 (kflushd)
root           3  0.0  0.0     0     0  ?  SW   Aug 14   0:20 (kupdate)
root           4  0.0  0.0     0     0  ?  SW   Aug 14   0:00 (kpiod)
root           5  0.0  0.0     0     0  ?  SW   Aug 14   0:09 (kswapd)
root          90  0.0  0.2  1472   644  ?  S    Aug 14   0:09 /usr/sbin/syslogd
root          94  0.0  0.2  1432   744  ?  S    Aug 14   0:00 /usr/sbin/klogd -c 1
root         138  0.0  0.2  1504   652  ?  S    Aug 14   0:00 automount -t 300 /mi
root         165  0.0  0.2  1440   572  ?  S    Aug 14   0:00 /usr/sbin/inetd
root         182  0.0  0.2  1492   624  ?  S    Aug 14   0:00 /usr/sbin/lpd
root         193  0.0  0.4  2228  1172  ?  S    Aug 14   0:04 sendmail: accepting
root         196  0.0  0.2  1704   692  ?  S    Aug 14   0:00 /usr/sbin/sshd
root         207  0.0  0.2  1284   604  ?  S    Aug 14   0:01 /usr/sbin/cron
root         234  0.0  0.3  1704  1028  1  S    Aug 14   0:00 login -- root
root         235  0.0  0.3  1704  1028  2  S    Aug 14   0:00 login -- paul
root         239  0.0  0.1  1112   448  6  S    Aug 14   0:00 /sbin/mingetty tty6
root         247  0.0  0.5  2280  1364  1  S    Aug 14   0:00 -bash
root       29866  1.5  2.9 18148  7640  ?  S     12:44  11:46 /usr/X11R6/bin/X :0
root       30902  0.0  0.2  1500   664  ?  S     18:07   0:00 /usr/sbin/lpd
paco:~ $
```

Die Überschriftzeile

```
USER        PID %CPU %MEM  SIZE   RSS TTY STAT START   TIME COMMAND
```

gibt an, wie die Ausgabespalten zu interpretieren sind:

In den ersten beiden Spalten *USER* und *PID* sind der Besitzer des Prozesses und die Prozess-ID angegeben, *%CPU* und *%MEM* geben den prozentualen Verbrauch von CPU-Zeit und Arbeitsspeicher an. In der Spalte *TTY* wird die Konsole (*1*, *2*, *3* ...) angegeben, auf der der Prozess läuft.

STAT enthält Informationen über den Status des Prozesses: Die meisten Prozesse haben hier nur ein *S* für sleeping (schlafend); *R* steht für runnable (ausführbar) – dies ist auf einem Ein-Prozessor-System stets nur ein Prozess. Bereits beendete Prozesse, die noch nicht aus der Prozesstabelle entfernt wurden, erhalten ein *T* für terminated (terminiert, beendet). Ein zusätzliches *W* zeigt an, dass der Prozess zur Zeit keinen Arbeitsspeicher belegt (*SW* wie swapped out, ausgelagert).

Die *START*-Spalte gibt die Zeitpunkte wieder, zu denen die Prozesse gestartet wurden, *TIME* enthält die bisherigen Laufzeiten, und *COMMAND* gibt den vollständigen Aufruf an, mit dem der Prozess erzeugt wurde.

Da die Zeilen der *ps*-Ausgabe am Bildschirm- (bzw. Fenster-)Rand abgebrochen werden, sind die Angaben der *COMMAND*-Spalte teilweise unvollständig – verwenden Sie die zusätzliche Option *w* (also etwa *ps auxw*), um die komplette Ausgabe zu erzwingen; zu lange Zeilen werden dann in der nächsten Zeile fortgesetzt.

Hinweis

Kein Minuszeichen für ps-Optionen

Den Kommandooptionen für *ps* sollten Sie kein Minuszeichen (-) voranstellen. Ansonsten erhalten Sie eine Warnmeldung;

in einer zukünftigen Version mag das Minus sogar zu einem Fehler führen.

Der tiefere Grund für diese „Pingeligkeit“ liegt darin, dass einer der besonders störenden Unterschiede zwischen den beiden wichtigsten Unix-Familien BSD und System V in den inkompatiblen *ps*-Kommandos liegt. Um denjenigen Anwendern, die mit mehreren Unix-Dialekten arbeiten müssen, wenigstens dieses Ärgernis zu nehmen, planen die Entwickler des GNU-*ps*, anhand des Minuszeichens zu unterscheiden, welche Variante gewünscht ist.

Um die Prozesse nach Prozess-IDs sortiert auszugeben, können Sie den Befehl *ps aux --sort=pid* verwenden. (Das doppelte Minuszeichen vor dem zweiten Argument ist notwendig!)

Die vollständigen Angaben zu allen möglichen Optionen finden Sie wie üblich in der man-Page (*man ps*).

Prozessorlast im Auge behalten mit top

Um einen ständigen, nach Rechenzeit sortierten Überblick über alle laufenden Prozesse zu behalten, können Sie auf einer Konsole oder in einem *xterm*-Fenster den Befehl *top* ausführen: Die von *top* angezeigte Liste wird regelmäßig aktualisiert und enthält ähnliche Informationen wie das *ps*-Listing. Sie können *top* jederzeit durch Drücken der Q-Taste beenden.

```
  2:05am  up 8 days,  8:45, 11 users,  load average: 0.08, 0.09, 0.02
93 processes: 90 sleeping, 1 running, 0 zombie, 2 stopped
CPU states:  1.9% user, 73.3% system,  0.0% nice, 25.7% idle
Mem:  257668K av, 200332K used,  57336K free, 116588K shrd,  85336K buff
Swap: 130748K av,    512K used, 130236K free                 50104K cached

  PID USER     PRI  NI  SIZE  RSS SHARE STAT  LIB %CPU %MEM   TIME COMMAND
30939 lp        18   0   348  348   276 S       0 48.4  0.1  33:35 cat
29877 paul       5   0  1256 1256  1048 S       0 11.2  0.4  36:58 xosview.bin
29866 root       2   0 15912  15M  1960 S       0  6.3  6.1  13:19 X
29905 paul       2   0  1300 1300  1100 S       0  4.7  0.5   6:50 xeyes
32364 paul       3   0   796  796   612 R       0  1.3  0.3   0:00 top
29907 paul       1   0   856  856   700 S       0  0.9  0.3   1:52 asclock
31336 paul       0   0  3956 3956  2948 S       0  0.7  1.5   1:40 kload
30217 paul       0   0  1160 1160   624 S       0  0.3  0.4   0:22 joe
  160 root       0   0   452  452   376 S       0  0.1  0.1   2:04 gpm
  241 root       0   0  6264 6264  6144 S       0  0.1  2.4   0:40 httpd
  519 root       0   0   396  396   320 S       0  0.1  0.1   0:40 tail
29910 paul       0   0  1240 1240  1048 S       0  0.1  0.4   0:03 sendmail
31497 paul       0   0  2196 2196  1568 S       0  0.1  0.8   0:00 xterm
    1 root       0   0   196  196   168 S       0  0.0  0.0   0:09 init
    2 root       0   0     0    0     0 SW      0  0.0  0.0   0:06 kflushd
    3 root       0   0     0    0     0 SW      0  0.0  0.0   0:20 kupdate
    4 root       0   0     0    0     0 SW      0  0.0  0.0   0:00 kpiod
```

Ausgabe des top-Kommandos

Wenn Ihr Linux-System langsam wird

Wenn Ihr Linux ungewohnt „tranig“ auf Eingaben reagiert und für alle Aktionen deutlich länger braucht als gewohnt, ist sicher kein Virus daran schuld – Linux-Viren sind bisher nicht bekannt geworden und könnten sich auch nicht so problemlos ausbreiten wie ihre bekannten Artgenossen aus der Windows-Welt. Vielmehr liegt die Ursache meist darin, dass irgendein Prozess einen großen Teil der Rechenleistung des Prozessors beansprucht und für die von Ihnen eingegebenen Kommandos nicht mehr viel übrig ist.

Wenn Sie nicht gerade eine Übersetzung des Linux-Kernels oder eine ähnlich aufwendige Verarbeitung angestoßen haben, kann es sein, dass ein Prozess mit nutzlosen Aktivitäten den Rechner lahmlegt. Versuchen Sie, mit folgenden Schritten den Verursacher zu finden:

1. Starten Sie *top* in einem *xterm*-Fenster oder auf einer virtuellen Konsole.
2. Beobachten Sie in der *top*-Ausgabe die Zeile *CPU states*: Wenn der Prozentwert vor *idle* etwa zwischen 80 und 100 liegt, ist Ihr Prozessor weitgehend beschäftigungslos (*top* beansprucht selbst bis zu 5 %!); die Trägheit des Systems muss eine andere Ursache haben.

   (Wenn die Zahl unter *Mem: ... K free* nahe Null und dafür *Swap: ... K used* groß ist, ist der Arbeitsspeicher Ihres Rechners für die momentan aktiven Anwendungen zu knapp bemessen. Einige MBytes mehr könnten Wunder wirken.)
3. Die Prozesse, die den Rechner am stärksten beschäftigen, werden von *top* an oberster Stelle dargestellt. Versuchen Sie, diejenigen zu identifizieren, die immer wieder eine Spitzenposition einnehmen.

   Im oben abgedruckten Beispiel fällt auf, dass der Prozess *30939* allein schon 48,4 % der CPU-Leistung frisst. Das angezeigte Kommando (*COMMAND*) und die Benutzerkennung lassen oft Rückschlüsse darauf zu, was innerhalb dieses Prozesses vonstatten geht; hier weist die Kennung *lp* darauf hin, dass er etwas mit dem Drucksystem zu tun hat.
4. Was Sie tun können, um einen solchen störenden Prozess wieder loszuwerden, hängt davon ab, wie er entstanden ist. Das Kommando *pstree* kann dabei helfen, die Herkunft des Prozesses zu klären. Jedenfalls ist in aller Regel kein Reboot notwendig, um die Situation zu bereinigen; notfalls versuchen Sie, den Störenfried mit dem nachfolgend beschriebenen Kommando *kill* abzubrechen.

   Im obigen Beispiel bestand die Ursache darin, dass versucht wurde, auf einen nicht betriebsbereiten Drucker auszugeben; in Kapitel 5.2 ist auf Seite 200 beschrieben, wie man einen Druckauftrag abbrechen kann.

Einen Prozess unterbrechen

Einen Prozess, den Sie in einer Shell (auf einer Konsole oder im *xterm*) gestartet haben, können Sie mit der Tastenkombination [Strg]+[Z] unterbrechen:

Er wird dann sofort angehalten, und in der Shell wird, bevor der Befehls-Prompt wieder erscheint, eine Zeile der Form

```
[1]+  Stopped      Prozessname
```

ausgegeben. Über die vorn stehende Nummer können Sie diesen Prozess nun von eventuellen weiteren Prozessen, die Sie starten und ebenfalls mit Strg+Z unterbrechen, unterscheiden. Nach der Unterbrechung können Sie in der Shell normal weiterarbeiten, als ob der unterbrochene Prozess nie gestartet worden wäre, und über den Befehl *fg* (engl. foreground, Vordergrund) können Sie den letzten unterbrochenen Prozess fortsetzen.

Es gibt Programme, die die Tastenkombination Strg+Z für eigene Zwecke benötigen und daher keine Unterbrechung auf diese Art ermöglichen. Wenn ein solches Programm einigermaßen benutzerfreundlich ist, bietet es stattdessen eine andere Tastenkombination, die den gleichen Zweck erfüllt; der Editor *joe* beispielsweise unterbricht sich nach Strg+K Z freiwillig.

Um den Überblick zu behalten, welche Prozesse Sie unterbrochen haben, können Sie den Befehl *jobs* verwenden. Wenn Sie etwa drei verschiedene Dateien in drei *joe*-Prozessen bearbeitet und all diese Prozesse unterbrochen haben, erhalten Sie eine entsprechende dreizeilige Ausgabe:

```
paco:~ $ jobs
[1]    Stopped                joe allegro.txt
[2]-   Stopped                joe andante.txt
[3]+   Stopped                joe vivace.txt
paco:~ $
```

Anstatt mit *fg* den zuletzt unterbrochenen Prozess (im Beispiel Nummer 3) fortzusetzen, können Sie jeden beliebigen hier aufgelisteten Prozess wieder in den Vordergrund holen, indem Sie den *fg*-Befehl mit dem Parameter *%n* aufrufen, also zum Beispiel *fg %1* für den Prozess Nummer 1 in der Liste.

Prozesse im Hintergrund ausführen

Einige Programme laufen längere Zeit, ohne Ausgaben zu produzieren und Eingaben vom Anwender zu verlangen. Sie brauchen dazu keinen Terminalbildschirm zu blockieren; man kann sie „im Hintergrund" ablaufen lassen, während man mit der Shell „im Vordergrund" ganz normal weiterarbeitet.

Sie können einen Prozess in den Hintergrund schicken, indem Sie ein Programm (etwa mit Strg+Z) unterbrechen und dann das Kommando *bg* (engl. background, Hintergrund) eingeben, beispielsweise beim Download einer sehr großen Datei aus dem Internet:

```
paco:~ $ ncftp ftp://192.168.3.42/pub/linux.tar.bz2
Strg+Z
[1]+  Stopped           ncftp ftp://192.168.3.42/pub/linux.tar.bz2
paco:~ $ bg
[1]+ ncftp ftp://192.168.3.42/pub/linux.tar.bz2 &
paco:~ $ jobs
[1]   Running           ncftp ftp://192.168.3.42/pub/linux.tar.bz2
paco:~ $
```

Nach dem *bg*-Kommando zeigt *jobs* an, dass der Prozess mit der Identifikation 1 im Hintergrund weiterläuft (engl. running, laufend).

Die Shell führt Buch über alle von ihr gestarteten und im Vorder- oder Hintergrund laufenden oder momentan unterbrochenen Prozesse. Dabei vergibt sie eigene Folgenummern (als *[1]*, *[2]* ... dargestellt), die nichts mit den eigentlichen, systemweit eindeutigen Prozessnummern zu tun haben, wie sie vom *ps*-Kommando ausgegeben werden. Mit *%1*, *%2*, ... können Sie bei den Shell-internen Kommandos wie *bg* und *fg* auf diese Folgenummern Bezug nehmen.

Beabsichtigen Sie von vornherein, ein Programm im Hintergrund ablaufen zu lassen, brauchen Sie nicht den Umweg über Strg+Z und *bg* zu nehmen: Stattdessen können Sie an das Kommando das Zeichen *&* (auch kaufmännisches Und genannt) anhängen.

```
paco:~ $ ncftp ftp://192.168.3.42/pub/linux.tar.bz2 &
[2] 2129
paco:~ $
```

Beachten Sie bitte, dass etwaige Ausgaben, die das Programm normalerweise auf das Terminal schreibt, auch dort erscheinen, wenn es im Hintergrund abläuft; die Ausgaben kommen völlig asynchron auf dem Bildschirm an und können ziemlich störend sein, wenn Sie beispielsweise gerade im Editor arbeiten. Schicken Sie daher möglichst nur schweigsame Programme in den Hintergrund. Über die Beendigung eines Hintergrundprozesses werden Sie zwar weiterhin informiert, doch erscheint diese Meldung (*[1] Done Programm*) nur vor der nächsten Eingabeaufforderung der Shell und nicht mitten in einem Programmlauf.

Was passiert beim Verlassen der Shell mit den Kindern?

Wenn Sie eine Shell beenden wollen, die noch einen oder mehrere unterbrochene Prozesse zur Fortsetzung bereithält, erscheint eine Warnmeldung

```
There are stopped jobs.
```

Geben Sie direkt danach wieder das Kommando *exit* ein, geht die Shell davon aus, dass Sie auf die unterbrochenen Prozesse keinen Wert mehr legen; diese werden abgebrochen (denn außer dieser Shell kann sie niemand mehr fortsetzen), und die Shell beendet sich nun tatsächlich. Andernfalls bleibt Ihnen die Shell erhalten, und Sie können die Prozesse einzeln wieder (mit *fg*) in den Vordergrund holen und zu einem ordentlichen Ende bringen, beispielsweise bei einem Editor die geänderten Daten abspeichern.

Tipp

Programme von der Shell entkoppeln

Solange ein Hintergrundprozess von der Shell überwacht wird und in der *jobs*-Liste auftaucht, kann er nicht nur per *fg* wieder in den Vordergrund zurückgeholt werden, sondern ist auch an das Schicksal dieser Shell gekoppelt: Wenn sie beendet wird, weil beispielsweise die Netzwerkverbindung zum Rechner verloren geht, werden auch alle von ihr überwachten Prozesse abgebrochen.

Diese Verbindung können Sie mit dem Kommando *disown* aufheben:

```
paco:~ $ ncftp ftp://192.168.3.42/pub/linux.tar.bz2 &
[1] 2138
paco:~ $ disown %1
paco:~ $ jobs
paco:~ $
```

Die laufende Shell „verstößt" ihren Kindprozess (der freundlicherweise vom Prozess 1, *init*, „adoptiert" wird, wie ein anschließendes *pstree* zeigt). Damit ist zwar die Möglichkeit des direkten Einflusses weg, aber der Kindprozess läuft auch weiter, wenn der Shell-Dialog abbricht.

Prozesse beenden mit kill

In der Regel werden Sie laufende Programme über einen „ordentlichen Ausstieg" beenden: X Window-Programme bieten in den meisten Fällen ein Dateimenü, das einen Menüpunkt *Beenden* oder *Schließen* enthält, und viele textbasierte Programme für die Konsole oder das *xterm* können über eine bestimmte Tastenkombination oder ebenfalls über einen Menüpunkt beendet werden.

Textbasierte Programme lassen sich oft im laufenden Betrieb mit der Tastenkombination [Strg]+[C] abbrechen, aber wie lässt sich ein Programm, das im Hintergrund läuft, beenden?

Mit dem Befehl *kill Prozessnummer* (der in die Shell eingebaut ist) können Sie jedem Prozess im System ein Signal schicken, das ihn zum Programmabbruch auffordert – vorausgesetzt, er läuft unter Ihrer Kennung ab oder Sie arbeiten als Administrator *root*.

Die meisten Programme kommen einer solchen Aufforderung nach und verschwinden sofort. Damit aber kritische Daten zuvor noch gesichert werden können, hat ein Programm die Möglichkeit, dieses so genannte *TERM*-Signal abzufangen, alles Notwendige zu tun und sich dann zu beenden. Falls es Letzteres (vielleicht aufgrund eines Programmierfehlers) nicht macht, besteht noch die Möglichkeit, ihm ein deutlicheres Signal zu senden:

```
kill -KILL Prozessnummer
```

hat im Grunde die gleiche Wirkung wie das normale *kill*, lässt aber dem Programm keine Chance mehr zu eigenen Reaktionen. Daher sollte das *KILL*-Signal auch nur im Notfall und nach erfolglosem regulärem Abbruch angewendet werden.

Sie können Prozesse, die von der Shell überwacht werden, mit *kill* auch über die *%n*-Spezifikation ansprechen:

```
paco:~ $ jobs
```

```
[1]   Running              ncftp ftp://192.168.3.42/pub/linux.tar.bz2
paco:~ $ kill %1
paco:~ $ jobs
[1]   Beendet              ncftp ftp://192.168.3.42/pub/linux.tar.bz2
paco:~ $
```

Außer den Signalen *TERM* und *KILL* gibt es noch eine Reihe weiterer mit unterschiedlicher Bedeutung, die größtenteils auch mit *kill* einem Prozess zugestellt werden können. Eine komplette Liste erhalten Sie durch Aufruf von *kill -l*; in der C-Header-Datei */usr/include/bits/signum.h* stehen (allerdings sehr) kurze Erläuterungen zu den Signalen. Jedes Signal hat auch eine Nummer, die alternativ zum Namen im *kill*-Kommando angegeben werden kann.

Tipp

kill nicht nur zum Beenden

Zwei weitere Signalspezifikationen werden wegen ihrer Sonderbedeutung häufig verwendet:

- Das Signal mit der Nummer *0* ist eigentlich keins; trotzdem darf es im *kill* angegeben werden. Das Kommando *kill -0 Prozessnummer* prüft, ob dem angegebenen Prozess ein Signal zugestellt werden könnte (wenn ja, lässt es ihn aber in Ruhe); Sie können es deshalb benutzen, um festzustellen, ob der Prozess überhaupt existiert. Falls nicht, erscheint eine Fehlermeldung „No such pid".
- Wenn ein Prozess die Verbindung zu seinem Terminal verliert, wird er vom Kernel durch das Signal *HUP* (engl. hang up, auflegen) davon unterrichtet. Man „missbraucht" dieses Signal oft, um Dämon-Prozessen, die sowieso nie unter Kontrolle eines Terminals laufen, die Nachricht zukommen zu lassen, dass sich ihre Konfigurationsdaten geändert haben.

  Haben Sie beispielsweise Einträge in der Datei */etc/inetd.conf* für den Internet-Dämon *inetd* geändert (siehe Kapitel 8), suchen Sie in der Ausgabe zu *ps aux* nach dem Programm */usr/sbin/inetd* und senden an dessen Prozessnummer ein *kill -HUP*. Dies veranlasst den *inetd* dazu, die Datei neu einzulesen und zwischenzeitlich vorgenommene Änderungen wirksam werden zu lassen.

killall

Schließlich gibt es noch eine vereinfachte Möglichkeit, alle Prozesse mit demselben Programmnamen „abzuschießen": Wenn Sie etwa Ihren X Window-Desktop mit einer unerträglichen Vielzahl sich überlappender *xterm*-Fenster bevölkert haben, können Sie diese alle auf einen Schlag mit dem Befehl

```
killall xterm
```

beenden. Auch *killall* können Sie explizit Signalspezifikationen wie *TERM* oder *KILL* übergeben:

```
killall -TERM xterm
killall -KILL xterm
killall -HUP inetd
```

Mit dem letztgenannten Kommando können Sie dem Internet-Dämon die Änderung der Konfigurationsdatei mitteilen, ohne erst mühsam die Prozessnummer herauszusuchen.

Anders als *kill* ist *killall* ein externes Programm; wenn sich aufgrund eines Systemfehlers oder -engpasses keine Programme mehr starten lassen, kann nur *kill* noch dazu benutzt werden, Prozesse (und zwar nach Möglichkeit denjenigen, der die Engpasssituation verschuldet hat) abzubrechen.

6.6 Status- und Fehlermeldungen richtig verstehen

Bei den bisherigen Kommandobeispielen sind Sie schon häufiger mit Fehlermeldungen der Kommandos konfrontiert worden (bei eigenen Versuchen womöglich schon öfter, als Ihnen lieb war ...); bisher sind die Fehlerausgaben immer gemeinsam mit den eigentlichen Nutzinformationen (wenn ein Kommando überhaupt welche produziert) auf den Bildschirm ausgegeben worden.

Grundsätzlich lassen sich die „normalen" und die Fehlerausgaben von Kommandos (und Programmen) auf dem Bildschirm nicht voneinander unterscheiden; allerdings werden sie über unterschiedliche „Ausgabekanäle" geleitet: Die normalen Ausgabeinformationen werden über den Standardausgabekanal *stdout* (für standard output), Fehlernachrichten über den Standardfehlerkanal *stderr* (für standard error output) gesendet. Beide landen im Normalfall unterschiedslos auf dem Bildschirm.

Sie können jedoch der Shell den Auftrag geben, einen oder beide dieser Kanäle gesondert zu behandeln: Wenn Sie beispielsweise an ein Shell-Kommando das Umleitungszeichen > anhängen, gefolgt von einem Dateinamen, dann gelangen die *stdout*-Ausgaben in der angegebenen Datei (die nötigenfalls erst angelegt wird) und nicht auf dem Schirm:

```
ls -al >allfiles
```

Indem Sie bei einer solchen Umleitung nach dem > den Namen der speziellen Datei */dev/null* angeben, die auf jedem unixähnlichen System stets vorhanden ist, kann die Ausgabe auch ganz unterdrückt werden. */dev/null* stellt eine Art schwarzes Loch dar, das beliebige Daten entgegennimmt und rückstandsfrei entsorgt.

Das Gleiche können Sie ganz separat für den Fehlerkanal machen: Wenn eine *2* vor dem Umleitungszeichen steht, wird nicht *stdout*, sondern *stderr* umgeleitet. Damit können Sie beispielsweise die Fehlerausgabe eines Kommandos unterdrücken oder in eine (andere) Datei leiten:

```
paco:~ $ ls -l lyxtest.lyx xyzzy
```

```
ls: xyzzy: Datei oder Verzeichnis nicht gefunden
-rw-r--r--   1 paul     users        1401 Mar 28 14:11 lyxtest.lyx
paco:~ $ ls -l lyxtest.lyx xyzzy 2>/dev/null
-rw-r--r--   1 paul     users        1401 Mar 28 14:11 lyxtest.lyx
paco:~ $ ls -l lyxtest.lyx xyzzy >file.info
ls: xyzzy: Datei oder Verzeichnis nicht gefunden
paco:~ $ ls -l lyxtest.lyx xyzzy >file.info 2>/dev/null
paco:~ $
```

Das Beispiel macht deutlich, dass die umgeleiteten Ausgaben auf dem Bildschirm nicht zu sehen sind und stattdessen in die angegebene Datei wandern.

Die Tatsache, dass *stderr* durch Angabe einer *2* umgeleitet wird, lässt schon vermuten, dass auch eine *1* angegeben werden kann. Diese bezieht sich allerdings auf *stdout* und kann weggelassen werden, wie wir das in den Beispielen auch getan haben.

Wenn Sie beide Ausgabekanäle auf diese Weise in dieselbe Datei umleiten, schreiben *stdout* und *stderr* in diese Datei um die Wette; Sie finden hinterher nur eine der Ausgaben darin wieder oder auch (bei umfangreichen Daten) ein heilloses Gemisch. Beide Kanäle in derselben Datei auffangen kann man daher nur, indem man kenntlich macht, dass einer die Zuweisung des anderen mitbenutzen soll:

```
paco:~ $ ls -l lyxtest.lyx xyzzy >file.info 2>&1
paco:~ $ cat file.info
ls: xyzzy: Datei oder Verzeichnis nicht gefunden
-rw-r--r--   1 paul     users        1401 Mar 28 14:11 lyxtest.lyx
paco:~ $
```

Das etwas kryptische *2>&1* ist dabei zu lesen als „schicke Kanal 2 dahin, wo auch Kanal 1 hingeht".

Fehlercode abfragen

Nicht immer ist die Tatsache, dass eine Ausgabe in den Fehlerkanal aufgetreten ist, ein eindeutiges Indiz dafür, dass ein Kommando fehlgeschlagen ist. Es können auch Warnungen oder allgemeine informative Nachrichten dorthin ausgegeben werden, ganz wie es dem Kommando(autor) beliebt, und umgekehrt gibt es auch Kommandos, die nur im Erfolgsfall eine Ausgabe produzieren.

Deshalb besteht noch eine weitere Möglichkeit, wie ein Kommando (und ganz allgemein jedes Programm) dem Betriebssystem mitteilen kann, ob es erfolgreich abgelaufen ist oder nicht. Dazu übermittelt es bei seiner Beendigung einen *Returncode*, eine nicht negative Zahl. Der Wert Null steht für „OK"; alle anderen Werte bezeichnen einen Fehlerfall, und ihre Bedeutung ist (hoffentlich!) irgendwo dokumentiert.

Normalerweise behält die Shell, die bei einem Programmaufruf den Returncode zurückgeliefert bekommt, diese Information für sich; sie merkt sich jedoch den Rückgabewert des zuletzt ausgeführten Kommandos und setzt ihn in die Kommandozeile ein, wenn in ihr die Zeichenfolge *$?* auftritt. Daher gibt das Kommando *echo $?* diesen letzten Returncode wieder aus:

```
paco:~ $ ls -l lyxtest.lyx
-rw-r--r--   1 paul     users         1401 Mar 28 14:11 lyxtest.lyx
paco:~ $ echo $?
0
paco:~ $ ls -l xyzzy
ls: xyzzy: Datei oder Verzeichnis nicht gefunden
paco:~ $ echo $?
1
paco:~ $
```

Würden Sie jetzt noch einmal *echo $?* eingeben, käme übrigens wieder *0* heraus, denn das vorhergehende Kommando war ebenfalls ein *echo $?* und ist erfolgreich gelaufen!

Fehlermeldungen aus dem Hintergrund

Wenn ein Prozess ohne zugeordnetes Terminal im Hintergrund abläuft, kann er den Anwender nicht ohne weiteres von Fehlern und anderen wichtigen Ereignissen informieren. Dazu bieten sich drei Auswege an:

- Der Prozess kann Nachrichten in eine eigens dafür angelegte Datei schreiben. Dies tun viele der Prozesse, die üblicherweise im Hintergrund und ohne Zutun des Anwenders ihre Arbeit verrichten (die so genannten Dämonen). Meist werden diese Dateien (Logfiles) im Verzeichnis */var/log* (oder einem Unterverzeichnis hiervon) angelegt und bei jedem Start des betreffenden Programms fortgeschrieben. Sie können dann die bisher aufgelaufenen Meldungen beispielsweise mit *less* nachlesen.
- Damit nicht jedes Programm eine eigene Logfile-Behandlung vorsehen muss, gibt es einen zentralen System-Log-Prozess, der Nachrichten von anderen Programmen entgegennimmt und in ein gemeinsames Logfile einträgt. Dieses heißt in vielen Unix-Systemen *syslog* und wird daher auch oft als Syslog-Datei bezeichnet; unter Linux hat es in der Regel den Namen */var/log/messages*.
- Ein Prozess, der unter der *root*-Kennung läuft, kann auch jederzeit Ausgaben in die „Datei“ */dev/console* schreiben; diese erscheinen dann auf dem Bildschirm, das heißt, sie werden auf die gerade aktive Textkonsole ausgegeben. Meist handelt es sich dabei um wichtige Meldungen, bei denen man in Kauf nimmt, dass sie irgendwo auf dem Bildschirm landen (wenn z. B. gerade ein Editorprogramm läuft) und den Anwender stören können.

Erste Anlaufstelle bei der Fehlersuche: Die Syslog-Datei

Viele Fehler- und Warnmeldungen und auch wichtige Hinweise werden von den Prozessen, die üblicherweise im Hintergrund ablaufen, in die Syslog-Datei */var/log/messages* geschrieben. Deswegen sollten Sie bei Problemen oder scheinbar unerklärlichem Verhalten des Systems auch einen Blick in diese Datei werfen. Viele Linux-Systeme sind standardmäßig so konfiguriert, dass Sie dies nur unter der Administratorkennung *root* tun dürfen, und das ist auch gut so: Wenn tatsächlich mehrere Benutzer mit Ihrem System arbeiten, könnten sie im Syslog Angaben finden, die beispielsweise auf (falsch eingegebene) Passwörter hinweisen oder anderweitig dabei helfen, mit dem System Unfug anzustellen.

Wenn Sie mit Hilfe der Syslog-Datei Fehlersuche betreiben wollen, gehen Sie daher folgendermaßen vor:

1. Melden Sie sich unter der Kennung *root* an oder verschaffen Sie sich mit dem Kommando *su* vorübergehend Systemverwalterrechte.
2. Neue Einträge werden stets ans Ende der Syslog-Datei angehängt; mit dem Kommando

   ```
   less +G /var/log/messages
   ```

   rufen Sie den Dateibetrachter *less* auf und springen direkt ans Ende der Datei, wo Sie die aktuellsten Meldungen sehen.
3. Blättern Sie (zum Beispiel mit den Pfeiltasten oder [Bild↑]) zurück, um etwaige Meldungen zu Ihrem Problem zu finden.

Typische Syslog-Einträge sehen so aus:

```
Mar 21 12:33:01 paco kernel: hdc : tray open or drive not ready
Mar 21 12:33:01 paco last message repeated 2 times
Mar 21 12:33:01 paco kernel: VFS: Disk change detected on device 16:00
Mar 21 12:33:01 paco kernel: hdc : tray open or drive not ready
Mar 21 12:33:01 paco kernel: hdc : tray open
Aug  3 07:43:12 paco pppd[23770]: pppd 2.3.8 started by paul, uid 1000
Aug  3 07:43:12 paco pppd[23770]: Using interface ppp0
Aug  3 07:43:12 paco pppd[23770]: Connect: ppp0 <--> /dev/ttyS1
Aug  3 21:47:34 paco su: (to root) paul on /dev/pts/12
Aug  3 21:47:34 paco su: pam_unix session started for user root, service su
```

Vorn stehen in jeder Zeile Monat, Tag und Uhrzeit des protokollierten Ereignisses. Es folgt der Rechnername (weil man in einem Rechnerverbund mit einem gemeinsamen, zentralen Syslog arbeiten kann); danach identifiziert sich der Prozess, der den Eintrag fabriziert hat, durch einen Programmnamen und eine Prozessnummer (in eckigen Klammern). Der Kernel selbst hat beides nicht und gibt stattdessen ehrlicherweise *kernel:* an. Daran schließt sich die eigentliche Meldung an, bei deren Deutung Sie allerdings auf man-Pages zu den jeweiligen Systemkomponenten, Readme-Dateien und Intuition angewiesen sind – allgemein gültige Hinweise können wir hier nicht geben.

Übrigens beziehen sich die Kernelmeldungen im Beispiel auf das CD-Laufwerk, das sich gemeldet hat, weil die Schublade offen oder eine neue CD-ROM eingelegt war, also nichts Schlimmes. Meldungen der Art *last message repeated x times* werden generiert, um bei häufigen Wiederholungen derselben Nachricht Platz einzusparen.

Die *pppd*-Meldungen sollen andeuten, dass Fehler oder Probleme bei der Modemeinwahl ebenfalls zu Syslog-Einträgen führen, die hilfreich sein können. Die *su*-Meldungen schließlich protokollieren den Wechsel unter die Administratorkennung gemäß obigem Punkt 1.

4 Wenn Sie keine passenden Syslog-Einträge finden, überprüfen Sie Datum und Uhrzeit in der ersten Zeile: Möglicherweise wurde die Syslog-Datei erst begonnen, nachdem das Problem auftrat.

Beenden Sie in einem solchen Fall *less* (mit *q*) und suchen Sie im Verzeichnis */var/log* nach älteren Dateien, deren Name mit *messages* beginnt: Vielleicht wurde der Inhalt einer früheren Log-Datei gesichert und dort abgelegt. Meist können Sie diese Dateien ebenfalls mit *less* lesen wie beschrieben; sonst müssen Sie sie erst dekomprimieren, wie in Kapitel 8.2 auf Seite 334 beschrieben.

5 Vergessen Sie zum Schluss nicht, Ihre Administrator-Shell wieder (mit *exit*) zu beenden und unter Ihrer „Alltagskennung" weiterzuarbeiten!

7. Manchmal einfach schneller: die Kommandozeile

In den vorangegangenen Kapiteln haben Sie bereits einige Linux-Kommandos kennen gelernt, die über die Tastatur entweder im Textmodus Ihrer Linux-Konsole oder in ein *xterm*-Fenster auf der grafischen Oberfläche eingegeben wurden. Da zur Eingabe solcher Kommandos oft die unterste Bildschirmzeile benutzt wird, spricht man vom Arbeiten mit der „Kommandozeile“, auch wenn sich umfangreiche Kommandos über mehrere Zeilen des Textbildschirms erstrecken können.

Trotz der heute auch bei Linux-Anwendern sehr beliebten grafischen Oberflächen spielt die Befehlseingabe über die Kommandozeile noch immer eine große Rolle; durch die Möglichkeit, auf dem X Window-Bildschirm mehrere Textfenster gleichzeitig darzustellen, ist sie eher noch attraktiver geworden, und viele Tools, die mit einer grafischen Bedienoberfläche ausgestattet sind, setzen die Eingaben des Benutzers intern in dieselben traditionellen Systemkommandos um, wie Sie sie auch direkt über die Kommandozeile eingeben können.

Deshalb wollen wir Ihnen in diesem Buch den Umgang mit der Shell etwas ausführlicher erklären; die Shell – auf Linux-Systemen meist das GNU-Programm *bash*, die Bourne-again shell – nimmt sowohl die Kommandos des Dialogbenutzers entgegen als auch diejenigen, die von Programmen intern und für die Benutzer unsichtbar abgesetzt werden.

7.1 Basiswissen zur Shell

Aus den vorangegangenen Kapiteln kennen Sie schon eine Reihe von Shell-Kommandos, und auch mit deren grundlegendem Aufbau sind Sie schon vertraut: Zum Beispiel ist in

```
cat /etc/fstab
```

cat, das erste „Wort“ in der Kommandozeile, der Kommandoname und gibt den Namen der Programmdatei an, die zur Bearbeitung des Kommandos gestartet wird (sofern es kein Shell-internes, „eingebautes“ Kommando ist). Die weiteren Wörter bis zum Ende der Eingabezeile stellen die Argumente dar, die dem Kommando zur Ausführung mitgegeben werden; in diesem Fall ist es der Dateiname */etc/fstab*, aus dem *cat* Daten lesen soll, die es dann wiederum ausgibt.

Anatomie der Kommandozeile

Nicht immer erstreckt sich ein Kommando bis zum Zeilenende; so kann die Zeile noch im Anschluss an das Kommando einen Kommentar enthalten:

```
cat /etc/fstab # die Datei /etc/fstab auf den Bildschirm ausgeben
```

Sobald die Shell in einem Kommando das Zeichen # erkennt, kümmert sie sich nicht mehr um den Rest der Zeile, sodass dort ein beliebiger Text beispielsweise zur Erklärung des Kommandos stehen darf.

Bei der Kommandoeingabe im Dialog ist diese Möglichkeit der Kommentierung zwar auch gegeben (man kann diese Wirkung des #-Zeichens ein- und ausschalten), aber sie ist nicht sonderlich sinnvoll. Kommandos dürfen jedoch auch in Dateien eingetragen werden (was wir Ihnen in Kürze zeigen werden), und dabei kann eine sorgfältige Kommentierung sehr hilfreich sein, um nachfolgenden Generationen den Umgang mit den von Ihnen geschriebenen Shell-Kommandos zu erleichtern... Um das optische Erscheinungsbild noch weiter zu verbessern, dürfen in einer Kommandodatei ganz leere Zeilen enthalten sein oder solche, die lediglich aus einem Kommentar bestehen:

```
# Eigenschaften der Datei /etc/fstab abfragen:
ls -l /etc/fstab

# Den Inhalt dieser Datei auf den Bildschirm ausgeben:
cat /etc/fstab
```

Diese Sonderbedeutung des # bringt allerdings ein Problem mit sich: Was tun, wenn ein Dateiname ausgerechnet dieses Zeichen enthält?

```
paco:~/sound $ ls -l
total 223
-rw-r--r--   1 paul     users      226542 Oct  6 21:55 #d_sinfonie
paco:~/sound $ cp #d_sinfonie /tmp
cp: missing file arguments
Try `cp --help' for more information.
paco:~/sound $
```

Das *cp*-Kommando, mit dem die Datei *#d_sinfonie* ins */tmp*-Verzeichnis kopiert werden soll, endet für die Shell mit der Leerstelle hinter dem Kommandowort *cp*; der Rest ist Kommentar und wird ignoriert. Das Kommando selbst weigert sich daraufhin, irgendetwas zu tun, wenn es keine Argumente übergeben bekommt, da es ja nun nicht weiß, was es wohin kopieren soll.

Ähnliche Probleme kann es im Übrigen auch mit anderen Sonderzeichen geben; wenn ein Dateiname beispielsweise ein Leerzeichen enthält (was durchaus erlaubt ist), würde dies in der Kommandozeile als Trenner zwischen zwei Wörtern angesehen.

Zeichen vor der Shell verstecken

Wenn Sie also wünschen, dass die Shell kritische Zeichen nicht auswertet, sondern unbesehen an das ausführende Programm durchreicht, wie sie es mit Buchstaben und Ziffern tut, müssen Sie sie vor der Shell „verstecken".

Dazu gibt es zwei Möglichkeiten: Sie können einen Backslash \ voranstellen oder eine ganze Zeichenfolge in Apostrophe '... ' einschließen.

Was zwischen einem Apostroph und dem nächstfolgenden Apostroph steht, wird von der Shell nicht weiter interpretiert; damit lässt sich im obigen Beispiel Abhilfe schaffen:

```
paco:~/sound $ cp '#d_sinfonie' /tmp
paco:~/sound $
```

Einen ähnlichen Effekt hat der Backslash, der aber nur das unmittelbar darauf folgende Zeichen schützt:

```
paco:~/sound $ cp \#d_sinfonie /tmp
paco:~/sound $
```

Soll ein Backslash tatsächlich in der Kommandozeile, also beispielsweise innerhalb eines Dateinamens, auftreten, muss er seinerseits durch Apostrophe ('\') oder durch seinesgleichen geschützt werden (also doppelt geschrieben als \\).

Steht ein einzelner Backslash als letztes Zeichen in einer Zeile, macht er den darauf folgenden Zeilenwechsel unwirksam, d. h., das Kommando erstreckt sich über mehrere Zeilen. Bei der Dialogeingabe macht man hiervon aber keinen Gebrauch, da die Kommandos ohnehin länger sein dürfen als eine (meist 80 Stellen umfassende) Textzeile.

Die Shell – flexibel durch Variablen

In den vorigen Kapiteln haben Sie schon Möglichkeiten kennen gelernt, mit der Shell über Variablen Informationen auszutauschen, beispielsweise durch das Kommando

```
export PS1='\h:\w \$ '
```

das Aussehen des Shell-Prompts zu bestimmen (siehe Kapitel 4.4 auf Seite 172). In diesem Fall dient die Variable der Informationsübergabe an die Shell, die bei jeder Kommandoanforderung die Variable PS1 auswertet und nach der dort enthaltenen Vorgabe den Promptstring aufbaut. In anderen Variablen stellt die Shell selbst Informationen zur Verfügung; so kann man beispielsweise abfragen, welche Version der Shell im Einsatz ist:

```
paco:~ $ echo $BASH_VERSION
2.03.0(1)-release
paco:~ $
```

Durch das *$*-Zeichen vor dem Variablennamen wird die Shell aufgefordert, an dieser Stelle das eingegebene Kommando zu modifizieren, und zwar anstelle des folgenden Namens *BASH_VERSION* den in der so benannten Variablen gespeicherten Inhalt einzusetzen. Das Kommando *echo* gibt diese Information sodann unverändert wieder aus.

Zusätzlich zu einer Reihe von vordefinierten Variablen, über die man Informationen mit der Shell austauschen kann, dürfen Sie nach Herzenslust eigene Variablen anlegen und als Werte beliebige Zeichenfolgen darin ablegen. Eine Variable wird erzeugt und ihr wird gleichzeitig ein Wert zugewiesen durch ein Kommando der Form

```
Variablenname=Wert
```

Wichtig ist, dass vor und nach dem Gleichheitszeichen kein Zwischenraum stehen darf und dass der Wert nach Lesart der Shell aus einem einzigen Wort bestehen muss. Sie gehen also auf Nummer Sicher, wenn Sie den Wert immer in Apostrophe einschließen.

```
paco:~ $ boss='alice'
paco:~ $ ls -l /home/$boss
total 2
drwxr-xr-x  26 alice users        1024 Mar 21  1999 Office50
-rw-r--r--   1 alice users          65 Mar 21  1999 meeting
paco:~ $
```

In diesem Beispiel wurde zunächst der Variablen *boss* der Wert *alice* zugewiesen; falls die Variable noch nicht existierte, wird sie implizit angelegt. Im nächsten Kommando wird der Inhalt der Variablen in ein *ls -l* eingefügt; dies hat denselben Effekt, als wäre es direkt in der Form *ls -l /home/alice* eingegeben worden.

Wenn unmittelbar nach einer Variablenersetzung Buchstaben, Ziffern oder ein Unterstrich stehen sollen, muss der Variablenname in geschweifte Klammern eingeschlossen werden, damit die Shell erkennen kann, wo der Name endet und der nicht dazugehörende Text beginnt:

```
paco:~ $ echo $boss_files

paco:~ $ echo ${boss}_files
alice_files
paco:~ $
```

Im ersten Fall wird nach einer Variablen namens *boss_files* gesucht; da sie nicht existiert, fügt die Shell als Variablenwert einen leeren String ein. Im zweiten Kommando ist die Ersetzung durch die Klammerung erkennbar und wird korrekt ausgeführt. Natürlich dürfen die geschweiften Klammern auch gesetzt werden, wenn die Abgrenzung des Variablennamens eindeutig ist.

Andere Zeichen als Buchstaben, Ziffern und den Unterstrich darf ein Variablenname nicht enthalten. Groß- und Kleinbuchstaben gelten (anders als bei MS-DOS und Windows) als unterschiedliche Zeichen, eine Variable *boss* hat also nichts mit einer etwa sonst noch existierenden Variable *Boss* oder *BOSS* zu tun.

Variablenersetzung verhindern

Auch das *$*-Zeichen, das eine Variablenersetzung kennzeichnet, kann durch einen vorangestellten Backslash oder durch Einschließen in Apostrophe gegen eine Interpretation geschützt werden und damit seine Sonderbedeutung verlieren:

```
paco:~ $ echo $boss
alice
paco:~ $ echo '$boss'
$boss
paco:~ $
```

Beim zweiten Kommando wird durch die '...' das Dollarzeichen „versteckt"; die ganze Zeichenfolge *$boss* bleibt als Wort erhalten und wird an das *echo* übergeben, das sie wieder ausgibt.

Die dritte Art, Sonderzeichen zu verbergen

Wenn Sie in einem Kommando eine Zeichenfolge in Apostrophe einschließen, findet darin keine Sonderbehandlung für das Dollarzeichen und damit auch keine Variablenersetzung statt. Oft benötigt man jedoch beides: die Zusammenfassung einer Zeichenfolge zu einem Parameter und darin eine Variablenersetzung.

Zu diesem Zweck gibt es eine Alternative zur Einschließung in Apostrophe, nämlich die Verwendung doppelter Anführungszeichen (meist [Umschalt]+[2] auf der deutschen Tastatur). Innerhalb einer in "... " eingeschlossenen Zeichenfolge werden zwar Variablenersetzungen ausgeführt, wenn ein *$* auftritt, aber Blanks und andere Sonderzeichen können nicht dazu führen, dass der ganze String von der Shell in mehrere Wörter unterteilt wird.

Der Backslash kann innerhalb einer solchen Folge verwendet werden, um Dollarzeichen und den doppelten Anführungszeichen ihre Sonderbedeutung zu nehmen, sodass sie nicht zu einer Variablenersetzung führen bzw. als Endezeichen interpretiert werden:

```
paco:~ $ a="Zeichenfolge mit Dollar '\$' und Anführung \""
paco:~ $ echo $a
Zeichenfolge mit Dollar '$' und Anführung "
paco:~ $
```

Dynamische Einfügung von Kommandoausgaben

Neben der Möglichkeit, die Inhalte von Shell-Variablen in ein Kommando einfügen zu lassen, können auch dynamisch erzeugte Informationen verwendet werden: Mit der Schreibweise

`$(Kommando)`

wird die Shell dazu veranlasst, das angegebene *Kommando* vorab auszuführen und die Daten, die es in die Standardausgabe schreibt, anstelle des *$(...)*-Konstrukts in die Kommandozeile einzufügen. In dem „inneren" Kommando dürfen wiederum Variablenersetzungen auftreten und auch erneut Kommandos auf die gleiche Weise eingeschachtelt werden; eher verliert man bei gar zu komplexen Konstruktionen die Übersicht, als dass man an die Grenzen der Shell stößt.

Export: Variablen für die Umgebung bereitstellen

Wenn Sie Shell-Variablen definieren und mit Werten belegen, werden diese Informationen von der Shell intern verwaltet; andere Programme haben keinen Zugriff darauf. Nur wenn die Shell explizit dazu aufgefordert wird, eine Variable zu exportieren, kopiert sie Namen und Werte der Variablen in einen Umgebungsbereich, den sie allen von ihr gestarteten Programmen (also auch Kommandos) zur Verfügung stellt. Wenn beispielsweise das *man*-Kommando eine Variable namens *PAGER* in seinem Umgebungsbereich findet, startet es nicht das Programm *less* zum Betrachten der man-Page, sondern nimmt als Programmnamen den Wert der *PAGER*-Variablen.

Sie können eine Shell-Variable auf zwei Arten zur Umgebungsvariablen „befördern“: Zum einen durch das Kommando *export Variable*, unabhängig von der Wertzuweisung an die Variable:

```
PAGER=more
export PAGER
```

Stattdessen können Sie auch beides zu einem Kommando kombinieren:

```
export PAGER=more
```

Alle Variablen, die das Verhalten von Programmen beeinflussen sollen, müssen vor dem Start dieser Programme in die Umgebung exportiert worden sein.

Shell-Umgebung maßgeschneidert: Startup-Dateien

Damit Sie nicht bei jedem Einloggen alle Shell-Variablen neu definieren und dazu eine Litanei von Kommandos eingeben müssen, ist es zweckmäßig, diese Kommandos in eine Datei zu schreiben und diese mit dem Kommando

```
source Dateiname
```

einlesen zu lassen. Die gelesenen Kommandos werden dann so behandelt, als seien sie über die Kommandozeile eingegeben worden.

Abgesehen davon, dass man das Kommando *source* auch kurz als ., also als einen einfachen Punkt schreiben kann (das spart fünf Anschläge!), überprüft die *bash* bei ihrem Start das Vorhandensein einiger Dateien und führt selbstständig ein *source* darauf aus, sofern sie existieren. Dies geschieht in folgender Reihenfolge:

1 Zuerst wird die Datei */etc/profile* ausgeführt.

2 Bei RedHat und SuSE wird die Datei */etc/profile* automatisch installiert; sie enthält Kommandos, die dafür sorgen, dass alle Dateien aus dem Verzeichnis */etc/profile.d*, deren Name auf *.sh* endet, ebenfalls „gesourced“ werden.

3 Bei einem SuSE-System wird anschließend eine Datei */etc/profile.local* abgearbeitet, wenn sie existiert; sie ist für die systemweiten Voreinstellungen des lokalen Systemadministrators vorgesehen. RedHat hingegen bearbeitet die Datei */etc/bashrc*; auch diese ist für individuelle Bedürfnisse des Systembetreibers vorgesehen.

4 Die *bash* selbst schaut sodann, ob eine Datei namens *.bash_profile* im Home-Verzeichnis des Benutzers existiert; wenn ja, wird auch sie eingelesen und abgearbeitet.

5 Nur wenn die *.bash_profile*-Datei nicht vorhanden ist, wird nach einer Datei *.bash_login* ebenfalls im Home-Verzeichnis gesucht. Wenn ja, wird sie bearbeitet, wenn nein, ...

6 ... gibt es noch einen letzten Versuch mit dem Namen *.profile*.

Wenn eine der genannten Dateien nicht existiert, wird das nicht als Fehler betrachtet; sie wird einfach übergangen.

Die gängigen Linux-Distributionen haben viele Voreinstellungen, davon auch zahlreiche Definitionen von Umgebungsvariablen, bereits in die mit ausgelieferten *bash*-Startup-Dateien eingetragen. Wenn Sie eigene Einstellungen hinzufügen wollen, tragen Sie sie zusätzlich in vorhandene Dateien ein oder legen Sie eine eigene Datei an, beispielsweise eine *.bash_login* in Ihrem Home-Verzeichnis.

Wenn die *bash* nicht bei der Anmeldung eines Benutzers gestartet wird, sondern zum Beispiel aus einer anderen Shell heraus, werden nicht die genannten */etc*-Dateien bearbeitet, sondern lediglich eine Datei *.bashrc* im Home-Verzeichnis des Anwenders (sofern sie vorhanden ist).

7.2 Verzeichnisse und Dateien anlegen

In diesem Unterkapitel werden zahlreiche Kommandos vorgestellt, die wichtig sind für die Arbeit mit Verzeichnissen und Dateien – um diese zu erstellen, zu kopieren, umzubenennen, wieder zu löschen oder Informationen über sie einzuholen.

Dateien erstellen und umbenennen

Die simpelste Methode, eine neue Datei (ohne die Verwendung eines Editors) zu erstellen, ist die Verwendung des Befehls *cat*. Dieser kopiert die Standardeingabe in die Standardausgabe. Beide sind im Normalfall mit der Konsole bzw. dem Terminalfenster, in dem Sie arbeiten, identisch.

Geben Sie zum Test einmal nur den Befehl *cat* ohne weitere Parameter ein; Sie können dann weitere Zeilen schreiben, die sofort von *cat* wieder ausgegeben werden. Sie können diese wenig sinnvolle Anwendung durch Eingabe des Steuerzeichens [Strg]+[D] (am Anfang einer Zeile!) beenden. Probieren Sie nun stattdessen den Befehl *cat >test*: Wieder können Sie Zeilen eingeben, aber diesmal werden sie nicht wieder ausgegeben, sondern in eine neu angelegte Datei *test* geschrieben, denn mit dem Zusatz *>test* haben Sie die Standardausgabe in die Datei *test* umgelenkt. (Falls diese Datei schon existierte, wird sie kommentarlos überschrieben.) Wieder können Sie mit Strg+D die Eingabe beenden, und dadurch wird die Testdatei geschlossen.

Sie können nun überprüfen, ob Ihre Zeilen wirklich in *test* gelandet sind: Leiten Sie dazu bei einem erneuten *cat*-Aufruf die Standardeingabe auf die Datei *test* um. Der Befehl lautet dann *cat < test.*

Natürlich ist dies nicht die übliche Weise, unter Linux Dateien zu erzeugen – Linux kommt mit einer Reihe exquisiter Editoren, die alle nur denkbaren Mittel der Dateibearbeitung zur Verfügung stellen. Die Editoren *vi*, *emacs* und *joe* stellen wir Ihnen in Kapitel 7.4 vor.

Inhaltsverzeichnis anzeigen mit ls

Nun haben wir also eine neue Datei *test* mit *cat* erzeugt und ausgegeben. Dann muss sie doch auch in einem Verzeichnislisting auftauchen. Geben Sie den Befehl *ls -l test* ein:

```
paco:~ $ cat >test
Hallo
Eins, zwei, drei
Strg+D
paco:~ $ cat <test
Hallo
Eins, zwei, drei
paco:~ $ ls -l test
insgesamt 1
-rw-r--r-- 1 paul     users      23 Jul 25 11:32 test
paco:~ $
```

Die Zeichen des Verzeichnislistings haben die folgenden Bedeutungen, auf die wir in den kommenden Abschnitten noch genauer eingehen werden:

ls-Ausgabe	Bedeutung
`-rw-r-r-`	beschreibt die Zugriffsrechte für die Datei *test* (mehr dazu ab Seite 275)
`1`	Anzahl der im System vorhandenen Verzeichniseinträge, die auf genau diese Datei verweisen
`paul users`	User- und Gruppenname des Dateierzeugers
`23`	Dateigröße in Bytes
`Jul 25 11:32`	Datum und Uhrzeit der Erstellung
`test`	Dateiname

Im nächsten Schritt wollen wir die Datei *test* in *test.alt* umbenennen: Dies leistet der Befehl *mv test test.alt* (*mv* steht für move, verschieben). Tatsächlich können Sie mit *mv* auch Dateien und Verzeichnisse verschieben, daher der Name. Das Umbenennen ist also nur ein Spezialfall des Verschiebens, bei dem sich vom vollständigen Dateinamen (mit Pfadangabe) nur das letzte Stück, also der Dateiname ändert.

Der *ls*-Befehl (*ls* steht für list) zeigt alle Dateien und Unterverzeichnisse im aktuellen bzw. in dem als Parameter angegebenen Verzeichnis an. Er besitzt zahlreiche Zusatzoptionen, mit denen sich die Ausgabe beeinflussen lässt; wir werden an geeigneter Stelle einige dieser Optionen vorstellen. Für eine vollständige Beschreibung können Sie einen Blick in die „man-Page“ werfen: Geben Sie dazu den Befehl *man ls* ein.

Dateien löschen

Das Löschen von Dateien übernimmt unter Linux der *rm*-Befehl (remove: entfernen). Um die Datei *test* zu löschen, verwenden Sie also den Befehl *rm test*. Bei RedHat-Linux wird der *rm*-Befehl (sofern er vom Systemadministrator *root* ausgeführt wird) automatisch mit dem Parameter *-i* aufgerufen (interactive: im Dialog mit dem Anwender), sodass bei jedem Löschversuch nachgefragt wird, ob Sie wirklich löschen wollen. Bei „normalen“ Benutzern ist dies nicht der Fall: Hier wird sofort (ohne Rückfrage) gelöscht. (Wie man auch als Normalanwender in den Genuss der automatischen Rückfrage kommt, lesen Sie in Kapitel 4.4 auf Seite 175.) Sie werden auch noch einmal gefragt, ob Sie die Datei wirklich löschen wollen, wenn die Datei eigentlich gegen Überschreiben geschützt ist.

Wenn Sie sich Ihrer Sache sicher sind, können Sie jegliche Rückfrage durch den Parameter *-f* (force: erzwingen) unterbinden. Die Datei wird dann kommentarlos gelöscht, und Sie erhalten auch keine Fehlermeldung, falls es die Datei überhaupt nicht gab.

```
paco:~ $ rm Muell
rm: 'Muell' löschen? n
paco:~ $ rm -f Muell
paco:~ $
```

Beachten Sie, dass es – anders als unter MS-DOS oder Windows – bisher kein Unerase-Tool gibt, mit dem Sie gelöschte Dateien wiederherstellen könnten. Wenn Sie eine Datei mit *rm* gelöscht haben, ist sie unwiderruflich aus dem Dateisystem entfernt.

Die grafische Oberfläche KDE bietet Ihnen einen Mülleimer-Ordner, in den Sie zu löschende Dateien verschieben können: Wenn Sie mit dem Datei-Manager von KDE arbeiten, können Sie beim Löschen stets zwischen echtem Löschen und Verschieben in diesen Ordner wählen; aus dem Mülleimer können Sie die Daten notfalls wieder herausholen.

Möchten Sie mehrere Dateien löschen, geben Sie einfach die Liste der zu löschenden Dateien hinter *rm* an, also z. B.

```
paco:~ $ rm -f Muell1 Muell2 Muell3
paco:~ $
```

Daneben haben Sie die Möglichkeit, mit Wildcards zu arbeiten. Dies sind die Zeichen * und *?*, die eine ähnliche Funktion wie unter MS-DOS/Windows haben: Das Fragezeichen ist ein Platzhalter für ein beliebiges Zeichen, das Sternchen ist ein Platzhalter für eine beliebig lange (auch leere!) Folge von Zeichen.

Profitip: Wildcards in Linux und DOS

Die Verarbeitung dieser Wildcards durch die Shell ist gravierend anders als unter MS-DOS: Wenn Sie ein MS-DOS-Programm (z. B. *Print.exe*) mit einem Parameter aufrufen, der Wildcards enthält, werden diese unverändert an das aufgerufene Programm weitergereicht, das dann prüfen muss, welche Dateien zu den Wildcards passen. Somit muss also in jedem dieser Programme eine Routine vorhanden sein, die eine Liste der passenden Dateinamen erzeugt und dann den eigentlichen Befehl auf jede Datei anwendet.

Unter einer Linux-Shell läuft dies anders: Wenn Sie hier Wildcards verwenden, wird bereits die Shell überprüfen, welche Dateien auf die Wildcards passen, und dem Befehl wird eine Liste mit den gefundenen Dateien übergeben. In einem Verzeichnis, das die drei Dateien *Muell1*, *Muell2* und *Muell3* enthält, ist also der Befehl *rm Muell?* mit dem Befehl *rm Muell1 Muell2 Muell3* identisch – zumindest bemerkt *rm* keinen Unterschied. Der Vorgang, bei dem die Shell nach Dateien sucht, die zu den Wildcards passen, wird als Wildcard-Expansion bezeichnet.

Ein weiterer Unterschied zu MS-DOS ist der, dass das Punkt-Zeichen . bei der Wildcard-Behandlung (fast) keine besondere Funktion hat. Unter DOS wird damit der eigentliche, acht Zeichen lange Dateiname von der drei Zeichen langen Dateinamenerweiterung (Extension) getrennt. Um unter DOS alle Dateien eines Verzeichnisses anzusprechen, ist daher die Wildcard-Konstruktion *.* (alle Dateinamen, alle Erweiterungen) nötig, wohingegen unter Linux * ausreicht. Lediglich die „versteckten Dateien“, deren Namen mit einem Punkt beginnen, werden durch Wildcard-Angaben nicht erfasst, es sei denn, auch die Wildcard-Konstruktion hat als erstes Zeichen einen Punkt.

Die folgende Tabelle gibt einen Vergleich der Bedeutung der Wildcards unter DOS und Linux.

Wildcard	MS-DOS	Linux
.	alle Dateinamen	alle Dateinamen, die einen Punkt enthalten
*	alle Dateinamen ohne Endung	alle Dateinamen, die nicht mit einem Punkt beginnen
xyz?	alle Dateinamen ohne Endung, die mit *xyz* beginnen und ein weiteres Zeichen enthalten	alle Dateinamen, die mit *xyz* beginnen und ein weiteres Zeichen enthalten
*.doc	alle Dateinamen mit der Endung *.doc*	alle Dateinamen, die auf *.doc* enden (nicht jedoch z. B. *testdoc*)
*a*b*	alle Dateinamen ohne Endung (gleichwertig zu *)	alle Dateinamen, in denen irgendwo ein a und dahinter irgendwo ein b vorkommt
ab*cd	alle Dateinamen ohne Endung, die mit *ab* beginnen	alle Dateinamen, die mit *ab* beginnen und mit *cd* enden

Ein Vorteil der Linux-Wildcard-Expansion gegenüber DOS ist, dass sich Wildcards immer „gleich verhalten“: Unabhängig davon, welchen Befehl Sie mit einem Wildcard-Parameter aufrufen, werden dem Befehl immer die gleichen Dateinamen übergeben. Da unter DOS jedes Programm sein eigenes „Wildcard-Süppchen“ kochen kann, müssen Sie das Verhalten stets überprüfen. So gelten zum Beispiel die Angaben aus der obigen Tabelle für MS-DOS nicht mehr, wenn Sie den Kommandointerpreter *Command.com* durch das Sharewaretool *4dos.com* ersetzen, da *4dos* Wildcards anders interpretiert und auch mehrere Sternchen (wie in **a*b**) auswertet.

Kontrolle ist besser: Was erfassen die Wildcards?

Was bei der Wildcard-Expansion herauskommt, können Sie am einfachsten (und sichersten) mit dem *echo*-Kommando feststellen. Dies ist ein sehr simples Kommando, das alle seine Parameter in die Standardausgabe schreibt:

```
paco:~ $ echo hallo
hallo
paco:~ $ echo *.text
englisch.text grafik.text mlw.text
paco:~ $
```

Die Namen der drei Dateien *englisch.text*, *grafik.text* und *mlw.text* passten in diesem Beispiel auf den Wildcard-Ausdruck **.text*.

Unerwartete Wildcard-Ergebnisse vermeiden

Aus der Art, wie die Linux-Shell Wildcards behandelt, ergeben sich einige Besonderheiten, die für viele Einsteiger überraschend sind:

- Wenn die Shell keinen Dateinamen findet, der auf den Wildcard-Parameter passt, gibt sie einfach den Parameter unverändert an das Programm weiter. Man darf daher nicht davon ausgehen, dass „kein Treffer“ gleichbedeutend ist mit „kein Parameter“:

  ```
  paco:~ $ echo Folgende Dateien wurden gefunden: *.text
  Folgende Dateien wurden gefunden: englisch.text grafik.text mlw.text
  paco:~ $ echo Folgende Dateien wurden gefunden: x*x
  Folgende Dateien wurden gefunden: x*x
  paco:~ $
  ```

  Oft führt das freilich zu einem „normalen“ Ergebnis: Wenn Sie *ls -l x*x* eingeben, aber kein Dateiname mit *x* anfängt und aufhört, bekommt *ls* den „Dateinamen“ *x*x* übergeben und meldet, dass es die Datei nicht gefunden hat.

- Falls Sie Wildcard-Zeichen in einem Parameter an ein Programm übergeben wollen, weil es beispielsweise selbst eine eigene Wildcard-Verarbeitung implementiert, müssen Sie die Zeichen vor einer Expansion durch die Shell schützen, da sonst der Wildcard-Parameter durch die gerade passenden Dateinamen ersetzt wird:

  ```
  paco:~ $ echo hoerst du mich?
  hoerst du micha
  paco:~ $ ls -l mich?
  ```

```
-rw-r--r--    1 paul     users      38 Jul 21 20:43 micha
paco:~ $
```

Das *ls*-Kommando enthüllt, weshalb *echo* die Frage nicht unverändert ausgegeben hat: Es existierte eine Datei, auf die *mich?* als Wildcard passte.

Sie können die Expansion verhindern, indem Sie jedem Wildcard-Zeichen einen Backslash \ voranstellen oder den ganzen Parameter in Apostrophe einschließen:

```
paco:~ $ echo hoerst du mich\?
hoerst du mich?
paco:~ $ echo 'siehst du mich?'
siehst du mich?
paco:~ $
```

Das Verzeichnis wechseln

Wie weiter oben beschrieben, befinden Sie sich nach der Anmeldung immer in Ihrem Home-Verzeichnis, das für normale Anwender */home/user* und für den Administrator */root* ist. Um nun in ein anderes Verzeichnis zu wechseln, können Sie den *cd*-Befehl verwenden. Dieser erlaubt wahlweise die Angabe eines absoluten oder eines relativen Pfadnamens.

Verzeichniswechsel mit absoluten Pfadnamen

Bei einem absoluten Pfadnamen geben Sie den vollen Pfad ab dem Wurzelverzeichnis / an: Um etwa in das Verzeichnis */etc/X11/* zu wechseln, können Sie also *cd /etc/X11* schreiben.

Verzeichniswechsel mit relativen Pfadnamen

Oft ist es umständlich, den vollen Pfadnamen anzugeben. Angenommen, Sie befinden sich im Verzeichnis */home/paul/Daten/privat/Briefe/Kollegen/* und wollen nun in das Unterverzeichnis *Carla* dieses Verzeichnisses wechseln. Dann könnten Sie dazu natürlich den Befehl

```
cd /home/paul/Daten/privat/Briefe/Kollegen/Carla
```

verwenden. Zum Glück geht es auch einfacher: Dasselbe leistet der Befehl

```
cd Carla
```

Da hier vor dem Namen *Carla* kein Slash / eingegeben wurde, interpretiert die Shell den Verzeichnisnamen als relativ zum aktuellen Verzeichnis: Das bedeutet, dass der neue Pfad entsteht, indem einfach an den aktuellen Pfadnamen */home/paul/Daten/privat/Briefe/Kollegen/* der zusätzliche Pfadname *Carla/* angehängt wird.

Noch einfacher kommen Sie wieder zurück: Mit dem Befehl *cd ..* gelangen Sie stets in das eine Ebene weiter oben liegende Verzeichnis – da dies immer eindeutig ist, muss hier gar kein spezieller Verzeichnisname angegeben werden.

Wenn Sie sich mit *ls -al* alle Dateien des aktuellen Verzeichnisses anzeigen lassen, werden Sie den beiden Einträgen . und .. begegnen: Während .. immer das nächsthöhere Verzeichnis bedeutet, ist . ein Synonym für das aktuelle Verzeichnis. Der Befehl *cd .* bewirkt also gar nichts! Sinnvoll ist dieser Spezialname aber trotzdem:

Nehmen wir an, dass in dem Verzeichnis, in dem Sie sich gerade befinden, eine ausführbare Datei *programm* liegt. Falls das Verzeichnis nicht gerade */bin*, */usr/bin* oder ein anderes in der Pfadvariable *PATH* aufgeführtes Verzeichnis ist, wird die Eingabe des Befehls *programm* erfolglos bleiben: Dieses Programm kann so nicht gestartet werden, da die Shell nur in den Verzeichnissen sucht, die in *PATH* definiert sind. Geben Sie aber stattdessen *./programm* ein, erkennt die Shell, dass Sie eine konkrete Pfadangabe gemacht haben, und sucht dann nur im angegebenen Pfad – und das ist dank *./* eben das aktuelle Verzeichnis.

Erstellen und Löschen von Verzeichnissen

Zum Erstellen und Löschen von Unterverzeichnissen können Sie dieselben Befehle wie unter DOS verwenden: *mkdir* und *rmdir*. Wir wollen dies einmal testen:

```
paco:~ $ mkdir testdir
paco:~ $ cd testdir
paco:~/testdir $ ls -l
total 0
paco:~/testdir $ touch neu
paco:~/testdir $ ls -l
total 1
-rw-r--r-- 1 paul     users     0 Aug 22 20:53 neu
paco:~/testdir $ cd ..
paco:~ $ rmdir testdir
rmdir: testdir: Directory not empty
paco:~ $ rm -v testdir/*
testdir/neu
paco:~ $ rmdir testdir
paco:~ $
```

(Das Kommando *touch* erzeugt eine Datei mit dem angegebenen Namen, falls sie noch nicht vorhanden war; die Option *-v* des *rm*-Kommandos veranlasst die Ausgabe der Namen aller gelöschten Dateien.)

rmdir weigert sich, ein Verzeichnis zu löschen, das noch Dateien enthält. Sie müssen erst, wie im obigen Beispiel, das Verzeichnis leer räumen, bevor Sie *rmdir* anwenden können. Stattdessen können Sie aber auch *rm* mit der Option *-r* aufrufen: Dann (und nur dann) löscht es alle angegebenen Dateien und Verzeichnisse und in diesen rekursiv alles, was darin enthalten ist. Im Beispiel hätten Sie also statt *rm -fv testdir/** das Kommando *rm -r testdir* schreiben können.

Hinweis

Vorsicht beim Löschen mit rm -rf!

Wenn Sie *rm* benutzen, um rekursiv und ohne Nachfragen zu löschen, können Sie bei unvorsichtiger Anwendung weitaus mehr Dateien beseitigen, als Sie beabsichtigen. Das Musterbeispiel für ein unglückliches Kommando ist *rm -rf .**; es löscht nicht nur alle „versteckten Unterverzeichnisse", deren Namen mit einem Punkt beginnen, mitsamt allen darin enthaltenen Dateien, sondern die Wildcard passt auch auf .; also löscht das Kommando das momentane Arbeitsverzeichnis mit seinem kompletten Inhalt. Damit nicht genug, geht es über .. in das nächsthöhere Verzeichnis – und so weiter ...

Unter der *root*-Kennung ausgeführt, kann dieses Kommando also ein ganzes System vernichten. Im Zweifel sollten Sie deshalb stets die Option *-i* (als letzte) mit angeben; zwar müssen Sie vielleicht viele Rückfragen mit *y* beantworten, aber Sie sind vor unliebsamen Überraschungen geschützt.

Kopieren und Verschieben von Dateien und Verzeichnissen

Zum Kopieren von Dateien und Verzeichnissen können Sie den *cp*-Befehl (copy) verwenden:

```
cp Quelle Ziel
```

Er kann auf unterschiedliche Weise benutzt werden:

- Wenn *Quelle* der Name einer existierenden Datei und *Ziel* ebenfalls ein Dateiname ist, werden die Daten aus der Quelldatei gelesen und unverändert in die Zieldatei geschrieben. Falls diese schon existiert, wird sie überschrieben.
- Ist *Ziel* der Name eines Verzeichnisses, wird die Zieldatei unter demselben Namen in diesem Verzeichnis angelegt, den die Quelldatei (in ihrem Verzeichnis) hat.
- Sie können auch mehrere (Quell-)Dateien angeben; diese werden nacheinander in das *Ziel* kopiert, das aber ein Verzeichnis sein muss.

Die Kopie erhält dabei jeweils das aktuelle Datum – wenn Sie dies verhindern wollen, können Sie die Option *-a* verwenden („Archivfunktion").

Wenn Sie beispielsweise die Datei */etc/fstab* vor einer Bearbeitung sichern wollen, können Sie das Kommando

```
cp -a /etc/fstab /etc/fstab.alt
```

benutzen; mit

```
cp /etc/fstab .
```

erzeugen Sie im aktuellen Arbeitsverzeichnis eine Kopie der *fstab*, die Sie nach der Bearbeitung an den Ursprungsort zurückkopieren:

```
cp fstab /etc
```

Um ein ganzes Verzeichnis zu kopieren, können Sie ebenfalls den *cp*-Befehl verwenden: Durch die Option *-r* („rekursiv“) werden rekursiv alle Unterverzeichnisse mitkopiert. Beispiel:

```
paco:~ $ cp -r /usr/doc/zip-2.1 .
paco:~ $ ls -l
total 1
drwxr-xr-x 2 paul     users     1024 Aug 22 21:41 zip-2.1
paco:~ $ ls -l zip-2.1/
total 83
-rw-r--r-- 1 paul     users     6760 Aug 22 21:41 README
-rw-r--r-- 1 paul     users     2612 Aug 22 21:41 TODO
-rw-r--r-- 1 paul     users    13973 Aug 22 21:41 Where
-rw-r--r-- 1 paul     users     3395 Aug 22 21:41 algorith.doc
-rw-r--r-- 1 paul     users    12920 Aug 22 21:41 infozip.who
-rw-r--r-- 1 paul     users     5889 Aug 22 21:41 install.doc
-rw-r--r-- 1 paul     users    32815 Aug 22 21:41 zip.doc
paco:~ $ ls -l /usr/doc/zip-2.1/
total 83
-rw-r--r-- 1 root     root      6760 Apr 27 1996 README
-rw-r--r-- 1 root     root      2612 Apr 22 1996 TODO
-rw-r--r-- 1 root     root     13973 Apr 26 1996 Where
-rw-r--r-- 1 root     root      3395 Apr  1 1996 algorith.doc
-rw-r--r-- 1 root     root     12920 Apr 27 1996 infozip.who
-rw-r--r-- 1 root     root      5889 Apr 27 1996 install.doc
-rw-r--r-- 1 root     root     32815 Apr 27 1996 zip.doc
paco:~ $
```

Hier wurde im Home-Verzeichnis des Benutzers *paul* ein neues Verzeichnis *zip-2.1* angelegt, dessen Inhalt identisch mit dem Inhalt von */usr/doc/zip-2.1* ist. Um die Dateidatumseinträge zu erhalten, hätte wieder (zusätzlich) die Option *-a* verwendet werden müssen.

Zum Verschieben oder Umbenennen von Dateien oder auch ganzen Verzeichnissen wird der *mv*-Befehl (move: verschieben) verwendet, der analog zum *cp*-Befehl aufgebaut ist:

```
mv Quelle Ziel
```

Die Behandlung von Datei- und Verzeichnisnamen ist wie beim *cp*-Kommando; allerdings können Sie hier auch als *Quelle* ein Verzeichnis angeben, das dann als Ganzes – mitsamt den darin enthaltenen Dateien und Unterverzeichnissen – an die Zielposition verschoben wird.

Ein Verschieben von Dateien innerhalb eines Dateisystems (also in derselben Partition) ist intern als reines „Umbenennen“ realisiert und erfordert keinen umfangreichen Datentransport; ein Verschieben über Dateisystemgrenzen hinweg erfordert ein Kopieren der Daten und anschließendes Löschen der Quelldateien (und kann deshalb auch etwas länger dauern). Verzeichnisse können hingegen nur innerhalb desselben Dateisystems verschoben werden; das Kopieren (mit *cp -r*) und das Löschen des Quellverzeichnisses (mit *rm -r*) muss ansonsten von Hand vorgenommen werden.

Das *mv*-Kommando versteht, analog zu *rm* und übrigens auch *cp*, die Optionen *-i* und *-f*: *-i* veranlasst eine Rückfrage vor jedem Überschreiben einer schon existierenden Datei, *-f* unterdrückt alle Rückfragen und verlangt unbedingtes Überschreiben. (Wenn Sie beide Optionen angeben, hat die zuletzt genannte Vorrang.)

Links: Verknüpfungen mit dem ln-Befehl

Ein besonders praktisches Konzept, das Sie nur bei Unix-Systemen finden, ist das der Links: Links sind Verknüpfungen zwischen Dateien, die es Ihnen erlauben, ein und dieselbe Datei unter verschiedenen Dateinamen (und in verschiedenen Verzeichnissen) anzusprechen, ohne dazu Kopien dieser Dateien anzulegen. Um dies genau erklären zu können, müssen wir einen kurzen Ausflug in den Aufbau des Linux-Dateisystems unternehmen.

Ein wenig Theorie: Was sind Inodes?

Ein Inode (information node, Informationsknoten) ist ein Eintrag in einer speziellen Tabelle innerhalb einer Partition, der eine Datei beschreibt: Im Inode sind u. a. Informationen über Name, Besitzer, Zugriffsrechte, Größe und Position der Datei auf der Partition gespeichert.

Wenn nun in einem Verzeichnis eine neue Datei angelegt wird, wird die gesamte Information über die neue Datei nicht in das Verzeichnis, sondern in einen noch freien Inode geschrieben, und dessen Inode-Nummer wird in das Verzeichnis eingetragen.

Hard Links

Dieses Konzept legt nahe, dass ein und dieselbe Datei in mehreren Verzeichnissen auftauchen könnte, wenn man einfach dieselbe Inode-Nummer mehrfach verwendet. Genau dieses Prinzip steht hinter den Links, genauer Hard Links: Mit dem *ln*-Kommando können Sie zusätzliche Verzeichniseinträge für eine Datei an anderer Stelle und unter anderem Namen ablegen. Die Befehlssyntax des *ln*-Befehls ähnelt der des *cp*-Befehls:

```
ln Quelle Ziel
```

(*Quelle* ist der Name einer existierenden Datei, *Ziel* der Name, unter dem ein neuer Link auf diese Datei eingerichtet werden soll.)

Da die Hard Links auf eine Datei alle gleichberechtigt sind (es spielt keine Rolle, welcher zuerst da war und welcher später mit *ln* eingerichtet wurde), hat das Löschen eines Links weiter keine Auswirkungen, als dass die Datei von nun an unter diesem Namen nicht mehr auffindbar ist. Erst wenn der letzte Link gelöscht wird, hat man ja keine Chance mehr, die Datei noch anzusprechen; dann wird auch der Inode gelöscht und der von der Datei belegte Speicherplatz freigegeben.

Hinweis

Dateien ohne Verzeichniseinträge?

In Ausnahmefällen kann eine Datei sogar dann noch existieren, wenn sie keinen einzigen Verzeichniseintrag mehr besitzt: Falls ein Programm die Datei gerade zum Lesen oder Schreiben eröffnet hat, kann sie nicht einfach aus dem System entfernt werden. Löscht jemand währenddessen mit *rm* den einzigen Verzeichniseintrag dieser Datei, verschwindet sie scheinbar aus dem System, bleibt aber dennoch so lange auf der Platte bestehen, bis die laufende Bearbeitung abgeschlossen ist.

Dieser Effekt ist manchmal daran erkennbar, dass trotz des Löschens einer sehr großen Datei der verfügbare Plattenspeicherplatz nicht zunimmt. Erst wenn kein Programm mehr mit dieser Datei arbeitet, entfernt das Betriebssystem sie und gibt den Platz auf der Platte wieder frei.

Um nachhalten zu können, wie viele Verzeichniseinträge noch auf eine Datei verweisen, führt Linux im Inode Buch über die Anzahl der Hard Links jeder Datei. Sie können dies beobachten:

```
paco:~ $ echo 'Mozart' >wolfgang
paco:~ $ ls -l wolfgang
-rw-r--r--    1 paul     users           7 Aug  7 02:09 wolfgang
paco:~ $ ln wolfgang amadeus
paco:~ $ ls -l wolfgang
-rw-r--r--    2 paul     users           7 Aug  7 02:09 wolfgang
paco:~ $ ls -l amadeus
-rw-r--r--    2 paul     users           7 Aug  7 02:09 amadeus
paco:~ $
```

In der zweiten Ausgabespalte, unmittelbar vor dem Benutzernamen, sehen Sie die Anzahl der Hard Links. Dass es sich hier zweimal um dieselbe Datei handelt, können Sie sehen, wenn Sie *ls* mit der Option *-i* aufrufen; in der Ausgabe erscheint dann zu jeder Datei die Nummer ihres Inode, die (in jedem Dateisystem) eindeutig ist:

```
paco:~ $ ls -li
 8273 -rw-r--r--    2 paul     users           7 Aug  7 02:09 amadeus
11969 -rw-r--r--    1 paul     users           8 Aug  3 13:44 claude
 8273 -rw-r--r--    2 paul     users           7 Aug  7 02:09 wolfgang
paco:~ $
```

Sie sehen hier die Inode-Nummer in der ersten Ausgabespalte, und bei den beiden Einträgen, die auf dieselbe Datei verweisen, stimmen diese Nummern überein.

Die Hard Links unterliegen allerdings einer Einschränkung, die eine Konsequenz aus der Organisation der Inodes ist: Da zwei Verzeichniseinträge, die auf diese Weise verbunden sind, die gleiche Inode-Nummer verwenden und Inode-Nummern für jede Partition getrennt verwaltet werden, müssen Quelle und Ziel bei der *ln*-Verknüpfung im selben Dateisystem, also auf derselben Partition liegen.

Soft Links

Um dieses Problem zu beheben, gibt es zusätzlich eine weitere Variante von Links – die so genannten Soft Links oder symbolischen Links.

Ein symbolischer Link ist ein Verzeichniseintrag, der nicht auf den Inode einer vorhandenen Datei, sondern über einen Pfadnamen auf eine Datei verweist. Ein gutes Beispiel dafür finden Sie im Verzeichnis */etc/rc.d/rc3.d*; wenn Sie sich den Inhalt dieses Verzeichnisses mit *ls -l* anzeigen lassen, erhalten Sie eine Ausgabe der folgenden Form:

```
paco:~ # ls -l
total 0
lrwxrwxrwx 1 root root 16 Aug 30 14:06 K08autofs -> ../init.d/autofs
lrwxrwxrwx 1 root root 15 Aug 30 14:06 K10xntpd -> ../init.d/xntpd
lrwxrwxrwx 1 root root 16 Aug 30 14:06 K20rwalld -> ../init.d/rwalld
lrwxrwxrwx 1 root root 15 Aug 30 14:06 K20rwhod -> ../init.d/rwhod
lrwxrwxrwx 1 root root 14 Aug 30 14:06 K25innd -> ../init.d/innd
lrwxrwxrwx 1 root root 15 Aug 30 14:06 K25squid -> ../init.d/squid
lrwxrwxrwx 1 root root 13 Aug 30 14:06 K28amd -> ../init.d/amd
lrwxrwxrwx 1 root root 16 Aug 30 14:06 K30mcserv -> ../init.d/mcserv
lrwxrwxrwx 1 root root 16 Aug 30 14:06 K30ypbind -> ../init.d/ypbind
lrwxrwxrwx 1 root root 16 Aug 30 14:06 K35ypserv -> ../init.d/ypserv
lrwxrwxrwx 1 root root 16 Aug 30 14:06 K55routed -> ../init.d/routed
lrwxrwxrwx 1 root root 15 Aug 30 14:06 K75gated -> ../init.d/gated
lrwxrwxrwx 1 root root 14 Aug 30 14:06 S05apmd -> ../init.d/apmd
lrwxrwxrwx 1 root root 15 Aug 30 14:06 S15nfsfs -> ../init.d/nfsfs
lrwxrwxrwx 1 root root 16 Aug 30 14:06 S20random -> ../init.d/random
lrwxrwxrwx 1 root root 16 Aug 30 14:06 S30syslog -> ../init.d/syslog
lrwxrwxrwx 1 root root 13 Aug 30 14:06 S40atd -> ../init.d/atd
lrwxrwxrwx 1 root root 15 Aug 30 14:06 S40crond -> ../init.d/crond
lrwxrwxrwx 1 root root 15 Aug 30 14:06 S40snmpd -> ../init.d/snmpd
lrwxrwxrwx 1 root root 16 Aug 30 14:06 S45pcmcia -> ../init.d/pcmcia
lrwxrwxrwx 1 root root 14 Aug 30 14:06 S50inet -> ../init.d/inet
lrwxrwxrwx 1 root root 15 Aug 30 14:06 S55named -> ../init.d/named
lrwxrwxrwx 1 root root 13 Aug 30 14:06 S60lpd -> ../init.d/lpd
lrwxrwxrwx 1 root root 13 Aug 30 14:06 S60nfs -> ../init.d/nfs
lrwxrwxrwx 1 root root 15 Aug 30 14:06 S65dhcpd -> ../init.d/dhcpd
lrwxrwxrwx 1 root root 13 Aug 30 14:06 S85gpm -> ../init.d/gpm
lrwxrwxrwx 1 root root 15 Aug 30 14:06 S85httpd -> ../init.d/httpd
lrwxrwxrwx 1 root root 15 Aug 30 14:06 S85sound -> ../init.d/sound
lrwxrwxrwx 1 root root 13 Aug 30 14:06 S91smb -> ../init.d/smb
lrwxrwxrwx 1 root root 11 Aug 30 13:50 S99local -> ../rc.local
paco:~ #
```

Alle Einträge dieses Verzeichnisses sind symbolische Links, was Sie an der Ausgabe mit den Zeichen -> (und am Typkennzeichen *l* in der vordersten Spalte) erkennen können. So ist beispielsweise *K08autofs* ein symbolischer Link auf die Datei *../init.d/autofs*. Beachten Sie, dass hier der Pfadname relativ ist, also nicht mit / beginnt: Da Sie im Verzeichnis */etc/rc.d/rc3.d/* sind, ist *../init.d/autofs* also die Datei */etc/rc.d/init.d/autofs*.

Symbolische Links werden ebenfalls mit dem *ln*-Befehl erzeugt, wobei die Option *-s* (symbolic) angegeben werden muss. Um den oben beschriebenen symbolischen Link von *K08autofs* auf *../init.d/autofs* einzurichten, würden Sie den Befehl

```
ln -s ../init.d/autofs K08autofs
```

verwenden. Auch hier steht also die „Quelldatei" zuerst – die allgemeine Form dieses Aufrufs ist

ln -s *Quelle Ziel*

Ist *Quelle* ein relativer Pfadname (also ohne führenden Schrägstrich /), bezieht er sich stets auf das Verzeichnis, in dem der symbolische Link eingetragen ist.

Anders als bei Hard Links muss die Zieldatei nicht vorhanden sein: Beim Erstellen des Links wird nicht überprüft, ob sich der Quelldateiname auf eine gültige Datei bezieht. Dadurch können Sie einen symbolischen Link schon erzeugen, bevor die dadurch angesprochene Datei existiert. Auch lässt sich nachträglich die Quelldatei löschen, ohne dass davon symbolische Links auf diese Datei betroffen sind: Es besteht keine wirkliche Verbindung zwischen einer Datei und einem symbolischen Link auf diese. Beim Zugriff auf einen symbolischen Link, der auf eine nicht vorhandene Datei verweist, erhalten Sie natürlich eine Fehlermeldung – genauso, also hätten Sie einen ungültigen Dateinamen eingegeben.

Zugriffsrechte für Dateien und Verzeichnisse

Von MS-DOS und MS-Windows 9x kennen Sie vielleicht die Dateiattribute nur-lesen (read-only), versteckt (hidden), archivierbar (a) und Systemdatei (system), die Sie mit dem Befehl *attrib* setzen und löschen können. Auch unter Linux können Sie Dateiattribute verändern, und zwar deutlich komplexer, da Linux ein Mehrbenutzer-Betriebssystem ist. Daher lassen sich Attribute – im Linux-Jargon Rechte – dreistufig, nämlich für den Besitzer der Datei, für alle Mitglieder einer Gruppe (mehr dazu gleich) und für alle Anwender setzen.

Die Rechte, die hier geändert werden können, sind das Lese-, Schreib- und Ausführungsrecht: Wenn Sie leseberechtigt sind, können Sie eine Datei beispielsweise mit *less* oder *cat* betrachten, bei Schreibberechtigung können Sie diese mit einem Editor oder einem anderen Programm verändern oder auch löschen, und wenn es sich bei der Datei um ein Programm handelt (entweder ein Binary, also ein Maschinensprache-Programm, oder ein Shell-Skript) und Sie das Ausführrecht besitzen, können Sie dieses Programm starten.

Ein „Hidden"-Attribut wie unter MS-DOS/Windows gibt es nicht: Zum Verstecken einer Datei verwenden Sie einfach einen Dateinamen, der mit einem Punkt beginnt – solche Dateinamen werden (wie bereits weiter oben beschrieben) bei der normalen Ausgabe des Inhaltsverzeichnisses mit *ls* nicht angezeigt.

Besitzer und Gruppe einer Datei

Jede Linux-Datei ist durch Einträge in ihrem Inode einem Besitzer und einer Gruppe zugeordnet. Beide werden durch Zahlenwerte repräsentiert, zu denen sich in den systemweiten Verwaltungsdateien */etc/passwd* und */etc/group* die zusätzlichen Informationen wie Name des Benutzers bzw. der Gruppe finden. Nähere Einzelheiten zur Benutzerverwaltung und zu Inhalt und Pflege der Verwaltungsdateien finden Sie in Kapitel 9.1 auf Seite 364.

Da sich jeder Anwender bei der Anmeldung an das System per Login identifizieren muss, kann ihm ebenfalls eine Benutzer- und eine Gruppenkennung zugeordnet werden. Stimmt nun seine Benutzerkennung mit dem Eigentümereintrag der Datei überein, gilt er als Besitzer dieser Datei (owner). Ist das nicht der Fall, aber seine Gruppenkennung ist gleich der Gruppennummer, die im Inode der Datei eingetragen ist, gilt die Datei als seiner Gruppe zugehörig. Trifft auch das nicht zu, dann ist der Benutzer einer der „anderen in der Welt“ (others).

Je nachdem, in welche dieser drei Klassen ein Benutzer beim Zugriff auf eine Datei fällt – Eigentümer, Gruppenmitglied oder Sonstige –, wird die Berechtigung dieses Zugriffs unterschiedlich geprüft. Wir wollen das anhand eines Beispielverzeichnisses mit den folgenden Dateien verdeutlichen:

```
paco:~ $ ls -l
total 0
-rwxrwxrwx 1 paul users   0  Sep  8 22:52 Alle-Rechte
---------- 1 paul users   0  Sep  8 22:52 Keine-Rechte
-rwx------ 1 paul users   0  Sep  8 22:53 Nur-Besitzer
-rwxrwx--- 1 paul users   0  Sep  8 22:53 Nur-Besitzer-und-Gruppe
-rw-r--r-- 1 paul users   0  Sep  8 22:52 Standard
paco:~ $
```

Betrachten Sie zunächst die Datei *Nur-Besitzer*: Der Dateiname soll andeuten, dass niemand außer dem Besitzer auf diese Datei zugreifen darf – der Besitzer ist in diesem Fall der Anwender *paul*. Die Zugriffsrechte können Sie der ersten Spalte der *ls*-Ausgabe entnehmen: Nach dem ersten --Zeichen (das anzeigt, dass der Verzeichniseintrag eine Datei und kein Verzeichnis ist; bei Verzeichnissen steht vorn ein *d*) finden Sie die Zeichen *rwx*, gefolgt von sechs --Zeichen. Ein --Zeichen bedeutet stets, dass ein Recht nicht vergeben wurde, die Kombination *rwx* in den Spalten 2, 3 und 4 bedeutet, dass der Besitzer diese Datei lesen (**r**ead), schreiben (**w**rite) und ausführen (e**x**ecute) darf.

Der Administrator *root* ist von dieser Einschränkung natürlich nicht betroffen: Er darf jede Datei auf seinem System lesen und schreiben. Ausführen kann auch er nur Dateien, die das *x*-Attribut gesetzt haben, was aber keine Einschränkung ist, da er diese Rechte auch beliebig verändern darf.

Nun wollen wir eine Datei betrachten, die allen Mitgliedern der Gruppe *users* den lesenden, schreibenden und ausführenden Zugriff erlaubt: Ein Beispiel dafür ist die Datei *Nur-Besitzer-und-Gruppe*. Hier sind neben den ersten Zeichen *-rwx* auch die folgenden Attribute durch *rwx* gekennzeichnet – dieser zweite Block aus drei Zeichen kennzeichnet die Gruppen-Zugriffsrechte.

Schließlich können Sie noch allen Anwendern (auch solchen, die nicht Mitglied der Gruppe der Datei sind) Rechte einräumen: Dazu dient der letzte Block aus drei Zeichen, und bei der Datei *Alle-Rechte* sind auch hier die Minuszeichen durch *rwx* ersetzt. Damit darf jeder mit dieser Datei machen, was er will, beispielsweise kann er sie löschen.

Standard ist ein Beispiel für die Rechte bei einer Datei, die Sie „frisch" erzeugt haben (etwa mit *touch Standard*): Diese Datei darf jeder lesen, Sie selbst dürfen sie verändern, und sie kann von niemandem (auch nicht von Ihnen) ausgeführt werden.

Die genaue Voreinstellung der Rechte einer solchen gerade erzeugten Datei lässt sich durch das Kommando *umask* beeinflussen; es wird aufgerufen mit einer Zahl als Argument, die sich als Summe aus einem oder mehreren Werten berechnet. Damit können Sie die gewünschten Zugriffsverbote voreinstellen:

400 Eigentümer darf nicht lesen

200 Eigentümer darf nicht schreiben

100 Eigentümer darf nicht ausführen

040 Angehöriger der gleichen Gruppe darf nicht lesen

020 Angehöriger der gleichen Gruppe darf nicht schreiben

010 Angehöriger der gleichen Gruppe darf nicht ausführen

004 alle anderen dürfen nicht lesen

002 alle anderen dürfen nicht schreiben

001 alle anderen dürfen nicht ausführen

Eine gängige Einstellung lautet bei einem System mit insgesamt vertrauenswürdigen Benutzern

```
umask 022
```

Damit werden Schreibzugriffe nur für den Eigentümer zugelassen; lesen und ausführen dürfen alle. Wenn Sicherheit eine größere Rolle spielt, kann die Einstellung

```
umask 027
```

sinnvoll sein; frisch erzeugte Dateien sind danach zunächst nur für den Eigentümer les-, schreib- und ausführbar; die Mitglieder seiner Gruppe können immerhin standardmäßig die Dateien lesen und ausführen.

Wenn jeder Benutzerkennung eine eigene Gruppe (gleichen Namens) zugeordnet ist, sollte die *umask* sinnvollerweise auf den Wert *002* (oder, bei erhöhten Sicherheitsanforderungen, *007*) voreingestellt sein; RedHat-Installationen sind oft in dieser Weise vorkonfiguriert. Dadurch können Sie „befreundeten" Benutzern mit dem Zugang zu Ihrer Gruppe auch den uneingeschränkten Zugriff auf Dateien gestatten – wenn die Freundschaft denn so weit geht.

Rechte ändern mit chmod

Natürlich können die verschiedenen Rechte alle separat vergeben werden; dies regelt der *chmod*-Befehl (change mode, Modus ändern). Ein *chmod*-Aufruf hat immer die folgende Form: Zunächst kommt das Befehlswort *chmod* selbst, gefolgt von einem Leerzeichen.

Dann wird der Personenkreis festgelegt, für den die Änderungen gelten sollen, und zwar durch einen oder mehrere der Buchstaben *u* (user: Besitzer), *g* (**g**roup: Gruppe), *o* (**o**thers: andere) und *a* (**a**ll: alle), also beispielsweise nur *u* oder auch *go* – anstelle des umfassenden *ugo* können Sie auch die Abkürzung *a* verwenden. Es folgt ohne Leerzeichen entweder ein +-Zeichen, um Rechte zu geben, ein --Zeichen, um sie zu nehmen, oder ein =-Zeichen, um sie insgesamt festzulegen. Schließlich folgt, wieder ohne Leerzeichen, die Liste der Rechte, die gegeben oder genommen werden sollen.

Diese können *r*, *w* oder *x* sowie Kombinationen daraus sein, wobei diese Buchstaben wieder (wie in der *ls*-Ausgabe) für lesen, schreiben und ausführen stehen.

Zum Abschluss folgt noch – durch Leerzeichen getrennt – eine Liste der Dateinamen, für die die Rechte geändert werden sollen.

Der *chmod*-Befehl bietet noch eine Reihe weiterer Optionen, die wir hier nicht besprechen wollen, um nicht unnötig Verwirrung zu stiften. Eine ausführliche Beschreibung können Sie der man-Page (*man chmod*) entnehmen.

Beachten Sie, dass nur der Besitzer einer Datei und der Administrator *root* die Rechte einer Datei ändern dürfen – wenn Sie beispielsweise als normaler Anwender versuchen, die Rechte der Datei */sbin/fdisk* (die nicht Ihnen, sondern *root* gehört) zu ändern, erhalten Sie eine Fehlermeldung:

```
paco:~ $ chmod a-rwx /sbin/fdisk
chmod: /sbin/fdisk: Die Operation ist nicht erlaubt
paco:~ $ su
Password: geheim
paco:~ $ chmod a-rwx /sbin/fdisk
paco:~ $ exit
paco:~ $
```

Mit dem Kommando *su* verschaffen wir uns hier Administratorrechte (näher beschrieben wird es in Kapitel 7.3 auf Seite 284), mit *exit* werden sie wieder aufgegeben. Anschließend ist das Programm *fdisk* nicht mehr startbar; wenn Sie diese Kommandos wirklich ausprobieren wollen, geben Sie bitte noch *chmod u=rwx,go=rx /sbin/fdisk* vor dem *exit* ein!

Beispiele für den chmod-Befehl

Um für alle Dateien eines Unterverzeichnisses *Skripts*, die auf *.sh* enden, das Ausführrecht für alle Anwender zu setzen, verwenden Sie den Befehl

```
chmod a+x Skripts/*.sh
```

Um allen fremden Anwendern jeglichen Zugriff auf eine Datei *privat* zu verwehren, verwenden Sie den Befehl

```
chmod go-rwx privat
```

Wenn Sie für alle Dateien im aktuellen Verzeichnis und allen Unterverzeichnissen das Lese- und Schreibrecht für sich und die jeweilige Benutzergruppe einräumen möchten, können Sie dazu die Option *-R* (rekursiv) verwenden:

```
chmod -R ug+rw *
```

Mit der Option *-v* (verbose, ausführlich) können Sie die vorgenommenen Änderungen detailliert anzeigen lassen:

```
paco:~ # ls -l
total 0
-rwxrwxrwx 1 paul users 0 Sep 12 11:53 Alle-Rechte
---------- 1 paul users 0 Sep  8 22:52 Keine-Rechte
-rwx------ 1 paul users 0 Sep 12 11:53 Nur-Besitzer
-rwxrwx--- 1 paul users 0 Sep 12 11:53 Nur-Besitzer-und-Gruppe
-rw-rw-r-- 1 paul users 0 Sep 12 11:53 Standard-Rechte
paco:~ # chmod -v a-x *
Modus von Alle-Rechte geändert in 0664 (rw-rw-r--)
Modus von Keine-Rechte erhalten als 0000 (---------)
Modus von Nur-Besitzer geändert in 0600 (rw-------)
Modus von Nur-Besitzer-und-Gruppe geändert in 0660 (rw-rw----)
Modus von Standard-Rechte erhalten als 0664 (rw-rw-r--)
paco:~ # ls -l
total 0
-rw-rw-rw- 1 paul users 0 Sep 12 11:53 Alle-Rechte
---------- 1 paul users 0 Sep  8 22:52 Keine-Rechte
-rw------- 1 paul users 0 Sep 12 11:53 Nur-Besitzer
-rw-rw---- 1 paul users 0 Sep 12 11:53 Nur-Besitzer-und-Gruppe
-rw-rw-r-- 1 paul users 0 Sep 12 11:53 Standard-Rechte
paco:~ #
```

Besitzer und Gruppe einer Datei ändern

Die Eigentumsverhältnisse einer Datei können nur vom Administrator geändert werden; nur er kann mit dem Kommando *chown* eine andere Kennung als neuen Eigentümer benennen. Die Gruppenzugehörigkeit der Datei kann im selben Schritt geändert oder über das separate Kommando *chgrp* neu bestimmt werden:

```
chown Kennung Dateiname
chown Kennung.Gruppe Dateiname
chgrp Group Dateiname
```

Statt eines Dateinamens dürfen auch mehrere angegeben werden; eine Spezifikation über Wildcards, die von der Shell in mehrere Namen aufgelöst werden, ist also möglich.

Normalbenutzer dürfen lediglich *chgrp* verwenden und dort auch nur solche Gruppen zuordnen, in denen sie selbst Mitglied sind; Voraussetzung ist, dass sie Eigentümer der betreffenden Datei sind. Sonst wird das Kommando mit einer Fehlermeldung abgelehnt (der Benutzer *paul* ist nicht Mitglied in der Gruppe *root*):

```
paco:~ $ touch Testdatei
paco:~ $ ls -l Testdatei
-rw-rw-r-- 1 paul      users     0 Sep 12 15:06 Testdatei
paco:~ $ chgrp users Testdatei
paco:~ $ ls -l Testdatei
-rw-rw-r-- 1 paul      users     0 Sep 12 15:06 Testdatei
paco:~ $ chgrp root Testdatei
chgrp: Sie sind kein Mitglied der Gruppe 'root': Die Operation
ist nicht erlaubt
paco:~ $
```

Verzeichnisse

Für Verzeichnisse lassen sich die gleichen Rechte vergeben wie für Dateien, mit der zusätzlichen Bedeutung, dass Sie ein Verzeichnis, für das Sie Ausführrechte besitzen, mit dem *cd*-Befehl betreten können.

Zum Anzeigen eines Verzeichnisinhalts (mit *ls Verzeichnis*) ist das Leserecht für dieses Verzeichnis erforderlich. Wenn ein Verzeichnis für die Allgemeinheit zwar ausführbar, aber nicht lesbar ist, kann von „den anderen" nur auf Dateien zugegriffen werden, deren Namen ihnen bekannt sind.

Die aktuelle Gruppe ändern

Wie wir schon bemerkt haben, werden Dateien, die Sie neu erzeugen, stets mit Ihrer Benutzerkennung versehen und Ihrer Standardgruppe zugeordnet (die bei RedHat-Systemen meist den Namen der Benutzerkennung trägt). Dieses Verhalten können Sie mit dem Kommando *newgrp* ändern, indem Sie dort eine neue Gruppe angeben. Natürlich darf dies nur eine Gruppe sein, in der Sie auch Mitglied sind. Welche dies sind, verrät Ihnen der *groups*-Befehl.

```
paco:~ $ groups paul
paul : paul users
paco:~ $ touch x-vorher
paco:~ $ newgrp users
paco:~ $ touch x-nachher
paco:~ $ ls -l x-*
total 0
-rw-rw-r-- 1 paul     users     0 Sep 12 14:55 x-nachher
-rw-rw-r-- 1 paul     paul      0 Sep 12 14:55 x-vorher
paco:~ $ newgrp root
newgrp: Permission denied
paco:~ $
```

Die Datei *x-vorher* erhielt die Gruppenzuordnung, die für den Benutzer standardmäßig gilt (*paul*); diese Voreinstellung wurde durch das Kommando *newgrp* in *users* geändert, sodass die anschließend erzeugte Datei als zu dieser Gruppe gehörig gekennzeichnet wurde.

Speicherplatzverbrauch berechnen

Um den Speicherplatzverbrauch eines Verzeichnisses, einer ganzen Partition oder Ihres gesamten Linux-Systems einschließlich aller gemounteten Dateisysteme zu berechnen, können Sie den *du*-Befehl (disk usage, Plattennutzung) verwenden.

Die detaillierte Anzeige der Daten aller Unterverzeichnisse können Sie mit der Option *-s* (summary, Zusammenfassung) unterdrücken:

```
paco:drivers $ du
951     ./block
671     ./cdrom
355     ./char/ftape
1993    ./char
166     ./isdn/avmb1
372     ./isdn/hisax
66      ./isdn/icn
104     ./isdn/pcbit
112     ./isdn/sc
1136    ./isdn
3793    ./net
52      ./pci
210     ./sbus/char
224     ./sbus
69      ./scsi/aic7xxx
4826    ./scsi
22      ./sound/lowlevel
1134    ./sound
14783   .
paco:drivers $ du -s
14783   .
paco:drivers $ du -s isdn net
1136    isdn
3793    net
paco:drivers $
```

Wie Sie im letzten Beispiel sehen können, lassen sich auch explizit Verzeichnisse übergeben, für die der Speicherverbrauch gemessen werden soll. Alle Zahlen sind Größenangaben in KByte.

Mehr Informationen über den Speicherverbrauch liefert der *df*-Befehl (disk free, freier Laufwerkspeicherplatz). Dieser zeigt für alle gemounteten Dateisysteme den gesamten, den verwendeten und den noch freien Speicherplatz an:

```
paco:drivers $ df
Filesystem    1024-blocks  Used Available Capacity Mounted on
/dev/sdb6        991902  891327    49330      95%   /
/dev/sdc1       1985027 1762663   119762      94%   /usr
/dev/sda1        103698   94486     9212      91%   /mnt/dosc
/dev/sdb7        307488  102152   205336      33%   /mnt/dosd
/dev/sdb9        263856  248776    15080      94%   /mnt/dose
/dev/sdc5        514792  166400   348392      32%   /mnt/dosf
/dev/hda5       2096160  752032  1344128      36%   /mnt/dosg
/dev/hdb5       2096160 1104032   992128      53%   /mnt/dosh
/dev/scd0        513630  513630        0     100%   /mnt/cdrom
paco:drivers $ df /usr
Filesystem    1024-blocks  Used Available Capacity Mounted on
```

```
/dev/sdc1        1985027 1762663    119762      94%    /usr
paco:drivers $
```

Das zweite Kommando zeigt, dass Sie auch gezielt die Informationen für eine einzelne Partition anfordern können.

Nebenbei können Sie den *df*-Befehl auch noch verwenden, um schnell festzustellen, auf welcher Partition sich eine bestimmte Datei oder ein Verzeichnis befindet. Übergeben Sie dazu *df* einfach den Datei- oder Verzeichnisnamen:

```
paco:drivers $ df /usr/src/linux
Filesystem          1024-blocks  Used Available Capacity Mounted on
/dev/sdc1             1985027 1762663    119762      94%    /usr
paco:drivers $
```

Sie erkennen an der Ausgabe, dass sich das Verzeichnis */usr/src/linux* auf der Partition */dev/sdc1* befindet, die den Mountpoint */usr* hat.

Wenn Sie die Zahlen in den Spalten *1024-blocks* (Gesamtkapazität), *Used* (benutzter Plattenplatz) und *Available* (noch verfügbarer Plattenplatz) aufmerksam vergleichen, werden Sie feststellen, dass die verfügbare Kapazität nicht die Differenz aus Gesamt- und benutzter Kapazität ist: Linux reserviert auf jeder Partition einen kleinen Bereich für „Notfälle“. So kann es Ihnen als normalem Anwender passieren, dass Sie die gesamte verfügbare Kapazität einer Partition aufgebraucht haben – Sie erhalten dann beim Versuch, neue Dateien zu erzeugen, Fehlermeldungen. Unabhängig davon ist das Betriebssystem (und auch der Administrator *root*) aber noch eine Weile in der Lage, weitere Dateien auf das „volle“ Dateisystem zu schreiben.

Warum ist dies so? Wenn Linux Ihnen erlauben würde, Partitionen tatsächlich bis an die letzte Grenze zu füllen, wäre auch für wichtige Betriebssystemaufgaben kein Platz mehr. Die weitere Arbeit verschiedener Systemkomponenten (etwa des Drucksystems) wäre dann nicht mehr möglich. Daher werden Ihnen als normalem Anwender diese Grenzen gesetzt. Wenn Sie aber in dringenden Fällen über das Limit hinaus weiteren Speicherplatz benötigen, können Sie mit dem Kommando *su* zum Administrator *root* werden, und die Schreibsperre wird aufgehoben. Sie sollten dann aber so bald wie möglich versuchen, wieder Speicherplatz freizugeben, da bei „vollen Platten“ eine sinnvolle Arbeit als normaler Anwender nicht mehr möglich ist.

7.3 Die wichtigsten Befehle der Shell

In diesem Abschnitt stellen wir Ihnen einige Shell-Kommandos vor, die von allgemeinem Nutzen sind und die in späteren Kapiteln für verschiedene Aufgaben benötigt werden.

less – kann mehr als more

Der übliche Dateibetrachter (pager) auf Unix-Systemen wie auch unter MS-DOS, der das bildschirmweise Betrachten auch großer Datenmengen ermöglicht, wird unter dem Namen *more* aufgerufen; es gibt ihn auch für Linux. Dass das entsprechende GNU-Programm, das mit *more* kompatibel ist, aber über einen sehr viel größeren Funktionsumfang verfügt, *less* (dt. weniger) heißt, ist natürlich ein Wortspiel. Tatsächlich ist *less* ein sehr mächtiges Programm, dessen Funktionsumfang kaum noch zu überschauen ist. Aufgerufen wird es entweder mit einem Dateinamen

```
less /etc/passwd
```

oder es erhält seine Daten über die Standardeingabe:

```
sort </etc/passwd | less
```

Hier liest das Sortierprogramm (vgl. Kapitel 8.1) die Daten aus einer Datei, sortiert sie und gibt sie über eine Pipeline an *less* weiter.

Auch die Angabe mehrerer Dateinamen ist möglich:

```
less README*
```

Falls die Wildcard-Angabe in mehrere Dateinamen aufgelöst wird, bekommt *less* diese alle beim Start als Argumente übergeben; es zeigt zunächst die erste Datei am Bildschirm an, und man kann durch Eingabe von *:n* auf die jeweils nächste Datei weiterschalten.

Wenn *less* einen Bildschirm voller Daten anzeigt, reagiert es auf verschiedene Tastendrücke. Die wichtigsten davon sind:

Tasten	Aktion
Leertaste	um einen Bildschirm weiterblättern
Enter, ↓, j	um eine Zeile weiterblättern
↑, k	um eine Zeile zurückblättern
b	um einen Bildschirm zurückblättern
→, ←	Bildschirminhalt seitlich verschieben
/	Suchmuster eingeben und danach suchen
?	wie /, aber Suche rückwärts
n	weitersuchen mit selbem Muster
N	in umgekehrter Richtung weitersuchen
Esc u	Markierung nach Suche wieder abschalten
<	an den Dateianfang
>	ans Dateiende
h	Online-Hilfe anzeigen

date – vielseitige Abfrage von Datum und Zeit

Das Kommando *date* hat grundsätzlich zwei verschiedene Funktionen: Zum einen ermöglicht es dem Administrator, die Systemuhr zu verstellen. Soll sie beispielsweise auf den 29. 02. 2000, 11.30 Uhr eingestellt werden, lautet das Kommando:

```
date 022911302000
```

Die Angaben sind also in der Reihenfolge Tag, Monat, Stunde, Minute, Jahr aneinander zu hängen (die offenbar vom amerikanischen Geschmack geprägt ist).

Die wichtigere und häufiger benutzte Aufgabe von *date* besteht jedoch darin, Datum und Uhrzeit auszugeben. Im einfachsten Fall geben Sie das Kommando *date* ohne jegliche Argumente ein; die Angaben erscheinen dann in einem Standardformat. Durch Spezifizieren eines Formatstrings können Sie das Ausgabeformat nahezu beliebig variieren; der Formatstring muss (zur Unterscheidung von der Uhrzeit-Einstellung) mit einem Pluszeichen beginnen, und mit einem Prozentzeichen % eingeleitete Codes stehen als Platzhalter für die aktuellen Werte von Tag, Monat, Jahr, Stunde, Minute usw. zur Verfügung. Alle anderen Zeichen werden unverändert ausgegeben und können dazu dienen, die Zeit-/Datumsangabe zu gliedern. Das Beispiel zeigt eine Ausgabe, die die hierzulande üblichen Konventionen berücksichtigt:

```
paco:~ $ date '+%d.%m.%Y %H:%M'
03.10.1999 19:47
paco:~ $
```

Beachten Sie bitte, dass hier die Apostrophe erforderlich sind, da sonst dem Kommando zwei getrennte Argumente übergeben werden, womit es nichts anfangen kann.

Eine Liste der zur Verfügung stehenden %-Codes erhalten Sie durch Aufruf von *date --help*.

su – Superuser auf Zeit

Wir raten Ihnen immer wieder, möglichst nur unter einer normalen Benutzerkennung mit Ihrem Linux zu arbeiten und nicht als Administrator („Superuser") unter der Kennung *root*. Damit reduzieren Sie erheblich das Risiko, Ihr System aus Versehen oder infolge der Bösartigkeit anderer Leute zu zerstören; gerade die fehlende Unterscheidung zwischen Normal- und Administratormodus begünstigt ja die Ausbreitung von Viren und ähnlich schädlicher Software auf Windows-Systemen. Andererseits sind für bestimmte Aktionen, beispielsweise die Installation systemweit genutzter Software, die Administratorrechte erforderlich, weil eben diese Software gegen Veränderung durch normale Benutzer geschützt ist.

Zu diesem Zweck können Sie sich mehrmals parallel in Ihrem System anmelden und zugleich eine oder mehrere (Text- oder *xterm*-)Konsolen mit Benutzerrechten als auch unter der Administratorkennung laufen lassen (weitergehende Hinweise hierzu lesen Sie in Kapitel 6.5 ab Seite 241). Sie können sich aber auch innerhalb eines Shell-Dialogs vorübergehend zum Administrator befördern, indem Sie eines der beiden Kommandos

```
su
su -
```

eingeben. Sie werden anschließend nach dem Passwort gefragt (das zur Kennung *root* gehört); wenn Sie es nicht korrekt eingeben, wird das *su*-Kommando abgewiesen. Ansonsten erhält Ihr Dialog den Administratorstatus, und Sie dürfen all die Kommandos eingeben, die *root* vorbehalten sind. Währenddessen bleibt Ihre ursprüngliche nicht privilegierte Shell „eingefroren"; für die Arbeit unter *root* wird eine neue Shell-Umgebung angelegt. Wenn Sie diese mit dem Kommando *exit* verlassen, finden Sie sich in Ihrer vorigen Umgebung als Normalbenutzer wieder.

Der Unterschied zwischen den Kommandos *su -* und *su* besteht darin, dass die frische *root*-Umgebung bei Angabe des - initialisiert wird wie nach einem Login als Administrator. Das hat den Vorteil, dass die *root*-spezifische Shell-Umgebung eingerichtet wird; insbesondere finden sich dann im Kommandosuchpfad die Verzeichnisse */sbin* und */usr/sbin*, in denen viele typische Administrator-Programme abgelegt sind, die sich dann einfach über ihren Namen aufrufen lassen (z. B. die Programme zum Einrichten und Verwalten von Dateisystemen).

Administrator werden für ein Kommando

Auf der anderen Seite bleiben bei *su* ohne - das aktuelle Verzeichnis und zahlreiche getroffene Einstellungen erhalten, so dass Sie in der gewohnten Umgebung weiterarbeiten können. Deshalb ist diese Variante oft nützlicher, wenn es nur darum geht, eine kurze privilegierte Aktion auszuführen (wie z. B. eine Softwareinstallation). Müssen Sie nur ein einzelnes Kommando als Administrator ausführen, ist

```
su -c 'Kommando'
```

noch praktischer: Es fragt (natürlich!) nach dem *root*-Passwort und lässt anschließend nur das angegebene *Kommando* mit *root*-Rechten ablaufen.

Umgekehrt geht es einfacher

Wenn Sie einmal *root*-Rechte besitzen, können Sie mit dem Kommando

```
su Kennung
```

jederzeit die Identität eines anderen Benutzers annehmen; dessen Passwort brauchen Sie dazu nicht einzugeben. Auch in diesem Fall verlassen Sie mit *exit* die neue Umgebung und kommen in Ihre vorige Shell (als *root*) zurück.

Hinweis

su-Aufrufe werden protokolliert

Aus Sicherheitsgründen werden auf den meisten Systemen alle (erfolgreichen und auch abgewiesenen) *su*-Kommandos in einer Protokolldatei festgehalten, damit im Falle von Sicherheitsproblemen später rekonstruiert werden kann, wer wann was getan hat. Mehr über die Protokollierung im *syslog* lesen Sie in Kapitel 6.6 auf Seite 254.

7.4 Editoren im Textmodus

Zur Bearbeitung von (ASCII-)Textdateien gibt es unter Linux eine Vielzahl leistungsfähiger Editoren – am bekanntesten sind *vi* und *emacs*, die auch auf MS Windows portiert wurden. Wir werden in den folgenden Abschnitten kurz die Verwendung dieser beiden Standardeditoren sowie eine interessante Alternative, den an die Tastaturkommandos von WordStar bzw. Borland Turbo Pascal/C angelehnten *joe*, beschreiben.

vi – schnell, spartanisch, immer vorhanden

Der Editor *vi* ist ein Klassiker unter den Unix-Programmen. Seine Bedienung ist etwas gewöhnungsbedürftig, aber das sollte Sie nicht davon abhalten, sich mit diesem mächtigen Editor vertraut zu machen: Ein Vorteil des *vi* ist, dass er der Standardeditor auf allen Unix-Systemen ist. Sollten Sie einmal an einer Workstation unter Solaris, HP/UX oder einem sonstigen Unix-Derivat arbeiten, wird Ihnen dort in jedem Fall ein *vi* zur Verfügung stehen. Natürlich gibt es auch für MS-DOS und Windows *vi*-Versionen.

Wenn Ihnen die folgenden Beschreibungen zu umständlich erscheinen, können Sie sich auch mit einem der anderen Editoren vertraut machen, die in den nachfolgenden Abschnitten kurz vorgestellt werden.

Kein Original, aber verschiedene Clones

Der Original-*vi*, wie er mit allen kommerziellen Unix-Systemen ausgeliefert wird, kann aus Copyright-Gründen nicht den Linux-Distributionen beigelegt werden. Es gibt aber mehrere Programme, die dem *vi* ziemlich getreu nachempfunden wurden und die frei verfügbar sind. Die wichtigsten sind:

nvi: eine naturgetreue Nachbildung des Originals, einschließlich der bekannten Fehler,

elvis: ein verbesserter *vi*, der z. B. HTML-Texte anzeigen kann,

vim: (vi improved) enthält sehr viele funktionale Erweiterungen gegenüber *vi*, bis hin zu eingebauten Programmiermöglichkeiten.

Normalerweise kann einer dieser „Clones“ unter dem Namen *vi* gestartet werden; welcher es auf Ihrem System ist, können Sie mit dem Kommando

```
vi --version
```

abfragen. Die folgende Kurzbeschreibung gilt, sofern nichts anderes angegeben ist, für alle *vi*-Varianten. Wenn Sie mehrere installiert haben und ausprobieren wollen, starten Sie sie statt als *vi* mit dem entsprechenden Programmnamen, also mit *nvi*, *elvis* oder *vim*.

Aufrufen und verlassen

Aufrufen können Sie den *vi* mit *vi Dateiname* oder einfach mit *vi*, wenn Sie eine neue Datei erzeugen wollen. *vi* unterscheidet streng zwischen dem Befehls- und dem Eingabemodus: Im Befehlsmodus können Sie sich mit den Cursortasten im Text bewegen und verschiedene Befehle durch Eingabe geeigneter Kurzbefehle eingeben, aber noch keinen Text eintippen! Dazu müssen Sie erst, z. B. durch Drücken der Taste [I], in einen Eingabemodus wechseln. In diesem funktionieren wiederum die Kurzbefehle nicht, sondern alles, was Sie tippen, wird in den Text eingetragen (*vim* und *elvis* lassen immerhin, wenn sie richtig konfiguriert sind, die Cursortasten zu).

In den Befehlsmodus kommen Sie durch Drücken der [Esc]-Taste wieder zurück. Immerhin zeigt *vim* Ihnen im Normalfall durch -- *INSERT* -- in der linken unteren Ecke des Bildschirms an, wann Sie sich im Eingabemodus befinden; ein „richtiger" *vi* lässt den Benutzer darüber im Unklaren.

Tipp

Im vi verlaufen?

Wenn Sie etwa versehentlich Text einzutippen versuchen, sich aber im Befehlsmodus des *vi* befinden, kann es sein, dass Sie in einen anderen Modus geraten, in dem das Programm scheinbar nicht mehr oder zumindest sehr seltsam reagiert. Drücken Sie in einem solchen Fall mehrmals die [Esc]-Taste; spätestens wenn das Programm anfängt, mit Piepsen zu reagieren, sind Sie wieder im Befehlsmodus angekommen.

Nur aus dem Befehlsmodus heraus können Sie den *vi* wieder verlassen: Im Notfall mit der Tastenfolge *:q!*, abgeschlossen mit der [Enter]-Taste, wodurch alle eventuellen Änderungen verworfen werden. Ist es Ihnen gelungen, den Text wunschgemäß zu verändern, benutzen Sie die Tastenfolge *ZZ*, um den geänderten Text in die ursprünglich gelesene Datei zurückzuschreiben und das Programm sofort zu beenden.

Editieren

Wenn Sie mit dem Befehl *i* (insert, einfügen) in den Eingabemodus gewechselt sind, können Sie an der Stelle, an der sich der Cursor befindet, Text eingeben. Verlassen können Sie den Eingabemodus mit der [Esc]-Taste: Sie gelangen dann wieder in den Kommandomodus, in dem Sie keinen Text eingeben, sondern Kurzbefehle über verschiedene Tastenkombinationen ausführen können.

Beachten Sie stets, ob Sie sich im Einfüge- oder im Kommandomodus befinden, um nicht versehentlich ungewollte Befehle auszuführen.

Anstelle von *i* können Sie *a* (append, anhängen) verwenden, um Text rechts von der Cursorposition einzufügen. Dies ist unter anderem dann nützlich, wenn Sie am Zeilenende Text einfügen möchten. Hierfür gibt es aber noch eine Abkürzung: Anstatt den Cursor ans Zeilenende zu bewegen und dann *a* einzugeben, können Sie *A* eingeben.

Um eine neue Zeile einzufügen und darin Text einzugeben, können Sie die Befehle *o* und *O* verwenden: *o* fügt eine Leerzeile unterhalb der aktuellen Zeile ein, *O* vor der aktuellen Zeile.

Navigieren

Mit den Cursortasten können Sie sich im Text zeilen- bzw. zeichenweise bewegen; die Tasten [Bild↑] und [Bild↓] erlauben das seitenweise Blättern im Dokument. Hier verhält sich *vi* also genauso, wie Sie es von anderen Editoren (etwa *edit* von MS-DOS) oder Textverarbeitungen gewohnt sind.

Text löschen

Die Methoden, um in *vi* Text zu löschen, sind gewöhnungsbedürftig: Sie können nicht, wie gewohnt, mit der [Entf]-Taste Text entfernen, sondern müssen dazu im Kommandomodus (nicht im Einfügemodus!) spezielle Kurzbefehle verwenden. Mit *X* können Sie das Zeichen links vom Cursor entfernen, *x* löscht das Zeichen unter dem Cursor. Mit *dd* löschen Sie eine ganze Zeile.

Mehrfachausführung eines Befehls

Besonders praktisch ist die Möglichkeit der Mehrfachausführung: Wenn Sie vor einem Kommando eine Zahl eingeben, wird der folgende Befehl entsprechend oft ausgeführt – um etwa 20 Zeilen zu löschen, brauchen Sie also nicht 20-mal *dd* zu tippen, sondern können einfach den Befehl *20dd* verwenden.

:-Befehle

Die Befehle zum Laden und Speichern von Dateien sowie zum Beenden von *vi* sind alle über den *:*-Befehl erreichbar: Wenn Sie den Doppelpunkt eingeben, erscheint in der untersten Zeile ein *:*-Prompt, und *vi* wartet auf die Eingabe eines längeren Kommandos, das während der Eingabe angezeigt und editiert werden kann. Ausgeführt wird ein Befehl am *:*-Prompt durch Druck auf die [Enter]-Taste. Um beispielsweise einen Text unter dem Namen *test.txt* abzuspeichern, geben Sie am *:*-Prompt den Befehl *w test.txt* ein (*w* steht für **w**rite, schreiben).

Die eingebaute Hilfe können Sie ebenfalls vom *:*-Prompt aus über *help* aufrufen. Mit *q* (quit, beenden) verlassen Sie *vi*. Falls Sie dabei den Hinweis erhalten, dass die Datei noch nicht gespeichert wurde, können Sie mit *q!* erzwingen, dass der Editor beendet wird, ohne zu speichern.

```
*help.txt*       For Vim version 5.3.  Last modification: 1998 Aug 23

                        VIM - main help file
                                                                      k
      Move around:  Use the cursor keys, or "h" to go left,          h   l
                    "j" to go down, "k" to go up, "l" to go right.    j
Close this window:  Use ":q<Enter>".
   Get out of Vim:  Use ":qa!<Enter>" (careful, all changes are lost!).
Jump to a subject:  Position the cursor on a tag between |bars| and hit CTRL-].
   With the mouse:  ":set mouse=a" to enable the mouse (in xterm or GUI).
                    Double-click the left mouse button on a tag between |bars|.
        jump back:  Type CTRL-T or CTRL-O.
Get specific help:  It is possible to go directly to whatever you want help
                    on, by giving an argument to the ":help" command |:help|.
                    It is possible to further specify the context:
                          WHAT                  PREPEND    EXAMPLE      ~
                      Normal mode commands     (nothing)   :help x
                      Visual mode commands        v_       :help v_u
                      Insert mode commands        i_       :help i_<Esc>
                      command-line commands       :        :help :quit
help.txt [help][RO]                                          1,1

[No File]                                                    0,0-1
"help.txt" [readonly] 1185 lines, 55790 characters
```

Online-Hilfe des Editors vim, aufgerufen über :help

Filter anwenden

Eine besonders nützliche Funktion des *vi* ist, einen Teil des Textes durch einen Filter zu schicken: Geben Sie beispielsweise am *:*-Prompt den Befehl *5,10!sort* ein, um die Zeilen 5 bis 10 alphabetisch sortieren zu lassen. Die ausgewählten Zeilen werden dann durch das Ergebnis des Filterns ersetzt.

emacs

Neben *vi* ist *emacs* ein weiterer Standardeditor, der auf vielen Unix-Systemen und mittlerweile auch unter Windows heimisch ist. *emacs* bietet zur Programmierung von Editorerweiterungen eine Lisp-ähnliche Programmiersprache an und erlaubt dadurch eine umfassende Anpassung an die eigenen Bedürfnisse.

Unter anderem sind im Editor *emacs* spezielle Modi für verschiedene Dateitypen, etwa Quellcode-Dateien in C, vorhanden, die durch die Möglichkeit, automatisch Compiler und Debugger aufzurufen, eine erhebliche Arbeitserleichterung bedeuten: Abhängig vom Dateityp werden zusätzliche Menüs mit den benötigten Optionen angezeigt.

Starten Sie *emacs* auf einer Konsole oder im *xterm* durch Eingabe von *emacs*. Wenn Sie eine Konsole verwenden, erscheint der abgebildete Startbildschirm.

Unter X Window sieht er komfortabler aus, läuft in einem eigenen Fenster und erlaubt die Bedienung mit der Maus, verhält sich aber ansonsten gleichartig.

```
Buffers Files Tools Edit Search Mule Help
Welcome to GNU Emacs, one component of a Linux-based GNU system.

Get help           C-h  (Hold down CTRL and press h)
Undo changes       C-x u       Exit Emacs               C-x C-c
Get a tutorial     C-h t       Use Info to read docs    C-h i
Activate menubar   F10  or  ESC `  or   M-`
(`C-' means use the CTRL key.  `M-' means use the Meta (or Alt) key.
If you have no Meta key, you may instead type ESC followed by the character.)

GNU Emacs 20.3.1 (i386-linux, X toolkit)
 of Fri Jul 23 1999 on pixi
Copyright (C) 1998 Free Software Foundation, Inc.

GNU Emacs comes with ABSOLUTELY NO WARRANTY; type C-h C-w for full details.
You may give out copies of Emacs; type C-h C-c to see the conditions.
Type C-h C-d for information on getting the latest version.




--22:---F1  *scratch*         (Lisp Interaction)--L1--All--------------------
For information about the GNU Project and its goals, type C-h C-p.
```

Startbildschirm des Editors emacs

Wir beschreiben im Folgenden nur die komfortablere Variante unter X Window.

Alle Menüpunkte lassen sich hier – wie bei X Window-Programmen gewohnt – einfach über die Maus erreichen: Um eine Datei zu öffnen, wählen Sie den Menüpunkt *Files/Open File* aus. Auf dieselbe Art erzeugen Sie eine neue Datei: Es gibt keinen speziellen Menüpunkt dafür. Geben Sie einfach nach Auswahl von *Open File* einen neuen Dateinamen an, und Sie erhalten ein leeres Editorfenster. Alternativ können Sie auch beim Start von *emacs* den Namen der (eventuell neuen) zu bearbeitenden Datei als Parameter angeben: *emacs neu*.

Editieren

Das Editieren funktioniert im Editor *emacs*, wie Sie es von anderen Editoren oder Textverarbeitungen gewohnt sind: Sie können an der aktuellen Cursorposition neuen Text eingeben, mit den Cursortasten, den [Bild↑]- und [Bild↓]-Tasten im Text „herumwandern" und mit der Taste [Rück] das Zeichen links vom Cursor löschen.

Das Files-Menü

Unter *Files* finden Sie die üblichen Dateioperationen, wie Öffnen (*Open File*), Speichern (*Save Buffer*), Speichern unter einem anderen Namen (*Save Buffer As*) und Beenden des Programms (*Exit Emacs*). Zusätzlich gibt es hier den Eintrag *Make New Frame*, über den Sie ein weiteres *emacs*-Fenster öffnen können. Mit dem Menüpunkt *Kill Current Buffer* (dt. schließe aktuelle Datei) beenden Sie die Arbeit an der aktuellen Datei, ohne *emacs* zu schließen.

Das Buffers-Menü

Sie können mit *emacs* problemlos mehrere Dateien gleichzeitig bearbeiten. Für jede geöffnete Datei legt *emacs* einen Buffer an, und über das Menü *Buffers* können Sie zwischen den Dateien hin- und herwechseln.

Das Edit-Menü

Hier finden Sie die üblichen Editierfunktionen wie Text kopieren (*Copy*), ausschneiden (*Cut*) und einfügen (*Select and Paste*). Die Krönung stellt dabei mit Sicherheit die Einfügefunktion dar: Wie schon über den Namen *Select and Paste* (dt. auswählen und einfügen) angekündigt, können Sie hiermit nicht nur den zuletzt ausgeschnittenen oder kopierten Block in den Text einfügen – vielmehr stellt Ihnen *emacs* eine Auswahl der zuletzt bearbeiteten Blöcke zur Verfügung, sodass Sie auch die in früheren Schritten entfernten Blöcke wieder einfügen können. Diese Zusatzfunktion allein ist schon die Arbeit mit *emacs* wert. Für das (übliche) Einfügen des letzten Blocks gibt es einen weiteren Menüpunkt: *Paste Most Recent*.

Auch nicht selbstverständlich ist die mehrstufige Rückgängig-(*Undo*-)Funktion, mit der Sie eine ganze Kette von Änderungen zurücknehmen können.

Über *Spell* können Sie die automatische Rechtschreibprüfung aufrufen: *emacs* verwendet dazu natürlich das *ispell*-Paket; hier ist allerdings nur die englischsprachige Variante verfügbar.

Das Search-Menü

Auch auf das Durchsuchen des Dokuments ist *emacs* perfekt vorbereitet: Eine normale Suche starten Sie über den Menüpunkt *Search* (Suchen); zur nächsten Fundstelle kommen Sie mit *Repeat Search* (Suche wiederholen). Experten können anstelle eines Suchbegriffs auch über *Regexp Search* (engl. **reg**ular **exp**ression **search**, Suche über regulären Ausdruck) mit Hilfe regulärer Ausdrücke den Text durchsuchen.

Jetzt noch drucken?

Im Menü *Tools* finden Sie unter anderem die beiden Menüpunkte *Print* und *PostScript Print*. Während *Print* Ihre aktuelle Datei im ASCII-Format an das Drucker-Tool *lpr* übergibt, erzeugt *PostScript Print* zunächst eine PostScript-Datei, die dann ausgedruckt wird.

Weitere Informationen zu emacs

Im *emacs*-Paket ist umfangreiches Informationsmaterial enthalten. Sie können es entweder direkt mit dem *info*-Programm über *info emacs* durchsuchen oder dafür die *emacs*-Hilfe unter dem Menüpunkt *Help/Info (browse manuals)* verwenden. Beide Varianten liefern die gleichen Informationen.

joe

Vor allem für Anwender, die noch die Tastaturkürzel von WordStar bzw. den Borland-Entwicklungsumgebungen (Turbo Pascal u. a.) beherrschen, empfiehlt sich die Verwendung des Editors *joe*, da dieser dieselben Tastaturkürzel (etwa [Strg]+[Y] zum Löschen einer Zeile) verwendet.

```
   Help Screen    turn off with ^KH    more help with ESC . (^[.)
CURSOR           GO TO            BLOCK      DELETE   MISC         EXIT
^B left ^F right ^U  prev. screen ^KB begin  ^D char. ^KJ reformat ^KX save
^P up   ^N down  ^V  next screen  ^KK end    ^Y line  ^T  options  ^C  abort
^Z previous word ^A  beg. of line ^KM move   ^W >word ^R  refresh  ^KZ shell
^X next word     ^E  end of line  ^KC copy   ^O word< ^@  insert   FILE
SEARCH           ^KU top of file  ^KW file   ^J >line SPELL        ^KE edit
^KF find text    ^KV end of file  ^KY delete ^_ undo  ^[N word     ^KR insert
^L  find next    ^KL to line No.  ^K/ filter ^^ redo  ^[L file     ^KD save
   IW    /etc/services (Modified)    Row 20   Col 17   1:22  Ctrl-K H for help
#
# Network services, Internet style
#
# Note that it is presently the policy of IANA to assign a single well-known
# port number for both TCP and UDP; hence, most entries here have two entries
# even if the protocol doesn't support UDP operations.
# Updated from RFC 1340, ``Assigned Numbers'' (July 1992).  Not all ports
# are included, only the more common ones.
#
#       from: @(#)services      5.8 (Berkeley) 5/9/91
#       $Id: editoren.tex,v 1.22 2000/09/18 00:14:16 bbuch Exp $
#
#tcpmux         1/tcp           # TCP port service multiplexer
#echo           7/tcp
```

joe mit angezeigter Kurzhilfe

Starten Sie *joe* in einer Shell durch Eingabe von *joe*: Genau wie *vi* ist *joe* stets textbasiert, sieht also auf der Konsole genauso aus wie im *xterm*-Fenster.

Für neue Anwender bietet *joe* eine praktische Tabelle der wichtigsten Befehle, die stets angezeigt werden kann: Verwenden Sie die Tastenkombination [Strg]+[K] [H], um diese Tabelle im oberen Teil des Bildschirms bzw. Fensters anzeigen zu lassen (und dieselbe Tastenkombination, um sie wieder auszublenden). Beim normalen Aufruf startet *joe* mit den Tastaturbelegungen, wie sie in den Borland-Umgebungen Turbo Pascal, Turbo C usw. üblich sind. Für eine WordStar-Emulation können Sie *joe* mit dem Kommando *jstar* aufrufen. Öffnen Sie zum Vergleich ruhig *joe* und *jstar* in zwei *xterms* und aktivieren Sie in beiden die Befehlskurzliste.

Eine Reihe von Programmoptionen kann nicht nur über Kommandozeilenparameter vorgewählt, sondern auch während des Editierens verändert werden. Drücken Sie dazu die Tasten [Strg]+[T]; Sie erhalten in der untersten Bildschirmzeile die erste Zeile eines umfangreichen Optionenmenüs angezeigt, in dem Sie mit den Cursortasten navigieren können. Der Druck auf die Leertaste stellt die ausgewählte Option um bzw. präsentiert eine Eingabemöglichkeit für einen neuen Optionswert. Mit [Strg]+[C] können Sie die

Optionsauswahl wieder verlassen, ohne eine Änderung vorzunehmen. Genauere Beschreibungen der Optionen finden Sie in der man-Page (*man joe*).

Deutsche Umlaute aktivieren

Wenn Ihr *joe* standardmäßig nicht die deutschen Umlaute (und anderen europäischen Sonderzeichen), sondern stattdessen invers dargestellte Buchstaben und Sonderzeichen anzeigt, können Sie jedes Mal die Option *asis* umschalten; stattdessen können Sie auch die Voreinstellung der Option ändern:

1. Kopieren Sie die globale Konfigurationsdatei, die normalerweise unter */usr/lib/joerc* oder */usr/local/lib/joerc* liegt, in Ihr Home-Verzeichnis als *.joerc*, also

   ```
   cp /usr/lib/joerc ~/.joerc
   ```

   (oder mit entsprechend angepasstem Dateinamen).
2. Laden Sie die *~/.joerc* in einen Editor, zum Beispiel in den *joe* selbst.
3. Blättern Sie ein Stück nach unten, bis Sie eine Zeile finden, die ab der zweiten Spalte die Zeichenfolge *-asis* enthält.
4. Entfernen Sie das Blank in der ersten Stelle dieser Zeile.
5. Schauen Sie bei dieser Gelegenheit noch ein paar Zeilen weiter; wenn vor *-noxon* auch ein Blank steht, sollten Sie das auch entfernen.
6. Schreiben Sie die Datei zurück und beenden Sie den Editor (beim *joe* mit [Strg]+[K] [X]).

Ab dem nächsten Start sollte *joe* die geänderte Voreinstellung aufweisen.

Mehr über *joe* erfahren Sie in dessen ausführlicher man-Page (*man joe*).

Die wichtigsten Editorbefehle

Zusammenfassend geben wir hier nochmals eine Übersicht über die wichtigsten Editorbefehle der vorgestellten Editoren.

Aktion	vi	xemacs	joe
Einfügemodus	i	–	–
Befehlsmodus	[Esc]	–	–
Zeichen löschen	x	[Rück]	[Rück]
Zeile löschen	dd	[Strg]+[A] [Strg]+[K]	[Strg]+[Y]
zum Zeilenanfang	[Pos1]	[Strg]+[A]	[Strg]+[A]
zum Zeilenende	[Ende]	[Strg]+[E]	[Strg]+[E]

Aktion	vi	xemacs	joe
zum Textanfang	1G	Pos1	Strg+K U
zum Textende	G	Ende	Strg+K V
Speichern	:w	Strg+X Strg+S	Strg+K D
Beenden (mit Speichern)	:wq oder ZZ	Strg+X Strg+C Y	Strg+K X
Abbrechen (ohne Übernahme der Änderungen)	:q!	Strg+X Strg+C N	Strg+C Y
Rückgängig	u	Strg+X U oder Strg+_	Strg+_
Hilfe	:h	Strg+U	Strg+K H

7.5 Die besten Profi-Tricks, die das Tippen erleichtern

Der Kommandozeilendialog mit Ihrem Linux-System mag Ihnen vielleicht umständlich erscheinen angesichts der vielen Tools für die grafische Oberfläche, insbesondere für KDE, aber Tatsache ist, dass viele Anwender, die intensiv mit ihrem Linux arbeiten, die Kommandozeile bevorzugen. Gerade die gängige *bash*-Shell bietet viele Komfortfunktionen für „Power-Tipper", die einen schnellen und produktiven Umgang mit dem System ermöglichen.

Wenn Ihnen die hier vorgestellten Tricks zu speziell oder zu kompliziert erscheinen, überschlagen Sie zunächst dieses Unterkapitel; falls Sie sich später dabei ertappen, doch häufig mit der Kommandozeile zu arbeiten, prüfen Sie noch einmal, ob Ihnen nicht der eine oder andere Tipp von Nutzen sein kann.

Die beschriebenen Tastatur-Kurzbefehle werden Sie sich nicht beim ersten Lesen einprägen wollen; kopieren Sie sich stattdessen die Tabelle auf Seite 302 und legen Sie sie neben die Tastatur, sodass Sie hin und wieder einen Blick darauf werfen und einige Tastaturkürzel ausprobieren können. Nach einiger Zeit werden Sie herausfinden, welche davon für Ihre Arbeitsweise nützlich sein können und für welche Sie keine Verwendung haben.

Aliasnamen: Der schnellste Weg zum eigenen Kommando

Mit dem in die Shell eingebauten Kommando *alias* können Sie auf einfache Weise eigene Kommandos definieren; Beispiele dafür (*ll*, *dir*) haben wir bereits in Kapitel 4.4 vorgestellt. Allerdings wird die Ersetzung des Alias-

durch ein „richtiges“ Kommando rein textmäßig vorgenommen; haben Sie beispielsweise, wie beschrieben, mit

```
alias ll='ls -l'
```

das Aliaskommando *ll* definiert, wird von der Shell von nun an ein Kommandoname *ll* (der exakt so geschrieben ist, ohne Verzeichnisangabe) durch *ls -l* ersetzt. Sind für das Aliaskommando weitere Operanden angegeben, etwa

```
ll readme.*
```

so werden diese nach der Aliasersetzung an das „echte“ Kommando ebenfalls hinten angefügt, es entsteht also daraus

```
ls -l readme.*
```

Mit dem Kommando *alias* (ohne Parameter) lassen Sie sich eine Liste aller definierten Aliase ausgeben.

Beachten Sie bitte, dass in der Aliasdefinition vor und nach dem Gleichheitszeichen keine Blanks stehen dürfen. Das „echte“ Kommando rechts vom = sollte jedenfalls dann in Apostrophe eingeschlossen werden, wenn es Blanks oder andere für die Shell relevante Sonderzeichen enthält; es schadet nicht, die Apostrophe immer zu schreiben.

Nützliche Alias-Vereinbarungen

Hier noch ein paar Vorschläge für Aliasdefinitionen, die sich als nützlich erweisen könnten:

```
alias more=less
alias mroe=more
alias md=mkdir
alias rd=rmdir
alias rm='rm -i'
alias mv='mv -i'
alias cp='cp -i'
```

Die Aliase *md* und *rd* sind in Anlehnung an die unter MS-DOS zulässigen Abkürzungen definiert; *more* ist ein Dateibetrachter wie *less*, der über einen geringeren Funktionsumfang verfügt (z. B. nicht zurückblättern kann). Wer sich beim Umgang mit MS-DOS oder anderen Unices angewöhnt hat, *more* aufzurufen, kann so automatisch die bessere Alternative auswählen.

In der nächsten Zeile steht eine Zuordnung für einen Vertipper – wer sich bei bestimmten Kommandonamen ständig vertippt, kann sich durch einen entsprechenden Alias die Korrektur ersparen ;-).

Die Aliasdefinitionen für *rm*, *mv* und *cp* zeigen, dass man ein Kommando „durch sich selbst“ ersetzen kann unter Zufügung von Optionen (*-i* sorgt für eine Sicherheitsabfrage vor dem Überschreiben von Dateien). Sie brauchen nicht zu befürchten, dass die Shell durch so etwas in eine Endlosschleife von Ersetzungen gerät.

Wenn Sie die obigen Vereinbarungen nutzen möchten (und die nicht schon voreingestellt sind; vergleichen Sie die Ausgabe des Kommandos *alias*), fügen Sie die *alias*-Kommandozeilen an die Datei */etc/bashrc* an, um sie für jede Kennung beim Login wirksam werden zu lassen. (Bei SuSE schreiben Sie sie am besten in eine Datei namens */etc/profile.local*.)

Aliasersetzung vermeiden

Wenn Sie eine Aliasdefinition wieder loswerden möchten, können Sie das Kommando *unalias Aliasname* eingeben. Wollen Sie aber nur bei einem einzelnen Kommando die Ersetzung vermeiden, ohne den Alias zu löschen, geben Sie zum Kommando das Verzeichnis mit an, also z. B. */bin/rm* oder *./kommando*, falls Sie das Programm *kommando* aus dem aktuellen Verzeichnis ausführen möchten.

Die Tab-Taste lässt die Shell arbeiten

Unix-Dateinamen sind oft sehr lang. Zwar sind aussagekräftige, „sprechende“ Namen viel nützlicher als die kurzen und kryptischen Namen, wie sie von älteren MS-DOS-Versionen bekannt sind (und sich auch unter Unix-Freaks gewisser Beliebtheit erfreuen), aber das Eintippen langer Namen auf der Kommandozeile ist mühsam und fehleranfällig. Erleichtern Sie sich diese Eingaben, indem Sie der Shell die Fleißarbeit übertragen: Wenn Sie bei einer Kommandoeingabe die Tabulatortaste [Tab] drücken, versucht die Shell, einen angefangenen Dateinamen zu vervollständigen. Jedenfalls werden so lange Zeichen ergänzt, wie der Name in Anbetracht der existierenden Dateien und Verzeichnisse noch eindeutig bleibt. Statt */usr/local/bin/* genügt es normalerweise,

```
/u[Tab]loc[Tab]b[Tab]
```

zu tippen; die fehlenden Teile (einschließlich der auf deutschen Tastaturen etwas lästigen Schrägstriche) ergänzt die Shell.

Ein weiteres Beispiel:

```
paco:~ $ ll .x[Tab][Tab]
.X.err        .Xauthority  .Xmodmap     .Xresources
paco:~ $ ll .x█
```

Nach Eingabe des Kommandonamens *ll* und der ersten Zeichen eines Dateinamens (hier: *.X*) drücken Sie auf die Tabulatortaste. Da es (in diesem Fall) keine eindeutige Vervollständigung des Namens gibt, bleibt der Cursor stehen, und die Shell gibt einen Piepston von sich. Drücken Sie jetzt noch einmal die Tabulatortaste, gibt die Shell alle in Frage kommenden Ersetzungen aus und baut anschließend die Eingabezeile wieder neu auf, wobei der Cursor (wie durch das schwarze Rechteck angedeutet) wieder auf die gleiche Position gesetzt wird. Geben Sie nun ein oder mehrere weitere Zeichen des Dateinamens ein; sobald damit eine Eindeutigkeit erreicht ist (hier z. B. nach einem zusätzlichen *m*), können Sie wieder die Tabulatortaste betätigen, und der gewünschte Name wird jetzt vollständig ausgeschrieben.

Das Ganze klingt komplizierter, als es in der Praxis ist; leider können wir den Vorgang auf Papier nur unvollkommen darstellen. Ein paar Besonderheiten wollen wir aber noch erwähnen: Gibt es gar keine Datei, die auf den getippten Namensanfang passt, piepst die Shell auch beim zweiten Druck auf die Tabulatortaste. (Damit können Sie auch verifizieren, dass es beispielsweise die Zieldatei bei einem *copy*-Kommando noch nicht gibt!) Ist allerdings die Auswahl zu groß, um noch sinnvoll auf dem Bildschirm dargestellt zu werden, vergewissert sich die Shell, ob Sie wirklich alle Möglichkeiten sehen wollen:

```
paco:~ $ cd /etc
paco:/etc $ ll [Tab][Tab]
Display all 190 possibilities? (y or n)[N]
paco:/etc $ ll█
```

Mit *y* verlangen Sie die ganze Liste, mit *n* verzichten Sie darauf.

Spezielle Suche nach Kommandos oder Variablen

Auch bei der Eingabe des Kommandonamens, also des ersten Worts innerhalb der Kommandozeile, funktioniert die Tab-Vervollständigung: Anders als bei den Dateinamen wird in diesem Fall nach einem ausführbaren Programm gesucht, das mit den getippten Buchstaben beginnt. Dabei wird der in der Variablen *PATH* festgelegte Suchpfad berücksichtigt.

Eine ähnliche Spezialbehandlung gibt es für die Eingabe von Variablennamen: Wird ein *$*-Zeichen und daran anschließend der Anfang des Namens einer Shell-Variablen eingetippt, versucht die Shell, beim Druck auf die Tabulatortaste den Variablennamen anhand der Liste aller definierten Variablen zu vervollständigen. (Näheres zu Shell-Variablen lesen Sie in Kapitel 7.1.)

Shortcuts: Mehr Tempo für Ihren Cursor

Beim Editieren der Kommandozeile können Sie normalerweise die Cursortasten [←] und [→] benutzen, um an beliebigen Stellen der Eingabe Änderungen vorzunehmen. Ihre Distribution sollte diese Tasten ebenso wie [Pos1] und [Ende] funktionsfähig vorkonfiguriert haben; wenn dies ausnahmsweise nicht der Fall ist oder – was häufiger vorkommt – Sie beim Einloggen über das Netzwerk keine korrekte Unterstützung dieser Tasten vorfinden, können Sie auf folgende Alternativen zurückgreifen, die fast immer funktionieren:

[Strg]+[F]	Cursor eine Stelle nach rechts (**f**orward; wie [→])
[Strg]+[B]	Cursor eine Stelle nach links (**b**ackward; wie [←])
[Strg]+[A]	Cursor an den **A**nfang der Zeile (wie [Pos1])
[Strg]+[E]	Cursor ans **E**nde der Zeile (wie [Ende])

Die Cursorbewegung nach rechts und links gibt es nicht nur zeichen-, sondern auch wortweise; dafür ist anstelle der [Strg]-Taste die [Alt]-Taste zu verwenden:

[Alt]+[F]	Cursor um ein Wort vorwärts (nach rechts)
[Alt]+[B]	Cursor um ein Wort rückwärts (nach links)

Wenn die Alt-Taste nicht funktioniert

Es kann sein, dass bei der Arbeit unter X Window die [Alt]-Taste für die hier beschriebenen Cursorbewegungen und anderen Shell-Funktionen nicht benutzbar ist, sondern stattdessen irgendwelche ungewöhnlichen Zeichen auf dem Bildschirm erscheinen. Sie können in diesem Fall trotzdem die betreffenden Shell-Funktionen aufrufen:

- Entweder benutzen Sie statt der [Alt]- die [Esc]-Taste, die Sie aber nicht mit dem betreffenden Zeichen zusammen, sondern vorweg drücken müssen. Also statt [Alt]+[B] geben Sie [Esc] und [B] nacheinander ein.
- Oder Sie rufen einen Editor auf und tragen in die Datei *.Xmodmap* in Ihrem Home-Verzeichnis die Zeile

  ```
  keycode 64 = Alt_L
  ```

  ein. (Legen Sie die Datei an, falls sie noch nicht existiert.)

Schnell getippt und schnell gelöscht: Auch Profis vertippen sich

Nicht nur Vertipper lassen sich mit den folgenden Löschbefehlen beseitigen, sondern auch ein unerwünschtes Ergebnis einer Tab-Vervollständigung:

[Strg]+[D]	Zeichen an Cursorposition löschen (wie [Entf])
[Alt]+[D]	ganzes Wort ab bzw. nach dem Cursor löschen
[Strg]+[K]	vom Cursor bis zum Ende der Zeile löschen
[Strg]+[W]	Wort löschen, das vor dem Cursor steht
[Strg]+[U]	alle Zeichen vor dem Cursor löschen
[Strg]+[C]	bisher eingegebene Zeile löschen; es erscheint ein neuer Prompt

Mit [Strg]+[Y] können Sie die zuletzt gelöschte Zeichenfolge an der Stelle wieder in das Kommando einfügen, an der der Cursor sich gerade befindet (die Taste [Einfg] sollte denselben Effekt haben). Haben Sie nur versehentlich (oder zu viele) Zeichen gelöscht, macht [Strg]+[_] die letzte Änderung (und bei mehrmaligem Drücken auch die vorhergehenden Änderungen) rückgängig. Dies ist die gleiche Tastenkombination, die auch bei den Editoren *joe* und *emacs* die „undo"-Funktion auslöst.

Historisches: Das Gedächtnis der Shell nutzen

Es ist besonders lästig, ein langes Kommando wiederholt eingeben zu müssen. Wenn Sie unter X Window mit einem *xterm* arbeiten (oder auf der Textkonsole *gpm* zur Verfügung haben, s. Kapitel 8.3), können Sie immerhin Kommandos oder Operanden, die noch auf dem Bildschirm zu sehen sind, mit der Maus markieren und (durch Drücken der mittleren Maustaste) einfügen. Durch Scrollen des Konsolinhalts (mit der Maus oder mit den Tastenkombinationen [Umschalt]+[Bild↑] / [Umschalt]+[Bild↓]) können Sie sogar ein Stück weit „in die Vergangenheit schauen". Bequemer (und schneller) ist jedoch die History-Funktion der Shell: Die *bash* merkt sich in einem eigenen „Gedächtnis" die letzten 500 eingegebenen Kommandos. Mit Hilfe der Cursortasten können Sie in diesem Kommandospeicher zurück und wieder vorwärts wandern und früher eingegebene Kommandos auf die Eingabezeile zurückholen. Das momentan hinter dem Shell-Prompt stehende Kommando lässt sich editieren, egal, ob es gerade getippt oder aus dem Gedächtnis zurückgeholt wurde; wenn Sie es ausführen lassen wollen, drücken Sie einfach die [Enter]-Taste.

Falls die Cursortasten nicht zum Blättern in der Shell-History geeignet sind, können Sie wiederum Ersatz-Tastenkombinationen anwenden:

[Strg]+[P]	vorhergehendes Kommando abrufen (**p**revious; wie [Bild↑])
[Strg]+[N]	nachfolgendes Kommando abrufen (**n**ext; wie [Bild↓])

Schneller Zugriff auf das Gedächtnis

In einem gut gefüllten Kommandogedächtnis weit zurückzublättern ist allerdings mühsam; wenn Sie ein bestimmtes, früher eingegebenes Kommando zurückholen wollen, können Sie auch die *bash* danach suchen lassen:

1 Wählen Sie aus dem gesuchten Kommando eine Zeichenfolge aus, die möglichst charakteristisch ist, also in anderen Kommandos selten auftritt. Angenommen, Sie suchen ein Kommando, das Sie vor einiger Zeit in Ihrem Shell-Dialog eingegeben haben, wie z. B.

```
less /usr/X11R6/lib/X11/xinit/xinitrc
```

(Dieser Dateiname ist wirklich lästig zu tippen, und auch bei Benutzung der Tabulator-Vervollständigung macht es noch Mühe.) Die Zeichenfolge *X11* kam in anderen Kommandos selten vor, daher wählen Sie sie als Suchkriterium.

2 Leiten Sie durch die Tastenkombination [Strg]+[R] die inkrementelle Suche ein. Der Kommandoprompt in der gewohnten Form verschwindet, und stattdessen erscheint

```
(reverse-i-search)`': █
```

Der Cursor (hier wieder durch das schwarze Rechteck angedeutet) steht hinter diesem neuen „Spezialprompt".

3 Tippen Sie nun das erste Zeichen des Suchstrings (*X* in diesem Beispiel). Die Eingabezeile verändert sich:

```
(reverse-i-search)`X´: cat ~/.Xmodmap
```

Hinter den Klammern erscheint der momentane Suchstring, und nach dem Doppelpunkt steht ein Kommando aus dem Gedächtnis, das den Suchstring enthält (durch inverse Anzeige markiert).

4. Da das noch nicht das gesuchte Kommando war, geben Sie das nächste Zeichen ein, nach dem gesucht werden soll, hier eine *1*:

```
(reverse-i-search)'X1': less /usr/X11R6/lib/X11/xinit/xinitrc
```

Die Stelle, an der das Kommando die Suchbedingung erfüllt, ist wieder markiert.

5. Sie können diesen Vorgang jetzt weiterführen, bis das gewünschte Kommando aus der History gefunden ist. Wenn der Suchbegriff nicht eindeutig ist, können Sie statt der Eingabe eines weiteren Suchzeichens auch erneut [Strg]+[R] drücken: Die Suche schreitet dann weiter (in die Vergangenheit) fort.

6. In diesem Beispiel ist das gesuchte Kommando schon angezeigt worden. Wenn Sie es nur ausführen wollen, drücken Sie einfach die [Enter]-Taste; Sie können aber auch erst noch das Kommando verändern (mit Cursorbewegungen, Einfügen oder Löschen von Zeichen usw.).

Wenn Sie diese Suchfunktion abbrechen wollen, geben Sie [Strg]+[C] ein.

Ganze Kommandofolgen wiederholen

Wenn Sie eine Reihe aufeinander folgender Kommandos wiederholen wollen (mit denen z. B. ein Editor aufgerufen, ein Programm übersetzt und anschließend gestartet wird), ist das Zurückholen der einzelnen Kommandos aus der History auch mit der Suchfunktion noch umständlich – zu umständlich jedenfalls für Shell-Experten: Die holen nämlich das erste dieser Kommandos zurück und führen es nicht durch Drücken der [Enter]-Taste aus, sondern durch die Eingabe von [Strg]+[O]. Nachdem das Kommando beendet ist, erscheint wieder der Shell-Prompt, doch steht in der Eingabezeile schon das Kommando, das darauf folgte. Durch mehrfaches Drücken von [Strg]+[O] kann somit eine ganze Kommandosequenz aus dem Gedächtnis der Shell wiederholt werden.

Kommandogedächtnis abspeichern

Wenn Ihnen die Editiermöglichkeiten der *bash* nicht ausreichen oder Sie den Ablauf eines Shell-Dialogs nachträglich dokumentieren möchten, können Sie mit dem Kommando

```
fc -ln -100 >/tmp/history
```

die letzten 100 eingegebenen Kommandos aus der History in eine Datei abspeichern lassen, hier */tmp/history*. Diese Datei können Sie mit einem Editor weiterbearbeiten, beispielsweise um daraus eine Kommandoprozedur zu erstellen. (Näheres hierzu in Kapitel 14.1.)

Den letzten Kommando-Operanden wiederverwenden

Nicht immer will man ein ganzes Kommando aus dem Shell-Gedächtnis zurückholen; oft sind es nur einzelne, lang geratene Kommandoargumente, die in ein anderes Kommando eingefügt werden sollen. Beispielsweise dient die Kommandofolge

```
ls -l /usr/src/linux/include/net/irda/irlpt_common.h
less /usr/src/linux/include/net/irda/irlpt_common.h
```

dazu, zunächst die Größe (und andere Eigenschaften) der Datei mit dem langen Namen festzustellen und anschließend die Datei zu betrachten.

Dermaßen lange Dateinamen tippt man nicht gerne öfter ein als unbedingt notwendig; auch mit einer grafischen Oberfläche (wie z. B. dem KDE-File-Manager *kfm*) ist die Handhabung dieser Datei wegen der mehrfach verschachtelten Verzeichnisse etwas umständlich.

Wenn Sie unmittelbar vorher das *ls*-Kommando eingegeben haben, können Sie das nächste sehr bequem zusammenstellen:

`less` [Alt]+[.]

Die Tastenkombination [Alt]+[.] fügt an der Stelle, wo sich der Cursor befindet, das letzte Argument des vorhergegangenen Kommandos ein; genauer gesagt, das letzte Wort, das durch Blanks oder shellrelevante Sonderzeichen von dem übrigen Text abgegrenzt ist.

Wenn Sie zweimal nacheinander [Alt]+[.] drücken, wird das letzte Wort des vorletzten Kommandos eingesetzt; durch weitere Tastendrücke können Sie weiter in der History zurückgreifen.

Wie im obigen Beispiel ist bei vielen Unix-Kommandos das letzte Argument das interessanteste. Die Shell bietet aber auch die Möglichkeit, auf andere Argumente fast genauso schnell zuzugreifen: Die Tastenfolge [Alt]+[1] [Alt]+[.] ruft das erste Argument des vorigen Kommandos ab (genau genommen das zweite „Wort" in der Kommandozeile, wobei das erste ja normalerweise den Kommandonamen darstellt), und bei Angabe anderer Ziffern ist auch die Auswahl anderer Kommandoteile möglich.

Sollte bei Ihrem Linux [Alt]+[.] statt des besagten Kommandooperanden ein Sonderzeichen (etwa das R im Kreis) hervorbringen, lesen Sie bitte den obigen Hinweis „Wenn die Alt-Taste nicht funktioniert".

History-Zugriff über ! als Shell-Sonderzeichen

Eine gänzlich andere Art des Zugriffs auf die History bietet die Shell unter Verwendung des Sonderzeichens *!*; da dies aber kaum Vorteile gegenüber den hier beschriebenen Möglichkeiten bietet, wollen wir nur erwähnen, dass das Ausrufezeichen in Shell-Kommandos unerwartete Auswirkungen haben kann und daher durch einen vorangestellten Backslash oder durch Einschließen in Apostrophe ('. . . ') vor der Shell versteckt werden muss. Einzelheiten zu den *!*-Aufrufen finden Sie in der man-Page der *bash*.

Tastenfolge	Funktion
	Navigation
[Pos1] oder [Strg]+[A]	zum Zeilenanfang
[Ende] oder [Strg]+[E]	zum Zeilenende
[←] oder [Strg]+[B]	ein Zeichen nach links
[→] oder [Strg]+[F]	ein Zeichen nach rechts
[Alt]+[B]	ein Wort nach links
[Alt]+[F]	ein Wort nach rechts
	Zeichen löschen/zurückholen
[Entf] oder [Strg]+[D]	Zeichen an Cursorposition löschen
[Alt]+[D]	ganzes Wort ab/nach Cursor löschen
[Strg]+[K]	löschen ab Cursor bis Zeilende
[Strg]+[W]	Wort vor dem Cursor löschen
[Strg]+[U]	Zeile vor dem Cursor löschen
[Strg]+[C]	ganze Eingabe löschen
[Einfg] oder [Strg]+[Y]	letzte Löschung hier wieder einfügen
[Strg]+[_]	„undo": letzte Änderung rückgängig machen
	History
[↑] oder [Strg]+[P]	um einen Eintrag zurückblättern
[↓] oder [Strg]+[N]	um einen Eintrag vorwärtsblättern
[Strg]+[R]	inkrementelle Suche (rückwärts) starten
[Strg]+[O]	Kommando ausführen, folgendes aus der History in der Kommandozeile bereitstellen
[Alt]+[.]	letztes Argument des vorigen Kommandos einfügen
[Alt]+[1] - [Alt]+[.]	erstes Argument des vorigen Kommandos einfügen
[Alt]+[#]	Eingabe mit vorangestelltem # versehen und ohne Ausführung in die History übernehmen
Wenn [Alt]-Kombinationen nicht funktionieren, stattdessen [Esc] und dann andere Taste drücken.	

Übersicht zu wichtigen Tastenfunktionen der bash

Spezialgedächtnis für Verzeichnisse

Wenn Sie in einem bestimmten Verzeichnis umfangreiche Arbeiten zu erledigen haben, zwischendurch aber einmal in ein anderes Verzeichnis wechseln müssen, können Sie auf einfache Weise wieder in das andere zurückkehren:

```
paco:~/sw/crypt/gnupg-1.0.0 $ cd /etc
paco:/etc $
```

```
    :
paco:/etc $ cd -
/home/paul/sw/crypt/gnupg-1.0.0
paco:~/sw/crypt/gnupg-1.0.0 $
```

Mit dem Kommando *cd* - wechseln Sie immer in das Verzeichnis, in dem Sie sich zuvor aufgehalten hatten.

Das Gedächtnis des *cd*-Kommandos reicht allerdings nicht mehr als einen Schritt zurück; wenn Sie mehrere Verzeichniswechsel vornehmen und später wieder zurückkehren wollen, sollten Sie die Kommandos *pushd* und *popd* verwenden:

```
paco:~ $ pushd /etc
/etc ~
paco:/etc $ pushd /lib
/lib /etc ~
paco:/lib $ popd
/etc ~
paco:/etc $ popd
~
paco:~ $ popd
bash: popd: directory stack empty
paco:~ $
```

Mit *pushd Verzeichnis* wechseln Sie in das angegebene Verzeichnis; dabei wird in einem directory stack der Wechsel festgehalten, sodass Sie später mit dem Kommando *popd* wieder zurückwechseln können.

Den momentanen Inhalt des directory stack, also der Liste der ins Gedächtnis aufgenommenen Verzeichnisse, bekommen Sie nach jedem *pushd*- und *popd*-Kommando angezeigt; sie können ihn aber auch mit *dirs* explizit abfragen.

Geben Sie mehr *pushd* als *popd* wie am Ende dieses Beispiels, so erhalten Sie eine Fehlermeldung, und es findet kein Verzeichniswechsel statt.

Zu voreilig? Eingabe für später vormerken

Vielleicht ist es Ihnen ja schon einmal passiert: Sie geben mit viel Mühe ein Kommando ein, das viele lange Namen und umständlich zu tippende Optionen enthält – und stellen plötzlich fest, dass eine wichtige Voraussetzung für die Ausführung des Kommandos noch gar nicht erfüllt ist. Um nicht die ganze Eingabe (mit [Strg]+[C]) löschen und später von neuem tippen zu müssen, können Sie entweder ein vorweg erforderliches Kommando einschieben oder Ihre ganze Eingabe dem Gedächtnis der Shell anvertrauen.

Wollen Sie beispielsweise in einem Kommando ein Verzeichnis benutzen, das erst noch angelegt werden müsste, können Sie folgendermaßen vorgehen:

1 Springen Sie mit dem Cursor an den Anfang der Eingabezeile (durch Drücken von [Pos1] oder [Strg]+[A]):

```
paco:~ $ cp /usr/local/etc/prog/langer_Dateiname ~/work/
```

2 Tippen Sie dort das einzuschiebende Kommando ein, und schließen Sie es ab durch ein Semikolon:

```
paco:~ $ mkdir ~/work;cp /usr/local/etc/prog/langer_Dateiname
```

3 Drücken Sie nun die Enter-Taste, um die beiden durch das Semikolon getrennten Kommandos nacheinander ausführen zu lassen.

Wenn es mit dem Einschieben eines einzelnen Kommandos nicht getan ist, brauchen Sie dennoch nicht die Eingabe zu verwerfen: Sie können das Kommando, ohne es auszuführen zu lassen, in das Gedächtnis der Shell aufnehmen.

1 Geben Sie dazu Alt+# ein; Sie erhalten sofort einen neuen Kommandoprompt, und die angefangene Eingabe steht mit vorangestelltem # eine Zeile darüber.

2 Mit den oben beschriebenen History-Funktionen können Sie zu einem späteren Zeitpunkt diese #-(Kommentar-)Zeile wieder zurückholen.

3 Entfernen Sie mit Strg+A Strg+D das Kommentarzeichen # und

4 drücken Sie auf die Enter-Taste, um das Kommando nunmehr ausführen zu lassen.

Handgelenke schonen – Tastenbelegung ändern

Rätseln Sie auch noch immer, wer auf die abartige Idee verfallen ist, den Backslash auf die Tastenkombination AltGr+ß zu legen? Dann gehören Sie vermutlich zu den routinierten (und ungeduldigen) Zehnfinger-Tippern, die zum Gedenken an den Erfinder der üblichen deutschen Tastaturbelegung bei jedem Backslash die rechte Hand verrenken und auf die Tasten schauen müssen. Aber auch in diesem Punkt ermöglicht Linux die Selbsthilfe: Sie können die Belegung Ihrer Tastatur nach Gutdünken verändern. (Allerdings erschwert dies nach einiger Eingewöhnung die Benutzung fremder Rechner, die diese Modifikation nicht aufweisen!)

Wir wollen am Beispiel einer besonders lästigen Standardbelegung, nämlich des im Umgang mit Unix-Systemen oft gebrauchten Backslashes, die Veränderung der Tastaturbelegung demonstrieren. Er soll alternativ als AltGr+W ansprechbar sein, in Analogie zum „Klammeraffen" @, der über AltGr+Q recht bequem zu erreichen ist.

Andere Zeichen können Sie grundsätzlich auf die gleiche Art behandeln; wir wollen an dieser Stelle nur den Hinweis geben, dass Sie in der Ausgabe des Kommandos *dumpkeys* die erforderlichen Tastaturcodes und die Namen der Sonderzeichen finden können.

1 Verschaffen Sie sich mit *su* Administratorrechte.

2 Fügen Sie ans Ende der Datei */etc/rc.d/rc.local* folgende Zeilen an:

```
/bin/loadkeys <<EOF
   altgr keycode 17 = backslash
EOF
```

Bei einem SuSE-System können diese Zeilen in die Datei */sbin/init.d/boot.local* eingetragen werden.

Das Programm *loadkeys* stellt die Zuordnung von Tasten(codes), in diesem Fall 17, zu den Buchstaben, Ziffern und Sonderzeichen her; es wirkt sich jedoch nur im Textmodus aus, nicht bei Benutzung der grafischen Oberfläche.

3 Damit auch unter X Window die neue Tastenbelegung wirksam ist, tragen Sie (wie in Kapitel 10.10 auf Seite 639 ausführlicher beschrieben) in die Datei *.Xmodmap* in Ihrem Home-Verzeichnis die folgende Zeile (gegebenenfalls zusätzlich) ein:

```
keysym w = w W backslash
```

Damit wird der Taste [W] (*keysym* steht für key symbol, Tastensymbol) im Normalfall der Kleinbuchstabe *w*, mit gedrückter [Umschalt]-Taste der Großbuchstabe *W* und mit gedrückter [AltGr]-Taste der Backslash zugeordnet.

4 Mit *exit* können Sie nun wieder die Administratorshell verlassen.

5 Nach einem Neustart des Systems werden die neuen Zuweisungen aktiv. Aber Sie müssen Ihren Linux-Rechner natürlich nicht hierfür herunterfahren; das Kommando

```
xmodmap ~/.Xmodmap
```

stellt die geänderte Belegung unter X Window sofort bereit. Auch für den Textmodus können Sie die Einstellungen unmittelbar wirksam werden lassen, indem Sie die unter Punkt 2 beschriebenen drei Zeilen mit dem Editor noch einmal zusätzlich in eine Datei */tmp/loadkeys* schreiben und das Kommando

```
source /tmp/loadkeys
```

eingeben.

6 Nun benötigen Sie nur noch einen schwarzen permanenten Folienschreiber, um (für die erste Zeit) die neue Belegung auf Ihrer Tastenkappe neben dem „w“ zu vermerken ...

Hieroglyphen vom Bildschirm entfernen

Sowohl auf der Textkonsole als auch in einem *xterm* ist manchmal der Bildschirm mit unleserlichen Zeichen übersät, und auch neu eingetippte Zeichen werden in dieser Art dargestellt. Vorangegangen ist üblicherweise eine Ausgabe von Binärdaten auf den Bildschirm; eine ziemlich sichere Methode, diesen Zustand hervorzurufen, besteht zum Beispiel darin, das Kommando *cat* auf eine Programmdatei anzuwenden. Die Grafikkarte des PCs wird dabei durch bestimmte Steuerzeichen in einen alternativen Darstellungsmodus geschaltet, der historisch begründet ist und eigentlich keinen praktischen Nutzen besitzt.

Sie brauchen aber in einem solchen Fall nicht Ihren Shell-Dialog zu beenden; führen Sie folgende Schritte in genau dieser Reihenfolge aus:

1. Geben Sie Strg+C ein. Mit etwas Glück wird dadurch ein möglicherweise noch laufendes Programm beendet, und auch sonst wird die Shell veranlasst, den Eingabepuffer zu löschen und einen neuen Prompt auszugeben. (Dies können Sie im Prinzip auch auf dem Bildschirm sehen, doch ist der Prompttext unleserlich.)
2. Drücken Sie nun die Tastenkombination Strg+V. Sie sehen keine Reaktion auf dem Bildschirm, aber die Shell wird darauf vorbereitet, ein Steuerzeichen unverändert zu akzeptieren.
3. Dieses Steuerzeichen produzieren Sie mit Strg+O; es wird normalerweise als *^O* auf dem Bildschirm lesbar angezeigt.
4. Drücken Sie nun die Enter-Taste. Sie sehen eine Fehlermeldung *command not found*, die, o Wunder, wieder normal dargestellt sein sollte. Das Kommando, über das die Shell sich hier beklagt, bestand aus dem zuvor getippten Steuerzeichen, und durch seine Ausgabe wurde die Grafikkarte wieder in einen brauchbaren Modus geschaltet.
5. Schicken Sie jetzt noch ein *reset* hinterher, um die ganzen Schmutzzeichen vom Bildschirm zu löschen. Nachdem Sie dieses Kommando mit der Enter-Taste abgeschlossen haben, sollte der Bildschirm (bis auf eine kurze Kommandoausgabe) leer sein und einen normalen Shell-Prompt anzeigen.

less als universellen Dateibetrachter nutzen

Der Dateibetrachter *less* kann nicht nur normale Textdateien komfortabel anzeigen, sondern auch auf andere Dateitypen angewendet werden. Voraussetzung dafür ist, dass er die Dateien über ein intern aufgerufenes Konvertierungsprogramm in lesbaren Text umwandeln kann, der dann in gewohnter Weise angezeigt wird und in dem man blättern kann. Beispielsweise kann bei einer Archivdatei (siehe Kapitel 8.2) eine Liste des Inhalts dargestellt oder eine komprimierte Datei (siehe Kapitel 8.2) on the fly dekomprimiert und lesbar ausgegeben werden.

Probieren Sie es einfach aus, ob in Ihrer Distribution *less* passend konfiguriert ist, indem Sie zum Beispiel mit dem Kommando

```
less /usr/man/man1/less.1.gz
```

less auf seine eigene man-Page (in der internen, komprimierten und unaufbereiteten Form) anwenden. Falls Sie nur einen wüsten Ziffern- und Buchstabensalat zu sehen bekommen, hat *less* keine interne Konvertierung durchführen können, und Sie könnten ihn mit den nachfolgend beschriebenen Maßnahmen noch brauchbarer machen. Sehen Sie lesbaren Text, der mit

.TH LESS 1 beginnt oder sogar wie eine normale man-Page aussieht, dann ist Ihr *less* prinzipiell so konfiguriert wie hier dargestellt.

1 Wenn Sie also zur Selbsthilfe schreiten wollen, erzeugen Sie mit einem Editor die Datei */usr/local/bin/lesspipe.sh*, in die Sie Folgendes eintragen:

```
#!/bin/sh
case "$1" in
    *.gz|*.[zZ])
        gunzip <$1 2>/dev/null ;;
    *.bz2)
        bunzip2 <$1 2>/dev/null ;;
    *.tar)
        tar tvf $1 2>/dev/null ;;
    *.tgz|*.tar.gz|*.tar.[zZ])
        tar tzvf $1 2>/dev/null ;;
    *.tar.bz2)
        tar tIvf $1 2>/dev/null ;;
    *.rpm)
        rpm -qilp $1 2>/dev/null ;;
esac
```

Hierbei handelt es sich um eine Kommandoprozedur (die erst in Kapitel 14.1 eingehend besprochen wird). Die *case*-Anweisung leitet eine Reihe von Alternativen ein, die jeweils ein oder mehrere (durch | getrennte) Wildcard-Muster enthalten. Passt ein Dateiname auf eines dieser Muster (z. B. die oben als Beispiel benutzte man-Page auf das Muster **.gz*), wird das im Anschluss an die schließende Klammer *)* folgende Kommando ausgeführt (*;;* gibt dessen Ende an). Der an *less* übergebene Dateiname wird dabei anstelle des *$1* eingesetzt.

Die Ausgabe dieses Kommandos wird von *less* dann als anzuzeigender Text übernommen.

2 Erklären Sie mit dem Kommando

```
chmod +x /usr/local/bin/lesspipe.sh
```

die Datei als ausführbares Programm.

3 Machen Sie mit dem Kommando

```
export LESSOPEN="|/usr/local/bin/lesspipe.sh %s"
```

das neue Programm für *less* als Konvertierungsprogramm bekannt; wenn Sie jetzt

```
less /usr/man/man1/less.1.gz
```

aufrufen, müsste lesbarer (wenn auch nicht schön formatierter) Text herauskommen.

4 Tragen Sie mit einem Editor das obige *export*-Kommando in die Datei */etc/bashrc* (SuSE: */etc/profile.local*) ein.

Damit müssten die gängigen komprimierten Dateien und Archive sowie rpm-Dateien per *less* zu betrachten sein.

7.6 Vergleich der Befehle von MS-DOS und Linux

Dies ist ein Abschnitt, der sich an erfahrene MS-DOS- und Windows-Benutzer richtet: Wenn Sie viel mit MS-DOS oder unter Windows mit der MS-DOS-Eingabeaufforderung gearbeitet haben, werden Sie beim Umgang mit Linux gelegentlich eine Entsprechung für ein MS-DOS-Kommando suchen, das Sie bisher benutzt haben. Deshalb wollen wir Ihnen eine Referenz anbieten in Form einer Tabelle, die zu jedem Kommando aus der DOS-Welt eines oder mehrere Linux-Kommandos auflistet, mit denen in etwa der gleiche Effekt zu erreichen ist.

Nicht immer ist dies möglich; beispielsweise benötigt Linux keine Kommandos zur Aufteilung des Arbeitsspeichers, und glücklicherweise kommt man auch ohne Virenscanner aus. Beachten Sie aber bitte, dass auch in den Fällen, in denen wir ein analoges Kommando – oft auch mit gleichem Namen – angeben konnten, der Kommandoaufruf und auch der Funktionsumfang deutlich verschieden sein kann.

Die nachfolgende Tabelle enthält fast alle Kommandos der MS-DOS-Version 6.2 (die auch in MS-Windows 9x enthalten sind). Nicht alle der als äquivalent angegebenen Linux-Kommandos können in diesem Buch behandelt werden; genauere Informationen finden Sie bei Bedarf mit Hilfe des Kommandos *man Dateiname*.

Einige grundsätzliche Unterschiede

Auf einige wenige Besonderheiten, die für DOS-Umsteiger wichtig sind, möchten wir aber an dieser Stelle aufmerksam machen:

- In DOS-Kommandos werden die Optionen mit einem Schrägstrich / eingeleitet (z. B. *dir /p*); in Linux-Kommandos übernimmt der Bindestrich - (das Minuszeichen) diese Rolle. Optionen, die einen mehrbuchstabigen Namen tragen, beginnen meist mit zwei Bindestrichen.
- So wie DOS-Kommandos einen Hilfetext ausgeben, wenn man die Option */?* spezifiziert, reagieren viele (aber leider nicht alle) Linux-Kommandos auf die Option *--help* mit der Ausgabe einer Kurzinformation.
- Das Leerzeichen zwischen einem DOS-Kommando und dem ersten Operanden darf oft entfallen (*cd..* wirkt genauso wie *cd ..*); dies ist bei Linux-Kommandos nicht erlaubt. Sie könnten sich zwar ein Kommando namens *cd..* definieren, doch hätte dieser Name mit dem bekannten *cd* nichts zu tun.
- Kommentarzeilen werden für die Linux-Shell mit *#* statt mit *;* gekennzeichnet.

- Linux-Kommandozeilen können (im Rahmen des verfügbaren Speichers und der Puffergrößen) nahezu beliebig lang werden; zumindest 4 KByte stellen in der Regel kein Problem dar.
- Viele Linux-Kommandos, die mit Dateien arbeiten, akzeptieren (anders als ihre DOS-Pendants) eine große Anzahl von Dateinamen als Parameter und bearbeiten dann alle diese Dateien (z. B. löscht *rm* oder kopiert *cp* dann jede einzelne Datei). Jedoch können sie selbst keine Wildcards auswerten; dies macht stattdessen die Shell bereits bei der Analyse des eingegebenen Kommandos und übergibt dem Ausführungsprogramm die Liste der selektierten Dateien.
- Der MS-DOS-Kommandointerpreter ist mit der Bearbeitung eines einzelnen Kommandos immer vollauf beschäftigt, die Linux-Shell hingegen kann mehrere (quasi) gleichzeitig abarbeiten, sei es innerhalb einer Kommandokette (Pipeline) oder durch Unterbrechen eines Programmlaufs mit der Möglichkeit, Kommandos einzuschieben und dann das Programm weiterlaufen zu lassen (Näheres in Kapitel 6.5 auf Seite 247).
- MS-DOS kennt keine Unterscheidung zwischen Benutzer- und Administratorkommandos, wie sie bei Linux aus gutem Grund üblich ist. Wer am DOS-Prompt Kommandos eingibt, kann auch so unheilvolle Dinge tun wie *format c:* und damit praktisch das System vernichten. Ein Linux-Benutzer, der nicht als Administrator *root* eingeloggt ist, kann nur seine eigenen Dateien, nicht die des Betriebssystems zerstören, sofern das System ordentlich installiert ist.

Kommando-Vergleichstabelle

MS-DOS	Linux
append	*nicht vorhanden (Ersatz durch:* ln -s*)*
attrib	*ähnliche Funktion:* chattr, lsattr
break	*ähnliche Funktion:* trap
buffers	*nicht erforderlich*
call	*nicht erforderlich (Aufruf anderer Prozeduren als Kommando möglich)*
cd	*siehe* chdir
chcp	*ähnliche Funktion:* loadunimap
chdir	cd
chkdsk	fsck
choice	dialog
cls	clear
command	bash *oder Aufruf einer anderen Shell*
copy	cp *(zum Aneinanderhängen von Dateien:* cat *)*
country	*Umgebungsvariablen setzen:* LANG, LC_...

MS-DOS	Linux
ctty	*ähnliche Funktion: Einträge in* /etc/inittab
date	date
dblspace	*nicht vorhanden*
debug	gdb
defrag	*nicht erforderlich*
del	rm
deltree	rm -r
device	*nicht vorhanden (ähnliche Funktion:* insmod*)*
devicehigh	*nicht erforderlich*
dir	ls
diskcomp	*nicht vorhanden (Ersatz durch:* cmp, comm*)*
diskcopy	*nicht vorhanden (Ersatz durch:* tar, cpio, dd*)*
dos	*nicht erforderlich*
doskey	*nicht erforderlich (Funktionalität ist in der Standardshell enthalten)*
drivparm	*nicht vorhanden (Ersatz durch:* Kernel-, Modulparameter*)*
echo	echo *(Protokollierung steuern:* bash -v, stty echo/-echo*)*
edit	joe, vi, emacs *oder ein anderer Editor*
emm386	*nicht erforderlich*
erase	*siehe* del
exit	exit
expand	*ähnliche Funktion:* gunzip
fasthelp	*ähnliche Funktion:* man, *Option* --help
fastopen	*nicht erforderlich*
fc	cmp, comm, diff
fcbs	*nicht erforderlich*
fdisk	fdisk
files	*nicht erforderlich*
find	grep
for	for
format	mke2fs, mkdosfs, fdformat, mformat
goto	*nicht vorhanden (Ersatz durch:* if, case, break*)*
graphics	*nicht erforderlich*
help	*ähnliche Funktion:* man, help, *Option* --help
if	if
include	*nicht erforderlich*
install	*nicht erforderlich (ähnliche Funktion:* insmod, modprobe*)*

MS-DOS	Linux
interlnk	*ähnliche Funktion:* minicom *als Client,* getty-*Einträge in* /etc/inittab *auf Server-Seite; andere Kommunikationssoftware für standardisierte Protokolle wie slip, plip, ppp*
intersvr	*nicht vorhanden (siehe* interlnk*)*
keyb	loadkeys
label	e2label, mlabel
lastdrive	*nicht erforderlich*
lh	*siehe* loadhigh
loadfix	*nicht erforderlich*
loadhigh	*nicht erforderlich*
md	*siehe* mkdir
mem	vmstat, meminfo
memmaker	*nicht erforderlich*
menucolor	*nicht vorhanden (Boot-Menü mit* lilo*)*
menudefault	*ähnliche Funktion: Boot-Menü mit* lilo
menuitem	*ähnliche Funktion: Boot-Menü mit* lilo
mkdir	mkdir
mode	*nicht vorhanden (stattdessen Einstellungen in verschiedenen Konfigurationsdateien vornehmen)*
more	less, more
move	mv
msav	*nicht erforderlich!*
msbackup	dump, tar, cpio, taper *oder anderes Backupprogramm*
mscdex	*nicht erforderlich*
msd	*ähnliche Funktion: Informationen im /proc-Dateisystem; verschiedene Abfragetools*
nlsfunc	*nicht erforderlich (siehe auch* man locale*)*
numlock	*ähnliche Funktion:* setleds
path	export PATH=...
pause	read
power	apm
print	lpr
prompt	export PS1=...
qbasic	bwbasic
rd	*siehe* rmdir
rem	*#, :*
ren	*siehe* rename
rename	mv

MS-DOS	Linux
replace	*nicht vorhanden (Ersatz durch Shell-Prozedur möglich)*
restore	restore; *siehe auch* msbackup
rmdir	rmdir
scandisk	badblocks, mbadblocks; fsck
set	*Variable=Wert; Abfrage:* set
setver	*nicht erforderlich*
share	*ähnliche Funktion:* NFS (exportfs *oder* kexportfs, mount)
shell	*Eintrag in* /etc/passwd *für jeden Benutzer*
shift	shift
sizer	*nicht erforderlich*
smartdrv	*nicht erforderlich*
sort	sort
stacks	*nicht erforderlich*
submenu	*nicht vorhanden (Boot-Menü mit* lilo*)*
subst	*ähnliche Funktion:* mount
switches	*nicht erforderlich*
sys	*ähnliche Funktion:* lilo
time	date
tree	*Benutzung eines Datei-Managers (*kfm, *Midnight Commander etc.)*
type	cat
undelete	*nicht vorhanden*
unformat	*nicht vorhanden*
ver	uname
verify	*nicht vorhanden*
vol	mlabel -s, e2label
vsafe	*nicht erforderlich!*
xcopy	cp -a

8. Tools, Tipps, Tricks: Systemprogramme

In diesem Kapitel wollen wir Sie mit einigen Werkzeugen vertraut machen, die den Umgang mit Ihrem Linux-System effektiver gestalten können. Wer eine Zeit lang mit Linux gearbeitet hat, wird hin und wieder auf Probleme gestoßen sein, die sich mit den hier vorgestellten Tools recht elegant und mit wenig Aufwand lösen lassen.

Der Unix-Baukasten

Wenn Sie beispielsweise eine HTML-Datei *index.html* betrachten wollen und nicht die von einem Webbrowser aufbereitete Darstellung, sondern den Quelltext sehen wollen, können Sie dazu das Programm *less* verwenden (das in Kapitel 7.3 auf Seite 282 beschrieben ist). Allerdings sind dann die Texte nur mühsam zu lesen, da viele Webautoren (unnötigerweise) Ersatzdarstellungen für Umlaute verwenden, also z. B. *ä* statt *ä*. Bevor Sie nun auf der Basis von *less* einen neuen Dateibetrachter mit HTML-Fähigkeiten selbst programmieren (die Programmquellen sind ja öffentlich), wollen wir Ihnen eine einfachere Möglichkeit zeigen: Die Kommandozeile

```
cat index.html | recode html:latin1 | less
```

erledigt die Aufgabe mit Hilfe von Einzelbausteinen: *cat* liest die Datei *index.html* und gibt die Daten in die Standardausgabe aus, mit | werden sie an die Standardeingabe des nächsten Kommandos weitergereicht, das die Umkodierung durchführt, und durch die nächste |-Verknüpfung wandern die veränderten Daten, jetzt mit richtigen Umlauten, in das *less*-Kommando. Damit ist aus den einzelnen Bausteinen ein „HTML-Dateibetrachter“ entstanden, ohne dass ein neues Programm geschrieben werden muss.

Viele der in diesem Kapitel beschriebenen Programme sind gut für den Einsatz als Filterprogramme, also innerhalb einer Kommando-Pipeline, geeignet, können aber auch als eigenständige Programme aufgerufen werden.

Dünnes Rohr: das Pipe-Symbol |

In diesem Kapitel wird das Zeichen | recht häufig verwendet; auf den meisten Tastaturen mit deutscher Zeichenbelegung wird es durch [AltGr]+[<] erzeugt, und auf dem Bildschirm erscheint ein durchgehender senkrechter Strich. Sollte sich auch ein unterbrochener Strich ¦ auf Ihre Tastatur verirrt haben (ein broken bar), ignorieren Sie den am besten, denn er ist höchstens zu dekorativen Zwecken zu gebrauchen.

8.1 Filter und mehr: Zusätzliche Befehle der Shell

Die im Folgenden beschriebenen Filterprogramme sind besonders gut für die Arbeit mit Textdaten geeignet; sinnvollerweise sind in einem Linux-System nahezu alle Konfigurations- und Protokolldateien im Textformat gehalten (anders als z. B. die Windows-Registry) und können mit diesen Filtern gut bearbeitet werden.

Meist hilft --help

Die GNU-Versionen der Filterprogramme, die Sie auf Ihrem Linux-System vorfinden, sind weitestgehend mit den auf anderen Unix-Systemen üblichen Programmen kompatibel, enthalten aber einige Erweiterungen und zusätzliche Parameter. Insbesondere kann man sich mit *Programmname --help* eine kurze Funktionsübersicht anzeigen lassen; auführliche Informationen finden Sie in der man-Page bzw. in der *textutils*-Infodatei (die Sie mit *xinfo textutils* oder *pinfo textutils* lesen können; mehr darüber auf Seite 691).

Zeichenfolgen suchen mit grep

Ein besonders typisches Unix-Programm ist *grep*. Es liest seine Eingabe entweder über *stdin* oder aus einer oder mehreren Dateien und betrachtet sie zeilenweise. Jede Zeile, die das beim Aufruf angegebene Suchkriterium erfüllt, wird nach *stdout* ausgegeben und je nach Optionen eventuell noch mit Zusatzinformationen angereichert. Damit kann es perfekt in eine Pipeline eingefügt werden, um den Datenstrom zu filtern und die nicht benötigten Datenzeilen auszusondern.

Um beispielsweise in der Syslog-Datei nach Meldungen zu suchen, die mit der Prüfung des Login-Passworts zu tun haben, können Sie *grep* die ganze Datei lesen und nach der Zeichenfolge *passwd* suchen lassen:

```
paco:~ # grep passwd /var/log/messages
Mar 21 11:56:54 paco passwd[3575]: password for 'root' changed by 'root'
Mar 21 12:24:20 paco passwd[6040]: password for 'paul' changed by 'root'
May 14 01:09:05 paco passwd[17856]: incorrect password for 'paul'
paco:~ #
```

Ausgegeben werden die Zeilen, die den Suchbegriff enthalten.

Traditionell gibt es drei Varianten, die sich in der Auswertung der Suchbedingung unterscheiden, mit der sie die Daten ausfiltern:

fgrep sucht nach einer festen Zeichenfolge in jeder Eingabezeile, die allerdings an beliebiger Position innerhalb der Zeile auftreten kann.

grep selbst versteht in der Suchbedingung einige Sonderzeichen, die eine flexiblere Suche ermöglichen, aber einige weitere müssen durch einen vorangestellten Backslash (\) besonders gekennzeichnet werden.

egrep verhält sich grundsätzlich wie *grep*, nur werden die Sonderzeichen gerade dann ausgewertet, wenn sie nicht durch einen Backslash markiert sind.

fgrep hat den geringsten Funktionsumfang, läuft dafür aber auf vielen Systemen deutlich schneller ab als seine Geschwister. Ob man *grep* oder *egrep* benutzt, hängt davon ab, wie viele Sonderzeichen für die Formulierung der Suche benötigt werden und ob man sie besonders kennzeichnen will oder nicht.

Das GNU-*grep* ist etwas anders realisiert als das übliche Unix-Kommando dieses Namens, denn alle Varianten werden von demselben Programm abgehandelt. Dementsprechend kann die Auswahl auch über Optionen statt über den Programmnamen getroffen werden: *grep -F* ist identisch mit dem Aufruf *fgrep*, und *grep -E* ist nahezu identisch mit *egrep*.

Am einfachsten ist die Anwendung von *fgrep*: Als ersten Parameter geben Sie eine Zeichenfolge an, die in jeder Eingabezeile gesucht wird und darüber entscheidet, ob die Zeile wieder ausgegeben oder weggeworfen wird. Nur Zeilen, die diesen Suchstring enthalten, erscheinen in der Ausgabe. Als weitere Parameter dürfen Dateinamen angegeben werden; diese Dateien werden dann der Reihe nach statt der Standardeingabe gelesen und durchsucht. Beispielsweise liefert das Kommando

```
fgrep /home/ /etc/passwd
```

alle diejenigen Einträge aus der Passwortdatei, die die Zeichenfolge */home/* enthalten, also vermutlich alle Benutzer, deren Home-Verzeichnis unterhalb von */home* liegt. Wollen Sie gerade eine Liste der anderen, die nicht unter */home* beheimatet sind, können Sie mit der Option *v* die Bewertung der Suche umkehren:

```
fgrep -v /home/ /etc/passwd
```

Weitere gängige Optionen, die allerdings meist beim Durchsuchen von Programmen oder normalem, natürlichsprachigem Text benutzt werden, sind:

`-i`	Groß-/Kleinschreibung ignorieren.
`-3`	Es werden nicht nur jede Trefferzeile, sondern noch weitere drei Zeilen davor und dahinter mit ausgegeben (statt *3* kann auch eine beliebige andere positive Zahl stehen).
`-n`	Zusätzlich zu jeder Trefferzeile wird ihre fortlaufende Nummer ausgegeben.
`-l`	Nicht die Zeilen, sondern die Namen derjenigen Dateien ausgeben, in denen ein Treffer vorkam (nur einmal pro Datei).

Beispiel: Datei suchen, die ein Wort enthält

Für C-Programmierer ist es wichtig zu wissen, in welcher Headerdatei (mit der Endung *.h*, meist unterhalb des Verzeichnisses */usr/include*) eine Bibliotheksfunktion aufgeführt ist. Dazu kann man *grep* nach dem Funktionsnamen, beispielsweise *snprintf*, suchen lassen:

```
paco:~ $ fgrep snprintf /usr/include/*.h
/usr/include/glib.h:gint        g_snprintf            (gchar
/usr/include/glib.h:gint        g_vsnprintf           (gchar
/usr/include/stdio.h:extern int snprintf __P ((char *__restrict
/usr/include/stdio.h:extern int __vsnprintf __P ((char *__restri
/usr/include/stdio.h:extern int vsnprintf __P ((char *__restrict
paco:~ $
```

In der dritten Zeile steht der gesuchte Name als separates Wort, also muss der Name der Datei *stdio.h* in einer *#include*-Zeile im Programm aufgeführt werden.

Da hier nach einer festen Zeichenfolge gesucht wurde, bot sich *fgrep* an. Allerdings findet die Suche hier nur in den Dateien statt, die unmittelbar im Verzeichnis */usr/include* stehen, nicht aber in den (zahlreichen!) Unterverzeichnissen. Um einen ganzen Dateibaum zu durchsuchen, müsste eine Liste der in Frage kommenden Dateien erzeugt und an *grep* übergeben werden. Wie man dies mit dem Kommando *find* erreichen kann, ist in Kapitel 8.5 auf Seite 354 näher beschrieben. Wir wollen aber an dieser Stelle schon eine mögliche Lösung verraten:

```
paco:~ $ find /usr/include -type f | xargs grep ' snprintf '
/usr/include/stdio.h:extern int snprintf __P ((char *__restrict
paco:~ $
```

Durch Einbeziehung der Leerzeichen (innerhalb der Apostrophe) in den Suchstring konnten hier die „Zufallstreffer" vermieden werden, die bei der vorigen Suche auftraten.

Hinweis

grep kann das System belasten

Zwar ist *grep* ein bequemes und nützliches Tool, und es ist auch deswegen unixtypisch, weil viele andere Betriebssysteme das Eröffnen und Lesen vieler Dateien nicht so effektiv unterstützen, dass ein *grep* zügig ablaufen kann.

Andererseits kostet das Lesen vieler hundert Dateien auch bei Unix-Systemen Zeit und Rechenleistung. Ein *grep* über sehr viele Dateien ist deshalb eine „gute" Methode, sich auf einem System unbeliebt zu machen, das auch von Fremden benutzt wird. Auf Ihrem ganz persönlichen Linux-Rechner stören Sie natürlich niemanden; greppen Sie dort nach Herzenslust und gehen Sie notfalls zwischendurch einen guten Tee trinken.

grep und egrep: Reguläre Ausdrücke

Das „normale" *grep*, *egrep* und die Variante *grep -E* unterscheiden sich von *fgrep* dadurch, dass sie nicht nur nach genau dem als Suchmuster angegebenen String fahnden, sondern dass ein „regulärer Ausdruck" als Suchbedingung angegeben werden darf, der auf eine größere Zahl von Zeichenfolgen passen kann. Ein regulärer Ausdruck kann verschiedene Bausteine enthalten:

- Suchmuster, die auf festgelegte Zeichen passen:
  - Alle Zeichen ohne Sonderbedeutung suchen „sich selbst", d. h., sie passen nur zu einem gleichen Zeichen im Eingabestrom. Hierzu gehören alle Buchstaben und Ziffern sowie Leerzeichen und einige der Sonderzeichen (soweit sie nicht nachstehend aufgeführt sind).

    Beispielsweise verhält sich das Muster *hello, world* bei allen *grep*-Spielarten gleich; es passt immer dann auf eine Eingabezeile, wenn sie genau diese Zeichenfolge enthält.
  - Ein Punkt . passt auf jedes beliebige Eingabezeichen. Das Muster *x.y* wählt alle Zeilen aus, die ein *x*, ein *y* sowie dazwischen genau ein weiteres Zeichen enthalten, egal welches.
  - Ein Paar eckige Klammern passt auf genau eins der Zeichen, die zwischen den Klammern stehen. Beispielsweise gilt das Muster *[abcd]* als Treffer für jedes der Zeichen *a*, *b*, *c* und *d*. Ein zusammenhängender Zeichenbereich (gemäß der Sortierfolge des ASCII-Codes) kann als Bereich mit Bindestrich (Minuszeichen) angegeben werden: *[a-z]* umfasst genauso wie *[a-mnopq-z]* sämtliche Kleinbuchstaben von *a* bis *z*.
  - Die *[]*-Spezifikation kann auch für eine negative Auswahl benutzt werden: Wenn das erste Zeichen nach der öffnenden eckigen Klammer ein Zirkumflex ^ ist, passt der Klammerausdruck auf alle Zeichen, die nicht darin aufgeführt werden. Mit dem Muster *[^0-9]* können Sie zum Beispiel nach einem Zeichen suchen, das keine Ziffer ist.
- Wiederholungsangaben:
  Jedes einzelne Muster kann eine Wiederholungsangabe erhalten, die unmittelbar nach dem Muster steht. Im einfachsten Fall ist es eine Zahl in geschweiften Klammern: *x{4}* ist gleichbedeutend mit *xxxx* und stellt bestenfalls eine Schreibvereinfachung dar. Interessanter sind Von-bis-Angaben: *x{2,4}* passt zu einer Zeichenfolge von 2 bis 4 *x* in den Daten. Für einige oft vorkommende Fälle gibt es besondere Zeichen:

x?	wie *x{0,1}*: null- oder einmal
*x**	wie *x{0,}*: beliebig oft wiederholt oder gar nicht
x+	wie *x{1,}*: mindestens einmal, beliebig oft

- Verankerung am Rand:
  Beginnt das gesamte Muster mit einem Zirkumflex ^, wird nur am Anfang einer jeden gelesenen Zeile geprüft, ob das Muster passt. In gleicher Weise verankert ein Dollarzeichen *$* die Suche am anderen Ende: endet das Muster mit *$*, gibt es nur einen Treffer, wenn es genau am Ende der Zeile passt.

- Gruppierung:
  Mit den Gruppierungszeichen beginnt die hohe Schule der regulären Ausdrücke. Sie können runde Klammern *()* verwenden, um komplizierte Musterfolgen zu einem gesamten Muster zu verbinden, dem wiederum eine Wiederholungsangabe nachgestellt werden kann. Mit einem senkrechten Strich können innerhalb der Musterfolge (und auch innerhalb von Klammern) Alternativen voneinander getrennt werden.

  Eine präzisere Beschreibung dieser und noch weiterer Möglichkeiten finden Sie in der man-Page zu *grep*.

Wir wollen diese etwas trockenen Definitionen an ein paar Beispielen illustrieren:

```
Muster:    xy*z
Zeile:     abcxyyyyzde
Resultat:  Passt, weil y* auf beliebig viele y passt.

Muster:    xy*z
Zeile:     abc xz
Resultat:  Passt, weil y* auch für „kein y" stehen kann.

Muster:    a.+bc
Zeile:     abc
Resultat:  Passt nicht, weil .+ mindestens ein (beliebiges) Zeichen ver-
langt.

Muster:    ^xxxyyy
Zeile:     w xxxyyy
Resultat:  Passt nicht, weil die Zeichenfolge nicht linksbündig auftritt.

Muster:    ^.*$
Zeile:     abcxyyyyzde
Resultat:  Passt, weil es auf alles passt (beliebig viele beliebige Zei-
chen).

Muster:    [a-zA-Z0-9]+
Zeile:     abc xz
Resultat:  Passt nicht, weil das Leerzeichen nicht im Muster vorkommt.
```

Tipp

Reguläre Ausdrücke testen

Um die Wirkung eines *grep*-Kommandos mit regulären Suchausdrücken zu testen, können Sie eine einfache Pipe aus einem *echo* und einem *grep* bilden:

```
echo Testdaten | grep Muster
```

Wenn die *Testdaten* ausgegeben werden, konnte das Muster auf diese Daten erfolgreich angewendet werden; wenn Sie nichts herausbekommen, traf das Muster nicht zu.

Die verschiedenen Varianten von *grep* unterscheiden sich darin, welche Zeichen im Suchmuster als Sonderzeichen erkannt werden. Die folgende Tabelle gibt an, welche Schreibweise – mit oder ohne vorangestellten Backslash – eine spezielle Funktion auslöst, wie sie oben beschrieben wurde. Ist diese Funktion unerwünscht, soll also beispielsweise ein Punkt nur auf einen Punkt passen und nicht auf jedes Eingabezeichen, muss die jeweils andere Schreibweise gewählt werden (dem Punkt also ein Backslash vorangestellt werden).

<table>
<tr><th>Programm</th><th colspan="8">aktive Sonderzeichen</th></tr>
<tr><td>grep</td><td>.</td><td>[...]</td><td>*</td><td>\?</td><td>\+</td><td>\{...\}</td><td>\(...\)</td><td>\|</td></tr>
<tr><td>egrep</td><td>.</td><td>[...]</td><td>*</td><td>?</td><td>+</td><td>\{...\}</td><td>(...)</td><td>|</td></tr>
<tr><td>grep -E</td><td>.</td><td>[...]</td><td>*</td><td>?</td><td>+</td><td>{...}</td><td>(...)</td><td>|</td></tr>
</table>

Weshalb es überhaupt diese verschiedenen Varianten und Backslash-Regeln gibt, hat historische (und Kompatibilitäts-)Gründe. Wählen Sie die Kommandovariante nach Ihrem Geschmack aus; die typischerweise tippfaulen Unix-Freaks benutzen *grep*, wenn das Muster kaum Sonderfunktionen enthält, und *egrep* oder *grep -E*, wenn viele drin vorkommen.

Hinweis

Wildcards und reguläre Ausdrücke

Sie werden sich an dieser Stelle entfernt an die Wildcard-Muster erinnert fühlen, die von der Shell auf der Kommandozeile ausgewertet werden. Aber die Ähnlichkeiten zu den regulären Ausdrücken sind nur entfernt; die Shell-Wildcards sind zwar etwas einfacher anzuwenden, bieten jedoch auch einen wesentlich geringeren Funktionsumfang.

Die Angabe eines beliebigen Teilstrings, die in Wildcard-Ausdrücken mit * möglich ist, muss beispielsweise in einem regulären Ausdruck durch .* dargestellt werden, da der Stern hier nur einen Wiederholungsfaktor angibt.

Noch ein Unterschied: Die Shell analysiert Wildcard-Angaben immer in Bezug auf ein Verzeichnis, d. h., die Schrägstriche zwischen Verzeichnisebenen müssen stets explizit angegeben werden und können nicht durch * oder andere Wildcards erfasst werden. In regulären Ausdrücken wird keine solche Sonderbehandlung für Schrägstriche durchgeführt.

▼▼▼ WORKSHOP

Reguläre Ausdrücke schrittweise erarbeiten

Reguläre Ausdrücke für *grep*-Kommandos sind leichter zu erstellen, als es auf den ersten Blick scheint. Allerdings sind sie, wenn sie umfangreicher ausfallen, nicht besonders gut zu lesen und (vom Menschen) in ihrer Funktion nachzuvollziehen. Aus leidvoller Erfahrung können wir nur dazu raten, Ihre eigenen Kreationen gut zu dokumentieren (am besten durch Kommentarzeilen mit # in Prozedurdateien).

Im folgenden Beispiel soll ein regulärer Ausdruck entstehen, mit dessen Hilfe in der Passwortdatei */etc/passwd* nach allen Einträgen gesucht werden soll, die eine numerische Benutzerkennung von Null besitzen, sodass mit dem Kommando

```
egrep Muster /etc/passwd
```

zumindest der Eintrag für *root* herausgefiltert wird, um zu sehen, ob es noch weitere privilegierte Kennungen gibt.

Noch unfertige Teile des regulären Ausdrucks werden nachfolgend als eingerahmte [Kästchen] dargestellt.

1 Analysieren Sie zunächst die Struktur der Eingabedaten, die hier recht einfach ist: Jede Zeile der Passwortdatei hat den Aufbau

```
Kennung:Passwort:Benutzernummer:Gruppennummer:...
```

2 Anhand der Datenstruktur notieren Sie zunächst die festen Bestandteile des Musters, die auf fest vorgegebene Trennzeichen, Wörter oder Ähnliches passen müssen. Das Übrige kann erst einmal als Kästchen dargestellt und muss in den nächsten Schritten konkretisiert werden:

```
[Kennung] : [Passwort] : [Nummer] :
```

3 Wenn das Suchmuster am linken oder rechten Zeilenrand verankert werden soll, ist es jetzt an der Zeit, die Zeichen ^ bzw. $ dafür einzusetzen. In diesem Beispiel ist es wichtig, dass die Kennung am Anfang der Zeile steht; der rechte Rand interessiert nicht, da die weiteren Daten in der Zeile ignoriert werden können.

```
^ [Kennung] : [Passwort] : [Nummer] :
```

4 Wenn einer der noch unfertigen Teile aus einer Folge gleichartiger Zeichen besteht, ist eine Wiederholungsangabe angebracht. Hier bestehen Kennung und Passwort aus jeweils mindestens einem (noch näher zu bestimmenden) Zeichen und die Nummer nur aus Ziffern:

```
^ [Zeichen] +: [Zeichen] +: [Ziffer] +:
```

Um Wiederholungen „herauszuziehen", muss manchmal ein Kästchen aufgespalten werden; dies ist hier glücklicherweise nicht nötig.

5 Betrachten Sie nun die Stückchen, die zu wiederholen sind: Sind sie ihrerseits fest? In diesem Fall trifft das für die *Ziffer* zu, da nach dem Zahlenwert Null gesucht wird:

```
^ [Zeichen] +: [Zeichen] +:0+:
```

6 Welchen Regeln unterliegen die restlichen unfertigen Teile? Bevor Sie in diesem Beispiel darangehen, die Zeichen aufzuzählen, die in einer Kennung vorkommen dürfen, machen Sie es sich leicht mit der Aussage „alles außer dem trennenden Doppelpunkt“. Das Gleiche gilt für das Passwort.

```
^[^:]+:[^:]+:0+:
```

7 Damit wäre ein ansehnlicher regulärer Ausdruck fertig gestellt, der noch durch Einsetzen in ein *egrep*-Kommando (mit Apostrophen '...' schützen!) zu verifizieren ist:

```
paco:~ $ egrep '^[^:]+:[^:]+:0+:' /etc/passwd
root:x:0:0:root:/root:/bin/bash
paco:~ $
```

Das Ergebnis dieses Kommandos ist in zweifacher Hinsicht beruhigend: Erstens, weil der reguläre Ausdruck funktioniert hat, zweitens, weil es in diesem System außer *root* keinen anderen privilegierten Benutzer gibt!

Workshop-Ende

Dateien sortieren

Das Linux-Sortierprogramm *sort* ist sowohl für den Einsatz in Pipelines als auch als eigenständiges Programm ausgesprochen nützlich. Ohne zusätzliche Optionen liest es alle Eingabesätze und gibt sie in sortierter Reihenfolge wieder aus, wobei die Sätze – sprich gelesenen Zeilen – Zeichen für Zeichen verglichen werden und die Reihenfolge der Ausgabe davon abhängt, wie die Zeichen in der ASCII-Codetabelle angeordnet sind: Ziffern werden vor Buchstaben, Großbuchstaben vor Kleinbuchstaben einsortiert. Leer- und viele Sonderzeichen liegen noch vor den Ziffern; die deutschen Umlaute und europäischen Sonderbuchstaben sind an völlig unpraktischen Stellen angeordnet.

Im *sort*-Kommando können Sie die Namen einer oder mehrerer Eingabedateien angeben. Wenn es mehrere sind, werden sie alle zusammengemischt und gemeinsam sortiert. Eine Ausgabedatei kann explizit über die Option *-o Dateiname* spezifiziert werden; ansonsten werden die Daten in die Standardausgabe geschrieben. Lässt man auch die Eingabedateien weg, verhält sich *sort* wie jedes gute Filterprogramm und liest seine Standardeingabe. Damit ergeben sich die Aufrufmöglichkeiten:

```
sort Sortieroptionen
sort Sortieroptionen Eingabedatei ...
sort Sortieroptionen -o Ausgabedatei Eingabedatei ...
```

Hinter den *Sortieroptionen* verbergen sich mehrere Möglichkeiten, den Sortiervorgang zu steuern:

`-f`	Klein- und Großbuchstaben gleichbehandeln (gilt nicht für Umlaute etc.).
`-r`	In umgekehrter Richtung sortieren, also größten Wert zuerst ausgeben.
`-n`	Numerisch sortieren, d. h. Eingabe als Zahlenwerte interpretieren (damit *9* vor *10* einsortiert wird; sonst entscheidet das erste Zeichen).

Zeilen in Sortierfelder aufteilen

Oft steht die Information, nach der sortiert werden soll, nicht am Anfang jeder Zeile. Dann muss beim Sortieren ein Zeilenbereich vom Anfang bis zum Beginn der interessanten Daten ignoriert und erst nach den dann folgenden Zeichen entschieden werden, welche Zeile zuerst auszugeben ist. Dies kann von *sort* auf zwei Arten verlangt werden:

- Durch eine feste Byteposition, gerechnet vom Anfang der Zeile, oder
- durch die Anweisung, die Zeile in einzelne Felder zu zerlegen und nur bestimmte Felder zum Sortieren heranzuziehen.

Normalerweise betrachtet *sort* jede Eingabezeile als ein einziges Sortierfeld, das die Reihenfolge der Ausgabe bestimmt. Innerhalb dieses Feldes können die ersten Bytes ignoriert werden:

```
paco:~ $ sort -k 1.2
1234
2123
1123
1345
[Strg]+[D]
1123
2123
1234
1345
paco:~ $
```

Die Option *k* (für key, Schlüssel) dient dazu, einen abweichenden „Sortierschlüssel" zu spezifizieren: *1.2* bedeutet, dass das erste Feld (das hier den ganzen Satz umfasst) heranzuziehen ist, und zwar ab dem zweiten Byte. Damit wird bei der Bestimmung der Sortierfolge das erste Byte übergangen; lediglich wenn zwei Zeilen ansonsten das gleiche Sortierkriterium aufweisen, wird noch einmal der ganze Inhalt ab dem ersten Byte verglichen (deshalb wird *1123* vor *2123* einsortiert).

Felder ergeben sich in den Eingabezeilen dadurch, dass *sort* überall dort die Zeile unsichtbar „zerschneidet", wo Leerraumzeichen (Blank, Tabulator) auf Nicht-Leerraumzeichen folgen – mit anderen Worten, die Leerstellen werden jeweils dem nachfolgenden Feld zugeschlagen. Wenn in den Eingabezeilen mehrere solcher Felder vorhanden sind, können sie zum Sortieren herangezogen werden: *sort -k 2* sortiert nach dem zweiten Feld jeder Zeile, *sort -k*

2,5 nach dem zweiten bis vierten (ohne Nummer 5). Weitere Varianten sind in der man-Page beschrieben.

Beispiel: Prozessliste sortieren

Mit Hilfe des *ps*-Kommandos sollen die zehn Prozesse herausgefunden werden, die den größten Teil der CPU-Zeit verschlingen. Dies ist eine typische Sortier- und Filteraufgabe (wenn man die Tatsache verdrängt, dass das gängige *ps* eine solche Sortierfunktion schon eingebaut hat – aber die hier vorgestellte Lösung ist ja noch weiter ausbaubar ...).

1 Am Anfang steht, wie so oft, die Datenanalyse: Wie sehen die zu sortierenden Zeilen aus?

```
paco:~ $ ps aux|head -5
USER       PID %CPU %MEM  SIZE   RSS TTY STAT START   TIME COMMAND
at         153  0.0  0.2  1264   552  ?  S    Aug  2   0:00 /usr/sbin/atd
paul       265  0.0  0.4  2228  1268   2 S    Aug  2   0:00 -bash
paul       272  0.0  0.4  2224  1264   2 S    Aug  2   0:00 -bash
paul       273  0.0  0.3  1916   892   2 S    Aug  2   0:00 sh /usr/X11R6/
paco:~ $
```

Ein paar Zeilen reichen aus, deshalb *head -5*. Das Kriterium, nach dem sortiert werden soll, steht in der dritten Ausgabespalte.

2 Beim Aufbau einer Kommandopipeline können Sie also mit dem *ps*-Kommando als Datenlieferant beginnen:

```
ps aux | ...
```

3 Um sicherzugehen, dass die Überschriftszeile beim Sortieren nicht stört, können Sie sie mit dem Kommando *tail +2* überspringen (siehe Kapitel 8.1):

```
ps aux | tail +2 | ...
```

4 Das Sortierprogramm kann die *ps*-Ausgabezeilen in Felder (Spalten) einteilen; das dritte ist hier relevant, da es den CPU-Zeit-Verbrauch enthält. Um zuerst die Prozesse zu erhalten, die die meiste Zeit verbrauchen, muss rückwärts sortiert werden (größte zuerst), und es ist im numerischen Sinne zu vergleichen. Damit ergeben sich die Optionen für *sort*:

```
ps aux | tail +2 | sort -r -n -k 3 | ...
```

5 Da nur die zehn Top-Verbraucher gefragt waren, kann an den Schluss der Pipeline noch ein *head*-Kommando angehängt werden – damit ist die Aufgabe gelöst:

```
paco:~ $ ps aux | tail +2 | sort -r -n -k 3 | head -10
paul     16626 97.4  5.1 14196 13332  ?  R N  10:07 515:27 ../setiathome -stop_a
root       284  0.8  3.1 18600  8096  ?  S    Aug  3  45:52 /usr/X11R6/bin/X :0
paul       772  0.7  1.4  6056  3744  ?  S    Aug  3  42:05 kload
paul       301  0.5  0.5  2488  1300   2 S    Aug  3  32:22 xeyes -name FvwmXeyes
paul       303  0.1  0.3  1952   856   2 S    Aug  3   6:22 asclock -position +0+
wwwrun     248  0.0  2.4  8316  6284  ?  S    Aug  3   0:00 /usr/sbin/httpd -f /e
wwwrun     247  0.0  2.4  8316  6284  ?  S    Aug  3   0:00 /usr/sbin/httpd -f /e
wwwrun     246  0.0  2.4  8316  6284  ?  S    Aug  3   0:00 /usr/sbin/httpd -f /e
```

```
wwwrun     245  0.0  2.4  8316  6284  ?  S    Aug  3   0:00 /usr/sbin/httpd -f /e
wwwrun     244  0.0  2.1  8316  5660  ?  S    Aug  3   0:00 /usr/sbin/httpd -f /e
paco:~ $
```

Hinweis

sort benötigt Speicherplatz

Im Gegensatz zu manchen anderen Implementationen kennt das GNU-*sort* von Linux keine Begrenzungen hinsichtlich Dateigrößen und Zeilenlängen. Allerdings muss ja während des Sortiervorgangs die gesamte Datenmenge irgendwo zwischengespeichert werden. Wenn der Arbeitsspeicher dazu nicht ausreicht, lagert *sort* die Daten zwischendurch in temporäre Dateien aus. Diese werden normalerweise in */tmp* abgelegt; ihre Größe hängt vom Umfang der Eingabe ab. Falls nicht genug Platz für die Arbeitsdateien vorhanden ist, bricht das Programm ab; wenn Sie in einem anderen Verzeichnis (auf einer anderen Partition) über mehr freien Platz verfügen, können Sie *sort* mit dem Kommando *export TMPDIR=Verzeichnis* dazu bringen, seine Dateien dort abzulegen.

Nach Ende des Sortiervorgangs werden die angelegten Hilfsdateien automatisch wieder gelöscht. Wenn das *sort*-Programm unglücklich abgebrochen wird, könnte das unterbleiben; in diesem Fall müssen die Dateien von Hand gelöscht werden.

Ein T-Stück für Pipes: Das Programm tee

Zwar lassen sich beliebig viele Programme zu einer Pipe aneinander hängen, doch ist es mit den Mitteln der Shell-Kommandosprache nicht möglich, einen Datenstrom in mehrere Pipes zu verzweigen und diese parallel zueinander ablaufen zu lassen. (Allerdings werden echte Unix-Experten auch so etwas hinbekommen; sie werden dann hoffentlich wissen, wozu es gut ist.) Es gibt aber zumindest die Möglichkeit, den Datenstrom einer Pipe abzugreifen und in eine Datei zu kopieren: Das Programm *tee* gibt alle Daten, die es von der Standardeingabe liest, unverändert auf die Standardausgabe weiter und schreibt sie zusätzlich in eine Datei. Der Name des Programms wird im Englischen ausgesprochen wie der Buchstabe T und soll andeuten, dass es wie ein T-Stück in einem Rohrsystem eine „Anzapfung" darstellt.

Beispiel: Ausgabe der Kernelgenerierung mitschneiden

Wenn Sie die vielen hundert Meldungen, die während einer Kernelgenerierung (siehe Kapitel 9.5 auf Seite 401) ausgegeben werden, auf dem Bildschirm mitverfolgen und zugleich in einer Datei abspeichern wollen, um später einmal gezielt nach bestimmten Meldungen zu suchen, können Sie die Ausgabe des *make*-Kommandos, das den ganzen Ablauf steuert, durch *tee* schicken:

```
make zImage 2>&1 | tee /tmp/kernelgen.prot
```

Durch die Ausgabeumleitung *2 > &1* sorgen Sie dafür, dass alle Meldungen, die auf dem Bildschirm erscheinen, auch durch das *tee* geleitet und protokolliert werden (*stdout* und *stderr*).

Umcodieren mit tr und recode

Mit *tr* können Sie ein oder mehrere Zeichen innerhalb des Eingabedatenstroms durch andere ersetzen oder ganz entfernen lassen.

```
tr Zeichenfolge1 Zeichenfolge2
tr -d Zeichenfolge
```

Im ersten Fall wird jedes Zeichen in den Eingabedaten, das in der *Zeichenfolge1* auftritt, durch das an der gleichen Position in *Zeichenfolge2* stehende Zeichen ersetzt; das zweite Format (*d* für delete) dient dazu, alle in der *Zeichenfolge* enthaltenen Zeichen aus den Eingabedaten zu entfernen. Die zu berücksichtigenden Zeichen können (sicherheitshalber in Apostrophe eingeschlossen) einzeln aufgeführt oder als Bereiche angegeben werden: *a-h* ist gleichbedeutend mit *abcdefgh*. Im Normalfall sollten bei einer Ersetzung beide Argumente nach der Auflösung von Bereichsangaben gleich lang sein.

Beispielsweise wandelt das Kommando

```
ls dosfiles/*.txt | tr A-Z a-z
```

die Namen aller **.txt*-Dateien im Verzeichnis *dosfiles* von Groß- in Kleinschreibung um und gibt sie auf die Standardausgabe aus.

```
tr -d ' ' <eingabe >ausgabe
```

liest die Datei *eingabe* und schreibt die Daten in die Datei *ausgabe*, wobei alle Leerzeichen entfernt werden. (Der Name einer Eingabedatei kann bei *tr* ausnahmsweise nicht als Kommandoargument spezifiziert werden.)

Zeilenendezeichen umsetzen mit tr

Mit *tr* können Sie die Zeilenendezeichen in einer Datei, die von einem MS-DOS- oder Windows-System stammt, in die Unix-Konvention umsetzen.

1. Die Zeilen einer DOS-Datei sind üblicherweise durch zwei Zeichen voneinander getrennt, ein Carriage return (Wagenrücklauf, Zeichenwert dezimal 13) und daran anschließend ein Newline (Zeilenvorschub, Zeichenwert dezimal 10). Da in Unix- (und damit auch Linux-)Dateien nur das Newline-Zeichen verwendet wird, besteht die Umsetzungsaufgabe darin, die Wagenrücklaufzeichen zu löschen.
2. Nun ist das Problem zu lösen, das zu löschende Zeichen in der Kommandozeile anzugeben. Hierbei hilft die *$'... '*-Notation der *bash*: Für *$'\r'* setzt die Shell das Wagenrücklaufzeichen ein (*r* steht für return).
3. Mit einer Ein- und Ausgabeumleitung vervollständigt, ergibt sich das fertige Kommando:

```
tr -d $'\r' <dos.txt >linux.txt
```

Kompletten Zeichensatz umcodieren: GNU recode

Ausgefeiltere Umcodieralgorithmen bietet das (GNU-)Programm *recode*. Es kann Daten zwischen verschiedenen, fest einprogrammierten Zeichensätzen hin- und herkonvertieren, wobei auch Umlaute und Sonderzeichen nach Möglichkeit korrekt behandelt und, je nach Code, gegebenenfalls aus mehreren Zeichen zusammengesetzt werden.

```
recode ibmpc:latin1 <Eingabedatei >Ausgabedatei
```

wandelt beispielsweise die Zeichen der Eingabedatei von der MS-DOS-Codierung in den unter Linux üblichen Latin1-Code um; das Ergebnis wird in die Ausgabedatei geschrieben. Mit

```
recode html:latin1 <homepage.html | less
```

können Sie den Text einer HTML-Seite *homepage.html* mit *less* betrachten, wobei die Ersatzdarstellungen für Umlaute, < und > in die entsprechenden Latin1-Zeichen umgesetzt werden.

Welche Codetabellen *recode* kennt, lässt sich mit *recode -l* abfragen; die in derselben Zeile der Ausgabe aufgelisteten Namen bezeichnen jeweils dieselbe Codierung.

Hinweis

recode-Eingabedatei schützen

Obwohl Sie *recode* als Argument auch den Namen einer Datei mitgeben können, aus der die Eingabedaten gelesen werden sollen, benutzen Sie besser eine Eingabeumleitung mit < (oder setzen das Kommando in einer Pipe ein), da sonst die Datei durch die Ausgabedaten überschrieben wird – auch dann, wenn die Umcodierung nicht eindeutig rückgängig zu machen ist.

Summen und Prüfsummen bilden

Wie groß eine Datei ist, lässt sich mit *ls -l* feststellen; auf die Daten, die durch eine Pipe angeliefert werden, ist dieses Kommando aber nicht anwendbar. Aufschluss darüber gibt *wc* (die Abkürzung steht für word count!). Es zählt die in der Eingabe auftretenden Zeilen, Wörter und Bytes und gibt die Summen anschließend in dieser Reihenfolge auf die Standardausgabe aus. Als Wörter zählen dabei alle Zeichenfolgen, die durch Zwischenraum wie Leerzeichen, Tabulator oder Zeilenwechsel getrennt sind.

Wenn Sie dem *wc*-Kommando mehrere Dateinamen als Argumente übergeben, ermittelt es sowohl die Zeilen-, Wort- und Byteanzahlen aller dieser Dateien (sofern es sie lesen kann) als auch die Gesamtsummen:

```
paco:~ # wc /var/log/*
     87     398    3966 /var/log/Config.bootup
    108     727    4318 /var/log/boot.msg
      0       1  114720 /var/log/faillog
```

```
       0        0       0 /var/log/httpd.access_log
      94      956    7442 /var/log/httpd.error_log
       0        1 1395760 /var/log/lastlog
      99     1119   12067 /var/log/mail
   23414   258898 2140063 /var/log/messages
       0        3     616 /var/log/sendmail.st
    8322    76548  732464 /var/log/warn
      18      181  232320 /var/log/wtmp
   32142   338832 4643736 total
paco:~ #
```

Ein nicht privilegierter Benutzer hätte einige der Log-Dateien in diesem Beispiel nicht lesen können und entsprechende Fehlermeldungen von *wc* erhalten.

Eine andere Art von Summen bildet das Programm *md5sum*: Es liest die als Argumente angegebene(n) Datei(en) und wendet darauf einen Prüfsummenalgorithmus an (MD5, **m**essage **d**igest no. **5**). Als Ergebnis erhält man einen 128 Bit langen „digitalen Fingerabdruck" der Daten, der mit an Sicherheit grenzender Wahrscheinlichkeit für alle Dateien verschieden ist, die sich in wenigstens einem Bit unterscheiden.

```
paco:~ $ cp /etc/passwd /tmp/pw
paco:~ $ md5sum /tmp/pw
560f5871733a7bcd880ffc222e4de22f  /tmp/pw
paco:~ $ echo " " >>/tmp/pw
paco:~ $ md5sum /tmp/pw
d9995d6974b207e463b77f79775f3050  /tmp/pw
paco:~ $
```

Der Fingerabdruck wird durch 32 Hexadezimalziffern dargestellt; zusätzlich wird der Dateiname mit ausgegeben (oder, wenn die Daten von der Standardeingabe kommen, ein -).

Beispiel: Veränderte Daten erkennen

Wenn Sie die Ausgabe von *md5sum* in einer Datei abspeichern, können Sie diese Informationen später zu einer Überprüfung benutzen, ob die Dateiinhalte noch unverändert sind:

1. Legen Sie eine leere Kontrolldatei an, in der die Prüfsummen der zu überwachenden Dateien abgespeichert werden sollen:

```
paco:~ $ touch kontrolldatei
paco:~ $
```

2. Fügen Sie für jede zu überwachende Datei die Ausgabe von *md5sum* der Kontrolldatei hinzu:

```
paco:~ $ md5sum /etc/httpd/*.conf >>kontrolldatei
paco:~ $
```

3. Wenn Sie wirklich sichergehen wollen, dass Ihre überwachten Dateien nicht von unbekannten Bösewichten manipuliert werden, legen Sie die Kontrolldatei an einen sicheren Ort. Kopieren Sie sie beispielsweise auf eine Diskette, die Sie anschließend aus dem Rechner entnehmen und mit dem Schieberchen gegen Überschreiben schützen.

4 Zur einem späteren Zeitpunkt lassen Sie *md5sum* die Kontrolldatei lesen; die Option *-c* veranlasst das Programm, die aufgezeichneten Dateinamen auszuwerten, für jede Datei die Prüfsumme erneut zu berechnen und mit dem alten Wert zu vergleichen:

```
paco:~ $ md5sum -c kontrolldatei
/etc/httpd/access.conf: OK
/etc/httpd/httpd.conf: OK
/etc/httpd/srm.conf: OK
paco:~ $
```

Wenn der Inhalt einer der Dateien modifiziert wurde, erkennt die Prüfsummenroutine dies, und *md5sum* gibt eine entsprechende Fehlermeldung aus.

Allerdings kann *md5sum* keine Veränderung der Attribute einer Datei feststellen (ob sie etwa für jedermann lesbar gemacht wurde). Dies und noch einige andere Sicherheitsfunktionen mehr bietet das Programm *tripwire*, das sich auch des MD5-Algorithmus bedienen kann.

Teile von Dateien bearbeiten mit head und tail

Wenn Sie von einer umfangreichen Datei nur den Anfang zu Testzwecken verwenden wollen, um beispielsweise eine Pipeline auszuprobieren, in der *sort*- oder *grep*-Kommandos vorkommen und die ziemlich lange braucht, um den ganzen Datenbestand abzuarbeiten, können Sie die ganze Datei in einen Editor laden, entsprechend viele Zeilen löschen und einen kleinen Teil abspeichern.

Dies ist mühsam, da dazu die gesamte Datenmenge gelesen und in den Speicher des Editors übertragen werden muss. Schneller geht es mit dem Programm *head*, das den Anfang seiner Eingabedatei (standardmäßig die ersten zehn Zeilen) liest, nach *stdout* ausgibt und sich dann beendet.

Durch einen Parameter *-Anzahl* können Sie die gewünschte Zeilenzahl auf einen anderen Wert setzen; falls die Eingabedaten nicht in Zeilenform aufbereitet sind, kann stattdessen auch der Abbruch nach einer bestimmten Anzahl von Zeichen vorgegeben werden:

`--bytes=`*n*	nach *n* Zeichen beenden
`--bytes=`*n*`k`	nach *n* KBytes beenden
`--bytes=`*n*`m`	nach *n* MBytes beenden

Der Kommandoname head bedeutet Kopf oder Spitze; ein eng verwandtes Kommando trägt den Namen tail (Schwanz), und wie zu erwarten ist, hat es nahezu die gleiche Funktion, nur wird die Anzahl der Zeilen bzw. Zeichen vom Dateiende aus gerechnet und von da ab der letzte Teil der Daten ausgegeben.

Zusätzlich kann bei *tail* die Zeilenanzahl mit einem + statt - gekennzeichnet werden; in diesem Fall beginnt die Ausgabe erst mit dieser Zeilennummer, vom Beginn der Datei an gerechnet. Ein + vor der Zahl in einer *--bytes*-Angabe bewirkt in analoger Weise den Start bei dieser Byte-Position.

```
paco:~ $ cat rainbow
 1 infrared
 2 red
 3 orange
 4 yellow
 5 green
 6 blue
 7 violet
 8 ultraviolet
paco:~ $ head -3 rainbow
 1 infrared
 2 red
 3 orange
paco:~ $ tail -3 rainbow
 6 blue
 7 violet
 8 ultraviolet
paco:~ $ tail +7 rainbow
 7 violet
 8 ultraviolet
paco:~ $ tail --bytes=9 rainbow
raviolet
paco:~ $
```

Beim letzten Beispielkommando ist zu beachten, dass das abschließende Zeilenendezeichen mitzählt und daher nur sechs Buchstaben ausgegeben werden.

Dateien beim Wachsen zuschauen

Eine weitere Funktion von *tail* ist nützlich, um Dateien zu beobachten, in die gerade von einem Programm geschrieben wird: Wenn der Parameter *-f* angegeben ist, gibt *tail* die letzten Zeilen der Datei aus und wartet dann auf das Erscheinen neuer Daten. Wann immer die Datei umfangreicher wird, gibt *tail* die hinzugekommenen Zeichen aus. Beispielsweise können Sie das Kommando

```
tail -f /var/log/messages
```

(unter der Administratorkennung *root*) in einem Terminalfenster laufen lassen, während Sie eine Modemverbindung aufbauen, und an den dort erscheinenden Systemmeldungen verfolgen, ob der Einwählvorgang erfolgreich ist.

Filter-Pipelines im praktischen Einsatz

Wenn Sie mehrere Filterprogramme zu einer umfangreicheren Pipeline verknüpfen wollen, empfiehlt es sich, die Programmkette sorgfältig zu konstruieren, denn wenn etwas nicht klappt, erscheinen oft keine aussagekräftigen Fehlermeldungen, sondern ein völlig unerwartetes Ergebnis. Andererseits sieht eine längere Kommando-Pipeline meist komplizierter (und beeindruckender) aus, als sich der Aufbau gestaltet hat.

1 Stellen Sie zunächst die benötigten Programme in der passenden Reihenfolge zusammen. Je simpler die einzelnen Programme sind, desto besser; Sie kommen damit dem alten Unix-Prinzip näher, das unter der Bezeichnung KISS bekannt ist (**k**eep **i**t **s**imple, **s**tupid; die etwas dreiste Anrede übersetzen wir nicht, also etwa „immer schön einfach halten").

2 Für die „Einspeisung" der Daten am Beginn der Pipe können Sie zwischen mehreren Alternativen wählen:

- *cat* mit einer oder mehreren Dateien als Parameter.
- *zcat*, wenn die Eingabedaten (*gzip*-) komprimiert sind.
- Eingabeumleitung des ersten Kommandos, wenn aus einer einzelnen Datei gelesen werden soll: *sort < alice.data*
- Überhaupt keine Angabe, d. h., im Dialog werden die Daten vom Terminal gelesen.
- „< <"-Umleitung: Lesen vom Terminal mit Shell-Unterstützung oder aus einer Prozedur.

Die erste Variante mit separatem *cat*-Kommando macht am deutlichsten, was beabsichtigt ist, nämlich Daten aus einer Datei zu lesen und in die Pipeline einzufüttern. Dass das *cat* als zusätzliches Programm gestartet werden muss, kostet zwar ein bisschen Rechenleistung, aber davon hat ein Linux-System ja meist reichlich. Dafür kann man auf diese Weise sogar aus mehreren Eingabedateien lesen: Wenn *cat* mehrere Argumente hat, liest es die Dateien nacheinander und gibt die Inhalte aneinander gehängt in die Standardausgabe aus.

In vielen Fällen kann auch dem ersten Filterprogramm der Dateiname als Argument übergeben werden, in der Hoffnung, dass es diese Datei öffnet und die Daten daraus liest und verarbeitet:

```
Filterprogramm Datei | ...
```

Bei vielen Programmen klappt das, aber einige (z. B. *recode*) nehmen die Angabe eines Dateinamens zum Anlass, ihre Ausgaben auch direkt wieder in eine Datei zu schreiben. Die Eingabeumleitung ist deshalb sicherer.

Sie werden gelegentlich Kommandofolgen begegnen, die mit *cat < Datei | ...* beginnen; das ist unnötig kompliziert und sollte Anlass sein, die weiteren Kommandos kritisch zu überprüfen.

3 Wenn alle Programme problemlos aneinander passen, also die interessierenden Daten jeweils in die Standardausgabe geschrieben und aus der Standardeingabe gelesen werden, können Sie diesen Punkt überspringen. Andernfalls müssen die Daten, soweit es überhaupt geht, auf die Standardkanäle geleitet werden:

- Programme, die eigentlich aus Dateien lesen wollen, akzeptieren oft den besonderen Dateinamen „-“ mit der Bedeutung „lies aus der Standardeingabe“. Im Zweifelsfall sollte die man-Page darüber Auskunft geben, ob diese (oder eine andere, ausgefallenere) Möglichkeit vorgesehen ist.

- Ebenso lassen sich viele Programme, die normalerweise in eine Datei schreiben, durch Angabe des Dateinamens „-“ dazu überreden, in die Standardausgabe zu schreiben. Aber Vorsicht: Wenn Sie sich nicht sicher sind, probieren Sie es aus; falls dabei eine Datei namens „-“ im aktuellen Verzeichnis erscheint, sieht das Programm eine solche Umlenkung nicht vor. (Löschen Sie diese Datei dann mit *rm ./-* wieder weg.)

- Schreibt ein Programm die Daten, die weiterverarbeitet werden sollen, in die Standardfehlerausgabe statt nach *stdout*, können Sie die beiden Ausgabekanäle *stdout* und *stderr* zusammenlegen:

  ```
  ... | prog 2>&1 | ...
  ```

  (Lesen Sie diese Umleitung als „Ausgabe *2*, also *stderr*, dahin leiten, wo auch Ausgabe *1*, also *stdout*, ist“.)

- Einen weiteren Trick können Sie anwenden, wenn Sie nur die Standardfehlerausgabe „weiterpipen“, *stdout* hingegen vernichten oder ganz woandershin schicken wollen:

  ```
  ... | prog 2>&1 1>/dev/null | ...
  ```

  Dies ist für Unix-Einsteiger kaum noch nachzuvollziehen; verständlich wird es erst, wenn man die Reihenfolge betrachtet, in der die Shell die Verknüpfungen herstellt:

  - Zuerst berücksichtigt die Shell die Pipe-Umgebung und klemmt *stdout* an das Folgeprogramm an.
  - Dann kommt die erste Ausgabeumleitung zum Zuge: *2* (*stderr*) dahin, wo *1* (*stdout*) gerade ist, also in die Pipe zum nächsten Programm.
  - Nun die zweite Umleitung: *1* (*stdout*) in die angegebene Datei, hier also ins Datennirwana */dev/null*. Auf den vorigen Schritt hat das keine Auswirkungen mehr, *stderr* bleibt der Pipe zugewiesen!
    (Die *1* vor dem Umleitungszeichen > dürfte weggelassen werden; sie macht aber deutlicher, was hier passiert.)

4 Was passiert am Ende der Pipeline? Wenn Sie umfangreiche Ausgaben erwarten, können Sie beispielsweise

- die Ausgabedaten einfach über den Bildschirm rauschen lassen (und entsprechend schnell lesen ...),

- die Ausgabe des letzten Kommandos (mit >) in eine Datei leiten, die Sie nachher (mit *less*) anschauen,

- *less* als letztes Programm an die Pipe hängen,
- in der Testphase ein *head*- oder *tail*-Kommando anhängen, um nur anhand einiger Datensätze zu kontrollieren, ob die Verarbeitung richtig läuft,
- die Daten abspeichern und mitlesen zugleich:

  ```
  ... | tee ausgabedatei | less
  ```

  Mit *less* überwachen Sie die Ausgabe und prüfen, ob alles so läuft wie geplant; für eine spätere Nutzung lassen Sie die Daten von *tee* zudem in eine Datei schreiben.

Wenn das Programm *less* das letzte Glied in der Kette ist, sollten Sie es nicht beenden, ohne zuvor mit > ans Datenende gesprungen zu sein, denn sonst kann die ganze Pipe abbrechen, bevor überhaupt alle Datensätze bearbeitet wurden.

5 Sollte (wider Erwarten) Ihre Kommando-Pipeline nicht die gewünschten Ergebnisse liefern, kann es nützlich sein, die einzelnen Verarbeitungsschritte von vorn nach hinten zu überprüfen – entweder durch Verkürzen der Pipe und Anhängen von *less* oder durch „Einklemmen" eines *tee*-Befehls, der Ihnen die durch die Pipe laufenden Daten in eine Hilfsdatei protokolliert.

Profitipp

Für DOS-Umsteiger: Linux hat echte Pipelines

Dass solche Kommando-Pipelines unter Unix recht wirkungsvoll arbeiten, liegt vor allem daran, dass die Daten von einem Programm zum nächsten nicht über Zwischendateien (wie unter MS-DOS), sondern im Arbeitsspeicher übertragen werden. Das letzte Kommando in der Kette kann daher oft schon mit seiner Arbeit beginnen, bevor das erste fertig geworden ist (es sei denn, dass eine Aufgabe, wie z. B. das Sortieren von Eingabedaten, erst das Ende des Datenstroms abwarten muss). Bricht ein Filterprogramm ab, bevor es alle seine Eingaben gelesen hat, erhält das davor liegende Programm eine Nachricht zugestellt und beendet sich ebenfalls, sodass die ganze Pipeline nach kurzer Zeit abgebaut ist.

Sollten Sie unter MS-DOS Hemmungen gehabt haben, lange Pipes aufzubauen, nur um vielleicht die ersten Ausgabezeilen anzuschauen, werfen Sie diese Hemmungen ruhig über Bord – oft werden Sie überrascht sein, wie zügig die Ausgaben erscheinen.

Kommando-Pipelines als Allheilmittel?

Wenn Sie sich eingehender mit den hier besprochenen Filterkommandos (und den vielen anderen, die wir aus Platzgründen hier nicht behandeln können) befassen, werden Sie feststellen, wie viele Aufgaben in der Praxis damit erledigt werden können. Dennoch wünscht man sich hin und wieder eine weitergehende Funktionalität; beispielsweise sind die Möglichkeiten, eine Textzeile in einzelne Datenfelder zu zerlegen, eingeschränkt und je nach Kommando etwas unterschiedlich. Weshalb werden diese Kommandos nicht noch ein bisschen weiterentwickelt, um noch besser einsetzbar zu sein?

Der Hauptgrund dafür dürfte sein, dass mittlerweile einige hochentwickelte Skriptsprachen verfügbar sind. Für Programmiersprachen wie Python, Perl und Tcl gibt es leistungsfähige Interpreter, die es in puncto Geschwindigkeit mit der Shell und den Filterprogrammen aufnehmen können und die dafür den ganzen Komfort einer ausgewachsenen Programmierumgebung bieten. Der Aufwand, eine solche Sprache zu erlernen, ist gar nicht so schrecklich groß, und sie sind so verschieden aufgebaut, dass für jeden (Programmier-) Geschmack eine dabei sein dürfte.

8.2 Platz sparen: Dateien packen und entpacken

Unter MS-DOS und Windows erfüllen Pack- oder Archivierungsprogramme meist zwei Funktionen: Sie fassen mehrere Dateien zu einer zusammen, wobei die ursprünglichen Dateinamen mit vermerkt und beim Auspacken wiederhergestellt werden, und sparen durch eine Datenkomprimierung Speicherplatz ein, sodass das gesamte „Paket“ weniger Platz belegt als die Originaldateien. Ein typischer Vertreter dieser Programme ist *pkzip*, das häufig auch zum Datenaustausch benutzt wird, weil die Übermittlung einer einzigen und noch dazu komprimierten Datei per Diskette oder E-Mail viel bequemer ist als die Übertragung der einzelnen Dateien.

Auf Linux-Systemen hingegen trennt man die Archivierungs- und die Komprimierungsfunktion voneinander und benutzt dafür separate Programme, meist *tar* und *gzip*. Das Programm *tar* wurde ursprünglich nur dafür benutzt, mehrere Dateien auf ein Magnetband hintereinander zu schreiben und entsprechend wieder zurückzuholen (daher auch der Name: **t**ape **ar**chiver, Bandarchivierungsprogramm). Inzwischen benutzt man es meist, um eine Archivdatei auf der Festplatte zu erstellen und zu lesen. Neben *tar* gibt es inzwischen eine Reihe anderer, ähnlicher Programm, z. B. *cpio* und *afio*.

Komprimieren nach dem GNU-Standard: gzip

Das Programm *gzip* liest eine Datei ein und gibt sie in komprimierter Form wieder aus. Um wie viel die Datei dabei kleiner wird, hängt von der Struktur ihres Inhalts ab; im Durchschnitt kann man von rund 50 % Platzersparnis ausgehen, doch werden bei sehr gleichförmig aufgebauten Dateien bisweilen Reduzierungen um mehr als 90 % erzielt. Manche Dateien hingegen lassen sich gar nicht verkleinern oder wachsen sogar geringfügig an (wenn sie beispielsweise schon komprimiert waren). Wie *pkzip* verwendet *gzip* den Lempel-Ziv-Algorithmus (LZ77). Detaillierte Informationen zum Aufruf und zur Funktion des Programms erhalten Sie mit dem Aufruf *gzip --help* und aus der man-Page.

Hinweis

gz-Dateien von fremden Systemen

Das Datenformat von gz-Dateien ist nicht maschinen- oder betriebssystemabhängig; da *gzip* inzwischen auf vielen (Unix-) Systemen zur Verfügung steht, werden im Internet viele Dateien *gzip*-komprimiert zum Download angeboten, um Übertragungszeit zu sparen. Sie können diese problemlos auf Ihrem Linux „gunzippen", auch wenn sie nicht auf einem Linux-System erstellt wurden.

Wenn Sie *gzip* mit dem Namen der zu komprimierenden Datei als Argument aufrufen, erstellt es eine Ausgabedatei mit der zusätzlichen Endung *.gz* und löscht(!) anschließend die Eingabedatei:

```
paco:~ $ ls -l test.*
-rw-r--r--   1 paul     users          790 Aug  3 16:53 test.lyx
paco:~ $ gzip test.lyx
paco:~ $ ls -l test.*
-rw-r--r--   1 paul     users          504 Aug  3 16:53 test.lyx.gz
paco:~ $
```

Die gz-Datei kann jetzt nicht mehr ohne weiteres gelesen oder weiterbearbeitet werden; erst muss sie wieder entkomprimiert werden. Am einfachsten geht dies mit dem Kommando *gunzip*, das den Vorgang wieder rückgängig macht:

```
paco:~ $ gunzip test.lyx.gz
paco:~ $ ls -l test.*
-rw-r--r--   1 paul     users          790 Aug  3 16:53 test.lyx
paco:~ $
```

Die Datei wird genau im ursprünglichen Zustand wiederhergestellt (einschließlich des Erzeugungsdatums) und dieses Mal die gz-Datei gelöscht.

Wenn Sie das automatische Löschen der Eingabedatei nicht wünschen, geben Sie beim Aufruf von *gzip* bzw. *gunzip* keinen Dateinamen an, sondern lassen das Programm als Filter von *stdin* lesen und nach *stdout* schreiben:

```
paco:~ $ gzip <test.lyx >test.lyx.gz
paco:~ $ ls -l test.*
-rw-r--r--   1 paul     users          790 Aug  3 16:53 test.lyx
-rw-r--r--   1 paul     users          495 Aug  3 17:06 test.lyx.gz
paco:~ $ gunzip <test.lyx.gz >test.lyx.orig
paco:~ $ ls -l test.*
-rw-r--r--   1 paul     users          790 Aug  3 16:53 test.lyx
-rw-r--r--   1 paul     users          495 Aug  3 17:06 test.lyx.gz
-rw-r--r--   1 paul     users          790 Aug  3 17:06 test.lyx.orig
paco:~ $
```

Da *gzip* und *gunzip* jetzt keinen direkten Zugriff mehr auf die Ein- und Ausgabedateien haben, stellen sie auch die Zeitstempel nicht wieder her.

Diesen Filtertrick benötigen Sie im Übrigen auch, wenn Sie eine Datei entzippen wollen, deren Name nicht eine der gängigen Endungen aufweist (wie *.gz*, *.tgz* und einige andere, die auch akzeptiert werden).

Damit gz-Dateien leichter in eine Kommando-Pipeline eingefüttert werden können, gibt es das Kommando *zcat*, das eine Datei (oder auch mehrere, analog zu *cat*) liest, dekomprimiert und die Daten nach *stdout* schreibt:

```
paco:~ $ zcat test.lyx.gz | grep '#This'
#This file was created by <paul> Wed May 12 01:28:32 1999
paco:~ $
```

Profitipp

Tuning für gzip

Sie können beeinflussen, wie viel Mühe sich *gzip* beim Komprimieren geben soll: Rufen Sie es mit der Option *gzip -9* auf, versucht es, die bestmögliche Kompression zu erreichen. Das kann von Nutzen sein, wenn Sie bei einer großen Datei so viel Platz sparen wollen wie möglich oder wenn Sie die Daten über eine langsame Netzwerkverbindung transportieren müssen. Allerdings kostet diese Mühe auch Zeit – *gzip* läuft dann deutlich länger.

Umgekehrt können Sie mit *gzip -1* das Programm zur Eile antreiben: Es wird zwar schneller fertig, erreicht aber im Allgemeinen ein schlechteres Ergebnis, spart also weniger Platz ein. Die Zwischenwerte von 2 bis 8 ermöglichen abgestufte Kompromisse; die Voreinstellung liegt bei 6.

Konkurrenz für gzip: bzip2

Die Weiterentwicklung der Kompressionsalgorithmen ist bei LZ77 nicht stehengeblieben; da *gzip* aus Kompatibilitätsgründen beim bisherigen Verfahren bleibt, wurden einige ähnliche Programme entwickelt, die andere, modernere Algorithmen benutzen. In letzter Zeit hat *bzip2* weitere Verbreitung gefunden; es benutzt den Burrows-Wheeler-Algorithmus und erreicht (manchmal deutlich) bessere Kompressionsraten als *gzip*. Zum Glück besitzt *bzip2* nahezu die gleichen Kommandozeilenoptionen wie *gzip*, sodass es genauso angewendet werden kann. Der Aufruf zum Dekomprimieren lautet *bunzip2*, das Pendant zu *zcat* heißt *bzcat*.

```
paco:~ $ ls -l test.*
-rw-r--r--   1 paul     users          790 Aug  3 16:53 test.lyx
paco:~ $ bzip2 test.lyx
paco:~ $ ls -l test.*
-rw-r--r--   1 paul     users          556 Aug  3 16:53 test.lyx.bz2
paco:~ $ bunzip2 test.lyx.bz2
paco:~ $ ls -l test.*
-rw-r--r--   1 paul     users          790 Aug  3 16:53 test.lyx
paco:~ $
```

Das Beispiel zeigt die Dateiendung, *.bz2* statt *.gz*, und dass bei kleinen Dateien von einer besseren Komprimierung nicht immer die Rede sein kann. Auch zu *bzip2* erhalten Sie weitere Informationen mit dem Aufruf *bzip2 --help* und über die man-Page.

▼▼▼ WORKSHOP

Protokolldatei sichern und komprimieren

Die Komprimierprogramme eignen sich gut dazu, die Informationen aus Protokolldateien zu verdichten, wenn die Dateien zu groß werden, aber die Inhalte noch aufbewahrt werden sollen (um im Nachhinein Fehlersuche betreiben zu können). Dies soll am Beispiel der Meldungsdatei des Systems, */var/log/messages*, gezeigt werden; genauso kann man mit vielen anderen Dateien im Verzeichnis */var/log* und seinen Unterverzeichnissen verfahren. Allerdings sollten Sie diese Vorgehensweise nur auf Dateien anwenden, die lesbare Informationen enthalten (sich also beispielsweise mit *head Datei | less* lesen lassen); andere Dateien (wie z. B. */var/log/faillog*) haben eine binäre Struktur, die im ungünstigen Fall zerstört werden könnte.

Einige Distributionen enthalten Tools, die zeitgesteuert eine ähnliche Archivierung für Protokolldateien ausführen (z. B. *logrotate*; bei SuSE eine Shell-Prozedur */etc/cron.daily/aaa_base*, die von */etc/logfiles* gesteuert wird).

1 Protokolldateien sollten nur vom Administrator modifiziert (und auf einem System mit „unzuverlässigen" Benutzern auch gelesen) werden können; verschaffen Sie sich deshalb erst einmal mit *su* die notwendigen Privilegien:

```
paco:~ $ su
Password: geheim
paco:~ #
```

2 Wechseln Sie in das Verzeichnis, in dem sich die Protokolldatei befindet, und überprüfen Sie den Dateistatus mit *ls -l*:

```
paco:~ # cd /var/log
paco:/var/log # ls -l messages
-rw-r-----   1 root     root      3368256 Aug  3 18:04 messages
paco:/var/log #
```

3 Wählen Sie, mit welchem Programm die Daten komprimiert werden sollen. Nehmen Sie im Zweifelsfall *gzip* und erstellen Sie eine gz-Datei; wir wollen hier *bzip2* benutzen, damit mehr Speicherplatz eingespart wird. Die längere Laufzeit beim Komprimieren fällt nicht so sehr ins Gewicht, da dieser Vorgang ja nur selten ausgeführt wird.

4 Bestimmen Sie einen Namen für die komprimierte Sicherungsdatei, der die Bedeutung der Datei (eventuell den Zeitraum, aus dem die gesicherten Daten stammen) erkennen lässt und eine übliche Endung (*.gz* oder *.bz2*) trägt.

5 Erzeugen Sie die Sicherungsdatei, ohne die ursprüngliche Datei zu löschen, indem Sie das *gzip-* oder *bzip2*-Kommando als Filter mit Ein- und Ausgabeumleitung aufrufen:

```
paco:/var/log # bzip2 <messages >messages08.bz2
paco:/var/log # ls -l messages*
-rw-r-----   1 root     root      3368256 Aug  3 18:04 messages
-rw-r--r--   1 root     root       173788 Aug  3 18:06 messages08.bz2
```

```
paco:/var/log #
```

Das Programm *bzip2* hat hier ganze Arbeit geleistet: fast 95 % des Platzes konnten eingespart werden!

6 Prüfen und korrigieren Sie gegebenenfalls die Zugriffserlaubnis zu der Sicherungsdatei; im Beispiel sollte sie ebenso wenig für alle Benutzer lesbar sein wie die Original-Messages-Datei:

```
paco:/var/log # chmod o-r messages08.bz2
paco:/var/log #
```

7 Löschen Sie nun die Daten in der Originaldatei. Es kann problematisch sein, die Datei einfach zu löschen, denn vielleicht schreibt noch der eine oder andere Systemprozess hinein; er könnte dann die Datei „festhalten", also bliebe auch weiterhin der Speicherplatz belegt, ohne dass die Datei noch sichtbar wäre. Verwendet man eine Datei als Ausgabedatei, ohne tatsächlich Daten hineinzuschreiben, wird sie auf eine Größe von Null reduziert; dies kann man durch eine Ausgabeumleitung >*Dateiname* ohne ein davorstehendes Kommando erreichen:

```
paco:/var/log # >messages
paco:/var/log # ls -l messages*
-rw-r-----    1 root     root        173788 Aug  3 18:06 messages08.bz2
-rw-r-----    1 root     root             0 Aug  3 18:07 messages
paco:/var/log #
```

8 Mit *exit* können Sie nun den Administratormodus wieder verlassen und (ohne Herzklopfen) als normaler Benutzer weiterarbeiten.

```
paco:/var/log # exit
exit
paco:~ $
```

▲▲▲ **Workshop-Ende**

Das Archivierungsprogramm tar

Der Programmname *tar* steht für **t**ape **ar**chiver. Dieses Programm wird gerne zur Erstellung von Sicherungskopien, insbesondere auf Bändern, eingesetzt. Ursprünglich wurde die gesamte Linux-Software grundsätzlich in Form von (komprimierten) tar-Archiven verteilt. Heute wird es noch immer zum Zusammenpacken von Programmquellen bevorzugt benutzt und findet sich auch in vielen Source-RPM-Archiven.

Das ursprünglich recht simple Programm *tar* hat inzwischen einen sehr reichhaltigen Funktionsumfang gewonnen und bietet entsprechend viele Aufrufoptionen. Eine ausführliche Beschreibung ist in den Infodateien enthalten; eine kurze Liste der Optionen erhalten Sie, wie üblich, mit dem Aufruf *tar --help*. In diesem Unterkapitel werden nur die wichtigsten Parameter beschrieben, mit denen sich die typischen Aufgaben bewältigen lassen.

tar-Archive erzeugen

Mit *tar* lassen sich sehr einfach ganze Verzeichnisbäume „einpacken". Wenn Sie beispielsweise den Inhalt des Verzeichnisses */home/paul/alice* und aller eventuellen Unterverzeichnisse archivieren möchten, gehen Sie wie folgt vor:

1. Vergewissern Sie sich zunächst, dass Sie auf das Verzeichnis und alle zu archivierenden Dateien zugreifen können; wenn die Daten nicht in Ihrem Home-Verzeichnis liegen, verschaffen Sie sich nötigenfalls mit dem Kommando *su* Root-Rechte.
2. Wechseln Sie mit *cd /home/paul* in das Verzeichnis, das das zu sichernde Verzeichnis enthält, also in der Hierarchie eine Stufe höher liegt.
3. Wählen Sie einen Archivnamen aus. Dieser sollte die Endung *.tar* tragen; dies ist dem *tar*-Programm zwar egal, aber es ist eine sinnvolle Konvention, die den Umgang mit den Archiven erleichtert. In diesem Beispiel soll die Archivdatei *alice-arch.tar* heißen.
4. Mit dem folgenden Kommando erzeugen Sie das Archiv; die Option *c* steht für create und *f* für file. Nach dem *f* wird der Name der Archivdatei erwartet, deshalb sollte es in einer Gruppe zusammengefasster Optionen stets die letzte sein und direkt vor dem Dateinamen stehen. Das *v* (für verbose) schließlich gibt die Namen der ins Archiv aufgenommenen Dateien nach *stdout* aus und ermöglicht so eine Kontrolle.

```
tar -cvf alice-arch.tar alice
```

In das Archiv werden damit die Namen der archivierten Dateien einschließlich des angegebenen Verzeichnisses aufgenommen, außerdem alle wichtigen Kenndaten der Dateien, die beim Auspacken des Archivs wiederhergestellt werden können (u. a. Zugriffsrechte, Zeitstempel, Eigentümer und Gruppe). Inwieweit dies tatsächlich möglich ist, hängt freilich von den Rechten desjenigen Benutzers ab, der *tar* auspacken lässt: Nur *root* kann alle Dateiattribute setzen.

Anstelle eines ganzen Verzeichnisses können Sie auch einzelne Dateien in das Archiv packen; geben Sie dazu statt des Verzeichnisnamens (im Beispiel: *alice*) einen oder mehrere Dateinamen an. Sie können die Namen von Dateien und Verzeichnissen mischen und natürlich auch Shell-Wildcards (wie * und ?) benutzen.

Hinweis

Absolute Pfadnamen

Wenn Sie absolute Pfadnamen für Dateien oder Verzeichnisse spezifizieren (also mit einem / am Anfang), entfernt *tar* den führenden Schrägstrich und gibt eine dementsprechende Meldung aus. Dies geschieht aus Sicherheitsgründen: Wenn Sie als Administrator ein Archiv entpacken, das beispielsweise den absoluten Pfadnamen */etc/passwd* enthält, würde sonst unbeabsichtigt die Passwortdatei des Systems überschrieben und damit womöglich das ganze System unbrauchbar.

Wenn Sie wünschen, dass die Namen absolut in das Archiv übernommen werden sollen, müssen Sie die Option *P* mit angeben.

Archive komprimieren

Um bei der Archivierung oder Übermittlung von Dateien Platz zu sparen, bietet es sich an, tar-Archive zu komprimieren. Das GNU-*tar* stellt hierzu eine Option *z* zur Verfügung, die eine *gzip*-Komprimierung bereits während der Erstellung des Archivs ermöglicht; würde man erst das Archiv erstellen und es anschließend komprimieren, erhielte man dasselbe Ergebnis, bräuchte aber zwischendurch erheblich mehr Speicherplatz.

Von dieser Möglichkeit wird in der Linux-Welt sehr oft Gebrauch gemacht; das Kommando aus dem vorigen Beispiel lautet damit

```
tar -cvzf alice-arch.tar.gz alice
```

Beachten Sie bitte den nunmehr auf *.tar.gz* endenden Dateinamen; stattdessen wird häufig auch die Endung *.tgz* gewählt, da sie sich auch mit den alten MS-DOS-Restriktionen verträgt, die nur eine maximal drei Zeichen lange Endung zulassen.

Neue Versionen des GNU-*tar* können auch *bzip2* zur Komprimierung benutzen; statt des *z* ist dazu die Option *I* anzugeben:

```
tar -cvIf alice-arch.tar.bz2 alice
```

Archivinhalte einsehen

Um zu sehen, was in einem *tar*-Archiv steckt, rufen Sie *tar* mit der Option *t* anstelle von *c* auf (für table, Tabelle). Auch hier empfiehlt sich wieder die Angabe von *v* (verbose); *tar* gibt dann nicht nur die Namen der archivierten Dateien, sondern auch die Attribute in einer ähnlichen Form wie beim Kommando *ls -l* aus:

```
paco:~ $ tar -tvf alice-arch.tar
-rw-r--r-- paul/users  2533 1999-08-22 12:42 alice/puccini.txt
-rw-r--r-- paul/users  2578 1999-08-22 12:42 alice/verdi.txt
-rw-r--r-- paul/users  2641 1999-08-22 12:42 alice/rossini.txt
:

paco:~ $
```

Bei komprimierten Archiven ist auch hier wieder die Option *z* (bzw. *I*) anzugeben, und zwar passend zur Archivdatei. Eine automatische Erkennung des Komprimierungsverfahrens findet leider nicht statt.

Nach den Optionen (und dem Archivdateinamen) können einer oder mehrere Dateinamen angeführt werden, um aus dem Archivinhalt Dateien herauszupicken; dabei dürfen Wildcard-Zeichen (wie in Shell-Kommandos) verwendet werden, die aber vor einer Interpretation durch die Shell durch Apostrophe zu schützen sind.

```
paco:~ $ tar -tvf alice-arch.tar '*ini*'
-rw-r--r-- paul/users  2533 1999-08-22 12:42 alice/puccini.txt
-rw-r--r-- paul/users  2641 1999-08-22 12:42 alice/rossini.txt
⋮

paco:~ $
```

tar-Archive entpacken

Die *tar*-Optionen zum Entpacken eines Archivs entsprechen im Wesentlichen denen zum Auflisten des Inhalts, nur lautet die erste Option, die die verlangte Tätigkeit angibt, *x* (extract, herausholen). Die „fliegende" Dekomprimierung wird wieder durch *z* für *gzip* oder *I* für *bzip2* eingeschaltet, und es ist meist sinnvoll, mit *v* die geschwätzige Ausführung zu verlangen.

Die zusätzliche Option *O* sorgt dafür, dass die ausgepackten Daten nach *stdout* geschickt werden, um beispielsweise den Inhalt einer Readme-Datei direkt mit *less* zu betrachten, ohne ihn in einer Plattendatei zwischenzuspeichern. Geben Sie jedoch *v* nicht zusammen mit *O* an, damit die Informationen über die Datei nicht mit dem Dateiinhalt vermischt werden.

Eine Selektion der auszupackenden Dateien ist genauso möglich wie im vorigen Abschnitt für die *t*-Funktion beschrieben.

▼▼▼ WORKSHOP

Ein unbekanntes tar-Archiv auspacken

Wenn Sie sich Linux-Software aus dem Internet holen, besteht diese oft aus mehreren Dateien, die gemeinsam in ein Archiv verpackt sind. Zwar sind die Tools zum Erstellen solcher Archive weit verbreitet und quasi standardisiert, doch lassen sie den Autoren von Software einigen Spielraum für fehlerhafte, unzweckmäßige oder einfach arg eigenwillige Anwendung. Deshalb wollen wir Ihnen eine vorsichtige Vorgehensweise empfehlen, denn das Aufräumen nach einem misslungenen Auspacken kann ziemlich lästig sein.

1 Stellen Sie zuerst den Dateityp fest. Meist gibt der Dateiname korrekten Aufschluss darüber: *.tar.gz* oder *.tgz* bezeichnen ein *gzip*-komprimiertes tar-Archiv, *.tar.bz2* ein mit *bzip2* komprimiertes und *.tar* ein gar nicht komprimiertes. Dateien mit der Endung *.tar.Z* sind mit *compress* erzeugt worden, lassen sich aber mit *gzip* lesen wie *.tar.gz*.

   Wenn der Dateiname das Dateiformat (anscheinend) korrekt erkennen lässt, überspringen Sie die drei nächsten Schritte.

2 Bestimmen Sie mit dem Kommando *file Dateiname* den Dateityp:

```
paco:~ $ file ldapmod
ldapmod: gzip compressed data, deflated,
 last modified: Fri Feb 12 07:03:29 1999, os: Unix
paco:~ $
```

3 Wenn es sich um eine komprimierte Datei handelt (... *compressed data*), kann man den eigentlichen Dateityp erst nach dem Auspacken feststellen. Dazu brauchen Sie die Datei nicht erst mit *gunzip* (oder *bzip2*) komplett zu entpacken und damit Ihren wertvollen Plattenplatz zu belegen; es geht auch einfacher:

```
paco:~ $ gunzip <ldapmod | file -
standard input:              GNU tar archive
paco:~ $
```

Das *file*-Kommando liest per Pipeline den Anfang der dekomprimierten Daten und kann damit den ursprünglichen Typ ermitteln.

4 Trägt die Archivdatei einen irreführenden Namen, empfiehlt es sich, sie umzubenennen. Dies erleichtert nicht nur die Anwendung namenssensitiver Programme (wie *gzip*), sondern erspart Ihnen bei späterem Umgang mit der Datei Irritationen.

```
mv ldapmod ldapmod.tar.gz
```

5 Informieren Sie sich nun über den Dateiinhalt. Die Kommandos für die gängigen Dateitypen lauten:

```
tar -tvf Datei.tar | less
tar -tvzf Datei.tar.gz | less
tar -tvzf Datei.tgz | less
tar -tvzf Datei.tar.Z | less
tar -tvIf Datei.tar.bz2 | less
```

Wenn Ihr *less* passend konfiguriert ist (siehe Kapitel 7.5 auf Seite 306), können Sie direkt mit *less Dateiname* in die Datei hineinschauen; die passenden Entpacker und Archivprogramme werden dann automatisch programmintern aufgerufen.

6 In einem liebevoll erstellten Softwarearchiv findet sich immer mindestens eine Dokumentationsdatei, die Sie sicher vor dem Installieren lesen möchten. Vielleicht enthält sie Angaben, wohin das Archiv zu entpacken ist, oder lässt erkennen, warum die Software für Sie unbrauchbar ist ... Oft heißen solche Dateien *README* und lassen sich mit *grep* aus einer Inhaltsliste fischen:

```
paco:~ $ tar tvzf ldapmod.tar.gz | grep -i readme
-rw-r--r-- leonard/users  3820 1999-02-12 07:02 ldapmodule/README
-rw-r--r-- leonard/users  1553 1999-02-12 07:02
                                   ldapmodule/win32/README.txt
paco:~ $
```

Um eine solche Datei vorab zu lesen, lassen Sie sie nach *stdout* ausgeben, wo sie unmittelbar für ein Betrachten mit *less* zur Verfügung steht.

```
paco:~ $ tar xOzf ldapmod.tar.gz 'ldapmodule/README' | less
paco:~ $
```

(Die Option *z* gilt natürlich nur für ein *gzip*-komprimiertes Archiv.)

7 Wechseln Sie nun in ein geeignetes Verzeichnis, in das die Dateien aus dem Archiv abgelegt werden sollen. Wenn nach dem zuvor angezeigten Inhaltsverzeichnis alle Dateinamen im Archiv mit demselben Verzeich-

nis beginnen, können Sie in ein bereits mit Daten gefülltes Verzeichnis wechseln.

Im Beispiel ist allen archivierten Dateien das Unterverzeichnis *ldapmodule* vorangestellt. Wenn dies schon existiert (von der Installation einer früheren Version beispielsweise), benennen Sie es mit *mv* um oder löschen es mit *rm -rf Verzeichnis*. Die meisten Softwareautoren stellen allen eingepackten Dateien einen Verzeichnisnamen voran, der eine Versionsnummer enthält, sodass es nicht zu Konflikten mit älteren Versionen kommen kann.

Wenn das Archiv nicht sein eigenes Unterverzeichnis mitbringt, legen Sie eins an und wechseln vor dem Auspacken hinein, damit die neu erzeugten Dateien nicht zwischen anderen, schon vorhandenen verstreut abgelegt werden:

```
mkdir neues_Verzeichnis
cd neues_Verzeichnis
```

8 Jetzt können Sie endlich mit

```
tar xvzf Archivdatei | less
```

an das eigentliche Auspacken gehen (das *z* bei Bedarf durch *I* oder gar nichts ersetzen) – beobachten Sie zumindest die ersten paar Protokollzeilen im *less*; wenn alles in Ordnung zu sein scheint, geben Sie > ein, um das *tar*-Kommando unbehelligt bis zum Ende laufen zu lassen.

Workshop-Ende

Verzeichnisse kopieren mit tar

Unter Verwendung einer Option zum Verzeichniswechsel bietet sich *tar* dazu an, die gesamten Daten in einem Verzeichnis (und seinen Unterverzeichnissen) zu kopieren. Dazu wird das Programm in einer Pipeline zweimal aufgerufen: Einmal schreibt es die „archivierten" Daten in die Standardausgabe, zum anderen liest es das „Archiv" aus der Standardeingabe und packt die Dateien an einer anderen Stelle im Dateisystem wieder aus.

1 Wechseln Sie mit *cd* in das Quellverzeichnis, dessen Daten kopiert werden sollen.

2 Bestimmen Sie das Zielverzeichnis, das anschließend dieselben Daten (mit denselben Dateinamen) enthalten soll wie das jetzige Arbeitsverzeichnis.

3 Verketten Sie zwei *tar*-Aufrufe durch eine Pipeline:

```
tar -cf - . | tar -xvf - -C Zielverzeichnis | less
```

Die „Dateinamen" - veranlassen *tar*, die Standardaus- bzw. -eingabe als Archiv anzusehen. *-C* verlangt einen Wechsel in das angegebene Verzeichnis, bevor die Arbeit beginnt.

4 Im Pager *less* können Sie das Entpacker-Protokoll betrachten; wenn es länger als eine Bildschirmseite ist (und alles in Ordnung scheint), blättern Sie auf jeden Fall bis zum Ende des Protokolls vor oder geben > ein, damit die *tar*-Kette nicht vorzeitig abgebrochen wird.

Profitipp

Dateien zu einem anderen Rechner übertragen

In die Pipeline zwischen den *tar*-Aufrufen sollten Sie keine anderen Programme einschieben, die den Datenstrom verfälschen. Es kann aber sehr sinnvoll sein, die Daten durch eins der Programme *ssh* oder *rsh* zu schleusen und damit den zweiten Teil der Arbeit auf einen anderen Rechner zu verlagern:

```
tar -czf - . | ssh julia 'tar -xzf - -C /tmp'
```

Durch *ssh* wird das zweite *tar*-Kommando auf den Rechner *julia* übertragen und dort ausgeführt, seine Standardeingabe aber (über das Netzwerk) mit der Pipeline verbunden. (Näheres zu *ssh* und *rsh* lesen Sie in Kapitel 13.8.)

Die Komprimierung kann auf dem Transportweg sinnvoll sein, wenn das Netzwerk langsam ist im Vergleich zu dem Zeitaufwand, den *gzip* und *gunzip* benötigen, deshalb ist im Beispiel die Option *z* (natürlich in beiden Aufrufen) gesetzt.

(Keine) Konkurrenz für tar: andere Archivierungsprogramme

Es gibt kaum ein etabliertes Unix-Programm, das nicht jemand versucht hätte, neu und besser zu schreiben. Das gilt auch für *tar*.

cpio

Ursprünglich ist *cpio* angetreten, um das betagte *tar* durch ein besseres Archivierungsprogramm zu ersetzen. (Das war noch, bevor es Linux und das GNU-*tar* gab ...) Um sich gut in den Unix-Baukasten zu integrieren, macht *cpio* fleißigen Gebrauch von *stdin* und *stdout* und benötigt für die Basisfunktionen nur wenige Kommandozeilenparameter. Leider bringt es nicht nur ein neues Archivformat mit sich, sondern gleich deren mehrere, die sich nach Programmversion und Betriebssystem inkompatibel unterscheiden (zusätzlich kann es auch noch mit tar-Archiven umgehen).

Die Tatsache, dass cpio-Archive nicht problemlos portabel sind, hat verhindert, dass *cpio* wirklich zu einer Ablösung für *tar* wird. Trotzdem wollen wir Ihnen das Programm nicht vorenthalten, damit Sie bei Bedarf cpio-Archive lesen können. Außerdem ist sein Kopiermodus nützlich und der entsprechenden *tar*-Konstruktion (die wir im vorigen Abschnitt beschrieben haben) überlegen.

Außerhalb der Linux-Welt ziemlich unbekannt ist das Programm *afio*; es hat noch ein anderes Archivdateiformat, das aber wenigstens maschinenunabhängig ist, und ist besonders für Datensicherungen auf Band entwickelt worden. Die Anwendung ähnelt der von *cpio*; Details enthält die man-Page.

cpio-Archiv erzeugen

Beim Erzeugen eines Archivs erwartet *cpio* auf der Standardeingabe eine Liste von Namen derjenigen Dateien, die es einpacken soll. Wenn diese Namen in einer Datei verzeichnet sind (jeder Name einzeln in einer Zeile), können Sie ein *cat* vorschalten, ansonsten bietet sich die Ausgabe des *find*-Kommandos an (siehe Kapitel 8.5):

```
cat Dateiliste | cpio -o -H crc > Archivdatei
find Verzeichnis | cpio -o -H crc > Archivdatei
```

Die Option *o* steht für output = Ausgabe, *-H crc* wählt das „modernste“ Archivdateiformat aus. Wenn Sie nicht aus Kompatibilitätsgründen gezwungen sind, ein anderes Format zu verwenden, sollten Sie dieses bevorzugen.

Die Archivdatei entsteht als Ziel einer Ausgabeumleitung. Über eine eingebaute Komprimierungsfunktion verfügt *cpio* nicht; stattdessen können Sie in den Ausgabestrom *gzip* (oder ein anderes Komprimierungsprogramm) einschalten:

```
paco:~ $ find portraits | cpio -o -v -H crc >/tmp/portraits.cpio
portraits
portraits/brahms.gif
portraits/elgar.gif
portraits/widor.gif
152 blocks
paco:~ $ ls -l /tmp/portraits.cpio
-rw-r--r--   1 paul     users       77824 Aug  3 22:36 /tmp/portraits.cpio
paco:~ $ find portraits | cpio -o -v -H crc | gzip >/tmp/portraits.cpio.gz
portraits
portraits/brahms.gif
portraits/elgar.gif
portraits/widor.gif
152 blocks
paco:~ $ ls -l /tmp/portraits.cpio.gz
-rw-r--r--   1 paul     users       25984 Aug  3 22:36 /tmp/portraits.cpio.gz
paco:~ $
```

Die Option *v* steht hier mal wieder für verbose, geschwätzig, und sorgt für eine Kontrollausgabe der behandelten Dateinamen.

cpio-Archive lesen

Informationen über den Inhalt eines cpio-Archivs erhalten Sie mit der Kommandooption *t* (table, Tabelle):

```
cpio -t <Archivdatei
```

Erfreulicherweise erkennt *cpio* von selbst das Format, sodass sich die *H*-Option hier erübrigt. Für ein eventuelles Dekomprimieren müssen Sie wieder selbst sorgen, hier in Fortsetzung des vorigen Beispiels:

```
paco:~ $ gunzip </tmp/portraits.cpio.gz | cpio -tv
drwxr-xr-x   2 paul     users           0 Aug  3 22:34 portraits
```

```
-rw-------   1 paul     users        24529 Aug  3 22:31 portraits/brahms.gif
-rw-r--r--   1 paul     users        26378 Aug  3 22:34 portraits/elgar.gif
-rw-r--r--   1 paul     users        25954 Aug  3 22:34 portraits/widor.gif
152 blocks
paco:~ $
```

v sorgt wieder für eine ausführlichere Protokollierung und ist hier mit der Option *t* zusammengefasst (so spart man zwei Anschläge beim Tippen; für Unix-Freaks ist das entscheidend!).

Das Auspacken geschieht analog, gesteuert durch die Option *i* (input, Einlesen):

```
cpio -i <Archivdatei
```

Bei beiden Kommandos, zum Einsehen und zum Entpacken des Archivs, können Sie die Namen von Dateien angeben, die zu bearbeiten sind, falls Sie nicht den ganzen Archivinhalt wünschen:

```
paco:~ $ gunzip </tmp/portraits.cpio.gz | cpio -iv '*elgar*'
portraits/elgar.gif
152 blocks
paco:~ $
```

Wie bei *tar* dürfen Sie auch Wildcards benutzen, die Sie aber vor dem Zugriff der Shell (hier durch Apostrophe) schützen müssen.

Verzeichnisse kopieren mit cpio

Schließlich besteht noch eine nützliche Funktion von *cpio* darin, mehrere Dateien oder einen ganzen Verzeichnisbaum zu kopieren; es zeichnet sich durch eine sehr getreue Übertragung aller Dateieigenschaften und Links aus (Option *p* für pass through, durchreichen):

```
cd Quellverzeichnis
find . | cpio -p Zielverzeichnis
```

In das *Quellverzeichnis* wird hier gewechselt, um dessen Namen nicht mitzukopieren.

Packprogramme aus anderen Welten

Mit MS-DOS und Windows werden keine Standard-Archivierungstools geliefert, die wie *tar* als De-facto-Standard gelten könnten. Es gibt aber eine Reihe von Programmen, die zumeist das Packen und das Komprimieren unter einer Oberfläche verbinden (auch Archivpacker genannt). Am bekanntesten und verbreitetsten dürfte *pkzip* sein, doch gibt es zahlreiche andere, die gewisse Vorteile aufweisen sollen, etwa besonders schnell ein- oder auszupacken oder eine gute Komprimierung zu erreichen. Für einige davon existieren Programme unter Linux, die zumindest die jeweiligen Archive lesen und auspacken, teilweise auch erzeugen können. All diese Programme sind eigentlich nur zum Datenaustausch mit anderen Betriebssystemen zu empfehlen; für eine ausschließliche Nutzung unter Linux (bzw. anderen Unix-Varianten) sind *tar* und *cpio/afio* wegen ihrer besseren Integration in das Betriebssystem vorzuziehen.

Damit Sie „fremdartige“ Archive zumindest anschauen und (falls es sich denn lohnt ...) auspacken können, wollen wir einige der Tools aufzählen und kurz angeben, wie Sie Informationen über und Dateien aus einem Archiv erhalten können. Nähere Informationen finden Sie meist in einer eigenen man-Page.

pkzip: Über ein mit *pkzip* erstelltes Archiv können Sie sich informieren mit einem der Kommandos

```
unzip -l Archivdatei
zipinfo Archivdatei
```

Die erste Variante liefert ein sehr *pkzip*-ähnliches Ergebnis; als eingefleischte Linux-Anwender ziehen wir die zweite vor, die eine an *ls -l* angelehnte Ausgabe produziert. Das Auspacken eines Archivs geschieht mit

```
unzip -aL Archivdatei [Element ...]
```

(die Option *a* versucht, Textdateien an die Linux-Konventionen anzupassen, und *L* setzt die Dateinamen in Kleinbuchstaben um, wie sie unter Linux üblich sind). Werden Elementnamen angegeben, werden nur Dateien mit diesen Namen aus dem Archiv herausgeholt. Hilfe zu den Aufrufoptionen erhalten Sie mit dem Kommando *unzip* ohne Angabe von Parametern.

arc: Die Kommandos zum Listen und zum Auspacken eines mit *arc* erstellten Archivs sind:

```
arc -l Archivdatei
arc -x Archivdatei [Element ...]
```

l steht für Listen, *x* für Extrahieren. Auch hier können Elemente ausgewählt werden; andernfalls wird alles ausgepackt. Erläuterungen zum Programm erhalten Sie ebenfalls durch Aufruf ohne Parameter. *arc* kann nur mit kurzen Dateinamen (bis zu zwölf Zeichen) ohne Probleme zurechtkommen.

lha: Dieses Programm ermöglicht den Zugriff auf LHa-Archive. Die wichtigsten Aufrufoptionen entsprechen denen von *arc*:

```
lha -l Archivdatei
lha -x Archivdatei [Element ...]
```

Bei Textdateien sollte die Option *t* hinzugefügt werden, um eine Konvertierung ins Unix-Format zu erreichen. Wiederum gibt es eine kurze Hilfestellung bei Aufruf ohne Parameter; die man-Page einer uns bekannten Version von *lha* ist anscheinend auf geheimnisvolle Weise komprimiert und jedenfalls unleserlich.

unrar: Archive, die mit *rar* unter anderen Betriebssystemen erstellt wurden, lassen sich mit *unrar* unter Linux lesen:

```
unrar l Archivdatei
unrar x Archivdatei [Element ...]
```

Auch dieses Programm gibt eine Funktionsübersicht bei parameterlosem Aufruf. Eine man-Page ist zumindest bei der uns vorliegenden Version nicht vorhanden.

unarj: Dieses Programm dient nur zum Ansehen und Lesen von ARJ-Archiven. Es hat kaum Optionen und ist (nach Aussagen des Autors) recht langsam; die eigentliche ARJ-Software ist kostenpflichtig und nicht in Quellform verfügbar.

```
unarj l Archivdatei
unarj e Archivdatei
unarj x Archivdatei
```

Der *l*-Aufruf dient wieder zum Lesen des Inhaltsverzeichnisses. Die beiden anderen Kommandos packen alle Dateien aus dem Archiv aus; der Unterschied besteht darin, dass die Option *e* die Dateien ins aktuelle Arbeitsverzeichnis legt, während *x* die im Archiv enthaltenen Pfadangaben berücksichtigt. Sie werden schon vermuten, dass der einfache parameterlose Aufruf *unarj* einen kurzen Hilfetext ausgibt.

8.3 Besondere Mausunterstützung mit gpm

Falls Sie bei der Installation Ihres Systems den Dämon *gpm* aktiviert haben, können Sie sowohl innerhalb einer Textkonsole als auch von einer (virtuellen) Textkonsole zur anderen Daten übertragen, ähnlich wie auf einem X Window-Bildschirm.

Ob *gpm* überhaupt aktiv ist, können Sie leicht dadurch überprüfen, dass Sie im Textmodus die Maus hin- und herbewegen: Dabei sollte ein Mauscursor erscheinen (meist ein kleines Rechteck), der sich über den Bildschirm bewegt.

Cut & Paste im Textmodus

Wenn Sie beispielsweise auf der Textkonsole 1 einen Editor gestartet haben, der sich im Eingabemodus befindet, können Sie Texte vom Bildschirm in den Editor übertragen:

1. Wählen Sie mit [Alt] und einer der Funktionstasten [F1], [F2] ... die Textkonsole, von der Sie kopieren wollen (falls es nicht die gerade aktive ist).
2. Markieren Sie mit dem Mauscursor bei gedrückter linker Maustaste einen Bereich auf dem Bildschirm, der kopiert werden soll. Dieser Bereich wird dann invers dargestellt.
3. Wechseln Sie gegebenenfalls mit [Alt]+[F1] auf die Konsole 1 zurück.

4 Drücken Sie die mittlere Maustaste (egal wo der Mauscursor jetzt steht); die Wirkung ist dieselbe, als hätten Sie jetzt den markierten Text von Hand eingetippt, und er wird in den Editor-Arbeitsbereich eingetragen.

Beachten Sie bitte, dass der markierte Text einen abschließenden Zeilenwechsel enthält, wenn er sich beim Markieren plötzlich bis zum rechten Bildschirmrand erstreckte. Wenn Sie diesen Text dann mit der mittleren Maustaste auf einer virtuellen Konsole einfügen, die gerade im Kommandoprompt steht, wird er sofort als Kommando abgeschickt (der Zeilenwechsel wirkt wie die [Enter]-Taste).

gpm von Hand starten

Wenn *gpm* nicht aktiviert ist, können Sie als Administrator *root* den Dämon von Hand mit dem Befehl

```
/sbin/gpm
```

oder, auf einem SuSE-System,

```
/usr/sbin/gpm
```

starten. Wenn die Konfiguration richtig eingerichtet ist (siehe Kapitel 3.4), sollten die beschriebenen Mausfunktionen sofort verfügbar sein.

gpm-Start automatisieren

Den Start des *gpm*-Dämons können Sie wie folgt automatisieren. Bei einem RedHat-System legen Sie die zugehörigen symbolischen Links an:

1 Für den Runlevel 3 tragen Sie den Dämon-Start ein:

```
ln -s ../init.d/gpm /etc/rc.d/rc3.d/S85gpm
```

2 Der Runlevel 0 erfordert einen Stopp-Eintrag:

```
ln -s ../init.d/gpm /etc/rc.d/rc0.d/K15gpm
```

3 Desgleichen für den Runlevel 6:

```
ln -s ../init.d/gpm /etc/rc.d/rc6.d/K15gpm
```

Bei einem SuSE-System tragen Sie mit Hilfe von *yast* oder mit einem Editor den Parameter

```
START_GPM="yes"
```

in die Datei */etc/rc.config* ein. Der Parameter *GPM_PARAM* sollte mit sinnvollem Inhalt belegt sein, beispielsweise

```
GPM_PARAM=" -t ps2 -m /dev/mouse"
```

für eine PS2-Maus. Andernfalls rufen Sie *yast* auf und nehmen unter den Menüpunkten *Administration des Systems ->, GPM konfigurieren* die notwendigen Einstellungen vor. Falls Sie */etc/rc.config* mit einem Editor geändert haben, sollten Sie noch *SuSEconfig* aufrufen.

8.4 Der Linux-Detektiv: Wer hat was getan?

In diesem Unterkapitel wollen wir einige Hinweise darauf geben, wie und wo Sie Antworten auf die klassischen Detektivfragen „Wer hat es getan?“, „Wer ist schuld?“, „Warum ist es passiert?“ finden können, wenn bei Ihrem Linux-System mal etwas nicht richtig funktioniert. Trotzdem wird letzten Endes Ihr Spürsinn gefragt sein, um die richtigen Antworten zu finden; erschöpfend lässt sich diese Thematik hier nicht behandeln.

Im ersten Teil werden einige Tools angesprochen, die Auskunft geben können zum aktuellen Systemzustand, im zweiten Teil solche, die vergangenes Geschehen dokumentieren.

Läuft das Programm xyz?

Oft stellt sich die Frage, ob ein Dämon gestartet ist und welche Prozessnummer er hat oder ob ein Anwenderprogramm inzwischen beendet ist. Dämonen registrieren sich meist, um einen doppelten Start zu verhindern und um eine automatische Beendigung beim Herunterfahren des Systems zu ermöglichen, mit Hilfe einer Datei in */var/run*, in die sie ihre Prozessnummer eintragen:

```
paco:~ # ls -l /var/run
total 27
drwxrwxr-x   3 root     uucp          1024 Aug  3 23:59 .
drwxr-xr-x  20 root     root          1024 Aug  3 22:27 ..
-rw-r--r--   1 root     root             4 Aug  3 22:53 atd.pid
-rw-r--r--   1 root     root             4 Aug  3 22:53 cron.pid
-rw-r--r--   1 root     root             4 Aug  3 22:53 gpm.pid
-rw-r--r--   1 root     root             4 Aug  3 22:53 httpd.pid
-rw-r--r--   1 root     root             4 Aug  3 22:53 inetd.pid
    :
paco:~ # cat /var/run/atd.pid
153
paco:~ # ps 153
  PID TTY STAT TIME COMMAND
  153  ?  S    0:00 /usr/sbin/atd
paco:~ #
```

Zwar kann es sein, dass der Dämon sich dermaßen plötzlich und ungeplant beendet, dass er sich nicht mehr dort austrägt, doch kann ein anderer Prozess beispielsweise mit einem *kill -0* auf eine hinterlegte Prozessnummer feststellen, ob es diesen Prozess überhaupt noch gibt. (Das Restrisiko, dass der Dämon zwar beendet ist, aber ein anderer Prozess dieselbe Nummer erhalten hat, nimmt man dabei zähneknirschend in Kauf.)

Eine andere Möglichkeit, nach einem laufenden Programm zu suchen, bietet das Kommando *pidof*. Gibt man ihm als Parameter einen (möglichst absoluten, also mit / beginnenden) Programmnamen, liefert es die Nummern aller Prozesse, die dieses Programm gerade ausführen (so es welche gibt):

```
paco:~ # pidof /usr/sbin/atd
153
paco:~ #
```

Wer hält die Datei fest?

Wenn Sie beispielsweise eine Diskette oder CD umounten wollen, aber die Meldung *device is busy* erhalten und sich partout nicht vorstellen können, welcher Prozess eine Datei oder ein Verzeichnis auf dem Datenträger eröffnet hält, können Sie das Programm *lsof* (list open files, zeige offene Dateien an) danach suchen lassen. Rufen Sie das Programm ohne Parameter auf, gibt es eine lange Liste aller momentan eröffneten Dateien (und ähnlicher Objekte) aus. Mit einem Dateinamen als Parameter informiert *lsof* gezielt über Prozesse, die diese Datei im Zugriff haben:

```
paco:~ $ lsof /opt/kde/bin/kfm
COMMAND  PID    USER     FD    TYPE DEVICE     SIZE    NODE NAME
kfm     6765 paul       txt     REG    3,2 1038804 132640 /opt/kde/bin/kfm
paco:~ $
```

Die wesentlichen Spalten tragen die Überschriften *USER* und *PID*; sie geben an, welcher Benutzer mit welchem Prozess auf die Datei zugreift.

Wo kommt die Meldung her?

Manchmal stellt sich die Frage, welche Meldungen ein Programm überhaupt hervorbringen kann. Die beste Antwort darauf erhält man, wenn man die Programmquelle studiert ... Aber in manchen Fällen gibt es einen einfacheren Weg. Zwar könnten Sie sich mit *less* oder einem Editor eine Programmdatei anschauen, doch sind die Texte von ausgegebenen Meldungen zwischen all dem anderen Zeug, das ein Programm ausmacht, kaum zu finden. Helfen kann jedoch das *strings*-Kommando, das alle Zeichenfolgen aus mindestens vier abdruckbaren Zeichen in einer (Programm-)Datei findet und anzeigt. Da es meist sehr viele Informationen anzeigt (die größtenteils uninteressant sind!), sollten Sie die Ausgabe mit *less* betrachten:

```
strings Programmdatei | less
```

Was tut das Programm eigentlich?

Es gibt einige Hilfsmittel, um diese Frage zu beantworten, doch benötigt man zu deren Anwendung und Auswertung gute Programmierkenntnisse. Wir wollen nur einige wichtige Programme an dieser Stelle nennen; wenn Sie die entsprechenden Vorkenntnisse mitbringen, werden Sie mit Hilfe der man-Pages bzw. Infodateien diese Tools nutzbringend einsetzen können.

strace lässt ein Programm ablaufen und protokolliert dessen Systemaufrufe.

ltrace lässt ein Programm ablaufen und protokolliert dessen Bibliotheksaufrufe.

gdb ist ein Debugger, passend zum GNU-C-Compiler, mit dem ein Programmablauf im Einzelschrittmodus verfolgt werden kann.

Was passiert im lokalen Netz?

Auskunft über diese Frage können Programme wie *netstat* und *tcpdump* geben. *netstat* wird in Kapitel 13.11 auf Seite 919 beschrieben; die Anwendung von *tcpdump* und die Auswertung seiner Ergebnisse setzen weitreichende Netzwerkkenntnisse voraus, die über den Rahmen dieses Buchs hinausgehen, weshalb wir hier nur auf die man-Page verweisen können.

Auf der Suche nach Fingerabdrücken: Log-Dateien

Bereits in Kapitel 6.6 haben wir die Funktion der System-Log-Datei */var/log/messages* beschrieben; es gibt noch eine Reihe weiterer Log-Dateien im selben Verzeichnis, in denen eine Auswahl bestimmter Ereignisse protokolliert wird.

Die Namen und Aufgaben der verschiedenen Log-Dateien sind in der Datei */etc/syslog.conf* definiert; alle Meldungen, die über den Syslog-Dämon ausgegeben werden, werden nach diesen Festlegungen abgespeichert.

Wer hat sich eingeloggt? Wer wollte es?

In der Datei */var/log/wtmp* wird festgehalten, wer sich erfolgreich beim System angemeldet hat. Die Eintragungen lassen sich durch das Kommando *last* anzeigen; sie werden mit dem neusten beginnend ausgegeben.

In der Datei */var/log/faillog* werden die missglückten Versuche, sich einzuloggen, festgehalten. Das Programm *faillog* kann die Einträge dieser Datei aufbereiten und anzeigen:

```
paco:~ # faillog -u paul
Username   Failures  Maximum  Latest
paul              0        0  Sat Jul  3 15:50:16 +0200 1999 on tty2
paco:~ #
```

Die Optionen sind in der man-Page zu diesem Programm näher beschrieben.

Fingerabdrücke an Dateien?

Wer auf welche Datei im System wann zugegriffen hat, wird nicht festgehalten, wohl aber Datum und Uhrzeit des letzten Zugriffs. Mit dem Kommando *ls -lu* bzw. *ls -lud* (für Verzeichnisse) können Sie sich den Zeitpunkt anzeigen lassen, zu dem das letzte Mal auf eine Datei zugegriffen wurde.

Accounting – Big Brother is watching

Auch für Linux gibt es Pakete, mit denen ein Prozess-Accounting eingerichtet werden kann, wie dies von anderen Unix-Systemen bekannt ist. In besonderen Protokolldateien (meist unter */var/account*) werden dann Informationen darüber abgelegt, welcher Benutzer wann welches Programm aufgerufen hat, und mit Hilfe spezieller Programme können diese Informationen abgerufen bzw. in ein lesbares Format überführt werden.

Auf kommerziellen Unix-Rechnern wird Prozess-Accounting in der Regel eingesetzt, um die Benutzer mit den von ihnen verursachten Kosten zu belasten; in kritischen Fällen kann dann jedoch diese Information auch dazu herangezogen werden, Beweise für verbotene Aktivitäten auf diesem System zu beschaffen.

Auf den meisten Linux-Systemen wird das Prozess-Accounting nicht eingesetzt.

8.5 Professionell finden mit find und locate

Wenn Sie Ihrem Linux-System viel Plattenplatz zur Verfügung gestellt haben und bei der Paketauswahl während der Installation sehr großzügig waren, können durchaus 50 000 bis 100 000 Dateien im */usr*-Verzeichnis eingerichtet worden sein, und auch in anderen Verzeichnissen sammeln sich im Laufe der Zeit bei den meisten Anwendern mehr und mehr Dateien an. Es ist daher keineswegs ehrenrührig, den Überblick zu verlieren.

Über kurz oder lang stehen deshalb die meisten Anwender vor dem Problem, eine Datei zu finden, von der sie im günstigsten Fall den Namen wissen (aber nicht das Verzeichnis, in dem sie liegt); vielleicht haben Sie aber auch nur ungefähre Vorstellungen von deren Inhalt. Zum Glück bietet Linux Ihnen mehrere Möglichkeiten, so einer Datei auf die Spur zu kommen. Dass dies immer mit einem gewissen Rechenaufwand und vielen Plattenzugriffen verbunden ist, liegt in der Natur der Sache, aber auf einem halbwegs modernen Rechner erledigt Linux diese Suchaufgaben erstaunlich schnell.

Welches Suchverfahren Sie am zweckmäßigsten anwenden, hängt von der Problemstellung ab: Das Kommando *locate* sucht effektiv nach Dateinamen, die eine feste Zeichenfolge enthalten (und nicht ganz neu entstanden sind), wohingegen das Kommando *find* auch Eigenschaften (und sogar Inhalte) von Dateien berücksichtigen kann, dafür meist aber langsamer ist.

In speziellen Fällen können auch andere Kommandos hilfreich sein: *rpm* kann die Dateien auflisten, die zu installierten Paketen gehören (siehe Kapitel 9.3), und wenn Sie themenbezogen suchen wollen, können Sie mit *apropos* nach geeigneten man-Pages suchen, die oft mit einem Abschnitt *FILES* auf zugehörige Dateien verweisen. Das Kommando *which* schließlich sucht nach der Datei, aus der ein Programm gestartet würde.

Die Suche in der Locate-Datenbasis

Das Kommando *locate* erwartet als Argument eine Zeichenfolge und sucht nach allen Dateinamen im System, die diese Zeichenfolge enthalten. Dabei werden die absoluten Pfadnamen der Dateien benutzt (also mit einem / beginnend und inklusive aller dazwischen liegenden Verzeichnisnamen); in der zu suchenden Zeichenfolge werden keine Wildcardzeichen (wie z. B. *) ausgewertet.

Wenn Sie beispielsweise nach allen Dateien suchen wollen, die *ipchains* als Namensbestandteil besitzen, können Sie *locate ipchains* aufrufen:

```
paco:~ $ locate ipchains
/sbin/ipchains
/sbin/ipchains-restore
/sbin/ipchains-save
/usr/share/doc/packages/ipchains
/usr/share/doc/packages/ipchains/COPYING
/usr/share/doc/packages/ipchains/HOWTO.txt
/usr/share/doc/packages/ipchains/ipchains-quickref.ps
/usr/share/doc/packages/ipchains/README
/usr/share/man/man8/ipchains-restore.8.gz
/usr/share/man/man8/ipchains-save.8.gz
/usr/share/man/man8/ipchains.8.gz
paco:~ $
```

Allerdings können Sie der Ausgabe nicht ansehen, um welche Arten von Dateien es sich handelt. Oft sind auch Namen von symbolischen Links oder Verzeichnissen darunter.

Um eine kompliziertere Suche auszuführen, können Sie die Ausgabe des *locate*-Kommandos noch weiter bearbeiten, beispielsweise mit *grep*. Wenn Sie im vorigen Beispiel die Suche auf man-Pages einschränken wollen, sondert *grep man* alle Dateien aus, die nicht *man* im Pfadnamen enthalten:

```
paco:~ $ locate ipchains | grep man
/usr/share/man/man8/ipchains-restore.8.gz
/usr/share/man/man8/ipchains-save.8.gz
/usr/share/man/man8/ipchains.8.gz
paco:~ $
```

Damit die Suche schneller geht, sucht *locate* nicht auf der Festplatte nach allen in Frage kommenden Dateien im System, sondern benutzt eine Datenbank */var/lib/locatedb*, in der alle Dateinamen gespeichert sind. Diese muss durch ein separates Programm *updatedb* immer wieder neu erstellt werden, das am besten regelmäßig und zu einer Zeit abläuft, wenn das System ansonsten nicht viel zu tun hat, denn je nach Größe des Datenbestands und Geschwindigkeit des Rechners sorgt es (typischerweise mehrere Minuten lang) für heftige Belastung der Festplatte.

Bei einem Linux-System, das rund um die Uhr in Betrieb ist, lässt sich *updatedb* meist problemlos durch *cron* (siehe Kapitel 9.2) in den Nacht- oder frühen Morgenstunden starten; dies geschieht automatisch, wenn Sie bei der Installation das Paket *find* ausgewählt haben. Wenn Sie Ihr Linux-System nach der Benutzung immer wieder herunterfahren, müssen Sie in Kauf nehmen, dass der *updatedb*-Lauf während der Arbeit am Rechner spürbare Reaktionszeiten verursacht.

Hinweis

Zur CD-Erstellung updatedb abschalten

Falls Sie zeitkritische Aufgaben auf Ihrem Linux-Rechner erledigen wollen (und dazu gehört beispielsweise das Brennen von CD-ROMs), sollten Sie darauf achten, dass währenddessen kein *updatedb* läuft. Wenn Sie dessen Start durch einen Eintrag in die *crontab*-Datei automatisiert haben, kommentieren Sie ihn wieder aus (auf einem SuSE-System können Sie den Parameter *RUN_UPDATEDB* mit YaST auf den Wert *no* setzen, siehe Kapitel 13) und lassen *updatedb* gelegentlich von Hand laufen.

Profitipp

Durchsuchen von Verzeichnissen steuern

Zur Datenbankerstellung durchsucht *updatedb* systematisch den ganzen Dateibaum. Wenn Sie Verzeichnisse oder ganze Dateisysteme eingerichtet haben, die viele temporäre, für die *locate*-Suche uninteressante Dateien enthalten, können Sie *updatedb* anweisen, diese zu übergehen. Wollen Sie z. B. die Verzeichnisse */tmp*, */news* und */var/mail* ausschließen, geben Sie den Parameter *--prunepath='/tmp /news /var/mail'* an; bei der Standardinstallation werden lediglich die */tmp*-Verzeichnisse übergangen.

Umgekehrt übergeht *updatedb* NFS-gemountete Verzeichnisse (um das Netzwerk nicht zu überlasten), sofern man sie nicht explizit mit *--netpaths=...* spezifiziert.

Mit find auf der Suche im Dateisystem

Wenn Sie Ihr Dateisystem oder Teile davon gründlich nach einer bestimmten Datei absuchen wollen, können Sie dies theoretisch mit *ls -lR* . . . tun. Allerdings ist dieses Verfahren unerquicklich, denn zum einen liefert *ls* beim Abgrasen der Unterverzeichnisse nur die Dateinamen, nicht den ganzen Pfad einschließlich der übergeordneten Verzeichnisse aus, die man nur den vorhergehenden Ausgaben entnehmen könnte, und zum andern müsste man die *ls*-Ausgabe noch mit *grep* oder anderen Tools bearbeiten, um Dateien nach anderen Kriterien als nur dem Namen zu suchen.

Stattdessen können Sie das Programm *find* benutzen: Ähnlich dem rekursiven *ls* beginnt es in einem Startverzeichnis, rekursiv den Dateibaum zu durchsuchen, und gibt den Namen jeder gefundenen Datei im Normalfall auf die Standardausgabe aus. Über zahlreiche Optionen (die wir hier nur teilweise wiedergeben wollen; weitergehende Informationen finden Sie in der man-Page, eine Kurzübersicht erhalten Sie mit *find --help*) lässt sich steuern, nach welchen Dateimerkmalen das Programm suchen soll.

Suchbedingungen formulieren

Der Suchauftrag lässt sich in einzelnen Schritten zusammensetzen:

1 Der einfachste Aufruf lautet

```
find Startverzeichnis
```

und veranlasst *find* zur Ausgabe aller Dateinamen im *Startverzeichnis* und in seinen Unterverzeichnissen. (Wundern Sie sich bitte nicht, wenn Sie *find* von anderen Unix-Systemen kennen: GNU-*find* verlangt nicht, dass die Option *-print* angegeben wird.) Darunter sind auch die Namen von Verzeichnissen.

2 Wenn Sie nur Dateien suchen, können Sie eine zusätzliche Bedingung angeben:

```
find Startverzeichnis -type f
```

Damit werden alle Einträge ignoriert, die nicht vom Typ „Datei" sind (*f* steht für file, Datei).

3 Suchen Sie speziell nach Dateien, die mindestens 100 KByte groß sind, fügen Sie eine weitere Bedingung hinzu:

```
find Startverzeichnis -type f -size +100k
```

-size leitet eine Größenangabe ein; das *k* steht für KByte. Alle Bedingungen, die eine Zahlenangabe erwarten, erlauben ein vorangestelltes Plus- oder Minuszeichen mit der Bedeutung „mehr als . . . " bzw. „weniger als . . . ".

4 Je mehr Bedingungen Sie aneinander reihen, desto weiter schränken Sie die Ausgabemenge ein (es sei denn, Sie verwenden die zusätzlich verfügbaren logischen Operatoren und Klammerungen). Beispielsweise mit der zusätzlichen Forderung, die Dateien sollen in den letzten zehn Tagen verändert worden und für jedermann lesbar sein:

```
find Startverzeichnis -type f -size +100k -mtime -10 -perm +444
```

mtime steht für modification time, Zeit (seit) der letzten Änderung, *perm* für permissions, Zugriffsrechte.

Natürlich können Sie auch nach Dateien bestimmten Namens suchen. Dazu gibt es mehrere Möglichkeiten: Mit *-name Dateiname* geben Sie einen einzelnen Namen oder einen Wildcard-Ausdruck an, wie bei Shell-Kommandos üblich. Allerdings müssen Sie Wildcard-Zeichen gegen eine Auflösung durch die Shell schützen. Stattdessen können Sie auch mit *-regex Reg_Ausdruck* nach regulären Ausdrücken im Stil von *grep* suchen. Um beispielsweise im */tmp*-Verzeichnis nach TEX-Dateien zu suchen, sind beide Varianten möglich:

```
find /tmp -name \*.tex
find /tmp -regex '.*\.tex'
```

Die zweite ist etwas komplizierter: .* erfasst einen beliebigen Namensanfang, \. einen Punkt.

Hinweis

find ist gründlich, aber langsam

So vielseitig das *find*-Kommando auch ist, so sehr muss es sich plagen, die verlangten Informationen zu liefern. Besonders wenn Sie es in einem sehr umfangreichen Dateibaum starten oder auf ein ganzes Dateisystem loslassen, wird es geraume Zeit dauern, bis es alle Verzeichnisse durchgelesen und Informationen über die enthaltenen Dateien beschafft hat. Wenn Sie einen direkteren Weg kennen, um an die gesuchte Datei zu kommen, können Sie oft eine Menge Zeit sparen.

Suchergebnisse verwerten

Was kann man mit den Dateinamen anfangen, die *find* mühsam herausgefunden hat? Natürlich lassen sie sich abspeichern oder auch durch Filterprogramme schicken. Um aber beispielsweise in den gefundenen Dateien nach einer Zeichenfolge zu suchen, muss ein Programm gestartet werden, das einen oder mehrere der Dateinamen als Parameter erhält.

find selbst bietet über die Option *-exec* eine Möglichkeit, zu jeder gefundenen Datei ein Programm zu starten. Wollen Sie beispielsweise von jeder Datei eine *ls -l*-Information, lautet das Kommando

```
find Verzeichnis Bedingungen ... -exec ls -l {} \;
```

Leider ist dies alles andere als intuitiv: Das Klammerpaar gibt die Stelle an, wo der gefundene Dateiname in das Kommando einzusetzen ist, und das Semikolon markiert das Ende des Kommandos (und muss durch einen Backslash entwertet werden, weil es sonst einfach das Ende des *find*-Kommandos darstellt und von der Shell entfernt wird).

Zum Glück gibt es eine sinnfälligere Alternative hierzu: das Programm *xargs*. Es liest von der Standardeingabe eine Folge von Dateinamen und erwartet als Parameter den Namen eines beliebigen Kommandos sowie dessen Parameter. Dieses Kommando führt es aus und hängt die eingelesenen Dateinamen an die übrigen Parameter hinten an (falls es zu viele sind, generiert es mehrere Aufrufe desselben Kommandos). Damit bietet es sich zur Kombination mit *find* geradezu an:

```
find Verzeichnis Bedingungen ... | xargs ls -l
```

Diese Lösung hat sogar noch den Vorteil, dass sie weniger Programmstarts erfordert.

Beispiel: Dateiinhalte durchsuchen mit find und xargs

Angenommen, Sie suchen eine *README*-Datei unterhalb von */usr/share/doc*, die etwas über das Point-to-Point-Protokoll PPP enthält. Dies können Sie in folgenden Schritten erreichen:

1 Da möglicherweise nicht alle Verzeichnisse und Dateien, die durchsucht werden sollen, für jedermann lesbar sind, besorgen Sie sich mit *su* Administratorrechte; ansonsten sind diese aber für den weiteren Ablauf nicht erforderlich.

2 Legen Sie das Startverzeichnis fest, in dem *find* mit der Arbeit beginnen soll:

```
find /usr/share/doc ...
```

3 Stellen Sie die Suchbedingungen zusammen; in diesem Fall kommt *-name* in Frage mit dem Wildcard-Ausdruck **README**. Allerdings muss die Shell daran gehindert werden, die Sternchen auszuwerten, deshalb schließen Sie den Ausdruck in Apostrophe ein oder schützen die Sternchen durch vorangestellte Backslashes.

```
find /usr/share/doc -name \*README\* ...
```

4 Um von den Dateinamen an Dateiinhalte zu kommen, muss ein Programm gestartet werden, das für jeden Namen auf die Datei zugreift – die ideale Aufgabe für *xargs*.

```
find /usr/share/doc -name \*README\* | xargs ...
```

5 Reichen Sie die (hoffentlich) übergebenen Dateinamen mit *xargs* an das *grep*-Kommando weiter, das die Inhalte der Dateien untersuchen soll:

```
find /usr/share/doc -name \*README\* | xargs grep ...
```

6 Schließlich geben Sie *grep* den gesuchten Text mit und setzen Optionen, Groß-/Kleinschreibung zu ignorieren (*i*) und bei Treffern nur den Dateinamen auszugeben (*l*), damit die Ausgabe überschaubar bleibt.

```
paco:~ # find /usr/share/doc -name \*README\* | xargs grep -il PPP
/usr/share/doc/packages/dosemu/README.txt
/usr/share/doc/packages/diald/README
/usr/share/doc/packages/iptraf/README
/usr/share/doc/packages/tcpd/README
      ⋮
paco:~ #
```

7 Verlassen Sie gegebenenfalls wieder den Administratormodus mit *exit*; benutzen Sie *less* oder einen Editor, um die in Frage kommenden Dateien zu untersuchen.

man-Pages finden

Wenn Sie man-Pages zu einem bestimmten Thema suchen und ein Versuch mit *man Stichwort* nicht weiterhilft, können Sie mit dem Kommando *apropos* nach all den man-Pages suchen lassen, deren Überschrift eine bestimmte Zeichenfolge enthält:

```
paco:~ $ apropos -r ipchains
ipchains (8)           - IP firewall administration
ipchains-restore (8) - restore IP firewall chains from stdin
ipchains-save (8)      - save IP firewall chains to stdout
paco:~ $
```

Um eine dieser Seiten anzuschauen, geben Sie beispielsweise *man 8 ipchains-save* ein.

apropos bietet übrigens noch ausgefeiltere Suchmöglichkeiten, die in seiner eigenen man-Page (*man apropos*) beschrieben sind. Die Option *r* sorgt für eine gründlichere Suche (die angegebene Zeichenfolge wird als regulärer Ausdruck interpretiert und muss nicht genau mit dem Namen einer gesuchten Seite übereinstimmen); sie sollte immer angegeben werden, um die Erfolgsquote zu verbessern.

In besonders hartnäckigen Fällen, wenn auch *apropos* keine brauchbaren Hinweise gibt, hilft oft die Verfolgung der Querverweise, die in vielen man-Pages im Abschnitt *SEE ALSO* gegeben werden.

Tipp

Mehrere man-Pages mit demselben Namen

Manchmal sehen Sie beim Aufruf einer man-Page mit dem *man*-Kommando eine Seite, die offensichtlich nicht zu dem gewünschten Thema passt, z. B. bei *man open* eine Seite *open(n)* mit der Überschrift *Tcl Built-In Commands* anstelle des eigentlich gesuchten *open*-Funktionsaufrufs der Programmiersprache C. Dies liegt daran, dass in mehreren Unterverzeichnissen von */usr/man* man-Pages mit demselben Namen abgelegt sein können, die unterschiedliche Themen behandeln.

Rufen Sie in diesem Fall *man* mit der Option *-a* auf, also z. B. *man -a open*. Sie bekommen dann nacheinander alle man-Pages mit diesem Namen angezeigt.

Dateien finden mit rpm

Die Abfragefunktionen des RedHat-Paket-Managers *rpm* sind hilfreich bei der Suche nach Dateien, deren Zugehörigkeit zu einem bestimmten Paket bekannt ist. Mit *rpm -ql* listen Sie alle zu einem Paket gehörenden Dateien auf:

```
paco:~ $ rpm -ql ipchains
/sbin/ipchains
/sbin/ipchains-restore
/sbin/ipchains-save
/sbin/ipfwadm-wrapper
/usr/share/doc/packages/ipchains
/usr/share/doc/packages/ipchains/COPYING
/usr/share/doc/packages/ipchains/HOWTO.txt
/usr/share/doc/packages/ipchains/README
/usr/share/doc/packages/ipchains/ipchains-refcard.a4.ps
/usr/share/doc/packages/ipchains/ipchains-refcard.letter.ps
/usr/man/man8/ipchains-restore.8.gz
/usr/man/man8/ipchains-save.8.gz
/usr/man/man8/ipchains.8.gz
/usr/man/man8/ipfwadm-wrapper.8.gz
paco:~ $
```

Da die Ausgabe bei vielen Paketen sehr umfangreich ist, ist es ratsam, das *less*-Kommando nachzuschalten oder mit Hilfe von *grep* die Ausgabe zu filtern.

Ist der Paketname unbekannt, zu dem eine Datei gehört, können Sie diesen zunächst mit

```
rpm -qf Dateiname
```

erfragen und darauf

```
rpm -ql Paket
```

anwenden.

Programmdateien finden mit which

Wenn Sie ein Programm nur über seinen Namen (ohne Angabe eines Verzeichnisses) aufrufen, sucht die Shell nacheinander an mehreren Stellen nach diesem Programm:

1. Zuerst prüft sie, ob ein Alias dieses Namens definiert ist (siehe Kapitel 4.4); wenn ja, beginnt sie mit dem Namen des Aliaskommandos die Suche von neuem (freilich ohne sich in eine endlose Rekursion zu begeben).
2. Wenn der Name eine Shell-Funktion bezeichnet, wird diese ausgeführt.
3. Als Nächstes sucht sie nach einem eingebauten Shell-Kommando. Zu den eingebauten Kommandos (shell builtins) gehören beispielsweise *cd*, *echo* und *kill*; die Shell führt diese Kommandos intern aus, ohne ein Programm aus einer Datei zu laden und einen gesonderten Prozess zu starten.
4. Schließlich werden alle Komponenten des in der Umgebungsvariablen *PATH* hinterlegten Suchpfades bearbeitet: In allen diesen Verzeichnissen (sofern sie existieren) wird nach einer ausführbaren Datei mit dem gewünschten Namen gesucht.

Das Kommando *which* vollzieht diesen letzten Schritt nach. Es erwartet als Argument einen Programmnamen und gibt den kompletten Pfad zur Programmdatei aus, wenn die Suche über die *PATH*-Variable zum Ziel führt, und erspart dem Anwender die mühsame Suche in zahlreichen Unterverzeichnissen.

Wenn kein passendes Programm zu finden ist, gibt *which* ebenso wenig eine Antwort zurück wie in den Fällen, in denen der Name einen Alias, eine Funktion oder ein eingebautes Kommando bezeichnet. Deswegen ist es oft sinnvoller, statt *which* das *bash*-eigene Kommando *type* aufzurufen, das eine eindeutigere Auskunft gibt:

```
paco:~ $ which gcc
/usr/bin/gcc
paco:~ $ which echo
paco:~ $ which unbekanntes-kommando
paco:~ $ type gcc
gcc is /usr/bin/gcc
paco:~ $ type echo
echo is a shell builtin
paco:~ $ type unbekanntes-kommando
```

```
bash: type: unbekanntes-kommando: not found
paco:~ $
```

Für Mausfreunde: Das KDE-Archiv-Tool ark

Für KDE gibt es mit *ark* ein eigenes Archivtool, das einen Drag & Drop-unterstützten Zugriff auf komprimierte und unkomprimierte tar-Archive (und ein paar andere Archivformate) bietet.

Allerdings ist *ark* nicht das einzige KDE-Programm, das mit Archiven umgehen kann: *KPackView* zeigt neben gepackten und ungepackten tar-Archiven auch die Inhalte von RPMs und den Paketen anderer Distributionen an und entpackt sie auf Wunsch. Auch die Paketformate einiger Windows-Archivpacker (zip, lha, arj, rar) kann es interpretieren. Ein Erstellen oder Verändern von Archiven ist mit *KPackView* jedoch nicht möglich; deshalb soll hier *ark* etwas ausführlicher beschrieben werden.

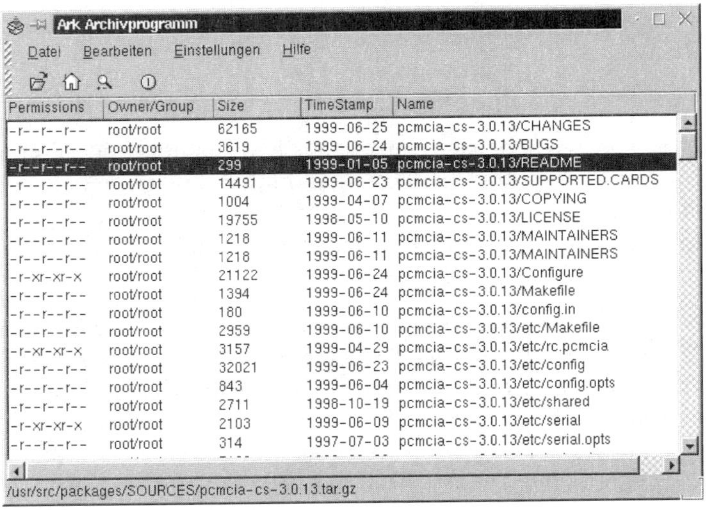

Anzeige des Archivinhalts

Nach dem Start von *ark*, das zum *kutils*-Paket gehört, erhalten Sie über *Datei/Öffnen* oder die *Öffnen*-Schaltfläche einen Auswahldialog, in dem Sie den Pfad zu einer Archivdatei bestimmen.

Wenn Sie häufiger mit Archiven arbeiten, können Sie ein spezielles Verzeichnis dafür vorsehen und über *Einstellungen/Archiv-Verzeichnis setzen* in *ark* eintragen. Beim Start des Programms werden Ihnen dann alle Archive in diesem Verzeichnis unmittelbar angezeigt, und Sie können eins davon per Mausklick auswählen.

Nach der Festlegung einer Archivdatei zeigt *ark* Ihnen den Inhalt an; es ist kein Zufall, dass die Information sehr an *tar tv...* erinnert, ruft *ark* intern doch dieses Kommando auf. Wenn Sie nun auf einen der Einträge klicken, wird versucht, den Inhalt der archivierten Datei (beispielsweise durch *kedit*) anzuzeigen. Findet das Programm (bzw. der dabei mitwirkende

File-Manager) keinen passenden Viewer, werden Sie gefragt, mit welchem Programm die Datei gelesen werden soll (*Öffnen mit:*).

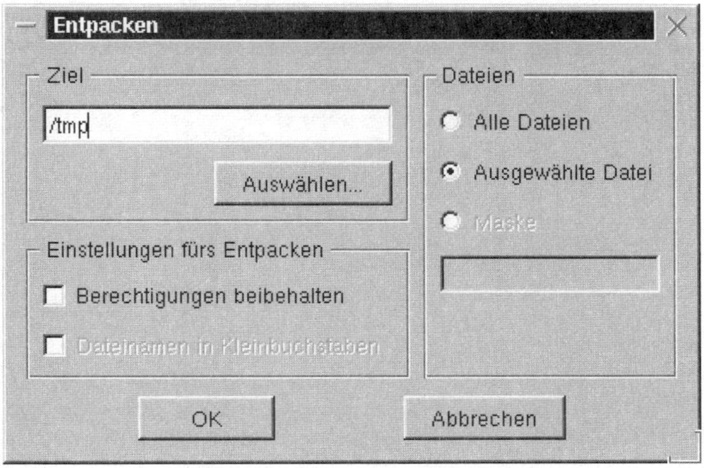

Datei entpacken

Haben Sie eine Datei aus dem Archiv ausgewählt, können Sie sie durch einen Klick auf das Lupen-Symbol auspacken und in ein Verzeichnis Ihrer Wahl abspeichern lassen. Der *Entpacken*-Dialog bietet auch die Möglichkeit, alle Dateien auszuwählen, die dann allesamt in das angegebene Verzeichnis gespeichert werden. *ark* lässt sogar das Hinzufügen von Dateien und das Löschen aus dem Archiv zu; aber Vorsicht, diese Operationen werden sofort ausgeführt und ersetzen die Archivdatei durch eine andere, frisch erzeugte. Gelöschte Bestandteile des Archivs können Sie nicht wieder zurückholen.

Mit ark ein neues Archiv erstellen

Sie können mit *ark* auch eine Archivdatei ganz neu erzeugen:

1. Wählen Sie *Datei/Neu* und bestimmen Sie Verzeichnis und Name der neuen Archivdatei.
2. Fügen Sie per Drag & Drop aus dem File-Manager dem Archiv Dateien hinzu.
3. Überprüfen Sie anhand der Inhaltsliste den Zustand des Archivs; durch Anklicken und *Bearbeiten/Datei löschen* können Sie noch Korrekturen vornehmen.
4. Das Archiv wird nach jeder Änderung neu geschrieben, sodass Sie es nicht zu schließen brauchen, um es anderweitig zu benutzen. Wenn Sie *Datei/Schließen* wählen, beendet sich *ark*, sofern kein anderes Fenster dieses Programms mehr geöffnet war.

9. Systempflege und Benutzerverwaltung

Linux wird nachgesagt, dass die Systemadministration besonders aufwendig und schwierig sei. Wir können Ihnen versichern, das ist nicht so. Linux ist nur ehrlicher: Es wird gar nicht erst behauptet, dass man ohne Systemverwaltung auskommt. Darum gibt es auch viel weniger böse Überraschungen als bei anderen Betriebssystemen, die sich einer angeblich einfachen Bedienung rühmen.

Da in diesem Kapitel die Aufgaben des Systemverwalters besprochen werden, müssen alle Beispiele unter der Kennung *root* ausgeführt werden. Wenn es doch einmal anders ist, wird dies explizit angegeben. Generell gilt aber trotzdem: Arbeiten Sie aus Sicherheitsgründen unter der Kennung *root* nur dann, wenn es wirklich nötig ist – die Gefahr, dass man sich unabsichtlich etwas zerstört, ist viel zu groß.

9.1 Benutzerverwaltung

Anders als andere PC-Betriebssysteme bietet Linux als Multi-User-System die Möglichkeit, zwischen einzelnen Benutzern des Systems zu unterscheiden. Jeder eingetragene Benutzer eines Linux-Systems hat einen eigenen Datenbereich, das Home-Verzeichnis, in dem er seine eigenen Dateien und seine eigene Arbeitsumgebung verwalten kann. Auch die Prozesse, also letztlich die Programme, die ein Benutzer ausführt, laufen unter seiner persönlichen Kennung ab; nur der Benutzer selbst und der Benutzer *root* als Systemverwalter können die eigenen Prozesse kontrollieren. Herausgehoben aus der Benutzerschaft eines Linux-Systems ist die schon erwähnte *root*-Kennung. *root* hat Zugriff auf alle Dateien und Prozesse im System. Nur unter *root* können Benutzer im System eingetragen und auch wieder entfernt werden. In diesem Abschnitt soll gezeigt werden, wie die Benutzer auf einem Linux-System administriert werden und welche Tools und Programme zur Benutzerverwaltung zur Verfügung stehen.

Hinweis

Grundsätzliches zu Linux-Benutzern

Zwar bietet schon allein die Tatsache, dass Linux ein Mehrbenutzersystem ist, eine ganze Reihe von Vorteilen. Eine differenziertere Behandlung von einzelnen Benutzern und zugeordneten Rechten liefert Linux allerdings standardmäßig (noch) nicht. Im weiter unten beschriebenen RedHat-Tool *linuxconf* werden Sie einige Möglichkeiten finden, Systembenutzern Sonderrechte einzuräumen, etwa das Recht *linuxconf* selbst zu benutzen; diese Möglichkeit bezieht sich aber nur auf ein einziges Programm unter RedHat.

Trotzdem sollten Sie nicht darauf verzichten, allen Personen, die Ihren Linux-PC nutzen, eine eigene Kennung einzurichten. Sie schützen sie damit auch davor, sich unbeabsichtigt gegenseitig Daten zu zerstören. Außerdem kann sich so jeder Anwender seine eigene Arbeitsumgebung einrichten. Erfahrungsgemäß gehen z. B. die Vorstellungen über den besten Window-Manager, den besten Texteditor oder die Frage, welche Programme schon beim Einloggen gestartet werden sollen, weit auseinander. Alle diese Punkte gehören übrigens nicht in dieses Kapitel, sie sind ausschließlich Sache der Benutzer selbst und können von jedem einzeln nach Geschmack eingerichtet werden. Die Informationen zum Einrichten einer Arbeitsumgebung nach persönlichem Gusto finden Sie an vielen Stellen in diesem Buch.

Die Benutzer in einem Linux-System werden über eine zentrale Datei, nämlich */etc/passwd* verwaltet. Jeder Benutzer ist mindestens einer Gruppe zugeordnet; die Gruppen werden über die Datei */etc/group* verwaltet. Ein Benutzer oder eine Benutzerin ist über seinen oder ihren Login-Namen definiert und hat in */etc/passwd* einen Eintrag der Form

paul:x:1000:100:Paul Mandel:/home/paul:/bin/bash

Die durch Doppelpunkte abgetrennten Felder dieser Zeile haben die folgenden Bedeutungen:

paul: ist der Benutzername, mit dem sich der Anwender am Linux-System anmeldet. Er kann maximal acht Zeichen lang sein und sollte mit einem Kleinbuchstaben beginnen und keine Sonderzeichen enthalten. Zu empfehlen ist ein möglichst einfach zu merkender Name, wie etwa der Vor- oder Nachname oder eine Abkürzung. Natürlich muss der Benutzername im System eindeutig sein.

x: Dies ist die Stelle, an der das verschlüsselte Passwort eingetragen wird. Es wird aus dem vom Anwender gewählten Passwort berechnet und erlaubt rechnerisch keine Rückschlüsse auf das tatsächliche Passwort; es kann damit aber die Eingabe des Passworts beim Login überprüft werden.

Wenn an dieser Stelle ein * auftaucht, ist die betreffende Kennung für das Einloggen gesperrt. Dieser Mechanismus wird verwendet für

- Systemkennungen, unter denen bestimmte Prozesse ablaufen sollen (*daemon, nobody*), unter denen man sich aber nicht einloggen soll,
- gesperrte Benutzerkennungen.

In unserem Beispiel steht statt des verschlüsselten Passwortes der Buchstabe *x*; das ist ein Hinweis darauf, dass außer der öffentlich lesbaren Datei */etc/passwd* eine „Schatten"-Datei */etc/shadow* verwendet wird.

Bei der Installation des Systems können Sie angeben, ob Sie diese verwenden wollen.

Hinweis

Attacken auf Passwörter

Die Verwendung der Shadow-Datei ist ein großer Sicherheitsgewinn, da diese Datei nur von *root* gelesen werden kann. Obwohl es kein direktes Rechenverfahren gibt, aus einem verschlüsselten Passwort das Original zu ermitteln, gibt es immer wieder erfolgreiche Versuche, die Paßwörter in einem System zu „erraten", wenn die verschlüsselten Kennwörter öffentlich lesbar sind. Hierzu gibt es Public-Domain-Programme, die so genannte „Brute force attacks" (etwa: *Crack* or *John the Ripper*) durchführen. Diese nehmen Wörter aus einem Wörterbuch, verschlüsseln sie nach der Passwortverschlüsselungsmethode und vergleichen das Ergebnis mit den verschlüsselten Paßwörtern in */etc/passwd*. Das Ergebnis ist oft verblüffend: Es gibt Berichte, nach denen in großen Installationen bis zu einem Viertel aller Paßwörter auf diese Weise „geraten" werden konnten.

Die Datei */etc/shadow* ist ähnlich aufgebaut wie */etc/passwd*: ihre Felder sind auch durch Doppelpunkte getrennt. Das erste Feld enthält den Benutzernamen, das zweite den verschlüsselten Passworteintrag. Die weiteren Felder können je nach Systemaufbau unterschiedlich gestaltet sein.

1000: Die nummerische UserID, das ist eine für jeden Anwender eindeutige Benutzernummer, eine Zahl zwischen 0 und 32767. Intern werden alle Kommandos, die ein Benutzer eingibt, und alle Dateien und Directorys, die er anlegt, unter dieser nummerischen ID verwaltet. Die Umsetzung auf den Benutzernamen findet nur bei der Anzeige (etwa bei den Kommandos *ls -l* oder *ps aux*) für den Benutzer statt.

Der Systemadministrator *root* hat stets die User ID *0*.

100: Die nummerische Group ID, das ist die Nummer der ersten Gruppe, zu der ein Anwender gehört. Wie Gruppen im Linux-System verwaltet werden, ist weiter unten erklärt.

Paul Mandel: Hier können der volle Name des Benutzers und evtl. weitere Informationen, z. B. die Büro- und die Privatnummer, stehen.

/home/paul: Das Heimat-Verzeichnis (Home-Directory), in der Regel wird es im Directory */home* unter dem Login-Namen des Benutzers angelegt. Das Heimatverzeichnis eines Anwenders *paul* ist also normalerweise */home/Paul Mandel*, beim Administrator *root* ist es */root*.

/bin/bash: Die Standard-Login-Shell, das ist das Programm, das für den Benutzer nach dem erfolgreichen Einloggen gestartet bzw. unter X Window in allen *xterm*-Fenstern ausgeführt wird. Unter Linux wird hier standardmäßig die *bash*-Shell eingetragen; es gibt aber auch andere Shells (etwa *tcsh* oder *bash2*), die hier alternativ angegeben werden könnten.

Jeder Benutzer kann die Shell, die ihm vom Systemverwalter eingetragen wurde, selbst ändern. Dazu dient das Kommando *chsh*. Die Datei */etc/shells* listet die möglichen Shells auf:

```
paco:~ $ cat /etc/shells
/bin/bash
/bin/sh
/bin/ash
/bin/bsh
/bin/bash2
/bin/tcsh
/bin/csh
```

Wählen Sie eine der Shells – etwa */bin/bash2* – aus dieser Datei und machen Sie die folgende Eingabe:

```
paco:~ $ chsh -s /bin/bash2
Changing shell for paul.
Password:
Shell changed.
```

Auf die Nachfrage nach Ihrem Passwort geben Sie Ihr Login-Passwort ein.

Hinweis

Pluggable Authentification Modules (PAM)

Die neueren Linux-Distributionen verwenden seit einiger Zeit die **P**luggable **A**uthentification **M**odules (PAM) zur Authentifizierung von Benutzern. Dies erlaubt die Verwendung neuerer und erweiterter Sicherheitssysteme. Es sieht so aus, dass sich PAM auf dem besten Wege zum neuen Standard befindet. Eine umfassende Dokumentation zu PAM finden Sie im Dokumentationsteil der Distributionen (Directory */usr/doc/pam-0.xx/* bei RedHat oder */usr/share/doc/packages/pam/* bei SuSE).

Gruppen dienen unter Linux dazu, mehrere Anwender zusammenzufassen, sodass die Mitglieder einer Gruppe auf gemeinsame Dateien zugreifen können. Linux speichert die Gruppenmitgliedschaften in der Datei */etc/group*, die aus Zeilen der folgenden Form besteht:

```
adm::4:root,adm,daemon
```

Die durch Doppelpunkte getrennten Felder eines solchen Eintrags haben die folgende Bedeutung:

adm: Der Gruppenname; für die Benennung von Gruppen gelten dieselben Regeln wie bei den Benutzernamen.

leeres Feld: Dieses Feld war ursprünglich unter Unix einmal für ein Gruppenpasswort gedacht, das sich aber nie durchgesetzt hat. Dieses Feld bleibt deshalb leer.

4: Die nummerische Group ID; auch hier gelten wieder dieselben Regeln wie bei den nummerischen User IDs.

root,adm,daemon: Die Mitglieder der Gruppe. Ein Benutzer in einem Unix-System ist zunächst einmal Mitglied in der Gruppe, die in seinem Eintrag in der Datei */etc/passwd* festgelegt wird. Diese erste Gruppenmitgliedschaft eines Benutzers muss nicht in */etc/groups* verzeichnet sein, lediglich für die Gruppe selbst muss eine Zeile vorhanden sein. Jede weitere Gruppe, der ein Benutzer angehört, muss in dem letzten Feld der Gruppendatei eingetragen sein.

Das Kommando *groups* zeigt die Mitgliedschaften eines Benutzers in Gruppen an:

```
paco:~ $ groups root
root : root bin daemon sys adm disk wheel
```

Profitipp

Verschiedene Benutzer für verschiedene Tätigkeiten

Wenn Sie an Ihrem PC verschiedene Tätigkeitsfelder haben – nehmen wir etwa an, dass Sie sich noch ein wenig Arbeit aus dem Büro mit nach Hause nehmen und dass Sie daneben den PC auch noch für private Dinge nutzen –, dann arbeiten Sie doch jeweils unter unterschiedlichen Kennungen. Auf diese Weise halten Sie die verschiedenen Bereiche auf elegante Weise auseinander.

Anlegen neuer Benutzer

Natürlich ist es möglich, neue Benutzer einzutragen, indem der Systemverwalter mit einem Texteditor die Datei */etc/passwd* und, falls nötig, auch die Dateien */etc/group* und */etc/shadow* bearbeitet und anschließend das Home-Verzeichnis mit dem richtigen Eigentümervermerk erzeugt. Das ist umständlich, mühselig und fehleranfällig. Wir empfehlen stattdessen die Verwendung eines der vorhandenen grafischen Benutzerverwaltungs-Tools oder des *useradd*- und *groupadd*-Kommandos. Das KDE-Tool *kuser* wird in Kapitel 11.13 auf Seite 725 beschrieben. Hier möchten wir noch kurz eingehen auf die Tools *linuxconf* für die RedHat-Distribution, YaST für die SuSE-Distribution und den Satz von Kommandos, die Ihnen in allen Distributionen zur Verfügung stehen.

Anlegen neuer Benutzer mit linuxconf

Mit *linuxconf* unter RedHat erledigen Sie die Benutzer- und Gruppenverwaltung einfach und komfortabel über eine grafische Oberfläche. Nach dem Aufruf von *linuxconf* in einem Terminalfenster erhalten Sie über *Benutzer, Normal, Benutzeraccounts* ein Fenster mit den Benutzern in Ihrem System. Durch Anklicken einer der Einträge erscheint ein Detail-Fenster für den ausgesuchten Benutzer.

Ändern Sie die Werte in den verschiedenen Fenstern nach Ihren Wünschen. Das dafür nötige Wissen sollten Sie nach der Lektüre des vorherigen Ab-

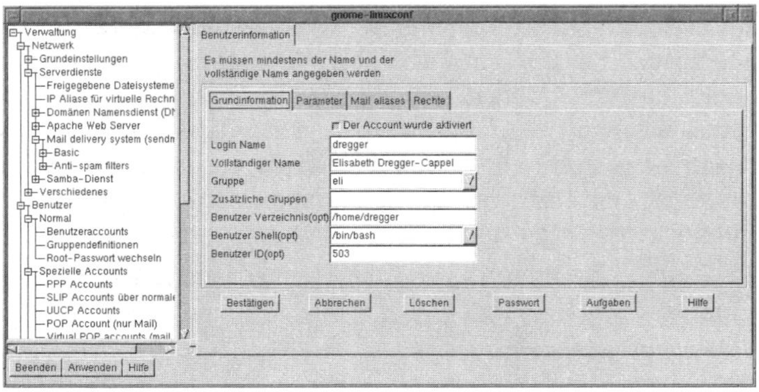

Detailfenster für einen Benutzereintrag

schnitts haben, oder folgen Sie der unten stehenden Step-by-Step-Anleitung. Mit *Bestätigen* werden die Änderungen wirksam. Über die anderen Register (*Parameter*, *Mail aliases* und *Rechte*) haben Sie eine Fülle weiterer Änderungsmöglichkeiten, deren Beschreibung hier zu weit gehen würde. Ausgehend von dem Listenfenster *Benutzeraccounts* wollen wir Ihnen hier den Eintrag eines neuen Benutzers zeigen.

1 Klicken Sie auf *Neu* und es erscheint ein (fast) leeres Grundinformationsfenster.

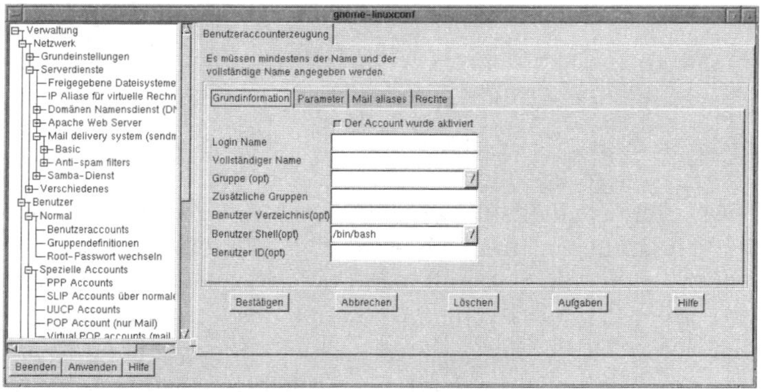

Benutzer-Grundinformationsfenster

2 Tragen Sie unter *Login Name* den Login-Namen ein, den der neue Benutzer erhalten soll. Er sollte auf jeden Fall mit einem Kleinbuchstaben beginnen und keine Sonderzeichen und auch keine Umlaute enthalten.

Unter *Vollständiger Name* muss ebenfalls ein gültiger Eintrag gemacht werden.

3 Alle weiteren Felder können leer bleiben. *linuxconf* setzt dann default-Werte ein. Als Shell wird */bin/bash* angenommen, als Standardgruppe wird eine neue Gruppe mit demselben Namen wie der Name des Benutzers verwendet; diese Gruppe ist natürlich neu und wird von *linuxconf* automatisch angelegt. Wenn Sie dem neuen Benutzer eine andere Shell

zuordnen wollen oder er in eine bereits vorhandene Gruppe eingetragen werden soll, geben Sie das hier an. Im Feld *Zusätzliche Gruppen* können Sie eintragen, ob der neue Benutzer mehr als nur einer Gruppe angehören soll.

4 Klicken Sie auf *Bestätigen*.

5 Es erscheint ein Fenster, in dem Sie das Passwort des neuen Benutzers eintragen müssen.

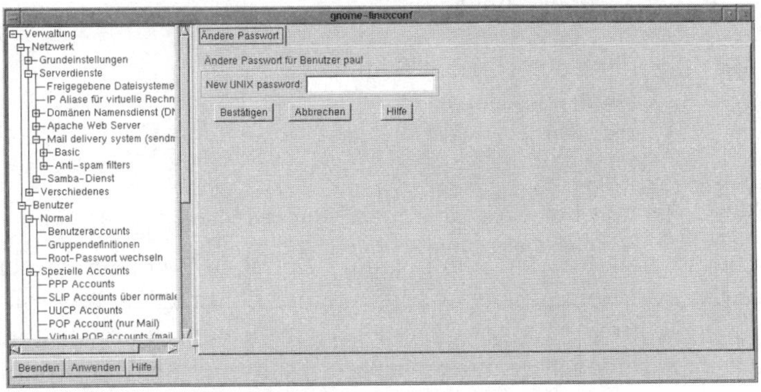

Eintragen des Passwortes für einen neuen Benutzer

Sie werden zweimal aufgefordert, das Passwort anzugeben. Dabei erscheint Ihre Eingabe nicht im Klartext, sondern „ausgesternt“, damit niemand die Passworteingabe mitlesen kann. Nach einem Klick auf die *Bestätigen*-Schaltfläche ist der neue Benutzer eingetragen.

Mit *linuxconf* können in ähnlicher Weise auch Parameter für bereits angelegte Benutzer verändert und Benutzer und deren Dateien aus dem System gelöscht werden. Klicken Sie dazu im Fenster *Benutzeraccounts* auf den Benutzer, dessen Eintrag Sie verändern oder entfernen möchten. Es erscheint dann ein Fenster mit den Benutzerdaten. Zum Ändern können Sie einfach die angezeigten Werte verändern; klicken Sie dann anschließend auf *Bestätigen*. Für das Löschen eines Benutzers aus dem System klicken Sie einfach auf *Löschen*. Sie werden dann aufgefordert anzugeben, ob die Daten des Benutzers gelöscht, archiviert oder nicht berührt werden sollen. Bestätigen Sie Ihre Eingabe durch Klicken auf *Bestätigen*.

Auch die Gruppen können mit *linuxconf* verwaltet werden. Den Einstieg dazu finden Sie durch Klicken auf *Gruppendefinitionen*. Alle weiteren Schritte erfolgen ganz analog zum Anlegen, Verändern und Löschen von Benutzereinträgen.

Anlegen neuer Benutzer mit Kommandozeilen-Tools

Viele Systemadminstratoren finden es immer noch einfacher, die Benutzerverwaltung mit Hilfe von Tools auf der Kommandozeile zu erledigen, zumal die Kommandozeilen-Tools als einfach zu bedienende Kommandos in jeder Distribution zur Verfügung stehen. Wir geben sie hier mit jeweils einem Anwendungsbeispiel an; falls Sie sie intensiver einsetzen möchten, verweisen wir Sie auf die jeweilige man-Page.

useradd: Erzeugen eines neuen Benutzers.

```
paco:~ # useradd newuser
changing password for user testus1
New UNIX password:
Retype new UNIX password:
passwd: all authentication tokens updated successfully
```

Dabei ist *newuser* der Login-Name des neuen Benutzers. Nach Eingabe des *useradd*-Kommandos wird ein neuer Benutzer-Eintrag mit voreingestellten Werten erzeugt. Mit einer Vielzahl von Optionen können diese Voreinstellungen abgeändert werden. Damit der neue „Account“ benutzt werden kann, muss noch ein Passwort mit Hilfe des *passwd*-Kommandos gesetzt werden. Das System fragt Sie zur Sicherheit zweimal nach dem neuen Passwort. Hier ist die Passworteingabe nicht abgedruckt, da die Eingabe „unsichtbar“ erfolgt, um Leuten, die einem bei der Eingabe zufällig „über die Schulter“ gucken, keine Hinweise zu geben.

Das Kommando *adduser* ist in manchen Distributionen ein Alias für *useradd*.

userdel: Entfernen von Benutzern aus dem System.

```
paco:~ # userdel -r olduser
```

olduser ist der Login-Name des Benutzers, der aus dem System entfernt werden soll. Die Option *-r* gibt an, dass auch das Home-Verzeichnis entfernt werden soll.

usermod: Ändern eines Benutzereintrags. Zum Ändern des vollen Namens können Sie etwa angeben:

```
paco:~ # usermod -c ́Paul Mandel´ paul
```

In diesem Beispiel ist *paul* der Login- oder Benutzername des neuen Benutzers. Der volle Name des Benutzers (*Paul Mandel*) wird in das drittletzte Feld von */etc/passwd* eingetragen.

Sie können *usermod* auch zum Sperren von Benutzern verwenden:

```
paco:~ # usermod -L paul
```

Mit diesem Kommando wird ein *!*-Zeichen vor das verschlüsselte Passwort gesetzt; damit kann *paul* sich nicht mehr einloggen. Die Sperre können Sie mit *usermod -U paul* wieder aufheben.

groupadd: Erzeugen einer neuen Gruppe. Durch das Kommando

```
paco:~ # groupadd users
```

wird eine neue Gruppe *users* erzeugt.

groupdel: Löschen einer Gruppe. Durch

```
paco:~ # groupdel users
```

wird die Gruppe *users* gelöscht.

groupmod: Modifizieren von Gruppenattributen. Durch

```
paco:~ # groupmod -n newgroup users
```

wird der Gruppenname *users* in *newgroup* umbenannt.

S.u.S.E.-Tipp

Für Anwender der SuSE-Distribution bietet YaST eine gute Benutzeroberfläche für die Benutzer- und Gruppenverwaltung. Wählen Sie nach Aufruf von *yast Administration des Systems* und dort *Benutzerverwaltung*. Es erscheint ein Fenster, in das Sie die Daten des neuen Benutzers eintragen können. Geben Sie unter *Benutzername* den Login-Namen des neuen Benutzers ein. Wenn Sie dann mit TAB in das nächste Feld wechseln, werden Ihnen für die anderen Felder Voreinstellungen angezeigt.

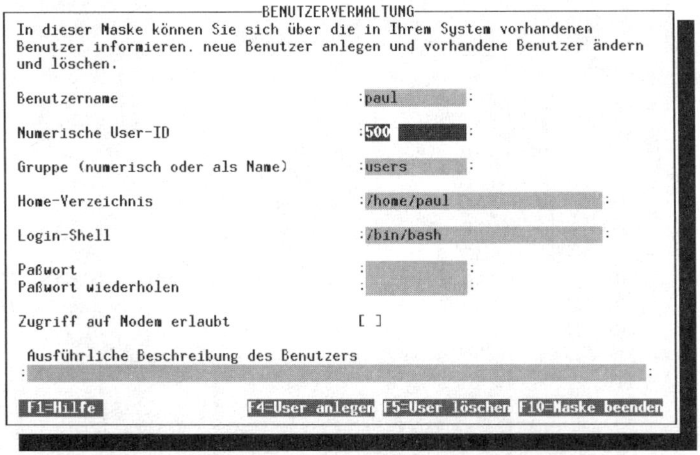

Eintragen von neuen Benutzern mit YaST

Wenn Sie keine besonderen Wünsche für die neue Kennung haben, können Sie diese übernehmen. Sie brauchen lediglich dem neuen Benutzer ein Passwort zu vergeben. Damit ist der Eintrag einer neuen Benutzerkennung abgeschlossen. Nach Eingabe des Benutzernamens erscheinen die Voreinstellungen, die nur noch bestätigt werden.

9.2 Systempflege: Was der Rechner macht, wenn Sie nicht daran arbeiten

Sie machen gerade eine Pause, trinken eine Tasse Kaffee und hören plötzlich, dass sich die Platte bewegt – die neuen, schnellen, großen Platten sind ja wieder etwas lauter geworden –, oder Sie sehen, dass das Platten-Kontroll-Lämpchen kurz aufblinkt ...

Was ist da los? Ein Hacker in Ihrem System, ein Virus, ein Trojanisches Pferd? Wahrscheinlich nichts von alledem. Gelegentlich scheint sich Ihr Rechner mit sich selbst zu beschäftigen.

Um mehr zu erfahren, rufen Sie einfach einmal das Kommando *top* auf und beobachten eine Weile dessen Ausgaben.

```
paco:~ $ top
11:05am  up  2:11,  6 users,  load average: 0.00, 0.00, 0.00
 11:24am  up 4 days, 18:15,  4 users,  load average: 0.41, 0.13, 0.04
68 processes: 64 sleeping, 1 running, 3 zombie, 0 stopped
CPU states:  3.3% user,  1.9% system,  0.0% nice, 95.1% idle
Mem:   63032K av,  60296K used,   2736K free,  22780K shrd,    164K buff
Swap: 104416K av,  79036K used,  25380K free                13560K cached

  PID USER      PRI  NI  SIZE  RSS SHARE STAT  LIB %CPU %MEM   TIME COMMAND
10371 root        6   0  100M  33M  1912 S       0  2.3 54.9 344:22 X
17447 paul        9   0   796  796   616 R       0  1.5  1.2   0:01 top
    1 root        0   0    72   64    44 S       0  0.0  0.1   0:16 init
    2 root        0   0     0    0     0 SW      0  0.0  0.0   0:00 kflushd
    3 root        0   0     0    0     0 SW      0  0.0  0.0   0:00 kupdate
    4 root        0   0     0    0     0 SW      0  0.0  0.0   0:00 kpiod
    5 root        1   0     0    0     0 SW      0  0.0  0.0   0:09 kswapd
   98 root        0   0   260  208   152 S       0  0.0  0.3   0:03 syslogd
  102 root        0   0   508  168   140 S       0  0.0  0.2   0:00 klogd
  141 root        0   0   280  228   168 S       0  0.0  0.3   0:00 automount
  157 at          0   0   164  112    84 S       0  0.0  0.1   0:00 atd
  159 root        0   0   288  248   200 S       0  0.0  0.3   0:04 atalkd
  160 root        0   0  1076   52    40 S       0  0.0  0.0   0:01 httpd
  176 root        0   0   112    0     0 SW      0  0.0  0.0   0:00 papd
  179 root        0   0   180   56    32 S       0  0.0  0.0   0:00 afpd
  186 root        0   0   112   56    36 S       0  0.0  0.0   0:00 gpm
  189 root        0   0    88    0     0 SW      0  0.0  0.0   0:00 inetd
  215 root        0   0   168   56    36 S       0  0.0  0.0   0:11 sshd
    ...
```

Während Sie die Ausgabe beobachten, verändert sich das Bild ein wenig. Zum Teil ergeben sich Verschiebungen, vor allem ist aber ein langsames Anwachsen der Werte in der *TIME*-Spalte in einigen Zeilen zu beobachten. Das Programm, dessen Name in der letzten Spalte aufgeführt wird, hat in der Zwischenzeit gearbeitet, hat Rechenzeit aufgenommen.

In Kapitel 6.5 wurde bereits gezeigt, dass alle Arbeit in einem Linux-System von *Prozessen* erledigt wird. Auf Seite 246 können Sie auch noch einmal nachlesen, welche Informationen Sie der Ausgabe des *top*-Kommandos entnehmen können. Verändert haben sich die Werte für *X* und *top*, die beide direkt vom Benutzer gestartet werden. Wir finden aber auch andere Programme in der Liste, etwa *syslogd, inetd* und *sshd* und viele andere, die offensichtlich arbeiten, ohne dass wir einen direkten Befehl dazu gegeben hätten.

Man unterscheidet grob drei verschiedene Programm- oder Prozessformen:

- Programme, die direkt auf Benutzereingabe gestartet werden.
- Prozesse, die als Dämonen (engl. daemon) arbeiten. Das sind Programme, die beim Hochfahren des Systems gestartet werden und während der ganzen Laufzeit des Systems vom Hochfahren bis zum Shutdown leben und ihre Arbeit verrichten. Sie können zur Erledigung von Teilaufgaben unter demselben Namen Kindprozesse erzeugen, die sich nach Abschluss der Teilaufgabe wieder beenden.
- Benutzerprogramme, die vom Benutzer gestartet werden, aber nicht direkt, sondern zeitversetzt ausgeführt werden.

Wahrscheinlich kennen Sie direkte Benutzerprogramme schon, entweder von anderen Betriebssystemen oder auch von Ihrer Arbeit am Linux-System. Das sind einfach alle Kommandos, die Sie direkt über die Tastatur oder per Mausklick starten. Wir wollen hier kurz auf die beiden anderen Programmarten eingehen und Ihnen erklären, wie Sie sie sinnvoll für Ihre Arbeiten einsetzen können.

Die Arbeit der Dämonen

Ein Kennzeichen für Dämon-Prozesse ist, dass sie nicht direkt mit einem Terminal verbunden sind. Sie benötigen zum Arbeiten keine direkte Eingabe von der Tastatur oder einen Bildschirm zur Ausgabe. Meistens schlummern sie in den Tiefen des Systems und nehmen ihre Arbeit erst auf, wenn ein bestimmtes Ereignis eingetreten ist. Je nach ihrer Aufgabe reagieren sie auf ein Signal von der Hardware, von anderen Programmen, vom Netzwerk oder lassen sich nach Ablauf einer bestimmten Zeit wecken.

Grob einteilen lassen sich die Dämonen in die folgenden Kategorien:

- Dämonen, die den Multi-User-Betrieb sicherstellen. Sie werden als erste gestartet und haben die Prozessnummern 1 bis 5. Versuchen Sie nicht, diesen Prozessen ein Signal zu schicken. Die Folge wäre wahrscheinlich ein Systemabsturz. (Wir waren nicht mutig genug, es auszuprobieren!)
- Die große Gruppe der Dämonen, die Zusatzdienste bereitstellen, zum Beispiel:

  inetd: der allgemeine Netzwerkdämon (siehe hierzu auch Kapitel 8, auf Seite 958)

lpd: der Druckerdämon, der die Druckwarteschlagen verwaltet (Kap. 5.2, Seite 205)

crond: der Dämon, der für die periodische Abarbeitung von Programmen sorgt

httpd: der WWW-Server

- Hilfsdämonen, die für andere gewisse Arbeiten erledigen, z. B. *syslogd*, der System- und Fehlermeldungen in Log-Dateien schreibt, und *gpm*, der das Arbeiten mit der Maus auf virtuellen Konsolen erlaubt.

Dämonen werden über *Init-Skripts* gestartet. Sie finden diese Skripts in Verzeichnis */etc/rc.d/init.d*. In der SuSE-Distribution können Sie im Verzeichnis */sbin/init.d* fündig werden; */etc/rc.d* und */etc/rc.d/init.d* zeigen als symbolischer Link auf das selbe Verzeichnis. Mehr dazu, wie beim Start des Systems die richtigen Skripts gefunden werden, lesen Sie auf Seite 394.

Grundsätzlich können Sie alle Dämonen, die bestimmte Zusatzdienste anbieten oder Hilfsfunktionen erfüllen, auch nachträglich starten oder ohne Shutdown beenden. Nehmen wir als Beispiel den Druckdienst, zum Starten geben Sie ein:

```
paco:~ # /etc/rc.d/init.d/lpd start
```

Zum (vorzeitigen) Beenden heißt das Kommando:

```
paco:~ # /etc/rc.d/init.d/lpd stop
```

Wenn es nötig war, dass Sie an der Konfiguration eines Dienstes etwas ändern mussten, müssen Sie dies den meisten Dämonen mitteilen. Viele Dämonen lesen ihre Konfigurationsdateien neu ein, wenn sie ein *HUP-Signal* bekommen. Das kann dann am Beispiel von *inetd* (siehe Kapitel 8 auf Seite 958) so aussehen:

```
paco:~ # killall -HUP inetd
```

Einzelheiten über die Konfigurationsmöglichkeiten von Diensten entnehmen Sie bitte der jeweiligen man-Page.

Bei Schwierigkeiten mit einem Dienst, der über einen Dämon bereitgestellt wird, sollten Sie prüfen, ob der entsprechende Dämon überhaupt gestartet wurde. Im Kapitel über den Linux-Detektiv (Kap. 8.4, Seite 349) ist beschrieben, wie Sie herausbekommen, unter welcher Nummer ein Prozess gestartet wurde. Falls der Dämon gar nicht läuft, können Sie ihn einfach von der Kommandozeile wie oben beschrieben starten.

Überprüfen Sie anschließend, ob der Dämon jetzt läuft. Wenn dies nicht der Fall ist, hat er sich womöglich gleich wieder beendet. Eine Fehlermeldung sehen Sie nicht, weil ein Dämon ja ohne Bildschirm läuft. Viele Dämonen schreiben ihre Fehlermeldungen aber über den Hilfsdämon *syslogd* in die Datei */var/log/messages* oder in eine andere Protokolldatei. (In der man-Page sollte genau beschrieben sein, wohin die Fehlermeldungen wandern.) Überprüfen Sie die Log-Datei in solch einem „obskuren“ Fall. Sehr häufig findet sich die Ursache des Problems dann schnell und kann einfach behoben werden.

Cron – oder wie man seine Routineaufgaben delegieren kann

Zeitgesteuerte Benutzerprogramme gibt es in zwei Varianten:

At-Jobs, die einmal zu einem vorher festgelegten Zeitpunkt ausgeführt werden.

Cron-Jobs, die immer wieder in bestimmten Intervallen gestartet werden.

Auf die At-Jobs wollen wir nicht ausführlicher eingehen. Nähere Informationen finden Sie in der man-Page. Für die Systempflege sind die *Cron-Jobs* von großer Bedeutung, weil man mit ihrer Hilfe viele Routinearbeiten elegant erledigen lassen kann.

- Verantwortlich für die Bearbeitung von periodischen Aufgaben ist ein Dämon, das Programm *crond* bei RedHat und das Programm *cron* bei SuSE. Beide Varianten erfüllen zwar dieselbe Funktion, die Konfiguration ist aber leicht unterschiedlich. Wir beschreiben im Folgenden die Arbeitsweise von *crond*. Wenn *cron* abweichend arbeitet, ist das in Klammern angegeben.

Tipp

Cron starten

Der passende Cron-Dämon sollte bei Systemstart auf jeden Fall mitgestartet werden. Die Startup-Datei ist */etc/rc.d/init.d/crond* (*/etc/rc.d/cron*).

- *crond* (*cron*) überprüft im Minutenabstand, ob periodische Arbeiten zu erledigen sind. Dabei werden die folgenden Dateien als Cron-Jobs angesehen:

  – alle Dateien im Verzeichnis */var/spool/cron/* (*/var/cron/tabs/* oder */var/spool/cron/tabs/*), wenn der Dateiname einem Benutzernamen entspricht

  – */etc/crontab*

  – alle Dateien im Directory */etc/cron.d*

  Diese Dateien enthalten eine Zuordnung von Kommandos und Zeiten, an denen die Kommandos ausgeführt werden sollen. Aus diesen Informationen erstellt *crond* (*cron*) eine Liste, die ebenfalls jede Minute überprüft und evtl. abgeändert wird, wenn sich eine der Dateien geändert hat, eine Datei dazugekommen oder gelöscht worden ist. Änderungen in den „crontabs" werden also automatisch erkannt.

Zu den angegebenen Zeiten startet *crond* (*cron*) die Kommandos. Die Outputs werden an den Eigentümer des crontab-Files per Mail verschickt.

- Jede Zeile in einer *crontab-Datei* ist aufgebaut nach dem Motto: *wann was*. Zeilen, die mit einem # beginnen, sind Kommentarzeilen und werden ignoriert.

  Das *wann*-Feld besteht wiederum aus fünf durch Leerzeichen voneinander getrennten Feldern mit folgender Bedeutung:

Feld	erlaubte Werte
Minute	0-59,*
Stunde	0-23,*
Tag im Monat	0-31,*
Monat	1-12,*
Wochentag	0-6,*

  Das erste Feld bezeichnet die Minute, das zweite die Stunde etc. Die Zählung der Wochentage beginnt beim Sonntag, *0* steht für Sonntag. In allen Felder ist auch * erlaubt. Es bedeutet: alle in diesem Feld möglichen Werte. Der Eintrag

```
0 9 * * *
```

  bedeutet also: Jeden Tag um 9:00 Uhr.

  Man kann auch Bereiche oder Listen angegeben, etwa so

```
0 8-12 * * *
0 1,3,5 * * *
```

  Das erste Beispiel meint jede volle Stunde zwischen 8 und 12 einschließlich, das zweite: um 1:00, um 3:00 und um 5:00 Uhr.

  Das *was*-Feld schließt sich nach einem Leerzeichen an die Zeitangabe an, hier wird das Kommando eingetragen, das um die entsprechende Uhrzeit ausgeführt werden soll.

- Die Datei */etc/crontab* als zentrale System-Tabelle hat ein etwas verändertes Format. Hier ist zwischen dem *wann-* und dem *was*-Feld noch ein *wer*-Feld eingeschoben. Dies gibt an, unter welcher Benutzerkennung das in der Zeile genannte Kommando ausgeführt werden soll.

- Für Routine-Aufgaben in der Systemverwaltung halten die Distributoren noch eine Vereinfachung bereit: Es gibt vier Directories, in denen Cron-Jobs zur stündlichen, täglichen und wöchentlichen Abarbeitung bereitgestellt werden können:

  - */etc/cron.hourly*
  - */etc/cron.daily*
  - */etc/cron.weekly*
  - */etc/cron.monthly*

  Der Aufruf dieser Prozeduren erfolgt über einen speziellen Eintrag in der Datei */etc/crontab*.

Profitipp

CD-Brennen und Cron-Jobs

Während eines CD-Brennvorgangs kann ein Zeit- und IO-intensiver Cron-Job empfindlich stören. Denken Sie daran, *crond* während des Brennens zu stoppen.

Verwaltungsroutine per *cron*

1 Die Distributoren haben schon etliche nützliche Cron-Jobs bereitgestellt, die ausgeführt werden, wenn *crond* gestartet ist. Dazu gehören:

- das Verkürzen der Log-Dateien, damit sie nicht endlos groß werden,
- der Versuch, die Faxqueue abzuarbeiten, wenn die Faxsoftware installiert ist,
- das Säubern der *tmp*-Directories von Dateien, auf die seit längerem kein Zugriff mehr stattgefunden hat,
- der Aufbau der *locate*-Datenbasis (zur Erklärung von *locate* s. S. 353),
- das Entfernen von unbenutzten Modulen aus dem Kernel.

Für den Anfang sind damit sicher schon die wichtigsten Aufgaben eingetragen. Sie sollten lediglich überprüfen, ob die Zeiten für Sie richtig sind.

2 Fangen Sie bei */etc/crontab* an. Öffnen Sie diese Datei mit einem Texteditor. In der RedHat-Distribution ergibt sich das folgende Bild:

```
SHELL=/bin/bash
PATH=/sbin:/bin:/usr/sbin:/usr/bin
MAILTO=root
HOME=/

# run-parts
01 * * * * root run-parts /etc/cron.hourly
02 4 * * * root run-parts /etc/cron.daily
22 4 * * 0 root run-parts /etc/cron.weekly
42 4 1 * * root run-parts /etc/cron.monthly
```

Die ersten Zeilen sind Voreinstellungen für die Umgebung, in der die Cron-Kommandos ausgeführt werden sollen. Wir brauchen sie nicht zu verändern.

Der interessantere Teil folgt nach der Zeile, die mit # beginnt. Die stündlichen Jobs werden immer um eine Minute nach der vollen Stunden ausgeführt. Das kann sicher so bleiben. Der Rest startet aber vielleicht um eine für Sie ungünstige Zeit, nämlich jeweils um 4 Uhr. Wahrscheinlich ist Ihr Rechner dann immer ausgeschaltet, sodass die täglichen, wöchentlichen und monatlichen Aufgaben niemals erledigt werden. Suchen Sie sich eine Zeit, die günstiger ist. Wenn Ihr Rechner in einem

Büro steht, ist vielleicht mittags um 12:30 besser – der PC ist eingeschaltet, aber Sie arbeiten gerade nicht daran, weil Sie dann zu Mittag essen. Ändern Sie die Zeilen so ab, dass die Cron-Jobs um diese Zeit starten:

```
# run-parts
01 * * * * root run-parts /etc/cron.hourly
30 12 * * * root run-parts /etc/cron.daily
50 12 * * 1 root run-parts /etc/cron.weekly
00 13 1 * * root run-parts /etc/cron.monthly
```

Um 12:30 starten dann die täglichen Jobs, montags um 12:50 die wöchentlichen Jobs und am 1. jeden Monats um 13 Uhr die monatlichen Jobs.

Die */etc/crontab*-Datei bei SuSE ist etwas komplizierter. Mit unserer Anleitung können Sie sie aber auch Ihren Wünschen anpassen.

3 Fällt der Erste eines Monats auf einen Feiertag, wurde der Monatslauf vielleicht nicht ausgeführt, weil Ihr Rechner nicht eingeschaltet war. Sie können ihn sehr einfach nachholen, indem Sie das in der */etc/crontab* genannte Kommando per Hand ausführen.

```
paco:~ # run-parts /etc/cron.monthly
```

4 Wenn Sie weitere Routinen regelmäßig erledigen lassen wollen, steht Ihnen zur Erzeugung und Veränderung von benutzerbezogenen Crontabs das Kommando *crontab* zur Verfügung. Die Erlaubnis, Cron-Jobs auszuführen, vorausgesetzt, kann jeder Benutzer am Linux-System seine eigenen Routine-Aufgaben eintragen. Dazu benutzen Sie das Kommando *crontab*, das einen Texteditor startet und anschließend die richtigen Systemdateien für *crond* (*cron*) hinterlegt. Mit dem Kommando

```
paco:~ $ crontab -e
```

wird Ihre persönliche *crontab* geöffnet, die Sie dann nach Belieben bearbeiten können. Falls Sie nicht den *vi* benutzen wollen, geben Sie den Editor Ihrer Wahl als Shell-Variable beim Aufruf von *crontab* an, z. B. so:

```
paco:~ $ EDITOR=joe crontab -e
```

Tragen Sie jetzt im Format *wann was* wie oben beschrieben die Zeiten und die Kommandos ein, die periodisch ausgeführt werden sollen. Nach dem Sichern der Eingaben und Verlassen des Editors werden Ihre Routine-Aufgaben berücksichtigt.

5 Mit dem Kommando

```
paco:~ $ crontab -l
```

können Sie sich Ihre *crontab* anzeigen lassen. Durch

```
paco:~ $ crontab -r
```

wird Ihre *crontab* gelöscht.

6 Für alle Kommandozeilenhasser steht unter KDE auch ein kleines grafisches KDE-Frontend, *kcron*, zur Verwaltung der Cron-Jobs zur Verfügung. Die Bedienung ist recht intuitiv, und es erlaubt – neben der

eigentlichen Cronjob-Verwaltung – auch die Administration von Umgebungsvariablen.

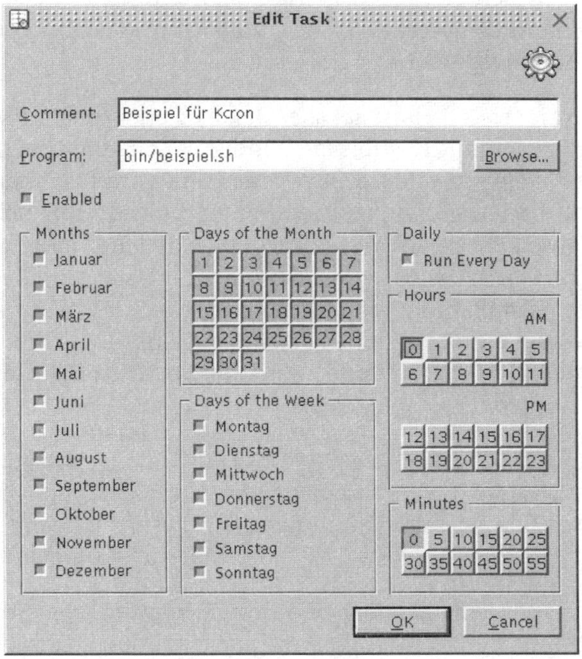

Verwalten von Cron-Jobs mit kcron

7 Als Systemverwalter haben Sie die Möglichkeit, auch gezielt einzelne Benutzer für Cron-Jobs zuzulassen oder auszuschließen. Dazu dienen die beiden Dateien */etc/cron.allow* (*/var/cron/allow*) und */etc/cron.deny* (*/var/cron/deny*). Wenn die *allow-Datei* existiert, dürfen nur Benutzer, die dort aufgeführt sind, Cron-Jobs starten. Existiert eine *deny-Datei*, sind die Benutzer, die dort aufgeführt sind, von der Cron-Benutzung ausgeschlossen.

Profitipp

Vorsicht bei Cron-Jobs auf Notebooks

So schön Cron-Jobs auf stationären PCs sind, so unerwünscht können sie auf Notebooks sein. Stoppen Sie den Cron-Dämon, wenn Ihr Notebook über Batterie läuft.

9.3 Das Red Hat-Paketformat

Lange Zeit war es üblich, die Pakete einer Linux-Distribution als *tar*-Archive auszuliefern, also als eine Sammlung von Dateien. Der Benutzer musste selbst eine geeignete Auswahl von Paketen zusammenstellen, um ein komplett lauffähiges Linux-System zu erhalten. In komfortableren Distributionen wurden später Abhängigkeiten zwischen Paketen verwaltet. Diese Überprüfungen waren aber auf die spezielle Distribution eingeschränkt und auch oft nicht stimmig innerhalb der aufeinander folgenden Versionen. Red Hat vertritt dagegen den Ansatz, dass Abhängigkeiten zu anderen Paketen ins Archiv aufgenommen werden sollten, und entwickelte ein eigenes Archivformat mit Abhängigkeiten.

Unter dem Namen **R**ed Hat **P**ackage **M**anager oder kurz RPM verbirgt sich aber nicht nur dieses Archivformat, sondern auch eine Datenbank, die alle installierten Pakete verwaltet. Diese Datenbank wird bei einer Erstinstallation eines RPM-basierten Linux-Systems angelegt und kann später für diverse Zwecke eingesetzt werden. Es können verschiedene Informationen zu Paketen abgefragt werden, zum Beispiel, ob eine Datei enthalten ist, ob eine Datei seit der Installation verändert wurde, welche Version einer Software installiert ist usw. Ganz im Sinne der Linux-Philosophie wird das ganze System unter der GPL vertrieben und auch oft in anderen Distributionen - auch in der SuSE-Distribution - eingesetzt.

Der Umgang mit RPM-Archiven gehört zum Handwerkszeug eines Linux-Systemadminstrators. Insbesondere bei der Aktualisierung von Paketen werden Sie dieses System schätzen lernen. Bei diesem Vorgang werden modifizierte Konfigurationsdateien aufbewahrt und nicht einfach überschrieben.

Zur Installation, Deinstallation und Aktualisierung von Softwarepaketen wird das Kommandozeilenprogramm *rpm* eingesetzt. Verschiedene Ansätze wurden gemacht, *rpm* in eine grafische Benutzeroberfläche einzukleiden, um die Bedienung einfacher und übersichtlicher zu machen. Sowohl die KDE- als auch die Gnome-Entwickler haben in dieser Richtung gearbeitet: für KDE liegt *kpackage* vor, für Gnome *gnorpm*. In der RedHat-Distribution ist *kpackage* leider nicht enthalten, sodass als einzige Alternative für RedHat-Anwender nur *gnorpm* bleibt. Wenn Sie sich als RedHat-Anwender also nicht mit der Kommandozeile abfinden können, empfehlen wir Ihnen zur Zeit noch den Einsatz von *gnorpm*, selbst wenn Sie sonst KDE einsetzen. *gnorpm* läuft auch unter KDE als grafische Benutzeroberfläche hervorragend.

Wenn es darum geht, direkt auf Inhalte von RPM-Archiven zuzugreifen, ist der Datei-Manager Midnight Commander ein unverzichtbares Werkzeug. In Kapitel 9.3 werden deshalb im Wesentlichen die Zugriffsmöglichkeiten auf Archive erläutert. Die allgemeine Bedienung dieses nützlichen Programms steht mehr im Hintergrund.

Schließlich werden die wichtigsten Kommandos des Programms *rpm* in Kurzform dargestellt. Hierauf muss insbesondere dann zurückgegriffen werden, wenn noch keine grafische Oberfläche zur Verfügung steht und Pakete installiert und deinstalliert werden müssen. Lesen Sie dazu den Abschnitt „Kurzanleitung zum Programm rpm“ (Seite 390).

RPM-Verwaltung mit gnorpm

Das Programm *gnorpm* ist ein grafisches Frontend zum *rpm*-Programm. Die Verwaltung der RPM-Pakete ist mit dieser komfortablen Bedienoberfläche sehr bequem und wird im Mittelpunkt der Beschreibungen für RPM stehen. Das Programm *gnorpm* muss auf der X Window-Oberfläche gestartet werden. Geben Sie dazu zum Beispiel in einer xterm den Befehl *gnorpm &* ein. Es erscheint die im folgenden Bild dargestellte Oberfläche, die das Aussehen eines Datei-Managers hat.

Damit ersetzt *gnorpm* das bisherige grafische Installationswerkzeug *glint* aus den früheren RedHat-Distributionen. Es ist merklich schneller und damit angenehmer zu bedienen, es bietet eine konsequente deutsche Unterstützung und die Darstellungsform ist übersichtlicher: In der linken Spalte zeigt eine Baumansicht die Gruppierung der Pakete und in der rechten Spalte werden die Pakete einer Gruppe angezeigt.

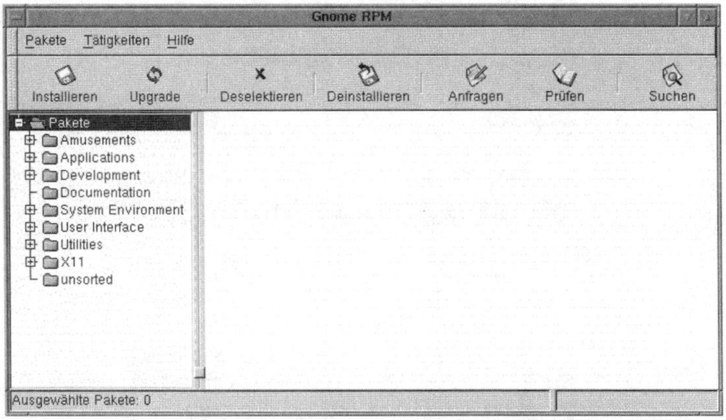

Die Oberfläche von gnorpm gleicht dem Aussehen eines Datei-Managers

Anordnung und Darstellung der Pakete

Nach dem Aufruf werden sofort alle installierten Pakete angezeigt. Die Pakete werden der Übersichtlichkeit halber gruppiert, wie es auch im Verzeichnisbaum üblich ist. Zum Beispiel liegen im Ordner *User Interface/Desktops* die verschiedenen Window-Manager zum X Window-System. Durch einen Doppelklick auf einen der dargestellten Ordner wird der Inhalt dieses Ordners angezeigt. Dieser kann weitere Ordner und auch Pakete enthalten.

Durch die Auswahl eines Ordners über einen Mausklick werden die darin enthaltenen Pakete in der rechten Spalte dargestellt. Die Pakete lassen sich sowohl als große Symbole als auch in komprimierter Weise mit Zusatzinformationen in Form einer Liste darstellen. Beim ersten Programmstart werden die Pakete durch große Icons dargestellt (siehe folgende Abbildung).

Alternativ zu dieser Darstellung können die Pakete auch in einer Liste dargestellt werden, wie es in der nächsten Abbildung zu sehen ist. Zusätzlich zum

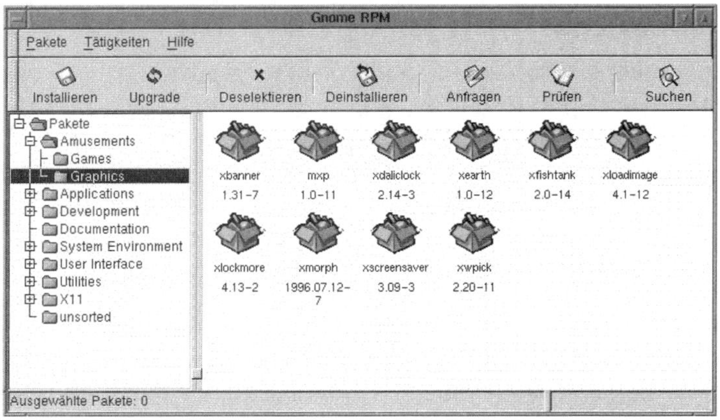

Die Installationspakete werden zunächst als große Symbole dargestellt

Paketnamen und der Versionsnummer werden die Release-Nummer und eine kurze Paketbeschreibung eingeblendet.

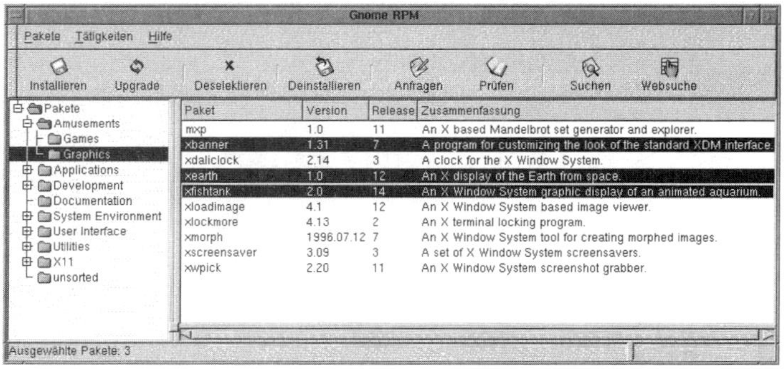

Kompaktere und detailiertere Darstellung der Pakete in Form einer Liste

Falls Sie die Listendarstellung bevorzugen sollten, nehmen Sie wie folgt eine Änderung an den Einstellungen vor. Wählen Sie unter dem Menüpunkt *Tätigkeiten* den Unterpunkt *Einstellungen*. Klicken Sie im erscheinenden Fenster das Register *Schnittstelle* an. Es erscheint die in der folgenden Abbildung dargestellte Auswahlmöglichkeit. Legen Sie als Darstellungsform für die *Paketliste* die Einstellung *Als Liste anzeigen* fest und bestätigen Sie die Auswahl über *OK*.

Auswahl der Pakete

Es können verschiedene Operationen auf die dargestellten Pakete angewendet werden. Dazu müssen diese in einem ersten Schritt markiert werden. Klicken Sie dazu einmal auf ein Paket. Das Paket wird farbig hinterlegt. Ein erneuter Klick auf dieses Paket macht die Auswahl rückgängig. Auf einem ausgewählten Paket können verschiedene Operationen ausgeführt werden, zum Beispiel können die Eigenschaften des Pakets über die Schaltfläche *Anfragen* erfragt werden.

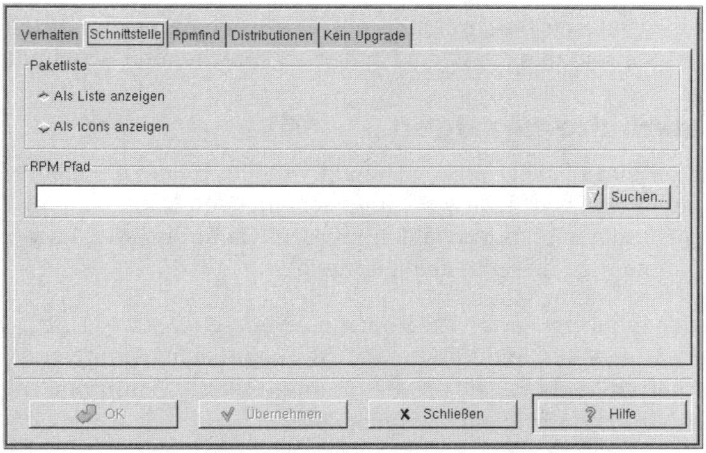

Die Darstellung der Paketliste ist konfigurierbar. Das abgebildete Konfigurationsmenü ist erreichbar über den Unterpunkt Einstellungen im Menü Tätigkeiten

Es können aber auch mehrere Pakete gleichzeitig ausgewählt werden. Dann werden die Operationen auf alle ausgewählten Pakete angewendet. Dabei werden dann von allen ausgewählten Paketen die Eigenschaften angezeigt. Die ausgewählten Pakete können sich auch in verschiedenen Ordnern befinden. Die Gesamtzahl wird in der Statuszeile des Fensters angezeigt.

Falls Sie den Überblick über alle angewählten Pakete verloren haben und sie nicht wiederfinden, können über die Schaltfläche *Deselektieren* sämtliche Selektionen aufgehoben und von neuem begonnen werden.

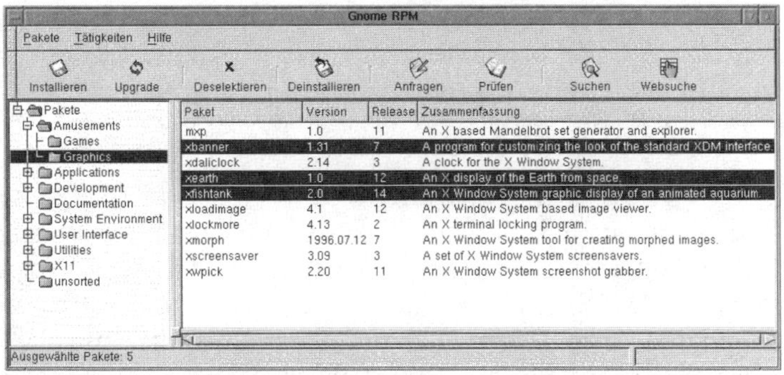

Es können mehrere Pakete angewählt werden, auch in verschiedenen Ordnern. Die Gesamtzahl wird in der Statuszeile des Fensters angezeigt. Hier sind es fünf ausgewählte Pakete

Operationen auf Paketen

Die Operationen auf diesen Paketen werden nun in den folgenden Abschnitten beschrieben. Dazu zählen die Installation, die Deinstallation und die Aktualisierung von Paketen. Es können auch Eigenschaften von Paketen abgefragt und die Konsistenz der Datenbank überprüft werden. Eine weitere Operation ist das Suchen von installierten Paketen nach verschiedenen

Kriterien. Um eine Beschreibung der gewünschten Operation zu erhalten, springen Sie also je nach Bedarf in den entsprechenden Abschnitt.

Paketinhalte anzeigen

Der Inhalt eines Pakets kann abgefragt werden, indem die rechte Maustaste bei einem Paket gedrückt wird. Im erscheinenden Kontextmenü gibt es den Eintrag *Query*, den Sie auswählen müssen. Daraufhin werden verschiedene Informationen zu diesem Paket angezeigt.

Auch der Inhalt mehrerer Pakete kann abgefragt werden. Dazu wählen Sie mehrere Pakete aus und klicken auf die Schaltfläche *Anfragen* oder wählen den Unterpunkt *Anfragen* im Menüpunkt *Pakete*. Daraufhin erscheint ein Fenster, wie es im Folgenden abgebildet ist.

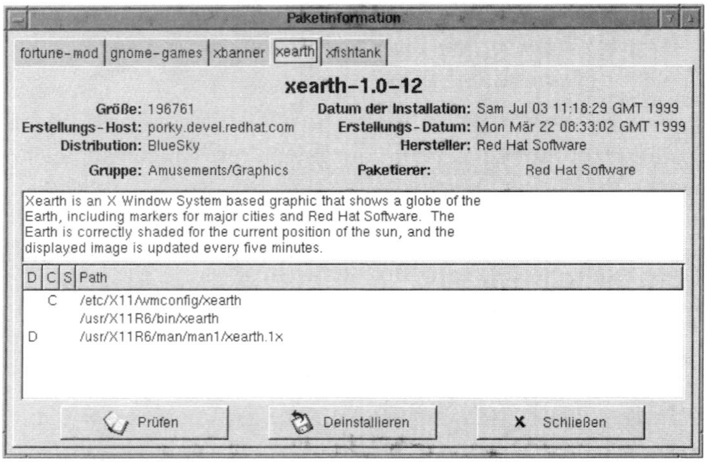

Bei einer Paketanfrage werden alle Paketinformationen auf einmal dargestellt. Jedes Paket erhält ein eigenes Blatt, auf dem die Informationen eingetragen werden. Über die Register können die verschiedenen Pakete angewählt werden

Zu den angebotenen Paketinhalten gehören zunächst Erstellungsinformationen wie die Paketgröße oder der Ersteller dieses Pakets. Es folgt eine Beschreibung der im Paket enthaltenen Software. Darunter ist eine Liste aller Dateien mit dem zugehörigen Pfad zu finden, die in diesem Paket enthalten sind. Zu einer Datei kann ein Eintrag in der Spalte *D* enthalten sein. Dies bedeutet, dass es sich bei der Datei um eine Dokumentation handelt. Ein Eintrag in der Kategorie *C* steht für eine Konfigurationsdatei.

Paketinhalte abgleichen

Das Abgleichen von Paketinhalten mit der Installationsdatenbank kann über ein Kontextmenü eines Pakets erfolgen. Drücken Sie dazu die rechte Maustaste, wenn sich der Mauszeiger über einem Paket befindet. Im erscheinenden Menü wählen Sie den Menüpunkt *Prüfen*. Hierüber wird die Überprüfung eines Pakets angestoßen. Damit wird untersucht, welche Änderungen seit der Installation an Dateien eines ausgewählten Pakets vorgenommen wurden. Im folgenden Bild ist eine Überprüfung des Pakets *XFree86* durchgeführt worden.

Die Anwendung dieser Operation auf mehrere Pakete ist auch hier möglich. Nach der Auswahl der Pakete verwenden Sie dazu die Schaltfläche *Prüfen* im Hauptfenster.

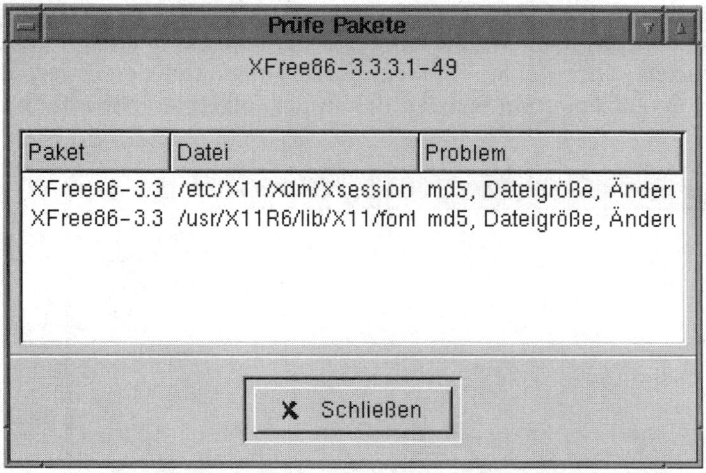

Unter anderem haben sich Konfigurationsdateien im XFree86-Paket verändert

Bei der Überprüfung der Dateien werden verschiedene Dateieigenschaften verglichen. Typische Unterschiede sind in der Abbildung dargestellt. Die Einträge haben die folgenden Bedeutungen.

Eigenschaft	Erläuterung
Änderungszeit	Der Änderungszeitpunkt hat sich geändert.
Benutzer	Es gibt einen neuen Besitzer der Datei bzw. des Verzeichnisses.
Dateigröße	Die Dateigröße stimmt mit der ursprünglichen nicht mehr überein.
Dateimodus	Für die Datei bzw. das Verzeichnis sind andere Rechte vergeben worden.
Gruppe	Die Datei bzw. das Verzeichnis gehört zu einer anderen Gruppe.
md5	Die von rpm angelegte Checksumme ist verändert.

Pakete entfernen

Zur Deinstallation von Paketen wählen Sie diese Pakete aus und klicken dann auf die Schaltfläche *Deinstallieren*. Daraufhin wird eine Liste aller zu entfernenden Pakete angezeigt. Nachdem Sie diese überprüft haben, bestätigen Sie den Vorgang über *Ja*. Nun werden alle Dateien der Pakete entfernt.

Pakete installieren

Auf den Installations-CDs Ihrer Distribution ist eine Vielzahl an Paketen vorhanden, von denen Sie normalerweise nur einen Teil installiert haben. Eine Neuinstallation von Paketen ist mit *gnorpm* sehr einfach. Dazu müssen Sie auf neue bzw. noch nicht installierte Pakete zugreifen können. Der Zugriff auf solche Pakete verläuft wie folgt:

Legen Sie eine der CDs ein und mounten Sie diese CD über den Befehl *mount /mnt/cdrom*. Nun klicken Sie auf das Bedienfeld *Installieren* im Hauptfenster von *gnorpm* oder wählen im Menüpunkt *Tätigkeiten* den Unterpunkt *Installieren*. Es erscheint ein Fenster, das in der folgenden Abbildung dargestellt ist.

In dieses Fenster werden die zu installierenden Pakete aufgenommen. Über Hinzufügen werden die Pakete aus dem Verzeichnisbaum übernommen

Klicken Sie dort auf den Schalter *Hinzufügen*, um zu installierende Pakete aus dem Verzeichnisbaum auszuwählen. Daraufhin erscheint ein weiteres Fenster, in dem Sie den Verzeichnisbaum durchwandern können (siehe nächste Abbildung). Wenn Sie in das Verzeichnis */mnt/cdrom/RedHat/RPMS* gehen, erscheint in der rechten Fensterhälfte eine Liste der verfügbaren Pakete.

Wählen Sie aus der Liste ein Paket aus und klicken Sie auf *Hinzufügen*. Auf diese Weise erscheint das neue Paket in der Liste der zu installierenden Pakete im vorherigen Fenster. Sie können weitere Pakete auf die gleiche Weise auswählen, die dann ebenso in die Liste aufgenommen werden. Natürlich können auch Pakete aus anderen Verzeichnissen angewählt werden. Beenden Sie schließlich die Paketauswahl über die Schaltfläche *Schließen*.

Nun geht es im vorherigen Fenster weiter, in dem nun eine Liste der zu installierenden Pakete zu finden ist. Wie im Hauptfenster können die einzelnen Pakete selektiert oder deselektiert werden. Die selektierten Pakete können über *Entferne aus Liste* aus der Auswahl gelöscht werden. Über die Schaltfläche *Anfragen* werden für die ausgewählten Pakete Informationen angezeigt wie zuvor im Hauptfenster bei den bereits installierten Paketen.

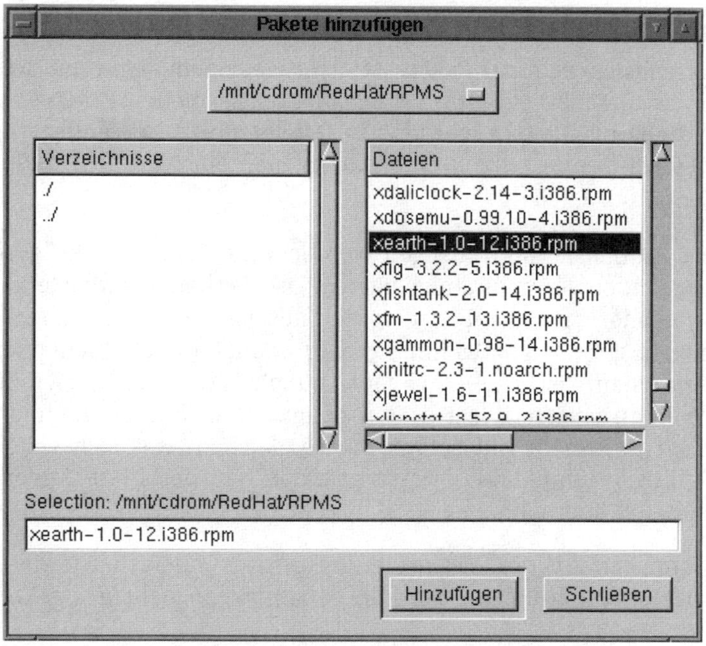

Die Auswahl von rpm-Paketen aus dem Verzeichnisbaum

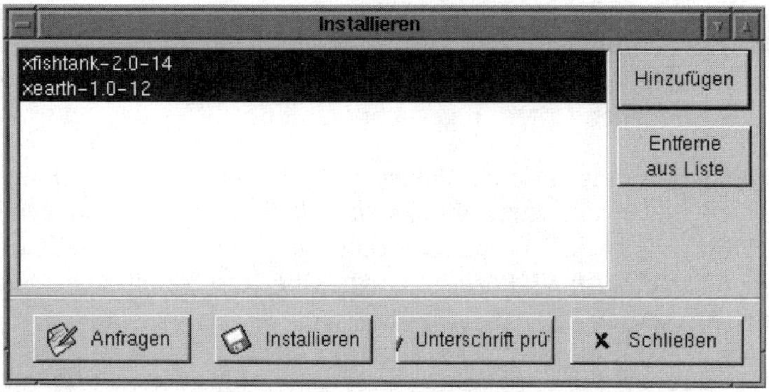

Die ausgewählten Pakete sind in die Installationsliste aufgenommen worden

Haben Sie schließlich eine Liste der Pakete zusammengestellt, die Sie installieren möchten, wählen Sie die Schaltfläche *Installieren*. Damit werden die Pakete installiert.

Wie bereits erwähnt wurde, können im RPM-Format Abhängigkeiten zu anderen Paketen existieren, die nun im Installationsvorgang überprüft werden. Wenn diese Abhängigkeiten nicht erfüllt sind, erscheint ein Fenster mit Fehlermeldungen. Beheben Sie dann das Problem, indem Sie beispielsweise ein fehlendes Paket einspielen und danach den ursprünglichen Installationsvorgang wiederholen.

Pakete aktualisieren

Die Aktualisierung eines Pakets ist nicht gleichbedeutend mit der Deinstallation des alten Pakets und der Installation der neuen Paketversion. Denn durch die Deinstallation würden alle Dateien des Pakets entfernt und durch die folgende Neuinstallation die Dateien neu eingespielt, insbesondere die Konfigurationsdateien.

Bei der Aktualisierung hingegen werden veränderte Dateien gesichert, also insbesondere Konfigurationsdateien. Diese erhalten entweder die Endung *.rpmsave* oder *.rpmorig*. Dann werden alle neuen Dateien eingespielt, und Sie müssen gegebenenfalls Ihre Konfigurationen mit den neuen Dateien abgleichen. Wenn der Paket-Manager sich nicht traut, Ihre Dateien durch neue Versionen zu ersetzen, legt er den neuen Inhalt mit der Endung *.rpmnew* an. Auch in diesem Fall sollten Sie vergleichen, was sich gegenüber der noch gültigen Konfigurationsdatei geändert hat, und diese Änderungen soweit sinnvoll übernehmen.

Insgesamt verläuft der Aktualisierungsprozess genauso wie der Installationsprozess. Nur zu Beginn wird die Schaltfläche *Upgrade* angeklickt.

Suchfunktion

Im Hauptfenster gibt es eine bisher noch nicht angesprochene Schaltfläche mit der Bezeichnung *Suchen*. Wenn Sie diese Funktion aufrufen, erscheint das in der folgenden Abbildung dargestellte Fenster. Dort können Pakete nach verschiedenen Kriterien gesucht werden.

Suchen Sie beispielsweise ein Paket, in dem eine bestimmte Datei enthalten ist, stellen Sie in der Auswahlbox *enthalten Datei* ein und geben im folgenden Eingabefeld die enthaltene Datei mit komplettem Pfadnamen an, in diesem Beispiel */usr/X11R6/bin/xearth*. Über die Schaltfläche *Suchen* wird die Suche gestartet.

In einer Liste werden die gefundenen Pakete angezeigt. Zu den gefundenen Paketen können sofort aus diesem Dialog heraus verschiedene Operationen aufgerufen werden. Dazu müssen aber zunächst die Pakete ausgewählt werden.

Eine weitere Suchfunktion erhalten Sie, wenn Sie in der Auswahlbox *sind in Gruppe* einstellen. Diese Suchfunktion zeigt alle Pakete einer Gruppe. Allerdings erhalten Sie diese Gruppenübersicht auch über das Hauptfenster. Lassen Sie sich zum Beispiel alle Pakete der Gruppe *Amusements/Graphics* anzeigen.

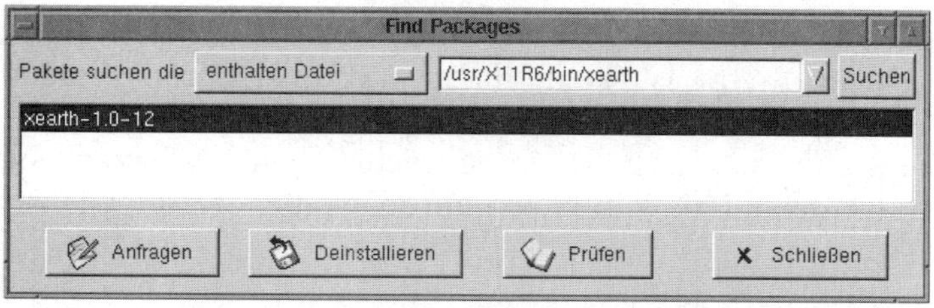

In diesem Beispiel wurde das Paket gesucht, zu dem die Datei /usr/X11R6/bin/xearth gehört. Als Suchergebnis wird das Paket xearth-1.0-12 angezeigt

RPM-Unterstützung im Midnight Commander

Der Midnight Commander bietet eine Navigation durch den Dateibaum an, wie man es vom Norton Commander unter DOS kennt. Um den Midnight Commander in Farbe zu starten, verwenden Sie den Befehl *mc -c* in einem X-Terminalfenster. Es erscheint eine Oberfläche, wie Sie sie in der folgenden Abbildung sehen.

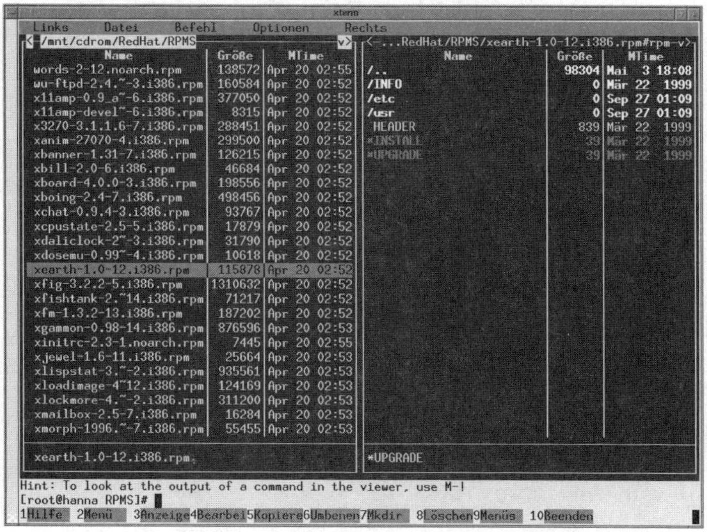

Im Midnight Commander können RPM-Archive direkt betreten werden

Einige Features des Midnight Commander

Das Programm bietet die gleichzeitige Sicht auf zwei unterschiedliche Verzeichnisse an: ein Verzeichnis in der linken und ein Verzeichnis in der rechten Fensterhälfte. Über die Cursortasten kann in den Verzeichnissen rauf und runter gegangen werden, Verzeichnisse werden über die Taste [Enter] gewechselt, und verschiedene Operationen können über die Funktionstasten auf ausgewählte Dateien angewendet werden – alles in allem ein komfortables Werkzeug.

Besonders Linux-Archive können hiermit bequem untersucht werden. Egal, ob es ein *tar*-Archiv ist, komprimiert oder unkomprimiert oder eben ein RPM-Archiv, ein Druck auf die Taste [Enter] reicht aus, und Sie befinden sich im Archiv, so als ob Sie ein Verzeichnis betreten hätten. Auch andere Dateien werden mit diesem Programm adäquat angezeigt, wie zum Beispiel man-Pages.

RPM-Archive im Midnight Commander

Nachdem Sie ein RPM-Archiv mit dem Midnight Commander betreten haben, können Sie verschiedene Informationen zu diesem Paket erhalten, indem Sie in das Verzeichnis */INFO* wechseln. Eine Sicht auf dieses Verzeichnis ist in der folgenden Abbildung dargestellt. Die verschiedenen Einträge werden wie Dateien behandelt und können über die Taste [F3] (*view*) eingesehen und dann über [F10] (*quit*) verlassen werden. Unverzichtbar ist die Möglichkeit, Dateien innerhalb eines Archivs anzeigen, einsehen und herauskopieren zu können. Dies geschieht über die gleichen Funktionen wie beim normalen Einsatz des Midnight Commander.

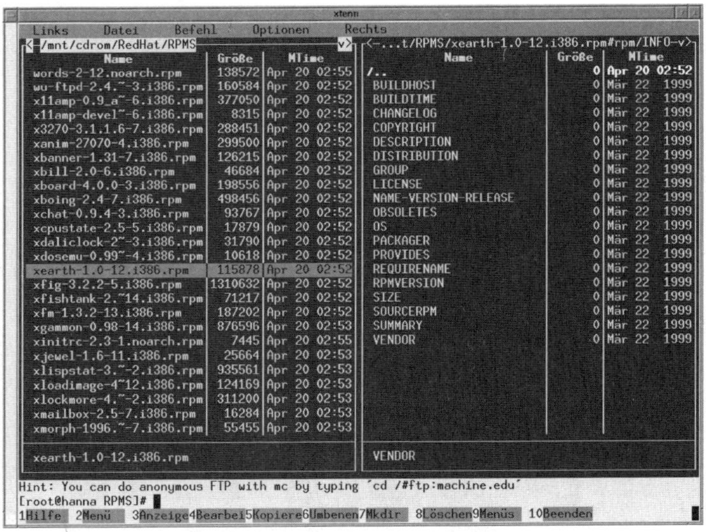

Sowohl Archivinformationen als auch Archivdateien sind direkt zugänglich

Kurzanleitung zum Programm rpm

Die Basis aller Operationen auf RPM-Archiven bildet das Programm *rpm*, das auch vom beschriebenen Verwaltungsprogramm *gnorpm* aufgerufen wird. Auf *rpm* muss zum Beispiel zurückgegriffen werden, wenn das X Window-System noch nicht eingerichtet ist, somit *gnorpm* nicht eingesetzt werden kann und dennoch Installationen und Deinstallationen durchgeführt werden müssen. Außerdem lassen sich in Kombination mit anderen Unix-Befehlen effiziente Abfragen der Datenbank erstellen.

Im Folgenden werden nun die wichtigsten Kommandos beschrieben, damit Sie die erforderlichen Abfragen und Installationen auch ohne *gnorpm* durchführen können.

Installationsmodus über den Parameter -i

Wenn Sie ein Paket installieren möchten, verwenden Sie die Befehlszeile

```
paco:RPMS # rpm -i Paketname
Bsp.:
paco:RPMS # rpm -i xearth-1.0-9.i386.rpm
```

oder mit einer Fortschrittsanzeige in der folgenden Form:

```
paco:RPMS # rpm -ihv xearth-1.0-9.i386.rpm
xearth ##################################################
```

Damit werden die im Paket enthaltenen Dateien installiert und das Paket in der Datenbank registriert.

Allerdings wird zunächst überprüft, ob das zu installierende Pakete bereits in der Datenbank enthalten ist, also insbesondere, ob es bereits in einer älteren Version installiert wurde. Falls ja, müssen Sie entweder das alte Paket zunächst deinstallieren und dann erneut installieren, oder Sie verwenden direkt den Befehl zum Aktualisieren, der unter anderem veränderte Konfigurationsdateien sichert. Sie erhalten die folgende Ausgabe:

```
package xearth-1.0-9 is already installed
Fehler: xearth-1.0-9.i386.rpm kann nicht installiert werden
```

Für die Installation eines Pakets sind gegebenenfalls weitere Pakete bzw. Dateien erforderlich, die im zu installierenden Paket vermerkt sind. In diesem Fall erzeugt *rpm* eine Fehlermeldung und fordert die Pakete an, von denen das neu zu installierende Paket abhängig ist.

Auch bei anderen Konflikten wird die Installation abgebrochen, zum Beispiel darf eine Datei nur einem Paket angehören. Es gibt zwar Optionen, mit denen die Kontrolle umgangen werden kann. Dies hat aber gegebenenfalls Folgen für die Konsistenz der Datenbank, und Pakete können dadurch zum Beispiel nicht mehr aktualisiert werden.

Deinstallationsmodus über den Parameter -e

Mit dem Parameter *-e* können bereits installierte und damit in der Datenbank eingetragene Pakete entfernt werden. Dazu werden die Pakete über die Kurzbezeichnung angegeben. Verwenden Sie dazu den folgenden Befehl:

```
paco:RPMS # rpm -e Paketkurzbezeichnung
Bsp.:
paco:RPMS # rpm -e xearth
```

Es sollten nur Pakete deinstalliert werden, die von keinem anderen Paket mehr benötigt werden. Diese Abhängigkeiten werden über die Datenbank ermittelt. Gegebenenfalls wird die Deinstallation abgebrochen und die Abhängigkeit als Fehlermeldung ausgegeben. Über weitere Optionen kann der Vorgang erzwungen werden, dies ist aber nicht zu empfehlen.

Aktualisierungsmodus über den Parameter -U

Wenn Sie sich ein aktualisiertes Paket besorgt haben, müssen Sie nicht erst die alte Version deinstallieren und dann das neue Paket installieren. Diese Aufgabe nimmt Ihnen *rpm* ab. Verwenden Sie die der Installation ähnliche Zeile mit dem Parameter *-U*.

```
paco:RPMS # rpm -U Paketname
oder
paco:RPMS # rpm -Uvh Paketname
```

Die zweite Alternative zeigt Ihnen mehr Informationen über den Ablauf der Installation an. Die Option *-v* gibt eine ausführlichere Auskunft, während *-h* außerdem noch eine Fortschrittsangabe bedeutet.

Bei der Aktualisierung nimmt das *rpm*-Programm Rücksicht auf Ihre Konfigurationsdateien. Falls diese seit der Installation nicht verändert wurden, werden sie durch die neuen Konfigurationsdateien überschrieben. Im anderen Fall wird eine Kopie der veränderten Konfigurationsdatei angelegt und mit der Endung *.rpmorig* oder *.rpmsave* abgespeichert.

Abfragemodus über den Parameter -q

In einem RPM-Paket sind viele Informationen abgelegt, wie zum Beispiel die enthaltenen Dateien oder eine Paketkurzbeschreibung. Sie werden nun einige Abfragemöglichkeiten zu den Paketinhalten kennen lernen.

Die Abfrage eines installierten Pakets ist über den Parameter *-q* möglich.

```
paco:RPMS # rpm -q Paketkurzbezeichnung
```

Dadurch wird die Versionsnummer eines installierten Pakets ausgegeben.

```
paco:RPMS # rpm -q xearth
xearth-1.0-9
```

Alle Dateien des Pakets werden durch Hinzunahme des Parameters *-l* angezeigt.

```
paco:RPMS # rpm -ql xearth
/etc/X11/wmconfig/xearth
/usr/X11R6/bin/xearth
/usr/X11R6/man/man1/xearth.1x
```

Eine Paketbeschreibung und weitere Informationen sind über die Option *-i* zugänglich.

```
paco:RPMS # rpm -qi xearth
Name        : xearth                    Distribution: Manhattan
Version     : 1.0                       Vendor: Red Hat Software
Release     : 9                         Build Date: Mon Apr 27 19:28:07 1998
Install date: Mon Sep 21 23:57:56 1998  Build Host: porky.redhat.com
Group       : X11/Amusements            Source RPM: xearth-1.0-9.src.rpm
Size        : 193309
Packager    : Red Hat Software <bugs@redhat.com>
Summary     : Anzeige eines erleuchteten Globus im Hintergrund Ihres
X-Bildschirms
Description :
Xearth stellt einen rotierenden pseudo-3D-Globus dar, auf dem
die wichtigsten Städte und Red Hat Software eingezeichnet sind:-).
```

Andersherum können Sie über den Parameter *-f* ermitteln, zu welchem Paket eine bestimmte Datei gehört.

```
paco:RPMS # rpm -qf /usr/X11R6/bin/xearth
xearth-1.0-9
```

Falls Informationen zu einem noch nicht installierten Paket erfragt werden sollen, ist die Option *-p* zu ergänzen.

```
paco:RPMS # rpm -qpl xearth-1.0-9.i386.rpm
/etc/X11/wmconfig/xearth
/usr/X11R6/bin/xearth
/usr/X11R6/man/man1/xearth.1x
```

Interessant ist auch die Parameterfolge *-qa*, mit der sich alle derzeit installierten Pakete anzeigen lassen.

Überprüfungsmodus über den Parameter -V

Das Programm *rpm* bietet die Möglichkeit, die derzeitige Installation von Paketen auf Änderungen zu überprüfen. Verwenden Sie dazu den Parameter *-V* in der folgenden Form:

```
paco:RPMS # rpm -V Paketkurzbezeichnung
Bsp.:
paco:RPMS # rpm -V xearth
```

Änderungen der einzelnen Dateien werden nun angezeigt. Wenn es keine Unterschiede zur ursprünglich installierten Fassung gibt, erhalten Sie keine Ausgabe. Zum Beispiel sind modifizierte Konfigurationsdateien typische Kandidaten einer solchen Ausgabe. Vergleichen Sie hierzu die Beschreibungen in Abschnitt 9.3, „Paketinhalte abgleichen", auf Seite 384, und lesen Sie die man-Page zu *rpm*.

9.4 Der Startvorgang im Detail

Im Vergleich zu Windows 95/98 und dem zu Grunde liegenden MS-DOS, dessen Boot-Vorgang durch den Inhalt der Dateien *Config.sys* und *Autoexec.bat* sowie durch die Registry-Einträge bestimmt wird, ist der Boot-Prozess bei Linux etwas komplexer; dafür erhalten Sie aber die volle Kontrolle über alle Schritte beim Booten, da alle Konfigurationsdateien im lesbaren ASCII-Format vorliegen – ein Sonderformat wie die nicht lesbare Registry-Datei von Windows 95/98, die sich nur mit einem Zusatzprogramm (*Regedit.exe*) bearbeiten lässt, gibt es nicht.

Der Start des Betriebssystems beginnt bei Linux damit, dass (entweder von einer Startdiskette oder über einen Boot-Manager) der (stets komprimierte) Kernel, also der Betriebssystemkern, in den Speicher gelesen und entpackt wird. Daraufhin wird die Kontrolle an den Kernel übergeben.

In einer ersten Initialisierungsphase werden Geräte erkannt und in Betrieb genommen, so werden zum Beispiel die Festplatten an IDE- und SCSI-Controllern erkannt und zur Kontrolle deren Daten ausgegeben.

Nach Abschluss der ersten Phase meldet sich das Linux-System mit Version und Übersetzungsdatum des gestarteten Kernels. Daraufhin startet die zweite Phase, für die der Kernel vom Kernelmodus in den Benutzermodus wechselt: In diesem Modus werden Linux-Prozesse ausgeführt, die der Kontrolle durch den Kernel unterliegen. Im Gegensatz zum Kernel selbst, der vollständigen Zugriff auf alle Ressourcen des Rechners hat, sind Prozesse unter dieser Aufsicht durch den Kernel eingeschränkt: Jeder Prozess hat etwa seinen eigenen Speicheradressbereich, außerhalb dessen er keine Lese-/Schreiboperationen durchführen darf.

Die ersten beiden Prozesse, die nach dem Wechsel in den Benutzermodus gestartet werden, sind *idle* (Prozessnummer 0) und *init* (Nummer 1). Einzige Aufgabe des *idle*-Prozesses ist es, sämtliche Rechenzeit zu konsumieren, die von keinem anderen Prozess belegt wird: Da Linux ein Multitasking-Betriebssystem ist, „streiten" sich stets mehrere Prozesse um CPU-Rechenzeit, und es ist Aufgabe des so genannten Schedulers, diese Rechenzeit möglichst fair auf die Prozesse zu verteilen. Wenn es dabei zu einem Zustand kommt, in dem kein Prozess Rechenzeit benötigt, wird der *idle*-Prozess (idle, engl. untätig) aktiviert.

Interessanter ist der *init*-Prozess: Alle Prozesse sind in einer Baumhierarchie gegliedert, d. h., dass jeder Prozess einen „Vaterprozess" hat; auf der anderen Seite spricht man von „Söhnen" eines Prozesses. Der *init*-Prozess stellt dabei die Wurzel aller übrigen Prozesse (mit Ausnahme des *idle*-Prozesses) dar: Von ihm werden verschiedene Prozesse gestartet, die dann ihrerseits weitere Prozesse starten usw. Eine Darstellung bietet das Tool *pstree* (siehe auch Kapitel 6.5 ab S. 243).

Init-Skripts

Der *init*-Prozess wechselt nun durch einen *setup*-Systemaufruf erneut in den Kernelmodus, um einen Partitions-Check zu machen und das Root-Dateisystem unter / zu mounten. Im nächsten Schritt wird das Programm */sbin/init* aufgerufen, mit dem die weitere Initialisierung im Stile des *init*-Programms des Unix-Systems V erfolgt. (Wegen ihrer Herkunft wird diese Art der Initialisierung oft mit „sysvinit" bezeichnet.) Dieses Konzept erlaubt die Unterscheidung zwischen verschiedenen Betriebsarten von Linux, so genannten Runlevels, in denen verschiedene Skripts ausgeführt werden. Alle Startskripts im Verzeichnis */etc/rc.d/init.d/* können mit dem Parameter *start* oder *stop* aufgerufen werden.

Um festzustellen, in welchem Runlevel das Linux-System gestartet werden soll, liest *init* die Datei */etc/inittab* aus. Diese beginnt mit einer Zeile

```
id:3:initdefault:
```

mit der (hier) Runlevel 3 festgelegt wird. Bei einer Standardinstallation wird meistens im Runlevel 3 gestartet, bei dem kein Display-Manager (*xdm* oder *kdm*) zum grafischen Einloggen gestartet wird. Runlevel 5 ist mit Runlevel 3 weitestgehend identisch, nur wird dort zusätzlich *xdm* bzw. *kdm* gestartet.

Aber Achtung: Die Verteilung der Runlevel ist abhängig von der Distribution, die hier genannten Runlevel 3 bzw. 5 gelten für eine RedHat-Installation, bei SuSE werden z. B. die Runlevel 2 und 3 verwendet.

Die Zeilen aus der */etc/inittab* bestimmen das weitere Verhalten:

```
# Default runlevel. The runlevels used by RHS are:
# 0 - halt (Do NOT set initdefault to this)
# 1 - Single user mode
# 2 - Multiuser, without NFS (The same as 3, if you do not have
networking)
# 3 - Full multiuser mode
# 4 - unused
# 5 - X11
# 6 - reboot (Do NOT set initdefault to this)
#
id:3:initdefault:

# System initialization.

si::sysinit:/etc/rc.d/rc.sysinit

l0:0:wait:/etc/rc.d/rc 0
l1:1:wait:/etc/rc.d/rc 1
l2:2:wait:/etc/rc.d/rc 2
l3:3:wait:/etc/rc.d/rc 3
l4:4:wait:/etc/rc.d/rc 4
l5:5:wait:/etc/rc.d/rc 5
l6:6:wait:/etc/rc.d/rc 6

# Things to run in every runlevel.
ud::once:/sbin/update
```

Im Runlevel 3 wird das Skript */etc/rc.d/rc* mit dem Parameter 3 gestartet. Dieses durchsucht nun das Verzeichnis */etc/rc.d/rc3.d/* nach Skripts und führt alle gefundenen Skripts, deren Dateinamen mit *S* (für Start) anfangen, mit dem Parameter *start* aus. Tatsächlich liegen in diesem Verzeichnis aber gar keine Dateien, sondern symbolische Links auf entsprechende Skripts im Verzeichnis */etc/rc.d/init.d* – dies hat den Vorteil, dass Skripts, die in mehreren Runleveln ausgeführt werden sollen, nur einmal vorhanden sein müssen; lediglich die Links kommen dann mehrfach vor.

Der alternative Parameter *stop* hat folgende Bedeutung: Neben dem Hochfahren des Systems in einem bestimmten Runlevel ist auch ein Wechsel des Runlevels möglich. Dies passiert beispielsweise beim Anhalten oder beim Neustart des Rechners. Hierzu wird in die Runlevel 0 bzw. 6 gewechselt (dies geschieht durch Ausführen des Befehls */sbin/init 0* bzw. */sbin/init 6* als Superuser). In diesem Fall werden zunächst alle Skripts im Verzeichnis des alten Runlevels, deren Dateinamen mit *K* (für Kill) anfangen, mit dem Parameter *stop* aufgerufen: Wurde beispielsweise der Drucker-Dämon *lpd* mit dem Befehl */etc/rc.d/init.d/lpd start* gestartet, führt beim Wechsel des Runlevels der Aufruf von */etc/rc.d/init.d/lpd stop* dazu, dass der Dämon beendet wird. Nachdem alle Stoppskripts mit dem Parameter *stop* aufgerufen werden, folgen entsprechende *start*-Aufrufe aller „S"-(Start)-Skripts des neuen Runlevels.

Den aktuellen Runlevel können Sie übrigens mit dem Befehl */sbin/runlevel* erfahren.

Neue Skripts einbinden

Wir wollen an einem Beispiel sehen, wie Sie hier selbst neue Skripts einbinden können. Das Programm *wwwoffle* ist ein WWW- und FTP-Proxy, der entsprechende Seiten, die Sie aus dem Internet abgerufen haben, lokal auf Ihrem Rechner zwischenspeichert. Dadurch können Sie, auch wenn Sie offline sind, auf die bereits gelesenen Daten zugreifen. Außerdem ist es möglich, einen ganzen Server zu spiegeln, da *wwwoffle* auch eine Rekursiv-Option enthält, mit der es eine HTML-Seite nach Links durchsucht und alle Links, die sich auf dem gleichen Server befinden, in den Cache lädt. Für die so geladenen Seiten setzt sich das Spiel fort, sodass Sie schließlich alle (von der Startseite des Servers aus erreichbaren) Seiten laden. Dies ist sehr nützlich, da Sie nach diesem Vorgang offline gehen und die geladenen Seiten in Ruhe (und ohne Online-Kosten) betrachten können.

Implementiert ist *wwwoffle* dabei als Dämon (*wwwoffled*), der beim Systemstart aktiviert wird: ein Fall für die *init.d*-Skripts. Sie müssen nun ein Skript */etc/rc.d/init.d/wwwoffled* erstellen, das (abhängig vom Parameter *start* oder *stop*) den *wwwoffled*-Dämon aktiviert bzw. beendet.

Erzeugen Sie mit einem Texteditor eine neue Datei */etc/rc.d/init.d/wwwoffled* mit folgendem Inhalt:

```
#! /bin/sh
#
# /etc/rc.d/init.d/wwwoffled
#

case "$1" in

    start)
        echo "Starting wwwoffled."
        /usr/local/wwwoffle-2.1/wwwoffled
        ;;

    stop)
        echo -n "Shutting down wwwoffled:"
        killproc -TERM /usr/local/wwwoffle-2.1/wwwoffled
        echo
        ;;

    *)
        echo "Usage: $0 start|stop"
        exit 1
esac

exit 0
```

Dies setzt natürlich voraus, dass das *wwwoffle*-Programm im Verzeichnis */usr/local/wwwoffle-2.1/* installiert ist. Um nun etwa beim Starten in Runlevel 5 und beim System-Shutdown automatisch den *wwwoffled*-Dämon zu starten oder zu stoppen, erzeugen Sie noch die folgenden Links:

```
paco:~ # ln -s /etc/rc.d/init.d/wwwoffled /etc/rc.d/rc5.d/S86wwwoffled
paco:~ # ln -s /etc/rc.d/init.d/wwwoffled /etc/rc.d/rc0.d/K15wwwoffled
paco:~ # ln -s /etc/rc.d/init.d/wwwoffled /etc/rc.d/rc6.d/K15wwwoffled
```

Den ersten Befehl geben Sie entsprechend noch für alle weiteren Runlevel ein, in denen Sie *wwwoffled* aktivieren möchten, z. B. Runlevel 2.

Einfacher mit KDEs ksysv

Die Konfiguration, welche Skripts in welchem Runlevel ausgeführt werden sollen, können Sie übrigens sehr einfach mit dem KDE-Tool *ksysv* (*sysv* steht hier wieder für System V Init) vornehmen: Dazu ziehen Sie den *wwwoffled*-Eintrag aus dem am weitesten links stehenden Fenster *Available Services* in die Start- und Stoppfenster der jeweiligen Runlevel; entfernen können Sie diese Einträge durch Ziehen auf das Mülleimer-Symbol links unten. Das Programm *ksysv* können Sie bei der Arbeit als normaler Anwender (also als Nicht-Administrator) zwar aus dem Startmenü aufrufen, dürfen dann aber keine Veränderungen vornehmen. Daher sollten Sie von einer Shell aus mit *su* zum Administrator werden und dann *ksysv* direkt durch den Befehl */usr/bin/ksysv* starten.

S.u.S.E.-Tipp

So bequem *ksysv* auch sein mag, für SuSE-Benutzer ist es weniger geeignet. Die Startup-Skripts für alle Pakete, die in der SuSE-Distribution enthalten sind, können mit YaST eingebunden werden.

Weitere Einträge in der /etc/inittab

In der *inittab*-Datei sind noch weitere interessante Einträge vorhanden: So werden zum Beispiel sechs virtuelle Textkonsolen (erreichbar durch [Alt]+[F1] bis [Alt]+[F6]) durch die Zeilen

```
# Run gettys in standard runlevels
1:12345:respawn:/sbin/mingetty tty1
2:2345:respawn:/sbin/mingetty tty2
3:2345:respawn:/sbin/mingetty tty3
4:2345:respawn:/sbin/mingetty tty4
5:2345:respawn:/sbin/mingetty tty5
6:2345:respawn:/sbin/mingetty tty6
```

sowie im Runlevel 5 zusätzlich der grafische Login-Manager *xdm* mit

```
# Run xdm in runlevel 5
x:5:respawn:/usr/bin/X11/xdm -nodaemon
```

gestartet. Die Option *respawn* sorgt dafür, dass nach dem Beenden eines der *mingetty*-Prozesse (durch Ein- und Wiederausloggen) *mingetty* sofort neu gestartet wird und erneut der Login-Prompt erscheint.

9.5 Boot-Disketten

In den weiteren Abschnitten dieses Kapitels werden Sie mehrfach aufgefordert, eine Boot-Diskette zur Hand zu haben, damit Sie zum Beispiel beim Generieren eines neuen Kernels oder beim Einbau einer neuen Festplatte zur Not Ihr altes System wieder rekonstruieren können, indem Sie von einer Boot-Diskette das Linux-System starten. Auch im Laufe der Installation haben Sie womöglich schon eine Boot-Floppy erzeugt. Man unterscheidet – je nach Anwendungszweck – unterschiedliche Typen von Boot-Floppys:

Eine Installations-Diskette wird gebraucht, wenn bei der Erstinstallation von Linux Ihr PC nicht von CD-ROM booten kann. Wie man eine Installations-Diskette erzeugt, ist in Kapitel 2.7 auf Seite 69 beschrieben worden.

Rettungs-Disketten werden engl. auch Rescue-Floppy genannt. Man braucht sie als „Notnagel", wenn man beispielsweise das Systemverwalter-Passwort vergessen hat. Sie enthalten neben dem eigentlichen Kernel noch ein minimales Root-Filesystem, mit dem Sie schon die wichtigsten Dinge tun können, um Ihr Festplatten-Linux wieder in Ordnung zu bringen.

Eine Boot-Diskette lädt nur den Kernel; alle weiteren Daten, sprich das gesamte Filesystem, kommt nach wie vor von Ihrem auf der Festplatte installierten System.

Tipp

Rechtzeitig Rettungsdisketten erzeugen

Erzeugen Sie zur Vorsicht gleich bei oder nach der Installation eine Rettungs-Diskette. Eine zusätzliche Boot-Diskette kann auch nicht schaden, auch wenn Sie nicht vorhaben, einen neuen Kernel zu generieren ...

Boot-Diskette erstellen

Wie schon häufiger in diesem Buch erwähnt, gibt es mehrere Möglichkeiten, Boot-Disketten zu erzeugen: die komfortableren, die von den diversen Distributoren auf ihre spezielle Zusammenstellung maßgeschneidert sind, und die, die bei jedem Linux-System funktionieren.

- Bootdiskette mit LILO
- die schnelle Variante ohne LILO
- die Variante mit dem RedHat-Tool *mkbootdisk*
- die SuSE-Variante mit *YaST*

Auf die LILO-Variante (das ist die erste Alternative) möchten wir hier nicht eingehen, da Sie dasselbe Ergebnis sehr viel komfortabler und einfacher mit *mkbootdisk* bei RedHat oder mit *YaST* bei SuSE erreichen können. Diese sind in folgenden Abschnitten beschrieben.

Zunächst muss jedoch in jedem Fall eine formatierte Leerdiskette in Ihr Laufwerk eingelegt werden.

Boot-Diskette für jede Distribution

Den ersten ganz einfachen Typ Boot-Diskette können Sie immer dann einsetzen, wenn Ihr System keine zusätzlichen Optionen zum Start benötigt. Die so erstellte Diskette bietet keinerlei Komfort, wie Auswahlmenü oder Begrüßungsbildschirm.

1. Stellen Sie zunächst fest, welche Datei Ihren aktuellen Kernel enthält. Normalerweise finden Sie die Dateien, die dafür in Frage kommen, im Verzeichnis */boot*. Dort sollten ein oder mehrere Dateien liegen, die mit *vmlinuz* beginnen und am Ende mit der aktuellen Versionsnummer gekennzeichnet sind. Wenn Sie sich nicht sicher sind, schauen Sie in der Datei */etc/lilo.conf* nach, dort ist unter dem Label *image* der aktuelle Kernelname verzeichnet. Dies kann ein symbolischer Link sein, der im */boot*-Verzeichnis auf die richtige Datei verweist.

2. Als Nächstes müssen Sie noch wissen, wo Ihre *root*-Partition gemountet ist. Das *df* liefert die gewünschte Information:

```
paco:~ # df /
Filesystem           1k-blocks      Used Available Use% Mounted on
/dev/hda2               248847     77178    158817  33% /
```

   Die Root-Partition ist hier im Beispiel */dev/hda2*. Merken Sie sich den bei Ihnen angezeigten Wert.

3. Geben Sie nun einfach folgende Kommandos ein:

```
paco:~ # cd /boot
paco:/boot # /sbin/badblocks -v /dev/fd0 1440
paco:/boot # /dd if=kernelname of=/dev/fd0 bs=18k
paco:/boot # rdev /dev/fd0 Ihre_Root_Partition
paco:/boot # rdev -R /dev/fd0 1
```

   Das *badblocks* ist nur eine weitere Sicherheitsmaßnahme, um zu verhindern, dass sich fehlerhafte Blöcke auf der Diskette befinden. Die beiden letzten Kommandos sorgen dafür, dass der Kernel auf der Diskette in der Lage ist, die Dateisysteme auf der Festplatte zu finden und ordnungsgemäß zu mounten.

Boot-Diskette mit mkbootdisk erstellen

1. Stellen Sie zunächst fest, welche Kernelversion Sie verwenden: Verwenden Sie dafür den Befehl

   paco: ~ # **cat /proc/version**

   Sie erhalten eine Ausgabe der Form

```
Linux version 2.2.5-15 (root@porky.devel.redhat.com) (gcc
```

```
version egcs-2.91.66 19990314/Linux (egcs-1.1.2 release)) #1
Mon Apr 19 23:00:46 EDT 1999
```

Die vollständige Versionsnummer, zum Beispiel *2.2.5-15*, werden Sie gleich zum Erstellen einer Boot-Diskette benötigen.

2 Geben Sie nun (für das Beispiel der Kernelversion *2.2.5-15*) den folgenden Befehl ein:

```
paco:~ # /sbin/mkbootdisk 2.5-15
Insert a disk in /dev/fd0. Any information on the disk will be lost.
Press <Enter> to continue or ^C to abort:
```

Wenn Sie eine andere Kernelversion verwenden, ändern Sie das obige Kommando entsprechend ab.

3 Bestätigen Sie die Aufforderung, eine Diskette einzulegen, mit der Taste [Enter], dann wird die Boot-Diskette erzeugt.

4 Sollten Sie beim Aufruf von *mkbootdisk* die Fehlermeldung

```
/lib/modules/2.2.5-15 is not a directory
```

erhalten, haben Sie sich vermutlich bei der Versionsnummer verschrieben. Probieren Sie es dann erneut.

S.u.S.E.-Tipp

Wie so häufig bei SuSE erledigt man die zentralen Systemadministrationsaufgaben am einfachsten mit *YaST*. Nach Aufruf von *yast* wählen Sie *Administration des Systems/Kernel- und Boot-Konfiguration* und *Boot-Diskette erzeugen*. Wie auch schon bei der RedHat-Variante muss der aktuelle Kernel in */boot* liegen und mit *vmlinuz* beginnen.

Linux-Rettungsdiskette erstellen

Eine Rettungsdiskette enthält im Wesentlichen den Linux-Kernel und ein minimales Filesystem.

Sowohl RedHat als auch SuSE geben bei oder nach der eigentlichen Installation die Möglichkeit, eine Rettungs-Diskette zu erstellen. Wenn Sie das zur Sicherheit wiederholen wollen oder es bei der Installation noch nicht gemacht haben, können Sie diesen Schritt jederzeit wiederholen.

1 Legen Sie die Red Hat-Installations-CD oder für SuSE-Anwender die erste SuSE-CD in das CD-Laufwerk und mounten Sie die CD mit dem Befehl

```
paco:~ # mount /mnt/cdrom
```

2 Legen Sie nun eine formatierte Leerdiskette in das Diskettenlaufwerk (genauer: in Laufwerk A:, falls Sie mehrere Laufwerke verwenden), und kopieren Sie das Image der Rescue-Diskette (Rescue = engl. Rettung) mit folgenden Befehlen auf die Leerdiskette:

```
paco:~ # /sbin/badblocks -v /dev/fd0 1440
paco:~ # dd if=/mnt/cdrom/images/rescue.img of=/dev/fd0 bs=18k
```

Der Befehl *dd* kopiert die Eingabe *if* in die Ausgabe *of*, wobei hier */dev/fd0* der Gerätename Ihres ersten Diskettenlaufwerks ist.

S.u.S.E.-Tipp

Bei SuSE lauten die entsprechenden Befehle:

```
paco:~ # /sbin/badblocks -v /dev/fd0 1440
paco:~ # dd if=/mnt/cdrom/disks/rescue of=/dev/fd0 bs=18k
```

3 Testen Sie die Rescue-Diskette auf ihre Funktionsfähigkeit. Schon manch einer hat geglaubt, dass er auf der sicheren Seite ist, weil er eine solche Diskette erzeugt und in den Schrank gelegt hat. Im Notfall kann es dann eine böse Überraschung geben ... Legen Sie dazu die Diskette in das Laufwerk ein und starten Sie den Rechner neu. Wenn sich der Rechner nun von der Diskette booten lässt, können Sie vielleicht etwas besser schlafen ... Wenn die Diskette Fehler bringt, versuchen Sie es mit einer neuen Floppy.

9.6 System-Tuning: Einen Kernel kompilieren

Der Zugriff auf die Hardware wird durch das Betriebssystem Linux kontrolliert, also beispielsweise der Zugriff auf Festplatten, Soundkarte, serielle oder parallele Schnittstellen. Diese zentralen Aufgaben von Linux sind im Betriebssystemkern angesiedelt, der auf Englisch als *kernel* bezeichnet wird. Da sich diese Bezeichnung mittlerweile auch in der deutschen Linux-Gemeinde etabliert hat, werden auch wir im Folgenden vom Kernel sprechen. Wir sind bereits in Kapitel 6.4 auf die Bedeutung und die Funktionsweise des Kernels näher eingegangen.

Warum einen neuen Kernel erzeugen?

Wenn Sie Ihr Linux-System von einer neueren Distribution nach Anleitung installiert haben und auch die ersten Schritte auf Ihrem Rechner unter Linux gemacht haben, gibt es nur noch wenige Gründe, einen neuen Kernel zu „bauen". Die heutigen Distributionen enthalten vorgefertigte Kernel, die für die meisten Hardwarekonfigurationen schon gut passen. Trotzdem kann es sinnvoll sein, sich mit der Generierung eines neuen Kernels zu befassen. Wenn einer der folgenden Punkte auf Sie zutrifft, sollten Sie diesen Abschnitt weiterlesen:

- Wenn Sie Hardware nicht ansprechen können, die im Allgemeinen von Linux unterstützt wird, müssen Sie auf jeden Fall einen neuen Kernel erzeugen. Falls Sie also Geräte oder Karten nicht benutzen können, verschiedene Dateisysteme nicht zur Verfügung stehen oder Probleme beim Netzwerkzugriff auftreten, kann dies an einer falschen Kernelkonfiguration liegen. Wenn beispielsweise der Treiber für die Netzwerkkarte deaktiviert ist, ist der Zugriff auf das Netzwerk nicht möglich. Auch ein langsamer Netzwerkzugriff kann auf einem falsch ausgewählten Treiber beruhen.

- Sie wollen einen kleinen, „schlanken" Kernel, der schnell bootet. Sie können zum Beispiel die standardmäßige Unterstützung für Komponenten abschalten, die Sie in Ihrem System gar nicht verwenden – etwa die Unterstützung für IDE-Festplatten (falls Sie ein SCSI-basiertes System haben) oder die Unterstützung für fremde Dateisysteme, die Sie nie verwenden werden.
- Sie wollen genau wissen, welche Teile in Ihrem Kernel integriert sind.
- Sie wollen einen neueren Kernel einsetzen.

Einen Kernel bauen

Die Vorstellung, am Innersten des Betriebssystems *herumzupfuschen*, ist vielen Anwendern unbehaglich – stellen Sie sich vor, man würde Ihnen die Microsoft-Windows-Quelltexte zur Verfügung stellen und sagen: „Nun übersetzen Sie mal Windows!" Sicher keine angenehme Vorstellung. Linux ist aber so konzipiert, dass die Kernelübersetzung schnell und fehlerfrei auch von Einsteigern durchgeführt werden kann, da das *Kernelbauen* eine der Standardaufgaben eines Unix-Systemadministrators ist – und ein solcher sind Sie jetzt geworden, nachdem Sie Linux auf Ihrem Rechner installiert haben.

Nur Mut: Wenn Ihnen bei der Kernelübersetzung ein Fehler unterläuft – Sie etwa den Treiber einer wichtigen Hardwarekomponente vergessen – und deswegen das System mit dem neuen Kernel nicht mehr startet, Sie können alles wieder rückgängig machen und nochmal von vorn anfangen.

Anders als unter Windows, wo schon die Installation eines einzigen fehlerhaften Treibers dazu führt, dass das ganze System nicht mehr startet und schlimmstenfalls eine vollständige Neuinstallation mit Verlust aller Konfigurationen nötig wird, werden Sie mit unserer Anleitung die Installation eines neuen Kernels so durchführen, dass Sie im Falle eines Fehlers immer noch in der Lage sein werden, den alten Kernel zu starten.

Kernelsourcen

Hinweis

Weiterentwicklung des Linux-Kernels

Die Weiterentwicklung des Kernels (wie auch die der übrigen Bestandteile) wird weltweit vorangetrieben und kann im Internet (*http://www.kernel.org*) beobachtet werden. Von dort können auch stets die aktuellen Versionen bezogen werden. Zur Erzeugung eines neuen Kernels benötigen Sie den Programmcode, also die Quelltexte, die auch als *Kernelsourcen* bezeichnet werden.

Mit allen aktuellen Linux-Distributionen erhalten Sie aktuelle Kernelsourcen. Falls Sie einen Zugang zum Internet besitzen, können Sie den neusten Kernel nach der Anleitung in diesem Kapitel anstelle des in der Distribution enthaltenen Kernels installieren.

Falls Sie sich entscheiden, einen neuen Kernel aus dem Internet zu verwenden, beachten Sie den Tipp auf Seite 236. Die mittlere Zahl bei der Kernelversion sollte *geradzahlig* sein, dann handelt es sich um einen „stabilen" Kernel, die anderen sind im Experimentierstadium.

Wichtige Sicherheitsmaßnahmen, bevor es losgeht

Wie versprochen, wollen wir uns zunächst darum kümmern, dass Sie für den Fall der Fälle abgesichert sind.

1. Stellen Sie sicher, dass Sie eine funktionierende Boot-Diskette zur Hand haben. Falls Sie bisher noch keine Boot-Diskette erstellt haben, sollten Sie das jetzt nach unseren Anleitungen ab Seite 398 nachholen.

2. Im Laufe der später folgenden Kernelgenerierung werden neue Kernelmodule erzeugt, die in das Verzeichnis */lib/modules/versionsnr* kopiert werden, dabei ist *versionsnr* die Versionsnummer des neuen Kernels. Die alten Module wollen wir nun sichern. Wechseln Sie in das Verzeichnis */lib/modules/* und kopieren Sie dann den vollständigen Inhalt von *2.2.16* nach *backup*. Die hier angegebene Versionsnummer *2.2.16* ist nur ein Beispiel. Durch den folgenden Kopierbefehl wird das Unterverzeichnis */lib/modules/backup* automatisch erzeugt.

```
paco:~ # cd /lib/modules
paco:modules # cp -a 2.2.16 backup
```

3. Nun sollten Sie die Konfigurationsdatei des Boot-Managers LILO sichern. Führen Sie nun noch den folgenden Befehl aus, um eine Sicherheitskopie der Datei */etc/lilo.conf* zu erstellen, die für die Konfiguration des Boot-Managers LILO zuständig ist. Wenn Sie nicht LILO zum Booten verwenden, sondern Linux über eine Boot-Diskette oder das DOS-Programm *loadlin.exe* starten, können Sie diesen Schritt überspringen.

```
paco:~ # cp /etc/lilo.conf /etc/lilo.conf.backup
```

Damit sind alle nötigen Schritte zur Sicherung durchgeführt. Wir können uns nun der Erzeugung des neuen Kernels widmen.

Sourcen und Compiler installieren

Bevor Sie den Kernel übersetzen können, müssen Sie zunächst die Quelltextdateien, aus denen er später erzeugt wird, auf Ihrem Rechner installieren. Sie können mit dem folgenden Befehl überprüfen, ob Sie das vielleicht bereits getan haben:

```
paco:~ # rpm -q kernel-source
kernel-source-2.2.16
```

oder

```
paco:~ # rpm -q linux
linux-2.2.16-6
```

Wenn Sie auf eines der Kommandos eine Ausgabe wie im Beispiel gezeigt erhalten, sind die Quellen der entsprechenden Kernelversion bereits installiert. Nun können Sie entscheiden, ob Sie mit dieser oder mit einer aktualisierten Version arbeiten möchten. Wir empfehlen Ihnen generell, stets die aktuellste verfügbare (stabile) Version zu verwenden, da die Kernel von Version zu Version leistungsfähiger und stabiler werden.

Sourcen zum Kernel installieren

Die Quelle, von der Sie Ihr Linux installiert haben – entweder von einer CD eines der bekannten Distributoren oder per NFS aus dem Netz – hält auch eine oder mehrere aktuelle Kernelquellen bereit.

Wechseln Sie (nach dem Mounten der CD oder des NFS-Filesystems) in das entsprechende Verzeichnis und installieren Sie die Kernelheader und -quellen (in dieser Reihenfolge) mit den Befehlen

```
paco:RPMS # rpm -i kernel-headers-2.2.16.i386.rpm
paco:RPMS # rpm -i kernel-source-2.2.16.i386.rpm
```

Dabei ist die angegebene Versionsnummer natürlich nur ein Beispiel für eine aktuelle Version, die Sie installieren möchten.

S.u.S.E.-Tipp

Ab SuSE 6.2 werden die Kernelsourcen nicht mehr automatisch installiert. Sie können mit Hilfe von YaST nachinstallieren.

Eine neuere Version aus dem Internet installieren

Wenn Sie im Internet eine aktuellere Kernelversion finden (die neusten Linux-Kernel finden Sie unter *http://www.kernel.org*), können Sie sich die notwendigen Pakete dort besorgen. Allerdings sind diese in der Regel nicht im RPM-Format, sondern im *.tar.gz*-Format gespeichert.

Wir nehmen im Folgenden an, dass das *.tar.gz*-Archiv im Home-Verzeichnis */root* des Administrators liegt und den Namen *linux-2.2.xx.tar.gz* hat. (Passen Sie Pfad- und Dateinamen an die tatsächlichen Gegebenheiten an.)

Bevor Sie den neuen Kernel installieren, sollten Sie in das Verzeichnis */usr/src* wechseln und einen Blick darauf werfen:

```
paco:~ # cd /usr/src
paco:/usr/src # ls -l
insgesamt 3
lrwxrwxrwx  1 root root   11 Jan 31 20:10 linux -> linux-2.2.16
drwxr-xr-x 17 root root 1024 Jan 26 21:53 linux-2.2.16
drwxr-xr-x  7 root root 1024 Dez 30 14:19 redhat
```

Wie Sie an diesem Beispiel erkennen können, gibt es ein Unterverzeichnis *linux-2.2.16* für den aktuellen Kernel und einen Link auf dieses Verzeichnis mit dem Namen *linux*. Bevor Sie nun die neuen Kernelquellen installieren, sollten Sie den Link entfernen, da das Archiv sonst über Ihre bereits vorhandenen Kerneldateien im Verzeichnis *linux-2.2.16* geschrieben würde:

```
paco:/usr/src # rm -f /usr/src/linux
```

Jetzt können Sie gefahrlos die Kernelquellen mit *tar* entpacken :

```
paco:/usr/src # tar xzf /root/linux-2.2.xx.tar.gz
```

Es wird dadurch ein neues Verzeichnis */usr/src/linux* erzeugt. Da es üblich ist, die Versionsnummer im Verzeichnisnamen aufzuführen, sollten Sie es umbenennen und einen symbolischen Link mit dem Namen *linux* anlegen mit den folgenden Befehlen:

```
paco:/usr/src # mv linux linux-2.2.16
paco:/usr/src # ln -s linux-2.2.16 linux
```

Hinweis

Symbolischer Link auf linux ist nötig

Wenn Sie hier versäumen, den Link anzulegen, können die Konfigurations- und Kompilierungsschritte nicht ausgeführt werden, da dabei auf ein Verzeichnis */usr/src/linux/include* zugegriffen wird: Fehlt der Link, existiert dieses Verzeichnis nicht.

Danach sollte das Verzeichnis zum Beispiel so aussehen:

```
paco:/usr/src # ls -l
insgesamt 3
lrwxrwxrwx  1 root root 12 Jul 31 20:10 linux -> linux-2.2.16
drwxr-xr-x 17 root root 1024 Jan 26 21:53 linux-2.2.5
drwxr-xr-x 15 1046 1046 1024 Jul 31 20:07 linux-2.2.16
drwxr-xr-x  7 root root 1024 Dez 30 14:19 redhat
```

Entwicklungsumgebung einrichten

Beim Kernel handelt es sich um ein Programm, das mit einem C-Compiler übersetzt werden muss. Zur Erzeugung des Kernels brauchen Sie aber keine Programmierkenntnisse. Sie müssen lediglich in einem Menü auswählen, welche Treiber Sie benötigen. Dieses Menü kann Ihnen in drei Varianten zur Verfügung gestellt werden:

1 Einer Kommandozeilenoberfläche, die nicht besonders komfortabel ist.

2 Einer Curses-Oberfläche, die Ihnen das Navigieren mit den Pfeiltasten erlaubt, aber kein X Window benötigt. Curses ist eine pseudo-grafische Oberfläche, die z. B. auch von Texteditor *vi* benötigt wird.

3 Einer echten grafischen Benutzerführung, die sehr komfortabel ist, die nur unter X Window arbeitet und evtl. die Installation weiterer Programmpakete erfordert. Wir empfehlen diese Variante, wenn Sie sowieso unter X Window arbeiten.

Prüfen Sie bitte, ob Sie die folgenden Softwarepakete installiert haben:

- Eine Entwicklungsumgebung mit dem C-Compiler. Mit

  ```
  paco:~ # rpm -qa|grep egcs
  egcs-1.1.2-12
  ```

  oder

  ```
  paco:~ # rpm -qa|grep gcc
  ```

  können Sie prüfen, ob Sie einen C-Compiler installiert haben. Liefert eines der beiden Kommandos eine Ausgabe, haben Sie nichts weiter zu tun. Anderenfalls müssen Sie den C-Compiler nachinstallieren. Der derzeit von den Distributoren ausgelieferte Compiler ist der *egcs*, eine Neuentwicklung von *gcc*. Installieren Sie den Compiler mit

  ```
  paco:~ # rpm -i egcs-1.1.2-12.rpm
  ```

  Die Versionsnummer passen Sie entsprechend an.

- Falls Sie die Konfiguration mit der grafischen Benutzeroberfläche durchführen wollen, benötigen Sie die Scriptsprache *tcl* und das Tk-Toolkit: Überprüfen Sie analog zu den obigen Kommandos, ob *tcl* und *tk* installiert sind, und installieren Sie die beiden Pakete bei Bedarf nach.

Kernelkonfiguration

Jetzt kommen wir zur Konfiguration des Kernels, die einige Zeit in Anspruch nehmen wird. Lesen Sie die folgenden Passagen sorgfältig durch: Wir beschreiben jede einzelne Maske, die Sie während der menügeführten Konfiguration antreffen werden.

Wechseln Sie in das Verzeichnis, das die Quellen der von Ihnen ausgewählten Kernelversion enthält – in den oben beschriebenen Fällen wäre dies das Verzeichnis */usr/src/linux*.

1 Starten Sie die Konfiguration unter X Window mit dem Befehl *make xconfig*, auf einer Konsole oder einem X-Terminal mit *make menuconfig*.

2 Daraufhin erscheinen zunächst einige Zeilen Text: Die Konfiguration wird vorbereitet. Nach einigen Sekunden sehen Sie die Startmaske *Linux Kernel Configuration* (siehe Abbildungen).

  Wir beschreiben nun kurz, wie Sie die verschiedenen Teilbereiche durchlaufen können: Unter X Window können Sie einfach die erste Option auswählen und dann die jeweils nächste Maske nach Anpassung der Einstellungen durch einen Mausklick auf *Next* erreichen. In der letzten Maske wird Ihnen *Next* nicht mehr angeboten – Sie können dann nur noch über *Main Menu* zurück ins Hauptmenü.

Im Textmodus können Sie der Reihe nach mit den Cursortasten die Optionen auswählen und mit der Taste Enter die zugehörige Maske aufrufen. Wenn Sie die Einstellungen in einer Maske beendet haben, gelangen Sie über *Exit* zurück ins Hauptmenü und können dann die nächste Option auswählen.

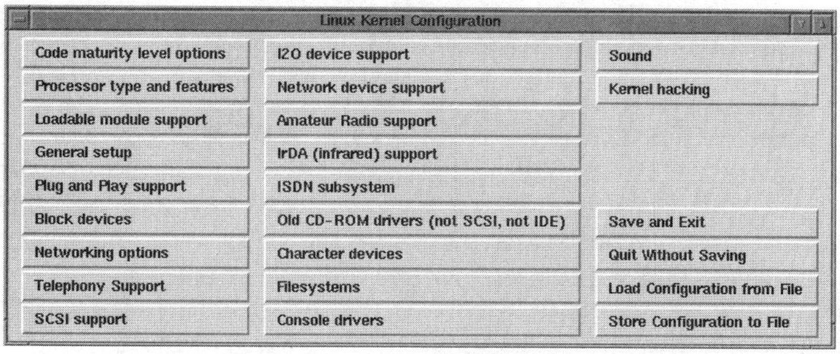

Kernelkonfiguration unter X Window, Startmenü

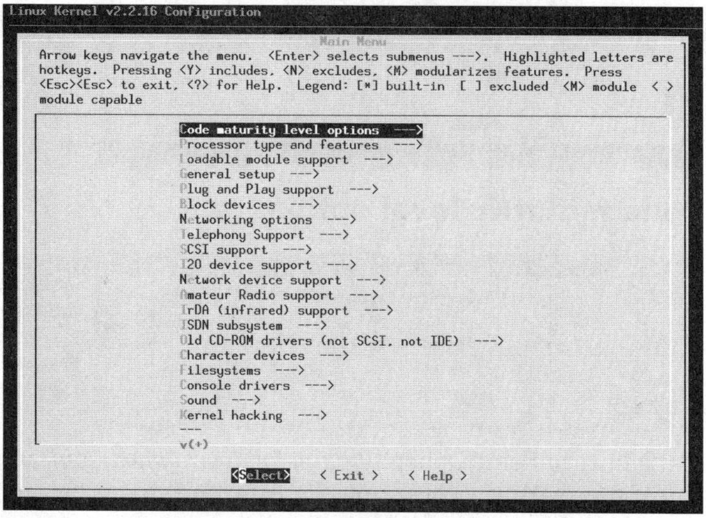

Kernelkonfiguration in einer Textkonsole

Um einen Treiber zu deaktivieren, wählen Sie stets das Feld *n* (no) an. Um ihn zu aktivieren, haben Sie in den meisten Fällen die Wahl zwischen *y* (yes: in den Kernel direkt einbinden) und *m* (module: als nachladbares Modul übersetzen). Treiber, die Sie immer benötigen und die keine weitere Konfiguration erfordern, sollten Sie über *y* einbinden; Treiber (insbesondere für Soundkarten), die zusätzliche Konfigurationsangaben (wie I/O-Adressen und Interrupts) benötigen, sollten Sie als Modul (*m*) konfigurieren. Von vielen Experten wird heute sogar empfohlen, dass alles, was zur Boot-Zeit nicht dringend gebraucht wird, als Modul kompiliert wird. Wer also SCSI-Platten benutzt, muss die SCSI-Unterstützung direkt in den Kernel einbauen.

Um zusätzliche (englischsprachige) Informationen zu den einzelnen Modulen zu erhalten, können Sie stets die Online-Hilfe des Konfigurationsprogramms über *Help* verwenden.

Die Beschreibung der Kernelkonfiguration werden wir mit Bildschirmfotos des grafischen Konfigurationsprogramms begleiten. Die Konfiguration auf der Konsole wird anders bedient, enthält aber die gleichen Konfigurationsmöglichkeiten und Beschreibungen.

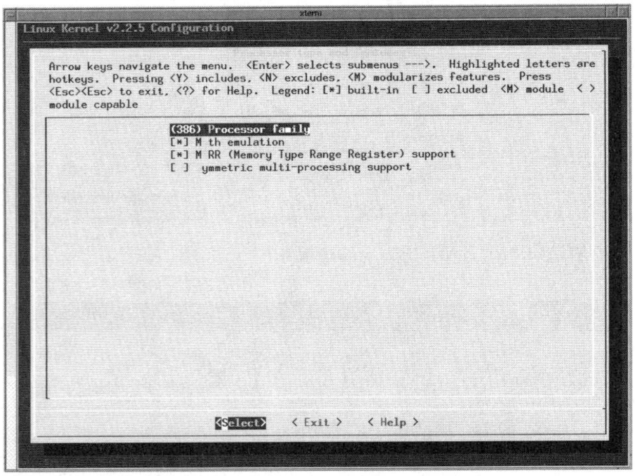

Ein Beispiel für ein Menü aus der Kernelkonfiguration auf der Textkonsole

3 Code maturity level options

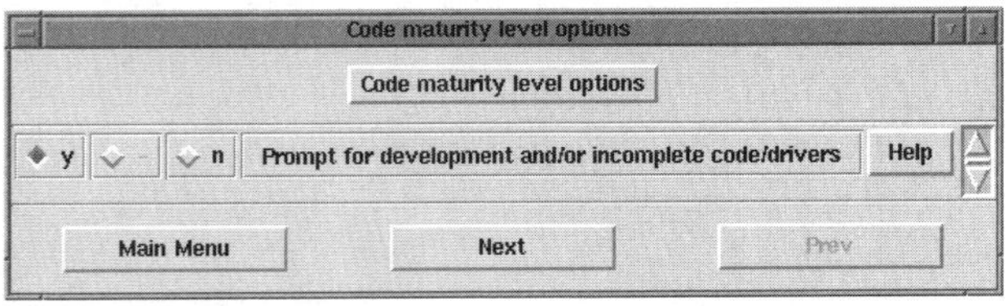

Kernelkonfiguration: Treiber im Entwicklungsstadium

Hier gibt es nur eine Option: *Prompt for development and/or incomplete code/drivers*. Dabei geht es um die Frage, ob in den folgenden Dialogen auch Treiber angeboten werden, die noch im Entwicklungsstadium sind. Wir empfehlen, dies abzulehnen.

4 Processor type and feature

- Unter *Processor family* wählen Sie zwischen *386*, *486/Cx486*, *586/K5/5x86/6x86*, *Pentium/K6/TSC* und *PPro/6x86MX*. Für einen Pentium-II- oder -III-Prozessor wählen Sie den letzten Punkt (*PPro/6x86MX*). Wählen Sie hier auf keinen Fall einen höheren Prozessor aus, als Sie tatsächlich verwenden, da der so erzeugte Kernel sonst auf Ihrem System eventuell nicht läuft. (Intel-Celeron- und AMD-Athlon-Prozessoren sind kompatibel zum aktuellen Pentium und laufen daher auch als *PPro/6x86MX*.)

- *Maximum Physical Memory*: Wenn Sie über mehr als 1 GByte Speicher verfügen, geben Sie hier *2GB* an. Noch mehr Speicher wird erst ab Kernelversion 2.4 unterstützt.
- *Math emulation*: Nur wenn Sie einen älteren 386er- oder 486er-Prozessor ohne mathematischen Coprozessor verwenden, können Sie mit dieser Option die Emulation eines Coprozessors durch den Kernel aktivieren. Auf Systemen mit Coprozessor (z. B. alle Pentium, Pentium II und kompatible Systeme) ist diese Option unnötig.

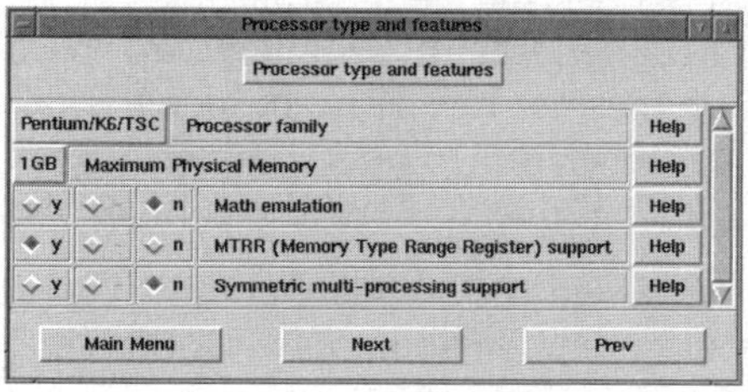

Kernelkonfiguration: Optimierung für Prozessor-Typ

- *Symmetric multi-processing support*: Wenn Sie ein SMP-Board mit mehreren Prozessoren besitzen, können Sie hier die Unterstützung für parallele Verarbeitung aktivieren.

5 Loadable module support

- *Enable loadable module support*: Aktivieren Sie dieses Feld, wenn Sie Kernelmodule über *insmod* bzw. *modprobe* nachladen wollen. Sie haben bei den meisten folgenden Treibern die Möglichkeit, diese in den Kernel einzukompilieren oder als Modul zu erzeugen. Wenn Sie dieses Feld nicht aktivieren, müssen Sie alle benötigten Treiber in den Kernel kompilieren. Wir empfehlen die Aktivierung.
- *Set version information on all symbols for modules*: Aktivieren Sie dieses Feld, um die erzeugten Module auch mit anderen Kernelversionen nutzen zu können. Wenn Sie es deaktivieren, müssen die Module beim Übersetzen einer neuen Kernelversion neu übersetzt werden. Wir empfehlen zu deaktivieren.
- *Kernel module loader*: Aktivieren Sie dieses Feld, um das automatische Nachladen eines Kernelmoduls zu erlauben, wenn es benötigt wird (empfohlen).

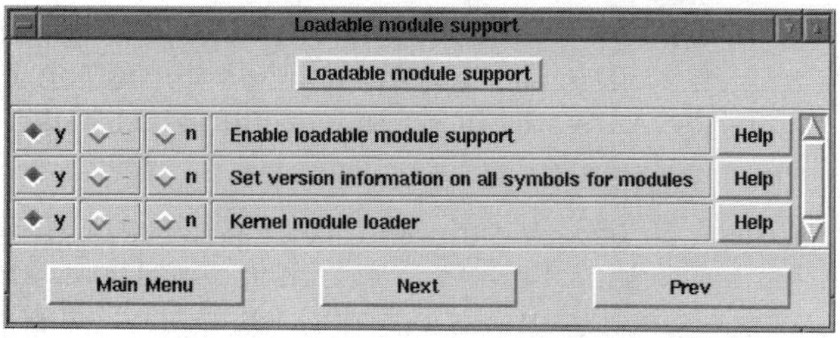

Kernelkonfiguration: Unterstützung für ladbare Module

6 General Setup

- *Networking support*: Mit diesem Feld aktivieren Sie die generelle Netzwerkunterstützung. Sie benötigen diese Option auch für viele „interne" Dienste, etwa das Drucken oder X Window. Unbedingt wählen, selbst wenn Ihr Linux-Rechner nicht vernetzt werden soll.
- *PCI support*: Aktivieren Sie diese Option, wenn Sie ein Mainboard mit PCI-Bus haben – dies trifft auf alle aktuellen Boards zu.
- *PCI access mode*: Hier geht es darum, wie der Kernel PCI-Karten in Ihrem Rechner erkennt. Wählen Sie zwischen *BIOS*, *Direct* und *Any*. Empfohlen ist hier *Any*, da der Kernel dann zunächst versucht, die Informationen über direkten Zugriff auf den PCI-Bus zu erhalten. Schlägt dies fehl, wird das BIOS befragt.
- *PCI quirks*: Einige BIOS-Versionen haben Probleme mit dem korrekten oder optimalen Setup des PCI-Busses. Ist Ihr BIOS in dieser Hinsicht fehlerfrei, können Sie *n* antworten – auf der sicheren Seite sind Sie mit *y*.
- *PCI bridge optimization (experimental)*: Diese Option kann bei einigen (fehlerhaften) BIOS-Chips die Zugriffszeit auf PCI-Hardware beschleunigen. Antworten Sie hier mit *n* und ändern Sie diese Einstellung nur, wenn Sie Probleme beim Zugriff auf PCI-Karten haben.
- *Backward-compatible /proc/pci*: In älteren Kernelversionen (bis 2.0.x) gab es in virtuellen proc-Dateisystemen eine Datei */proc/pci*, über die Statusinformationen des PCI-Systems abgerufen werden konnten. Wenn Sie Programme verwenden wollen, die noch für den alten Kernel geschrieben wurden und auf diese Datei zugreifen, oder wenn Sie selbst diese lesbare Datei für den Abruf von Informationen verwenden wollen, antworten Sie hier mit *y*, andernfalls mit *n* (Informationen über den PCI-Bus stehen ab Kernel 2.2.0 unter */proc/bus/pci* zur Verfügung). Wenn Sie nicht sicher sind, geben Sie *y* ein.
- *MCA support*: Diese Kerneloption bietet Unterstützung für IBMs Microchannel-Architektur (ein weiteres Bus-System wie PCI oder ISA). Auf PCI-Systemen können Sie mit *n* antworten.
- *SGI Visual Workstation support*: Solange Sie nur einen Kernel erzeugen wollen, der für Ihren IBM-kompatiblen PC gedacht ist, kann die Antwort nur *n* heißen: Ein PC ist keine SGI Workstation.
- *System V IPC*: Mit diesem Feld aktivieren Sie die System V-konforme Inter-Prozess-Kommunikation. Diese wird von einigen Programmen (darunter *dosemu*) verwendet (empfohlen, für *dosemu*: notwendig).

- *BSD Process Accounting*: Wenn diese Option aktiviert ist, können beliebige Programme den Kernel auffordern, für jeden Prozess Informationen wie Kommandoname, Besitzer, Speicherverbrauch usw. in eine spezielle Log-Datei zu schreiben; in der Regel werden Sie dies nicht benötigen.
- *Sysctl support*: Über das *System control*-Interface des Kernels können bestimmte Kerneleigenschaften zur Laufzeit (ohne Rekompilierung und Reboot) geändert werden. Der Kernel vergrößert sich dadurch um 8 KByte. Dies ist unnötig.
- *Kernel support for a.out binaries*: *a.out* und *ELF* sind unterschiedliche Dateiformate für ausführbare Dateien. Frühere Linux-Versionen (vor Kernel 2.0.0) basierten auf *a.out*; sowohl das RedHat-System als auch die SuSE-Distribution sind vollständig *ELF*-basiert. Aktivieren Sie diese Option nur, wenn Sie veraltete Programme, die nicht im Quelltext vorliegen, einsetzen wollen.
- *Kernel support for ELF binaries*: Da das gesamte Red Hat-Linux-System auf *ELF* basiert, ist diese Option zwingend zu aktivieren.

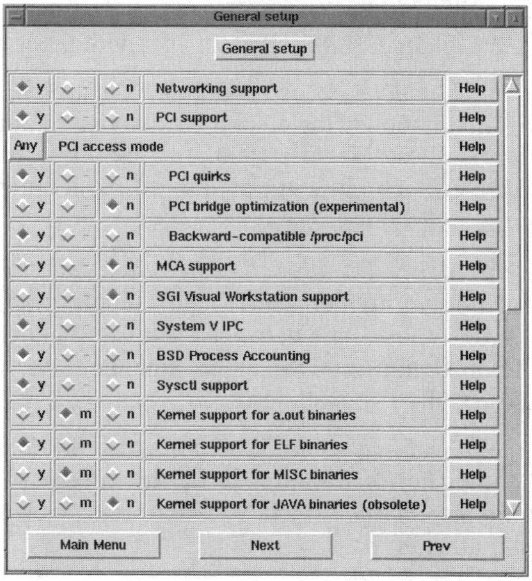

Kernelkonfiguration: Allgemeine Einstellungen

- *Kernel support for MISC binaries*: Linux unterstützt die Ausführung von (kompilierten) Java-Programmen und diversen anderen Binaries (falls deren Typen geeignet registriert wurden). Aktivieren Sie diese Option, wenn Sie solche Java-Programme verwenden wollen (wir empfehlen: deaktivieren).
- *Kernel support for JAVA binaries (obsolete)*: Dies ist eine veraltete und weniger allgemeine Variante der vorherigen Option. Deaktivieren Sie diese Option.

- *Parallel port support*: Unterstützung für parallele Drucker und sonstige Geräte, die an den Parallelport angeschlossen werden (z. B. Parallel-ZIP-Laufwerke oder CD-Brenner am Druckeranschluss): Wenn Sie einen Drucker verwenden wollen, müssen Sie diese Option aktivieren.
- *PC-style hardware*: Hier geht es immer noch um den Parallelport. Da Sie mit einem PC (im Gegensatz zu einer Alpha- oder PowerPC-Workstation) arbeiten, aktivieren Sie diese Option.
- *Support foreign hardware*: Diese Option erlaubt Ihnen das Nachladen von Kernelmodulen, die Nicht-Standard-Typen paralleler Schnittstellen unterstützen. Das brauchen Sie nicht.
- *Advanced Power Management BIOS support*: Wenn Ihr BIOS Stromsparfunktionen unterstützt, können Sie sie mit diesem Treiber aktivieren. Dies ist in der Regel nur für Laptops sinnvoll. Nur die Abschaltfunktion ist auch bei neueren PC-Modellen sinnvoll. Konfigurieren Sie dann die Stromsparfunktionen mit den folgenden (hier zur besseren Übersicht zusätzlich mit *APM* gekennzeichneten) Optionen.
- *APM: Ignore USER SUSPEND*: Dies sollten Sie ablehnen (*n*).
- *APM: Enable APM at boot time*: Mit diesem Treiber werden die APM-Funktionen beim Booten aktiviert. Laut Kerneldokumentation ist dieses Feature standardmäßig deaktiviert, da die meisten Rechner auch ohne gut arbeiten. Übernehmen Sie die Voreinstellung.
- *APM: Make CPU idle calls when idle*: Auf einigen Rechnern kann mit diesem Treiber zusätzliche Energie gespart werden, in dem die CPU-Clock-Rate verringert wird. Auf anderen PCs kann es mit dieser Option zu Problemen kommen. Wir empfehlen deshalb, diese Option abzulehnen.
- *APM: Enable console blanking using APM*: Schaltet auf einigen Laptops bei Verwendung des Textmodus die Hintergrundbeleuchtung ab. Da auch diese Funktion unter vielen Umständen fehlerhaft arbeitet: *n*.
- *APM: Ignore multiple suspend/resume cycles*: Diese Option benötigen Sie für den Dell Inspiron 3200, sie kann aber auch für alle anderen Laptops aktiviert sein. Diese Option gibt dem Laptop 3 Sekunden, bevor er in den Suspend-Zustand geht: *y*.
- *RTC stores time in GMT*: Die Echtzeituhr (RTC: **R**eal **t**ime **c**lock) Ihres Rechners kann auf Ortszeit oder **G**reenwich **M**ean **T**ime (GMT) eingestellt sein – auf Rechnern, die auch mit Windows arbeiten, ist es in der Regel die Ortszeit. Wählen Sie daher hier *n*, wenn Sie außer Linux auch noch Windows auf Ihrem PC einsetzen, sonst fahren Sie besser mit der Option *y*. Falls Sie *y* gewählt haben, denken Sie daran, die BIOS-Uhrzeit auf GMT einzustellen.

- *Allow interrupts during APM BIOS calls*: In der Regel werden während der Verarbeitung von APM-Aufrufen (beispielsweise: Wechsel in den Stromsparmodus durch Verwenden einer speziellen Tastenkombination auf Notebooks) die normalen Interrupts deaktiviert. Auf einigen Systemen (laut Dokumentation etwa auf neueren IBM Thinkpads) kann dies zum Hängen des Systems führen – wählen Sie dann *y*; in allen anderen Fällen *n*.

- *Use real mode APM BIOS call to power off*: Das ist ein Workaraound für eine Reihe von fehlerhaften BIOS. Aktivieren Sie diese Option, wenn Ihre Rechner beim Herunterfahren abstürzt, statt sich ordnungsgemäß zu beenden.

7 Plug and Play support

Anders, als dieser Menüpunkt es erwarten lässt, geht es hier nicht um das automatische Erkennen beliebiger Plug & Play-Geräte – dafür sind immer noch die ISA-PNP-Tools (Paket: *isapnptools-1.18-2.i386.rpm*) zuständig. Hier können nur Geräte am Parallelport, die sich auf Anfrage identifizieren, unterstützt werden.

- *Plug and Play support*: Aktivieren Sie diesen Punkt, wenn Sie spezielle Geräte (nicht Drucker) am Parallelport verwenden wollen.

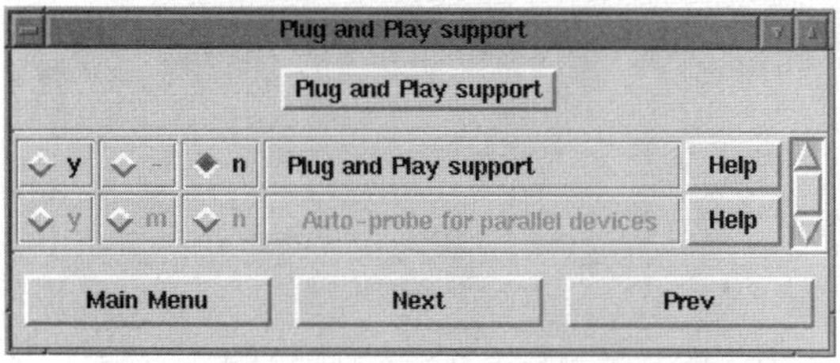

Kernelkonfiguration: Plug and Play support

- *Auto-probe for parallel devices*: Ist diese Option aktiviert, scannt der Kernel automatischen den Parallelport und bindet Treiber für Geräte, die sich entsprechend identifizieren, ein. Im Zweifelsfall lassen Sie diese Option deaktiviert.

8 Block devices

- *Normal PC floppy disk support*: Vermutlich hat Ihr Rechner ein normales 3,5-Zoll-Diskettenlaufwerk. Daher ist dieses Feld zu aktivieren.

- *Enhanced IDE/MFM/RLL disk/cdrom/tape/floppy support*: Wenn Sie eine (E)IDE- oder ältere MFM/RLL-Festplatte oder ein CD-ROM-Laufwerk, einen Streamer, ein ZIP-Laufwerk oder ein LS-120-Laufwerk (*A-Drive*) am EIDE-Controller verwenden, aktivieren Sie dieses Feld und zusätzlich die benötigten zugehörigen folgenden Felder. Wenn Sie dies deaktivieren, bleiben die davon abhängigen Felder deaktiviert.

- *Old Harddisk (MFM/RLL/IDE) driver*: Dies ist ein älterer Treiber für MFM-, RLL- und IDE-Platten. Wenn Sie sehr alte Hardware verwenden und mit dem normalen EIDE-Treiber Probleme haben, versuchen Sie alternativ diesen. In der Regel ist dies nicht nötig. EIDE-Geräte (wie CD-ROM, ZIP, LS-120) werden von diesem Treiber nicht unterstützt.

- *Use old disk-only driver on primary interface*: Mit dieser Einstellung können Sie den alten Treiber für den ersten IDE-Controller und den aktuellen Treiber für alle weiteren IDE-Controller verwenden. Wir empfehlen deaktivieren.
- *Include IDE/ATA-2 DISK support*: Für alte MFM-, RLL- und IDE-Geräte benötigen Sie diese Option, es sei denn, Sie haben den alten Treiber (*Old hard disk (MFM/RLL/IDE) driver*) installiert.
- *Include IDE/ATAPI CD-ROM support*: Diese Option benötigen Sie, wenn Sie ein ATAPI-CD-ROM-Laufwerk verwenden (und nur dann).

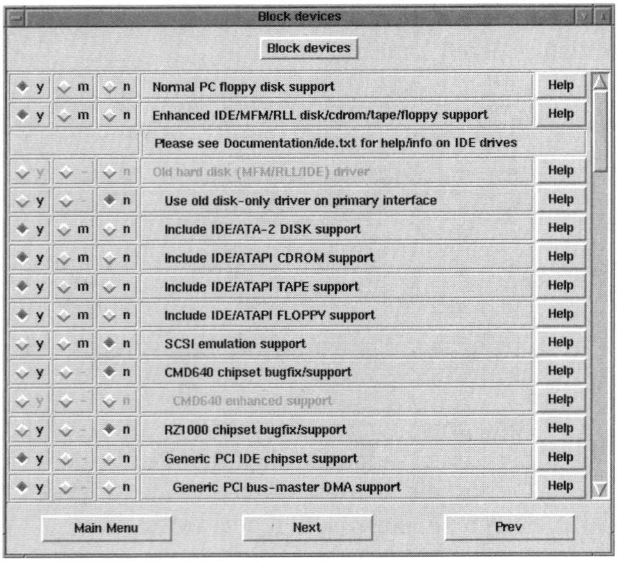

Kernelkonfiguration: Diskettenlaufwerke, IDE und Blockgeräte

- *Include IDE/ATAPI TAPE support*: Diese Option benötigen Sie, wenn Sie einen ATAPI-Streamer verwenden (und nur dann).
- *Include IDE/ATAPI FLOPPY support*: Diese Option benötigen Sie, wenn Sie ein ATAPI-ZIP- oder ATAPI-LS-120-Laufwerk verwenden (und nur dann).
- *SCSI emulation support*: Mit dieser Option lassen sich IDE-Laufwerke ansprechen, als wären sie SCSI-Laufwerke (Empfehlung: deaktivieren).
- *CMD640 chipset bugfix/support*: Der CMD640-IDE-Chipsatz wird auf vielen Boards eingesetzt. Aktivieren Sie diese Option, es sei denn, Sie wissen genau, dass Sie diesen Chipsatz nicht besitzen

(der Treiber schadet nicht, wenn ein anderer IDE-Chipsatz verwendet wird).

- *CMD640 enhanced support*: Ist diese Option aktiviert, kann im laufenden Betrieb die Einstellung von PIO-Modes und Prefetch des CMD640-Chipsatzes geändert werden. Tipp: deaktivieren.
- *RZ1000 chipset bugfix/support*: Analog zum vorvorletzten Punkt, nur für den RZ1000-IDE-Chipsatz.
- *Generic PCI IDE chipset support*: Diese Option benötigen Sie generell beim Einsatz eines IDE-Controllers. Ab Kernel 2.2.0 kann dieser Treiber auch als Modul kompiliert werden – um von einer IDE-Platte booten zu können, muss er aber fest in den Kernel integriert werden (also *y* und nicht *m*).
- *Generic PCI bus-master DMA support*: Unterstützung für Bus-Master-DMA-Transfer (beschleunigt den Zugriff auf entsprechende IDE-Festplatten). Aktivieren Sie diese Option.
- *Boot off-board chipsets first support*: Falls Sie neben den beiden Onboard-Controllern IDE0 und IDE1 noch eine zusätzliche IDE-Controller-Karte verwenden, erhalten die IDE-Ports auf diesem zusätzlichen Controller die Kennungen IDE2 und IDE3. Aktivieren Sie diese Option, um die Reihenfolge umzukehren. Dadurch wird auch die Reihenfolge der IDE-Geräte (*/dev/hda*, */dev/hdb* usw.) verändert.
- *Use DMA by default when available*: Im Normalfall wird der (schnellere) Bus-Master-DMA-Transfer für entsprechende Festplatten beim Systemstart deaktiviert und muss manuell über das Programm */sbin/hdparm* eingeschaltet werden. Aktivieren Sie diese Option, um dies automatisch durchführen zu lassen.

Es folgen nun unter *Other IDE chipset support* zusätzliche Treiber für spezielle IDE-Chipsätze. Wenn Sie einen dieser Chipsätze verwenden, aktivieren Sie die entsprechende Option. In den meisten Fällen wird dies nicht notwendig sein.

- *Loopback device support*: Loopback Devices erlauben es Ihnen, eine Datei wie ein Dateisystem zu mounten: So können Sie beispielsweise, wenn Sie eine CD brennen wollen und bereits eine Image-Datei erzeugt haben, diese Image-Datei vor dem Brennen mit der Option *-o loop* des *mount*-Befehls mounten, um sie auf Korrektheit zu überprüfen. Auf die gemountete Image-Datei können Sie dann genauso zugreifen, als hätten Sie die fertige CD gemountet. Auch Disketten-Images, die Sie mit dem Befehl *dd if=/dev/fd0 of=disk.image* erzeugt haben, können Sie so mounten (empfohlen).
- *Network block device support*: Ist diese Option aktiviert, können Sie Partitionen auf anderen (über das Netzwerk erreichbaren) Rechnern mounten, als wären es lokale Partitionen (deaktivieren).

- *Multiple devices driver support*: Der Treiber, den Sie hier aktivieren können, ermöglicht den Einsatz von Software-RAID (**R**edundant **A**rrays of **I**nexpensive **D**isks), das es erlaubt, mehrere Festplattenpartitionen zu einer logischen Partition (*Volume*) zusammenzufassen. Weitere Informationen zu RAID unter Linux können Sie im Software-RAID mini-HOWTO (*ftp://metalab.unc.edu/pub/Linux/docs/HOWTO/mini* nachlesen.

  Deaktivieren Sie dieses Feld, wenn Sie kein RAID einsetzen wollen. Wenn Sie es aktivieren, können Sie fünf weitere Optionen auswählen.

- *Linear (append) mode*: Wenn Sie hier *y* angeben, kann der Multiple-Device-Treiber den sog. *Linear-Modus* verwenden, d. h. er kann die Festplattenpartitionen zu einer logischen Partition zusammenfassen.

- *RAID-0 (striping) mode*: Hier können Sie den RAID-0-Modus aktivieren, bei dem mehrere Partitionen zu einer logischen Partition zusammengefaßt werden können. Dabei werden die Teilpartitionen gleichmäßig gefüllt.

- *RAID-1 (mirroring) mode*: RAID-1 erlaubt das Spiegeln von mehreren (logischen) Platten. Wenn ein Spiegel ausfällt, kann der RAID-Treiber mit den anderen Spiegeln weiterarbeiten, bis der Fehler behoben ist.

- *RAID-4/RAID-5 mode*: RAID-4 bzw. RAID-5 erlaubt das Sichern der Daten über eine Parity-Partition. Diese Option kostet weniger Plattenplatz als das Spiegeln, ist aber beim Schreiben aufwendiger und langsamer.

- *Boot support (linear, striped)*: Diese Option erlaubt das Booten von RAID-Partitionen.

- *RAM disk support*: Aktivieren Sie dieses Feld, wenn Sie RAM-Disks verwenden wollen. Dies sind Dateisysteme, die im Arbeitsspeicher angelegt und gemountet werden können. Die Installationsdiskette verwendet eine solche RAM-Disk (Empfehlung: deaktivieren).

- *Initial RAM disk (initrd) support*: Wenn Sie RAM-Disks aktiviert haben, können Sie hier zusätzlich die Unterstützung von *initrd*-Dateien aktivieren: Damit lässt sich beim Booten eine RAM-Disk als Root-Dateisystem verwenden. Dies ist nur für die Erstellung von Boot-Disketten von Hand erforderlich und dann auch nur für den Kernel, den Sie auf diese Boot-Diskette kopieren wollen. Auf Ihrem normalen System brauchen Sie dies nicht.

- *XT harddisk support*: Unterstützung für (sehr alte) 8-Bit-Festplatten-Controller des IBM XT (deaktivieren).

- *Mylex DAC960/DAC1100 PCI RAID Controller support*: Unterstützung für einen speziellen RAID-Controller (deaktivieren).

- *Parallel port IDE device support:* Diese Treibergruppe ermöglicht den Zugriff auf ATAPI-Geräte, die über die parallele Schnittstelle angeschlossen sind. Aktivieren Sie diesen Treiber, falls Sie solche Geräte besitzen. Daraufhin sind die aufgeführten Protokolle für die verschiedenen Geräte auswählbar. Wählen Sie das passende für Ihr Gerät, z. B. ein externes ATAPI-CD-ROM-Laufwerk am parallelen Port.

9 Networking options

Viele der folgenden Optionen sind sehr speziellen (potentiellen) Einsatzgebieten Ihres Linux-Rechners vorbehalten. In vielen Fällen geben wir hier keine Empfehlung; die Verwendung ist dann *Experten-Option*. Wir verweisen für solche Optionen auf die Lektüre des NET-HOWTO bzw. auf die Hilfe-Funktion bei der Kernelkompilierung. Deaktivieren Sie diese Optionen, oder übernehmen Sie die Voreinstellung des Konfigurationsprogramms.

Seit Kernel 2.2.0 lassen sich die Netzwerk-Optionen sehr viel differenzierter einstellen, als dies in Kernel 2.0.xx der Fall war.

- *Packet socket*: Das Paket-Protokoll wird von Programmen verwendet, die direkt mit Netzwerkgeräten kommunizieren, ohne eine Protokoll-Schnittstelle auf Kernelebene zu verwenden, zum Beispiel Sniff-Programmen wie *tcpdump*.

- *Kernel/User netlink socket*: Mit diesem Treiber wird Kommunikation zwischen Prozessen auf Kernel-/Modul-Ebene und User-Ebene (normale Anwendungen) möglich. Auf User-Ebene erfolgt die Kommunikation über spezielle Gerätedateien im */dev*-Verzeichnis.

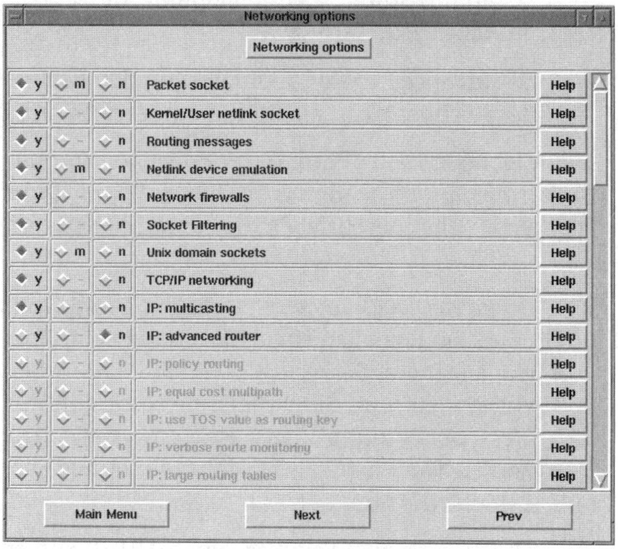

Kernelkonfiguration: Netzwerk-Optionen

- *Routing messages*: Wenn dieser Treiber aktiviert wird, können über die Gerätedatei */dev/route* (diese muss als Administrator mit *mknod /dev/route c 36 0* erzeugt werden) Routing-Informationen ausgelesen werden.

- *Netlink device emulation*: Diese Option dient nur der Abwärtskompatibilität mit älteren Kernelversionen.
- *Network firewalls*: Diese Option müssen Sie aktivieren, wenn Sie vorhaben, Ihren Linux-Rechner als Firewall in einem Netzwerk mit Internet-Anschluss zu verwenden. Eine Firewall ermöglicht den übrigen Rechnern im Netz den Zugriff auf das Internet, ohne potentiellen Eindringlingen Zugriff auf Ihr Netzwerk zu gewähren. Die Option wird außerdem für IP Masquerading (siehe u.) benötigt. Wenn sie aktiviert ist, muss *IP: fast switching* (weiter unten) deaktiviert werden. Wenn Ihr Rechner nicht als Gateway für andere Rechner im lokalen Netz genutzt werden soll, können Sie diese Option deaktivieren.
- *Socket Filtering*: Ist diese Option aktiv, kann jedes Netzwerk-Socket mit einem Filter-Programm versehen werden, durch das alle Informationen geschickt werden. Deaktivieren.
- *Unix domain sockets*: Sockets bilden unter Unix (und damit auch Linux) den Standardmechanismus für Aufbau von und Zugriff auf Netzwerkverbindungen. Aktivieren!
- *TCP/IP networking*: TCP/IP (**T**ransport **C**ontrol **P**rotocol/**I**nternet **P**rotocol) ist das zentrale Protokoll des Internet. Da es für viele Anwendungen benötigt wird, sollten Sie es auf jeden Fall aktivieren.
- *IP: multicasting*: Experten-Option, nur notwendig für den Zugriff auf das MBONE-Netzwerk.
- *IP: advanced router*: Optimierung des Rechners als Router. Wenn der Rechner nicht als Router eingesetzt wird, deaktivieren.

Die folgenden sechs Punkte (*IP: policy routing* bis *IP: fast network address translation*) gehören zur Option *IP: advanced router* und werden hier nicht näher beschrieben, da sie nur in Sonderfällen eingesetzt werden.

- *IP: kernel level autoconfiguration*: Diese Option erlaubt das automatische Beziehen einer IP-Adresse beim Booten. Dazu muss aber ein geeigneter Server (BOOTP- oder DHCP-Server) im lokalen Netz vorhanden sein. Sinnvoll ist diese Option nur, wenn Sie eine *Diskless workstation* ohne Festplatte verwenden und aus dem Netz booten wollen (dazu ist dann außerdem die Option *Root filesystem on NFS* nötig).
- *DHCP support*: Wenn es einen DHCP-Server im Netzwerk gibt, können Sie hiermit (in Verbindung mit der vorangehenden Option) beim Booten von diesem Server eine IP-Adresse beziehen.

- *BOOTP support*: Wählen Sie diese Option, wenn es statt eines DHCP-Servers einen BOOTP-Server im Netz gibt, von dem Sie beim Booten eine IP-Adresse beziehen wollen.
- *RARP support*: Analog zu den vorherigen Punkten, nur für einen RARP-Server. Das RARP-Protokoll ist veraltet und wurde von BOOTP und DHCP abgelöst.
- *IP: firewalling*: Hierüber wird Ihr Linux-Rechner im Netzwerk zu einer Firewall. Notwendig für IP Masquerading (siehe u.).
- *IP: firewall packet netlink device*: Experten-Option.
- *IP: use FWMARK value as routing key*: Experten-Option.
- *IP: transparent proxy support*: Experten-Option.
- *IP: masquerading*: Beim IP-Masquerading geschieht Folgendes: Wenn Ihr Linux-Rechner als Firewall im Netz arbeitet, erlaubt er keine direkten IP-Verbindungen zwischen Rechnern innerhalb und außerhalb des Netzwerks. Über eine Masquerade, also ein Vortäuschen einer anderen Identität, ist dies aber dennoch möglich: Schickt ein Rechner innerhalb des Netzwerks eine Anfrage (etwa an einen WWW-Server) nach draußen, wird das entsprechende IP-Paket so verändert, dass es als Absender die IP-Adresse der Firewall hat. Kommt ein entsprechendes Antwort-Paket zurück, wird es von der Firewall an den ursprünglichen Sender weitergeleitet. So haben beide Rechner den Eindruck, eine ganz normale IP-Konversation zu betreiben – andererseits sind alle Rechner hinter der Firewall für die Außenwelt unsichtbar: Gesehen wird nur die Firewall, und diese entscheidet, welche Services erlaubt sind (d. h., welche Ports offen sind). Wenn Sie diese Option aktivieren wollen, benötigen Sie zusätzlich *Network firewalls*, *IP firewalling* und *IP forwarding*.
- *IP: ICMP masquerading*: Zusätzlich zum Masquerading von TCP- und UDP-Paketen aus der vorherigen Option wird auch Forwarding für ICMP-Pakete (z. B. *ping*-Anfragen) aktiviert.
- *IP: masquerading special modules support*: Hiermit (und mit den folgenden Optionen) können Sie die Regeln für das Masquerading beeinflussen.
- *IP: ipautofw masq support (EXPERIMENTAL)*: Experten-Option.
- *IP: ipportfw masq support (EXPERIMENTAL)*: Experten-Option.
- *IP: ip fwmark masq-forwarding support (EXPERIMENTAL)*: Experten-Option.
- *IP: optimize as router not host*: Optimierung für den Einsatz als Router (siehe auch *IP: advanced router*, weiter oben).
- *IP: tunneling*: Experten-Option.

- *IP: GRE tunnels over IP*: Experten-Option.
- *IP: Broadcast GRE over IP*: Experten-Option.
- *IP: multicast routing*: Experten-Option.
- *IP: aliasing support*: Diese Option erlaubt es, einem Netzwerk-Device (Netzwerkkarte) mehrere IP-Adressen zuzuordnen. Im Zusammenhang mit einem Webserver wie Apache, der mehrere IP-Adressen unterstützt, kann *Multihosting* bzw. *Virtual Domains* unterstützt werden: Abhängig von der IP-Adresse, unter der Ihr Rechner angesprochen wurde, werden andere Webseiten geliefert.
- *IP: ARP daemon support (EXPERIMENTAL)*: Experten-Option.
- *IP: TCP syncookie support (not enabled per default)*: Experten-Option.
- *IP: Reverse ARP*: Das **Reverse A**ddress **R**esolution **P**rotocol benötigen Sie, um für eine gegebene Ethernet-Adresse die passende IP-Adresse zu ermitteln. Insbesondere brauchen Sie die Funktion, wenn Sie weitere Rechner ohne Festplatte verwenden wollen, die Linux über das Netzwerk von diesem Rechner booten sollen (deaktivieren).
- *IP: Allow large windows*: Größeren Speicherpuffer für Netzwerkverkehr bereitstellen. Bei weniger als 16 MByte Hauptspeicher deaktivieren, ansonsten aktivieren.
- *The IPv6 protocol (EXPERIMENTAL)*: Mit dem IP-Protokoll, Version 6, ist Linux nun für die Zukunft des Internet gerüstet: Der begrenzte Vorrat an IP-Adressen im herkömmlichen System wird eine Umstellung auf die neue Version erfordern, wenn keine IP-Adressen mehr verfügbar sind. Da IPv6 bisher nur zu Testzwecken eingesetzt wird, ist dies (zur Zeit) in der Regel unnütz.
- *The IPX protocol*: Diese Option benötigen Sie, wenn Sie auf einen Novell Netware-Server zugreifen wollen. Auch für den Einsatz der neuen Novell-Software Netware für Linux, mit der Sie Ihren Linux-PC zum Netware-Server machen können, ist diese Option notwendig.
- *IPX: Full internal IPX network*: Experten-Option.
- *IPX: SPX networking (EXPERIMENTAL)*: Experten-Option.
- *Appletalk DDP*: Unterstützung für das Appletalk-Protokoll, das von Apple Macintosh-Rechnern eingesetzt wird.
- *CCITT X.25 Packet Layer (EXPERIMENTAL)*: Experten-Option.
- *LAPB Data Link Driver (EXPERIMENTAL)*: Experten-Option.
- *Bridging (EXPERIMENTAL)*: Experten-Option.
- *802.2 LLC (EXPERIMENTAL)*: Experten-Option.

- *Acorn Econet/AUN protocols (EXPERIMENTAL)*: Experten-Option.
- *AUN over UDP*: Experten-Option.
- *WAN router*: Mit einer WAN-Karte (WAN: **W**ide **A**rea **N**etwork) kann ein Linux-Rechner als Ersatz für spezielle WAN-Router-Hardware fungieren. Experten-Option.
- *Fast switching*: Experten-Option.
- *Forwarding between high speed interfaces*: Experten-Option.
- *CPU is too slow to handle full bandwidth*: Falls Ihre CPU zu langsam ist, um mit der vollen Bandbreite des Netzwerk-Verkehrs zurechtzukommen, sollten Sie diese Option aktivieren. In der Regel jedoch nicht.
- *QoS and/or fair queueing*: Durch Anwahl dieses Schalters öffnet sich ein Untermenü. Hier können Experten einen Netzwerkpaket-Scheduler mit verschiedenen Algorithmen und Parametern aktivieren. Ein solcher Scheduler entscheidet, in welcher Reihenfolge mehrere vorliegende Netzwerkpakete über die vorhandenen Interfaces übertragen werden sollen.

10 Telephony Support

Mit Hilfe der Optionen in dieser Gruppe können Sie Telefonie-Unterstützung für Linux aktivieren. Unterstützt werden Karten der Fa. Quicknet Technologies. Weitere Informationen finden Sie unter *Documentation/telephony/ixj.txt*.

11 SCSI support

- *SCSI support*: Wenn Sie einen SCSI-Controller besitzen und irgendein angeschlossenes SCSI-Gerät unter Linux verwenden möchten, aktivieren Sie diese Option und bearbeiten die folgenden Unterpunkte. Um von einer SCSI-Platte booten zu können, müssen alle relevanten Treiber direkt in den Kernel kompiliert werden. Booten Sie von einer IDE-Platte, können Sie die Treiber auch als Module kompilieren und nur bei Bedarf einbinden. Dies hätte (neben dem kleineren Kernel und dem daraus resultierenden größeren freien Hauptspeicher) den zusätzlichen Vorteil, dass Sie externe SCSI-Geräte (etwa einen externen SCSI-CD-Brenner) im laufenden Betrieb anschließen und durch Laden des Kernelmoduls ohne einen Reboot einbinden können. In der nächsten Maske *SCSI low-level drivers* müssen Sie außerdem den Treiber für Ihren SCSI-Controller aktivieren.
- *SCSI disk support*: Unterstützung für SCSI-Festplatten.
- *SCSI tape support*: Unterstützung für SCSI-Streamer.

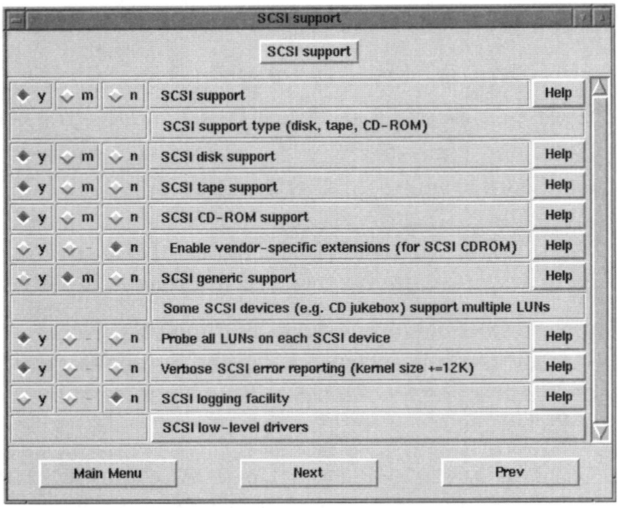

Kernelkonfiguration: SCSI-Unterstützung

- *SCSI CD-ROM support*: Unterstützung für SCSI-CD-ROM-Laufwerke.
- *Enable vendor-specific extensions (for SCSI CDROM)*: Ältere NEC-/Toshiba-CD-ROM-Laufwerke und HP-CD-Brenner müssen spezielle SCSI-Befehle verwenden, um auf Multisession-CDs zugreifen zu können. Hiermit können Sie diese speziellen Befehle aktivieren.
- *SCSI generic support*: Unterstützung für so genannte generische SCSI-Geräte. Aktivieren Sie diese Option, wenn Sie beispielsweise einen SCSI-Scanner mit der SANE-Software betreiben wollen.
- *Probe all LUNs on each SCSI device*: Wenn Sie einen SCSI-CD-ROM-Wechsler betreiben wollen, brauchen Sie diese Option, da der Wechsler den eingelegten CDs so genannte LUNs (**L**ogical **U**nit **N**umbers) zuordnet.
- *Verbose SCSI error reporting (kernel size + = 12K)*: Über diese Option können Sie ausführlichere SCSI-Fehlermeldungen erzeugen, die in die Log-Datei */var/log/messages* geschrieben werden. Verwenden Sie diese Option nur, wenn Ihre SCSI-Geräte nicht fehlerfrei arbeiten.
- *SCSI logging facility*: Über diese Option kann der Grad der SCSI-Protokollierung beeinflusst werden – neben dem Einbinden in den Kernel ist zusätzlich ein Schreibzugriff auf die Datei */proc/scsi/scsi* notwendig. Experten-Option.

12 SCSI low-level drivers

Wenn Sie einen (oder mehrere) SCSI-Controller verwenden, müssen Sie hier den (die) passenden Kerneltreiber aktivieren. Alle anderen können Sie deaktivieren. Beachten Sie dabei, dass der Treiber für viele populäre Adaptec-SCSI-Controller (2930/2940/3940 usw.) unter *aic7xxx* aktiviert wird.

Die billigen SCSI-Adapter, die mit aktuellen Scannern ausgeliefert werden (ohne interne Festplattenanschlüsse), werden nicht unterstützt. Wenn Sie einen Scanner unter Linux verwenden möchten, benötigen Sie statt des mitgelieferten Controllers einen von Linux unterstützten richtigen SCSI-Controller; solche sind bereits ab ca. 80 DM erhältlich.

Profitipp

Performance-Steigerungen bei Adaptec-SCSI-Controllern

Besitzen Sie einen Adaptec-SCSI-Controller mit dem Chipsatz aic7xxx? Dann beachten Sie die Option *Enable Tagged Command Queueing (TCQ) by default*. Sie können durch die Einstellung von TCQ beträchtliche Performance-Gewinne erzielen, wenn Ihr Gerät diese Option unterstützt. Lesen Sie hierzu auch */usr/src/linux/drivers/scsi/README.aic7xxx*.

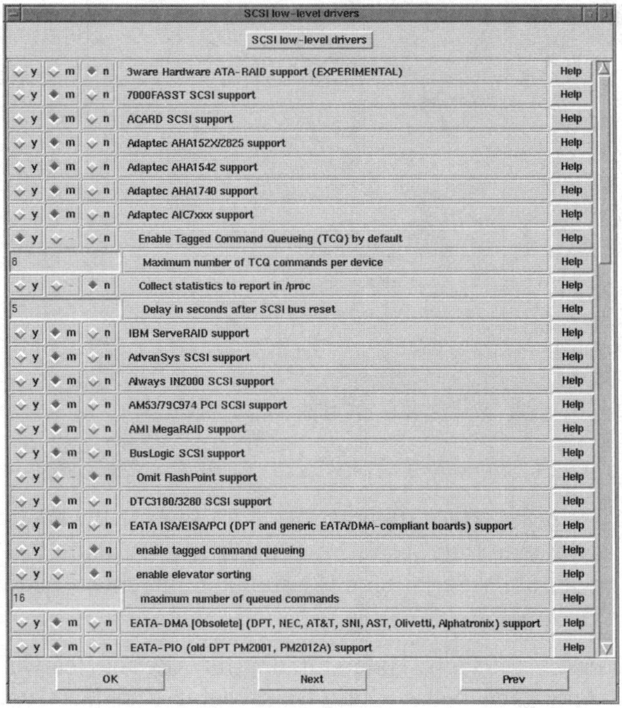

Kernelkonfiguration: SCSI-Kartentreiber

13 I2O device support

Die *I2O-Special-Interest-Group* wurde gegründet, um einen Industriestandard für hoch-performante und intelligente I/O-Subsysteme zu spezifizieren. Dabei sollen Standard-Gerätetreiber entwickelt werden, die unabhängig vom eingesetzten Betriebssystem einsatzfähig sind. Das Linux-I2O-Sybsystem stellt Anwendungsprogrammen einen Satz von Systemaufrufen zu Verfügung, die solche Standardtreiber nutzen können. Für künftige Anwendungen ist das I2O-System sehr interessant. Im Augenblick können Sie den I2O-Support noch deaktiviert lassen oder ihn nur als Modul einbinden.

14 Network device support

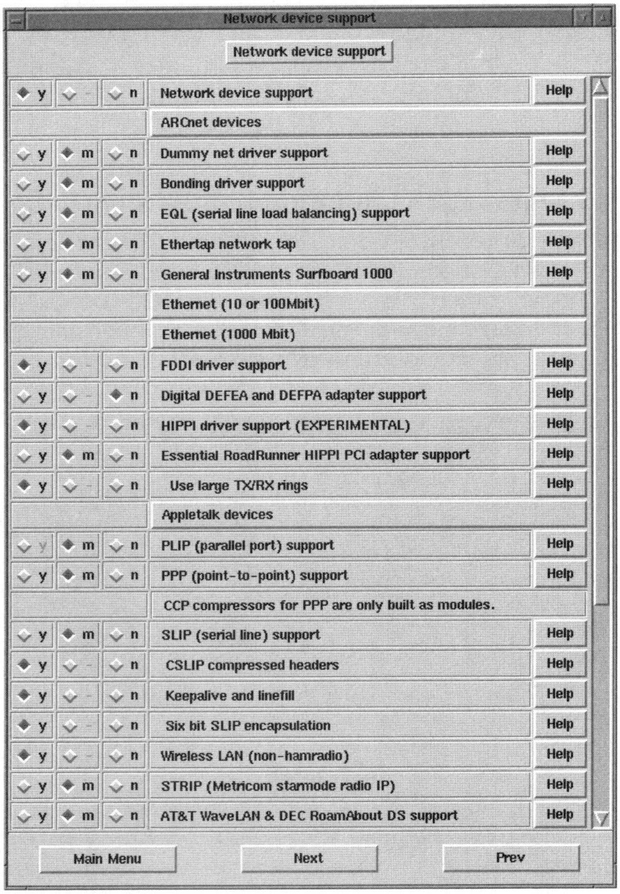

Kernelkonfiguration: Netzwerk-Geräte-Treiber

- *Network device support*: Wenn Sie eine Netzwerkkarte verwenden oder eine Internet-Verbindung über PPP (**P**oint to **P**oint **P**rotocol) oder SLIP (**S**erial **L**ine **IP**) aufbauen möchten, benötigen Sie diese Option.
- *ARCnet devices*: Unterstützung für ARCnet-Netzwerkkarten; beim Anwählen dieser Option einscheint eine Liste von Treibern für verschiedene Karten dieses Standards.
- *Dummy net driver support*: Diesen Treiber benötigen Sie, wenn Sie eine Internet-Verbindung über PPP oder SLIP aufbauen möchten.
- *Bonding driver support*: Expertenoption (Kommunikation zu einem Cisco 5500 über Etherchannel), Empfehlung *n* oder *m*.
- *EQL (serial line load balancing) support*: Dieser Treiber ermöglicht es, sich über PPP oder SLIP zweimal (über zwei Modems) ins Internet einzuwählen und die anfallenden IP-Pakete auf diese beiden Verbindungen aufzuteilen, sodass Sie die Zugriffsgeschwindigkeit

(etwa für den Download größerer Datenmengen) fast verdoppeln können (wenn Ihr Provider das zulässt).

- *Ethertap network tap*: Über eine zu erzeugende Device-Datei (*mknod /dev/tap0 c 36 16*) können Sie mit dieser Option Ethernet-Frames aus dieser Datei lesen oder in sie schreiben (Experten-Option).
- *General Instruments Surfboard 1000*: Hier kann ein Treiber für das *General Instrument SURFboard 1000 internal cable modem* als Modul eingebunden werden. Es handelt sich dabei um eine ISA-Karte, die von einer Reihe von (Fernseh-)Kabelgesellschaften verwendet wird, wenn das TV-Kabel als Internet-Zugang verwendet werden soll. Wenn Sie eine solche Karte einsetzen, geben Sie hier *m* an.
- *Ethernet (10 or 100Mbit)*: Aktivieren Sie diese Option, wenn Sie eine (Ethernet-)Netzwerkkarte verwenden wollen. Es erscheint ein Untermenü mit einigen Gruppen von Netzwerkkartenherstellern. Um eine dieser Netzwerkkarten einzubinden, aktivieren Sie zunächst die zugehörige Gruppe und dann innerhalb dieser Gruppe die konkrete Karte. Alle anderen Gruppen und die nicht verwendeten Karten der Gruppe Ihrer Karte können Sie deaktivieren.
- *Ethernet (1000Mbit)*: Wie beim vorherigen Punkt erscheint eine Liste von Netzwerkkarten, diesmal für Gigabit-Karten.
- *FDDI driver support*: Unterstützung für FDDI-Netzwerk (**F**iber **D**istributed **D**ata **I**nterface).
- *Digital DEFEA and DEFPA adapter support*: Es handelt sich hier um Unterstützung für DIGITAL-Karten für EISA oder PCI, die an ein lokales FDDI-Netz angeschlossen werden können.
- *HIPPI driver support (EXPERIMENTAL)*: Unterstützung für HIPPI-Netzwerk (**Hi**gh **P**erformance **P**arallel **I**nterface).
- *Essential RoadRunner HIPPI PCI adapter support* und *Use large TX/RX rings*: Unterstützung für die genannte Karte sowie Einstellung von großem Memory-Bereich für diese Karte.
- *Appletalk devices*: Diese Option öffnet ein Untermenü für die Unterstützung von diversen Appletalk-Controllern.
- *PLIP (parallel port) support*: Unterstützung für IP-Verbindungen über die parallele (Drucker-)Schnittstelle. Aktivieren Sie diese Option als Modul (*M*).
- *PPP (point-to-point) support*: PPP ist das Standardprotokoll für Internet-Verbindungen über einen Internet Service Provider. Wenn Sie sich über ein Modem ins Internet einwählen wollen, aktivieren Sie diesen Treiber.
- *SLIP (serial line) support*: SLIP ist ein veraltetes Protokoll zur Einwahl bei einem Internet Service Provider und wird nur noch von

wenigen Anbietern unterstützt. SLIP wurde durch PPP abgelöst. In der Regel: deaktivieren.

- *CSLIP compressed headers*: Wenn Sie doch SLIP verwenden wollen, können Sie hiermit die Komprimierung der SLIP-Paket-Header aktivieren. Dies muss dann aber auch von der Gegenstelle unterstützt werden.
- *Keepalive and linefill*: Experten-Option.
- *Six bit SLIP encapsulation*: Experten-Option.
- *Wireless LAN (non-hamradio)*: Unterstützung für kabellose LANs (nicht: Amateur-Radio). (Es folgen drei Treiber für Wireless LAN).
- *Token Ring driver devices*: Unterstützung für IBMs Token-Ring-Netzwerk. Es öffnet sich ein Untermenü für Treiber von Token-Ring-Karten).
- *Fibre Channel driver support* und *Interphase 5526 Tachyon chipset based adaptor support*: Unterstützung für Fibre Channel und Auswahl eines Treibers für den genannten Adapter.
- *Red Creek Hardware VPN (EXPERIMENTAL)*: Hier ist ein Treiber für Hardware gemeint, die ein VPN (**V**irtual **P**rivate **N**etwork) unterstützt.
- *Traffic Shaper (EXPERIMENTAL)*: Experten-Option.
- *WAN drivers*: Öffnet ein weiteres Untermenü mit Treibern für die Unterstützung von speziellen WAN-Netzwerkkarten.

15 Amateur Radio support

In dieser Gruppe können Sie die Unterstützung von Amateur-Radio-Karten in den Kernel integrieren.

16 IrDA subsystem support

Hier können Sie Unterstützung für das IrDA-Protokoll (**I**nfra**r**ed **D**ata **A**ssociations) aktivieren. IrDA ist ein Standard für drahtlose Infrarot-Kommunikation, der von vielen Notebooks unterstützt wird.

17 ISDN subsystem

Hier können Sie ISDN-Unterstützung in Ihren Kernel einbinden. Die Konfiguration eines Internet-Zugangs über ISDN beschreiben wir in Kapitel 13.3.

Wenn Sie ein externes ISDN-Modem (ISDN-Terminaladapter) verwenden, brauchen Sie keine ISDN-Unterstützung zu aktivieren, da diese ISDN-Modems wie normale Modems über eine serielle Schnittstelle angeschlossen werden und den bei Modems üblichen AT-Befehlssatz verstehen. Hier geht es ausschließlich um interne ISDN-Karten.

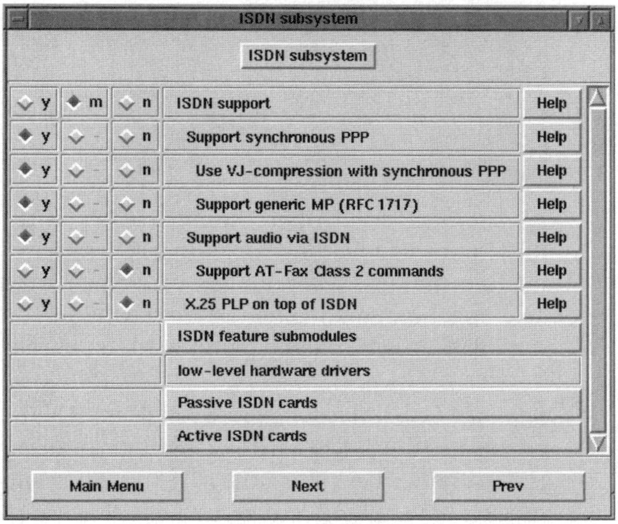

Kernelkonfiguration: ISDN-Unterstützung

- *ISDN support*: Aktivieren Sie dieses Feld, um generelle ISDN-Unterstützung zu erhalten. Wenn Sie keine ISDN-Karte verwenden wollen, wechseln Sie zum nächsten Themengebiet (*CD-ROM drivers*).
- *Support synchronous PPP*: Diese Option erlaubt den Aufbau einer synchronen PPP-Verbindung, wie Sie sie für die Einwahl über den ISDN-PPP-Dämon *ipppd* benötigen (empfohlen).
- *Use VJ-compression with synchronous PPP*: Aktiviert Van Jacobsen Header Compression für synchrones PPP (empfohlen).
- *Support generic MP (RFC 1717)*: Hiermit können Sie mehrere ISDN-Verbindungen bündeln (Experten-Option).
- *Support audio via ISDN*: Um Ihren PC mit ISDN-Karte als Anrufbeantworter zu verwenden, benötigen Sie diesen Treiber.
- *Support AT-Fax Class 2 commands*: Wenn Sie hier *y* eingeben, unterstützt der Modem-Emulator eine Teilmenge der Fax-Klasse-2-Kommandos. Zusammen mit einer Fax-Software wie *mgetty + sendfax* oder *hylafax* wird so aus Ihrem Linux-PC ein Faxgerät. Lesen Sie hierzu auch Kapitel 13.16.

  Allerdings muß diese Möglichkeit auch von Ihrer Hardware und dem zugehörigen Lowlevel-Treiber unterstützt werden. Eine Liste finden Sie in *Documentation/isdn/README.fax*.
- *X.25 PLP on top of ISDN*: Mit dieser Option wird eine Software aktiviert, die für das X.25-Protokoll das ISDN4Linux nutzt. Nur für absolute Experten, zumal der Treiber sich noch im Teststadium befindet.
- *ISDN feature submodules*: Durch Klicken auf diese Schaltfläche erscheint ein Untermenü, mit dem weitere ISDN-Features eingestellt werden können.

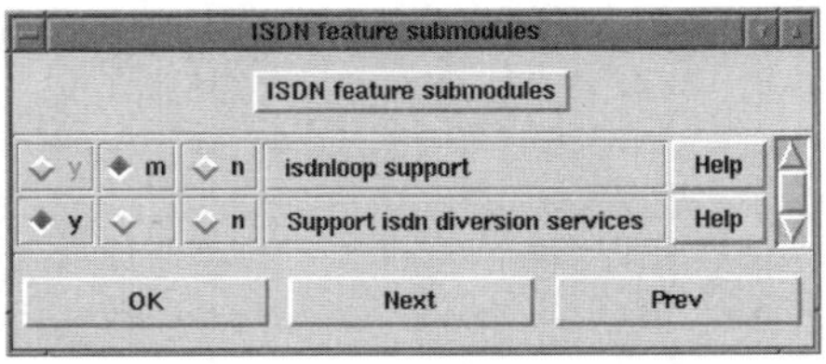

Kernelkonfiguration: ISDN-Features

- *isdnloop support*: Über diesen Treiber wird eine virtuelle ISDN-Karte zur Verfügung gestellt. Diese kann zum Test von ISDN-basierten Anwendungen verwendet werden, ohne dass Telefongebühren anfallen. Da diese Option von einigen neueren ISDN-Programmen benutzt wird, ist hier die Empfehlung: *m* oder *y*.
- *Support isdn diversion services*: Diese Option erlaubt einige zusätzliche ISDN-Leistungsmerkmale zusammen mit dem HiSax-Treiber bei einer EURO/DSS1-Verbindung.
  Aktuell unterstützt werden Anrufweiterleitung durch den Angerufenen bei Ankommen eines Anrufs (CD), Anrufweiterleitung sofort (CFU), Anrufweiterleitung bei Besetzt (CFB) und Anrufweiterleitung bei Nicht-Melden (CFNR).
  Weitere Informationen finden Sie in *Documentation/isdn/README.diversion*.

- *Passive ISDN cards*: Beim Anklicken erscheint ein Untermenü. Wählen Sie bei dem ersten Punkt (*HiSax SiemensChipSet driver support*) *y* oder *m*, wenn Sie eine Karte mit dem Siemens Chipset (z. B. AVM A1, Elsa ISDN-Karten, Teles S0-16.0, Teles S0-16.3, Teles S0-8, Teles/Creatix PnP, ITK micro ix1 und viele andere kompatible) einsetzen. Daraufhin werden die anderen Menüpunkte in der Liste anklickbar.

  Im folgenden ersten Teil geht es um Protokoll-Features wie *Support for german chargeinfo* (Unterstützung von deutschen Gebühreninformationen). Wählen Sie hier die gewünschten Features aus.

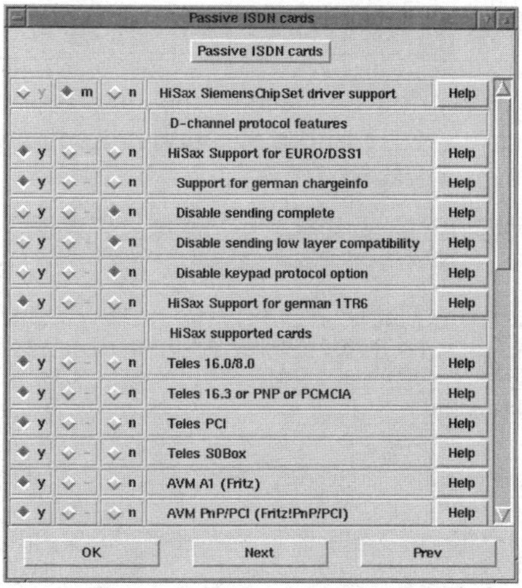

Kernelkonfiguration: ISDN-Features

Im zweiten Teil des Untermenüs (*HiSax supported cards*) wird nun der eigentliche Treiber für Ihre Karte ausgewählt.

- *HiSax Support for EURO/DSS1*: Die Telekom schaltet seit einiger Zeit alle ISDN-Anschlüsse als EURO-ISDN-Anschlüsse. Wenn Sie einen solchen Anschluss verwenden, aktivieren Sie diesen Treiber.
- *Support for german chargeinfo*: Unterstützung für die Gebührenimpulse, die in Deutschland von der Telekom verschickt werden.

Es folgen weitere Optionen, die alle mit *Disable* beginnen. Sie sind entweder nur in Australien oder in besonderen Fehlerfällen interessant.

- *HiSax Support for german 1TR6*: Vor der Umstellung auf EURO-ISDN wurden die Anschlüsse in der deutschen ISDN-Betriebsart 1TR6 geschaltet. Verwenden Sie diesen Treiber, wenn Sie noch einen solchen alten Anschluss haben.

Es folgen nun die Treiber für diverse Karten mit dem Siemens-Chipsatz. Aktivieren Sie nur den zu Ihrer Karte passenden Treiber. Die von der Telekom als Teledat 150 ausgelieferte Karte ist eine AVM-FRITZ!Card. Unterstützt werden: Teles 16.0/8.0, 16.3, PNP, PCMCIA, 16.3c, AVM A1, Elsa-Karten, ITK ix1-micro Revision 2, Eicon-Diehl Diva, ASUSCOM, TELEINT, Sedlbauer speed card/win/star, USR Sportster internal TA, MIC, NETjet und Niccy PnP/PCI.

- *Active ISDN cards*: Wenn Sie eine aktive ISDN-Karte einsetzen, müssen Sie hier den passenden Treiber aussuchen.

18 Old CD-ROM drivers (not SCSI, not IDE)

Dieser Bereich enthält Treiber für diverse CD-ROM-Laufwerke, die an einen eigenen Controller angeschlossen werden. Wenn Sie ein ATAPI-

(EIDE-) oder SCSI-CD-ROM-Laufwerk verwenden, deaktivieren Sie die Option *Support non-SCSI/IDE/ATAPI CDROM drivers*. Andernfalls aktivieren Sie diese Option und zusätzlich den Treiber für Ihr CD-ROM-Laufwerk. Mehr hierzu erfahren Sie auch in Kapitel 9.8 über den Einbau von CD-ROM-Laufwerken.

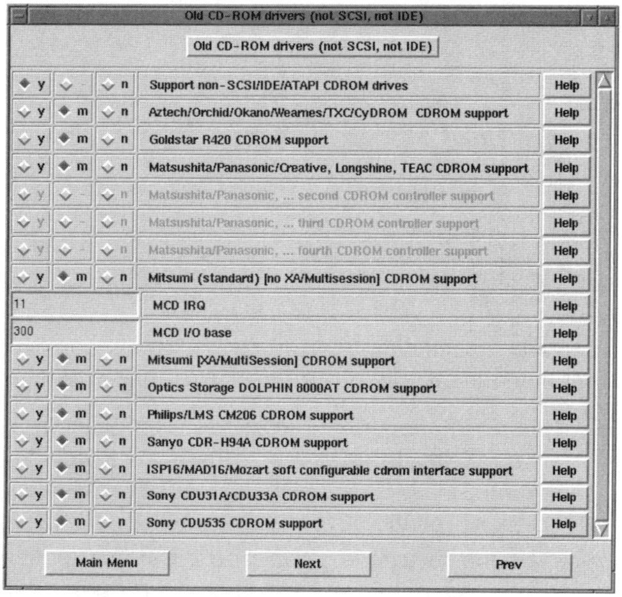

Kernelkonfiguration: CD-ROM-Laufwerke (außer SCSI und ATAPI)

19 Character devices

- *Virtual terminal*: Virtuelle Terminals sind die Konsolen, zwischen denen Sie mit Alt+F1, Alt+F2 usw. hin- und herschalten können. Diese brauchen Sie also auf jeden Fall.
- *Support for console on virtual terminal*: System-Meldungen (z. B.: *System is going down*) werden auf der System-Konsole ausgegeben: Dies ist in der Regel die gerade aktive Konsole. Auch dies brauchen Sie.
- *Standard/generic (dumb) serial support*: Dieser Treiber bindet die seriellen Schnittstellen in den Kernel ein. Wenn Sie eine serielle Maus, ein Modem oder sonstige Geräte an einer seriellen Schnittstelle (auch ein Null-Modemkabel für die Verbindung mit einem anderen Rechner!) verwenden wollen, sollten Sie diesen Treiber aktivieren.
- *Support for console on serial port*: Die bereits erwähnten System-Meldungen können auch über einen seriellen Port ausgegeben werden, sodass Sie diese beispielsweise auf einem angeschlossenen „echten" Terminal ausgeben können. Tipp: nicht auswählen.
- *Extended dumb serial driver options*: Aktivieren Sie diese Option, um die folgenden fünf Optionen beeinflussen zu können.

- *Support more than 4 serial ports*: Diese Option erlaubt es, mehr als die vier Standard-Schnittstellen COM1 bis COM4 anzusprechen.
- *Support for sharing serial interrupts*: Aktivieren, falls sich in Ihrem System mehrere serielle Schnittstellen einen Interrupt (IRQ) teilen.
- *Autodetect IRQ on standard ports (unsafe)*: Über diese Option wird der Kernel versuchen, die Interrupts der Standard-Schnittstellen zu erraten. Die Kerneldokumentation rät davon ab, da dies unsicher ist.
- *Support special multiport boards*: Unterstützung für eine spezielle Schnittstelle auf Schnittstellenkarten, die mehrere serielle Ports zur Verfügung stellen: Auf dem speziellen Port wird dann signalisiert, dass eine der Schnittstellen ausgelesen werden soll (Tipp: *n*).
- *Support the Bell Technologies HUB6 card*: Unterstützung für eine Spezialkarte.
- *Non-standard serial port support*: Hier können Sie Treiber für spezielle Schnittstellenkarten einbinden. Diese Karten werden normalerweise verwendet, wenn mehr als 2 serielle Schnittstellen benötigt werden, z. B. für einen Einwahldienst. Wenn Sie eine solche Karte nicht haben, deaktivieren Sie diese Option.
- *Unix98 PTY support*: Jedes *xterm*-Fenster unter X Window stellt ein Pseudo-Terminal dar. Bis zu Kernel 2.0.xx erhielten diese die Gerätenamen */dev/ttyp0*, */dev/ttyp1* usw. Mit aktiviertem Unix98 PTY support werden diese zu */dev/pts/0*, */dev/pts/1* usw. Neben dieser Option müssen Sie zusätzlich */dev/pts filesystem for Unix98 PTYs* aktivieren. Tipp: *y*.
- *Maximum number of Unix98 PTYs in use*: Hier geben Sie an, wie viele Pseudo-Terminals gleichzeitig existieren können. Übernehmen Sie den Default-Wert 256.
- *Parallel printer support*: Dieser Treiber erlaubt die Ansteuerung eines Druckers an einer parallelen Schnittstelle. Da die Mehrzahl der handelsüblichen Drucker Paralleldrucker sind, sollten Sie diesen Treiber aktivieren. Seit Kernel 2.2.0 kann er gleichzeitig mit dem PLIP-Treiber (**P**arallel **L**ine **IP**) aus dem Unterkapitel *Network device support* aktiviert werden.
- *Support IEEE1284 status readback*: Wenn Ihr Drucker die IEEE-1284-Norm unterstützt, kann über die parallele Schnittstelle die Statusinformation ausgelesen werden (z. B. über *cat /dev/lp0*). Tipp: *y*.

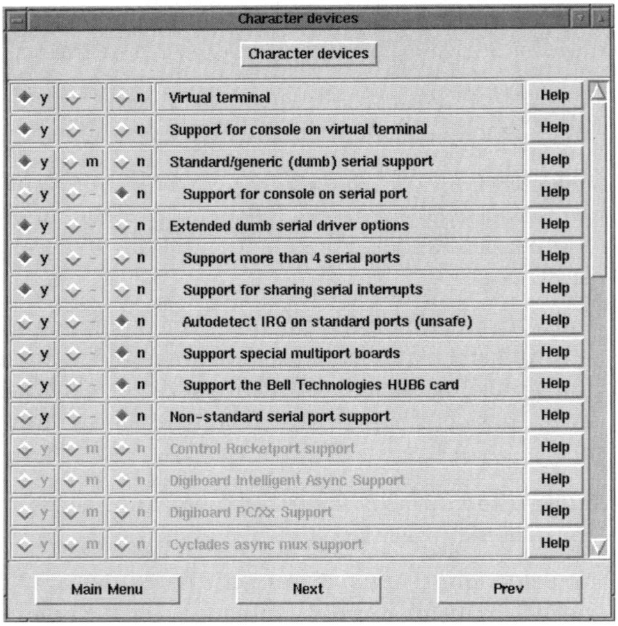

Kernelkonfiguration: Unterstützung für zeichenbasierte Geräte

- *Mouse support (not serial mice)*: Aktivieren Sie diese Option nur, wenn Sie eine Maus verwenden, die nicht an eine serielle Schnittstelle angeschlossen wird, also z. B. bei einer PS/2-Maus.
- *Mice*: Durch Anwahl dieser Option erscheint ein Menü zur Unterstützung von Mäusen. Es war in früheren Kernelversionen eine eigene Hauptgruppe. Zur Einbindung von Mäusen lesen Sie bitte weiter unten im Kapitel in den folgenden Hauptgruppen.
- Joysticks

  Falls Sie einen von Linux unterstützten Joystick einsetzen wollen, aktivieren Sie hier die Option *Joystick support* und wählen außerdem den Treiber Ihres Geräts aus.
- *QIC-02 tape support*: Tape-Streamer, die Bänder im QIC-Format verwenden und weder an einen SCSI-Controller noch an einen EIDE-Controller angeschlossen werden, benötigen diesen Treiber.
- *Do you want runtime configuration for QIC-02*: Es gibt ein Programm *qic02conf*, das Teil des Pakets *tpqic02-support-X.Y.tar.gz* ist. Mit diesem Tool können Sie Ihren QIC-02-Streamer im laufenden Betrieb konfigurieren. Um das Paket zu nutzen, müssen Sie es im Internet suchen und selbst übersetzen, wenn es nicht Teil Ihrer Distribution ist.
- *Watchdog Timer Support*: Dieser Treiber ist für Server sinnvoll: Ein „Wachhund“ überprüft in einminütigem Abstand, ob in eine bestimmte Datei geschrieben wurde. Ist dies nicht erfolgt, vermutet der „Wachhund“, dass Teile des Betriebssystems abgestürzt sind, und führt einen Reboot durch.

- *Watchdog Cards*: In dieser Untergruppe können Sie Watchdog-Karten, die ständig das korrekte Funktionieren Ihres Rechners überwachen, konfigurieren. Da es sich hier wieder um Zusatzhardware handelt, die nur einen kleinen Personenkreis anspricht, gehen wir nicht weiter darauf ein.
- */dev/nvram support*: Wenn Sie diesen Treiber einbinden und mit dem Befehl */sbin/mknod /dev/nvram c 10 144* eine neue Gerätedatei */dev/nvram* erzeugen, können Sie über diese den Inhalt des nicht flüchtigen Speichers (CMOS-RAM) auslesen und ändern. (Dafür werden Sie allerdings in der Regel keine Verwendung haben.)
- *Enhanced Real Time Clock Support*: Dieser Treiber ermöglicht den Zugriff auf die Hardwareuhr Ihres Rechners über die Gerätedatei */dev/rtc* (*rtc*: **r**eal **t**ime **c**lock). In der Regel überflüssig.
- *Video for Linux*: Auch dieses Untermenü war früher eine eigene Hauptgruppe.

  Mit den neuen Video-for-Linux-Treibern erhalten Sie auf Kernelebene Unterstützung für Audio-/Video-Capture mit TV-Karten und Radio-Karten. Sie benötigen außerdem Zusatzprogramme, die Sie unter *ftp://ftp.uk.linux.org/pub/linux/video4linux* finden.

  - *Video For Linux*: Aktivieren Sie diese Option, wenn Sie eine der unterstützten TV- oder Radiokarten besitzen.

  Es folgt nun eine Liste verschiedener Karten. Aktivieren Sie den Treiber für die von Ihnen eingesetzte Karte bzw. für den Chipsatz dieser Karte. Bei einigen Modellen muss zusätzlich der Interrupt (IRQ) angegeben werden.

  Im Falle einer Typhoon-Radio-Karte können Sie außerdem den Treiber *Support for /proc/radio-typhoon* auswählen, der dann eine *proc*-Datei */proc/radio-typhoon* zum Auslesen von Statusinformationen zur Verfügung stellt.
- *Double talk PC internal speech card support*: Unterstützung für einen speziellen Sprachsynthesizer.
- *Ftape, the floppy tape device driver*: Die Beschreibung dieser Gruppe finden Sie weiter hinten in diesem Kapitel als eigenen Hauptpunkt.

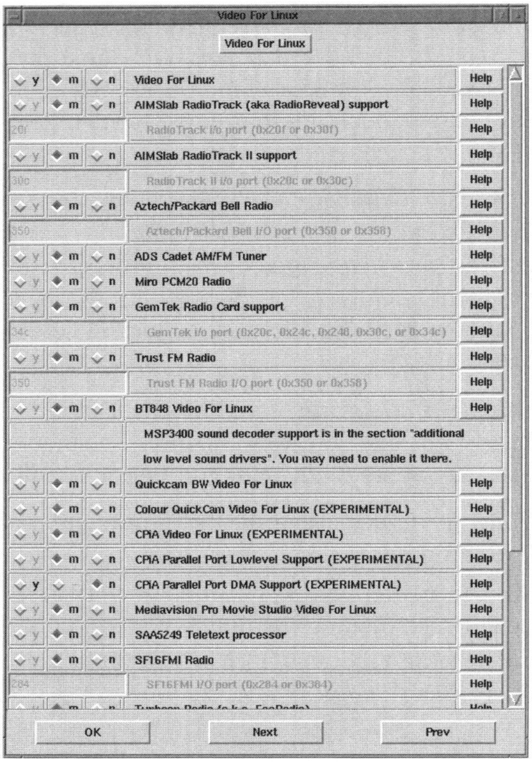

Kernelkonfiguration: Video

20 Mice

Wenn Sie im vorangegangenen Menü die Option *Mouse support (not serial mice)* aktiviert haben, können Sie hier Unterstützung für Ihren speziellen Maustyp einbinden.

- *ATIXL busmouse support*: Treiber für ATIXL-Bus-Mäuse, die an ATI-Grafikkarten angeschlossen werden.
- *Logitech busmouse support*: Treiber für Logitech-Bus-Mäuse.

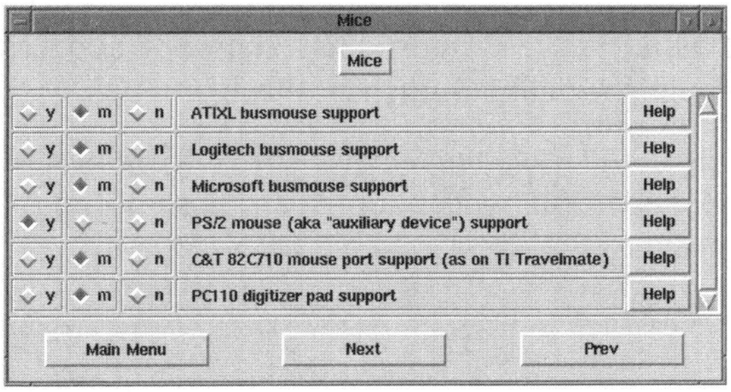

Kernelkonfiguration: Support für Mäuse

- *Microsoft busmouse support*: Treiber für Microsoft-Bus-Mäuse.
- *PS/2 mouse (aka) auxiliary device*emph) *support*: Treiber für PS/2-Mäuse.

- *C&T 82C710 mouse port support (as on TI Travelmate)*: Treiber für C&T 82C710-Mausschnittstelle; eine PS/2-Variante.
- *PC110 digitizer pad support*: Treiber für Digitizer-Pad des IBM PC110-Palmtop.

21 Ftape, the floppy tape device driver

- *Ftape (QIC-80/Travan) support*: Treiber für Floppy-Streamer, die an den Diskettenlaufwerks-Controller angeschlossen werden.
- *Zftape, the VFS interface*: Dieser Treiber enthält die Software, die nötig ist, um lesend oder schreibend auf einen Floppy-Streamer zuzugreifen. Er war in früheren Kernelversionen Teil des ersten Treibers und muss auch aktiviert werden, wenn Sie einen Floppy-Streamer besitzen.
- *Default block size*: Übernehmen Sie den Default-Wert 10240.
- *Number of ftape buffers (EXPERIMENTAL)*: Übernehmen Sie den Default-Wert 3.
- *Enable procfs status report*: Wenn Sie diese Option auswählen, wird eine Verzeichnishierarchie */proc/ftape/* erzeugt; über *less /proc/ftape/history* erhalten Sie dann Informationen über das eingelegte Band, das Laufwerk und den Treiber.
- *Debugging output*: Hiermit können Sie die Menge an Debugging-Informationen beeinflussen, die der Treiber ausgeben *kann*. Übernehmen Sie die Standardeinstellung *Normal*.
- *Floppy tape controllers*: Wenn Ihr Floppy-Streamer nicht am Standard-Floppyport angeschlossen wird, sondern einen eigenen Controller bietet, können Sie diesen hier auswählen: Wählen Sie unter *MACH-2* (Mountain), *FC-10/FC-20* (Colorado) und *Alt/82078*. Ansonsten lassen Sie die Einstellung bei Standard. Nähere Informationen erhalten Sie über die Online-Hilfe (*Help*).

Die restlichen Einstellungen lassen Sie auf den Standardwerten; im Falle des Einsatzes eines Spezialcontrollers sind eventuell die Werte für I/O-Adresse, Interrupt und DMA in den ersten drei folgenden Zeilen einzutragen.

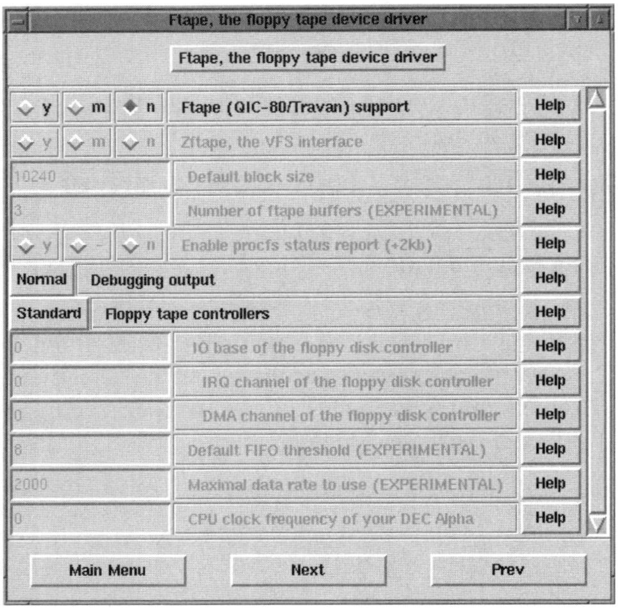

Kernelkonfiguration: Ftape-Treiber

22 Filesystems

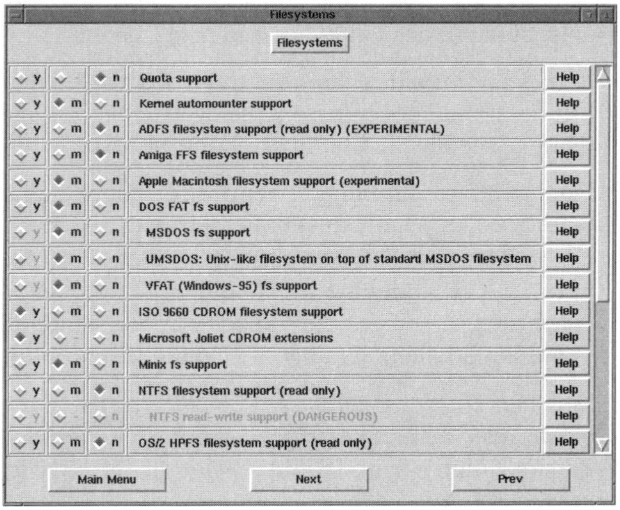

Kernelkonfiguration: Dateisysteme

In diesem Teil der Kernelkonfiguration werden die Dateisysteme festgelegt, die im Linux-Betrieb verfügbar sein sollen. Dies bildet überhaupt die Grundlage dafür, dass mit dem Kommando *mount* eine Partition mit einem bestimmten Dateisystem in den Linux-Verzeichnisbaum integriert werden kann. Lesen Sie dazu gegebenenfalls das Kapitel 6.3, *Verwendung neuer Datenträger*.

Es werden nun die Dateisysteme vorgestellt, die unter Linux auf einem PC interessant sind. Zum einen werden die Linux-Dateisysteme *minix*, *ext2fs* und *umsdos* vorgestellt. Zum anderen unterstützt Linux auch die Dateisysteme anderer PC-Betriebssysteme. Darunter das DOS-Dateisystem, auch zusätzlich mit der Erweiterung VFAT für Windows 95 und Windows 98. Das Dateisystem HPFSHPFS von OS/2 wird nur readonly unterstützt, das heißt, es können Dateien gelesen, aber nicht geschrieben werden.

Das Dateisystem NTFS von Windows NT wird ebenfalls nur readonly unterstützt. Ein Read-Write-Zugriff steht aber experimentell zur Verfügung: Dies sollten Sie nicht mit „wichtigen“ Daten auf NT-Partitionen ausprobieren.

- *Quota support*: Unter Linux setzen Sie in der Regel das Dateisystem *ext2fs* ein. In diesem Fall können Sie den verfügbaren Festplattenplatz für bestimmte Benutzer einschränken. Dafür müssen Sie diese Unterstützung aktivieren. Auf einem Einzelplatzrechner ist dies sicherlich nicht nötig.
- *Kernel automounter support*: Mit dem Kernel automounter und in Zusammenarbeit mit dem *autofs*-Paket (Paket: *autofs-3.1.3-2.i386.rpm*) können lokale Partitionen, Disketten oder NFS-Volumes beim Betreten des Mount-Verzeichnisses automatisch gemountet und nach dem Verlassen ebenso wieder entmountet werden. Wenn Sie das *autofs*-Paket benutzen wollen, aktivieren Sie diesen Treiber, installieren das *autofs*-Paket und lesen die man-Pages zu *automount(8)*, *auto.master(5)*, *autofs(8)* und *mount(8)*.
- *ADFS filesystem support (read only) (EXPERIMENTAL)*: Unterstützung für das **A**corn **D**isc **F**iling **S**ystem von Acorns' RISC PC.
- *Amiga FFS filesystem support*: Unterstützung für das Fast File System des Commodore Amiga (ab AmigaOS 1.3).
- *Apple Macintosh filesystem support (experimental)*: Unterstützung für das HFS-Dateisystem des Apple Macintosh.
- *DOS FAT fs support*: Diese Unterstützung muss für die Module *MS-DOS*, *VFAT* und *umsdos* aktiviert sein (Empfehlung: aktivieren).
- *MSDOS fs support*: Als Dateisystem auf Disketten bietet sich zum Austausch mit anderen Betriebssystemen das DOS-Dateisystem an. Sie sollten schon aus diesem Grund dieses Modul aktivieren. Wenn Sie auf bestehende DOS-Partitionen zugreifen wollen, sind Sie auf jeden Fall hierauf angewiesen (Empfehlung: aktivieren).
- *UMSDOS: Unix-like filesystem on top of standard MSDOS filesystem*: UMSDOS ist ein Dateisystem, das auf einer normalen DOS-Partition Unix-Dateiinformationen (Benutzer- und Gruppen-IDs, lange Dateinamen, Unterscheidung zwischen Groß- und Kleinschreibung, Zugriffsrechte etc.) abspeichert, sodass ein vollständiges Unix-Dateisystem zur Verfügung steht. Einige Linux-Distributionen erlauben sogar das Booten von einer solchen UMSDOS-Partition – es muss dann keine einzige ext2-Partition

angelegt werden. Da das UMSDOS-System allerdings eine sehr schlechte Performance bietet (die Zusatzinformationen werden für jedes Verzeichnis in eine versteckte Datei geschrieben), unterstützt RedHat-Linux die Möglichkeit des Bootens von UMSDOS nicht.

Zum Einrichten eines UMSDOS-Systems reicht es nicht aus, die Partition mit *mount -t umsdos ...* einzubinden – sie muss außerdem synchronisiert werden. Dazu ist das Programm *umssync* einzusetzen, das Teil des Pakets *umsdos_progs* ist und nicht auf den Red Hat-CDs enthalten ist. Nähere Informationen finden Sie in der Datei */usr/doc/HOWTO/UMSDOS-HOWTO*.

- *VFAT (Windows 95) fs support*: Dies ist eine Erweiterung des DOS-Dateisystems, wie es unter Windows 95, Windows 98 und zum Teil unter Windows NT eingesetzt wird. Ohne diese Unterstützung können die bis zu 255 Zeichen langen Dateinamen nicht verwendet werden (Empfehlung: aktivieren).
- *ISO 9660 CDROM filesystem support*: Das Dateisystem auf CDs genügt dem ISO-9660-Standard und kann auch unter Linux gelesen werden. Nach diesem Standard sind acht Zeichen lange Dateinamen mit einer drei Zeichen langen Erweiterung vorgesehen, damit CDs auch unter DOS gelesen werden können. Es gibt aber eine Standard-konforme Erweiterung dieses Dateisystems, um auch auf CD-ROMs Links, lange Dateinamen, Eigentümer und Benutzerrechte abzulegen. Diese Erweiterung ist unter dem Namen Rock-Ridge bekannt und wird ebenso unter dieser Bezeichnung unterstützt. Falls Sie ein CD-ROM-Laufwerk einsetzen, muss diese Unterstützung unbedingt aktiviert werden.
- *Microsoft Joliet CDROM extensions*: Microsoft hat (mal wieder!) eine eigene Erweiterung (Joliet) des ISO-9660-Standards definiert, die die Verwendung von langen Dateinamen mit Groß- und Kleinschreibung ermöglicht. Unterstützung für diese Erweiterung aktivieren Sie über diese Option. Joliet-CDs lassen sich wie üblich mit *mount -t iso9660 ...* mounten. Es gibt auch Mixed-Mode-CDs, die gleichzeitig Rockridge- und Joliet-Extensions haben.
- *Minix fs support*: Das Dateisystem minix war das erste unter Linux verfügbare Dateisystem. Es wird immer noch vom Linux-Kernel unterstützt, spielt aber im laufenden Betrieb kaum noch eine Rolle. Es wird gelegentlich auf Disketten verwendet, da die Verwaltungsstruktur sehr einfach ist und damit wenig Speicherkapazität auf der Diskette durch die Verwaltung verloren geht. Insbesondere wird es zur Erstellung von Boot-Disketten eingesetzt (Empfehlung: aktivieren).
- *NTFS filesystem support (read only)*: Nur lesender Zugriff auf Partitionen mit dem Dateisystem NTFS von Microsoft Windows NT. Aktivieren, falls Sie Windows NT in Kombination mit Linux auf einem PC einsetzen.

- *NTFS read-write support (DANGEROUS)*: Als gefährlich wird der Schreibzugriff auf NT-Partitionen eingeschätzt. Daher sollten Sie darauf verzichten und Daten lieber über den Umweg über eine DOS-Partition nach NT kopieren. (Alternativ können Sie auch unter NT den Linux-Explorer einsetzen, der Lese-Zugriff auf Linux-Partitionen erlaubt.)
- *OS/2 HPFS filesystem support (read only)*: Nur lesender Zugriff auf Partitionen mit dem Dateisystem HPFS von IBM OS/2. Aktivieren, falls Sie OS/2 in Kombination mit Linux auf einem PC einsetzen.
- */proc filesystem support*: Falls diese Einstellung aktiviert wird, stellt der Linux-Kernel über das Verzeichnis */proc* im Linux-Verzeichnisbaum Informationen über den aktuellen Systemzustand zur Verfügung. Die dort angelegten Dateien können ausgelesen werden, um diese Informationen abzurufen. Zu diesen Informationen zählt der Speicherverbrauch, die eingebaute CPU, die verwendeten Interrupts, belegte DMA-Kanäle, Rechnerauslastung etc. Somit ist die Aktivierung dringend zu empfehlen. Lesen Sie hierzu auch den Abschnitt in Kapitel 9.6, *Kernelmodule verwenden*.
- */dev/pts filesystem support for Unix98 PTYs*: Dies ist das Dateisystem, das für die virtuellen Terminals benötigt wird (siehe Gruppe *Character Devices*). Empfehlung: *y*.
- *QNX4 filesystem support (EXPERIMENTAL)*: Unterstützung für das Dateisystem des Echtzeitbetriebssystems QNX 4.
- *QNX4FS read-write support (FOR TESTING ONLY)*: Schreibzugriff auf QNX-Partitionen.
- *ROM filesystem support*: Unterstützung für ein spezielles einfaches Dateisystem, das für die Erstellung von Boot-ROMs geeignet ist. In der Regel unnötig.
- *Second extended fs support*: Linux verwendet den Nachfolger des Extended File Systems (extfs), das zweite erweiterte Dateisystem mit dem Namen ext2fs. Es ermöglicht derzeit eine maximale Partitionsgröße von 2 GByte, die prinzipiell vergrößert werden könnte. Die Dateigröße ist bereits für eine Vergrößerung ausgelegt und kann bis zu 16 GByte betragen. Die Dateinamen können bis zu 255 Zeichen lang sein, und es wird zwischen Groß- und Kleinschreibung unterschieden. Des Weiteren können in diesem Dateisystem Verweise auf andere Dateien angelegt werden. Dies ist das Standarddateisystem von Linux, also unbedingt aktivieren. Das alte extfs-System wird seit Kernel 2.2.0 nicht mehr unterstützt.
- *System V and Coherent filesystem support*: Zugriff auf Datenträger der Betriebssysteme Xenix und Coherent. Normalerweise: deaktivieren.

- *UFS filesystem support*: Nur lesender Zugriff auf das Dateisystem UFS, wie es von den Betriebssystemen FreeBSD, NetBSD, SunOS, Solaris und NeXTstep verwendet wird. In der Regel: deaktivieren.
- *UFS filesystem write support (experimental)*: Expertenoption.
- *SGI EFS filesystem support (read only) (experimental)*: EFS ist das Filesystem, das SGIs IRIX z. B. für CD-ROMs verwendet. Sie können hier *n* angeben, wenn Sie keine IRIX-CD-ROMs lesen wollen.

Die folgenden drei Punkte (*Network File Systems*, *Partition Types* und *Native Language Support*) waren in früheren Kernelversionen in eigenen Hauptgruppen untergebracht. Sie finden sie jetzt als Untergruppen in der Rubrik *Filesystems*.

Der Übersichtlichkeit wegen lassen wir sie hier als eigene Gruppen bestehen.

23 **Network File Systems** Hier werden alle Dateisysteme behandelt, die Volumes über das Netzwerk von entfernten Rechnern mounten (typisch: NFS, SMB und Netware).

- *Coda filesystem support (advanced network fs)*: Coda ist ein erweitertes Dateisystem, das ähnliche Möglichkeiten bietet wie NFS (siehe nächste Option). In der Regel: deaktivieren.
- *NFS filesystem support*: Über das **N**etwork **F**ile **S**ystem oder kurz NFS kann über das Netzwerk auf Festplatten in anderen Linux-Rechnern zugegriffen werden. Dieser Dienst des Herstellers SUN ist im Allgemeinen unter Unix-Betriebssystemen, jedoch als architekturneutrale Lösung auch unter Windows 95/98, Windows NT und OS/2 verfügbar. Auf einem Einzelplatzrechner: deaktivieren.
- *Root file system on NFS*: Über diese Option können Sie eine Diskless-Station erstellen, die selbst das Root-Dateisystem / von einem NFS-Server bezieht. In der Regel deaktivieren.
- *NFS server support*: Im Gegensatz zu früheren Linux-Versionen (bis Kernel 2.0.xx) gibt es nun eine Alternative zum Einsatz des *nfsd*-Servers, der als normales Programm NFS-Server-Dienste zur Verfügung stellt: Kernel 2.2.x kann dies auch auf Kernelebene und ist dadurch schneller. Nur wenn Sie einen NFS-Server betreiben wollen und das neue Kernelfeature (nicht den *nfsd*) dazu verwenden wollen, aktivieren Sie diese Option.
- *Emulate SUN NFS server*: NFS Server soll sich wie ein SUN-NFS-Server verhalten (erlaubt das Bereitstellen von Verzeichnissen, die Mountpoints auf dem Server sind; Experten-Option).
- *SMB filesystem support (to mount WfW shares etc.)*: Netzwerkzugriff auf Verzeichisse (Volumes), die über das SMB-Protokoll zur Verfügung gestellt werden, zum Beispiel unter Windows for Workgroups, Windows NT oder Lan-Manager. Wenn Sie ein kleines lo-

kales Netz mit Windows-PCs aufbauen wollen, müssen Sie hier *y* wählen, sonst können Sie diese Option deaktivieren.

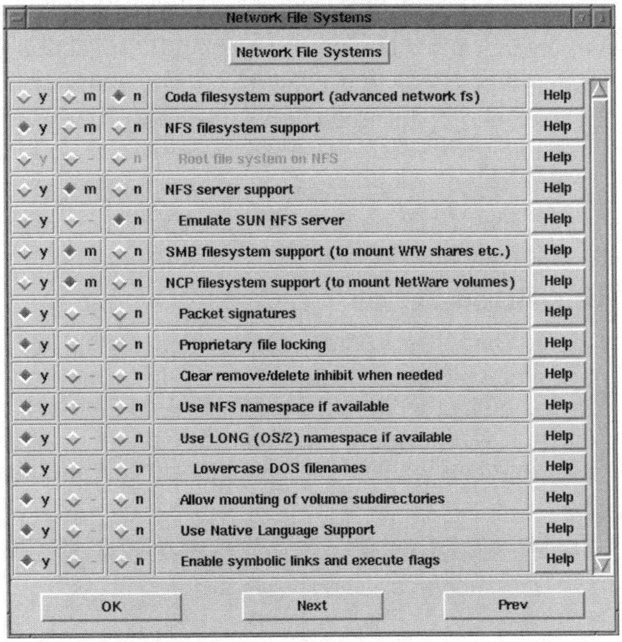

Kernelkonfiguration: Network File Systems

- *NCP filesystem support (to mount NetWare volumes)*: Das **N**etware **C**ore **P**rotocol (NCP) ist der Standard, über den Volumes eines Novell-Netware-Servers im Netz bereitgestellt werden. Wenn sich in Ihrem Netz ein solcher Server befindet und Sie Volumes dieses Servers mounten wollen, benötigen Sie diesen Treiber. In der Regel: deaktivieren.

Die folgenden Optionen beziehen sich sämtlich auf das NCP-Dateisystem.

- *Packet signatures*: Erhöht die Sicherheit durch Versehen der Pakete mit Signaturen.
- *Proprietary file locking*: Experten-Option.
- *Clear remove/delete inhibit when needed*: Experten-Option.
- *Use NFS namespace if available*: Erlaubt die Unterscheidung von Groß- und Kleinschreibung von Dateinamen.
- *Use LONG (OS/2) namespace if available*: Erlaubt die Verwendung langer Dateinamen.
- *Lowercase DOS filenames*: Wenn Sie hier *y* angeben, wird jeder Dateiname, der den OS2/LONG-Namensraum benutzt, in Kleinbuchstaben konvertiert. Gibt man hier *n* an, werden die Dateinamen in Großbuchstaben angezeigt.

- *Allow mounting of volume subdirectories*: Wenn diese Option aktiv ist, können nicht nur vollständige Netware-Volumes, sondern auch Unterverzeichnisse dieser Volumes separat gemountet werden.
- *Use Native Language Support*: Diese Option erlaubt die Verwendung von Codepages und I/O-Zeichensätzen, um Dateinamen zu übersetzen. Das kann nützlich sein, wenn man den Fileserver z. B. mit Windows 95 ansprechen will.
- *Enable symbolic links and execute flags*: Hiermit werden symbolische Links und Ausführungsbits auf einem NCP-Filesystem ermöglicht.

24 Partition Types

Einige Betriebssysteme erzeugen Partitionen, die ihrerseits wieder in kleinere Unterpartitionen unterteilt sind: Dies ähnelt dem Konzept der logischen Laufwerke innerhalb einer erweiterten Partition. Sie brauchen das nur, wenn Sie auf entsprechende Partitionen anderer Betriebssysteme zugreifen wollen, die ebenfalls auf Ihrem Linux-Rechner installiert sind.

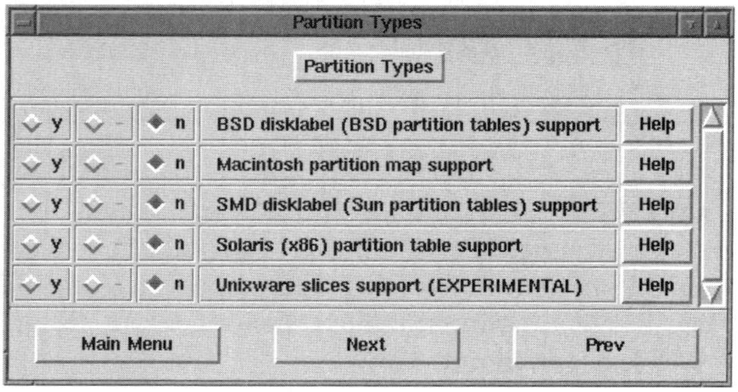

Kernelkonfiguration: Partitions-Typen

- *BSD disklabel (BSD partition tables) support*: Unterstützung für FreeBSD-Partitionen.
- *Macintosh partition map support*: Unterstützung für Macintosh-Festplatten.
- *SMD disklabel (Sun partition tables) support*: Unterstützung für SunOS-Partitionen auf SPARC-Rechnern; sinnvoll für Dateitransfer über ZIP-, MO- oder ähnliche Laufwerke.
- *Solaris (x86) partition table support*: Unterstützung für Solaris-x86-Partitionen.
- *Unixware slices support (EXPERIMENTAL)*: Unterstützung für Unixware-Partitionen.

25 Native Language Support

Die Microsoft-Dateisysteme, die auf FAT (**F**ile **A**llocation **T**able) basieren, also FAT, FAT32 und VFAT, basieren auf DOS-Codepages, um Dateinamen erzeugen zu können, die nationale Sonderzeichen (wie die französischen á, à, é, è etc. oder die deutschen ä, ö, ü, ß etc.) enthalten.

Für Europa sollten Sie hier die *Codepage 850* einbinden.

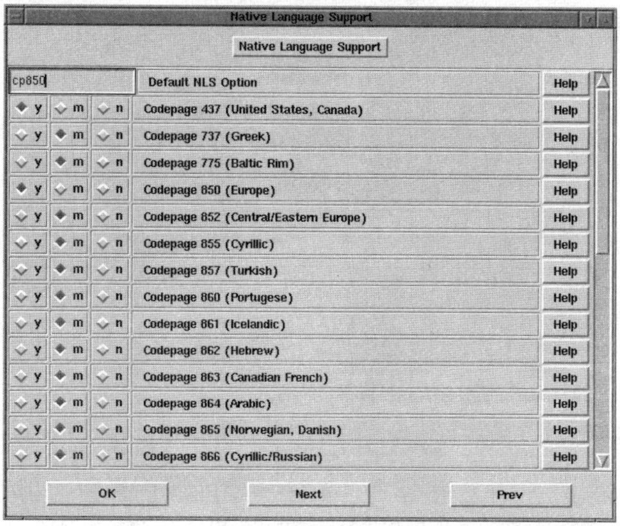

Kernelkonfiguration: Native Language Support

Darüber hinaus ist für FAT-basierte Medien und Microsoft-Joliet-CDs der entsprechende ISO-Zeichensatz zu installieren: Für Europa wählen Sie *NLS ISO 8859-1 (Latin 1; Western European Languages)*.

26 Console drivers

In dieser Gruppe werden Treiber für die Linux-Konsolen integriert. Damit sind die Textkonsolen gemeint, in denen Sie nach dem Linux-Start arbeiten, solange X Window noch nicht gestartet wurde.

- *VGA text console*: Unterstützung für Standard-VGA-Textmodi. Notwendig.
- *Video mode selection support*: Wenn dieser Treiber integriert wird, können Sie beim Systemstart zwischen verschiedenen VGA-Modi wählen. Um diese Wahl zu aktivieren, müssen Sie entweder am LILO-Prompt hinter dem Kernelnamen die Option *vga=ask* angeben oder eine entsprechende Zeile in die LILO-Konfiguration (*/etc/lilo.conf*) aufnehmen. Empfehlenswert.

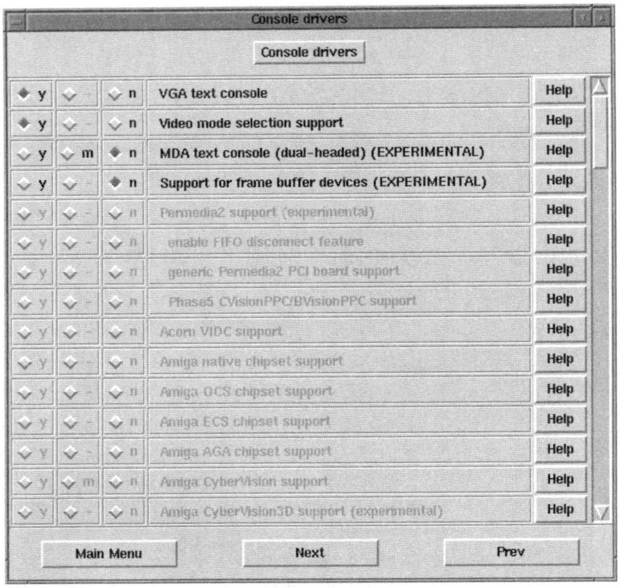

Kernelkonfiguration: Konsolen-Treiber

- *MDA text console (dual-headed) (EXPERIMENTAL)*: Unterstützung für Hercules-Grafikkarte als Zweitgrafikkarte: Sie können dann mit zwei Monitoren arbeiten (der Monitor an der Hercules-Karte könnte etwa für die Ausgabe von Systemmeldungen genutzt werden).
- *Support for frame buffer devices (EXPERIMENTAL)*: Hierüber wird ein neues Interface zu Grafikkarten bereitgestellt – über die Gerätedateien */dev/fb∗* ist dann ein Zugriff auf die Grafik-Hardware möglich, der universell ist, also nicht von der tatsächlichen Hardware abhängig. Als Anwendung gibt es z. B. einen X Window-Server, der auf diese Devices zugreift. Da es sich um eine neue Entwicklung handelt, sollten Sie damit nur arbeiten, wenn Ihre Grafikkarte von keinem der zur Verfügung stehenden X-Server unterstützt wird. Wie man das Frame Buffer Device einrichtet, können Sie in dem Workshop in Kapitel 10.2 ab Seite 546 nachlesen.

Es folgt eine Reihe von Treibern für spezielle Grafikkarten, die Sie nur benötigen, wenn Sie den frame-buffer-Treiber testen wollen.

27 Sound

Am einfachsten ist es, alle Treiber als Module einzubinden. Aktivieren Sie dazu schon bei der ersten Option *Sound card support* den Schalter *m*. Alle weiteren Treiber können dann ebenfalls nur mit *m* aktiviert werden. Achten Sie insbesondere darauf, dass *OSS sound modules* als Modul eingebunden wird.

Zu OSS und die weitere Konfiguration der Soundkarte verweisen wir auf das Kapitel 9.8 zur Installation von Soundkarten, siehe ab Seite 490.

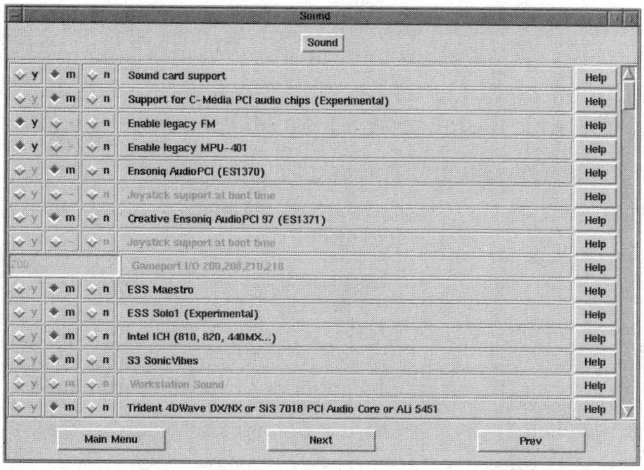

Kernelkonfiguration: Soundkarten-Treiber

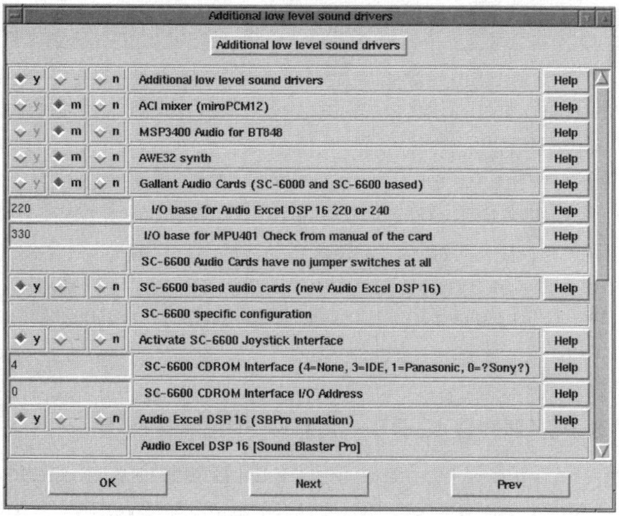

Kernelkonfiguration: zusätzliche Konfiguration für Soundkarten

28 Kernel hacking

Kernelkonfiguration: Kernel hacking

Die einzige Option *Magic SysRq key* dieses Bereichs führt dazu, dass neue Tastenkombinationen mit der [S-Abf]-Taste aktiviert werden:

Auf PC-Tastaturen befindet sich auf der [Druck]-Taste auch noch die Bezeichnung S-Abf (Systemabfrage, im Englischen: SysRq, System request). Die Tastenkombination [Alt]+[Druck] (in Verbindung mit einer weiteren Taste) hat in früheren Linux-Versionen dazu gedient, unmittelbaren Zugriff auf den Kernel zu erlangen, um etwa Prozesse abzuschießen. Diese Möglichkeit kommt mit Kernel 2.2.0 zurück: Aktivieren Sie die Option unter *Kernel Hacking/Magic SysRq* key, um (im Textmodus) u. a. folgende Tastenkombinationen verwenden zu können:

Tastenkombination	Wirkung
Alt+Druck+K	Abschießen aller Prozesse, die auf der aktiven Konsole laufen.
Alt+Druck+B	Sofortiger Reboot ohne Synchronisierung oder Unmounten der Partitionen.
Alt+Druck+S	Synchronisieren (*sync*) aller Partitionen.
Alt+Druck+U	Alle Partitionen read-only remounten.
Alt+Druck+T	Taskliste auf der Konsole ausgeben.
Alt+Druck+E	SIGTERM an alle Prozesse (außer *init*) schicken.
Alt+Druck+I	SIGKILL an alle Prozesse (außer *init*) schicken.

29 Damit haben Sie es geschafft: Alle Bereiche der Kernelkonfiguration sind bearbeitet, und nun können Sie Ihre veränderten Einstellungen speichern:

Unter X Window wechseln Sie mit *Main Page* zurück auf die Startseite des Konfigurationsprogramms und verlassen es mit *Save and Exit*.

Im Textmodus wechseln Sie (wie bisher) mit *Exit* zurück ins Hauptmenü des Konfigurationsprogramms und wählen dann erneut *Exit*. Die Frage *Do you wish to save your new kernel configuration?* beantworten Sie mit *Yes*.

Übersetzung des Linux-Kernels

Die Übersetzung des Linux-Kernels hat keine Auswirkungen auf das Linux-System. Erst wenn dieser im Boot-Vorgang verwendet wird, kommen die Änderungen zum Tragen. Dies ist Thema des Kapitels 9.6, Abschnitt „Booten des neuen Linux-Kernels“. Die Konfiguration ist einen Versuch wert, denn ein ungeeigneter Kernel kann problemlos durch den alten ersetzt und der Ursprungszustand wiederhergestellt werden.

Aufräumen mit make dep clean

Zunächst gilt es, eventuell noch vorhandene Überreste einer früheren Kernelkompilierung zu entfernen. Geben Sie dazu den folgenden Befehl ein (Sie sind immer noch im Verzeichnis */usr/src/linux*):

```
paco:/usr/src/linux # make dep clean
```

Es erscheinen nun etliche Zeilen Text, die Sie ignorieren können, bis wieder der *bash*-Prompt erscheint.

Den Kernel bauen mit make zImage

Starten Sie nun die eigentliche Übersetzung mit

```
paco:/usr/src/linux # make zImage
```

Bitte beachten Sie dabei die Schreibweise: *zImage* mit einem großen *I*. Dieser Vorgang wird nun – abhängig von der Prozessorleistung Ihres Computers – mehrere Minuten bis über eine Stunde dauern. Dies hängt natürlich auch davon ab, wie viele Treiber Sie bei der Konfiguration ausgewählt haben. Am Ende des Prozesses wird eine komprimierte Kerneldatei *zImage* erzeugt, die sich im Verzeichnis */usr/src/linux/arch/i386/boot* befindet.

Kernel zu groß?

Wenn Sie sehr viele Treiber in den Kernel integrieren wollen, kann es beim Übersetzen zu einer Fehlermeldung kommen, dass der erzeugte Kernel zu groß ist. In diesem Fall müssen Sie ein *big kernel image* erzeugen – das ist eine geringfügig anders aufgebaute Kerneldatei, die einen größeren Kernel unterstützt. Verwenden Sie dazu den folgenden Befehl:

```
paco:/usr/src/linux # make bzImage
```

Die Module kompilieren und installieren

Nun müssen noch die Kernelmodule erzeugt und installiert werden. Das geschieht über den Befehl:

```
paco:/usr/src/linux # make modules modules_install
```

Auch dieser Schritt nimmt ein wenig Zeit in Anspruch. Es wird ein neues Verzeichnis */lib/modules/2.2.16* (bzw. mit der richtigen Versionsnummer des Kernels) angelegt, und in dieses Verzeichnis werden die Kernelmodule kopiert.

Den neuen Kernel installieren

Sowohl unter RedHat-Linux als auch in der SuSE-Distribution werden Kernel stets im Verzeichnis */boot* abgelegt. Der Standard-Kernel (z. B. Version 2.2.14) liegt dort unter dem Namen *vmlinuz-2.2.14* – diese Versionsnummer ist identisch mit der Versionsnummer im Verzeichnisnamen */lib/modules/2.2.14/*, unter dem die Standardmodule nach der Erstinstallation liegen.

Sie sollten sich an diese Konvention halten und entsprechend Ihren neuen Kernel unter dem Namen *vmlinuz-2.2.16* (bzw. mit der richtigen Versionsnummer) anlegen, da Sie dann das Programm *mkbootdisk* zum Erstellen einer Boot-Diskette verwenden können. Verwenden Sie zum Kopieren den Befehl:

```
paco:/usr/src/linux # cp arch/i386/boot/zImage /boot/vmlinuz-2.2.16
```

(Anstelle von *zImage* ist *bzImage* zu verwenden, wenn Sie einen *großen* Kernel erstellt haben.)

Erzeugen einer Boot-Diskette mit dem neuen Kernel

Zur Sicherheit sollten Sie eine Boot-Diskette mit dem neuen Kernel erzeugen. Dafür gibt es zwei Methoden:

dd

Sie können den komprimierten Kernel einfach mit dem *dd*-Befehl auf eine formatierte Diskette schreiben: Verwenden Sie dazu den Befehl:

```
paco:/usr/src/linux # dd if=arch/i386/boot/zImage of=/dev/fd0
```

Diese Diskette können Sie weder unter DOS noch unter Linux lesen, da sie kein Dateisystem enthält. Es wird hier wirklich nur der Kernel abgelegt.

(Anstelle von *zImage* ist wieder *bzImage* zu verwenden, wenn Sie einen *großen* Kernel erstellt haben.)

mkbootdisk

Red Hat-Linux bietet Ihnen ein Programm zur automatischen Erstellung einer Boot-Diskette: Diese enthält dann ein Linux-ext2-Dateisystem, in dem der Kernel und einige Zusatzdateien gespeichert sind.

Voraussetzung für die Verwendung von *mkbootdisk* ist, dass Sie sich an die Konvention gehalten haben, nach der der Kernel einen Namen der Form */boot/vmlinuz-(Version)* haben muss und die Kernelmodule im Verzeichnis */lib/modules/(Version)* liegen sollen. Also beispielsweise Kernelname */boot/vmlinuz-2.2.16* und Module im Verzeichnis */lib/modules/2.2.16*.

Dann können Sie einfach durch Eingabe von *mkbootdisk 2.2.16* eine Boot-Diskette mit diesem Kernel erstellen:

```
paco:/usr/src/linux # mkbootdisk 2.2.16
Insert a disk in /dev/fd0. Any information on the disk will be
lost.

Press <Enter> to continue or ^C to abort: _
```

Legen Sie eine Leerdiskette ein und drücken Sie dann die Taste [Enter]. Darauf wird die Boot-Diskette erstellt.

Boot-Diskette beschriften

Aus eigener Erfahrung empfehlen wir Ihnen dringend, die Boot-Diskette ausführlich zu beschriften, etwa *Linux Kernel 2.2.16, mit Soundunterstützung, kompiliert: 31.07.2000* – andernfalls kann schnell Konfusion zwischen den verschiedenen Boot-Disketten, die Sie zu diversen Zwecken anlegen, entstehen.

Booten des neuen Linux-Kernels

Nachdem Sie nun den neuen Linux-Kernel erzeugt haben, müssen Sie das Linux-System neu starten. Beim Neustart des Systems kann dann der neue Kernel eingesetzt werden. Dazu muss der Boot-Vorgang nun an den neuen Kernel angepasst werden. Die verschiedenen Anleitungen finden Sie in den folgenden Unterkapiteln von S. 449 bis S. 455, je nachdem, welche Boot-Möglichkeit Sie nutzen. Vorgestellt wird die Vorgehensweise bei den Boot-

Managern von Linux, Windows NT und OS/2 sowie bei der Verwendung von LOADLIN.

Falls Ihnen ein Fehler bei der Kernelkonfiguration unterlaufen ist, kann es passieren, dass Sie Ihr Linux-System nicht mehr starten können. Vorsorglich sollten Sie deshalb sowohl den neuen als auch den alten Kernel bereithalten. Auf diese Weise kann im Fehlerfall auf den alten Kernel zurückgegriffen und das Linux-System auf die alte Weise gestartet werden. Dies wird ein Thema in den jeweiligen Abschnitten sein.

Sie können natürlich auch eine Boot-Diskette verwenden, die Sie in diesem Schritt oder beim Installationsvorgang angelegt haben. Nachdem Sie damit das System gestartet haben, können der Konfigurationsvorgang und die Erstellung des Kernels wiederholt werden, bis schließlich der neu gebaute Kernel funktionsfähig ist.

Einen weiteren Kernel in die LILO-Konfiguration aufnehmen

Um leicht wieder auf die alte Konfiguration zurückzukommen, ist es sinnvoll, diese nicht zu überschreiben, sondern einfach eine neue hinzuzufügen. Beim Booten mit Hilfe von LILO ist dies sehr einfach möglich.

Führen Sie die folgenden Schritte nur durch, wenn Sie den Boot-Manager LILO zum Start von Linux (und eventuell anderer Betriebssysteme) verwenden. Dies ist insbesondere dann der Fall, wenn Sie ausschließlich Linux auf Ihrem Rechner installiert haben.

1. Wir nehmen im Folgenden an, dass Sie den neuen Kernel, der unter */boot/vmlinuz-2.2.16* abgelegt ist, in das LILO-Boot-Menü integrieren wollen. Öffnen Sie mit dem Editor Ihrer Wahl die Datei */etc/lilo.conf*, um einen zusätzlichen Kernel in das Boot-Menü des LILO aufzunehmen. Sie finden dort – eine Standardinstallation vorausgesetzt – einen Abschnitt mit folgendem Inhalt:

```
image=/boot/vmlinuz-2.2.14
 label=linux
 root=/dev/hda2
 read-only
```

   Die *root*=-Zeile hängt dabei von Ihrer Konfiguration ab.

2. Fügen Sie nun direkt vor oder hinter diesem Block eine direkte Kopie dieser vier Zeilen ein. Ändern Sie im hinteren der beiden Blöcke die Zeile *label=linux* in *label=linux.neu*. Dieser neue Block wird für den Start des zusätzlichen Kernels zuständig sein.

3. Ersetzen Sie dort außerdem die Zeile

```
image=/boot/vmlinuz-2.2.14
```

(*/boot/vmlinuz-2.2.14* bezeichnet den alten Kernel) durch die folgende Zeile mit dem neuen Kernelnamen:

```
image=/boot/vmlinuz-2.2.16
```

4 Somit haben Sie nun in der Datei */etc/lilo.conf* zwei Blöcke wie folgt:

```
image=/boot/vmlinuz-2.2.14
label=linux
 root=/dev/hda2
 read-only
image=/boot/vmlinuz-2.2.16
 label=linux.neu
 root=/dev/hda2
 read-only
```

5 Speichern Sie nun die Datei und installieren Sie den Boot-Manager LILO neu durch den Aufruf von */sbin/lilo*. Sie erhalten die folgende Ausgabe:

```
paco:~ # lilo
Added linux *
Added linux.neu
Added dos
```

Die letzte Zeile (*Added dos*) ist nur vorhanden, wenn sich auf Ihrem Rechner auch eine Version von DOS oder Windows befindet und Sie bei der ursprünglichen LILO-Konfiguration eine bootfähige DOS-Partition angegeben haben.

6 Wenn Sie hier keine Fehlermeldungen erhalten, ist die Installation abgeschlossen. Führen Sie nun einen Neustart durch (z. B. mit *shutdown -r now*). Wenn Sie dann am *LILO*-Prompt einfach [Enter] drücken bzw. vorher *linux* eingeben, startet wie bisher Ihr alter Kernel. Den neuen können Sie aktivieren, indem Sie beim LILO-Prompt *linux.neu* angeben.

Wenn Sie mit dem Verhalten des neuen Kernels zufrieden sind, können Sie später die Reihenfolge in der Datei */etc/lilo.conf* ändern, sodass automatisch der neue Kernel gestartet wird, oder Sie können sogar den Eintrag für den alten Kernel ganz entfernen.

Verwendung des neuen Kernels mit LOADLIN

Sie haben bereits im Installationsvorgang die Einrichtung des Programms LOADLIN kennen gelernt. Dort wurde der Kernel auf die DOS-Partition kopiert und dann mit LOADLIN aktiviert, um das Linux-System zu starten. Die Beschreibung dieses Vorgangs finden Sie in Kapitel 3.1, Abschnitt „LOADLIN richtig konfigurieren". Hierbei sollten Sie auf jeden Fall den alten Kernel behalten. Dazu können Sie den alten Kernel umbenennen und den neuen Kernel unter dem alten Namen auf die DOS-Partition kopieren. Oder Sie kopieren den neuen Kernel unter einem anderen Namen auf die DOS-Partition. Dann müssen Sie aber die Start-Skripts an den neuen Kernelnamen anpassen.

Folgen Sie also der bekannten Beschreibung. Verwenden Sie dazu den neu erstellten Kernel im Verzeichnis */usr/src/linux/arch/i386/boot* mit dem Namen *zImage*. Falls es Probleme beim Startvorgang geben sollte, setzen Sie einfach wieder den alten Kernel ein und starten damit wie früher das Linux-System. Versuchen Sie dann, den Fehler in der Kernelkonfiguration zu finden, und unternehmen Sie einen neuen Versuch mit dem neu erzeugten Kernel.

Einrichtung des Windows NT-Boot-Managers

Prinzipiell verläuft die Einrichtung des Boot-Managers von Windows NT analog zur Konfiguration, wie sie in Kapitel 3.1, Abschnitt *Den Boot-Manager von Windows NT konfigurieren* auf Seite 126 beschrieben wurde. In dieser Anleitung konnte davon ausgegangen werden, dass der Linux-Kernel durch den Installationsvorgang eingerichtet wurde. Nun muss diese Installation von Hand durchgeführt werden. Ansonsten bleibt alles beim alten.

Bevor Sie aber diesen Schritt durchführen, sollten Sie sicherstellen, dass Sie auch bei einem fehlerhaften Kernel Ihr Linux-System starten können. Erstellen Sie dazu wie beschrieben eine Boot-Diskette und überprüfen Sie vor der neuen Einrichtung des Boot-Managers von Windows NT den Boot-Vorgang, indem Sie einmal mit der Boot-Diskette starten. Im Fehlerfall sind Sie auf diese Weise unabhängig vom Boot-Manager, können gegebenenfalls den Fehler beheben und eine neue Kernelversion installieren. Im schlimmsten Fall stellen Sie den Ursprungszustand mit dem alten Kernel wieder her. Dies wird nun beschrieben.

Die Einrichtung des Linux-Kernels ist mit einer erneuten Installation des LILO am Anfang der Linux-Systempartition verbunden. Wir nehmen im Folgenden an, dass Sie den neuen Kernel, der unter */boot/vmlinuz-2.2.16* abgelegt ist, in das LILO-Boot-Menü integrieren wollen. Gehen Sie dazu wie folgt vor:

1. Öffnen Sie mit einem Editor Ihrer Wahl die Datei */etc/lilo.conf*.
2. Ersetzen Sie die Zeile

   ```
   image=/boot/vmlinuz-2.2.14
   ```

   durch die folgende Zeile:

   ```
   image=/boot/vmlinuz-2.2.16
   ```

3. Richten Sie LILO durch den Befehl */sbin/lilo* ein.
4. Lesen Sie nun wie bei der Erstinstallation den Boot-Sektor mit dem beschriebenen *dd*-Kommando aus und ersetzen Sie die alte Datei *bootsek.lin* durch die neue. Die Eintragungen in der Datei *boot.ini* bleiben bestehen. Der genaue Vorgang ist in Kapitel 3.1 ab Seite 126 beschrieben.

Im Fehlerfall booten Sie mit der Boot-Diskette und wiederholen die Schritte so lange, bis ein geeigneter Kernel eingerichtet werden konnte. Im Notfall verwenden Sie den alten Eintrag in der Datei */etc/lilo.conf* und stellen damit den Ursprungszustand wieder her.

Den neuen Linux-Kernel von OS/2 starten

Im Folgenden wird nun das Starten des Linux-Systems mit dem neuen Kernel über den OS/2-Boot-Manager beschrieben.

In einem ersten Schritt sollten Sie sicherstellen, dass Sie auch bei einem fehlerhaften Kernel Ihr Linux-System starten können. Erstellen Sie dazu wie beschrieben eine Boot-Diskette und überprüfen Sie den Boot-Vorgang, indem Sie einmal mit der Boot-Diskette starten. Im Fehlerfall sind Sie auf diese Weise unabhängig vom Boot-Manager, können gegebenenfalls den Fehler beheben und eine neue Kernelversion installieren. Im schlimmsten Fall stellen Sie den Ursprungszustand mit dem alten Kernel wieder her.

Die Einrichtung des Linux-Kernels ist mit einer erneuten Installation des LILO am Anfang der Linux-Systempartition verbunden. Wir nehmen im Folgenden an, dass Sie den neuen Kernel, der unter */boot/vmlinuz-2.2.16* abgelegt ist, in das LILO-Boot-Menü integrieren wollen. Gehen Sie dazu wie folgt vor:

1. Öffnen Sie mit einem Editor Ihrer Wahl die Datei */etc/lilo.conf*.
2. Ersetzen Sie die Zeile

   ```
   image=/boot/vmlinuz-2.2.14
   ```

   durch die folgende Zeile:

   ```
   image=/boot/vmlinuz-2.2.16
   ```
3. Richten Sie LILO durch den Befehl */sbin/lilo* ein.

Beim nächsten Systemstart wird nun der neue Kernel aktiv. Bei Problemen starten Sie einfach mit der Boot-Diskette, installieren gegebenenfalls anhand der Anleitung erneut einen Kernel oder stellen den Ursprungszustand mit dem alten Eintrag in der Datei */etc/lilo.conf* wieder her.

Er bootet nicht mehr? Fehlerbehebung

Wenn Sie nach dem Reboot Linux nicht mehr starten können, hat sich ein Fehler in Ihre Konfiguration eingeschlichen. Alle möglichen Ursachen hier zu beschreiben, ist unmöglich. Hier wollen wir nur kurz erläutern, wie Sie Ihr Linux-System wieder in den ursprünglichen Zustand zurückversetzen können:

Mit der Boot-Diskette, die Sie vor Beginn der Kernelkompilierung erstellt haben, können Sie Ihren alten Kernel booten. Sie befinden sich dann in der gewohnten Umgebung. Machen Sie nun die Änderungen rückgängig: Melden Sie sich dazu als Administrator *root* an.

Alte LILO-Konfiguration wiederherstellen

Dieser Schritt ist nur notwendig, wenn Sie LILO zum Booten verwenden.

Wechseln Sie in das Verzeichnis */etc* und sichern Sie die derzeit aktuelle *lilo.conf*-Datei mit dem Befehl *mv lilo.conf lilo.conf.fehler*. Benennen Sie dann die Sicherheitskopie Ihrer ursprünglichen *lilo.conf*-Datei (*/etc/lilo.conf.backup*) wieder in *lilo.conf* um: *mv lilo.conf.backup lilo.conf*.

Nun können Sie durch einen erneuten */sbin/lilo*-Aufruf wieder die ursprüngliche Konfiguration herstellen.

modules-Verzeichnis überprüfen

Wenn durch das Erstellen des neuen Kernels die *module*-Dateien in dem Unterverzeichnis von */lib/modules/* überschrieben wurden, das die alten Module enthielt, sichern Sie diese zurück: Die Sicherheitskopien liegen unter */lib/modules/backup*. (Dieser Schritt sollte aber in der Regel nicht notwendig sein.)

Rechner neu starten

Starten Sie den Rechner neu. Ihr Linux-System sollte sich nun wieder in dem Zustand befinden, in dem es vor der Erzeugung des neuen Kernels war.

Kernelmodule verwenden

Vielleicht haben Sie bei der Kernelerzeugung einige Treiber als Module erstellt. In diesem Abschnitt werden wir vorstellen, wie diese Module automatisch geladen werden können und wie ein manuelles Einbinden und Entfernen möglich ist.

Treiber müssen nicht notwendigerweise zu den Kernelsourcen gehören, obwohl dies in der Regel der Fall ist. Weitere Treiber sind manchmal Distributionen beigelegt, oder Sie finden Sie auf den Homepages von Hardwareherstellern. Ein Beispiel ist ein Treiber, mit dem Sie auf das Dateisystem NTFS lesend zugreifen können. NTFS wird als Dateisystem unter Windows NT eingesetzt. Wir werden erläutern, wie ein solcher Treiber nachträglich übersetzt und eingebunden werden kann.

Kernelmodule einbinden oder entfernen

In der Kernelkonfiguration konnten Sie Treiber als Module erzeugen. Diese werden nach der Installation im Verzeichnis */lib/modules/\metavar {version}* abgelegt, wobei *version* für die Versionsnummer des Kernels steht. Im beschriebenen Beispiel ist dies das Verzeichnis */lib/modules/2.2.5*.

Falls Sie – wie empfohlen – die Unterstützung für den Kerneldämon aktiviert haben (Rubrik: *Loadable module support*, Auswahl: *Kernel daemon support*) und der *kerneld* gestartet wurde, werden die Module automatisch eingebunden und entfernt.

Es stehen aber auch Befehle zur Verfügung, mit denen Sie die Module einbinden und entfernen können. Auch eine Liste der eingebundenen Module lässt sich anzeigen. Verwenden Sie hierzu die folgenden Befehle:

- *insmod*: Mit dem Befehl *insmod* lässt sich ein Modul einbinden. In der Regel geben Sie hinter dem Befehl den Modulnamen an, also */sbin/insmod modulname*.

  Damit steht anschließend der entsprechende Treiber zur Verfügung.
- *rmmod:* Der Befehl *rmmod* entfernt ein Modul und damit die Funktionalität des Treibers aus dem Kernel. Der Aufruf erfolgt analog in der Form */sbin/rmmod Modulname*. Natürlich darf der Treiber zu diesem Zeitpunkt nicht verwendet werden, ein entsprechender Versuch würde mit einer Fehlermeldung enden und scheitern.
- *lsmod:* Mit diesem Befehl (ebenfalls mit vollem Pfad, */sbin/lsmod*, einzugeben) erzeugen Sie eine Liste der eingebundenen Module. Falls ein Modul vom Kerneldämon eingebunden wurde, finden Sie hinter dem Modul-Eintrag den Eintrag *(autoclean)*. Der Eintrag fehlt, falls der Befehl *insmod* verwendet wurde.

Abhängige Kernelmodule

Nicht alle Kernelmodule sind unabhängig. Falls Sie beispielsweise die Treiber für das Dateisystem FAT als Module angelegt haben, benötigen Sie das Kernelmodul *fat*, um die Kernelmodule *msdos* und *vfat* einzubinden. In diesem Fall würden Sie zunächst das Modul *fat* und dann das Modul *msdos* beziehungsweise *vfat* einbinden.

Falls Sie sofort versuchen, das Modul *vfat* einzubinden, erhalten Sie die folgenden Meldungen:

```
paco:~ # /sbin/insmod vfat
/lib/modules/2.2.5/fs/vfat.o: unresolved symbol fat_scan_R6840eb43
/lib/modules/2.2.5/fs/vfat.o: unresolved symbol fat_mark_buffer_dirty_R1f963034
    ⋮
```

Die folgende Befehlsfolge hingegen führt zum Ziel.

```
paco:~ # /sbin/insmod fat
paco:~ # /sbin/insmod vfat
```

Die Einbindung von abhängigen Treibern in der vorgegebenen Reihenfolge kann über die Befehle *depmod* und *modprobe* automatisiert werden.

- *depmod:* Durch den Aufruf des Befehls */sbin/depmod -a* wird im Verzeichnis */lib/modules/⟨version⟩* die Datei *modules.dep* angelegt, in der die Abhängigkeiten und damit die Einbindungsreihenfolge der Module festgelegt wird.

- *modprobe:* Im Gegensatz zu *insmod* überprüft *modprobe* die Abhängigkeiten des Moduls, das eingebunden werden soll. Dazu wird die Datei *modules.dep* benötigt, die von *depmod* angelegt wurde. Damit kann die Einbindungsreihenfolge ermittelt werden. Die erforderlichen Module werden dann zusätzlich vor dem eigentlichen Modul eingebunden.

Hier kommt es darauf an, dass einmalig der Befehl */sbin/depmod -a* aufgerufen wird, um die Abhängigkeiten zu ermitteln. Falls Sie ohne die Datei *modules.dep* versuchen, das Modul *vfat* über *modprobe* einzubinden, wird der Befehl fehlschlagen.

```
paco:~ # /sbin/modprobe vfat
paco:~ # /sbin/lsmod
Module Pages Used by
```

Auch der Versuch, den Treiber *vfat* über den Kerneldämon zu integrieren, wird scheitern. Beispielsweise löst der Befehl *mount* den Einbindungsversuch des Treibers aus.

```
paco:~ # mount -t vfat /dev/sda1 /mnt/dos
mount: fs type vfat not supported by kernel
```

Durch den einmaligen Aufruf von */sbin/depmod –a* führen beide Wege zum Ziel:

```
paco:~ # /sbin/depmod --a
paco:~ # > /sbin/modprobe vfat
paco:~ # > /sbin/lsmod
Module Pages Used by
vfat 4 0
fat 6 [vfat] 0
paco:~ # mount -t vfat /dev/sda1 /mnt/dos
```

Systeminformationen abfragen

Da der Kernel die zentrale Rechnerverwaltung darstellt, besitzt er diverse Informationen über den Rechner, auf dem er derzeit läuft. Sie können auf diese Informationen zugreifen und sich damit Informationen über Ihren Rechner und die angeschlossenen und erkannten Geräte zeigen lassen. Das kann sehr nützlich sein, wenn es darum geht herauszufinden, warum etwa ein bestimmtes Gerät nicht angesprochen werden kann.

Zu diesem Zweck werden vom Kernel Pseudo-Dateien angelegt, in denen die Informationen abgelegt werden. Diese Dateien liegen im Verzeichnis */proc* und können zum Beispiel mit dem Kommando *cat Datei* angezeigt werden. Die Einträge in diesem Verzeichnis werden also wie Dateien behandelt.

Beispielsweise existiert die Datei */proc/meminfo*. Der folgende Befehl gibt Informationen über den derzeitigen Speicherverbrauch aus:

```
paco:~ # cat /proc/meminfo
total:    used:    free:   shared: buffers:  cached:
Mem:  64782336 60678144  4104192 51388416  9637888 20701184
Swap: 66056192  6365184 59691008
MemTotal:      63264 kB
```

```
MemFree:          4008 kB
MemShared:       50184 kB
Buffers:          9412 kB
Cached:          20216 kB
SwapTotal:       64508 kB
SwapFree:        58292 kB
```

Die Zeile, die mit *Mem:* beginnt, zeigt das Gesamtmemory des Systems (total), den derzeitigen Verbrauch (used) und den freien Speicher (free) an. Die folgende Zeile gibt die entsprechenden Werte für den Swap-Bereich (also den Auslagerungsbereich) auf der Festplatte an. Die restlichen Zeilen liefern noch einmal eine Zusammenfassung in KByte.

In diesem Fall werden von den verfügbaren 64 MByte des Hauptspeichers circa 60 MByte verwendet. Der Speicherverbrauch ist noch nicht so hoch, dass der Swap-Bereich stark angetastet werden müsste. Dieser steht noch fast voll zur Verfügung.

Falls Sie auf diese Informationen nicht zugreifen können, ist die Unterstützung dieser Funktion in Ihrem Kernel deaktiviert. Erzeugen Sie in diesem Fall einen neuen Kernel. In der Kernelkonfiguration aktivieren Sie unter der Rubrik *Filesystem* den Punkt */proc filesystem support* auf S. 439.

Das Verzeichnis /proc

Wenn Sie sich den Inhalt des Verzeichnisses */proc* mit dem Befehl *ls /proc* anschauen, sehen Sie die folgende Struktur:

```
paco:~ # ls /proc
1        162      238      641      cpuinfo      mounts
100      163      239      642      devices      mtrr
101      164      243      650      dma          net
102      165      248      66       filesystems  parport
105      166      249      68       fs           partitions
108      167      250      81       ide          pci
111      168      251      85       interrupts   scsi
116      169      254      87       ioports      self
117      171      255      89       kcore        slabinfo
12       187      256      95       kmsg         sound
124      193      266      97       ksyms        stat
138      2        3        98       loadavg      swaps
142      234      4        99       locks        sys
144      235      42       apm      meminfo      tty
151      236      54       bus      misc         uptime
152      237      617      cmdline  modules      version
```

Es sind eine Reihe von Dateien mit den Namen *cmdline, cpuinfo, devices* etc. zu sehen und Unterverzeichnisse, die mit Nummern beschriftet sind. Diese Nummern entsprechen jeweils der Prozess-ID (PID) eines laufenden Programms, also der vom Kernel vergebenen eindeutigen Bezeichnung für ein laufendes Programm.

Die PIDs der laufenden Programme können Sie zum Beispiel mit dem Aufruf *ps* ermitteln oder in ausführlicherer Form mit dem Aufruf *ps ax*. Die Ausgabezeilen haben die folgende Form:

```
402 p1 S 0:02 emacs buch.txt
```

Hierbei ist *402* die PID des laufenden Programms *emacs*. Damit finden Sie im Verzeichnis */proc/402* die Informationen zu diesem Prozess.

Prozessinformationen abrufen

In den Unterverzeichnissen der Prozesse sind erneut Einträge zu finden. Die Dateien können über den Befehl *cat Datei* ausgelesen werden. Aus der folgenden Auflistung entnehmen Sie die in den Dateien enthaltenen Informationen.

Verzeichniseintrag	Beschreibung
cmdline	Das Kommando, mit dem der Prozess gestartet wurde.
cwd	Dieser Eintrag ist keine Datei, sondern ein Verweis (Link) auf das Arbeitsverzeichnis des Programms. Sie könnten z. B. für den Prozess mit der Nummer 402 mit dem Kommando *cd /proc/402/cwd* in das Arbeitsverzeichnis des Prozesses wechseln.
environ	Die Umgebungsvariabeln, mit denen der Prozess gestartet wurde.
exe	Dieser Eintrag ist keine Datei, sondern ein Verweis (Link) auf die ausführbare Programmdatei.
stat	Statusinformationen über den Prozess, die in der ausgegebenen Form unlesbar sind. Das Programm *ps* stellt diese Informationen in verständlicher Form dar.
status	Besser lesbar als die Informationen unter *stat* ist die Ausgabe für *status*. Es handelt sich ebenfalls um Statusinformationen.

Systeminformationen im Verzeichnis /proc

Neben den Unterverzeichnissen, in denen Informationen über die laufenden Prozesse abgelegt werden, existieren weitere Einträge im Verzeichnis */proc*, aus denen weitere Informationen entnommen werden können. Eine kurze Beschreibung ist in der folgenden Aufstellung zu finden.

Verzeichniseintrag	Beschreibung
apm	Informationen über *Advanced Power Management* (u. a. ein Text der Form *AC on line* oder *AC off line*, über den Sie erkennen können, ob ein Notebook an die Stromversorgung angeschlossen ist oder nicht).
cpuinfo	Informationen über den Prozessor.
devices	Liste aller verfügbaren Geräte, wie serielle und parallele Schnittstellen, Diskettenlaufwerke oder Festplatten.

Verzeichniseintrag	Beschreibung
dma	Liste aller derzeit benutzten DMA (**d**irect **m**emory **a**ccess) -Kanäle.
filesystems	Liste aller verwendeten Dateisysteme. Falls ein Dateisystemtreiber als Modul angelegt wurde, wird das Dateisystem erst dann angezeigt, wenn ein Datenträger mit diesem Dateisystem gemountet wurde.
ide	Unterverzeichnis mit Informationen zu IDE-Geräten
interrupts	Liste aller belegten Interrupts.
ioports	Liste aller belegten Speicherbereiche für die Ein-/Ausgabe.
loadavg	Die durchschnittliche Systemauslastung.
meminfo	Informationen über die Speicherauslastung.
modules	Liste aller geladenen Kernelmodule.
mounts	Liste aller gemounteten Datenträger.
net	Unterverzeichnis mit Netzwerkinformationen.
pci	Liste aller erkannten PCI-Geräte.
scsi	Unterverzeichnis mit Informationen zu SCSI- Geräten.
scsi/ scsi	Liste aller erkannten SCSI-Geräte.
uptime	Vergangene Zeit seit dem Start des Linux-Systems und der Leerlaufzeitraum.
version	Versionsinformationen zum derzeit laufenden Linux-Kernel.

Wenn Sie ein wenig Muße haben, lassen Sie sich ruhig einmal die in den beiden Tabellen beschriebenen Dateien anzeigen. Sie werden so ein Gefühl dafür bekommen, wie Ihr Linux-System funktioniert und wo Sie bei Bedarf Informationen bekommen können. Wie im folgenden Abschnitt beschrieben, gibt es oft auch Kommandos, die die gewünschten Informationen liefern; der direkte Zugriff kann aber sicher auch ganz spannend sein.

Abfrageprogramme

Die meisten Informationen aus dem Verzeichnis */proc* erhalten Sie auch in aufbereiteter Form über verschiedene Programme. Hier ist eine Auswahl dieser Programme und eine Liste der bereitgestellten Informationen. Zum Teil müssen die Programme unter X Window gestartet werden. Diese beginnen mit dem Buchstaben *x*.

Programm	Beschreibung
mount	Informationen über gemountete Datenträger.
ps	Diverse Informationen über Prozesse.
top	Auslastung der CPU; Durchschnittliche Auslastung des Systems; diverse Informationen über Prozesse; Speicherbedarf.
uptime	Vergangene Zeit seit dem Start des Linux-Systems; durchschnittliche Auslastung des Systems.
xosview	Auslastung der CPU; durchschnittliche Auslastung des Systems; Speicherbedarf; Auslastung der CPU; Durchschnittliche Auslastung des Systems; Speicherbedarf; Interrupts.
xload	Durchschnittliche Auslastung des Systems.

Der neue Kernel 2.4

Seit längerem schon angekündigt, aber zum Zeitpunkt der Drucklegung dieses Buchs immer noch nicht erschienen: der Kernel 2.4. Zur Zeit existiert nur eine Vorversion, die zwar schon alle neuen Features enthält, aber noch nicht ausreichend stabil ist, um sie offiziell freizugeben. Es ist hier also nur möglich, einen kurzen Überblick auf die neuen Möglichkeiten zu geben und eine Übersicht, für wen ein schneller Umstieg lohnt.

Sieht man sich das Hauptmenü der Kernelkonfiguration an, erkennt man auch hier wieder, wie schon bei früheren Verionswechseln, eine ganze Reihe neuer Optionen.

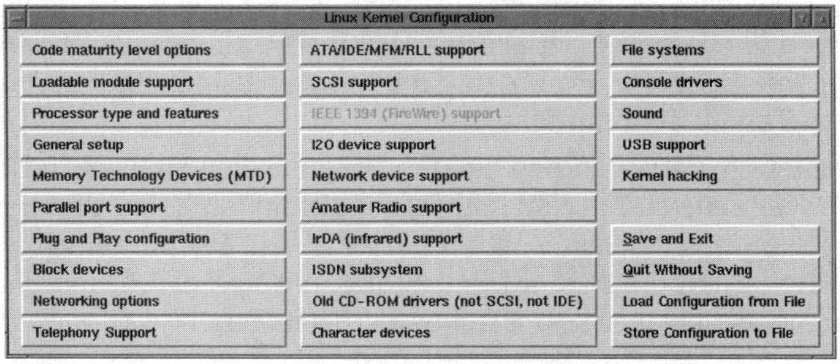

Das Hauptmenü der Kernelkonfiguration – deutlich mehr Optionen als bei der 2.2.x-Serie

Neue Architekturen: Am spektakulärsten sind natürlich immer Portierungen für weitere Architekten. Vom neuen Kernel werden gleich drei neue Plattformen unterstützt: die IBM-Mainframe-Architektur S/390, der SuperH, ein Risc-Prozessor der Firma Hitachi und schließlich der Intel ia64, der lange erwartete Nachfolger der i386-Prozessoren. Für den letzteren gibt es eigentlich noch gar keine Hardware, er muss vollständig auf Emulatoren getestet werden. Aber wenn er denn kommt, dann ist Linux das erste System für diesen neuen Typ.

64 GByte Hauptspeicher: Für i386-Architekturen kann jetzt bis zu 64 GByte RAM eingesetzt werden, eine deutliche Verbesserung gegenüber den 2 GByte, die bisher möglich waren, und ein Schritt weiter im Hinblick auf Linux als Server für große Anwendungen.

Verbesserte IO-APIC-Unterstützung: Auch hier wieder: Linux als Server wird immer mehr zu einer bedenkenswerten Alternative. APICs, also **A**dvanced **P**rogrammable **I**nterrupt **C**ontroller finden sich beinahe auf jedem Multiprozessor-Mainboard. Schon im Kernel 2.2 war ein APIC-Support integriert. Jetzt kann IO-APIC auch für einen Einzelprozessor eingesetzt werden. Auch können mehrere APICs verwendet werden.

Bussysteme: Bereits im Kernel 2.2 sind alle wichtigen Bussysteme für Intel-Plattformen integriert. Die Handhabung ist allerdings durch die Integration in ein neues Ressourcen-Subsystem verbessert worden. Neu ist die Unterstützung von ISA-Plug & Play-Systemen direkt in den Kernel. Bisher konnten solche Geräte nur mit Hilfe von externer Software genutzt werden. Damit entfällt viel von den Schwierigkeiten, die Linux-Benutzer vorher mit diesen Geräten hatten. Es ist jetzt möglich, von einem Plug & Play-Controller zu booten.

Der I2O-Support ist ebenfalls weiterentwickelt worden. Das ist die Unterstützung von Standard-Gerätetreibern, die unabhängig vom eingesetzten Betriebssystem laufen können.

Natürlich sind wieder viele neue Treiber für Hardware integriert worden, so dass die Liste der von Linux unterstützten Geräte wieder gewachsen ist.

Die wichtigste Neuerung für die meisten Benutzer ist die Implementation des USB (**U**niversal **S**erial **B**us). Damit wird eine ganze Klasse von Geräten wie Druckern, Scannern, Modems, seriellen Schnittstellen, Kameras und Tastaturen unter Linux nutzbar.

Weitere Neuerungen sind die Unterstützung von Firewire (IEEE 1394), einer verbreiteten Anschlussoption für Geräte mit hoher Übertragungsrate, und für viele wichtiger: von PCMCIA. Viele Distributionen haben auch bisher schon die PC-Card unterstützt, mit Kernel 2.4 sind die PCMCIA-Schnittstellen aber besser in den Kernel integriert.

Blockgeräte: Das ist der Sammelbegriff für Geräte, auf die nicht-seriell zugegriffen werden kann. Gemeint sind also Festplatten, CD-ROMs und DVDs. Für Linux 2.4 ist die Art, wie Treiber für diese Geräte geschrieben werden, komplett geändert worden. Das bedeutet, dass insbesondere Treiber, die außerhalb der offiziellen Kernelentwicklung programmiert wurden, unter 2.4 wahrscheinlich nicht mehr ablauffähig sind.

Geändert wurde auch die Unterstützung für den IDE-Bus. Es können jetzt zehn (statt bisher vier) IDE-Controller betrieben werden. Da die meisten Motherboards aber sowieso nur mit zwei Controllern verkauft werden, ist diese Erweiterung nur für große Server interessant. Weiter können jetzt PCI- und Plug & Play-IDE-Controller, IDE-Floppies, IDE-Bandgeräte,

IDE-DVDs und IDE-CD-ROM-Wechsler eingesetzt werden. Weiter wurden einige Treiber aktualisiert, damit sie Fehler, die in manchen IDE-Chipsätzen vorhanden sind, umgehen können.

Auch für das SCSI-Subsystem gibt es einige Erweiterungen. Es wurden neue Treiber für Hostadapter hinzugefügt.

LVM – der Logical Volume Manager: Bisher war Linux relativ starr in der Verwaltung von Festplatten und Partitionen. Der LVM bringt da einen riesigen Fortschritt. Wie bei kommerziellen Linux-Versionen (z. B. HP-UX und Digital Unix) kann jetzt der Linux-Benutzer mehrere physikalische Festplatten zu einer logischen „volume group“ zusammenfassen. Diese Gruppen können dann in „logical volumes“, also sozusagen in virtuelle Festplatten unterteilt werden. Volumes können (in gewissen Grenzen) in der Größe verändert oder verschoben werden.

Dateisysteme: Einige weitere Dateisystem-Typen wurden in den Kernel integriert. Das weitaus wichtigste dürfte das UDF-Dateisystem sein, das vor allem bei DVDs benutzt wird.

DevFS – Das Device-Filesystem: Eine eher umstrittene, dafür umso grundlegendere Neuentwicklung ist das DevFS. Wie unter Unix üblich, kommunizierte auch Linux mit den seriellen und nicht-seriellen Geräten über Spezialdateien im Directory */dev*. Durch das Ansprechen einer solchen Spezialdatei wurde ein passender Treiber aktiviert, der dann die eigentliche Gerätebedienung übernahm. Das ganze System ist sehr starr, alle nur denkbaren Geräte müssen vorab im /dev-Directory eingetragen sein. Die Distributoren erzeugen Hunderte, manchmal sogar Tausende solcher Dateien. Mit DevFS wird das */dev*-Directory zu einem Kernel-basierten Dateisystem, ähnlich wie */proc*. Immer, wenn ein Treiber in den Kernel geladen wird und ein Gerät erkannt wird, wird ein Eintrag in */dev* erzeugt. Dabei bleibt das */dev*-Filesystem im Speicher, es wird niemals auf die Platte geschrieben.

Leider gibt es einige Probleme mit dem neuen Konzept. Eine Schwierigkeit betrifft die Zugriffsberechtigungen. Man kann zwar im laufenden System die Berechtigungen ändern, nach einem Neustart sind sie aber wieder „vergessen“. Problematisch ist auch der Umstieg vom alten Konzept auf das DevFS. Die Geräte bekommen fast alle neue Namen und werden auch gruppiert in Unterdirectories abgelegt, bisherige Anwendungen kennen aber nur die alten Namen. In der Übergangsphase soll ein Dämon-Prozess dafür sorgen, dass die alten Namen auf die neuen abgebildet werden.

Das Device-Filesystem wird sicher noch für einige Zeit im „Experimental“-Status bleiben. Man kann also den neuen Kernel einsetzen, ohne DevFS zu benutzen.

Grafikkarten: Weiterentwickelt wurde hier die Unterstützung für die Frame-Buffer-Schnittstelle. Da es seit einiger Zeit auch einen X-Server für den Frame Buffer gibt, ist es nun auch gut möglich, X Window mit nicht direkt unterstützten Grafikkarten zu nutzen. Dies hilft bei vielen Plattformen, die nicht aus dem Hause Intel stammen, aber auch bei (noch) nicht unterstützten Grafikkarten auf PCs.

Neu ist die Unterstützung für den **D**irect **R**endering **M**anager (DRM) des X-Free-Sytems. Das DRM synchronisiert verschiedene Zugriffe auf die Grafik-Hardware und verhindert damit den gleichzeitigen Zugriff, der sonst im schlimmsten Fall sogar zum Systemabsturz führen könnte.

Netzwerk: Mit Linux 2.4 wird ein komplett neuer Netzwerk-Layer eingeführt. Mit dem Konzept des „wake one" soll der „stampede effect" verhindert werden. Bisher wurden bei einer Aktivität vom Netz alle Prozesse gestartet, die gerade auf eine Netzwerknachricht warteten – doch nur einer bekam jeweils etwas zu tun, die anderen wurden unnötigerweise aktiviert und durften sich gleich wieder schlafen legen. Künftig wird nur noch der eine Prozess geweckt, der die Anforderung behandeln soll; dadurch werden beispielsweise WWW-Server wesentlich effizienter arbeiten.

Zum wiederholten Male wurde auch das Firewalling und IP-Masquerading neu geschrieben. Zur Konfigurierung wird auch ein neues Benutzerkommando *iptables* eingeführt. Es existieren aber Module, die das Weiterbenutzen von *ipchains* aus Linux 2.2 und von *ipfwadm* aus Linux 2.0 erlauben.

Kernel-Webserver: Als Letztes sei noch die umstrittenste Neuerung von allen erwähnt: Im neuen Kernel wird ein Kernel-Webserver (*khttpd*) integriert. Das soll kein Ersatz etwa für den *apache* sein. Alle komplexeren Anfragen, die der *khttpd* nicht erledigen kann (wie z. B. CGI-Anfragen), sollen an den „richtigen" Webserver weitergeleitet werden. Mit diesem Feature soll Linux noch effizienter arbeiten können als Webserver für statische Daten wie Bilder oder Textdokumente festen Inhalts.

9.7 Festplatte mit fdisk partitionieren

fdisk ist das Standard-Partitionierungstool, das mit Linux und seinen Dateisystemen gewachsen ist. Sie können damit alternativ zu DiskDruid die Partitionierung vornehmen. Wenn Sie Linux jedoch parallel zu einem anderen Betriebssystem installieren wollen, müssen Sie in dieser Installation auf fdisk zurückgreifen.

Im Gegensatz zu DiskDruid steht Ihnen fdisk auch später im laufenden Betrieb Ihres Linux-Systems zur Verfügung. Sie können es zum Beispiel nach dem Einbau einer weiteren Festplatte aufrufen oder damit die bestehende Partitionierung einer Festplatte ändern oder auch nur anzeigen lassen.

Für fdisk gilt das Gleiche wie für den DiskDruid: die Änderungen an der Partitionstabelle werden erst gespeichert, wenn Sie es dem Programm mitteilen.

Sie können jederzeit das Programm verlassen, ohne dass die Änderungen aktiviert werden.

Auswahl der Festplatte

Da fdisk nur eine Festplatte auf einmal bearbeiten kann, erhalten Sie, wenn Sie mehrere Festplatten in Ihrem Rechner eingebaut haben, ein Auswahlmenü. Dieses Menü wird Ihnen vom Installationsprogramm angeboten und ist nicht Teil von fdisk. Wählen Sie mit den Tasten ↑ und ↓ die gewünschte Festplatte in der angebotenen Liste aus. Danach müssen Sie mit Hilfe der Tab-Taste die Schaltfläche *Bearbeiten* aktivieren. Wenn Sie dann die Enter-Taste drücken, wird fdisk gestartet.

Bedienung von fdisk

Nun wird das Programm fdisk gestartet, und es erscheint die folgende Zeile auf Ihrem Bildschirm.

```
Command (m for help):
```

Dieses Programm ist nicht menügeführt, sondern es reagiert auf ein-buchstabige Befehle, die mit der Taste Enter-Taste abgeschlossen werden müssen. Im folgenden Workshop beschreiben wir Ihnen die Partitionierung in Kombination mit schon bestehenden MS-Windows 9x-Partitionen. Hieran lassen sich alle wichtigen Befehle gut erläutern.

Schnell-Installation

fdisk-Referenz für Ungeduldige

Hier eine kurze Übersicht über die wichtigsten Kommandos von fdisk. Alle Kommandos müssen mit der Enter-Taste aktiviert werden.

p Das wichtigste Kommando: Zeigt Ihnen schonungslos alle Schandtaten (also die Partitionstabelle), die Sie bisher verübt haben.

n Das zweitwichtigste Kommando: mit *n* legen Sie neue Partitionen an. Wenn Sie das Kommando aufrufen, werden Partitionstyp, Nummer der Partition und Größe abgefragt.

t Ändert den Typ einer Partition. Sie benötigen es, um die Swap-Partition als solche kennzeichnen zu können. Nach dem Aufruf des Kommandos erhalten Sie mit dem Kommando *L* eine Übersicht über die fdisk bekannten Partitionstypen. Sie können damit natürlich auch andere Typen als *Swap* eintragen.

d Löscht eine Partition. Besonders zu empfehlen bei Partitionen, die nicht ganz Ihrer Vorstellung entsprechen.

w Wenn Sie ganz sicher sind und vorher dreimal mindestens *p* aufgerufen haben, um sich davon zu überzeugen, können Sie mit *w* aus der Theorie Praxis machen und die von Ihnen neu erstellte Partitionstabelle abspeichern. Danach beendet sich fdisk.

q Dies ist der Ausstieg ohne Reue. Das Programm beendet sich, ohne eine Änderung an der Partitionstabelle vorgenommen zu haben.

m Last but not least: Mit *m* erhalten Sie ein Menü, in dem alle Befehle, die wir Ihnen gerade erklärt haben, noch einmal aufgeführt sind; nur in Englisch und noch ein paar mehr.

Die Befehlsübersicht anzeigen

Probieren Sie die Eingabe von Befehlen aus, indem Sie den Buchstaben *m* eingeben und mit [Enter] bestätigen. Es erscheint daraufhin eine Liste aller möglichen Befehle, und fdisk wartet auf die nächste Eingabe.

```
Command (m for help): m
Command action
   a   toggle a bootable flag
   b   edit bsd disklabel
   c   toggle the dos compatibility flag
   d   delete a partition
   l   list known partition types
   m   print this menu
   n   add a new partition
   o   create a new empty DOS partition table
   p   print the partition table
   q   quit without saving changes
   t   change a partition's system id
   u   change display/entry units
   v   verify the partition table
   w   write table to disk and exit
   x   extra functionality (experts only)
```

Die Partitionierungstabelle einsehen

Schauen Sie sich nun die Partitionierung der Festplatte an, indem Sie den Buchstaben „p" eingeben und mit [Enter] bestätigen. Es erscheint dann eine Übersicht ähnlich wie im folgenden Beispiel.

```
Disk /dev/hda: 16 heads, 63 sectors, 16383 cylinders
Units = cylinders of 1008 * 512 bytes

   Device Boot    Start     End Blocks   Id System
/dev/hda1 *           1     630  317488+  c Win95 FAT32 (LBA)
/dev/hda2           631    7742  358444   f Win95 Extended (LBA)
```

In der Spalte *Device* sind alle bisher angelegten Partitionen angezeigt – hier bezeichnet */dev/hda1* die erste Partition, auf der Windows 98 installiert ist. Der Typ der Partitionen ist in der Spalte *System* eingetragen. In diesem Fall ist es eine FAT-Partition, dies erkennt man am Eintrag *Win95 FAT32 (LBA)* (kurz für **L**ogical **B**lock **A**ddressing). Die unter Windows 98 angelegte erweiterte Partition wird als *Win95 Extended (LBA)* angezeigt.

Primäre Partitionen anlegen

Sie werden auf jeden Fall eine oder mehrere Partitionen anlegen. Im einfachsten Fall legen Sie eine primäre Systempartition und eine primäre Swap-

Partition an. Auf der Systempartition werden dann sowohl die Programme als auch die Benutzerdaten abgelegt.

Für eine Minimalinstallation ist es sinnvoll, mindestens 600 MByte zu berücksichtigen. Berücksichtigen Sie auch Platz für speicherfressende Benutzerdaten, wie Bilder, Filme oder Musik, die noch nicht in den obigen Angaben enthalten sind.

Beginnen wir mit der Einrichtung einer primären Partition:

1. Starten Sie das Kommando mit einem mutigen *n*.
2. Jetzt fragt Sie fdisk nach der Partitionsart. Zuerst nutzen wir den nach dem Repartitionieren verfügbaren Platz, um eine primäre Partition anzulegen – also der nächste Buchstabe, den Sie eingeben müssen, ist ein *p*.
3. Da Sie nur vier primäre Partitionen anlegen können und die *1* und die *2* bereits belegt sind, wählen wir für unser Beispiel die *3*.
4. Als Nächstes legen Sie fest, wo die Partition beginnen soll. Nehmen Sie dazu stets den ersten angebotenen Zylinder, hier also *7743*, sonst bleiben unnötige Löcher.
5. Die Größe der Partition können Sie nun entweder in Zylindern oder in MByte angeben. Diese Partition soll unsere Swap-Partition werden. Wir tun so, als hätten wir 64 MByte Arbeitsspeicher, und gönnen uns 128 MByte als Swap-Speicher. Geben Sie also erst ein + ein, damit fdisk nicht denkt, jetzt käme ein Wert für einen Zylinder, und dann die *128* gefolgt von einem *M*. Ohne das *M* hätten wir eine 128 Byte große Partition angelegt.
6. Fertig. Es meldet sich wieder der Kommando-Prompt. Als Nächstes sehen wir uns mit *p* an, was wir da fabriziert haben.

```
Command (m for help): n
Command action

e extended
p primary partition (1"=4)
p
Partition number (1"=4): 3
First cylinder (7743"=16383): 7743
Last cylinder or +size or +sizeM or +sizeK ([7743]"=16383):
+128M
Command (m for help):
```

Wollen Sie nur noch eine weitere Partition nutzen, können Sie diese jetzt als primäre Partition anlegen. Achten Sie jedoch darauf, bei der Angabe der Größe nicht eine Zahl in MByte, sondern den letzten Zylinder – in unserem Beispiel also *16383* – anzugeben. Damit wird Ihre Festplatte lückenlos belegt.

```
   Device Boot  Start   End  Blocks Id System
/dev/hda1   *       1   630 317488+  c Win95 FAT32 (LBA)
/dev/hda2         631  7742 3584448  f Win95 Extended (LBA)
```

```
/dev/hda3          7743   8001   130536 83 Linux native
/dev/hda4          8002 16383 4214448 83 Linux native
```

Erweiterte Partitionen anlegen

Um mehr als vier logische Partitionen einrichten zu können, muss eine davon als erweiterte Partition angelegt werden. Diese kann dann in logische Partitionen unterteilt werden.

Das Anlegen einer erweiterten Partition verläuft analog zum Anlegen einer primären Partition. Es muss lediglich anstatt des Buchstabens *p* der Buchstabe *e* für *extended* eingesetzt werden. Sie können nur eine erweiterte Partition anlegen. Sobald diese existiert, wird Ihnen beim Neuanlegen der Buchstabe *e* nicht mehr angeboten. Stattdessen dürfen Sie mit *l* logische Partitionen festlegen.

Die Kennzeichnung einer Partition ändern

Neu angelegte Partitionen erhalten zuerst einmal die Kennzeichnung „Linux native". Wollen Sie die Partition anders nutzen, sollten Sie als Nächstes diese Kennzeichnung ändern.

Hinweis

Achtung OS/2-Nutzer: Hier müssen Sie aktiv werden!

Wir hatten in Kapitel 2.5 ja schon darauf hingewiesen, dass Sie die Partitionierung vor der Installation von Linux vornehmen sollten. Dem OS/2-Boot-Manager sind jedoch die Kennungen der Linux-Partitionen nicht bekannt. Diese können Sie den unter OS/2 angelegten Partitionen jetzt zuweisen. Neue Partitionen brauchen Sie an dieser Stelle nicht anzulegen.

Swap-Partitionen erhalten die *ID 82*. Dies wird im folgenden Abschnitt beschrieben. Wir hatten in unserem Beispiel die Partition */dev/hda3* – also die 3. primäre Partition – für diesen Zweck vorgesehen.

1. Sie ändern die Kennzeichnung einer Partition mit dem Befehl *t* wie „Typ".

2. Dann wählen Sie die Nummer der Partition aus. Partitionen, deren Kennzeichnung Sie ändern wollen, müssen bereits angelegt worden sein. Sie können nicht im Voraus einen Typ für eine noch einzurichtende Partition festlegen.

   ```
   Command (m for help): t
   Partition number (1"=4): 3
   ```

3. Der Buchstabe *L* (groß) zeigt Ihnen die bisher bekannten Partitionstypen an. Nach längerem Suchen werden Sie den Typ *Linux swap* unter der Kennzeichnung *82* finden. Geben Sie also „82" ein, gefolgt von der Enter-Taste.

```
Hex code (type L to list codes): L
 0  Empty            16  Hidden FAT16     61  SpeedStor        a6  OpenBSD
 1  FAT12            17  Hidden HPFS/NTF 63  GNU HURD or Sys a7  NeXTSTEP
 2  XENIX root       18  AST Windows swa 64  Novell Netware  b7  BSDI fs
 3  XENIX usr        24  NEC DOS         65  Novell Netware  b8  BSDI swap
 4  FAT16 <32M       3c  PartitionMagic  70  DiskSecure Mult c1  DRDOS/sec (FAT-
 5  Extended         40  Venix 80286     75  PC/IX           c4  DRDOS/sec (FAT-
 6  FAT16            41  PPC PReP Boot   80  Old Minix       c6  DRDOS/sec (FAT-
 7  HPFS/NTFS        42  SFS             81  Minix / old Lin c7  Syrinx
 8  AIX              4d  QNX4.x          82  Linux swap      db  CP/M / CTOS / .
 9  AIX bootable     4e  QNX4.x 2nd part 83  Linux           e1  DOS access
 a  OS/2 Boot Manag 4f  QNX4.x 3rd part 84  OS/2 hidden C:  e3  DOS R/O
 b  Win95 FAT32     50  OnTrack DM      85  Linux extended  e4  SpeedStor
 c  Win95 FAT32 (LB 51  OnTrack DM6 Aux 86  NTFS volume set eb  BeOS fs
 e  Win95 FAT16 (LB 52  CP/M            87  NTFS volume set f1  SpeedStor
 f  Win95 Ext'd (LB 53  OnTrack DM6 Aux 93  Amoeba          f4  SpeedStor
10  OPUS            54  OnTrackDM6      94  Amoeba BBT      f2  DOS secondary
11  Hidden FAT12    55  EZ"=Drive        a0  IBM Thinkpad hi fe  LANstep
12  Compaq diagnost 56  Golden Bow      a5  BSD/386         ff  BBT
14  Hidden FAT16 <3 5c  Priam Edisk
Hex code (type L to list codes): 82
Changed system type of partition 3 to 82 (Linux swap)
```

4 Brav meldet Ihnen fdisk, welche Änderung es für Sie vorgenommen hat.

In der Partitionstabelle hat die Änderung die folgende Auswirkung:

```
   Device Boot Begin Start   End  Blocks Id System
/dev/hda1    *     1     1   630 317488+  c Win95 FAT32 (LBA)
/dev/hda2        631   631  7742 3584448  f Win95 Extended (LBA)
/dev/hda3       7168  7743  8001  130536 82 Linux swap
/dev/hda4       7168  8002 16383 4214448 83 Linux native
```

Partitionen löschen

Sollten Sie sich bei der Einrichtung einer Partition vertippt oder in der Größenangabe vertan haben – was auch dem besten Profi passieren kann – können Sie mit dem Kommando *d* einen Partitionseintrag wieder löschen. Nach der Eingabe von *d* geben Sie die Partitionsnummer an und bestätigen das Löschen mit der Enter-Taste. Hier wird z. B. die vierte Partition gelöscht.

```
Command (m for help): d
Partition number (1"=4): 4
Command (m for help): p
   Device Boot Begin Start   End  Blocks Id System
/dev/hda1    *     1     1   630 317488+  c Win95 FAT32 (LBA)
/dev/hda2        631   631  7742 3584448  f Win95 Extended (LBA)
/dev/hda3       7168  7743  8001  130536 82 Linux swap
```

fdisk beenden

Die bisher vorgenommenen Änderungen haben nur temporären Charakter. Falls Sie fdisk über den Befehl *q* (**q**uit) verlassen, sind alle Änderungen hinfällig. Diese Möglichkeit bietet sich an, falls Ihnen bei der Partitionierung ein Fehler unterlaufen ist.

Wenn Sie alle vorgenommenen Änderungen übernehmen möchten, verwenden Sie den Befehl *w* (**w**rite), um die Partitionierungstabelle zu schreiben.

9.8 Neue Hardware einrichten

In diesem Kapitel beschreiben wir die Erweiterung eines Rechners um zusätzliche Hardwarekomponenten, wie etwa Festplatten, CD-ROM-Laufwerke, CD-Brenner, Soundkarten, Scanner oder TV-Karte. Schritt für Schritt führen wir Sie durch die notwendigen Handgriffe und Konfigurationen, sodass die Integration dieser Hardware kein Geheimnis bleibt.

Festplatten und CD-ROM-Laufwerke

Die wohl häufigste Erweiterung eines bestehenden Rechners wird der Einbau einer weiteren Festplatte sein, um der unvermeidlichen Datenflut Herr zu werden, die sich mit der Zeit einstellt.

Festplatten

Vor dem Einbau einer neuen Platte sollten Sie in jedem Fall eine Linux-Rescue-Diskette erzeugen, da Sie – wenn Ihre ursprünglich erste Festplatte nach dem Einbau nicht mehr die erste Platte ist – nicht mehr auf den vorhandenen Boot-Manager zurückgreifen können. Lesen Sie dazu Seite 400.

Außerdem sollten Sie den Inhalt der Datei */etc/fstab* ausdrucken: Hier sind alle von Linux verwendeten Dateisysteme auf Ihren Festplatten mit den jeweiligen *Mountpoints* eingetragen. Verwenden Sie zum Ausdruck den Befehl

```
paco:~ # lpr /etc/fstab
```

Nun sind Sie für den Umbau gewappnet: Fahren Sie das Linux-System herunter und bauen Sie die zusätzliche Platte ein.

Eine IDE-Platte einbauen

Wenn Sie in einem System, das bereits eine oder mehrere IDE-Platten enthält, eine weitere IDE-Platte hinzufügen möchten, empfehlen wir Ihnen, die bisherige Reihenfolge der Platten beizubehalten, wobei „Reihenfolge" die Folge

1 Master-Platte am ersten (primary) IDE-Controller

2 Slave-Platte am ersten (primary) IDE-Controller

3 Master-Platte am zweiten (secondary) IDE-Controller

4 Slave-Platte am zweiten (secondary) IDE-Controller

bedeutet.

Beim Einbau der Platte müssen Sie beachten, dass IDE-Platten gejumpert werden müssen, und zwar als Single, wenn es sich um die einzige Platte am Controller handelt, als Master bei der ersten von zwei Platten an einem Controller und als Slave bei der zweiten von zwei Platten. Wenn Sie also an einem Controller, der bisher nur eine Platte verwaltete, noch eine zweite anschließen, müssen Sie beide Platten passend jumpern: Die erste (alte) Platte muss von Single auf Master umgejumpert, und die zweite (neue) Platte muss als Slave konfiguriert werden.

Nehmen Sie hingegen den zweiten Controller in Betrieb und schließen an diesen nur die neue Platte an, muss diese als Single gejumpert werden.

Tipp

Keine Jumper-Stellung für Single-Modus?

Neuere IDE-Festplatten haben keine besondere Jumper-Stellung für den Single-Modus: Diese sind beim alleinigen Anschluss an einen Controller ebenfalls als Master zu jumpern, sodass beim zusätzlichen Anschluss einer zweiten Platte am selben Controller die Jumper-Stellung der ersten Platte nicht geändert werden muss.

Wenn Sie an einem Controller gleichzeitig eine Festplatte und ein ATAPI-CD-ROM-Laufwerk betreiben, sollte die Festplatte als Master und das CD-ROM-Laufwerk als Slave verwendet werden.

Durch diese Vorgehensweise wird die neue Platte „hinten" an die bestehende Reihenfolge Ihrer alten Platten angehängt. Dies hat drei Vorteile:

1 Die erste Platte, von deren Boot-Sektor aus Linux (und evtl. andere Betriebssysteme) gestartet wird, bleibt in ihrer Funktion erhalten. Nach dem Neustart erscheint der gewohnte Boot-Manager, und alle Betriebssysteme lassen sich wie gehabt aktivieren.

2 Die Partitionsliste in */etc/fstab* bleibt korrekt: Die Geräte-Dateien */dev/hda*, */dev/hdb* usw. beziehen sich auf dieselben Festplatten wie vor dem Einbau, sodass beim Linux-Start die ext2-Partitionen, die Ihr Linux-System und den Swap-Space enthalten, richtig erkannt werden: Die *fstab*-Datei muss dann nachträglich nur um neue Partitionen erweitert werden – an den bestehenden Einträgen brauchen Sie keine Änderungen durchzuführen.

3 Schließlich profitieren auch andere Betriebssysteme von dieser „konservativen" Plattenergänzung, so bleiben etwa unter Windows 95 die Laufwerkbuchstaben C:, D: usw. erhalten – zumindest so lange, wie Sie auf der neuen Platte keine primären DOS-Partitionen erzeugen. Tun Sie dies doch, werden die neuen primären DOS-Partitionen hinter den bereits vorhandenen primären, aber vor den alten logischen DOS-Partitionen einsortiert.

Die neue Platte partitionieren

Um nun die neue Platte unter Linux verwenden zu können, müssen Sie sie partitionieren und die neuen Partitionen formatieren. Diese Schritte können leider nicht mit den Installations-Tools – *Disk Druid* bei RedHat und *YaST* bei SuSE– durchgeführt werden; zum Einsatz kommt das Programm *fdisk*, das bereits in Kapitel 9.7 auf Seite 462 beschrieben worden ist. Hier sind noch einmal kurz die Schritte für den Einbau der zweiten Platte beschrieben.

Starten Sie Linux, melden Sie sich als Administrator *root* an und starten Sie das Programm *fdisk* mit dem Gerätenamen Ihrer neuen Festplatte als Parameter. Dieser ist */dev/hda* für die Master-Platte und */dev/hdb* für die Slave-Platte am primären IDE-Controller, */dev/hdc* für die Master-Platte und */dev/hdd* für die Slave-Platte am sekundären IDE-Controller. (*hd* steht dabei für **H**ard **D**isk, SCSI-Platten heißen */dev/sda*, */dev/sdb* usw., wobei *sd* für **S**CSI **D**isk steht.) Für eine zweite IDE-Platte würden Sie also den Befehl

```
paco:~ # /sbin/fdisk /dev/hdb
```

eingeben. (Eine Übersicht über die eingebauten und von Linux erkannten Festplatten mit ihren Partitionen erhalten Sie durch Eingabe von */sbin/fdisk -l*.)

fdisk ist ein wenig benutzerunfreundlich: Es gibt hier wie beim MS-DOS-Programm *Fdisk.exe* keine Benutzeroberfläche – statt dessen müssen Sie einzelne Buchstaben als Befehle eingeben. *fdisk* meldet sich mit der Ausgabe

```
Command (m for help):
```

und erwartet hinter diesem Prompt Ihre Befehle. Sie können nun ähnlich wie mit der *bash*-Shell arbeiten: Wenn Sie einen Befehl eingeben und die Eingabe mit der [Enter]-Taste abschließen, wird *fdisk* ihn ausführen. Geben Sie nun zunächst „p“ an; daraufhin wird die aktuelle Partitionstabelle für die verwendete Festplatte ausgegeben.

```
Command (m for help): p
Disk /dev/hdb: 66 heads, 63 sectors, 1016 cylinders
Units = cylinders of 4158 * 512 bytes
Device Boot Begin Start End Blocks Id System
Command (m for help):
```

Diese Ausgabe erhalten Sie bei Verwendung einer neuen, unpartitionierten Platte. Wenn Sie *fdisk* mit dem Gerätenamen einer bereits partitionierten Platte aufrufen, könnte die Ausgabe beispielsweise so aussehen:

```
Disk /dev/hdb: 66 heads, 63 sectors, 1016 cylinders
Units = cylinders of 4158 * 512 bytes
   Device Boot    Begin Start   End  Blocks   Id System
/dev/hdb1    *        1     1   172  357556+ 83 Linux native
/dev/hdb2           173   173  1016 1754676   5 Extended
/dev/hdb5    *      173   173   247  155893+  7 OS/2 HPFS
/dev/hdb6    ?      248   248   740 1024915+ 83 Linux native
/dev/hdb7    ?      741   741   888  307660+  6 DOS 16-bit >=32M
/dev/hdb8    ?      889   889   889    2047+ 83 Linux native
/dev/hdb9    *      890   890  1016  264001+  6 DOS 16-bit >=32M
Command (m for help):
```

In diesem Beispiel erkennen Sie eine primäre Linux-*ext2*-Partition */dev/hdb1* und eine erweiterte Partition */dev/hdb2*, die zwei logische DOS-Partitionen

/dev/hdb7 und */dev/hdb9* sowie zwei logische Linux-Partitionen */dev/hdb6* und */dev/hdb8* enthält. Linux erkennt die Art der Partition an der Partitions-Identifikation (*ID*) – diese sollte natürlich für die unterschiedlichen Formate der diversen Betriebssysteme auch unterschiedlich sein, leider halten sich nicht alle Hersteller an diese Konvention: Die weitere logische Partition */dev/hdb5* enthält, entgegen der Beschriftung als *OS/2 HPFS*, tatsächlich eine NTFS-Partition von Windows NT – Microsoft hat dem NTFS-Format, das in der Entwicklung von frühen OS/2-Versionen hin zu NT als HPFS-Nachfolger entstanden ist, dieselbe Partitions-ID wie HPFS gegeben.

Doch weiter mit dem Einrichten unserer neuen Festplatte. Dazu zunächst ein Überblick über die hierzu benötigten Funktionen von *fdisk*. Geben Sie *m* ein, um sich die Hilfe ausgeben zu lassen, und Sie erhalten die folgende Ausgabe:

```
Command action
 a toggle a bootable flag
 b edit bsd disklabel
 c toggle the dos compatibility flag
 d delete a partition
 l list known partition types
 m print this menu
 n add a new partition
 p print the partition table
 q quit without saving changes
 t change a partition's system id
 u change display/entry units
 v verify the partition table
 w write table to disk and exit
 x extra functionality (experts only)
Command (m for help):
```

Uns interessieren hier nur die Befehle *d* (Partition löschen), *n* (neue Partition hinzufügen), *p* (Partitionstabelle anzeigen), *t* (Partitions-ID ändern), *q* (Abbruch ohne Speichern) und *w* (Speichern der Änderungen).

Sie können mit allen Befehlen relativ gefahrlos herumexperimentieren, einschließlich des Befehls zum Löschen von Partitionen, solange Sie nicht den Befehl *w* ausführen: Erst dann werden alle Änderungen auf die Festplatte geschrieben.

1. Wir erzeugen nun eine neue Partition mit dem Befehl *n*. Daraufhin fragt *fdisk* zunächst, ob Sie eine primäre, erweiterte oder logische Partition erzeugen wollen. Allerdings gibt es von diesen drei Möglichkeiten immer nur zwei:

   - Auf einer Platte mit einer erweiterten Partition kann keine weitere dieses Typs erzeugt werden.
   - Auf einer Platte ohne erweiterte Partition können keine logischen Partitionen erzeugt werden, denn diese müssen ja innerhalb einer erweiterten liegen.

2 Wir gehen für unser Beispiel von einer leeren Festplatte aus, die nicht partitioniert ist. Sollte Ihr Fachhändler die Platte bereits DOS-vorformatiert haben, sind zunächst alle vorhandenen Partitionen zu löschen (siehe unten).

3 Antworten Sie auf die Frage nach der Partitionsart mit *e* für erweitert, und *fdisk* fragt Sie nach dem ersten Zylinder für die Partition, wobei auch der Bereich Ihrer möglichen Antworten ausgegeben wird. Bei einer leeren Platte können Sie Zylinder 1 wählen.

4 Schließlich müssen Sie noch die Größe der neuen Partition bestimmen: Hier haben Sie verschiedene Möglichkeiten für die Eingabe. Zum einen können Sie eine Zylindernummer angeben, die das Ende der Partition bezeichnet, oder Sie können eine Größenangabe in KByte oder MByte der Form *+25000k* oder *+500m* machen. Wir wollen in diesem Beispiel eine einzige große erweiterte Partition erzeugen, die später mehrere logische Partitionen aufnehmen wird: Geben Sie dazu die vorgeschlagene größte Zylindernummer ein.

5 Lassen Sie sich zur Kontrolle mit *p* die neue Partitionstabelle ausgeben. Sie erhalten insgesamt folgenden Dialog:

```
Command (m for help): n
Command action?
p primary partition (1-4)?
e extended partition (1-4)?

e
First cylinder (1-789): 1
Last cylinder or +size or +sizeM or +sizeK ([608-789): ]789
Command (m for help): p
Disk /dev/hdb: 255 heads, 63 sectors, 790 cylinders

Units = cylinders of 16065 * 512 bytes

   Device Boot Begin Start End  Blocks Id System
/dev/hdb1           2     2 789 6329610  5 Extended
```

Im nächsten Schritt wollen wir eine neue Linux-ext2-Partition von 500 MByte Größe und eine DOS-Partition von 200 MByte Größe anlegen; auf Letztere können Sie dann später unter Windows oder MS-DOS zugreifen.

6 Geben Sie dazu (zunächst für die Linux-Partition mit 500 MByte) am *fdisk*-Prompt erneut *n* ein. Antworten Sie auf die Frage nach der Partitionsart mit *l* für logisch.

7 Übernehmen Sie die kleinstmögliche Zylindernummer durch Eingabe des vorgeschlagenen Werts und geben Sie als Größe *+500m* ein.

8 Geben Sie (jetzt für die DOS-Partition) wieder *n* ein und wählen Sie mit *l* wieder eine logische Partition.

9 Übernehmen Sie (wie oben) den Vorschlag der kleinstmöglichen Zylindernummer und geben Sie als Größe *+200m* ein.

10 Überprüfen Sie zunächst die Ergebnisse dieser Schritte mit *p*. Sie sehen zwei neue logische Linux-ext2-Partitionen – die zweite Partition soll aber eine DOS-Partition sein. *fdisk* gibt für neue Partitionen immer den Typ *81*, *Linux native*, also *ext2* vor. Dies lässt sich aber mit dem *t*-Befehl ändern. Geben Sie also *t* ein und wählen Sie dann den Typ *06*, DOS FAT. Eine Liste aller *fdisk* bekannten Partitionstypen erhalten Sie mit dem *l*-Befehl.

Sie erhalten den folgenden Dialog:

```
Command (m for help): n

Command action
 l logical (5 or over)
 p primary partition (1-4)

l

First cylinder (1-789): 1
Last cylinder or +size or +sizeM or +sizeK ([1-789): ]+500m
Command (m for help): n
Command action
 l logical (5 or over)
 p primary partition (1-4)
l

First cylinder (65-789): 65

Last cylinder or +size or +sizeM or +sizeK ([65-789): ]+200m
Command (m for help): p

Disk /dev/hdb: 255 heads, 63 sectors, 790 cylinders
Units = cylinders of 16065 * 512 bytes
   Device Boot Begin Start  End  Blocks   Id System
/dev/hdb1          2      2  789 6329610   5 Extended
/dev/hdb5          2      2   64  514048+ 83 Linux native
/dev/hdb6         65     65   90  208813+ 83 Linux native

Command (m for help): t
Partition number (1-9): 6
Hex code (type L to list codes): 06
Changed system type of partition 9 to 6 (DOS 16-bit >=32M)
Command (m for help): p


Disk /dev/hdb: 255 heads, 63 sectors, 790 cylinders
Units = cylinders of 16065 * 512 bytes
   Device Boot Begin Start  End  Blocks   Id System
/dev/hdb1          2      2  789 6329610   5 Extended
/dev/hdb5          2      2   64  514048+ 83 Linux native
/dev/hdb6         65     65   90  208813+ 83 DOS 16-bit >=32M
Command (m for help):
```

11 Wenn Sie sich von der Korrektheit der Werte überzeugt haben, können Sie die Änderungen mit dem *w*-Befehl in die Partitionstabellen der Festplatte (die Haupttabelle der Platte, in der die primären und erweiterten Partitionen stehen, und die Tabelle der erweiterten Partition) zurückschreiben. Daraufhin wird *fdisk* beendet.

```
Command (m for help): w
The partition table has been altered!
Calling ioctl() to re-read partition table.
(Reboot to ensure the partition table has been updated.)
Syncing disks.
```

Wenn *fdisk* die Arbeit mit der Meldung *Syncing disks* (synchronisiere Fesplatten) beendet, können Sie sofort mit dem nächsten Schritt, dem Formatieren der neuen Partitionen fortfahren. In einigen Fällen (z. B. wenn Partitionen der Platte bereits gemountet waren) erhalten Sie jedoch noch die folgende Warnung:

```
Re-read table failed with error 16: Device or resource busy.
Reboot your system to ensure the partition table is updated.
```

In diesem Fall konnten die neuen Partitionsdaten nicht in Ihr laufendes Linux-System übernommen werden. Wenn diese Meldung auftritt, müssen Sie vor dem Formatieren der neuen Partitionen einen Reboot durchführen.

Tipp

Wie Sie einen Reboot vermeiden können

Wenn Sie eine Festplatte mit bereits vorhandenen und gemounteten (also in das Dateisystem eingebundenen) Partitionen mit *fdisk* repartitionieren wollen, können Sie vorher überprüfen, ob Sie die Partitionen eventuell unmounten können. Geben Sie (zum Beispiel für die Festplatte */dev/hdb*) den Befehl *mount | grep hdb* ein und unmounten Sie alle angezeigten Partitionen mit *umount /dev/hdbn*. Wenn keine Partitionen dieser Platte mehr gemountet sind, sollte sich die Festplatte repartitionieren lassen, ohne die oben genannte Fehlermeldung hervorzurufen.

Dies ist natürlich nicht möglich, wenn das Root-Dateisystem / auf dieser Platte liegt.

Die neuen Partitionen formatieren

Zum Abschluss müssen Sie die neuen Partitionen noch formatieren, um sie unter Linux oder anderen Betriebssystemen verwenden zu können.

Linux-ext2-Partitionen werden mit dem Programm *mke2fs* (**make ext2 file system**), MS-DOS-Partitionen mit *mkdosfs* (**make DOS file system**) formatiert:

Geben Sie für die neue Linux-ext2-Partition */dev/hdb5* und die neue DOS-Partition */dev/hdb6* die folgenden Befehle ein:

```
paco:~ # /sbin/mke2fs /dev/hdb5
paco:~ # /sbin/mkdosfs -v /dev/hdb6
```

Der Parameter *-v* bei *mkdosfs* steht für „verbose“, also für eine ausführlichere Ausgabe. Dies hat folgenden Effekt:

```
paco:~ # /sbin/mke2fs /dev/hdb5
mke2fs 1.14, 9-Jan-1999 for EXT2 FS 0.5b, 95/08/09
```

```
Linux ext2 filesystem format
Filesystem label=
128520 inodes, 514048 blocks
25702 blocks (5.00%) reserved for the super user
First data block=1
Block size=1024 (log=0)
Fragment size=1024 (log=0)
63 block groups
8192 blocks per group, 8192 fragments per group
2040 inodes per group
Superblock backups stored on blocks:
 8193, 16385, 24577, 32769, 40961, 49153, 57345,  65537, 73729,
 81921, 90113,  98305, 106497, 114689, 122881, 131073, 139265,
 155649, 163841, 172033, 180225, 188417, 196609, 204801, 212993,
 229377, 237569, 245761, 253953, 262145, 270337, 278529, 286721,
 303105, 311297, 319489, 327681, 335873, 344065, 352257, 368641,
 376833, 385025, 393217, 401409, 409601, 417793, 425985, 442369,
 450561, 458753, 466945, 475137, 483329, 491521, 499713, 507905

Writing inode tables: done

Writing superblocks and filesystem accounting information: done
```

```
        paco:~ # mkdosfs -v /dev/hdb6
```

```
mkdosfs 0.4, 27th February 1997 for MS"=DOS/FAT/FAT32 FS
/dev/hdb6 has 255 heads and 63 sectors per track,
using 0xf8 media descriptor, with 417626 sectors;
file system has 2 16"=bit FATs and 8 sectors per cluster.
FAT size is 204 sectors, and provides 52148 clusters.
Root directory contains 512 slots.
Volume ID is 359fe226, no volume label.
```

Warnung: Keine DOS-Partitionen, die größer als 2 GByte sind

Sie können mit *fdisk* und *mkdosfs* problemlos DOS-Partitionen erstellen, die größer als 2 GByte sind. Unter Linux können Sie mit diesen Partitionen dann auch hervorragend arbeiten, aber unter MS-DOS, Windows 95 und Windows NT lassen sich diese Partitionen nicht verwenden: *Fdisk.com* und der Disk Manager von NT stürzen sogar beim Zugriff auf diese „übergroßen" DOS-Partitionen ab!

Um nun unter Linux mit dem neuen Speicher arbeiten zu können, müssen Sie noch einen Eintrag in der Datei */etc/fstab* erzeugen. Hier können Sie entweder von Hand die beiden Zeilen

```
/dev/hdb5 /home2 ext2 defaults 0 1
/dev/hdb6 /mnt/dosd vfat defaults 0 0
```

eintragen, wobei */home2* und */mnt/dosd* Vorschläge für die Stellen im Verzeichnisbaum sind, an denen die neuen Dateisysteme eingehängt werden sollen. Diese Directories müssen mit den Befehlen *mkdir /home2* bzw. *mkdir /mnt/dosd* vorher erzeugt worden sein.

Damit ist die Konfiguration der neuen Platte abgeschlossen.

Eine SCSI-Platte einbauen

Beim Einbau einer neuen SCSI-Platte sind zwei Varianten zu unterscheiden:

1 Sie haben bereits einen SCSI-Controller installiert, und die angeschlossenen Geräte werden unter Linux erkannt (dies ist der einfache Fall).

2 Sie bauen einen neuen SCSI-Controller ein, und Linux ist noch nicht für den Einsatz von SCSI-Geräten konfiguriert (etwas umständlicher, aber auch kein Problem).

In beiden Fällen müssen Sie zunächst eine freie SCSI-ID bestimmen, die Sie der neuen Festplatte zuordnen wollen.

1 Wenn Sie Ihr System hochfahren, sollte der SCSI-Controller eine Liste aller angeschlossenen Geräte mitsamt der verwendeten SCSI-ID anzeigen. Wählen Sie eine ID zwischen 0 und 6 (die ID 7 ist für den Controller reserviert), die von keinem anderen Gerät belegt ist, und stellen Sie diese an der Festplatte mit den Jumpern ein (wie dies geht, sollte aus der Anleitung zu Ihrer Festplatte oder aus der Beschriftung der Jumper hervorgehen). Versuchen Sie dabei, eine ID auszuwählen, die größer als alle IDs von bereits vorhandenen Festplatten ist – dadurch bleibt die bestehende Reihenfolge der Festplatten erhalten.

2 Wenn Sie einen neuen SCSI-Controller einbauen, wählen Sie für die neue(n) Festplatte(n) möglichst kleine SCSI-IDs, etwa 0 für eine Platte oder 0 und 1 für zwei Platten, damit Sie bei einer späteren erneuten Erweiterung die Möglichkeit haben, wiederum größere IDs zu vergeben. Die Festplatte mit ID 0 wird später als */dev/sda*, die mit ID 1 als */dev/sdb* usw. angesprochen.

Beim Einbau müssen Sie das SCSI-Konzept der Terminierung beachten: Die in einem SCSI-System angeschlossenen Geräte (einschließlich des Controllers) bilden eine Kette, die an beiden Enden terminiert (abgeschlossen) werden muss:

- Wenn Sie nur interne Geräte über ein Flachbandkabel anschließen, stellen der Controller selbst und das Gerät, das „am weitesten weg vom Controller“ angeschlossen ist, die Enden dieser Kette dar. In diesem Fall müssen der Controller und das letzte Gerät terminiert werden. Wenn Sie also ein bestehendes System erweitern, haben Sie zwei Möglichkeiten: Sie können die neue Festplatte zwischen dem Controller und einem anderen Gerät einfügen – dann muss die neue Platte nicht terminiert bleiben. Oder Sie hängen die Platte hinter das bisher letzte Gerät: dann müssen Sie die Terminierung des bisher letzten Geräts aufheben und stattdessen Ihre neue Platte terminieren. Das Terminieren der Platte sollte ebenfalls aus der mitgelieferten Anleitung oder der Beschriftung der Jumper hervorgehen.

- Wenn Sie zusätzlich auch externe Geräte verwenden, befindet sich der Controller in der Mitte der SCSI-Kette: Dann muss er nicht terminiert werden, wohl aber das letzte externe Gerät in der Kette. Für die Terminierung der neuen Festplatte gilt das Gleiche wie oben.

Starten Sie nach dem Einbau Ihr Linux-System. Wenn Sie bereits SCSI-Unterstützung für Ihren Controller konfiguriert haben (wenn nicht: siehe nächster Absatz), können Sie die erkannten SCSI-Geräte mit

```
paco:~ $ cat /proc/scsi/scsi
```

ausgeben lassen. Sie erhalten dann eine Ausgabe der Form

```
Attached devices:
Host: scsi0 Channel: 00 Id: 00 Lun: 00
 Vendor: IBM Model: DPES-31080 Rev: S31Q
 Type: Direct-Access ANSI SCSI revision: 02
Host: scsi0 Channel: 00 Id: 01 Lun: 00
 Vendor: IBM Model: DORS-32160 Rev: WA0A
 Type: Direct-Access ANSI SCSI revision: 02
Host: scsi0 Channel: 00 Id: 02 Lun: 00
 Vendor: IBM Model: DCAS-34330 Rev: S65A
 Type: Direct-Access ANSI SCSI revision: 02
Host: scsi0 Channel: 00 Id: 03 Lun: 00
 Vendor: SONY Model: CD-ROM CDU-55S Rev: 1.0t
 Type: CD-ROM ANSI SCSI revision: 02
Host: scsi0 Channel: 00 Id: 06 Lun: 00
 Vendor: IOMEGA Model: ZIP 100 Rev: R.41
 Type: Direct-Access ANSI SCSI revision: 02
```

bei der auch Ihre neue Platte vorkommen muss. Dann können Sie mit den Punkten Partitionierung und Formatierung wie für IDE-Festplatten fortfahren, wobei Sie natürlich die Gerätenamen */dev/sd*n statt */dev/hd*n verwenden müssen.

Erhalten Sie keine Ausgabe, da das Unterverzeichnis */proc/scsi* nicht existiert, wird der SCSI-Controller (noch) nicht von Ihrem Linux-Kernel unterstützt.

Wechseln Sie in das Verzeichnis */lib/modules/kernelnr/scsi* (für *kernelnr* setzen Sie Ihre aktuelle Kernelversionsnummer ein) und lassen Sie sich den Inhalt anzeigen. Wenn Sie eines diese Module eindeutig Ihrem SCSI-Controller zuordnen können, versuchen Sie, das Modul zu laden – falls nicht, werfen Sie einen Blick in das SCSI-HOWTO unter */usr/doc/HOWTO/unmaintained/SCSI-HOWTO*. Sollte sich das Dokument nicht an dieser Stelle befinden, können Sie es auch mit dem Befehl *locate SCSI-HOWTO* suchen. *locate* durchsucht eine Dateinamen-Datenbank, die Sie gelegentlich als Administrator mit dem Befehl *updatedb* auf den neusten Stand bringen sollten.

Werden Sie auch so nicht fündig, können Sie es noch im Internet unter *ftp//sunsite.unc.edu/pub/Linux/docs/LDP* erhalten. Dieses HOWTO enthält detaillierte Informationen zu den verfügbaren Treibern.

Nehmen wir an, Sie verwenden einen NCR-Controller, der durch das Modul *ncr53c8xx.o* unterstützt wird, dann können Sie dieses Modul mit dem Befehl *modprobe ncr53c8xx.o* laden. Dieses und die folgenden anderen SCSI-Module finden Sie im Verzeichnis */lib/modules/2.2.5-15/scsi*:

```
53c7,8xx.o aha1542.o eata_pio.o initio.o qlogicfc.o tmscsim.o
AM53C974.o aha1740.o fdomain.o megaraid.o qlogicisp.o u14-34f.o
BusLogic.o aic7xxx.o g_NCR5380.o ncr53c8xx.o scsi_debug.o ultrastor.o
NCR53c406a.o atp870u.o gdth.o pas16.o seagate.o wd7000.o
a100u2w.o dtc.o ide-scsi.o ppa.o sg.o
advansys.o eata.o imm.o psi240i.o sym53c416.o
aha152x.o eata_dma.o in2000.o qlogicfas.o t128.o
```

Welche Treiber zu welchen SCSI-Controllern passen, können Sie im Anhang über SCSI-Controller nachlesen.

Ist das Laden des Moduls nicht möglich (beispielsweise, weil Sie selbst einen neuen Kernel erzeugt und dabei keine Kernelmodule kompiliert haben), müssen Sie einen neuen Kernel erstellen. Wie das geht, haben wir in Kapitel 9.5 ab Seite 401 beschrieben. Nach dem Booten des neuen Kernels sollten Ihr SCSI-Controller und die neue Festplatte erkannt werden, und Sie können wie oben weiter verfahren.

Problembehebung nach Platteneinbau

Wenn Ihr System nach dem Einbau nicht mehr bootet, hat sich vermutlich die Reihenfolge der Platten durch den Einbau verändert. Jetzt kommt die Rescue-Diskette ins Spiel, die Sie während der Linux-Installation bzw. spätestens vor dem Einbau der neuen Platte erzeugt haben. Falls Sie diesen Schritt ausgelassen haben oder die Disketten nicht mehr verfügbar sind, können Sie unter DOS oder Windows mit dem Programm *Rawrite.exe* eine Boot- und eine Rescue-Diskette erstellen – die benötigten Dateien sind *\images\boot.img* und *\images\rescue.img* auf der ersten CD –, wie im Installationskapitel beschrieben.

Von Diskette booten

Starten Sie den Rechner mit eingelegter Boot-Diskette und geben Sie am Boot-Prompt „rescue“ ein. Sie können auch vorher die F4-Taste drücken, um sich die Erklärungen zum Rescue-Modus anzeigen zu lassen.

Der Kernel wird geladen und gestartet, und nach einer Weile werden Sie aufgefordert, die Rescue-Diskette einzulegen:

```
VFS: Insert root floppy disk to be loaded into ramdisk and
press ENTER
```

Wechseln Sie die Disketten und bestätigen Sie mit Enter. Die Daten der Rescue-Diskette werden dann geladen und entpackt. Ist auch dieser Vorgang abgeschlossen, erscheint – ohne dass eine Anmeldung nötig wäre – der Bash-Prompt *bash#*.

Sie sind nun im Rescue-Modus: Wir beschreiben zunächst kurz den Zustand, in dem Sie sich befinden.

Ein minimales Linux mit den wichtigsten Konfigurationstools (wie *fdisk*, *mke2fs*, *e2fsck*, *mount*, *gzip*, *tar*, *rpm*, *dd*, dem Editor *vi* und einigen Netzwerk-Tools) wurde von der Diskette gestartet. Gemountet ist nur eine Ramdisk, die von den beiden Disketten geladen wurde: Weder die Festplattenpartitionen noch das CD-ROM-Laufwerk sind gemountet. Die Verzeichnisstruktur, die Sie sehen, ist also nicht Ihre gewohnte Struktur, obwohl Sie Verzeichnisse wie */etc*, */bin* und andere erkennen werden. Sie haben ein unabhängiges Linux-System gestartet, das mit Ihrem Linux auf der Festplatte zunächst nichts zu tun hat.

An diesem Linux-System sind Sie als Administrator, also mit vollständigen Rechten, angemeldet.

Konsolen mit US-Tastenbelegung

Neben der Konsole, auf der Sie die Startmeldungen sehen konnten, steht Ihnen über Alt+F2 noch eine weitere Konsole zur Verfügung – dies funktioniert wie in Ihrem normalen Linux-System, mit der Einschränkung, dass es nur zwei Konsolen gibt, zwischen denen Sie mit Alt+F1 und Alt+F2 wechseln können, um verschiedene Dinge gleichzeitig zu tun. Beachten Sie, dass die amerikanische Tastaturbelegung geladen ist. Damit Sie die wichtigsten Sonderzeichen finden können, geben wir Ihnen in der folgenden Tabelle die Tastenkombinationen (auf der deutschen Tastatur) an, über die Sie diese erreichen können:

	Tastenkombination		Tastenkombination
/	-	=	´
(	Umschalt+9	+	Umschalt+´
)	Umschalt+0	?	Umschalt+-
~	Umschalt+^	<	Umschalt+,
`	^	>	Umschalt+.
\	# oder Alt+ß	@	Umschalt+2
-	ß	#	Umschalt+3
_	Umschalt+ß	&	Umschalt+7
*	Umschalt+8		

Außerdem sind Y und Z vertauscht und Befehle lassen sich nicht mit Strg+C abbrechen, wie Sie dies gewohnt sind.

Geben Sie *fdisk -l* ein, um sich die Partitionstabellen Ihrer Festplatten anzeigen zu lassen. Wenn Sie so viele Partitionen haben, dass die Ausgabe nicht auf den Bildschirm passt, können Sie wie gewohnt mit Umschalt+Bild↑ und Umschalt+Bild↓ die Bildschirmausgabe zurückscrollen lassen.

Sie erhalten eine Ausgabe der Form

```
Disk /dev/hda: 255 heads, 63 sectors, 790 cylinders
Units = cylinders of 16065 * 512 bytes
Disk /dev/hdb: 255 heads, 63 sectors, 790 cylinders
```

```
Units = cylinders of 16065 * 512 bytes
   Device Boot Begin Start  End   Blocks  Id System
/dev/hdb1           2     2  789  6329610   5 Extended
/dev/hdb5           2     2  262  2096451   6 DOS 16-bit >=32M
/dev/hdb6         263   263  517  2048256  83 Linux native
/dev/hdb7         518   518  607   722893+ 83 Linux native
/dev/hdb8         608   608  722   923706  83 Linux native
```

In diesem Beispiel haben wir eine alte Platte, die vor dem Umbau unter */dev/hda* angesprochen wurde, nun als Slave gejumpert und eine baugleiche Platte als Master am selben (primären) Controller angeschlossen: Da die neue Platte, die nun den Namen */dev/hda* hat, noch unpartitioniert ist, können unter */dev/hda* keine Partitionen angezeigt werden. Ihre alte Platte erscheint nun als */dev/hdb*, und die alten Partitionen */dev/hdan* heißen nun */dev/hdbn*.

Durch den Einbau der neuen Platte haben sich die Gerätenamen Ihrer alten Partitionen geändert – dies war der Grund, warum Linux nicht mehr starten konnte. Stellen Sie anhand der Ausgabe von *fdisk* fest, welche Partition Ihre Root-Partition ist: Wenn nur eine einzige Partition mit dem Partitionstyp *Linux native* in der Spalte *System* angezeigt wird, ist dies die richtige. Ansonsten können Sie dies anhand der Größenangaben in der Spalte *Blocks* überprüfen. Hilft auch das nicht, müssen Sie sich probeweise für eine der Partitionen entscheiden. Wir nehmen im Folgenden an, dass */dev/hdb6* die Root-Partition ist. Ersetzen Sie in den nächsten Schritten */dev/hdb6* durch den korrekten Namen Ihrer Linux-Root-Partition.

Alte Root-Partition mounten

Mounten Sie die Root-Partition mit den folgenden Befehlen und machen Sie das Verzeichnis */mnt/rootpart* mit dem *chroot*-Befehl zum neuen Root-Verzeichnis */*:

```
paco:~ # mkdir /mnt/rootpart
paco:~ # mount /dev/hdb6 /mnt/rootpart
paco:~ # chroot /mnt/rootpart
shell-init: could not get current directory:
getwd: cannot access parent directories
paco:~ # cd /
paco:~ #
```

Der Befehl *chroot* startet eine neue *bash*-Shell, die in der Illusion „lebt", dass */mnt/rootpart* die tatsächliche Root-Partition ist. Das wird Ihnen die folgenden Schritte erleichtern, da Sie die gewohnte Verzeichnisstruktur erhalten, als hätten Sie Ihr normales Linux-System gestartet. (Die Fehlermeldung nach dem *chroot*-Aufruf können Sie ignorieren.)

Geben Sie dann den Befehl *ls* ein, um zu überprüfen, ob Sie wirklich die Root-Partition Ihres Linux-Systems gemountet haben. Bitte beachten Sie, dass auf der über [Alt]+[F2] erreichbaren Konsole die Änderung der Root-Partition nicht gilt, es sei denn, Sie würden den *chroot*-Befehl auch dort eingeben. Um den *chroot*-Befehl rückgängig zu machen, können Sie *exit* eingeben: Darauf wird die aktuelle *bash*-Shell beendet, und damit auch der *chroot*-Befehl.

/etc/fstab und /etc/lilo.conf anpassen

Öffnen Sie mit einem Texteditor (etwa dem *vi*, für den die Tastenkombinationen unten beschrieben sind) die Datei */etc/fstab*

Die Datei enthält ungefähr die folgenden Zeilen:

```
/dev/hda6 /        ext2 defaults 1 1
/dev/hda5 /mnt/dos vfat defaults 0 0
none      /proc    proc defaults 1 1
```

Der nächste Schritt ist nun, die *a* in */dev/hdan* durch *b* zu ersetzen: Bewegen Sie den Cursor mit den Cursortasten auf das erste zu ändernde *a* und geben Sie *x* ein. Dadurch wird das aktuelle Zeichen gelöscht. Geben Sie nun *i* (für **i**nsert, dt. einfügen) ein und geben Sie ein „b" ein: Das *b* erscheint an der Stelle, an der vorher das *a* stand. Verlassen Sie den Einfügemodus von *vi* durch Drücken der [Esc]-Taste. (Im Einfügemodus zeigt *vi* in der untersten Zeile den Text – *INSERT* – an.) Führen Sie nun für alle Einträge entsprechende Änderungen durch. Auch nach dem letzten Schritt müssen Sie den Einfügemodus verlassen und können dann durch Eingabe von *:wq* die Datei speichern und *vi* beenden.

Im nächsten Schritt ändern wir die Datei *lilo.conf*, um den Boot-Manager LILO neu zu installieren. Geben Sie dazu am *bash*-Prompt den Befehl *vi lilo.conf* ein.

Sie sehen eine Ausgabe der Form

```
boot=/dev/hda
map/boot/map
install=/boot/boot.b
prompt
timeout=50
image=/boot/vmlinuz-2.2.5-15
 label=linux
 root=/dev/hda6
 read-only
~
~
~
"lilo.conf" 9 lines, 125 characters
```

Ändern Sie die Zeile *root=/dev/hda6* in *root=/dev/hdb6*. Die erste Zeile *boot=/dev/hda* muss eventuell auch geändert werden: Hier wird festgelegt, wohin der Boot-Manager LILO installiert werden soll. In diesem Beispiel wurde das System vor dem Einbau der neuen Platte über LILO gestartet, der als einziges Betriebssystem das vorhandene Linux startete; andere Betriebssysteme waren nicht auf der Platte. Wenn diese Konfiguration auf Ihr System zutrifft, können sie die Zeile unverändert lassen; LILO wird dann in den MBR (**M**aster **B**oot **R**ecord) Ihrer neuen (jetzt ersten) Festplatte installiert. Wenn Sie bisher einen anderen Boot-Manager verwendet haben, wählen Sie einen geeigneten Ort für die Installation des LILO, z. B. */dev/hdb*, den MBR der alten Platte; dann müssen Sie später noch Ihren Boot-Manager so anpassen, dass er den LILO starten kann. Lesen Sie dazu die Anleitung Ihres

Boot-Managers. Eine weitere Alternative wäre der Boot-Sektor Ihrer Linux-Partition, hier */dev/hdb6*.

Nach den Änderungen verlassen Sie den Editor wieder mit *:wq*. Installieren Sie nun LILO durch den Aufruf von */sbin/lilo*:

```
paco:~ # /sbin/lilo
Added linux *
```

Damit sind alle Änderungen Ihres Linux-Systems erfolgt. Beenden Sie den *chroot*-Aufruf mit *exit*, unmounten Sie Ihre Linux-Root-Partition und geben Sie ein weiteres Mal *exit* ein, um das System anzuhalten:

```
paco:~ # exit
paco:~ # umount /mnt/rootpart
paco:~ # exit
Unmounting filesystems
Halting system.. All fixed? :-)
```

Drücken Sie Strg+Alt+Entf, um Ihren Rechner neu zu starten. Vergessen Sie dabei nicht, vorher die Diskette aus dem Laufwerk zu entfernen! Wenn Sie den Boot-Manager LILO wie im Beispiel nach */dev/hda* installiert haben, sollte sich dieser mit seinem Boot-Prompt melden, und Sie können Ihr Linux-System wie gewohnt starten.

Andernfalls startet Ihr gewohnter Boot-Manager, und Sie müssen – entsprechend den Anleitungen zu Ihrem Boot-Manager – noch die nötigen Anpassungen vornehmen, um Linux wieder über diesen Boot-Manager starten zu können.

CD-ROM-Laufwerke

Bei der Installation von CD-ROM-Laufwerken brauchen Sie keine Rücksicht auf irgendwelche Reihenfolgen zu nehmen: ATAPI- und SCSI-CD-ROM-Laufwerke können Sie an einem beliebigen IDE-Controller als Master oder Slave bzw. unter beliebiger SCSI-ID einbauen, und eine ganze Reihe älterer CD-ROM-Laufwerke, die mit einem eigenen Controller ausgeliefert werden (z. B. die frühen Mitsumi-Laufwerke), werden auch unterstützt. Die folgende Liste der von Linux unterstützten CD-ROM-Laufwerke ist dem *CDROM-HOWTO* entnommen:

Hersteller	Typ	Kerneltreiber	Bemerkungen
Panasonic	CR-521	sbpcd	1
Panasonic	CR-522	sbpcd	1
Panasonic	CR-523	sbpcd	1
Panasonic	CR-562	sbpcd	1
Panasonic	CR-563	sbpcd	1
Creative Labs	CD-200	sbpcd	
IBM	External ISA	sbpcd	2
Longshine	LCS-7260	sbpcd	

Hersteller	Typ	Kerneltreiber	Bemerkungen
Teac	CD-55A	sbpcd	
Sony	CDU-31A	cdu31a	
Sony	CDU-33A	cdu31a	
Sony	CDU-535	sonycd535	3
Sony	CDU-531	sonycd535	
Aztech	CDA268-01A	aztcd	4
Orchid	CDS-3110	aztcd	
Okano/Wearnes	CDD110	aztcd	
Conrad	TXC	aztcd	
CyCDROM	CR520ie	aztcd	
CyCDROM	CR940ie	aztcd	
GoldStar	R420	gscd	5
Philips/LMS	CM206	cm206	6
Mitsumi	CRMC LU005S	mcd/mcdx	7, 8
Mitsumi	FX001	mcd/mcdx	7, 8
Optics Storage	Dolphin 8000AT	optcd	
Lasermate	CR328A	optcd	
Sanyo	H94A	sjcd	
various	various	isp16	9
MicroSolutions	Backpack	bpcd	

Bemerkungen: Sämtliche ATAPI- und SCSI-Laufwerke werden unterstützt.

1 Diese Laufwerke wurden auch unter den Namen Creative Labs, Panasonic, Matsushita oder Kotobuki verkauft.

2 Dieses Laufwerk ist mit dem Panasonic CR-562 identisch.

3 Wurde auch unter dem Namen Procomm verkauft.

4 Dieser Treiber ist nur für das CDA268-01A. Andere Modelle, einschließlich CDA268-03I und CDA269-031SE, haben keinen eigenen Controller und sollten mit dem IDECD-(ATAPI-)Kerneltreiber arbeiten.

5 Wurde auch als Teil des Reveal Multimedia Kit verkauft.

6 Das Philips CM205 wird von diesem Treiber nicht unterstützt, aber es gibt einen Treiber dafür auf *ftp://sunsite.unc.edu* in */pub/Linux/kernel/patches/cdrom/lmscd0.4.tar.gz*.

7 Wurde auch als Radio Shack verkauft.

8 Hierfür gibt es zwei Treiber: *mcd* ist der Originaltreiber, und *mcdx* ist ein neuer Treiber mit mehr Features (aber eventuell weniger stabil).

9 Dieser Treiber unterstützt CD-ROM-Laufwerke, die an ein Interface einer ISP16-, MAD16- oder Mozart-Soundkarte angeschlossen sind.

Nach dem Einbau des CD-ROM-Laufwerks können Sie zunächst überprüfen, ob Ihr derzeitiger Kernel das Laufwerk bereits unterstützt – dies sollte bei einem ATAPI- oder SCSI-Laufwerk der Fall sein, falls Sie bereits andere IDE- bzw. SCSI-Geräte (in der Regel Festplatten) verwendet haben.

Wird das Laufwerk von Linux nicht erkannt, ist die gleiche Prozedur wie für das Einbinden einer neuen Festplatte notwendig: Versuchen Sie, ein Modul für den SCSI-Controller bzw. für die Adapterkarte zu laden – für ein Mitsumi FX001 ist der passende Befehl

```
paco:~ # modprobe mcd
```

Versuchen Sie danach, eine eingelegte CD zu mounten. Dazu müssen Sie zunächst den Namen der Gerätedatei des CD-ROM-Laufwerks feststellen: Ein (erstes) SCSI-CD-ROM-Laufwerk hat den Gerätenamen */dev/scd0*, ein zweites heißt entsprechend */dev/scd1*. Ein ATAPI-CD-ROM-Laufwerk können Sie unter */dev/hda*, */dev/hdb*, */dev/hdc* oder */dev/hdd* ansprechen. Die Gerätedateien für die Laufwerke mit eigenem Controller sind nach ihrem Treiber benannt, also z. B. */dev/mcd* für den *mcd*-Treiber. Um etwa eine CD im ATAPI-Laufwerk */dev/hdb* zu mounten, geben Sie folgende Befehle ein:

```
paco:~ # mkdir /mnt/cdrom
paco:~ # mount -t iso9660 -r /dev/hdb /mount/cdrom
```

Falls das Verzeichnis */mnt/cdrom* schon existiert, können Sie auf den ersten Befehl verzichten. Nun sollten Sie unter */mnt/cdrom* auf den Inhalt der CD zugreifen können.

Modul nicht gefunden

Wenn Sie das nötige Modul nicht mit *modprobe* laden konnten (etwa, weil Sie einen neuen Kernel verwenden und keine Module mitkompiliert wurden), müssen Sie einen neuen Kernel erstellen. Wählen Sie dabei Ihren SCSI-Controller aus und aktivieren Sie die SCSI-CD-ROM-Unterstützung bzw. aktivieren Sie die ATAPI-CD-ROM-Unterstützung oder die Unterstützung für Ihr CD-ROM-Laufwerk mit eigenem Controller. Nach dem Installieren und Booten des neuen Kernels sollte das Laufwerk erkannt werden.

Link für /dev/cdrom

Viele Programme erwarten */dev/cdrom* als Gerätenamen für das CD-ROM-Laufwerk: So wird z. B. der KDE-CD-Player *kscd* unter diesem Namen auf das Laufwerk zugreifen wollen. Daher empfiehlt es sich, einen Link vom Gerätenamen auf */dev/cdrom* zu erzeugen. Verwenden Sie dafür (beispielsweise für */dev/hdb*) die Befehle

```
paco:~ # rm /dev/cdrom
paco:~ # ln -s /dev/hdb /dev/cdrom
```

(Dies gilt natürlich nicht, wenn Sie bereits ein anderes CD-ROM-Laufwerk in Ihrem System verwenden und das neue zusätzlich eingebaut haben.)

Durch diesen Link werden alle Zugriffe auf */dev/cdrom* auf */dev/hdb* umgeleitet.

CD-Brenner

Für den Einbau eines CD-Brenners gilt grundsätzlich dasselbe wie für den Einbau eines CD-ROM-Laufwerks: Wenn Sie das Gerät erfolgreich eingebaut und konfiguriert haben, sodass Sie damit CDs mounten und lesen können, sollte auch der Schreibzugriff möglich sein. In jedem Fall sollten Sie sorgfältig die Readme-Dateien Ihrer CD-Brenner-Software (sei es *cdrecord* oder *xcdroast*) durchlesen. Mit jeder neuen Version dieser Software werden zusätzliche (SCSI- und IDE-)CD-Brenner unterstützt – deswegen sollten Sie vor dem Kauf eines Brenners überprüfen, ob das gewünschte Laufwerk auch unterstützt wird: Bedenken Sie, dass Treibersoftware für Windows 95/98/NT unter Linux nicht eingesetzt werden kann!

Darüber hinaus kann die Unterstützung für IDE-Brenner nur durch eine Neukonfiguration des Kernels erreicht werden: Dazu ist in der Kernelkonfiguration die Standard-IDE-Unterstützung ab- und die IDE-SCSI-Emulation (in der IDE-Geräte als SCSI-Geräte erkannt werden) einzuschalten. Mehr dazu verraten Ihnen die Readme-Dateien der eingesetzten Brennersoftware.

Unterstützte Hardware

xcdroast basiert auf *cdrecord*. Daher unterstützt *xcdroast* prinzipiell dieselben CD-Brenner wie *cdrecord*. Im Anhang finden Sie eine Liste dieser Brenner.

xcdroast installieren

Falls Sie *xcdroast* nicht auf Ihren Installations-CDs finden, können Sie die Software über das Internet von *http://www.fh-muenchen.de/rz/xcdroast* downloaden. Um *xcdroast* zu installieren, wechseln Sie in das Verzeichnis, in dem das *rpm-Archiv* von *xcdroast* liegt. Werden Sie mit *su* zum Administrator und installieren Sie *xcdroast* mit dem Befehl:

```
paco:~ # rpm -i xcdroast-0.96e-1.i386.rpm
```

Hier ist *0.96e-1* die aktuelle Versionsnummer von *xcdroast*; passen Sie sie entsprechend an.

Mit dem *rpm*-Befehl werden automatisch die nötigen Gerätedateien erzeugt; es wird ein Shell-Skript *MAKEDEVICES.sh* ausgeführt, das die folgende Ausgabe erzeugt:

```
Creating additional device-names: Done.
```

Das war es: Nun können Sie *xcdroast* aufrufen.

xcdroast konfigurieren

Beim ersten Start von *xcdroast* müssen Sie einige Einstellungen vornehmen. Um *xcdroast* ausführen zu können, müssen Sie als Administrator angemeldet sein; geben Sie gegebenenfalls vor dem Aufruf *su* (gefolgt von Ihrem *root*-Passwort) ein und starten Sie das Programm mit *xcdroast*.

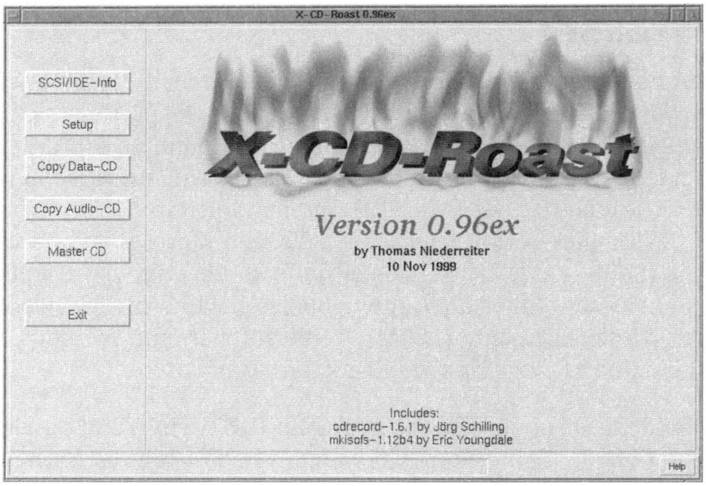

Der Startbildschirm von xcdroast

Klicken Sie zunächst auf die *SCSI/IDE-Info*-Schaltfläche, um sich die gefundenen SCSI- und IDE-Geräte anzeigen zu lassen.

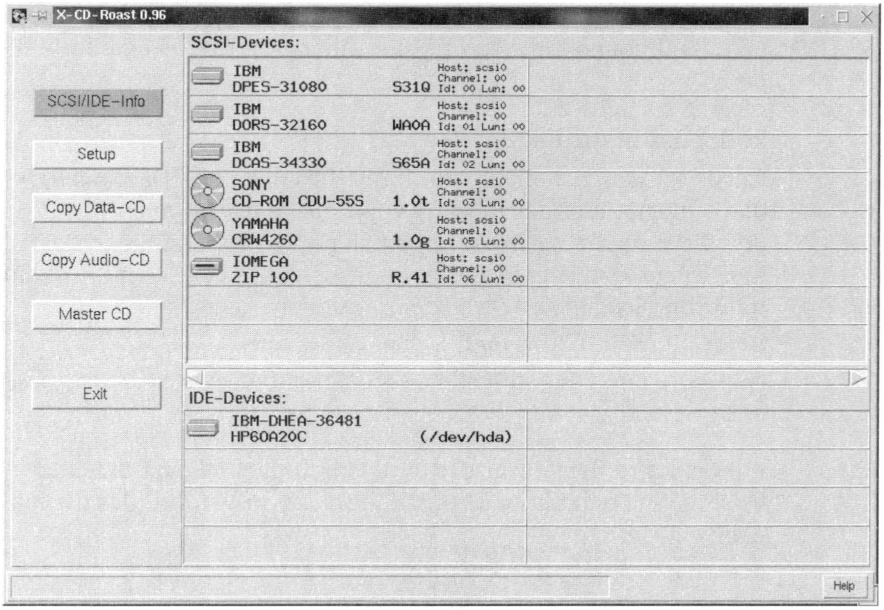

SCSI/IDE-Info von xcdroast

Klicken Sie auf die *Setup*-Schaltfläche, um das Konfigurationsmenü aufzurufen – es erscheint dann das erste Register *CD Setup* des *Setup*-Dialogs:

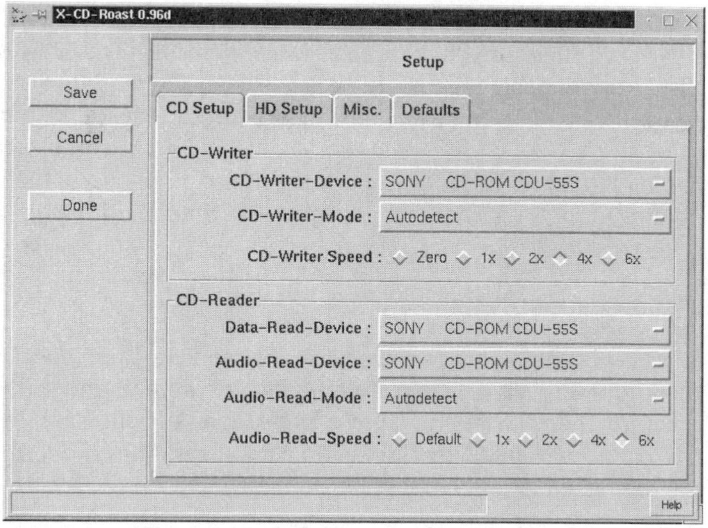

CD-Setup in xcdroast

Wählen Sie hier im oberen Bereich den CD-Writer aus der Liste der SCSI-Geräte aus, belassen Sie den CD-Writer-Mode auf *Autodetect* und wählen Sie die Schreibgeschwindigkeit. Wählen Sie im unteren Bereich das Quell-CD-ROM-Laufwerk (es sind unterschiedliche Auswahlmöglichkeiten für Daten- und Audioquellen möglich), belassen Sie den Audio-Read-Mode auf *Autodetect* und wählen Sie eine Audiolesegeschwindigkeit. Das Quell-CD-ROM-Laufwerk kann übrigens auch der CD-Writer sein.

Wechseln Sie nun zur Registerkarte *HD Setup*.

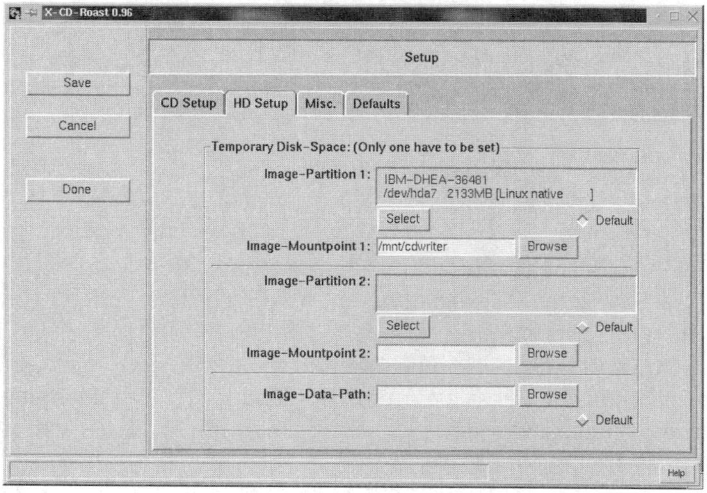

HD Setup in xcdroast

Hier wählen Sie eine Partition mit mindestens 650 MByte freiem Speicherplatz aus: Diese wird beim Mastern die Image-Datei aufnehmen, die später auf die CD gebrannt wird. Klicken Sie auf *Select*, um eine Auswahl aller verfügbaren Partitionen zu erhalten – diese werden mit ihren Partitionstypen angezeigt; verwenden Sie nur Linux-Partitionen. Unter *Image-Mountpoint* ist nun noch ein Pfad einzutragen, unter dem die Partition zum Brennen gemountet wird: Über *Browse* können Sie in Ihrer Verzeichnishierarchie ein geeignetes Verzeichnis aussuchen oder alternativ direkt einen Pfadnamen in das Feld eingeben. Die Einträge unter *Image-Partition 2* und *Image-Data-Path* können Sie leer lassen.

Wechseln Sie auf die Registerkarte *Misc*.

Wenn Sie eine Soundkarte verwenden, können Sie hier ein DSP-Device (**D**igital **S**ound **P**rocessor) auswählen, um vor dem Brennen von Audio-CDs einzelne Tracks wiederzugeben. Unter *Logfile* stellen Sie ein, in welche Datei *xcdroast* seine Protokolldaten schreiben soll – die Voreinstellung */var/log/xcdroast.log* können Sie übernehmen.

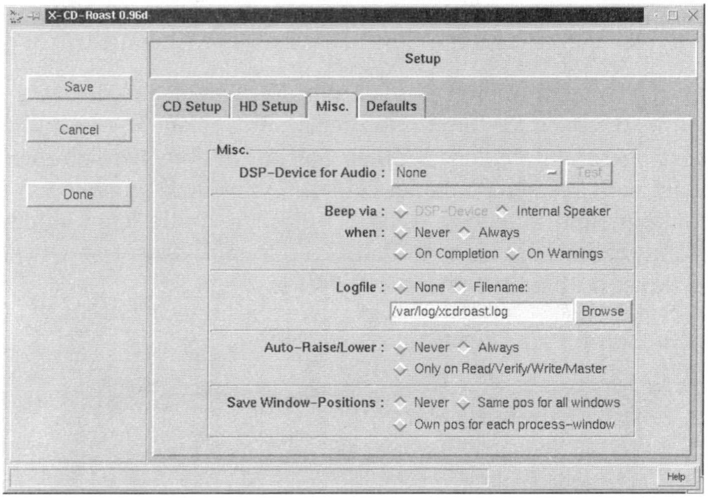

Misc-Setup in xcdroast

Wechseln Sie auf die vierte Registerkarte *Defaults*.

Hier können Sie noch einige Einstellungen zum Brennvorgang vornehmen: Wenn Sie *Simulation-Write* aktivieren, wird nicht tatsächlich gebrannt, sondern nur die Aufzeichnung simuliert – dadurch können Sie bei Bedarf vor dem Brennen überprüfen, ob Ihr Brenner mit der eingestellten Geschwindigkeit zurechtkommt. Bei aktiviertem *Eject after write* wird nach dem Brennen die fertige CD ausgeworfen.

Durch *Pad Data-Track* werden am Ende eines Daten-Tracks zusätzliche 30 KByte (leerer) Daten auf die CD geschrieben, da – laut Beschreibung von *xcdroast* – Linux Probleme beim Lesen der letzten Spuren einer CD hat. *Swap Audio* hilft Ihnen, wenn Sie beim Brennen einer Audio-CD nur Geräuschmüll produzieren: Es ändert dann die Reihenfolge der Bytes in den

Soundtracks – hier gibt es zwei unterschiedliche Datenformate, und *xcdroast* erkennt in der Regel eigenständig, welches Format verwendet wird.

Die weiteren Optionen auf dieser Seite werden Sie nur selten verändern müssen; lesen Sie dazu in der *xcdroast*-Dokumentation nach.

Damit ist die Konfiguration von *xcdroast* abgeschlossen. Klicken Sie auf die *Save*-Schaltfläche und dann auf *Done*, um die Einstellungen zu speichern und das *Setup*-Menü zu verlassen.

CDs brennen

Da die zahlreichen Möglichkeiten, Daten- und Audio-CDs mit *xcdroast* oder *cdrecord* zu erstellen, den Rahmen dieses Abschnitts sprengen würden, verweisen wir an dieser Stelle auf die Online-Dokumentation zu den beiden Programmen (siehe folgenden Absatz).

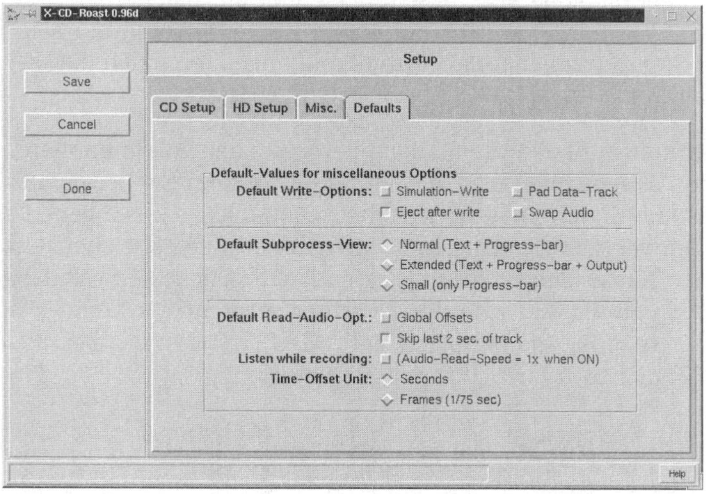

Defaults Setup in xcdroast

Tipp

Vermeiden von störenden Prozessen

Achten Sie beim Brennen darauf, dass keine anderen Prozesse laufen, die intensiv Rechenzeit konsumieren oder heftig mit den Platten arbeiten. Schauen Sie insbesondere in Ihre *crontabs*, ob in der Zwischenzeit vielleicht *updatedb* o. Ä. gestartet würde. Lesen Sie hierzu auch in Kapitel 9.2 auf S. 377.

Weitere Informationen

Auf *http://www.fh-muenchen.de/rz/xcdroast* ist die Homepage von *xcdroast*. Zum Programm existiert eine kurze man-Page (*man xcdroast*), und es gibt eine umfassendere Online-Hilfe im HTML-Format */usr/doc/xcdroast-0.96d/README.html*, die Sie z. B. mit Netscape betrachten können. Aktualisierte Versionen von *cdrecord* finden Sie unter *ftp//ftp.fokus.gmd.de/pub/unix/*

cdrecord/, und auch zu diesem Programm gibt es eine kurze man-Page (*man cdrecord*).

Die CD-Dateisysteme werden mit *mkisofs* oder *mkhybrid* erstellt; auch hierzu ist eine ausführliche man-Page verfügbar (*man mkisofs, man mkhybrid*). *mkhybrid* ist dabei eine Weiterentwicklung von *mkisofs*, die es Ihnen erlaubt, „hybride" CDs zu erstellen, die sowohl die Rockridge-Extensions (für Linux und andere Unixe) sowie die Joliet-Extensions (für Microsoft Windows 95/98 und NT) erzeugen: Solche Hybrid-CDs lassen sich also unter beiden Betriebssystemen lesen. Die Tools *mkisofs, mkhybrid, cdrecord* und *xcdroast* finden Sie auf der dritten CD im Verzeichnis */mnt/cdrom/Extra/CD-Brenner*.

Soundkarten

Die Audiounterstützung findet unter Linux auf der Kernelebene statt. Das bedeutete früher, dass man mit einem Kernel arbeiten musste, in den der Audio-Support hineinkompiliert war, was bei älteren Standardkerneln nicht der Fall war.

Warum unterstützten die Standardkernel keinen Audio-Support? Nun, dies liegt im Wesentlichen daran, dass die Linux-Soundtreiber bereits beim Kernelstart alle Daten über die installierte Soundkarte benötigen, also das Modell, den verwendeten Interrupt und die benutzten Speicheradressen sowie (je nach Karte) einige Zusatzinformationen. Der erste Schritt zur Verwendung von Sound war also die Erstellung eines neuen Kernels, der die eingebaute Soundkarte unterstützt hat. Dazu mußten zunächst die Parameter der Soundkarte in Erfahrung gebracht werden.

Die gute Nachricht ...

Ab Kernel 2.2.x ist eine freie Version des **O**pen **S**ound **S**ystems (OSS) enthalten: OSS stellt modulare Soundkarten-Treiber zur Verfügung, sodass sich die Soundkarte auch nach dem Betriebssystemstart einbinden lässt. Dies ermöglicht sogar, verschiedene Konfigurationen auszuprobieren, ohne jedes Mal einen neuen Kernel generieren zu müssen.

Für die Einstellung gibt es ein komfortables Soundkarten-Konfigurationsprogramm: Geben Sie als Administrator *root*

```
paco:~ # /usr/sbin/sndconfig
```

ein, um dieses Tool zu starten. Zunächst versucht das Programm, eine Plug & Play-Karte zu erkennen. Schlägt dies fehl, können Sie aus einer Liste die von Ihnen verwendete Soundkarte auswählen:

Wählen Sie hier Ihre Karte aus und stellen Sie dann auf der nächsten Bildschirmseite die Werte für I/O-Adresse (*I/O PORT*), Interrupt-Aufforderung (*IRQ*) und DMA-Kanal (*DMA*) ein.

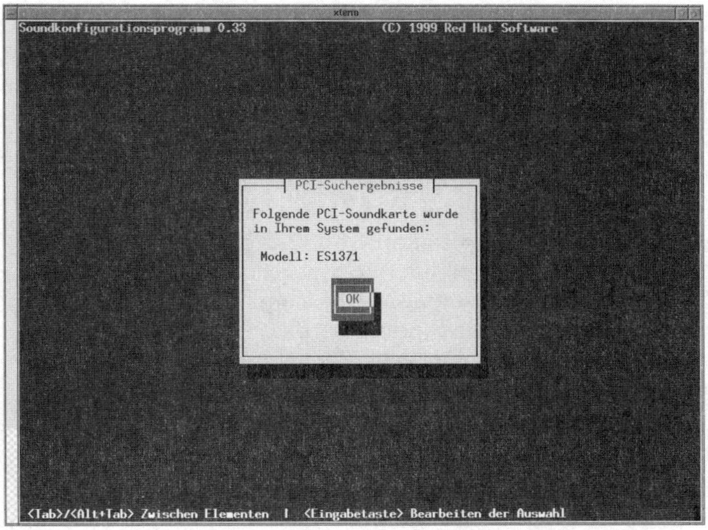

Soundkarten-Konfiguration über sndconfig

Sollten Sie diese Angaben nicht verfügbar haben, können Sie auf ein nettes Tool zurückgreifen: Dieses wurde zwar, soweit wir dies überblicken können, ursprünglich nicht als Linux-Hilfsprogramm entwickelt, eignet sich aber dennoch hervorragend für diesen Zweck. Es läuft allerdings nur unter MS-DOS und heißt ... Windows.

Informationen aus der Windows-Systemsteuerung

Wenn Sie parallel zu Linux auch eine Version von Windows 95/98 oder NT verwenden, in der die Soundkarte korrekt installiert ist, können Sie die benötigten Parameter über die Windows-Systemsteuerung erfahren. Wählen Sie das Register *Geräte-Manager* aus und klicken Sie auf das Pluszeichen vor dem Eintrag *Audio-, Video- und Game-Controller*.

Dort sollte Ihre Soundkarte aufgeführt sein. Doppelklicken Sie auf den Karteneintrag, um ein Fenster mit den Eigenschaften der Karte zu öffnen.

Wechseln Sie im Eigenschaften-Fenster auf das Register *Ressourcen* und notieren Sie alle angezeigten Werte - eventuell müssen Sie dazu mit der Bildlaufleiste nach unten scrollen, um alle Einstellungen angezeigt zu bekommen.

Notieren Sie sich - neben dem Namen Ihrer Soundkarte - den E/A-Bereich (Linux: I/O base), den Interrupt (Linux: IRQ) und die DMA.

Wenn Sie auf kein installiertes Windows zurückgreifen können, müssen Sie die Soundkarte ausbauen und mit Hilfe des (Soundkarten-)Handbuchs über die Jumper-Settings die eingestellten Werte ermitteln. Wenn Ihre Karte neu ist und Sie die Jumper nicht verstellt haben, können Sie aus dem Handbuch auch die Standardeinstellungen („default" oder „factory settings") übernehmen.

Bei der Installation einer neuen Soundkarte sollten Sie noch beachten, dass kein Interrupt- oder Adresskonflikt mit anderer Hardware entsteht.

S.u.S.E.-Tipp

Ab SuSE-Version 6.4 können Soundkarten häufig auch sehr einfach mit YaST2 konfiguriert werden. Zugrunde liegt die **A**dvanced **L**inux **S**ound **A**rchitecture (ALSA), die modularisierte Unterstützung für Kernelversionen ab 2.2 bietet und zu OSS voll kompatibel ist. Weitere Informationen finden Sie auf den ALSA-Webseiten *http://www.alsa-project.org*. Für den SuSE-Kernel sind die notwendigen Module bereits installiert. Laden Sie in *YaST2* das Modul *Hardware/Sound*, das dann versucht, Ihre Soundkarte zu erkennen. Wenn Sie Glück haben, erscheint ein Fenster wie das hier abgebildete.

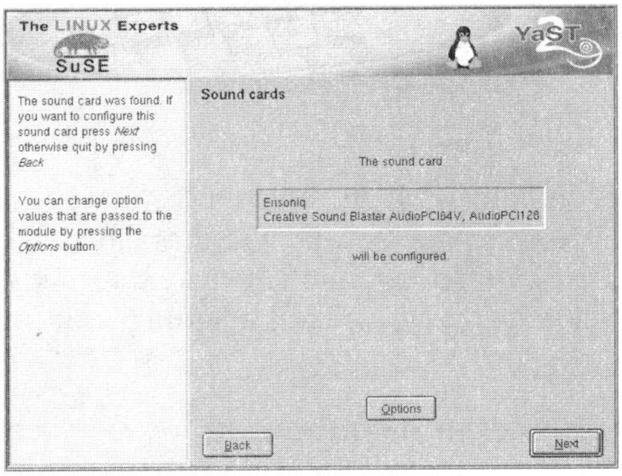

Konfiguration der Soundkarte mit YaST2

Durch Klicken auf *Next* erscheint ein Fenster, mit dem die Soundkarte getestet und die Lautstärke eingestellt werden kann.

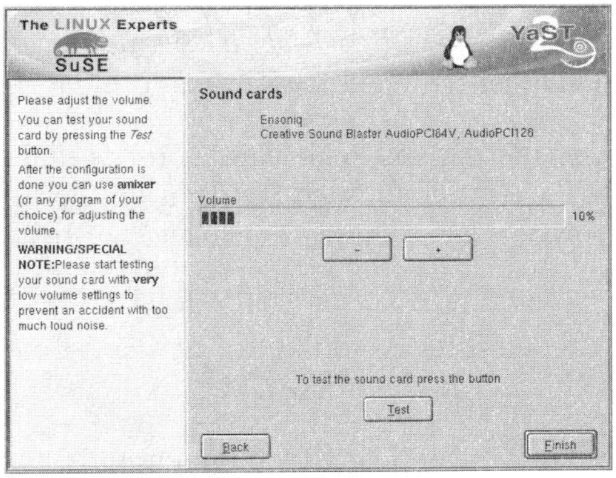

Einstellen der Lautstärke mit YaST2

Mit *Finish* beenden Sie die Konfiguration der Soundkarte.

Kernel mit make xconfig erstellen

Einige Soundkarten werden von OSS nicht unterstützt. Sollten Sie ein Modell verwenden, das nur von den Standard-Treibern des Kernels (die nicht modularisierbar sind) unterstützt werden, müssen Sie einen neuen Kernel erzeugen, wie es in Kapitel 9.5 beschrieben ist.

Nach Aufruf von *make xconfig* im Verzeichnis */usr/src/linux* wechseln Sie vom Hauptfenster in das *Sound*-Menü. Aktivieren Sie dort das *y*-Feld des ersten Eintrags *Sound card support*. Die weiteren Felder enthalten die Namen verschiedener von Linux unterstützter Soundkarten.

Unterstützte Soundkarten
ProAudio Spectrum 16
Sound Blaster (SB, SB16, SBPro, Clones)
Generic OPL2/OPL3 FM synthesizer
Gravis Ultrasound
MPU-401 (nicht für SB16)
6850 UART Midi
PSS (ECHO-ADI2111)
GUS 16bit Sampling Option
GUS MAX
Microsoft Sound System
Ensonic SoundScape
MediaTrix AudioTrix Pro
MAD16/Mozart-basierte Karten
Crystal CS4232-basierte (Plug & Play)-Karten
Turtle Beach Wave Front (Maui, Tropez) Synthesizer

Aktivieren Sie in der Zeile, in der Ihre Soundkarte auftaucht, das *y*-Feld. Außerdem sollten Sie in den Zeilen aller anderen Soundkarten das *n*-Feld aktivieren, um den Kernel nicht zusätzlich zu vergrößern. Weiter unten gibt es Zeilen, in denen Sie die Werte Ihrer Karte eingeben können. Tragen Sie hier die vorher ermittelten Daten ein. Wenn Sie sich nicht über die Bedeutung eines Werts im Klaren sind, erhalten Sie über die jeweilige *Help*-Schaltefläche eine kurze Erklärung. Schließlich müssen Sie noch in den Zeilen */dev/dsp and /dev/audio support, MIDI interface support* und *FM Synthesizer support* (die letzten beiden nur, falls Ihre Karte dies unterstützt) die *y*-Felder aktivieren – ohne aktivierten */dev/dsp*- und */dev/audio*-Support können Sie die Soundkarte nicht verwenden!

Weitere Soundkarten-Treiber finden Sie über den Menüpunkt *Additional low level sound drivers* im Hauptmenü der Kernelkonfiguration: Um einen der dort vorhandenen Treiber einbinden zu können, muss zunächst die oberste Zeile *Additional low level sound drivers* dieses Menüs aktiviert werden. (Diese Treiber können nicht als Modul kompiliert werden – Sie müssen also das *y*-Feld zum Aktivieren verwenden.)

Nachdem Sie die Kernelkonfiguration abgeschlossen haben, können Sie die Makefiles erstellen, indem Sie das Konfigurations-Tool über *Save and Exit* verlassen. Übersetzen und installieren Sie den Kernel, wie es in Kapitel 9.5 beschrieben ist.

Nun können Sie Ihren PC herunterfahren und mit dem neuen Kernel starten. Unter all den Startmeldungen sollten sich auch einige Zeilen der Form

```
Sound initialization started
Sound Blaster (2.1) at 0x220 irq 5 dma 1,1
Sound initialization complete
```

befinden. Fehlen diese oder befindet sich zwischen *Sound initialization started* und ... *complete* keine Meldung einer Soundkarte, haben Sie vermutlich die falschen Parameter gewählt. In diesem Fall müssen Sie die komplette Prozedur wiederholen. (Die beiden DMA-Werte 1 und nochmals 1 beziehen sich auf den hohen und den niedrigen DMA.)

Im Erfolgsfall können Sie nun versuchen, Sounddateien im *.au*-Format auszugeben: Geben Sie etwa *cat test.au /dev/audio* für eine Testdatei *test.au* ein. Den Status des Soundtreibers erfahren Sie mit *cat /dev/sndstat*: Sie erhalten dann eine Ausgabe der Form

```
Sound Driver:3.5.4-960630 (Sun Apr 19 17:29:32 CEST 1998 root,
Linux esser 2.0.32 #3 Wed Mar 18 23:46:00 CET 1998 i586 unknown)
Kernel: Linux esser 2.0.32 #4 Sun Apr 19 17:29:48 CEST 1998 i586
Config options: 0
Installed drivers:
Type 1: OPL-2/OPL-3 FM
Type 2: Sound Blaster
Type 7: SB MPU-401
Card config:
Sound Blaster at 0x220 irq 5 drq 1,1
(SB MPU-401 irq 1 drq 0)
OPL-2/OPL-3 FM at 0x388 drq 0
Audio devices:
0: Sound Blaster (2.1)
Synth devices:
0: OPL2
Midi devices:
0: Sound Blaster
Timers:
0: System clock
Mixers:
```

Über das */dev/audio*-Device können Sie auch „aufnehmen“: Wenn Sie ein Mikrophon oder das CD-ROM-Laufwerk an den Audioeingang Ihrer Soundkarte angeschlossen haben, verwenden Sie den Befehl *dd bs=8k count=10 /dev/audio aufnahme.au*, um zehn Sekunden lang aufzunehmen. Abspielen können Sie Ihre Aufnahme wieder mit *cat aufnahme.au /dev/audio*.

Umfangreichere Informationen zur Installation der Soundkarte inklusive einer FAQ-Liste finden Sie im deutschen *DE-Sound-HOWTO* unter */usr/doc/HOWTO/translations/de/Sound-HOWTO.txt*. Dieses HOWTO enthält auch eine Auflistung von FTP-Servern, auf denen Sie Zusatzprogramme zur Ansteuerung der Soundkarte finden können.

Dateiformate von Sounddateien

Die folgenden Soundformate werden unter Linux unterstützt: MIDI-(**M**usical **I**nstrument **D**evice **I**nterface)-Dateien (erkennbar an der Endung *.mid*), Module-Dateien (Endung *.mod*), MPEG-Dateien (Endungen *.mpg*, *.mp2* und *.mp3*) und WAV-Dateien (das Windows-Soundformat).

Scanner

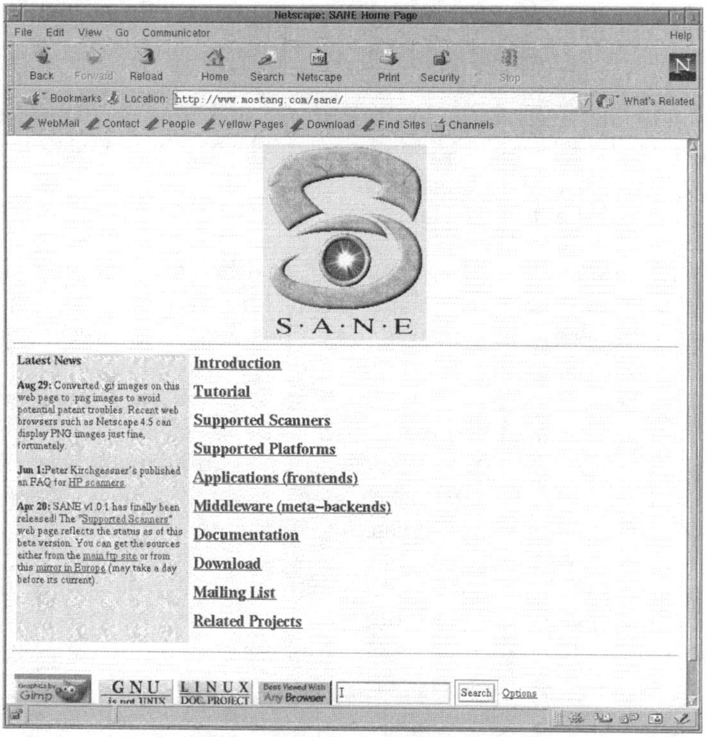

Die Homepage des Scanner-Projekts SANE: http://www.mostang.com/sane

Für die Scanner-Unterstützung gibt es seit einiger Zeit das SANE-Projekt (**S**canner **A**ccess **N**ow **E**asy), das (ähnlich dem TWAIN-Scanner-Interface von Windows) eine einheitliche Treiberplattform für alle Scanner bieten will. Bisher gab es zwar bereits Linux-Treiber für verschiedene SCSI-Scanner, aber diese benötigten stets eigene Programme als Frontends. SANE hat als Ziel, zum einen Back-End-Treiber für die unterschiedlichen Scanner und zum anderen (gemeinsame) Frontend-Treiber für die Kommunikation mit Anwendungsprogrammen zu schaffen. Mittlerweile gibt es schon Back-End-Treiber für viele populäre Scanner-Modelle; eine ausführliche Liste finden Sie im Anhang auf Seite 1076.

Als Frontends stehen *xscanimage* und *xcam* unter X Window sowie *scanimage* im Textmodus zur Verfügung – *xscanimage* kann auch als GIMP-Plug-In betrieben werden, sodass Bilder direkt in GIMP hineingescannt werden können.

Da SANE ständig weiterentwickelt wird und neue Treiber hinzukommen, sollten Sie gelegentlich auf die SANE-Homepage (*http://www.mostang.com/sane*) schauen.

ISA-Plug & Play-Karten

Das folgende Kapitel über ISA-Plug & Play-Karten ist eine überarbeitete Fassung eines Kapitels aus dem Handbuch zur Linux-BIG-PACK-Distribution von DATA BECKER. Es ist ursprünglich geschrieben von Thorsten Westheider (E-Mail: twesthei@phya1.physik.uni-bielefeld.de). Obwohl sich der PCI-Standard für PC-Steckkarten immer mehr durchsetzt, sind immer noch sehr viele ISA-Karten im Einsatz; das wird sich in Zukunft ändern, denn auf lange Sicht wird es auf PC-Hauptplatinen keine ISA-Slots mehr geben.

Allerdings kommt es nicht selten vor, dass bei Anschaffung eines neuen Rechners das alte Schmuckstück zu neuen Ehren kommt, nämlich als Linux-Firewall (eine Firewall dient u. a. dazu, das lokale Netz recht wirksam vor Zugriffen von außen zu schützen); tatsächlich wird Linux auf teilweise sehr alten Rechnern eingesetzt, weil es selbst dort eine erstaunlich gute Performance im Vergleich zu kommerziellen Betriebssystemen bietet. Aus diesem und anderen Gründen wird man auch in Zukunft nicht ohne Kenntnisse über ISA-Plug & Play-Karten auskommen – zumindest nicht, wenn man sich etwas ernsthafter mit Linux beschäftigen möchte.

Hat man es mit einer ISA-Karte zu tun, stellt sich die Frage, ob es eine Plug & Play-fähige oder eine gejumperte Karte, also eine so genannte Legacy ISA ist. Bei Letzteren werden I/O-Basisadressen und Interrupts durch kleine Stecker, die Jumper, festgelegt.

Der Schlüssel zu ISA-Plug & Play-Karten unter Linux heißt *isapnptools* und ist Bestandteil des Linux Big Packs. Genauer gesagt handelt es sich dabei um zwei Programme, nämlich *pnpdump* und *isapnp*.

pnpdump liest die möglichen Basiskonfigurationen der im System installierten ISA-Plug & Play-Karten aus und schreibt sie auf den Bildschirm; mit einem kleinen Kniff wird daraus ein File, das man in einfacher Weise mit einem Texteditor bearbeiten kann.

isapnp dagegen erwartet als Parameter ein File, das mit *pnpdump* erzeugt und vom Systemadministrator – das sind sehr wahrscheinlich Sie selbst – angepasst wurde; es schreibt dann die dort enthaltenen Informationen in die Karten, die damit auf verbindliche I/O-Basisadressen und Interrupts gesetzt werden.

Erzeugen eines Konfigurationsfiles

Um das Konfigurationsfile erzeugen zu können, müssen Sie *root* (der Systemadministrator) sein (das Programm *pnpdump* greift direkt auf die Hardware zu, also darf nur der Systemadministrator selbst das Programm ausführen); das erreichen Sie am einfachsten, indem Sie in einem Terminalfenster (oder auf der Konsole, wenn Sie im Moment keinen X-Server laufen haben) den Befehl *su* benutzen:

```
paco:~ $ su
Password:

paco:~ #
```

Geben Sie nun Folgendes ein:

```
paco:~ # pnpdump > pnp.conf
```

Sie sollten jetzt im Besitz einer Datei namens *pnp.conf* sein, die die Konfigurationsdaten für alle ISA-Plug&Play-Karten Ihres Systems beinhaltet; allerdings sind darin sämtliche Zeilen auskommentiert und müssen im Folgenden nach einem „Multiple Choice"-Verfahren bearbeitet werden. Für eine ISDN-Karte des Typs ELSA QuickStep 1000 etwa liefert *pnpdump* folgende Zeilen:

```
# This is free software, see the sources for details.
# This software has NO WARRANTY, use at your OWN RISK
#
# For details of this file format, see isapnp.conf(5)
#
# For latest information on isapnp and pnpdump see:
# http://www.roestock.demon.co.uk/isapnptools/
#
# Compiler flags: -DREALTIME -DNEEDSETSCHEDULER
#
# Trying port address 0203
# Board 1 has serial identifier df 00 00 47 64 33 01 93 15
# (DEBUG)
(READPORT 0x0203)
(ISOLATE)
(IDENTIFY *)
# Card 1: (serial identifier df 00 00 47 64 33 01 93 15)
# ELS0133 Serial No 18276 [checksum df]
# Version 1.0, Vendor version 0.0
# ANSI string --ELSA QuickStep 1000--
#
# Logical device id ELS0133
#
# Edit the entries below to uncomment out the configuration
```

```
required.
# Note that only the first value of any range is given, this
may be changed if required
# Don't forget to uncomment the activate (ACT Y) when happy
(CONFIGURE ELS0133/18276 (LD 0
# Multiple choice time, choose one only !
# Start dependent functions: priority acceptable
# Logical device decodes 10 bit IO address lines
# Minimum IO base address 0x0160
# Maximum IO base address 0x0360
# IO base alignment 8 bytes
# Number of IO addresses required: 8
# (IO 0 (BASE 0x0160))
# IRQ 3, 4, 5, 7, 10, 11, 12 or 15.
# High true, edge sensitive interrupt (by default)
# (INT 0 (IRQ 3 (MODE +E)))
# End dependent functions
# (ACT Y)
))
# End tag... Checksum 0x00 (OK)
# Returns all cards to the "Wait for Key" state
(WAITFORKEY)
```

Auf Ihrem System kann die Datei deutlich länger ausfallen; das hängt davon ab, wie viele ISA-Plug & Play-Karten in Ihrem System installiert sind; ältere Boards (Hauptplatinen) etwa haben für gewöhnlich vier ISA-Steckplätze, von denen natürlich jeder eine ISA-Plug & Play-Karte aufnehmen kann. In den meisten Fällen wird *pnpdump* auch eine Soundkarte erkennen, denn solche Karten wurden sehr lange als ISA-Plug & Play-Erweiterung verkauft; in jüngster Zeit tauchen allerdings immer mehr PCI-Versionen auf, eine ähnliche Entwicklung zeigt sich bei ISDN-Karten.

Bearbeiten des Konfigurationsfiles

Lassen wir den Großteil der Kommentare einmal außen vor und konzentrieren uns auf die wesentlichen Zeilen der *pnpdump*-Ausgabe, dann reduziert sich das Ganze zu

```
# (DEBUG)
(READPORT 0x0203)
(ISOLATE)
(IDENTIFY *)
(CONFIGURE ELS0133/18276 (LD 0
# Minimum IO base address 0x0160
# Maximum IO base address 0x0360
# IO base alignment 8 bytes
# Number of IO addresses required: 8
# (IO 0 (BASE 0x0160))
# IRQ 3, 4, 5, 7, 10, 11, 12 or 15.
# (INT 0 (IRQ 3 (MODE +E)))
# (ACT Y)
))
(WAITFORKEY)
```

Das sieht doch schon deutlich übersichtlicher aus. Die wesentliche Aufgabe ist nun, eine passende I/O-Adresse und einen freien Interrupt zu finden, die Ausgabe von *isapnp* gibt dabei die entscheidende Hilfestellung:

```
# Minimum IO base address 0x0160
# Maximum IO base address 0x0360
```

besagt, dass die kleinstmögliche Adresse 0x0160 ist, die größtmögliche dagegen 0x0360. Einen weiteren Hinweis liefert

```
# IO base alignment 8 bytes
# Number of IO addresses required: 8
```

Die Adresse muss also glatt durch 8 teilbar sein, d. h., die hinterste Ziffer muss entweder eine 0 oder eine 8 sein (z. B. 0x0160 oder 0x0168), und es wird ein Adressraum von 8 Byte benötigt. Nehmen wir als Beispiel wieder die Basisadresse 0x0160; dann muss der Bereich von 0x0160 bis 0x0167 einschließlich frei sein, d. h., kein anderes Gerät darf eine Adresse in diesem Bereich benutzen.

Wie aber stellt man fest, welches Gerät auf welcher Adresse liegt, um etwaige Kollisionen zu vermeiden? Das ist unter Linux sehr leicht, denn ein Blick in */proc/ioports* schafft sofort Gewissheit:

```
paco:~ # cat /proc/ioports
```

Das ergibt auf meinem Rechner folgende Ausgabe:

```
0000-001f : dma1
0020-003f : pic1
0040-005f : timer
0060-006f : keyboard
0080-009f : dma page reg
00a0-00bf : pic2
00c0-00df : dma2
00f0-00ff : npu
01f0-01f7 : ide0
020b-020b : PnP read port
0220-022f : soundblaster
02f8-02ff : serial(auto)
0330-0333 : MPU-401 UART
0378-037f : lp
0388-038b : OPL3/OPL2
03c0-03df : vga+
03f0-03f5 : floppy
03f6-03f6 : ide0
03f7-03f7 : floppy DIR
03f8-03ff : serial(auto)
0620-0623 : sound driver (AWE32)
0a20-0a23 : sound driver (AWE32)
0e20-0e23 : sound driver (AWE32)
```

Es werden also alle bereits vergebenen Adressen angezeigt, z. B. wäre gemäß der Ausgabe von *pnpdump* die Adresse 0x01f0 für die ISDN-Karte akzeptabel, aber die Ausgabe von */proc/ioports* zeigt, dass diese Einstellung mit dem ersten IDE-Port (*ide0*; an den IDE-Ports hängen Festplatten, CD-ROM-Laufwerke etc.) kollidieren würde, also tut man gut daran, diese Adresse *nicht* für die zu konfigurierende(n) Karte(n) zu verwenden.

Dagegen ist z. B. die erste für die Karte akzeptable Adresse, nämlich 0x0160, noch frei (genauer gesagt, der Bereich 0x0160 bis 0x0167 ist noch frei, wir brauchen ja einen Bereich von 8 Byte, s. o.); es spricht also nichts dagegen, einfach diese zu verwenden.

Jetzt brauchen wir noch einen freien Interrupt, laut *pnpdump* akzeptiert die Karte die folgenden Werte:

```
# IRQ 3, 4, 5, 7, 10, 11, 12 or 15.
```

Auch hier kann Linux einen kompletten Überblick über die bereits vergebenen Interrupts liefern:

```
paco:~ # cat /proc/interrupts
```

Das sieht so aus:

```
 0: 438731 timer
 1: 9396 keyboard
 2: 0 cascade
 4: 51866 + serial
 5: 279 soundblaster
12: 19 + 53c7,8xx
13: 0 math error
14: 82266 + ide0
```

Es wären also die Interupts 3, 7, 10, 11 und 15 möglich; wir entscheiden uns – aus dem Bauch heraus – für 10.

Die so gewonnenen Parameter (I/O-Basisadresse 0x0160, Interrupt 10) müssen jetzt nur noch in die Datei *pnp.conf* eingetragen werden; schreiben Sie sich diese Werte aber auf jeden Fall noch einmal separat auf, Sie werden sie später beim Laden des jeweiligen Kartentreibers für das Programm *insmod* noch brauchen!

```
# (DEBUG)
(READPORT 0x0203)
(ISOLATE)
(IDENTIFY *)
(CONFIGURE ELS0133/18276 (LD 0
 (IO 0 (BASE 0x0160))
 (INT 0 (IRQ 10 (MODE +E)))
 (ACT Y)
))
```

So in etwa sollte die Datei jetzt auch bei Ihnen aussehen; vergessen Sie bitte auf keinen Fall, die Zeile mit dem *(ACT Y)* auszukommentieren (das #-Zeichen entfernen), ansonsten wird Ihre Karte trotz aller Bemühungen nicht auf die gewünschten Werte eingestellt.

Jetzt kommt der spannende Moment, geben Sie bitte Folgendes ein:

```
paco:~ # isapnp pnp.conf
```

Wenn die von Ihnen gewählten Werte in Ordnung waren, sollte jetzt eine Meldung wie die folgende erscheinen:

```
Board 1 has Identity df 00 00 47 64 33 01 93 15:
ELS0133 Serial No 18276 [checksum df]
```

(Hier sind aus Platzgründen nur zwei Zeilen abgedruckt.)

Digitalkameras

Damit Sie unter Linux auf nichts verzichten müssen, möchten wir Ihnen hier kurz ein Softwarepaket vorstellen, mit dessen Hilfe Sie die mit Ihrer Digitalkamera geschossenen Bilder auch unter Linux auf den Rechner laden und bearbeiten können. Die Software heißt *gphoto* und wird auch schon einigen Distributionen beigelegt. Wenn Sie sie auf Ihrer Installations-CD nicht finden: Sie ist unter der WWW-Adresse *http://www.gphoto.org* in allen denkbaren Formaten – auch im RPM-Format – erhältlich. Die Software wird als freie Software (GNU) angeboten.

Die folgenden Kameratypen werden von *gphoto* unterstützt:

Agfa: ePhoto 1680, ePhoto 1280, Agfa ePhoto 780, ePhoto 307

Apple: QuickTake 200, QuickTake 150

Canon: PowerShot (A50)

Casio: QV-200 QV-100, QV-70, QV-11, QV-10

Chinon: ES-1000

Epson: PhotoPC 700, PhotoPC 600, PhotoPC 550, PhotoPC 500

Fuji: DX-5, DS-7, MX-2700

Hewlett Packard: C30, C20

Kodak: DC240, DC280, DC220, DC260, DC210, DC200+, DC25, DC20

Konica: QM100V, QM100

Minolta: Dimmage

Nikon: CoolPix 950, CoolPix 900S, CoolPix 900, CoolPix 600, CoolPix 300, CoolPix 100

Olympus: C-2000Z, C-1400L, C-1000L, C-900L Zoom, C-840L, C-830L, C-820L, C-800L, D-450Z, C-410L, C-400L, D-600L, D-500L, D-400L Zoom, D-340L, D-320L, D-300L, D-220L

Panasonic: Coolshot KXl-600A

Philips: ESP, ESP2 (2, 50, 60, 70, 80)

Polaroid: PDC 640

Quickcam: I / II

Ricoh: RDC-4300, RDC-4200, RDC-300Z, RDC-300

Sanyo: VPC-X350, VPC-G250, VPC-G210

Sony: DSC-F1, DSC-F55E, DSC-F505

Wenn Sie Interesse haben, probieren Sie es einfach aus:

1 Installieren Sie die Software mit *rpm* oder dem grafischen Frontend *gnorpm*.

2 Verbinden Sie die Kamera mit dem beiliegenden Kabel mit einer seriellen Schnittstelle Ihres PCs.

3 Wenn Sie *gphoto* nicht unter der Kennung *root* aufrufen möchten, muss die serielle Schnittstelle für alle les- und schreibbar sein. Geben Sie unter *root* das Kommando *chmod 666 /dev/ttyS1* ein, wenn Sie die zweite serielle Schnittstelle (das entspricht COM2 unter DOS) verwenden. Für *com1* verwenden Sie die Gerätedatei *dev/ttyS0*. Aber Achtung: Das ist ein potentielles Sicherheitsloch.

   Besser ist das Anlegen einer neuen Benutzergruppe (z. B. *digicam*) nur für diejenigen Benutzer im System, die mit der Digitalkamera arbeiten dürfen. Ändern Sie dann die Gruppenzugehörigkeit der seriellen Schnittstelle mit *chgrp digicam /dev/ttyS1*. Die Rechte für */dev/ttyS1* müssen dann nur noch auf *660* stehen. Außerdem müssen Sie die Benutzer, die mit der Digitalkamera arbeiten, in die Gruppe *digicam* eintragen.

4 Rufen Sie unter X Window *gphoto* auf. Es erscheint das Startfenster von *gphoto*.

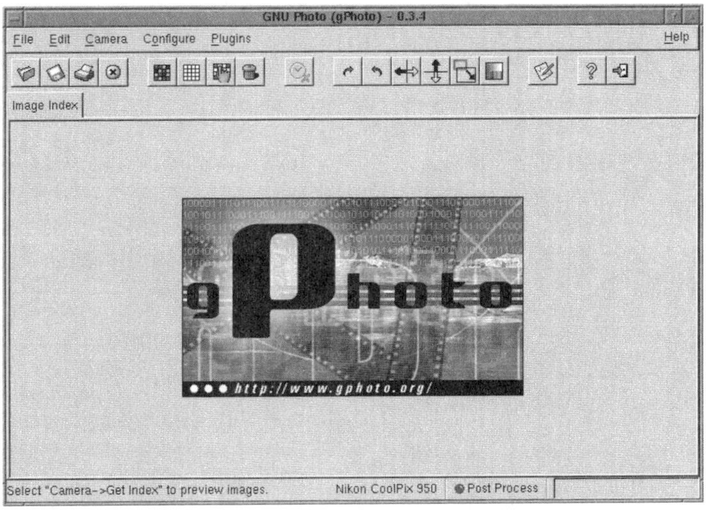

Startfenster von gphoto

5 Über *Configure* und *Select Port-Camera Model* stellen Sie Ihren Kameratyp und die serielle Schnittstelle ein.

6 Jetzt können Sie mit dem Herunterladen der Bilder beginnen: Über *Camera/Get Index/Thumbnails* erzeugen Sie eine Liste der auf der Kamera gespeicherten Bilder.

7 Selektieren Sie eines der Bilder, indem Sie die Vorschau dieses Fotos anklicken, und laden Sie es mit *Camera/Get Selected/Images/Open in*

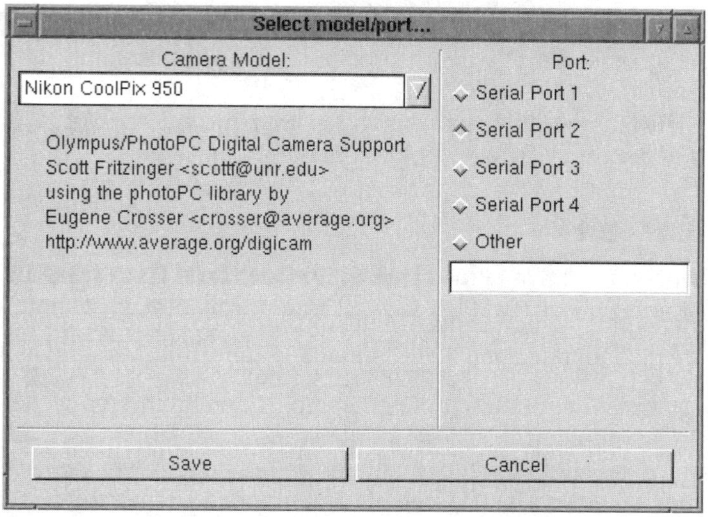

Auswahl der Kamera

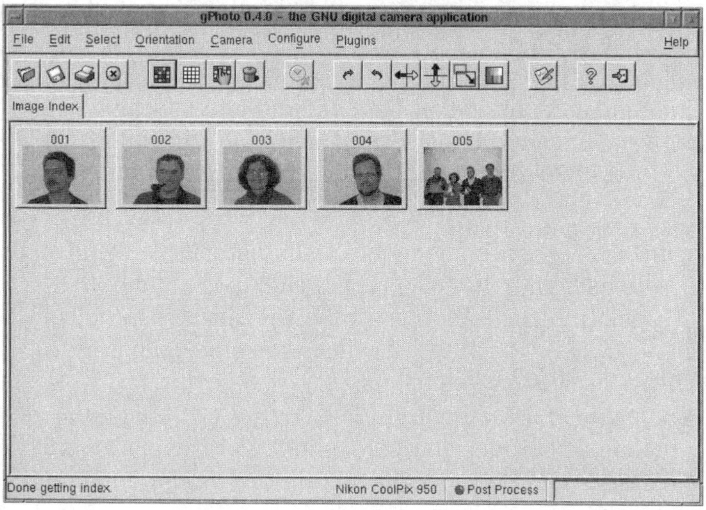

Liste der auf der Kamera gespeicherten Bilder

Window. Der Ladevorgang braucht etwas Zeit. Den Fortschritt können Sie an einem Rollbalken rechts unten verfolgen.

8 Neben dem Reiter *Image Index* erscheint ein weiteres Register. Wenn Sie darauf klicken, wird das Foto angezeigt.

9 Sichern Sie das Bild über die Menüfolge *file/Save Opened Image(s)*. Sie werden aufgefordert, einen „Prefix" für einen Dateinamen anzugeben. *gphoto* speichert das Foto unter einem Namen, der sich zusammensetzt aus dem von Ihnen angegebenen Präfix, einer laufenden Nummer und dem Suffix *jpg*.

10 Das gespeicherte Foto können Sie mit einem Tool Ihrer Wahl (bestens geeignet ist *gimp*) weiterbearbeiten und ausdrucken.

Über die weiteren Möglichkeiten von *gphoto* informieren Sie sich am besten mit Hilfe der mitgelieferten Dokumentation.

TV-Karten

Wie bei den Digitalkameras bietet Linux auch gute Unterstützung für diverse TV-Karten. Anders als bei Digitalkameras, die einfach von außen an die serielle Schnittstelle angeschlossen werden, ist bei einer TV-Karte ein wenig „Handarbeit" erforderlich. Sie müssen zunächst in den Rechner eingebaut werden. Außerdem müssen die entsprechenden Treiber entweder direkt im Kernel einkompiliert oder als Module vom Kernel ladbar sein. Wir empfehlen auf jeden Fall die zweite Methode, weil es erstens weniger Arbeit ist, ein einzelnes Modul zu installieren als einen neuen Kernel zu erzeugen. Zweitens kann es je nach verwendetem Kartentyp sein, dass Parameter übergeben werden müssen, die wesentlich leichter auszuprobieren sind, wenn man sie nicht schon beim Neustart des Rechners angeben muss.

Unterstützt von den neueren Kerneln (ab Version 2.2) werden die folgenden Karten:

- miroVIDEO PCTV
- Matrix Vision MV-Delta
- Terratec TERRA TV +
- Lifeview Flyvideo II.
- Hauppauge Win/TV pci
- STB TV PCI
- Diamond DTV2000
- Videologic Captivator PCI
- AVerMedia TV-Phone
- Osprey-100
- IDS Imaging FALCON
- ... und viele, viele weitere *Frame-Grabber-Karten* mit dem Bt848/849/-878/879-Chip

Viele Informationen finden Sie in der sehr guten *bttv*-Homepage *http://www.thp.uni-koeln.de/~rjkm/linux/bttv.html* und auf der Homepage des „Video-für-Linux-Projekts" *ftp://ftp.uk.linux.org/pub/linux/video4linux*.

Natürlich muss eine geeignete Fernseh- und Videosoftware installiert werden. Wir empfehlen hier *xawtv*, eine *Fernseh-Software*, die manchen Distributionen schon beigelegt ist. Sie können die neuste Version der Software auch aus dem Internet beziehen, und zwar von der Adresse *http://www.in-berlin.de/User/kraxel/xawtv.html*. Die Software liegt dort leider nur in Source-Form vor, sodass Sie sie selbst übersetzen und installieren müssen. Die *xawtv*-Homepage liefert übrigens eine Fülle weiterer Informationen und Verweise auf andere WWW-Adresssen zum Thema Video für Linux.

Und so gehen Sie vor:

1 Bauen Sie Ihre Video- und Fernsehkarte in den PC ein.

2 Erzeugen Sie ein Modul für die Videounterstützung Ihres Linux-Kernels. Wie das geht, ist ausführlich in Kapitel 9.5 beschrieben. Sie müssen den Prozess der Konfiguration des Kernel durchlaufen: Im Verzeichnis */usr/src/linux* rufen Sie *make xconfig* auf und wählen im Hauptmenü *Video for Linux*. Dieser Teil der Konfiguration ist auf Seite 433 beschrieben. Geben Sie im Feld *Video for Linux* das *M* (als Modul) an und aktivieren Sie die Option für Ihre Karte. Nach dem Sichern der Konfiguration rufen Sie die folgenden Kommandos auf:

```
paco:linux # make modules
paco:linux # make modules_install
```

Ihr Modul sollte jetzt installiert sein.

3 Nun müssen die Module noch mit den richtigen Parametern geladen werden. Dazu lesen Sie bitte in der umfangreichen Dokumentation nach. Sie finden sie im Verzeichnis */usr/src/linux/Documentation/video4linux*.

Am Beispiel einer Hauppage-PCI-Karte sind dies die Kommandos:

```
paco:~ # modprobe tuner 7
paco:~ # modprobe msp3400
paco:~ # modprobe bttv
```

4 Jetzt benötigen Sie noch die Video- oder Fernsehsoftware. Wenn Ihnen ein RPM-Archiv (aus Ihrer Distribution) zur Verfügung steht, geht das einfach mit dem Kommando *rpm -i paketname*. Sonst müssen Sie die Quellen in einem geeigneten Directory mit Hilfe des *tar*-Kommandos entpacken (siehe auch auf Seite 340 in Kapitel 8.2). Wechseln Sie in das neu entstandene Directory und folgen Sie den Anweisungen im *README*-File.

5 Testen Sie die Software durch Aufruf von *xawtv*. Zunächst muss eine Konfigurationsdatei *.xawtv* im Home-Verzeichnis des Benutzers angelegt werden. Dies geschieht, indem Sie mit der rechten Maustaste in das *xawtv*-Fenster klicken. Sie müssen evtl. die TV-Norm, die Videoquelle und die Frequenz-Tabelle anpassen. Außerdem wollen Sie in *xawtv* wahrscheinlich die Fernsehkanäle auf Ihnen genehme Weise konfigu-

rieren. Geben Sie dazu ein *E* ein. Es erscheint der Kanal-Editor, wie in der folgenden Abbildung gezeigt.

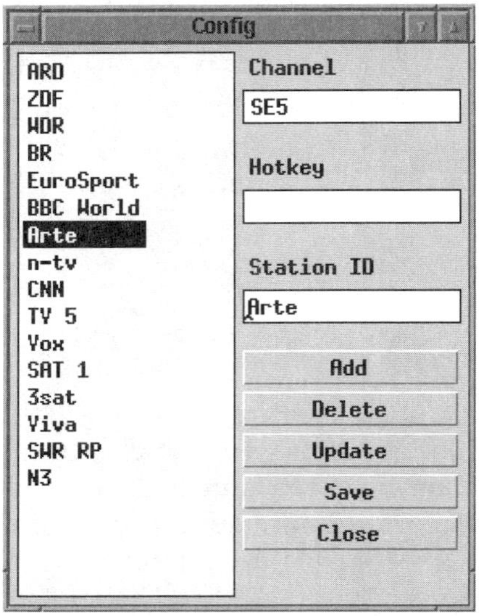

Channel Editor von xawtv

6 Wenn Sie alles zur Ihrer Zufriedenheit eingestellt haben, können Sie ein Einzelbild als Grafikdatei abspeichern (engl. to grab). *G* erzeugt eine *PPM*-Datei, *J* eine *JPG*-Datei. Die so erzeugten Files werden in das Verzeichnis geschrieben, von dem aus Sie *xawtv* gestartet haben. Evtl. müssen Sie ein wenig danach suchen; die Dateinamen setzen sich aus dem Kanalnamen und einer Zeitangabe gefolgt von Suffix *.ppm* oder *.jpq* zusammen. Sie lassen sich mit diversen Grafikprogrammen (z. B. *gimp*) bearbeiten.

7 Die man-Page von *xawtv xawtv(1)* liefert eine Menge weiterer Informationen.

9.9 Datensicherung

Ein häufig vernachlässigtes Thema ist die Datensicherung. Daran erinnert, dass man seine Daten hätte sichern sollen, wird man oft erst, wenn es zu spät ist. Und dann ist guter Rat teuer ...

Die Gründe für einen Datenverlust sind vielfältig:

- Festplatten leben nicht ewig. Irgendwann segnen sie das Zeitliche, und das kündigen sie meist vorher nicht an.
- Unwahrscheinlich, aber nicht auszuschließen, ist ein Bedienungsfehler, der den Inhalt der ganzen Platte oder einer Partition unlesbar macht.
- So mancher hat schon aus Versehen einzelne wichtige Dateien gelöscht.

Wohl dem, der im Falle eines Falles eine Datensicherung hat. Aber auch das Vorgehen bei der Sicherung will wohl überlegt sein. Will man regelmäßig alles komplett sichern, oder reichen Teilsicherungen aus? Die Medien, die zum Sichern überhaupt in Betracht kommen, seien hier kurz aufgezählt:

Floppy-Streamer: Die preiswerten Floppy-Streamer werden an den Disketten- Controller angeschlossen. Sie können mit Bändern vom Typ QIC-40, QIC-80, QIC-3010 und QIC-3020 betrieben werden. Zwar steht ein entsprechender Treiber (*ftape*) zur Verfügung, der Einsatz dieser Geräte für die Datensicherung kann trotzdem nicht uneingeschränkt empfohlen werden. Zum einen „belegt" der Treiber den Floppy-Controller, sodass dann nur noch mit Schwierigkeiten mit normalen Disketten gearbeitet werden kann, zum anderen muss diese Art von Streamern sehr zeitgenau angesteuert werden. Das geht vielleicht bei einem Ein-Benutzer-System wie DOS oder Windows, bei einem Multitasking-System wie Linux ist diese Anforderung jedoch kritisch.

Wenn Sie ein solches Gerät bereits gekauft haben, können Sie sich über den Einsatz unter Linux in den folgenden Dokumenten im Ftape-HOWTO und in der Datei */usr/src/linux/Documentation/ftape.txt* infomieren. Für den Einsatz muss das entsprechende *ftape*-Modul übersetzt und installiert werden (siehe auch das Kapitel über die Kernelgenerierung, 9.5).

DAT-Laufwerke: Für den Einsatz von DAT-Laufwerken ist ein SCSI-Controller nötig. Bei der Kernelgenerierung muss sowohl der Support für den entsprechenden SCSI-Controller als auch die Unterstützung für SCSI-Bandlaufwerke eincompiliert werden. (Kapitel 9.5 über den SCSI-Support ab Seite 421).

DAT-Laufwerke haben ein sehr großes Fassungsvermögen von bis zu 4 GByte. Damit können auch größere Partitionen auf ein Band gesichert werden. Für den professionellen Einsatz Ihres Linux-PCs ist nach unserer Auffassung der Einsatz von DAT-Laufwerken sehr zu empfehlen. Es ist damit auch möglich, Ihren Linux-Server in einem Netzwerk zu einem Backup-Server für Windows-, Mac- und andere Linux-Clients auszubauen.

Für kleinere Installationen mit relativ wenig Benutzerdaten ist DAT zu teuer.

ZIP-Laufwerke: ZIP-Laufwerke gibt es für die folgenden Schnittstellen:

- SCSI: Diese ZIP-Drives werden wie SCSI-Festplatten behandelt. Es muss also die entsprechende Unterstützung in den Kernel eincompiliert bzw. die geeigneten Module übersetzt und installiert werden. Dann kann man auf ZIP-Disketten wie auf SCSI-Festplatten zugreifen, sie müssen also bei Gebrauch auch „gemountet" werden. Lesen Sie zum Einsatz von SCSI-Festplatten auch Kapitel 9.8 auf Seite 475.

- ATAPI: ATAPI-Geräte werden vom IDE-Treiber, der wahrscheinlich sowieso in Ihrem Kernel integriert ist, bedient. Auf diese Laufwerke kann also wie auf eine normale IDE-Festplatte oder ein ATAPI-CD-ROM-Laufwerk zugegriffen werden. Sie müssen wie diese vor Gebrauch gemountet werden.
- Parallelport: Die Integration von ZIP-Drives am parallelen Port ist etwas schwieriger. Sie benötigen dafür eine ganze Reihe von Treibern (am besten wieder als Module übersetzen!):
  - *SCSI disk support* (siehe S. 421)
  - *Parallel-port support* in *General support*
  - *PC-style hardware* ebenfalls in *General support*
  - *IOMEGA parallel port (ppa - older drives)* bzw. *IOMEGA parallel port (imm - newer drives)* in *SCSI low level drivers*

  Bei einem neueren ZIP-Laufwerk (z. B. ZIP 250) versuchen Sie zunächst einmal, *imm* zu laden:

  ```
  paco:~ # modprobe imm
  ```

  Bei einem älteren Laufwerk entsprechend:

  ```
  paco:~ # modprobe ppa
  ```

  Manchmal ist es notwendig, einen Eintrag in */etc/modules.conf* (früher: */etc/conf.modules*) zu machen. Fügen Sie dort die Zeilen an:

  ```
  alias scsi_hostadapter ppa
  pre-install ppa modprobe "-k" parport_pc
  ```

  Je nach der Art des ZIP-Laufwerks müssen Sie *ppa* durch *imm* ersetzen. Achtung: Setzen Sie den Alias für *scsi_hostadapter* nur, wenn Sie keinen regulären SCSI-Hostadapter im System haben.

  Sie können anschließend auf die ZIP-Disketten wie auf SCSI-Festplatten zugreifen.

CD-Recorder: Wir gehören zu den „altmodischen" Leuten, die eine CD-ROM nicht als das beste Sicherungsmedium ansehen, da wir der Meinung sind, dass Sicherungsmedien wiederbeschreibbar sein sollten. Trotzdem, wenn Sie nichts anderes zur Verfügung haben, ist eine gelegentliche Kopie Ihres Home-Verzeichnisses sicher besser als nichts.

Disketten: Der Nachteil von Disketten ist klar: Es geht einfach zu wenig drauf. Wie Sie Disketten trotzdem zur Sicherung nutzen können, ist weiter unten in diesem Abschnitt ausführlich beschrieben.

Zweite Festplatte: Als relativ einfache und preiswerte Alternative zu den vorgenannten Wechselmedien bietet sich auch eine zweite Festplatte an. Der Umgang damit ist problemlos. Auch sind weniger Beschränkungen mit der Größe als bei den anderen Medien zu erwarten.

Wenn Sie also sowieso vorhaben, sich eine zweite Festplatte zuzulegen – etwa für ein anderes Betriebssystem –, dann überlegen Sie, ob Sie nicht einen Teil der neuen Platte als Sicherheitsbereich für Ihr Linux einsetzen.

Der Nachteil dieser Lösung sei auch nicht verschwiegen: Wenn Ihr ganzer PC streikt, können Sie auch auf die Sicherung nicht zugreifen.

Problematisch bei allen Medien ist die Komplettsicherung (außer vielleicht auf DAT-Bänder). Die heutigen Festplatten sind so groß, dass die Entwicklung der (erschwinglichen) Sicherungsmedien damit nicht Schritt gehalten hat. Andererseits ist die Sicherung des gesamten Systems einschließlich der installierten Software auch nicht unbedingt erforderlich, da Sie ja das meiste von den Installations-CDs installiert haben. Zudem macht der Softwareteil ja auch den größten Teil des Platteninhalts aus. Relativ ruhig schlafen können Sie schon, wenn Sie Ihre Konfigurationsdateien und natürlich Ihre eigenen Dateien regelmäßig sichern. Wir schlagen Ihnen unabhängig vom verwendeten Medium das folgende Konzept vor:

- Nach der Erstinstallation sichern Sie Ihre Paketauswahl auf eine Diskette.
- Per Cron-Job sichern Sie die wichtigsten Konfigurationsdateien in regelmäßigen Abständen.
- In einem Ihnen notwendig erscheinenden Rhythmus sichern Sie die Home-Verzeichnisse komplett.
- Die wichtigsten Dateien, an denen Sie gerade arbeiten, werden täglich auf ein geeignetes, einfach zu bedienendes Medium gesichert.

In den folgenden Abschnitten geben wir Hilfestellungen zu den einzelnen hier aufgeführten Punkten.

Softwareauswahl sichern

Erstellen Sie eine Liste aller installierten Pakete mit dem *rpm*-Kommando und lenken Sie die Ausgabe in eine Datei:

```
paco:~ $ rpm -qa > rpm.save
```

Kopieren Sie diese Datei auf eine Diskette (bitte beschriften!):

```
paco:~ $ mcopy rpm.save a:
```

Dazu muss natürlich eine formatierte Diskette eingelegt sein. Dann können Sie bei Bedarf jederzeit nachlesen, welche Softwarepakete Sie installiert haben.

S.u.S.E.-Tipp

YaST hat eine Funktion, mit deren Hilfe ebenfalls eine ähnliche Floppy erzeugt werden kann. Wählen Sie *Installation festlegen/starten* und dann *Konfiguration speichern*. Sichern Sie dann Ihre Paketinformation auf eine Diskette. YaST erzeugt ein Minix-Filesystem auf der Floppy und legt dort die Paketinformationen ab. Die Floppy ist Bestandteil des SuSE-Rettungssystems.

Sicherung der Konfigurationsdateien

Die Sicherung der Konfigurationsdateien ist nicht nur für den Fall eines Datenverlusts wichtig. Auch wenn Sie beispielsweise die Parameter für die Einwahl bei Ihrem Internet-Provider geändert haben, und die Tests ergeben, dass die neue Konfiguration nicht funktioniert, können Sie mit dieser Sicherung leicht wieder zurück zu den alten Einstellungen. Und so gehen Sie vor:

1. Erzeugen Sie ein *cpio*-Archiv aus allen Dateien, die *rpm* als Konfigurationsdateien eingetragen hat. Sinnvoll ist es, dieses File in einem eigens dafür vorgesehenen Verzeichnis, etwa unter */home*, anzulegen.

```
paco:~ # mkdir /home/sichern
paco:~ # cd /home/sichern
paco:sichern # rpm -qalc|cpio -o -O configfiles.'date +%Y%m%d'.cpio
paco:sichern # ls -l configfiles*
-rw-rw-rw-   1 root  root      644863 Sep 30 13:53 configfiles.19990930.cpio
paco:sichern # chmod 600 configfiles*
paco:sichern # ls -l configfiles*
-rw-------   1 root  root      644863 Sep 30 13:53 configfiles.19990930.cpio
```

   Das Erzeugen des Directorys (Kommando *mkdir*) können Sie beim zweiten Mal natürlich weglassen. Das Setzen der Berechtigungen ist erforderlich, wenn – wie hier – ein Archiv erzeugt wurde, das für jedermann lesbar ist. Der Archivname wurde hier mit dem aktuellen Datum versehen, damit eine zeitliche Zuordnung der Sicherung möglich ist.

2. Nicht alle Konfigurationsdateien wurden im vorherigen Schritt erfasst. Da die meisten Konfigurationsdateien im Directory */etc* oder in dessen Unterverzeichnissen liegen, wollen wir hier noch die Dateien sichern, die sich seit dem letzten Mal oder seit der Erstinstallation geändert haben.

```
paco:sichern # find /etc -type f -mtime -30 |cpio -o -A -O
                         configfiles.'date +%Y%m%d'.cpio
paco:sichern # ls -l configfiles*
-rw-rw-rw-   1 root  root      644863 Sep 30 13:53
                         configfiles.19990930.cpio
paco:sichern # chmod 600 configfiles*
paco:sichern # ls -l configfiles*
-rw-------   1 root  root      644863 Sep 30 13:53
                         configfiles.19990930.cpio
```

   Hier wurde *30* für die Anzahl der Tage seit der letzten Änderung angegeben. Ändern Sie das *find*-Kommando entsprechend ab. Ist Ihre letzte Sicherung sieben Tage alt, geben Sie hier *7* an.

3. Komprimieren Sie das Archiv mit

```
paco:sichern # gzip configfiles.datum.cpio
```

4. Die entstandene Datei sollte jetzt klein genug sein, um sie auf einer Diskette zu speichern.

Hinweis

Zurückspielen der gesicherten Daten

Wenn Sie auf die gesicherten Daten zurückgreifen wollen, sollten Sie vorsichtshalber die Daten erst in ein „neutrales" Directory speichern und sorgfältig prüfen, welche der Konfigurationsdateien Sie durch die alte Variante ersetzen wollen.

Die Kommandofolge könnte etwa folgendermaßen aussehen:

```
paco:sicherung # mkdir configs
paco:sicherung # gunzip configfiles.datum.cpio.gz
paco:sicherung # cd configs
paco:configs # cpio -i -I ../configfiles.datum.cpio

--no-absolute-filenames --preserve-modification-time --make-directories
paco:configs # ls -l
total 8
drwx------  20 root  root        3072 Sep 30 14:32 etc
drwx------   4 root  root        1024 Sep 30 14:32 opt
drwx------   2 root  root        1024 Sep 30 14:32 root
drwx------   4 root  root        1024 Sep 30 14:32 sbin
drwx------   8 root  root        1024 Sep 30 14:32 usr
drwx------   6 root  root        1024 Sep 30 14:32 var
```

Es werden einige Fehlermeldungen angezeigt, die Sie ignorieren können. Es waren einige Dateien doppelt im Archiv.

Sichern der Home-Directorys

Zur Sicherung von ganzen Partitionen oder großen Directories sind als Tools sicher *cpio* und *tar* erste Wahl. *tar* und *cpio* sind ausführlich in Kapitel über Packen und Entpacken von Dateien beschrieben: für *tar* lesen Sie ab Seite 337 und für *cpio* ab Seite 343.

Wenn Sie direkt auf ein Bandgerät sichern, geben Sie als Archivnamen den Device-Namen des Bandgeräts an: für ein DAT-Tape etwa */dev/rmt0*. Anders liegt der Fall, wenn Sie auf eine zweite Festplatte oder ein Wechselmedium sichern wollen, das wie eine Festplatte behandelt wird. Die Daten, die auf diesen Medien liegen, werden ja als Filesystem angesehen, werden mit dem Kommando *mount* „gemountet" und sind dann in den Linux-Directory-Baum eingehängt. Sie legen also beim Sichern ein *tar*- oder ein *cpio*- Archiv als reale Datei auf diesem Medium an.

Als Alternative zu *tar* und *cpio* kommt auch das Programm *taper* in Betracht. Eine Beschreibung dieses Tools ist hier zu aufwendig; wenn Sie Interesse haben, schauen Sie in die man-Page *taper(8)*.

Sichern der Arbeitsdateien

Wenn die Dateien, an denen Sie gerade arbeiten, klein genug sind, reicht es aus, sie einfach auf eine Diskette zu schreiben. Es reicht, sie einzeln auf eine DOS-formatierte Diskette mittels der *mtools*-Kommandos zu kopieren. Wie die *mtools* funktionieren, ist in Kapitel 6.3 auf Seite 226 beschrieben. Zu empfehlen ist, im Wechsel mindestens zwei Disketten zu verwenden, damit Sie auch noch auf die etwas ältere Version zurückgreifen können, wenn etwa eine Diskette wegen eines Fehlers nicht mehr zugreifbar sein sollte oder wenn Sie aus einem anderen Grund einen älteren Zustand wiederherstellen wollen.

Reicht der Platz auf einer Diskette nicht aus, können Sie auch wie im folgenden Abschnitt über Archive auf Disketten vorgehen.

Bei einer zweiten Festplatte haben Sie die bequemste Möglichkeit, auch die täglichen Veränderungen zu sichern. Richten Sie dort eine zweites Directory für Ihre Benutzerkennung, unter der Sie täglich arbeiten, ein und kopieren Sie Ihre Arbeitsdateien dorthin. Noch besser ist, wenn Sie in diesem zweiten „Home-Verzeichnis" Unterverzeichnisse für verschiedene Tage anlegen und die „Tageskopien" darin einordnen.

So bequem die Sicherung auf der zweiten Festplatte auch sein mag, einen Nachteil hat sie doch: Wenn der ganze Rechner mal streiken sollte, dann sind Ihre Daten wahrscheinlich nicht verloren, Sie können aber dann nicht so schnell und komplikationslos darauf zugreifen. Bei einer Sicherung auf Floppy können Sie, wenn es ganz dringend ist, auch zu einem guten Freund gehen und dort weiterarbeiten ...

Archive auf Disketten

Disketten sind immer noch ein beliebtes und preiswertes Sicherungs- und Transportmedium. Gegebenenfalls sind die Archive selbst komprimiert noch zu groß, um diese auf einer Diskette unterzubringen. Mit einer kleinen Hürde können *tar*-Archive zerteilt und auf Disketten gespeichert werden.

Grundsätzlich kann *tar* auf Disketten schreiben wie auf jeden anderen Datenträger. Allerdings lässt sich der ohnehin knappe Platz auf einer Diskette noch besser ausnutzen, wenn auf ihr kein richtiges Dateisystem eingerichtet wird, sondern *tar* das komprimierte Archiv direkt auf die Diskette schreibt, als sei sie eine normale Datei. Nur kann diese Datei nicht mehr als (normalerweise) 1,44 MByte Daten aufnehmen; will man mehr Daten archivieren, müssen mehrere Disketten her und nacheinander beschrieben werden.

Damit Sie sich beim Erstellen einer solchen Diskettenserie immer zur richtigen Zeit als Diskjockey betätigen und die nächste Floppy einlegen können, sieht *tar* die Option vor, jedes Mal dann ein externes Programm auszuführen, wenn ein Datenträger voll ist und der nächste verlangt wird.

Ein solches Programm ist auch ohne Programmierkenntnisse leicht zu erstellen, denn es kann sich dabei auch um eine simple Datei mit Shell-Kommandos, ein so genanntes Shell-Skript, handeln (mehr zu solchen Skripts lesen Sie in Kapitel 14.1).

▼▼▼ WORKSHOP

Erstellung eines „Programms" zum Diskettenwechsel

1 Rufen Sie einen Editor Ihrer Wahl auf und geben Sie die folgenden Zeilen ein:

```
#!/bin/bash
echo 'Legen Sie bitte die nächste Diskette ein'
echo 'und drücken Sie die Eingabetaste!'
read
```

Die erste Zeile kennzeichnet die Datei als Shell-Skript. Die nächsten beiden geben einen Text auf den Bildschirm aus, und die letzte wartet auf eine beliebige Eingabe, die den Vollzug des Diskettenwechsels anzeigen soll.

2 Speichern Sie diese Zeilen als Datei *~/diskwechsel* in Ihrem Home-Verzeichnis ab.

3 Erlauben Sie mit dem Kommando

```
chmod +x ~/diskwechsel
```

die Ausführung dieses Skripts. Die vorstehenden Schritte brauchen Sie nur beim ersten Mal durchzuführen; danach brauchen Sie nur noch das vorhandene Skript zu benutzen.

4 Legen Sie sich vorsorglich einen Stapel Disketten zurecht, die Sie entweder vorab oder spätestens *vor* dem Einlegen mit einer laufenden Nummer und einem Hinweis auf den Inhalt des Archivs kennzeichnen, denn später ist die richtige Reihenfolge nicht mehr zu rekonstruieren, wenn Ihnen womöglich Mitbewohner oder Haustiere die Disketten durcheinander würfeln.

Aber Vorsicht: Auch wenn noch so wertvolle Daten auf diesen Disketten gespeichert sein sollten, werden diese im Zuge der folgenden Schritte gnadenlos überschrieben!

5 Legen Sie die erste Diskette schon vorab ins Laufwerk; sollte bereits eine drin sein, unmounten (mit *umount /dev/fd0* oder wie immer Ihr Diskettenlaufwerk heißt) und entnehmen Sie sie.

6 Rufen Sie *tar* mit dem zusätzlichen Parameter *F* auf, damit das Skript immer dann ausgeführt wird, wenn eine Diskette randvoll ist und die nächste benötigt wird:

```
tar -cvf /dev/fd0 -F ~/diskwechsel Datei_oder_Verzeichnis ...
```

(Hier sei wieder angenommen, dass Ihr Diskettenlaufwerk */dev/fd0* ist.) Die zu archivierenden Daten geben Sie wie üblich als Datei- oder Verzeichnisnamen an (Einzelheiten zum Programm *tar* sind in Kapitel 8.2 beschrieben).

7 Wenn die Daten tatsächlich nicht auf die erste Floppy passen, werden Sie nun mit Ihrer selbst verfassten Meldung aufgefordert, die nächste

einzulegen; wenn Sie eine große Datenmenge auf diese Weise archivieren wollen, dürfen Sie diesen Vorgang noch so einige Male wiederholen und das Einlegen jedes Mal mit der Enter-Taste bestätigen.

8 Alle Daten sind ordnungsgemäß archiviert, wenn schließlich ohne irgendeine Fehlermeldung der Kommandoprompt wieder ausgegeben wird. Entnehmen Sie dann die letzte Diskette und schließen Sie den ganzen Satz neu beschriebener Datenträger in Ihren Tresor ein.

Workshop-Ende

Ein solches „Multi-Disketten-Archiv" können Sie wieder einlesen, indem Sie auch dafür das erstellte Skript benutzen:

```
tar -xvf /dev/fd0 -F ~/diskwechsel
```

Wie bei *tar* üblich, können Sie als weitere Parameter noch Dateinamen (oder Wildcard-Angaben in Apostrophe eingeschlossen) angeben, um selektiv Teile aus dem Archiv auszuwählen.

Das Auflisten des Archivinhalts geschieht ganz genauso, nur mit *t* statt *x*:

```
tar -tvf /dev/fd0 -F ~/diskwechsel
```

Wollen Sie Disketten, die auf diese Weise mit nackten Daten beschrieben wurden, wieder mounten und ganz normal zum Anlegen von Dateien benutzen, müssen Sie erst wieder (z. B. mit *mkdosfs*) ein Dateisystem darauf einrichten, wie in Kapitel 9.8 beschrieben.

10. Linux mit grafischer Oberfläche: Das X Window-System

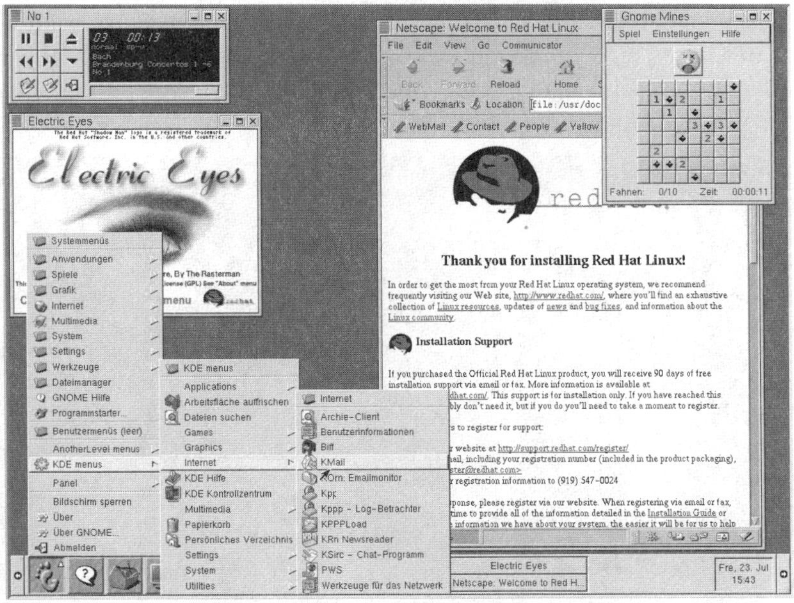

In diesem Bild ist der vorkonfigurierte Window-Manager Enlightenment mit GNOME für die Gestaltung der Oberfläche verantwortlich

Das X Window-System bietet dem Linux-Anwender eine grafische Benutzeroberfläche. Die verschiedenen Applikationen werden in Fenstern dargestellt, die beliebig auf der Oberfläche platziert werden können. Allerdings ist das X Window-System nicht in das Betriebssystem integriert, sondern es ist ein Programm, das bei laufendem Betriebssystem gestartet wird.

Natürlich kann das System so konfiguriert werden, dass Sie bei laufender grafischer Benutzeroberfläche mit einem grafischen Login begrüßt werden. Die notwendigen Schritte werden in Kapitel 10.5, Abschnitt *Der X-Display-Manager* erläutert. Bei einer erfolgreichen Installation der Redhat-Distribution mit dieser X Window-Oberfläche werden Sie bereits mit einem blauen Bildschirm begrüßt, in dessen Zentrum der Benutzername und das Passwort angegeben werden muss. Nach der Anmeldung wird das System direkt mit der grafischen Oberfläche gestartet.

Erfreulich ist die Vielfalt an Konfigurationsmöglichkeiten der Oberfläche in Bezug auf die Darstellung und die Bedienung. Sie haben es eben nicht mit einem standardisierten Produkt zu tun, sondern haben die Ergebnisse unterschiedlicher Entwicklungsrichtungen vor sich, deren Entwickler verschiedenste Vorstellungen von Gestaltung und Benutzung hatten. Es sind dadurch eine Vielzahl so genannter Window-Manager entstanden, die der Oberfläche des X Window-Systems ein eigenes Look & Feel verleihen. Dazu sind in den letzten Jahren Projekte ins Leben gerufen worden, deren Ziel die Entwicklung von Desktop-Systemen ist. Die herausragenden und schon praktisch einsetzbaren Systeme sind *KDE* und *GNOME*. Im Zusammenspiel der verschiedenen Window-Manager mit den unterschiedlichen Desktop-Systemen und deren eigenen Mitteln der Gestaltung vergrößert sich sogar noch die Anzahl der Möglichkeiten, die Oberfläche dem persönlichen Geschmack oder auch der momentanen Stimmung anzupassen.

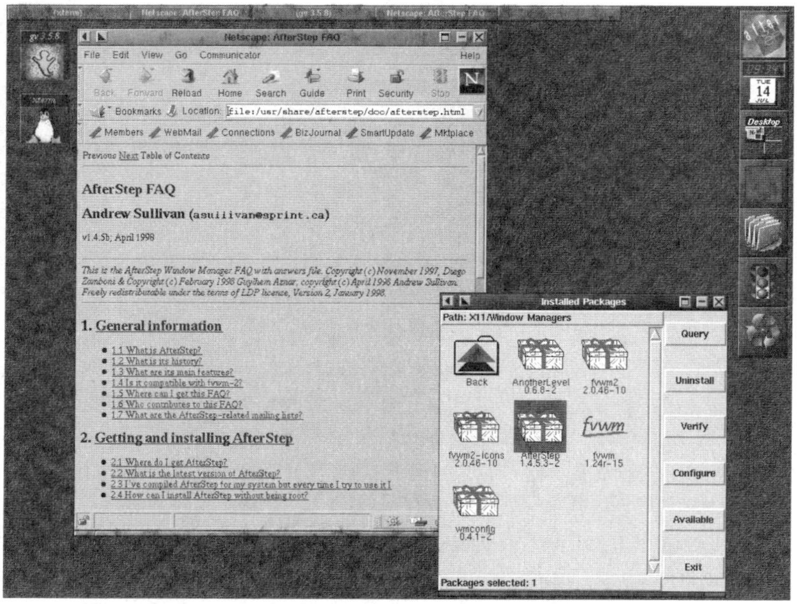

Das Aussehen der hier abgebildeten Oberfläche wird durch den Window-Manager AfterStep bestimmt

Gnome-Start-Button

Als Standard-Window-Manager wird in der Red Hat-Distribution *Enlightenment* und als Desktop-System der *GNOME* verwendet. Es ist sofort erkennbar, dass sich die Fensterdarstellung des *GNOME* im ersten Bild dieses Kapitels von der des Window-Managers AfterStep im zweiten Bild unterscheidet. Die unterschiedlichen Bedienelemente der Fenster sowie die Schaltflächen im Hintergrund weisen bereits auf verschiedene Bedienmöglichkeiten hin. Ausführlich wird die Gestaltung der Oberfläche in Kapitel 10.5, Abschnitt *Window-Manager* beschrieben.

Hinweis

Hauptspeicher und X

Die Auswahl des Window-Managers kann auch an den auf dem Rechner zur Verfügung stehenden Ressourcen ausgerichtet sein. Bei geringem Speicherausbau können weniger speicherfressende Window-Manager genutzt werden. Sicherlich ein Vorteil, wenn man sich die Entwicklung der empfohlenen Mindesthardwareanforderungen für Windows 3.1, Windows 95 und Windows 98 im Laufe der letzten Jahre anschaut. Nicht jede neue Version von X Window oder des bevorzugten Window-Managers erfordert mehr Speicher oder gar einen neuen Rechner.

Für eine erste Inbetriebnahme des X Window-Systems reichen in der Regel die Beschreibungen in den folgenden Unterkapiteln 10.2 und 10.3 aus. Das Programm *Xconfigurator* wurde bereits in der Installationsphase zur Konfiguration des X Window-Systems durchlaufen und eignet sich für die Festlegung der üblichen Hardwarekomponenten. Die Angaben genügen als Basis für die ersten Schritte mit der von Red Hat vorkonfigurierten grafischen Oberfläche. Unter Umständen müssen Kleinigkeiten in der Konfiguration angepasst werden, die aber für die grundsätzliche Lauffähigkeit des X Window-Systems unbedeutend sind. Dazu zählen Maus- und Tastatureinstellungen sowie die Justierung des Monitorbildes, die Thema des Kapitels 10.6 sind.

Hinweis

Korrekturen im Ausnahmefall

In seltenen Fällen führt die Standardkonfiguration nicht direkt zum Ziel. Dann sind unter anderem Korrekturen in der Konfigurationsdatei des X Window-Systems erforderlich. Eine kurze Einführung in den Aufbau dieser Datei wird in Kapitel 10.7 gegeben. Die eigentliche Beseitigung der Fehler wird dann wiederum schrittweise in Kapitel 10.8 beschrieben.

Insgesamt bietet das X Window-System mit den verfügbaren Window-Managern und den diversen Applikationen viele Möglichkeiten, die Bedienung der Oberfläche und damit die Produktivität zu optimieren. Zu den Einstellungen werden in diesem Kapitel möglichst viele Konfigurationsanleitungen angeboten, zu komplexeren Themen sind zumindest Einleitungen vorhanden, denn Features können nur konfiguriert werden, wenn sie auch bekannt sind.

Bei den überwiegend praktischen Beschreibungen kommen der grundsätzliche Aufbau und die Geschichte des X Window-Systems oft zu kurz. Deshalb seien einige abschließende Bemerkungen im letzten Unterkapitel 10.11 erlaubt.

10.1 Hardwareanforderungen von X Window

Zur optimalen Nutzung der Hardware für X Window ist es erforderlich, dass der genau passende X-Server benutzt wird. Zwar unterstützen sowohl die Grafikkarten und Monitore Standardmodi, aber dafür hat man das viele Geld ja nicht ausgegeben und außerdem soll die Konfiguration des X Window-Systems möglichst nur einmal für Ihre Hardware durchgeführt werden. Es sollte schon möglichst schnell, bunt und frei von wackelnden Zeilen sein. Dazu sind einige Informationen aus den Handbüchern erforderlich, anhand derer das angestrebte Ziel erreicht werden kann. Bevor Sie suchen, denken Sie bitte daran, dass Sie die Handbücher auf einer der CDs finden können, die zum Lieferumfang des Rechners gehörten. Sofern Sie momentan nicht mitten in der Installation von Linux sind, können Sie natürlich die Informationen über Grafikkarte und Monitor auch dem Geräte-Manager bzw. den Bildschirmeigenschaften des anderen bereits installierten Betriebssystems entnehmen. Im Einzelnen sind die folgenden Angaben zur optimalen Konfiguration notwendig:

1 **Die exakte Bezeichnung des Modells der Grafikkarte.** Von Nutzen kann auch die Bezeichnung von Grafikchipsatz, RAMDAC und Clockchip sein.

2 **Die Größe des Videospeichers.** Falls es nicht der Rechnung zu entnehmen ist, müssten Sie notfalls das andere Betriebssystem laden und dort unter den Bildschirmeigenschaften nachsehen.

3 **Die Spezifikationen des Monitors.** Die horizontale (horizontal sync rate) und vertikale Ablenkfrequenz (vertical refresh rate) sowie die Videobandbreite (bandwidth) sind unbedingt erforderlich.

4 **Der Maustyp.** Eventuell wurde er schon bei der Installation festgestellt. In der Regel handelt es sich um eine Microsoft-Maus oder eine PS/2-Maus.

Hinweis

Eine Minimalkonfiguration für den Ausnahmefall

Grundsätzlich werden alle VGA-Grafikkarten im Standard-VGA-Modus unterstützt. Dies bedeutet zwar, dass nur Auflösungen von maximal 800 x 600 Bildpunkten bei einer Farbtiefe von 4 Bit, also 16 Farben, realisiert werden können, aber zumindest können Sie mit dem VGA16-Server X Window betreiben. Wenn X erst mal läuft, können Sie immer noch entscheiden, ob Sie sich eine neue Grafikkarte zulegen oder beim Hersteller wegen der fehlenden Unterstützung von Linux nachfragen.

Leichte Erkennung von Grafikkarten

Falls Sie das Handbuch für Ihre PCI-Grafikkarte nicht sofort finden, geben Sie auf der Kommandozeile einer Shell das Kommando `cat /proc/pci` ein. Sie erhalten dann eine ähnliche Ausgabe wie die folgende, die in der zweiten Zeile den Typ der Grafikkarte anzeigt.

```
Bus  1, device   3, function  0:
 VGA compatible controller: S3 Inc. ViRGE/MX (rev 6).
 Medium devsel. IRQ 11. Master Capable. No bursts. Min Gnt=4.
 MaxLat=255.
 Non-prefetchable 32 bit memory at 0xf8000000 [0xf8000000].
```

Mit einem geringen Risiko für die Stabilität des Systems ist die Benutzung des Programms *SuperProbe* verbunden, das zu XFree86-3.3 gehört. Sie finden es im Verzeichnis */usr/X11R6/bin*. In seltenen Fällen kann das System nach dem Starten des Programms stehen bleiben. Vor dem Aufruf sollten alle laufenden Programme beendet werden, um das Risiko eines Systemabsturzes zu minimieren. Aber keine Angst, probieren Sie es aus, indem Sie in der Shell das Kommando */usr/X11R6/bin/SuperProbe* eingeben. Mit sehr großer Sicherheit erhalten Sie eine Information wie:

```
First video: Super-VGA
        Chipset: ATI 264GT3 (3D Rage III) (Port Probed)
        Memory:  8192 Kbytes
        RAMDAC:  ATI Mach64 integrated 15/16/24/32-bit DAC w/clock
                 (with 6-bit wide lookup tables (or in 6-bit mode))
                 (programmable for 6/8-bit wide lookup tables)
        Attached graphics coprocessor:
                Chipset: ATI Mach64
                Memory:  8192 Kbytes
```

In der Tabelle der unterstützten Grafikkarten auf Seite 521 ist diese Grafikkarte des Herstellers ATI mit dem Chipsatz 264GT3 aufgeführt. Ist auch Ihre so mit *SuperProbe* getestete Grafikkarte in der Tabelle enthalten, haben Sie schon halb gewonnen und können sich darüber freuen, dass jetzt nur noch das Handbuch für den Monitor gesucht werden muss.

Übrigens haben wir diese Ausgabe bei einem laufenden Window-Manager und verschiedenen aktiven Anwendungen erhalten. Sie sehen, das Risiko eines Systemabsturzes ist wirklich gering. Trotzdem sollten Sie den vorstehenden Rat befolgen.

Die Ausnahme: nicht unterstützte Grafikkarten

Falls alle Bemühungen vergebens waren, die vorhandene Grafikkarte als eine der von XFree86-3.3 unterstützten zu identifizieren, kann die nachfolgende Aufstellung vielleicht die Sicherheit geben, dass Ihre Grafikkarte von den freien X-Servern, die in XFree86-3.3 enthalten sind, nicht unterstützt wird. Nicht unterstützt werden:

- **Karten mit Matrox-Chipsatz**

- Compaq Qvision 2000 (Matrox-basiert)
- **Karten mit P9100**
  - SPEA Storm PRO
  - Diamond Viper Pro Video
- **Karten mit GLINT/Oxygen**
  - Diamond Fire GL 2000/4000
  - Dynamic Pictures Oxygen 102/202/402
  - Datapath Merlin-1000
  - Elsa Gloria M/XL
- **Karten mit TMS320x0**
  - Elsa PhotoJet
- **Mach64-Karten** im ISA-Slot mit Mach64-Server, wenn der Rechner mehr als 12 MByte RAM hat. Diese laufen jedoch mit „beliebig" viel Speicher mit dem SVGA-Server. In der Device-Section muss außer den drei Zeichenketten zu Hersteller usw. nur die Zeile Chipset "ati" stehen.
- **Falcon 64-basierte**
  - STB Horizon 64
- **Karten für zwei Monitore**
  - miro *xyz* twin-Karten

  Weiterhin werden einige alte Modelle nicht mehr von XFree86-3.3 unterstützt. Hierzu gehören:

  - CGA- und EGA-Adapter

Einige der oben genannten von XFree86-3.3 nicht unterstützten Grafikkarten werden vom kommerziellen X-Server Metro-X (Fa. Metrolink) bzw. Accelerated-X (Fa. Xi-Graphics) unterstützt.

Eine Übersicht der von Metro-X unterstützten Grafikkarten finden Sie unter

http://www.metrolink.com/productindex.html.

Informationen zu den von Accelerated-X unterstützten Grafikkarten finden Sie unter

http://www.xig.com/Pages/CardMfgrs/CardChipMfgrIndex.html.

Wenn Sie nun alle Informationen vorliegen haben, können Sie sofort mit der Installation oder – falls diese schon erfolgt ist – der Feineinstellung fortfahren. Andernfalls können Sie versuchen, anhand der nachstehenden Tabellen die fehlenden Informationen zu ermitteln. Sind Sie aber sicher, dass

Ihre Grafikkarte nicht unterstützt wird, dann können Sie sich natürlich erst mal für den Einsatz des VGA16-Servers entscheiden und mit der Installation auf Seite 525 fortfahren oder aber einen Blick auf Seite 546 werfen. Um dort weiterzulesen, müssen Sie sich bei der Installation der Distribution für die Quellen eines neueren Kernels 2.x entschieden haben.

Von XFree86 unterstützte Grafikkarten

In der nachfolgenden Tabelle sind die Grafikkarten aufgeführt, die von den X Servern des XFree86-Pakets unterstützt werden.

Hersteller	Chipsatz
Ark Logic	ARK1000PV, ARK1000VL, ARK2000PV, ARK2000MT
Alliance	AP6422, AT24
ATI	18800, 18800-1, 28800-2, 28800-4, 28800-5, 28800-6, 68800-3, 68800-6, 68800AX, 68800LX, 88800GX-C, 88800GX-D, 88800GX-E, 88800GX-F, 88800CX, 264CT, 264ET, 264VT, 264GT, 264VT-B, 264VT3, 264GT-B, 264GT3 (eingeschlossen sind die Mach8, Mach32, Mach64, 3D Rage, 3D Rage II und 3D Rage Pro)
Avance Logic	ALG2101, ALG2228, ALG2301, ALG2302, ALG2308, ALG2401
Chips & Technologies	65520, 65530, 65540, 65545, 65520, 65530, 65540, 65545, 65546, 65548, 65550, 65554, 65555, 68554, 64200, 64300
Cirrus Logic	CLGD5420, CLGD5422, CLGD5424, CLGD5426, CLGD5428, CLGD5429, CLGD5430, CLGD5434, CLGD5436, CLGD5440, CLGD5446, CLGD5462, CLGD5464, CLGD5465, CLGD5480, CLGD6205, CLGD6215, CLGD6225, CLGD6235, CLGD6410, CLGD6412, CLGD6420, CLGD6440, CLGD7541, CLGD7543, CLGD7548, CLGD7555
Digital Equipment Corporation	TGA
Compaq	AVGA
Genoa	GVGA
IBM	8514/A (und echte Clones), XGA-2
IIT	AGX-014, AGX-015, AGX-016
Matrox	MGA2064W (Millennium), MGA1064SG (Mystique und Mystique 220), MGA2164W (Millennium II PCI und AGP)
MX	MX68000, MX680010
NCR	77C22, 77C22E, 77C22E+
Number Nine	I128 (Serie I und II), Revolution 3D (T2R)
NVidia/SGS Thomson	NV1, STG2000, RIVA128
OAK	OTI067, OTI077, OTI087
RealTek	RTG3106

Hersteller	Chipsatz
S3	86C911, 86C924, 86C801, 86C805, 86C805i, 86C928, 86C864, 86C964, 86C732, 86C764, 86C765, 86C767, 86C775, 86C785, 86C868, 86C968, 86C325, 86C357, 86C375, 86C375, 86C385, 86C988, 86CM65, 86C260
SiS	86C201, 86C202, 86C205
Tseng	ET3000, ET4000AX, ET4000/W32, ET4000/W32i, ET4000/W32p, ET6000, ET6100
Trident	TVGA8800CS, TVGA8900B, TVGA8900C, TVGA8900CL, TVGA9000, TVGA9000i, TVGA9100B, TVGA9200CXR, Cyber9320, TVGA9400CXi, TVGA9420, TGUI9420DGi, TGUI9430DGi, TGUI9440AGi, TGUI9660XGi, TGUI9680, ProVidia 9682, ProVidia 9685, Cyber 9382, Cyber 9385, Cyber 9388, 3DImage975(PCI), 3DImage985(AGP), Cyber 9397, Cyber 9520
Video 7/Headland Technologies	HT216-32
Weitek	P9000
Western Digital/ Paradise	PVGA1
Western Digital	WD90C00, WD90C10, WD90C11, WD90C24, WD90C24A, WD90C30, WD90C31, WD90C33

Monitore

Die Daten in dieser Tabelle sind der Datei */usr/X11R6/lib/X11/doc/Monitors* entnommen. Dort sind die Details zu den verschiedenen Bildschirmmodi zu entnehmen.

Hersteller	Modell	Band-breite	Ablenkfrequenz	
			horizontal	vertikal
Apollo	010700-005	125	73.702	68.24
Apollo	010700-005	125	75.118	70.07
CTX	CMS-1561	100	30-60	50-90
Chuntex	CTXCPS-1560/LR	75	30-60	50-100
Commodore	1950		15-35	50-80
Compudyne	KD-1500N	74.8	30-66	50-90
CrystalScan	1572FS	110	30-60	50-100
DEC	PCXBV-KA/KB		30-66	50-130
DEC	VRC16-LEM		30-78	50-90
DEC	VRC17-Jx		30-86	50-152
DEC	VRC20-Hx		30-82	50-90
DEC	VRC21-Hx		30-85	50-152
DEC	VRC21-Kx/Wx		30-94	50-152

Hersteller	Modell	Band-breite	Ablenkfrequenz horizontal	vertikal
DEC	VRT17-Hx		29-82	50-150
DELL	VS17	25.2	30-62	50-90
DELL	VS17	78	30-62	50-90
EIZO	FlexScan T660i-T/TCO	135	30-82	55-90
EIZO	FlexScan 9080i	60	30-64	50-90
EIZO/Nanao	FlexScan 9070u	50	20-50	50-105
ELSAGmbH	GDM-17E40	135	29-82	50-150
ESCOM	Unknown	28	30-36	43-72
Elsa	24H96		30-96	50-160
Gateway 2000	CrystalScan 1776LE	110	30-64	50-120
HP	D2818A/D2819A		30-65	50-120
Hewlett-Packard	A1097A	135	78.125	72.008
Hitachi	SuperScan 20	100	30-69	50-100
Hyundai	421E	110	30-36	43-72
IDEK	8617	135	31.5-85	60-80
IDEK	MF-8617	135	23.5-86	50-120
Idek	8617	135	23.5-86	50-120
Idek	MF-8617	135	23.5-86	50-120
KTX	15	80.1	30-60	40-110
LIYAMA	Vision Master 17	135	23.5-86	50-120
Lite-On Technology	CM1414E	45	30-40	40-87
MAG	MX-17H	100.1	30-68.1	50-120
MAG	MX15F	100	30-65	50-120
MAG	MX15F	100	30-65	40-120
MAG	MXP-17F	130.1	30-82.1	50-120
MAG	PMV1448	65	30-33, 45-51	45-90
MAGTRON	BMC-15FX/LR	65.1	30-58.1	50-90
MegaImage	S17MGP	106	30-64	50-100
Miro	Unknow	100	47-49	58-62
Mitsubishi	DiamondScan	30	15-38	40-90
NEC	4D	75	30-57	50-90
NEC	5FG	100.1	30-68.1	50-120
NEC	5FG	135	27-79	55-90

Hersteller	Modell	Bandbreite	Ablenkfrequenz	
			horizontal	vertikal
NEC	MultiSync 3D	45	15.5-38	50-90
NEC	MultiSync 4FGe	80	27-62	55-90
Nanao	F340i-W	75	27-61	55-90
Nanao	F550i-w	80	27-65	55-90
Nokia	445X	200	30-102	50-120
Nokia	447B	110	30-64	48-100
Nokia	Multigraph 447B	110	30-64	48-100
Philips	7BM749	28	30-33	55-70
Philips	1764DC	110	30-66	50-100
Quantex	TE1564M	75	30-64	50-100
Relisys	RE1564	80	30-64	50-100
SMILE	CA1716CL/ CA1718CL	75	30-65	40-110
Samsung	SyncMaster 17GLsi	135.1	30-85.1	50-120
Sony	CPD-1430	75	28-58	55-110
Sony	CPD-15SF1	110	31.5-64	50-120
Sony	GDM-17SE1T	135	31.5-82	50-150
TARGA by SONY	TM1710D	100	30-65	50-90
TAXAN	MultiVision 875 PLUS LR	130	30-78	50-90
Toshiba	Tecra 500CDT	110.1	30-82.1	50-120
Unisys	Unknown	110	57-65	55-65
Videocom	DCM-1588	75.1	30-65	50-100
Videocom	DCM 01488	75.1	30-50.1	30-100
ViewSonic	17	135	30-82	50-160
ViewSonic	17	75	30-82	50-90
ViewSonic	5e	25.2	30-60	50-90
ViewSonic	6	80	30-57	43-70
ViewSonic	ViewSonic-7	110	30-64	50-90
Vobis	LE 1024	45	35.5-35.6	50-87

10.2 Installation und Konfiguration des X Window-Systems

Zur Konfiguration des X Window-Systems wird bei der Erstinstallation einer RedHat-Distribution das Programm *Xconfigurator* verwendet, bei SuSE-Distributionen wird das Programm *SaX* (**S**.u.S.E. **a**dvanced **X** Configuration) verwendet. Da sich beide Konfigurationswerkzeuge in der Funktion nur wenig unterscheiden, wird als grundlegendes Beispiel die Installation von X Window und die Konfiguration der Hardware mit dem *Xconfigurator* dargestellt. Die begleitenden Illustrationen zeigen Ihnen das Erscheinungsbild der einzelnen Konfigurationsabschnitte, die bei RedHat und SuSE nicht in gleicher Systematik und Reihenfolge vorliegen.

Nach der Installation können beide im Bedarfsfall erneut von einer Textkonsole mit dem Kommando *Xconfigurator* bzw. *sax* aufgerufen werden. Ein unter Umständen lauffähiges X Window-System sollte vor der Benutzung heruntergefahren werden, da andernfalls der Testlauf des X-Servers nicht durchgeführt werden kann. Sowohl *Xconfigurator* als auch *SaX* zeichnen sich durch gute Benutzerführung und automatische Ermittlung vieler Einstellungen aus.

Der Ablauf untergliedert sich in die folgenden Schritte:

1 Auswahl der Grafikkarte

2 Auswahl des Monitors

3 Festlegung weiterer Grafikkarteneigenschaften

4 Festlegung der Auflösung und der Farbtiefe

Hinweis

Kleinlich sein lohnt sich!

Vergewissern Sie sich, dass Sie nur Einstellungen vornehmen, die tatsächlich von Ihrer Hardware unterstützt werden, denn falsche Einstellungen können die Grafikkarte und insbesondere den Monitor beschädigen! Im Zweifel sollten Sie sich für den VGA16-Server entscheiden und die Konfiguration fertig stellen. Selbst ein nachträglich beschafftes Handbuch ist billiger als ein neuer Bildschirm oder eine neue Grafikkarte.

Die Begrüßungsseite

Die folgende Begrüßungsseite wird übersprungen, falls Sie gerade die Erstinstallation durchführen und über das Installationsprogramm in den *Xconfigurator* gelangt sind. In diesem Fall überspringen Sie den nächsten Absatz und beginnen mit der Auswahl der Grafikkarte im ersten Schritt der Konfiguration auf Seite 527.

Auf der Begrüßungsseite wird beschrieben, dass mit diesem Programm die Konfigurationsdatei *XF86Config* für das X Window-System generiert wird. Um den Vorgang überschaubar zu halten, wird die Konfiguration allerdings auf die erforderlichen Einstellungen beschränkt. Die so erstellte Konfigurationsdatei ermöglicht damit erst einmal den Betrieb der grafischen Oberfläche und bildet eine gute Ausgangsbasis für eine erweiterte Konfiguration. Eine Beschreibung dieser Datei ist in Kapitel 10.7 zu finden.

Starten Sie die Erzeugung der Konfigurationsdatei mit *OK* durch Drücken der Taste [Enter].

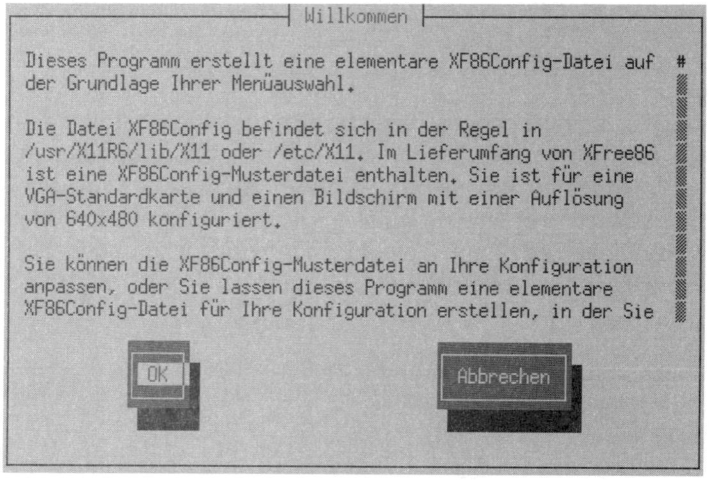

Der Xconfigurator erzeugt die Konfigurationsdatei XF86Config für das X Window-System

X bei S.u.S.E.

Bei *SaX* sollten Sie zunächst dabei bleiben. Erst wenn X Window nicht gestartet werden kann, sollte zu anderen Hilfmitteln gegriffen werden.

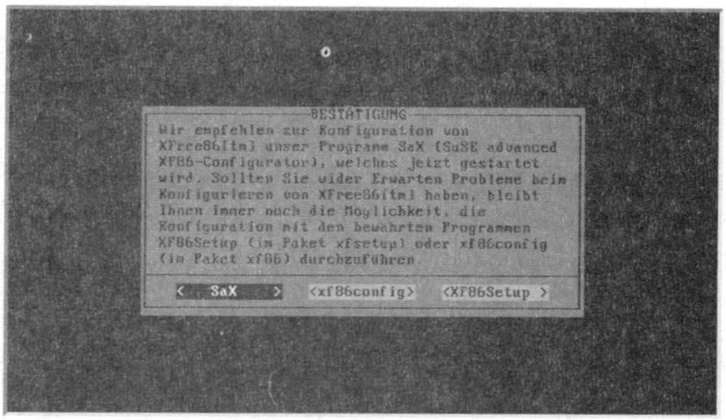

SaX weist vorsorglich auf Alternativen hin

1. Schritt: Auswahl der Grafikkarte

Der *Xconfigurator* versucht im ersten Schritt, selbstständig das Grafikkartenmodell zu ermitteln. Falls dies gelingt, wird der Typ angezeigt, und Sie können mit dem 3. Schritt fortfahren.

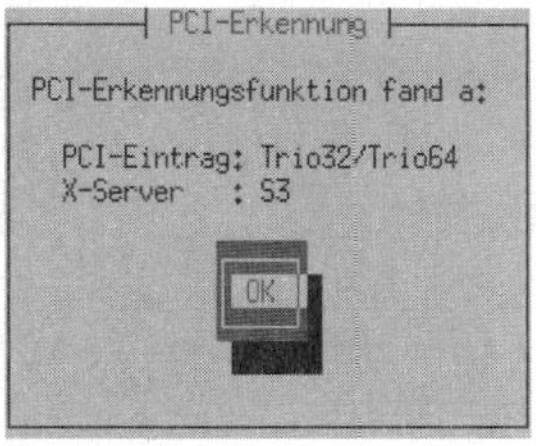

Die automatische Erkennung hat die verwendete PCI-Grafikkarte mit einem S3-Chipsatz erkannt

Falls die automatische Erkennung fehlschlägt, kann aus einer umfangreichen Liste eine Grafikkarte ausgewählt werden. Wenn Ihre Karte nicht aufgeführt ist, so ist die Wahl eines ähnlichen oder Vorgängermodells im Allgemeinen nicht zu raten, da sich bei verschiedenen Modellen, in seltenen Fällen sogar bei gleichen Modellen, die Bauteile der Grafikkarte ändern können. Von besonderem Interesse sind als Bauteile der Clockchip und/oder RAMDAC, die je nach Typ anders angesprochen werden müssen.

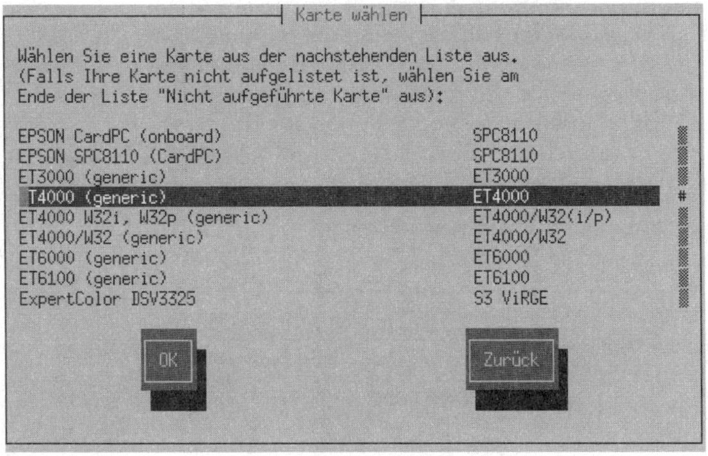

Über 400 Grafikkarten können direkt ausgewählt werden

Falls Sie eine geeignete Karte finden, springen Sie zum folgenden Schritt. Wenn Sie sich für keine Karte entscheiden können, wählen Sie in der Liste den Eintrag *Unlisted Card* aus. Im folgenden Menüpunkt muss dann ein X-Server ausgewählt werden. Ein X-Server ist für die Darstellung der grafischen Oberfläche für eine Grafikkartenfamilie, in der gewisse Chipsätze verwendet werden, verantwortlich. In der Liste der Grafikkarten sind übrigens die Chipsätze der verschiedenen Modelle in der zweiten Spalte aufgeführt.

Eine Hilfe bei der Auswahl eines passenden X-Servers ist die folgende Tabelle, in der die unterstützten Chipsätze der verschiedenen X-Server aufgeführt sind. Wenn Sie immer noch unsicher sind, dann lesen Sie in Kapitel 10.8 den Abschnitt *Schritt 3: Auswahl eines X-Servers.*

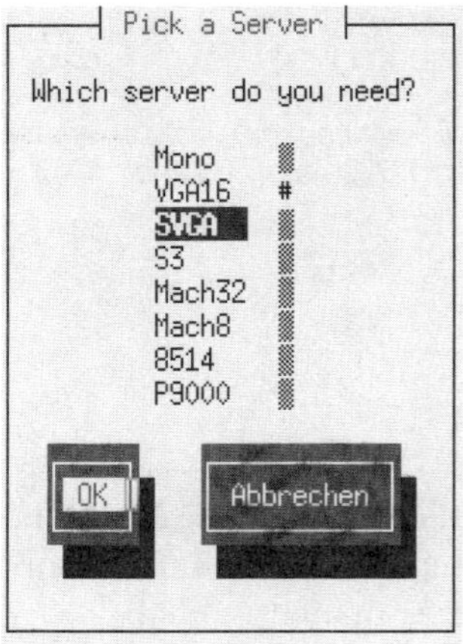

Für viele Grafikkarten ist der SVGA-Server eine gute Wahl

X bei S.u.S.E.

SaX führt ebenfalls den Versuch einer automatischen Erkennung der Grafikkarte durch. Bei Misserfolg muss aus der Liste der Karten die vorhandene ausgewählt werden. Auch hier gilt, dass im Zweifel "Generic Server Selection" und "SVGA" eine gute Wahl darstellen. Anhand der Informationen aus den Datenbanken wird dann die Konfiguration nach und nach vervollständigt. Sofern alle Informationen zur Karte vorliegen, kann über den Schalter *Erweitert* eine Detailkonfiguration vorgenommen werden.

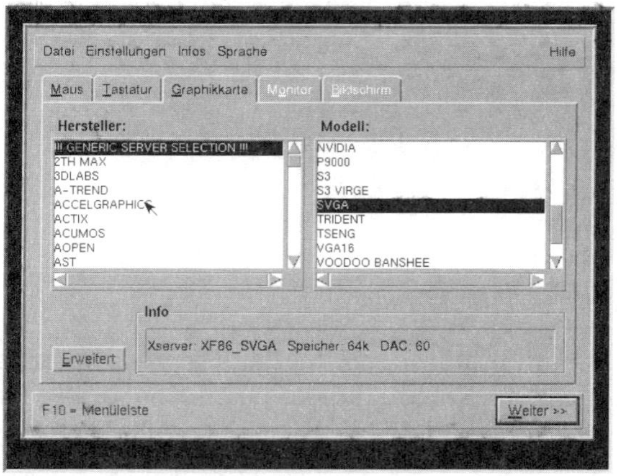

In der SaX-Kartei wurde der generische Super-VGA X-Server ausgewählt

2. Schritt: Auswahl des Monitors

Für die Auswahl des Monitors wird zunächst eine Liste verschiedener Geräte angeboten. Falls Ihr Monitor aufgeführt ist, wählen Sie den Eintrag aus und überspringen die folgenden Beschreibungen in diesem Schritt.

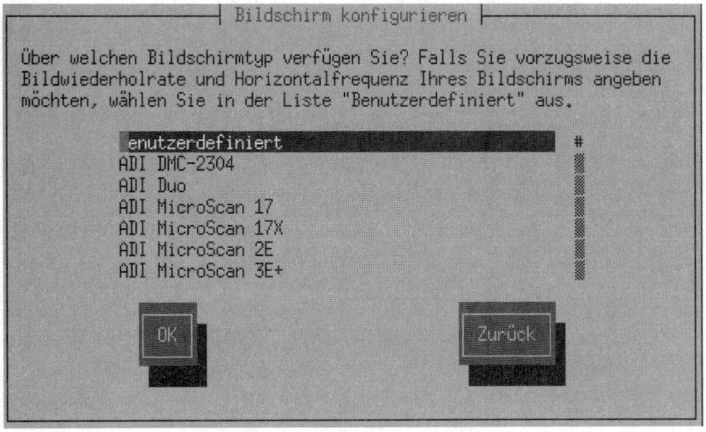

Die Auswahlliste der Monitore im Xconfigurator

Im anderen Fall wählen Sie den Menüpunkt *Benutzerdefiniert*, um die Monitoreinstellungen manuell vorzunehmen. Dazu müssen die Kenndaten des Geräts dem zugehörigen Handbuch entnommen werden, die in der Regel unter den technischen Daten aufgeführt sind. Zu diesen Angaben gehören die horizontale und die vertikale Ablenkfrequenz sowie die Videobandbreite. Die folgenden Werte stammen vom Monitor MicroScan 5AP des Herstellers ADI.

Ablenkfrequenz horizontal	30 - 64 kHz
Ablenkfrequenz vertikal	50 - 100 Hz
Videobandbreite	75 Mhz

Von diesen Werten ist abhängig, welche Auflösung Sie verwenden können und welche Bildwiederholrate bei dieser Auflösung möglich ist. Im Handbuch dieses Monitors werden unter anderem die folgenden Auflösungen und Bildwiederholraten empfohlen.

Auflösung	Bildwiederholraten
640 x 480 Pixel	60, 72 Hz
800 x 600 Pixel	56, 60, 72 Hz
1024 x 768 Pixel	60, 70 Hz
1280 x 1024 Pixel	60 Hz

Diese Einstellungen sind sehr wichtig, da beim Starten des X Window-Systems überprüft wird, ob der Monitor in der Lage ist, die (an anderer Stelle) ausgewählte Auflösung bei der gewünschten Bildwiederholrate darzustellen. Wählen Sie auf keinen Fall Werte, die von Ihrem Monitor nicht unterstützt werden.

Mit dem Xconfigurator werden die Werte nicht direkt angegeben. Stattdessen wird ausgewählt, welche Auflösung der Monitor maximal schafft und wel-

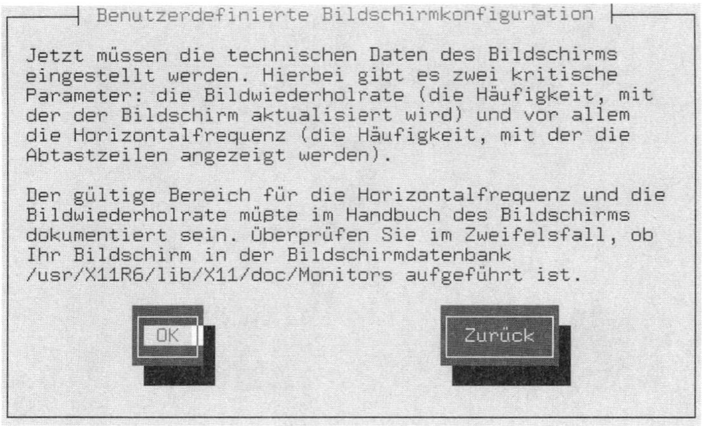

Die beschriebene Datensammlung /usr/X11R6/lib/X11/doc/Monitors steht erst nach der Installation zur Verfügung

che maximale Bildwiederholrate bei dieser Auflösung möglich ist. Bei dem vorgestellten Monitor wäre dies eine Auflösung von 1280 x 1024 Pixeln bei einer Bildwiederholrate von 60 Hz. Diese Angaben sind Ihnen vielleicht vom Monitorkauf vertraut und werden wie in diesem Fall oft in den Handbüchern abgedruckt.

Falls in Ihrem Handbuch nur die üblichen Angaben, also horizontale, vertikale Ablenkfrequenz und Videobandbreite aufgeführt sind, sollten diese Werte unbedingt von Hand in die Konfigurationsdatei *XF86Config* eingetragen werden. In diesem Fall fahren Sie mit der Konfiguration fort, damit die übrigen Angaben in die *XF86Config* eingetragen werden können. Bevor Sie dann zum ersten Mal das X Window-System starten, müssen die drei Eintragungen in der *XF86Config* nachgeholt werden. Lesen Sie dazu den Abschnitt *Angabe der Monitorkenndaten* in Kapitel 10.8.

Beachten Sie, dass diese Auswahl für Festfrequenz- und Mehrfrequenzmonitore ungeeignet ist. Auch hier sollten die Werte manuell eingetragen werden, da diese Geräte nur bei bestimmten Frequenzen bzw. in festgelegten Frequenzbereichen betreibbar sind, die hier nicht ausgewählt werden können. Die neueren Monitore gehören in der Regel nicht zu diesen Geräten, dort ist jeweils nur ein Wertebereich für die beschriebenen drei Kenndaten zu finden.

Im letzten Schritt der Monitorkonfiguration werden die vertikalen Ablenkfrequenzen angegeben, die, wie bereits erwähnt, dem Handbuch entnommen werden können. Von den möglichen Wertebereichen sollte keiner ausgewählt werden, der den Wertebereich Ihres Monitors überschreitet. Falls die vorgeschlagenen Werte für Ihren Monitor ungeeignet sind, können Sie ebenfalls auf die manuelle Konfiguration zurückgreifen.

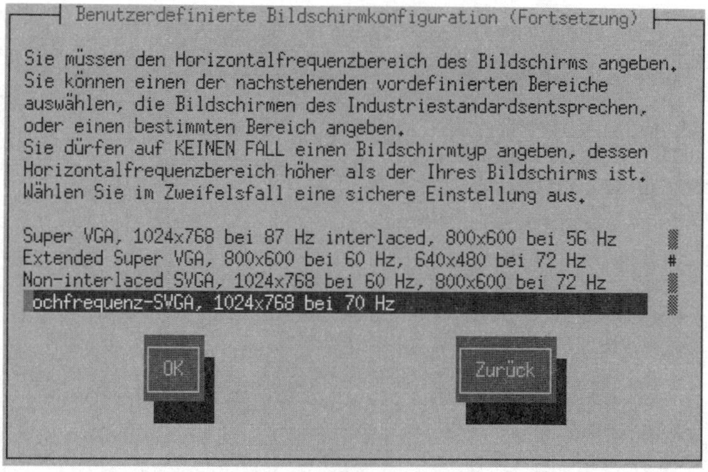

Die Werte für die horizontale Ablenkfrequenz werden dadurch bestimmt, dass die Bildwiederholrate bei einer bestimmten Auflösung angegeben wird

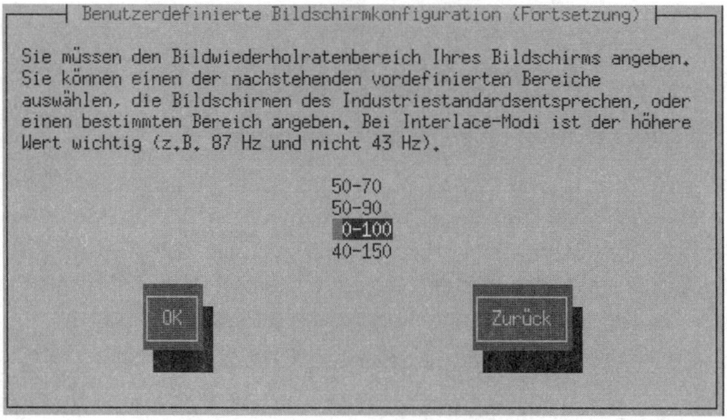

Die vertikale Ablenkfrequenz kann aus vier typischen Bereichen ausgewählt werden

X bei S.u.S.E.

SaX bietet die Konfiguration des Monitors auf einer weiteren Karteikarte an. Zunächst werden Hersteller und Typ des Monitors festgestellt, wobei in den erweiterten Einstellungen die exakten Spezifikationen des Geräts festgelegt werden können. Als Standardwerte stellt *SaX* eine Horizontalfrequenz von 29 bis 61 kHz und eine Vertikalfrequenz von 60 bis 70 Hz ein, die nahezu für alle gängigen Monitore unschädlich ist.

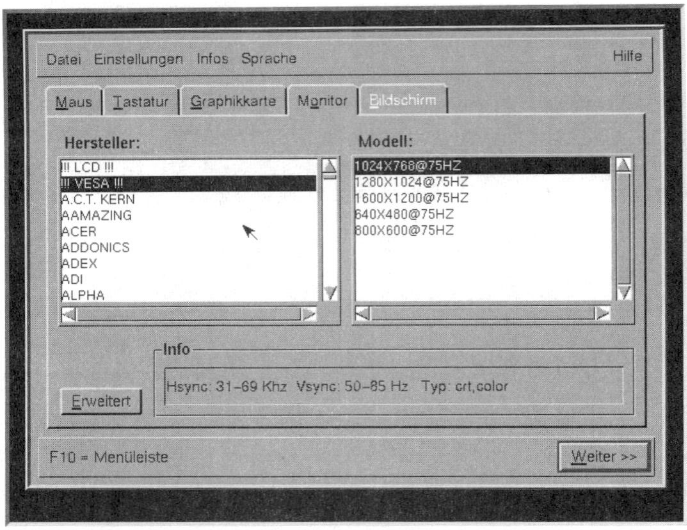

Als Beispiel wurde in SaX ein generischer VESA-Monitor gewählt

3. Schritt: Festlegung weiterer Grafikkarteneigenschaften

Bereits im 2. Schritt wurde das Grafikkartenmodell angegeben bzw. automatisch erkannt. In diesem Schritt wird nun versucht, weitere Eigenschaften der Grafikkarte automatisch zu erkennen, die für die weitere Konfiguration wichtig sind. Dazu gehört die Suche nach einem Clockchip und die Ermittlung der Größe des Grafikkartenspeichers.

Falls die Grafikkarte bereits im 2. Schritt automatisch erkannt wurde, können die weiteren Eigenschaften voraussichtlich ebenso automatisch bestimmt werden. Dazu muss die beabsichtigte Untersuchung lediglich bestätigt werden. Dabei wird mehrmals in den Grafikmodus der Karte umgeschaltet, was ein Blinken des Bildschirms verursacht.

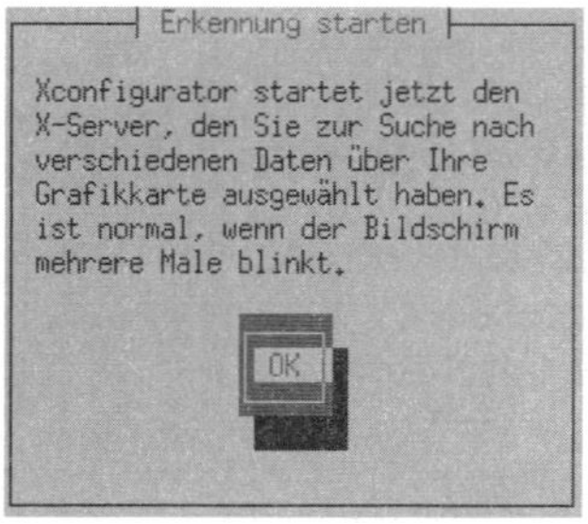

Auch die weiteren Eigenschaften der Grafikkarte werden selbstständig vom X Window-System gesucht, falls die Karte im 2. Schritt erfolgreich erkannt wurde

Falls Sie den Grafikkartentyp selbst festgelegt oder sogar nur einen X-Server ausgewählt haben, muss entschieden werden, ob eine automatische Erkennung der Eigenschaften angestoßen werden soll oder nicht. Es ist einen Versuch wert, die automatische Untersuchung über den Auswahlpunkt *Probe* zu starten. Das Ergebnis der Erkennung wird Ihnen im Anschluss mitgeteilt. Nach einem erfolgreichen Verlauf kann mit dem 4. Schritt fortgefahren werden.

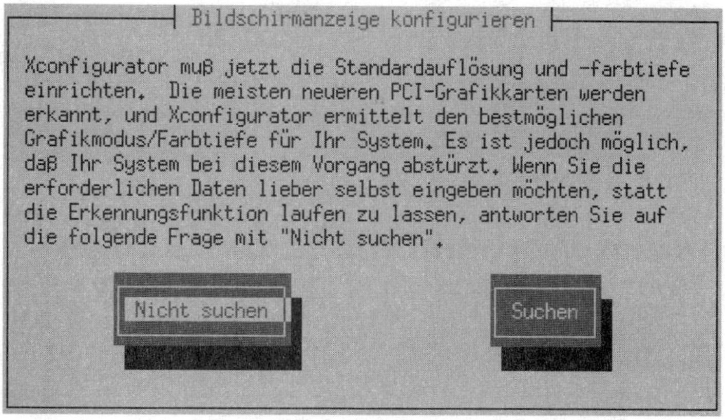

Bei einer selbst ausgewählten Grafikkarte muss die selbstständige Suche weiterer Eigenschaften bestätigt werden

Nach einem Misserfolg müssen verschiedene Einstellungen von Hand vorgenommen werden. Diese hätten ebenso gemacht werden müssen, wenn die Erkennung mit dem Auswahlpunkt *Don't Probe* umgangen worden wäre. In seltenen Fällen kann die automatische Detektion das System in einen ungewollten Zustand versetzen, in dem es auf keine Eingaben mehr reagiert und der Rechner neu gestartet werden muss. In diesem Fall muss beim nächsten Durchlauf dieser Vorgang über den Auswahlpunkt *Don't Probe* unterbunden werden.

Eine weitere Ausnahmesituation ist in der Testphase bei einer speziellen Grafikkarte aufgefallen. Es wird eine erfolgreiche Erkennung gemeldet, obwohl im Hintergrund der Fehlertext „Unable to probe card - error running X“ angezeigt wird. Entsprechend der Fehlermeldung wurden die Werte nicht korrekt ermittelt und es wurde dennoch die Konfiguration fortgeführt. In einer solchen Situation sollten Sie nach abgeschlossener Installation erneut den *Xconfigurator* durchlaufen, die automatische Erkennung umgehen und dann mit den folgenden Schritten fortfahren.

Manuelle Auswahl der Speichergröße

Nicht nur im erwähnten Sonderfall, sondern immer wenn die automatische Erkennung umgangen wurde oder fehlgeschlagen ist, müssen einige Karteneigenschaften von Hand ausgewählt werden. Dazu gehört zunächst die Größe des Grafikkartenspeichers, die hoffentlich bekannt ist oder ansonsten im Handbuch der Karte stehen sollte. Diese Angabe ist nicht kritisch. Gegebenenfalls kann das X Window-System nicht gestartet werden, weil für die übrigen Einstellungen (Farben, Auflösung und virtuelle Bidschirmgröße) nicht genügend Speicher vorhanden ist. Über einen erneuten Durchlauf durch den *Xconfigurator* kann die Speichergröße leicht korrigiert werden.

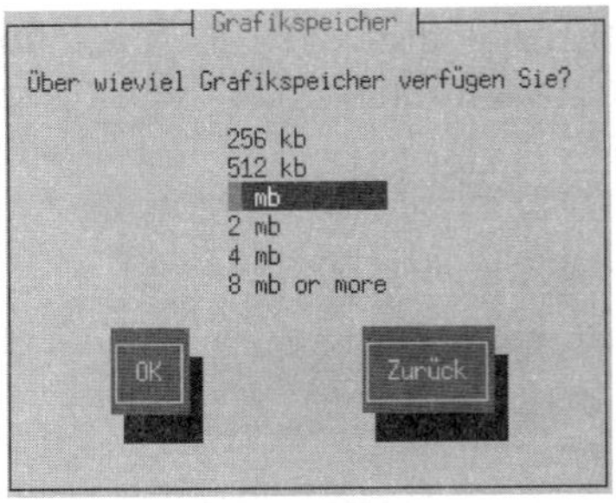

Auswahl der Größe des Grafikkartenspeichers nach einer fehlgeschlagenen automatischen Erkennung

Manuelle Auswahl eines Clockchips

Als zweite Einstellung muss gegebenenfalls der Clockchip Ihrer Grafikkarte angegeben werden. Dazu sei erwähnt, dass Grafikkarten in zwei Gruppen unterteilt werden können. Die erste Gruppe von Grafikkarten kann nur eine Auswahl von Pixelfrequenzen (englisch: clocks) erzeugen. Diese werden dann in der Regel beim Starten des X Window-Systems erkannt und verwendet. Die zweite Gruppe von Grafikkarten besitzt einen Clockchip, der eine flexible Auswahl von Pixelfrequenzen in einem vorgegebenen Bereich erlaubt. Auch hier wird der Clockchip meistens automatisch erkannt und verwendet.

Also müssen Sie nur dann einen Clockchip auswählen, wenn Ihre Grafikkarte einen solchen besitzt und dieser beim Starten des X Window-Systems nicht automatisch erkannt wird. Falls Sie nicht wissen, ob ein Clockchip angegeben werden muss, sollten Sie es zunächst ohne Clockchip, also mit dem Menüpunkt *Keine Clockchip-Einstellung (empfohlen)* versuchen. Auch hier kann die Einstellung später leicht mit dem *Xconfigurator* korrigiert werden.

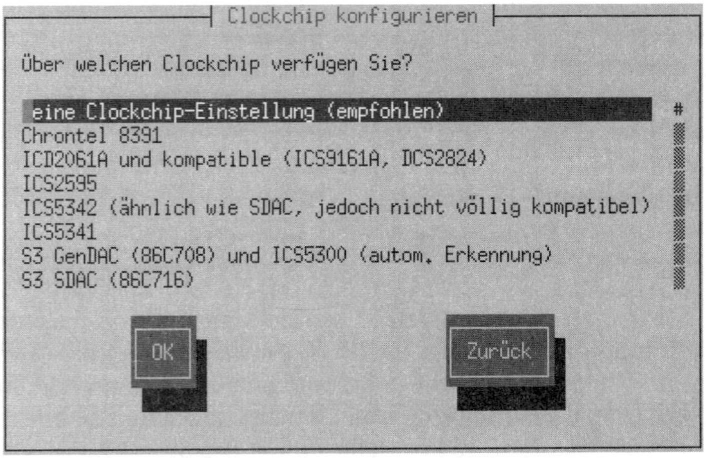

Nur in seltenen Fällen muss bei der Erstinstallation ein Clockchip angegeben werden

Wie bereits erwähnt wurde, ist das X Window-System meistens in der Lage, beim Start die möglichen Pixelfrequenzen zu ermitteln. Insbesondere dann, wenn kein Clockchip vorhanden ist, sollten die möglichen Pixelfrequenzen einmalig ermittelt und dann fest in die Konfigurationsdatei des X Window-Systems eingetragen werden. Mit dem angegebenen Kommando *X -probeonly* wird kurz das X Window-System für die Ermittlung der Pixelfrequenzen gestartet. Mit dem Auswahlpunkt *Suche* kann dieser Vorgang gestartet oder mit *Überspringen* umgangen werden. Eine Beschreibung, wie diese Erkennung nachträglich durchgeführt werden kann, wird in Kapitel 10.8 angesprochen.

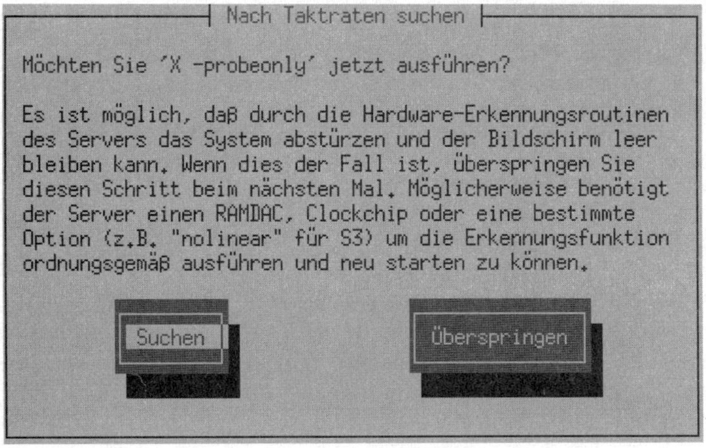

Das X Window-System kann die möglichen Pixelfrequenzen meistens automatisch ermitteln

4. Schritt: Festlegung von Auflösung und Farbtiefe

Zu diesen Eigenschaften zählt unter anderem die Größe des Grafikkartenspeichers, da dieser die Anzahl der möglichen Farben bei einer vorgegebenen Auflösung im nächsten Schritt bestimmt.

Nachdem nun das Grafikkartenmodell und weitere Eigenschaften der Grafikkarte ermittelt bzw. ausgewählt wurden, können die gewünschte Anzahl der Farben und die Auflösung konfiguriert werden. Bei einer erfolgreichen Erkennung wird eine sinnvolle Einstellung vorgeschlagen, d. h., möglichst viele Farben bei einer möglichst hohen Auflösung. Wenn Sie mit der Auswahl einverstanden sind, ist die Konfiguration mit dem *Xconfigurator* abgeschlossen.

Ansonsten haben Sie die Möglichkeit, eine Auswahl aus verschiedenen Videomodi zu treffen. Dies ist im folgenden Bild dargestellt. Hier wurde eine Auflösung von 1024 x 768 Pixeln bei einer Farbtiefe von 16 Bit ausgewählt. Dabei entsprechen 256 Farben einer Farbtiefe von 8 Bit, 65.536 Farben einer Farbtiefe von 16 Bit, und mit 24 Bit lassen sich 16,7 Mio. Farben darstellen.

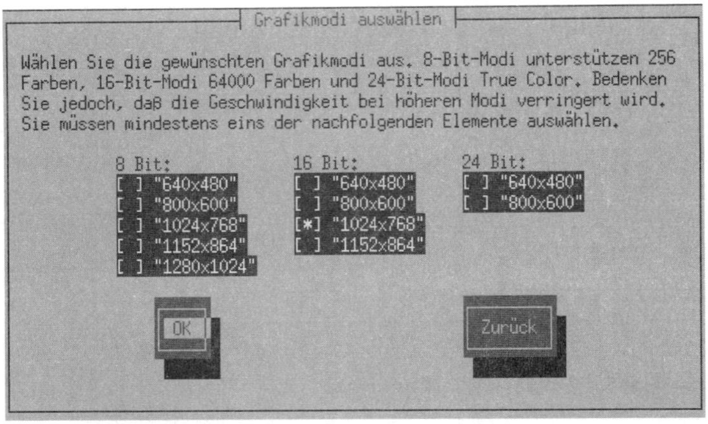

Auswahl der gewünschten Farbanzahl und der Auflösung. Es kann auch mehr als ein Videomodus ausgewählt werden

Die Auswahl muss allerdings nicht auf einen Modus beschränkt bleiben, es können prinzipiell alle angebotenen Modi ausgewählt werden. Dann trifft das X Window-System die Auswahl, in welchem Modus gestartet werden kann. Sie können dann bei laufender Oberfläche zwischen den verschiedenen Modi umschalten. Üblicherweise wird aber doch nur in einem Modus gearbeitet und deshalb nur einer ausgewählt. Für die anderen Modi werden trotzdem Einstellungen in der Konfigurationsdatei des X Window-Systems in Form der Modelines vorgenommen. Somit können diese auch ohne den *Xconfigurator* leicht aktiviert werden, indem die Datei */etc/XF86Config* editiert wird und im Abschnitt *Screen* in den Unterabschnitten *"Display"* in der Zeile *Modes* die Auflösungen angegeben werden, wie sie in den „Modelines" vorhanden sind.

An dieser Stelle ist die Konfiguration mit dem *Xconfigurator* beendet. Falls Sie über das Red Hat-Installationsprogramm in den *Xconfigurator* gelangt sind, lesen Sie auf Seite 92 weiter.

SuSE macht mit SaX noch weiter

Andernfalls bleibt noch die Konfiguration der Bildschirmdarstellung mit *SaX* zu erläutern. Auch hier können Farbtiefe und Auflösung beliebig ausgewählt werden. Falls Sie doch mehrere Auflösungen für einen Farbmodus einstellen, können Sie durch gleichzeitiges Drücken der Tasten [Strg]+[Alt] und [+] bzw. [-] auf dem Ziffernblock in die verschiedenen Auflösungen wechseln.

Da bei der Installation der RedHat-Distribution bereits die Frage der Tastaturbelegung und der Maus früh geklärt wurde, wird die Konfiguration dieser Geräte vom *Xconfigurator* nicht mehr durchgeführt. *SaX* greift dieses Thema nochmals auf, auch wenn Sie bereits *gpm* installiert haben. In diesem Fall wird die Konfiguration übernommen.

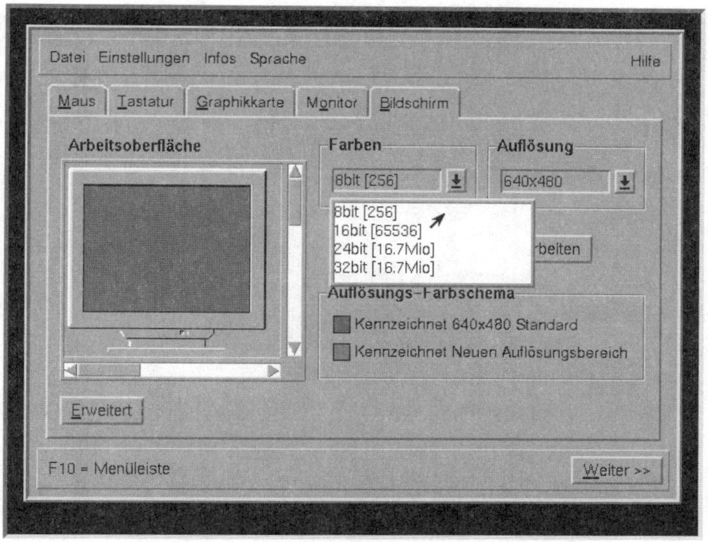

Auswahl von Farbtiefe und Auflösung mit Auflösungsbereich

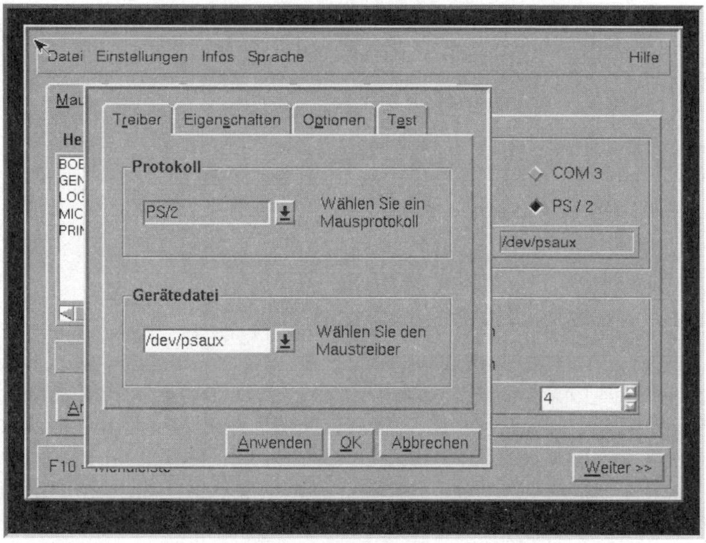

Konfigurieren und testen Sie die Maus

Zunächst ist für die Maus ein Protokoll auszuwählen, das entweder anhand des Herstellers oder über die Einstellungen durch Wahl eines Treibers ermittelt wird. In den Einstellungen kann die Reaktionsgeschwindigkeit der Maus, die Handhabung und die Emulation einer dritten Taste festgelegt werden.

Die Möglichkeit der Konfiguration der Tastatur sollten Sie auf jeden Fall nutzen. Auch wenn bereits als Standard eine deutsche Tastaturbelegung eingestellt wurde, kann das Testfeld eine kleine Hilfe sein, um später böse Überraschungen zu verhindern.

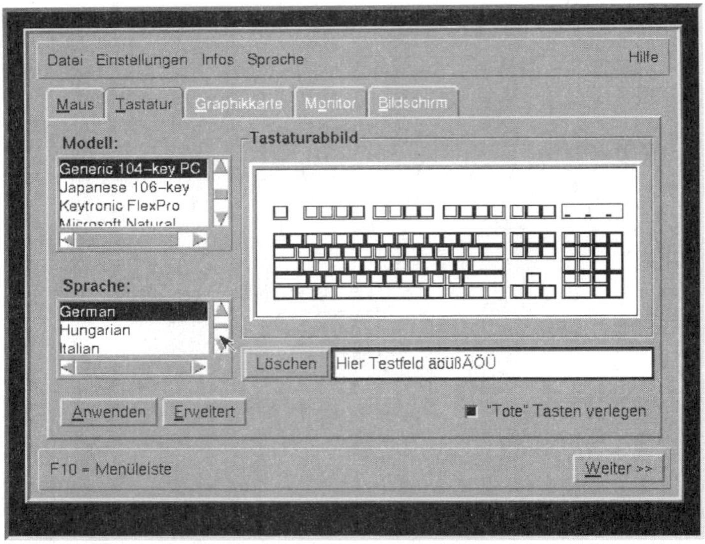

Die Darstellung von Umlauten ist wichtig

Speziell das Verhalten bei unterschiedlicher Behandlung der „toten" Tasten kann von Bedeutung sein. Bei der Verlegung der „toten" Tasten werden die betreffenden Zeichen sofort unter X Window, zum Beispiel in einem X-Terminal, dargestellt. Damit erhalten Sie analoge Funktionalität zum Verhalten auf einer Textkonsole. Sind die Tasten nicht verlegt, ist beispielsweise nach dem Drücken der Taste [~] zur Darstellung die Leertaste zu drücken. Schnell kann aus einem beabsichtigten *rm -f *~* ein *rm -f ** werden, wenn man die Leertaste vergisst. Das könnte dann fatale Folgen haben.

Es wird ernst: Einstellungen testen

Nachdem alle Einstellungen vorgenommen wurden und – weil keine Schaltfläche vorhanden ist, auf der *Abspeichern* steht – auf *Weiter* in der Bildschirm-Karte geklickt wurde, kann nun der ausgewählte X-Server gestartet werden. Bei starken Verzerrungen, heftigem Aufflackern des Bildschirms oder sogar ungewöhnlichen Geräuschen aus dem Bildschirm drücken Sie bitte sofort die Tasten [Strg]+[Alt]+[Rück]. Damit wird der X-Server sofort beendet und Schaden an der Hardware kann so verhindert werden. Eine asymmetrische Lage des Bildes ist jedoch kein Grund zur Panik. Dieser Umstand kann entweder durch Feinjustierung der Modi oder direkt am Bildschirm durch Schalter korrigiert werden.

Falls jedoch alles gut geht und der X-Server promblemlos startet, wird ein Werkzeug zur Verfügung gestellt, mit dem die Justierung des Monitors vorgenommen werden kann. Lage und Geometrie des Bildes können damit interaktiv festgelegt werden und nach der Abspeicherung sind die passenden Modi in der */etc/XF86Config* in Zukunft vorhanden.

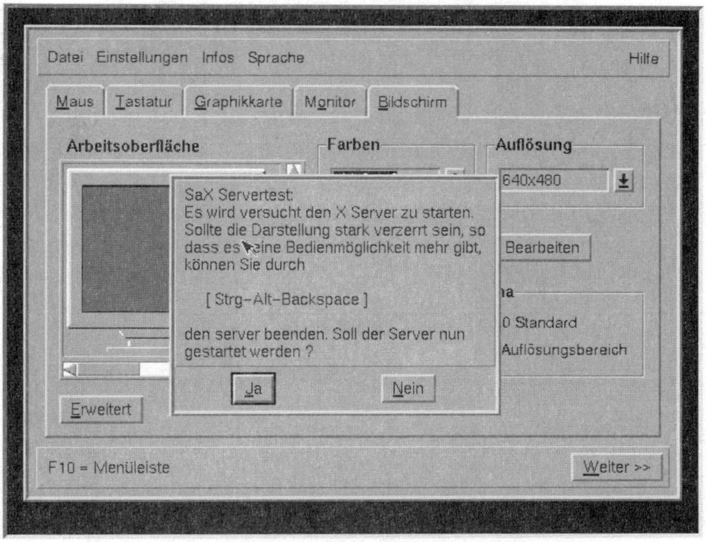

Der Test des X-Servers kann nun durchgeführt werden

Nun kann es sein, dass trotz aller Bemühungen der falsche X-Server für die Grafikkarte ausgewählt wurde oder auch eine Auflösung eingestellt wurde, die die Grafikkarte nicht unterstützen kann. Dies hat zur Folge, dass X Window nicht gestartet werden kann. Informationen zu einem fehlgeschlagenen Versuch werden Ihnen sofort wie im folgenden Beispiel angezeigt.

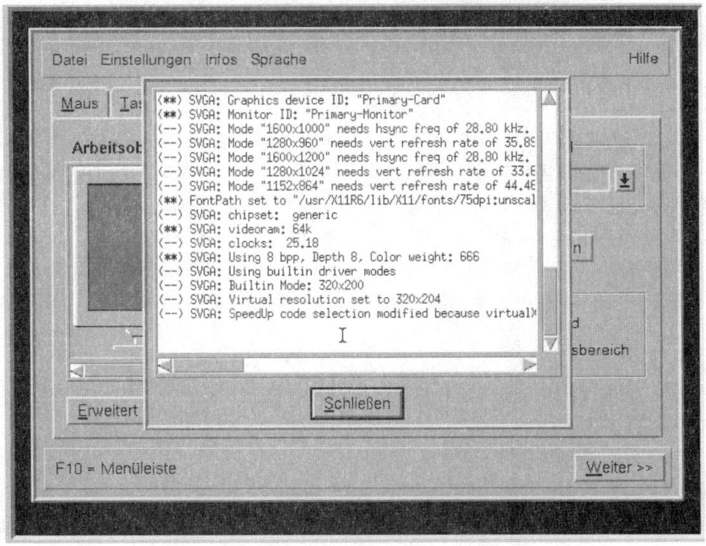

Die Meldungen des X-Servers

In diesem Fall kann schon meist aus den Meldungen auf die fehlerhafte Konfiguration geschlossen und zur entsprechenden Stelle im *SaX* zurückgegangen werden. Da noch eine kleine Auflösung des Standardservers aktiv ist, wird nur ein Ausschnitt der Meldungen im Fenster angezeigt. Mit den Rollbalken rechts und unten kann der sichtbare Bereich verschoben werden.

Wenn alles gut geht und der X-Server erfolgreich startet, erscheint das Testbild, mit dessen Hilfe eine Feinjustierung möglich ist. Wichtig sind die kleinen Vierecke in den Ecken des Monitorbildes. Sie sollten ohne Verzerrungen und Verfälschungen der Farbe - sie sind grau wie auch die anderen Rechtecke des Testbildes - erscheinen. Mit den entsprechenden Knöpfen können Lage und Größe des Monitorbildes auf dem Bildschirm verändert werden.

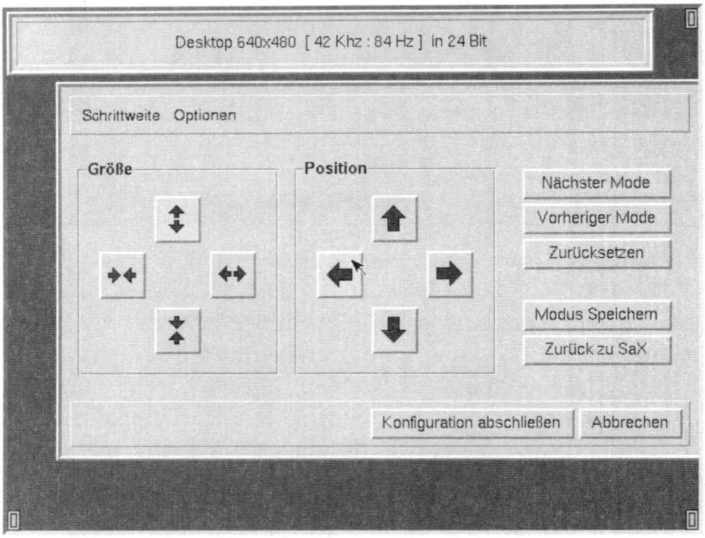

Optimieren des Bildes nach der Konfiguration

Diese Anpassung sollte für alle aktivierten Modi durchgeführt werden. Sollte es wirklich nicht funktionieren, den Bildschirm weitestgehend optimal auszurichten, kann dies an den gewählten Frequenzen liegen. Dann müssten Sie nochmal zurück zu *SaX*. Probieren Sie jedoch schon an dieser Stelle, die Justierung mit den Einstellmöglichkeiten des Monitors vorzunehmen. Unter Umständen erreichen Sie dadurch schon eine optimale Darstellung.

Ist alles zu Ihrer Zufriedenheit abgeschlossen, kann nunmehr auch die Konfiguration abgeschlossen werden. Dabei wird die Datei */etc/XF86Config* gespeichert und der Link des X-Servers auf */usr/X11R6/bin/X* gelegt.

Tipp

Auch bei großem Frust

Selbst wenn die Konfiguration nicht zu Ihrer Zufriedenheit abgelaufen ist, sollten Sie nicht abbrechen, sondern die Konfiguration abschließen. Bei einem wiederholten Start von *SaX* wird die erstellte Konfiguration eingelesen und es kann dort weitergemacht werden, wo aufgehört wurde.

XF86Setup, die unabhängige Alternative

Der Vollständigkeit halber sei das Programm *XF86Setup* erwähnt, das zu XFree86 gehört. Es diente als Vorbild für *SaX* und hat mit dessen Entwicklung mehr oder weniger historischen Wert bekommen. Trotzdem ist es noch in anderen Distributionen, die von einem FTP-Server den Weg auf eine CD gefunden haben, die einzige Möglichkeit einer komfortablen Konfiguration von X Window auf einem Intel-basierten Rechner. Es wird mit dem Kommando *XF86Setup* aufgerufen. Zu finden ist es in */usr/X11R6/bin*.

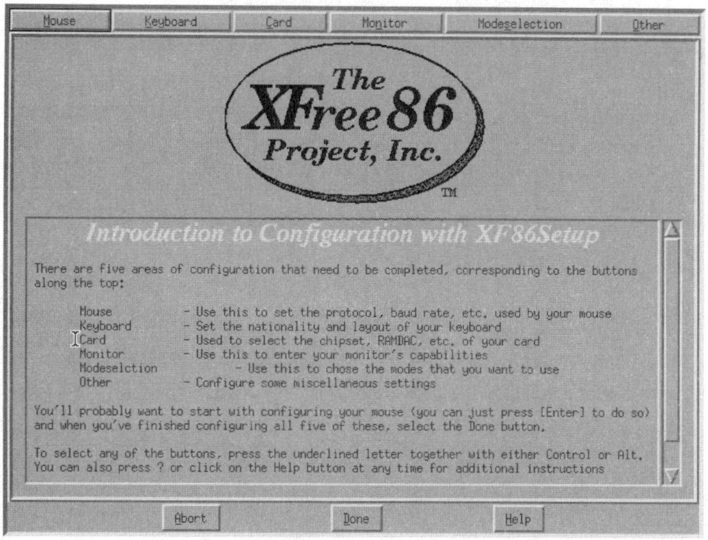

Die X-Konfiguration mit XF86Setup

Mit *XF86Setup* können in freier Folge die Konfigurationen von Maus, Tastatur, Grafikkarte und Monitor vorgenommen werden. Das Programm ist so ausgelegt, dass sowohl mit der Maus als auch mit der Tastatur die verschiedenen Konfigurationsseiten angesteuert werden können. Mit der Maus genügt ein Klick auf einen der Schalter in der Leiste am oberen Rand, bei Benutzung der Tastatur wird das auf dem Schalter unterstrichene Zeichen zusammen mit der Taste Strg oder Alt gedrückt, um auf die gewählte Konfigurationsseite zu gelangen. Es empfiehlt sich, nach dem Programmstart mit der Konfiguration der Maus zu beginnen, weil die Bedienung über die Tastatur mühsam und auch kompliziert sein kann. Zu Anfang gelangt man zur Mauskonfiguration ganz einfach durch Drücken der Enter-Taste.

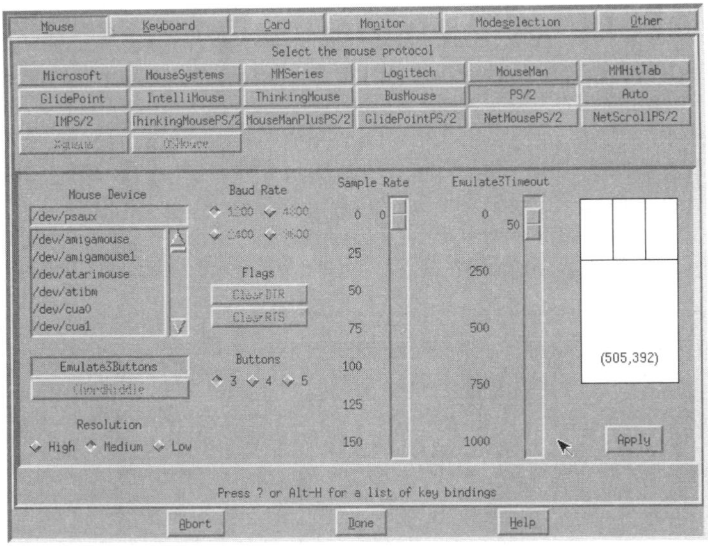

Mauskonfiguration mit XF86Setup

Bei der Konfiguration der Maus kann der Test direkt auf dieser Seite erfolgen. Die Reaktion auf die Betätigung einer Maustaste ist ein Blinken der entsprechenden Taste in der symbolischen Darstellung.

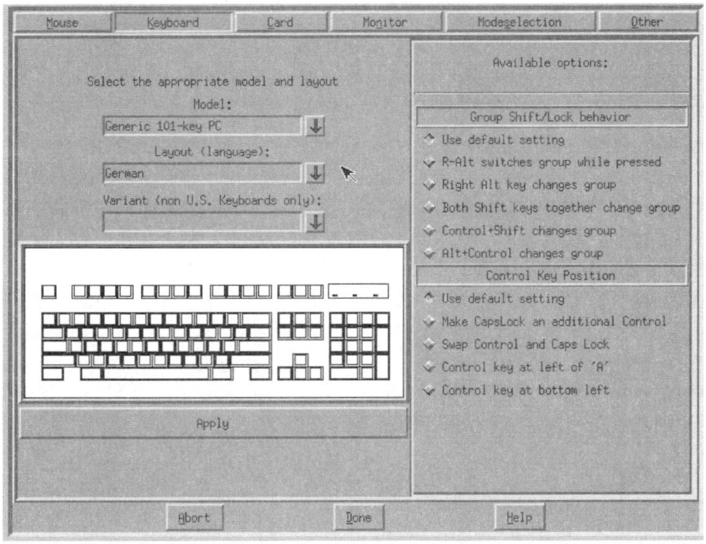

Konfiguration der Tastatur mit XF86Setup

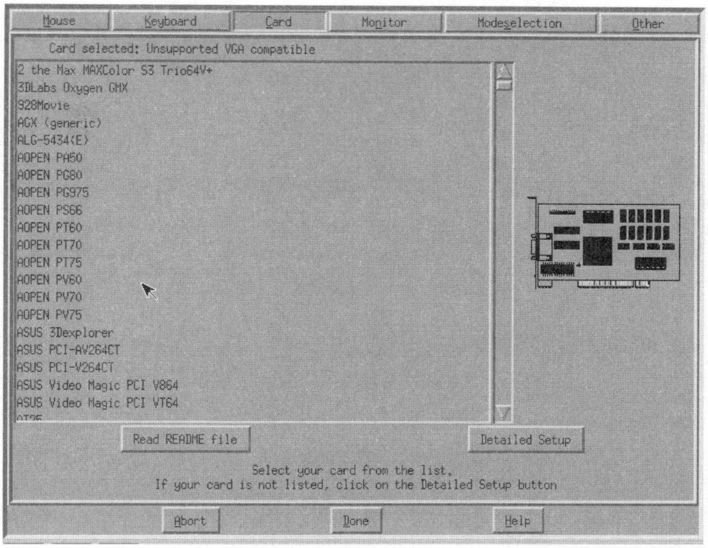

Konfiguration der Grafikkarte mit XF86Setup

Ebenso wie bei den Werkzeugen der Distributionen von RedHat und SuSE werden die Daten der Grafikkarten der Datensammlung von XFree entnommen.

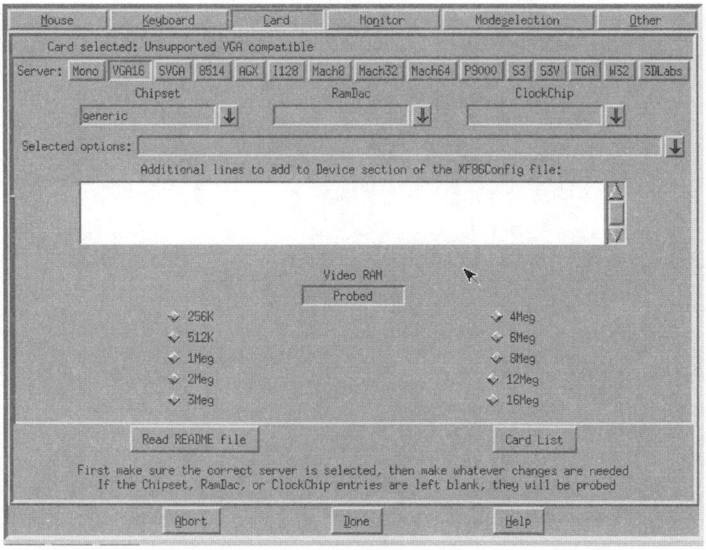

Definition der Grafikkarte mit XF86Setup

Die manuelle Konfiguration der Grafikkarte kann hier erfolgen. Auch hier sind die Informationen den Unterlagen der Grafikkarte zu entnehmen.

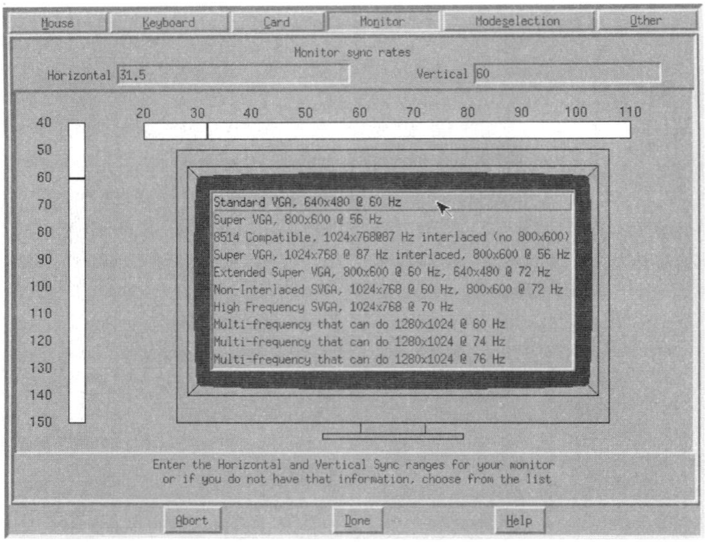

Monitorkonfiguration mit XF86Setup

Die Frequenzen des Monitors werden mit diesem Werkzeug erfasst. Denken Sie bitte unbedingt an die möglichen Risiken für den Monitor durch falsche Angaben.

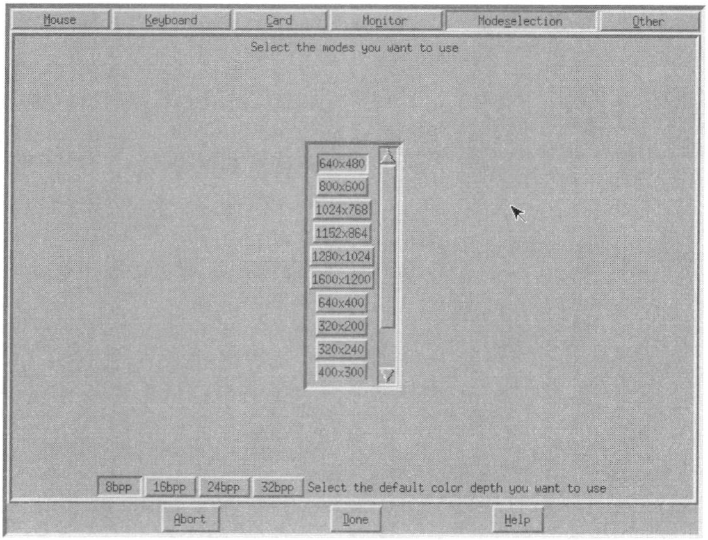

Festlegung der Bildschirmmodi mit XF86Setup

Bei der Auswahl der Bildschirmmodi sollte auch die Größe des Monitors eine Rolle spielen. Ein 20-Zoll-Monitor kann sicherlich eine größere Auflösung nutzen als ein mittlerweile gängiger 17-Zöller. Sicherheitshalber sollte im Handbuch nachgesehen werden, welche maximale Auflösung der Monitor unterstützen kann.

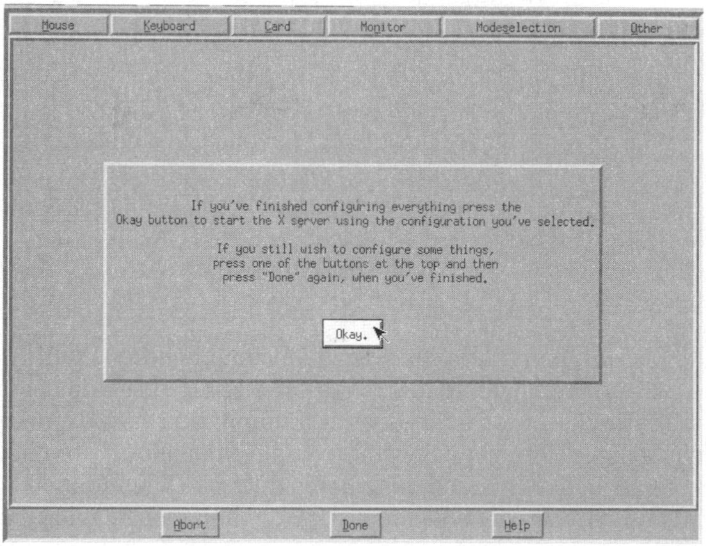

Starten des X-Servers

Nach Abschluss der Konfiguration und Anklicken von *Done* erscheint dieser Bildschirm. Die Bestätigung mit *Okay* startet den X-Server. Danach sollte der grau gerasterte Hintergrund von X Window kurz erscheinen.

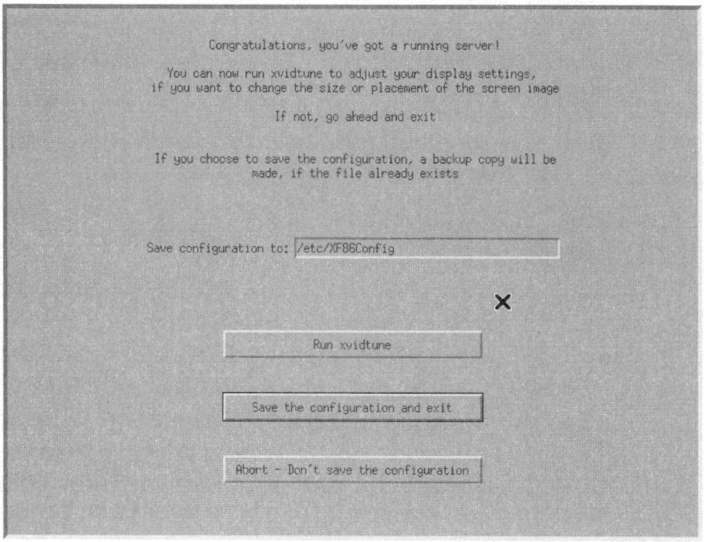

Erfolgsmeldung

Sollten Sie sich für die Feineinstellung mit *xvidtune* entscheiden, haben Sie die bereits von *SaX* bekannten Möglichkeiten, die noch um einige Details angereichert sind. Dazu ist es jedoch sinnvoll, die Beschreibung Ihrer Grafikkarte in den READMEs in */usr/X11R6/lib/X11/doc* nachzulesen.

Ein Treiber für alle Grafikkarten

Wenn alle Bemühungen zur Unterstützung Ihrer Grafikkarte durch X Window erfolglos waren, bleibt immer noch der Versuch, die grafische Oberfläche durch den Frame Buffer Device zum Leben zu erwecken. Der Frame Buffer Device stellt einen alternativen Zugang zur Grafikkarte dar. Dadurch wird eine definierte Schnittstelle zur Verfügung gestellt, die eine genaue Kenntnis der Hardware nicht erforderlich macht. Natürlich können damit nicht die speziellen Fähigkeiten der Grafikkarte ausgenutzt werden, aber man wird dafür durch ein schönes Logo direkt beim Booten des Systems entschädigt.

Bevor Sie sich in den nun folgenden Workshop begeben, sollten Sie sicher sein, dass bei der Installation zumindest die Quelldateien des Linux-Kernels und ein Entwicklungspaket, also ein C-Compiler, ausgewählt wurden. Weiterhin sollten Sie sich schon etwas mit den Kommandos unter Linux vertraut gemacht haben. Der Umgang mit einem Editor ist ebenfalls notwendig. Weiterhin ist notwendig, dass Sie unter der Kennung *root* eingeloggt sind.

▼▼▼ WORKSHOP

Einrichten des VESA-Frame Buffer Device

Am Ende dieses Workshops werden Sie hoffentlich Folgendes erreicht haben:

- Trotz der Grafikkarte, die nicht von XFree86 direkt unterstützt wird, können Sie X Window benutzen.
- Auf der Textkonsole steht Ihnen ein hochauflösender Textmodus mit zum Beispiel 160 x 64 Zeichen zur Verfügung.
- Es wird ein kleines Pinguin-Logo während des Bootens angezeigt.

Dies wird dadurch erreicht, dass vor dem eigentlichen Start des Kernels, bevor der Kernel in den 32-Bit-Protected-Mode umschaltet, über einen BIOS-Aufruf in den von Ihnen ausgewählten Grafikmodus umgeschaltet wird. Dieser Grafikmodus wird während der gesamten Laufzeit des Linux-Systems beibehalten. Dazu müssen folgende Vorraussetzungen erfüllt sein:

- Ihre Grafikkarte ist zu den VESA BIOS Extensions 2.0 oder höher kompatibel.
- Die nötigen Werkzeuge, um einen Kernel zu erzeugen, sind auf Ihrem System vorhanden.
- Die CDs der Distribution sollten bereitliegen.
- Der Monitor unterstützt mindestens eine der Auflösungen 640 x 480, 800 x 600, 1024 x 768 oder 1280 x 1024.

Nun kann es losgehen:

1 Installieren Sie das notwendige Treiberpaket (bei SuSE: xfbdev aus der Serie xsrv mit *YaST*, bei RedHat XFree86-FBDev-3.3.2-8.i386.rpm) mit dem Kommando

rpm -i /mnt/cdrom/RedHat/RPMS/XFree86-FBDev-3.3.2-8.i386.rpm

2 Konfigurieren Sie den Kernel, wie in Kapitel 9.5 ab Seite 401 beschrieben ist. Wählen Sie bitte die folgenden Punkte aus:

```
Code maturity level options  --->
  [*] Prompt for development and/or incomplete code/drivers
```

und

```
Console drivers  --->
  [*] Video mode selection support
  [*] Support for frame buffer devices (EXPERIMENTAL)
  [*] VESA VGA graphics console
```

3 Kompilieren Sie nun den Kernel mit dem Kommando *make zImage* oder *make bzImage* (siehe Seite 446) und installieren Sie ihn wie dort beschrieben. Lesen Sie dazu bitte aufmerksam den Abschnitt *Booten des neuen Linux-Kernels* in Kapitel 9.6.

4 Nach der Installation des Kernels rebooten Sie bitte das System. Geben Sie beim Neustart nach dem Boot-Prompt *lilo:* den Boot-Parameter „vga = *x*" mit an. Beachten Sie bitte, dass Sie an dieser Stelle des Boot-Vorgangs eine internationale Tastaturbelegung haben. Sie finden das Gleichheitszeichen auf der Taste [´]. Den Wert *x* entnehmen Sie bitte folgender Tabelle:

Farbtiefe	Auflösung in Pixeln			
	640 x 480	800 x 600	1024 x 768	1280 x 1024
256 (8 Bit)	769	771	773	775
32 000 (15 Bit)	784	787	790	793
65 000 (16 Bit)	785	788	791	794
16,7 Mio. (24 Bit)	786	789	792	795

Für eine Auflösung von 1024 x 768 bei 16 Bit Farbtiefe ist also am LILO-Boot-Prompt die Startoption *linux: vga = 791* anzugeben. Beachten Sie bitte, dass Ihre Grafikkarte eventuell nicht alle Auflösungen unterstützt. Unter Umständen muss mehrmals gebootet werden. Fangen Sie am besten mit der höchsten Auflösung an, die Sie für die grafische Oberfläche wünschen und die der Monitor verkraften kann. Falls eine Auflösung von zum Beispiel 1280 x 1024 gewählt wird, muss der Monitor diese auch ohne Gefahr für das Gerät unterstützen können.

5 Der Kernel schaltet beim Start sofort in den gewählten Grafikmodus um. Sie sehen in der linken oberen Ecke ein kleines Pinguin-Logo und darunter erscheinen die Systemmeldungen des Boot-Vorgangs.

6 Nach dem Start von Linux sichern Sie bitte eine vorhandene Datei */etc/XF86Config* mit

cp /etc/XF86Config /etc/XF86Config.backup

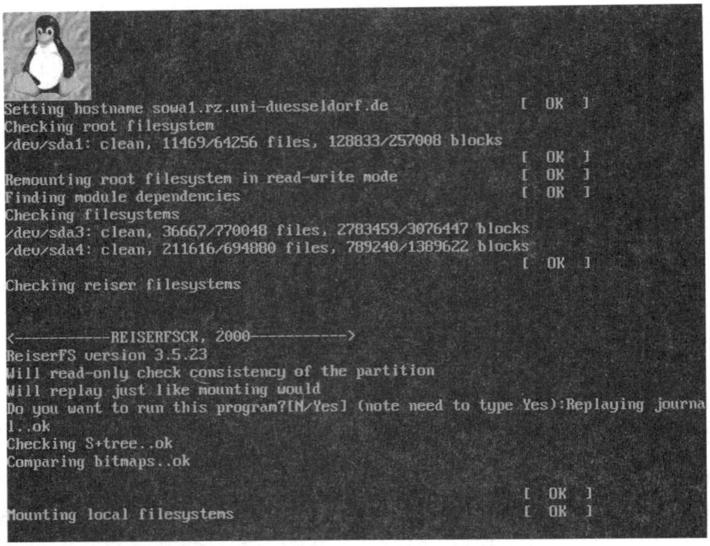

Linux bootet grafisch

Für den Fall, dass im Verzeichnis */etc/* diese Datei nicht vorhanden ist, findet sich innerhalb des X-Dateibaums eine Datei, die als Muster für die anstehende Anpassung genutzt werden kann. Dieses Muster wird erzeugt mit

cp /usr/X11R6/lib/X11/XF86Config.eg /etc/XF86Config

Danach öffnen Sie */etc/XF86Config* mit einem Editor und verändern sie so, dass die nachfolgenden Einträge abschließend vorhanden sind:

```
Section "Files"
  RgbPath "/usr/X11R6/lib/X11/rgb"
  FontPath "/usr/X11R6/lib/X11/fonts/75dpi:unscaled"
  FontPath "/usr/X11R6/lib/X11/fonts/100dpi:unscaled"
  FontPath "/usr/X11R6/lib/X11/fonts/Type1"
  FontPath "/usr/X11R6/lib/X11/fonts/URW"
  FontPath "/usr/X11R6/lib/X11/fonts/Speedo"
  FontPath "/usr/X11R6/lib/X11/fonts/misc"
  FontPath "/usr/X11R6/lib/X11/fonts/75dpi"
  FontPath "/usr/X11R6/lib/X11/fonts/100dpi"
  FontPath "/usr/X11R6/lib/X11/fonts/misc:unscaled"
EndSection
Section "ServerFlags"
  AllowMouseOpenFail
EndSection
Section "Module"
EndSection
Section "Keyboard"
  Protocol "Standard"
  XkbRules "xfree86"
  XkbModel "pc104"
  XkbLayout "de"
  XkbVariant "nodeadkeys"
EndSection
Section "Pointer"
  Protocol "PS/2"
```

```
  Device "/dev/psaux"
#  Protocol      "Microsoft"
#  Device        "/dev/mouse"
  SampleRate 60
  BaudRate 1200
EndSection
Section "Monitor"
  Identifier "Primary-Monitor"
EndSection
Section "Device"
  Identifier "fbdev"
  VendorName "x"
  BoardName "y"
EndSection
Section "Screen"
  Driver "fbdev"
  Device "fbdev"
  Monitor "Primary-Monitor"
  SubSection "Display"
    Depth 32
    Modes "default"
  EndSubSection
  SubSection "Display"
    Depth 24
    Modes "default"
  EndSubSection
  SubSection "Display"
    Depth 16
    Modes "default"
  EndSubSection
  SubSection "Display"
    Depth 15
    Modes "default"
  EndSubSection
  SubSection "Display"
    Depth 8
    Modes "default"
  EndSubSection
EndSection
```

Unter *Section "Keyboard"* ist für die Verwendung einer Standard-PC-Tastatur mit angeschlossener PS/2-Maus angenommen. Bei Verwendung einer anderen Maus sind die entsprechenden Zeilen unter *Section "Pointer"* der Konfigurationsdatei abzuändern. In den meisten Fällen dürfte

```
Protocol    "Microsoft"
Device      "/dev/mouse"
```

wie im Listing mit dem Kommentarzeichen # versehen, das gewünschte Ergebnis bringen. Speichern Sie nun die Datei und beenden Sie den Editor.

7 Legen Sie die nötigen Frame Buffer Devices an. Dies geschieht mit folgendem Kommando:

for i in 0 1 2 3 4 5 6 7; do z=$(expr $i * 32) ; mknod /dev/fb${i} c 29 ${z} ; done

8 Versuchen Sie, den Framebuffer X-Server zu starten. Geben Sie bitte hierzu das Kommando

/usr/X11R6/bin/XF86_FBDev -bpp 16

ein. Die Option „-bpp 16“ stellt die Farbtiefe 16 Bit ein. Die über diese Option wählbare Farbtiefe *muss* zu dem beim Start von Linux ausgewählten Modus „vga = x“ passend gewählt werden! Andernfalls startet der X-Server nicht, sondern gibt die Fehlermeldung „invalid argument“ aus. Nach dem erfolgreichen Start sehen Sie das typisch gerasterte Hintergrundbild von X Window mit einem X in der Mitte. Bewegen Sie dieses X mit der Maus hin und her. Beenden Sie den X-Server mit Strg+Alt+Rück.

9 Aktivieren Sie nun den X-Server durch folgenden Link:

ln -s /usr/X11R6/bin/XF86_FBDev /var/X11R6/bin/X

10 Starten Sie X über das Kommando

startx – -bpp 16

Auch hier gibt der Paramter „-bpp“ die gewünschte Farbtiefe an. Diese Farbtiefe muss mit der beim Start von Linux mittels „vga“ gewählten übereinstimmen. Diesen Parameter können Sie in der Datei */etc/lilo.conf* fest einstellen. Dazu müssen nach der Beschreibung der bootfähigen Partition die zwei hier kursiv dargestellten Zeilen hinzugefügt werden:

```
# Linux bootable partition config begins
image = /bzImage
root = /dev/hda2
label = Linux
vga = 791
append = "video=vesa"
# Linux bootable partition config ends
```

Vergessen Sie nach den Änderungen in dieser Datei bitte nicht, das Kommando *lilo* aufzurufen, damit die neuen Einstellungen aktiviert werden.

Falls sowohl beim Start des Framebuffer X-Servers als auch beim Starten von X Window durch *startx* kein Erfolg zu verzeichnen ist, sollte in der Datei */etc/XF86Config* nur der Display Mode aktiv sein, der auch der Farbtiefe des LILO-Boot-Parameters entspricht. Dies erreichen Sie durch Auskommentieren der Zeilen von `SubSection "Display"` und `EndSubSection`, die die nicht gewünschten Modi beschreiben. Kommentare werden in den meisten Konfigurationsdateien durch das Zeichen # eingeleitet. Fügen Sie also in den betreffenden Zeilen am Anfang das Kommentarzeichen ein.

Workshop-Ende

Das Gefühl des Triumphs über die Tücken der Hardware sollte nicht vergessen lassen, dass der Framebuffer X-Server nur ein Kompromiss sein kann, weil er den kleinsten gemeinsamen Nenner der in Frage kommenden Grafikkarten nutzt. Die Schnelligkeit beim Bildaufbau durch einen passenden X-Server kann er nicht erreichen. Es gibt also noch zumindest den Grund der Performance, die genauen Spezifikationen der Hardware zu ermitteln und das System entsprechend zu konfigurieren.

10.3 Starten und Verlassen des X Window-Systems

Nachdem nun die Konfiguration des Systems abgeschlossen ist, können Sie den ersten Versuch unternehmen, das X Window-System zu starten. Zuvor sei nochmals darauf hingewiesen, dass Ihre Hardware Schaden nehmen kann, falls die von Ihnen vorgenommenen Einstellungen die Fähigkeiten von Grafikkarte und/oder Monitor übersteigen.

Verlassen von X Window bei einer Fehlkonfiguration

Falls Ihnen bei der Konfiguration dennoch Fehler unterlaufen sein sollten, müssen Sie bei offensichtlichen Anzeichen sofort reagieren. Bei einer Überlastung des Monitors ist oft das Bild verzerrt, Bildobjekte werden mehrfach dargestellt oder das Gerät macht ungewöhnliche Geräusche. Falls das Bild dagegen nicht zentriert, leicht zu schmal oder zu breit ist, kann dies behoben werden, siehe dazu das Kapitel 10.6.

In der beschriebenen Fehlersituation sollten Sie sofort den Monitor ausschalten. Eine andere Möglichkeit ist oft, das X Window-System sofort zu beenden. Dies erreicht man mit der Tastenkombination [Strg]+[Alt]+[Rück]. Damit gelangen Sie in den Textmodus zurück und können die Konfiguration korrigieren. Im normalen Betrieb sollte das X Window-System nicht auf diese Weise verlassen, sondern der dafür vorgesehene Exit-Schalter verwendet werden. Diese Tastenkombination ist auch hilfreich, falls der falsche Maustreiber eingestellt ist und dadurch keine Aktionen auf der Oberfläche ausgeführt werden können.

Starten des X Window-Systems

Schließlich starten Sie das X Window-System mit dem Kommando *startx* in einer Befehlszeile.

Hinweis

Auswahl der Farbtiefe beim Start

Falls bei der Konfiguration mehrere Farbtiefen ausgewählt wurden, können diese mit dem Parameter *-bpp* beim Start angegeben werden. Bei einer Farbtiefe von 8 Bit, also 256 Farben, wird *startx -bpp 8* angegeben, bei 16 Bit Farbtiefe *startx -bpp 16*. Es kann sein, dass der zur Grafikkarte passende X-Server nicht die für die Konfiguration maximal mögliche Farbtiefe unterstützt. Dies hängt vom Entwicklungsstand des X-Servers ab und kann sich von Version zu Version ändern. Eine Farbtiefe von 16 Bit pro Farbpunkt des Bildschirms wird jedoch von allen X-Servern unterstützt und mit 65.536 (2^{16}) Farben kommt man schon ganz gut zurecht. Der recht kurze Entwicklungszyklus von XFree86 – alle sechs Monate wird ein neues Release bereitgestellt – kann schnell die Möglichkeit der Darstellung von 16,8 Mio. (2^{24}) Farben bringen. Ein gelegentlicher Blick auf die Webseiten der Distributoren oder der XFree86-Organistation ist also empfehlenswert.

Falls die vorgenommene Konfiguration ungeeignet für Grafikkarte und Monitor ist, erscheint keine grafische Oberfläche, sondern Sie gelangen in den Textmodus zurück. Wie Sie das zu Grunde liegende Problem erkennen und die Konfiguration entsprechend ändern, wird in Kapitel 10.8 besprochen.

Beim erfolgreichen Start wird die Bedienung der Oberfläche durch den voreingestellten Window-Manager Enlightenment und den *GNOME*-Desktop bestimmt. Falls Sie direkt mit der Oberfläche arbeiten möchten, beachten Sie, dass die linke, die rechte und die mittlere Maustaste in ihrer Funktion durch den Window-Manager oder durch ein Programm, in dessen Fenster sich der Mauszeiger befindet, belegt sind und bei zusätzlich gehaltener [Umschalt]-, [Strg]- oder [Alt]-Taste weitere Befehle zugänglich sind.

Wichtige Tastenkombinationen

Das Wechseln zwischen den Textkonsolen und dem X Window-System ist möglich, wenn die Tasten [Alt]+[Strg] gehalten werden und dann über die Tasten [F1], [F2] usw. umgeschaltet wird. Ist man bereits auf der Textkonsole, muss die Taste [Strg] nicht notwendigerweise gedrückt werden. Einige der Funktionstasten sind gegebenenfalls nicht belegt, probieren Sie deshalb alle Tasten durch. Die Anzahl der verfügbaren Textkonsolen wird über die Datei */etc/inittab* (siehe Kapitel 9.4) und die Anzahl der grafischen Oberflächen über das Programm *xdm* (siehe Unterkapitel 10.5 auf Seite 582) konfiguriert. In der Regel sind sechs Textkonsolen voreingestellt und auf der siebten Konsole läuft der X-Server. Von der Textkonsole kommen Sie dorthin zurück durch Drücken der Tastenkombination [Alt]+[F7].

10.4 Alles besser mit XFree86 4.0

Im März 2000 wurde das neue X Window in einer ersten Version 4.0 freigegeben, dies allerdings mit der Empfehlung, für den sicheren Betrieb noch die letzte stabile Version 3.3.6 zu benutzen. Dies hat SuSE nicht davon abgehalten, in der 6.4-Distribution für die ganz ungeduldigen X Window-Fans das neue XFree86 bereitzustellen. Schon drei Monate später, am 30. Juni 2000, wurde die Version 4.0.1 auf den XFree-Servern zur Verfügung gestellt, diesmal sogar mit einem grafischen Konfigurationstool *xf86cfg*. Leider wurde diese deutlich verbesserte Version von SuSE nicht in die 7.0-Distribution übernommen, jedoch sind viele der vorgenommenen Änderungen in diese Distribution aufgenommen worden. Bleibt zu hoffen, dass die für September 2000 angekündigte Version 4.0.2 schnell und vollständig in den folgenden Distributionen von SuSE und auch RedHat Einzug findet.

Falls Sie jetzt ein Kribbeln in der Hand spüren und unbedingt ausprobieren wollen, wie schön und einfach in Zukunft alles sein wird, dann schauen Sie mal auf *http://www.xfree.org/* nach, wo der nächste ftp-Mirror ist. Dort findet sich unter *pub/X11/Xfree86/4.0.x/binaries* das für Ihre Installation notwendige Verzeichnis, welches alle notwendigen Archivdateien enthält. Das *x* steht für die jeweils aktuelle Version von XFree86 4.0 und sollte planmäßig alle drei Monate hochgezählt werden.

Zuerst sollte aus einem der *Linux-ix86*-Verzeichnisse die Datei *Xinstall.sh* (in */tmp*) heruntergeladen werden. Die hilft Ihnen festzustellen, welche Binärdistribution für Ihren Rechner die richtige ist. Das geht so:

```
sh /tmp/kde/Xinstall.sh -check
Checking which OS you're running...
uname reports 'Linux' version '2.2.14', architecture 'i686'.
Object format is 'ELF'.  libc version is '6.1'.

Binary distribution name is 'Linux-ix86-glibc21'
```

Nun also hinein in das richtige Unterverzeichnis und der Download der darin befindlichen Dateien auf Ihren Rechner (in */tmp*) kann beginnen. Das Geld, das Sie dabei ausgeben, haben diejenigen gespart, die sich SuSE 6.4 oder 7.0 gekauft haben. In der 7.0-Distribution ist bereits das neue XFree86 enthalten, in der 6.4-Distribution ist auf der zweiten CD im Verzeichnis *unsorted* alles vorhanden, damit Sie sich ins Abenteuer stürzen können.

Da der Download der 29 Megabyte sicherlich noch etwas dauert, können Sie sich die Zeit vertreiben und lesen, wie die Installation und Konfiguration von X Window unter einem SuSE-Linux mit den RPM-Paketen vor sich geht. Falls Sie eine bessere Idee zum Zeitvertreib haben, können Sie später auf Seite 569 weiterlesen.

XFree86 4.0 mit SuSE-Paketen

Ab SuSE 7.0 können Sie direkt auf Seite 554 weiterlesen und mit der schnellen und einfachen Konfiguration von XFree86 4.0 beginnen. Falls Sie 6.4 installiert haben, sind vorab noch einige Dinge zu erledigen.

Zunächst müssen Sie sich als Benutzer *root* auf der Konsole einloggen. Falls Sie bereits als *root* unter X Window arbeiten, öffnen Sie ein Terminal-Fenster. Schon jetzt sei bemerkt, dass zur Konfiguration von XFree86 4.0 mit grafischer Unterstützung bereits ein lauffähiges X Window vorhanden sein muss. Andernfalls können Sie nach der Installation der Pakete, die nachfolgend beschrieben wird, auf Seite 572 mit der Konfiguration mittels *XFree86* fortfahren, um eine funktionsfähige Konfigurationsdatei *XF86Config* zu erhalten.

Hinweis

Paket *perl_tk* wird gebraucht

Bevor die Version 4.0 eingespielt werden kann, sollten Sie sich vergewissern, dass das Paket *perl_tk* installiert ist. Dies bekommen Sie wie folgt heraus:

```
rpm -qa | grep perl
perl-5.005_03-92
perl_tk-800.014-68
```

Taucht dabei wie in diesem Beispiel *perl_tk* auf, ist alles bestens, andernfalls muss das Paket nachinstalliert werden. Dazu gehen Sie wie auf Seite 132 beschrieben vor. Wählen Sie als Installationsmedium jedoch die CD.

Sofern X Window bereits installiert ist und schon einige Anpassungen oder Erweiterungen durchgeführt wurden, wird dringend empfohlen, eine Sicherung aller X-relevanten Daten durchzuführen, da der erfolgreiche Einsatz der neuen X Window-Version nicht garantiert ist. Diese Sicherung sollten Sie ruhig einige Tage auf der Platte verbleiben lassen, da sich Probleme unter Umständen erst einige Zeit später ergeben können. Sie können dann jederzeit wieder auf dem alten Stand aufsetzen. Sichern Sie auf einer Partition mit ausreichend Platz, wobei 100 MByte freier Plattenplatz sicherlich genügen werden. Weiterhin sollten Sie schon jetzt eine funktionierende Konfigurationsdatei */etc/XF86Config* als Sicherungskopie anlegen. Vielleicht kann man sie noch gebrauchen. Die notwendigen Befehle sind:

```
cp /etc/XF86Config /etc/XF86Config.save
tar zcf /home/X3.tgz /etc/X* /usr/X11R6 /var/X11R6
```

Dies wird einige Zeit dauern. Beachten Sie bitte, dass *home* nur ein Beispiel für ein Verzeichnis ist. Welche Partition für die Sicherung gewählt werden sollte, kann anhand der Ausgabe des Kommandos *df* entschieden werden. In der Spalte *Available* sollten mindestens 100.000 KByte frei sein und noch genug Platz für die normale Arbeit bieten. Die Verzeichnisse */tmp* und */var* sind sicherlich nicht dazu geeignet.

Nachdem nun unser aller Gewissen beruhigt ist, kann die Installation beginnen. Dazu wird die zweite CD der SuSE 7.0-Distribution eingelegt, gemountet und die Pakete werden installiert:

```
mount /cdrom
rpm -i /cdrom/unsorted/XFree86-4.0/sax2-4.0-0.i386.rpm
rpm -i /cdrom/unsorted/XFree86-4.0/xf86_40-4.0-5.i386.rpm
```

Alternativ können Sie die Pakete auch mit Yast oder einem Paket-Manager installieren, jedoch geht es auf der Kommandozeile mit Sicherheit schneller.

Schnell und einfach konfigurieren

Zur grafischen Konfiguration mit SaX2 der SuSE 6.4-Distribution muss der X-Server gestartet sein. Ist das nicht der Fall, dann geschieht dies mit dem

Kommando *startx*. In einem Terminal-Fenster ist anschließend das Kommando *sax2* einzugeben, worauf das folgende Fenster erscheint:

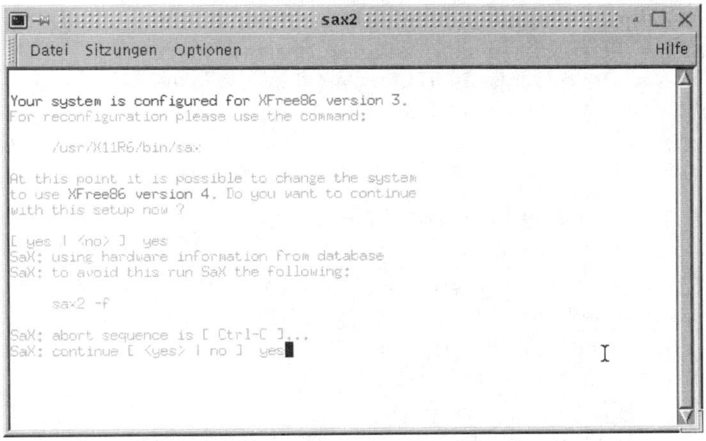

Dialog zum Start von SaX2

Ab SuSE 7.0 kann SaX2 von der Textkonsole gestartet werden, wobei der obige Dialog auf dem Bildschirm erscheint. Zuerst wird der Hinweis ausgegeben, dass Sie im Begriff sind, X Window 3.3.6 durch die Version 4.0 zu ersetzen. Die Frage, ob Sie das wirklich wollen, kann getrost mit „yes“ beantwortet werden, wenn die bereits beschriebene Sicherung durchgeführt wurde. Bei eventuell vorliegender Bereitschaft zu einem gewissen Risiko sollten Sie zumindest eine Kopie der Datei */etc/X11/XF86Config* angelegt haben. Die darin enthaltenen „Modelines“ können später Zeit sparen, wenn entweder die von SaX2 gelieferten Monitoreinstellungen nicht befriedigend sind oder wieder auf die alte XFree-Version mit *SaX* umgestellt wird.

S.u.S.E.-Tipp

Falls trotz aller Bemühungen in den nächsten Minuten – hoffentlich nicht Stunden – das neue X Window nicht erfolgreich konfiguriert werden kann, gibt es zwei Möglichkeiten, wieder zu einem stabilen X Window zu kommen:

1 Die Sicherung wird wieder ausgepackt:

```
init 2
cd /
tar -zxf /home/X3.tgz
init 3
```

Die *init*-Befehle sind nur dann nötig, wenn X Window nicht mit dem Kommando *startx* hochgefahren wurde, sondern der grafische Login-Manager aktiviert ist. Andernfalls ist die grafische Oberfläche zu beenden, notfalls durch die Strg+Alt+Rück-Tastenkombination.

Beachten Sie bitte, dass */home/X3.tgz* nur ein Beispiel ist. Dort soll natürlich der Name der tatsächlichen Sicherungsdatei stehen.

2 Alternativ und wenn die Sicherung trotz der Empfehlung nicht durchgeführt wurde, kann der alte Zustand wieder mit *SaX* herbeigeführt werden. Dazu ist lediglich das Kommando *sax* einzugeben und nach Betätigung der Enter-Taste ist nur eine rudimentäre Konfiguration notwendig. Die abschließend von *SaX* erstellte Datei *XF86Config* ist dann noch durch die Sicherungskopie zu ersetzen.

So, jetzt sollten eventuell vorhandene Zweifel am „yes" ausgeräumt sein. Aber schon wird wieder eine Antwort auf die Frage verlangt, ob weitergemacht werden soll, weil die Informationen über die Hardware aus einem bereits vorhandenen Datenbestand gelesen werden. Will man die Hardware-Erkennung vollständig neu ausführen, muss SaX2 mit dem Befehl *sax2 -f* aufgerufen werden. Geben Sie auch hier getrost „yes" ein.

Nun geht es los, wie man an einigen Punkten sehen kann, die SaX2 auf dem Bildschirm anzeigt. Wenn alles glatt geht, meldet sich SaX2 direkt mit einem Vorschlag für einen Bildschirmmodus zurück.

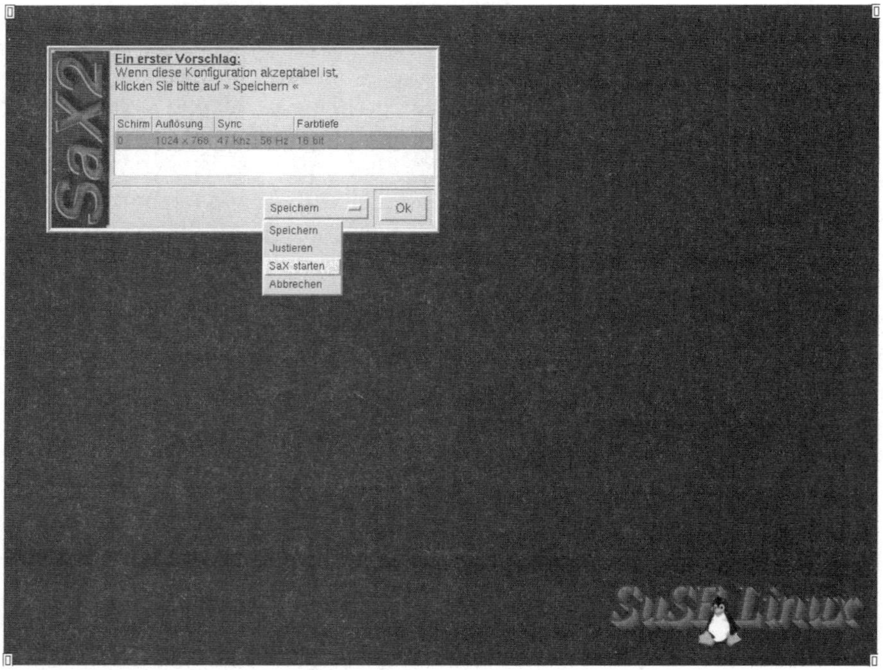

Ein erster Vorschlag von SaX2

Falls Sie mit diesem Vorschlag zufrieden sind, kann diese Einstellung gespeichert werden und im Prinzip wäre damit schon alles zur Konfiguration von XFree86 4.0 erledigt. Entgegen des Textes im Fenster geschieht das Speichern natürlich mit einem Klick auf das Schaltfeld *Ok*. Die gewünschte Aktion wird aus der Menüleiste, die durch einen Klick geöffnet wird, ausgewählt. Falls die Markierungen in den Ecken nicht vollständig auf dem Monitor zu sehen sind, sollten Sie vor dem Speichern die Justierung vornehmen, wozu sie zur Seite 568 weiterblättern.

Entspricht der Vorschlag absolut nicht den Vorstellungen oder den Möglichkeiten von Monitor und Grafikkarte hinsichtlich Farbtiefe und Auflösung, muss aus dem Menü die Aktion *SaX starten* gewählt werden. Natürlich wird dann nach dem Klick auf *Ok* das bereits gestartete Programm SaX2 weiter ausgeführt und nicht etwa gestartet – das ist es ja bereits.

Wenn die Maus von SaX2 nicht erkannt wurde

Sollte die Maus nicht funktionieren, dann stoppen Sie *gpm*, indem Sie mit [Strg]+[Alt]+[F2] auf die zweite Textkonsole wechseln (ich nehme einmal an, SaX2 ist von der ersten Konsole gestartet worden) und das folgende Kommando eingeben:

```
/etc/r5c.d/init.d/gpm stop
```

Mit [Alt]+[F7] können Sie wieder zum grafischen Bildschirm wechseln. Dort muss nun mit *SaX* weitergemacht werden. Ohne funktionierende Maus können Sie mit der Tabulator-Taste [Tab] zu den Schaltfeldern springen und das Menü durch Betätigung der [Leertaste] aufklappen. Mit den Cursortasten [↑] und [↓] wird im Menü navigiert. Die Auswahl im Menü und auch die Aktivierung einer Schaltfläche (hier *Ok*) geschieht mit der [Enter]-Taste.

SaX2 selbst unterstützt ebenfalls eine Emulation der Maustasten durch eine alternative Steuerung über die Tastatur.

Tastenkombination	Mauszeiger nach
[Umschalt]+[J]	links
[Umschalt]+[L]	rechts
[Umschalt]+[I]	oben
[Umschalt]+[K]	unten
Tastenkombination	**gedrückte Maustaste**
[Umschalt]+[A]	links
[Umschalt]+[S]	mitte
[Umschalt]+[D]	rechts

Falls die Maus auch nach dem Wechsel zum grafischen Bildschirm nicht funktioniert, beenden Sie SaX2 und starten neu mit *sax2 -f*. Ich drücke Ihnen die Daumen, dass Sie die Tabelle nicht mehr benötigen.

Nachdem das erste Dialogfenster von SaX2 erschienen ist, muss das komplexe Profile gewählt werden und mit *Weiter* direkt zur Konfiguration der Maus gegangen werden. Lesen Sie dazu bitte weiter auf Seite 563.

SaX2 legt los

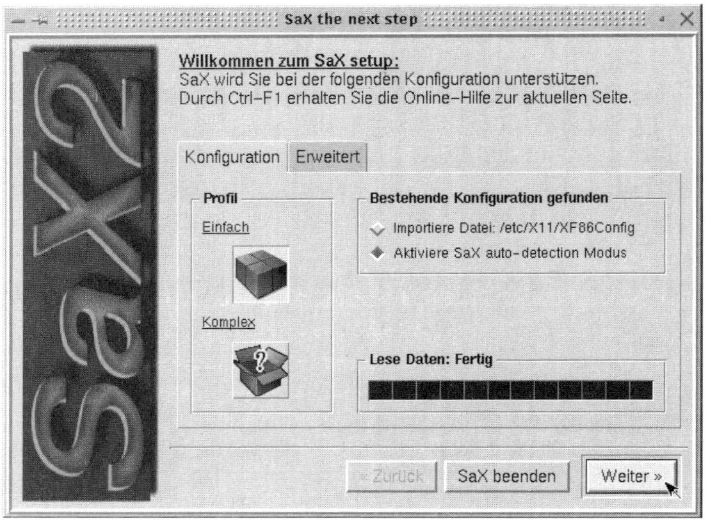

Startfenster von SaX2

SaX2 bietet voreingestellt ein schnelles und einfaches Profil zur Konfiguration der Grafikkarte und des Monitors an, beschränkt sich also auf das zunächst Notwendige, um Ihnen zu einem Erfolgserlebnis zu verhelfen. Nach einem Klick auf die Schaltfläche *Weiter* geht es weiter zum dazu notwendigen ersten Schritt.

Hinweis

Hilfe bei SuSE7.0

SaX2 bietet ab der 7.0-Distribution eine Hilfe an, die zu jedem Dialogfenster mit der Tastenkombination Strg+F1 angefordert werden kann.

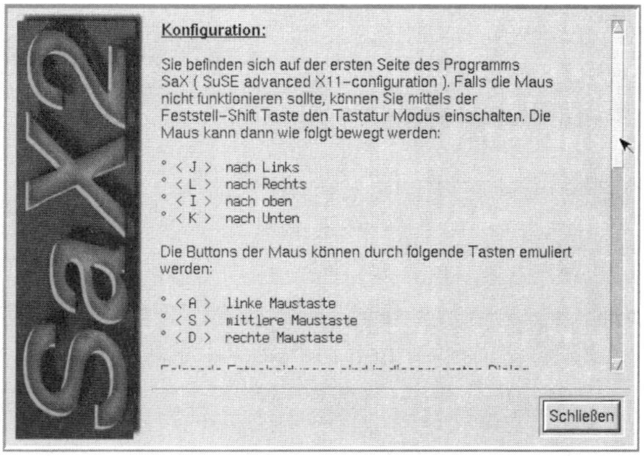

Erste Hilfe zu SaX2

Leider funktioniert dies nicht, wenn SaX2 unter KDE aufgerufen wurde. Starten Sie also, wenn Sie diese Hilfefunktion nutzen wollen, SaX2 entweder von der Textkonsole oder aus dem X-Terminal, das vom Login-Manager bei der Auswahl des Window-Managers *failsave* bereitgestellt wird.

Um ganz sicher zu sein, dass der deutsche Text von SaX2 verwendet wird, sollten Sie vor dem Aufruf die entsprechende Laufzeitvariable setzen:

```
export LANG=de_DE
```

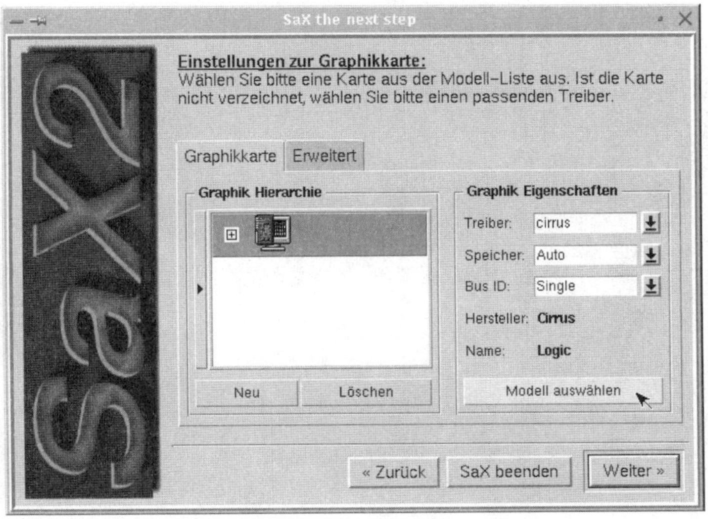

Konfiguration der Grafikkarte

Hier erfolgt die Auswahl des Modells mittels der Schaltfläche *Modell auswählen*. An der Einstellung der *Bus ID* sollten Sie nichts ändern, wenn Sie sich nicht sicher sind. Sicherheit können Sie bekommen, indem Sie das Kommando *cat /proc/pci* in einem Terminalfenster eingeben. Die erfolgende Ausgabe enthält zwei Zeilen, die etwa wie folgt aussehen:

```
Bus  1, device   0, function  0:
  VGA compatible controller: ...
```

In diesem Fall wäre also die *Bus ID* 1:0:0, die eingetragen werden könnte, wenn der X-Server später beim Abschluss der Konfiguration nicht gestartet werden kann.

Der Klick auf die Schaltfläche *Modell auswählen* führt zu einer Liste der von XFree86 4.0 unterstützten Modelle.

Hinweis

Unterschied zu XFree 3.3.6

Leider werden nicht alle Grafikkarten, die in der letzten stabilen Version 3.3.6 unterstützt wurden, auch im neuen Release 4.0 unterstützt. Andererseits haben einige neuere Grafikkarten in 4.0 schon Einzug gehalten, was auf die neue Software-Architektur von 4.0 zurückzuführen ist. Für die Hersteller ist es wesentlich einfacher geworden, Treiber für die Unix-Welt zu entwickeln – ein durchaus positiver Effekt.

Eine Übersicht der vom aktuell installierten Release unterstützten Grafikkarten finden Sie auf Ihrer Platte unter

file:/usr/X11R6/lib/X11/doc/html/Status.html

Falls Sie also keinen Erfolg bei der Konfiguration haben sollten, können Sie sich auf *http://www.xfree.org* über Updates informieren und diese herunterladen.

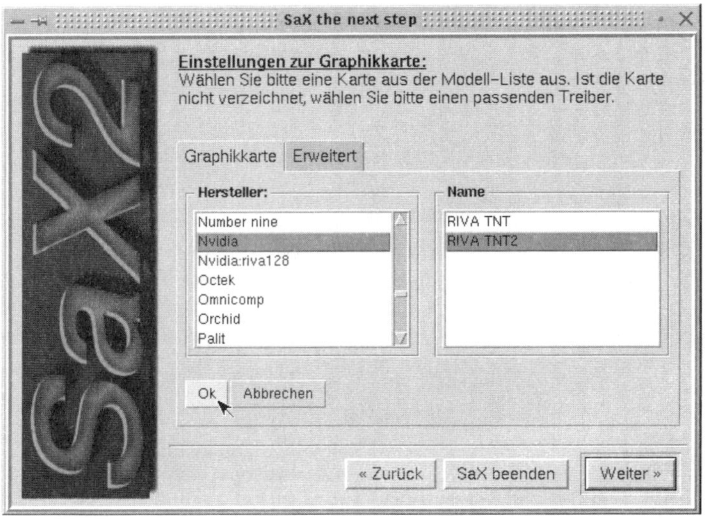

Auswahl der Grafikkarte

Aus dieser Liste wählen Sie das Modell Ihrer Grafikkarte aus - im Beispiel ist es eine Riva TNT2. Wählen Sie aus dem linken Menü den Hersteller der Grafikkarte durch einen Klick auf die entsprechende Zeile aus. Aus der Liste der rechts erscheinenden Modelle wird dann das Ihrer Karte angeklickt. Übernommen wird die Auswahl durch einen Klick auf *Ok*, worauf SaX2 die aktualisierten Einstellungen der Grafikkarte anzeigt.

Falls Ihre Grafikkarte nicht aufgeführt ist, können Sie nochmal zurückgehen und aus der Liste der vorhandenen Treiber einen passenden auswählen. Das Handbuch zur Grafikkarte kann dabei weiterhelfen. Lohnenswert ist sicherlich der Versuch des *vga*-Treibers. Wenn auch das nicht zu einem erfolgreichen Start des X-Servers führt, sollten Sie es mit dem Treiber *fbdev* versuchen.

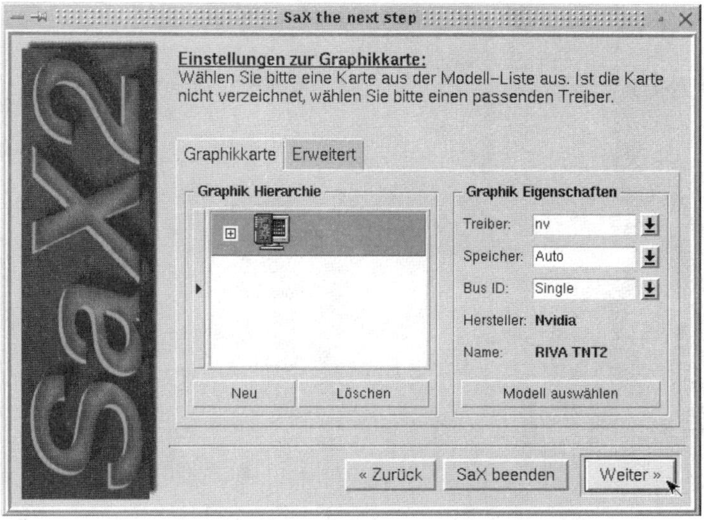

Die Grafikkarte ist ausgewählt

Nachdem die Grafikkarte ausgewählt ist, geht es mit einem Klick auf *Weiter* zur Festlegung der Farbtiefe und der Auflösung des angeschlossenen Monitors. Vorab wird schon versucht, Kenndaten über den Monitor zu ermitteln. Falls Ihr Monitor DDC nicht unterstützt und noch zur älteren Generation gehört, sollten Sie das Handbuch suchen – aber vielleicht liegt es ja noch infolge der letzten derartigen Aufforderung in Reichweite. Ein neuerer Monitor hat vielleicht schon zu folgenden Einträgen in der Datei */var/log/XFree86.0.log* geführt:

```
(II) S3VIRGE(0): VESA VBE DDC supported
(II) S3VIRGE(0): VESA VBE DDC Level  2
(II) S3VIRGE(0): VESA VBE DDC transfer in appr. 1 sec.
(II) S3VIRGE(0): VESA VBE DDC read successfully
(II) S3VIRGE(0): Manufacturer: TOS  Model: 5082  Serial#: 0
(II) S3VIRGE(0): Year: 1996  Week: 16
(II) S3VIRGE(0): EDID Version: 1.0
(II) S3VIRGE(0): Digital Display Input
(II) S3VIRGE(0): Max H-Image Size [cm]: horiz.: 24  vert.: 18
(II) S3VIRGE(0): Gamma: 1.00
(II) S3VIRGE(0): No DPMS capabilities specified; RGB/Color Display
(II) S3VIRGE(0): redX: 0.000 redY: 0.000   greenX: 0.000 greenY: 0.000
(II) S3VIRGE(0): blueX: 0.000 blueY: 0.000   whiteX: 0.000 whiteY: 0.000
(II) S3VIRGE(0): Supported VESA Video Modes:
(II) S3VIRGE(0): 640x480@60Hz
(II) S3VIRGE(0): 800x600@60Hz
(II) S3VIRGE(0): 1024x768@60Hz
```

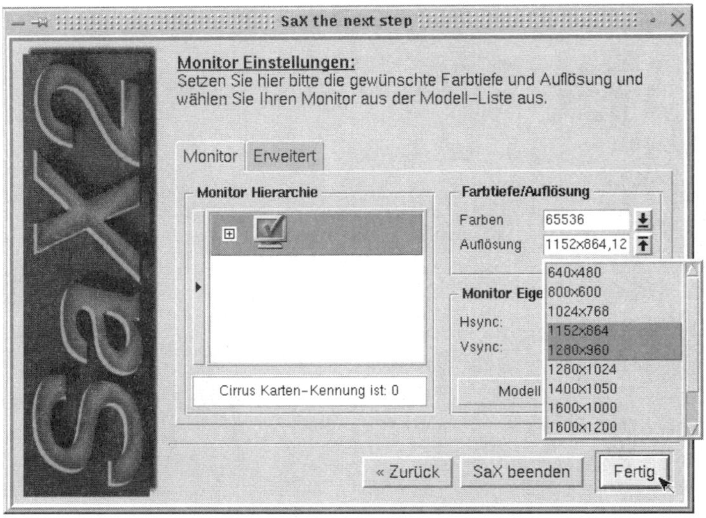

Monitoreinstellungen mit SaX2

Die Farbtiefe wird festgelegt, indem das Auswahlmenü durch einen Klick auf den Pfeil rechts neben dem Farben-Feld aktiviert wird und die zu verwendende Einstellung angeklickt wird. Eine oder mehrere Auflösungen (Resolution) werden in gleicher Weise gewählt, wobei abschließend wieder auf den Pfeil rechts daneben geklickt wird.

Ebenso wie bei der Grafikkarte kann über die Schaltfläche *Modell auswählen* der Monitortyp ausgewählt werden. Im linken Fenster wählen Sie den Hersteller Ihres Monitors mit einem Mausklick aus und im dann darauf erscheinenden Inhalt des rechten Fensters das Modell ebenfalls per Mausklick. Mit *Ok* wird die Einstellung übernommen.

Tipp

Modellauswahl auslassen

Sofern Sie die Werte für die Horizontal- und Vertikal-Frequenz wissen oder nun dem möglichst griffbereiten Handbuch des Monitors entnehmen, können sie in den Eingabefeldern *Hsync* und *Vsync* eingegeben werden. Die Suche in der Monitorliste kann dann entfallen.

Nun wird es spannend, weil das erwähnte Erfolgserlebnis nah ist. Klicken Sie auf *Fertig*.

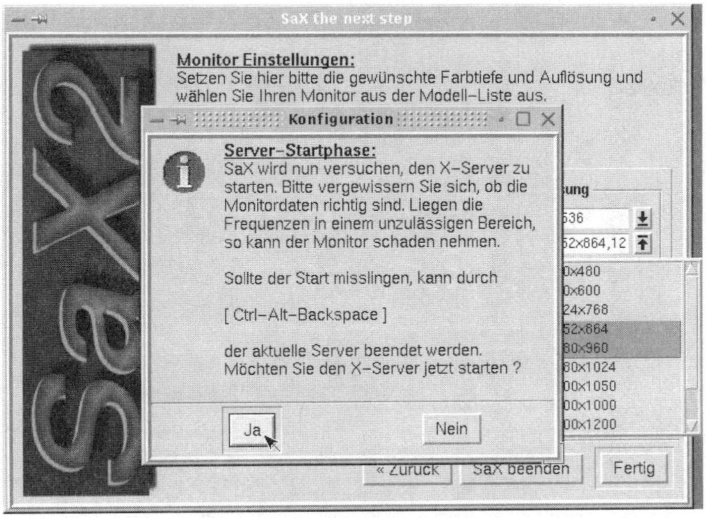

Kurz vor dem Start des Servers

Wie schon von *SaX*, dem alten Konfigurationstool bekannt, wird auch hier wieder vor den schädlichen Folgen falscher Frequenzeinstellungen für Ihren Monitor gewarnt. Allerdings sind bei korrekter Angabe der Werte keine Schäden am Monitor zu befürchten. Für den Fall der Fälle: Beendet wird der X-Server mit der Tastenkombination [Strg]+[Alt]+[Rück].

Nach dem Klick auf *Ja* versucht SaX2 den X-Server zu starten. Falls es nicht funktionert, werden in einem Fenster die Fehlermeldungen des Servers angezeigt. Bei dem wahrscheinlicheren Erfolg erscheint das Testbild zur Feineinstellung der Modi. Dies geschieht auch, wenn nicht das *einfache Profil*, sondern das nachfolgend beschriebene *komplexe Profil* zur Konfiguration gewählt wurde. Deswegen geht es jetzt auf Seite 568 weiter.

Einfach und detailliert konfigurieren

Das komplexe Profil wird durch einen Klick auf das Schaltfeld mit dem über dem Paket schwebenden Fragezeichen aktiviert. Das Fragezeichen steht praktisch gesehen mehr für die Möglichkeit, die Konfiguration detailliert vorzunehmen, wobei in der Regel dank der automatischen Hardware-Erkennung - wenn überhaupt - nur wenige Fragen offen bleiben.

Wenn SaX2 des Öfteren gestartet wird, dann sicherlich deswegen, weil eine bereits erzeugte Datei *XF86Config* verändert werden soll. In diesem Fall aktivieren Sie bitte den Auswahl-Knopf zum Importieren dieser bereits bestehenden Konfigurationsdatei.

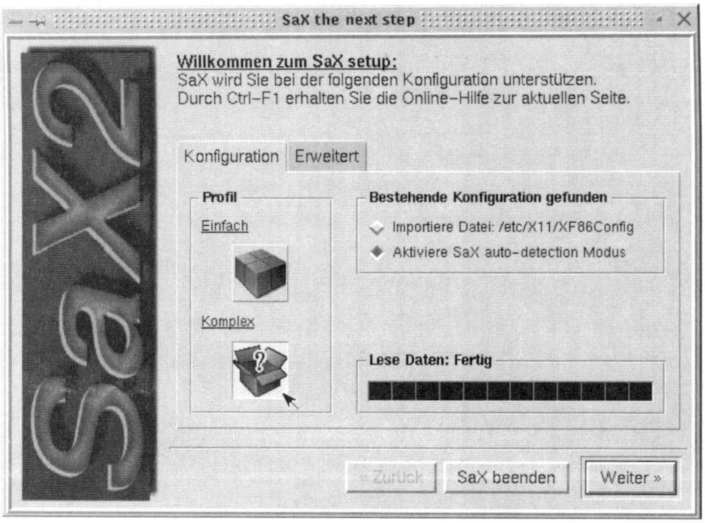

Auswahl der komplexen Konfiguration

Der Klick auf *Weiter* bietet im nächsten Schritt die Einstellung der Maus an. Wenn die Maus noch nicht funktioniert, muss mit der Tab-Taste oder den auf Seite 557 beschriebenen alternativen Tasten zum komplexen Profil navigiert werden. Dort wird die Leertaste gedrückt und mit der Tab-Taste geht es zu *Weiter*, wo entweder die Enter-Taste betätigt oder der Mausklick mit der rechten Maustaste emuliert wird.

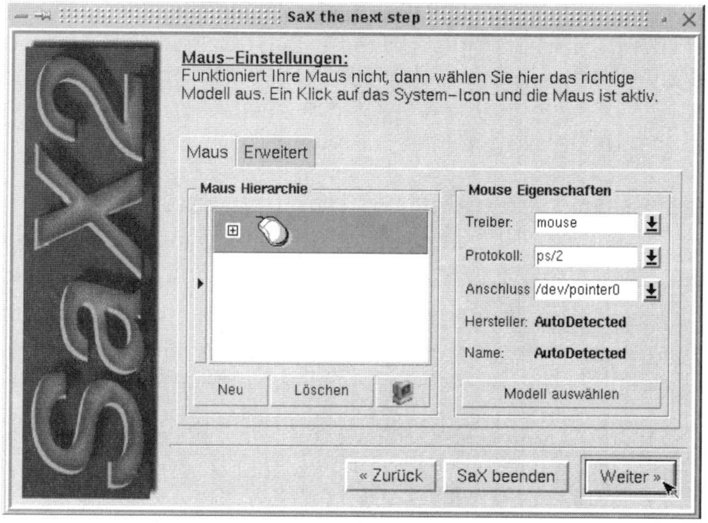

Konfiguration der Maus

Hoffentlich sind Sie bis hierhin mit einer erkannten und funktionierenden Maus gekommen. Wenn ja, dann ist hier bis auf die Aktivierung der dritten Maustaste einer Maus mit zwei Tasten in der erweiterten Konfiguration nicht viel zu tun. Bei Erreichen dieses Fensters ohne Maus nur mit Hilfe der

Tastatur zeichnet sich ein Ende der Pein nun ab. Gehen Sie mit [Tab] nacheinander zu den Pfeilen neben den Feldern *Treiber*, *Protokoll* und *Anschluss* und klappen mit der [Leertaste] die Auswahllisten auf. Die Auswahl in den Listen erfolgt mit den Cursor-Tasten und [Enter]. Aktiviert wird die neue Einstellung der Maus, indem mit [Tab] auf das Symbolfeld mit dem niedlichen PC navigiert wird und dort hoffentlich zum letzten Mal während der Konfiguration die [Enter]-Taste gedrückt wird.

Jetzt, da die Maus funktioniert, klicken Sie auf die Schaltfläche *Erweitert* zur Einstellung der eventuellen Emulation der dritten Maustaste, wenn Ihre Maus nur zwei Tasten hat.

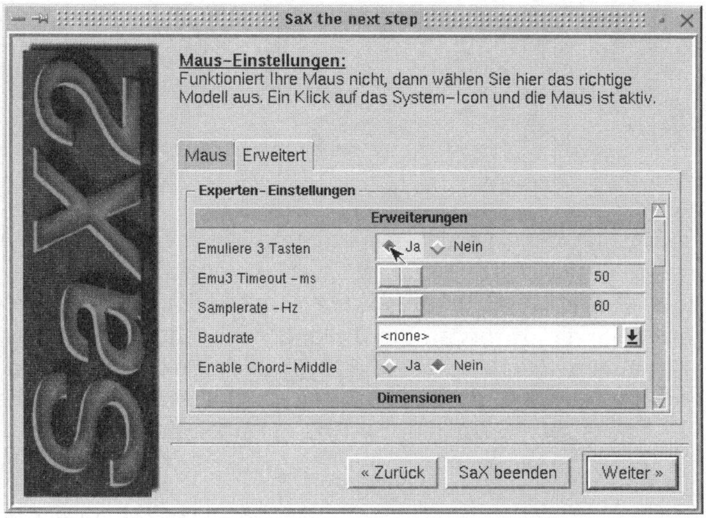

Erweiterte Konfiguration der Maus

Auch wenn schon an anderer Stelle erwähnt: die mittlere Maustaste wird durch gleichzeitiges Drücken beider Tasten emuliert. Benutzt wird sie häufig zum Einfügen eines mit der linken Maustaste markierten Textes in einem Fenster. Dies gilt jedoch nur für die X Window-Oberfläche. Auf der Textkonsole wird ein markierter Text mit der rechten Maustaste eingefügt.

Da jedoch ohne Tastatur kein Text entstehen kann, der kopiert werden könnte, muss diese erst mal korrekt funktionieren. Zur Konfiguration der Tastatur gelangen Sie mit einem Klick auf *Weiter*.

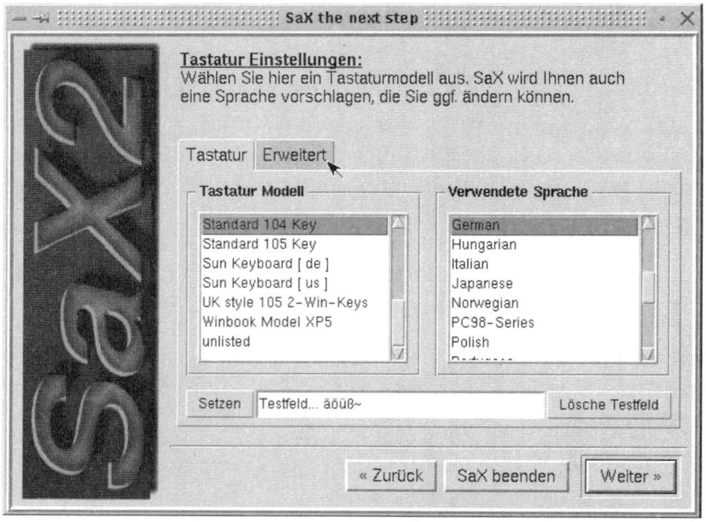

Auswahl der Tastaturbelegung

Wählen Sie hier den Typ der Tastatur und die Sprachbelegung durch anklicken aus. Ein Klick auf *Setzen* aktiviert die gewählten Einstellungen, die im Testfeld auf korrekte und erwartete Funktionen überprüft werden können. Testen Sie hier nicht nur die Umlaute und andere Sonderzeichen, sondern auch andere Zeichen wie ~. Falls diese erst nach einer Betätigung der Leertaste erscheint, sollten Sie überlegen dies zu ändern, da ein Kommando *rm -f* * ohne das zwar nach dem * gedrückte, aber nicht erschienene Zeichen ~ fatale Folgen haben kann.

Nachdem Sie auf *Erweitert* geklickt haben, gelangen Sie zur speziellen Konfiguration der Tastatur.

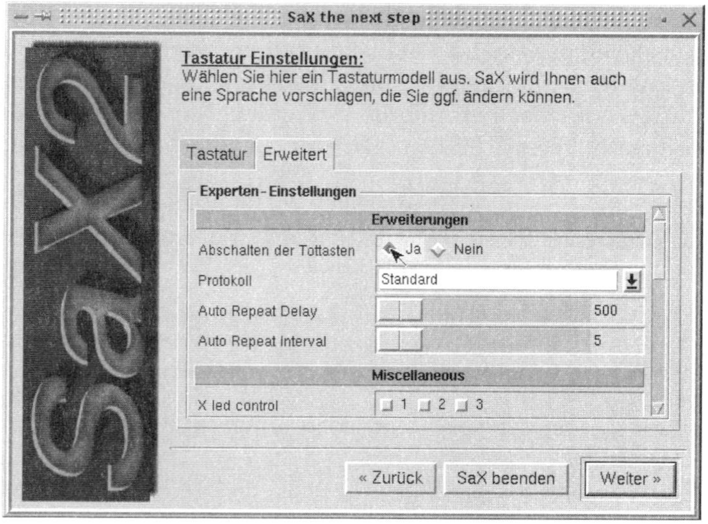

Kann wichtig sein: keine deadkeys

Neben der Abschaltung der „Tottasten“ kann bei Bedarf die Zeitspanne bis zur automatischen Wiederholung einer gedrückt gehaltenen Taste eingestellt werden. Das ist es, was sich hinter *Auto Repeat Delay* verbirgt. Sie sehen, SaX2 ist noch nicht am Ende der Entwicklung angelangt, zumindest was die Sprachanpassungen betrifft.

Das nächste Konfigurationsfenster - genau, nach Klick auf *Weiter* - bietet Ihnen die Möglichkeit zur Einstellung der Suchpfade zu den Schriften, die von X Window verwendet werden sollen. Voreingestellt sind alle Pfade, die SaX2 in einer SuSE-Distribution erwarten kann.

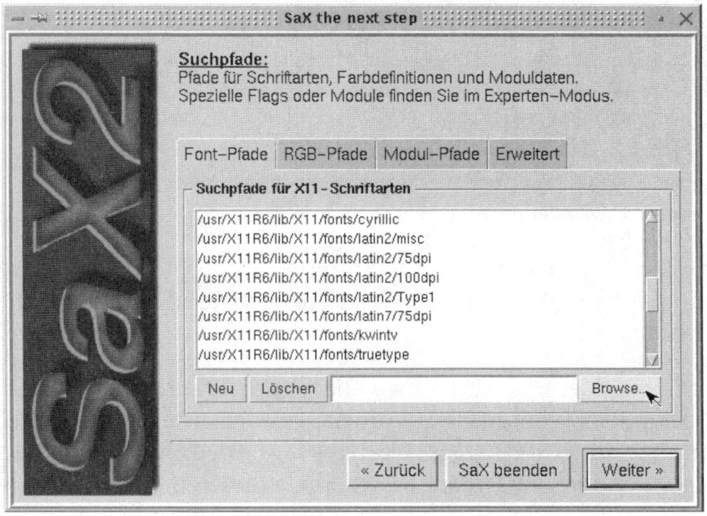

Schriften für X Window

Auch wenn auf Ihrem System einige dieser Schriftarten nicht installiert sind, ist es für den erfolgreichen Start eines Server-Moduls nicht schädlich. Nicht existierende Pfade werden vom X-Server einfach ignoriert.

Hinweis

Welche Fontpfade verwendet werden

Ein Blick in die Datei */var/log/XFree86.0.log* zeigt eventuell noch einen anderen Grund für das Löschen eines Pfades. Dies geschieht auch dann, wenn in einem angegebenen Unterverzeichnis das Programm *mkfontdir* noch nicht ausgeführt wurde – was nachzuholen wäre.

Haben Sie dagegen eine Sammlung von (natürlich legal erworbenen) Schriften angelegt, so können Sie mit einem Klick auf die Schaltfläche *Browse* die entsprechenden Unterverzeichnisse aussuchen und mit einem Klick auf *Ok* wird dieser Pfad in das Textfeld übernommen. Ein Klick auf *Neu* genügt nun zur Aufnahme in die Konfigurationsdatei.

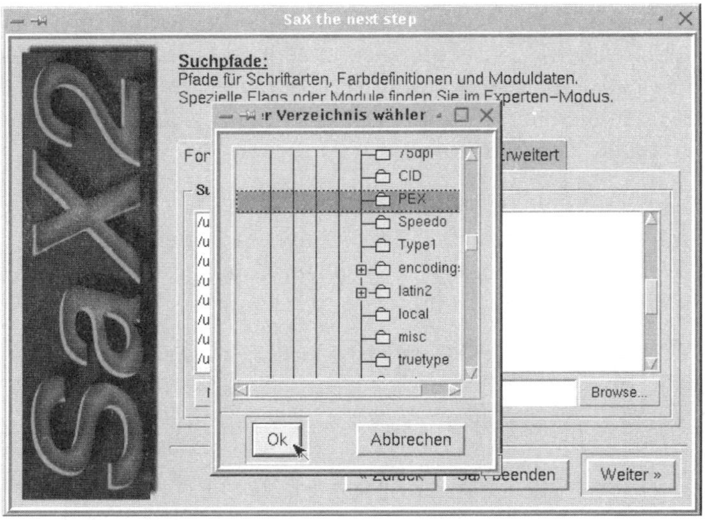

Pfadauswahl zu Schriftarten

Wenn Sie alle Pfade zu Ihren Schriftarten im Kopf haben, können Sie sie natürlich auch direkt in das Textfeld eintragen und mit dem Klick auf *Neu* übernehmen.

Vergewissern Sie sich, dass auch die Unterstützung der Schrifttypen, die den Suchpfaden hinzugefügt wurden, gewährleistet ist. Nachdem Sie auf die Schaltfläche *Erweitert* geklickt haben, können Sie die entsprechend notwendigen Module mit einem Mausklick aktivieren. Für TrueType-Fonts ist also *truetype* anzuklicken, für PostScript Type1 Schriften *type1*.

Nachdem auch das erledigt ist, geht es mit einem Klick auf *Weiter* zur Konfiguration von Grafikkarte und Monitor. Diese erfolgt so wie bereits ab Seite 559 beschrieben wurde. Zum Abschluss der Einstellung des Monitors wird mit einem Klick auf die Schaltfläche *Fertig* die Startphase des Servers eingeleitet. Der Start erfolgt dann nach einem weiteren Klick auf *Ja*, worauf nach kurzer Zeit das Testbild zur Justierung des Monitors erscheinen sollte.

Hier nun können Sie die Justierung der Bildlage vornehmen. Das Bild kann in Größe und Position durch einen Klick auf die entsprechenden Pfeile verändert werden. Diesen Vorgang können Sie für alle gewählten Modi ausführen. Der jeweils aktuelle Modus wird in der Textzeile angezeigt. Gewechselt wird er durch einen Klick auf die rechts daneben stehenden kleinen Pfeile.

Nachdem die Lage des Bildschirms für jeden einzelnen Modus optimal eingestellt ist, bleibt nur noch der Klick auf die Schaltfläche *Konfiguration speichern*. Und das war es dann schon.

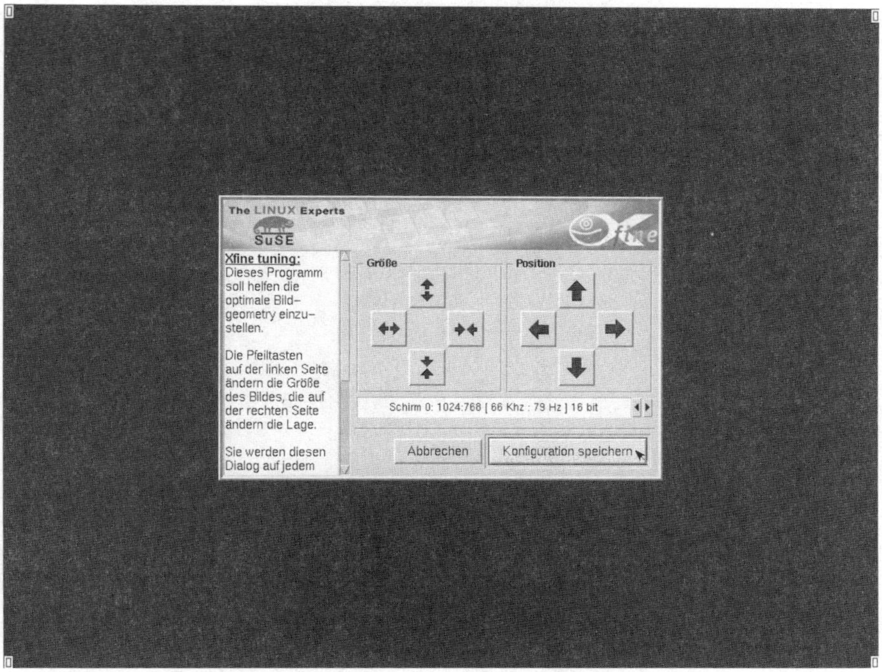

Testbild des X-Servers

Etwas mühsamer: XFree86 4.0.1 von Hand konfigurieren

Für diejenigen, die sich das neue X Window per Download aus dem Netz besorgt haben, geht es jetzt hier weiter. Zunächst ist die Sicherung der aktuellen Daten von X Window vorzunehmen. Dazu geben Sie unter der Kennung *root* in einem Terminalfenster oder auf der Textkonsole die nachstehenden Kommandos ein. Beachten Sie, dass */home/X3.tgz* nur ein Beispiel ist. Diese Sicherungsdatei sollte in einem Verzeichnis angelegt werden, das auf einer Partition mit ausreichend freiem Speicher liegt.

```
cp /etc/XF86Config /etc/XF86Config.save
tar zcf /home/X3.tgz /etc/X* /usr/X11R6 /var/X11R6
```

Nach einigen Minuten ist auch das erledigt und die Installation kann beginnen. Wechseln Sie nun in das Unterverzeichnis, in das sie die binäre Distribution heruntergeladen haben. Wenn Sie dem anfänglichen – in Klammern gesetzten – Rat gefolgt sind, ist das sicherlich */tmp*. Dort geben Sie das Kommando *sh ./Xinstall.sh* ein:

```
paco:/tmp# sh ./Xinstall.sh

                Welcome to the XFree86 4.0.1 installer

You are strongly advised to backup your existing XFree86 installation
before proceeding.  This includes the /usr/X11R6 and /etc/X11
directories.  The installation process will overwrite existing files
in those directories, and this may include some configuration files
that may have been customised.
```

```
Do you wish to continue? (y/n) [n]y
```

Nach der freundlichen Begrüßung und dem nochmaligen ausdrücklichen Hinweis auf eine vorzunehmende Sicherung wird gefragt, ob die Ausführung des Scripts fortgesetzt werden soll. Guten Gewissens kann hier „y" eingegeben werden.

```
Checking which OS you're running...
uname reports 'Linux' version '2.2.16', architecture 'i686'.
Object format is 'ELF'.  libc version is '6.1'.

Checking for required files ...

You appear to have an existing installation of X.  Continuing will
overwrite it.  You will, however, have the option of being prompted
before most configuration files are overwritten.
Do you wish to continue? (y/n) [y]
```

Nochmals die Warnung, dass Dateien einer vorhandenen X-Installation überschrieben werden. Zur Beruhigung der geneigten Anwender wird auf die Möglichkeit der Auswahl der verschiedenen Komponenten hingewiesen. Mit der Enter-Taste kann weitergemacht werden, da „y" als Antwort angenommen ist.

```
Removing some old directories that are no longer required...

XFree86 now installs most customisable configuration files under
/etc/X11 instead of under /usr/X11R6/lib/X11, and has symbolic links
under /usr/X11R6/lib/X11 that point to /etc/X11.  You currently have
files under the following subdirectories of /usr/X11R6/lib/X11:

 app-defaults

Do you want to move them to /etc/X11 and create the necessary
links? (y/n) [y] n
```

Hier nun eine ganz wichtige Frage, deren Beantwortung für eine SuSE-Installation sehr wichtig ist. RedHat hat das X-Unterverzeichnis *app-defaults* unter */usr/X11R6/lib/X11*. Aus diesem Grund ist es nicht tragisch, wenn es nach */etc/X11* verschoben wird und an der ursprünglichen Stelle ein symbolischer Link auf das neue Unterverzeichnis gelegt wird. SuSE hingegen hat die Verzeichnisstruktur so aufgebaut, dass */etc/X11/app-defaults* ein Link auf */usr/X11R6/lib/X11/app-defaults* ist. Wenn nun „y" eingegeben oder sofort die Enter-Taste gedrückt wird, sind in einem SuSE-Linux anschließend die Dateien, die ja neu eingerichtet werden sollten, einem Link zum Opfer gefallen, der wieder auf sich selbst zeigt. SuSE-Linuxer geben hier also „**n**" ein.

```
Note: this means that your run-time config files will remain
in the old /usr/X11R6/lib/X11 location.

Extracting Xetc.tgz into a temporary location ...
== Extracting /tmp/x4/Xetc.tgz ==
Do you want to overwrite the app-defaults config files? (y/n) [n] y
```

Mit der Sicherung im Rücken kann hier wieder ohne zu zögern mit „y" geantwortet werden.

```
Do you want to overwrite the fs config files? (y/n) [n]
```

```
Do you want to overwrite the lbxproxy config files? (y/n) [n]
Do you want to overwrite the proxymngr config files? (y/n) [n]
Do you want to overwrite the rstart config files? (y/n) [n]
Do you want to overwrite the twm config files? (y/n) [n]
Do you want to overwrite the xdm config files? (y/n) [n]
Do you want to overwrite the xinit config files? (y/n) [n]
Do you want to overwrite the xsm config files? (y/n) [n]
Do you want to overwrite the xserver config files? (y/n) [n]
```

Zu diesen Fragen ist im Listing jeweils die voreingestellte Antwort mit der Enter-Taste akzeptiert worden. Prinzipiell können sie mit „y" beantwortet werden, außer wenn bereits Änderungen an den jeweiligen Konfigurationsdateien von Ihnen durchgeführt wurden.

Danach geht es mit der Installation der für XFree86 4.0 notwendigen Komponenten weiter.

```
Installing the mandatory parts of the binary distribution

== Extracting /tmp/x4/Xbin.tgz ==
== Extracting /tmp/x4/Xlib.tgz ==
== Extracting /tmp/x4/Xman.tgz ==
== Extracting /tmp/x4/Xdoc.tgz ==
== Extracting /tmp/x4/Xfnts.tgz ==
== Extracting /tmp/x4/Xfenc.tgz ==
== Extracting /tmp/x4/Xxserv.tgz ==
== Extracting /tmp/x4/Xmod.tgz ==
== Extracting /tmp/x4/Xvar.tgz ==
```

Die optionalen Komponenten werden nun einzeln abgefragt. Dabei sollten Sie selbst entscheiden, ob sie für Sie wichtig sind.

```
Checking for optional components to install ...
Do you want to install Xfsrv.tgz (font server)? (y/n) [y]
== Extracting /tmp/x4/Xfsrv.tgz ==
Do you want to install Xnest.tgz (Nested X server)? (y/n) [y]
== Extracting /tmp/x4/Xnest.tgz ==
Do you want to install Xprog.tgz (programmer support)? (y/n) [y]
== Extracting /tmp/x4/Xprog.tgz ==
```

Die hier nicht aufgeführten Fragen nach zu installierenden Fonts und Dokumentationen sollten Sie wiederum selbst entscheiden. Besonders hinsichtlich der Dokumentationen reicht sicherlich ein zu installierendes Paket, besonders dann, wenn Ihre Festplatte sich dem Ziel aller Festplatten bereits stark genähert hat und schon fast voll ist.

Die weiteren Fragen können bedenkenlos mit den Voreinstellungen beantwortet werden, wobei die Frage nach der Installation der neuen *terminfo*-Einträge für das neue *xterm* mit „y" beantwortet werden sollte. Falls Sie sie nicht installiert haben, kann dies noch nachträglich mit dem folgenden Kommando erfolgen:

```
tic /usr/X11R6/lib/X11/etc/xterm.terminfo
```

Zum Abschluss der Installation meldet sich das Script mit

```
Installation complete.
paco:/tmp#
```

Nun kann zur Konfiguration von XFree86 4.0 übergegangen werden. Um es nicht zu kompliziert zu machen, sollte ein eventuell laufender X-Server beendet werden. Falls er mit *startx* gestartet wurde, reicht es zur grafischen Konsole mit Alt+F7 zu wechseln und dort den X Window-System zu beenden. Falls das grafische Login aktiviert ist, genügt das Kommando *init 2*, um den X-Server zu beenden.

Der erste Schritt zur Erzeugung einer neuen Konfigurationsdatei kann mit dem Programm *XFree86*, dem neuen X-Server, gemacht werden. Dazu rufen Sie es wie folgt auf:

```
paco:/root# XFree86 -config
```

Danach wird der Monitor mehrmals flackern und der Server sich hoffentlich mit folgender Ausgabe melden:

```
Your XF86Config file is /root/XF86Config.new

To test the server, run 'XFree86 -xf86config /root/XF86Config.new'

paco:/root#
```

Eine Datei *XF86Config.new* ist geschrieben worden, die nun auf ihre Brauchbarkeit getestet werden kann. Wie der X-Server mitteilt, ist er zu diesem Zweck mit dem Kommando

```
root:/root# XFree86 -xf86config /root/XF86Config.new
```

aufzurufen, wonach sich der berühmte graue X-Bildschirm mit dem X-Cursor zeigen wird.

Sollte allerdings eine Fehlermeldung erscheinen, die sich auf den Monitor (Screen) bezieht, so kann es helfen, eine Änderung in der Datei *XF86Config.new* vorzunehmen. Öffnen Sie sie mit einem Editor und tragen Sie im Abschnitt „Monitor" Bildwiederholraten ein, die Sie dem Handbuch zum Monitor entnehmen. Es sollte dann so aussehen, natürlich mit den Horizontal- und Vertikalfrequenzen Ihres Monitors:

```
Section "Monitor"
        Identifier   "Monitor0"
        VendorName   "Monitor Vendor"
        ModelName    "Monitor Model"
        HorizSync    30.0 - 82.0
        VertRefresh  50.0 - 160.0
EndSection
```

Nach Abspeichern und Beenden des Editors testen Sie dann nochmals *XFree86* mit diesen Änderungen.

```
root:/root# XFree86 -xf86config /root/XF86Config.new
```

Sollte auch dies nicht zum Erfolg führen, bleibt nur noch der Versuch, in der Konfigurationsdatei ein anderes Treibermodul auszuprobieren. Dazu muss *XF86Config.new* wiederum editiert werden und im Abschnitt „Device" wird ein anderer Treiber eingetragen. Der Frame Buffer Treiber ist dabei die letzte mögliche Wahl.

```
Driver   "fbdev"
```

Falls im Handbuch zur Grafikkarte eine genaue Spezifikation angegeben ist, können Sie prüfen, ob ein entsprechendes Modul vorhanden ist und dieses dann in der Konfigurationsdatei eintragen. Eine Übersicht können Sie wie folgt erhalten:

```
paco:/root# cd /usr/X11R6/lib/modules/drivers
paco:/usr/X11R6/lib/modules/drivers# ls -la *_drv.o
-rwxr-xr-x   1 root     root       126590 Jul  2 14:31 apm_drv.o
-rwxr-xr-x   1 root     root       121572 Jul  2 14:31 ati_drv.o
-rwxr-xr-x   1 root     root       125193 Jul  2 14:31 chips_drv.o
-rwxr-xr-x   1 root     root         7290 Jul  2 14:31 cirrus_drv.o
-rwxr-xr-x   1 root     root        17688 Jul  2 14:31 cyrix_drv.o
-rwxr-xr-x   1 root     root        11259 Jul  2 14:31 fbdev_drv.o
-rwxr-xr-x   1 root     root        11723 Jul  2 14:31 glide_drv.o
-rwxr-xr-x   1 root     root       249089 Jul  2 14:31 glint_drv.o
-rwxr-xr-x   1 root     root        24461 Jul  2 14:31 i740_drv.o
-rwxr-xr-x   1 root     root        49372 Jul  2 14:31 i810_drv.o
-rwxr-xr-x   1 root     root       170210 Jul  2 14:31 mga_drv.o
-rwxr-xr-x   1 root     root        43967 Jul  2 14:31 neomagic_drv.o
-rwxr-xr-x   1 root     root        59816 Jul  2 14:31 nv_drv.o
-rwxr-xr-x   1 root     root        56644 Jul  2 14:31 r128_drv.o
-rwxr-xr-x   1 root     root        45266 Jul  2 14:31 rendition_drv.o
-rwxr-xr-x   1 root     root        59629 Jul  2 14:31 s3virge_drv.o
-rwxr-xr-x   1 root     root        71600 Jul  2 14:31 sis_drv.o
-rwxr-xr-x   1 root     root        48418 Jul  2 14:31 tdfx_drv.o
-rwxr-xr-x   1 root     root        35118 Jul  2 14:31 tga_drv.o
-rwxr-xr-x   1 root     root        84600 Jul  2 14:31 trident_drv.o
-rwxr-xr-x   1 root     root        68188 Jul  2 14:31 tseng_drv.o
-rwxr-xr-x   1 root     root        14326 Jul  2 14:31 vga_drv.o
paco:/usr/X11R6/lib/modules/drivers# cd
paco:/root#
```

Dies ist eine Liste der in XFree86 4.0.1 vorhandenen Treiber, von denen zumindest vor der endgültigen Aufgabe *vga* einen Versuch wert ist.

Aber in den überwiegenden Fällen wird es funktioniert haben und XFree86 4.0 läuft. Jetzt sind nur noch zwei Kommandos notwendig, um Ihre grafische Oberfläche zu starten:

```
cp /root/XF86Config.new /etc/X11/XF86Config
startx
```

Es ist geschafft, X Window läuft wieder. Die noch ausstehenden Anpassungen an Ihre Wünsche können Sie, wenn Sie SuSE ab Version 6.4 installiert haben, mit SaX2 erledigen. Dazu blättern Sie bitte zurück auf Seite 554 und lesen dort weiter.

Für andere Installationen und Interessierte geht es anschließend weiter zur Feineinstellung mit einem neuen Konfigurationswerkzeug.

XFree86 4.0.1 mit xf86cfg konfigurieren

Mit *xf86cfg* haben die XFree86-Entwickler ein Konfigurationswerkzeug geschaffen, das sich vollständig von den bisher verfügbaren unterscheidet. Es ist grafikorientiert und benutzt viele von den Features, die man inzwischen von komfortablen Programmen gewohnt ist. Zwar kann man es nutzen, ohne je eine Konfigurationsdatei erstellt zu haben, aber da es noch in der Entwicklung ist und einige Dinge noch nicht funktionieren, soll auch hier wieder der einfache Weg gewählt werden. Dazu wird in einer Terminal-Emulation auf dem Desktop das Kommando *xf86cfg* eingegeben, worauf der Bildschirm um das folgende Fenster bereichert wird.

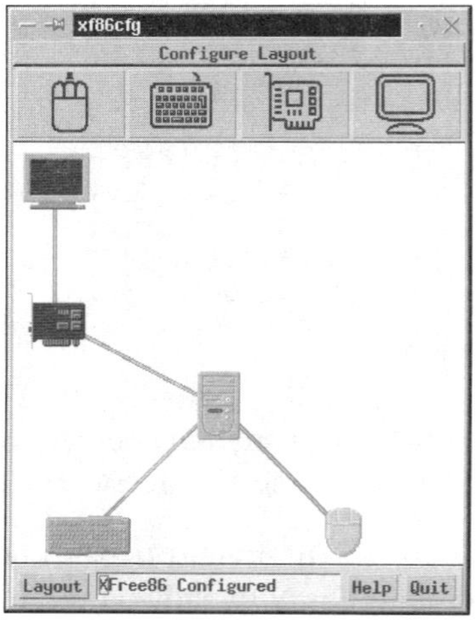

Das Startfenster von xf86cfg

Um einen ersten Eindruck zu gewinnen, bewegen Sie den Mauszeiger über die verschiedenen Symbole. Sofort werden Ihnen die aktuellen Konfigurationen von Grafikkarte, Monitor, Maus oder Tastatur angezeigt.

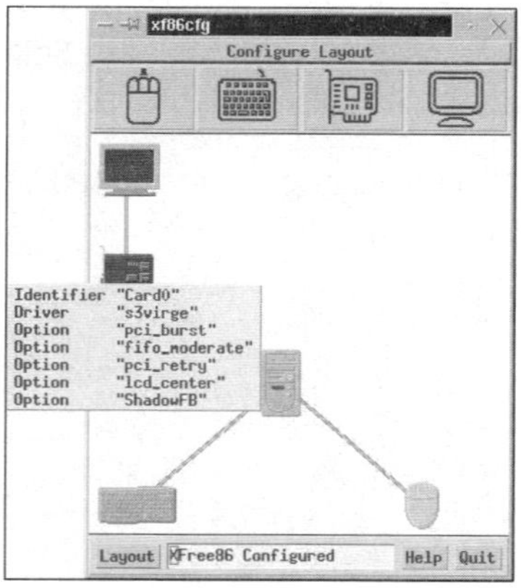

Die aktuelle Konfiguration der Grafikkarte wird angezeigt, nachdem der Cursor auf das Symbol gezogen wird

Mit der rechten Maustaste wird zu jeder Komponente ein Menü aufgeklappt. Die einzelnen Funktionen wie zum Beispiel die Konfiguration erfolgt durch Auswahl mit dem Mauszeiger, wobei der entsprechende Menüeintrag schwarz unterlegt wird. Nachdem die Maustaste losgelassen wurde, erscheint das zugehörige Fenster.

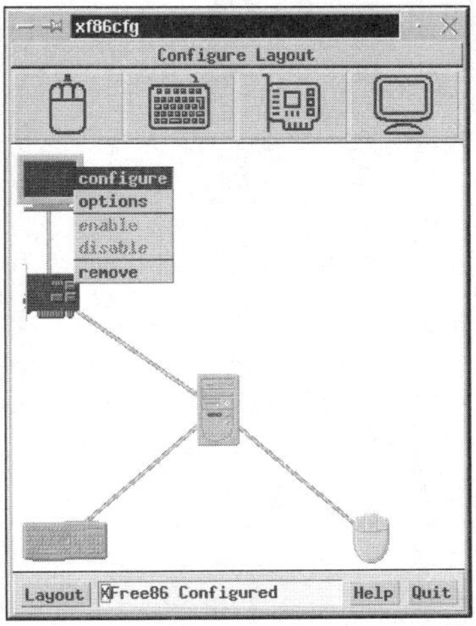

Die Einstellung des Monitors erfolgt durch Anklicken des Monitorsymbols mit der rechten Maustaste und Auswahl von configure im Menü

Auflösungen und Frequenzen werden entweder direkt eingegeben oder durch einen Klick auf die Alternativen übernommen. Mit einem Klick auf *Ok* werden sie übernommen oder auf *Cancel* verworfen.

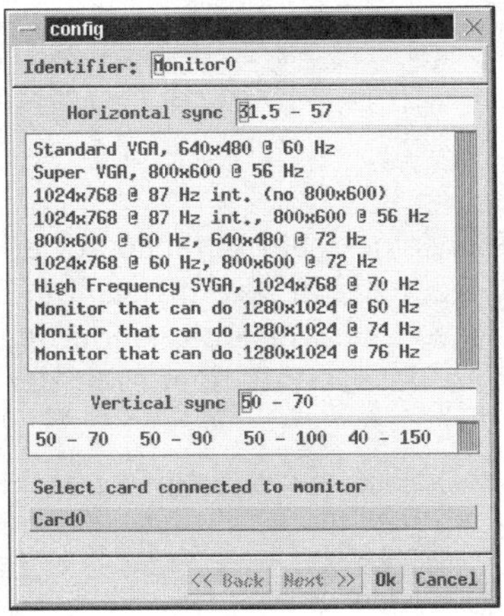

Hier werden die technischen Details festgelegt

Natürlich bedarf die Tastatur noch einer Feineinstellung. Dazu wählen Sie bitte *Configure* aus.

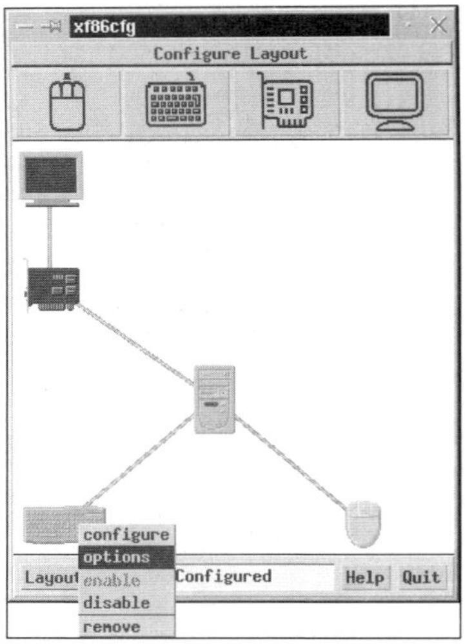

Es wird die Einstellung der Optionen der Tastatur eingeleitet

Eigentlich muss es nicht mehr erwähnt werden, wie wichtig es sein kann, dass es nach Eingabe eines Zeichens wie der Tilde (~) keines weiteren Tastendrucks bedarf, damit es auf dem Bildschirm erscheint.

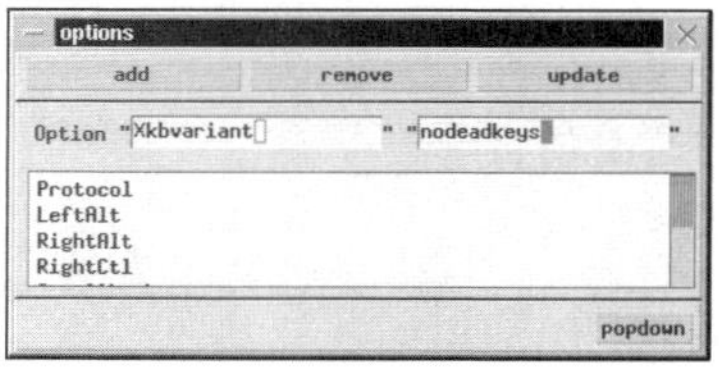

Die Tottasten werden ausgeschaltet

Dank der Anzeigefunktion bietet *xf86cfg* einen sehr schnellen Überblick über eventuell noch vorzunehmende Ergänzungen der Konfiguration. Dem werden auch diejenigen zustimmen, die vorzugsweise die Änderungen direkt mit einem Editor in der Konfigurationsdatei vornehmen. Mit der Maus ist man einfach schneller.

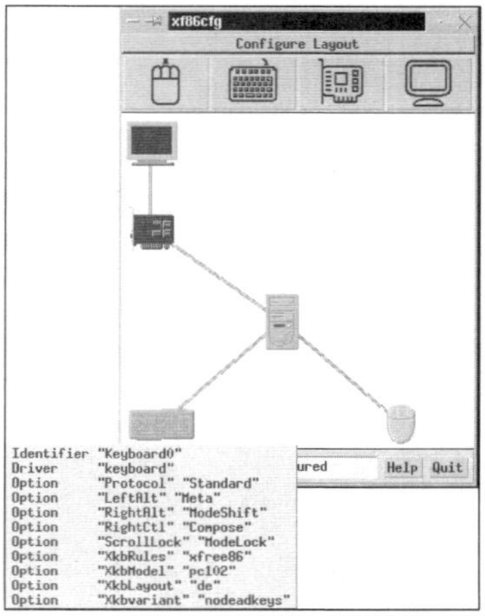

Der Mauszeiger auf dem Symbol der Tastatur zeigt die aktuellen Einstellungen an

Falls Sie auf der Rundreise mit dem Mauszeiger noch nicht auf der oberen Schaltfläche *Configure Layout* gelandet sind, dann sollten Sie jetzt einmal darauf mit der linken Maustaste klicken. Es wird ein Menü aufgeklappt, auf dem die Konfiguration des Monitors und der Modi ausgewählt werden kann. Zur Korrektur der Bildlage wählen Sie *Configure Modeline* aus.

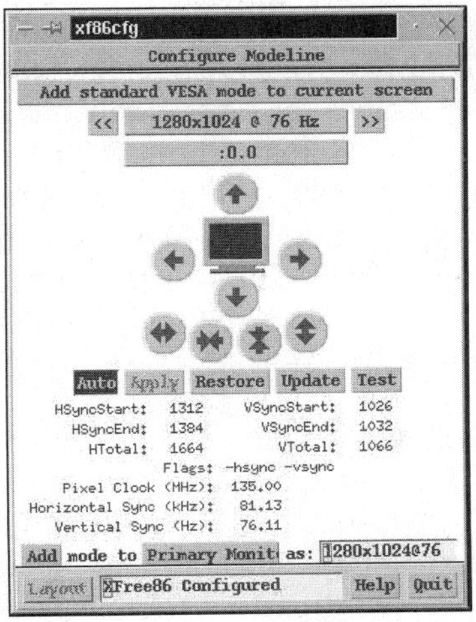

Hier erfolgt die Feineinstellung der Modi für die gewählten Auflösungen

Die Feineinstellung wird funktional genauso vorgenommen, wie es aus den anderen Werkzeugen wie *SaX* oder *Xconfigurator* bekannt ist.

Zum Abschluss der Einstellungen aller Komponenten und Beenden von *xf86cfg* klicken Sie mit der linken Maustaste auf die Schaltfläche *Quit*, worauf Sie die Möglichkeit haben, diese neue Konfiguration unter einem anderen Namen abzuspeichern oder auch zu verwerfen:

- „Yes" speichert die Änderungen
- „No" verwirft die Änderungen
- „Cancel" schließt dieses Fenster

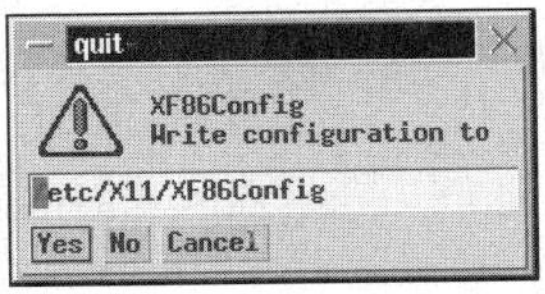

Zum Abschluss kann die Konfiguration mit einem Klick auf Yes gespeichert werden

Beim nächsten Start des X-Servers sind die vorgenommenen Änderungen aktiviert.

Das neue Design von XFree86

Im Gegensatz zu den vorherigen Versionen ist mit der Version 4.0 konsequent ein modulares Design von X Window realisiert worden. Früher wurde für die unterschiedlichen Typen von Grafikkarten jeweils ein spezieller X-

Server entwickelt und gepflegt, der alle Funktionalität enthielt. Änderungen für neue Grafikchipsätze waren schwierig einzuarbeiten und betrafen im günstigen Fall nur einen kleinen Teil des Sourcecodes. Die Schwierigkeiten waren darin begründet, dass die Vorgängerversionen stark SVGA-basiert waren und neue Funktionalität wie Hardwarebeschleunigung nur mit extremen Klimmzügen zu realisieren waren – wenn überhaupt.

Ein modulares Konzept war notwendig, um diesem Dilemma entfliehen zu können und die Bereitstellung neuer Treiber für neue Hardware zu vereinfachen und zu beschleunigen. Gerade die Vereinfachung sollte in Zukunft die Hersteller von Grafikkarten in die Lage versetzen, für neue Produkte die Treibermodule für Linux zusammen mit denen für andere Systeme auf der beiliegenden CD zu liefern. Sie würden sich dann auch den Markt derer erschließen, die sich ihre Hardware unter dem Aspekt der Linux-Kompatibilität kaufen. Sicherlich ein wachsender Markt.

Mit der Version 4.0 werden dynamisch die Module zur Laufzeit geladen, die in der Konfigurationsdatei *XF86Config* definiert sind. Dort wird festgelegt, welcher Treiber für welchen Chipsatz geladen wird. Auch die Unterstützung für TrueType-Fonts kann dort aktiviert werden, anstatt einen neuen X Window-Fontserver installieren zu müssen. Es ist einfach nur ein Eintrag in die Konfigurationsdatei im Abschnitt *Module* zu machen

```
Load  "freetype"
```

und dem X Window-Server per *xset +fp /neuer Pfad* mitzuteilen, wo diese Fonts zu finden sind. Deutlich einfacher als früher!

Da nun schon zusätzliche Installationen für X Window erwähnt wurden sollte nicht unerwähnt bleiben, dass spezielle Beschleuniger-Software integriert wurde. Dies betrifft neben der Hardwarebeschleunigung für *Direct Graphics Access* auch OpenGL-kompatible 3D-Unterstützung. Dazu wurde eine neue Version der XFree86 Acceleration Architecture entwickelt, wodurch Operationen, die auf beschleunigte Grafikprimitive einer Grafikkarte zurückführen sind, optimal ausgeführt werden. Spielekinder und CAD-Anwender können sich also schon freuen – sicherlich jeweils aus unterschiedlichen Gründen.

Auch die Treiber selbst kommen mit einigen neuen Features daher. Eine für im DTP-Bereich tätige Linuxer recht willkommene und auch lang erwartete Option ist in der Version 4.0 realisiert worden – der Bildschirm lässt sich drehen. Dazu ist ein Eintrag im Abschnitt *Monitor* in der Konfigurationsdatei *XF86Config* notwendig.

```
Section "Monitor"
        Identifier   "Primary Monitor"
        VendorName   "PHILIPS"
        ModelName    "20T"
        HorizSync    30.0 - 82.0
        VertRefresh  50.0 - 160.0
        Option       "rotate" "cw"
EndSection
```

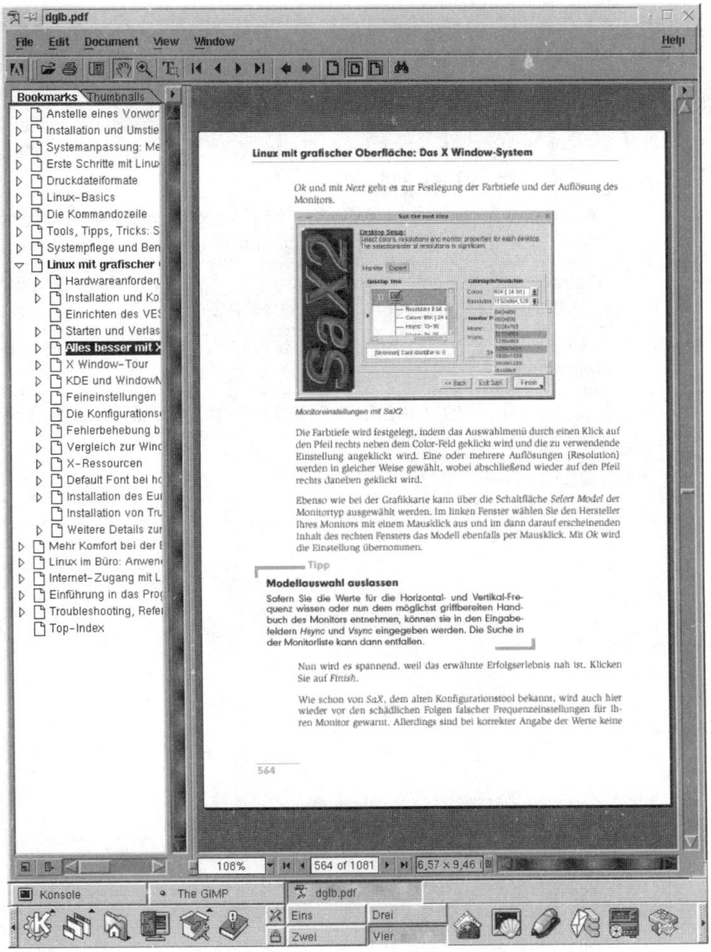

Der Bildschirm ist um 90^0 *gedreht*

Diese Option *rotate* dreht den Bildschirm im Uhrzeigersinn um 90^0. Gerade zur Ganzseitendarstellung von Texten ist es ideal, da die Bildschirmfläche besser ausgenutzt ist. Natürlich ist dann auch der Monitor selbst um 90^0 zu drehen. Die Drehung des Bildschirms wird jedoch nicht von allen Treibern unterstützt. Welche aktuell installierten Treiber die Rotation kennen und durchführen können finden Sie so heraus:

```
pako:/root# grep -l Rotate /usr/X11R6/lib/modules/drivers/*drv.o
/usr/X11R6/lib/modules/drivers/chips_drv.o
/usr/X11R6/lib/modules/drivers/mga_drv.o
/usr/X11R6/lib/modules/drivers/neomagic_drv.o
/usr/X11R6/lib/modules/drivers/nv_drv.o
/usr/X11R6/lib/modules/drivers/rendition_drv.o
/usr/X11R6/lib/modules/drivers/s3virge_drv.o
paco:/root#
```

Dieses Beispiel zeigt die Treiber von XFree86 4.0.1 und auch in der SuSE 7.0-Installation ist in diesen Modulen die Rotation realisiert. Welche Grafikkarten aktuell von den Treibern unterstützt werden ist der nachfolgenden Tabelle zu entnehmen.

Treiber	Grafikkarte
s3virge	ViRGE, ViRGE/VX, ViRGE/DX, ViRGE/GX, ViRGE/GX2, ViRGE/MX, ViRGE/MX+, Trio3D und Trio3D/2X
chips	Chips and Technologies 65520, 65525, 65530, 65535, 65540, 65545, 65546, 65548, 65550, 65554, 65555, 68554, 69000, 64200 und 64300
mga	Matrox MGA2064W (Millennium I), MGA1064SG (Mystique), MGA2164W (Millennium II) (PCI und AGP), G100, G200 und G400
neomagic	NeoMagic NM2070, NM2090, NM2093, NM2097, NM2160 und NM2200
nv	NVIDIA Riva 128, 128ZX, TNT, TNT2 (Ultra, Vanta, M64), GeForce (DDR, 256) und Quadro
rendition	Rendition/Micron Verite 1000, 2100 und 2200

10.5 X Window-Tour in drei Schritten

Nachdem Sie nun die Installation von X Window erfolgreich abgeschlossen und die grafische Oberfläche bereits gestartet und in groben Zügen kennen gelernt haben, kann nun neben der Vorstellung der Komponenten und deren Zusammenarbeit auch die Auswahl vorgenommen werden, wie die persönliche grafische Oberfläche aussehen soll.

Zunächst kann festgelegt werden, ob das X Window-System in Zukunft immer mit dem Kommando *startx* von einer Shell gestartet werden soll oder ob direkt die Systemanmeldung mit einem Display-Manager auf einer grafischen Oberfläche erfolgen soll.

Hinweis

Mehrarbeit ohne Display-Manager

Ein Verzicht auf den Einsatz eines Display-Managers bedeutet nicht nur den einen oder anderen zusätzlichen Tastendruck, sondern auch unter Umständen zusätzliche manuell auszuführende Konfigurationen in der X-Systemdatei */usr/X11R6/lib/X11/xinit/xinitrc* oder in der Datei *.xinitrc* im Home-Verzeichnis jedes Benutzers. Das Skript *startx* führt nämlich diese Skriptdateien aus, und falls ein anderer Window-Manager oder ein anderes Desktop-System für die grafische Oberfläche zuständig werden soll, muss dies in diesen Dateien konfiguriert werden. Der Display-Manager *kdm* macht diesen Wechsel besonders einfach.

Schöner und ohne Umwege ist natürlich die Anmeldung über die grafische Oberfläche, die von einem Display-Manager übernommen wird. Neben dem klassischen *xdm*, der Bestandteil jeder X-Distribution ist, bieten sowohl RedHat als auch SuSE den *kdm* aus dem KDE-Paket und den *gdm* aus GNOME zur Erledigung dieser Aufgabe an. Wie der Display-Manager aktiviert wird, wird im folgenden Abschnitt *Der X-Display-Manager* beschrieben.

Nachdem diese Festlegung getroffen wurde, steht die Entscheidung an, welches Desktop-System oder welcher Window-Manager für das Arbeiten auf der grafischen Oberfläche benutzt werden soll. Dieses Thema wird im zweiten Teil der Tour im Abschnitt *Komfortable Bedienung mit dem richtigen Window-Manager* behandelt. Vorab eine Erklärung zu Desktop-Systemen: Bei der Entwicklung von KDE und GNOME wurden Funktionalitäten eingeführt, die von den Window-Managern entkoppelt wurden. Dies hat zur Folge, dass diese Desktop-Systeme mit unterschiedlichen Window-Managern arbeiten können. Für KDE wurde der rudimentäre *kwm* entwickelt, GNOME arbeitet mit dem *Enlightenment*. Diese Window-Manager sind jedoch nicht zwingend notwendig, um die Desktop-Systeme zu betreiben. Beispielsweise ist *WindowMaker* in der Lage, die speziellen Funktionalitäten beider Systeme zu unterstützen.

Im dritten Teil der Tour, im Abschnitt *Richten Sie sich den Desktop gut ein*, erhalten Sie einige Hinweise, wie der Desktop individuell nach Ihrem Geschmack eingerichtet werden kann. Allerdings wird dort nicht auf die vielfältigen Möglichkeiten von KDE eingegangen. Dies ist in Kapitel 11 ab Seite 657 beschrieben.

Der X-Display-Manager

Ein grafisches Login wird durch den X-Display-Manager erzeugt

Ein Display-Manager, sei es der *kdm*, der *gdm* oder der *xdm*, der Senior unter ihnen, kann beim Systemstart automatisch aufgerufen werden. Dann präsentiert er dem Linux-Anwender ein grafisches Login. Dieses Login kann wie beim *xdm* sachlich, nüchtern und knapp ausfallen, funktionell wie beim unter RedHat voreingestellten *gdm* oder mit einer breiten Palette an Möglichkeiten wie beim *kdm*. Bevor Sie einen dieser Display-Manager für den Systemstart aktivieren, sollten Sie durch einen Test feststellen, welcher von ihnen Ihren Geschmack trifft. Es soll jedoch gleich darauf hingewiesen sein, dass jederzeit leicht ein Austausch möglich ist. Sowohl RedHat als auch SuSE haben in den neueren Distributionen diese Einstellungen einfach gemacht.

Aktivierung des grafischen Login

Die Arbeitsweise des X-Display-Managers ist wie folgt. Das X Window-System wird gestartet und dem Anwender wird das grafische Login präsentiert. Nach korrekter Angabe des Benutzernamens und des Passworts werden die Start-Skripts des X Window-Systems ausgeführt und damit wird der vom

Benutzer festgelegte Window-Manager gestartet. Nach Beendigung der Sitzung bleibt das X Window-System aktiv und das grafische Login wird erneut angezeigt.

1. Schritt: Probestart des Display-Managers

Bevor der Display-Manager aufgerufen werden kann, muss ein lauffähiges X Window-System vorhanden sein. Weiterhin muss die X Window-Oberfläche beendet sein. Er kann also nicht aus einer Terminalemulation auf einer grafischen Oberfläche gestartet werden. Sie befinden sich nun, nachdem ein eventuell laufender X-Server beendet wurde, auf der Textkonsole und rufen mit dem Befehl */etc/X11/prefdm* den voreingestellten Display-Manager *prefdm* auf. Dann erscheint der Anmeldebildschirm wie im obigen Bild und Sie müssen den Benutzernamen und das Passwort angeben. Falls dann die Oberfläche wie konfiguriert gestartet wird, kann der *xdm* beim Systemstart aktiviert werden.

X bei S.u.S.E.

X Window unter SuSE hat die Voreinstellung des Display-Managers anders gelöst. Dort wird in der Datei */etc/rc.config* einer Variablen *DISPLAYMANAGER* der Name des zu verwendenden Display-Managers zugewiesen. Zum Test muss direkt der Programmname angegeben werden. Wird *kdm*, der Window-Manager von KDE, aufgerufen, erscheint ein etwas anders gestalteter Bildschirm mit einem wie dem nachstehend abgebildeten ähnlichen Login-Fenster:

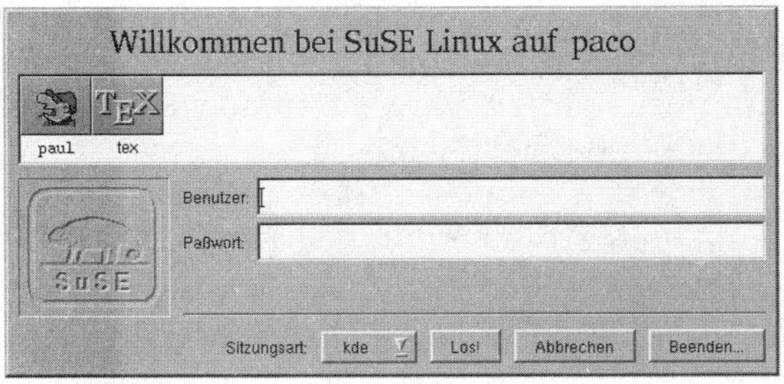

Login des kdm unter SuSE

Der Display-Manager bleibt nun aktiv und Sie müssen das Programm für den nächsten Schritt unsanft beenden. Wechseln Sie dazu auf eine Textkonsole, indem Sie die Tasten Strg+Alt gedrückt halten und mit einer der ersten Funktionstasten eine Textkonsole auswählen. Dort geben Sie den folgenden Befehl ein, um die Nummer des *prefdm*-Prozesses herauszufinden.

```
ps ax | grep prefdm
```

Natürlich ist hier der Name des Display-Managers anzugeben, der ausprobiert wurde. Unter den erscheinenden Zeilen ist eine in der folgenden Form enthalten, wobei hier *848* die gesuchte Prozessnummer ist.

```
848 ? S 0:00 prefdm
```

Über diese Nummer können Sie das Programm ansprechen und mit dem Befehl *kill -9 848* beenden. Diesen Probestart können Sie für alle drei vorhandenen Display-Manager, *gdm, kdm* und *xdm*, ausführen.

2. Schritt: Umschalten des Runlevels

Der Display-Manager sollte im ersten Schritt wie gewünscht die Oberfläche gestartet haben. Ansonsten versuchen Sie, den Fehler in den Konfigurationsdateien zu finden. Lesen Sie dazu die man-Page des Display-Managers und im Falle des *xdm* den folgenden Abschnitt über die Konfigurationsdateien des *xdm*. Im Erfolgsfall werden nun die Einstellungen vorgenommen, um den Display-Mananger beim Systemstart zu aktivieren.

Zuvor sollten Sie überprüfen, ob eine solche Aktivierung funktioniert. Dazu sei bemerkt, dass ein Linux-System in unterschiedlichen Runleveln gestartet und betrieben werden kann. Vergleichen Sie hierzu den Abschnitt *Init-Skripts* in Kapitel 9.4. Nach der Installation wird der Runlevel 3 festgelegt und der Display-Manager wird im Runlevel 5 aktiviert.

Sie können bei laufendem Linux-System mit dem folgenden Befehl in den Runlevel 5 wechseln. Nun sollte wie im ersten Schritt der voreingestellte Display-Manager gestartet werden.

```
init 5
```

3. Schritt: Aktivierung des Display-Managers beim Systemstart

Falls das Umschalten des Runlevels problemlos verlaufen ist, können Sie den Display-Manager bei jedem Systemstart automatisch starten, d. h., das Linux-System wird in Zukunft im Runlevel 5 gestartet. Die Konfiguration des Runlevels beim Systemstart wird in der Datei */etc/inittab* vorgenommen. Verwenden Sie einen Editor, um diese Datei zu ändern.

In der folgenden Zeile wird der initiale Runlevel festgelegt. Sie müssen nun lediglich die Ziffer 3 durch eine 5 austauschen.

```
id:3:initdefault:
```

Weiter hinten in der Datei finden Sie den Eintrag für den Start des X-Display-Managers im Runlevel 5.

```
# Run prefdm in runlevel 5
x:5:respawn:/etc/X11/prefdm -nodaemon
```

Im späteren Unterkapitel 11.14 über den Display-Manager des K Desktop Environment werden Sie das grafische Login des KDE kennen lernen. Dies basiert auf dem *kdm* und kann analog beim Systemstart aktiviert werden. Dazu muss lediglich der Link des bevorzugten */etc/X11/prefdm* auf *kdm* umgeleitet werden. Dies geschieht mit folgendem Kommando:

ln -fs /usr/bin/kdm /etc/X11/prefdm

Hinweis

Änderung in RedHat 6.1

Ab Version 6.1 ist in der Datei */etc/sysconfig/desktop* einfach nur KDE einzutragen.

Die Konfigurationsdateien des xdm

Die Konfigurationsdateien befinden sich im Verzeichnis */etc/X11/xdm*. Die wichtigste dieser Dateien ist die *xdm-config*, da hier die Verweise auf alle weiteren Konfigurationsdateien abgelegt werden. Einige von diesen Dateien werden im Folgenden angesprochen. In der Datei *xdm-config* wird auch die Datei festgelegt, in der die Fehler des *xdm* protokolliert werden.

Auswahl der Arbeitsoberfläche

In der Datei *Xsession* kann nachvollzogen werden, in welcher Dateienreihenfolge nach der Konfiguration der Arbeitsoberfläche gesucht wird. Danach wird zunächst die Datei *.xsession* im Verzeichnis des jeweiligen Benutzers überprüft.

```
startup=$HOME/.xsession
```

Natürlich könnte hier auch eine Datei in einem Systemverzeichnis angegeben werden, aber auf diese Weise kann jeder Benutzer eine andere Arbeitsoberfläche, also einen anderen Window-Manager, verwenden. Auf der anderen Seite muss eine solche Datei auch im Benutzerverzeichnis angelegt werden. Für die Verwendung von KDE ändern Sie den Eintrag wie in Kapitel 11.3 beschrieben.

Gestaltung der Oberfläche

Eine der Dateien ist die *Xresources*. Hier werden unter anderem die Größe, Texte, Farben und Schriftarten des Login-Fensters festgelegt. In der Datei *Xsetup_0* können Programme angegeben werden, die gestartet werden, bevor das Login-Fenster erscheint. Ein eigenes Hintergrundbild kann somit erzeugt werden, indem dort ein entsprechendes Programm aufgerufen wird. Welche Programme dafür geeignet sind, wird im Abschnitt *Richten Sie sich den Desktop gut ein* beschrieben. Nach der Installation wird dort stattdessen das Programm *xbanner* ausgeführt, das für die Darstellung des bisherigen Hintergrundbildes verantwortlich ist. Bei der Entscheidung für eine von KDE bestimmte X Window-Oberfläche finden Sie Informationen zu diesem Thema in Kapitel 11.14 ab Seite 731.

S.u.S.E.-Tipp

In der Datei */usr/X11R6/lib/X11/Xsetup_0* wird zu Anfang jeder X Window-Session *xconsole* gestartet. Falls gewünscht, ist es leicht zu unterbinden, indem diese Datei editiert wird und die drei Zeilen vor dem *exit 1* durch Voranstellen des Zeichens # zu einem Kommentar gemacht werden. Dies sieht dann so aus:

```
#exec $xconsole -geometry 480x130-0-0 \
#     -daemon -notify -nostdin -verbose -exitOnFail
#$xmessage -timeout 10 -default okay -center "$0: $xconsole failed."
exit 1
```

So bleibt diese Befehlssequenz erhalten und kann als Vorlage dienen, wenn stattdessen ein anderes Programm gestartet werden soll.

Komfortable Bedienung mit dem richtigen Window-Manager

Nach den bisherigen Schritten sollten Sie nun ein lauffähiges X Window-System mit einer funktionsfähigen Maus und einer geeigneten Tastaturbelegung konfiguriert haben. Beim Starten des Systems wird ein so genannter Window-Manager aufgerufen, der die Gestaltung und Bedienung der Oberfläche während der gesamten Sitzung bestimmt.

Neben dem voreingestellten Window-Manager gibt es noch weitere, unter denen Sie denjenigen auswählen sollten, der Ihnen am besten gefällt. Die Festlegung des Window-Managers wird nicht systemübergreifend vorgenommen, sondern jeder Benutzer kann seinen eigenen Favoriten verwenden.

Nach einer Standardinstallation, bei der Sie sich entschieden haben, X beim Booten automatisch zu starten, gelangen Sie in ein grafisches Login, bei dem Sie den Benutzernamen und das Passwort angeben müssen. Dort können Sie auf einfache Weise verschiedene Window-Manager bzw. Desktops auswählen, um diese einmal kennen zu lernen.

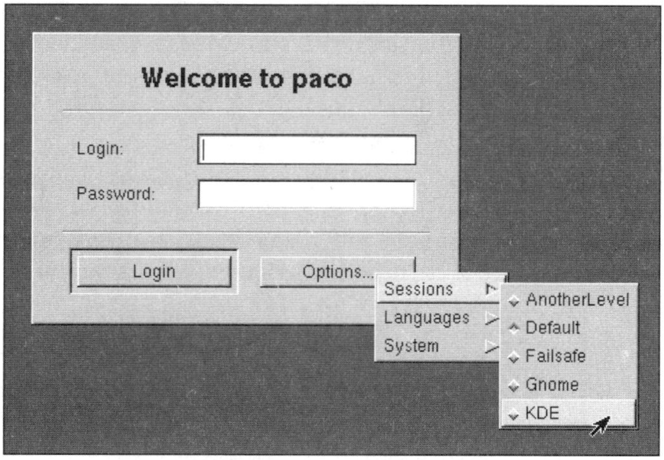

Die Auswahl der Sitzung mit gdm

Denn dort finden Sie eine Schaltfläche mit der Beschriftung *Options*. Nach dem Anklicken dieser Schaltfläche ist im Untermenü *Sessions* eine Auswahl der verfügbaren Window-Manager zu finden: GNOME wird im folgenden Abschnitt eingeführt, eine ausführliche Beschreibung zu KDE finden Sie in Kapitel 11. Hinter der Bezeichnung *AnotherLevel* verbirgt sich der Standard-Window-Manager der Redhat-Distribution. Über *Default* ist nach der Standardinstallation ebenfalls *GNOME* zu erreichen. Nach dem Anklicken von *Failsafe* erhalten Sie nur eine Textkonsole, in der Befehle eingegeben werden können, um beispielsweise die Fehlkonfiguration eines Window-Managers beheben zu können.

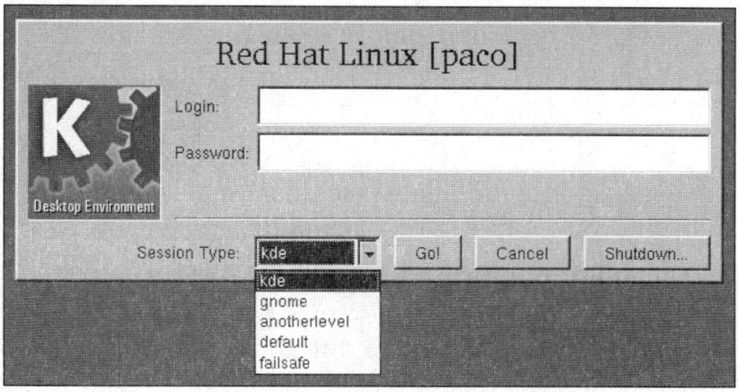

Die Auswahl der Sitzung mit kdm

Falls bereits der Display-Manager wie vorher beschrieben gegen den *kdm* von KDE ausgewechselt worden ist, erfolgt die Auswahl der X-Oberfläche über einen Klick auf den Pfeil rechts neben dem Feld *Session Type*. Standardmäßig erscheint natürlich *kde* als aktuelle Auswahl im Fenster. Die anderen angebotenen Oberflächen unterscheiden sich nicht von denen des *gdm*.

Tipp

Ändern der Voreinstellung *default*

Wenn mit dem Display-Manager von KDE *Session Type/default* ausgewählt wird, erscheint wider Erwarten nicht die KDE-Oberfläche, sondern es wird *Enlightenment* gestartet und der GNOME-Desktop aktiviert. Dies ist darauf zurückzuführen, dass in der Datei */etc/X11/xinit/Xclients* bei der Angabe eines nicht vorhandenen Window-Managers automatisch eine *Gnome-Session* gestartet wird. Dies ist leicht zu ändern, indem die Datei */etc/X11/xinit/Xclients* editiert wird. Öffnen Sie sie mit einem Editor, nachdem Sie sich als *root* angemeldet haben, und blättern Sie vor bis zur Zeile 30. Dort sehen Sie

```
    # by default, we run GNOME.
    if which $GSESSION >/dev/null 2>&1; then
exec 'which $GSESSION'
    fi

    # if GNOME isn't installed, try KDE.
    if which $STARTKDE >/dev/null 2>&1; then
exec 'which $STARTKDE'
    fi
```

Ändern Sie diesen Abschnitt der Datei so, dass er wie folgt aussieht:

```
    # by default, we run KDE.
    if which $STARTKDE >/dev/null 2>&1; then
exec `which $STARTKDE`
    fi

    # if KDE isn't installed, try GNOME.
    if which $GSESSION >/dev/null 2>&1; then
exec `which $GSESSION`
    fi
```

Nachdem die Datei abgespeichert ist, wird bei jedem neuen Login als voreingestellter Sitzungstyp KDE aufgerufen. Dies ist insbesondere dann der Fall, wenn der ausgewählte Window-Manager nicht auf dem System installiert ist oder er nicht korrekt installiert wurde.

Wie Sie im Allgemeinen die Auswahl zwischen Window-Managern treffen können, wird eins der Themen dieses Unterkapitels sein. Die aufgeführten Window-Manager sind sehr flexibel konfigurierbar und bieten Funktionalitäten, die einem Linux-Neuling erst einmal unbekannt sind. Eine Beschreibung der Features wird Ihnen helfen, die Oberfläche effizient zu gestalten.

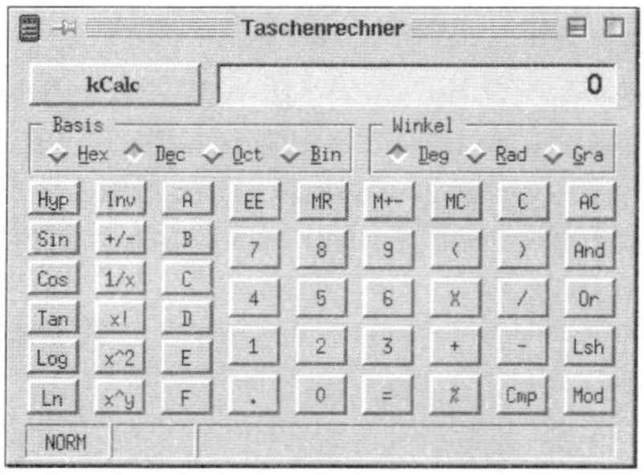

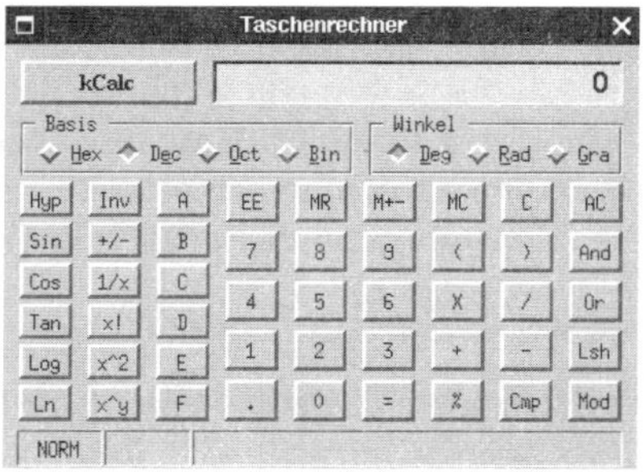

Der KDE-Taschenrechner mit kdm ... *... und mit WindowMaker*

Die Unterschiede zwischen den Window-Managern und den Desktop-Systemen liegen nur in der Bedienung, der optischen Erscheinung und der globalen Funktionalitäten der Oberflächen. Sie haben keinen Einfluss auf die Programme, die unter den verschiedenen Window-Managern aufgerufen werden. Diese sind unter allen Window-Managern gleich bedienbar, da diese nur auf die Funktionen des X Window-Systems angewiesen sind. Dies bedeutet insbesondere, dass viele Einstellungen zentral, also unabhängig von den Window-Managern, verwaltet werden. Dazu gehören unter anderem Farben, Schriften und die Tastaturbelegung. Diese können somit allgemeingültig beschrieben werden. Diesem übergreifenden Thema widmet sich das Unterkapitel 10.10.

Für alle X Window-Programme kann ein Eintrag in den Menüs des Window-Managers generiert werden, damit diese leicht über die Oberfläche erreichbar sind. Ein Teil der Menüeinträge wird global vorgegeben. Jeder Benutzer kann aber auch eigene Einträge hinzufügen.

Die verschiedenen Window-Manager

Seit der Version 6.0 ist mit dem als neuer Standardoberfläche eingesetztem Desktop-System GNOME eine Entkopplung des Desktops vom Window-Manager vorgenommen worden. Das Fenstermanagement wird von Enlightenment besorgt und für das Aussehen Ihrer Arbeitsfläche sind die entsprechenden Module von GNOME verantwortlich. Gleiches gilt für das sich schnell entwickelnde KDE. Beide haben gemeinsam, dass sie nicht anderen grafischen Oberflächen hinsichtlich der Optik und Bedienung nachempfunden wurden, sondern dass vielmehr die Interaktionen zwischen laufenden Anwendungen Unterstützung erfahren wie zum Beispiel Drag & Drop.

Der Window-Manager *fvwm* erfreute sich bis zur Version 6.0 von RedHat großer Beliebtheit und wurde in diesen Distributionen als Standard-Window-Manager eingesetzt. Genauer gesagt sind drei Varianten des *fvwm* verfügbar, der ursprüngliche *fvwm*, die neuere Version *fvwm2* und schließlich der *fvwm95*, der die von Windows 95 eingeführte *Start*-Leiste anbietet. Außerdem steht der AfterStep-Window-Manager als der Nachfolger des *bowman*-Window-Managers zur Verfügung. Beide sind der Oberfläche *NeXTSTEP* nachempfunden.

In den Auswahlmenüs sowohl von *kdm* als auch *gdm* ist *AfterStep* nicht enthalten. Dies kann aber leicht nachgeholt werden. Bevor wir damit beginnen, prüfen Sie nach, ob *AfterStep* mit installiert wurde. Falls auf das Kommando *ls /usr/X11R6/bin/afterstep* die Ausgabe

```
/usr/X11R6/bin/afterstep*
```

erscheint, können die anschließenden Schritte ausgeführt werden. Andernfalls muss mit *rpm* oder besser noch *kpackage* das Paket nachinstalliert werden.

1 Melden Sie sich als *root* in KDE an.

2 Starten Sie über den KDE-Startschalter *Login Manager* aus dem Menü *Einstellungen/Anwendungen*.

3 Wählen Sie *Sitzungen* aus und tragen Sie im Textfeld *Neuer Typ* AfterStep wie abgebildet ein. Danach klicken Sie auf *Hinzufügen*.

  Danach müssen die Schaltflächen *Übernehmen* und *OK* angeklickt werden.

4 Rufen Sie eine Terminalemulation (*konsole* oder *xterm*) auf.

5 Wechseln Sie in das Unterverzeichnis */etc/X11/xdm* und öffnen Sie die Datei *Xsession*:

  cd /etc/X11/xdm
  joe Xsession

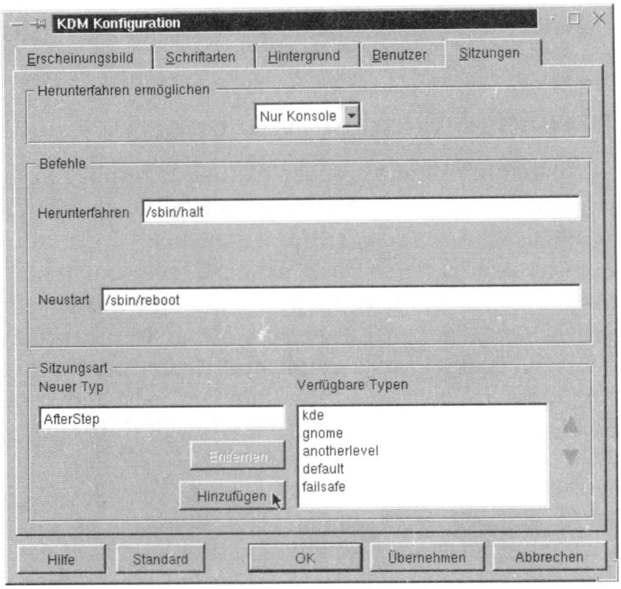

AfterStep wird in das Sitzungsmenü aufgenommen

6 Im Bereich um Zeile 55 steht

```
anotherlevel)
        # we assume that switchdesk is installed.
        exec /usr/share/apps/switchdesk/Xclients.anotherlevel
        ;;
esac
```

Vor dem Shell-Kommando *esac* fügen Sie folgende Zeilen ein:

```
afterstep | AfterStep)
        exec /usr/X11R6/bin/RunWM --AfterStep
        ;;
```

7 Speichern Sie die Datei ab und beenden Sie KDE.

Nachdem nun wieder der Display-Manager die Regie übernommen hat, kann sofort das Resultat der Änderungen begutachtet werden. Beim Klick auf den Pfeil rechts neben dem Feld *Session Type* ist nun auch *AfterStep* aufgeführt.

Das angereicherte Auswahlmenü der Sitzungen

Wenn Sie diesen neuen Sitzungstyp auswählen und sich einloggen, erscheint das nachfolgende Bild. Das Menü erhalten Sie durch einen Klick mit der linken Maustaste auf den Bildschirmhintergrund.

Nicht enthalten sind in dieser Distribution der Tab-Window-Manager (*twm*), der *ctwm*, eine Erweiterung desselben, und der OpenLook-Window-Mana-

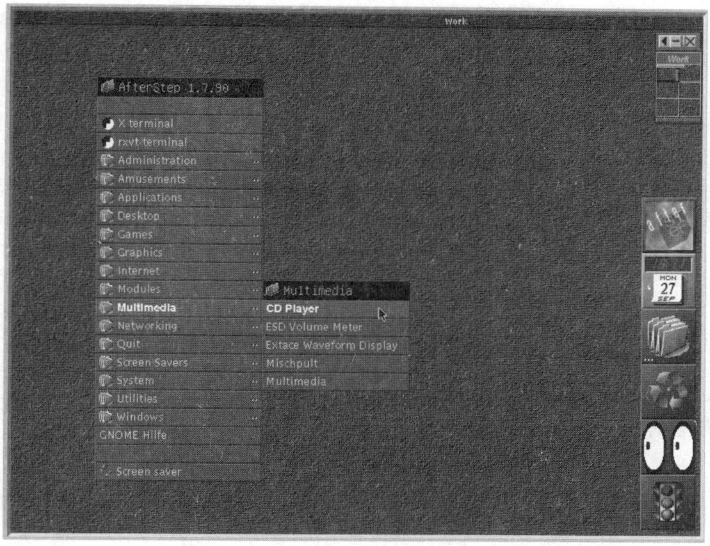

So sieht die Oberfläche aus, nachdem AfterStep ausgewählt wurde

ger (*olwm* bzw. *olvwm*), der die frühere Oberfläche einer Sun-Workstation nachbildet. Diese sind unter anderem über das Internet verfügbar, bieten aber seit längerem keine Vorteile mehr gegenüber den *fvwm*-Varianten und dem AfterStep-Window-Manager, denn über die Jahre wurden die Nachteile des einen Window-Managers gegenüber der Konkurrenz immer weiter ausgemerzt. Sie werden auch feststellen, dass sich *fvwm* und AfterStep sehr ähnlich konfigurieren lassen.

Durch die vielfältigen Konfigurationsmöglichkeiten lässt sich mit den beschriebenen Window-Managern effizient arbeiten, jedoch fehlt die Möglichkeit, mit Objekten auf der grafischen Oberfläche zu arbeiten. Dies war lange Zeit kommerziellen Produkten wie dem **C**ommon **D**esktop **E**nvironment (CDE) oder Looking Glas vorbehalten, die unter Linux installiert werden können. Mittlerweile sind auch frei verfügbare Window-Manager erhältlich, die diese Möglichkeiten bieten.

Eines dieser Produkte ist das **K** **D**esktop **E**nvironment (KDE) mit dem integrierten **K** **W**indow-**M**anager (*kwm*). Es ermöglicht unter anderem das Arbeiten mit Objekten, die Generierung allgemeiner Eigenschaften aus Schablonen und die Auslösung von Aktionen durch Drag & Drop. Wie der Name schon sagt, handelt es sich hierbei um eine Umgebung, in der viele Programme integriert sind. Es wird auf ein einheitliches Aussehen und eine gleiche Bedienung geachtet. Insbesondere wegen der erweiterten Funktionalität ist es eine attraktive Alternative. Eine ausführliche Beschreibung dieser Umgebung ist in Kapitel 11 zu finden.

Eine weitere Umgebung, die diese Möglichkeiten bietet, ist das **G**NU **N**etwork **O**bject **M**odel **E**nvironment (GNOME). GNOME wird in dieser Distribution standardmäßig mit dem Window-Manager *Enlightenment* verwendet, obwohl auch andere Window-Manager in Kombination mit *GNOME* eingesetzt werden können. Ein Beispiel hierfür ist *WindowMaker*, der ebenfalls Bestandteil dieser Distribution ist. Dieser Window-Manager unterstützt auch KDE und kann gegen den *kdm* ausgetauscht werden. Um *WindowMaker* in das Auswahlmenü des Display-Managers aufzunehmen und auszuprobieren, ist wie anhand der Beschreibung zu *AfterStep* vorzugehen, wobei natürlich die Bezeichnung AfterStep durch WindowMaker zu ersetzen ist.

Für den Fall, dass *WindowMaker* bei der Paketauswahl nicht berücksichtigt wurde, sind noch folgende Pakete wie angegeben nachträglich von der Installations-CD zu installieren:

rpm -i WindowMaker-0.52.0-2.i386.rpm
rpm -i wmakerconf-1.99.1-1.i386.rpm
rpm -i wmakerconf-data-0.53.0p2-2.i386.rpm

S.u.S.E.-Hinweis

SuSE hat die WindowMaker-Pakete in der Distribution im Unterverzeichnis *xwm1* platziert. Dort heißen sie *wmaker.rpm* und *wmaconf.rpm* und sind wie vorstehend beschrieben zu installieren. Die Datei */usr/X11R6/lib/X11/xdm/Xsession* ist dabei nicht zu ändern, da SuSE ein anderes Startkonzept hat und *WindowMaker* schon vorgesehen ist.

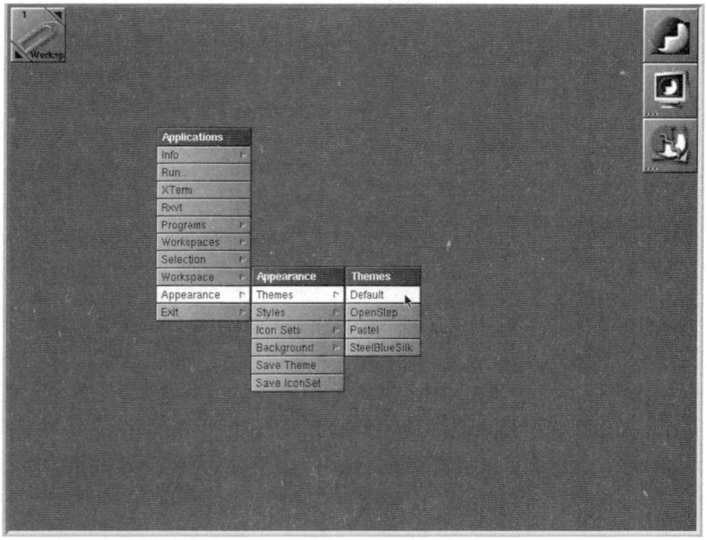

Der erste Bildschirm mit WindowMaker nach der Einrichtung. Das Menü erscheint auf einen Klick mit der rechten Maustaste auf den Bildschirmhintergrund

Hinweis

WindowMaker konfigurieren

Damit alle Benutzer auf dem Rechner, die den *WindowMaker* als Lieblings-Desktop auserkoren haben, die Oberfläche nach ihrem Geschmack und ihren Wünschen einrichten können, muss einmalig das Programm *wmaker.inst* aufgerufen werden. Dadurch werden die Standardeinstellungen der Konfiguration übernommen und innerhalb des eigenen Verzeichnisses unter *~/GNUstep/Library/WindowMaker* angelegt.

Die persönlichen Einstellungen werden mit dem Programm *wmakerconf* vorgenommen, das von der X-Oberfläche aus einer Terminalemulation mit dem Kommando *wmakerconf* aufgerufen wird. Da es unter Umständen öfter genutzt werden wird, sollte es in die Symbolleiste am rechten Bildrand übernommen werden. Dies geschieht einfach, indem das Icon, das nach dem Start von *wmakerconf* unten am Bildschirm auftaucht, mit der mittleren Maustaste an das Ende der Menüleiste gezogen wird.

Im Folgenden wird nun der Fokus auf die ausgewählten Window-Manager der Red Hat-Distribution gelegt, den *fvwm*- und den AfterStep-Window-Manager. Es sei noch erwähnt, dass durch Red Hat umfangreiche Konfigurationsmöglichkeiten für den *fvwm* geschaffen wurden, sodass für das Gesamtpaket aus *fvwm*, erweiterter Konfiguration und den Konfigurationsprogrammen der Name *AnotherLevel-Desktop* verwendet wird. Insgesamt sind aber nur wenige der folgenden Beschreibungen ausschließlich für diese Window-Manager gültig.

Verwaltungsaufgaben der Window-Manager

Die Window-Manager bieten unterschiedliche Möglichkeiten, mit Fenstern umzugehen und zwischen diesen zu wechseln. Viele Programme können auf verschiedene Arten über Menüs oder Symbolleisten gestartet werden. Viele Window-Manager, wie *fvwm*, AfterStep und *kwm*, bieten virtuelle Arbeitsflächen an, zwischen denen umgeschaltet werden kann. Die Bedienung mit Maus und Tastatur kann sehr frei konfiguriert werden, nur wenige Kombinationen sind fest vorgegeben. Die verschiedenen Konfigurationsmöglichkeiten werden nun in den folgenden Abschnitten genauer beschrieben.

Das Arbeiten mit Fenstern

Zunächst können Fenster wie üblich verschoben, vergrößert, verkleinert, geschlossen oder als Symbol in den Hintergrund gelegt werden. Falls mehrere Arbeitsbereiche nebeneinander verwendet werden, können Fenster als *sticky* festgelegt bzw. angepinnt werden, sodass diese auf allen Arbeitsbereichen sichtbar sind. Zum Beispiel stehen dadurch Symbolleisten oder Uhren in jedem Arbeitsbereich zur Verfügung.

Es wird eine Hierarchie von Fenstern dadurch erzeugt, dass ein Fenster hinter dem anderen liegt. Es stehen bequeme Funktionen zur Verfügung, mit denen das oberste Fenster in der Hierarchie nach ganz hinten oder das hinterste Fenster in den Vordergrund geholt werden kann. Eine weitere Möglichkeit, zu einem anderen Fenster umzuschalten, bietet eine Liste aller Fenster, aus der das gewünschte Fenster ausgewählt werden kann. Eine solche Aufreihung aller Fenster ist zum Beispiel wie die bekannte Windows 95-Startleiste angelegt, oder sie wird bei einem Mausklick auf dem Hintergrund angezeigt.

Der Zugang zu diesen Funktionen ist frei konfigurierbar und kann schnell ausprobiert werden. Über das Symbol in der oberen linken Fensterecke sind Funktionen erreichbar, es können weitere Symbole am Fenster angebracht, die Titelleiste des Fensters mit Funktionen hinterlegt sein, und die Fensterränder und -ecken bieten weitere Möglichkeiten, um Funktionen unterzubringen.

Weitere Funktionen können konfiguriert sein, wenn in Kombination mit Titelleiste, Rändern und Ecken die Tasten [Umschalt], [Alt] und [Strg] bzw. Kombinationen aus diesen Tasten gedrückt werden. Diese Möglichkeiten werden normalerweise nicht ausgenutzt, alle wichtigen Funktionen sind auch auf einfache Weise erreichbar.

Die Aktivierung der Fenster kann auf verschiedene Weisen konfiguriert werden. Entweder wird ein Fenster durch einen Mausklick auf dasselbe aktiv oder durch die bloße Bewegung des Mauszeigers in das jeweilige Fenster. Zusätzlich kann eingestellt werden, dass das Fenster nach einer Aktivierung automatisch im Vordergrund angezeigt wird oder eben an der derzeitigen Stelle bleibt.

Starten von Programmen

Alle Applikationen können aus einer Textkonsole gestartet werden, die man zum Beispiel über das Programm *xterm* erhält. Viele Programme sind auch in Menüs und Symbolleisten abgelegt worden. Bei einer Oberfläche im Windows 95-Look ist eine Startleiste mit einem Menü vorhanden, das sich hinter der *Start*-Schaltfläche verbirgt. Weitere Menüs sind normalerweise über einen Mausklick auf den Desktop-Hintergrund erreichbar, über die anderen Maustasten können Sie zu anderen Menüs gelangen.

Arbeiten mit der Maus

In den Konfigurationen der Window-Manager werden viele Funktionen über die mittlere Maustaste angesprochen. Falls Sie nur eine Zwei-Tasten-Maus besitzen, können Sie die Belegungen natürlich umkonfigurieren. Im Abschnitt *Arbeiten mit drei Maustasten* in Kapitel 10.6, auf Seite 606 wird aber auch die Möglichkeit beschrieben, eine dritte Maustaste bei einer Zwei-Tasten-Maus zu emulieren.

Unter X Windows können Texte leicht zwischen Applikationen ausgetauscht werden. Dazu wird bei gehaltener linker Maustaste ein Text markiert und mit der mittleren Maustaste in einer anderen Applikation eingefügt. Ein Doppelklick mit der linken Maustaste markiert in der Regel ein ganzes Wort und ein Dreifachklick die gesamte Zeile.

Virtueller Arbeitsbereich

Die Größe der sichtbaren Arbeitsoberfläche ist natürlich auf die eingestellte Auflösung beschränkt. Damit ist nur ein begrenzter Bereich für die Anordnung von Fenstern vorhanden. Dadurch werden Fenster entweder von anderen Fenstern verdeckt, oder sie liegen nicht sichtbar als Symbol auf der Oberfläche. Gelegentlich müssen aber Werte in zwei Fenstern verglichen werden, oder man möchte möglichst schnell den Fortschritt eines Programms in einem anderen Fenster sehen, zum Beispiel ein Download aus dem Internet.

Eine Möglichkeit, den Arbeitsbereich virtuell zu vergrößern, wurde bereits in Kapitel 10.8, Abschnitt *Schritt 6: Auflösung, Farbtiefe und virtuelle Bildgröße* vorgestellt. Damit konnte der Arbeitsbereich zum Beispiel von der eingestellten Auflösung von 1024 x 768 Pixeln auf einen Bereich von 1500 x 1000 Pixeln vergrößert werden. Beim Erreichen der Bildgrenzen verschiebt sich der dargestellte Bereich.

Von diesen Arbeitsbereichen, seien sie vergrößert oder nicht, können mehrere nebeneinander existieren. Man spricht dann von virtuellen Arbeitsbereichen oder Virtual Desktops. Die verschiedenen Window-Manager bieten unterschiedliche Möglichkeiten an, um zwischen den Arbeitsbereichen umzuschalten. Einige zeigen zum Beispiel eine Übersicht über alle Arbeitsbereiche. Über einen Mausklick in diese Übersicht kann zwischen den verschiedenen Bereichen umgeschaltet werden. Andere Manager bieten Schaltflächen in einer Menüleiste an, um zwischen den Bereichen umzuschalten. Bei häufiger Verwendung dieses Features bietet es sich an, die Tastenkombinationen für das Umschalten zu verwenden bzw. diese festzulegen.

Auswahl eines Window-Managers

Sofern X Window mit *startx* gestartet wird und bei der Installation kein bevorzugter Window-Manager angegeben und weder GNOME noch KDE installiert wurde, werden die älteren Window-Manager das Kommando übernehmen. Sie sind in der RedHat-Distribution so aufeinander abgestimmt, dass der Window-Manager bei laufendem X Window-System umgeschaltet werden kann. In der nächsten Sitzung wird dann der Window-Manager verwendet, der beim Verlassen des X Window-Systems verwendet wurde. Dieser Mechanismus ist im Allgemeinen nicht selbstverständlich unter Linux. Normalerweise wird die Auswahl über verschiedene Konfigurationsdateien getroffen, die bei einem Start des X Window-Systems gelesen werden.

Für den Anwender ist es natürlich angenehm, dass die Einstellungen in diesen Dateien automatisch vorgenommen werden. Gleichzeitig bedeutet dies, dass der Anwender gegebenenfalls Einstellungen ändert und dieser Mechanismus nicht mehr funktioniert. Spätestens dann ist ein Verständnis für die

Konfigurationsmöglichkeiten erforderlich. Diesem Thema widmet sich nun der zweite Teil dieses Abschnitts, der aber erst einmal übersprungen werden kann.

Sind jedoch entweder GNOME oder KDE installiert worden, wird eines der beiden Desktop-Systeme die X-Oberfläche bestimmen, wobei RedHat GNOME den Vorzug gibt. Um dieses Verhalten zu ändern, sind umfangreiche Änderungen in verschiedenen X-Systemdateien vorzunehmen. Aus diesem Grund ist die Verwendung eines Display-Managers grundsätzlich vorzuziehen. Es wurde bereits beschrieben, wie einfach die Aufnahme eines weiteren Window-Managers in das Menü von *kdm* oder *gdm* ist. Trotzdem wird nachfolgend beschrieben, wie *X* ohne KDE und GNOME betrieben werden kann.

Wechsel des Window-Managers

Ohne KDE und GNOME ist zunächst der *fvwm95* eingestellt, der, wie bereits erwähnt, unter dem Namen *AnotherLevel* geführt wird. Nach dem Start des X Window-Systems wird bei diesem Window-Manager eine Start-Leiste im Windows 95-Stil angeboten. Über die *Start*-Schaltfläche und die Menüpunkte *Preferences* und *WM Style* erreichen Sie den Befehl Afterstep für die Umschaltung zum AfterStep-Window-Manager.

Nach Auswahl dieses Befehls bleiben alle Applikationen in den verschiedenen Fenstern aktiv, nur das Aussehen und die Bedienung der Oberfläche ändert sich. Unter anderem verschwindet die Start-Leiste und es erscheint eine neue Schaltflächenleiste am rechten Bildrand. Ähnlich zu dem Programmauswahlmenü, das vorher über die *Start*-Schaltfläche zugänglich war, erscheint hier durch einen Mausklick mit der linken Taste auf dem Hintergrund der Arbeitsoberfläche ein Auswahlmenü. Dort gibt es unter dem Menüpunkt *Quit* das Kommando *Restart with AnotherLevel,* über das zum vorherigen Window-Manager umgeschaltet werden kann. Interessant sind auch die diversen Möglichkeiten, über die Menüpunkte *Desktop* und *Look* bzw. *Desktop* und *Feel* das Aussehen und die Bedienung des Window-Managers AfterStep zu beeinflussen.

Der jeweils ausgewählte Window-Manager wird in die Datei *.wm_style* im Home-Verzeichnis des Anwenders abgelegt. Für den Window-Manager AfterStep wird der Eintrag *afterstep* und für die *AnotherLevel*-Oberfläche der Eintrag *Fvwm95* vorgenommen. Diese Eintragungen können natürlich auch von Hand gemacht werden und sie beeinflussen den Startvorgang des X Window-Systems, der im folgenden Abschnitt erläutert wird.

Der Startvorgang des X Window-Systems

Zum Starten des X Window-Systems wird das Kommando *startx* verwendet. Es wird dann überprüft, ob im Home-Verzeichnis des Anwenders eine Datei mit dem Namen *.xinitrc* existiert. Falls ja, werden die Befehle in dieser Datei gelesen und ausgeführt. Ein solche Datei kann zum Beispiel das folgende Aussehen haben.

```
#!/bin/sh
```

```
xterm &
xclock &

fvwm
```

Zunächst wird hier festgelegt, dass die Befehle in dieser Datei unter dem Shell-Programm */bin/sh* ausgeführt werden. Dann werden zwei Programme auf der X-Oberfläche gestartet, eine Textkonsole *xterm* und eine Uhr *xclock*. Mit dem Zeichen & werden die Programme als eigenständige Prozesse erzeugt. Abschließend wird der Window-Manager *fvwm2* aufgerufen, dessen Beendigung auch das Ende der X Window-Sitzung bedeutet.

Falls die Datei *.xinitrc* nicht existiert, werden die allgemeinen Initialisierungsdateien im Verzeichnis */etc/X11/xinit* verwendet. Dort befindet sich eine Datei mit dem ähnlichen Namen *xinitrc*. Diese wird als Erstes ausgeführt. In den Einstellungen der Red Hat-Distribution wird dort auf die Datei *Xclients* im selben Verzeichnis verwiesen. Im vorliegenden Fall werden in der Datei *xinitrc* allgemeine Ressourcen des X Window-Systems festgelegt, während in der Datei *Xclients* der Window-Manager ausgewählt wird.

Zur Auswahl des Window-Managers wird zunächst in der beschriebenen Datei *.wm_style* nach dem Eintrag *afterstep* gesucht. Falls der Eintrag fehlt, wird der *fvwm95* gesucht und gegebenenfalls gestartet. Als Notlösung ist noch der Rückfall auf den *fvwm2* und den *twm* vorgesehen. Diese Konfigurationen kommen aber im Normalfall nicht zum Tragen.

Menüauswahl für Programme

Die Zusammenstellung der Programme in den Menüs erfolgt bei jedem Start des Window-Managers. Hierfür ist das Programm *wmconfig* verantwortlich, das die Einträge generiert. Es bedient sich der Einträge im Verzeichnis */etc/X11/wmconfig*. Für jeden Eintrag im Menü kann dort eine Datei mit den folgenden Einträgen angelegt werden:

name	**Der Applikationsname, der im Menü angezeigt wird.**
icon	Der Dateiname eines Symbols für diese Applikation, z. B. aus `/usr/share/icons`.
mini-icon	Der Dateiname eines kleinen Symbols, das im Menü angezeigt wird, z. B. aus `/usr/share/icons/mini`.
copy	Nicht aufgeführte Einstellungen können von anderen Paketen übernommen werden, die hierüber angegeben werden.
exec	Der Befehl, der bei Auswahl dieses Eintrags ausgeführt werden soll.
group	Die Anordnung des Eintrags im Menü.

Es könnte z. B. die Datei */etc/X11/wmconfig/netscape* für den Netscape Navigator angelegt und das Symbol *mini-netscape.xpm* mit dem Namen *Netscape*

Navigator im Menüpunkt *Netzwerk* mit den folgenden Einträgen in dieser Datei generiert werden.

```
netscape-navigator name "Netscape Navigator"
netscape-navigator mini-icon "mini-netscape.xpm"
netscape-navigator group Netzwerk
netscape-navigator exec "/usr/bin/netscape-navigator"
```

Zu den allgemein angelegten Menüeinträgen können eigene hinzugefügt werden. Dazu muss ein Unterverzeichnis im Home-Verzeichnis mit dem folgenden Befehl angelegt werden.

mkdir ~/.wmconfig

In diesem Verzeichnis werden auf die gleiche Weise Dateien für die Menüeinträge abgelegt, die dann vom Programm *wmconfig* integriert werden.

Nachdem so viel über die altbewährten und ausgereiften Window-Manager geschrieben und gelesen wurde, soll doch nochmal auf KDE eingegangen werden.

▼▼▼ EXKURS

KDE und WindowMaker

Die dynamische Entwicklung dieses Desktop-Systems und die voranschreitende Zusammenarbeit der Entwickler mit denen von GNOME lenkt automatisch den Blick auf den Window-Manager, mit dem beide Systeme arbeiten können: *WindowMaker*.

Ausgehend davon, dass wie auf Seite 592 beschrieben *WindowMaker* installiert wurde, soll in diesem Exkurs eine Variante von KDE eingerichtet werden, die nicht mit dem originären Window-Manager läuft. Obwohl die Versionsnummer von *WindowMaker* noch mit einer *0* beginnt, ist die Zusammenarbeit mit KDE schon sehr stabil.

Zunächst wird unter KDE mit dem *Login Manager* ein neuer Sitzungstyp *kde-wm* eingerichtet, wozu Sie als *root* angemeldet sein müssen:

1. Starten Sie über den KDE-Startschalter *Login Manager* aus dem Menü *Einstellungen/Anwendungen*.
2. Wählen Sie *Sitzungen* aus und tragen Sie im Textfeld *Neuer Typ* „kde-wm" ein. Danach klicken Sie auf *Hinzufügen*. Anschließend müssen die Schaltflächen *Übernehmen* und *OK* angeklickt werden.
3. Rufen Sie eine Terminalemulation (*konsole* oder *xterm*) auf.
4. Wechseln Sie in das Unterverzeichnis */etc/X11/xdm* und öffnen Sie die Datei *Xsession*:

   cd /etc/X11/xdm
   joe Xsession

5 Im Bereich um Zeile 54 steht

```
    gnome)
exec gnome-session
;;
```

Dahinter fügen Sie folgende Zeilen ein:

```
    kde-wm)
exec startkde-wm
;;
```

6 Speichern Sie die Datei ab und beenden Sie KDE.

7 Wechseln Sie in das Verzeichnis */usr/bin*

cd /usr/bin

8 Kopieren Sie die Datei *startkde* als *startkde-wm* und öffnen Sie die kopierte Datei mit einem Editor Ihrer Wahl. Im Beispiel wird der Editor *joe* benutzt.

cp startkde startkde-wm joe startkde-wm

9 Wichtig ist, dass die Zeile 20 auskommentiert wird und am Ende statt *kwm* der Window-Manager *wmaker* gestartet wird. Das Skript sollte dann folgendes Aussehen haben:

```
#!/bin/sh
#
#  DEFAULT KDE STARTUP SCRIPT ( KDE-1.1 ) using WindowMaker
#

# initialize the configuration first.

kcontrol -init

# Start the common desktop tools in the background.
# The sleeps reduce disk usage during startup.
# kaudioserver will put itself in the background automagically

sleep 1 ; kaudioserver
(sleep 1 && exec kwmsound) &

# Add -ncols 96 after kfm if using a 8-bit display
(sleep 1 && exec kfm) &

#(sleep 1 && exec krootwm) &
(sleep 1 && exec kpanel) &
(sleep 3 && exec kbgndwm) &

# finally, give the session control to the window manager

sleep 2 ; exec wmaker
```

10 Speichern Sie die Datei und beenden Sie den Editor.

11 Stellen Sie sicher, dass das Script von allen Kennungen ausgeführt werden kann:

chmod 755 startkde-wm

Damit ist nun dafür gesorgt, dass alle Benutzerinnen und Benutzer auf Ihrem Linux-Rechner unter KDE mit *WindowMaker* arbeiten können. Beim nächsten Start des Display-Managers *kdm* kann der Sitzungstyp *kde-wm* erfolgreich ausgewählt werden.

Auswahlmenü der Sitzungstypen mit kde-wm

Jeder Benutzer, der nun zum ersten Mal *kde-wm* als Oberfläche ausgewählt und sich angemeldet hat, erhält einen Desktop, der sowohl die Elemente von KDE als auch die von WindowMaker enthält. Um nur die Desktop-Eigenschaften von KDE zu verwenden, sind noch einige Maßnahmen notwendig:

1. Starten Sie eine Terminalemulation entweder über den KDE-Startschalter oder durch Klick mit der rechten Maustaste auf den Bildschirmhintergrund und Ziehen des Cursors auf *XTerm* im abgeklappten Menü.

2. Falls Sie bisher noch nicht die Installationsroutine von *WindowMaker* aufgerufen haben, geben Sie das Kommando *wmaker.inst* ein und drücken die Eingabetaste. Falls eine Frage wie

   ```
   Du you wish to replace it <y/n/a> [n]
   ```

   im Terminal ausgegeben wird, können Sie getrost „a“ eingeben, wodurch die Standardeinstellungen übernommen werden.

   Zum Schluss der Einrichtung wird danach gefragt, ob noch Einstellungen in den persönlichen Startskripts für X Window geändert werden sollen. Drücken Sie hier Strg+C.

3. Nun starten Sie das Konfigurationstool für *WindowMaker* mit dem Kommando *wmakerconf*, worauf das folgende Fenster erscheint:

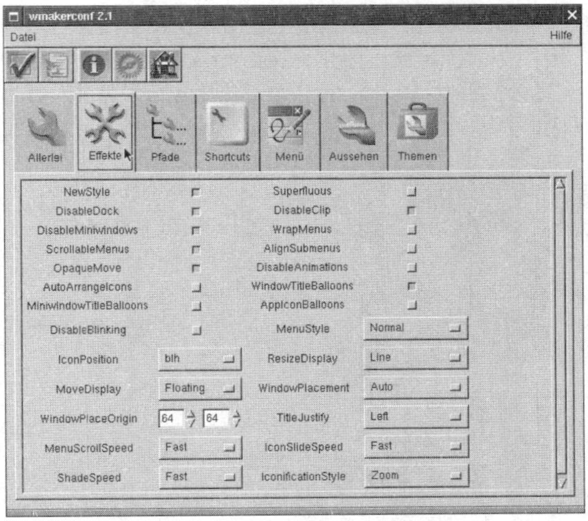

Konfigurationsprogramm für WindowMaker

In diesem Bild ist bereits dargestellt, welche Einstellungen für *Effekte* vorgenommen werden müssen, um die eingangs dargestellte Wirkung zu erzielen. Sie erreichen dieses Menü durch einen Klick mit der linken Maustaste auf das Feld *Effekte*. Die Einstellungen sind durch einen Klick auf die Kontrollkästchen rechts neben den zugehörigen Optionen ein- oder auszuschalten. Eingeschaltet sind sie, wenn der jeweilige Schalter eingedrückt ist.

4 Klicken Sie nun auf das Auswahlfeld *Allerlei* und aktivieren Sie den Schalter der Optionen *SaveSessionOnExit*.

5 Speichern Sie die Änderungen ab, indem Sie auf *Datei* oben links im Fenster und dann im aufgeklappten Menü auf *Beenden* klicken. Beantworten Sie die Frage, ob vor dem Beenden gespeichert werden soll, mit *Ja*.

6 Damit die Bildschirmhintergründe von KDE und nicht von *WindowMaker* verwaltet werden, muss noch eine Änderung in der Datei *~/GNUstep/Defaults/WindowMaker* vorgenommen werden. Öffnen Sie die Datei mit einem Editor und blättern Sie vor bis zum Ende. Die letzten Zeilen sehen so aus:

```
    WorkspaceBack = (solid, "#243e6c");
    NewStyle = Yes;
    AutoFocus = Yes;
}
```

Ändern Sie die Zeile mit „WorkspaceBack“ in

```
    WorkspaceBack = (none);
```

Nun speichern Sie die Datei und beenden den Editor.

7 Falls bereits unter dem ursprünglichen KDE mehrere virtuelle Desktops eingerichtet worden sind, muss dies nun nachvollzogen werden.

Zur Erzeugung der virtuellen Bildschirme klicken Sie mit der rechten Maustaste auf den Bildschirmhintergrund und ziehen den Cursor auf *Workspaces/Neu*. Dies wiederholen Sie für so viele virtuelle Desktops wie eingerichtet werden sollen.

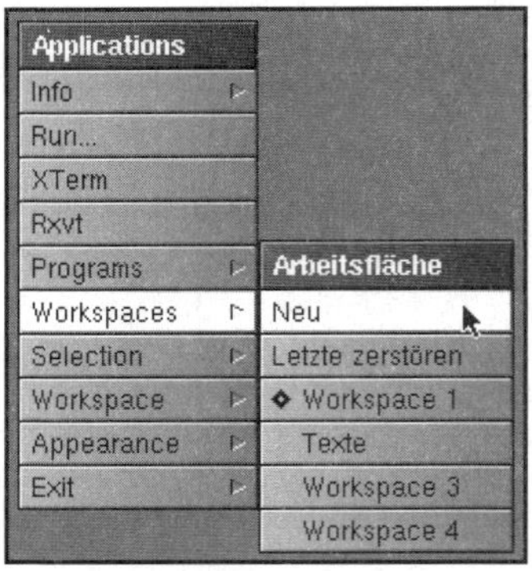

Hier sind vier „Schreibtische" eingerichtet worden

Eigentlich empfiehlt es sich ohnehin, mehrere Desktops einzurichten. Einerseits weil der Bildschirm bei gleichzeitiger Verwendung vieler Programme übersichtlich bleiben kann, indem die Programme auf die Desktops verteilt werden, andererseits weil es speziell für Umsteiger aus der Windows-Welt eine angenehme neue Erfahrung sein kann.

8 Da die durchgeführten Änderungen erst nach der Beendigung der Sitzung wirken, muss nun die Oberfläche verlassen werden. Dies geschieht entweder über das Startmenü von KDE mit *Abmelden* oder durch einen Klick auf die KDE-Exit-Schaltfläche.

Hinweis

Desktops bei KDE und WindowMaker

Wie bereits zu Anfang dieses Exkurses erwähnt, ist *WindowMaker* noch in der Entwicklung und bis zur Version 1.0 gibt es noch einiges zu tun. Dazu gehört auch die Behandlung der virtuellen Desktops und deren Hintergrundgestaltung. Unter Umständen kann es vorkommen, dass die eingestellten Hintergründe beim Wechsel zwischen den Desktops nicht mehr ausgewechselt werden, insbesondere nach Aufruf von *wmakerconf*. Dies funktioniert aber wieder bei einer neuen Sitzung. Weiterhin kann gegenwärtig nur eine gerade Anzahl von Desktops verwaltet werden.

Nach einer erneuten Anmeldung mit *Session type: kde-wm* sieht die Oberfläche nun so aus wie die originale KDE-Oberfläche. Lediglich die Fensterdekorationen unterscheiden sich, ein neues Menü ist hinzugekommen und einige Funktionen haben sich verändert.

Exkurs-Ende

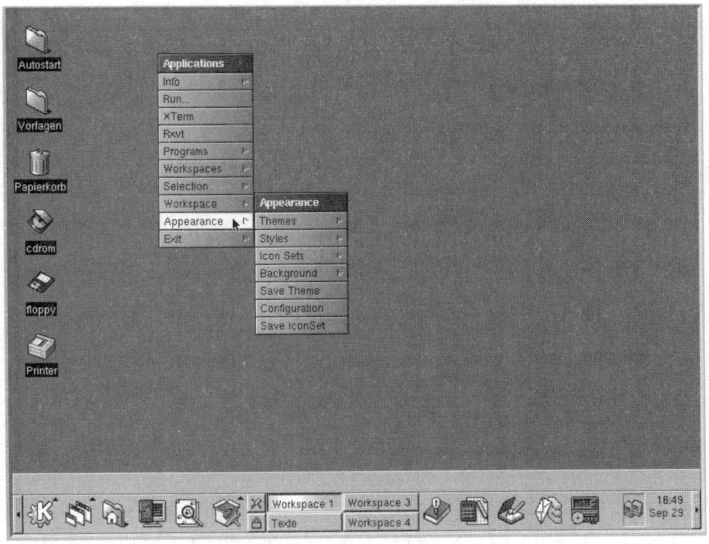

KDE mit dem Window-Manager WindowMaker

Es gibt sicherlich viele rationale und irrationale Gründe, sich für einen Lieblings-Window-Manager zu entscheiden. Ein sehr rationaler kann die Orientierung am Speicherbedarf der Anwendung und natürlich am vorhandenen Arbeitsspeicher des eigenen Rechners sein. Eine kleine Entscheidungshilfe kann die nachfolgende Übersicht geben, die den Speicherbedarf der Anwendungen auf einem Pentium II mit 64 MByte RAM darstellt. Neben dem reinen System lief bei dem mit dem Kommando *free* festgestellten Status der Speicherbelegung nur noch ein *xterm*. Zugegeben, bei AfterStep schauten die *xeyes* zu.

GNOME

```
                total      used      free    shared   buffers    cached
Mem:            63200     61616      1584     37148      2512     40836
-/+ buffers/cache:        18268     44932
Swap:           65516       792     64724
```

KDE

```
                total      used      free    shared   buffers    cached
Mem:            63200     58040      5160     31488      1328     41400
-/+ buffers/cache:        15312     47888
Swap:           65516       816     64700
```

Enlightenment

```
                total      used      free    shared   buffers    cached
Mem:            63200     55584      7616     16952      1824     40536
-/+ buffers/cache:        13224     49976
Swap:           65516       960     64556
```

KDE-WindowMaker

```
                total      used      free    shared   buffers    cached
Mem:            63200     55456      7744     30512      2520     37704
-/+ buffers/cache:        15232     47968
Swap:           65516         0     65516
```

FVWM

```
                  total     used     free   shared  buffers   cached
Mem:              63200    53404     9796    24592     1744    40420
-/+ buffers/cache:         11240    51960
Swap:             65516       96    65420
```

AfterStep

```
                  total     used     free   shared  buffers   cached
Mem:              63200    47804    15396    21692     1384    32600
-/+ buffers/cache:         13820    49380
Swap:             65516      956    64560
```

WindowMaker

```
                  total     used     free   shared  buffers   cached
Mem:              63200    47096    16104    16800     1624    33628
-/+ buffers/cache:         11844    51356
Swap:             65516      956    64560
```

Richten Sie sich den Desktop gut ein

Die optische Erscheinung des Desktops kann auf vielfältige Art und Weise mit Konfigurationswerkzeugen der Window-Manager und der Desktop-Systeme festgelegt werden. Dabei ergibt sich eine schier unüberschaubare Anzahl von Möglichkeiten, die hier darzustellen einfach nicht möglich ist. Deswegen der Tipp: Probieren Sie einfach aus, welche Möglichkeiten der Einstellung des Desktops von KDE, Gnome, AfterStep und WindowMaker vorhanden sind. Bestimmt ist für jeden Geschmack etwas dabei.

Aber auch die anderen Window-Manager, die nicht mit ausgefeilten Werkzeugen den Weg auf die Festplatte gefunden haben, können mit individuellen Hintergrundbildern und Animationen „aufgepeppt“ werden.

Eine der beliebtesten Konfigurationen auf der Arbeitsoberfläche ist die Auswahl des Hintergrunds. Die Voreinstellung für den Hintergrund ist die gleichmäßige Füllung mit einer Farbe, unter KDE können Farbverläufe erzeugt werden und die Zusammensetzung des Hintergrunds aus Kacheln ist auch beliebt. Des Weiteren können komplette Bilder in den Hintergrund gelegt werden, und es gibt für die X-Oberfläche verschiedene Programme, die einen animierten Hintergrund erzeugen.

Hintergründe aus Kacheln

Verwendet man eins der im Folgenden vorgestellten Programme, um ein Bild in den Hintergrund zu legen, wird dieses Bild immer wieder aneinander gesetzt. Wenn geeignete Bilder ausgewählt werden, die wie Kacheln aneinander gelegt werden können, erreicht man mit den Programmen *xv* und *xsetbg* bei unterstützten Bildformaten eine Kachelung wie folgt.

xv -root -quit <Bilddatei>
xsetbg <Bilddatei>

Darstellung von Hintergrundbildern

Falls das ausgewählte Bild den ganzen Hintergrund ausfüllen soll, muss den Programmen mitgeteilt werden, dass das Bild gegebenenfalls vergrößert werden soll, bevor es auf dem Bildschirm dargestellt wird.

xv -root -quit -max < Bilddatei >
xsetbg -fullscreen < Bilddatei >

Animierte Hintergründe

In fast jeder Linux-Distribution sind unter anderem die folgenden netten Animationen für den Bildschirmhintergrund enthalten.

Das Programm *xearth* stellt die Erdkugel aus beliebigen Positionen und mit unterschiedlichen Schattierungen im Hintergrund dar. Dabei dreht sich die Erdkugel in regelmäßigen Abständen ein Stück weiter, sodass über den Tag hinweg unterschiedliche Städte auf der ganzen Welt zu sehen sind. Verwenden Sie den Befehl *xearth &* in einem *xterm*.

Das Programm *xfishtank* verwandelt die X-Oberfläche in ein Aquarium, in dem ständig verschiedene Fische umherschwimmen. Die entsprechende Befehlszeile lautet *xfishtank &*. Leider arbeiten die Fische momentan nur bis zu einer Farbtiefe von 8 Bit.

Das Programm *xsnow* lässt es auf der Oberfläche schneien. Die Schneeflocken bleiben auf den Fensterrahmen liegen. Natürlich kommt auch gelegentlich zwischen den Tannen der Weihnachtsmann vorbei. Verwenden Sie den Befehl *xsnow &*.

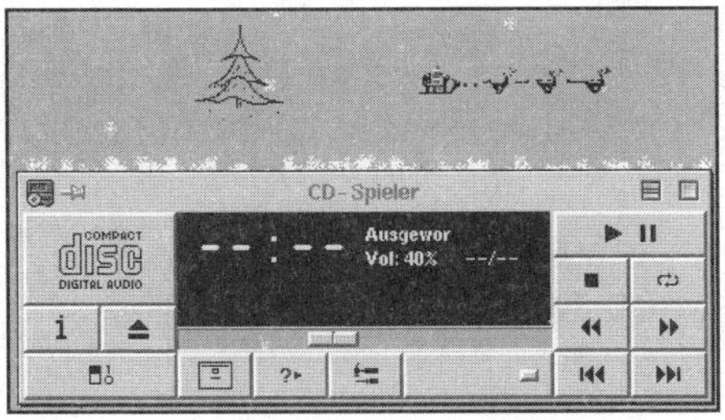

Schnee auf dem CD-Player

10.6 Feineinstellungen

Ein laufendes X Window-System bedeutet noch nicht automatisch, dass die Eingabe reibungslos funktioniert und dass das Monitorbild zentriert und in einer geeigneten Größe dargestellt wird. Gegebenenfalls müssen noch Konfigurationen an Maus- und Tastatureinstellungen vorgenommen oder das Monitorbild justiert werden.

Um die folgenden Einstellungen vornehmen zu können, sollten Sie sich einen Überlick über die Konfigurationsdatei *XF86Config* verschafft haben. Lesen Sie ansonsten ab Seite 612 das Unterkapitel 10.7. Zahlreiche Beispiele finden Sie im Unterkapitel 10.8.

Konfiguration der Maus

Im Unterbereich *Pointer* in der *XF86Config* wird die Konfiguration der Maus vorgenommen. Es werden sowohl Bus-Mäuse als auch serielle Mäuse unterstützt. Bei einer falschen Konfiguration der Maus wird diese nicht beschädigt. Sie funktioniert entweder überhaupt nicht, ruckelt oder reagiert falsch. Im schlimmsten Fall müssen alle möglichen Einstellungen für die Maus ausprobiert werden.

Auswahl eines Maustreibers

Für Ihre Maus muss der geeignete Maustreiber ausgewählt und als Wert des Schlüsselworts *Protocol* eingetragen werden. Übliche Eintragungen sind *Logitech*, *Microsoft*, *MMSeries*, *MouseMan* und *MouseSystems*. Microsoft-kompatible Mäuse mit drei Tasten verwenden häufig nicht das Protokoll *Microsoft*, sondern *MouseMan*. Das Protokoll *Logitech* wird in der Regel für Logitech-Bus-Mäuse verwendet, serielle Mäuse von Logitech benutzen gern die Protokolle *Microsoft* oder *MouseMan*. Ein solcher Eintrag hat die folgende Form:

```
Protocol "Microsoft"
```

Verwenden Sie die weiteren Einträge *BusMouse* für die Logitech-Bus-Maus und *PS/2* für PS/2-Mäuse. Falls die Maus partout nicht reagieren will, finden Sie gegebenenfalls in der man-Page *XF86Config* weitere Eintragungen für die Konfigurationsdatei.

Zusätzlich muss angegeben werden, über welche Gerätedatei die Maus angesprochen werden kann. Für die erste serielle Schnittstelle bedeutet dies */dev/cua0*, für die zweite */dev/cua1* und für PS/2-Mäuse */dev/psaux*. Bei anderen Anschlüssen sei an dieser Stelle auf die Dokumentation verwiesen. Das zugehörige Schlüsselwort heißt *Device*. Eine solche Zeile hat die folgende Gestalt:

```
Device /dev/cua0
```

Arbeiten mit drei Maustasten

Unter Linux wird für viele Operationen die mittlere Maustaste benötigt, zum Beispiel für die Cut & Paste-Operation mit der Maus auf der X Window-Oberfläche. Wenn Sie aber nur eine Zwei-Tasten-Maus besitzen, kann eine mittlere Maustaste emuliert werden. Dazu muss das Schlüsselwort *Emulate3Buttons* angegeben werden. Das gleichzeitige Drücken der rechten und der linken Maustaste entspricht dann dem Drücken der mittleren Maustaste.

Bei einigen Drei-Tasten-Mäusen wird beim Drücken der mittleren Maustaste ein Signal generiert, das dem Hintereinander-Drücken der linken und der rechten Maustaste entspricht. In diesem Fall ist das Schlüsselwort *Chord-Middle* anzugeben.

Konfiguration der Tastatur

Eine fehlende deutsche Tastaturbelegung äußert sich unter anderem darin, dass keine Umlaute eingegeben werden können. Mit welchen Einstellungen die deutsche Tastaturbelegung aktiviert werden kann, wird im nächsten Abschnitt erläutert. Trotz einer richtig konfigurierten Tastaturbelegung können einzelne Programme dennoch falsch auf die eingegebenen Signale reagieren. Wie Sie feststellen können, ob die deutsche Tastaturbelegung aktiviert ist, wird im übernächsten Abschnitt erläutert.

Aktivierung der deutschen Tastaturbelegung

Die deutsche Tastaturbelegung wird in der Datei *XF86Config* im Unterabschnitt *Keyboard* vorgenommen. Sie sollten hierfür die X-Keyboard-Extension verwenden. Falls das Schlüsselwort *XkbDisable* in diesem Unterabschnitt auftritt, wird diese Funktion deaktiviert. In diesem Fall löschen Sie diese Zeile in der Datei oder kommentieren sie wie folgt mit einem # aus:

```
# XkbDisable
```

Unabhängig von der deutschen Tastaturbelegung sollten folgende Zeilen in diesem Unterabschnitt stehen:

```
Protocol "Standard"
AutoRepeat 500 5
ServerNumLock
```

Mit den folgenden Eintragungen wird das Aussehen einer deutschen Tastatur konfiguriert und die passende Tastenbelegung aktiviert:

```
XkbRules "xfree86"
XkbModel "pc102"
XkbLayout "de"
```

Untersuchung der Tastaturbelegung

Mit dem Programm *xev* kann unter anderem ermittelt werden, wie die eingegebenen Zeichen vom X-Server interpretiert werden. Starten Sie dazu das Programm *xev* aus einem *xterm* bei laufender X Window-Oberfläche. Es erscheint ein zweites kleines Fenster. Bewegen Sie den Mauszeiger in dieses Fenster und es werden eine Reihe von Meldungen in dem verwendeten *xterm* erscheinen.

Das Programm *xev* gibt alle so genannten *Events* aus. *Events* können Mausbewegungen, Mausklicks und eben auch Tastendrücke sein. Tippen Sie dann zum Beispiel die Buchstaben ö, ä, ü ... und kontrollieren Sie, ob die Zeichen korrekt interpretiert werden. Sie erhalten beispielsweise folgende Ausgaben bei einem Druck auf die Taste [Ö], eine Meldung für das Drücken der Taste und eine Ausgabe für das Loslassen der Taste.

```
KeyPress event, serial 25, synthetic NO, window 0x3c00001,
root 0x2a, subw 0x0, time 3234706226, (179,77), root:(183,592),
state 0x0, keycode 47 (keysym 0xf6, odiaeresis), same_screen
YES,
XLookupString gives 1 characters: ''ö''

KeyRelease event, serial 25, synthetic NO, window 0x3c00001,
root 0x2a, subw 0x0, time 3234706316, (179,77), root:(183,592),
state 0x0, keycode 47 (keysym 0xf6, odiaeresis), same_screen
YES,
XLookupString gives 1 characters: ''ö''
```

In diesem Fall wird das Zeichen korrekt interpretiert, und es muss an der Konfiguration des Programms liegen, das dieses ö falsch interpretiert.

Feinjustierung des Monitorbildes

Falls das Monitorbild nicht zentriert, leicht zu schmal oder zu breit ist, würden Sie im allgemeinen die Einstellungen des Monitors anpassen. Wenn aber das Linux-System zusammen mit anderen Betriebssystemen verwendet wird, ist es lästig, bei einem Betriebssystemwechsel stets die Monitoreinstellungen ändern zu müssen.

Das Programm *xvidtune* bietet die Möglichkeit, interaktiv die *Mode*-Zeilen, wie sie im Unterabschnitt *Monitor* der Konfigurationsdatei *XF86Config* vorgestellt wurden, zu modifizieren. Hierbei gelten natürlich die gleichen Vorsichtsmaßnahmen wie bei der vorherigen Konfiguration, da auch hier der Monitor beschädigt werden kann.

Bevor Sie fortfahren, sollten Sie sich vergewissern, dass Ihr Monitor wirklich nicht in der Lage ist, frei eingestellte Bildschirmmodi zu speichern und damit natürlich auch bei Umschaltungen zu erkennen. Neuere Monitore bieten diesen Komfort durchaus schon in der Basisversion einer Modellreihe. Die Justierfunktionen gehen zum Teil über die Einstellmöglichkeiten von *xvidtune* hinaus und ersparen Ihnen zusätzliche Einstellarbeiten.

Rufen Sie das Programm *xvidtune* mit dem gleichnamigen Befehl aus einem *xterm* auf. Es erscheint die in der folgenden Abbildung dargestellte Oberfläche, mit der Manipulationen an der Bildschirmdarstellung vorgenommen werden können. Ausgangspunkt für die Modifikationen ist die Konfiguration der derzeitigen Bildschirmdarstellung.

Mit den Schaltflächen *Left, Right, Wider* und *Narrower* werden die Breite und die horizontale Ausrichtung des Bildes und mit *Up, Down, Shorter* und *Taller* die Höhe und die vertikale Ausrichtung des Bildes verändert. Damit die Änderungen sofort sichtbar sind, muss die Schaltfläche *Auto* zu Beginn angeklickt werden. Ansonsten werden die Änderungen erst beim Anklicken von *Apply* übernommen, oder sie werden bei der Verwendung der *Test*-Funktion für einen kurzen Moment verwendet und dann wieder zurückgestellt.

Wenn Sie mit den Einstellungen zufrieden sind, dann können die eingestellten Werte durch einen Klick auf *Show* in das *xterm* ausgegeben werden. Wenn Sie dann die ausgegebene *Modeline*-Zeile per Cut & Paste in die *XF86Config* eintragen und dafür die alte Zeile auskommentieren, werden die Einstellungen beim nächsten Start aktiv.

Gehen Sie dazu wie folgt vor:

1 Markieren Sie die ausgegebene Zeile, indem Sie an den Anfang der Zeile gehen, mit gedrückter Maustaste die Zeile markieren und am Ende die linke Maustaste loslassen.

2 Öffnen Sie die Datei */etc/X11/XF86Config* in einem Editor Ihrer Wahl und kommentieren Sie die aktuelle *Modeline*-Zeile wie bereits vorgestellt mit dem Zeichen # aus.

3 Die bereits markierte Zeile können Sie über einen Druck auf die mittlere Maustaste einfügen.

4 Speichern Sie die so geänderte Datei */etc/X11/XF86Config*.

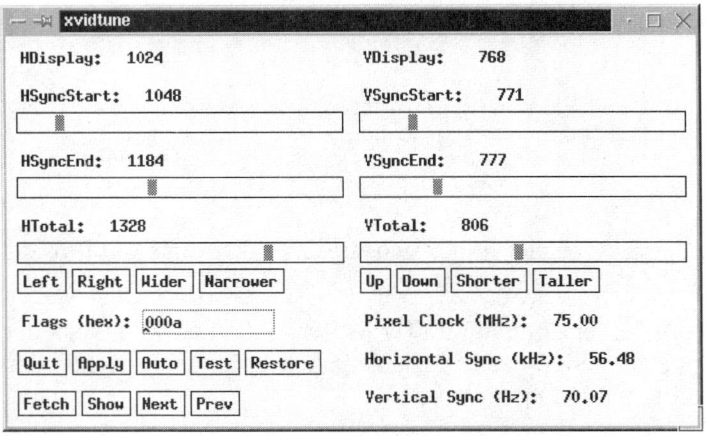

Mit dem Programm xvidtune lassen sich geringfügige Manipulationen an der Bildschirmdarstellung vornehmen

Beschleunigter Bildaufbau

Nachdem nun die notwendigen Einstellungen vorgenommen wurden, um das X Window-System optimal an Tastatur, Maus und Monitor anzupassen, können Sie sich nun einer Schraube zuwenden, die eventuell an Ihrem Rechner vorhanden ist und zusätzliches Tuning beim Bildaufbau erlaubt. Ziel der nachfolgend beschriebenen Maßnahme ist die Beschleunigung des Bildaufbaus durch den X Server unter Nutzung der Möglichkeit, kombinierte Übertragungen in den Bildschirmspeicher zu längeren Übertragungen zusammenzufassen.

Dazu müssen folgende Bedingungen erfüllt sein:

1 Einer der folgenden Prozessoren arbeitet in Ihrem Rechner:

- Intel Pentium Pro, Pentium II und höher
- Cyrix 6x86, 6x86MX und M II
- AMD K6-2 und K6-3
- Centaur C6 (WinChip)

Die Ausgabe des Kommandos paco: ~ $ **cat /proc/cpuinfo** gibt u. a. Auskunft über Hersteller und Modell des Prozessors.

2 Sie haben eine PCI- oder AGP-Grafikkarte.

Falls Sie es nicht wissen sollten, können Sie es anhand der Ausgabe des folgenden Kommandos feststellen:

```
> paco:~ $ cat /proc/pci
PCI devices found:
  Bus  0, device   0, function  0:
    Host bridge: Intel 440BX - 82443BX Host (rev 2).
      Medium devsel.  Master Capable.  Latency=64.
      Prefetchable 32 bit memory at 0xe0000000 [0xe0000008].
  Bus  0, device   1, function  0:
    PCI bridge: Intel 440BX - 82443BX AGP (rev 2).
      Medium devsel.  Master Capable.  Latency=64.  Min Gnt=140.
      :
  Bus  1, device   3, function  0:
    VGA compatible controller: S3 Inc. ViRGE/MX (rev 6).
      Medium devsel. IRQ 11. Master Capable. No bursts. Min Gnt=4.Max Lat=255.
      Non-prefetchable 32 bit memory at 0xf8000000 [0xf8000000].
      :
```

In diesem Beispiel findet sich die Grafikkarte als Gerät 3 auf dem PCI-Bus.

3 Der X Server unterstützt MTRRs, was bei allen X Servern der aktuellen XFree86-Version der Fall ist. Lediglich bei kommerziellen Servern kann die Unterstützung fehlen.

4 Der X Server findet die Adresse des linearen Framebuffers. Feststellen können Sie dies anhand der Ausgaben des X Servers, in denen eine Meldung wie

`(-) SVGA: S3V: ViRGE/MX rev 6, Linear FB @ 0xf8000000`

vorhanden sein muss.

Je nachdem, wie das X Window-System gestartet wurde und welche Distribution installiert wurde, finden sich die Ausgaben in einer Datei oder auf einem virtuellen Terminal:

- Beim Start mit dem Kommando *startx* gibt der X Server alle Meldungen auf dem Terminal aus, von dem aus er aufgerufen wurde. Sie müssen also lediglich die Tastenkombination [Strg]+[Alt]+[Fx] drücken

– wobei das *x* für die Nummer des virtuellen Terminals steht –, und schon ist ersichtlich, ob eine der Zeilen mit der Zeichenfolge `Linear FB @` und einer hexadezimalen Adresse wie zum Beispiel `0xf8000000` endet.

Falls Sie die SuSE-Distribution verwenden, finden sich alle Ausgaben des X Servers in der Datei *~/.X.err*, die Sie sich mit dem Kommando *less /.X.err* ansehen können.

- Für den Fall, dass bereits der Einsatz eines Display-Managers beim Systemstart festgelegt wurde, werden bei RedHat die Meldungen des X Servers auf dem ersten virtuellen Terminal protokolliert. Dorthin gelangen Sie vom grafischen Login-Bildschirm durch Drücken der Tastenkombination Strg+Alt+F1. Bei SuSE finden sich die Ausgaben in der Datei */var/log/xdm.errors*.

5 Der Kernel muss mit MTRR-Unterstützung generiert sein. Dies ist in den neueren Distributionen sowohl von RedHat als auch SuSE der Fall. Im Zweifel sehen Sie nach, indem Sie das Kommando „ls /proc/mtrr" eingeben. Erhalten Sie die Meldung, dass diese Datei nicht vorhanden ist, muss zunächst ein neuer Kernel generiert werden. Bei der Kernelkonfiguration (siehe Seite 401) finden Sie die MTRR-Unterstützung unter *Processor type and features*.

Treffen alle diese Bedingungen zu, können nun die Vorkehrungen getroffen werden, um den Bildaufbau unter X Window um den Faktor 2,5 oder sogar mehr zu beschleunigen. Dazu muss neben der Adresse des linearen Framebuffers der Grafikkarte auch die Größe des Video-RAM bekannt sein. Auch diese Information, falls Sie sie nicht ohnehin noch von der X Konfiguration kennen, finden Sie in der Ausgabe des X Servers.

```
(--) SVGA: PCI: S3 ViRGE/MX rev 6, Memory @ 0xf8000000
(--) SVGA: S3V: ViRGE/MX rev 6, Linear FB @ 0xf8000000
(--) SVGA: Detected S3 ViRGE/MX
(--) SVGA: using driver for chipset "s3_virge"
(**) SVGA: videoram:  2048k
```

In diesem Beispiel ist also `0xf8000000` die Adresse des linearen Speicherbereichs, in den der X Server kombiniert schreiben kann, und die Größe des Videospeichers ist 2 MByte, was `0x200000` Byte in hexadezimaler Schreibweise entspricht. Die rechte Spalte der nachfolgenden Tabelle gibt die gängigen RAM-Größen in hexadezimaler Schreibweise in Bytes an.

dezimal in MB	hexadezimal in Byte
1	0x100000
2	0x200000
4	0x400000
8	0x800000
16	0x1000000
32	0x2000000

Damit der Unterschied beim Bildaufbau festgestellt werden kann, sollten Sie sich nochmals die momentane Situation bewusst machen. Augenfällig ist der blockweise Aufbau insbesondere von Verlaufshintergründen der Window-Manager, also der kontinuierliche Übergang des Hintergrunds von einer Farbe zu einer anderen, der gewissermaßen in „Schritten" erfolgt. Starten Sie nochmals X Window bzw. melden Sie sich im System an, wenn bereits ein Display-Manager läuft. Nachdem Sie den einen oder anderen Hintergrund ausprobiert und sich die Art und Geschwindigkeit des Bildschirmaufbaus vor Augen geführt haben – leider kann man zu diesem Thema keine Abbildungen nutzen –, beenden Sie X Window und vollziehen die nachfolgenden Schritte in einem virtuellen Terminal.

1. Richten Sie das MTRR für Ihre Grafikkarte mit folgendem Kommando ein:

   ```
   echo "base=0xf8000000 size=0x200000 type=write-combining" > /proc/mtrr
   ```

   Verwenden Sie dabei für `base` und `size` die Werte, die der X Server ermittelt hat.

2. Einige Grafikkarten benötigen die ersten 4 KByte des Videospeichers für Register. Daher richten wir einen überlappenden Bereich vom Typ „uncachable" ein.

   ```
   echo "base=0xf8000000 size=0x1000 type=uncachable" > /proc/mtrr
   ```

   Verwenden Sie auch hier für `base` den Wert, den der X Server ermittelt hat. Der Wert für `size` bleibt bei 4 KByte.

3. Starten Sie X Window mit dem Kommando *startx* oder, falls bereits ein Display-Manager läuft und Sie in einem virtuellen Terminal gearbeitet haben, wechseln Sie auf das grafische Terminal mit [Alt]+[F7] und laden den X Server neu durch Drücken der Tastenkombination [Strg]+[Alt]+[Rück].

Jetzt sollten Sie schon sehen, dass sich einiges geändert hat. Der vorher vorhandene blockweise Aufbau des Bildes ist durch einen blitzartigen Aufbau ersetzt worden. Damit es auch in Zukunft so bleibt, muss nun noch in einer Systemdatei die Einrichtung der MTRRs vorgenommen werden. Bei RedHat tragen Sie mit einem Editor in der Datei */etc/rc.d/rc.sysinit* an einer Stelle nach dem Mounting des `/proc`-Dateisystems die Kommandos der ersten beiden Schritte ein. Bei SuSE tragen Sie diese Kommandos in die Datei */etc/rc.d/init.d/boot.local* ein.

10.7 Die Konfigurationsdatei XF86Config

Die Datei *XF86Config* befindet sich im Verzeichnis */etc/X11* und ist die Konfigurationsdatei des X Window-Systems. Diese Datei wird üblicherweise mit Hilfe von Programmen erstellt. In der Red Hat-Distribution wird dazu das bereits vorgestellte Programm *Xconfigurator*, bei SuSE der *SaX* verwendet. Als Standardprogramm zur Konfiguration ist im XFree86-Paket das Programm

XF86Setup vorhanden. Das Programm *xf86config*, das durch Frage und Antwort die Konfiguration erstellt, ist auch in der Distribution enthalten und kann alternativ hierzu verwendet werden. Sie sollten unbedingt versuchen, die Konfigurationsdatei mit einem dieser Programme zu erstellen.

Auch wenn gegebenenfalls nicht alle Einstellungen passen, ist eine generierte Datei eine gute Basis für nachfolgende Anpassungen. Dabei könnte auch die kommentierte Datei *XF86Config.eg* im Verzeichnis */usr/X11R6/lib/X11* als Informationsquelle dienen.

S.u.S.E.-Hinweis

Im Gegensatz zu RedHat findet sich in der Installation von SuSE die Datei *XF86Config* direkt im Pfad */etc*. Alle anderen Konfigurationsdateien, die für das X Window-System von Interesse sind, befinden sich im Verzeichnis */usr/X11R6/lib/X11*.

Neben der *XF86Config* ist dort auch die Datei *Xmodmap* vorhanden, in der die Belegung der einzelnen Tasten der Tastatur festgelegt wird. In weiteren Unterverzeichnissen sind für einzelne X-Programme deren Konfigurationsdateien abgelegt.

Die Datei *XF86Config* enthält weitere Konfigurationen, die über diese Tools nicht zugänglich sind. Die Standardeinstellungen dieser Parameter reichen aber zunächst aus, um die Lauffähigkeit des X Window-Systems zu gewährleisten. Dieser Abschnitt soll Ihnen einen Überblick über den grundsätzlichen Aufbau der Datei verschaffen, der insbesondere dann hilfreich ist, wenn Anpassungen vorgenommen werden müssen.

Die Datei *XF86Config* ist in Blöcke unterteilt, die mit dem Schlüsselwort *Section* beginnen und mit dem Schlüsselwort *Endsection* abgeschlossen werden. In den einzelnen Blöcken werden folgende Einstellungen vorgenommen:

Section	Funktion
Files	Pfadangaben zu Farbdefinitionen und Zeichensätzen.
Module	Definition dynamisch ladbarer Module, derzeit nur für den X-Input-Block.
ServerFlags	Allgemeine Einstellungen des X-Servers.
Keyboard	Konfiguration der verwendeten Tastatur.
Pointer	Festlegung der verwendeten Maus.
Monitor	Einstellung der Monitorkenndaten.
Device	Festlegung der Grafikkarte.
Screen	Definition der Bildschirmdarstellung in Abhängigkeit von X-Server, Grafikkarte und Monitor, beispielsweise wird hier die Auflösung und Farbtiefe festgelegt.
X-Input	Definition weiterer Eingabegeräte, zum Beispiel eines Joysticks.

In diesen Blöcken stehen wiederum Schlüsselwörter, denen ein Wert zugewiesen wird. Zum Beispiel steht in der Section *Pointer* das Schlüsselwort *Protocol*, dem der Wert *Microsoft* zugewiesen wird, um auszudrücken, dass die Maus über das Microsoft-Protokoll angesprochen werden kann, also Microsoft-kompatibel ist. Des Weiteren können in der Datei auch Kommentarzeilen verwendet werden, die mit einem Doppelkreuz (#) eingeleitet werden.

Welche Einstellungen in einem Block bei einem bestimmten Problem vorgenommen werden müssen, ist Gegenstand des folgenden Unterkapitels. Hier sind insbesondere die Blöcke *Keyboard*, *Pointer*, *Monitor*, *Device* und *Screen* wichtig.

10.8 Fehlerbehebung bis zum X Window-Start

Falls Sie bisher die X Window-Oberfläche nicht starten konnten, werden Sie nun schrittweise an die Eingrenzung und Feststellung der möglichen Fehlerquellen herangeführt. Dazu ist es erforderlich, dass Sie den Abschnitt über das Starten und Verlassen des X Window-Systems gelesen haben. Das Ziel dieses nun folgenden Abschnitts besteht ausschließlich darin, die X Window-Oberfläche starten zu können und ein stabiles Bild auf dem Monitor zu erhalten. Andere Konfigurationsschwierigkeiten, wie die Justierung des Monitorbildes und die Einstellung von Tastatur und Maus, werden in Kapitel 10.6 behandelt.

Die Startprobleme können durch falsch konfigurierte X-Server, Monitorkenndaten, Grafikkarten oder Videomodi entstanden sein. In dieser Reihenfolge wird dann auch die Fehlersuche in den folgenden Schritten beschrieben. Diese Beschreibungen werden von typischen Fehlermeldungen des X Window-Systems begleitet. Die Meldungen werden beim Starten des X Window-Systems auf der Textkonsole ausgegeben. Es ist natürlich hilfreich, wenn die erscheinende Meldung mit der beschriebenen übereinstimmt, aber Sie werden hoffentlich in der Lage sein, auch nicht aufgeführte Fehlermeldungen nach den folgenden Ausführungen interpretieren zu können. Abweichungen bei den Meldungen hängen natürlich davon ab, welcher X-Server verwendet wurde.

Damit ist die Vorgehensweise wie folgt: Sie starten das X Window-System und lernen, die erscheinenden Fehlermeldungen zu interpretieren. Sie lesen einen Schritt nach dem anderen und verändern gegebenenfalls die Konfiguration. Die Einstellungen werden in der beschriebenen Konfigurationsdatei *XF86Config* verändert. Dazu können Sie einen Editor Ihrer Wahl verwenden. Nach dem Abspeichern der Datei kann ein weiterer Versuch unternommen werden, das X Window-System zu starten.

Schritt 1: Betrachtung der Fehlermeldungen

Sie haben sicherlich bereits einmal versucht, das X Window-System mit dem Kommando *startx* hochzufahren. Das Kommando haben Sie auf einer Textkonsole eingegeben. Anschließend wurden etliche Zeilen mit Meldungen auf dieser Textkonsole ausgegeben, so viele, dass die ersten bereits nicht mehr sichtbar sind. Wie können Sie nun diese Fehlermeldungen lesen?

1 Drücken Sie bei gehaltener [Umschalt]-Taste die Tasten [Bild↑] bzw. [Bild↓], um Zeilen zurück- bzw. vorzublättern. Dies funktioniert jedoch nur dann, wenn zwischenzeitlich nicht auf eine andere virtuelle Konsole umgeschaltet wurde. Sollte also der X-Server gestartet und eine grafische Ausgabe erfolgt sein, die standardmäßig auf die siebte Konsole gelenkt wird, so funktioniert dieses Blättern nicht mehr, nachdem wieder auf die ursprüngliche Konsole zurückgegangen wurde.

2 Sie leiten die Ausgabe des X Window-Systems in eine Datei um. Sie kennen eventuell bereits den Umlenkoperator >. Unter Unix wird allerdings zwischen der Standardausgabe und der Fehlerausgabe unterschieden, und die Ausgabe des X Window-Systems wird wie eine Fehlerausgabe behandelt und über den Fehlerausgabekanal gelenkt, die wiederum mit dem Operator 2> umgelenkt werden kann. Also können Sie die Ausgaben beim Starten der X Window-Oberfläche über die folgende Zeile in eine Datei *ausgabe.txt* umleiten.

   startx 2 > ausgabe.txt

   Im Anschluss daran können Sie sich die Datei in einem Editor Ihrer Wahl oder mit dem Programm *less* anschauen. Geben Sie dazu das folgende Kommando an.

   less ausgabe.txt

   Sie können dann mit [Leertaste] eine Seite, mit [Enter] eine Zeile vorblättern, mit [B] eine Seite zurückblättern und mit [Q] das Programm verlassen.

Schritt 2: Interpretation der Meldungen

Sie haben nun zwei Möglichkeiten kennen gelernt, sich die Meldungen des X Window-Systems anzuschauen. Nur ein Teil dieser Ausgabezeilen besteht allerdings aus Fehlermeldungen. Der größte Teil dieser Meldungen beschreibt, was bereits erfolgreich angesprochen werden konnte, sei es durch eine richtige Konfiguration, automatisch ermittelte Werte oder verwendbare Standardwerte. Ein Beispiel für solche Ausgaben ist in der folgenden Abbildung dargestellt.

- In diesem Beispiel werden zunächst die Versionsnummer und die Art des verwendeten X-Servers ausgegeben. Im nächsten Schritt wird der X-Server genauer besprochen, hier ist es der XFree86-Server für S3-Chipsätze.

```
XFree86 Version 3.3.2.3 / X Window System
(protocol Version 11, revision 0, vendor release 6300)
Release Date: July 15 1998
        If the server is older than 6-12 months, or if your card is newer
        than the above date, look for a newer version before reporting
        problems.  (see http://www.XFree86.Org/FAQ)
Operating System: Linux 2.0.35 i586 [ELF]
Configured drivers:
  SVGA: server for SVGA graphics adaptors (Patchlevel 0):
      NV1, STG2000, RIVA128, ET4000, ET4000W32, ET4000W32i,
      ET4000W32i_rev_b, ET4000W32i_rev_c, ET4000W32p, ET4000W32p_rev_a,
      ET4000W32p_rev_b, ET4000W32p_rev_c, ET4000W32p_rev_d, ET6000, ET6100,
      et3000, pvga1, wd90c00, wd90c10, wd90c30, wd90c24, wd90c31, wd90c33,
      gvga, ati, sis86c201, sis86c202, sis86c205, tvga8200lx, tvga8800cs,
      tvga8900b, tvga8900c, tvga8900cl, tvga8900d, tvga9000, tvga9000i,
      tvga9100b, tvga9200cxr, tgui9400cxi, tgui9420, tgui9420dgi,
      tgui9430dgi, tgui9440agi, cyber9320, tgui9660, tgui9680, tgui9682,
      tgui9685, cyber9382, cyber9385, cyber9388, cyber9397, cyber9520,
      3dimage975, 3dimage985, clgd5420, clgd5422, clgd5424, clgd5426,
      clgd5428, clgd5429, clgd5430, clgd5434, clgd5436, clgd5446, clgd5480,
      clgd5462, clgd5464, clgd5465, clgd6205, clgd6215, clgd6225, clgd6235,
      clgd7541, clgd7542, clgd7543, clgd7548, clgd7555, ncr77c22, ncr77c22e,
      cpq_avga, mga2064w, mga1064sg, mga2164w, mga2164w AGP, oti067, oti077,
      oti087, oti037c, al2101, ali2228, ali2301, ali2302, ali2308, ali2401,
      cl6410, cl6412, cl6420, cl6440, video7, ark1000vl, ark1000pv,
      ark2000pv, ark2000mt, mx, realtek, AP6422, AT24, AT3D, s3_virge,
      s3_svga, ct65520, ct65525, ct65530, ct65535, ct65540, ct65545,
      ct65546, ct65548, ct65550, ct65554, ct65555, ct68554, ct64200,
      ct64300, generic
(using VT number 7)

(--) SVGA: Detected S3 ViRGE/MX
(--) SVGA: using driver for chipset "s3_virge"
(--) SVGA: Detected current MCLK value of 44.028 MHz
(**) SVGA: Using 16 bpp, Depth 16, Color weight: 565
(--) SVGA: Maximum allowed dot-clock: 135.000 MHz
(--) SVGA: Using XAA (XFree86 Acceleration Architecture)
(--) SVGA: XAA: Using 8 128x128 areas for pixmap caching
```

Die Ausgabe des X Window-Systems bei einem erfolgreichen Startvorgang

- Es folgt eine Beschreibung der verwendeten Konfigurationsdatei. Es ist die Datei, die der X-Server bei der Durchsuchung der ihm bekannten Unterverzeichnisse gefunden hat. In der Regel handelt es sich um die Datei */etc/X11/XF86Config* (*/etc/XF86Config* bei älteren SuSE-Versionen) oder um eine im XFree86-Verzeichnis vorhandene */usr/X11R6/lib/X11/XF86Config*.
- Die folgenden Zeilen werden stets von den Zeichen *(**)* oder *(–)* eingeleitet. Das Zeichen *(**)* steht für konfigurierte und/oder unterstützte Einstellungen, das Zeichen *(–)* für automatisch erkannte Einstellungen oder Standardwerte. Falls bei Ihnen also Einstellungen fehlen, werden diese durch *(–)* eingeleitet und können auf eine falsche Konfiguration hindeuten. Andererseits sieht man an diesem Beispiel, dass die automatisch erkannten Werte, die ebenso mit *(–)* gekennzeichnet werden, durchaus zu einem erfolgreichen Start verhelfen können.
- Die ersten Zeilen, die mit *XKB* eingeleitet werden, beschreiben das Tastaturlayout. Die Mauseinstellungen beginnen mit *Mouse*. Diese Meldungen interessieren uns erst im Abschnitt über Feineinstellungen (Kapitel 10.6), da die Konfiguration von Tastatur und Maus unwichtig für die Lauffähigkeit der X Window-Oberfläche ist. Dieser Ausgabeblock sieht beispielsweise so aus:

```
(**) XKB: model: "pc102"
(**) XKB: layout: "de"
(**) XKB: variant: "nodeadkeys"
(**) XKB: rules: "xfree86"
(**) Mouse: type: PS/2, device: /dev/mouse, resolution: 100
(**) Mouse: buttons: 3, 3 button emulation (timeout: 70ms)
```

- Es folgen die Einstellungen der Grafikkarte, des Monitors und der Auflösung. Diese Werte werden noch in den folgenden Abschnitten beschrieben, sind aber gegebenenfalls für Ihr Problem unbedeutend. In diesem Fall wurde eine PCI-Grafikkarte mit einem S3-Chipsatz, 2 MByte Speicher und einem programmierbaren Clockchip verwendet. Die Angaben über den Monitor wurden unter dem Namen *Primary Monitor* abgelegt und es wird eine Auflösung von 1024 x 768 Pixeln verwendet.

```
(--) SVGA: PCI: S3 ViRGE/MX rev 6, Memory @ 0xf8000000
(--) SVGA: S3V: ViRGE/MX rev 6, Linear FB @ 0xf8000000
(--) SVGA: Detected S3 ViRGE/MX
(--) SVGA: using driver for chipset "s3_virge"
(**) SVGA: videoram:  2048k
(--) SVGA: Ramdac speed: 135 MHz
(--) SVGA: Detected current MCLK value of 44.028 MHz
(**) SVGA: LCD size 1024x768, clock 44.028 MHz
(**) SVGA: chipset:  s3_virge
(**) SVGA: videoram: 2048k
(**) SVGA: Option "fifo_aggressive"
(**) SVGA: Option "pci_burst_on"
(**) SVGA: Option "power_saver"
(**) SVGA: Option "pci_retry"
(**) SVGA: Using 16 bpp, Depth 16, Color weight: 565
(--) SVGA: Maximum allowed dot-clock: 135.000 MHz
(**) SVGA: Mode "1024x768": mode clock =  65.000
(**) SVGA: Mode "800x600": mode clock =  50.000
(**) SVGA: Mode "640x480": mode clock =  36.000
(--) SVGA: Virtual resolution set to 1024x768
```

Schritt 3: Auswahl eines X-Servers

Als Basis für das X Window-System wird ein so genannter X-Server ausgewählt. Der X-Server ist das eigentliche Programm, das beim Start der Oberfläche aufgerufen wird. Von diesem Programm gibt es verschiedene Varianten, die jeweils eine Gruppe von Grafikkarten unterstützen. Nachdem Sie in der Installationsphase das Programm *Xconfigurator* durchlaufen haben, wurde automatisch der zu Ihrer Grafikkarte passende bzw. direkt ausgewählte X-Server installiert.

Fehlermeldung

Ohne diesen X-Server ist das X Window-System nicht lauffähig. Sie erhalten dann folgende Fehlermeldung.

```
execve failed for /etc/X11/X (errno 2)
```

Diese Fehlermeldung kann verschiedene Ursachen haben. Zum einen kann der X-Server nicht installiert sein, das heißt, die Programmdatei fehlt. Zum anderen kann der in der Fehlermeldung auftauchende Link */etc/X11/X* nicht existieren, da er auf eine falsche Datei oder eine nicht vorhandene Datei gelinkt ist. Korrekt wäre, dass der Link */etc/X11/X* auf einen geeigneten und installierten X-Server verweist.

S.u.S.E.-Hinweis

Bei der SuSE-Distribution existiert das Unterverzeichnis */etc/X11* nicht. Der X-Server *X* wird im Verzeichnis */usr/X11R6/bin* gesucht. Dort findet sich ein Link auf */var/X11R6/bin/X*, der wiederum auf einen realen X-Server im Unterverzeichnis */usr/X11R6/bin* gelinkt ist. Sicherlich ist diese Vorgehensweise weniger eine praktische als vielmehr eine philosophische. Unter der Annahme, dass im Unterverzeichnis */var* variable Daten platziert werden sollen, ist es zu rechtfertigen, dass der Weg zum X-Server so aussehen kann:

```
/usr/X11R6/bin/X -> /var/X11R6/bin/X
/var/X11R6/bin/X -> /usr/X11R6/bin/XF86_SVGA
```

Falls Sie also mit einer SuSE-Distribution arbeiten, denken Sie bitte daran, dass der Server nicht unter */etc/X11*, sondern unter */usr/X11R6/bin* bzw. */var/X11R6/bin* gesucht wird.

Vorgehensweise

Kontrollieren Sie, ob im Verzeichnis */etc/X11* ein Verweis (Link) mit dem Namen *X* existiert. Falls dieser existiert, zeigt das folgende Kommando die Datei mit vollständigem Pfadnamen an, also */etc/X11/X*. Andernfalls wird eine Meldung ausgegeben, dass die Datei oder das Verzeichnis nicht existiert. Die Befehlszeile lautet wie folgt:

ls /etc/X11/X

Durch den Befehl *ls -l /etc/X11/X* können Sie sich das Verweisziel anzeigen lassen. Zum Beispiel ist bei der richtigen Konfiguration des X-Servers für S3-Chipsätze in der Ausgabezeile der Text */etc/X11/X -〉 /usr/X11R6/bin/XF86_S3* enthalten, also der Verweis auf den X-Server *XF86_S3*. Nun bleibt nur noch zu überprüfen, ob die Programmdatei des X-Servers existiert, dies geschieht erneut mit dem *ls*-Befehl, in diesem Fall also mit *ls /usr/X11R6/bin/XF86_S3*.

Wenn sowohl der Link als auch der X-Server existieren, können Sie mit dem nächsten Schritt fortfahren. Wenn nur der Link gesetzt werden muss, springen Sie direkt zum Unterschritt c). Falls der X-Server installiert werden muss oder Sie den X-Server wechseln möchten, durchlaufen Sie die folgenden Schritte.

a) Auswahl eines geeigneten X-Servers

In dem Fall, dass im Installationsvorgang der X-Server nicht installiert wurde und Sie sich nicht an den ausgewählten X-Server erinnern können, durchlaufen Sie erneut das Programm *Xconfigurator* und achten bei der Grafikkartenauswahl auf die zweite Spalte, da dort der Hinweis auf den X-Server gegeben wird.

Falls Sie sich nicht sicher sind, welcher X-Server für Ihre Grafikkarte der geeignete ist, oder Probleme mit dem installierten X-Server auftreten, sollten Sie bei modernen Grafikkarten einen Versuch mit dem mehr als hundert verschiedene Grafikkarten unterstützenden *SVGA-Server* (*XF86_SVGA*) unternehmen. Dieser läuft zwar nicht auf allen, aber dennoch auf den meisten SVGA-Chipsätzen. Bei allgemeinen VGA-Karten kommen daher nur die generischen X-Server *XF86_VGA16* und *XF86_Mono* in Betracht, die aber nur eine 16-Farben- bzw. Schwarzweißdarstellung erlauben. Vergleichen Sie hierzu die noch folgende Tabelle.

Eine weitere Gruppe von X-Servern kann bestimmte Chipsätze direkt ansprechen. Sie nutzen damit die Fähigkeiten dieser Grafikkarten besser aus und erreichen eine schnellere Darstellung. Zu diesen X-Servern zählen *XF86_AGX*, *XF86_8514*, *XF86_I128*, *XF86_S3*, *XF86_S3V* und *XF86_W32*, *XF86_Mach32*, *XF86_Mach64*, *XF86_Mach8*, *XF86_P9000*, die ebenfalls kurz in der noch folgenden Tabelle beschrieben sind. Übergreifend wird diese Gruppe gern als Accelerated-X-Servers (*XF86_Accel*) bezeichnet.

Weiterführende Dokumentationen zu diesen Servern sind zu finden im Verzeichnis */usr/X11R6/lib/X11/doc* in diversen *Readme*-Dateien. Zusätzlich stehen man-Pages zur Verfügung (*XF86_Mono*, *XF86_VGA16*, *XF86_SVGA* und *XF86_Accel*). Diese man-Pages stehen jedoch erst dann zur Verfügung, wenn bereits das RPM-Paket eines solchen X-Servers installiert wurde.

Hier nun die Kurzbeschreibungen der verschiedenen X-Server aus den RPM-Paketen. Links sind die Chipsätze aufgeführt, die vom jeweiligen X-Server unterstützt werden.

X-Server	Chipsatz
8514	X-Server für ältere IBM-8514- und kompatible Karten, z. B. von ATI.
AGX	X-Server für Karten auf AGX-Basis wie etwa Boca Vortex, Orchid Celsius, Spider Black Widow und Hercules Graphite.
I128	X-Server für die Grafikkarte #9 Imagine 128.
Mach32	X-Server für Karten auf der Basis des ATI Mach32-Chip, einschließlich ATI Graphics Ultra Pro und Ultra Plus.
Mach64	X-Server für ATI Mach64-Karten wie Graphics Xpression, GUP Turbo und WinTurbo.
Mach8	X-Server für Karten auf der Basis des ATI Mach8-Chips einschließlich des ATI 8514 Ultra und des Graphics Ultra.
Mono	Generischer monochromer (Schwarzweiß-)Server für VGA-Karten, der praktisch mit allen VGA-ähnlichen Karten mit beschränkter Auflösung funktioniert.
P9000	X-Server für Karten auf Basis des Weitek P9000-Chip, wie die meisten Diamond Viper- und Orchid P9000-Karten.
SVGA	X-Server für die elementarsten Framebuffer-SVGA-Geräte, einschließlich Karten, die aus ET4000-Chips, Cirrus Logic-Chips, Chips and Technologies Laptop-Chips sowie Trident 8900 und 9000 Chips gebaut sind. Funktioniert mit Diamond Speedstar, Orchid Kelvins, STB Nitros und Horizons, Genoa 8500VL, den meisten Actix-Karten sowie Spider VLB Plus und außerdem mit vielen anderen Chips und Karten.
S3	X-Server für Steckkarten mit dem S3-Chipsatz (inkl. den meisten #9-Karten), Karten wie Diamond Stealth, Orchid Fahrenheit und Mirco Crystal 8S, den meisten STB-Karten sowie einigen Motherboards mit integrierten Grafikbeschleunigern (z. B. die Reihe IBM ValuePoint).
S3V	X-Server für Grafikkarten mit dem S3 VirRGE-Chipsatz (Ab XFree86 3.3.2 ist Unterstützung für alle ViRGE-Chipsätze im SVGA-Treiber enthalten).
VGA16	Generischer 16-Farben-Server für VGA-Karten. Funktioniert auf fast allen VGA-Grafikkarten, allerdings nur bei geringer Auflösung und wenigen Farben.
W32	Geeignet für Genoa 8900 Phantom 32I, Hercules Dynamite, LeaTek WinFast S200, Sigma Concorde, STB LightSpeed, TechWorks Thunderbolt und ViewTop PCI.

b) Entpacken des zugehörigen RPM-Pakets

Zu jedem X-Server existiert auf der Installations-CD-ROM ein RPM-Paket, dessen Name die Form *XFree86-<ServerName>-<Version>.i386.rpm* hat, also beispielsweise *XFree86-SVGA-3.3.2-8.i386.rpm*. Ein solches Paket kann über das *rpm*-Kommando installiert werden (siehe Kapitel 9.3), also zum Beispiel:

rpm -i XFree86-SVGA-3.3.2-8.i386.rpm

Damit wird unter anderem der SVGA-Server (*XF86_SVGA*) in das Verzeichnis */usr/X11R6/bin/* kopiert.

c) Setzen des Links /etc/X11/X

Wie bereits erwähnt wurde, wird im Verzeichnis */etc/X11/* der Link *X* angelegt, der auf den gewünschten X-Server verweist. Falls dieser Link bereits existiert, können Sie ihn wie jede andere Datei mit dem Befehl *rm /etc/X11/X* löschen. Anschließend erzeugen Sie einen neuen Link mit dem Kommando

ln -s <X-Server> /etc/X11/X, also zum Beispiel

ln -s /usr/X11R6/bin/XF86_S3 /etc/X11/X.

Schritt 4: Konfiguration des Monitors

Zur Konfiguration des Monitors müssen zunächst drei wichtige Kenndaten des Geräts angegeben werden. Wie diese Werte angegeben werden, wird im ersten Teil beschrieben. Zusätzlich müssen Eintragungen vorgenommen werden, die beschreiben, welche Auflösungen mit dem Monitor möglich sein sollen. Alle Angaben werden im Block *Monitor* in der vorgestellten Konfigurationsdatei *XF86Config* vorgenommen. Auch hier gilt nach wie vor die Regel, dass nur Einstellungen vorgenommen werden dürfen, die vom Monitor unterstützt werden.

Angabe der Monitorkenndaten

Als Kenndaten Ihres Monitors müssen die horizontale und vertikale Ablenkfrequenz sowie die Videobandbreite angegeben werden. Diese können direkt den technischen Daten im zugehörigen Handbuch entnommen und in die *XF86Config* übertragen werden. Die Werte der horizontalen Ablenkfrequenz werden unter dem Schlüsselwort *HorizSync* (Angaben in kHz) angegeben, das Schlüsselwort für die vertikale Ablenkfrequenz (Angaben in Hz) heißt *VertRefresh* und das Schlüsselwort *BandWidth* wird für die Videobandbreite verwendet (Angaben in MHz). Ein Beispiel:

```
HorizSync 30.0 - 64.0
VertRefresh 50-100
BandWidth 75
```

Für Mehrfrequenz- und Multisync-Monitore müssen mehrere Werte angegeben werden. Diese werden über Kommas getrennt wie folgt angegeben.

```
HorizSync 31.4, 35.1-35.2, 35.5-35.6
VertRefresh 50-87
BandWidth 45
```

Namensvergabe

Prinzipiell können mehrere Geräte in diese Datei eingetragen werden. Um diese jedoch voneinander unterscheiden zu können, werden Namen für die unterschiedlichen Definitionen vergeben. Dazu dient das Schlüsselwort *Identifier*. In einem anderen Abschnitt der *XF86Config*, dem Block *Screen*, werden die Angaben über diesen Namen referenziert. Zusätzlich kann noch der Hersteller und Modellname des Monitors angegeben werden. Diese haben aber nur kommentierenden Charakter. Ein solche Definition kann wie folgt aussehen.

```
Identifier "MeinMonitor"
VendorName "ADI"
ModelName  "MicroScan 5AP"
```

Festlegung der Auflösungen und Bildwiederholraten

Es fehlen in diesem Block noch Angaben über die möglichen Auflösungen des angegeben Geräts, zum Beispiel 800 x 600 Pixel oder 1024 x 768 Pixel. Zu jeder Auflösung wird eine Bildwiederholrate angegeben. Für ein ruhiges Monitorbild ist eine möglichst hohe Bildwiederholrate erstrebenswert, allerdings sind die möglichen Werte von der Güte des Monitors abhängig. Außerdem sinkt die Bildwiederholrate bei steigenden Auflösungen.

Im Grunde reicht hier die Angabe genau einer Auflösung mit genau einer geeigneten Bildwiederholrate aus. Ihre Grafikkarte muss dann in der Lage sein, die Signale für die gegebene Auflösung und Bildwiederholrate zu generieren. Es können aber auch mehrere Eintragungen mit unterschiedlichen Bildwiederholraten vorgenommen werden. Der X-Server wählt dann eine passende Einstellung für die Grafikkarte aus. Damit die höchste der verwendbaren Bildwiederholraten genommen wird, müssen die Eintragungen nach Bildwiederholraten sortiert sein, und zwar so, dass die höchste Bildwiederholrate als letztes in der Konfigurationsdatei steht. Sie können auch mehr als eine Auflösung angeben. Es werden dann für jede Auflösung wie beschrieben gestaffelt die Bildwiederholraten eingetragen.

Im folgenden Bild sind einige automatisch generierte Eintragungen dargestellt. **Vorsicht, diese sind nicht universell verwendbar!** Anhand der Kommentarzeilen, die mit einem # eingeleitet werden, sind die drei Auflösungen 640 x 480, 800 x 600 und 1024 x 768 Pixel erkennbar und zu jeder Auflösung sind verschiedene Bildwiederholraten konfiguriert worden. Die tatsächlichen Informationen stecken aber in den Zeilen, die mit dem Schlüsselwort *Modeline* beginnen.

Am Anfang einer *Modeline*-Zeile wird ein Name für diese Zeile vergeben, der keinen Einfluss auf die folgenden Werte hat. Diese Namen werden in der Regel so gewählt, dass sie die Einstellungen beschreiben, also beispielsweise *640x480*, *800x600* oder *1024x768*. Es ist lediglich wichtig, dass gleiche

```
# 640x480 @ 60 Hz, 31.5 kHz hsync
Modeline "640x480"     25.175 640  664  760  800   480  491  493  525
# 640x480 @ 72 Hz, 36.5 kHz hsync
Modeline "640x480"     31.5   640  680  720  864   480  488  491  521

# 800x600 @ 56 Hz, 35.15 kHz hsync
Modeline "800x600"     36     800  824  896 1024   600  601  603  625
# 800x600 @ 60 Hz, 37.8 kHz hsync
Modeline "800x600"     40     800  840  968 1056   600  601  605  628 +hsync +vsync
# 800x600 @ 72 Hz, 48.0 kHz hsync
Modeline "800x600"     50     800  856  976 1040   600  637  643  666 +hsync +vsync

# 1024x768 @ 60 Hz, 48.4 kHz hsync
Modeline "1024x768"    65    1024 1032 1176 1344   768  771  777  806 -hsync -vsync
# 1024x768 @ 70 Hz, 56.5 kHz hsync
Modeline "1024x768"    75    1024 1048 1184 1328   768  771  777  806 -hsync -vsync
# 1024x768 @ 76 Hz, 62.5 kHz hsync
Modeline "1024x768"    85    1024 1032 1152 1360   768  784  787  823
```

Verschiedene Videomodi aus einer vom Xconfigurator generierten XF86Config

Auflösungen den gleichen Namen tragen. Über diese Namen wird im Block *Screen*, der später beschrieben wird, die gewünschte Auflösung angegeben. Es folgen weitere Angaben in der *Modeline*-Zeile, die hier nicht detailliert angesprochen werden. Der erste Wert nach dem Namen gibt die Frequenz in MHz an, mit der die Grafikkarte Pixel erzeugt. Die folgenden vier Werte bestimmen den horizontalen Bildaufbau, also die Bildbreite, den linken und rechten Bildrand. Die nächsten vier Werte beschreiben die Bildhöhe, den oberen und den unteren Bildrand. Abschließend können noch verschiedene Flags angegeben werden. Weitere Hinweise zu diesen Werten sind am Ende dieses Abschnitts zu finden.

Die *Modeline*-Zeilen entnehmen Sie einer automatisch generierten *XF86Config* oder der Datei */usr/X11R6/lib/X11/doc/Monitors*. Gegebenenfalls müssen hier Werte eines Monitors übernommen werden, der schlechtere Kenndaten als das eigene Gerät aufweist. Falls das Bild zu klein, groß oder nicht zentriert ist, können Veränderungen an den *Modeline*-Zeilen mit Hilfe des Programms *xvidtune* vorgenommen werden, das in Kapitel 10.6 beschrieben wird.

Auftretende Fehler

Die Angabe der horizontalen und der vertikalen Ablenkfrequenz ist zwingend erforderlich, also die Angabe der Schlüsselwörter *HorizSync* und *VertRefresh*. Falls diese fehlen oder auskommentiert sind, kann der X-Server nicht überprüfen, ob die Angaben in den *Modeline*-Zeilen vom Monitor unterstützt werden, und gibt unter anderem folgende Fehlermeldungen aus:

```
Fatal server error:
No valid modes found.
```

Die gleiche Fehlermeldung wird erzeugt, falls die vorgenommenen Einstellungen in den *Modeline*-Zeilen nicht von der Grafikkarte erzeugt werden können. Ein Grund dafür kann sein, dass die in der *Modeline*-Zeile angegebene Pixelfrequenz, also der Wert nach dem Namen, nicht von der Grafikkarte generiert werden kann. In diesem Fall schafft eine passende *Modeline*-Zeile Abhilfe. Es darf aber nicht die Pixelfrequenz allein geändert werden, dies hat Auswirkungen auf die anderen Werte.

Da diese Fehler durch das Zusammenspiel von Grafikkarte und Monitor bedingt sind, können auch Fehler in der Grafikkartenkonfiguration die Ursache sein. Zum Beispiel reicht der Grafikkartenspeicher für die gewünschte Auflösung nicht aus. Lesen Sie in diesem Fall auch den nachfolgenden Abschnitt über Grafikkarteneinstellungen und wie Grafikkarte und Monitor im *Screen*-Block kombiniert werden.

Wissenswertes über Modeline-Zeilen

Wenn *Modeline*-Zeilen kein Kommentar beigefügt ist, können Sie wie folgt die wichtigsten Daten hieraus ableiten. Als Beispiel dient die folgende *Modeline*-Zeile:

```
Modeline "800x600" 36 800 824 896 1024 600 601 603 625
```

Die Auflösung wird durch die jeweils ersten Zahlen in den beschriebenen Viererblöcken angegeben, hier also horizontal 800 Pixel und vertikal 600 Pixel. Zur Berechnung der Bildwiederholrate multiplizieren Sie zunächst die jeweils vierte Zahl in den Viererblöcken, also $1024 * 625 = 640.000$. Dann dividieren Sie den ersten Wert 36 MHz = 36.000.000 Hz durch diese Zahl, also $36.000.000Hz/640.000 = 56,25Hz$, und erhalten somit die in der Kommentarzeile angegebene und gerundete Bildwiederholrate von 56 Hz. Die Zeilenfrequenz berechnet sich auf ähnliche Weise: $36.000.000Hz/1024 = 35156Hz = 35,156KHz$.

Eine gleichwertige Darstellung einer *Modeline*-Zeile erreicht man über das Schlüsselwort *Mode*. Diese Darstellung ist nicht so kompakt, wird aber insbesondere gern in der Datei */usr/X11R6/lib/X11/doc/Monitors* verwendet. Damit kann beispielsweise die Zeile

```
Modeline "1024x768" 65 1024 1032 1176 1344 768 771 777 806 -hsync -vsync
```

auch in der folgenden Schreibweise dargestellt werden:

```
Mode "1024x768"
    DotClock    65
    HTimings  1024 1032 1176 1344
    VTimings   768  771  777  806
    Flags     "-hsync" "-vsync"
EndMode
```

Schritt 5: Konfiguration der Grafikkarte

Für die Konfiguration der Grafikkarte ist der Block *Device* in der *XF86Config* vorgesehen. Analog zum Block *Monitor* können hier auch mehrere Grafikkarten angegeben werden. Zur Unterscheidung der unterschiedlichen Definitionen wird ein Name für die Eintragung einer Grafikkarte über das Schlüsselwort *Identifier* vergeben. Kommentierend können der Hersteller und der Produktname über die Schlüsselwörter *VendorName* und *Boardname* angegeben werden, zum Beispiel:

```
Identifier "MeineGrafikkarte"
VendorName "Elsa"
ModelName "Winner 1000 TRIO"
```

Im Folgenden wird die Bedeutung der wichtigsten Schlüsselwörter beschrieben und welche Programme zur Ermittlung der Werte verwendet werden können. Die umfangreichen Einstellungsmöglichkeiten können an dieser Stelle aber nicht beschrieben werden. Die Konfigurationsmöglichkeiten hängen vom verwendeten X-Server ab und müssen der zugehörigen Dokumentation entnommen werden.

Ermittlung der Clocks-Zeile

Eine Zeile mit dem Schlüsselwort *Clocks* sollte in die *XF86Config* eingetragen werden, falls Ihre Grafikkarte mit einem Festfrequenzchip arbeitet. Im anderen Fall erzeugt die Grafikkarte die erforderliche Pixelfrequenz mit einem programmierbaren Clockchip. Dann wird keine *Clocks*-Zeile, sondern der Chip über das Schlüsselwort *ClockChip* angegeben. Diese Angaben sind nicht in allen Fällen erforderlich.

Die Werte der *Clocks*-Zeile können normalerweise automatisch vom X-Server bestimmt werden. Falls keine *Clocks*-Zeile existiert, werden die Werte bei jedem Start des X Window-Systems ermittelt. Besser ist es, wenn diese Werte stattdessen einmalig ermittelt und dann fest in die *XF86Config* eingetragen werden.

Dazu muss eine existierende *Clocks*-Zeile mit einem # auskommentiert oder gelöscht werden. Wird der X-Server dann mit der Option *probeonly* aufgerufen, werden die ermittelten Werte ausgegeben und können in dieser Form in die *XF86Config* eingetragen werden. Rufen Sie also den X-Server in der folgenden Form auf.

```
X -probeonly
```

Es ist ganz hilfreich, die Ausgabe in eine Datei umzulenken. Da die Ausgabe auf die Standardfehlerausgabe gelenkt wird, müssen Sie dafür „2>“ anstatt „>“ verwenden. Um die Ausgabe in die Datei *ausgabe.txt* zu schreiben, verwenden Sie den folgenden Aufruf.

X -probeonly 2 > ausgabe.txt

Wichtig ist, dass die Zeile unbedingt in der dargestellten Form übernommen wird.

Clockchip und RAMDAC

Falls Sie eine Grafikkarte mit frei programmierbarem Clockchip verwenden, wird keine *Clocks*-Zeile angegeben. In einigen Fällen ist es erforderlich, dass die verwendeten Bausteine der Grafikkarte, der Clockchip und der RAMDAC, angegeben werden. Diese Angaben sollten nicht ausprobiert werden, da falsche Einstellungen Ihre Grafikkarte beschädigen können, vielmehr sollten Sie die beiliegende Dokumentation zu Rate ziehen. Wenn Sie also nicht mit Sicherheit die korrekten Angaben haben, sollten Sie in der *XF86Config* die Zeilen mit den Schlüsselwörtern *Ramdac* und *ClockChip* auskommentieren.

Die Angabe des korrekten Chipset erfolgt über das Schlüsselwort *Chipset*. Das Programm *Superprobe* kann helfen, den richtigen Chipset zu ermitteln.

Größe des Grafikkartenspeichers

In der Regel wird die Größe des Grafikkartenspeichers zuverlässig ermittelt. Falls sie nicht erkannt wurde, kann sie in KByte mit dem Schlüsselwort *VideoRam* angegeben werden. Besitzt Ihre Grafikkarte also 2 MByte Speicher, können Sie die folgende Zeile in den Block *Device* eintragen.

```
VideoRam 2048
```

Schritt 6: Auflösung, Farbtiefe und virtuelle Bildgröße

Die mögliche Auflösung, die Farbtiefe und die virtuelle Bildgröße hängen natürlich von der verwendeten Grafikkarte und dem benutzten Monitor ab. Im Folgenden wird nun beschrieben, wie diese Werte festgelegt werden können.

Diese Einstellungen sind häufige Fehlerquellen. Denn vom Konfigurationsprogramm, hier dem *Xconfigurator*, werden im Allgemeinen mehrere Eintragungen vorgenommen, von denen das X Window-System die beste auswählt. Es kann beispielsweise vorkommen, dass die X-Oberfläche mit einer Auflösung von 320 x 200 Pixeln startet, obwohl Sie eigentlich eine Auflösung von 1024 x 768 Pixeln haben wollten. Schlimmer ist die Situation, in der Sie zum Beispiel die Werte für die Auflösung von 1024 x 768 Pixeln manipulieren und keine Änderung erkennen, weil das System eine Auflösung von 800 x 600 Pixeln verwendet.

Wie Sie zur Fehlersuche die Werte für einen Startversuch des X Window-Systems fest vorgeben können, ist ein weiterer Punkt in der folgenden Beschreibung. Damit können Sie die möglichen Konfigurationen ausprobieren. Im Anschluss daran können wie zu Beginn mehrere Einstellungen vorgenommen werden, und es kann sogar zwischen diesen Einstellungen im laufenden X Window-System umgeschaltet werden.

Ein Beispiel einer Screen-Definition

Im *device*-Block der *XF86Config* werden schließlich die Angaben über X-Server, Grafikkarte und Monitor kombiniert, zum Beispiel in der folgenden Form.

Der Eintrag in der Zeile *Driver* bezieht sich auf den verwendeten X-Server. Da der verwendete X-Server *XF86_S3* zu den beschleunigten Servern gehört, wird hier genauso wie bei anderen der beschriebenen Accelerated-X-Server

```
Section "Screen"
    Driver      "accel"
    Device      "MeineGrafikkarte"
    Monitor     "MeinMonitor"
    Subsection "Display"
        Depth       8
        Modes       "1024x768"
        ViewPort    0 0
        Virtual     1500 1000
    EndSubsection
EndSection
```

Ein möglicher Screen-Block in der XF86Config

der Eintrag *accel* vorgenommen. Die anderen erwähnten X-Server werden über die Einträge *Mono, VGA16* und *SVGA* angegeben.

Mit den folgenden Zeilen bezieht man sich auf die Definitionen in den vorher beschriebenen Monitor- und Grafikkarten-Blöcken. Also mit *Device* auf den Namen *MeineGrafikkarte*, der im Block *Device* angegeben wurde, und analog mit dem Namen *MeinMonitor* auf den Namen, der im Block *Monitor* vergeben wurde.

In Abhängigkeit von Grafikkarte und Monitor wird dann die Farbtiefe (*Depth*) mit 8 Bit und einer Auflösung von 1024 x 768 Pixeln ausgewählt. Wie beschrieben ist der Eintrag "*1024x768*" nur ein Name, der mit einem Namen in einer *Mode/Modeline*-Zeile im Block *Monitor* übereinstimmt. Zusätzlich kann über das Schlüsselwort *Virtual* eine virtuelle Bildgröße eingestellt werden, die hier 1500 x 1000 Pixel beträgt. Dies bedeutet natürlich, dass nach wie vor nur 1024 x 768 Pixel sichtbar sind, aber wenn Sie mit dem Mauszeiger an den Rand des Bildschirms stoßen, verschiebt sich das Bild und der zusätzliche Bereich wird nutzbar.

Abhängigkeit der Einstellungen von Monitor und Grafikkarte

Die Einstellungen für Auflösung, Farbtiefe und virtuelle Bildgröße sind vom verwendeten Monitor und von der Grafikkarte abhängig. Insbesondere sind die Werte von der Größe des Grafikkartenspeichers abhängig.

Ist die Speichergröße zum Beispiel 2 MByte = 2048 KByte = 2.097.152 Byte, und Sie möchten bei einer Auflösung von 1024 x 768 Pixeln 65.536 Farben verwenden, was einer Farbtiefe von 16 Bit = 2 Byte entspricht, verbrauchen Sie $1024 * 768 * 2 = 1.572.864$ Byte des Speichers. Bei gleicher Auflösung kann eine Farbtiefe von 24 Bit = 3 Byte nicht verwendet werden, da hierfür mit $1024 * 768 * 3 = 2.359.296$ Byte nicht genügend Speicher zur Verfügung steht. Dagegen ist bei einer Reduzierung der Auflösung auf 800 x 600 Pixel die Verwendung einer Farbtiefe von 24 Bit, also von 16,7 Millionen Farben, möglich.

Für eine virtuelle Bildgröße muss die Speichergröße ebenso ausreichend sein. Es kann also nicht ein beliebig großer Bereich angegeben werden. Zum Beispiel wird bei einer Farbtiefe von 8 Bit, also bei 256 Farben und einer virtuellen Bildgröße von 1500 x 1000 Pixeln, eine Speichergröße von mindestens $1500 * 1000 * 1 = 1.500.000$ Byte benötigt.

Schritt 7: Mehrdeutigkeiten in der Konfiguration vermeiden

In den generierten Konfigurationsdateien werden viele Einstellungen mehrfach vorgenommen, und das X Window-System sollte beim Starten die geeigneten Einstellungen auswählen. Damit Sie aber bei der Fehlersuche sicher erkennen können, welche Einstellungen zu einem Zeitpunkt aktiv sind, sollten Sie nur die für Sie wichtigen Konfigurationen beibehalten und die übrigen auskommentieren. Dies ist dann die Ausgangsbasis für die Fehlerbehebung, die im folgenden Abschnitt besprochen wird.

Wie Sie die unwichtigen Einstellungen auskommentieren, wird an einem Beispiel erläutert. In der folgenden Abbildung ist dazu ein Ausschnitt einer generierten Konfigurationsdatei abgebildet.

Es ist erkennbar, dass mehr als ein X-Server konfiguriert wurde. Prinzipiell wird der Block mit dem X-Server ausgewählt, auf den der beschriebene Link */etc/X11/X* verweist. Falls dieser auf einen falschen X-Server verweist, wird hier der falsche Block ausgewählt. Im vorliegenden Fall wird der SVGA-Server nicht benötigt und die entsprechenden Zeilen können auskommentiert werden, wie es in der folgenden Abbildung dargestellt ist.

Damit bleibt also der Block des Accelerated-X-Servers übrig. Dort gibt es mehrere Definitionen für verschiedene Farbtiefen und dort wiederum mehrere Definitionen für unterschiedliche Auflösungen. Entscheiden Sie sich für eine Farbtiefe und eine Auflösung und kommentieren Sie den Rest wie dargestellt aus. Gegebenenfalls müssen dazu die entscheidende *Modes*-Zeile kopiert und die darin unerwünschten Eintragungen gelöscht werden. Verwenden Sie in diesem Block nur eine mögliche virtuelle Bildschirmgröße. Für den ersten Schritt ist es sicherlich sinnvoll, auch diese Einstellung wie abgebildet zu deaktivieren.

Schritt 8: Fehlersuche

Sie haben kennen gelernt, wie das X Window-System bei einer Fehlkonfiguration verlassen werden kann, welche Fehlermeldungen ausgegeben werden und wie diese in eine Datei umgelenkt werden können. Konzentrieren Sie sich bei der Fehlersuche auf die hier vorgestellten Konfigurationen von X-Server, Monitor und Grafikkarte. Fangen Sie bei Problemen mit einer geringen Auflösung und Farbtiefe sowie ohne eine virtuelle Bildgröße an, da zu große Werte einen Start verhindern können.

Kommentieren Sie alternative Einstellungen in der *XF86Config* aus. Nur damit sind Sie sicher, dass die von Ihnen vorgenommenen Einstellungen auch wirklich aktiv werden. Falls Sie mehrere Eintragungen vornehmen möchten,

```
# **********************************************************************
# Screen sections
# **********************************************************************

# The Colour SVGA server

Section "Screen"
    Driver      "svga"
    Device      "Generic VGA"
    Monitor     "My Monitor"
    Subsection "Display"
        Depth       8
        #Modes       "640x480" "800x600" "1024x768" "1280x1024"
        ViewPort    0 0
        Virtual     320 200
        #Virtual     1280 1024
    EndSubsection
EndSection

# The accelerated servers (S3, Mach32, Mach8, 8514, P9000, AGX, W32, Mach64)

Section "Screen"
    Driver      "accel"
    Device      "My Video Card"
    Monitor     "My Monitor"
    Subsection "Display"
        Depth       8
        Modes       "640x480" "800x600" "1024x768" "1280x1024"
        ViewPort    0 0
    EndSubsection
    Subsection "Display"
        Depth       16
        Modes       "640x480" "800x600" "1024x768"
        ViewPort    0 0
    EndSubsection
    Subsection "Display"
        Depth       24
        Modes       "640x480" "800x600"
        ViewPort    0 0
    EndSubsection
    Subsection "Display"
        Depth       32
        Modes       "640x480" "800x600"
        ViewPort    0 0
    EndSubsection
EndSection
```

Die mehrfachen Eintragungen in der XF86Config können zu Problemen führen

probieren Sie diese nacheinander aus und verwenden erst abschließend alle Konfigurationszeilen.

Wenn die hier vorgestellten Einstellungen für Ihren Rechner nicht zutreffen, finden Sie in der mitgelieferten Dokumentation weitere Hilfe.

Umschaltung zwischen verschiedenen Einstellungen

Nachdem die möglichen Einstellungen kontrolliert wurden, können diese nun alle eingetragen werden.

In der X Window-Konfiguration konnten zum Beispiel verschiedene Bildschirmauflösungen angegeben werden. Zwischen diesen unterschiedlichen Auflösungen kann umgeschaltet werden, während die X Window-Oberfläche aktiv ist. Dazu wird die Tastenkombination [Strg]+[Alt]+[+] auf dem numeri-

```
# **************************************************************************
# Screen sections
# **************************************************************************

# The Colour SVGA server

#Section "Screen"
#    Driver      "svga"
#    Device      "Generic VGA"
#    Monitor     "My Monitor"
#    Subsection "Display"
#        Depth       8
#        #Modes       "640x480" "800x600" "1024x768" "1280x1024"
#        ViewPort    0 0
#        Virtual     320 200
#        #Virtual     1280 1024
#    EndSubsection
#EndSection

# The accelerated servers (S3, Mach32, Mach8, 8514, P9000, AGX, W32, Mach64)

Section "Screen"
    Driver      "accel"
    Device      "My Video Card"
    Monitor     "My Monitor"
    Subsection "Display"
        Depth       8
#        Modes       "640x480" "800x600" "1024x768" "1280x1024"
        Modes       "1024x768"
#        ViewPort    0 0
    EndSubsection
#    Subsection "Display"
#        Depth       16
#        Modes       "640x480" "800x600" "1024x768"
#        ViewPort    0 0
#    EndSubsection
#    Subsection "Display"
#        Depth       24
#        Modes       "640x480" "800x600"
#        ViewPort    0 0
#    EndSubsection
#    Subsection "Display"
#        Depth       32
#        Modes       "640x480" "800x600"
#        ViewPort    0 0
#    EndSubsection
EndSection
```

Mit geeigneten Kommentaren in der XF86Config wird die Konfiguration eindeutig

schen Block verwendet. Nach erneutem Drücken dieser Tasten wird die jeweils nächste Auflösung aktiv, bis man schließlich wieder bei der ursprünglichen Auflösung ankommt. Mit der Tastenkombination Strg+Alt+- auf dem numerischen Block erfolgt der Durchlauf in umgekehrter Reihenfolge.

10.9 X Window im Vergleich zur Windows 95-/98-Oberfläche

Der wesentliche Unterschied zwischen Unix-Betriebssystemen und den gängigen Microsoft Windows-Systemen liegt in der Entkopplung der grafischen Benutzeroberfläche und dem Betriebssytem unter Unix. Während unter MS Windows alles von einem System erledigt wird, können auf einem Unix-Rechner die unterschiedlichsten Window-Manager für das Erscheinungsbild des GUI (**G**raphical **U**ser **I**nterface) verantwortlich sein. Die Auswahl eines

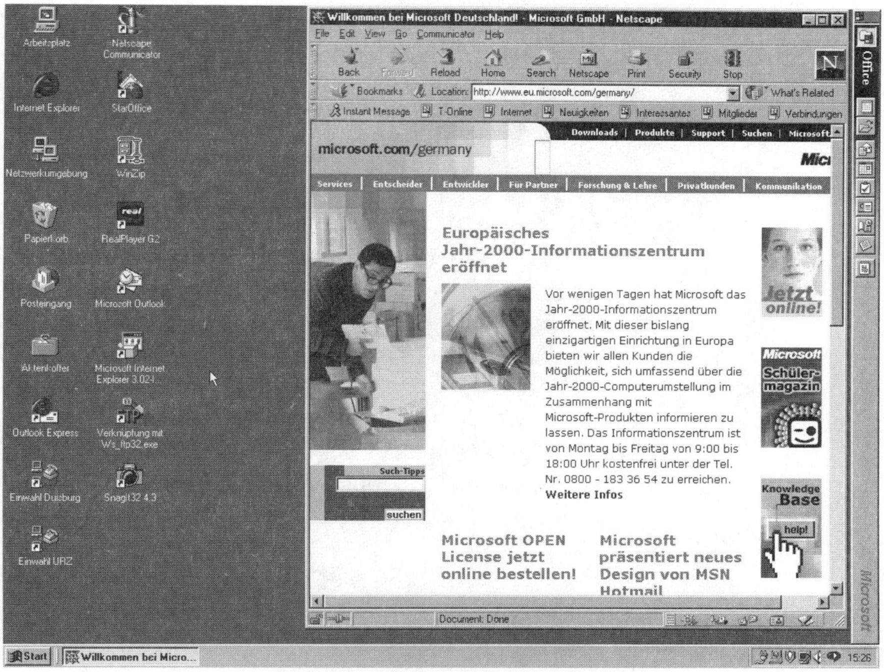

Das typische Erscheinungsbild von Windows 95

Window-Managers kann je nach Gutdünken und Geschmack der Benutzerinnen und Benutzer erfolgen.

Steuerung mit der Maus

Gemeinsam haben beide Welten die Steuerung aller Aktivitäten durch die Maus. Direkt beim ersten Kontakt mit der grafischen Oberfläche unter X Windows können Sie feststellen, dass beim Klick mit der rechten Maustaste auf den Hintergrund des Bildschirms Ähnliches geschieht wie unter Windows 95 und Windows 98: Sie können über ein angebotenes Menü einige Eigenschaften der Arbeitsfläche verändern oder auch Verknüpfungen zu Programmen erstellen. Unter X Window hat die mittlere Maustaste je nach verwendetem Window-Manager und Desktop-System unterschiedliche Wirkungen. In Kapitel 4.3 auf Seite 158 wurde erwähnt, dass die mittlere Maustaste bzw. die rechte und linke gleichzeitig gedrückt unter *KDE* keine besondere Rolle spielt. Die Wirkung beschränkt sich auf die Ausgabe einer Übersicht der Arbeitsflächen mit den dort aktiven Programmen. Durch Ziehen des Cursors auf den gewünschten Eintrag in dieser Übersicht und Loslassen der Maustaste wird auf dem Bildschirm der entsprechende Desktop aufgebaut. Die mittlere Maustaste dient hier also zur schnellen Navigation innerhalb der virtuellen Desktops.

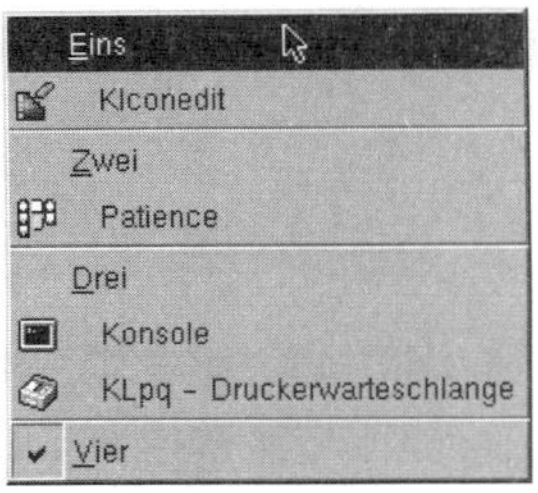

KDE: Klick mit der mittleren Maustaste auf den Hintergrund

Im Standard-Desktop von RedHat 6.0, dem *GNOME*, bewirkt der Klick mit der mittleren Maustaste auf den Bildschirmhintergrund, dass ein Auswahlmenü angeboten wird. Diese Funktionalität wird, ebenso wie bei *KDE*, vom voreingestellten Window-Manager zur Verfügung gestellt. Hier handelt es sich um *Enlightenment*, der dieses Signal der Maus derart umsetzt, dass ein Eintrag in der Konfigurationsdatei des Window-Managers interpretiert und das nochfolgende Menü aufgeklappt wird.

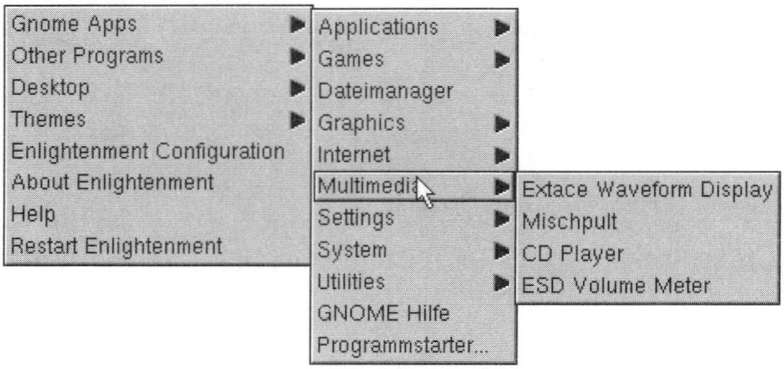

GNOME: Klick mit der mittleren Maustaste auf den Hintergrund

Sie können damit sowohl Programme aufrufen als auch Einstellungen Ihrer Arbeitsumgebung ändern. Übrigens wird Ihnen hier eventuell auffallen, dass *GNOME* sich noch im Entwicklungsstadium befindet und die Anpassung an Landessprachen deutlich langsamer erfolgt als die Entwicklung der Anwendungen. Im Prinzip erspart Ihnen dieser Tastendruck die Bewegung des Mauszeigers zur Start-Schaltfläche und das anschließende Navigieren durch den Menübaum, wie es in MS Windows erforderlich ist.

Erscheinungsbild der Arbeitsfläche

Deutlich variantenreicher als unter Windows 95/98 sind die Möglichkeiten zur Veränderung des Erscheinungsbildes der Arbeitsfläche. Im vorstehend abgebildeten Menü bieten sich unter *Themes* verschiedene Themen für die Ausgestaltung der Fenster an. Diese Einstellungsmöglichkeiten bieten ebenfalls *KDE* und auch die meisten Window-Manager. Weiterhin bieten *KDE* und *GNOME* diverse Themen für Schaltflächen, Task-Leiste und Menüs an. Diese sollten Sie einfach mal ausprobieren.

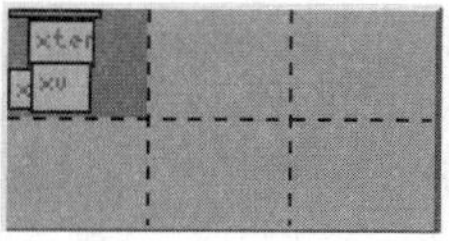

FVWM

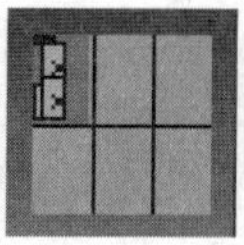

Afterstep

WindowMaker

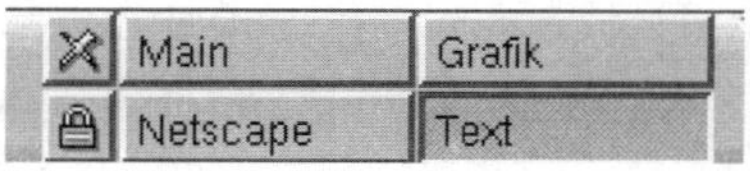

KDE

GNOME

Nachdem Sie bereits erfolgreich das X Window-System gestartet haben, sei es über das Kommando *startx* oder den Display-Manager, kennen Sie bereits mindestens einen der vorstehend abgebildeten Ausschnitte der grafischen Oberfläche. Dies sind Symbole für so genannte Pager, eine Darstellung verschiedener Arbeitsflächen der X-Oberfläche, die man sich auch als virtuelle Schreibtische vorstellen kann. Zwischen diesen virtuellen Schreibtischen kann gewechselt werden, indem der Mauszeiger auf eine Teilfläche des Pagers positioniert und die linke Maustaste gedrückt wird. Der praktische Nutzen mehrerer Arbeitsflächen, die unmittelbar auf einen Mausklick verfügbar sind, ist offensichtlich.

Sicherlich kennen Sie die Situation, dass gleichzeitig mit mehreren Programmen gearbeitet wird. Es kann die Anfertigung einer Einladung zur Milleniumparty sein, für die ein Familienfoto mit dem Scanner eingelesen und mit einem Grafikprogramm bearbeitet wird, oder der Vortrag für die Chefin oder den Chef. Dazu fehlen natürlich noch diverse Statistiken, die via E-Mail in verschiedenen Abteilungen angemahnt werden. Die aktuellsten Informationen zum Thema beschafft der Webbrowser, die Charts müssen erstellt werden und alles hinein in den Presentation-Manager. Nicht anders als ein normaler Schreibtisch sieht in einem solchen Fall auch der Bildschirm aus: voll! Natürlich kann man Fenster schließen und bei Bedarf wieder öffnen, was aber schnell in einer Dauerklickerei endet. Eine große Hilfe sind virtuelle Bildschirme, zwischen denen man schnell und problemlos wechseln kann und die als aufgabenspezifische Arbeitsflächen dienen.

X Window kennt solche virtuellen Bildschirme schon sehr lange und sie werden sowohl von den Window-Managern als auch von den Desktop-Systemen unterstützt. Welcher Window-Manager auch immer benutzt wird oder welches Desktop-System bevorzugt wird: Die virtuellen Arbeitsflächen stellen ein Mittel zur optimalen Organisation zur Bewältigung der anstehenden Aufgaben dar. Ein einfacher Klick in das gewünschte Fenster und schon ist man dort, wo zum Beispiel das Mail-Programm platziert wurde, mit dem die fehlenden Statistiken angemahnt wurden und der sie anzeigt, wenn sie denn endlich eingetroffen sind. Und obwohl viele Programme aktiv sind, ist der Bildschirm aufgeräumt und übersichtlich. Besonders wertvoll sind virtuelle Bildschirme, wenn nicht gerade ein 20-Zoll-Bildschirm zur Verfügung steht oder gar auf einem Notebook gearbeitet wird. Aber nicht nur auf der grafischen Oberfläche kennt Linux virtuelle Bildschirme. Auch auf der Konsole haben Sie die Möglichkeit, zwischen mehreren Bildschirmen, wie bereits im Abschnitt 6.5 auf Seite 241 beschrieben, zu wechseln.

Fenster im Bildschirm

Die Handhabung mehr oder weniger geöffneter Fenster auf Ihrer Arbeitsfläche wird unter X Window über eine Vereinbarung getroffen, die unter MS Windows unbekannt ist. Es handelt sich um die Eigenschaften der Fensteranzeige für den Fall, dass der Mauszeiger in einem Fenster positioniert wird. Sie werden sich bestimmt noch erinnern, dass ein Klick mit der Maustaste in ein anderes Programmfenster dieses dann für Eingaben bereit macht. Die meisten Window-Manager unter Linux verhalten sich beim ersten Aufruf nicht anders. Das macht Ihnen das Leben als Umsteigerin oder Umsteiger zu X Window einfach und Sie erhalten die Reaktionen auf die Mausaktivitäten, die Sie erwarten. Ihre Neugier vorausgesetzt, werden Sie bald beim Erkunden der verschiedenen angebotenen Menüs auf Einträge wie zum Beispiel *Einstellungen/Fenster/Eigenschaften* stoßen.

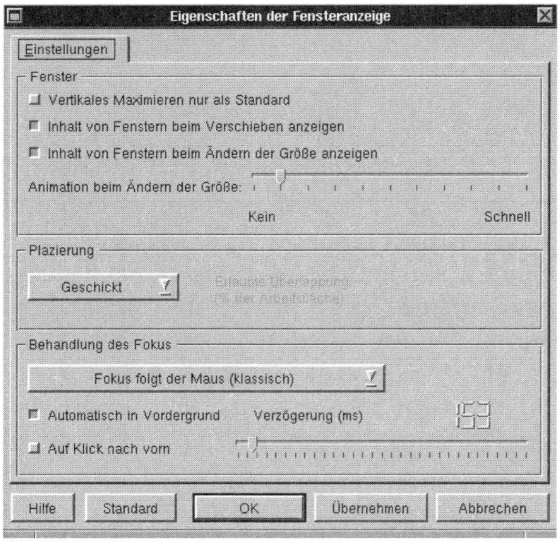

Hiermit bestimmen Sie, wie die Fenster platziert werden und auf die Position des Mauszeigers reagieren

Neben einigen mehr oder weniger verspielten Eigenschaften kann hier festgelegt werden, wie die Platzierung neu geöffneter Fenster erfolgen soll. Immer bemüht sich der Window-Manager darum, dass ein Fenster nicht vollständig ein anderes verdeckt, egal, ob Sie eine zufällige, eine automatische oder eine überlappende Platzierung gewählt haben. Natürlich ist das ein Unterschied zu Ihrem alten Betriebssystem, der nicht sofort und unmittelbar bemerkt wird, wenn Ihnen jemand über die Schulter schaut, der X Window nicht kennt. Bei Festlegung des Verhaltens auf den Mauszeiger oder, dem Sprachgebrauch der Unix-Welt angepasst, des Fokus können Sie den Window-Manager veranlassen, immer das Fenster zur Eingabe bereitzumachen, in dem sich der Mauszeiger befindet. Ein Klick ins Fenster ist dann nicht mehr notwendig. Diese Einstellung wird „Fokus folgt der Maus“ genannt.

Bewusst ist dieses Verhalten der Window-Manager nicht als Standardeinstellung gewählt worden. Es werden dadurch Reaktionen wie „Aber ich habe doch gar nicht geklickt“ und damit Irritationen verhindert. Behutsam sollen Sie als Umsteigerin oder Umsteiger auf die neuen Möglichkeiten aufmerksam gemacht werden.

Neue Hardware für das Auge

Dank der bei vielen Herstellern von Grafikkarten und Monitoren existierenden Unterstützung der Konsumenten ist der Austausch von Hardware, die Folgen für die grafische Oberfläche haben, in der MS Windows-Welt heutzutage kein Problem. Außerdem kauft man ja heute einen PC in der Regel vorkonfiguriert und hat ohnehin keine Probleme – jedenfalls beim ersten Einschalten. Klar, die Hersteller entwickelten die Treiberprogramme, damit ihre Produkte überhaupt verkäuflich sind. Der richtige Treiber ist einfach schon vorhanden.

Bei X Window unter Linux ist es etwas anders. Hier müssen Sie selbst den richtigen Treiber, der korrekt als X-Server bezeichnet wird, für Ihre Hardwarekonfiguration aussuchen. Linux wird leider noch viel zu oft nachträglich installiert, wodurch die Notwendigkeit entsteht nachzusehen, welche Hardware vorhanden ist. Zwar erfolgt eine gute Unterstützung der automatischen Hardwareerkennung durch die Installationsroutinen der Distributionen, jedoch kann es zu Problemen kommen, die manuelle Eingriffe und das Blättern in der technischen Dokumentation der Hardware erforderlich machen. Aber nur in ganz wenigen Fällen bleibt die bunte Vielfalt verborgen, weil die Hardware partout nicht unterstützt wird.

10.10 X-Ressourcen

Viele Ressourcen des X Window-Systems werden unabhängig von den Window-Managern verwaltet. Dazu zählen unter anderem Tastaturbelegung, Farben und Schriften. In der Regel greifen die Applikationen für das X Window-System auf diese Ressourcen zu.

Auch die Standardeinstellungen vieler Applikationen werden systemübergreifend in Dateien verwaltet und auf diese Weise unabhängig von den Window-Managern festgelegt. Diese Dateien sind zu finden im Verzeichnis */usr/X11R6/lib/ X11/app-defaults*. Unter dem Applikationsnamen werden die Einstellungen eines Programms festgelegt. Hier können Schriftarten, Farben und weitere Eigenschaften der Programme festgehalten werden. Auf diese Weise erspart man sich die Angabe von Parametern beim Programmaufruf.

Veränderung der Tastaturbelegung

Sie haben bereits im Abschnitt *Konfiguration der Tastatur* in Kapitel 10.6 die Auswahl der deutschen Tastaturbelegung kennen gelernt und erfahren, wie Sie mit dem Programm *xev* die Belegung überprüfen können. Falls Sie Probleme mit der Belegung haben, wird Ihnen die in diesem Abschnitt vorgestellte allgemeine Konfiguration der Tastaturbelegung weiterhelfen.

Zur Tastaturkonfiguration wird das Programm *xmodmap* eingesetzt. Dieses Programm übernimmt die Tastaturbelegung, die in einer Tabelle abgelegt wurde. In dieser Tabelle wird jeder Taste auf der Tastatur eine Belegung, zum Beispiel der Taste mit der Beschriftung A der Buchstabe a zugeordnet. Diese Zuordnung lässt sich übersichtlich mit dem Programm *xkeycaps* darstellen.

Im Allgemeinen kann die Konfiguration auch ohne das Programm *xkeycaps* durchgeführt werden, obwohl es die Konfiguration deutlich vereinfacht. Falls Sie dieses Programm nicht installieren möchten, überspringen Sie die folgende Installationsbeschreibung. Überfliegen Sie aber dennoch die folgenden Abschnitte, denn dort wird die Tastaturbelegung mit Hilfe des Programms *xkeycaps* beschrieben. Anhand der Abbildungen lässt sich das Prinzip gut nachvollziehen. Im Anschluss an diese Erklärungen wird dann die Änderung der Tastaturbelegung mit dem Programm *xmodmap* beschrieben.

Installation des Programms xkeycaps

Ein Programm, mit dem sich die Tastaturbelegung gut darstellen lässt, ist *xkeycaps*. Dieses Programm gehört nicht zur Standardinstallation von RedHat, ist aber vom SuSE-Server *ftp://ftp.suse.de* unter */suse/i386.de/6.2/suse/xap1/xkeycaps.rpm* zu holen. Zur Installation gehen Sie wie folgt vor:

1 Wechseln Sie in das Verzeichnis, in das das Paket heruntergeladen wurde. Wahrscheinlich ist es */tmp*:

```
cd /tmp
```

2 Installieren Sie das dort liegende Paket *xkeycaps.rpm* mit dem Kommando

```
rpm -i xkeycaps.rpm
```

3 Starten Sie das Programm *xkeycaps*.

```
xkeycaps &
```

Hinweis

Source übersetzen und installieren

Alternativ zum RPM-Paket kann auch von *ftp://ftp.x.org* im Unterverzeichnis */contrib/applications* das komprimierte tar-Archiv *xkeycaps-2.45.tar.Z* bezogen werden. Dieses ist nach dem Download zu entpacken und zu übersetzen. Dazu muss natürlich ein Kompiler bei der Installation von Linux ausgewählt worden sein.

Im Unterverzeichnis, in dem sich das Archiv befindet, geben Sie folgende Kommandos ein:

```
tar -zxf xkeycaps-2.45.tar.Z
cd xkeycaps-2.45
xmkmf; make; make install; make install.man
```

Tastaturbelegung betrachten

Nach dem Aufruf des Programms *xkeycaps* können Sie eine Tastatur auswählen. Wie Sie eine deutsche Belegung auswählen können, sehen Sie in folgendem Bild. Nach der Bestätigung der Auswahl über *ok* wird das Tastaturlayout angezeigt.

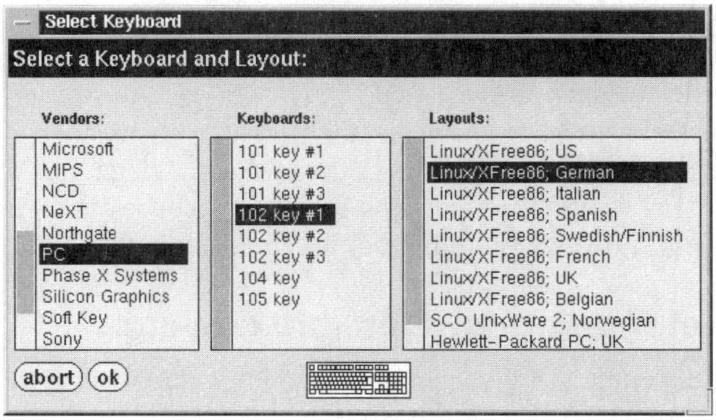

Auch eine deutsche Tastaturbelegung steht im Programm xkeycaps zur Verfügung

Das Tastaturlayout zeigt die Nummer jeder Taste in der unteren rechten Tastaturecke. Ansonsten ist auf den Tasten die übliche Belegung einer deutschen Tastatur dargestellt. Das Ziel der Konfiguration ist nun, einer Taste die richtige Belegung zuzuweisen. Beispielsweise sollte der Taste mit der Nummer 26 die Belegung *a* zugeordnet werden. Falls diese Taste in Kombination mit anderen Tasten gedrückt wird, kann sich diese Belegung ändern, zum Beispiel gemeinsam mit der Taste [Shift] lautet die Belegung *A*.

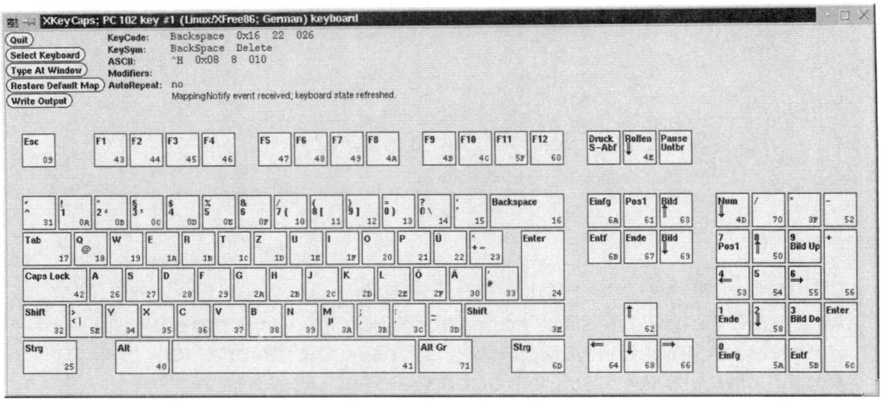

Im Tastaturlayout sind die Nummern der Tasten eingetragen. Die Belegungen werden nach einem Mausklick angezeigt

In dieser Darstellung sind die Tasten hexadezimal durchnummeriert. Die Zahl 10 lautet hexadezimal A, 11 ist B, 12 ist C, 13 ist D, 14 ist E, 15 ist F, 16 ist 10 und so weiter. Sie müssen dieses System nicht unbedingt verstehen. Wenn Sie mit dem Mauszeiger auf eine Taste zeigen, wird die Nummer auch in gewohnter dezimaler Schreibweise am oberen Fensterrand hinter dem Wort *KeyCode* angezeigt. Die Taste [A] mit der Nummer 26 hat zum Beispiel die dezimale Nummer 38.

Zu dieser Taste gibt es auch eine Belegung, die am oberen Fensterrand hinter dem Wort *KeySym* zu finden ist. Für die Taste [Q] finden Sie beispielsweise die Belegung *q Q at Greek_OMEGA*. Das erste Zeichen *q* erhalten Sie bei einem normalen Druck auf die Taste, das zweite Zeichen *Q* bei gleichzeitig gehaltener Taste [Umschalt] bzw. [Shift] und das vierte Zeichen *Greek_OMEGA* in Kombination mit der Taste [AltGr].

Hierbei steht die Bezeichnung *Greek_OMEGA* für das Zeichen @. Ähnliche Bezeichnungen gibt es beispielsweise auch für die Buchstaben *ö*, *ä* und *ü*: *odiaeresis*, *adiaeresis* und *udiaeresis*. Gerade diese Belegungen lassen sich bequem mit dem Programm *xkeycaps* ermitteln. Sie bestimmen diese Bezeichnungen nun für die Tasten, die bei Ihnen falsch belegt sind.

Tastaturbelegung erzeugen mit xkeycaps

Zur Generierung einer Tastaturbelegung kann entweder das Programm *xkeycaps* oder das Programm *xmodmap* eingesetzt werden. Das Programm *xkeycaps* gibt die dargestellte Tastaturbelegung bei einem Klick auf die Schaltfläche *Write Output* aus. Dazu bestätigen Sie die erscheinende Meldung *Write an xmodmap file for all keys, or only for keys which differ from the default?* mit dem Schalter *All Keys*. Dann wird eine Belegungstabelle in eine Datei geschrieben, deren Name im folgenden Fenster angezeigt wird.

Von nun an wird davon ausgegangen, dass diese Datei im Home-Verzeichnis unter dem Namen *.xmodmap-localhost.localdomain* abgelegt wurde. Falls sich der Name von Ihrem Dateinamen unterscheidet, verwenden Sie in den folgenden Beschreibungen Ihren Namen.

Betrachten Sie die erstellte Tastaturbelegung beispielsweise mit dem Kommando *less /.xmodmap-localhost.localdomain*. Eine Zeile hat dann beispielsweise folgende Gestalt:

```
keycode 0x18 = q Q at Greek_OMEGA
```

Sie erkennen in dieser Zeile die in *xkeycaps* gezeigte Tastaturbelegung wieder: Zu einer Tastennummer werden die verschiedenen Belegungen angegeben. Mit einem Editor Ihrer Wahl können Sie nun diese Belegungstabelle nach Ihren Wünschen ändern.

Tastaturbelegung erzeugen mit xmodmap

Die andere Möglichkeit, eine Belegungstabelle zu erzeugen, bietet das Programm *xmodmap*. Damit können Sie sich die derzeit verwendete Tastaturbelegung mit dem folgenden Kommando ausgeben lassen:

```
xmodmap -pke
```

und mit dem nächsten Befehl die auch zuvor verwendete Datei erzeugen:

```
xmodmap -pke > ~/.xmodmap-localhost.localdomain
```

Bei der Betrachtung dieser Datei werden Sie feststellen, dass *xmodmap* die Tasten dezimal durchnummeriert. Beide Darstellungen sind verwendbar. Die oben vorgestellte Belegung für die Taste [Q] sieht hier wie folgt aus:

```
keycode 24 = q Q at Greek_OMEGA
```

Falls Sie *xkeycaps* nicht installiert haben, können Sie wieder das Programm *xev* verwenden, um die Tastennummer zu ermitteln. Rufen Sie das Programm *xev* auf:

```
xev
```

Ziehen Sie den Mauszeiger in das neu erschienene Fenster und drücken Sie dann beispielsweise die Taste [Q]. In der Ausgabe werden Sie dann unter anderem den Text *keycode 24* vorfinden, der die Tastennummer 24 angibt.

Eine geeignete Tastaturbelegung

Egal, welches Programm Sie verwendet haben, Ihnen liegt nun eine Tastaturbelegung vor, die gegebenenfalls falsche Einstellungen enthält. Für eine deutsche Tastaturbelegung ist im Folgenden ein Ausschnitt einer geeigneten Belegung aufgeführt.

```
keycode 9 = Escape
keycode 10 = 1 exclam onesuperior exclamdown
keycode 11 = 2 quotedbl twosuperior oneeighth
keycode 12 = 3 section threesuperior sterling
keycode 13 = 4 dollar onequarter currency
keycode 14 = 5 percent onehalf threeeighths
keycode 15 = 6 ampersand threequarters fiveeighths
keycode 16 = 7 slash braceleft seveneighths
keycode 17 = 8 parenleft bracketleft trademark
keycode 18 = 9 parenright bracketright plusminus
keycode 19 = 0 equal braceright degree
keycode 20 = ssharp question backslash questiondown
```

```
keycode 21 = dead_acute dead_grave dead_cedilla dead_ogonek
keycode 22 = BackSpace
keycode 34 = udiaeresis Udiaeresis dead_diaeresis dead_abovering
keycode 35 = plus asterisk dead_tilde dead_macron
keycode 47 = odiaeresis Odiaeresis dead_acute dead_doubleacute
keycode 48 = Adiaeresis
keycode 49 = dead_circumflex degree notsign
keycode 51 = numbersign apostrophe dead_grave dead_breve
keycode 59 = comma semicolon horizconnector multiply
keycode 60 = period colon periodcentered division
keycode 61 = minus underscore dead_belowdot dead_abovedot
```

Ändern Sie gegebenenfalls die Einstellungen in Ihrer Tastaturbelegung mit einem Editor Ihrer Wahl.

Aktivierung der Tastaturbelegung

Die erzeugte Tastaturbelegung wird mit dem folgenden Kommando aktiviert:

```
xmodmap ~/.xmodmap-localhost.localdomain
```

Warten Sie einen Moment, bis die Initialisierung abgeschlossen ist, also bis die nächste Eingabeaufforderung erscheint. Ab diesem Moment ist die neue Tastaturbelegung aktiv und Sie können die neue Belegung ausprobieren.

Wenn Sie mit der Belegung zufrieden sind, dann muss der obige Befehl bei jedem Start der grafischen Oberfläche ausgeführt werden. Dies geschieht in der Regel automatisch, wenn Sie die Belegungsdatei in *.Xmodmap* umbenennen. Verwenden Sie dazu den folgenden Befehl:

```
mv ~/.xmodmap-localhost.localdomain ~/.Xmodmap
```

Diese Vorgehensweise ist bei der Standardkonfiguration möglich. Falls dies nicht zum Ziel führt, dann tragen Sie den folgenden Befehl in die Datei *~/.xinitrc* ein:

```
/usr/X11R6/bin/xmodmap ~/.Xmodmap
```

Die Befehle in dieser Datei werden typischerweise beim Start der grafischen Oberfläche ausgeführt. Falls die Tastaturbelegung immer noch nicht übernommen wird, dann tragen Sie den obigen Befehl stattdessen in die Datei *~/.xsession* ein. Diese Datei wird gelegentlich anstatt der Datei *~/.xinitrc* verwendet.

Farbdefinitionen

Eine Datei mit den Farbdefinitionen wird über das Schlüsselwort *RgbPath* in der X Window-Konfigurationsdatei *XF86Config* im Block *Files* festgelegt. Die Farbdefinitionsdatei wird allerdings ohne eine Dateiendung (hier *.txt*) angegeben.

Hier werden die Farbnamen festgelegt, die auf der X Window-Oberfläche verwendet werden können. Die Verwendung eines Namens wie *DarkViolet* ist sicherlich eingängiger als die Benutzung des zugehörigen RGB-Werts (148, 0, 211). Nehmen Sie weitere Eintragungen in der Datei */usr/X11R6/lib/X11/rgb.txt* vor, um die Farbnamensliste zu ergänzen.

Eine Liste aller konfigurierten Farbnamen ist leichter über das Programm *showrgb* zu bekommen. Verwenden Sie dazu zum Beispiel die folgende Befehlszeile:

```
showrgb | less
```

Auswahl von Schriften

Über die Datei */etc/XF86Config* werden die Schriftdefinitionen eingebunden, dort im Block *Files* unter dem Schlüsselwort *FontPath*. Seit der RedHat-Version 6.0 findet sich dort folgender Eintrag:

```
# Multiple FontPath entries are allowed (they are concatenated together)
# By default, Red Hat 6.0 and later now use a font server independent of
# the X server to render fonts.

    FontPath    "unix/:-1"
```

Dies bedeutet, dass im Unterschied zu älteren Versionen nun der Font-Server *xfs* zur Aufbereitung und Ausgabe der Schriftzeichen auf den Bildschirm benutzt wird. Die Schriftarten sucht der Font-Server, der während des Boot-Vorgangs aus der Datei */etc/rc.d/init.d/xfs* gestartet wird, anhand der Informationen aus der Konfigurationsdatei */etc/X11/fs/config*:

```
#
# Default font server configuration file for Red Hat Linux 6.0
#
# allow a max of 4 clients to connect to this font server
client-limit = 4

# when a font server reaches its limit, start up a new one
clone-self = off

# alternate font servers for clients to use
#alternate-servers = foo:7101,bar:7102

# where to look for fonts
# Some of these are commented out, i.e. the TrueType and Type1
# directories in /usr/share, because they aren't forced to be
# installed alongside X.
#
catalogue = /usr/X11R6/lib/X11/fonts/misc:unscaled,
/usr/X11R6/lib/X11/fonts/75dpi:unscaled,
/usr/X11R6/lib/X11/fonts/100dpi:unscaled,
/usr/X11R6/lib/X11/fonts/misc,
/usr/X11R6/lib/X11/fonts/Type1,
/usr/X11R6/lib/X11/fonts/Speedo,
/usr/share/fonts/default/Type1/

# in 12 points, decipoints
default-point-size = 120

# 100 x 100 and 75 x 75
default-resolutions = 75,75,100,100

# how to log errors
use-syslog = on
```

Falls zusätzliche Schriftarten installiert werden, die in einem anderen als den voreingestellten Verzeichnissen eingetragen werden, muss dieses Verzeichnis als weiterer Pfad unter *catalogue* eingetragen werden. Es empfiehlt sich, die Voreinstellung zur Protokollierung der Meldungen von *xfs* nicht zu verändern, um in Problemfällen – etwa bei Installation zusätzlicher Schriftarten – die notwendigen Informationen zur Fehlerbehebung zu erhalten. Die Meldungen des Font-Servers werden in der Datei */var/log/messages* protokolliert.

S.u.S.E.-Tipp

SuSE hat den Schritt zum Font-Server bisher nicht vollzogen. In der Datei */etc/XF86Config* werden explizit die Pfade zu den Schriften angegeben. Eingebunden sind im Gegensatz zu RedHat die freien Schriften von URW in einem Subdirectory unterhalb des X-Baums.

```
FontPath "/usr/X11R6/lib/X11/fonts/75dpi:unscaled"
FontPath "/usr/X11R6/lib/X11/fonts/100dpi:unscaled"
FontPath "/usr/X11R6/lib/X11/fonts/Type1"
FontPath "/usr/X11R6/lib/X11/fonts/URW"
FontPath "/usr/X11R6/lib/X11/fonts/Speedo"
FontPath "/usr/X11R6/lib/X11/fonts/misc"
FontPath "/usr/X11R6/lib/X11/fonts/75dpi"
FontPath "/usr/X11R6/lib/X11/fonts/100dpi"
FontPath "/usr/X11R6/lib/X11/fonts/local"
FontPath "/usr/X11R6/lib/X11/fonts/misc:unscaled"
```

Die Zeichensätze stehen in den Verzeichnissen */usr/X11R6/lib/X11/fonts* und */usr/share/fonts/default/Type1*. Wenn Sie eine der installierten Schriften auswählen möchten, kann mit dem Programm *xlsfonts* eine Liste aller verfügbaren Schriften ausgegeben werden. Unter diesen Namen tauchen auch Kurzbezeichnungen für Schriftarten auf, die in den einzelnen Verzeichnissen in den Dateien *fonts.alias* gesetzt werden.

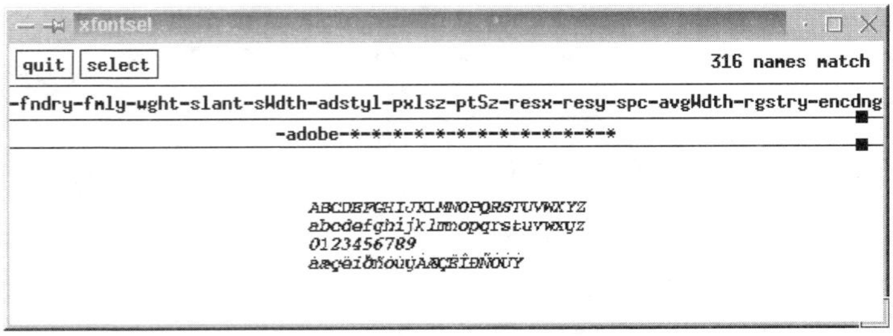

Mit dem Programm xfontsel sind die verschiedenen Schriftparameter über Menüs zugänglich

Die Auswahl der Schriften ist sehr vielseitig, aber eben auch entsprechend schwierig. Es gibt eine Fülle von Schriftparametern, die ausgewählt werden können, die aber zum Teil nicht für alle Schriftarten gültig sind. Abhilfe schafft das Programm *xfontsel*. Es bietet für jeden Parameter ein Menü mit den möglichen Werten an. Damit kann interaktiv die Auswirkung einer Werteänderung begutachtet werden.

*Die vorher mit einem * gekennzeichneten, unspezifizierten Parameter wurden durch Vorgaben ersetzt. Das Schriftmuster im Fenster wird entsprechend angepasst*

Die vom Font-Server zur Verfügung gestellten Schriftarten sollten durch das Kommando *xlsfonts |less* angezeigt werden. Da es sich um eine lange Ausgabe handelt, sollte die Option *|more* nicht weggelassen werden. In der Standardinstallation sind es immerhin 672 Zeilen, die ausgegeben werden. Allerdings sind es nicht verschiedene Schriftarten, die aufgelistet werden. Es sind die verschiedenen Schnitte der Schriften und bei nicht skalierbaren auch die Größen, in denen die einzelnen Schriftarten auf dem Rechner vorhanden sind.

Blättern Sie in der Ausgabe vorwärts mit der Leertaste und rückwärts mit der Taste [W]. Sie erhalten eine Auflistung, von der ein Ausschnitt nachfolgend dargestellt ist.

```
-urw-palatino-bold-i-normal--0-0-0-0-p-0-iso8859-1
-urw-palatino-bold-r-normal--0-0-0-0-p-0-iso8859-1
-urw-palatino-medium-i-normal--0-0-0-0-p-0-iso8859-1
-urw-palatino-medium-r-normal--0-0-0-0-p-0-iso8859-1
-urw-symbol-medium-r-normal--0-0-0-0-p-0-adobe-fontspecific
-urw-times-bold-i-normal--0-0-0-0-p-0-iso8859-1
-urw-times-bold-r-normal--0-0-0-0-p-0-iso8859-1
-urw-times-medium-i-normal--0-0-0-0-p-0-iso8859-1
-urw-times-medium-r-normal--0-0-0-0-p-0-iso8859-1
-urw-zapf chancery-medium-i-normal-medium-0-0-0-0-p-0-iso8859-1
-urw-zapf dingbats-medium-r-normal--0-0-0-0-p-0-adobe-fontspecific
10x20
10x20
12x24
12x24
12x24kana
12x24kana
12x24romankana
12x24romankana
5x7
5x7
:
```

Eine Übersicht über die enthaltenen Zeichen und deren Belegung in einem speziellen Font, für den hier *fontname* steht, erhalten Sie mit dem Kommando `xfd fn '`*fontname*`'`. Um eine einfache und schnelle Darstellung einer Schriftart aus der angezeigten Liste zu erhalten, sind folgende Schritte auszuführen:

1. Öffnen Sie ein neues Terminalfenster zusätzlich zu dem, in dem die Auflistung erfolgt. In *KDE* drücken Sie dazu die Tastenkombination [Alt]+[F2], worauf ein Befehlsfenster erscheint. Geben Sie dort „xterm" oder „konsole" (*kvt* ist in RedHat 6.0 leider nicht mehr enthalten) ein und drücken Sie die [Enter]-Taste. Unter *GNOME* klicken Sie auf das Terminalsymbol im Panel oder auf den dort links stehenden Startschalter und wählen im Menü unter *Werkzeuge* einen Terminal aus.
2. Geben Sie im neuen Terminal `xfd -fn '` ein.
3. Bewegen Sie den Cursor der Maus in das Terminalfenster mit der Ausgabe von *xlsfonts* und markieren Sie dort den Font, dessen Belegung angezeigt werden soll. Markiert wird, indem der Mauszeiger auf das erste Zeichen der Zeile positioniert wird. Danach drücken Sie die linke Maustaste und ziehen den Cursor bis zum Ende der Zeile. Der markierte Bereich wird dabei schwarz unterlegt. Am Ende des zu markierenden Bereichs lassen Sie die linke Maustaste wieder los.
4. Gehen Sie nun mit dem Cursor in das Fenster, das im zweiten Schritt geöffnet wurde, und drücken Sie die mittlere Maustaste bzw. beide Maustasten gleichzeitig, wenn Ihre Maus nur zwei Tasten hat. Nun ist der *fontname* eingegeben und Sie müssen nur noch das Zeichen `'` eingeben und anschließend die [Enter]-Taste drücken.
5. Auf dem Bildschirm erscheint ein neues Fenster mit einem ähnlichen Inhalt wie dem der nachfolgenden Abbildung. Diese Ausgabe ist für den Terminalfont 10x20 erzeugt worden. Der Standardfont *fixed* für Terminals mit der Parametrisierung

   ```
   -misc-fixed-medium-r-semicondensed--13-120-75-75-c-60-iso8859-1
   ```

   ist deutlich kleiner als der hier im Beispiel gezeigte.

   Schließen können Sie das Fenster mit einem Klick auf *QUIT*. Aber das sollten Sie erst am Ende dieses Abschnitts tun.

Wenn Sie der freundlichen Aufforderung „Select a character" Folge leisten und mit dem Cursor auf einen der Buchstaben in der Tabelle klicken, zeigt *xfd* die Position des Zeichens im Font hexadezimal sowie in Klammern dahinter dezimal und oktal an. Darunter werden Informationen über die Metrik des Zeichens und die Ausrichtung zur Grundlinie angegeben.

▼▼▼ WORKSHOP

Default Font bei hoher Auflösung

Sofern Sie X Window mit einer höheren Bildschirmauflösung als 1024 x 786 konfiguriert haben und viel mit der Terminalemulation *xterm* oder einem der Derivate arbeiten, könnte der voreingestellte Font *fixed* als zu klein erscheinen. In diesem Fall kann ein zur Auflösung passender Font mit *xfd* ausgesucht werden.

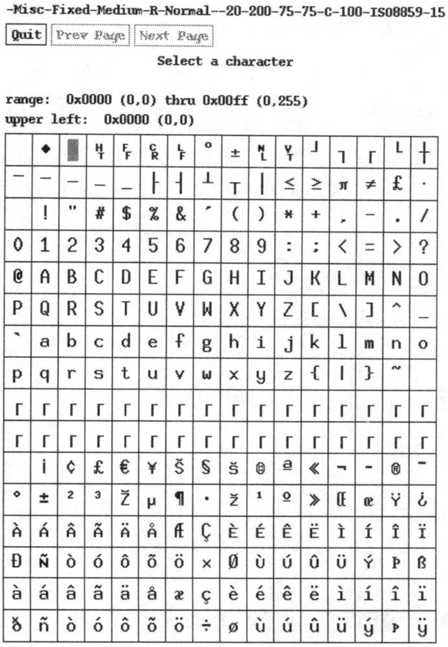

Belegung der Zeichen im Font 10x20

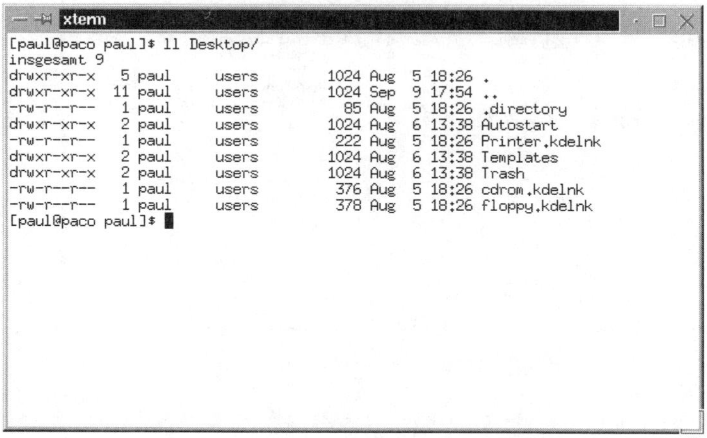

Eine Terminalemulation mit dem voreingestellten Font fixed

Zunächst sollten Sie sich einen Überblick über die vorhandenen proportionalen Schriftarten verschaffen. Wechseln Sie dazu in das Verzeichnis */usr/X11R6/lib/X11/fonts/misc*. Das Kommando

```
grep misc-fixed-medium-r-normal fonts.alias | grep iso
```

zeigt Ihnen die Fonts, die in Betracht kommen. Zu empfehlen sind:

```
9x15  -misc-fixed-medium-r-normal--15-140-75-75-c-90-iso8859-1
10x20 -misc-fixed-medium-r-normal--20-200-75-75-c-100-iso8859-1
```

Wenn Sie sich für einen Font entschieden haben, der voreingestellt für die Terminalemulation benutzt werden soll, kann zur Tat geschritten werden.

1 Sichern Sie die Datei *fonts.alias* mit dem Kommando
`cp fonts.alias alt.fonts.alias.`

2 Öffnen Sie die Datei *fonts.alias* mit einem Editor Ihrer Wahl.

3 Suchen Sie den Eintrag mit dem Alias `fixed`, der am Anfang einer Zeile steht. Ändern Sie `fixed` beispielsweise in `fixedalt`.

4 Suchen Sie den Eintrag, der den eben geänderten Font ersetzen soll, und kopieren Sie ihn in eine neue Zeile.

5 Ändern Sie in der kopierten Zeile den Alias (z. B. `9x15`) am Zeilenanfang in `fixed`.

6 Sichern Sie die Datei und beenden Sie den Editor.

7 Starten Sie das System neu.

Nach dem Reboot und erneutem Start von X Window wird bei einem Aufruf einer Terminalemulation mit `xterm` der nunmehr als *fixed* bezeichnete Font benutzt.

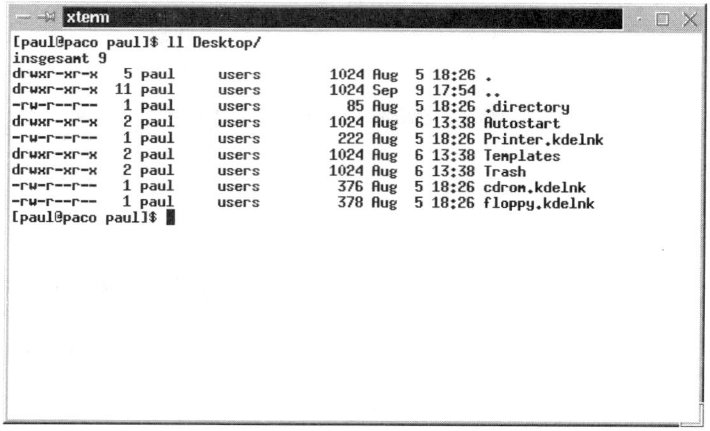

Das Terminalfenster mit dem neuen Font fixed

Workshop-Ende

Linux und der €

Vielleicht ist Ihnen schon das Euro-Zeichen in der elften Zeile und fünften Spalte in der Abbildung auf Seite 645 aufgefallen. Der dort dargestellte Font ist bisher nicht in den Linux-Distributionen vorhanden. Zu erwarten ist jedoch, dass dies spätestens dann der Fall sein wird, wenn die Bezahlung der CDs bar in € erfolgen wird. Bis dahin muss die Unterstützung des Euro-Zeichens für Linux von Hand installiert werden. Dank der guten Arbeit von Guylhem Aznar, der das *EURO PACK for Linux* entwickelt hat, ist dies jedoch leicht zu bewerkstelligen. Das größte Problem besteht darin, eine

Quelle festzustellen, von der das Paket bezogen werden kann. Wie in so vielen Fällen ist auch hier das Internet die Antwort. Auf den Servern

```
http://www.linux-verband.de/Einsatz/
http://www.pop-brb.de/euro
http://www.bischoffundpartner.de/Euro_Check.htm
```

finden sich Links zu dem gegenwärtig aktuellen Paket *euro-1.4.tgz*. Dieses komprimierte tar-Archiv enthält Fonts mit dem Euro-Symbol sowohl für die Linux-Konsole als auch für X Window. Nach dem Download des Pakets kann mit der Installation begonnen werden.

▼▼▼ WORKSHOP

Installation des Euro-Pakets

Da zur Installation root-Rechte notwendig sind, müssen Sie sich, falls Sie unter einer anderen Kennung arbeiten, mit dem Kommando *su - root* im System einloggen. Zunächst wird X Window Euro-fähig gemacht, anschließend folgt die Beschreibung, wie das Euro-Zeichen auch auf der Linux-Konsole erscheinen kann.

1. Gehen Sie in das Unterverzeichnis, in das *euro-1.4.tgz* abgelegt wurde (*/tmp* ist angenommen), und entpacken Sie es. Anschließend gehen Sie in das neu angelegte Unterverzeichnis *EURO*

```
cd /tmp
tar -zxvf euro-1.4.tgz
cd EURO
```

2. Nun werden die vorhandenen Bitmap-Fonts, die den € enthalten, mit *bdftopcf* umgewandelt und komprimiert:

```
bdftopcf Xlat0-10x20.bdf > Xlat0-10x20-lat0.pcf
bdftopcf Xlat0-8x14.bdf > Xlat0-8x14-lat0.pcf
bdftopcf Xlat0-9x16.bdf > Xlat0-9x16-lat0.pcf
gzip Xlat0*.pcf
```

3. Die so erzeugten Fonts werden in das X Window-Verzeichnis verschoben und das dortige Inhaltsverzeichnis der Fonts wird neu erzeugt.

```
mv Xlat0*.pcf.gz /usr/X11R6/lib/X11/fonts/misc
mkfontdir /usr/X11R6/lib/X11/fonts/misc
```

4. Nun wird dafür gesorgt, dass die Tastenkombination [AltGr]+[E] von X Window verstanden wird:

```
cat other-latin0.xmod >> /usr/X11R6/lib/X11/xinit/.Xmodmap
```

bzw. bei SuSE

```
cat other-latin0.xmod >> /usr/X11R6/lib/X11/Xmodmap
```

5. Zusätzlich wird jetzt noch das Abkürzungsverzeichnis der Fontnamen aktualisiert.

```
cd /usr/X11R6/lib/X11/fonts/misc
grep Xlat fonts.dir >> fonts.alias
```

Öffnen Sie die Datei *fonts.alias* mit einem Editor und ändern Sie die am Ende der Datei angehängten letzten drei Zeilen. Aus

```
Xlat0-8x14-lat0.pcf.gz
Xlat0-9x16-lat0.pcf.gz
Xlat0-10x20-lat0.pcf.gz
```

machen Sie

```
8x14
9x16
10x20
```

Zusätzlich können Sie schon jetzt einen dieser Fonts als neue Voreinstellung für *fixed* festlegen. Die Vorgehensweise dazu wurde bereits ab Seite 645 beschrieben. Falls Sie dies bereits nachvollzogen haben, reicht es, wenn der geänderte Font *fixed* gelöscht wird und einer der drei vorstehenden als *fixed* kopiert wird. Abschließend wird die Datei zurückgeschrieben und der Editor beendet.

6 Da der Font-Server die neuen Fonts noch nicht kennt, muss er neu gestartet und aktiviert werden. Dazu geben geben Sie folgende Kommandos ein:

```
/etc/rc.d/init.d/xfs restart
xset +fp unix/:-1
```

S.u.S.E.-Hinweis

Da SuSE keinen Font-Server benutzt, muss hier X Window folgendermaßen mitgeteilt werden, dass sich etwas geändert hat:

```
xset -fp /usr/X11R6/lib/X11/fonts/misc
xset +fp /usr/X11R6/lib/X11/fonts/misc
```

Falls sich aus irgendeinem Grunde die in den nachfolgenden Schritten erwarteten Resultate nicht ergeben, muss der X-Server neu gestartet werden. Dies kann schnell und einfach, allerdings mit abrupter Beendigung der Sitzung, mit der Tastenkombination [Strg]+[Alt]+[Rück] geschehen.

7 Mit dem Kommando *xfd -fn 'fixed'* erhalten Sie wie bereits beschrieben, eine Tabelle der Zeichenbelegung, in der nun der € enthalten ist.

8 Danach erhalten Sie mit der Tastenkombination [AltGr]+[E] in einem neu gestarteten *Xterm*, der einen der drei neuen Fonts benutzt, das Zeichen €. Falls nicht die im vorherigen Schritt erwähnte Ersetzung durchgeführt wurde, kann die Euro-kompatible Terminalemulation mit folgendem Kommando aufgerufen werden:

```
xterm -fn 9x16
```

Um das Euro-Zeichen auch auf der Textkonsole darstellen zu können, sind noch einige weitere Schritte notwendig, da die Textkonsole unabhängig vom X Window-System ist. Dort werden andere Fonts und auch andere Mittel zur Verarbeitung der von der Tastatur kommenden Signale genutzt. Begeben Sie sich also mit [Strg]+[Alt]+[F2] – falls Sie momentan unter X Window arbeiten – auf eine Linux-Konsole und loggen Sie sich dort als *root* ein. Anschließend wechseln Sie ins Verzeichnis, in dem sich die Dateien des Euro-Pakets befinden. Angenommen wurde, dass es das Verzeichnis */tmp/EURO* ist.

1 *cd /tmp/EURO*

Um zu sehen, wie sich die Zeichenzuordnung verändert, können Sie jetzt die Tasten AltGr+E und Strg+C drücken.

2 Zuerst wird die Zuordnungstabelle der Tastatur geladen:

```
/bin/loadkeys ./other-latin0.map
```

Drücken Sie wieder AltGr+E und Strg+C.

3 Nun wird einer der Zeichensätze geladen:

```
/sbin/setsysfont ./lat0-16.psf
```

S.u.S.E.-Hinweis

Bei SuSE ist anstelle von */sbin/setsysfont* das Kommando *setfont* zu verwenden:

```
/usr/bin/setfont ./lat0-16.psf
```

Wenn Sie nun AltGr+E drücken, erscheint das Zeichen €. Damit das auch in Zukunft so bleibt, müssen nun die Fonts und die Zuordnungstabelle installiert werden. Drücken Sie nochmals Strg+C.

4 Die vier vorhandenen Fonts werden komprimiert und dann in das Verzeichnis kopiert, in dem der zu ladende Zeichensatz beim Systemstart erwartet wird:

```
gzip lat0*.psf
cp lat0*.gz /usr/lib/kbd/consolefonts
```

5 Auch die Zuordnungstabelle wird komprimiert und an die richtige Stelle kopiert:

```
gzip other-latin0.map
cp other-latin0.map /usr/lib/kbd/keyboards/i386/qwertz
```

S.u.S.E.-Hinweis

In der SuSE-Distribution ist die Namensgebung für die Tastatur anders. Kopieren Sie hier mit dem folgenden Kommando:

```
cp other-latin0.map /usr/lib/kbd/keymaps/i386/qwertz
```

6 Nun muss noch dafür gesorgt werden, dass beim Systemstart die Kommandos des zweiten und dritten Schritts ausgeführt werden. Editieren Sie dazu die Datei */etc/rc.d/rc.local* und erweitern Sie am Ende um die folgenden Zeilen:

```
/bin/loadkeys other-latin0
/sbin/setsysfont lat0-16
```

S.u.S.E.-Hinweis

Hier ist eine Datei */etc/rc.d/euro* anzulegen. Wechseln Sie mit *cd /etc/rc.d* in das Unterverzeichnis und erzeugen Sie diese Datei mit einem Editor. Tragen Sie folgenden Inhalt ein:

```
#! /bin/sh
/usr/bin/loadkeys /usr/lib/kbd/keymaps/i386/qwertz/other-latin0.map.gz
/usr/bin/setfont /usr/lib/kbd/consolefonts/lat0-16.psf.gz
```

Nach dem Speichern der Datei legen Sie folgende symbolische Links an:

```
ln -sf ../euro /etc/rc.d/rc2.d/S99euro
ln -sf ../euro /etc/rc.d/rc3.d/S99euro
```

Nun ist auch Ihr SuSE-Linux Euro-fest.

Workshop–Ende

Ihr Linux-System ist nun für die Zukunft gerüstet und wird auch mit den Fonts, die in zukünftigen Versionen von XFree86 enthalten sein werden, das Euro-Zeichen unterstützen. Erstmals in XFree86 Version 3.3.5 waren Fonts vorhanden, die den € enthielten.

Font-Server für TrueType-Fonts

Noch in der überwiegenden Zahl der Fälle sind auf Linux-Rechnern Schriften vorhanden, die durchaus auch unter X Window genutzt werden können. Die TrueType-Fonts, die im Verzeichnis *C:\Windows\Fonts* auf der Windows-Partition liegen, gilt es nun, für X Window verfügbar zu machen. Beginnen Sie, indem Sie sie auf das Linux-Dateisystem kopieren. Die Installation der notwendigen Komponenten müssen unter der Kennung *root* ausgeführt werden.

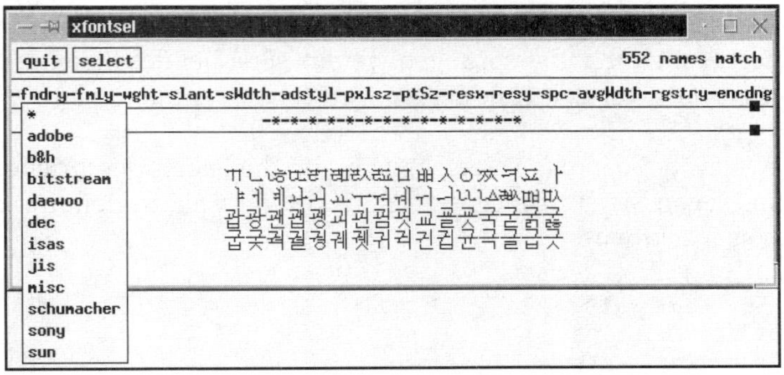

Verfügbare Schriften vor dem Workshop

▼▼▼ WORKSHOP

Installation von TrueType-Fonts

1 Falls nicht schon geschehen, muss die DOS-Partition gemountet werden. Dazu müssen Sie wissen, welcher Mountpoint zur Verfügung steht. Meistens ist es */mnt* oder ein darunter liegendes Verzeichnis. Weiterhin muss das Gerät bekannt sein, auf dem die Dateien des anderen Betriebssystems liegen. Dies ist wohl in den meisten Fällen */dev/hda1* oder */dev/sda1*. Gemountet wird mit einem Kommando wie zum Beispiel:

```
mount -t vfat /dev/hda1 /mnt
```

2 Nun wird ein Verzeichnis für die TrueType-Fonts angelegt und die Schriften werden dorthin kopiert:

```
cd /usr/X11R6/lib/X11/fonts
mkdir tt
cd tt
cp /mnt/windows/fonts/*.ttf .
```

Das Kommando *ls -la* zeigt die nunmehr vorhandenen Dateien an.

Damit ist der erste Teil der Aufgabe bewältigt. Nun gilt es festzustellen, ob auf dem Rechner bereits ein notwendiges Werkzeug vorhanden ist, das die Datei *fonts.scale* anlegt. Diese Datei wird vom Font-Server benötigt. Falls auf das Kommando *which ttmkfdir* eine Meldung wie „which: no ttmkfdir in ...“ kommt, muss dieses Tool leider über das Internet besorgt werden. RedHat hat in den aktuellen Versionen bereits ein XFree86, das mit den TrueType-Fonts arbeiten kann.

Zu beziehen ist *ttmkfdir* von *http://www.joerg-pommnitz.de/TrueType/ttmkfdir.tar.gz*. Beispiele und weitere Informationen zu TrueType-Fonts für X Window finden sich auf *http://www.joerg-pommnitz.de/TrueType/xfsft.html*. Dort ist auch ein Link auf die Homepage von *xfsft*, den Font-Server, der diese Schriften unterstützt. Er ist von jedem FTP-Mirror von Sunsite im Unterverzeichnis *X11/fonts* zu beziehen. Die letzte aktuelle Datei war *xfsft-1.1.6-libc6.tar.gz*. Laden Sie die Pakete auf Ihren Rechner und speichern Sie sie vorzugsweise in */tmp* ab.

Sofern die RedHat-Distribution installiert ist, können die ersten Schritte der folgenden Anleitung übersprungen werden. Erst bei der Erstellung der Konfigurationsdatei für den Font-Server wird es wieder interessant.

1 Wechseln Sie in das Verzeichnis, in das die Pakete geschrieben wurden, und legen Sie ein Unterverzeichnis *ttmkfdir* an, in dem *ttmkfdir.tar.gz* ausgepackt wird:

```
cd /tmp
mkdir ttmkfdir
cd ttmkfdir
tar -zxvf ../ttmkfdir.tar.gz
```

2 Kopieren Sie die Datei *ttmkfdir.linuxbin.glibc2* nach */usr/bin*

```
cp ttmkfdir.linuxbun.glibc2 /usr/bin/ttmkfdir
chmod 755 /usr/bin/ttmkfdir
```

3 Nun wird wieder in das höhere Verzeichnis gewechselt und der neue Font-Server ausgepackt.

```
cd ..
tar -zxvf xfsft-1.2.6.linux-i386-libc6.tar.gz
```

4 Jetzt können die neuen Programme installiert werden, nachdem sicherheitshalber eine Kopie der Originale angelegt wurde. Damit nichts schief geht, wird zuerst nachgesehen, wo die zu ersetzenden Programme liegen. Kopieren und ersetzen Sie die, die auch angezeigt werden.

```
which xfs; which mkfontdir
/usr/X11R6/bin/xfs
/usr/X11R6/bin/mkfontdir
cp /usr/X11R6/bin/xfs /usr/X11R6/bin/xfs.save
cp /usr/X11R6/bin/mkfontdir /usr/X11R6/bin/mkfontdir.save
cp xfs /usr/X11R6/bin/xfs
cp mkfontdir /usr/X11R6/bin/mkfontdir
```

5 Es wird nun in das Verzeichnis */usr/X11R6/lib/X11/fonts* gewechselt und die Datei *encoding.tar* aus dem *xfsft*-Paket entpackt.

```
cd /usr/X11R6/lib/X11/fonts
tar -xf /tmp/xfsft-1.1.6/encoding.tar
```

6 Im Unterverzeichnis *tt* geht es weiter. Das Inhaltsverzeichnis der Schriften wird nun erzeugt:

```
cd tt
ttmkfdir >fonts.scale
mkfontdir - e ../encodings
```

7 Editieren Sie nun die Datei */etc/XF86Config*. Dort wird der Schritt zur Verwendung des Font-Servers für X Window vollzogen. Alle Pfade zu den Schriftenverzeichnissen werden auskommentiert und durch den Pfad zum Font-Server ersetzt. Führen Sie die Änderungen wie folgt aus:

```
Section "Files"
  RgbPath "/usr/X11R6/lib/X11/rgb"
#  FontPath "/usr/X11R6/lib/X11/fonts/75dpi:unscaled"
#  FontPath "/usr/X11R6/lib/X11/fonts/100dpi:unscaled"
#  FontPath "/usr/X11R6/lib/X11/fonts/Type1"
```

```
#  FontPath "/usr/X11R6/lib/X11/fonts/URW"
#  FontPath "/usr/X11R6/lib/X11/fonts/Speedo"
#  FontPath "/usr/X11R6/lib/X11/fonts/misc"
#  FontPath "/usr/X11R6/lib/X11/fonts/75dpi"
#  FontPath "/usr/X11R6/lib/X11/fonts/100dpi"
#  FontPath "/usr/X11R6/lib/X11/fonts/local"
#  FontPath "/usr/X11R6/lib/X11/fonts/misc:unscaled"
  FontPath  "unix/:7100"
EndSection
```

Jetzt ist der Punkt erreicht, an dem RedHat wieder aktiv werden kann. Es ist die Konfiguration des Font-Servers vorzunehmen.

1 Öffnen Sie die Datei */usr/X11R6/lib/X11/fs/config* und fügen Sie zum Schriftenkatalog den Pfad zu den TrueType-Fonts hinzu. Die Datei sieht anschließend wie folgt aus:

```
# font server configuration file
# $XConsortium: config.cpp,v 1.7 91/08/22 11:39:59 rws Exp $

clone-self = on
use-syslog = off
catalogue = /usr/X11R6/lib/X11/fonts/misc/,
/usr/X11R6/lib/X11/fonts/Speedo/,
/usr/X11R6/lib/X11/fonts/Type1/,
/usr/X11R6/lib/X11/fonts/75dpi/,
/usr/X11R6/lib/X11/fonts/100dpi/,
/usr/X11R6/lib/X11/fonts/tt/

error-file = /usr/X11R6/lib/X11/fs/fs-errors
# in decipoints
default-point-size = 120
default-resolutions = 75,75,100,100
```

Speichern Sie die Datei nun ab und beenden Sie den Editor.

2 Jetzt endlich kann der Font-Server gestartet bzw. für RedHat neu gestartet werden.

Neustart bei RedHat: */etc/rc.d/init.d/xfs restart*

Start bei SuSE: */usr/X11R6/bin/xfs &*

3 Der Font-Server kann jetzt seine Fähigkeiten beweisen, indem er zeigen soll, welche Schriften er in seinem Repertoire hat. Das Kommando (bei SuSE ist als Server *unix/:7100* anzugeben)

```
fslsfonts -server unix/:-1 -fn '*microsoft*'
```

veranlasst ihn zu der Auflistung aller TrueType-Schriften, die den angegebenen String im Namen enthalten.

4 Zuletzt wird X Window noch mitgeteilt, dass ein neuer Pfad zu einem Font-Server existiert. Auch dabei muss wieder für SuSE für den Port, auf dem der Font-Server angesprochen wird, *7100* anstelle von *-1* angegeben werden.

```
xset +fp unix/:-1
```

Da in der Standardversion von SuSE der X-Font-Server nicht genutzt wird, muss noch dafür gesorgt werden, dass er beim Systemstart automatisch mit hochgefahren wird. Dazu wechseln Sie in das Verzeichnis */etc/rc.d* mit *cd /etc/rc.d*. Dort wird die Datei *xfs* erzeugt. Sie hat folgenden Inhalt:

```
#! /bin/sh
echo Starting "Font-Server."

/usr/X11R6/bin/xfs &
```

Nach dem Speichern der Datei machen Sie sie ausführbar und legen folgende symbolische Links an:

```
chmod u+x xfs
ln -sf ../xfs rc2.d/S99xfs
ln -sf ../xfs rc3.d/S99xfs
```

Beim nächsten Systemstart ist auch der Font-Server geladen und die TrueType-Schriften sind unter X Window nutzbar.

Workshop-Ende

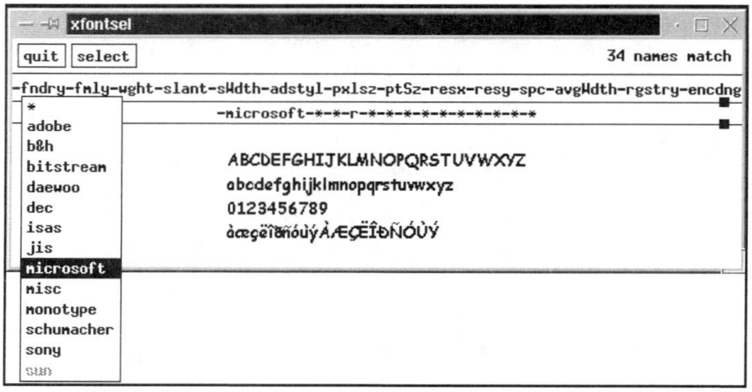

Verfügbare Schriften nach dem Workshop

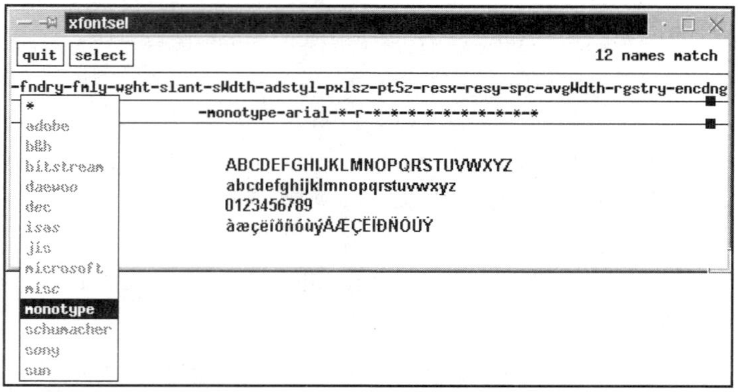

Die Arial von Monotype für X Window

10.11 Weitere Details zum X Window-System

Die Begriffe in diesem Kapitel waren nur begrenzt korrekt, um die Beschreibungen nicht mit zusätzlichen Details unübersichtlich zu gestalten. Abschließend werden nun nochmals die Begriffe klargestellt. Auch die großen Vorteile des X Window-Systems in Netzwerkumgebungen sollten kurz erwähnt werden.

Das XFree86-Projekt und kommerzielle X-Server

In diesem Kapitel wurde bisher stets vom X Window-System gesprochen. Dies ist nur begrenzt richtig, da die verwendete X-Oberfläche eine Nachbildung des X11-Window-Systems ist, das auf einer gemeinsamen Entwicklung des MIT (**M**assachusetts **I**nstitute of **T**echnology) und der DEC (**D**igital **E**quipment **C**orporation) basiert. Dieser Standard wird mittlerweile von vielen Betriebssystemen unterstützt. Die Projektleitung untersteht dem so genannten X Consortium, in dem eine Vielzahl von Computerunternehmen vertreten sind.

Aus der Idee, ein solches System frei verfügbar auch für PC-basierte Unix-Systeme zu entwickeln, entstand das X386-Projekt, das 1992 schließlich in XFree86 umbenannt wurde. Obwohl mittlerweile auch Portierungen auf andere Architekturen existieren, die nicht mehr auf einem Intel x86-Prozessor basieren, ist der Name geblieben.

Das Entwicklerteam des XFree86-Projekts gründete schließlich die Firma The Xfree86 Project Inc., die auch im X Consortium vertreten ist. Neben der Weiterentwicklung des X Window-Systems ist ein Unternehmensziel, dieses System einer breiten Öffentlichkeit zur Verfügung zu stellen. Die aktuelle Version des XFree-Systems, XFree86 3.3.2, wurde der aktuellen Version des X11-Window-Systems, dem X11R6.3-System, angepasst. Aus diesem Grund gibt es im Verzeichnisbaum auch Verzeichnisse mit dem Namen *X11* oder *X11R6*. Wenn also in diesem Kapitel vom X Window-System gesprochen wurde, so war stets der Server des XFree86-Teams gemeint, der zur Zeit auch der einzig frei verfügbare ist.

Es gibt auch einige kommerzielle X-Server, die Grafikkartenmodelle unterstützen, die über den XFree86-Server nicht zugänglich sind. Informationen hierzu finden Sie für den Metro-X-Server unter *www.metrolink.com* und für den Accelerated-X-Server unter *www.xinside.com*.

Einsatz des Systems in Netzwerken

Ein großer Vorteil dieses Systems kann nur in Netzwerken ausgespielt werden. Das X Window-System kann die grafische Ausgabe von Programmen darstellen, die auf anderen Rechnern im Netzwerk ausgeführt werden. Damit kann ein Programm auf einem anderen Rechner gestartet und vom eigenen Rechner aus bedient werden. Dieses Programm muss nicht notwendigerweise eine Linux-Applikation sein, sondern kann unter einem anderen Betriebssystem ausgeführt werden. Aus diesem Grund bieten sich Linux-Systeme als günstige grafische Terminals für Unix-Workstations an, da diese ebenso das X-Protokoll des X Window-Systems unterstützen.

11. Mehr Komfort bei der Bedienung mit KDE

Die Verbreitung von Linux und das von den Linux-Vertretern gesteckte Ziel, den MS-Windows 9x-Produkten Konkurrenz zu machen, erforderte auch im Bereich der Benutzerschnittstelle starke Verbesserungen. Ein Versuch, diese Forderung umzusetzen, ist KDE, das **K** **D**esktop **E**nvironment. Wie bei vielen Unix-Programmen, die von Entwicklern als „Antwort" auf bereits existierende Software entwickelt worden sind, bezieht sich auch KDE auf ein bereits existierendes Produkt für die Unix-Welt: CDE, das **C**ommon-**D**esktop-**E**nvironment. CDE ist ein Versuch, eine einheitliche (engl. common) Oberfläche für X Window zu schaffen, die im kommerziellen Bereich auch eine recht ansehnliche Verbreitung gefunden hat. Einige der darin steckenden Ideen wurden in die KDE übernommen. Aber auch von anderen bestehenden Lösungen hat KDE eine Reihe von Konzepten geerbt.

Hinweis

Die Vielfalt der Window-Manager und die Synthese KDE

Für X Window existieren verschiedenste Window-Manager, die alle eine unterschiedliche Funktionalität und Bedienung besitzen. Das erscheint auf den ersten Blick als Nachteil. Da sie jedoch alle die gleichen Aufgaben erfüllen müssen, ist eine Einarbeitung einfacher, als man zuerst denken würde. So ist die Wahl des Window-Managers in erster Linie eine Frage des persönlichen Geschmacks oder Stils (und bei älteren Rechnern auch eine Frage der Hardwareressourcen) . Zwei Projekte ragen jedoch durch ihre weitergehenden Konzepte aus der Masse heraus: KDE und GNOME. Auch wenn die GNOME-Entwickler mit ihrem Produkt noch nicht so weit sind wie KDE, entsteht hier eine Desktop-Umgebung, die in ihrer Bedienerfreundlichkeit der KDE in nichts nachstehen wird.

11.1 KDE ist freie Software

Alle Teile von KDE sind auch kommerziell frei nutzbare Software, die unter der GPL (**G**nu **P**ublic **L**icense siehe auch Anhang 15.6) veröffentlicht werden. Das gilt sowohl für alle KDE- als auch für alle KOffice-Programme. Eine Grundlage von KDE, die Qt-Bibliotheken (sprich „cute" wie engl. „schlau"), die von der norwegischen Firma Troll Tech (*http://www.troll.no*) entwickelt wurden, unterlag bisher einer restriktiveren Lizenz. Die Version 2.0 der Qt-Bibliothek wird nun unter eine Lizenz mit dem Namen QPL (**Q**t **P**ublic

License) gestellt, die von wichtigen Vertretern der Open Source-Bewegung als Open Source-konform anerkannt wurde. Damit bestehen bezüglich der Nutzung und der Veränderung des KDE-Source-Codes keinerlei Beschränkungen mehr.

11.2 Falls noch nicht geschehen: Installation und Konfiguration von KDE

KDE kann auf verschiedene Art und Weise installiert werden. Wir schildern Ihnen hier die beiden gebräuchlichsten Fälle: eine Installation mit dem RedHat-Paket-Manager und die Generierung von KDE aus den Sourcen.

KDE aus RPM-Paketen installieren

Wenn Sie ein System besitzen, das die installierte Software über den RedHat-Paket-Manager verwaltet, sollten Sie dieses Tool auch für die Installation von KDE nutzen — SuSE und RedHat gehören dazu. Gerade KDE zeichnet sich durch eine Vielzahl von Dateien aus, deren Installation einfach, deren Deinstallation jedoch kompliziert werden kann. Da bei einem Update älterer Beta-Versionen oft Probleme aufgetaucht sind, empfehlen selbst die KDE-Entwickler in manchen Fällen, KDE vor einem Update von der Festplatte zu entfernen.

Die von RedHat erstellten RPMs werden in den Bereich */usr* installiert. Wenn Sie ein RedHat-System besitzen, können Sie KDE mit einem einfachen RPM-Kommando installieren. Sie können dann auch keine Fehler bezüglich der Abhängigkeiten der Pakete untereinander machen, da der RedHat-Paket-Manager über die Beziehungen der Programme und Bibliotheken zueinander wacht.

1 Sie haben die KDE-Pakete entweder auf Ihren PC heruntergeladen oder eine CD-ROM griffbereit, auf der sich diese befinden. Dieses Beispiel beschreibt die Installation von einer (fiktiven) CD. Diese muss vor dem nächsten Schritt natürlich gemountet werden.

Hinweis

Notwendige Pakete für eine KDE-Installation

Bestimmte Pakete werden von allen KDE-Programmen benötigt. Damit sich der RedHat-Paket-Manager nicht über unaufgelöste Abhängigkeiten beschwert, sollten Sie darauf achten, dass bei einer Neuinstallation immer folgende Pakete enthalten sind:

```
qt-<Programm-Version>-<RPM-Version>.<Prozessorsystem>.rpm
kdesupport-<Programm-Version>-<RPM-Version>.<Prozessorsystem>
.rpm
kdelibs-<Programm-Version>-<RPM-Version>.<Prozessorsystem>
.rpm
```

kdebase-<Programm-Version>-<RPM-Version>.<Prozessorsystem>
.rpm

Nehmen wir z. B. die Version 1.1.2 von KDE, die von Qt die Version 1.44 benötigt: dann hätten die Pakete, die Sie auf einem Intel-PC installieren müssen, die Namen:

qt1x-1.44-4.i386.rpm,
kdesupport-1.1.2-9.i386.rpm,
kdelibs-1.1.2-9.i386.rpm und
kdebase-1.1.2-9.i386.rpm.

Die RPM-Version ist dabei mehr oder weniger unerheblich. Wenn Sie die Auswahl haben, sollten Sie immer die höhere Versionsnummer nehmen, also z. B. *1.1.2-9* statt *1.1.2-6*, da dort Fehler behoben worden sind, die sich auf den Installationsvorgang beziehen.

2. Wechseln Sie in das Verzeichnis, in dem sich die RPMs befinden, also z. B. */mnt/cdrom/RPM/KDE-1.1.2*

   ```
   paco:~ $ cd /mnt/cdrom/RPM/KDE-1.1.2
   ```

3. Zur Installation müssen Sie als *root* angemeldet sein. Sie können dies mit Hilfe des *su*-Kommandos erledigen:

   ```
   paco:/mnt/cdrom/RPM/KDE-1.1.2 $ su root -c 'rpm -i qt*.rpm kde*.rpm'
   ```

4. Wenn Sie das *root*-Passwort eingegeben haben, bereitet der RedHat-Paket-Manager die Informationen aus allen Paketen auf, um herauszufinden, ob die für diese Installation benötigten Bibliotheken und Programme entweder bereits vorhanden sind oder mit installiert werden. Fehlt ein Paket, bricht das Programm vor der Installation ab und Sie können (oder müssen) die fehlenden Pakete nachladen. Oft fehlt beim Aufruf des Installationskommandos jedoch nur die Angabe des Pakets.

5. Nach einer kleinen (oder großen) Weile erhalten Sie wieder einen Kommando-Prompt. Sie können jetzt bei „KDE starten“ auf Seite 670 weiterlesen.

▼▼▼ WORKSHOP

Kompilieren und Installieren von KDE

Wenn Sie KDE nicht über eine Installationshilfe wie z. B. den RedHat-Paket-Manager installieren können, greifen Sie einfach auf die Source-Pakete zurück. Die Kompilierung eines Programmpakets aus dem Quellcode, was Ihnen vielleicht als großes Abenteuer erscheinen mag, erfordert heutzutage keine vertieften Kenntnisse mehr. Im Gegenteil, Sie können mit wenigen Befehlen ein großes System wie KDE aus dem Quellcode erstellen, ohne auch nur einen C- oder C++-Befehl kennen zu müssen. Der Grund dafür sind ausgeklügelte Methoden, die bei der Kompilierung für eine Anpassung des Quellcodes an das jeweilige System sorgen und so gegenüber einer RPM-Installation nur mehr zeitlichen Aufwand bedeuten.

Für die Durchführung der nächsten Schritte sollten Sie ein wenig Erfahrung im Umgang mit der Kommandozeile haben und einen einfachen Editor Ihrer Wahl bedienen können, den Sie zur Erstellung oder Änderung von einigen Konfigurationsdateien benötigen. Wir werden Ihnen die notwendigen Schritte am Beispiel des Texteditors *joe* erklären.

Welche Schritte müssen Sie als „Compilator" für die Generierung von KDE einplanen?

1. Zuerst sollten Sie sich überlegen, wo auf Ihrer Festplatte Sie KDE installieren wollen.
2. Dann können wir mit dem Kompilieren des ersten Pakets, den Qt-Bibliotheken, beginnen.
3. Dann folgt Schritt für Schritt die Kompilierung der nächsten Pakete.

Die zur Zeit der Drucklegung als stabil geltende KDE-Version die 1.1.2. Die dazu gehörende Qt-Version ist 1.44. Wir werden Ihnen im Folgenden die Kompilierung und Installation dieser Versionen erklären.

Hinweis

Verwendung des richtigen C++-Compilers

Die neueren Versionen von KDE (ab 1.1.2) verlangen den *egcs* als Compiler. Die aktuelle Version Ihres C-Compilers erhalten Sie mit folgendem Kommando:

```
paco:~ # gcc -v
Reading specs from /usr/lib/gcc-lib/i386-redhat-linux/egcs-2.91.66/specs
gcc version egcs-2.91.66 19990314/Linux (egcs-1.1.2 release)
```

Bei älteren Versionen ist es im Prinzip egal, mit welchem C-Compiler Sie diese generieren. Wichtig ist nur, dass Sie alle Bibliotheken und Programme *mit dem gleichen C-Compiler* erstellen.

Wohin mit den Dateien ?

Das KDE-Paket nimmt mit allen seinen Bibliotheken inclusive Qt mit 52 MByte einen recht breiten Raum ein. Außerdem sollte die Installation, da Sie ja kein Tool wie RPM benutzen, mit dem Sie alle Pakete auf einfache Art und Weise wieder deinstallieren können, nicht mit den Standard-Dateien Ihrer Distribution vermischt werden. Wir empfehlen deshalb, einen Bereich zu nutzen, der von den KDE-Entwicklern standardmäßig belegt wird, das Verzeichnis */opt*.

Tipp

Umleitung: Wenn für /opt kein Platz mehr ist

Wenn Sie Linux auf mehreren Partitionen installiert haben und unserem Vorschlag für eine kleine root-Partition gefolgt sind, ist für das Verzeichnis */opt* nicht genügend Platz. Suchen Sie sich daher eine Partition, auf der noch genügend Platz für KDE ist, und legen Sie dort ein Verzeichnis *opt* an, z. B. unter */usr/opt*. Dann können Sie sich mit einem symbolischen Link (siehe auch S. 272 ff.), den Sie von */usr/opt* auf */opt* legen, Schreibarbeit ersparen und die Option offen halten, später durch den zusätzlichen Einbau einer Festplatte eine opt-Partition anzulegen.

Die Grundlage von KDE: die Qt-Bibliotheken

Qt-Bibliotheken im Netz
http:// www.troll.no/
ftp:// ftp.troll.no/
ftp:// ftp.sunsite.auc.dk/ pub/ kde
qt-1.44.tar.gz (2,5 MByte)

Die neusten Quellen der Qt-Bibliotheken erhalten Sie auf der Original-Site der Firma Troll Tech. Es lohnt sich jedoch, auch eine Mirror-Site auszuprobieren, vor allem, wenn Sie nicht auf die neuste Version, sondern wie im Folgenden auf eine bewährte Version angewiesen sind.

Tipp

Archie, Ihr Butler bei der globalen Dateisuche

Sie können für die Suche nach einem nahe gelegenen Mirror das Programm *archie* nutzen (das auch in einer Variante für X Window als *xarchie* vorliegt), wenn Sie den Namen der gesuchten Datei kennen. Diese sind in diesem Fall nicht Schall und Rauch, sondern ein wichtiges Erkennungsmerkmal. Nennen die Entwickler ihre Archivdatei z. B. *qt-1.44.tar.gz*, werden Sie diese auf einem FTP-Server auch unter diesem Namen finden. Mit archie können Sie sie dann ganz leicht von einem Server in Ihrer Nähe herunterladen.

Die Installation von Qt geht in drei Schritten vor sich:

1 Auspacken der Dateien an einem passenden Ort, wir wählen dafür */opt*.

2 Kompilieren des Quellcodes.

3 Eintragen der notwendigen Informationen, um die Bibliotheken dem System bekannt zu machen.

1. Schritt: Auspacken der Dateien

1 Sie haben das Quellarchiv *qt-1.44.tar.gz* bereits auf Ihren Rechner geladen, z. B. in das Verzeichnis */tmp*.

2 Melden Sie sich als *root* an und wechseln Sie in das Verzeichnis */opt*.

```
paco:~ # cd /opt
```

3 Jetzt entpacken Sie das tar-Archiv mit

```
paco:/opt # tar -xzf /tmp/qt-1.44.tar.gz
```

Beim Entpacken wird das Unterverzeichnis *qt-1.44* angelegt. Die Datei */opt/qt-1.44/INSTALL* beschreibt die Vorgehensweise bei der Installation. Wenn Sie wollen, können Sie die weiteren Schritte mit dem dort beschriebenen Vorgehen vergleichen.

4 Legen Sie jetzt mit dem Kommando

```
paco:/opt # ln -s qt-1.44 qt
```

einen symbolischen Link an. Dies wird von den Qt-Entwicklern empfohlen, um die Bibliotheken unter einem Standard-Pfad zur Verfügung zu stellen. Wenn Sie einmal eine neue Version installieren, müssen Sie nur den Link *qt* auf das neue Verzeichnis legen, ohne die Systemkonfiguration zu ändern.

2. Schritt: Kompilieren des Quellcodes

Kommando-Übersicht
export QTDIR=/opt/qt
make linux-g++-shared
make

Der nächste Schritt bedeutet wenig Aufwand für Sie, jedoch eine ganze Menge für Ihren Computer. Zuerst ist eine Konfiguration des Quellcodes für Ihr System notwendig. Danach können Sie den Compiler-Lauf starten.

1 Wechseln Sie in das Verzeichnis *qt*.

```
paco:/opt # cd qt
```

2 Teilen Sie Qt über die Umgebungsvariable *QTDIR* mit, wo es sich befindet.

```
paco:/opt/qt # export QTDIR=/opt/qt
```

3 Starten Sie die Konfiguration mit dem Kommando

```
paco:/opt/qt # make linux-g++-shared
```

4 Jetzt können Sie den Compiler-Lauf mit einem einfachen Aufruf von *make* starten:

```
paco:/opt/qt # make
```

5 Anhand der Statusmeldungen können Sie den Vorgang beobachten. Aber wir würden es verstehen, wenn Sie stattdessen eine Tasse Tee oder Kaffee trinken würden.

6 Wenn der Compiler-Lauf mit den Worten „Enjoy ! The Troll Tech team" endet, haben Sie gewonnen.

3. Schritt: Anpassung der Systemkonfiguration

Die Bibliotheken sind nun einsatzbereit, nur leider weiß Ihr System noch nichts davon. Dazu ist eine Erweiterung der Umgebungsvariablen notwendig. Diese sollten Sie in einer Datei abspeichern, die nur die Informationen für die Qt-Bibliotheken enthält.

1 Wenn Sie mit der Bash arbeiten, erzeugen Sie mit einem Editor Ihrer Wahl im Verzeichnis */opt/qt* eine Datei *qtconf.sh*.

```
paco:/opt/qt # joe qtconf.sh
```

und füllen sie mit folgenden Daten:

```
# Qt-Konfiguration
QTDIR=/opt/qt
PATH=$PATH:/opt/qt/bin
export QTDIR PATH
```

2a Der zweite wichtige Punkt ist die Bekanntmachung der Qt-Bibliotheken. Existiert auf Ihrem System die Datei */etc/ld.so.conf*? Wenn ja, erweitern Sie diese Datei in einer neuen Zeile um den Eintrag */opt/qt/lib*. Starten Sie danach das Programm

```
paco:/opt/qt # /sbin/ldconfig
```

Damit sind die Bibliotheken dem System bekannt.

2b Existiert die Datei */etc/ld.so.conf* nicht auf Ihrem Rechner oder ist die Umgebungsvariable *LD_LIBRARY_PATH* gesetzt, müssen Sie die Datei *qtconf.sh* erweitern. Diese Einträge ergänzen den Suchpfad für Bibliotheken um einen Eintrag für Qt:

```
# Qt-Konfiguration
QTDIR=/opt/qt
PATH=$PATH:/opt/qt/bin
export QTDIR PATH
LD_LIBRARY_PATH=$LD_LIBRARY_PATH:/opt/qt/lib
export LD_LIBRARY_PATH
```

3a Zum Schluss müssen Sie nur noch dafür sorgen, dass die Datei *qtconf.sh* geladen wird, wenn Sie eine neue Shell starten. Unter RedHat existiert dazu das Verzeichnis */etc/profile.d*. Kopieren Sie die Datei mit

```
paco:/opt/qt # cp qtconf.sh /etc/profile.d
```

dort hinein und geben Sie ihr mit

```
paco:/opt/qt # chmod a+x /etc/profile.d/qtconf.sh
```

Ausführungsrechte. Jetzt wird diese Datei bei jedem Start einer Shell ausgeführt und die darin enthaltenen Umgebungsvariablen gesetzt.

3b Existiert auf Ihrem System das Verzeichnis */etc/profile.d* nicht, kann */opt/qt/qtconf.sh* über die Datei */etc/profile* auf folgende Art und Weise geladen werden: Tragen Sie am Ende von */etc/profile* noch zwei Zeilen ein, in denen Folgendes steht:

```
# Lade Qt-Konfiguration
```

```
. /opt/qt/qtconf.sh
```

Dies ist die minimal notwendige Konfiguration, um Qt in Ihr System zu integrieren. Diese Einstellungen genügen, um die nächsten Schritte durchzuführen.

Tipp

Zusätzliche Infos für Qt

Wenn Sie alle Möglichkeiten von Qt nutzen wollen, finden Sie in der Datei */opt/qt/INSTALL* die notwendigen Informationen, um z. B. auch die man-Pages von Qt zugänglich zu machen. Unter RedHat können Sie dazu in der Datei */etc/man.config* einen Eintrag anfügen, der auf das *man*-Verzeichnis im Qt-Baum zeigt. Oder Sie ergänzen die Datei */etc/profile* um die in */opt/qt/INSTALL* vorgeschlagenen Kommandos. Sie finden dort auch Hinweise, wie Sie die Qt-Bibliotheken unter der *csh* oder der *tcsh* zugänglich machen.

Die zweite notwendig Grundlage: die KDE-Support-Bibliotheken

Was benötigen Sie für eine minimales KDE-System? Sehen Sie dazu unsere Übersicht:

KDE im Netz
http://www.kde.org/
ftp://ftp.kde.org/
http://www.kde.de/
ftp://ftp.kde.de/
kdesupport-1.1.2.tar.gz (ca. 1 MByte)
kdelibs-1.1.2.tar.gz (ca. 1,4 MByte)
kdebase-1.1.2.tar.gz (ca. 5 MByte)

Die KDE-Support-Bibliotheken enthalten die Basiswerkzeuge, um z. B. Grafiken im JPEG-Format verarbeiten oder JavaScript behandeln zu können. Die KDE-Bibliotheken enthalten die Basiswerkzeuge der KDE-Oberfläche und bauen auf den KDE-Support-Bibliotheken auf. Das KDE-Basissystem enthält die Software, die die Grundlage für KDE bildet, z. B. den *kwm*, das *kpanel* und den *kfm*.

Bei der Kompilierung der KDE-Support-Bibliotheken folgen wir auch wieder dem Kompilations-Dreisprung: Auspacken, Kompilieren, Installieren.

Das Kompilieren der KDE-Pakete bedarf keiner *root*-Berechtigung, daher ändern wir jetzt unsere Strategie. Wir empfehlen Ihnen für die nächsten Unterkapitel folgende Vorgehensweise:

1 Melden Sie sich unter Ihrer Nutzerkennung an.

2 Legen Sie in Ihrem Home-Verzeichnis ein Unterverzeichnis *kdeinst* an.

```
paco:~ $ mkdir kdeinst
```

3 Wechseln Sie dort hinein. Dies ist ab jetzt Ihr Standort für die nächsten Compiler-Läufe.

```
paco:~ $ cd kdeinst
```

4 Haben Sie die Quellarchive vielleicht auf CD-ROM oder in einem entfernten Verzeichnis? Dann können Sie sich Schreibarbeit sparen, wenn Sie im Installationsverzeichnis einen Link auf das Verzeichnis mit den Quellarchiven legen. Wir nehmen als Beispiel an, dass die Quellarchive auf einer CD-ROM im Verzeichnis *KDE-stable* liegen:

```
paco:~kdeinst $ mount /mnt/cdrom
paco:~kdeinst $ ln -s /mnt/cdrom/KDE-stable sources
```

Damit haben Sie Ihre „Werkbank“ eingerichtet, das nötige Werkzeug zur Hand und können jetzt mit dem Auspacken und Zusammenbauen beginnen. Und das ganz ohne Klebstoff.

1. Schritt: Auspacken der Archivdateien

Bei der Darstellung der Installation der Qt-Bibliotheken haben wir Wert darauf gelegt, dass es für Sie möglichst zügig abläuft. Jetzt wollen wir Ihnen jedoch ein paar Hintergrundinformationen geben, damit Ihnen weitere Installations-Sessions reibungslos gelingen.

Tipp

Testen von Quellarchiven auf ihren Inhalt

Nichts ist ärgerlicher oder problematischer, als wenn Ihnen der Quellcode verschiedener Programme durcheinander gerät. Dann können Effekte auftreten, die einen Build unmöglich machen. Daher unser erster Tipp: Sehen Sie sich den Inhalt jedes Quellarchivs zuerst einmal an und achten Sie darauf, ob die Dateien in einem Unterverzeichnis abgelegt sind.

```
paco:~kdeinst $ tar -tvzf sources/kdesupport-1.1.2.tar.gz|head -
10
drwxr-xr-x kulow/students    0 ... kdesupport-1.1.2/
-rw-rw-rw- kulow/students  304 ... kdesupport-1.1.2/Makefile.am
-rw-rw-rw- kulow/students  113 ... kdesupport-1.1.2/AUTHORS
-rw-rw-rw- kulow/students  361 ... kdesupport-1.1.2/COPYING
-rw-rw-rw- kulow/students  109 ... kdesupport-1.1.2/ChangeLog
-rw-rw-rw- kulow/students 7475 ... kdesupport-1.1.2/INSTALL
-rw-rw-rw- kulow/students 1480 ... kdesupport-1.1.2/jsinclude.m4.in
-rw-rw-rw- kulow/students  441 ... kdesupport-1.1.2/Makefile.cvs
-rw-rw-rw- kulow/students  214 ... kdesupport-1.1.2/NEWS
-rw-rw-rw- kulow/students 1250 ... kdesupport-1.1.2/README
```

Anhand der ersten zehn Zeilen können Sie ziemlich sicher erkennen, dass der Quellcode im Archiv in einem Unterverzeichnis, nämlich *kdesupport-1.1.2* gespeichert ist. Dieses Verzeichnis wird beim Auspacken angelegt und die Dateien dort abgelegt. Durch die History-Funktion der Shell (einfach ↑ drücken) können Sie das obere Kommando wiederverwenden: Sie müssen für das Auspacken nur das „t" durch ein „x" (mit Hilfe von ← und Rück) ersetzen.

Schreiten wir zur Tat:

1. Zuerst wird getestet, ob die Dateien im Quellarchiv in einem Unterverzeichnis liegen:

```
paco:~kdeinst $ tar -tvzf sources/kdesupport-1.1.2.tar.gz|head -10
```

2. Nachdem uns die Ausgabe zufrieden gestellt hat – wir konnten feststellen, dass sich die Dateien in einem Unterverzeichnis befinden —, können wir das Kommando für das Auspacken wiederverwenden. Drücken Sie einmal ↑.

3. Löschen Sie jetzt mit der Rück-Taste den letzten Teil des Kommandos (|*head -10*)und ersetzen Sie dann mit Hilfe der Tasten ←, → und Rück das „t" durch ein „x" und starten Sie das Kommando mit der Enter-Taste.

4. Sie sehen, dass viel passiert. Wenn alles ausgepackt ist, wechseln Sie in das neu angelegte Verzeichnis *kdesupport-1.1.2*.

```
paco:~kdeinst $ cd kdesupport-1.1.2
```

2. Schritt: Konfigurieren und Kompilieren

Die nächsten Schritte, die wir Ihnen jetzt erklären, sind natürlich nicht auf unserem Mist gewachsen. Jedem Quellarchiv liegt eine mehr oder weniger ausführliche Anleitung bei, in der die Schritte beschrieben werden, mit denen Sie aus einem Haufen Text ein ausführbares Programm generieren. Eine Entwicklung aus dem GNU-Bereich, die immer weitere Verbreitung findet, sorgt dabei für einen besonders sorgenfreien Kompiliervorgang.

Hinweis

Konfiguration eines Quellpakets mit autoconf

Programmierer, die mit dem Tool *autoconf* arbeiten, hinterlassen Ihnen besonders aufgeräumten Quellcode. In den meisten Fällen gelangen Sie mit drei Kommandos zum Erfolg, d.h. zum fertigen Programm. Erkennen können Sie Ihr Glück anhand eines ausführbaren Skripts namens „configure". Wenn dieses existiert, reichen die Befehle *./configure*, *make* und *make install*, um die Software zu kompilieren. Zu Risiken und Nebenwirkungen sollten Sie aber trotzdem die Packungsbeilage lesen, und die heißt entweder *README* oder *INSTALL*. Oft existieren auch beide Dateien. Denn Ihren Arzt oder Apotheker können Sie in diesem Fall nicht um Rat fragen.

Der Quellcode ist so allgemein gehalten, dass er auf möglichst vielen Rechnern und Betriebssystemen einsetzbar ist. Um hier den Aufwand gering zu halten, werden bestimmte Informationen erst auf dem System kurz vor dem Kompilieren angelegt. Dies geschieht mit dem Kommando *configure*.

Eine Besonderheit, die unser Installationskonzept betrifft, muss dem Konfigurationstool dabei mitgeteilt werden: das Verzeichnis, in das die fertigen Dateien installiert werden sollen. Dies geschieht mit Hilfe der Option *--prefix=/opt/kde*.

1 Starten Sie den Konfigurationsvorgang mit dem Kommando

```
paco:~kdeinst/kdesupport-1.1.2 $ ./configure --prefix=/opt/kde
```

Die Zeichen „./" vor dem Kommando *configure* sind wichtig, damit die Datei im aktuellen Verzeichnis und nicht etwa ein Programm gleichen Namens irgendwo im Dateibaum ausgeführt wird.

2 Jetzt können Sie ein Selbstgespräch beobachten, in sich dem der Rechner Fragen stellt, die er gleich darauf selbst beantwortet. Bricht er mit einer Fehlermeldung ab, sagt er Ihnen auch, welche Informationen ihm fehlen. Übrigens, haben Sie die Umgebungsvariable *QTDIR* wie oben angegeben gesetzt?

3 Das nächste Kommando ist noch aufwendiger. Starten Sie die Kompilierung mit *make*:

```
paco:~kdeinst/kdesupport-1.1.2 $ make
```

4 Jetzt rappelt es in der Kiste. Nun ist Ihr Rechner schwer beschäftigt und Sie haben ein wenig Pause. Das Kompilieren der Support-Bibliotheken dauert auf einem Pentium mit 166 MHz und 32 MByte Arbeitsspeicher zwischen fünf und zehn Minuten. Ein Buch lohnt sich hier noch nicht. Anderen beim Arbeiten zuzusehen, kann ja auch seinen Reiz haben.

5 Sie haben die Zeit überbrückt und Ihr Rechner seine Arbeit getan. Sie können jetzt noch mit dem Kommando

```
paco:~kdeinst/kdesupport-1.1.2 $ make check
```

einige Testroutinen aufrufen. Es werden jedoch nicht für alle Teile der Software von den Entwicklern Testroutinen geschrieben, daher ist dieser Schritt nicht unbedingt notwendig.

3. Schritt: Installation und Systemanpassung

1 Wenn alles geklappt hat, können Sie jetzt mit

```
paco:~kdeinst/kdesupport-1.1.2 $ su root -c ´make install´
```

die Bibliotheken installieren. Wie Sie sehen, benötigen Sie dazu die *root*-Berechtigung. Wir haben dafür ein Feature des *su*-Kommandos genutzt, das die Ausführung eines Kommandos unter einer anderen Kennung erlaubt.

2 Jetzt folgt nur noch ein Schritt, mit dem Sie die neuen Standorte für Bibliotheken dem System bekannt machen müssen. Dazu müssen Sie noch einmal in die *root*-Kennung wechseln:

```
paco:~kdeinst/kdesupport-1.1.2 $ su
```

3 Sie haben bei der Installation von Qt ja bereits die Datei */etc/ld.so.conf* kennen gelernt. In dieser Datei müssen Sie jetzt noch einen Eintrag „*/opt/kde/lib*“ anfügen und

4 danach das Programm */sbin/ldconfig* aufrufen.

```
paco:/home/paul/kdeinst/kdesupport-1.1.2 # /sbin/ldconfig
```

Wenn Sie die Bibliotheken nicht über die Datei */etc/ld.so.conf* zugänglich machen können, ergänzen Sie die Umgebungsvariable *LD_LIBRARY_PATH* um die Angabe */opt/kde/lib*.

5 Damit sind Sie fertig und sollten die *root*-Kennung wieder verlassen.

```
paco:/home/paul/kdeinst/kdesupport-1.1.2 # exit
```

Damit haben Sie den ersten Schritt auf dem Weg zu einem lauffähigen KDE geschafft. Mit der Installation sind die Dateien im Quellverzeichnis überflüssig geworden. Da diese einen großen Raum einnehmen, empfehlen wir, sie zu löschen. Wenn Sie noch viel Platz auf Ihrer Home-Partition haben, können Sie mit dem Löschen bis zum Schluss warten. Wenn nicht, löschen Sie das Verzeichnis am besten sofort:

```
paco:~kdeinst/kdesupport-1.1.2 $ cd ..

paco:~kdeinst $ rm -rf kdesupport-1.1.2
```

Da bei den vielen Erläuterungen der Überblick über die auszuführenden Kommandos etwas verloren gegangen ist, geben wir Ihnen jetzt noch einmal eine tabellarische Übersicht über die Befehle, die Sie für die Erstellung des KDE-Supportpakets brauchen.

Kommando-Übersicht KDE-Support	
Sourcen entpacken	*tar -xvzf sources/kdesupport-1.1.2.tar.gz*
In das Verzeichnis wechseln	*cd kdesupport-1.1.2*
Quellcode konfigurieren	*./configure --prefix=/opt/kde*
Kompilieren	*make*
Im Root-Modus installieren	*su root -c ´make install´*
Zurück in das Ausgangsverzeichnis	*cd ..*
Nicht mehr benötigten Sourcen löschen	*rm -rf kdesupport-1.1.2*

Der erste Schritt zu KDE: Die Bibliotheken

Ab jetzt geht es mit dem Erklären schneller und mit dem Kompilieren langsamer. Für die nächsten Kapitel geben wir Ihnen nur die Kommando-Übersicht und weisen auf einige Besonderheiten hin. Die Schritte laufen analog zu denen des KDE-Support-Pakets ab.

Kommando-Übersicht KDE-Bibliotheken	
Sourcen entpacken	*tar -xvzf sources/kdelibs-1.1.2.tar.gz*
In das Verzeichnis wechseln	*cd kdelibs-1.1.2*
Quellcode konfigurieren	*./configure --prefix=/opt/kde*
Kompilieren	*make*
Im Root-Modus installieren	*su root -c ´make install´*
Zurück in das Ausgangsverzeichnis	*cd ..*
Nicht mehr benötigten Sourcen löschen	*rm -rf kdelibs-1.1.2*

Der Kompilerlauf der KDE-Bibliotheken kann bei der oben angeführten Rechnerausstattung bereits eine Viertelstunde dauern. Ein Kaffee wäre nun vielleicht nicht schlecht. Oder ein Tee natürlich.

Die grundlegende Software: das KDE-Basissystem

Mit dem KDE-Basissystem haben Sie dann ein lauffähiges KDE kompiliert. Auch hier müssen Sie keine anderen Kommandos benutzen als bei den anderen Paketen.

Kommando-Übersicht KDE-Basis-System	
Sourcen entpacken	*tar -xvzf sources/kdebase-1.1.2.tar.gz*
In das Verzeichnis wechseln	*cd kdebase-1.1.2*
Quellcode konfigurieren	*./configure --prefix=/opt/kde*
Kompilieren	*make*
Im Root-Modus installieren	*su root -c ´make install´*
Zurück in das Ausgangsverzeichnis	*cd ..*
Nicht mehr benötigten Sourcen löschen	*rm -rf kdebase-1.1.2*

Einzelne KDE-Pakete kompilieren und installieren

Es existieren noch eine ganze Reihe weiterer Pakete zu KDE, bei denen Sie sich die Mühe der Installation machen sollten. Diese bieten Ihnen erst eine komfortable Arbeitsumgebung. Die beiden fett gedruckten Pakete legen wir Ihnen dabei besonders ans Herz.

Weitere KDE-Pakete
kdeadmin-1.1.2.tar.gz (ca. 650 K)
kdegames-1.1.2.tar.gz (ca. 2 MByte)
kdegraphics-1.1.2.tar.gz (ca. 1,5 MByte)
kdemultimedia-1.1.2.tar.gz (ca. 1,5 MByte)
kdenetwork-1.1.2.tar.gz (ca. 2,7 MByte)
kdetoys-1.1.2.tar.gz (ca. 300 K)
kdeutils-1.1.2.tar.gz (ca. 1,4 MByte)

Neben den unter einem Thema zusammengefassten KDE-Programmen gibt es noch zahlreiche weitere Applikationen, die nur als einzelne Pakete vorliegen. Auf der Homepage von KDE (nutzen Sie auch den deutschen Mirror: *http://www.kde.de*) finden Sie eine Übersichtsliste über alle für KDE entwickelten Programme. Für die Kompilierung gilt die oben beschriebene Vorgehensweise.

Kompilieren eines KDE-Pakets	
Sourcen entpacken	*tar -xvzf sources/<paket>.tar.gz*
In das Verzeichnis wechseln	*cd <paket>*
Quellcode konfigurieren	*./configure --prefix=/opt/kde*
Kompilieren	*make*
Im Root-Modus installieren	*su root -c ´make install´*
Zurück in das Ausgangsverzeichnis	*cd ..*
Die nicht mehr notwendigen Sourcen löschen	*rm -rf <paket>*

Mit dem Aufruf *make install* werden Einträge in den Mime-Typen, dem Anwendungs-Verzeichnis und im KDE-Startmenü erzeugt. Wenn Sie aus dem *K*-Menü den Befehl *Kontrolleiste/Neu starten* auswählen, sollten nach dem Neustart die gerade kompilierten Programme über das Menü erreichbar sein. In manchen Fällen kann es jedoch sein, dass Sie sich erst ab- und wieder anmelden müssen, um alle Features des neuen Programms nutzen zu können. Den Rechner müssen Sie jedoch nicht neu starten.

▲▲▲ **Workshop–Ende**

11.3 KDE starten

Die meisten Distributionen richten Ihnen nach der Installation bereits die Möglichkeit ein, mit Hilfe eines grafischen Logins KDE als Desktop-Oberfläche auszuwählen. Besitzen Sie jedoch eine ältere Distribution und melden sich weiterhin im Textmodus an, können Sie Ihren bisherigen Window-Manager durch KDE ersetzen, indem Sie folgende Schritte durchführen:

1. Wechseln Sie in Ihr Home-Verzeichnis und sehen Sie nach, ob bereits eine Datei *.xinitrc* existiert:

```
paco:~ $ cd
paco:~ $ ll -a .xinitrc
```

1b Wird Ihnen jetzt eine Datei angezeigt, sollten Sie ihr einen anderen Namen geben:

```
paco:~ $ mv .xinitrc .xinitrc.old
```

2 Jetzt können Sie eine neue *.xinitrc* mit einem Editor Ihrer Wahl erzeugen, in unserem Beispiel mit *joe*,

```
paco:~ $ joe .xinitrc
```

und dort folgende Zeilen eintragen:

```
#!/bin/sh
startkde
```

Dann speichern Sie die Datei ab – unter *joe* mit der Tastenkombination [Strg]+[K] [X].

3 Mit dem Ausführbarmachen haben Sie die Konfiguration erledigt

```
paco:~ $ chmod a+x .xinitrc
```

Die Datei *.xinitrc* wird vom Kommando *startx* genutzt, um den von Ihnen präferierten Window-Manager zu starten. Das Skript *startkde*, das Sie dort eingetragen haben, startet die verschiedenen KDE-Anwendungen, wie z. B. den *kwm*. Jetzt können Sie (gegebenenfalls nach Beenden einer noch laufenden X Window-Sitzung) die grafische Oberfläche mit *startx* erneut starten.

Beim ersten Start erzeugt KDE eine Reihe von Dateien in Ihrem Home-Verzeichnis. Es legt dazu die Verzeichnisse *~/.kde/* und *~/Desktop/* an.

Hinweis

Bei automatischem Start von X Window die Datei .xsession anpassen

Wenn Ihr System bisher so konfiguriert war, dass beim Hochfahren automatisch X Window und der X Display-Manager (*xdm*) gestartet werden, müssen Sie die oben genannten Eintragungen auch noch in der Datei *.xsession* vornehmen.

Achtung RedHat- und SuSE-Nutzer: Sie brauchen diese Datei nicht anzulegen. Das System ist so konfiguriert, dass es die Oberfläche, die Sie im Display-Manager auswählen, automatisch startet.

Sie können nun noch den *xdm* durch den KDE Display-Manager *kdm* ersetzen: Dieser hat ein interessanteres Aussehen und einige zusätzliche Features. Die Beschreibung dazu finden Sie auf Seite 731.

Man spricht Deutsch

Wenn nach der Erstinstallation von KDE noch Englisch als Sprache voreingestellt ist, können Sie das auf folgende Weise ändern:

1. Wählen Sie im (noch englischsprachigen) Startmenü den Menüpunkt *KDE Control Center*.
2. Es öffnet sich das Fenster des Kontrollzentrums. Klicken Sie auf das Pluszeichen vor dem Eintrag *Desktop*, um die Untereinträge sehen zu können.
3. Hier erscheint nun auch ein Menüpunkt *Language*: Nach einem weiteren Klick auf diese Zeile öffnet sich der Sprachdialog,
4. in dem Sie nun als erste Sprache (*First Language*) *German (de)* auswählen können.
5. Klicken Sie zur Bestätigung auf *Apply* und
6. schließen Sie das Kontrollzentrum.

Um die Änderungen auch im Startmenü sichtbar zu machen, wählen Sie aus dem Startmenü den Befehl *Panel/Restart* – dies war das letzte Mal, dass KDE Sie mit einer englischen Menüführung konfrontiert hat.

Anpassen des KDE-Startmenüs unter RedHat

In diesem Abschnitt zeigen wir Ihnen, wie Sie KDE zur perfekten Zusammenarbeit mit einer Red Hat-Distribution überreden können, wenn Sie nachträglich Software im RPM-Format installiert haben: Das Programm *wmconfig* erzeugt Menüeinträge für KDEs Window-Manager *kwm* und eine Vielzahl weiterer Window-Manager, in denen Sie alle (und nur die) Programme wiederfinden, die Sie installiert haben.

1. Starten Sie ein Terminalfenster. Sie finden z. B. in jedem Datei-Manager-Fenster im Menü *Datei* einen Eintrag *Terminal öffnen*, mit dem Ihnen eins angeboten wird. Die nächsten Schritte lassen sich leider nur getippt erledigen.
2. Führen Sie *wmconfig* mit folgenden Optionen aus:

   ```
   paco:~ $ wmconfig -output kde
   ```

   Daraufhin wird zunächst in *~/.kde/share/applnk* ein neues Unterverzeichnis *redhat* und darunter eine Hierarchie der installierten Red Hat-Programme erzeugt.
3. Wollen Sie, dass diese Einträge für das ganze System gelten, müssen Sie die erzeugte Datei-Hierarchie in die Standard-Menükonfiguration kopieren:

   ```
   paco:~ $ su paco:~ $ cp -r .kde/share/applnk/redhat /usr/share/applnk
   paco:~ $ chown -R root:root /usr/share/applnk/redhat
   ```

Nach dem Neustart der Startleiste über *Panel/Neu starten* ist im Startmenü ein neuer Eintrag *Red Hat Linux* sichtbar, der alle von *wmconfig* gefundenen Programme enthält.

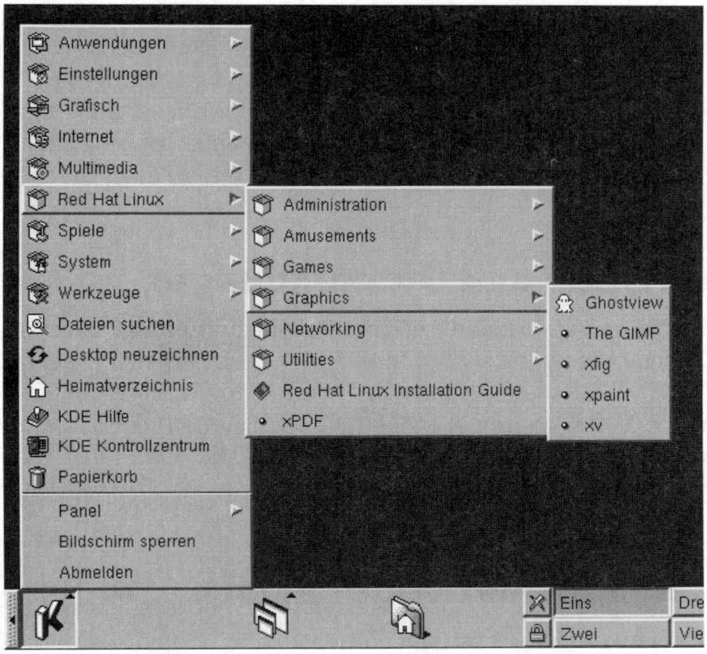

Das Startmenü von KDE mit Red Hat-spezifischen Einträgen

Dieser Neustart ist nötig, da die Einträge der Startleiste nur beim Start von *kpanel* aktualisiert werden: Es ist relativ aufwendig, die Verzeichnisse unterhalb von *usr/share/applnk* und *$HOME/.kde/share/applnk* zu durchsuchen, was Sie beim Start der Oberfläche daran erkennen, dass Sie das Startmenü nicht sofort aufrufen können. Bewegen Sie direkt nach dem Erscheinen der Startleiste die Maus auf das *K*-Symbol, und Sie sehen statt des normalen Mauszeigers eine kleine Taschenuhr – KDEs Gegenstück zur Sanduhr von Windows.

11.4 Der erste Kontakt mit KDE

Sie haben vielleicht schon in Kapitel 4 mit KDE Bekanntschaft gemacht. Dort haben wir versucht, Ihnen ein erstes Gefühl für die Bedienung zu geben. Jetzt wollen wir Ihnen in einer strukturierten Einführung die verschiedenen Elemente nahebringen, die KDE ausmachen.

KDE besteht aus mehreren Einzelteilen, die aufeinander abgestimmt verschiedene Aufgaben wahrnehmen. Die wichtigsten drei Programme sind der Window-Manager *kwm*, das Panel *kpanel* und der Datei-Manager *kfm*. Alle Elemente von KDE sind nach persönlichem Geschmack individuell konfigurierbar.

Datei-Management mit kdelnk-Dateien

Im Unterschied zu MS-Windows 9x sind in den Programmdateien von X Window-Programmen keine zusätzlichen Informationen wie z. B. über ein zum Programm passendes Icon enthalten. Alle Informationen, die die Funktionalität des KDE-Desktops ausmachen, werden daher in einer Datei gespeichert, der die Endung *.kdelnk* gegeben wird. Diese Dateien sind (ASCII-)Textdateien, die Sie mit einem Texteditor bearbeiten können. Einfacher geht es jedoch mit dem grafischen Frontend, das bei einem Aufruf des Menüpunkts *Eigenschaften* aus einem Kontextmenü eines Symbols gestartet wird.

Dateitypen und Dateiendungen

Die Zuordung von Dateien zu einer Applikation erfolgt über die *Mime-Typen*. Zu jedem bereits definierten Mime-Typ existiert eine Datei im Verzeichnis *mimelnk*, entweder global unter */usr/share/mimelnk* oder lokal unter *$HOME/.kde/share/mimelnk*. Auf diese Dateien können Sie zugreifen, wenn Sie im kfm über das Menü *Bearbeiten* den Punkt *Mime-Typen* aufrufen. Wie Sie eigene Dateitypen einrichten und mit einer Applikation verbinden, erfahren Sie bei den Profitipps auf Seite 718.

Der Window-Manager kwm

Jeder Window-Manager verfolgt eine eigene Philosophie beim Darstellen der Fenster: Somit haben die Rahmen und Schaltflächen der Titelleiste ein unterschiedliches Aussehen und eine unterschiedliche Funktionalität. Ebenso gibt es verschiedene Techniken beim Vergrößern und Verkleinern der Fenster.

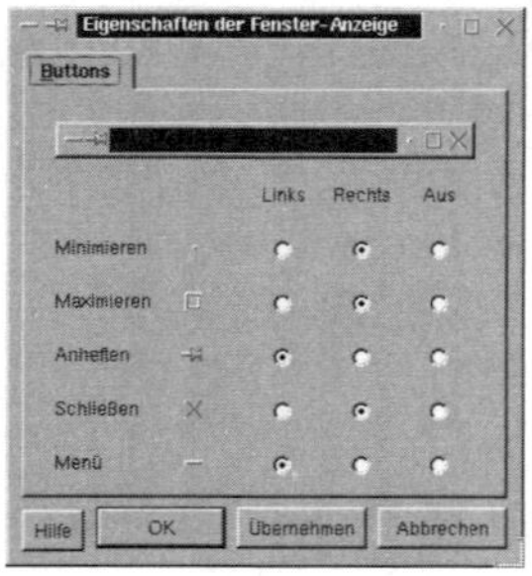

Die Buttons lassen sich umfangreich konfigurieren

Der kwm bietet für jedes Fenster folgende Möglichkeiten:

Fenster verkleinern und vergrößern

Sie können ein Fenster verkleinern und vergrößern, indem Sie an beliebiger Stelle mit dem Mauszeiger auf den Rahmen zeigen, dann die Maustaste gedrückt halten und die gewählte Seite bzw. Ecke auf eine neue Position ziehen. Nach dem Loslassen wird das Fenster auf die neue Größe gebracht und der Fensterinhalt angepasst.

Fenster verschwinden lassen

Sie können ein Fenster minimieren oder ikonisieren, indem Sie die Punkt-Schaltfläche anklicken. Daraufhin verschwindet das Fenster vom Bildschirm, wird jedoch in der Task-Leiste weiter angezeigt – dabei wird der Name des Fensters eingeklammert, damit Sie den Minimiert-Status erkennen können.

Tipp

Fenster finden ohne Task-Leiste

Wenn Sie KDE so konfiguriert haben, dass die Task-Leiste nicht angezeigt wird, ist ein ikonisiertes Fenster zuerst einmal komplett vom Bilschirm verschwunden. Sie können jedoch über die Schaltfläche *Fensterliste* im *kpanel* auf alle Fenster aller virtuellen Bildschirme zugreifen. Ist die Schaltfläche nicht im kpanel enthalten, können Sie sie über das *K*–Menü mit *Kontrolleiste/Fensterliste hinzufügen* dort einfügen.

Ein Mausklick auf den Eintrag in der Task-Leiste de-ikonisiert das Fenster wieder an seiner ursprünglichen Position; es wird also wieder sichtbar. Dabei ist der Begriff „(De-)Ikonisieren" eigentlich unpassend, da das minimierte Fenster nicht – wie etwa unter Windows 3.1 – als kleines Symbol (Icon) auf dem Desktop erscheint.

Fenster auf volle Bildschirmgröße bringen

Ein Fenster lässt sich maximieren, indem Sie die Quadrat-Schaltfläche anklicken. Es wird dann (je nach Einstellung) in vertikaler, horizontaler oder in beiden Richtungen auf Maximalgröße vergrößert, wobei jedoch Platz für die Start- und Task-Leisten gelassen wird – unabhängig von deren Positionen. Klicken Sie bei einem maximierten Fenster erneut auf die Quadrat-Schaltfläche, erhält das Fenster wieder seine ursprüngliche Größe.

Fenster über das Kontextmenü bearbeiten

Mit einem Klick auf die linke Minus-Schaltfläche erhalten Sie ein Fenstermenü, das neben den auch per Maus erreichbaren Funktionen zusätzlich die Möglichkeit *Auf Arbeitsplatz* bietet, mit der Sie das Fenster auf einen anderen Desktop verschieben können. Es erscheint dort an derselben Position, an der es sich auf dem alten Desktop befand.

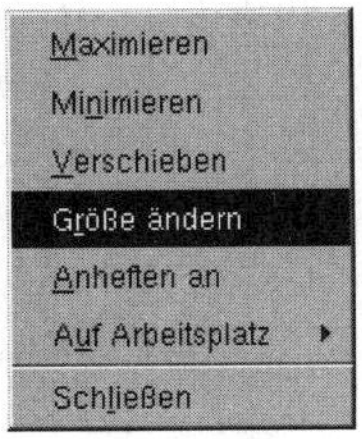

Das Kontextmenü eines Fensters. Nützlich: die Option Auf Arbeitsplatz

Fenster verschieben

Ein Fenster lässt sich auf zwei Arten verschieben: Zum einen können Sie mit der Maus auf die Titelleiste klicken und bei gedrückter Maustaste das Fenster verschieben. Alternativ – vor allem, wenn die Titelleiste nicht innerhalb des Desktops zu sehen ist – können Sie die Maus in das Fenster bewegen und die [Alt]-Taste gedrückt halten; dann können Sie durch einfaches Bewegen der Maus das Fenster verschieben.

Fenster schließen

Schließlich gibt es zwei Varianten, um ein Fenster zu schließen: Ein Mausklick auf die X-Schaltfläche führt zum (halbwegs) ordnungsgemäßen Ausstieg aus dem Programm, indem es ein *SIGTERM*-Signal erhält. Bei dieser Methode kann das Programm noch versuchen, Dateien zu speichern oder einen Warnhinweis zu erzeugen. Wenn dies jedoch nicht funktioniert, bleibt Ihnen noch die brutalere Methode eines sofortigen Ausstiegs: Die Tastenkombination [Strg]+[Alt]+[Esc] verwandelt den Mauszeiger in ein Totenkopfsymbol und das nächste Fenster, das Sie anklicken, wird über ein *SIGKILL*-Signal sofort geschlossen – die zugehörige Anwendung hat dann keine Chance mehr, noch eine Datensicherung zu versuchen. Diese Möglichkeit sollten Sie nur mit großer Vorsicht verwenden, beispielsweise bei Nichtreagieren des Fensters.

Den Bildschirm vergrößern: Virtuelle Desktops

Der *kwm* bietet Ihnen auf bis zu acht Desktops, zwischen denen Sie per Tastenkombination ([Strg]+[F1] bis [Strg]+[F8]) oder mit der mittleren Maustaste hin- und herwechseln können, Platz für Ihre Fenster.

Wenn Sie möchten, dass ein Fenster auf allen Desktops angezeigt wird, können Sie es mit einem Mausklick auf die Pin-Nadel-Schaltfläche ankleben. Dies ist zum Beispiel für Statusanzeigen einer Internet-Verbindung sinnvoll.

Schließlich bietet der *kwm* Ihnen noch eine einfache Möglichkeit, vom aktuellen Desktop zu einem der benachbarten Desktops zu wechseln: Diese Funktion schalten Sie mit dem KDE-Kontrollzentrum über die Schaltfläche *Aktive Arbeitsflächenränder* aus der Sektion *Arbeitsfläche/Ränder* ein. Dann brauchen Sie nur mit dem Mauszeiger an einen der Bildschirmränder zu fahren und dort einen Moment zu bleiben – nach kurzer Zeit wechselt der Desktop. Die Anordnung der Desktops entspricht dabei der Anordnung auf der Startleiste.

Die Startleiste kpanel

Das Panel

Das *Panel* ist eine Mischung aus Startleiste und Task-Leiste: In der Standardeinstellung befindet sich am unteren Rand des Desktops eine Leiste, die links ein hierarchisches Startmenü (*K*-Menü) enthält, aus dem heraus Sie alle installierten KDE-Programme sowie von KDE erkannte fremde Programme starten können. Dieses Startmenü können Sie mit Hilfe des Programms *kmenuedit* auch selbst konfigurieren (nähere Informationen finden Sie in den Profitipps auf Seite 721).

Mit den mit „Noppen" versehenen schmalen Schaltflächen an den Rändern des Panels können Sie es verschwinden lassen. Klicken Sie einmal mit der linken Maustaste darauf, wird es in diese Richtung „eingezogen", so dass nur die schmale Schaltfläche zurückbleibt. Die Schalter des *K*-Menüs erscheinen dann in verkleinerter Form am oberen linken Bildschirmrand. Ein Klick auf die vom Panel übriggebliebene Schaltfläche zaubert die Funktionsleiste wieder auf den Bildschirm zurück.

In der Mitte des Panels finden Sie die Schaltflächen, die Ihnen den schnellen Wechsel auf einen anderen Desktop erlauben. Sie können den Desktops Namen geben, die mehr Information als *Eins* bis *Acht* beinhalten. In der Ausgangskonfiguration haben Sie vier Desktops – dies lässt sich aber ändern.

1. Rufen Sie über die rechte Maustaste das Kontextmenü des Panels auf.
2. Wählen Sie den Menüpunkt *Konfigurieren*.
3. Selektieren Sie das Register *Arbeitsflächen*.
4. Jetzt können Sie über den Schieberegler *Sichtbar* die Anzahl der Desktops in Zweier-Schritten erhöhen oder verringern. Bei nicht genutzten Desktops werden die Eingabefelder für die Namen des Desktops grau unterlegt dargestellt.
5. Sie können Ihren Desktops auch direkt aussagekräftige Namen geben. Diese tragen Sie einfach in die Textfelder ein.
6. Wenn Sie fertig sind, beenden Sie den Dialog mit *OK*.

Im Panel können Sie auch eigene Schaltflächen anbringen: Dazu öffnen Sie den Datei-Manager und lassen sich die registrierten Anwendungen über *Bearbeiten/Anwendungen* anzeigen. Haben Sie das Programm gefunden, ziehen Sie es aus dem Fenster auf das Panel. Sie können es dann von dort so starten, als hätten Sie es aus dem *K*-Menü aufgerufen.

Sie können im Panel auch Programme ablaufen lassen. Ein geeigneter Kandidat dafür ist z. B. die Anzeige der Auslastung der CPU. Nähere Informationen finden Sie ebenfalls unter den Profitips auf Seite 721.

Schneller Zugriff auf alle Fenster mit der Task-Leiste

Die zweite Komponente von kpanel ist die Task-Leiste, die am oberen Rand des Desktops alle Fenster auf allen Desktops anzeigt. Fenster, die Sie durch Klicken auf die Punkt-Schaltfläche minimiert haben, erscheinen hier mit dem Fensternamen in Klammern, um von aktiven Fenstern unterschieden werden zu können. Sie können eine Minimierung rückgängig machen, indem Sie auf den Fenstereintrag in der Task-Leiste klicken. Sie können das Fenster auch über die Task-Leiste minimieren, wenn Sie seinen Eintrag mit der mittleren Maustaste anklicken.

Wie es mir gefällt: Desktop-Styling

Über Geschmack lässt sich streiten und wir wollen erst gar nicht damit anfangen. Deshalb könnten wir es sehr gut verstehen, wenn die aktuelle Darstellung der KDE Sie nicht besonders anspricht. Aber das lässt sich ändern! Mit wenigen Mausklicks können Sie den Desktop nach Ihrem Geschmack verändern und ihm so ein individuelles Aussehen verpassen.

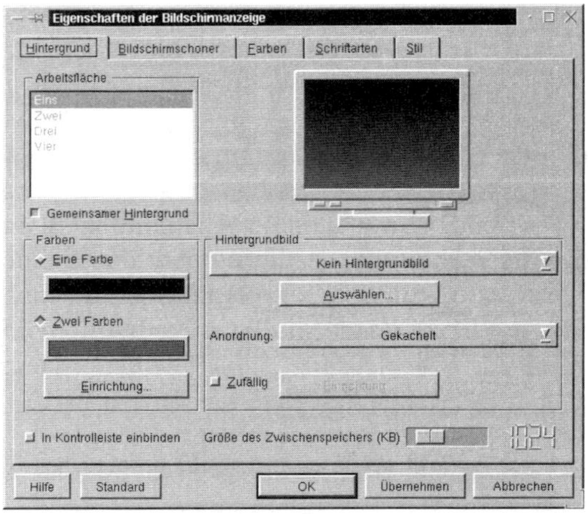

Konfigurationsmenü für die Bildschirmanzeige, kcmdisplay

Andere Desktop-Hintergründe einrichten

Welche Möglichkeiten haben Sie, um den Desktop-Hintergrund zu gestalten:

- Sie können ihn mit einer einfachen Farbe oder einem Farbverlauf versehen.
- Sie können eine spezielle Grafik einbinden und diese „kacheln", d. h. beliebig oft nebeneinander gesetzt darstellen, bis der Hintergrund gefüllt ist.
- Oder Sie können ein Foto auf dem Bildschirm platzieren.

Diese Möglichkeiten haben Sie für jeden virtuellen Desktop, den Sie eingerichtet haben!

▼▼▼ WORKSHOP

Konfiguration des Desktops

Manchmal wünschen Sie sich sicher verschiedene Desktops für verschiedene Themen-Bereiche. Wir wollen als Beispiel einmal vier Desktops einrichten, denen wir die Namen „Notizen", „WWW", „Text" und „E-Mail" geben wollen.

1 Klicken Sie zweimal auf eine Desktop-Schaltfläche.

2 Jetzt können Sie einen Namen für diesen Desktop vergeben.

3 Erst wenn Sie die [Enter]-Taste am Ende Ihrer Eingabe drücken, wird der von Ihnen eingegebene Text als neue Bezeichnung des Desktops übernommen.

Den Desktops sollen nun verschiedene Hintergründe zugeordnet werden:

Starten Sie zuerst den Konfigurations-Dialog: Klicken Sie mit der rechten Maustaste auf den leeren Hintergrund und wählen Sie aus dem Menü den Unterpunkt *Eigenschaften der Bildschirmanzeige*. Es meldet sich das Programm *kcmdisplay*, das Sie im Übrigen auch von der Kommandozeile starten können.

Wir wollen mit einem Farbverlauf für den Desktop „Notizen" beginnen, der einem dämmrigen Morgenhimmel ähneln soll.

1 Schalten Sie zuerst die Nutzung von zwei Farben ein, indem Sie auf die Option *Zwei Farben* klicken.

2 Jetzt wählen Sie als Anfangsfarbe Schwarz. Klicken Sie dazu auf das obere Farbfeld. Wundern Sie sich nicht. Das Feld ist ein einziger breiter Schalter.

3 Der KDE-Dialog zur Farbauswahl bietet Ihnen unter dem Label *Systemfarben* vorgefertigte Standardfarben. Sie können durch einen Klick auf eines der Farbfelder die gewünschte Farbe selektieren. Sie wird Ihnen dann auf der rechten Seite angezeigt. Wählen Sie Schwarz und bestätigen Sie mit *OK*.

4 Jetzt ändern Sie auf die gleiche Weise die zweite Farbe: Klicken Sie auf das Farbfeld und wählen Sie im Dialog z. B. ein dunkles Blau, das Sie dann mit *OK* bestätigen.

5 Sie können Ihre Kreation im Vorschaubildschirm auf der rechten Seite kontrollieren. Viel eindrucksvoller ist jedoch die Kontrolle „in natura".

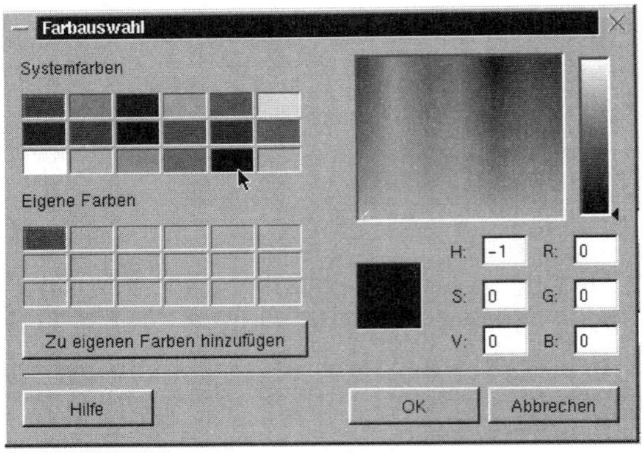

KDE-Dialog zur Farbauswahl

Mit *Übernehmen* geben Sie Ihre Änderungen an den Desktop weiter, ohne den Dialog zu verlassen.

Hinweis

Bis KDE 1.1.1pre2: Eine kleine Macke bei der Einstellung des Desktop-Hintergrunds

Nobody is perfect. Bis zur Version 1.1.1pre2 von KDE hat der Dialog *Eigenschaften der Bildschirmanzeige* eine kleine Macke, die Ihnen mehr Hintergrund bietet, als Sie eigentlich wollen: Nach dem Einstellen eines Farbverlaufes wird manchmal die Schaltfläche *Zufällig* auf der rechten Seite eingeschaltet, obwohl Sie sie nie mit der Maus berührt haben. Das hat zur Folge, dass beim nächsten Start ein beliebiger der mitgelieferten Hintergründe angezeigt wird, statt Ihres so mühsam gestylten Farbverlaufes. Aber Sie können dies ganz einfach kontrollieren:

1 Klicken Sie, nachdem Sie Ihre Konfiguration beendet haben, auf *Übernehmen*.

2 Tritt der Fehler auf, erscheint jetzt schon im Kästchen *Zufällig* ein Häkchen. Schalten Sie es wieder ab.

3 Jetzt können Sie den Dialog mit *OK* beenden, ohne dass dieser Fehler noch einmal auftritt.

Dieser Fehler ist uns jedoch nur selten und bisher nur unter RedHat aufgefallen.

Im nächsten Schritt soll dem Desktop *Text* ein passender grafischer Hintergrund gegeben werden. Zum Schreiben von Texten benötigt man ja eine besonders ebene und glatte Unterlage. Wir haben da an etwas Marmor-Ähnliches gedacht (Achtung, Scherz!).

1 Wählen Sie also erst aus dem Listenfenster *Arbeitsfläche* den Desktop *Text*.

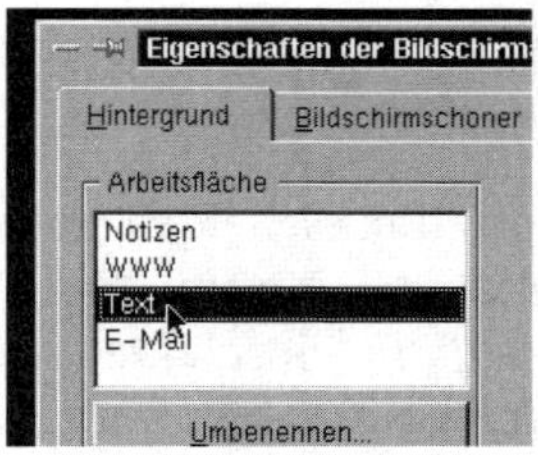

Einen anderen Desktop als den aktuellen konfigurieren

2 Jetzt suchen Sie sich aus der Liste der Hintergrundbilder den Eintrag *blkmarble.jpg*.

3 Die Hintergrundgrafik wird jetzt gekachelt in der Vorschau dargestellt. Das ist in diesem kleinen Fenster jedoch nur schwer zu erkennen. Bestätigen Sie Ihre Auswahl mit *Übernehmen*.

Tipp

Vorschaubildschirm für kleine Grafiken besser nutzen

Standardeinstellung der *Anordnung* ist *Gekachelt*. Sie werden jedoch in Ihrer Vorschau erkennen, dass diese Darstellung auf dem kleinen Vorschaubildschirm keine erkennbaren Einzelheiten mehr enthält. Wenn Sie nicht jedes Mal die Auswahl mit *Übernehmen* aktivieren wollen, können Sie sich die Grafik größer anzeigen lassen, wenn Sie bei *Anordnung* statt *Gekachelt* auf *Skaliert* schalten. Jetzt werden Ihnen die Grafiken in voller Größe des Vorschaubildschirms dargestellt. Sie dürfen nur nicht vergessen, wieder auf *Gekachelt* umzuschalten, wenn Sie sich für eine Grafik entschieden haben.

4 Sie stellen fest, dass sich nichts verändert hat? Das liegt einfach daran, dass Sie den Hintergrund eines anderen Desktops als des aktuellen verändert haben. Jetzt können wir Ihnen die Bedeutung der Pin-Schaltfläche einmal anschaulich zeigen: Schalten Sie sie ein.

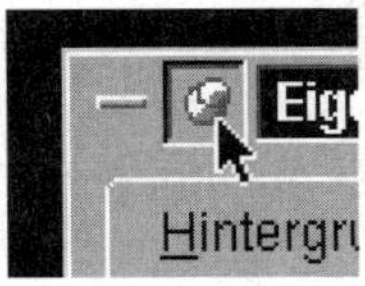

Ein Fenster „festpinnen"

5 Jetzt können Sie über das Panel mit einem Klick auf *Text* auf diesen Desktop umschalten. Der Konfigurationsdialog folgt Ihnen und Sie können den neu eingestellten Hintergrund bewundern.

Wir möchten Ihnen hier nicht alle Möglichkeiten aufzählen, die Sie für die Dekoration des Hintergrunds mit Grafiken nutzen können. Probieren Sie die verschiedenen Varianten einmal aus, die unter *Anordnung* aufgeführt sind. Nicht jede Option passt zu jeder Grafik. Versuchen Sie einfach ein Gefühl dafür zu bekommen, was gut aussieht und was zu Ihren Sehgewohnheiten passt! Der Hintergrund sollte nämlich nicht zu dominierend sein, sodass er Ihnen die Konzentration auf ein Fenster, in dem Sie arbeiten wollen, nicht erschwert. Aber auch hier spielen Geschmack und Vorlieben eine wichtige Rolle, daher unsere einzige Empfehlung: ausprobieren!

Wenn Sie sich nicht für einen Hintergrund entscheiden können, sehen Sie sich doch auch einmal die Möglichkeiten an, die Ihnen die zufällige Auswahl bietet: Wenn Sie die Schaltfläche *Zufällig* einschalten, können Sie über die Schaltfläche *Einrichtung* Hintergründe auswählen, die im Wechsel dargestellt werden. Die Bedienung erscheint uns aber noch nicht ausgereift, daher erwarten wir dort in den nächsten Versionen noch Änderungen. Eine genaue Anleitung, wie Sie diese Liste verändern können, finden Sie in der Online-Hilfe, die Sie über die Schaltfläche *Hilfe* unten links im Dialog aufrufen können.

Wenn Sie einmal nicht davor sitzen: Der passende Bildschirmschoner für den Leerlauf

Bildschirmschoner sind zwar mittlerweile ein Anachronismus, da die Kombination aus Green Star-Monitoren und Power-Management-fähigen Computern schon aus Gründen der Stromverschwendung für eine Ruhigstellung und damit Schonung des Monitors sorgt. Trotzdem erfreuen sich Bildschirmschoner einer wachsenden Beliebtheit, vielleicht weil sie nicht so sehr den Bildschirm, sondern durch meditativ beruhigende Motive die Nerven der Computernutzer schonen.

Bildschirmschoner starten

Unter Linux besitzen die Bildschirmschoner noch einen weiteren wichtigen Aspekt: Sie schützen den Rechner während der Abwesenheit seines Besitzers zuverlässig vor unerwünschtem Zugriff über die Konsole. Sie können den Bildschirmschoner per Hand über das Schloss-Symbol im Panel starten. Aber erst einmal muss einer eingerichtet sein:

1. Wählen Sie im Dialog *Eigenschaften der Bildschirmanzeige* das Register *Bildschirmschoner*.
2. Stellen Sie nun die Zeit ein, nach der sich der Bildschirmschoner aktiviert. Ein guter Richtwert sind zehn Minuten. Der Zeitraum hängt jedoch von Ihrer Arbeitsweise ab, daher gibt es keine allgemein gültige Empfehlung.
3. Aktivieren Sie auch das Kästchen *Nach Passwort fragen*, damit der Rechner in Ihrer Abwesenheit nicht unbemerkt von anderen genutzt werden kann.
4. Ist das Kontrollkästchen *Zeige Passwort als Sternchen an* aktiviert? Wählen Sie diese Option, wenn Sie sich die Passworteingabe erleichtern wollen.

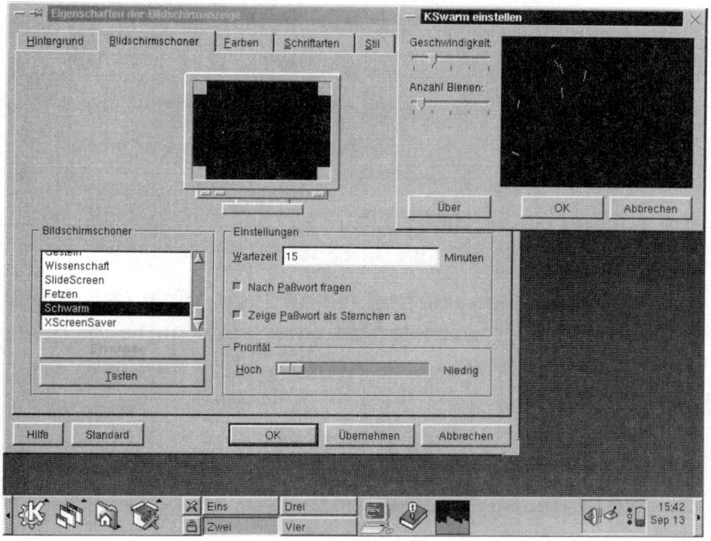

Einen Bildschirmschoner auswählen

Hinweis

Kann man den Passwortschutz des Bildschirmschoners umgehen?

Wenn der Bildschirmschoner läuft, kann nur über das Passwort auf die grafische Konsole zugegriffen werden. Das Umschalten auf die Text-Konsolen funktioniert jedoch immer noch. Wenn dort noch eine offene Sitzung unter *root* oder der Kennung läuft, mit der Sie X Window gestartet haben, kann der Bildschirmschoner beendet werden, ohne dass das Passwort eingegeben werden muss, indem z. B. der Bildschirmschoner-Prozess mit dem *kill*-Befehl oder sogar die X Window-Session beendet wird. Einen wirklich hundertprozentigen Schutz bietet der Bildschirmschoner nur, wenn Sie Linux direkt im grafischen Modus starten und nicht auf einer Text-Konsole angemeldet sind, wenn der Bildschirmschoner läuft!

5 Jetzt können Sie sich einen der Bildschirmschoner aussuchen. Einer unserer Favoriten ist *Schwarm*, ganz am Ende der Liste.

6 Sie können auch noch die Parameter des Bildschirmschoners verändern. Klicken Sie dazu auf die Schaltfläche *Einrichtung*.

7 Haben Sie den *Schwarm* ausgewählt, lohnt es sich, die Geschwindigkeit und die Anzahl der Bienen zu erhöhen. Schieben Sie den Schieber für *Geschwindigkeit* und *Anzahl Bienen* weiter nach rechts und bestätigen Sie Ihre Änderungen mit *OK*.

8 Testen Sie jetzt die Bildschirmschoner-Konfiguration über die *Testen*-Schaltfläche. Der Test wird beendet, sobald Sie die Maus bewegen oder eine Taste drücken. Sie werden feststellen, dass der Bienenschwarm we-

sentlich schneller durch die Vorschau flitzt, als er es auf dem gesamten Bildschirm tut.

9 Jetzt ist es an der Zeit, die Eingaben KDE mitzuteilen: Klicken Sie auf *Übernehmen*.

10 Zum Schluss können Sie die Funktionsweise noch einmal über das *Panel* ausprobieren. Hier greift jetzt auch der Passwortschutz. Klicken Sie auf das Schloss-Symbol im Panel.

11 Der Bildschirmschoner startet. Wenn Sie jetzt eine Taste drücken, wird eine kleine Dialogbox in der Mitte des Bildschirms geöffnet, in die Sie Ihr Passwort eingeben können. Wenn Sie einen Buchstaben eingeben, gilt dieser als erster Buchstabe des Passworts.

Tipp

Deaktivieren des Bildschirmschoners

Um den Eingabedialog für das Passwort zu aktivieren, bietet es sich an, die Maus zu bewegen oder eine der Tasten zu drücken, die allein keine Eingabe bewirken, wie z. B. die Taste Strg. Danach können Sie in Ruhe das Passwort als Ganzes eingeben. Diese Eingabemethode funktioniert bei allen Bildschirmschonern, auch bei denen, die nicht zu KDE gehören, also z. B. den GNOME-Bildschirmschonern und den Standard-X Window-Bildschirmschonern *xlock* und *xlockmore*.

Stilfragen: Aussehen von Fenstern und Dialogen konfigurieren

Die letzten drei Konfigurationsmöglichkeiten für die *Eigenschaften der Bildschirmanzeige* wollen wir zusammengefasst erläutern, da sie auch thematisch nahe beieinander liegen.

Beginnen wir mit dem letzten Register, dem *Stil*. Die Beschriftungen der Schaltflächen sind so eindeutig, dass wir uns auf kurze Kommentare und ein paar aussagekräftige Grafiken beschränken. Sie können dann selbst entscheiden, ob Sie die Auswirkungen der Schaltflächen selbst ausprobieren wollen.

Die drei Kontrollkästchen, die Ihnen hier angeboten werden, beeinflussen das Aussehen und den Umgang mit Programmfenstern und Dialogboxen. Die Schaltfläche *Windows 95-Stil* beeinflusst die Darstellung der Dialogboxen und Schaltflächen.

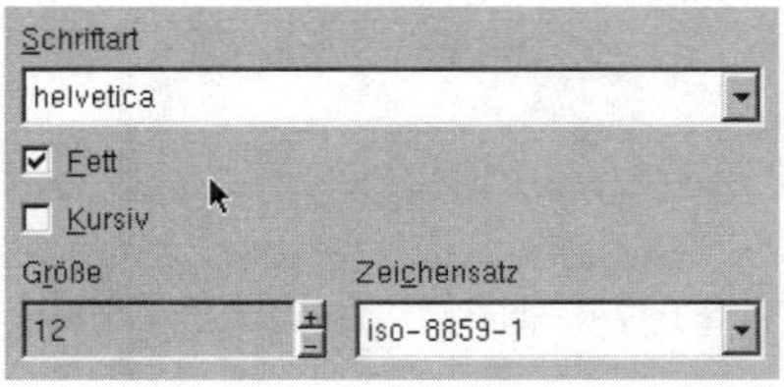

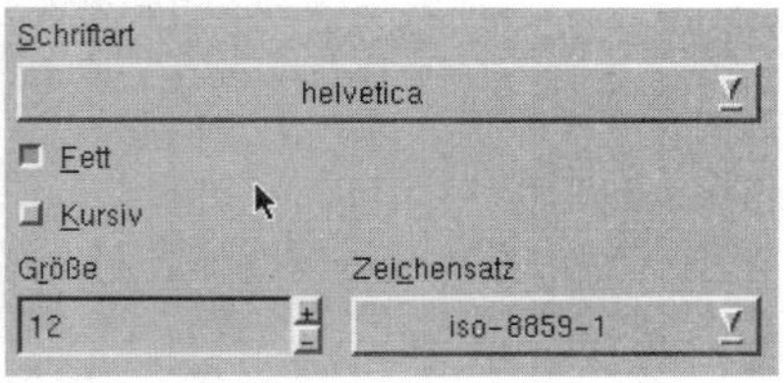

Dialogboxen im Win 95-Stil ... *... und im Unix-Stil*

Der Punkt *Menüleiste am oberen Bildschirmrand wie MacOS* gibt Ihnen unter KDE einen Hauch von Macintosh. Weiter Konfigurationsmöglichkeiten finden Sie auch im Abschnitt „KDE als Chamäleon: KDE-Themes“ auf Seite 687.

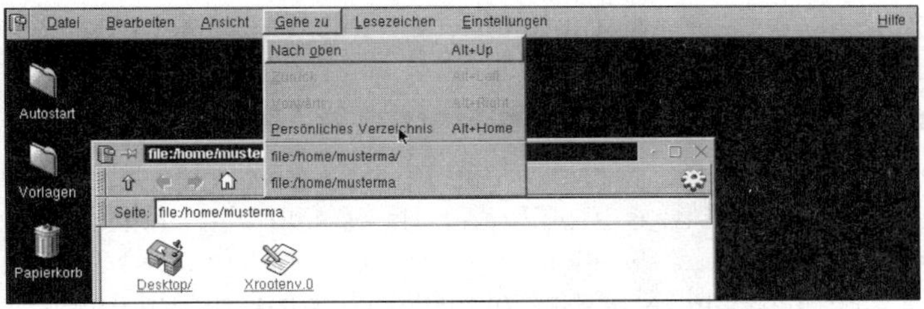

KDE macht's möglich: Menüleisten am oberen Bildschirmrand wie beim Mac

Der letzte Punkt *Farben und Fonts auch für Nicht-KDE-Anwendungen verwenden* kann bei manchen Nicht-KDE-Programmen Probleme bringen. Trotzdem würden wir empfehlen, diese Schaltfläche eingeschaltet zu lassen. Sollten in Nicht-KDE-Programmen Effekte auftreten, wie unleserliche Schrift oder Beschriftungen, die nicht auf die Schaltfläche passen, oder Farbkombinationen wie z. B. schwarze Schrift auf schwarzem Hintergrund, kann das Ausschalten dieser Option helfen.

Schriftarten in Fenstern einstellen

Das Register *Schriftarten* führt zu einer Dialogbox, in der Sie die Schriftart der Textelemente von Fenstern und dem Panel einstellen können. Hier sind im Moment nur fünf Einträge aufgeführt. Wenn Sie eine hohe Bildschirmauflösung nutzen, kann es für Sie angenehm sein, z. B. die Schrift in der Titelzeile eines Fensters zu vergrößern. Diese erreichen Sie über den Punkt *Schriftart für Fenstertext*.

1. Aktivieren Sie den Listeneintrag *Schriftart für Fenstertext* durch einen Mausklick auf den Text.

2. Stellen Sie dann durch zweimaliges Klicken auf das kleine Pluszeichen am rechten Rand des Eingabefeldes *Größe* die Schriftgröße von 12 auf 14.

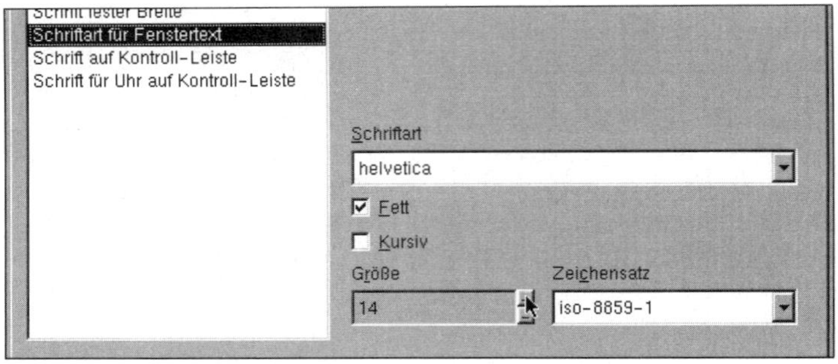

Die Schriftart für den Fenstertitel vergrößern

3 Das Aussehen der Schrift wird Ihnen im Vorschaufenster im unteren Bereich der Dialogbox angezeigt.

4 Sind Sie mit der Auswahl zufrieden, klicken Sie auf *Übernehmen*

Fensterfarben: Farbschemata à la Windows

Zuletzt wollen wir Sie noch auf den Punkt *Farben* hinweisen. Die Bezeichnung ist vielleicht etwas irreführend, da es sich hier eher um Farbschemata handelt, wie Sie sie vielleicht schon von MS-Windows 9x kennen: Hier können Sie sich eine Farbzusammenstellung für Fensterrahmen, Schrift und Fensterhintergründe auswählen. Interessant sind dabei die Einträge, die an andere Produkte angelehnt sind. Sie finden hier z. B. ein Farbschema, wie es von BeOS eingesetzt wird, aber auch eine Umsetzung der kommerziellen Schwester von KDE, nämlich CDE und die Farbanpassung der Firma Digital.

Sie können natürlich auch selbst kreativ werden und Elementen des Listenfelds auf der rechten Seite jeweils eine eigene Farbe zuordnen. Diese Kombination können Sie dann über die Schaltfläche *Hinzufügen* in die Liste der Farbschemata einfügen.

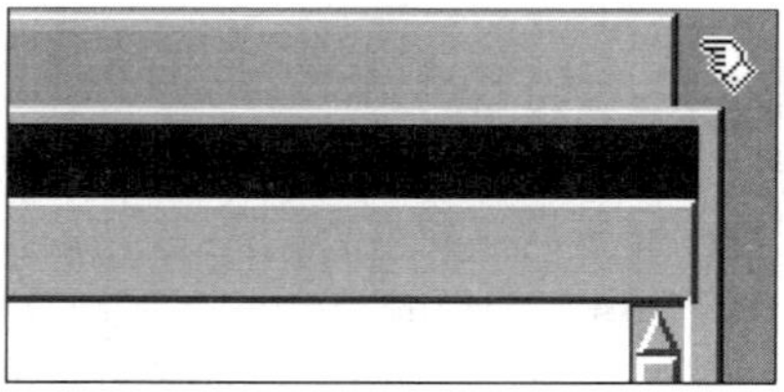

Fensterdarstellung: hoher Kontrast ...

... und niedriger Kontrast

Den Schieberegler *Kontrast* werden Sie, wenn Sie bereits mit MS-Windows 9x gearbeitet haben, noch nicht kennen. Die 3-D-Darstellung der Fenster erfolgt über eine farbliche Veränderung überall dort, wo ein 3-D-Effekt erzielt werden soll. Dies geschieht durch Aufhellung und Abdunkelung der eigentlichen Rahmenfarbe. Sie können das Maß der Abdunkelung und Aufhellung durch den Kontrast-Regler steuern. Hoher Kontrast bedeutet stark aufgehellte Ränder mit starken Schlagschatten, während niedriger Kontrast eher sanfte Übergänge schafft.

Workshop-Ende

KDE als Chamäleon: KDE-Themes

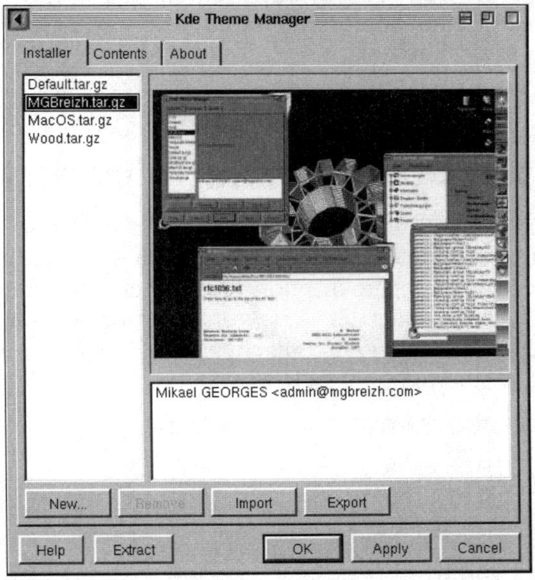

Der KDE Themen-Manager

Wenn Sie sich mühsame Konfigurationsarbeit ersparen wollen, können Sie auch den KDE Themen-Manager nutzen. Mit diesem können Sie vorgefertigte Themen installieren, die sich auf die gesamte Palette der Änderungsmöglichkeiten bezieht: Hier werden Buttons, Titelleiste, Fensterrahmen, Desktop-Hintergründe und vieles mehr voreingestellt. Sie finden das Tool im *K*-Menü über *Einstellungen/Arbeitsfläche/Themen-Manager*.

KDE Themen im Netz
http:// www.kde.de/ kthememgr.nnn.tar.gz
Themensammlung für KDE: *http:// kde.themes.org*

Sie laden eine Themendatei als *.tar.gz*-Archiv aus dem Internet herunter und binden sie dann über die *Import*-Schaltfläche ein. Danach können Sie sie mit einem einfachen Klick aktivieren. Wenn Sie die bisherigen Einstellungen behalten wollen, können Sie sie über die Schaltfläche *Speichern* unter dem voreingestellten Namen *Default* abspeichern.

Hinweis

Bis zu KDE 1.1.1: Keine Speichermöglichkeit bei kthememgr

Die frühen Versionen des kthememgr können die aktuelle Konfiguration noch nicht abspeichern. Wenn Sie also selbst Änderungen an der Konfiguration Ihres Desktops vorgenommen haben, sollten Sie diese vor der Nutzung des Themen-Managers speichern. Am einfachsten kopieren Sie das Verzeichnis *.kde* komplett, z. B. mit dem Befehl

```
paco:~ $ cp -r .kde .kde_save.
```

Kontrolle total: Das KDE-Kontrollzentrum

Ähnlich wie der Systemsteuerung unter Windows 95/98/NT ist das KDE-Kontrollzentrum zentrale Anlaufstelle bei der Verwaltung sämtlicher KDE-Einstellungen. Einige Einstellungen, die globale Parameter betreffen, können zwar nur verändert werden, wenn Sie *kcontrol* unter *root* starten, aber Sie brauchen sich darum keine Sorgen zu machen; das Programm beschwert sich, wenn Sie einen solchen Punkt erwischen.

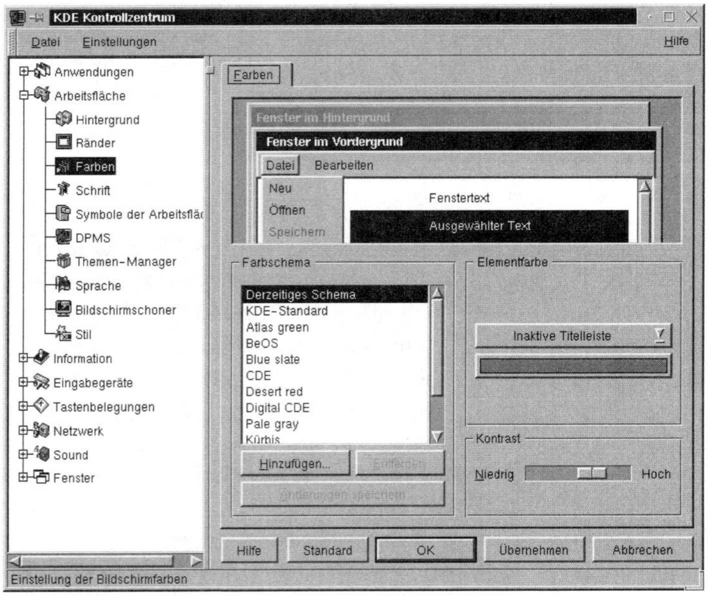

Im Kontrollzentrum kann auch zwischen verschiedenen Farbschemata gewählt werden

Das KDE-Kontrollzentrum fasst die verschiedenen Konfigurationstools zusammen, die Sie über die Kontextmenüs der einzelnen Komponenten aufrufen können, wie z. B. die Farbauswahl, die sich auch über die *Eigenschaften der Bildschirmanzeige* einstellen lassen. Alle Einträge auf der linken Seite können Sie auch über das Untermenü *Einstellungen* aus dem *K*-Menü aufrufen.

Hier ein kurzer Überblick, was wozu gehört:

- Das Menü *Anwendungen* enthält neben dem Login-Manager, den Sie unter *root* aufrufen müssen, die Konfigurationsdialoge für das Panel und für den Datei-Manager, die Sie bei Letzterem im Menü *Einstellungen* finden.
- Das Menü *Arbeitsfläche* enthält den Konfigurationsdialog, den Sie über das Kontextmenü des Desktop-Hintergrunds mit *Eigenschaften der Bildschirmanzeige* aufrufen können.
- Über den Punkt *Information* erhalten Sie Zugriff auf einige Systeminformationen, die vom Kernel oder von anderer systemnaher Software ausgegeben werden. Diese Informationen werden aus dem */proc*-Dateisystem übernommen (siehe auch S. 223). Diese Einträge finden Sie nur hier oder über das *K*-Menü unter *Einstellungen*.
- Das Untermenü *Eingabegeräte* bietet Ihnen neben der Einstellung der Tastatur auch eine Konfiguration der Maus. Hier können Sie für die Mausbewegung verschiedene Parameter einstellen, unter anderem auch einen Wechsel der Maustasten für Rechts- oder Linkshänder. Das Programm *kikbd*, mit dem Sie verschiedene *Internationale Tastatur*-Treiber einrichten können, kann ebenfalls aus diesem Menü gestartet werden.
- Shortcuts für den Desktop können Sie unter *Tastaturbelegung* einstellen.
- Wenn Sie Ihren Desktop auch akustisch animieren wollen, werden Sie unter *Sound* fündig. Während die *Klingel* nur das Piepsen Ihres Lautsprechers beeinflusst, bietet Ihnen der Punkt *Systemklänge* eine Zuordnung von Sound-Dateien zu X Window-Ereignissen, wie Sie sie aus MS-Windows 9x kennen.
- Last but not least können Sie im Menü *Fenster* den Umgang mit den Fenstern konfigurieren. Sie haben z. B. die Möglichkeit einzustellen, ob und wo ein Schalter in der Titelleiste auftauchen soll, welche Aktion bei verschiedenen Mausklicks ausgeführt werden soll und vieles mehr. Solange Sie jedoch keinen triftigen Grund haben, hier etwas zu ändern, werden Sie diesen Dialog nicht oft nutzen.

Die Anzahl der Unterpunkte in einzelnen Menüs hängt vom Umfang der installierten KDE-Software ab. Daher kann es sein, dass wir hier Einträge nicht erwähnt haben, die Sie in Ihrem Kontrollzentrum finden. Jeder Eintrag enthält aber einen Verweis auf das Hilfesystem, meist in Form eines Schalters *Hilfe*. Über diesen können Sie dann Informationen zur Bedeutung und Bedienung dieses Konfigurationsteils erhalten.

11.5 Hilfe? Hilfe!

KDE ist mit einem integrierten Hilfesystem ausgestattet, das alle KDE-Programme zur Darstellung ihrer Hilfeseiten nutzen. Die Hilfeseiten zu KDE

KDE Online-Hilfe

sind im HTML-Format abgespeichert. Die Nutzung der Seiten funktioniert daher analog zum Umgang mit einem Webbrowser: Finden Sie auf einer Hilfeseite ein blaues, unterstrichenes Wort, können Sie mit einem Klick diesem Verweis nachgehen. Ebenso wie bei einem Webbrowser existieren in der Schalterleiste des Programms Schaltflächen, mit denen Sie vor- und zurückblättern können.

Praktisch: die KDE-Hilfe im HTML-Format

Nehmen Sie sich die Zeit und lesen Sie die erklärenden Worte der KDE-Entwickler. Die Einführungen in die grundlegenden Programmteile wie das Panel, den Datei-Manager oder die Funktionen des Window-Managers werden dort beschrieben und enthalten unter anderem die Tipps, die man bei der täglichen Entdeckungsreise nicht entdeckt. Außerdem gibt der lockere Stil der Einführung einen Einblick in das Selbstverständnis der Menschen, die viel (Frei-)Zeit aufwenden, um Ihnen ein komplexes Produkt kostenlos zur Verfügung zu stellen. Es lohnt sich auch immer, einen Blick in die Dokumentation zu werfen, wenn Sie eine neue Version der KDE installiert haben. Kleine Änderungen in der Bedienung oder die Beseitigung von Fehlern, an die Sie sich bereits gewöhnt haben, sind dort dokumentiert.

Wenn Sie bereits ein passionierter Internet-Surfer sind, können Sie die folgenden Worte übergehen. Die Bedienung des Hilfesystems ist sehr einfach gehalten, sodass man mit wenigen Grundkenntnissen auskommt.

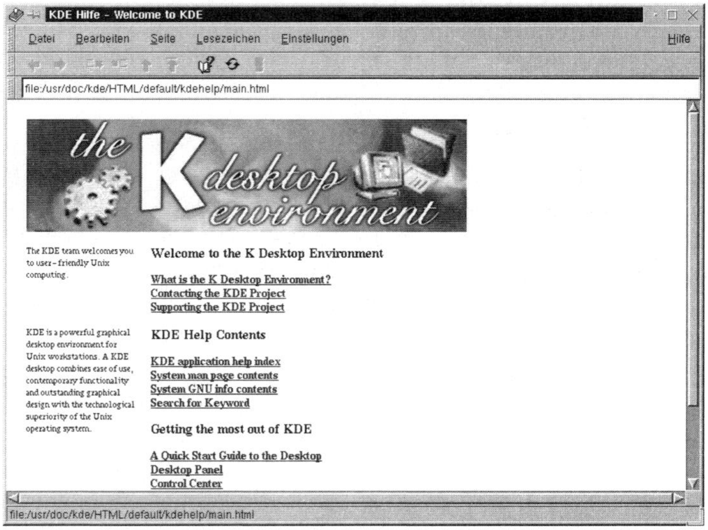

Die KDE-Online-Hilfe nach dem Start

Die Startseite enthält die Verweise, die Ihnen den Einstieg zum Surfen im Hilfesystem ermöglichen. Darunter sind einmal die Einträge, die die lebenswichtigen Fragen bezüglich des behandelten Objekts klären: unter anderem „Was bin ich?", „Von wem bin ich?" und „Wo können Sie sich beschweren?" Ein wichtiger Punkt bei freier Software ist auch „Wie können Sie das Projekt unterstützen?", auf den wir besonders hinweisen möchten. Haben Sie eine gute Idee und die Zeit, sie zu realisieren? Und wollen Sie endlich auch einmal unter den Credits einer Online-Hilfe-Seite auftauchen? Dann geben Sie sich einen Ruck! Freie Softwareprojekte leben von kleinen (und natürlich auch großen) Dingen, die von vielen freiwillig beigesteuert werden.

Die im Moment wahrscheinlich für Sie wichtigeren Einträge sind jedoch die Verweise, die unter *KDE Help Contents* und *Getting the most out of KDE* hinweisen. Letztere bilden die Einführungen zu den Standard-Elementen der KDE, auf die wir weiter oben bereits hingewiesen haben. Daher wollen wir jetzt auf den mittleren Teil etwas näher eingehen:

Alle Online-Dokumentationen integriert

Dass die KDE-Dokumente im HTML-Format vorliegen, hatten wir ja bereits erwähnt. Die Standard-Online-Dokumentationen unter Unix treten im Allgemeinen jedoch in anderen Formaten auf: Sie können Hilfeseiten auf der Kommandozeile mit dem Kommando *man* und mit dem Kommando *info* abrufen. Beiden Kommandos liegt ein spezielles Textformat zu Grunde. Eine besondere Qualität von kdehelp ist, diese unterschiedlichen Formate transparent als HTML-Dateien darzustellen und eine Verweis-Struktur aufzubauen, die in den man-Dateien in dieser Form nicht existiert.

Für jedes Format, also KDE-Dokumentation, man- oder info-Seiten existiert ein Verweis auf einen Index, der bei jedem Aufruf dynamisch aufgebaut wird. Das bedeutet, dass Sie immer einen aktuellen Überblick über die installierte Software bekommen. Wenn Sie ein neues Programm installieren, wird dieses beim nächsten Anzeigen des Indexes in die Übersicht aufgenommen. Anhand eines kleinen Beispiels wollen wir Ihnen die Wege zeigen, die zur Hilfeseite eines Programms führen:

1. Klicken Sie auf der Startseite auf den Link *KDE application help index*.
2. Sie erhalten eine Übersicht über die installierten KDE-Applikationen. Wählen Sie als Beispiel die Online-Dokumentation über das *find-utility*.
3. Jetzt wird Ihnen die Online-Dokumentation zum Programm *KFind* angezeigt.

Jede Hilfeseite hat eine einheitliche Struktur. Der erste Klick zeigt Ihnen das Inhaltsverzeichnis an, das immer aus mindestens zwei Einträgen besteht: der *Einführung/Introduction* und dem *Anhang/Appendix*, der auch oft unter *Credits* zu finden ist. Die Einführung gibt Ihnen einen Überblick über die Fähigkeiten des Programms oder dient als Einleitung in das Thema, während sich vor allem unter den *Credits* die Programmierer verewigt haben. Ehre, wem Ehre gebührt, denn das ist meist die einzige Ehre, die die Programmierer einfordern. In den Fällen, in denen es sich bei der Software um eine Betaversion handelt, werden das die einzigen Kapitel sein. Auch unter freien

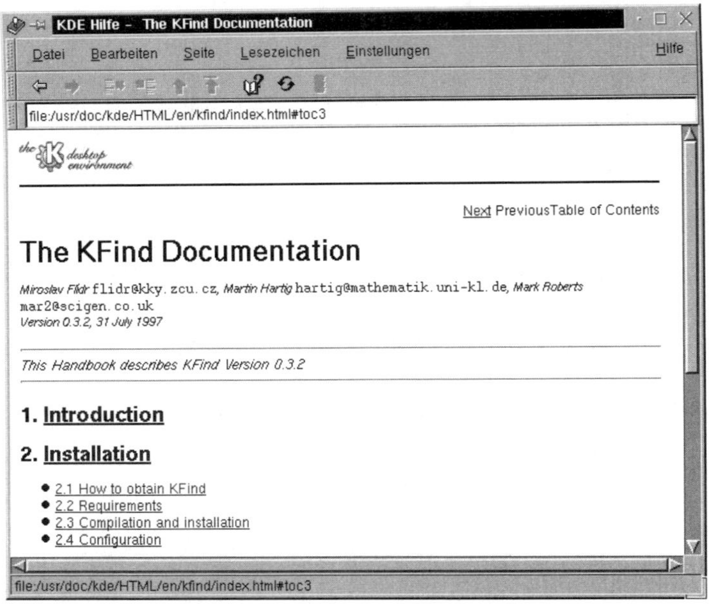

Anzeige der Online-Dokumentation zu KFind

Programmierern gehört das Schreiben der Anleitung zu den letzten und am wenigsten geliebten Tätigkeiten.

Hilfe-Seiten über Programm-Menüs aufrufen

KFind

Jedes KDE-Programm besitzt – wie unter MS-Windows 9x auch – einen Menüpunkt *Hilfe*. Über dieses Menü gelangen Sie ebenfalls zur Online-Dokumentation eines Programms. Die angezeigten Dateien sind dabei identisch. Zur Anzeige der Dokumentation wird kdehelp mit dem Verweis auf die Hilfedatei gestartet:

1. Starten Sie KFind über das Symbol im Panel oder im *K*–Menü.
2. Klicken Sie auf den Menüeintrag *Hilfe* in der Menüleiste
3. und wählen Sie den Unterpunkt *Inhalt*. Jetzt startet kdehelp und zeigt Ihnen das Inhaltsverzeichnis der Online-Dokumentation zu KFind an.

Wo war doch gleich ...? Stichwortsuche in der Online-Dokumentation

Einen dritten Weg wollen wir Ihnen nicht vorenthalten, der vor allem dann wichtig wird, wenn Sie zwar wissen, wonach Sie suchen, aber nicht, wie das Programm heißt. Sie können auch nach Stichwörtern in der gesamten Online-Dokumentation suchen.

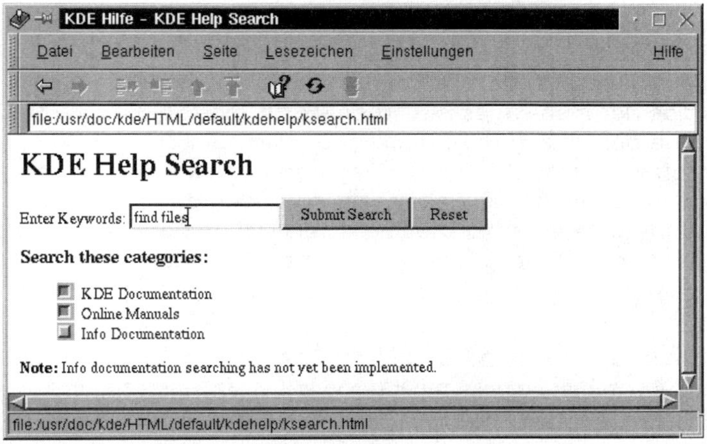

Stichwortsuche in der Online-Dokumentation

1 Wählen Sie nach dem Start von kdehelp den Link *Search for keyword*.

2 Jetzt können Sie in das Formularfeld ein oder mehrere Wörter eingeben. Im Beispiel haben wir *find* und *files* benutzt.

3 Wenn Sie neben KDE auch über die anderen Bereiche suchen wollen, kreuzen Sie die Gewünschten zusätzlich an. Achtung bei der info-Dokumentation: Die Stichwortsuche ist bis zur Version 1.1.1 noch nicht realisiert!

4 Nach einer kleinen (oder auch großen) Weile werden Ihnen die Seiten, in denen die Stichwörter gefunden wurden, aufgelistet.

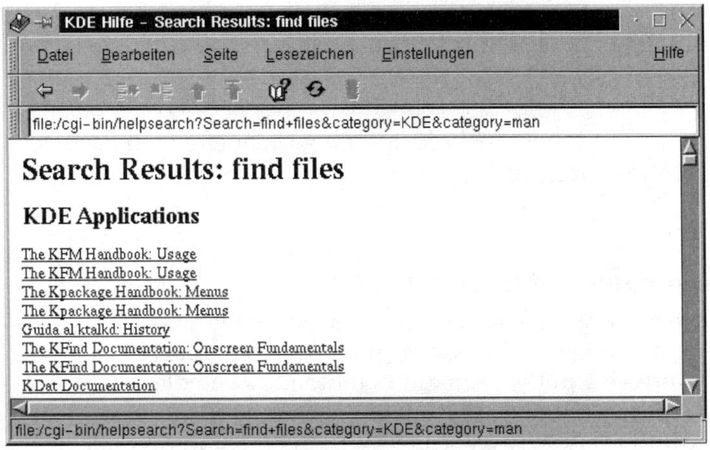

Gefundene Einträge mit den Suchwörtern „find" und „files"

Hinweis

Keine Stichwortsuche in der Info-Dokumentation

Sie können mit kdehelp in der ganzen Online-Dokumentation nach Stichwörtern suchen. In der ganzen? Nein, bis zur

KDE-Version 1.1.2 leistet ein Teil der Dokumentation noch unbeugsamen Widerstand: Für die info-Dokumentation existiert noch keine Stichwortsuche, da das Format ein wenig komplizierter als das der man-Pages ist und auf keine Tools zurückgegriffen werden kann (für die man-Pages wird nämlich bestehende Software genutzt). Aber im Gegensatz zu einem gallischen Dorf besitzen die info-Seiten keinen Zaubertrank, der sie im Kampf gegen die Indexierung unterstützt. In der nächsten Version von KDE soll dieses Feature bereits eingebaut sein.

Damit haben Sie bereits alle tieferen Weisheiten der KDE-Online-Hilfe erfahren. Auf einen Aspekt möchten wir jedoch noch hinweisen: die KDE-spezifischen Online-Hilfe-Deskriptoren. Die Dateinamen der KDE-Hilfe-Dateien müssen Sie sich nicht merken, aber wenn Sie sich man-Pages oder info-Seiten ansehen wollen, können Sie auch ohne viel Klicken oder eine Stichwortsuche fündig werden, wenn Sie den Namen des Kommandos wissen, nach dessen Hilfeseite Sie suchen. Mit einer einfachen Methode lassen sich diese Seiten über das KDE-Hilfesystem ansprechen. Nehmen wir als Beispiel die Hilfeseite zum Kommando *man*:

1. Starten Sie die KDE-Hilfe.
2. Nun folgt ein kleiner Tipp, den Sie auch im Datei-Manager-Fenster nutzen können: Markieren Sie mit einem Doppelklick in die Textzeile über dem Darstellungsfenster den dort angezeigten Hilfe-Deskriptor.
3. Tippen Sie jetzt (ohne Rücksicht auf Verluste) „man:man“, also das Wort „man“ gefolgt von einem Doppelpunkt und dem Wort *man*, dem Kommando, dessen Hilfe-Seiten Sie sich anzeigen lassen wollen.
4. Beenden Sie Ihre Eingabe mit der [Enter]-Taste.
5. Jetzt wird Ihnen die in HTML umgewandelte man-Page des *man*-Kommandos angezeigt.

Tipp

Hyperlinks in man- und info-Seiten

Hier können Sie auch den Vorteil der von kdehelp aufbereiteten Darstellung erkennen: Jede man-Page hat einen Bereich *see also*, der Verweise auf verwandte Kommandos enthält. Werden vom Autor der Seite in diesem Bereich Kommandos angegeben, wandelt kdehelp diese in einen Link um, so dass Sie durch Anklicken die Hilfe-Seiten dieses Kommandos angezeigt bekommen. Info-Seiten werden intern sowieso verlinkt. *kdehelp* bietet nur einen wesentlich flexibleren Zugriff darauf.

Die KDE-Online-Hilfe ist ein universelles System zur bequemen Anzeige der verschiedenen Online-Dokumentationen. Dieses Tool ist auch deshalb so wichtig, weil freie Software nur mit Online-Dokumentationen ausgeliefert wird. Den daher vielleicht wichtigsten Punkt haben wir noch gar nicht erwähnt: Sie können mit kdehelp natürlich auch drucken. Zum Beispiel ist es sinnvoll, die Hilfeseiten einiger weniger wichtiger Kommandos auszudrucken, die man benötigt, wenn (fast) nichts mehr – also auch nicht das man-Kommando – funktioniert. Sie erhalten über die Tastenkombination [Strg]+[p] oder über das *Datei*-Menü einen Druckdialog.

Unter Linux ist alle Hilfe online!

Eigentlich sollen in diesem Buch keine erhobenen Zeigefinger auftauchen und eigentlich ist auch gar keiner zu sehen, trotzdem wollen wir einmal einen Rat geben, dessen negative Auswirkungen bei Nichtbefolgung wir selbst oft genug gespürt haben: Nutzen Sie die Online-Hilfe. Nicht immer. Aber immer öfter. Sie werden kaum eine größere Fundgrube nützlicher Informationen über die Ihnen zur Verfügung stehenden Programme finden als die Online-Hilfe.

Es ist am Anfang etwas mühsam, vor allem wenn Dokumentationen nur in Englisch vorliegen. Aber je öfter Sie sich mit englischer Dokumentation beschäftigen, desto eher werden Sie merken, dass die den Dokumentationen eigene Sprache nicht komplizierter ist als die Programme, zu denen sie geschrieben sind. Viele der Autoren haben eine andere Muttersprache als Englisch, was sich manchmal in amüsanten Schreibfehlern äußert. Aber allen geht es um die Sache und darum, verstanden zu werden und nicht Sie, den Leser und Nutzer, zu quälen.

Und wenn Sie meinen, dass bestimmte Online-Dokumentationen unbedingt in deutscher Sprache vorliegen müssen, dann schließen Sie sich dem Übersetzungsprojekt an! Es fehlen immer Leute, die die ehrenvolle Aufgabe übernehmen, englische Anleitungen ins Deutsche zu übersetzen oder Fehler in bestehenden Anleitungen zu verbessern. Werden Sie Teil der Linux-Familie und engagieren Sie sich! Informationen dazu finden Sie auf der Homepage von KDE: *http://www.kde.de*.

11.6 Effizientes Dateihandling mit KDE

Der Datei-Manager der KDE, *kfm*, bietet Ihnen eine einfache Bedienung, wenn es darum geht, mit der Maus Dateien zu erzeugen, zu kopieren oder zu löschen. Er kümmert sich um die Einbindung von CD-ROM-Laufwerken oder Disketten in den Verzeichnisbaum und gibt diese auch wieder frei, wenn Sie es ihm sagen. Außerdem können Sie Dateien mit den zu ihnen gehörigen Programmen verknüpfen, sodass diese gestartet werden, wenn Sie das Dateisymbol anklicken. Damit ist die Bedienfreundlichkeit von Unix ein großes Stück näher an die kommerziellen Vorbilder aus der PC- oder der Mac-Welt herangekommen.

Der kfm tritt Ihnen in zwei verschiedenen Erscheinungsbildern gegenüber: In den Programmfenstern können Sie alle Aktionen mit Dateien und Verzeichnissen durchführen. Aber auch die auf dem Desktop abgelegten Symbole werden vom kfm verwaltet.

Der Datei-Manager kann dabei viel mehr, als nur Dateien und Verzeichnisse anzuzeigen. Er ist gleichzeitig ein vollwertiger Webbrowser, mit dem Sie HTML-Seiten ansehen und durch FTP-Server navigieren können. Sogar ein passwortgeschützter Zugriff per FTP ist möglich. Dabei können Sie in allen Modi die Drag & Drop-Fähigkeiten des kfm nutzen.

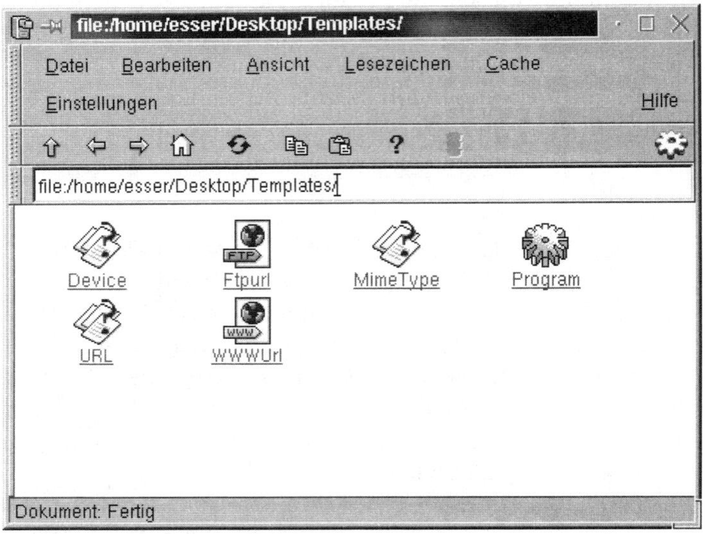

Die Standardvorlagen von KDE

Templates: Vorlagen wie in OS/2

Die Erzeugung neuer Symbole auf dem Desktop geht mit dem kfm jetzt sehr elegant durch die Benutzung von Templates (Vorlagen). Vorlagen können Sie sehr einfach verwenden, indem Sie den Vorlagen-Ordner öffnen und eine der Vorlagen per Drag & Drop auf den Desktop ziehen oder indem Sie über das Kontextmenü aus dem Menüpunkt *Neu* eine der im Vorlagen-Ordner gespeicherten Dateien auswählen.

1 Wählen Sie aus dem Kontextmenü des Desktop-Hintergrunds unter *Neu* die *Internet-Adresse (URL)*.

2 Der kfm meldet sich mit einer Dialogbox, in der Sie dem Kind einen neuen Namen geben müssen. Denken Sie daran, die Endung *.kdelnk* beizubehalten. Tragen Sie also „DataBecker.kdelnk“ in das Textfeld ein.

3 Jetzt wird der Eigenschafts-Dialog gestartet. Selektieren Sie das Register *URL*.

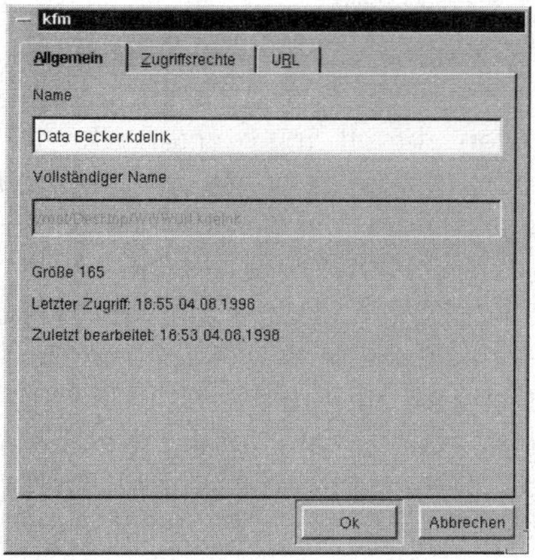

Der Name des Symbols auf dem Desktop

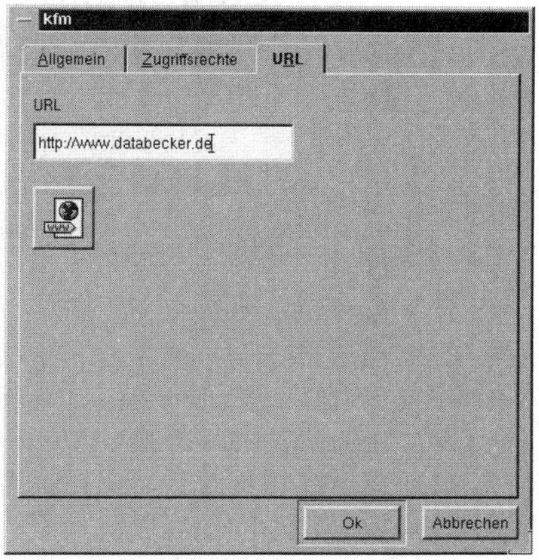

Diese Seite soll dabei aufgerufen werden

4 Tragen Sie in das Textfeld *URL* die WWW-Adresse „http://www.databecker.de“ ein.

5 Jetzt können Sie sich noch eine passende Grafik für Ihr Symbol aussuchen und dann

6 die Eingabe mit *OK* speichern.

Durch diesen Vorgang wird eine Datei *$HOME/Desktop/DataBecker.kdelnk* erzeugt, die alle nötigen Informationen Ihres neuen Desktop-Symbols enthält. Für die übrigen Vorlagen gibt es entsprechende Standarddialoge, etwa zum Eintragen einer FTP-Adresse (z. B. *ftp://ftp.kde.org* für den FTP-Server des KDE-Projekts). Das Symbol wird auf dem Desktop in der ersten freien Zeile auf dem Desktop ganz links dargestellt. Wenn Sie es (nach einigem Suchen) dann gefunden haben, können Sie es an eine andere Stelle ziehen, an der es dann auch für den Rest seiner Lebenszeit verbleiben wird.

Zugriffsrechte einstellen mit kfm

Über das Register *Zugriffsrechte* aus dem Kontextmenü einer Datei oder eines Verzeichnisses können Sie bequem deren Rechte ändern.

1 Öffnen Sie den Eigenschaften-Dialog über das Kontextmenü und

2 aktivieren Sie das Register *Zugriffsrechte*.

3 Jetzt können Sie die einzelnen Einträge für den Zugriff an- oder ausschalten.

4 Mit *OK* speichern Sie Ihre Änderungen ab.

Wie die Vergabe von Zugriffsrechten unter Linux funktioniert und welche Auswirkungen welche Rechte haben, können Sie auf Seite 275 ff. nachlesen.

Lesezeichen mit KDE verwalten

Seit der Version Beta 4 hat der kfm auch eine elegante Bookmark-Funktion: Über den Menüpunkt *Lesezeichen/Lesezeichen hinzufügen* können Sie (wie in Netscape gewohnt) den aktuell angezeigten URL in Ihr privates Bookmark-Verzeichnis unter *$HOME/.kde/share/apps/kfm/bookmarks/* aufnehmen. Über den Menüpunkt *Lesezeichen/Lesezeichen bearbeiten* wird dieses Verzeichnis angezeigt, sodass Sie Veränderungen vornehmen können. Die Einträge sind – wie unter KDE üblich – als *.kdelnk*-Dateien implementiert; es handelt sich hier um dieselben Dateien, wie sie auch sonst für URLs verwendet werden, nur wird hier der komplette URL-Name als Dateiname verwendet, z. B. *file:\%2froot\%2f.kdelnk* für einen Bookmark-Eintrag *file:/root/*. (Das Sonderzeichen / darf natürlich nicht im Dateinamen vorkommen, daher sind alle /-Zeichen durch „%2f" ersetzt.)

▼▼▼ WORKSHOP

Ein Laufwerk unter kfm einrichten

Wenn Sie bereits ein CD-ROM- und ein Diskettensymbol haben, brauchen Sie an dieser Stelle nicht weiterzulesen. Haben Sie Probleme mit dem CD-ROM-Laufwerk, finden Sie im Troubleshooting-Teil Hilfestellung.

Im Kontextmenü des Bildhintergrunds existiert ein Unterpunkt *Neu*, über den Sie die im Vorlagen-Ordner abgelegten Templates aktivieren können. Darunter ist auch die Vorlage *Dateisystem* für die Einrichtung eines Laufwerkzugriffs.

1. Legen Sie ein neues Laufwerk über das Kontextmenü für den Desktop an. Klicken Sie mit der rechten Maustaste auf den Bildhintergrund und wählen Sie aus dem Menü *Neu* den Unterpunkt *Dateisystem*.
2. In der nun erscheinenden Dialogbox können Sie dem Symbol einen Namen geben. Wir erklären Ihnen zuerst das Anlegen des CD-ROM-Laufwerks. Tragen Sie dort bitte „CD-ROM.kdelnk" ein und bestätigen Sie mit *OK* oder der [Enter]-Taste.
3. Jetzt können Sie in der Dialogbox, die Ihnen vom kfm angeboten wird, die notwendigen Konfigurationen vornehmen. Der erste Schritt beginnt mit dem letzten Register *Gerät*. Klicken Sie darauf, um die Eingabefelder in den Vordergrund zu holen.
4. Tragen Sie in das Textfeld unter *Gerät (/dev/fd0)* den Device-Eintrag für das CD-ROM ein. Dies ist sowohl unter SuSE als auch unter RedHat der Link */dev/cdrom*. Dieser zeigt auf den eigentlichen Device-Eintrag, kann aber als Platzhalter genutzt werden.
5. Die nächsten beiden Schritte dienen nur noch der Optik: Wählen Sie nun ein passendes Symbol für die Darstellung im ungemounteten und

im gemounteten Zustand. Klicken Sie dazu auf die Schaltflächen und wählen Sie aus den angebotenen Symbolen ein passendes aus.

6 Wenn Sie auch das zweite Symbol gewählt haben, könnte Ihr Konfigurationsdialog so aussehen:

Einbindung eines CD-ROM-Laufwerks unter KDE

7 Das war's schon. Bestätigen Sie Ihre Eingaben mit *OK*. Auf dem Desktop erscheint ein Symbol mit dem Namen *CD-ROM*.

8 Probieren Sie es doch gleich einmal aus. Haben Sie eine CD-ROM zur Hand? Legen Sie die CD-ROM in das Laufwerk und schließen Sie es.

9 Klicken Sie jetzt einmal mit der linken Maustaste auf das Icon. Jetzt sollte es im CD-Laufwerk anfangen zu zischen und es sollte eine Dialogbox auftauchen, die Ihnen über den Mount-Vorgang berichtet. Kurze Zeit später zeigt Ihnen ein Datei-Manager-Fenster den Inhalt der CD-ROM an.

Konnten Sie diesen letzten Punkt nicht nachvollziehen? Beschwert sich das System beim Ein- oder beim Aushängen vielleicht mit der Bemerkung „only root can ... " oder „... you are not root"? Das ist eigentlich kein Fehler von KDE und eigentlich haben Sie alles richtig gemacht, aber Sie leiden hier unter etwas, was sich Systemsicherheit nennt. Wir haben dazu eine Lösung in unserem Troubleshooting-Teil auf Seite 749.

▲▲▲ **Workshop-Ende**

11.7 Drag & Drop mit KDE-Programmen

Ein wichtiger Punkt bei der Beurteilung einer komfortablen Bedienoberfläche sind die Möglichkeiten, die das Arbeiten mit der Maus bietet. Ein wesentlicher Aspekt von KDE ist die Nutzung von Drag & Drop. Jedes KDE-Programm kann (oder sollte zumindest) mit Drag & Drop umgehen.

Sie können z. B. eine PostScript-Datei aus dem Datei-Manager auf das Programm *kghostview* ziehen, das diese dann darstellt. Wie man Symbole auf dem Desktop so konfigurieren kann, dass sie auf Drag & Drop reagieren, zeigen wir Ihnen bei den Profitipps auf Seite 718.

Drag & Drop mit dem Datei-Manager

Am weitesten ausgearbeitet sind die Drag & Drop-Fähigkeiten des Datei-Managers *kfm*. Mit ihm lässt sich das Kopieren, Verschieben oder Löschen von Dateien mit einer lässigen Maus-Bewegung durchführen, wofür in der Unix-Steinzeit mühsame Schreibarbeit notwendig war. Wir wollen Ihnen die Möglichkeiten der Arbeit mit der Maus in einem Workshop nahebringen.

▼▼▼ WORKSHOP

Kopieren, Verschieben, Löschen von Dateien

Sie können aus jedem kfm-Fenster Symbole in ein anderes KFM-Fenster oder auf den Desktop ziehen. Im ersten Schritt soll ein Symbol auf den Desktop kopiert werden.

Eine Datei mit kfm kopieren

1. Öffnen Sie ein kfm-Fenster.
2. Jetzt surfen Sie zum Verzeichnis */usr/share/apps/kdm/pics*. Viele Wege führen nach Rom; wir zeigen Ihnen einen. Schalten Sie über *Ansicht* und *Verzeichnisbaum anzeigen* die Darstellung des Verzeichnisbaums ein.
3. Nun teilt sich Ihr kfm-Fenster. Im linken Bereich werden die Verzeichnisse mit drei Anfangspunkten angezeigt, dem „Wurzelverzeichnis", dem „persönlichen Verzeichnis" und dem „Desktop". Klappen Sie durch einen Klick auf das blaue Dreieck das Wurzelverzeichnis aus.
4. Auf die gleiche Art und Weise öffnen Sie nun die Unterverzeichnisse *share*, *apps* und *kdm*, bis Sie das Verzeichnis *pics* sehen können.
5. Der Inhalt des Verzeichnisses *pics* soll auf der rechten Seite dargestellt werden. Das erreichen Sie, indem Sie im linken Fensterteil auf den Namen des Verzeichnisses, also auf *pics*, klicken.
6. Das Verzeichnis-Symbol in der Übersicht klappt auf und im rechten Fensterteil werden die Dateien dieses Verzeichnisses angezeigt.
7. Bis hierhin war es eigentlich nur Vorspiel. Aber so haben Sie direkt noch etwas gelernt, denn der eigentliche Kopiervorgang wird Sie wohl kaum überfordern: Zeigen Sie mit der Maus auf die Datei *kdelogo.xpm* und ziehen Sie die Maus bei gedrückt gehaltener linker Maustaste auf den Desktop.
8. Lassen Sie los.

9 Es gibt Betriebssysteme, bei denen wären Sie jetzt nicht hundertprozentig sicher, was nun passiert. Wird die Datei nun kopiert oder verschoben oder gar verknüpft? Unter KDE haben Sie immer die Wahl: Wenn Sie die linke Maustaste loslassen, erscheint ein kleines Menü, in dem Sie die Art der Bewegung auswählen können. Klicken Sie auf *Kopieren*

10 Fertig. Keine Frage nach „Sind Sie sicher? Ja, Nein, Vielleicht?" oder Ähnliches. Sie haben Ihre erste Datei kopiert.

Es ist manchmal schwieriger, etwas sehr Einfaches darzustellen als etwas sehr Kompliziertes. Aber wir hoffen, dass Sie diese eigentlich etwas zu lang geratene Darstellung nicht gelangweilt hat.

Verknüpfungen anlegen

Aber darum wollen wir Sie jetzt auch etwas stärker fordern: Im nächsten Schritt erklären wir Ihnen die Bedeutung von Verknüpfungen und wie man sie anlegt.

Die Trennung zwischen allgemeinen und persönlichen Konfigurationsdateien bringt es mit sich, dass Sie z. B. auch ein Verzeichnis für persönliche Symbole oder Grafiken besitzen. Diese sind dann nur unter Ihrer Kennung zugänglich. Dieses Verzeichnis ist nur leider etwas versteckt, was jetzt geändert werden soll.

1 Haben Sie noch Ihr kfm-Fenster geöffnet? Wenn nicht, machen Sie einfach ein neues auf.

2 Für die nächsten Schritte verzichten wir auf die Darstellung des Verzeichnisbaums auf der linken Seite. Schalten Sie das Fenster über das Menü *Ansicht* und *Verzeichnisbaum anzeigen* wieder aus.

3 Wenn Sie kein neues Fenster aufgemacht haben, befinden Sie sich jetzt ziemlich in der Pampa Ihres Dateisystems. Für die Suche nach dem persönlichen Symbolverzeichnis müssen Sie aber zurück in Ihr Home-Verzeichnis. Klicken Sie auf das kleine Haussymbol in der Symbolleiste des kfm-Fensters.

nach Hause klicken

4 Jetzt sollten Sie wieder „zu Hause" sein, am deutlichsten zu erkennen am Desktop-Symbol. Jetzt wird es etwas schwieriger: Versteckte Dateien sind Ihnen vielleicht schon ein Begriff. Das gesuchte Verzeichnis, das im Übrigen *icons* heißt, befindet sich in einem „unsichtbaren" Verzeichnis. Schalten Sie deshalb über *Ansicht* den Punkt *Versteckte Dateien anzeigen* ein.

Hinweis für DOS-Umsteiger:

Versteckte Dateien unter Linux

Unter Unix im Allgemeinen und Linux im Besonderen werden versteckte Dateien auf andere Weise erzeugt als unter MS-DOS oder MS-Windows 9x. Das Attribut *Hidden*, mit dem bei letzteren Betriebssystemen die Dateien versteckt werden, existiert unter Unix nicht. Dafür werden alle Dateien, die mit einem Punkt beginnen, nur auf Anforderung angezeigt. Diese werden unter Unix „versteckt" genannt.

5 Suchen Sie das Verzeichnis *.kde* (ein Punkt vorn!) und klicken Sie einmal darauf.

6 So können Sie auch durch den Verzeichnisbaum navigieren. Wechseln Sie in das Verzeichnis *share*, das einzige, das sich dort befindet.

7 Jetzt sollten Sie das Verzeichnis *icons* gefunden haben. Ziehen Sie es an einen leeren Fleck auf dem Desktop und wählen Sie aus dem Aktionsmenü den Punkt *Verknüpfung*.

Hinweis für DOS-Umsteiger:

Verknüpfungen unter Linux und unter MS-Windows 95

Verknüpfungen haben unter Linux und Unix im Allgemeinen eine andere, weitergehende Bedeutung als unter MS-Windows 9x. Während bei Letzterem die Verknüpfungen nur vom Explorer ausgewertet werden können, sind die Verknüpfungen unter Linux (Fachbegriff „Link") von jedem Programm so auswertbar, als wären sie die Originaldatei oder das -verzeichnis.

Das von Ihnen nun auf dem Desktop als Verknüpfung hinterlegte Verzeichnis durfte nicht kopiert oder verschoben werden, da KDE es an der ursprünglichen Stelle sucht. Verschieben Sie das Verzeichnis an eine andere Stelle, kann KDE damit nichts mehr anfangen. Jetzt können Sie aber ganz einfach per Drag & Drop Dateien dort hineinkopieren oder verschieben, ohne dass Sie sich darüber Gedanken machen müssen, wo das Original nun eigentlich liegt. Und genau das soll auch die nächste Übung sein.

Dateien verschieben

1 Jetzt wird das kfm-Fenster nicht mehr gebraucht. Schließen Sie es durch einen Klick auf die X-Schaltfläche oben rechts.

2 Sehen Sie noch die Datei *kdelogo.xpm*, die Sie neulich auf den Desktop warfen?

3 Ziehen Sie diese nun auf das Verzeichnis-Symbol der gerade angelegten Verknüpfung.

4 Und loslassen.

5 Aus pädagogischen Gründen möchten wir Sie jetzt bitten, die Aktion *Verschieben* auszuwählen.

6 Und tschüss. Das Symbol verschwindet vom Desktop und wird – so viel als Hintergrundinformation – in den Ordner *$HOME/.kde/share/icons* verschoben. Was Sie im Moment aber nur glauben können.

7 Aber man sollte nicht alles glauben, was in schlauen Büchern steht. Darum öffnen Sie doch einfach das Verzeichnis *icons* durch einen Klick und sehen Sie nach.

Dateien löschen

Wir werden Ihnen jetzt leider die ganze Arbeit wieder kaputtmachen. Aber dabei lernen Sie natürlich wieder etwas. Verknüpfungen können genauso gelöscht werden wie normale Dateien auch. In diesem Fall wird nur die Verknüpfung, jedoch nicht das Original gelöscht.

1 Sehen Sie noch das Symbol für die Verknüpfung mit *icons*? Wenn nicht, schließen Sie einfach die überlappenden Fenster oder, noch besser, verkleinern Sie sie durch einen Doppelklick auf die Titelleiste. Sie können diese Aktion durch einen zweiten Doppelklick darauf wieder rückgängig machen.

2 Ziehen Sie nun das *icons*-Symbol auf den Papierkorb.

3 Jetzt fragt der kfm, der hinter der ganzen Herumzieherei steckt, nicht, welche Aktion Sie ausführen wollen. Ein Drop auf den Mülleimer wird immer als „Verschieben“ interpretiert.

4 Und da ist es weg und der Eimer ist voll. Wenn Sie jetzt über das Kontextmenü (rechte Maustaste auf den Papierkorb) den *Papierkorb leeren*, ist die Verknüpfung endgültig gelöscht. Wollen Sie die Verknüpfung behalten, erhalten Sie durch einen Klick auf den Eimer einen Blick auf die darin enthaltenen Dateien und können diese wieder auf den Desktop zurücklegen.

Hinweis

Löschen ist nicht gleich Löschen

Die Arbeit mit dem Papierkorb entspricht nicht dem Kontextmenüeintrag *Löschen*. Wenn Sie diesen Punkt bei einer Datei oder einem Verzeichnis auswählen, wird diese(s) unwiderruflich gelöscht. Sie können es/sie danach nicht mehr wiederherstellen!

Dies funktioniert natürlich genauso mit Dateien oder Verzeichnissen, nur dass deren Inhalte dann wirklich nicht mehr erreichbar sind.

Workshop-Ende

11.8 Shortcuts: Schnell und bequem mit der Tastatur

Auch unter KDE können Sie mit Tastatur-Kommandos „Maus-Kommandos" ausführen. Manche Aktionen bedienen sich sogar einer Kombination aus Tastatur und Maus:

Den Desktop wechseln

Für die von Ihnen eingestellten Desktops stehen Ihnen die Tasten Strg+F1 bis Strg+F8 zur Verfügung. Wenn Sie auf den ersten Desktop wechseln wollen, drücken Sie Strg+F1, zum zweiten gelangen Sie mit Strg+F2 usw. Die Reihenfolge erkennen Sie an der Darstellung der Desktops auf dem Panel.

Zugriff auf die Desktops über Shortcuts			
Strg+F1	Strg+F3	Strg+F5	Strg+F7
Strg+F2	Strg+F4	Strg+F6	Strg+F8

Dateien auswählen mit der Tastatur und der Maus

Da der kfm bei einem Klick sofort eine Aktion ausführt, muss man ihm mitteilen, wenn man eine Aktion mit mehreren Dateien durchführen will. Drag & Drop funktioniert ja auch mit mehreren Dateien, dazu müssen diese nur markiert werden.

Tipp

Dateien und Verzeichnisse markieren leicht gemacht

Damit Sie beim Dateien Markieren nicht zufällig eine Aktion ausführen, also ein Programm starten oder Ähnliches, sollten Sie immer, wenn Sie eine Datei markieren wollen, die Strg-Taste gedrückt halten. Dann wird die Datei auf jeden Fall markiert und keine Aktion aufgerufen. Ein oder mehrere Verzeichnisse können Sie nur auf diese Weise markieren. Ohne gedrückte Strg-Taste würden Sie in das Verzeichnis wechseln, dieses aber nicht markieren.

Sie können mehrere einzelne Dateien markieren, wenn Sie, während Sie auf die Datei klicken, die Strg-Taste gedrückt halten. So können Sie auch aus einer Selektion einer Gruppe von Dateien einzelne herausnehmen.

Mit der Umschalt-Taste können Sie wie unter MS-Windows 9x Bereiche markieren. Dazu müssen Sie die erste Datei markieren (am besten die Strg-Taste beim Anklicken gedrückt halten) und danach mit gedrückter Umschalt-Taste die letzte Datei anklicken.

Tastaturkürzel innerhalb von Programmfenstern

Auch innerhalb von Fenstern gibt es einige übergreifende Tastatur-Kommandos. KDE besitzt wie Windows eine Zwischenablage, in die Sie Text hinein- und wieder herauskopieren können. Bei KDE-Programmen können Sie mit Strg+c einen markierten Bereich in die Zwischenablage kopieren, mit Strg+x ihn ausschneiden und mit Strg+v ihn an einer anderen Stelle in einem anderen Programm wieder einfügen. So können Sie z. B. einen URL aus einer Mail kopieren und in der Eingabezeile des *kfm* wieder einfügen.

Tastaturkürzel festlegen

Alle oben genannten Einstellungen finden Sie im Kontrollzentrum unter *Tastenbelegung* oder über den entsprechenden Menüpunkt aus dem *K-*Menü/*Einstellungen*. Dort können Sie auch eigene Zuordnungen von Tastenkombinationen zu den dort vorhandenen Aktionen definieren.

11.9 Programme über die integrierte Kommandozeile starten

Ein Service, den Ihnen MS-Windows 9x über den Eintrag *Ausführen* im *Start-*Menü bietet, finden Sie unter KDE im Kontextmenü des Desktop-Hintergrunds. Sie können diese Funktion auch über den Shortcut Alt+F2 aufrufen. KDE bietet Ihnen dann ein Textfeld, in dem Sie ein beliebiges Unix-Kommando eingeben können. Wenn Sie den Namen eines Programms kennen, ist es manchmal schneller, diesen in das Textfeld einzutragen, als den passenden Menüeintrag zu suchen.

1 Nehmen wir als Beispiel die KDE-Hilfe: Rufen Sie über Alt+F2 die Befehlszeile auf.

2 Tragen Sie „kdehelp“ ein. Sie können sofort mit der Eingabe beginnen, da das Textfeld sofort den Fokus erhält.

kdehelp über die Befehlszeile aufrufen

3 Beenden Sie die Eingabe mit der Enter-Taste.

4 Jetzt wird die KDE-Online-Hilfe gestartet, die Sie direkt wieder beenden können.

Die Befehlszeile bietet Ihnen auch eine History-Funktion, wie sie von den Standard-Kommando-Shells auch angeboten wird.

1 Rufen Sie die Befehlszeile noch einmal auf.

2 Drücken Sie jetzt einmal die Taste [↑].

3 Es erscheint das zuletzt von Ihnen eingegebene Kommando *kdehelp*. Bestätigen Sie den Aufruf mit der [Enter]-Taste, wird das Kommando ausgeführt.

Sie können mit der Befehlszeile jedes Programm aufrufen, Sie werden jedoch nur von den Programmen etwas zu sehen bekommen, die X Window nutzen. Wir empfehlen Ihnen daher, nur X Window-Programme über diese Methode zu starten, damit nicht zufällig etwas kaputt geht.

11.10 Disketten formatieren mit KFloppy

Mit KFloppy steht Ihnen ein einfach zu bedienendes Frontend für die Systemroutinen von Linux zur Verfügung. Sie erreichen KFloppy über das *K*-Menü im Untermenü *Werkzeuge* über den Punkt *Formatierer* oder Sie starten es mit dem Kommando *kfloppy* über die integrierte Kommandozeile.

Hinweis

Beim Formatieren darf das Laufwerk nicht gemountet sein

Wenn Sie eine Diskette formatieren wollen, achten Sie darauf, dass zu diesem Zeitpunkt keine Diskette gemountet ist. In diesem Fall beschwert sich KFloppy und fordert Sie auf, die Diskette zu unmounten.

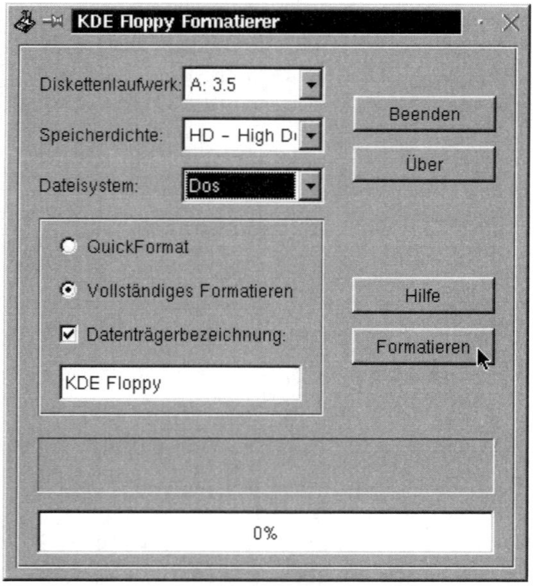

Mit KFloppy Disketten formatieren

Eine 3,5-Zoll-Diskette unter Linux im MS-DOS-Format mit 1,44 MByte formatieren

1 Starten Sie KFloppy.

2 Die Standardeinstellungen beziehen sich auf eine 3,5-Zoll-Diskette, die mit hoher Dichte, also 1,44 MByte und VFAT-Dateisystem, der Win 95-Erweiterung des MS-DOS-Dateisystems formatiert werden soll. Kontrollieren Sie kurz, ob diese Angaben stimmen:

- *Diskettenlaufwerk* steht auf *A: 3.5*,
- *Speicherdichte* steht auf *HD - High Density*,
- *Dateisystem* steht auf *Dos*,
- es ist *Vollständiges Formatieren* selektiert.

3 Wenn Sie der Diskette eine andere als die voreingestellte Bezeichnung „KDE-Floppy“ geben wollen, tragen Sie diese einfach in das Textfeld ein. Wenn Sie keine Bezeichnung angeben wollen, schalten Sie die Option über das Kontrollkästchen *Datenträgerbezeichnung* aus.

4 Legen Sie die Diskette ein. Sie können jetzt noch über den Datei-Manager kontrollieren, ob auf der Diskette keine wichtigen Daten enthalten sind. Dabei brauchen Sie KFloppy nicht zu schließen. Achten Sie nur vor dem nächsten Schritt darauf, dass die Diskette nicht gemountet ist.

5 Mit *Formatieren* starten Sie den Formatiervorgang.

6 Sie können den Ablauf des Formatiervorgangs am unteren Statusbalken verfolgen.

Quickformat: Daten schnell gelöscht

Sie können mit KFloppy auch „nur mal eben“ eine Diskette löschen. Das bietet sich vor allem dann an, wenn auf der Diskette viele Dateien oder Verzeichnisse angelegt worden sind. Selektieren Sie vor dem Formatieren das Optionsfeld *Quickformat*. Der Formatiervorgang läuft wesentlich schneller ab als eine vollständige Formatierung. Dies funktioniert jedoch nur, wenn die Diskette vorher bereits formatiert war. Eine unformatierte Diskette muss einmal vollständig formatiert werden, bevor das QuickFormat genutzt werden kann.

Kein Problem mit langen Dateinamen

Auch wenn Sie beim Formatieren *Dos* als Dateisystem auswählen, haben Sie bei der Diskettennutzung kein Problem mit langen Dateinamen. KFloppy nutzt das erweiterte MS-DOS-Dateisystem VFAT, das für MS-Windows 95 entwickelt worden ist. Dadurch bleiben die langen Dateinamen auch bei einem Transport von Linux zu Linux-Rechnern erhalten. Außerdem haben Sie dann keine Probleme mit dem Datenaustausch zu einem MS-Windows 9x-Rechner. Es lohnt sich daher nicht, statt MS-DOS das EXT2-Dateisystem für Disketten zu nutzen, obwohl es natürlich stilvoller wäre.

11.11 Wenn ein Programm nicht mehr reagiert: Prozess-Management mit KPM

Neben dem Task-Manager von KDE existieren noch weitere Tools, die Ihnen einen Zugriff auf die laufenden Programme ermöglichen. Dazu gehört auch der **K**-**P**rozess-**M**anager KPM. Sie finden dieses Tool über das *K*-Menü im Ordner *Werkzeuge* unter *Prozessmanagement*.

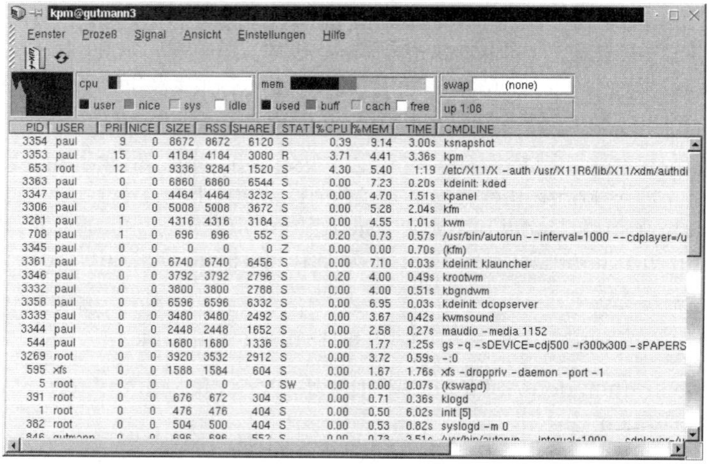

Ein Überblick über die laufenden Prozesse mit KPM

In der Standardeinstellung liefert Ihnen KPM eine Übersicht über alle zur Zeit laufenden Prozesse. Zusätzlich werden im oberen Bereich Informationen zur System-, Speicher- und Swap-Auslastung angezeigt. Die Tabelle erscheint auf den ersten Blick etwas unübersichtlich. Sie können sich jedoch auf wenige wichtige Spalten konzentrieren. Dazu gehören die Spalten mit den Überschriften:

%CPU: Auslastung der CPU.
An diesen Werten können Sie erkennen, wie stark ein Prozess die CPU belastet.

%MEM: Vom Prozess belegter Arbeitsspeicher.

TIME: Zeit, die der Prozess bereits gelaufen ist.

CMDLINE: Programmaufruf, mit dem der Prozess gestartet wurde.

Die Sortierreihenfolge können Sie verändern, wenn Sie auf den Spaltenkopf klicken. Wollen Sie zum Beispiel die Prozesse in der Reihenfolge ihres CPU-Verbrauchs sortiert haben, klicken Sie einmal auf *%CPU*. Jetzt wird absteigend, d.h. mit der größten CPU-Belastung zuerst, sortiert. Klicken Sie ein zweites Mal auf *%CPU*, wird aufsteigend sortiert, d.h. beginnend mit der kleinsten CPU-Belastung. Wenn Sie nach einem bestimmten Programm suchen, kann es daher sinnvoll sein, die Tabelle alphabetisch nach den Kommandos zu sortieren.

Hinweis

Das Höchste ist nicht immer das Größte

Für einige Werte in der Prozessübersicht braucht man einige Hintergrund-Informationen, um den „größten" Wert als solchen zu erkennen. In den Spalten *PRI* und *NICE* werden die Prioritäten der Prozesse angezeigt. Die höchste Priorität haben jedoch Prozesse mit dem niedrigsten möglichen Wert von *–20*. Bei den *PID* ist es ähnlich: Hier wird auch der kleinsten PID, also *1*, die höchste Bedeutung zugemessen.

Prozesse mit KPM beenden

Beginnen wir mit einem Beispiel, in dem ein Programm, das sich nicht mehr normal beenden lässt, mit Hilfe von KPM beendet wird.

1. Ein Programm, das hervorragend zu unseren Beispielbedingungen passt, ist *xeyes*. Starten Sie das Programm über die Befehlszeile (siehe auch S. 705), die Sie mit Alt+F2 aufrufen können, und geben Sie dann „xeyes" ein.
2. Jetzt erscheinen zwei Augen, die dem Mauszeiger nachstarren, wenn Sie ihn bewegen. Starten Sie jetzt den Prozess-Manager, entweder aus dem *K*-Menü oder über die Befehlszeile.
3. Da Sie, wenn Sie nicht unter *root* angemeldet sind, nur Prozesse beenden können, die auch von Ihnen gestartet worden sind, bietet es sich an, die Anzahl der Einträge in der Übersichtstabelle zu reduzieren: Wählen Sie aus dem Menü *Ansicht* die Einstellung *Ihre Prozesse*.
4. Jetzt suchen Sie die Zeile, in der in der ganz rechten Spalte *CMDLINE* das Kommando *xeyes* steht. Klicken Sie zweimal auf *CMDLINE*, damit die Tabelle absteigend nach dem aufgerufenen Kommando sortiert wird.
5. Jetzt können Sie den Augen den Todesstoß versetzen: Klicken Sie mit der rechten Maustaste auf den Eintrag *xeyes* und wählen Sie aus dem Kontextmenü den Eintrag *Beenden*.
6. kpm sendet *xeyes* nun das Signal, das dem Prozess mitteilt, er möge sich beenden. Die Augen verschwinden vom Desktop und die Tabelle wird kurz darauf aktualisiert.

In schweren Fällen kann es sein, dass das Signal *Beenden* nicht ausreicht, um einen Prozess zum Abdanken zu bewegen. Hier müssen Sie härtere Maßnahmen ergreifen. Der Eintrag *Kill* aus dem Kontextmenü sorgt in jedem Fall dafür, dass der Prozess beendet wird. Sie sollten es jedoch immer zuerst mit *Beenden* versuchen, da das Programm dann noch die Chance hat, sich kontrolliert zu beenden. Ein Texteditor kann dann z. B. noch offene Dateien abspeichern usw. Nur „tote" Programme sollten mit *Kill* endgültig „abgeschossen" werden.

11.12 Goodies: Weitere wichtige Tools der KDE

Neben den Kernprogrammen von KDE gibt es eine ständig zunehmende Anzahl von speziell für KDE entwickelten Applikationen, die gegenüber Standard-X-Programmen folgende Vorteile haben:

- Das Aussehen aller KDE-Programme ist einheitlich, sofern die Autoren sich an den KDE Style Guide gehalten haben. Das bedeutet für Sie als Anwender, dass Sie Funktionen neuer Programme schneller finden und verstehen.
- Eigenschaften, die Sie im KDE-Kontrollzentrum einstellen, werden sofort für alle offenen KDE-Fenster wirksam, so etwa Schriftgrößen und Motif- oder Windows 95-Look der Fenster, jedoch nicht die Spracheinstellungen der zur Zeit laufenden Programme. Diese Informationen werden von den Programmen beim Start gelesen und während der Laufzeit nicht mehr aktualisiert. Wenn Sie sie neu starten, merken sie die Veränderung aber.
- Die durch KDE ermöglichten Drag & Drop-Fähigkeiten funktionieren mit allen KDE-Applikationen. So können Sie beispielsweise ein PostScript-Dokument aus einem kfm-Fenster auf ein offenes kghostscript-Fenster ziehen, und es wird sofort angezeigt. Mit Nicht-KDE-Programmen funktioniert dies nicht.

Dateien suchen mit KFind

KFind

Mit KFind können Sie Teile des Verzeichnisbaums durchsuchen; Sie können ein Argument mit Wildcards (* und ?) angeben und Ihre Suche auf Dateien mit einem bestimmten Änderungsdatum bzw. von einem bestimmten Dateityp (etwa Dateien, die mit „k" beginnen) beschränken. Die gefundenen Dateien werden als Liste angezeigt.

Leider stehen wir in diesem Fall mit Drag & Drop ein wenig im Regen. KFind unterstützt bis zur Version 0.4.1, die bei KDE 1.1.1 mitgeliefert wird, noch kein Drag & Drop aus der angezeigten Dateiliste. Aber wir sind zuversichtlich, dass diese Funktion bald integriert werden wird. Die Einträge reagieren

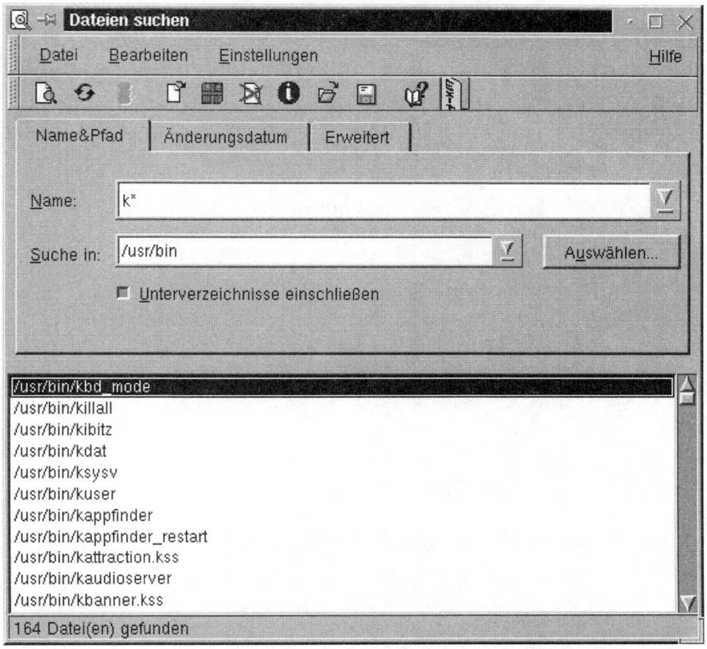

Ergebnisse der Suche mit KFind

jedoch auf einen Doppelklick: In diesem Fall wird die für die Datei eingetragene Standardanwendung gestartet.

Klebezettel auf dem Desktop: Notizen mit KNote

KNote

Ein sehr nützliches Tool, vor allem wenn man den Bildschirm von diesen selbstklebenden gelben Klebezetteln verschonen möchte, ist *KNote*. Diese Software soll Ihnen keinen Knoten ins Hirn machen, sondern Ihnen im Gegenteil über eine Klebezettel-ähnliche Funktionsweise Gedächtnisstützen liefern.

Starten Sie KNote über das Menü *Werkzeuge/Notizzettel* aus dem *K*-Menü, klinkt sich das Programm in das Panel als Minisymbol ein und stellt einen kleinen, gelben Notizzettel mit dem Titel *knote 1* auf dem Desktop dar.

Notiz anzeigen

Wenn Sie mit der linken Maustaste auf das Minisymbol von *KNote* (direkt neben Uhrzeit und Datum im *Panel*) klicken, erhalten Sie das Hauptmenü, in dem alle von Ihnen erzeugten Notizen durch ihren Titel angezeigt werden. Haben Sie KNote gerade zum ersten Mal gestartet, finden Sie dort nur die Einträge *Neue Notiz* und *knote 1*. Wenn Sie einen Eintrag anklicken, wechselt das Programm auf den Desktop, auf dem Sie die Notiz erzeugt haben, und zeigt diese an.

Aussehen einer Notiz verändern

So ein kleines gelbes Fensterchen mit dem Titel *knote 1* hat natürlich keinen so großen Wert (außer vielleicht für Minimalisten). Darum geben wir Ihnen jetzt ein paar Hinweise, wie Sie daraus eine aussagekräftige Gedächtnisstütze machen können.

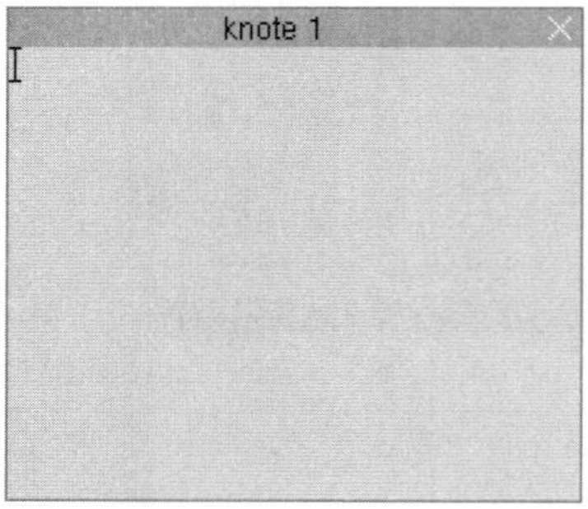

Eine neue Notiz

Über die rechte Maustaste erreichen Sie das Kontextmenü einer Notiz, in dem Sie die verschiedenen Anpassungen vornehmen können:

- *Notiz-Fenster vergrößern*
  Über den Menüpunkt *Optionen/3D-Rahmen* geben Sie dem Notizfenster einen Rahmen, wie ihn die anderen Programmfenster auch besitzen. Jetzt können Sie an allen Ecken und Enden zerren und ziehen und dem Fenster eine passende Größe geben. Wenn Sie noch einen Finger frei haben, können Sie die Größe auch verändern, ohne den 3-D-Rahmen einzuschalten: Halten Sie die [Alt]-Taste gedrückt. Jetzt können Sie durch Ziehen mit der rechten Maustaste die Größe des Fensters verändern. Aber nicht durcheinander kommen und an der [Alt]-Taste ziehen!
- *Farbe und Schriftart ändern*
  Ebenfalls über das Kontextmenü/*Optionen* finden Sie Unterpunkte, um die Farbe für Schrift und Hintergrund und die Schriftart selbst einzustellen. Wenn Sie z. B. Daten tabellarisch darstellen wollen, bietet es sich an, als Schriftart eine nicht-proportionale Schrift wie z. B. Courier oder Lucidatypewriter zu nutzen. Außerdem können Sie sich über die Hintergrundfarbe eine Farbsprache zulegen: wichtige Notizen in Rot oder Gelb, Gedächtnisstützen wie Telefonnummern oder Adressen in Weiß usw.
- *Notizen umbenennen*
  Der Titel macht's: wie im Leben, so auch bei Notizen. Wollen Sie einer Notiz einen aussagekräftigeren Titel geben, damit Sie die Notiz im Hauptmenü auch wiedererkennen, rufen Sie über *Operationen/Notiz umbenennen* einen Eingabedialog auf. Hier können Sie in ein Textfeld einen neuen Titel eingeben. Der Titel erscheint danach in der Titelzeile des Notizfensters und im Hauptmenü des KNote-Minisymbols im Panel.
- *Notizen speichern*
  Wenn Sie eine neue Notiz angelegt haben, können Sie über den Kontext-

menüpunkt *Operationen/Notiz speichern* ein Abspeichern erzwingen. Im Normalfall ist dies jedoch nicht notwendig, da KNote alle Notizen vor dem Abmelden abspeichert.

- *Notizen löschen*
  Die X-Schaltfläche in der oberen rechten Ecke eines Notiz-Fensters hat eine andere Bedeutung, als man zuerst vermuten würde: Die Notiz wird nicht gelöscht, sondern „unsichtbar" gemacht. Klicken Sie die Schaltfläche an, wird die Notiz nicht mehr angezeigt, ist aber über das Hauptmenü noch erreichbar. Wenn Sie eine Notiz endgültig löschen wollen, müssen Sie über das Kontextmenü explizit den Menüpunkt *Operationen/Notiz löschen* aufrufen.

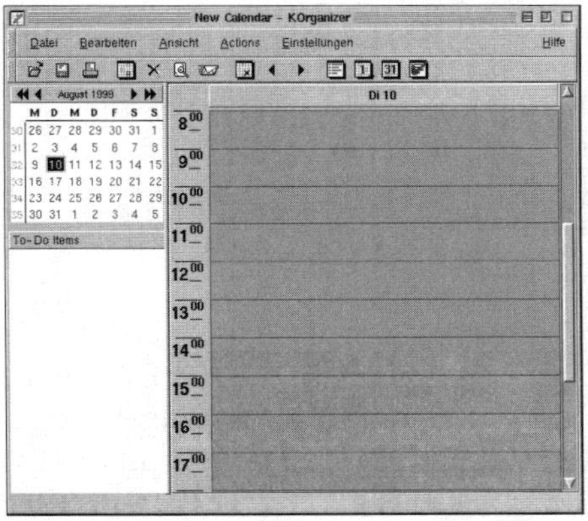

Ihr persönlicher Terminplaner: KOrganizer

Der persönliche Terminplaner: KOrganizer

Der *KOrganizer* ist das ultimative Tool für den Arbeitsplatz-PC, der über längere Zeit läuft. Sie können mit diesem Programm Ihre Termine und Ihre noch zu erledigenden Aufgaben verwalten. Sie können sich an die Termine in einem von Ihnen einzustellenden Zeitraum vorher erinnern lassen. Und ganz nebenbei führt KOrganizer auch noch Buch über alle Feiertage und sonstigen freien Tage, deren Auftreten man sich sowieso nicht merken kann.

Nur leider kann man ihn nicht allein mitnehmen und er kann Sie nur an einen Termin erinnern, wenn Sie angemeldet sind. Aber das ist doch nur eine kleine Einschränkung, oder?

Internet-Tools der KDE

Das Paket aus KDE-Webbrowser, -News-Reader und -Mail-Client ist eine interessante Alternative zum speicherhungrigen Netscape. Sie können die einzelnen Tools ganz nach Ihren Vorstellungen konfigurieren.

E-Mails verwalten mit KMail

KMail ist ein leistungsfähiger Mail-Client mit einer gelungenen Oberfläche, der auch Attachments (Dateianhänge in E-Mails) bearbeiten kann und die Verschlüsselung mit PGP unterstützt.

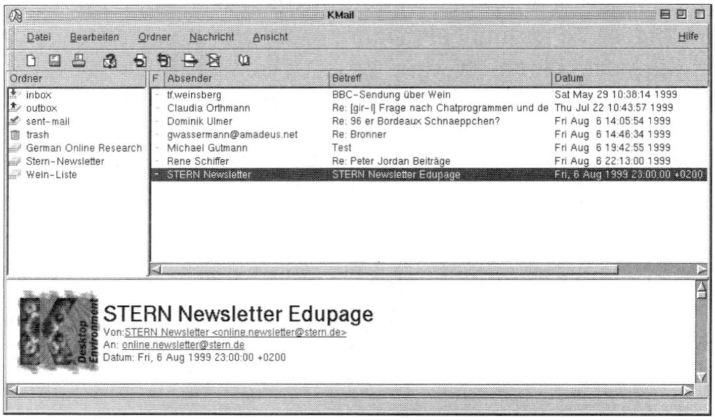

Der Mail-Client KMail

Sie können über das Menü *Ordner* im Ordner-Fenster auf der linken Seite neue Ordner anlegen, in die Sie dann per Drag & Drop E-Mails verschieben können. Außerdem können Sie Filter einrichten, die eingehende Mail direkt in einen der links angelegten Ordner einsortieren. Weitere Hinweise zur Nutzung von KMail finden Sie auf Seite 885.

News lesen mit KRn

Der News-Reader für KDE ist sehr komfortabel und bietet neben den üblichen Optionen unter anderem mehrere Sortierschemata, mit denen sich die Nachrichten z. B. „gethreaded“, also mit Themenbezug, anzeigen lassen.

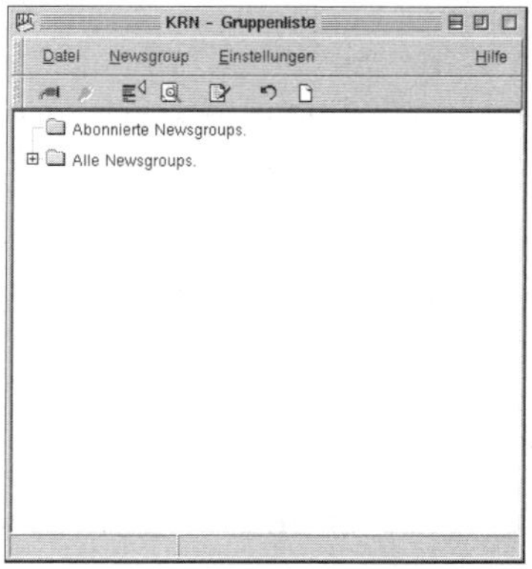

Internet-News lesen mit KRn

Weitere Internet-Tools der KDE

Wir können hier leider nicht alle Tools erwähnen, die zu KDE existieren. Aber wir wollen Ihrem Entdeckerdrang auch nicht vorgreifen. Da KDE im

Internet entstanden ist, existieren gerade in diesem Bereich noch eine ganze Reihe von nützlichen Programmen, mit denen Sie fast alle Tätigkeiten ausführen können, die mit dem Zugriff auf das Internet zu tun haben. Zum Standard-Paket kdenetwork gehören bereits ein Archie-Client, ein IRC-Client und ein Programm, das Ihr Postfach überwachen und Ihnen den Eingang neuer Mail mitteilen kann. Auf dem KDE-Server finden Sie weitere Tools.

Multimedia-Tools der KDE

Wir geben Ihnen hier einen kleinen Einblick in die grundlegenden Multimedia-Tools, die bereits für KDE existieren. Es gibt jedoch noch eine weit größere Anzahl, die sich zum Zeitpunkt der Drucklegung dieses Buchs noch in der Entwicklung befanden. Es lohnt sich daher, für den Bereich Multimedia den KDE-Servern im Internet öfter mal einen Besuch abzustatten.

Das Mischpult KMixer

Lautstärke ist ein sehr sensibles Thema, vor allem für die Ohren der Nachbarn. Bevor Sie einen Geräuschentwickler starten, können Sie mit dem Tool *KMixer* kontrollieren, ob Ihnen bei der ersten Lautäußerung die Ohren abfallen oder ob Sie in Ihre Lautsprecher hineinkriechen müssen.

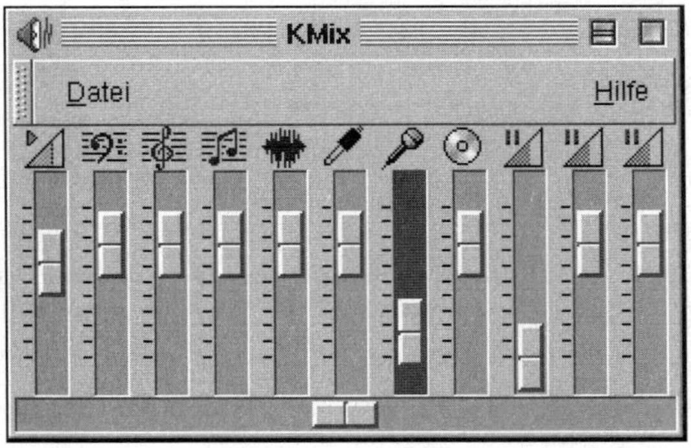

Ihr Mischpult unter KDE: der KMixer

Dem Schieberegler ganz links kommt die Bedeutung eines Master-Reglers zu: Mit ihm können Sie global die Lautstärke aller Tonquellen einstellen. Die zusätzlichen Regler dienen nur dazu, die Lautstärke relativ zueinander festzulegen. Wenn Sie z. B. den Regler mit dem CD-Symbol ganz nach oben schieben und den Regler mit der angedeuteten Tonverlaufskurve auf mittlere Höhe ziehen, werden die vom Rechner abgespielten Dateien in halber Lautstärke der CD-ROM-Lautstärke abgespielt. Sie können also zwischen dem Dröhnen der Bässe immer noch Ihre Mailbox tuten hören.

Die KDE-Medienwiedergabe

Mit dem *kmedia*-Player können Sie Musikdateien in den Formaten MOD, MID und WAV abspielen. Für die Zukunft sind Erweiterungen um weitere Dateitypen, darunter auch Videodateien, geplant.

Soundwiedergabe mit kmedia

Die Medienwiedergabe unterstützt Drag & Drop: Sie können also Dateien einfach aus einem kfm-Fenster auf das kmedia-Fenster ziehen, um die Wiedergabe zu starten.

Der CD-Player der KDE

KDE besitzt wie die MS-Windows 9x-Produkte ein Programm, mit dem Sie Audio-CDs abspielen können. Sie finden es im *K*-Menü unter *Multimedia*.

Der KDE-CD-Spieler kscd in Aktion

Wenn Sie, während Sie eine Internet-Verbindung aufgebaut haben, den CD-Spieler starten, kann es Ihnen passieren, dass Sie mit einem Stück „künstlicher Intelligenz" konfrontiert werden. (**CD** **D**ata **B**ase)-Server im Internet halten die vollständigen Informationen (Interpret, Name des Albums und Name der Titel) unzähliger CDs für Sie bereit. Anhand einer für jede CD eindeutigen Signatur holt sich das *kscd* die Informationen von einem CDDB-Server im Internet und zeigt sie während der Wiedergabe an.

Drucken unter KDE

KDE nutzt für die Druckausgabe die Systemeinstellungen. Sie müssen unter KDE daher keinerlei Vorgaben für den Druck einstellen. Bei den meisten Programmen finden Sie im Menü *Datei* einen Unterpunkt *Drucken*. Außerdem können Sie in jedem KDE-Programm mit der Tastenkombination [Strg]+[p] einen Druckdialog aufrufen. Dabei wird von den meisten Programmen auf den Standard-KDE-Druckdialog zurückgegriffen.

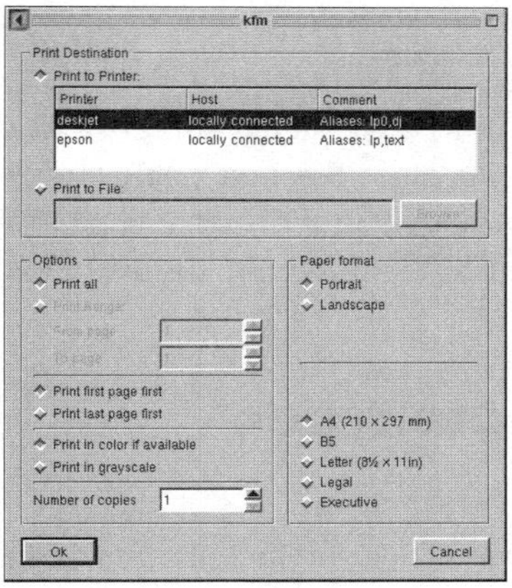

Der Standard-Druckdialog unter KDE

Sie können dort die verschiedenen Drucker auswählen, die in Ihrem System angemeldet sind, und einige Parameter wie die Anzahl der zu druckenden Seiten, die Reihenfolge oder die Papiergröße auswählen. Die Voreinstellungen zu diesen Konfigurationen entnimmt KDE jedoch der Datei */etc/printcap*. Sie können diese mit KDE nicht verändern.

Druckmanagement mit KLpq

Dieses Tool zeigt Druckerwarteschlangen an. Über eine Auswahlbox kann eine der in der */etc/printtab* konfigurierten Warteschlangen ausgewählt werden, deren Inhalt dann auf Wunsch regelmäßig aktualisiert angezeigt wird.

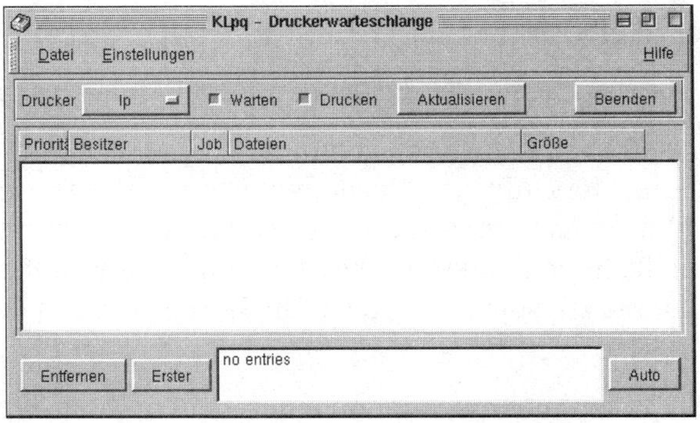

Die Druckerwarteschlange im Blick mit KLpq

Wenn der Anwender die notwendigen Rechte hat, können Druckaufträge aus der Schlange gelöscht werden. Außerdem ist das Programm Drag & Drop-fähig: Wird eine Datei auf das KLpq-Fenster gezogen, wird es in die gerade angezeigte Warteschlange aufgenommen. Weitere Infos zu KLpq finden Sie auf Seite 201.

11.13 Profitipps zu KDE

Es gibt eine Menge Dinge, die noch in KDE versteckt sind, die Sie aber nicht direkt brauchen bzw. deren Sinn und Hilfe Sie erst nach einiger Zeit der Anwendung erkennen werden. Wir zeigen Ihnen hier ein paar Tricks, mit denen Sie den täglichen Umgang mit KDE ein wenig komfortabler gestalten können.

Anwendungen und Dateitypen konfigurieren

Die meisten KDE-Anwendungen sorgen bei der Installation dafür, dass die benötigten Dateiformate eingerichtet und der jeweiligen Anwendung zugeordnet werden. Bei nicht-KDE-Anwendungen geschieht dies in vielen Fällen nicht. Eine Zuordnung von Dateien zur passenden Anwendung ist jedoch für ein bequemes Arbeiten z. B. mit dem Kontextmenü die Voraussetzung. Wir zeigen Ihnen hier am Beispiel einer Datei mit der Endung *.doc*, wie sie z. B. bei MS-Word-Dateien verwendet wird, wie Sie diese mit einer Anwendung, z. B. WordPerfect® verknüpfen.

Dateitypen bekannt machen

Bevor Sie einen Dateityp einer Anwendung zuordnen können, müssen Sie diesen als Mime-Typ KDE bekannt machen.

1. Starten Sie dazu ein Datei-Manager-Fenster.
2. Wählen Sie aus dem Menü *Bearbeiten* den Punkt *Mime-Typen*.
3. Mime-Typen sind nach Kategorien geordnet. Eine MS-Word-Datei könnten Sie dabei in zwei Ordnern ablegen, entweder unter *text* oder unter *application*. Wir wählen *application*, da MS-Word-Dateien nur von bestimmten Applikationen angezeigt werden können und mit einem reinen Text-Editor nicht lesbar sind. Wechseln Sie daher in das Verzeichnis *application*.
4. Jetzt legen Sie über das Kontextmenü einen neuen Mime-Typ an, dem Sie den Namen „x-word.kdelnk" geben.
5. Sie erhalten jetzt die Dialogbox für die Eigenschaften eines Mime-Typs. Wichtig sind nun die Einträge im Register *Zuordnung*.
6. Tragen Sie unter *Muster* die Endungen ein, die bei einer *DOC*-Datei im Allgemeinen vorkommen können:

   Muster: ***.doc;*.DOC;**

   Damit bei Übertragungen aus der DOS-Welt keine Probleme mit groß geschriebenen Dateinamen entstehen, geben wir hier zwei Einträge durch ein Semikolon getrennt an.
7. Bei *Mime-Typ* muss der vollständige Mime-Typ eingetragen werden:

Mime-Typ: **application/x-word**

8 Es steht Ihnen frei, eine Beschreibung einzugeben. Diese wird angezeigt, wenn Sie z. B. mit der Maus auf ein Symbol zeigen und einen Moment abwarten. Der dann erscheinende Hilfetext wird aus dem Inhalt des Beschreibungs-Felds genommen.

Beschreibung: **MS-Word-Dokument**

9 Zum Schluss wählen Sie noch ein passendes Symbol (wie wäre es mit *document.xpm*?).

10 Dann können Sie den Dialog vorerst beenden.

Applikationen registrieren

Als nächster Punkt wird WordPerfect® als Applikation registriert.

1 Dazu wählen Sie im Datei-Manager aus dem Menü *Bearbeiten* den Unterpunkt *Anwendungen*.

2 Das Programm soll unter den Applikationen geführt werden. Wechseln Sie daher in das Unterverzeichnis *Applications*.

3 Jetzt legen Sie über das Kontextmenü eine neue Anwendung an und geben ihr den Namen „WordPerfect.kdelnk".

4 Im Eigenschaftendialog einer Anwendung müssen zwei Register konfiguriert werden. Beginnen wir mit *Ausführen*: Tragen Sie dort unter *Ausführen* den Pfad zum Programm *xwp* ein (so heißt WordPerfect® unter Linux): z. B.

Ausführen: **/usr/local/wp/wpbin/xwp**

5 Suchen Sie noch ein nettes Symbol zum Programm. Zu WordPerfect® wird ein Symbol mitgeliefert, das unter */usr/share/icons* zu finden sein könnte. Sie können aber auch ein beliebiges anderes Icon nehmen oder das voreingestellte lassen.

6 Jetzt muss noch das Register *Anwendungen* konfiguriert werden. Tragen Sie dort unter *Binäres Muster* den Namen des Programms ein, also hier *xwp*. Außerdem können Sie eine Beschreibung eingeben.

Binäres Muster: **xwp;**
Beschreibung: **WordPerfect für Linux (TM)**

7 Das Feld *Name (in Ihrer Sprache)* hat eine besondere Bedeutung. Das, was Sie hier eintragen, wird in allen Menüs ausgeben, in die Sie das Programm integrieren. Wenn Sie hier „Anwendung" stehen lassen, werden Sie als Menüpunkt auch nur *Anwendung* zu sehen bekommen.

Name (in Ihrer Sprache): **WordPerfect**

8 Jetzt kommt der eigentlich wichtige Teil: die Zuordnung der Mime-Typen zum Programm. Wählen Sie aus der Liste der Mime-Typen un-

ten rechts den Eintrag *application/x-word* und fügen Sie ihn über die Doppelpfeil-Tasten der noch leeren Liste auf der linken Seite hinzu.

9 Sie können hier auch noch weitere Dateitypen auflisten. Zum Beispiel könnten Sie noch einen Dateityp für das WordPerfect®-eigene Dateiformat *wps* einrichten und hier auflisten.

10 *OK* und fertig.

Jetzt können Sie schon mit dem Kontextmenü arbeiten. Wenn Sie mit dem Datei-Manager irgendwo eine *DOC*-Datei finden, können Sie über das Kontextmenü WordPerfect® aufrufen.

Standard-Anwendung einstellen

Wenn Sie WordPerfect® den *DOC*-Dateien als Standard-Anwendung zuordnen wollen, können Sie dies im Mime-Typ angeben.

1 Öffnen Sie im Datei-Manager über den Menüeintrag *Bearbeiten* die Sicht auf die *Mime-Typen*.

2 Wechseln Sie in das Verzeichnis, in dem Sie den Mime-Typ für die *DOC*-Dateien angelegt haben, in unserem Beispiel *application*.

3 Rufen Sie über das Kontextmenü den Eigenschaftendialog des Mime-Typs *x-word* auf.

4 Jetzt können Sie im Register *Zuordnung* aus der Liste der *Standard-Anwendungen* WordPerfect® oder eine andere Anwendung auswählen.

5 Speichern Sie diese Konfiguration mit *OK* ab.

Wenn nur eine Applikation mit diesem Dateityp arbeiten kann, brauchen Sie diese Schritte nicht auszuführen. Haben Sie aber z. B. neben WordPerfect® auch noch StarOffice installiert, sollten Sie eine Anwendung als Standard-Anwendung definieren. Ansonsten wird immer das erste Programm aus der Liste der Anwendungen gestartet. Dies hängt von der Sortierung der Einträge ab, die für verschiedene Umgebungen frei definiert werden kann. Wenn Sie also sichergehen wollen, dass immer die gleiche Applikation gestartet wird, sollten Sie sie als solche festlegen.

Anwendungen und Mime-Typen global registrieren

Sie können die eben gemachten Konfigurationen ganz einfach global zugänglich machen. Im Moment können nur Sie auf die neu definierte Anwendung WordPerfect® zugreifen und den Mime-Typ *x-word* nutzen. Kopieren Sie die beiden Dateien in das entsprechende Unterverzeichnis der globalen Konfiguration.

1 Rufen Sie den Datei-Manager im Superuser-Modus (*kfmsu*) auf.

2 Wählen Sie aus dem Menü *Bearbeiten* den Punkt *Globale Mime-Typen*. Dort wechseln Sie in das Verzeichnis *application*.

3 Haben Sie noch ein Datei-Manager-Fenster, das auf Ihre Mime-Typen zeigt? Wenn nicht, öffnen Sie jetzt eins.

4 Jetzt können Sie den Mime-Typ *x-word* mit einem Drag von hier und Drop nach da in den *root*-Datei-Manager kopieren.

5 Wenn Sie mit den globalen und den lokalen Deklarationen nicht durcheinander kommen wollen, können Sie den Mime-Typ *x-word* lokal löschen.

Genauso verfahren Sie mit der Definition der Anwendung WordPerfect, die Sie in den *globalen Anwendungen* unterbringen können. Wenn Sie nach dem Eintragen auch noch das Panel neu starten, erscheint WordPerfect® auch im *K*–Menü unter *Anwendungen*.

K-Menü und Panel konfigurieren

Genauso wichtig wie Shortcuts für die Tastatur sind Shortcuts für die Maus. Sie können außer dem Desktop auch das Panel und das *K*–Menü frei konfigurieren, um Ihnen den Zugriff auf Programme zu erleichtern. Wir wollen Ihnen zuerst zeigen, wie einfach Sie das Panel um ein weiteres Symbol bereichern. Danach erfahren Sie, wie Sie das *K*–Menü an Ihre Anforderungen anpassen.

Programme im Panel ablaufen lassen

Zu jeder Anwendung kann ein Eintrag definiert werden, der bei der Einbettung des Programms in das Panel aktiviert wird. Programme, die ihre Ausgaben auf kleinstem Raum, also in der Größe eines Symbols, im Panel darstellen können, sind hier die geeigneten Kandidaten. Wir wollen Ihnen am Beispiel des kpm (des **K** **P**rozess-**M**anagers) zeigen, welche Effekte Sie hier erzielen können.

1 Rufen Sie in einem Datei-Manager-Fenster über das Menü *Bearbeiten* die Ansicht der *Anwendungen* auf.

2 Die Registrierung des K Prozess-Managers finden Sie im Verzeichnis *Utilities*.

3 Rufen Sie den *Eigenschaften*-Dialog über das Kontextmenü auf.

4 Im Register *Ausführen* können Sie nun eine CPU-Anzeige eintragen. Wir geben Ihnen zwei Beispiele: einmal für *xload*, ein Standard-Programm, das bei jeder Distribution dabei sein sollte, und einmal für *ascpu*, eine neuere, erweiterte Version aus dem AfterStep-Paket.

XLoad

```
Ausführen:    xload -nolabel -bg black -fg green
```

`Fenstertitel:` **`xload`**

ASCPU

`Ausführen:` **`ascpu -bg black -sys red -user blue -withdrawn`**

`Fenstertitel:` **`ascpu`**

Es ist besonders wichtig, dass der Fenstertitel mit dem Namen des Programms übereinstimmt. Dieser wird beim Start dem Fenster des Programms als Titel mitgegeben. Das Panel wartet jetzt auf ein Fenster mit diesem Namen, fängt die Ausgabe ab und leitet sie in das Panel um.

5. Beenden Sie den Dialog mit *OK*.
6. Jetzt kommt der große Moment: Ziehen Sie das kpm-Symbol auf einen freien Platz im Panel.
7. Es sollte ein kleines schwarzes Fenster im Panel auftauchen. Wenn Sie dieses sehen, ist Ihr PC gerade nicht sehr beschäftigt. Geben Sie ihm zu tun, indem Sie z. B. Netscape starten. Jetzt sollten Sie eine Fieberkurve zu sehen bekommen, die Ihnen die Auslastung der CPU anzeigt. Wenn Sie auf das Feld klicken, wird der kpm gestartet.

Wenn Sie jetzt statt des bewegten Bildes nur das Standard-Symbol für den kpm sehen, grämen Sie sich nicht: Überprüfen Sie, ob die Programme xload oder ascpu auf Ihrem Rechner existieren: Tragen Sie z. B. den absoluten Pfad zum Programm ein und versuchen Sie erneut, das kpm-Symbol aus dem Datei-Manager in das Panel zu ziehen. Oder starten Sie das Programm über die Befehlszeile per Hand. Startet es überhaupt? Haben Sie sich vielleicht bei den Optionen verschrieben? Wenn Sie intensive Detektiv-Arbeit leisten, werden Sie den Fehler finden! Lesen Sie dazu auch unseren Workshop auf Seite 747.

Ordnung auf dem Panel

Die Anordnung der Symbole und Menüeinträge im Panel lässt sich beliebig mit der Maus verändern. Mit der mittleren Maustaste können Sie die Position eines Symbols oder der „Button-Front“ der Desktops auf dem Panel verändern. Mit der rechten Maustaste erhalten Sie ein Kontextmenü, über das Sie unerwünschte Symbole entfernen oder deren Eigenschafts-Dialog aufrufen können.

Ein Teil des Panels lässt sich damit nicht verändern: das Fenster, in dem Datum und Uhrzeit und die angedockten Programme angezeigt werden. Hier sollten Sie immer etwas Platz bis zum nächsten Icon lassen, da sonst die Symbole die angedockten Programme überdecken und Sie nicht darauf zugreifen können.

Menüeinträge erzeugen mit kmenu

Mit dem *Menü-Editor* (*kmenu*) haben Sie eine weitere Zugriffsmöglichkeit auf die von Ihnen definierten Anwendungen. Hier können Sie zusätzlich die Reihenfolge festlegen, in der die Einträge im *K*-Menü aufgeführt werden.

Wenn Sie im Datei-Manager über *Bearbeiten/Anwendungen* auf die registrierten Anwendungen zugreifen, werden Ihnen die global definierten und die von Ihnen eingerichteten Anwendungen „gemischt" angezeigt. Existiert ein Eintrag für ein Programm sowohl global als auch lokal, wird Ihnen hier nur Ihre Version, also die lokale Version, angezeigt. Der Menü-Editor bietet Ihnen eine andere Art, diese Einträge zu bearbeiten bzw. zu verändern. Sie können damit also nicht nur die Einträge im *K*-Menü, sondern auch die Definition der Anwendungen selbst verändern.

Ein Beispiel: Wenn Sie im vorherigen Unterkapitel die Anpassung der Deklaration von kpm nachvollzogen haben, existiert jetzt in Ihrer lokalen Konfiguration ein Eintrag, der mit dem dazugehörigen Unterverzeichnis (= Untermenü) auf der linken Seite angezeigt wird. Auf der rechten Seite finden Sie die global definierten Anwendungen in ihren jeweiligen Untermenüs.

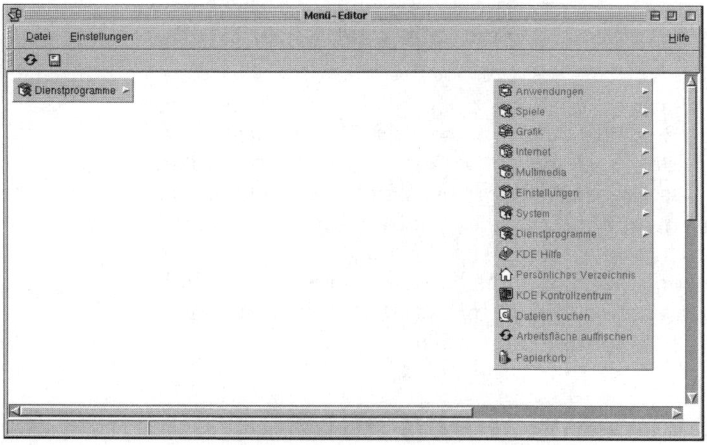

Das K–Menü mit kmenuedit bearbeiten

Untermenüs können Sie öffnen, wenn Sie einmal auf den Menüeintrag klicken. Sie können jeden Eintrag von der rechten Seite auf die linke Seite ziehen und dort im Hauptmenü oder in einem der (aufgeklappten) Untermenüs fallen lassen. Der Eintrag wird am Ende des Menüs eingefügt. Wollen Sie seine Position verändern, bewegen Sie ihn mit der mittleren Maustaste im Menü an die richtige Position.

Sie können sich auf diese Art und Weise ein eigenes *K*-Menü definieren. Wenn Sie in der Panel-Konfiguration über das Register *Einstellungen* die *Persönlichen Menü-Einträge zuerst* einschalten, haben Ihre Einträge Vorrang vor den globalen Einstellungen. Auf diese müssen Sie jedoch nicht verzichten:

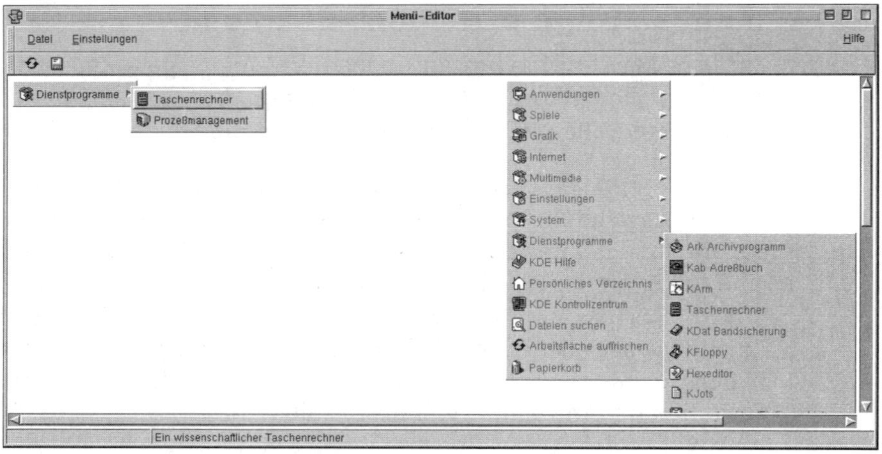

Der Taschenrechner im lokalen Menü Dienstprogramme eingefügt und nach oben geschoben

Wo im Moment der Eintrag *Persönlich* steht, finden Sie dann ein Untermenü, das die globalen Einstellungen enthält.

Hinweis

K-Menü und Anwendungen: alles an einer Stelle definiert

Viele Wege führen nach Rom, doch bleibt es das gleiche Rom! Alle Einträge und Änderungen, die Sie an Ihrem persönlichen *K*–Menü vornehmen, wirken sich auf die lokalen Definitionen der Anwendungen aus. Wenn Sie Verknüpfungen auf eine Anwendung abgelegt haben, die Sie dann mit *kmenuedit* verschieben, zeigen die Verknüpfungen weiterhin auf den ursprünglichen Ort und sind damit ungültig. Deshalb können Sie auch mit *kmenuedit* im lokalen *K*–Menü keine Einträge verschieben, sondern nur kopieren.

Systemverwaltung mit KDE

KDE ist eigentlich eine Distributions-unabhängige Software. Gerade die Aufteilung des Dateisystems unterscheidet sich doch bei einigen Distributionen erheblich. Trotzdem existieren unter KDE einige Applikationen, mit denen Sie Ihre Systemverwaltung angenehmer gestalten können. In manchen Fällen sind diese jedoch nur für bestimmte Distributionen geeignet: *ksysv* z. B. kann nur auf System angewendet werden, die den Boot-Vorgang nach der „System V"-Definition steuern. Dazu gehören z. B. die RedHat-Distributionen.

Im root-Modus arbeiten mit Kfmsu

Wenn Sie als Anwender ohne Superuser-Rechte angemeldet sind, können Sie trotzdem ein *kfm*-Fenster mit Superuser-Rechten erhalten, indem Sie das Programm *kfmsu* ausführen. Sie finden es entweder im *K*–Menü unter

System den *KFM Datei-Manager (Super User Modus)* oder Sie starten es über die integrierte Befehlszeile, indem Sie [Alt]+[F2] drücken und in dem sich öffnenden Fenster „kfmsu" eingeben.

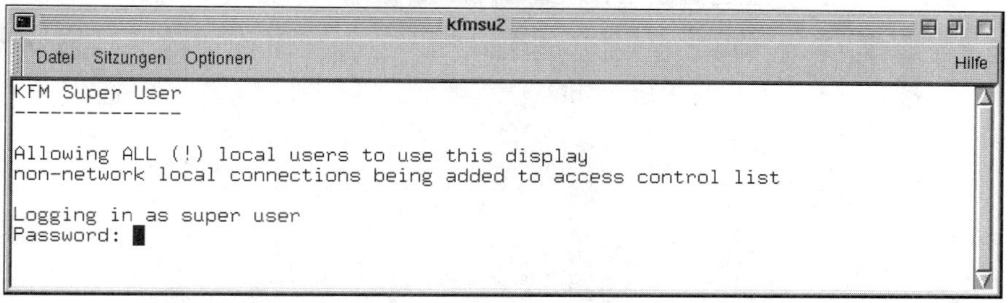

kfmsu: Passwortabfrage für den Root-Modus

Es erscheint ein Terminalfenster, in dem Sie das Root-Passwort eingeben müssen – danach wird ein kfm-Fenster geöffnet, in dem Sie Root-Berechtigung besitzen. Über dieses Fenster können Sie Administrationsaufgaben wahrnehmen, ohne sich ab- und wieder anmelden zu müssen. Damit Sie dies auch richtig zu würdigen wissen, werden dieses und alle weiteren Fenster, die Sie von diesem aus öffnen, mit einem roten Balken in der oberen linken Ecke gekennzeichnet.

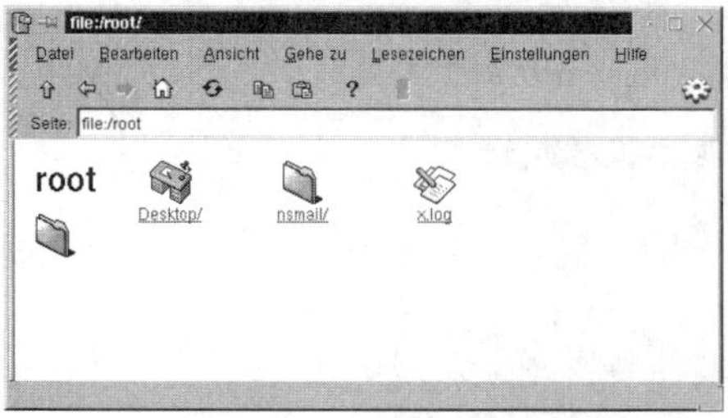

Datei-Manager-Fenster im Root-Modus

Mit diesem Dateimanager-Fenster können Sie z. B.die globalen Anwendungen und Mime-Typen bearbeiten, wie im folgenden Teil beschrieben.

Neue Kennungen einrichten mit KUser

Dies ist ein Benutzer- und Gruppen-Manager, mit dem Sie komfortabel die Dateien */etc/passwd* und */etc/groups* bearbeiten können. Sie können hier neue Benutzer und Gruppen anlegen, bearbeiten oder löschen und Anwendern Gruppen zuordnen; siehe auch den Abschnitt ab Seite 364 über die Benutzer- und Gruppenverwaltung. Außerdem können Sie für Anwender die Default-Shell und einige Zusatzangaben, wie den vollständigen Namen oder die Adressen, eingeben (solche Daten werden z. B. durch das Internet-Tool *finger* abgefragt).

Um einen neuen Nutzer eintragen oder die Angaben eines Bestehenden ändern zu können, müssen Sie root-Berechtigung haben. Sie können kuser z. B. über *Datei/Ausführen* aus dem Datei-Manager-Fenster des kfmsu starten.

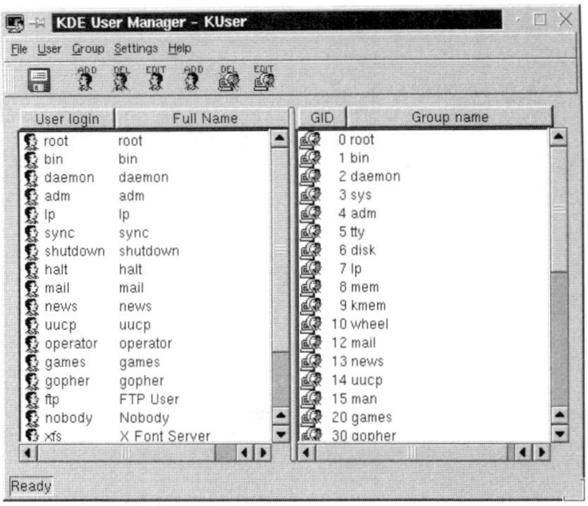

Benutzerverwaltung mit kuser

1 Wenn Sie einen neuen Benutzer eintragen wollen, wählen Sie aus dem Menü *Benutzer* den Punkt *Hinzufügen* oder Sie klicken auf das linke *Add*-Symbol in der Symbolleiste.

2 Als Erstes müssen Sie eine Kennung eingeben, z. B. „paul".

3 Dann erhalten Sie einen Dialog, in dem Sie verschiedene Parameter der neuen Kennung einstellen können.

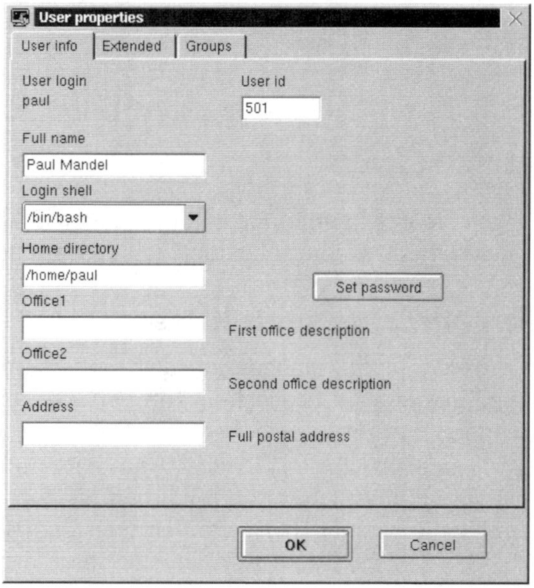

Die neue Kennung konfigurieren

4 Wichtig ist vor allem, dass Sie der Kennung eine Shell zuordnen. Im Normalfall – wenn vom Benutzer nicht explizit anders gewünscht – sollten Sie hier die */bin/bash* auswählen.

5 Füllen Sie auch das Feld *Vollständiger Name* aus. Einige Programme greifen beim ersten Start auf diese Daten zurück.

6 Geben Sie dem Nutzer auch ein Passwort, damit die Kennung nicht ungeschützt benutzt werden kann.

7 Zum Schluss speichern Sie die neue Kennung mit *OK*.

Den Konfigurationsdialog für bereits bestehende Kennungen können Sie über einen Doppelklick auf den Eintrag in der Benutzerübersicht starten. Sie können alle Eintragungen verändern, auch z. B. dem Nutzer ein neues Passwort geben, wenn er sein altes vergessen hat.

Boot-Vorgang verändern mit KSysV

Der KDE SysV-Runlevel-Editor ermöglicht Ihnen die komfortable Bearbeitung der SysV-Runlevel, ohne dass Sie in die Verzeichnistiefen unter */etc/rc.d/* herabsteigen müssen. Zur Bedeutung dieser Runlevel lesen Sie bitte das Kapitel 9.4 ab Seite 393.

Diese Einstellungen sind für das Linux-System sehr elementar und sollten nur mit Vorsicht verändert werden; daher können Sie diese Änderungen auch nur als Superuser vornehmen. Nach Ausführen des *su*-Befehls können Sie das Programm mit „/usr/bin/ksysv“ starten.

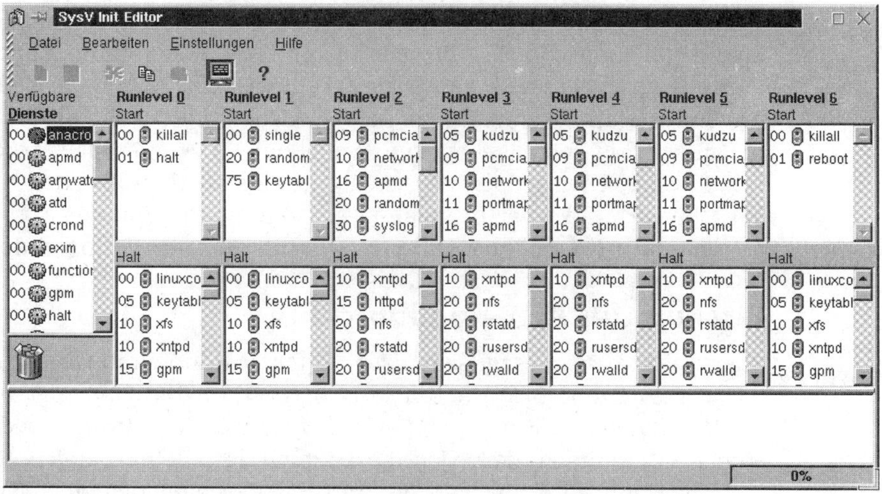

System V Init verwalten mit KSysV

Im am weitesten links stehenden Fenster werden alle zur Verfügung stehenden Skripts angezeigt und in den folgenden sieben Spalten können Sie erkennen, welche dieser Skripts beim Start in oder beim Verlassen eines Runlevels ausgeführt werden. Um nun einem Runlevel einen bestimmten Service hinzuzufügen, ziehen Sie diesen einfach aus dem linken Fenster in die beiden Fenster des jeweiligen Runlevels. Ebenso einfach können Sie die auf diese Weise angelegten Links im Dateisystem auch wieder entfernen:

Dazu ziehen Sie einen Eintrag auf die Mülltonne links unten. Schließlich können Sie Ihre Änderungen über den Menüpunkt *File/Accept Changes* sichern.

Installation einer neuen Version von KDE

Da KDE von zahlreichen Autoren ständig weiterentwickelt wird, ist in kurzer Zeit – vielleicht schon bei der Veröffentlichung dieses Buchs – mit aktualisierten Versionen zu rechnen. Um hier auf dem Laufenden zu bleiben, sollten Sie (einen Internet-Zugang vorausgesetzt) den WWW-Server des KDE-Projekts, *http://www.kde.org*, im Auge behalten: Hier werden Sie auf das Erscheinen neuer KDE-Versionen hingewiesen.

Der FTP-Server *ftp://ftp.kde.de* hält im Verzeichnis */pub/kde/stable/latest/* die jeweils aktuelle KDE-Version zum Download bereit. Dort finden Sie auch eine Datei, die Sie darüber informiert, welche Pakete für die neue Version benötigt werden.

Wenn Sie ein vorkompiliertes Archiv bevorzugen, können Sie in den Unterverzeichnissen *distribution* und *contrib* nach einer aktuellen Version für Ihre Distribution suchen. Die Dateien der RedHat-Distribution finden Sie im Verzeichnis */pub/kde/stable/latest/distribution/rpm/RedHat/*.

Wir haben weiter oben bereits ausführlich erklärt, wie Sie KDE selbst kompilieren oder über den RedHat-Paket-Manager installieren. Falls Sie bereits eine Installation von KDE besitzen, kann ein Update auf eine neue Version entweder einfacher oder komplizierter sein als eine komplette Neuinstallation. Einige grundlegende Regeln beim Update von KDE, die im Übrigen auch für andere Softwarepakete gelten, wollen wir Ihnen hier nicht vorenthalten. Dabei trennen wir jedoch zwischen einer Installation über den RedHat-Paket-Manager und einer Installation aus Binär- oder Source-Paketen. Zuerst aber ein paar Kommentare zum Backup Ihrer lokalen Konfiguration:

Backup der KDE-Konfiguration

Zuerst einmal soll gesagt sein, dass die lokale Konfiguration, also der Inhalt der Verzeichnisse *$HOME/.kde* und *$HOME/Desktop* und der Inhalt von *$HOME/.kderc*, im Prinzip von einem Update nicht betroffen sind. Es kann jedoch vorkommen, dass sich die Formate der kdelnk-Dateien geringfügig ändern. Dann wird beim ersten Start der neu eingerichteten Version eine Konvertierung durchgeführt. Das wäre ja nicht schlimm, nur wenn Sie dann feststellen, dass die neue Version nicht zufriedenstellend läuft, kommt es nach der Installation der alten Version zu Komplikationen, weil diese mit den „neuen“ Konfigurationsdateien nicht ganz klar kommt. Daher der

1. Schritt: Sichern der lokalen Konfiguration

```
paco:~ $ tar -czvf kde_local_save.tar.gz .kderc .kde Desktop
```

Wenn Sie umfangreiche Änderungen an der globalen Konfiguration vorgenommen haben, sollten Sie diese auf jeden Fall sichern, da sie bei einem Update überschrieben wird (bei beiden Installationsarten). Haben Sie dort keine Änderungen vorgenommen, können Sie sich diesen Schritt sparen. Wenn Sie eine RedHat-Distribution nutzen, können Sie die globale Konfiguration mit folgendem Befehl sichern, bei anderen Distributionen ersetzen Sie */usr* durch den passenden Pfad zu KDE, z. B. */opt/kde*:

2. Schritt: Globale Konfiguration sichern

```
paco:~ $ tar -czvf kde_global_save.tar.gz /usr/share/config
/usr/share/applnk /usr/share/mimelnk
```

Wenn Sie den globalen Vorlagenordner verändert haben, müssen Sie beim letzten Befehl noch das Verzeichnis */usr/share/apps/kfm/Desktop/Templates* ergänzen. Jetzt haben Sie zwei Dateien, die in den meisten Fällen sogar noch auf eine Diskette passen sollten (ein Wink mit dem Zaunpfahl: heute schon gesichert?). Sie enthalten alle Änderungen, die Sie an der KDE-Konfiguration vorgenommen haben könnten.

Update von KDE mit dem RedHat-Paket-Manager

Der RedHat-Paket-Manager bietet Ihnen ja eine einfache Art, ein Update von KDE einzuspielen. Sie sollten diese Möglichkeit auch zuerst ausprobieren. Denken Sie nur daran, alle Pakete, die Sie updaten wollen, auf der Kommandozeile anzugeben. Für das Update müssen Sie Root-Berechtigung haben.

```
paco:~ # mount /mnt/cdrom
paco:~ # rpm -U /mnt/cdrom/RPMS/kde*.rpm /mnt/cdrom/RPMS/qt*.rpm
```

Wenn Sie ein Paket vergessen haben, beschwert sich der RedHat-Paket-Manager und sagt Ihnen, welches. Wenn Sie das Paket zur Hand haben, führen Sie den Befehl einfach noch einmal aus und ergänzen vorher die Kommandozeile um das fehlende Paket.

Wenn alle notwendigen Pakete vorhanden sind, rappelt es eine ganze Weile in der Kiste. Danach sollten die neuen Versionen von KDE installiert sein, die Sie dann ausprobieren können. Es sollten auch keine Informationen über die Konfiguration verloren gegangen sein.

Manchmal kann es jedoch vorkommen, dass das neue System instabil ist oder die Programme seltsame Reaktionen zeigen. Dann sollten Sie KDE erst komplett deinstallieren und dann noch einmal neu installieren.

KDE deinstallieren mit dem RedHat-Paket-Manager

Sie können sich mit Hilfe des RedHat-Paket-Managers die zu KDE installierten Pakete ausgeben lassen. Rufen Sie das Kommando *rpm* mit der Option *-qa* auf, erhalten Sie eine Übersicht über alle installierten Pakete, die Sie mit *fgrep* auf die mit „kde“ beginnenden reduzieren können. Wir speichern diese Informationen in einer Umgebungsvariable ab, um später noch einmal darauf zugreifen zu können:

```
paco:~ # KDEFILES=$(rpm -qa|fgrep kde)
```

Im nächsten Schritt testen wir, ob weitere Programmpakete installiert sind, die auf die KDE-Pakete angewiesen sind:

```
paco:~ # rpm -e --test $KDEFILES
Fehler: Das Enfernen dieser Pakete würde Paket-Abhängigkeiten missachten:
        kdesupport wird von korganizer-1.1.1-1 gebraucht
        kdesupport wird von kpilot-3.1b9-1 gebraucht
        kdesupport wird von kppload-1.04-4 gebraucht
        libkab.so.2 wird von korganizer-1.1.1-1 gebraucht
        libkdecore.so.2 wird von korganizer-1.1.1-1 gebraucht
        libkdecore.so.2 wird von kpilot-3.1b9-1 gebraucht
        libkdecore.so.2 wird von kppload-1.04-4 gebraucht
        libkdeui.so.2 wird von korganizer-1.1.1-1 gebraucht
        libkdeui.so.2 wird von kpilot-3.1b9-1 gebraucht
        libkdeui.so.2 wird von kppload-1.04-4 gebraucht
        libkfile.so.2 wird von korganizer-1.1.1-1 gebraucht
        libkfile.so.2 wird von kpilot-3.1b9-1 gebraucht
        libkfm.so.2 wird von korganizer-1.1.1-1 gebraucht
        libkfm.so.2 wird von kpilot-3.1b9-1 gebraucht
        libmediatool.so.2 wird von korganizer-1.1.1-1 gebraucht
```

Aus dieser Liste können Sie jetzt die Pakete heraussuchen, die zusätzlich zu den bereits ermittelten KDE-Paketen deinstalliert werden müssen:

```
paco:~ # rpm -e --test $KDEFILES korganizer kpilot kppload
```

Wenn dieser Test funktioniert, d.h. keine Beschwerden mehr ausgegeben werden, können Sie das Kommando ohne die Option *--test* ausführen. Dann sind alle Teile von KDE deinstalliert und Sie können jetzt eine frische Version installieren.

Hinweis

Achten Sie auch auf die Version der Qt-Bibliotheken

Mit der oben beschriebenen Prozedur sind die Qt-Bibliotheken noch nicht entfernt. Diese können Sie aber bequem über die Update-Funktion von *rpm* installieren. Welche Version von Qt installiert ist, können Sie durch das Kommando *rpm -qalfgrep qt* herausfinden.

Eine neu kompilierte Version installieren

Wenn Sie, wie oben empfohlen, KDE in einem eigenen Unterverzeichnis (z. B. */opt/kde*) und die Qt-Bibliotheken ebenfalls in */opt* installiert haben, ist das Update abgesehen vom Zeitaufwand durch das Kompilieren relativ einfach.

Bei einem Versionssprung um eine „major number“ z. B. von 1.1.2 auf 2.0, müssen Sie alle Applikationen neu kompilieren. Verzichten Sie in diesem Fall auf ein Überschreiben der installierten Version! Um nicht ohne KDE dazustehen, können Sie das Verzeichnis */opt/kde* in */op/kde-1.1.2* umbenennen. Haben Sie nicht genügend Platz für zwei KDE-Installationen, bleibt Ihnen nur die Wahl, das Verzeichnis komplett zu löschen oder es im tar- oder zip-

Format auf einer anderen Partition unterzubringen. Wenn das Verzeichnis */opt/kde* auf die eine oder andere Art nicht mehr existiert, können Sie mit dem Kompilieren beginnen (Beschreibung auf Seite 659 ff.).

Ein Update im Bereich der „minor numbers“ z. B. von 1.1 auf 1.1.1, können Sie direkt im alten KDE-Verzeichnis */opt/kde* ablegen. In diesem Fall kompilieren Sie KDE so wie auf Seite 659 ff. beschrieben. Bei der Installation werden dann die alten Dateien durch die neuen überschrieben. In einigen Fällen bleiben Ihnen sogar die Konfigurationen erhalten.

Haben Sie KDE bei der Installation kräftig mit den anderen Programmen vermischt, wie es eigentlich auch die RedHat-Distribution tut, bleibt Ihnen nichts anderes übrig, als die Neukompilierung mit den gleichen Parametern durchzuführen wie die alte. Die Chancen stehen zwar gut, dass alle alten Dateien durch neue ersetzt werden, aber sagen Sie nicht, dass wir Sie nicht gewarnt hätten! Wenn hier etwas schief geht, müssen Sie „per Hand“ die Probleme „aufdröseln“. Dadurch bricht das System nicht zusammen, aber Sie haben mehr Arbeit, als nötig wäre.

Einspielen der gesicherten KDE-Konfigurationsdateien

Von Ihren lokalen Konfigurationsdateien haben Sie ja eine Sicherheitskopie in der Datei *kde_local_save.tar.gz*, nicht wahr? Wenn nicht, legen Sie diese schnell noch vor dem ersten Start der neuen KDE-Version an. Die neu installierten Konfigurationsdateien sollten Sie ebenfalls sichern, vor allem, wenn Sie einen größeren Versionssprung durchführen oder im *README*, das Sie entweder auf dem FTP-Server oder im obersten Verzeichnis des heruntergeladenen Pakets finden, zur neuen Version eine Inkompatibilität zwischen alten und neuen Konfigurationsdateien gemeldet wird.

Jetzt können Sie die alten Dateien über die neuen „drüberklatschen“, also im selben Verzeichnis auspacken. Wenn Sie sie wie oben geschildert eingepackt haben, funktioniert das auf folgende Weise:

```
paco:~ # cd /
paco:~ # tar -xzf /home/paul/kde_global_save.tar.gz
```

Treten Probleme mit den „neuen“ alten Konfigurationsdateien auf, packen Sie das Archiv in einem separaten Verzeichnis aus und ersetzen die neuen Dateien sukzessive durch die „alten“ neuen.

11.14 Login mit dem Display-Manager kdm

Der **K** **D**isplay-**M**anager *kdm* ersetzt den **X** **D**isplay-**M**anager *xdm* und bietet ein grafisches Login-Fenster.

Als kleine Komfortfunktion kann für ausgewählte Anwender eine Grafik (zum Beispiel ein Foto oder eines der im Screenshot zu sehenden Symbole) mit dem Benutzernamen angezeigt werden, sodass nach einem Maus-

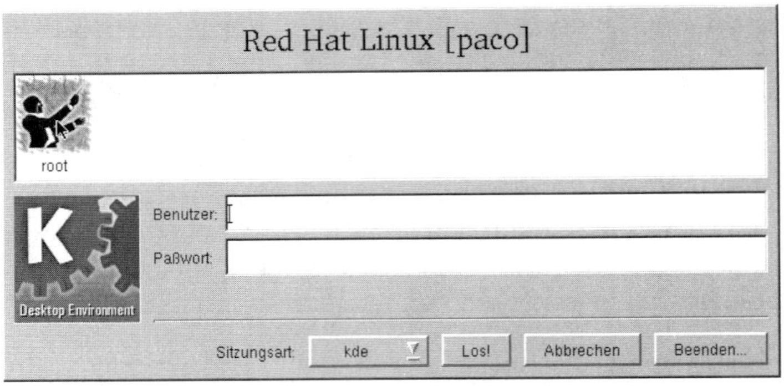

Anmelden mit dem K Display-Manager

klick auf das entsprechende Logo nur noch das Passwort eingegeben werden muss. Wenn Sie das als Sicherheitslücke (etwa an öffentlichen Linux-PCs) sehen, können Sie darauf aber auch verzichten.

Die Konfiguration des kdm können Sie als Superuser über das Programm *kdmconfig* vornehmen.

1. Melden Sie sich unter X Window als *root* an.
2. Wenn Sie KDE nutzen, öffnen Sie mit Alt+F2 eine Mini-Kommandozeile. Ansonsten starten Sie ein Terminalfenster und führen die nächsten Schritte darin aus.
3. Geben Sie „kdmconfig" ein.
4. Wenn Sie die Enter-Taste drücken, wird das Programm gestartet.

Auf der Registerkarte *Erscheinungsbild* können Sie einen Begrüßungstext (im Beispiel: „Willkommen auf HOSTNAME", ein Logo, den Stil (Motif oder Windows 95) und die Sprache auswählen. Das Wort „HOSTNAME" ist ein Platzhalter, der durch den Namen Ihres Rechners ersetzt wird.

Unter *Schriftarten* lassen sich die Schriftarten des kdm an Ihre Wünsche anpassen: Wählen Sie hierzu eine der Kategorien aus und klicken Sie auf *Schriftart ändern* – daraufhin öffnet sich der Standard-KDE-Schriftartendialog und Sie können eine neue Schriftart für die gewählte Kategorie vergeben. Die Kategorien haben folgende Bedeutung: *Normal* ist die Standardschriftart, die für die Labels an den Eingabefeldern genutzt wird; mit *Begrüßung* stellen Sie den Begrüßungstext ein; *Gescheitert* bezieht sich auf den Text, der ausgegeben wird, wenn die Anmeldung nicht funktioniert hat.

Auf der Registerkarte *Hintergrund* können Sie für den Hintergrund des Login-Bildschirms zwischen einer Farbe oder einem Bild wählen — Letzteres kann dabei zentriert oder auf Maximalgröße vergrößert angezeigt werden oder Sie können den Hintergrund damit „kacheln".

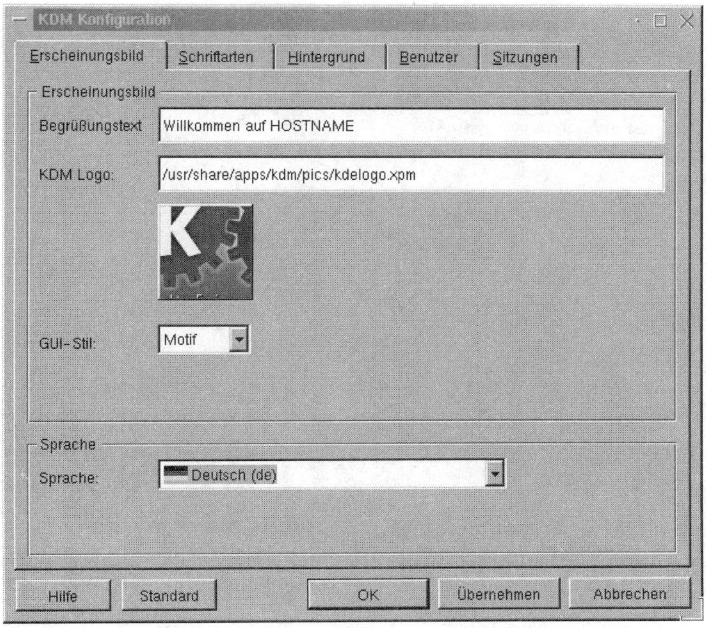

Die kdm-Konfiguration

Wichtig ist die Registerkarte *Benutzer*: Hier können Sie festlegen, ob und welche Benutzer in einer grafischen Darstellung angezeigt werden sollen. Sie legen hier fest, ob für einige ausgewählte Benutzer deren Name und ein zugeordnetes Symbol (z. B. ein Foto) angezeigt werden sollen. Dadurch können diese Benutzer die Anmeldephase verkürzen, indem sie nur auf ihr Symbol klicken und das Passwort eingeben. Diese Option schalten Sie mit dem Schalter *Zeige Benutzer* ein.

Hier haben Sie zwei Möglichkeiten der Konfiguration:

1 Sie können alle Anwender auswählen, deren Name und Symbol angezeigt werden sollen: Dazu verschieben Sie die angezeigten User-Namen mit den Doppelpfeil-Schaltern zwischen der linken Spalte *Alle Benutzer* und der oberen rechten Spalte *Ausgewählte Benutzer*. Außerdem müssen Sie dann das Kontrollkästchen *Nur ausgewählte Benutzer zeigen* aktivieren.

2 Alternativ können Sie alle Anwender auswählen, deren Name und Symbol nicht angezeigt werden sollen: Dazu verschieben Sie die angezeigten User-Namen mit den Doppelpfeil-Schaltern zwischen der linken Spalte *Alle Benutzer* und der unteren rechten Spalte *Nicht gezeigte Benutzer*. Außerdem müssen Sie dann das Kontrollkästchen *Alle Benutzer zeigen, bis auf nicht zu zeigende* aktivieren.

Auf dem Register *Sitzungen* geht es um zwei Punkte: erstens um die Auswahl des zu startenden Window-Managers (standardmäßig KDEs kwm, alternativ z. B. fvwm95), zweitens um das Herunterfahren des Systems.

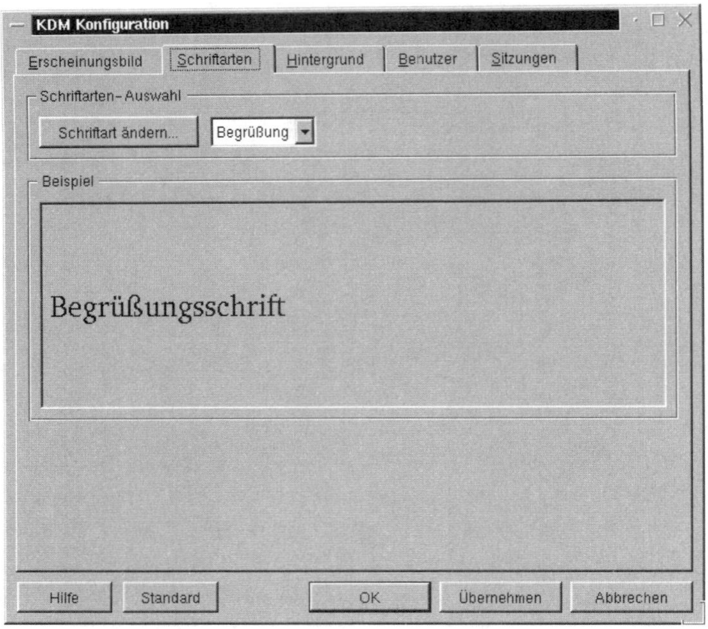

Schriftarten für den kdm auswählen

Unter *Herunterfahren ermöglichen* können Sie einstellen, wer das System vom kdm-Bildschirm aus herunterfahren darf: Mögliche Optionen sind hier *Nur Konsole*, *Nur root*, *Alle* und *Kein*.

Nur Konsole: Dies ist der gebräuchlichste Eintrag. Er bedeutet, dass das Herunterfahren nur über die Tastatur des Rechners ausgeführt werden kann.

Nur root: In dieser Einstellung erhalten Sie im Dialog *Beenden* eine Passwortzeile, in der das *root*-Passwort eingegeben und mit der Enter-Taste bestätigt werden muss. Erst wenn dieses richtig eingegeben worden ist, kann auf die *OK*-Schaltfläche geklickt werden.

Alle: Dieser Punkt hat die gleiche Bedeutung wie *Nur Konsole*, solange Ihr PC die Anmeldung über X Window nicht nach außen exportiert. Es gibt so genannte X-Terminals, die nur eine grafische Ausgabe beherrschen und die Anmeldung am Rechner über den Display-Manager erledigen. In diesem Fall kann jedes angeschlossene Terminal den Rechner herunterfahren. Wenn Sie unsicher sind, wählen Sie den Punkt *Nur Konsole*.

Tipp

Auch Shutdown von der Konsole abstellen

Wenn Sie hier etwas anderes als *Alle* auswählen, sollten Sie beachten, dass weiterhin über die Tastenkombination Strg+Alt+F1 auf eine Textkonsole umgeschaltet werden kann, von wo aus sich das System durch den „Drei-Tasten-Griff" Strg+Alt+Entf herunterfahren lässt! Wenn Sie diese

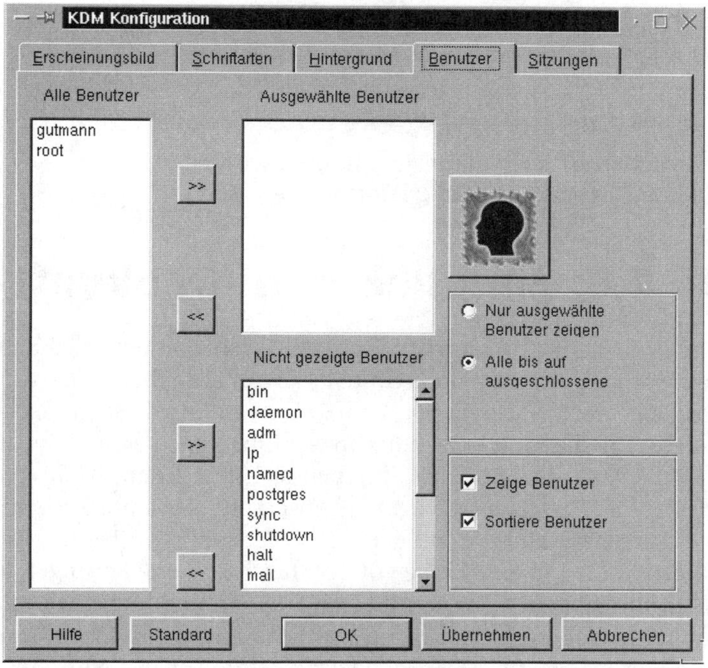

Welche Benutzer sollen wie angezeigt werden?

Möglichkeit verhindern wollen, müssen Sie zusätzlich in der Datei */etc/inittab* die Zeile „ca::ctrlaltdel:/sbin/shutdown -t3 -h now" mit einem #-Zeichen auskommentieren. Gehen Sie bei der Änderung jedoch umsichtig vor, da dieser Datei eine zentrale Bedeutung beim Systemstart zukommt.

In den Feldern *Herunterfahren* und *Neustart* können Sie die Befehle eingeben, die diesen Aktionen entsprechen: Standardmäßig sind dies */sbin/shutdown* und */sbin/reboot*. Wenn Sie einen PC mit APM-Funktionen besitzen, können Sie das Kommando */sbin/shutdown* durch */sbin/poweroff* ersetzen. Dann schaltet sich Ihr PC nach dem Herunterfahren automatisch ab. Dieses Kommando wird jedoch nicht von allen Distributionen eingerichtet. Kontrollieren Sie also vorher, ob das Programm existiert. Bei den neueren Versionen von RedHat und SuSE ist es vorhanden.

Der Abschnitt *Sitzungsart* dient der Konfiguration unterschiedlicher Startszenarios für die grafische Oberfläche: Hier können Sie beispielsweise die Auswahl verschiedener Window-Manager ermöglichen.

Hinweis

KDE unter RedHat 7.0 aktivieren

RedHat nutzt ab der Version 6.2 eine neue Methode, die bevorzugte Desktop-Umgebung festzulegen. Vor dem Start des grafischen Logins wird die Datei */etc/sysconfig/desktop* ausgewertet, in der der Name des Desktop-Systems, z. B. „KDE", eingetragen ist. Sie aktivieren KDE am einfachsten dadurch, dass Sie – als Root angemeldet – folgenden Befehl ausführen:

```
paco:~ # echo KDE > /etc/sysconfig/desktop
```

Wenn Sie das grafische Login eingestellt haben, wird nach dem Neustart des Systems der kdm gestartet.

11.15 KDE 2.0: Ein Blick in die Zukunft

Wenige Projekte haben im Open Source Bereich eine derartige Resonanz gefunden wie KDE. Im Prinzip kann man davon ausgehen, dass vor allem die Börsengänge der verschiedenen Linux-Firmen ohne diese grafische Oberfläche, die die Bedienung von Linux bzw. Unix stark vereinfacht, nicht stattgefunden hätten. Die Entwickler haben sich auf ihrem Erfolg jedoch nicht ausgeruht: Die Probleme, die bei der Umsetzung des ambitionierten Projekts KOffice auftraten, und die mit der ersten Version von KDE gewonnenen Erfahrungen flossen in eine Reihe von technischen Verbesserungen und Erweiterungen in der neuen Version. So erklärt sich auch der doch relativ lange Zeitraum, der seit dem Erscheinen von KDE 1.1.2 verstrichen ist, ohne dass eine neue Version von KDE nachgelegt worden wäre. Nun steht die Veröffentlichung von KDE 2.0 bevor. Einige Beta-Versionen wurden schon im Netz zur Verfügung gestellt. Wir wollen Ihnen hier einen kleinen Überblick geben, welche Neuerungen die neue KDE-Version mit sich bringt und was sich im Vergleich zur alten Version (1.1.2) geändert hat.

Die neuen Features von KDE 2.0

Trotz aller Veränderungen war das Ziel der KDE-Entwickler, die neue Version mit der alten weitgehend kompatibel zu halten. So finden sich die eigentlichen, hauptsächlichen Änderungen im technischen Unterbau, während die Optik nahezu erhalten blieb und das Nutzer-Interface nur um einige nützliche Dinge erweitert wurde.

Was man sieht ...

Wer weltweit Erfolg haben will, muss zur Identifikation ein eindeutiges Erkennungsmerkmal besitzen. In der Open Source Welt werden hierfür meist Tiere benutzt, eine Tradition, die uns in unserer Historie nicht unbekannt ist. Was würde Linux an Sympathie ohne sein Wappentier, den Pinguin, fehlen? Nun hat Tux einen Begleiter bekommen, den KDE-Drachen Konqui. Genau wie der Pinguin Sie beim Start von Linux begrüßt, erscheint beim ersten Start von KDE 2.0 Konqui mit einem freundlichen Hallo.

Aber es sind nicht nur die Identifikationsfiguren, die KDE 2.0 zum besten KDE aller Zeiten machen, sondern Elemente wie z. B. Konfigurationsdialoge, in denen Sie Schritt für Schritt durch die von Ihnen zu machenden Eingaben geführt werden. Das Maskottchen für diese „Configuration Wizards“ ist ein

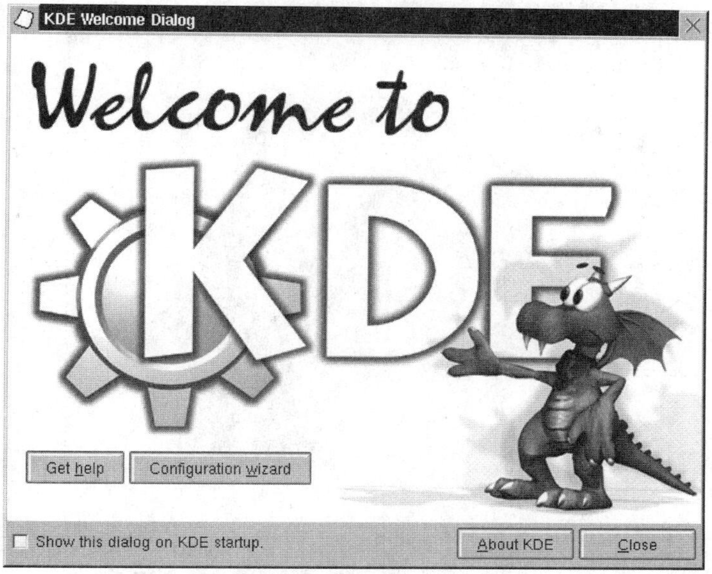

Der Begrüßungsbildschirm von KDE 2.0

alter, erfahrener Zauberer, der schon viel von der Welt gesehen hat und den nichts mehr aus der Ruhe bringen kann – sagen Sie nicht, Sie hätten hier lieber eine hektische Büroklammer!

Der eigentliche Vorteil dieses Zauberers ist jedoch, dass er in Verbindung mit den anderen internen Verbesserungen jedem Programmierer zur Verfügung steht und nicht an ein Programm oder einen Aufgabenbereich gebunden ist. KDE 2.0 ist vielmehr noch als KDE 1.x eine Sammlung von Bibliotheken, mit denen Programmierer auf einfache Art und Weise KDE-Applikationen erzeugen und alle KDE-Hilfsmittel der Nutzerschnittstelle nutzen können.

Lassen Sie uns das an einem kleinen Beispiel erklären: Der neue Datei-Manager von KDE 2.0 heißt *Konqueror*. Er bietet Ihnen den gewohnten Komfort beim Zugriff auf das Dateisystem, verbunden mit einem für Sie transparenten Zugriff auf alle Ressourcen, die das Internet und andere Netzwerke Ihnen bieten. Grundlage dafür ist eine Bibliothek mit dem Namen *KHTML*, die alle wichtigen aktuellen Internet-Technologien wie JavaScript, Java, HTML 4.0, CSS (**C**ascading **S**tyle **S**heets), SSL (**S**ecure **S**ocket **L**ayer) und sogar die Netscape Communicator Plugins anbieten kann.

In Verbindung mit *KParts*, einer Technologie vergleichbar mit OLE unter MS-Windows 9x, können so in alle Programme Teile der unter KDE zur Verfügung stehenden Bibliotheken eingebunden werden, ohne dass Sie dies als Nutzer merken. Dieser Teil von KDE 2.0 ist über das Projekt *KOffice* in KDE 2.0 eingeflossen. Alle KOffice-Programme und der Konqueror nutzen *KParts* intensiv, um Ihnen die verschiedenen Funktionen der KDE-Bibliotheken zur Verfügung zu stellen. Das bedeutet, dass Sie in allen KOffice-Programmen

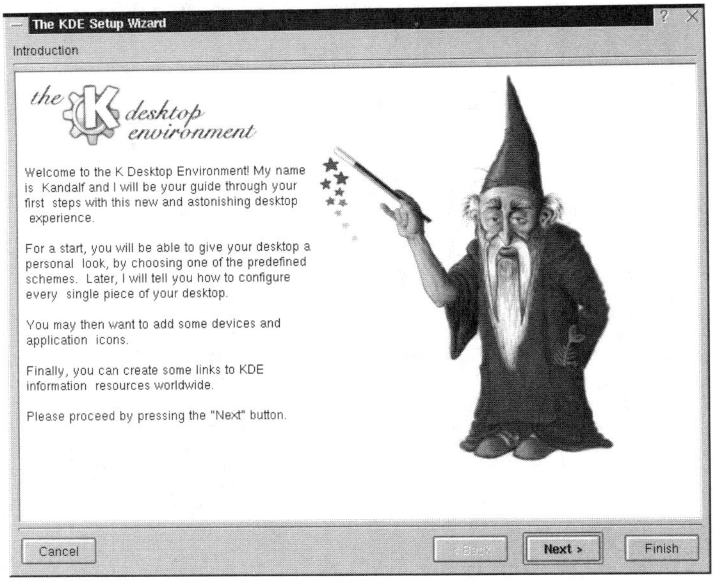

Der KDE-Zauberer hilft Ihnen bei den verschiedensten Aufgaben

Zugriff auf die Fähigkeiten der anderen KOffice-Programme und der grundlegenden Bibliotheken von KDE 2.0 wie z. B. auch *KHTML* haben.

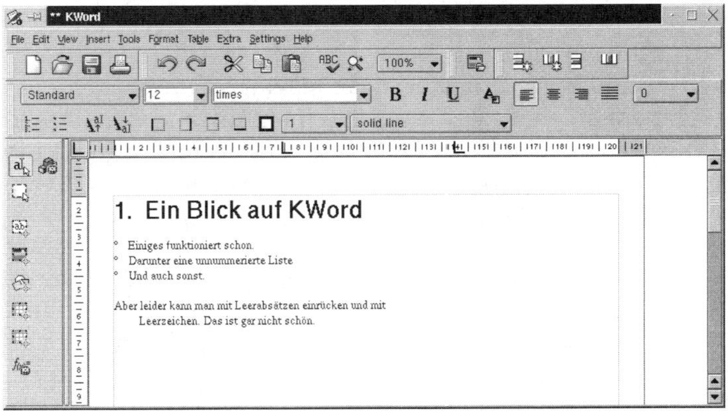

Die Textverarbeitung in KOffice: KWord

Leider sind die KOffice-Programme noch nicht so weit, dass sie produktiv eingesetzt werden können. Aber die Entwicklung eines (komplett kostenfrei nutzbaren!) Office-Pakets ist ein anspruchsvolles Projekt, das das Potenzial besitzt, den Office- und den Soho-Markt gründlich zu verändern. Aber nur, wenn es dann auch sicher funktioniert, weshalb wir unsere Ungeduld zügeln und den Entwicklern die Zeit und die Ruhe zur Fertigstellung gönnen. Trotzdem können Sie die Funktionsweise der Programme *KSpread* (Tabellenkalkulation), *KIllustrator* (Zeichenprogramm für Vektorgrafiken), *KImageShop* (Grafikprogramm), *KWord* (Textverarbeitung), *KPresenter* (Präsentationsgrafik) und *KChart* (Charts und Diagramme) bereits ausprobieren. Vor allem der *KPresenter* kann bereits Gewinn bringend eingesetzt werden.

Das Präsentationsprogramm KPresenter kann bereits genutzt werden

Einen Aspekt wollen wir hier nicht vergessen, der als positives Beispiel für eine globale Perspektive stehen kann: die KDE 2.0 zu Grunde liegende Bibliothek *Qt* den Unicode-Zeichensatz. Das bedeutet, KDE 2.0 kann mit jeder Sprache und jedem Zeichensatz der Welt arbeiten. Dies ist vielleicht ein Argument, dass uns Deutsche nicht unbedingt betrifft, aber es ist vor allem für viele Länder der dritten Welt ein Stück praktischer Entwicklungshilfe, das hier auch von deutschen Entwicklern geleistet wird.

... und was man nicht sieht

Wir haben oben schon die „inneren Werte" von KDE 2.0 erwähnt. Was ist davon für Sie, die Anwenderin bzw. den Anwender wichtig? Alles und nichts, könnte man geneigt sein zu sagen. Sie müssen weder wissen, wie das Protokol *DCOP* (**D**esktop **Co**mmunication **P**rotocol) definiert ist, noch wie die *KIO* (**K**-**I**nput-**O**utput) Bibliotheken funktionieren, noch müssen Sie selbst über das *XML GUI* die Bedienung Ihrer Anwendungsprogramme modifizieren. Die eigentliche Bedeutung dieser Bibliotheken liegt in der Einfachheit ihrer Nutzung beim Erstellen von Anwendungssoftware. Zusammen mit einer KDE-Entwicklungsumgebung werden hier Anreize geboten, die für die Zukunft auf einen großen Schub an Anwendungssoftware hoffen lassen.

Was ändert sich gegenüber KDE 1.x?

Die offensichtlichen Änderungen haben wir oben bereits erwähnt, vor allem, weil sie beim Start von KDE 2.0 direkt ins Auge fallen. Außerdem hat sich das Aussehen einiger Icons geändert, da sich zum einen das Speicherformat geändert hat und zum anderen alle Icons jetzt in mehreren Größen vorliegen. Damit können jetzt verschiedene Darstellungsgrößen verlustfrei gewählt werden.

Das Aussehen des *Panels* hat sich ebenfalls etwas geändert. Die Task-Leiste ist jetzt in das *Panel* integriert. Dafür ist der Platz für die virtuellen Bildschirme kleiner geworden. Diese sind nur als *1 2 3 4* erkennbar.

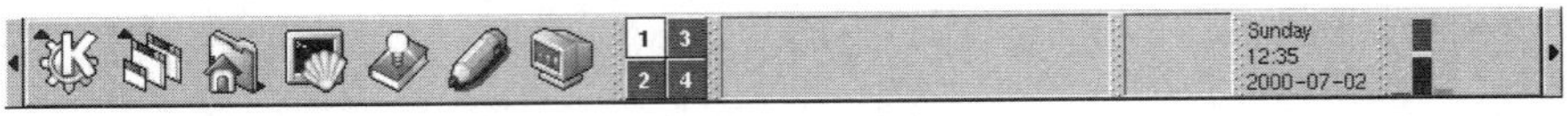

Mit leicht veränderter Optik: das Panel von KDE 2.0

Noch können Sie jedoch alles wiedererkennen, wenn Sie sich zum ersten Mal anmelden. Aber Individualität ist heute hauptsächlich eine Frage des Stils und den können Sie mit KDE 2.0 stärker denn je pflegen: Der Themenmanager ist stark überarbeitet worden. Zusammen mit den Möglichkeiten, die das neue Qt bietet, haben jetzt die Stylisten die Möglichkeit, sämtliche visuellen Gestaltungselemente zu ändern. Sie werden dies an den Konfigurationsmöglichkeiten, die Ihnen der KDE-Wizard bietet sehen können: Nahezu jede Betriebssystemoberfläche ist unter KDE visuell repräsentierbar. Natürlich ohne deren sonstige Nachteile ...

Ein weiterer Unterschied, der vor allem während der Kennenlernphase auffällt, ist der veränderte Zugang zum Hilfesystem: Während bei KDE 1.x die Hilfeseiten vom Tool *kdehelp* dargestellt wurden, übernimmt diese Funktion nun der *Konqueror*. Dabei ist das Interface noch einmal überarbeitet worden und z. B. um eine Themenübersicht ergänzt worden.

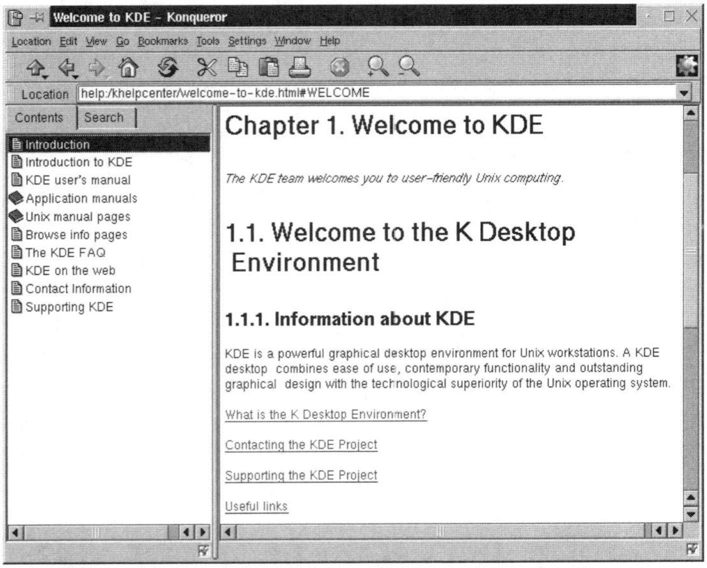

Die Hilfeseiten werden jetzt vom Konqueror dargestellt

Der *Konqueror* stellt eigentlich auch die eigentliche, wesentliche Veränderung des Userinterfaces zu den Versionen 1.x dar. Zum Beispiel finden Sie den Zugriff auf die Definition von Anwendungen jetzt unter *Go/Applications*, während die Veränderung von Mime-Typen unter *Settings/Configure/File Associations* zu finden ist. Überhaupt orientiert sich die

Bedienung des *Konqueror* eher an den Vorbildern Netscape® oder dem Windows Explorer®.

Trotz allem hat sich jedoch die Bedienung von KDE weniger verändert, als es der Versionssprung auf 2.x vermuten lassen würde. Die hauptsächlichen Veränderungen sind im „Untergrund" zu finden, mit dem man als normale Nutzerin bzw. Nutzer nicht direkt konfrontiert wird.

Eine Testversion von KDE 2.0 installieren

Sie können mit leichten Modifikationen Ihrer bestehenden Installation ohne Probleme eine Testversion von KDE 2.0 installieren. Wir demonstrieren Ihnen diesen Vorgang anhand der RedHat-Distribution und nutzen dazu die bereits vorgefertigten RPM-Dateien, die Sie unter folgenden Adressen finden können:

KDE 2.0 im Internet	
http:// www.kde.org	
ftp:// ftp.kde.org	
ftp:// ftp.de.kde.org	
kdeadmin-1.91-1.i386.rpm	kdelibs-sound-devel-1.91-1.i386.rpm
kdebase-1.91-1.i386.rpm	kdenetwork-1.91-1.i386.rpm
kdebase-3d-screensavers-1.91-1.i386.rpm	kdepim-1.91-1.i386.rpm
kdegames-1.91-1.i386.rpm	kdesupport-1.91-1.i386.rpm
kdegraphics-1.91-1.i386.rpm	kdesupport-devel-1.91-1.i386.rpm
kdelibs-1.91-1.i386.rpm	kdetoys-1.91-1.i386.rpm
kdelibs-devel-1.91-1.i386.rpm	kdeutils-1.91-1.i386.rpm
kdelibs-sound-1.91-1.i386.rpm	koffice-1.91-1.i386.rpm
Insgesamt ca. 33 MByte	

Da jetzt massive Änderungen an der grafischen Benutzeroberfläche durchgeführt werden, sollten Sie sich auf jeden Fall im Textmodus anmelden! Dazu starten Sie Ihren Rechner am LILO-Prompt im passenden Runlevel, z. B. bei RedHat mit dem Aufruf *linux 3*, bzw. bei SuSE mit *linux 2*. Danach bootet der Rechner und meldet sich mit einer Textkonsole, in der Sie sich als Root anmelden können.

Die neuste QT-Version installieren

Zuerst müssen Sie jedoch die neuste Qt-Version installieren, die Sie im Netz häufig an der gleichen Stelle finden, an der auch die KDE 2.0-Dateien liegen.

Welche Qt-Bibliotheken für KDE 2.0 benötigt werden
http:// www.trolltech.com *ftp:// ftp.trolltech.com* *http:// fr.rpmfind.net*
qt-2.1.1-3.i386.rpm qt-GL-2.1.1-3.i386.rpm qt-NSPlugin-2.1.1-3.i386.rpm qt-Xt-2.1.1-3.i386.rpm qt-devel-2.1.1-3.i386.rpm
Insgesamt ca. 8 MByte

Mit RedHat 7.0 werden bereits die Bibliotheken von Qt 2.1.0 installiert. Sie können diese jedoch gefahrlos auf die neuste Version updaten. Wir nehmen einmal an, Sie sind unter Root angemeldet und befinden sich im Verzeichnis, in dem die RPM-Dateien lagern.

```
paco:~ # ll qt*.rpm
... 2161914 Jun 27 13:43 qt-2.1.1-3.i386.rpm
...   25539 Jun 27 13:43 qt-GL-2.1.1-3.i386.rpm
...   22096 Jun 27 13:43 qt-NSPlugin-2.1.1-3.i386.rpm
...   13912 Jun 27 13:43 qt-Xt-2.1.1-3.i386.rpm
... 5851446 Jun 27 13:45 qt-devel-2.1.1-3.i386.rpm
paco:~ # rpm -U qt-*.rpm
```

Dann können Sie mit dem Kommando *rpm -U qt-*.rpm* die Pakete installieren.

Hinweis

Probleme mit dem System-Linker

Wenn neue Bibliotheken im System installiert werden, muss dies dem System-Linker bekannt gemacht werden. Dieser sorgt dafür, dass alle Programme die Bibliotheken finden, die sie zum Arbeiten brauchen. Dafür werden in der Datei */etc/ld.so.conf* die Pfade zu den Verzeichnissen eingetragen, die die Bibliotheken enthalten. Nun kann es passieren, dass am Ende des letzten Eintrags kein Zeilenumbruch gemacht worden ist, was dazu führt, dass der erste Neueintrag in dieser Datei an die letzte Zeile angefügt wird:

```
/usr/X11R6/lib
/usr/lib
/usr/kerberos/lib
/usr/i486-linux-libc5/lib
/usr/lib/qt-1.45/lib
/usr/local/lib/usr/lib/qt-2.1.1/lib
```

In diesem Fall kann der Linker den Pfad */usr/local/lib/usr/lib/qt-2.1.1/lib* nicht auflösen und bricht bei der Installation mit einer Fehlermeldung ab. Sie können diesen Fehler jedoch einfach mit einem Texteditor beheben, indem Sie an der passenden Stelle einen Zeilenumbruch einfügen und danach mit dem Kommando *ldconfig* den Konfigurationsaufruf per Hand ausführen.

Sichern der alten KDE-Konfiguration

Auch wenn alle Dateien der neuen KDE-Version nach der Installation in einem separaten Verzeichnis liegen, existieren einige globale Konfigurationsdateien, die von beiden KDE-Versionen genutzt werden. Diese Dateien sollten gesichert und dann gelöscht werden, damit sich die beiden Versionen nicht in die Quere kommen. Die Funktion, die von diesen Dateien wahrgenommen wird, werden wir im letzten Abschnitt in separaten Startdateien für die jeweilige KDE-Version unterbringen.

S.u.S.E.-Tipp

SuSE nutzt eine andere KDE-Konfiguration als RedHat
Wenn Sie die SuSE-Distribution nutzen, müssen Sie diesen Schritt nicht durchführen. Außerdem finden Sie die KDE-Installation im Verzeichnis */opt/kde* und nicht wie bei RedHat in */usr*.

Wir werden die Konfigurtionsdateien in einer Datei *kde1_config.tar.gz* im Verzeichnis */root* unterbringen. Noch ein kleiner Hinweis zu den unten angegebenen Befehlen: Bitte tippen Sie die Zeilenumbrüche innerhalb eines Kommandos nicht mit ein, sonst erhalten Sie spätestens bei der zweiten Zeile eine Fehlermeldung.

```
paco:~ # tar -cPzf /root/kde1_config.tar.gz /etc/skel/.kde
/etc/skel/.kderc /etc/skel/Desktop /etc/pam.d/kde
/etc/profile.de/kde.*
paco:~ # ll /root/kde1_config.tar.gz
... 1600 Jul  2 13:08 /root/kde1_config.tar.gz
paco:~ # tar -tvzf /root/kde1_config.tar.gz
... 2000-04-05 11:12:40 /etc/skel/.kde/
... 2000-04-05 11:12:40 /etc/skel/.kde/share/
... 1999-04-08 04:04:05 /etc/skel/.kde/share/applnk/
... 2000-04-05 11:12:40 /etc/skel/.kde/share/apps/
... 1998-12-21 07:52:06 /etc/skel/.kde/share/apps/kd
...
paco:~ # rm -rf /etc/skel/.kde /etc/skel/.kderc /etc/skel/Desktop
/etc/profile.de/kde.*
```

Das Kommando *tar -cPzf /root/kde1_config.tar.gz* legt das Tar-Archiv an, das hinterher die Dateien enthält, die den Rest der Kommandozeile ausmachen (aus drucktechnischen Gründen haben wir hier Zeilenumbrüche eingefügt). Das *ll*-Kommando dient nur der Überprüfung, ob die Datei auch angelegt worden ist und ein paar Daten enthält. Sie sind doch noch mit Root-Berechtigung angemeldet? Sie können den Inhalt des Archivs mit dem Kommando *tar -tvzf /root/kde_config.tar.gz* noch einmal kontrollieren (wir haben die Darstellung etwas gekürzt), bevor Sie den Teil der Dateien mit dem *rm*-Kommando löschen, der zu Konflikten mit der neuen KDE-Version führt.

Installation der RPM-Pakete

Die Installation der RPM-Pakete ist vergleichsweise einfach, erfordert jedoch etwas Zeit, bis alle Daten ausgepackt und verstaut worden sind. Wir müssen hier den Kontrollmechanismus der RPM-Datenbank ein wenig unterlaufen, da das System die Dateien dieser Beta-Version für Nachfolger der Version 1.1.2 hält – was ja nicht unbedingt falsch ist – und sich gegen eine Installation sperrt.

```
paco:~ # ll k*.rpm
...  1012233 Jun 27 13:35 kdeadmin-1.91-1.i386.rpm
...  7902593 Jun 27 13:37 kdebase-1.91-1.i386.rpm
...    66494 Jun 27 13:37 kdebase-3d-screensavers-1.91-1.i386.rpm
...  3892732 Jun 27 13:38 kdegames-1.91-1.i386.rpm
...  1527080 Jun 27 13:38 kdegraphics-1.91-1.i386.rpm
...  6237836 Jun 27 13:39 kdelibs-1.91-1.i386.rpm
...  1907569 Jun 27 13:40 kdelibs-devel-1.91-1.i386.rpm
...   730301 Jun 27 13:40 kdelibs-sound-1.91-1.i386.rpm
...   219445 Jun 27 13:40 kdelibs-sound-devel-1.91-1.i386.rpm
...  2076574 Jun 27 13:41 kdenetwork-1.91-1.i386.rpm
...   889080 Jun 27 13:41 kdepim-1.91-1.i386.rpm
...   397436 Jun 27 13:41 kdesupport-1.91-1.i386.rpm
...    74331 Jun 27 13:41 kdesupport-devel-1.91-1.i386.rpm
...   812660 Jun 27 13:41 kdetoys-1.91-1.i386.rpm
...  2168624 Jun 27 13:42 kdeutils-1.91-1.i386.rpm
...  5079109 Jun 27 13:43 koffice-1.91-1.i386.rpm
paco:~ # rpm -i --nodeps --force k*.rpm
```

Der *ll*-Befehl dient nur dazu, festzustellen, ob alle Dateien da sind. Dies ist in diesem Fall wichtig, da der nachfolgende *rpm*-Befehl auf die Überprüfung der Abhängigkeiten verzichtet und Sie daher selbst dafür sorgen müssen, dass alle notwendigen Pakete installiert werden.

Der nächste Schritt ist wiederum notwendig, um die bereits bestehende KDE 1.x Installation nicht durcheinander zu bringen. Dem Löschen der Dateien geht jedoch wieder das Anlegen einer Sicherheitskopie voraus.

```
paco:~ # tar -cPzf /root/kde2_config.tar.gz /etc/skel/.kde
/etc/skel/.kderc /etc/skel/Desktop /etc/pam.d/kde
/etc/profile.de/kde.*
paco:~ # ll /root/kde2_config.tar.gz
... 4060 Jul  2 13:20 /root/kde2_config.tar.gz
paco:~ # tar -tvzf /root/kde2_config.tar.gz
...
paco:~ # rm -rf /etc/skel/.kde /etc/skel/.kderc /etc/skel/Desktop
/etc/profile.de/kde.*
paco:~ #
```

Auch hier haben wir mit *ll* und *tar -tvzf* das korrekte Anlegen der Archivdatei kontrolliert, bevor wir mit *rm -rf* die kritischen Dateien gelöscht haben.

Anpassen der KDE 2.0-Installation

Jetzt sind nur noch die Anpassungen notwendig, die KDE 1.x und KDE 2.0 wieder funktionsfähig in das System integrieren. Beide Versionen arbeiten mit Umgebungsvariablen, die in einem Skript gesetzt werden und der jeweiligen KDE-Version anzeigen, wo sich ihre Daten befinden.

1 Beginnen wir mit der alten Installation: Die Datei */usr/bin/kde* sollte noch nicht existieren. Legen Sie mit einem Texteditor Ihrer Wahl (mit Root-Berechtigung) diese Datei an und füllen Sie sie mit folgen-

dem Inhalt – dieser Schritt muss von SuSE-Nutzern nicht durchgeführt werden:

```
paco:~ # joe /usr/bin/kde
#!/bin/sh
KDEDIR=/usr
QTDIR=/usr/lib/qt-2.1.1
PATH=$KDEDIR/bin:$PATH
LD_LIBRARY_PATH=$KDEDIR/lib:$QTDIR/lib:$LD_LIBRARY_PATH
export KDEDIR QTDIR PATH LD_LIBRARY_PATH
exec startkde
```

Mit dieser Datei wird in einem späteren Schritt nach der grafischen Installation KDE gestartet.

2 Es fehlt dazu nur noch die Möglichkeit, diese Datei auszuführen. Geben Sie ihr noch die Ausführungsrechte mit dem Kommando *chmod a+x /usr/bin/kde*

3 Eine solche Startdatei muss nun für KDE 2.0 angelegt werden. Sie werden erstaunliche Parallelen feststellen! Und weil sich diese Dateien so sehr gleichen, machen Sie zuerst eine Kopie, an der Sie dann die erforderlichen Änderungen vornehmen können:

```
paco:~ # cp /usr/bin/kde /opt/kde2/bin/kde2
```

4 Dann können Sie mit einem Editor Ihrer Wahl die Änderungen vornehmen, die wir hier fett dargestellt haben – dieser Schritt ist auch für SuSE-Nutzer wichtig:

```
paco:~ # joe /opt/kde2/bin/kde2
#!/bin/sh
KDEDIR=/opt/kde2
KDEHOME=$HOME/.kde2
QTDIR=/usr/lib/qt-2.1.1
PATH=$KDEDIR/bin:$PATH
LD_LIBRARY_PATH=$KDEDIR/lib:$QTDIR/lib:$LD_LIBRARY_PATH
export KDEDIR QTDIR PATH LD_LIBRARY_PATH
startkde
```

Diese Datei hat die Ausführungsrechte von ihrer Quelle geerbt, daher müssen wir das *chmod*-Kommando von oben nicht noch einmal ausführen.

5 Es geht zu Ende. Aber nur mit der Umstellung. Alles andere fängt jetzt erst richtig an! Mit der Konfiguration der grafischen Anmeldung kommen wir zum krönenden Abschluss der Paralleleinrichtung von KDE 1.x und KDE 2.0:

Zuerst ergänzen Sie die Konfiguration des *kdm* um einen Eintrag für KDE 2.0. Bearbeiten Sie die Datei */usr/share/config/kdmrc* mit einem Editor Ihrer Wahl und ergänzen Sie die Zeile *SessionTypes* um *kde2;*.

```
paco:~ # joe /usr/share/config/kdmrc
[KDM]
...
SessionTypes=kde;gnome;anotherlevel;default;failsafe;kde2;
```

6 RedHat nutzt für die Auswahl der verschiedenen Window-Manager einen Mechanismus, der in der Datei */etc/X11/xdm/Xsession* versteckt

ist. Hier sind zwei Änderungen notwendig: Zuerst ändern Sie den Aufruf der alten KDE-Version ab, sodass diese auf die neu angelegt Datei */usr/bin/kde* zeigt. Dann ergänzen Sie die Abfrage noch um die Behandlung von KDE 2.0.

```
paco:~ # joe /etc/X11/xdm/Xsession
# now, we see if xdm/gdm/kdm has asked for a specific environment
case $# in
1)
    case $1 in
    failsafe)
        exec xterm -geometry 80x24-0-0
        ;;
    gnome)
        exec gnome-session
        ;;
    kde)
        exec /usr/bin/kde
        ;;
    kde2)
        exec /opt/kde2/bin/kde2
        ;;
    anotherlevel)
        # we assume that switchdesk is installed.
        exec /usr/share/apps/switchdesk/Xclients.anotherlevel
        ;;
    esac
esac
```

Nun, das war's. Wir raten Ihnen jedoch dazu – vor allem, wenn Sie die alte KDE-Version bereits produktiv einsetzen –, zum Ausprobieren von KDE 2.0 eine weitere Nutzerkennung anzulegen. Dann können keine Probleme mit Ihren lokalen Konfigurationsdateien auftreten. Ansonsten wünschen wir Ihnen viel Spaß beim Testen der Beta-Versionen. Aber wir hoffen doch sehr, dass Ihnen bald die endgültige Version von KDE zur Verfügung steht. Wir werden sie in der nächsten Auflage dieses Buches ausführlich beschreiben.

S.u.S.E.-Tipp

Anpassen Xsession in der SuSE-Distribution
Bei SuSE finden Sie die Datei *Xsession* im Verzeichnis */usr/X11R6/lib/X11/xdm*. Suchen Sie dort nach dem Text

```
XSESSION_IS_IP=yes
export XSESSION_IS_UP
```

und tragen Sie direkt danach folgende Zeilen ein:

```
if test ''$WINDOWMANAGER'' = ''kde2''; then
   exec /opt/kde2/bin/kde2
   exit 1
fi
```

11.16 Troubleshooting

„Ein Auto, das nicht fährt, ist noch nicht einmal die Hälfte wert“, textete ein Kabarettist vor einiger Zeit. Dieser Kommentar gilt analog auch für den

Computer. Nur dass man in diesem Fall selten die Möglichkeit hat, die Dinge, die man bisher mit dem Computer getan hat, zu Fuß zu erledigen. Daher ist es in so einem Fall besonders wichtig, den Fehler zu finden und zu beheben. Wir haben dabei eine gute und eine schlechte Nachricht für Sie: Die schlechte Nachricht lautet, dass Support für KDE eine noch nur spärlich zu findende Errungenschaft ist. Der größte Teil des Supports wird dabei über das Internet abgewickelt, aber was macht man, wenn die Software, mit der man sich Hilfe holen könnte, nicht mehr funktioniert? Die gute Nachricht ist jedoch, dass Linux selbst die Fehlersuche bestmöglich unterstützt.

▼▼▼ WORKSHOP

Wo finde ich die Fehlermeldungen der unter KDE gestarteten Programme?

Jedes Programm, vor allem wenn es sich noch im Betastadium befindet, ist bezüglich seiner Ausgaben sehr „schwatzhaft". Diese werden, wenn Sie das Programm über ein Terminalfenster gestartet haben, dort ausgegeben. Wenn Sie Linux jedoch direkt im grafischen Modus starten, werden diese Meldungen in die Datei *.xsession-errors* geleitet, die in Ihrem Home-Verzeichnis angelegt wird. In ihr werden alle Meldungen gespeichert, die die Programme beim Start oder bei der Bedienung ausgeben. Das kann mitunter sehr viel werden, da diese Datei aber bei jedem Neustart gelöscht wird, erreicht sie selten eine kritische Größe.

Starten Sie KDE „von Hand", d. h., melden Sie sich erst an der Konsole an und starten KDE dann mit dem Kommando *startx*, werden die Fehlermeldungen auf der Konsole ausgegeben. Sie können während einer Sitzung mit [Strg]+[Alt]+[F1] oder der entsprechenden Nummer der virtuellen Konsole, von der Sie X Window gestartet haben, darauf zurückschalten und sich die dort ausgegebenen Meldungen ansehen. Sie können die Ausgabe jedoch auch in eine Datei umleiten, damit Sie auch nach der Sitzung noch alle Kontroll-Ausgaben der Programme nachsehen können. Wenn Sie die Datei *.xerrors* nennen, sähe der Befehl dazu so aus:

startx >.xerrors 2>&1

Wenn KDE startet und Sie in der Lage sind, ein X-Terminal aufzurufen, bietet Ihnen diese Methode den Vorteil, dass Sie sich den Inhalt der Datei *.xerrors* oder *.xsession-errors* ansehen können, während Sie versuchen, die aufgetretenen Fehler zu reproduzieren. Dazu gehen Sie wie folgt vor:

1. Starten Sie ein Text-Terminal, sei es nun ein *xterm* oder ein *kvt*.
2. Jetzt lassen Sie sich mit dem Kommando

   ```
   paco:~ $ tail -f .xsession-errors
   ```

   den „Schwanz", also das Ende der Datei anzeigen. Wundern Sie sich nicht, wenn der Prompt nicht wieder auftaucht! Die Option *-f*, die wir *tail* mitgegeben haben, bewegt es dazu, den Inhalt der Datei kontinuierlich auszugeben, wenn weitere Daten in sie hineingeschrieben werden. Sobald also ein Kommando eine Meldung in die Datei *.xsession-errors* schreibt, wird dieser Text im Terminalfenster ausgegeben.

3 Jetzt versuchen Sie, den Fehler zu reproduzieren, d. h., Sie klicken auf das Symbol, bei dem nichts passiert, obwohl doch eigentlich ... usw.

Wenn Sie die Ausgabe der Datei beenden wollen, können Sie nach der Selektion des Terminalfensters die Ausführung von *tail* mit Strg+c beenden. Wir werden bei den folgenden Hilfestellungen immer auf die Datei *.xsession-errors* verweisen. Alle Angaben gelten jedoch für eine Datei *.xerrors* analog, wenn Sie sie wie oben geschildert angelegt haben.

Workshop-Ende

Die Programme aus dem Kontextmenü starten nicht!

Symptom: Sie wählen aus dem Kontextmenü für den Bildhintergrund den Punkt *Eigenschaften der Bildschirmanzeige* und nichts passiert – oder Sie versuchen über die Minikommandozeile ein Programm zu starten, und nichts passiert.

Diagnose: In diesem Fall ist es wichtig zu sehen, was in die Datei *.xsession-errors* geschrieben wird, wenn Sie versuchen eine der oben genannten Aktionen auszuführen. Wird die Meldung *Could not find a valid shell* ausgegeben, findet KDE keine Kommando-Shell, die das gewünschte Kommando ausführen könnte. In diesem Fall sollten Sie kontrollieren:

1 *Ist bei Ihrer Kennung in der Datei* /etc/passwd *eine Kommando-Shell eingetragen?* Wenn nicht, melden Sie sich unter der Root-Kennung an und tragen Sie eine Shell, am besten */bin/bash*, mit Hilfe des Programms kuser nach.

2 *Ist beim Aufruf von KDE die Umgebungsvariable* SHELL *noch gesetzt?* Sie können dies kontrollieren, wenn Sie eine Kommando-Shell aufrufen und den Befehl *echo $SHELL* eingeben. Wenn jetzt nur eine leere Zeile ausgegeben wird, wird *SHELL* nicht gesetzt (was eigentlich nur vorkommt, wenn für Ihre Kennung keine Shell festgelegt wurde), oder aber die Umgebungsvariable wird an irgendeiner Stelle gelöscht oder besitzt keinen Inhalt. Jetzt heißt es suchen, wo das passiert sein könnte: wenn Sie die Bash als Kommando-Shell nutzen, sind die Dateien */etc/profile*, */etc/bashrc*, *$HOME/.bash_profile* und *$HOME/.bashrc* passende Kandidaten.

3 *Existiert die Datei, auf die die Umgebungsvariable* SHELL *zeigt?* Kontrollieren Sie doch einfach mit einem *ls*-Kommando, ob der Inhalt von *SHELL* existiert. Wenn nicht, gilt im Prinzip das Gleiche wie für

Punkt 2: Suchen Sie nach einer Stelle, an der hier etwas Falsches eingetragen wird. Kontrollieren Sie auch, ob nicht schon in der Datei */etc/passwd* der Fehler steckt.

Ich kann keine CD einhängen

Symptom: Sie haben sich ein Symbol angelegt, das auf das CD-ROM-Laufwerk zeigt, aber wenn Sie es anklicken, beschwert sich das System, dass Sie nicht unter der Root-Kennung arbeiten.

Diagnose: Das Problem liegt in der Vergabe der Rechte für das Ein- und Aushängen von Dateisystemen. Diese Informationen werden in der Datei */etc/fstab* eingetragen. Welche Informationen Sie dort eintragen müssen und wie Sie das am einfachsten machen, zeigt Ihnen der Workshop „Dateisysteme unter KDE freigeben" auf Seite 750.

Ich kann eine CD ein-, aber nicht wieder aushängen!

Symptom: Meldet sich das System mit der Meldung *umount: /dev/hdc is not in the fstab (and you are not root)* leiden Sie unter einer besonders ärgerlichen Verwirrung.

Diagnose: Damit die Konfiguration der *fstab* nicht so kompliziert ist, wird für die Standardlaufwerke im */dev*-Verzeichnis ein Link angelegt. Damit kann immer über den Link */dev/cdrom* auf das CD-ROM-Laufwerk zugegriffen werden, egal, ob es in Wirklichkeit nun */dev/scd* oder */dev/hdc* heißt. Leider denkt KDE in diesem Fall, es müsse mit dem Original und nicht mit dem Link arbeiten. Für das Original existiert jedoch kein Eintrag in der *fstab*, der Ihnen dazu das Recht einräumt.

Lösung: Wir haben leider nur eine nicht so elegante Lösung gefunden, die aber trotzdem wirksam ist: Bearbeiten Sie die Datei */etc/fstab* mit einem Texteditor (siehe auch S. 750); fügen Sie eine neue Zeile hinzu. Kopieren Sie die Zeile, die die Informationen für das CD-ROM enthält, und ersetzen Sie den Device-Eintrag durch das angemeckerte Originalgerät (in unserem Beispiel */dev/hdc*:

```
Aus
/dev/cdrom /mnt/cdrom iso9660 noauto,ro,user 0 0
wird
/dev/hdc /mnt/cdrom iso9660 noauto,ro,user 0 0
```

Damit haben Sie zwar das CD-ROM-Laufwerk zweimal eingetragen, aber Funktion geht hier über Schönheit. Wenn Sie die Datei abgespeichert haben, können Sie bereits ausprobieren, ob Sie das Gerät jetzt aushängen können.

▼▼▼ WORKSHOP

Dateisysteme unter KDE freigeben

Symptom: Probleme beim Zugriff auf Diskette oder CD-ROM
Sie versuchen, unter einer normalen Nutzerkennung auf die Diskette oder das CD-ROM-Laufwerk zuzugreifen, werden jedoch vom System als unberechtigt abgewiesen.

Diagnose: Die wahrscheinlichste Ursache für diesen Fehler sind die Einträge in der Datei */etc/fstab*, in der die Zugriffsrechte auf die verschiedenen Laufwerke festgelegt werden.

Lösung:

Die Zugriffsrechte auf die einzelnen Dateisysteme sind in der Datei */etc/fstab* gespeichert. Dateisysteme können im Regelfall nur mit Root-Berechtigung gemountet werden. Man kann aber z. B. bei CD-ROM- und Diskettenlaufwerken die Berechtigung auf einfache Nutzerkennungen ausweiten.

1. Starten Sie den Datei-Manager im Superuser-Modus (kfmsu).
2. Klicken Sie sich zum Verzeichnis */etc* durch.
3. Dort öffnen Sie die Datei *fstab* über das Kontextmenü mit *kedit*.
4. Sie sehen dort Einträge für alle Dateisysteme, die dem System bekannt sind. Uns interessieren die Einträge für das Diskettenlaufwerk (*/dev/fd0*) und für das CD-ROM-Laufwerk (*/dev/cdrom*). Bei RedHat finden Sie dort standardmäßig folgende Einträge:

   ```
   /dev/fd0     /mnt/floppy  ext2     noauto      0 0
   /dev/cdrom   /mnt/cdrom   iso9660  noauto,ro   0 0
   ```

   Diese Einträge machen die Arbeit mit KDE etwas unflexibel. Verändern Sie die Einträge auf folgende Werte (wir haben die Veränderungen in fetter Schrift gekennzeichnet):

   ```
   /dev/fd0     /mnt/floppy  vfat     noauto,user      0 0
   /dev/cdrom   /mnt/cdrom   iso9660  noauto,ro,user   0 0
   ```

5. Speichern Sie die Datei ab und probieren Sie es aus!

Jetzt ist das CD-ROM oder die Diskette auch unter einer normalen Nutzerkennung unter KDE nutzbar. Der Eintrag *vfat* sorgt dafür, dass Sie Ihre Disketten auch im MS-Windows 95-Format mounten können. Leider funktioniert bei den Disketten der Eintrag *auto* nicht oder nur mit Problemen.

Workshop–Ende ▲▲▲

12. Linux im Büro: Anwendungsprogramme

In diesem Kapitel stellen wir Ihnen einige Programme vor, mit denen traditionelle Aufgaben wie Textverarbeitung, Tabellenkalkulation, Terminplanung und Erstellung von Präsentationen erledigt werden können. Diese Programme sind im Laufe der Entwicklung und Verbreitung von Linux auf dieses freie Betriebssystem portiert worden und werden zum Teil von den Herstellern für den privaten Gebrauch kostenlos zur Verfügung gestellt.

Auch Büro-Anwendungsprogramme, von denen nicht zu erwarten ist, dass sie jemals nach Linux portiert werden, können auf einem Linux-Rechner in ihrer natürlichen Umgebung genutzt werden. Näheres dazu erfahren Sie im letzten Teil dieses Kapitels.

Zum Alltag im Büro gehören aber auch die Buchhaltung, Personal- und Warenwirtschaft oder der Zahlungsverkehr. Anwendungsprogramme zu diesen Bereichen oder sogar branchenspezifische Lösungen sind für Linux mittlerweile verfügbar. Darauf hier einzugehen würde jedoch den Rahmen dieses Buches sprengen. Aktuelle Informationen finden Sie beispielsweise unter *http://www.linux.de/links/Software/Business/*.

12.1 StarOffice

StarOffice ist ein von Star Division entwickeltes Office-Paket, das neben Versionen für MS Windows und Sun Solaris schon seit einiger Zeit auch für Linux zur Verfügung steht. Seit der Übernahme durch Sun darf StarOffice auch für kommerzielle Zwecke kostenfrei eingesetzt werden. Sie können das gesamte Paket von Suns Webserver herunterladen (*http://www.sun.com/staroffice/*), was angesichts des Umfangs von rund 100 MByte viel Geduld und einen zuverlässigen (und möglichst kostenlosen) Internet-Zugang voraussetzt. Alternativ kann die Software zusammen mit einem Handbuch erworben werden, und einige Distributionen (wie beispielsweise SuSE ab Version 6.3) liefern bereits StarOffice mit aus.

StarOffice vereinigt die Anwendungen

- Textverarbeitung,
- Tabellenkalkulation,
- Datenbank,
- Zeichenprogramm,

- Präsentationssoftware,
- Terminplaner,
- Internet-Browser und
- E-Mail-Client

unter einer gemeinsamen Desktop-Oberfläche, dem „integrierten Desktop“. Dieser stellt eine eigenständige grafische Oberfläche dar, die Sie, wenn sie Ihnen besser gefällt als KDE oder GNOME, auch für andere Arbeiten benutzen können, da auch StarOffice-fremde Dateien und Programme ansprechbar sind.

Grundinstallation

Nach einem erfolgreichen (vielleicht auch qualvollen) Download finden Sie eine ausführbare Datei *so-5_2-ga-bin-linux-de.bin* auf Ihrer Festplatte (oder auf der CD). Wie der Name schon andeutet, handelt es sich dabei um eine Binärdatei, also ein Programm, das gestartet werden muss und beim Ablauf alle erforderlichen Dateien auf Ihrer Festplatte ablegt. Falls StarOffice in Ihrer Linux-Distribution enthalten war, sind vermutlich die ersten Installationsschritte bereits beim Zusammenstellen der Distribution vorgenommen worden. Sie erkennen dies daran, dass ein Verzeichnis */opt/office52* existiert und etliche Dateien enthält; in diesem Fall können Sie den Rest dieses Unterkapitels überspringen und mit der Benutzerinstallation auf Seite 755 fortfahren.

1 Wechseln Sie in ein Arbeitsverzeichnis, beispielsweise */tmp*; achten Sie darauf, dass das Dateisystem, das dieses Verzeichnis beherbergt, genügend freien Platz aufweist (Abfrage mit *df*).

2 Wenn Sie das Installationshandbuch als Datei *GERMANSETUP.PDF* heruntergeladen haben oder auf der StarOffice-CD vorfinden, können Sie es mit *acroread* oder *xpdf* lesen; es enthält auch einige Angaben zu Hardware- und Softwarevoraussetzungen. (Letztere werden von aktuellen Linux-Distributionen in der Regel erfüllt.)

3 Starten Sie KDE (wenn es nicht ohnehin schon läuft) und verschaffen Sie sich Administratorrechte (indem Sie z. B. in einem *xterm*-Fenster das Kommando *su* eingeben).

4 Setzen Sie vorsichtshalber mit dem Kommando

```
umask 022
```

die Voreinstellungen für die Zugriffsrechte auf neu erzeugte Dateien so, dass unter jeder Kennung lesender bzw. ausführender Zugriff möglich ist. Andernfalls kann es später zu Fehlern kommen, deren Ursache schwer zu ergründen ist (die dann auftretenden Meldungen sind alles andere als hilfreich).

5 Starten Sie das Installationsprogramm mit dem Kommando

```
Pfad/so-5_2-ga-bin-linux-de.bin /net
```

(wobei *Pfad* auf Ihr CD-Laufwerk oder das Verzeichnis verweist, in dem Sie das Programm beim Download abgelegt haben). Der Parameter */net* sollte auch angegeben werden, wenn Ihr Rechner gar nicht vernetzt ist; er sorgt dafür, dass StarOffice in einem zentralen Verzeichnis installiert wird und von mehreren Benutzerkennungen aus aufgerufen werden kann, ohne den Speicherplatz für die gesamte Installation mehrfach zu verbrauchen. (Im Installationshandbuch ist dieser Parameter falsch beschrieben; er muss wirklich mit einem Schrägstrich beginnen.)

Der nun folgende Installationsvorgang wird von einem Setup-Assistenten begleitet; wenn Sie versehentlich eine fehlerhafte Eingabe gemacht haben, können Sie in den meisten Situationen durch Anklicken der Schaltfläche *Zurück* zu den vorherigen Schritten zurückkehren und eine andere Auswahl treffen.

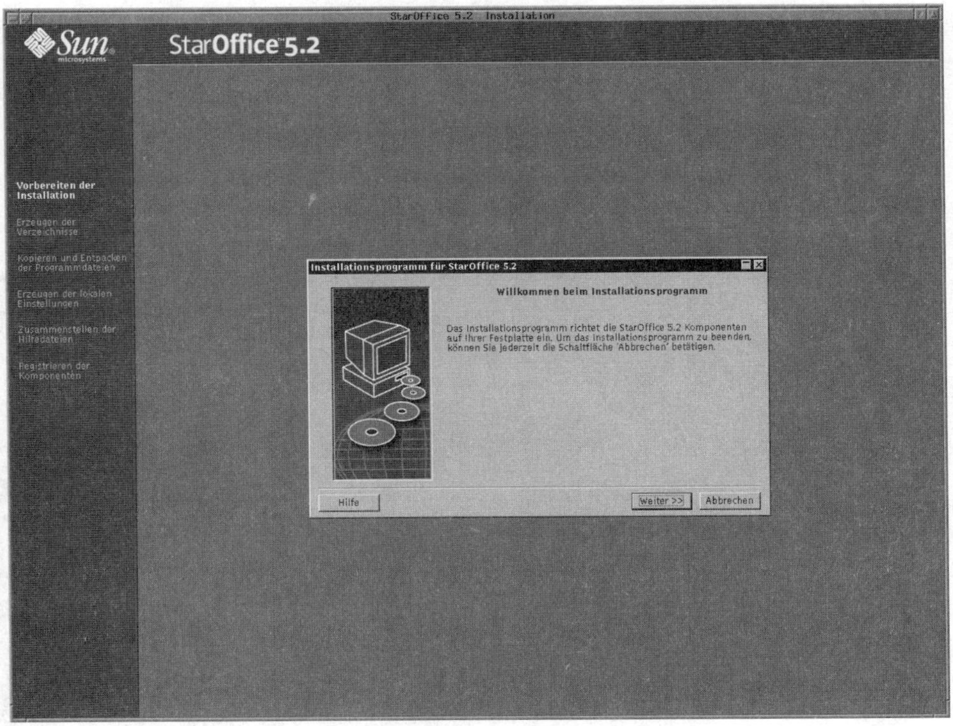

Beginn der Installation

6 Nach Anklicken der Schaltfläche *Weiter* wird Ihnen das *README* zum Lesen angeboten; prüfen Sie bitte, ob es ganz aktuelle Informationen enthält, die wir hier noch nicht berücksichtigen konnten.

7 Mit einem erneuten *Weiter* gelangen Sie zur Anzeige der Lizenzbestimmungen. Wenn Sie auf Nummer Sicher gehen wollen, können Sie hier nachlesen, dass die Nutzung kostenfrei ist (für die Weitergabe der Software gelten Einschränkungen).

8 *Akzeptieren* führt Sie weiter zur Angabe der Installationsart: Die Wahl

Auswahl der Installationsart

zwischen Standardinstallation, benutzergesteuerter oder minimaler Installation dürfte in erster Linie vom verfügbaren Plattenplatz abhängen. Klicken Sie im Zweifel die benutzergesteuerte Variante an.

9 Nach Anklicken von *Weiter* werden Sie nach dem gewünschten Installationsverzeichnis gefragt. Falls Ihnen das Verzeichnis */root/office52* vor-

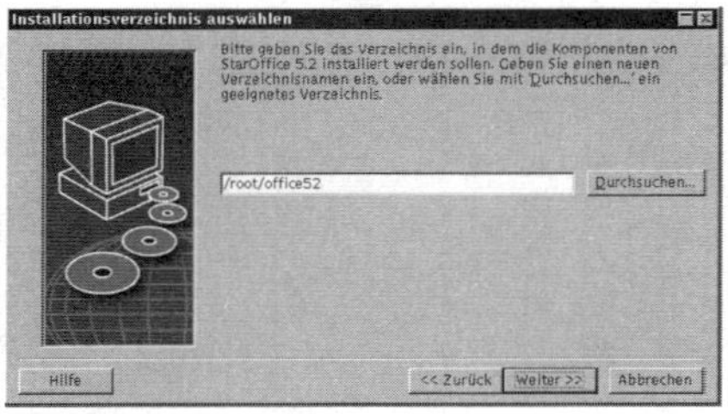

Installationsverzeichnis bestimmen

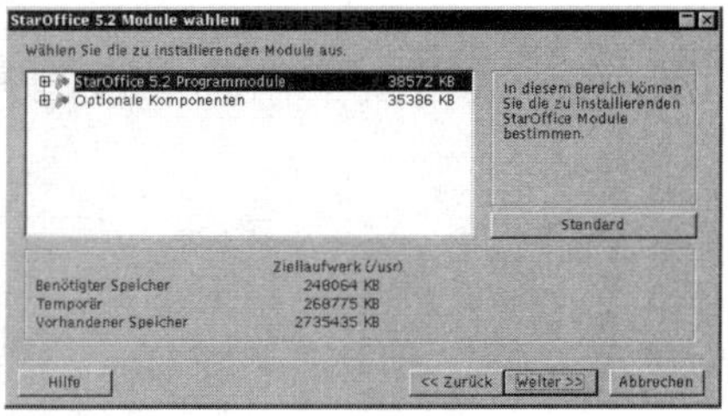

Auswahl der zu installierenden Module

geschlagen wird, ändern Sie es auf jeden Fall (im Home-Verzeichnis von *root* sollte keine Software installiert werden!), beispielsweise in */opt/office52*.

Wenn Ihr */opt*-Verzeichnis in der Root-Partition liegt oder noch nicht existiert, sollten Sie überprüfen, ob diese Partition (*Mounted on /* in der Ausgabe von *df*) noch genügend freien Platz hat. Wenn Sie Ihre übrige Software z. B. in einer separaten Partition */usr* installiert haben, sollten Sie diese auch hier angeben (also etwa */usr/opt/office52*). Andernfalls könnte die Root-Partition überlaufen, was sich nicht gerade günstig auf die Stabilität des Systems auswirkt ...

10 Nachdem Sie den Installationspfad eingegeben und ggf. noch einmal bestätigt haben, gelangen Sie zur Modulauswahl. Sollte Ihr Plattenplatz knapp bemessen sein, so können Sie sich hier von einigen Funktionen verabschieden, die Sie voraussichtlich am wenigsten brauchen werden.

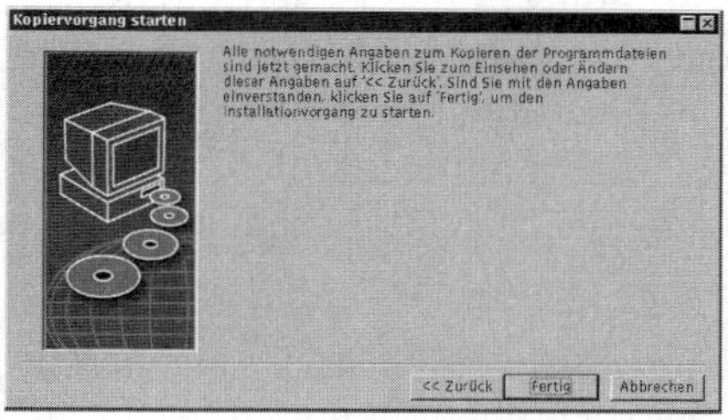

Kopiervorgang starten

Installation ist fertig!

Schwieriger wird es, wenn Sie möglichst viel Plattenplatz mit StarOffice füllen wollen: In der benutzergesteuerten Installation sind (außer der Ankopplung von StarSchedule, einem Terminplaner, an einen PalmPilot) schon fast alle Komponenten vorselektiert. Insgesamt fünf Sprachmodule stehen zur Verfügung: neben Deutsch noch Englisch (in der britischen und der US-Variante), Französisch und Spanisch.

11 Nach erneutem *Weiter* wird auf *Fertig* hin der Kopiervorgang gestartet, der die StarOffice-Komponenten ins festgelegte Zielverzeichnis installiert. Über den Fortgang der Aktion werden Sie mit Fortschrittsbalken und Zeitschätzung auf dem Laufenden gehalten; währenddessen (auf einem relativ schnellen Rechner etwa eine Minute lang) dürfen Sie einige Werbebilder betrachten.

12 Mit einem weiteren *Fertig*-Klick verabschieden Sie sich vom Setup-Assistenten und landen wieder auf der Kommandozeile. Damit ist die Grundinstallation abgeschlossen.

13 Geben Sie nun die Administratorrechte wieder auf (falls Sie zu Beginn *su* gesagt haben, können Sie mit *exit* die privilegierte Shell wieder beenden).

Benutzerinstallation

Vor der Benutzung von StarOffice müssen einige Dateien in das Home-Verzeichnis des Aufrufers kopiert worden sein; insgesamt landen etwa 3 MByte im Unterverzeichnis *~/office52* – Konfigurationsdateien, Bookmarks, kleine Bilder und dergleichen mehr. Bei diesem Kopiervorgang werden auch einige Voreinstellungen getroffen, die sich aber fast alle später noch verändern lassen.

S.u.S.E.-Tipp

Wenn Sie SuSE ab Version 6.3 verwenden und das Paket *so_de* (Serie *pay*) installiert haben, befindet sich eine Grundinstallation von StarOffice bereits auf der Festplatte. Das Installationsprogramm für die nachfolgend beschriebene Benutzerinstallation liegt unter */usr/X11R6/bin/soffice* im Suchpfad der Shell und kann, wie auch später das Office-Programm selbst, einfach als *soffice* aufgerufen werden.

1 Jetzt sollten Sie nicht als Administrator, sondern als Normalbenutzer eingeloggt sein; vorsichtige Naturen werden ein so unüberschaubar großes Programm wie StarOffice ohnehin nie unter *root* ablaufen lassen, denn jeder Fehler (egal, ob er auf Seiten des Anwenders oder des Softwareanbieters liegt) kann sich für das System katastrophal auswirken.

2 Starten Sie KDE, wenn es noch nicht aktiv ist; das eigentliche StarOffice läuft später auch nur auf der grafischen Benutzeroberfläche.

3 Rufen Sie das Programm *program/setup* in Ihrem StarOffice-Installationsverzeichnis auf. Es erscheint wieder das bekannte Installationsfenster.

4 *Weiter* führt Sie zur Anzeige des *README*.

5 Mit *Weiter* und *Akzeptieren* der Lizenzbedingungen gelangen Sie zu einem Fragebogen für benutzerspezifische Daten. Sie werden aufgefordert, Namen, Adresse, Telefonnummer und Mail-Adresse einzugeben; Sun versichert, dass diese Daten nur verwendet werden, um Voreinstellungen für das Schreiben von Briefen, Versenden von Mails und dergleichen zu treffen. Eine Registrierung dieser Daten beim Hersteller findet nicht statt.

Wenn StarOffice eine installierte ältere Version (z. B. 5.1) vorfindet, werden Sie zunächst gefragt, ob Ihre persönlichen Daten importiert werden sollen. Es ist sicher sinnvoll, dies zu akzeptieren; den Fragebogen (und die später folgende Abfrage der Internet-Einstellungen) brauchen Sie dann nicht auszufüllen.

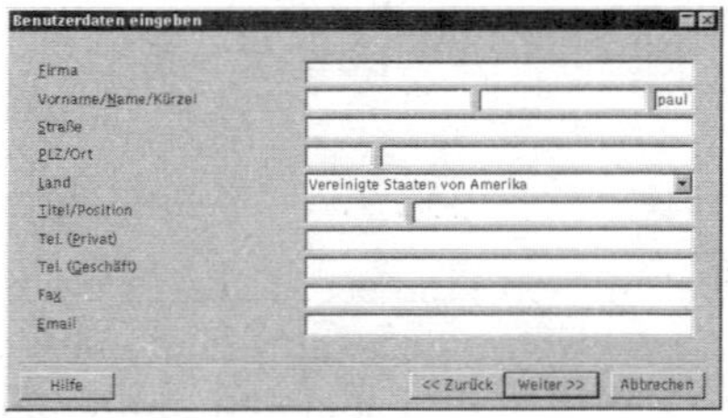

Benutzerdaten eingeben

Installationsart bei Benutzerinstallation

6 Nach anschließendem *Weiter* werden Sie zur Wahl der Installationsart aufgefordert. Wählen Sie hier nur die Standard-Workstation-Installation (sonst werden die Daten überflüssigerweise noch einmal auf die Festplatte kopiert).

7 Nach erneuter Bestätigung können Sie das Installationsverzeichnis auswählen, diesmal für die benutzerspezifischen Daten. Akzeptieren Sie den Vorschlag */home/IhreKennung/office52*. Das Verzeichnis wird gegebenenfalls nach Rückfrage neu angelegt.

8 Anschließend erscheint eine Frage zur Java-Integration. Wenn ein Java

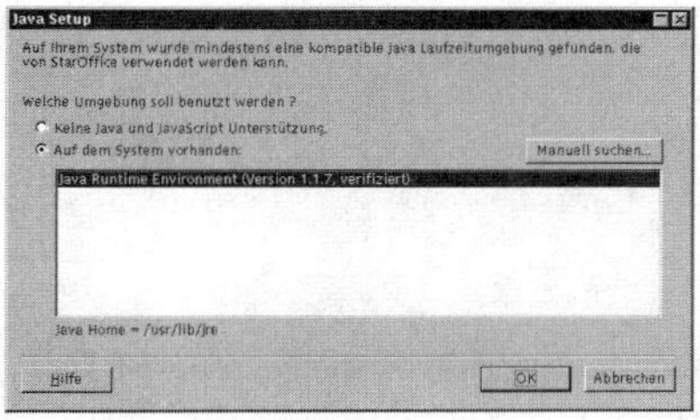

Java einbinden

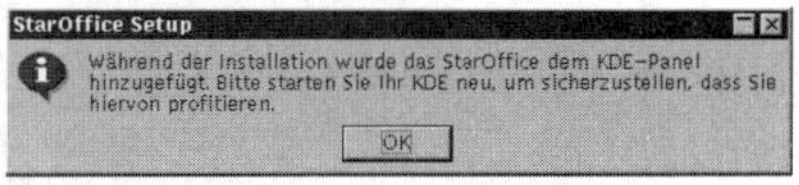

Hinweis zu KDE

Runtime Environment gefunden wird, kann StarOffice dies in den eigenen Browser integrieren. SuSE-Anwender sollten darauf achten, dass das Paket *jre_old* installiert ist, da StarOffice mit neueren Java-Versionen bislang nicht zurechtkommt.

9 Wenn StarOffice bereits installiert war, erscheint an dieser Stelle eine Anfrage, ob bestimmte Dateien (die sich auf Verknüpfungen mit dem Desktop beziehen) ersetzt werden sollen. Klicken Sie auf *Alle ersetzen*, damit Sie sich 33 weitere Rückfragen ersparen.

10 Schließlich wird wieder der Kopiervorgang gestartet (der dieses Mal wesentlich kürzer ist).

11 Wenn die Installationsroutine feststellt, dass KDE verfügbar ist, fügt sie StarOffice selbsttätig dem KDE-Panel hinzu. Im Erfolgsfall werden Sie hierüber informiert.

Nachdem die Installation nun abgeschlossen ist, können Sie StarOffice starten; beim ersten Mal werden Sie aufgefordert, Einstellungen für die Internet-Zugangsfunktionen vorzunehmen. Wenn Ihr WWW-Zugang über einen

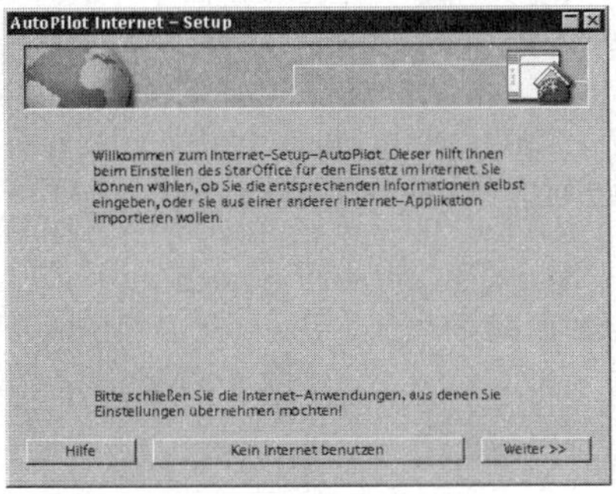

Internet-Einstellungen

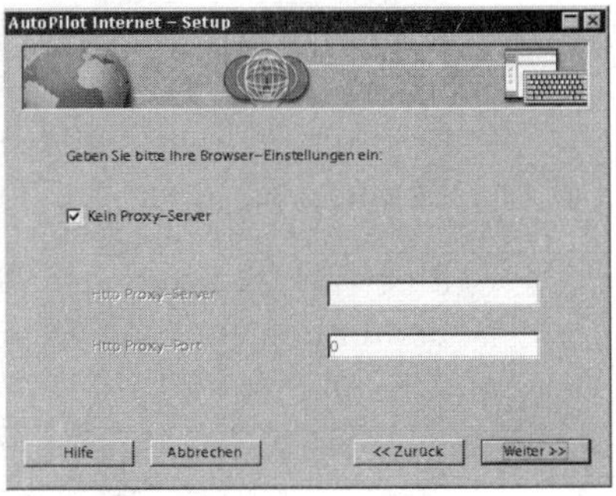

Browser-Einstellungen

Proxy-Server läuft, sollten Sie diesen unter *Browser-Einstellungen* eintragen, da sonst der in StarOffice integrierte Browser nicht funktioniert. Auch die Einstellungen zu E-Mail und News können Sie zu diesem Zeitpunkt vornehmen, aber auch später jederzeit nachholen (wenn Sie überhaupt StarOffice für diese Funktionen nutzen wollen).

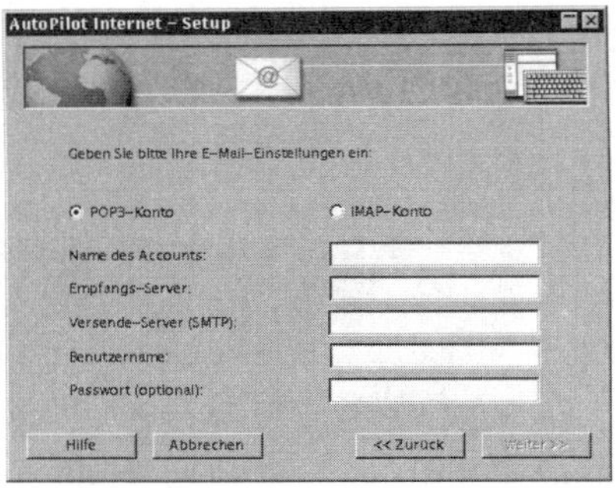

Mail-Konfiguration

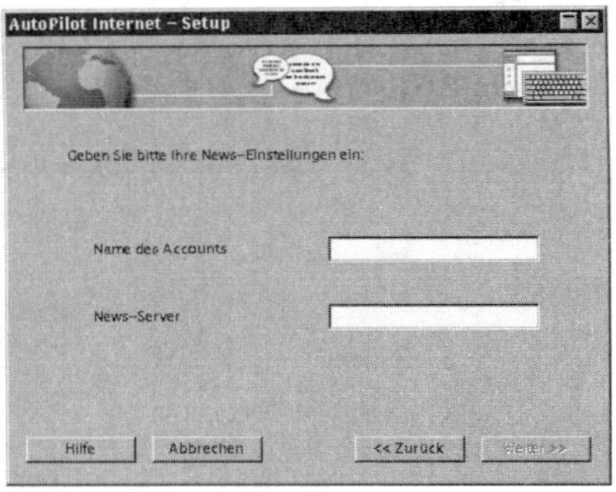

News-Konfiguration

Zum Abschluss wird Ihnen die Internet-Konfiguration noch einmal in einer Zusammenfassung angezeigt; alsdann ist die Einrichtung wirklich abgeschlossen.

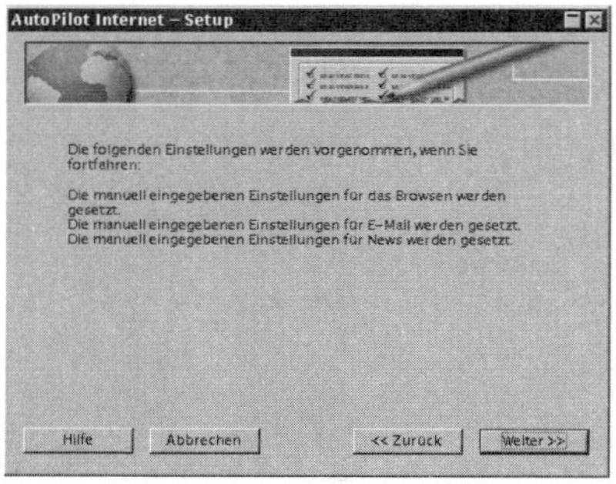

Übersicht über gesamte Konfiguration

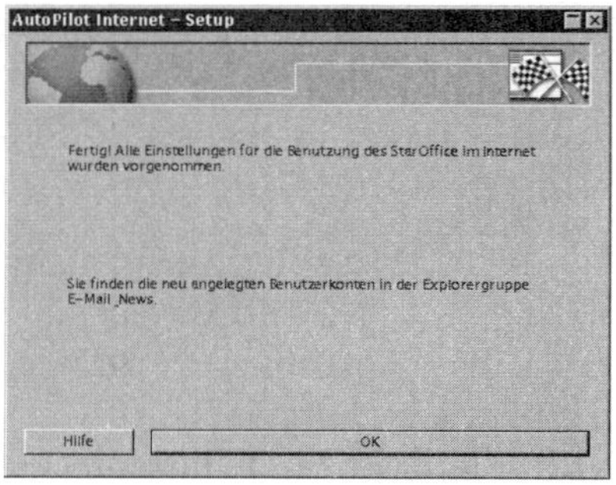

Benutzerinstallation ist fertig

Der integrierte Desktop, das daraufhin erscheinende „normale" StarOffice-Fenster, füllt, so gut er kann, den ganzen Bildschirm aus. Lassen Sie nötigenfalls die KDE-Kontroll-Leiste durch einen Klick auf eine der seitlichen Schaltflächen vom Bildschirm verschwinden, da sonst (je nach X Window-Konfiguration) ein Teil des StarOffice-Fensters verdeckt sein kann.

Eine Verkleinerung des Desktops ist nicht unbedingt sinnvoll, da die bei der Benutzung von StarOffice erscheinenden Popup-Fenster nicht über den Rand des Hauptfensters hinausreichen können (StarOffice verwendet gewissermaßen seinen eigenen Window-Manager).

Wenn Sie das Gefühl haben, dass der im unteren Teil des Fensters eingeblendete „Tipp des Tages" Ihnen wertvolle Bildschirmfläche raubt, markieren Sie das Feld *Tipps nicht mehr anzeigen* und klicken auf das X-Symbol, um diese Anzeige zu schließen.

Zur gewohnten KDE-Oberfläche kehren Sie zurück, indem Sie den Menüpunkt *Ansicht/Integrierter Desktop* auswählen (oder StarOffice beenden).

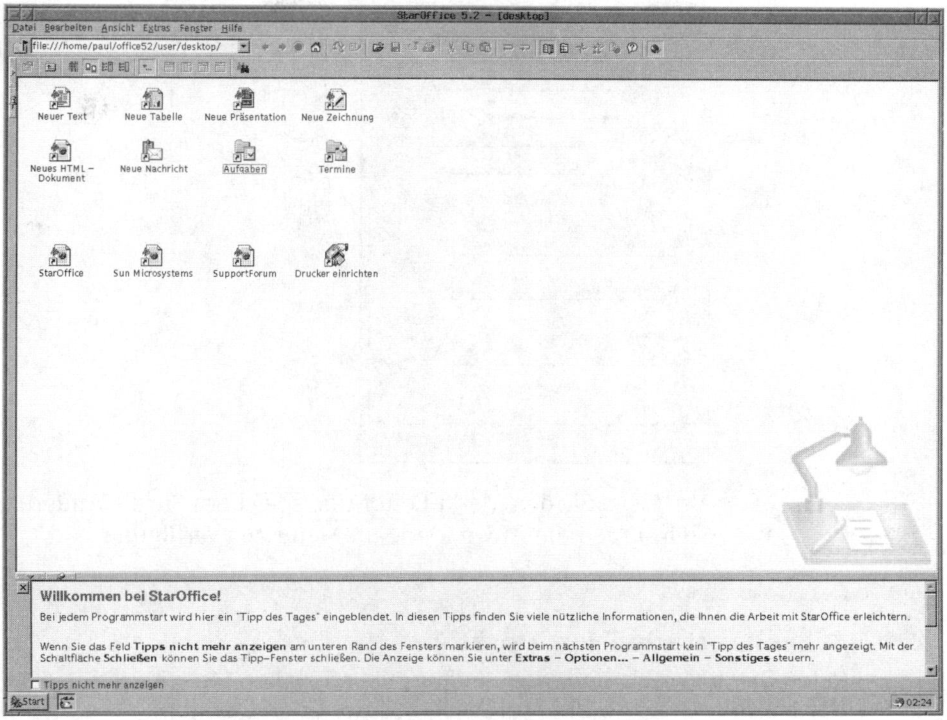

Startbildschirm von StarOffice

Integration in den Window-Manager

Das StarOffice-Setup bietet Ihnen die Möglichkeit der KDE-Integration. Damit werden unter anderem Icons für das StarOffice-Setup und -Programm installiert. Sollten Sie mit einem anderen Window-Manager arbeiten, finden Sie im StarOffice-Verzeichnis zwei Icondateien im XPM-Format (*share/kde/icons/so52.xpm* und *share/kde/icons/mini/so52.xpm*). Sie können diese nach der Anleitung in Ihrer Window-Manager-Dokumentation verwenden, um sich ein Icon zum Aufruf von StarOffice auf die Benutzeroberfläche zu legen.

Dies kann zum Beispiel erfolgen, indem die KDE-Menüleiste bearbeitet wird:

1. Rufen Sie das K-Menü auf.
2. Wählen Sie *Kontrolleiste/Menü bearbeiten*.
3. Im Menü-Editor, der in einem neuen Fenster geöffnet wird, erscheinen zwei Menüleisten, wobei die linke Leiste Ihre persönliche Menükonfiguration erlaubt. Bewegen Sie den Mauszeiger dorthin, drücken Sie die rechte Maustaste und wählen Sie *Neu*.
4. Es wird ein Anwendungsfenster geöffnet, in dem Sie die erforderlichen Einträge vornehmen.

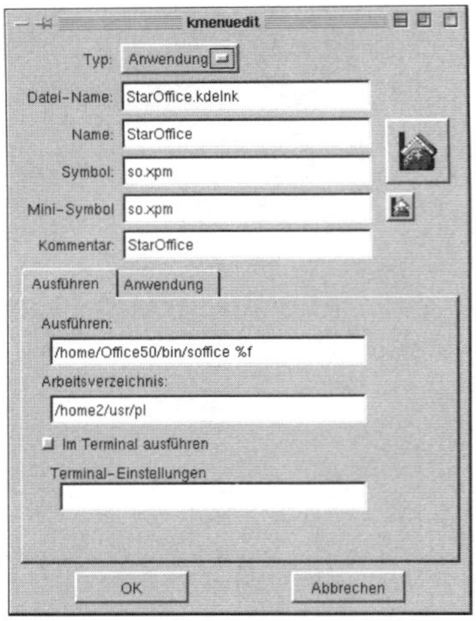

5 Verlassen Sie den Menü-Editor und speichern Sie die Änderung. Danach steht Ihnen die Anwendung im Menü zur Verfügung.

Tipp

Schneller starten vom Desktop

Rufen Sie nochmals den Menü-Editor auf und ziehen Sie mit der linken Maustaste die StarOffice-Zeile auf den Desktop. Lassen Sie die Maustaste los und wählen Sie *Verknüpfung* – und schon können Sie StarOffice direkt durch Anklicken starten.

StarOffice im praktischen Gebrauch

StarOffice ähnelt hinsichtlich des Funktionsumfangs und der Menüstrukturen dem MS-Office und wird deshalb besonders für diejenigen attraktiv sein, die erfahren im Umgang mit den MS-Programmen sind. Sie werden schon nach kurzer Eingewöhnungszeit mit StarOffice zurechtkommen.

Getreu der Zielsetzung, Ihnen einen universellen Desktop für Ihre gesamte Arbeit bieten zu wollen, bringt StarOffice seinen eigenen Datei-Manager („Explorer“) mit. Sie können ihn aufrufen, indem Sie das nach rechts zeigende kleine Dreieck an der linken oberen Ecke des Arbeitsfensters anklicken. Er bietet die Möglichkeit, im Dateibaum zu navigieren und auch mit Drag & Drop zu arbeiten.

Ein neues Dokument legen Sie durch Auswahl des Menüpunkts *Datei/Neu* an; für die wichtigsten Anwendungen finden Sie zudem Symbole auf dem Desktop, die mit *Neu...* bezeichnet sind und ebenfalls ein leeres Dokument des entsprechenden Typs öffnen.

Untermenüs zum Abreißen

Zumindest für Linux-Nutzer ungewohnt ist der Zugang zu einigen Menüs, die sich hinter den Werkzeugleisten am Fensterrand verbergen: Sofern die kleinen, mit einem Symbol gekennzeichneten Schaltflächen ein zusätzliches Dreieck aufweisen, starten sie auf normalen Klick hin zwar wie gewohnt die jeweilige Funktion, durch einen „längeren Klick" (wobei die linke Maustaste etwas länger festgehalten wird) wird jedoch ein Menü mit alternativen Tools aufgeklappt. Durch einen weiteren Klick auf dessen (blaue) Kopfleiste

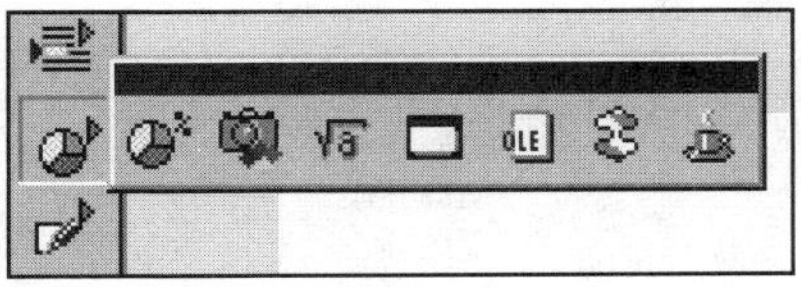

Aufgeklapptes Tool-Menü

Abgerissenes Menü

verwandelt sich dieses in ein eigenständiges Fenster, das vom Rand „abgerissen" und frei auf der Arbeitsfläche positioniert werden kann.

Ein Beispieldokument

Die gute Integration der verschiedenen Anwendungen unter einer gemeinsamen Oberfläche wollen wir an einem einfachen Beispiel zeigen. Hierzu legen wir zunächst in der Tabellenkalkulation ein neues Dokument an; die Abbildung zeigt die entsprechende Gestaltung des Desktops.

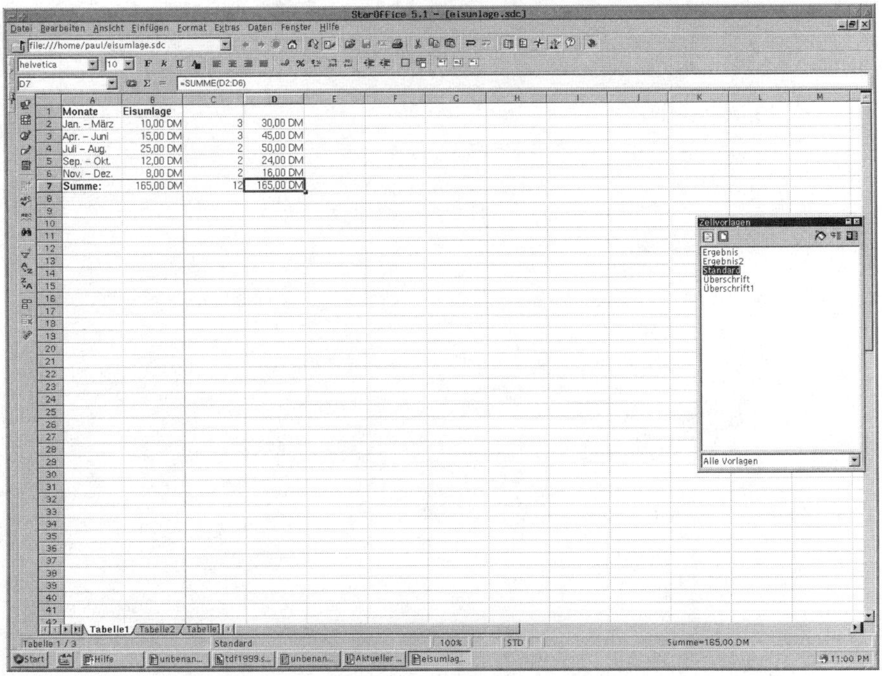

Das ganze Spreadsheet

Das nächste Bild stellt den interessierenden Teil deutlicher dar; es ist zu erkennen, dass markierte Zellen auch einen „Anfasser" an der rechten unteren Ecke besitzen, mit denen (analog zu anderen bekannten Office-Paketen) Werte und Formeln „intelligent ausgedehnt" werden können.

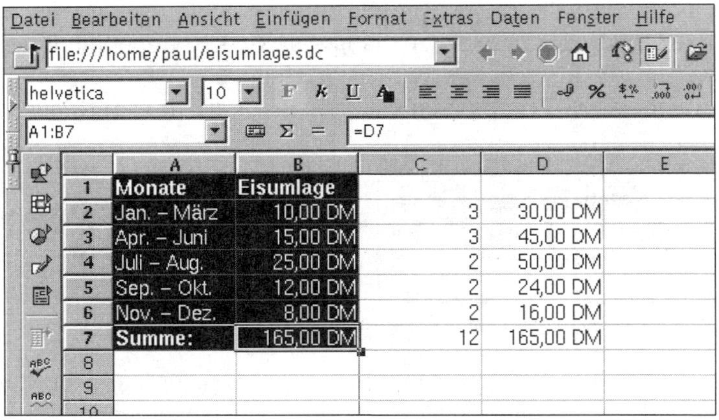

Ausschnitt aus dem Spreadsheet

Die damit erstellte Tabelle wird sodann in ein Textdokument eingefügt; hier ausnahmsweise im Vorlagenmodus, um die Positionierung und Darstellung der einzelnen Elemente deutlicher zu zeigen.

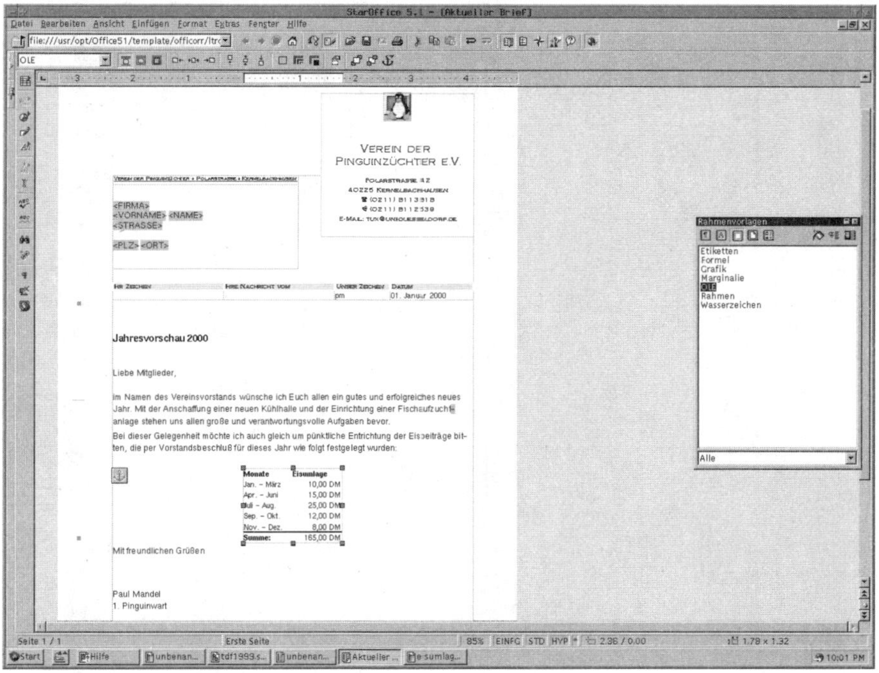

Der fertige Brief

Drucker ansprechen

Die Ausgabe von StarOffice-Dokumenten auf den Drucker ist sehr einfach, wenn Ihr Linux-System über einen Druckerfilter verfügt, der PostScript-Dateien entgegennimmt und in die Steuersprache des Druckers konvertiert (oder Ihr Drucker unmittelbar PostScript versteht). Sie können den von StarOffice vorkonfigurierten „generischen PostScript-Drucker“ verwenden und brauchen nur das zugehörige Druckkommando zu spezifizieren (*lpr* oder *lpr -PDruckerqueue*, falls Sie nicht in die Standardqueue ausgeben wollen).

12.2 Corel® WordPerfect®

Wir können Ihnen hier kein Anwenderhandbuch für WordPerfect® liefern. Zu diesem Thema ließen sich allein ganze Bände füllen. Wir werden uns daher darauf beschränken, Ihnen die Dinge zu erzählen, die Sie benötigen, um WordPerfect® unter Linux zu installieren und zu benutzen. Wir beschreiben hier die immer noch kostenfrei zugängliche Version von WordPerfect® 8.0.

Freie Lizenz für den privaten Gebrauch

Eine Besonderheit ist aber noch zu erwähnen: WordPerfect® ist auf einem Multiuser-System prinzipiell mehreren Benutzern zugänglich. Jede laufende WordPerfect®-Sitzung benötigt jedoch eine eigene Lizenz. Dazu muss entweder von Corel® eine Mehrbenutzerlizenz erworben werden, die dann vom bei WordPerfect® mitgelieferten Lizenz-Manager verwaltet wird, oder jeder Nutzer muss sich eine eigene Lizenz besorgen. Wenn Sie WordPerfect® auf Ihrem Arbeitsplatz-PC nutzen wollen, gilt für Sie letztere Variante. Die Lizenz wird dann lokal in Ihrem Home-Verzeichnis abgespeichert und kann nur unter Ihrer Kennung genutzt werden.

Eine freie Lizenz für die Download-Version erhalten Sie auf der Website *http://linux.corel.com/products/wp8*. Dort finden Sie sowohl eine Liste von Mirror-Sites in Ihrer Nähe, auf denen die Pakete vorliegen, als auch die Möglichkeit, über ein Online-Formular eine kostenlose Einzelplatz-Lizenz zu beantragen. Beachten Sie jedoch die Lizenzbedingungen!

Systemvoraussetzungen von WordPerfect®

WordPerfect® kommt mit 20 MByte in einem recht großen Paket daher. Wenn Sie die Anpassungen an die deutsche Sprache ebenfalls installieren wollen, kommt noch ein weiteres Paket von 8 MByte hinzu. Sie können sich die Pakete aus dem Internet herunterladen, was bei einer ISDN-Verbindung mit einer Übertragungsrate von angenommenen 64 KBit/s eine gute Stunde dauern dürfte. Sie können WordPerfect® aber auch bei Corel® auf CD-ROM bestellen.

Systemvoraussetzung für WordPerfect®
32 MByte Arbeitsspeicher (RAM + Swap)
486 DX 33 CPU oder besser
Linux Kernel 2.0.18 oder neuer
libc5 (also nicht die neuere *glibc*)
X Window
43 - 87 MByte Festplattenplatz

- Sie benötigen für die Installation von WordPerfect® die Dateien *guilg00.gz* und *guilgde0.gz*, letztere für die Anpassungen an die deutsche Sprache.
- Da WordPerfect® unter Linux nur zusammen mit X Window betrieben werden kann, sollten Sie die Installation auch mit der grafischen Oberfläche durchführen. Es ist auch eine Installation im Textmodus möglich: Die Inhalte der Text-Dialoge entsprechen den unten erklärten grafischen Dialogen; jedoch ist die Bedienung nicht so komfortabel, da auf die Maus verzichtet wird.
- Außerdem sollten Sie bereits den Druckdienst *lpd* eingerichtet haben, sodass für alle Drucker, die Sie mit WordPerfect® ansprechen wollen, eine Druckerwarteschlange existiert. Informationen zur Einrichtung des *lpd* mit dem Tool *printtool* finden Sie auf Seite 191 ff.

Die Installation läuft dann in folgenden Schritten ab:

1. Zuerst wird das Paket in ein temporäres Verzeichnis entpackt. Dieses können Sie irgendwo auf einer Partition anlegen, die den für die Installation notwendigen Platz von ca. 30 MByte hat; das Verzeichnis und die darin enthaltenen Daten werden nach der Installation nicht mehr gebraucht und können gelöscht werden.
2. Die komplette WordPerfect®-Installation benötigt ca. 60 bis 70 MByte an Speicherplatz auf der Festplatte. Überlegen Sie sich vorher, in welchem Bereich (z. B. */usr/local* oder */opt*) Sie WordPerfect® installieren können.
3. Dann starten Sie mit Root-Berechtigung das Installationsprogramm. Hier werden verschiedene Angaben im Dialog von Ihnen erfragt.
4. Nach der Installation sind dann noch ein paar Schritte notwendig, um WordPerfect® in Ihr Linux-System einzubinden.

Läuft WordPerfect® mit Ihrer libc?

Noch ein paar Bemerkungen zu den Systemvoraussetzungen für WordPerfect®: Die Version der installierten *libc* finden Sie über den Dateinamen der Bibliothek im */lib*-Verzeichnis mit folgendem Kommando heraus:

```
paco:~ $ ll /lib/libc*
-rwxr-xr-x 1 root root 4016683 Apr 17 00:48 /lib/libc-2.1.1.so
lrwxrwxrwx 1 root root      13 Jun 18 21:58 /lib/libc.so.6 -> libc-2.1.1.so
```

Wichtig für die Erkennung der Version ist hier die Nummer (6) im Dateinamen *libc.so.6*. Mit dieser Bibliothek würde WordPerfect® **nicht**(!) laufen. Die

RedHat-Distribution kommt jedoch mit einem Kompatibilitätspaket, in dem die älteren *libc*-Versionen enthalten sind, die WordPerfect® zum Funktionieren braucht. Diese sind im Verzeichnis */usr/i486-linux-libc5/lib* gespeichert. Wenn dieses Verzeichnis auf Ihrem Rechner existiert und mit Dateien (u. a. *libc.so.5.3.12*) gefüllt ist, stehen die Chancen gut für eine lauffähiges WordPerfect®.

Sie können jedoch auch mit einem einfachen Test die Funktionsfähigkeit von WordPerfect® testen. Wichtig ist dabei jedoch, dass Sie **nicht**(!) unter *root* angemeldet sind.

1. Folgen Sie den Anweisungen unten zum Auspacken der Installationsdateien.
2. Starten Sie dann das Skript *./Runme*, **ohne sich vorher mit Root-Berechtigung anzumelden**.
3. Beantworten Sie die ersten Schritte der Installation, wie in der Anleitung unten beschrieben.
4. Bricht das Installationsprogramm nach der Frage nach dem Kernel

   ```
   Linux 2.2.10 not certified.  Continue? (y/n) y
   ..
   ```

   den Start des grafischen Interfaces mit der Meldung

   ```
   linux/ins/wpinstg: can't load library 'libc.so.5'

   Warning: The graphical install program has failed.
   ```

   ab, beenden Sie die Installation mit [Strg]+[c]. Das Installationsprogramm gerät in diesem Fall völlig durcheinander und würde Ihnen, wenn Sie mit Root-Berechtigung angemeldet wären, die Root-Partition zumüllen.

In diesem Fall fehlt Ihnen die ältere Version der *libc*-Bibliotheken. Benutzen Sie RedHat, können Sie diese aus dem Paket *libc-5.3.12-31.i386.rpm* nachinstallieren, das Sie auf der RedHat-Installations-CD finden.

Auspacken des Programmpakets mit dem KDE-Datei-Manager

Zuerst muss einmal das Paket ausgepackt werden. Wir werden Ihnen diesen Vorgang mit Hilfe das KDE-Datei-Managers erklären. Für alle, die nicht mit KDE arbeiten, erklären wir nach diesem Teil die Erledigung dieser Aufgabe von der Kommandozeile aus.

1. Wenn Sie den „TarBall“ – das Paket im *tar.gz*-Format – auf CD-ROM vorliegen haben, müssen Sie diese noch mounten, bevor Sie auf die Datei zugreifen können. Wenn Sie noch kein Icon auf dem Desktop angelegt haben, mit dem Sie ganz einfach auf die CD zugreifen, können Sie dieses nach der Anleitung in Kapitel 11.6 auf Seite 698 nachholen.

2 Wenn Sie die Datei *guilg00.gz* in Ihrem Datei-Manager-Fenster sehen, klicken Sie sie einmal an, um den Inhalt des Archivs anzuzeigen.

Tipp

Probleme beim Öffnen der Archivdatei beheben

Die Datei *guilg00.gz* ist ein gezipptes Archiv im Tar-Format. Sie hat nur leider nicht die dazu passende Endung. Wenn Ihr Datei-Manager also Probleme hat, die Datei mit dem passenden Tool anzuzeigen, kopieren Sie die Datei auf die Festplatte und ändern dann über das Kontextmenü die Endung von *gz* auf *tgz*. Danach sollte der Inhalt des Archivs mit einem Klick ohne Schwierigkeiten angezeigt werden können.

3 Jetzt legen Sie an einer Stelle in Reichweite der Maus (z. B. auf dem Desktop) ein Verzeichnis an, das für die Installation benötigt wird. Hinweise zum Anlegen eines Ordners finden Sie in Kapitel 4.3 auf Seite 166.

4 Jetzt kommt der sportliche Teil: Markieren Sie die Dateien aus dem Paket mit der Maus und ziehen Sie sie dann auf den neu angelegten Ordner. Aber gut festhalten, 20 MByte können einem ganz leicht aus der Hand rutschen.

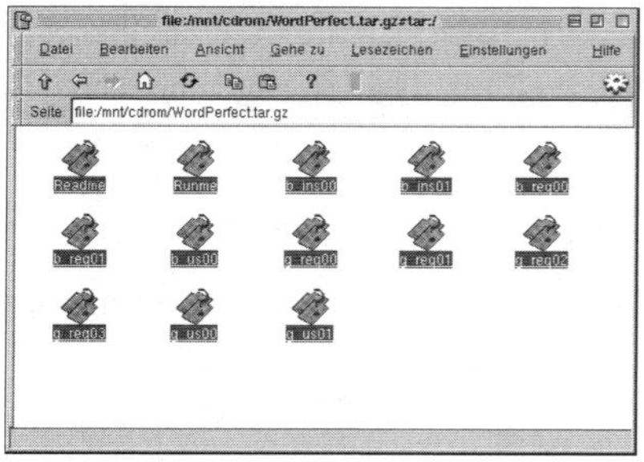

Der KDE-Datei-Manager zeigt Ihnen den Inhalt des Pakets guilg00.gz *an, ...*

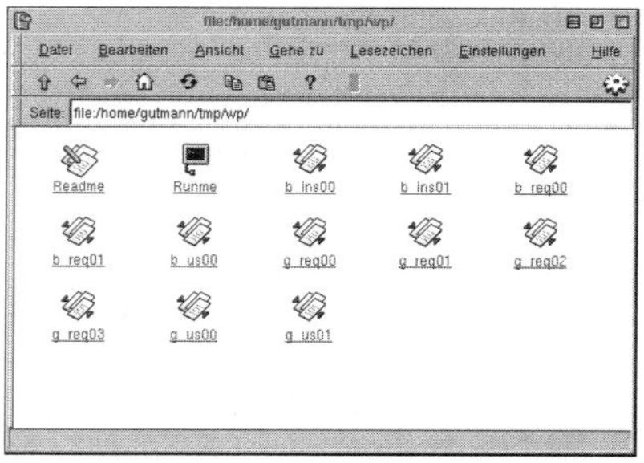

... den Sie mit einem kräftigen Schwung per Drag & Drop in Ihren gerade für die Installation angelegten Ordner kopiert haben

5 Wollen Sie die deutschen Teile von WordPerfect® direkt mit installieren, kopieren Sie den Inhalt des Pakets *guilgde0.gz* wie bei den Schritten 2 bis 4 gezeigt ebenfalls in das von Ihnen angelegte Installationsverzeichnis.

6 Leider kann es sein, dass beim Kopieren der Datei *Runme* die Ausführungsrechte abhanden gekommen sind. Rufen Sie das Kontextmenü der Datei *Runme* auf und geben Sie ihr in den *Eigenschaften* zumindest in der Zeile *Benutzer* wieder Ausführungsrechte (siehe auch S. 697).

7 Der letzte Schritt dient zur Vorbereitung der Installation. Starten Sie jetzt ein Terminalfenster, entweder über das Menü *Datei/Terminal öffnen* oder mit [Strg]+[t]. Über dieses wird gleich das Installationsprogramm aufgerufen.

Auspacken des Pakets auf der Kommandozeile

Sie benötigen für die Installation von WordPerfect® die X Window-Oberfläche. Starten Sie diese und öffnen Sie dann für die nächsten Schritte ein Terminalfenster.

1 Zuerst mounten Sie die CD-ROM, wenn Sie das Paket nicht schon irgendwo auf der Festplatte liegen haben. Wir nehmen als Beispiel für das Mount-Verzeichnis der CD-ROM das unter RedHat voreingestellte */mnt/cdrom*:

```
paco:~ $ mount /mnt/cdrom
```

2 Legen Sie nun ein Verzeichnis an, in dem die Installationsdateien abgelegt werden und wechseln Sie dann dort hinein. Dies ist der Standort, von dem aus die Installation durchgeführt wird.

```
paco:~ $ mkdir wpinst
paco:~ $ cd wpinst
```

3 Ihr WordPerfect®-Paket ist über das Verzeichnis */mnt/cdrom/guilg00.gz* erreichbar. Dieses packen Sie mit dem folgenden Befehl aus:

```
paco:~/wpinst $ tar -xzf /mnt/cdrom/guilg00.gz
paco:~/wpinst $ tar -xzf /mnt/cdrom/guilgde0.gz
```

4 Jetzt sollte Ihr Verzeichnis ungefähr diese Dateien enthalten:

```
paco:~/wpinst $ ll
insgesamt 31856
-rw-r--r--   1 paul   users      850 Dec  9  1998 Readme
-rwxr-xr-x   1 paul   users     5818 Dec  9  1998 Runme
-rw-r--r--   1 paul   users    20480 Dec  9  1998 b_de00.bk
-rw-r--r--   1 paul   users  4177920 Dec  9  1998 b_ins00.bk
-rw-r--r--   1 paul   users   143360 Dec  9  1998 b_ins01.bk
-rw-r--r--   1 paul   users  4065280 Dec  9  1998 b_req00.bk
-rw-r--r--   1 paul   users   849920 Dec  9  1998 b_req01.bk
-rw-r--r--   1 paul   users   133120 Dec  9  1998 b_us00.bk
-rw-r--r--   1 paul   users  3829760 Dec  9  1998 g_de00.bk
-rw-r--r--   1 paul   users  4259840 Dec  9  1998 g_req00.bk
-rw-r--r--   1 paul   users  4188160 Dec  9  1998 g_req01.bk
-rw-r--r--   1 paul   users  4208640 Dec  9  1998 g_req02.bk
-rw-r--r--   1 paul   users  2334720 Dec  9  1998 g_req03.bk
-rw-r--r--   1 paul   users  4075520 Dec  9  1998 g_us00.bk
-rw-r--r--   1 paul   users   184320 Dec  9  1998 g_us01.bk
```

Damit ist der erste Teil geschafft.

WordPerfect® installieren

Die Installation muss in einem Terminalfenster begonnen werden, da das Installationsprogramm vor den grafischen Konfigurationsdialogen auf der Textebene noch einige Abfragen vornimmt. Sie haben jetzt hoffentlich für die nächsten Schritte ein Terminalfenster vor sich, in dem Sie sich in Ihrem Installationsverzeichnis befinden.

1 Die Installation muss mit Root-Berechtigung durchgeführt werden. Wechseln Sie daher mit dem *su*-Kommando in den *root*-Modus (wenn Sie unter KDE arbeiten, kann der angezeigte Verzeichnisname von dem im Beispiel abweichen, was aber nur Abzüge in der B-Note gibt):

```
paco:~/wpinst $ su
Password:
paco:/home/paul/wpinst #
```

2 Jetzt können Sie das Installationsprogramm starten; der Punkt und der Schrägstrich vor dem Programmnamen sorgen dafür, dass die Datei aus dem aktuellen Verzeichnis genommen wird:

```
paco:/home/paul/wpinst # ./Runme
```

3 Jetzt fragt das Installationsprogramm einige Dinge ab, die einen ganz eigenen Humor verraten. Aber wir wollen Ihnen die Pointe verraten: Antworten Sie mit „y“.

```
Did you unzip and untar the files you downloaded? (y/n) y

Extracting Files...

Please Wait .
```

4 Die uns vorliegende Version von WordPerfect®(8.0) ist nur für einen älteren Kernel der 2.0-Serie zertifiziert. Wir haben bei der Nutzung jedoch keine Stabilitätsprobleme feststellen können, die auf den zu Grunde liegenden Kernel zurückzuführen wären. Sie können die nächste Frage daher beruhigt mit „y“ beantworten.

```
Linux 2.2.10 not certified.  Continue? (y/n) y
..
```

5 Jetzt startet der grafische Dialog. Zuerst müssen Sie der Lizenzvereinbarung zustimmen, die Ihnen in deutscher Sprache angeboten wird.

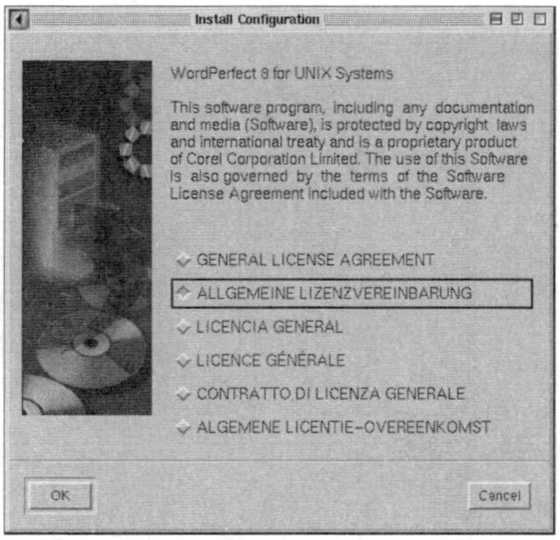

Wählen Sie die deutsche Lizenz, ...

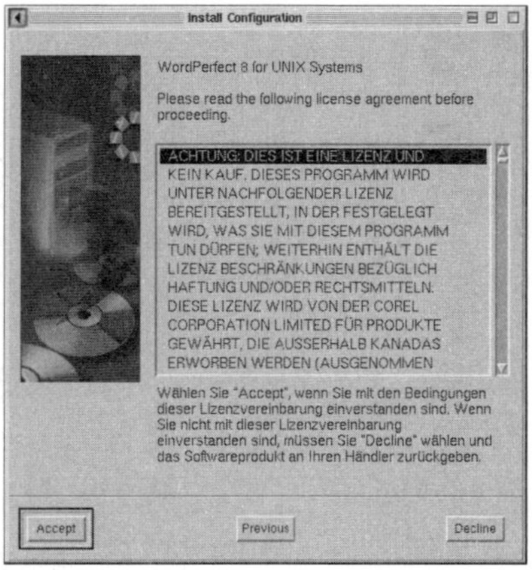

... der Sie hier zustimmen müssen

Wählen Sie die deutsche Version und klicken Sie auf *OK*. Danach können Sie die Lizenzvereinbarung lesen und mit *OK* bestätigen.

6 Mit der nächsten Abfrage wird der Installationsort festgelegt – also der Bereich, in dem WordPerfect® installiert werden soll. Wir haben uns für */usr/local/wp* entschieden.

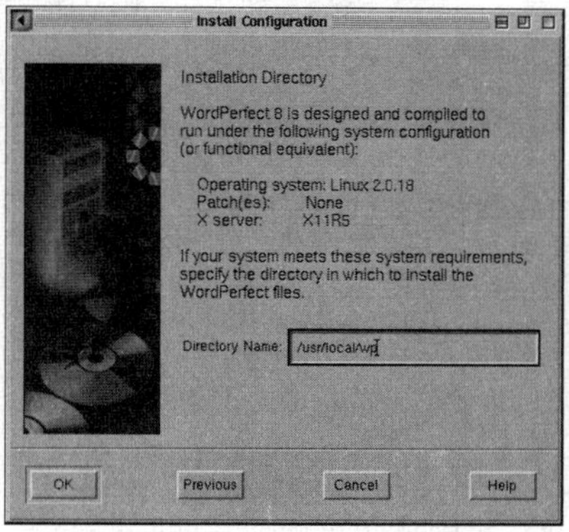

Wir installieren WordPerfect® im Bereich /usr/local in einem eigenen Unterverzeichnis wp

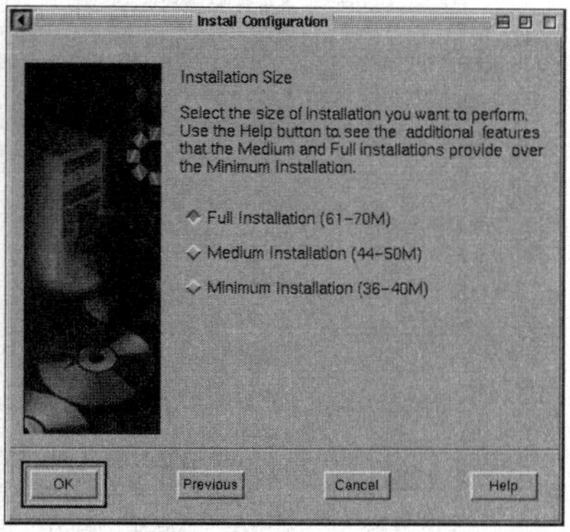

Auch die volle Installation von WordPerfect® nimmt nicht unmäßig viel Platz ein

7 Je nachdem, wie viel Platz Sie entbehren können, wählen Sie im nächsten Dialog eine Installationsart. Wir finden, dass die vollständige Installation mit 70 MByte nicht unmäßig viel Platz wegnimmt, und haben diese gewählt. Wenn Sie nachträglich noch Drucker installieren müssen oder wollen, lohnt es sich ebenfalls, den vollen Installationsumfang auszuwählen. Dann werden alle Druckerdaten installiert und Sie müssen nicht noch einmal auf die Installationsdateien zurückgreifen.

8 Der nächste Dialog bezieht sich auf bereits eingerichtete WordPerfect®-Versionen. Haben Sie bereits eine Version installiert, können Sie deren Installationsverzeichnis hier angeben. Die Konfigurationsdateien werden dann in die neue Version übernommen.

9 Unter Linux existiert eine Datei */etc/magic*, die Hinweise auf die Interpretation des Dateiformats enthält. Mit Hilfe dieser Datei kann mit dem Unix-Kommando *type* eine WordPerfect®-Datei als solche erkannt werden – dies hat nichts mit der Definition von Mime-Typen zu tun. Wenn Sie hier auf ein automatisches Eintragen dieser Informationen in die Datei */etc/magic* verzichten, können Sie dies, wenn Sie es brauchen, nachträglich einfügen.

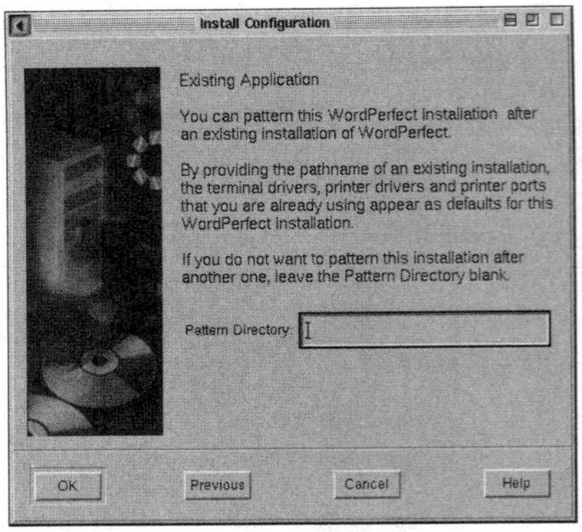

Wenn Sie bereits eine ältere WordPerfect®-Version installiert haben, können Sie hier ein Verzeichnis angeben, aus dem die Konfigurationsinformationen geladen werden

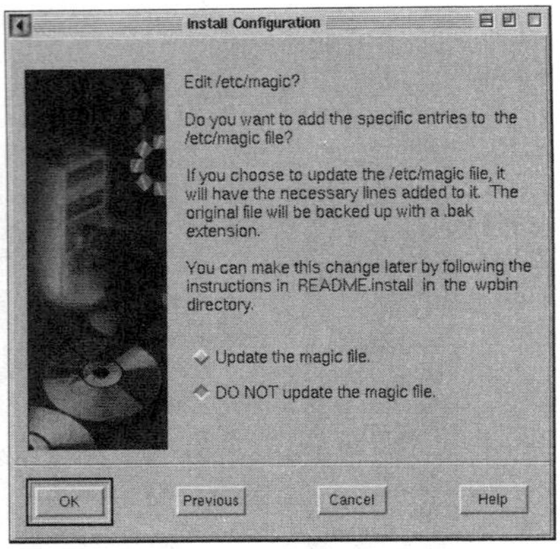

Die Datei /etc/magic kann ergänzt werden, damit der Dateityp von WordPerfect®-Dateien automatisch erkannt wird

10 Wenn Sie die deutschen Teile nicht in das Installationsverzeichnis kopiert haben, können Sie jetzt nur die Standardversion in englischer Sprache installieren. Die deutschen Anpassungen können Sie dann später nachinstallieren. Ansonsten selektieren Sie hier zusätzlich „German-National“.

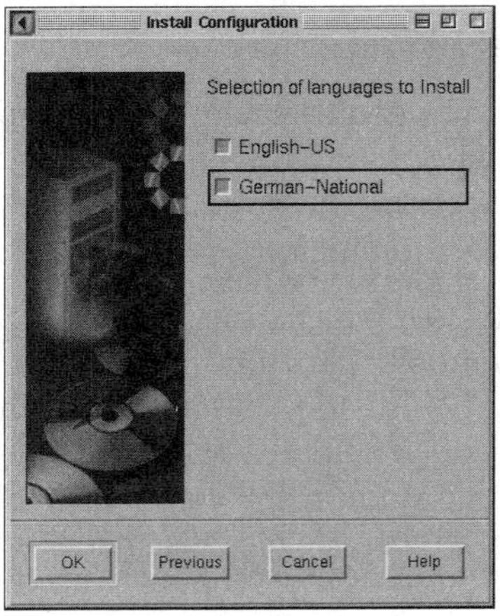

Installieren Sie WordPerfect® in deutscher Sprache ...

... und legen Sie diese als Standard fest

11 WordPerfect® wird mit einer umfangreichen Liste an eigenen Druckertreibern ausgeliefert. Zur einfacheren Auswahl eines Druckers können Sie im Feld *Name Search* die Anfangsbuchstaben des Druckernamens eingeben. Die Liste springt dann zum ersten passenden Eintrag. Wenn Sie einen oder mehrere Drucker ausgewählt haben, können Sie sich die Liste mit der Schaltfläche *List* anzeigen lassen. *All* und *None* selektieren alle Einträge bzw. setzen die Auswahl zurück.

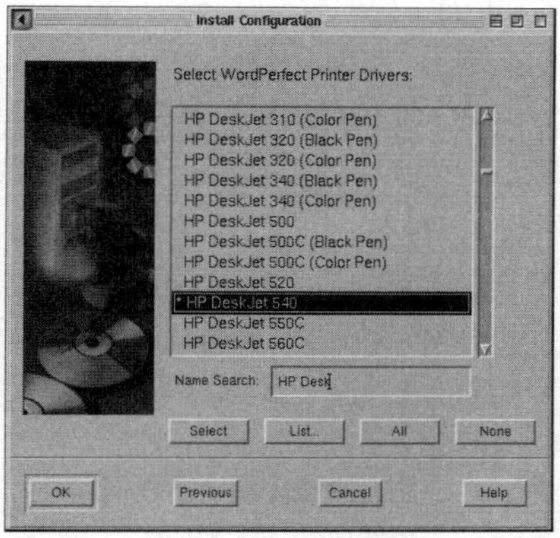

Aus einer großen Liste von Druckern können Sie bequem durch die Eingabe der ersten Buchstaben Ihren Drucker heraussuchen

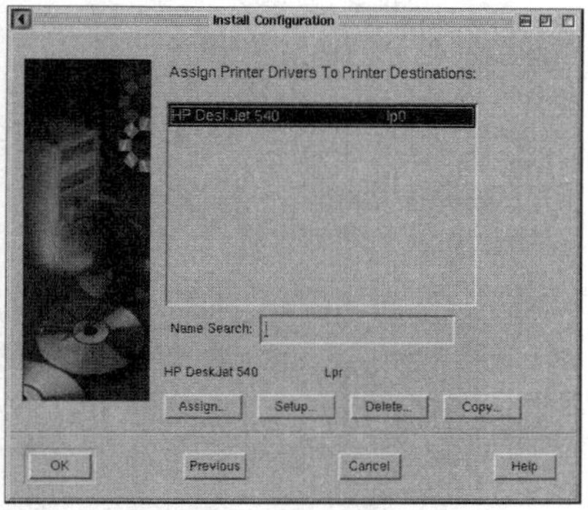

Hier weisen Sie dem ausgesuchten Druckertreiber die Druckerwarteschlange zu, an die das Gerät angeschlossen ist

12 Jetzt müssen Sie Ihrem Drucker einen Anschluss zuweisen. Dies geschieht über die Auswahl einer bereits eingerichteten Druckerwarteschlange. Selektieren Sie den Drucker aus der Übersichtsliste und klicken Sie dann auf *Assign*. Es erscheint ein weiteres Dialogfenster, in dem alle existierenden Warteschlangen aufgeführt sind.

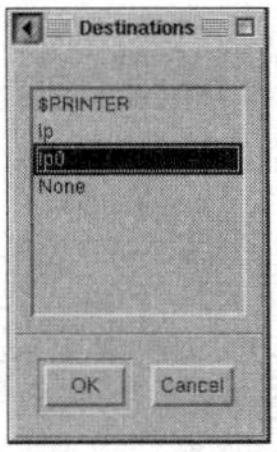

Weisen Sie dem Drucker eine Warteschlange zu

Wählen Sie einen der Einträge aus und klicken Sie auf *OK*.

Tipp

Variabel bleiben bei der Konfiguration eines Druckertreibers

Sollten Sie zu diesem Zeitpunkt noch keine Druckerwarteschlangen eingerichtet haben, müssen Sie die Installation nicht abbrechen und später noch einmal von vorn anfangen. Oder wollen Sie bei der Zuweisung des Druckertreibers zu einer Warteschlange variabel bleiben? Dann wählen Sie den Eintrag *PRINTER*. In dieser Umgebungsvariable setzen Sie vor dem Aufruf von WordPerfect® den Namen der Warteschlange, z. B. auf folgende Art:

paco:~ # **PRINTER=deskjet xwp**

Dann werden alle Druckaufträge aus WordPerfect® für den ausgesuchten Drucker in die Warteschlange *deskjet* geschickt. Sie können jedoch nur eine Umgebungsvariable *PRINTER* setzen, d. h., wenn Sie zwei Druckertreiber einrichten und beide über *PRINTER* ansteuern, können Sie in WordPerfect® immer nur den Treiber nutzen, der zu der festgelegten Warteschlange passt.

13 Jetzt haben wir es bald. Das CDE-Icon installieren Sie am besten direkt mit. Wenn Sie WordPerfect® später unter KDE einrichten wollen, haben Sie direkt ein passendes Symbol.

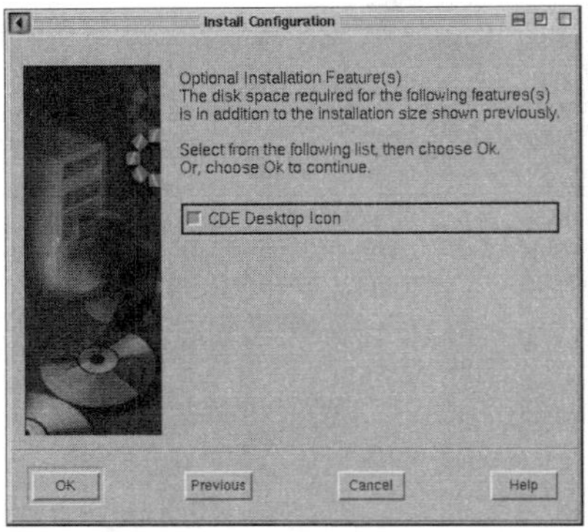

Das Icon für Ihren Desktop sollten Sie direkt mit installieren

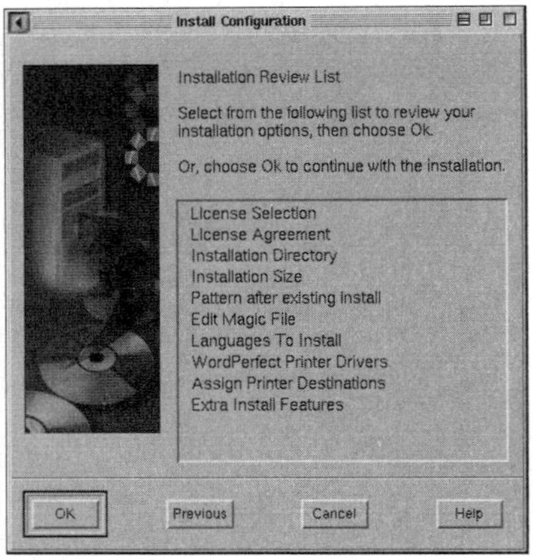

Hier können Sie noch einmal die Installationskonfiguration verändern

14 Damit ist das Installationsprogramm zufrieden gestellt. Sie können an dieser Stelle noch einmal auf die bereits gewählten Einstellungen zugreifen. Ein *OK* beginnt den eigentlichen Installationsvorgang.

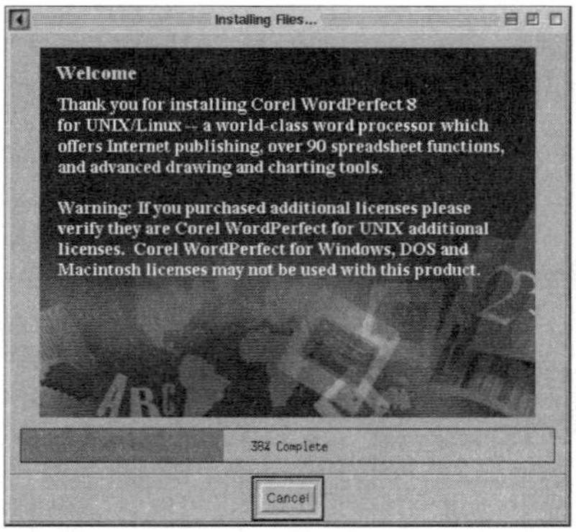

„So schaff' ich am rasenden Webstuhl der Zeit", kommt den Autoren in den Sinn, während sie den Verlauf der Installation beobachten

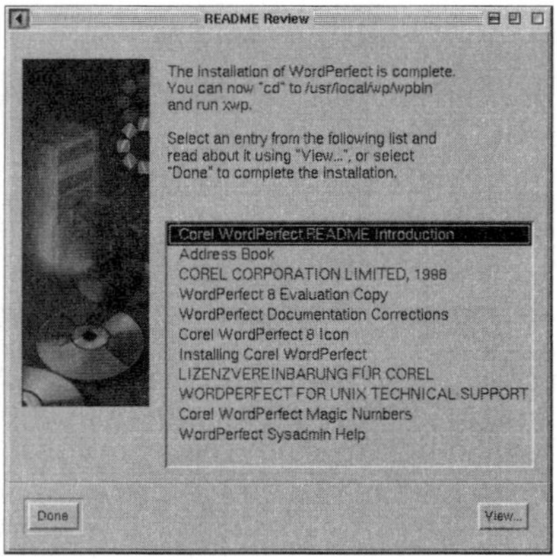

Am Ende der Installation haben Sie noch einmal die Auswahl, sich verschiedene README-Dateien anzeigen zu lassen

15 Zum Schluss können Sie sich noch verschiedene README-Dateien anzeigen lassen. Sie finden diese Dateien aber auch in einem Unterverzeichnis der WordPerfect®-Installation.

Die letzten Zuckungen der Installation erleben Sie dann wieder im Terminalfenster.

```
Selecting Installed Printers
100% Completed  -  Done

  Installation Complete.
```

Nach einem kurzen Hinweis „Installation Complete" (engl. für „Haben fertig") auf die Beendigung der Installation erhalten Sie wieder einen Kommando-Prompt, den Sie jetzt noch nicht wieder verlassen sollten. Wir wollen erst noch einen Blick auf das werfen, was alles im Verzeichnis */usr/local/wp* installiert worden ist, und dann noch ein paar Nachbereitungen vornehmen.

```
paco:/home/paul/wpinst # ll /usr/local/wp
insgesamt 11
drwxr-xr-x   2 root     root          1024 Sep  9 20:30 shbin10
drwxrwxrwx   3 root     root          4096 Sep  9 20:50 shlib10
drwxr-xr-x   2 root     root          1024 Sep  9 20:30 wpbin
drwxr-xr-x   2 root     root          1024 Sep  9 20:30 wpexpdocs
drwxr-xr-x   2 root     root          1024 Sep  9 20:30 wpgraphics
drwxr-xr-x   2 root     root          1024 Sep  9 20:30 wplearn
drwxrwxrwx   3 root     root          1024 Sep 10 19:56 wplib
drwxr-xr-x   4 root     root          1024 Sep  9 20:50 wpmacros
```

Es lässt sich unschwer erkennen, dass die von WordPerfect® benötigten Daten alle in eigenen Unterverzeichnissen abgelegt worden sind. Die eigentliche Anwendung, das Programm *xwp*, finden Sie im Verzeichnis *wpbin*. Dort liegen auch die README-Dateien, die Ihnen während der Installation angeboten wurden. Die Installationshilfe zur Veränderung der Datei */etc/magic* finden Sie z. B. in der Datei */usr/local/wp/wpbin/README.wpmagic*.

```
paco:/home/paul/wpinst # ll /usr/local/wp/wpbin
insgesamt 7927
-rw-r--r--   1 root     root          2494 Sep  9 20:30 README
-rw-r--r--   1 root     root          2929 Sep  9 20:30 README.address
-rw-r--r--   1 root     root          3265 Sep  9 20:30 README.copy
-rw-r--r--   1 root     root           758 Sep  9 20:30 README.demo
-rw-r--r--   1 root     root          1161 Sep  9 20:30 README.errata
-rw-r--r--   1 root     root           687 Sep  9 20:30 README.icon
-rw-r--r--   1 root     root          1777 Sep  9 20:30 README.install
-rw-r--r--   1 root     root         15618 Sep  9 20:30 README.lic
-rw-r--r--   1 root     root           246 Sep  9 20:30 README.support
-rw-r--r--   1 root     root          1411 Sep  9 20:30 README.wpmagic
-rw-r--r--   1 root     root          1994 Sep  9 20:30 README.wpsahelp
-rwxr-xr-x   1 root     root          2488 Sep  9 20:30 wpmerge
-rwxr-xr-x   1 root     root       8008636 Sep  9 20:30 xwp
-rwxr-xr-x   1 root     root         31760 Sep  9 20:30 xwpsahlp
```

Systemkonfiguration für WordPerfect® erweitern

Die Programmdatei von WordPerfect® ist im Moment noch nur über eine absolute Pfadangabe zu erreichen. Dies wollen wir nun noch ändern. Die Pfadvariable wird in der globalen Datei */etc/profile* gesetzt. In unserem Beispiel haben wir WordPerfect® im Verzeichnis */usr/local/wp* installiert. Wir haben oben schon erwähnt, dass die Anwendungen für WordPerfect® im Unterverzeichnis *wpbin* liegen. Daher wird der Pfadeintrag um *:/usr/local/wp/wpbin* ergänzt (vergessen Sie nicht den Doppelpunkt als Trenner zwischen den Einträgen!):

```
paco:/home/paul/wpinst # joe /etc/profile

<...>
PATH="$PATH:/usr/X11R6/bin:/usr/games/:/usr/local/wp/wpbin"
<...>
```

Dann wollen wir noch die installierten WordPerfect®-Symbole in das globale Symbol-Verzeichnis kopieren, sonst finden Sie sie nicht in der Symbol-Übersicht, wenn Sie WordPerfect® auf dem Desktop einrichten wollen. Bei RedHat ist für diese Zwecke das Verzeichnis */usr/share/icons* eingerichtet. Wenn Sie KDE selbst kompiliert haben, können Sie die Symbole auch im Verzeichnis *$KDEDIR/share/icons* unterbringen.

```
paco:/home/paul/wpinst # cp /usr/local/wp/wplib/dt/appconfig/icons/C/
wp8App.m.pm /usr/share/icons/wp8App.xpm
paco:/home/paul/wpinst # cp /usr/local/wp/wplib/dt/appconfig/icons/C/
wp8Run.m.pm /usr/share/icons/wp8Run.xpm
```

Die Symbole sind im Verzeichnis */usr/local/wp/wplib/dt/appconfig/icons/C/* eine wenig versteckt platziert und haben auch noch nicht die Standardendung, die für diesen Dateityp vorgesehen ist. Wir haben deshalb aus der Endung *.m.pm* *.xpm* gemacht.

Tipp

Deutsch als Standard bei nachträglicher Installation einstellen

Wenn Sie die deutschen Teile nachträglich installieren, haben Sie während des zweiten Installationsvorgangs keine Möglichkeit mehr, Deutsch als Standard einzustellen. Damit müssten Sie WordPerfect® immer mit der Option *-lang de* aufrufen, um deutsche Menüs zu erhalten. Die Datei */usr/local/wp/wplib/.def.lang* enthält den Schlüssel zur Standardsprache: In ihr ist das Kürzel für die Sprachkennzeichnung enthalten. Bearbeiten Sie diese Datei mit einem Editor Ihrer Wahl und ersetzen Sie dieses durch das Kürzel *de*. WordPerfect® wird demnächst auch ohne die Angabe weiterer Optionen mit deutschen Menüs starten.

Damit sind vorerst alle administrativen Aufgaben für den Gebrauch von WordPerfect® erledigt. Zum Schluss bleiben nur noch ein paar Aufräumarbeiten zu erledigen, bevor Sie die Kommandozeile endgültig verlassen können. Zuerst werden die Dateien gelöscht, die für die Installation notwendig waren, aber jetzt nicht mehr gebraucht werden:

```
paco:/home/paul/wpinst # rm -f * .*
```

Dann können Sie sich mit den Kommandos

```
paco:/home/paul/wpinst # exit
paco:~/wpinst $ exit
```

wieder aus den Terminalfenstern herausbeamen.

Wenn Sie KDE nutzen, können Sie jetzt noch WordPerfect® in Ihren Desktop einbinden. Dazu registrieren Sie WordPerfect® als „Applikation“ und konfigurieren die Mime-Typen für die verschiedenen Formate, die WordPerfect® lesen oder importieren kann. Die Einbindung von WordPerfect® in die KDE-Oberfläche haben wir in Kapitel 11.13 ab Seite 718 dargestellt. Wenn Sie die so erzeugten Einträge in der globalen KDE-Konfiguration Ihres Systems ablegen, erreichen diese alle Nutzer des Systems.

Der erste Aufruf: Arbeiten mit WordPerfect®

Haben Sie WordPerfect® als Applikation unter KDE eingerichtet, können Sie über das *K*-Menü im Untermenü *Anwendungen* darauf zugreifen. Wenn Sie es dort nicht finden, schauen Sie im *K*-Menü unter *Persönlich* oder *Standard* in das jeweilige Untermenü *Anwendungen*. Ansonsten starten Sie WordPerfect® aus einem Terminalfenster oder über die Befehlszeile.

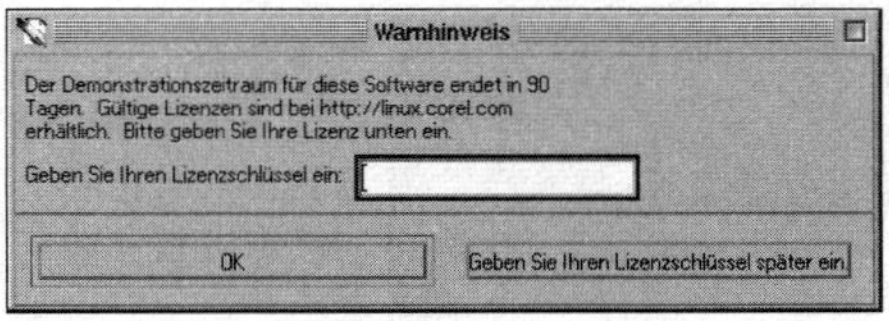

Beim ersten Start werden Sie nach Ihrem Lizenzschlüssel gefragt, den Sie auf der Webseite von Corel beantragen können

Beim ersten Start von WordPerfect® müssen Sie einen Lizenzschlüssel eingeben. Dieser wird dann in Ihrem Home-Verzeichnis abgespeichert und legitimiert die Nutzung der frei nutzbaren Lite-Version von WordPerfect® unter Linux. Wenn Sie noch keinen Lizenzschlüssel haben, können Sie diesen Dialog mit *Geben Sie Ihren Lizenzschlüssel später ein* beenden und mit der 90-Tage-Evaluations-Lizenz arbeiten. Die Funktionsweise von WordPerfect® ist nicht eingeschränkt. Sie werden auch so lange bei jedem Start nach dem Lizenzschlüssel gefragt, bis Sie einen gültigen Schlüssel eingegeben haben.

Hinweis

WordPerfect® beendet sich in der Testversion

Wenn Sie WordPerfect® mehrfach installiert und bereits ausprobiert haben, kann es bei einer der darauf folgenden Installationen passieren, dass WordPerfect® sich direkt beendet, wenn Sie nach dem Start die Testversion (ohne einen gültigen Lizenzschlüssel) nutzen wollen. Dies liegt an einem ungültigen Eintrag in der Datei *$HOME/.wprc/.wp8key*. Löschen Sie diese Datei und starten Sie WordPerfect® erneut. Jetzt sollten Sie mit der Testversion arbeiten können.

Im Control-Fenster von WordPerfect® können Sie Dateien laden und globale Einstellungen festlegen

WordPerfect® meldet sich immer mit zwei Fenstern, dem *Editier*-Fenster und dem *Kontroll*-Fenster. Das *Kontroll*-Fenster bietet Ihnen den Zugriff auf verschiedene Kontrolleinstellungen, mit denen Sie Standardeinstellungen Ihrer Dokumente festlegen können.

Über das *Editier*-Fenster brauchen wir eigentlich nicht viel zu sagen, wenn Sie WordPerfect® bereits unter MS-Windows 9x genutzt haben, werden Sie es auch in der Linux-Version wiedererkennen.

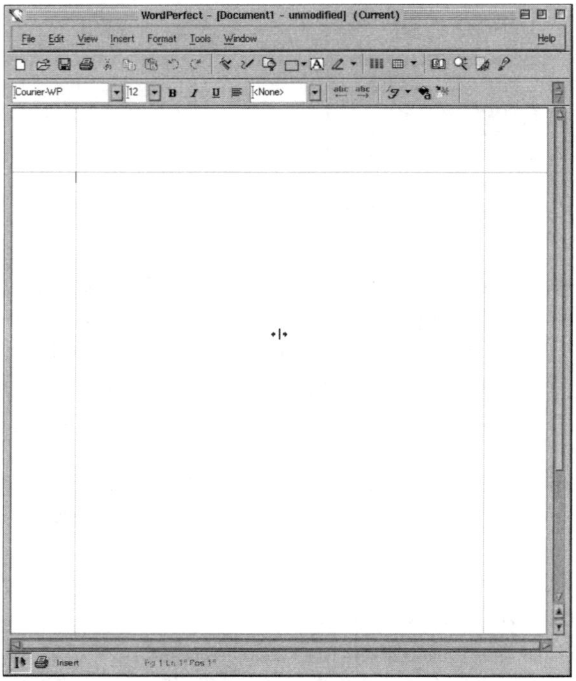

In diesem Fenster bearbeiten Sie Ihren Text

Druckertreiber installieren

Wenn Sie Ihren Drucker mit Root-Berechtigung installiert haben, sind für Ihre Nutzerkennung noch keine Drucker eingerichtet. Bei der Installation werden alle unter WordPerfect® verfügbaren Druckertreiber im Installationsverzeichnis abgelegt. Sie können jetzt unter Ihrer Kennung einen Drucker einrichten. Die dazu gehörenden Treiber werden im Verzeichnis *.wprc* in Ihrem Home-Verzeichnis abgelegt.

1 Starten Sie im *Editier*-Fenster aus dem Menü *Datei* den Dialog *Drucken*. Sie werden feststellen, dass noch *KEIN DRUCKER AUSGEWÄHLT* ist.

Der WordPerfect®-Druckdialog zeigt an, dass noch kein Drucker eingerichtet ist

2 Ein solcher soll nun eingerichtet werden. Starten Sie den Auswahldialog über die Schaltfläche *Auswählen*.

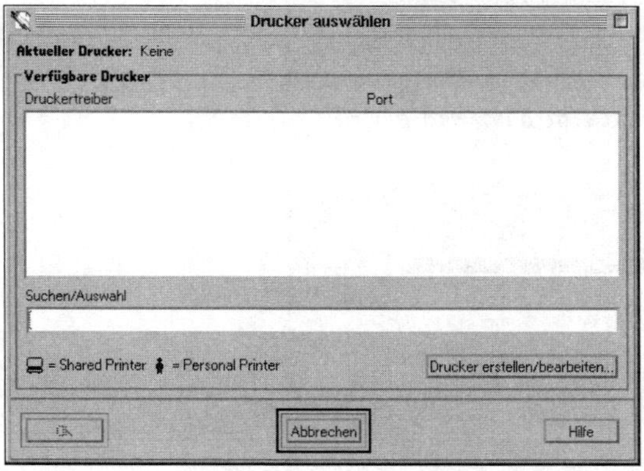

Ein neuer Drucker soll installiert werden

3 Der Drucker-Auswahldialog bestätigt den erbärmlichen Zustand unserer Druckerkonfiguration. Das große leere Feld in der Dialogmitte wird jetzt über *Drucker erstellen/bearbeiten* gefüllt.

4 Im nächsten Dialog werden Sie wieder mit reinem Weiß konfrontiert. Ein schneller Klick auf *Hinzu...* bringt Sie vorwärts.

5 Sie gelangen in einen Dialog, der Ihnen von der WordPerfect®-Installation bekannt vorkommen könnte. Hier wählen Sie den passenden Druckertreiber für den an Ihren Rechner angeschlossenen Drucker. Wir nehmen als Beispiel einen *HP DeskJet 540*.

6 Noch ist der verantwortungsvolle Prozess der Druckerauswahl nicht beendet. Bestätigen Sie den Namen des Druckertreibers mit *OK*.

Jetzt wird eine Steuerdatei für den ausgewählten Drucker in Ihrem lokalen WordPerfect®-Konfigurationsverzeichnis angelegt.

7 Sie landen wieder im Dialog *Drucker erstellen/bearbeiten*, der diesmal wesentlich freundlicher wirkt. Nur das Wort *Keine* in der Spalte *Port*

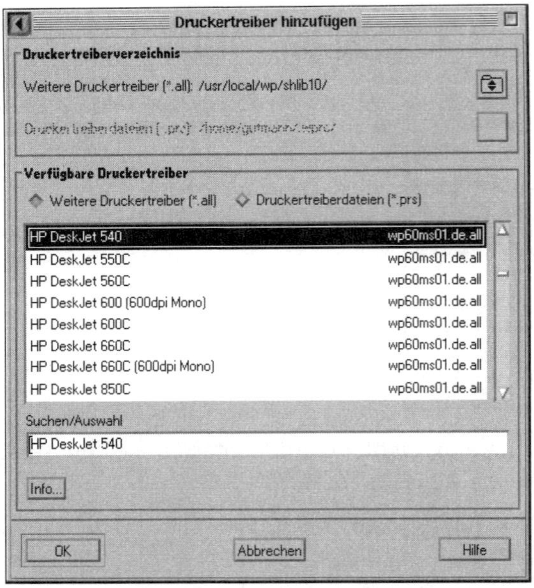

Aus den verfügbaren Druckertreibern wird ein HP DeskJet 540 installiert

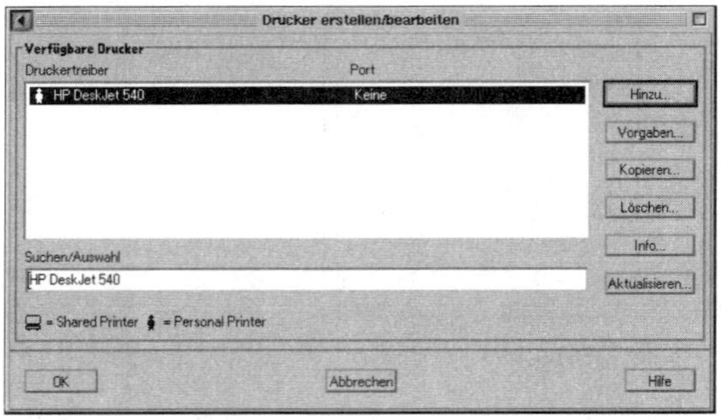

Der eingerichtete Drucker muss nun noch mit einer Druckerwarteschlange verbunden werden

stört noch das Gesamtbild und verleiht ihm eine unfertige Note. Klicken Sie auf *Vorgaben*, um diesen Zustand zu beenden.

8 Das Druckvorgabenmenü sollten Sie sich für spätere Einsätze merken. Hier können Sie neben der im Moment wichtigen Druckerwarteschlange auch die Standardschrift und weitere Dinge einstellen, die einen beim Ausdruck immer in den Wahnsinn treiben. Jetzt genügt hier aber ein Klick auf *Port*.

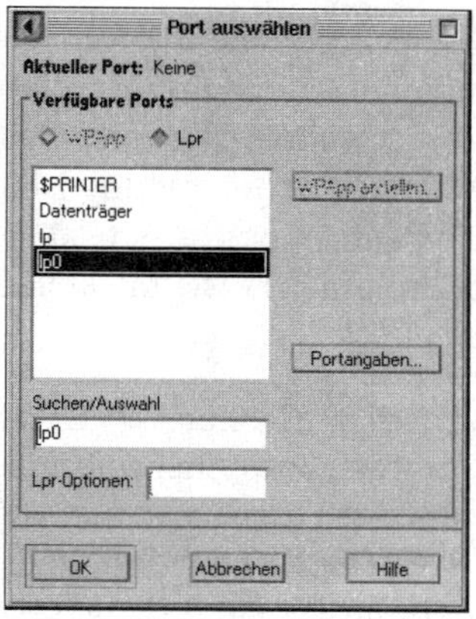

Die verfügbaren Warteschlangen können hier einem Drucker zugewiesen werden

9 Dieser Dialog ist ebenfalls so ähnlich bereits bei der Installation vorgekommen. Hier können Sie zwischen den zur Verfügung stehenden Druckerwarteschlangen, der Umgebungsvariable *PRINTER* und dem Druck in eine Datei auswählen. Wir haben unseren Beispiel-DeskJet an die Druckerwarteschlange *lp0* angeschlossen. Daher wird diese von uns selektiert und mit *OK* bestätigt.

10 Jetzt beginnt der Weg der tausend *OK*s und dem einmaligen *Abbrechen*. Klicken Sie viermal auf *OK*, bis Sie wieder im Standard-Druckdialog landen und diesen mit *Abbrechen* abbrechen. Wenn Sie schon etwas zu drucken haben, bringt ein *OK* Sie hier natürlich wesentlich weiter.

Damit sind die Einstellungen für einen Drucker beendet. Sie können diese Schritte für beliebig viele Drucker wiederholen. Alle in der Treiberliste aufgeführten Drucker befinden sich nach einer vollständigen Installation auf der Festplatte, sodass Sie nicht mehr auf die anfänglich genutzten Installationspakete *guilg00.gz* und *guilgde0.gz* angewiesen sind.

12.3 TeX und LaTeX, die komfortablen Satzsysteme

Falls Sie größere zusammenhängende Texte mit vielen Referenzen und Verzeichnissen erstellen und dabei vielleicht noch diverse Grafiken und Formeln einstreuen müssen und das Ganze dann noch professionell zu Papier bringen wollen, dann sollten Sie einen Blick auf das TeX-Paket werfen. Aber auch bei der Erstellung von Serienbriefen, Dokumentenerstellung aus Datenbanken wie zum Beispiel Lieferscheine und Rechnungen kann dieser Blick der erste Schritt zu einer neuen und besseren Lösung sein.

Auf den ersten Blick wirkt TeX im Vergleich zu anderen Textverarbeitungen nicht besonders attraktiv, da es keine WYSIWYG-Oberfläche (**W**hat **Y**ou **S**ee **I**s **W**hat **Y**ou **G**et) bietet – vielmehr erstellen Sie Ihren Text in einem Editor und fügen Textformatierungen in Befehlsform ein, also beispielsweise

\bf{fett geschrieben} (*bf* steht für **B**old **F**ace); es gibt kein Symbol für Fettschrift, das sich anklicken lässt. Um eine Seitenansicht zu erhalten, müssen Sie die Datei speichen und das Programm *tex* aufrufen, das dann den Inhalt der Textdatei formatiert. Diese Art der Texterstellung ist sicherlich nicht als komfortabel zu bezeichnen. Die Mühe könnte sich aber lohnen, denn die Qualität der mit TEX erstellten Dokumente ist mit keinem „normalen" Textverarbeitungsprogramm vergleichbar!

TEX verwendet das an WYSIWYG angelehnte Prinzip WYGIWYM (**W**hat **Y**ou **G**et **I**s **W**hat **Y**ou **M**ean), bei dem entsprechende Auszeichnungssymbole den betreffenden Textstellen eine bestimmte Art der Formatierung zuweisen. Es steht also das logische Markieren von Texten im Vordergrund, wie es sich inzwischen auch im World Wide Web mit HTML durchgesetzt hat.

Installation und Anwendung von TEX

Testen Sie, ob TEX bereits installiert ist, indem Sie in einer Shell (einem *xterm*-Fenster) den Befehl *rpm -qa | grep tetex* eingeben. Erhalten Sie darauf keine Ausgabe von Paketnamen *tetex-**, dann ist TEX noch nicht auf Ihrer Platte. In diesem Fall müssen Sie TEX noch von Ihrer Red Hat-Linux-CD installieren: Die Archivnamen sind

```
tetex-1.0.6-7.i386.rpm
tetex-afm-1.0.6-7.i386.rpm
tetex-doc-1.0.6-7.i386.rpm
tetex-dvilj-1.0.6-7.i386.rpm
tetex-dvips-1.0.6-7.i386.rpm
tetex-latex-1.0.6-7.i386.rpm
tetex-xdvi-1.0.6-7.i386.rpm
```

S.u.S.E.-Tipp

Installieren Sie mit YaST nachträglich das gesamte TEX-Paket. Dieses ist noch wesentlich umfangreicher und umfasst neben einer grafischen Oberfläche und einer modifizierten TEX-Version, die Ihr Dokument auch als PDF-Datei (**P**ortable **D**ocument **F**ormat) ausgibt, noch viele weiter Programme und Tools rund um TEX.

Nach der Installation gibt es im Verzeichnis */usr/share/texmf/tex/plain/base* eine Datei mit dem Namen *story.tex*. Geben Sie für einen kurzen Testlauf den Befehl *tex story* ein. Sie erhalten dann folgende Ausgabe, wobei nach dem Prompt * das TEX-Kommando *\bye* einzugeben ist.

```
paco:~ # tex story
This is TeX, Version 3.14159 (Web2C 7.3.1)
(/usr/share/texmf/tex/plain/base/story.tex [1])
*paco:~ # \bye
Output written on story.dvi (1 page, 668 bytes).
Transcript written on story.log.
paco:~ #
```

Hintergrundwissen

Wie die Versionsnummer entstand

Die Versionsnummer 3.14159 ist übrigens eine Approximation an die Kreiszahl π (3,1415926535897932385...). Mit jeder neuen Version wurde diese um eine Stelle genauer. Diese Systematik hat Professor Donald E. Knuth, der Entwickler von TEX, nach der Einführung der Unterstützung diakritischer Zeichen wie den deutschen Umlauten und französischer Akzentzeichen eingeführt. Die erste Version, die acht-Bit-Zeichen verarbeiten konnte, trug die Versionsnummer 3.0. Seither gab es fünf Bugfixes und damit neue Versionen. Es war TEX-Tradition, nur bei erkannten und korrigierten Fehlern eine neue Version herauszugeben. Die letzte Version ist vor vielen Jahren freigegeben worden.

Nun hat TEX eine geräteunabhängige Datei *story.dvi* erzeugt, in der Anweisungen stehen, wie der formatierte Text auf beliebigen Geräten auszugeben ist. Diese Anweisungen werden von Treiberprogrammen interpretiert und auf dem entsprechenden Medium ausgegeben. Zunächst können Sie sich auf dem Bildschirm ansehen, wie der formatierte Text aussieht. Dazu wird das Programm *xdvi* benutzt.

```
paco:~ # xdvi story
mktexpk: Running mf \mode:=ljfour; mag:=1+0/600; nonstopmode; input cmsl10
This is METAFONT, Version 2.7182 (Web2C 7.3.1)
(/usr/share/texmf/fonts/source/public/cm/cmsl10.mf
(/usr/share/texmf/fonts/source/public/cm/cmbase.mf)
(/usr/share/texmf/fonts/source/public/cm/roman.mf
(/usr/share/texmf/fonts/source/public/cm/romanu.mf [65] [66] [67] [68] [69]
 :
Output written on cmr10.600gf (128 characters, 24244 bytes).
Transcript written on cmr10.log.
mktexpk: /var/lib/texmf/pk/ljfour/public/cm/cmr10.600pk: successfully generated.
paco:~ #
```

Nachdem es wie vorstehend dargestellt zum ersten Mal gestartet wurde, erscheinen einige Meldungen eines Programms namens METAFONT. Dieses Programm gehört zum TEX-Paket und es erzeugt die zum System gehörenden Schriften bzw. Fonts in Form von Pixel-Fonts, die wiederum von den Treiberprogrammen zur Ausgabe benötigt werden. Immer dann, wenn eine Schrift durch das Treiberprogramm nicht gefunden wurde, wird METAFONT automatisch gestartet und der für die Auflösung des Ausgabegeräts erzeugte Font in einem Unterverzeichnis von */var/lib/texmf/pk/* gespeichert.

Hinweis

Drucker und Previewer für TEX konfigurieren

In Kapitel 5.1 ab Seite 190 wurde beschrieben, wie Ihr Drucker in das System eingebunden wird. Diesen Drucker benutzt auch TEX als Standarddrucker für die Druckausgabe. Da alle Treiberprogramme für die Ausgabe Typ und Auflösung des Geräts kennen müssen, ist es erforderlich, diese Infor-

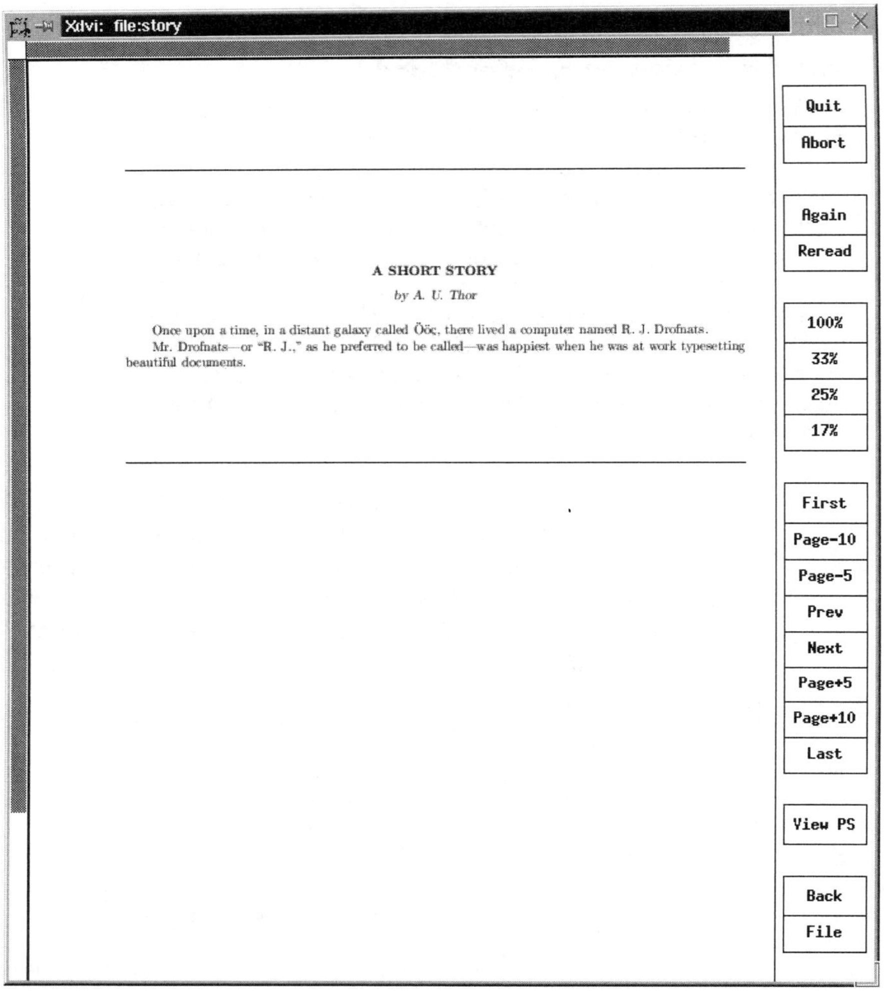

Anzeige des formatierten Dokuments story.tex *mit xdvi*

mationen TeX mitzuteilen. Dies geschieht mit Hilfe des Tools *texconfig*. Nach dem Aufruf von *texconfig* wählen Sie mit der Taste [↓] die Zeile

```
MODE     default mode (xdvi/dvips/mf)
```

aus und wählen Ihren Drucker, ebenfalls mit [↓] aus der Liste aus, die nach dem Drücken der [Enter]-Taste angezeigt wird.

Mit *xdvi configuration* und *dvips configuration* können unterschiedliche Auflösungen für das Ansehen und Drucken von Dokumenten eingestellt werden. Dies ist bei hohen Auflösungen des Druckers mit mehr als 600 dpi zu empfehlen, da sonst die Performance von *xdvi* mehr als notwendig beeinträchtigt würde.

Ein anderer Previewer ist *kdvi*, der zu KDE gehört. Dieser ist zumindest bis zur KDE-Version 1.1.2 nicht so vorkonfiguriert, dass er die Zeichensätze der TEX-Installation finden kann. Diesem Mangel ist aber leicht abzuhelfen, indem *kdvi* gestartet wird und über *Einstellungen* die Einträge vorgenommen werden, wie sie aus der folgenden Abbildung ersichtlich sind. Wichtig ist zunächst, dass der Pfad zu den Fonts richtig angegeben ist. Es muss für TEX */var/lib/texmf/pk//* sein, wobei der doppelte Schrägstrich am Ende bedeutet, dass unterhalb dieses Verzeichnisses nach den Fonts für die verschiedenen Ausgabegeräte und Auflösungen gesucht wird. Das verfügbare Ausgabegerät bestimmt den METAFONT-Modus, hier im Beispiel ein gängiger Drucker mit 600-dpi-Auflösung.

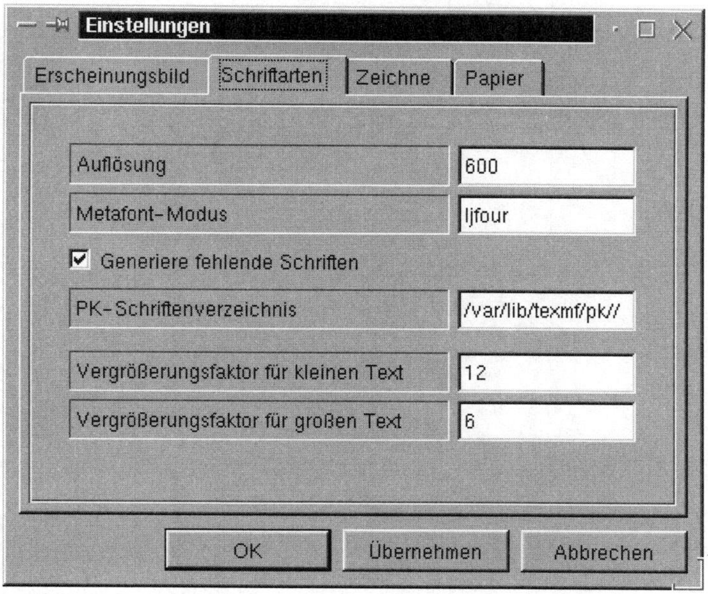

Einstellungen von kdvi für TEX

Nachdem die geänderten Einstellungen übernommen wurden, ist ein Neustart von *kdvi* erforderlich. Entweder geben Sie als Programmparameter direkt beim Aufruf *story* mit an oder wählen über das Datei-Menü bzw. den Schalter *Dokument öffnen* von *kdvi* die Datei *story.dvi* aus.

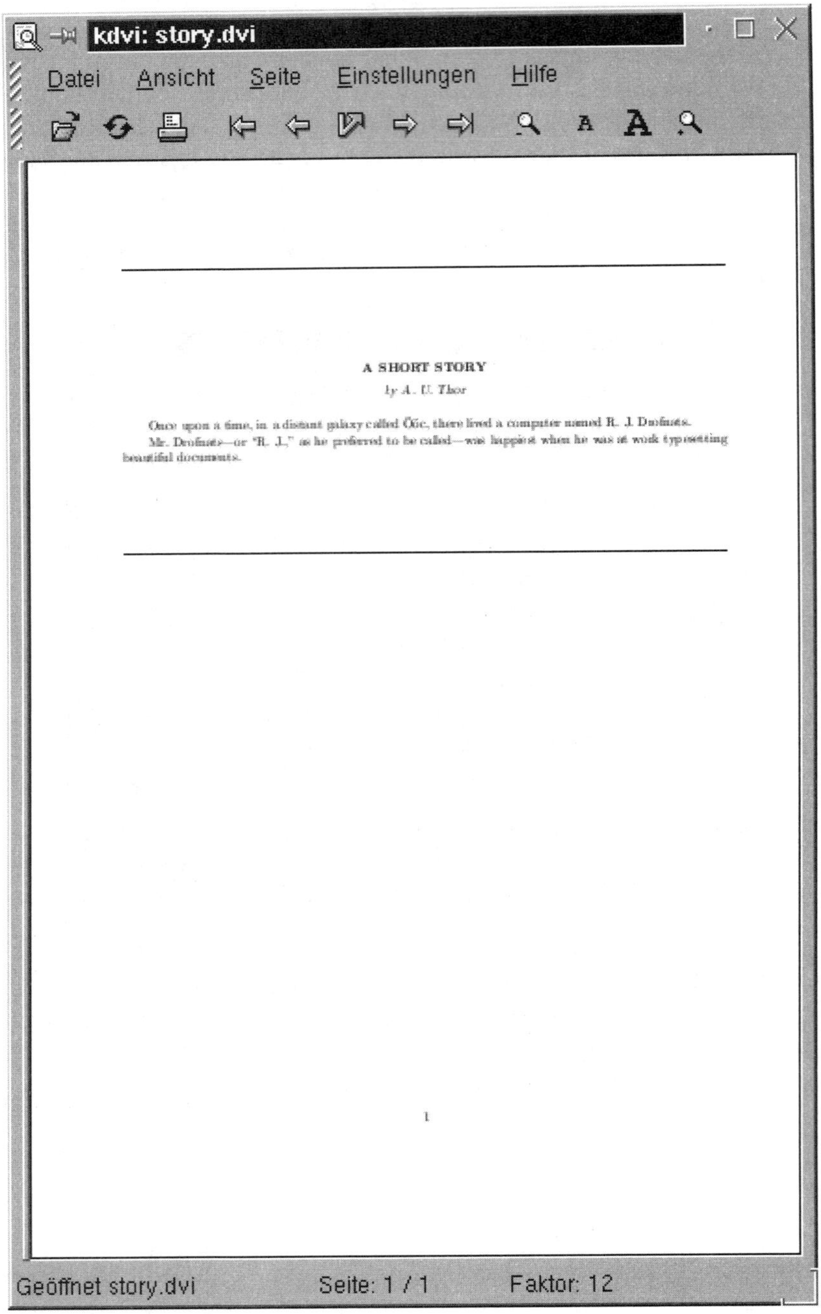

Anzeige des formatierten Dokuments story.tex *mit kdvi*

Da unter Linux als Druckersprache PostScript die Wahl ist, kann natürlich statt *xdvi* der PostScript-Interpreter *GhostScript* zum Preview der Dokumente genutzt werden. GhostScript selbst ist etwas unhandlich bei der Benutzung wegen der recht komplexen Parametrisierung, was letztlich wegen der Mächtigkeit dieses Programms nicht verwunderlich ist.

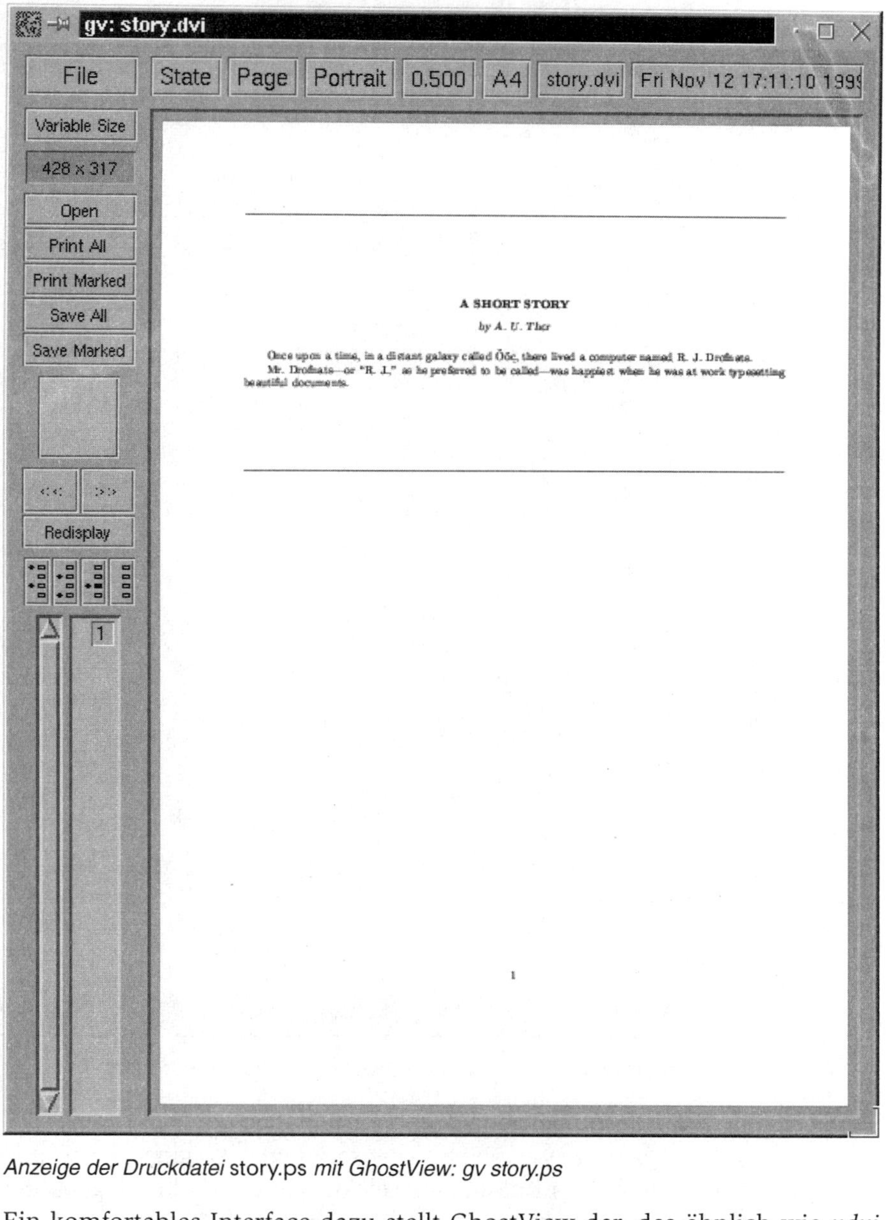

Anzeige der Druckdatei story.ps *mit GhostView: gv story.ps*

Ein komfortables Interface dazu stellt GhostView dar, das ähnlich wie *xdvi* zum Ansehen des Dokuments benutzt werden kann. Dazu muss jedoch die Ausgabe des Druckertreibers *dvips* in eine Datei umgeleitet werden. Dies geschieht mit der Option *-odatei* beim Aufruf. In diesem konkreten Fall wird mit dem Kommando *dvips -ostory.ps story* die Druckausgabe in eine Datei umgeleitet und anschließend kann das Ergebnis betrachtet werden.

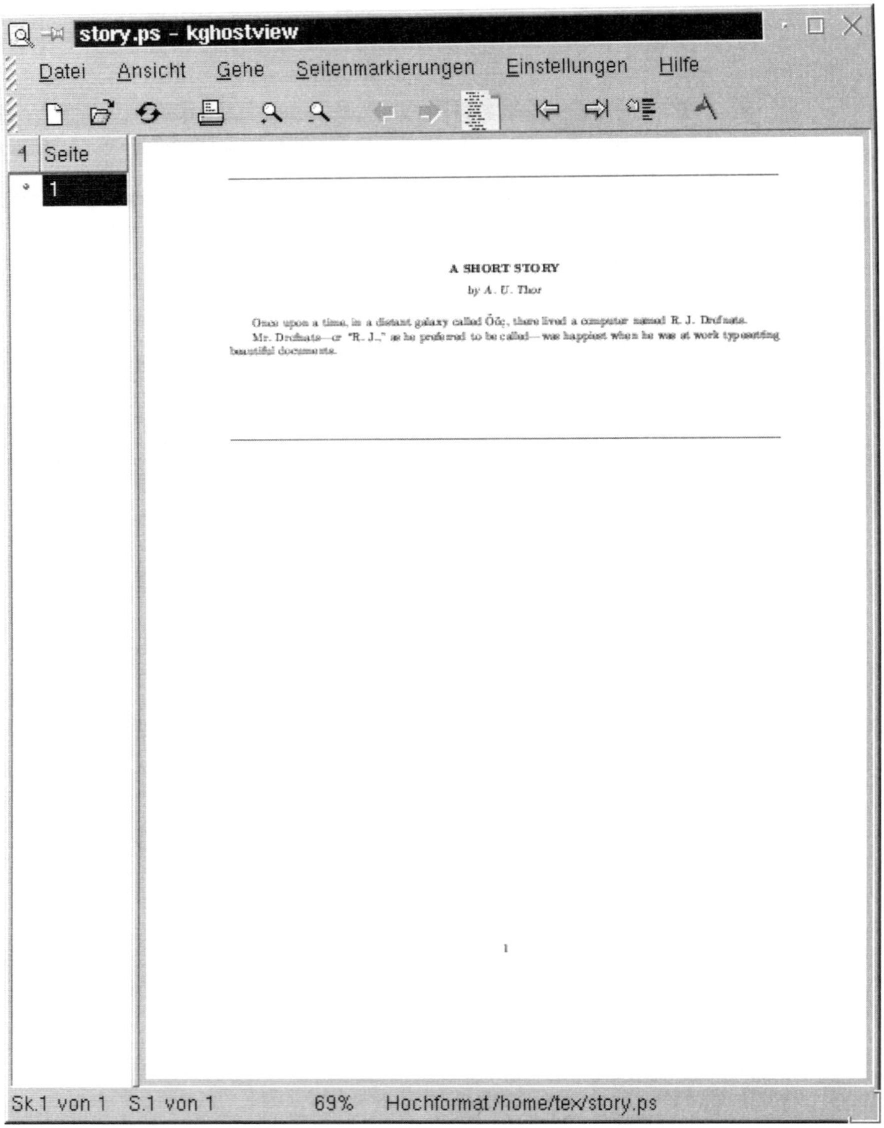

Anzeige der Druckdatei story.ps *mit KGhostView: kghostview story.ps*

Auch für *GhostView* gibt es in KDE eine Alternative mit dem nahe liegenden Namen *kghostview*. Es bietet ebenso wie das Original die Möglichkeit, einzelne Seiten eines Dokuments selektiv durch Markierungen oder Bereichsangaben auszudrucken.

Wenn jedoch das Dokument fertig ist und ausgedruckt werden soll, kann auf die Umleitung in eine Datei verzichtet werden und mit *dvips* die Ausgabe direkt mit *dvips story* auf den Drucker geschickt werden. Die nachfolgende Abbildung zeigt verkleinert die Seite des Beispiels, das in jeder TEX-Installation vorhanden ist.

A SHORT STORY

by A. U. Thor

Once upon a time, in a distant galaxy called Ööç, there lived a computer named R. J. Drofnats.

Mr. Drofnats—or "R. J.," as he preferred to be called—was happiest when he was at work typesetting beautiful documents.

1

Und so sieht es auf Papier aus, was TeX aus der Geschichte gemacht hat

LaTeX ist TeX

Vielleicht haben Sie sich bisher darüber gewundert, dass immer von TeX, aber nicht von LaTeX die Rede war. LaTeX ist ein Paket von Makros für TeX und diese Makros werden mit Hilfe des Programms *initex* in ein so genanntes Format umgewandelt. Dieses wird dann von TeX beim Aufruf geladen, womit anschließend alle LaTeX-Befehle zur Textauszeichnung zur Verfügung stehen. Anhand des Namens, mit dem TeX aufgerufen wird, entscheidet das Programm, welches Format geladen wird. Das Kommando *ls -la* zeigt, dass LaTeX TeX ist und nicht etwa ein anderes Satzprogramm.

```
paco:~ # ls -la /usr/bin/latex
... /usr/bin/latex -> tex
paco:~ #
```

Was also auf den Seiten zuvor über das Ansehen mit z. B. *xdvi* und Ausdrucken von Dokumenten gesagt wurde, trifft auch auf die Texte zu, die mit dem Kommando *latex* formatiert wurden.

LaTeX bietet Ihnen vordefinierte Layouts für verschiedene Dokumenttypen (vergleichbar den Dokumentvorlagen anderer Textprogramme), sodass Sie sich mit Problemen wie der Wahl der Schriftarten und -größen für normalen Text, Überschriften oder Fußnoten nicht mehr beschäftigen müssen. Dies alles wird von LaTeX übernommen, wobei je nach Geschmack oder auch Thema Ihres Textes ein passendes Schriftenpaket für das Dokument festgelegt werden kann. Neben Computer Modern Roman, der Standardschrift von TeX, kann eine Reihe weiterer freier Schriften genutzt werden. Nachfolgend dazu einige Beispiele:

Computer Modern Roman

kursive Schrift	KAPITÄLCHEN	*geneigte Schrift*
kursive Schrift	**KAPITÄLCHEN**	***geneigte Schrift***

Adobe Times Roman

kursive Schrift	KAPITÄLCHEN	*geneigte Schrift*
kursive Schrift	**KAPITÄLCHEN**	***geneigte Schrift***

Adobe Palatino

kursive Schrift	KAPITÄLCHEN	*geneigte Schrift*
kursive Schrift	**KAPITÄLCHEN**	***geneigte Schrift***

Adobe Helvetica

kursive Schrift	Kapitälchen	*geneigte Schrift*
kursive Schrift	**Kapitälchen**	***geneigte Schrift***

Adobe AvantGarde

kursive Schrift	KAPITÄLCHEN	*geneigte Schrift*
kursive Schrift	**KAPITÄLCHEN**	***geneigte Schrift***

Viele wissenschaftliche Publikationen, Bücher und Magazine werden mit LaTeX erstellt und die Ausdrucke können direkt als Vorlagen für die Druckerei verwendet werden. Die verbreitete Nutzung von LaTeX im wissenschaftlichen Bereich ist darauf zurückzuführen, dass LaTeX das Erstellen von Inhalts-, Abbildungs- und Literaturverzeichnissen sowie die Auflösung von Referenzen im Text automatisch erledigt. Fußnoten, Indizes oder auch Bibliografien können sehr einfach erzeugt werden. Ein weiterer Grund, speziell auch für die Wahl von TeX als Standardsystem für Linux, ist der Status der Software. Sie ist Public Domain und somit inklusive des Quellcodes frei verfügbar.

Die besondere Stärke: Formelsatz

Falls Ihr Text mathematische oder chemische Formeln enthalten soll, werden Sie von den meisten Textverarbeitungsprogrammen (wie MS-Word, WordPerfect, WordStar oder StarWriter) dazu genötigt, diese mühsam mit einem Formeleditor oder Grafikprogramm und Zeichen für Zeichen zusammenzustellen. Darüber hinaus sehen dann die Ergebnisse meist sehr unprofessionell aus: Indizes sind zu klein oder das Schriftbild der Formel passt nicht gut zum restlichen Text. Dies alles ist mit TEX kein Problem: Beliebig komplexe Formeln sind im Handumdrehen eingegeben und sehen nachher aus, als wären sie aus einem Buch kopiert.

$$f(x) = \begin{cases} \frac{1}{2x_0^\alpha} x^{1+\alpha} + \frac{1}{2} x_0^\alpha x^{1-\alpha} & 0 \le x < x_0 \\ x & x \ge x_0 \end{cases}$$

$$\Phi_{\mu\sigma}(x) = \int\limits_{-\infty}^{x} e^{-\frac{(x-\mu)^2}{2\sigma^2}} dx$$

Diese kompliziert aussehenden Formeln sind mit folgenden Anweisungen gesetzt worden:

```
\[
f(x)=\cases{{1\over 2x_0^\alpha}x^{1+\alpha}
       +{1\over 2}x_0^\alpha x^{1-\alpha}&$0\le x<x_0$\cr
       x&$x\ge x_0$\cr}
\]
\[
\Phi_{\mu\sigma}(x)=\int\limits_{-\infty}^x%
  e^{-{(x-\mu)^2\over 2\sigma^2}}dx
\]
```

Mathematiker und Physiker wird diese unverständlich aussehende Folge von Anweisungen nicht schrecken, da sie letztendlich im Aufbau der gesprochenen Formel entsprechen und leicht zu erlernen sind. Aber nicht nur für diese Fächer ist LATEX interessant. Es gibt eine große Anzahl von Makropaketen, die die Möglichkeiten erweitern.

LATEX-Erweiterungen

Auch die Arbeitsblätter für den Chemieunterricht lassen sich mit speziellen Ergänzungen zu LATEX leicht gestalten. Dazu sind Makropakete wie *ChemTEX* und *XymTEX* entwickelt worden, die man neben vielen anderen auf dem Server *http://www.dante.de/* der „Deutschsprachigen Anwendervereinigung TEX e.V." finden kann.

Für die eher musisch Interessierten könnte *MusicTEX* ein Anreiz sein, sich mit LATEX zu beschäftigen, zumal es dazu auch einige interessante Tools gibt. Ein Beispiel aus der Dokumentation zu *MusicTEX* soll Ihnen zeigen, wie von TEX gesetzte Noten aussehen. Es handelt sich hier um zwei Takte des „Ave Maria" von Charles Gounod.

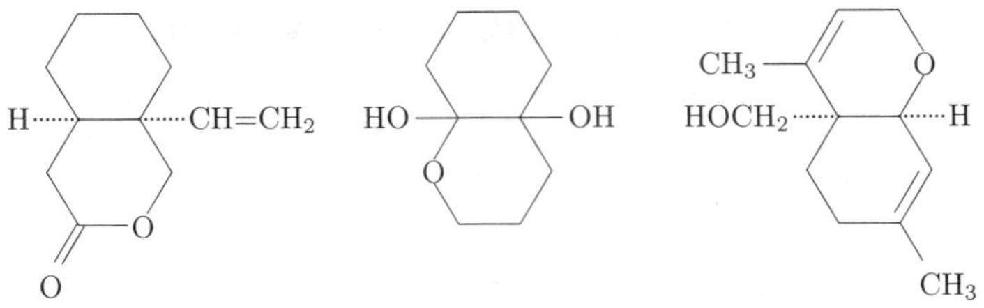

Chemische Strukturformel mit XymTEX gesetzt

Beispiel zum Musiksatz aus der Dokumentation zu MusicTEX

Dies sind nur zwei Beispiele, die aufzeigen sollen, welche Möglichkeiten TEX bieten kann. Da das TEX-Paket nicht nur den Textformatierer, sondern mit METAFONT auch einen Schriftgenerator enthält, ist der Satz von Texten mit nicht lateinischen Schriften wie zum Beispiel Hebräisch, Arabisch, Kyrillisch, Sanskrit und vielen anderen von verschiedenen TEX-Gurus ermöglicht worden.

Erstellen eines LATEX-Dokuments

Doch zurück zu der normalen Anwendung von LATEX. Nachdem der erste Lauf von TEX absolviert und der Umgang mit Previewer und Druckertreiber praktiziert wurde, ist es Zeit für die Erstellung eines ersten eigenen Dokuments. Erzeugen Sie mit einem Editor Ihrer Wahl eine Datei *test.tex* mit folgendem Inhalt:

```
\documentclass{article}
\usepackage{german}
\usepackage{isolatin1}
\begin{document}

   Dies ist unser erstes \LaTeX{}-Dokument.

   Wir wollen nur einmal sehen, ob \LaTeX\ das auch
   gut übersetzen kann und wie dann der Ausdruck aussieht.
   Dabei testen wir schon einmal \textbf{fette Schrift}
   und \textit{kursive Schrift}.

\end{document}
```

In der ersten Zeile wird das Layout des Dokuments festgelegt. Die zweite Zeile aktiviert die deutsche Silbentrennung. In der dritten Zeile wird die Zeichenzuordnung für Ihre Tastatur festgelegt, wodurch LATEX die Umlaute richtig interpretiert. Anschließend wird die Präambel beendet und der normale Text beginnt. Sie sehen, dass alle LATEX-Befehle mit dem „Backslash" eingeleitet werden, und die Textstellen, für die Auszeichnungen festgelegt werden, mit { und } in Gruppen zusammengefasst werden. Eine weitere Gruppierung wird mit den Befehlssequenzen `\begin{`*umgebung*`}` und `\end{`*umgebung*`}` vorgenommen.

Geben Sie dann nacheinander folgende Befehle ein:

```
paco:~ # latex test
paco:~ # xdvi test
```

LATEX hat nun Ihre Eingabedatei *test.tex* in die Ausgabedatei *test.dvi* übersetzt. Nach dem Aufruf von *xdvi* öffnet sich ein Fenster, in dem Sie das Ergebnis der Übersetzung Ihrer Eingabe sehen können.

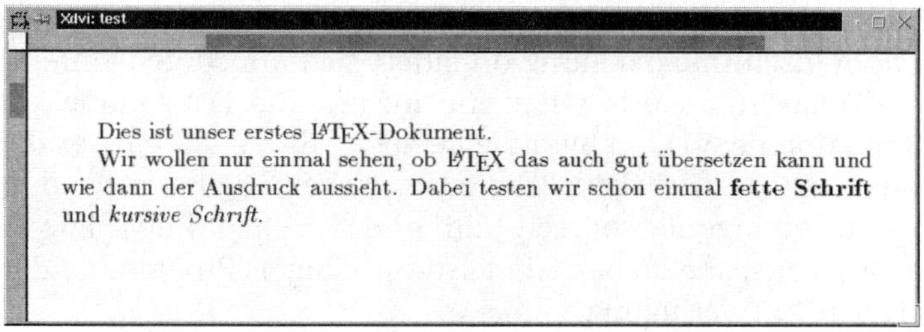

xdvi zeigt ein übersetztes LATEX-Dokument an

Sie sehen, dass der Text standardmäßig im Blocksatz formatiert und die erste Zeile eines Absatzes eingerückt wird. LATEX beginnt einen neuen Absatz, wenn Sie bei der Eingabe zwischen zwei Textblöcken eine oder mehrere Leerzeilen lassen.

Sie können statt *xdvi* auch Ghostview verwenden. Dazu müssen Sie die *dvi*-Datei noch in das PostScript-Format übersetzen. Dies geschieht mit dem Programm *dvips*. Der Befehl *dvips -otest.ps test.dvi* erzeugt eine PostScript-Datei mit dem Namen *test.ps*. Diese können Sie dann mit *gv test.ps* anzeigen. Der Vorteil bei der Anwendung von *gv* ist, dass Sie hier Seiten markieren können, die dann direkt aus *gv* heraus gedruckt werden. Dies ist sehr nützlich, wenn Sie nicht das gesamte Dokument ausdrucken, sondern nur einzelne Seiten Korrektur lesen wollen.

Informationen und Literatur	
[1]	M. Goossens, F. Mittelbach, A. Samarin: Der LATEX-Begleiter, Addison-Wesley 1994
[2]	H. Kopka: LATEX, Band 1: Einführung, Addison-Wesley 1994
[3]	L. Lamport: LATEX – A Document Preparation System – User's Guide and Reference Manual, Addison-Wesley, 2. Auflage 1994
[4]	J. Knappen, H. Partl, E. Schlegl, I. Hyna: LATEX2e-Kurzbeschreibung (Datei */usr/lib/texmf/doc/latex/general/l2kurz.dvi*)
	TEX-Service des Hochschul-Rechenzentrums der Universität Giessen: *http://www.dante.de/TeX-Service-Paket/LinkTeXService.html*

Informationen und Literatur	
news:	`comp.text.tex, de.comp.tex`
ftp://	*ftp://ftp.dante.de/pub/tex/help/TeX-index*
http://	*http://www.dante.de*

12.4 LyX, ein Wysiwym-Editor für LaTeX

LyX ist eine X Window-Textverarbeitung, die auf der Basis von LaTeX arbeitet und für die Druckausgabe die Fähigkeiten des TeX-Satzsystems nutzt. Mit LyX können Sie mit wenigen oder gar keinen LaTeX-Kenntnissen die Vorteile dieses professionellen Satzsystems nutzen. Formatierungen können über Menüs und einfach zu bedienende Dialogboxen in den Text eingefügt werden. Die Bildschirmdarstellung orientiert sich am so genannten Wysiwym-Modus (**W**hat **y**ou **s**ee **i**s **w**hat **y**ou **m**ean): Die Darstellung entspricht in ihrer Funktion dem Druckbild. Sie versucht aber nicht eine exakte Übereinstimmung mit der Druckausgabe zu erreichen. Dadurch benötigt das Programm nur geringe Ressourcen und arbeitet sehr schnell. Für die Kontrolle der Druckausgabe stehen die leistungsfähigen Programme der TeX- und LaTeX-Pakete zur Verfügung.

LyX im Netz: neuste Versionen und Informationen

LyX hat eine eigene, englischsprachige Website, die Sie unter *http://www.lyx.org* erreichen können. Dort finden Sie unter *How to get it* eine Liste von FTP-Servern, von denen Sie das Programmpaket herunterladen können.

LyX im Internet
Die Homepage von LyX *http://www.lyx.org*
Der primäre FTP-Server für LyX *ftp://ftp.lyx.org/pub/lyx*
Ein deutscher FTP-Mirror *ftp://ftp.uni-frankfurt.de:/pub/packages/lyx/*
Die Homepage der deutschen Dokumentation zu LyX *http://www.uni-sw.gwdg.de/~pit/LyX/*

Die LyX-Pakete im RPM-Format finden Sie auf der Website von RPMFind (*http://rpmfind.net/linux/RPM/LByName.html*).

LyX baut auf einigen Bibliotheken auf, die einmal die Darstellung am Bildschirm (*XForms*) und die Einbindung von Grafiken (*libXpm*) betreffen. Eine Übersicht über diese Bibliotheken finden Sie auch auf der Seite *http://www.uni-sw.gwdg.de/~pit/LyX/* unter *Voraussetzungen*. Und natürlich benötigen Sie eine LaTeX-Installation.

Vorraussetzungen für LyX
X Window
teTeX oder ntex
XForms Version 0.81 oder neuer
libXpm 4.7

Installation von LyX

Wenn Sie die benötigten Pakete im RPM-Format heruntergeladen haben, können Sie sie ganz einfach mit folgenden Kommandos installieren.

```
paco:~ # rpm -i xpm-3.4j-5.i386.rpm
paco:~ # rpm -i xforms-0.88-6.i386.rpm
paco:~ # rpm -i lyx-1.0.2-2.i386.rpm
```

Beschwert sich *rpm* bei einem der Pakete, es sei schon installiert, können Sie auf die Installation verzichten bzw. mit der Option *-U* statt *-i* ein Update versuchen, wenn die installierte Version älter ist als das vorliegende Paket. Weitere Hinweise zu *rpm* finden Sie auch in Kapitel 9.3 auf Seite 379.

Die Kompilierung und Installation mit Hilfe der Quellpakete ist aber auch nicht weiter schwierig. Folgende Schritte sind notwendig, um LyX zu installieren:

Installationsübersicht für LyX
Auspacken der Quelldateien *tar -xzf lyx-1.0.4.tar.gz*
Wechseln in das Quellverzeichnis *cd lyx-1.0.4*
Konfigurierung der Quelldateien *./configure –prefix=/usr/local –enable-nls*
Kompilieren der Quelldateien *make*
Installation mit Root-Berechtigung durchführen *su root -c 'make install'*

1 Richten Sie zuerst die notwendigen Bibliotheken und LaTeX ein. Die Reihenfolge spielt hier keine Rolle.

2 Dann packen Sie die Quelldatei aus und wechseln in das erzeugte Verzeichnis.

3 Zuerst konfigurieren Sie die Quelldateien für den Kompilerlauf. An dieser Stelle legen Sie fest, auf welcher Partition Sie die 7 MByte, die LyX belegt, unterbringen wollen. Wenn Sie LyX unter */usr/local* installieren wollen, rufen Sie *./configure –prefix = /usr/local* auf. Außerdem müssen Sie die Option *–enable-nls* angeben, wenn Sie deutsche Menüeinträge und Beschriftungen in den Dialogfeldern haben wollen.

4 Wenn sich das Konfigurierungstool nicht über fehlende Bibliotheken beschwert, können Sie mit *make* den Kompilerlauf starten. Ansonsten müssen Sie die Installation der nicht gefundenen Bibliothek prü-

fen oder das Verzeichnis mit der Option *–with-extra-prefix=* zusätzlich beim Konfigurieren angeben. Angenommen, Sie haben die XForms-Bibliothek im Verzeichnis */usr/local/xforms* installiert, dann können Sie diese mit der Option *–with-extra-prefix=/usr/local/xforms* einbinden. Ein kompletter Aufruf von *configure* sähe dann wie folgt aus:

```
paco:~/lyx-1.0.4 $ ./configure --prefix=/usr/local --enable-nls
--with-extra-prefix=/usr/local/xforms
```

5 Hat der Compilerlauf funktioniert, können Sie die Dateien mit *su root -c 'make install'* installieren. Damit ist die Installation von LyX abgeschlossen.

6 Die Installationsdateien werden jetzt nicht mehr benötigt. Wechseln Sie mit *cd ..* in das darüber liegende Verzeichnis und löschen Sie das Installationsverzeichnis mit *rm -rf lyx-1.0.4*.

▼▼▼ WORKSHOP

Erste Schritte mit LyX

Starten Sie LyX. Wie Sie ein Symbol für LyX auf Ihrem Desktop anlegen, damit Sie es mit einem Klick starten können, lesen Sie in Kapitel 11.6. Wenn Sie LyX zum ersten Mal aufrufen, meldet sich das Programm mit einer Dialogbox, die Ihnen mitteilt, dass ein Konfigurationsverzeichnis für Sie angelegt werden soll. Bestätigen Sie die Abfrage durch Klicken auf *OK*. Danach meldet sich das Programm mit dem Eingangsbildschirm.

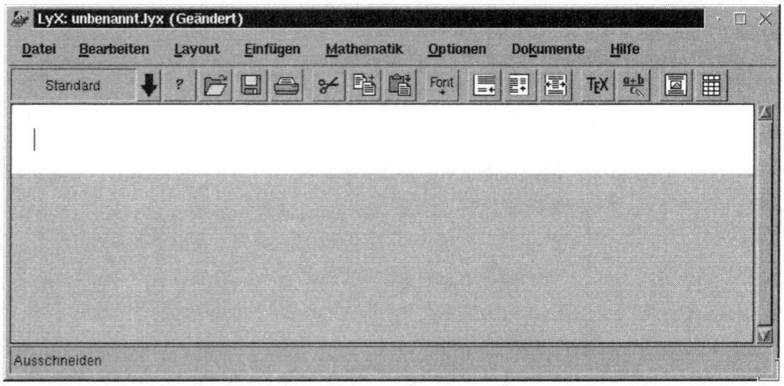

LyX mit einem neu angelegten, leeren Dokument

Neues Dokument anlegen

Bevor Sie mit der Texteingabe beginnen können, müssen Sie eine neues Dokument anlegen.

1 Wählen Sie aus dem Menü *Datei* den Eintrag *Neu*.

2 Geben Sie Ihrer Datei im folgenden Dialog einen Namen oder bestätigen Sie die Auswahl des Namens *unbenannt* mit *OK*.

3 Danach meldet sich das Programm mit einem leeren Bildschirm.

Eigenschaften des Dokumentes festlegen

Bevor wir mit der Texteingabe beginnen, sollten die Standards für dieses Dokument festgelegt werden. Über die Menüpunkte *Layout/Dokument* erhalten Sie ein Dialogfeld, in dem das grundlegende Layout für das Dokument eingestellt wird.

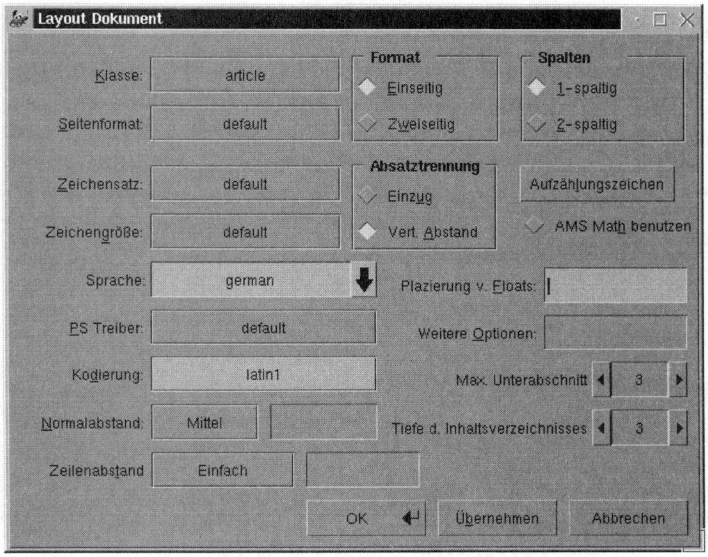

Einstellungen für die deutsche Sprache

Im Gegensatz zu anderen Textverarbeitungspaketen, bei denen Sie explizit eine deutsche Version bekommen, erhalten Sie mit LyX alle zur Zeit zur Verfügung stehenden Sprachmodule. Wichtig sind vor allem zwei Einstellungen, die für die korrekte Behandlung der deutschen Sprache notwendig sind:

1. Im Eingabefeld *Sprache* wählen Sie den Unterpunkt *german*. Damit ist gewährleistet, dass z. B. die deutsche Silbentrennung berücksichtigt wird.
2. Im Eingabefeld *Kodierung* schalten Sie auf *latin1*. Dieser Zeichensatz enthält die deutschen Umlaute und andere Sonderzeichen aus dem europäischen Sprachraum.
3. Zusätzlich stellen Sie für dieses Beispiel die *Absatztrennung* auf *Vert. Abstand*. Bestätigen Sie Ihre Eingaben durch Klicken auf *OK*.

Tipp

Erstellen von Vorlagen

Sie können beliebige Dokumente als Vorlagen für eine neues Dokument verwenden. Haben Sie einmal ein Dokument fertig eingerichtet, speichern Sie es ab und verwenden Sie es als Vorlage. Wenn Sie über den Menüpunkt *Datei/Neu von*

Vorlage nach der Angabe eines Dateinamens die oben erstellte Datei als Vorlage auswählen, werden die Daten aus der Vorlage in Ihr neues Dokument kopiert. Die Vorlage bleibt unabhängig von den Änderungen, die Sie in Ihrer neuen Datei vornehmen, erhalten.

Eingabe von Text

Nun können Sie mit der Texteingabe beginnen. Wir wollen Ihnen die Möglichkeiten von LyX an folgendem Kochrezept demonstrieren.

```
Tux-Kuchen

Zutaten:
250g grob gemahlenes Datenmehl
50g fein geraspelte echte 3,5'' Diskettenschokolade
ca. 1/8l Ramilch
1 X-Ei
150g KSyms-Zucker
1 kl. Flasche Perl-Syrup

Zubereitung:

Zuerst den KSyms-Zucker im Browser grob zerstoßen, dann
das X-Ei mit dem Zucker in einer hohen XForm schaumig
rühren. Den Perl-Syrup hinzufügen und dabei darauf
achten, dass die Umgebungsvariablen nicht mit
hineingeraten, da sonst die Ramilch gerinnt. Die
restlichen Zutaten hineingeben und zu einem glatten
Programmteig verrühren. Diesen dann auf dem CPU-Kühler 1/2
Stunde leicht braun dünsten. Hält sich gekühlt mindestens
drei Abstürze lang.

Aus: Oma Hämäläinens Küche für kranke Pinguine
```

Achten Sie darauf, dass Sie bei der Eingabe der Zutaten hinter jeder Zeile die [Enter]-Taste drücken, im Textblock der Zubereitung jedoch nur hinter „lang.“. Außerdem geben Sie für die Anführungszeichen bei „3,5”“ zwei einfache Hochkommata hintereinander an. Danach könnte Ihr Text im LyX-Fenster so aussehen:

Der rohe Text hat zwar an sich schon einen hohen Informationswert, aber mit ein wenig „Schminke“ können wir den optischen Reiz noch erhöhen. Zuerst wollen wir den Überschriften auch den ihnen zustehenden Status verleihen.

1 Setzen Sie den Cursor in die Zeile mit dem Wort „Tux-Kuchen“.

2 Jetzt klicken Sie auf den Pfeil neben dem Listenfeld, in dem jetzt noch *Standard* steht.

3 Wählen Sie aus der Liste den Punkt *Section*.

Jetzt verändert sich das Aussehen des Textes *Tux-Kuchen*. Die Zahl am Anfang ist zwar noch etwas störend, aber darum kümmern wir uns gleich.

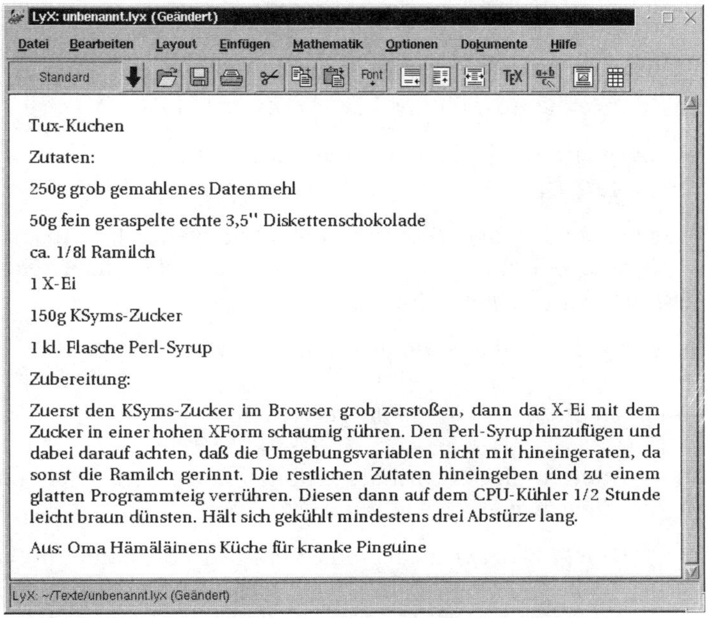

Textdarstellung im Bearbeitungsfenster

Zuerst sind noch die Überschriften *Zutaten* und *Zubereitung* zu verarzten. Weisen Sie diesen wie oben für die *Section* beschrieben das Format *Subsection* zu.

Damit sich z. B. die Zeile mit den Angaben zur Quelle optisch noch ein wenig von der darüber stehenden Beschreibung abhebt, richten wir den Absatz rechtsbündig aus und formatieren den Text in kursiver Schrift.

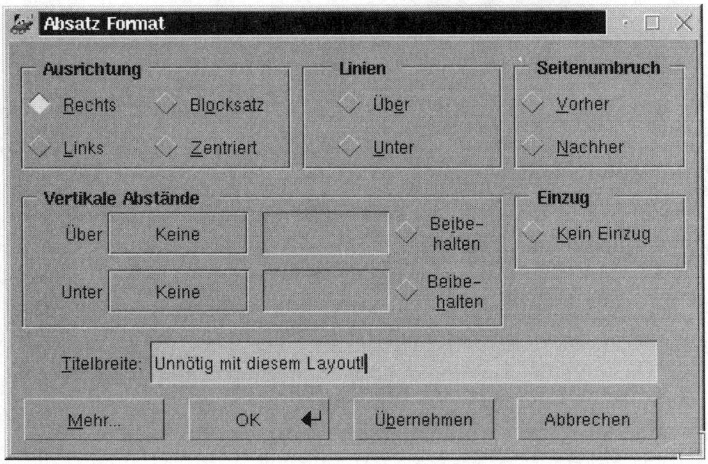

Formatierungen für Absätze festlegen

1 Markieren Sie dazu den Text *Aus ... Pinguine* mit der Maus.

2 Über die Menüeinträge *Layout/Absatzformat* erhalten Sie das Dialogfeld, in dem Sie die Formatierung des Absatzes ändern können.

3 Ändern Sie die Ausrichtung von *Blocksatz* auf *Rechts*.

4 Klicken Sie auf *Übernehmen*. Die Formatierung wird auf den Absatz übertragen, aber das Dialogfeld bleibt Ihnen erhalten.

5 Jetzt wollen wir den Abstand zum vorhergehenden Absatz noch ein wenig vergrößern. Wählen Sie aus der Liste *Über* im Bereich *Vertikale Abstände* das Element *Medskip*.

6 Jetzt können Sie das Dialogfeld mit *OK* schließen.

Jetzt soll noch die Schriftart geändert werden:

1 Zum Ändern der Schriftart wählen Sie den Menüpunkt *Layout/Zeichensätze*.

2 Im Dialogfeld *Zeichensatzattribute* verändern Sie dann die *Form* in *Kursiv*.

3 Jetzt können Sie mit einem Klick auf *Übernehmen* die Formatierung auf den markierten Text übertragen.

Zeichenformatierungen einstellen

Tipp

Praktisch: Wiederverwendbare Dialogfelder

Sie haben sicher schon eine Symbolleiste vermisst, in der für jede Formatierungsart ein passendes Knöpfchen vorhanden ist. LyX benötigt diese Schalter eigentlich nicht, da jedes Dialogfeld auf dem Bildschirm bleiben kann, wenn Sie es weiter benötigen. Deshalb hat z. B. der Dialog *Zeichensatzattribute* auch zwei Schaltflächen: *Übernehmen* und *Schließen*. Sie können im Text arbeiten, obwohl noch ein Dialogfeld angezeigt wird!

Jetzt kümmern wir uns um die Nummerierung der Überschriften.

1. Rufen Sie noch einmal den Dialog *Layout/Dokument* auf.
2. Dort finden Sie ein Feld mit der Bezeichnung *Max. Unterabschnitte*. Klicken Sie so oft auf den linken Pfeil, bis im mittleren Feld der Wert *-1* angezeigt wird und
3. schließen Sie den Dialog mit *OK*.

Damit haben Sie die Nummerierung für die Überschriften ausgeschaltet.

Nun wollen wir noch das Wort *echte* in der Mengenangabe der „Diskettenschokolade" fett auszeichnen, um die Wichtigkeit dieser Zutat zu unterstreichen.

1. Markieren Sie jetzt im Text das Wort *echte*.
2. Dann ändern Sie im Dialogfeld die *Form* auf *Keine Änderung* und
3. die *Serie* auf *Fett*.
4. Wenn Sie jetzt auf *Übernehmen* klicken, wird dem markierten Bereich die ausgewählte Formatierung zugewiesen.

Sie sehen: mit „wiederverwendbaren" Dialogfeldern können Sie schnell und einfach Formatierungen auf den Text übertragen. Und außerdem haben Sie immer alle stilistischen Möglichkeiten zur Verfügung, die für den jeweiligen Textteil angeboten werden.

Zum Schluss wollen wir die Zutatenliste noch in ein übersichtlicheres Format bringen:

- Markieren Sie die Absätze der Zutaten mit der Maus (also von *250g* bis *Perl-Syrup*).
- Jetzt wählen Sie aus der Liste der Formatvorlagen *Itemize* als Format für diese Absätze.
- Die Absätze werden eingerückt und mit einem Aufzählungszeichen versehen. Wie dies genau aussieht, sehen Sie gleich in der Druckansicht.

Text in der Druckansicht anschauen

Der eingegebene Text wird in einer an den Bildschirm angepassten Darstellung ausgegeben. Je nach Größe und Breite des Progammfensters unterscheidet sich die Darstellung jedoch von der Druckausgabe. Wenn Sie die Fenstergröße von LyX nicht verändern, stimmen die Zeilenumbrüche im Editier-Fenster jedoch mit denen in der Druckausgabe überein.

Das dem Satzsystem LaTeX zu Grunde liegende Konzept der Generierung separater Satz- und Druckdateien wurde in LyX integriert, ohne dass Sie mit der Kommandozeile arbeiten müssten. Über den Menüpunkt *Datei/DVI anzeigen* wird Ihnen die druckerunabhängige Satzdatei (DVI-Datei) angezeigt. LyX nutzt für die Darstellung der DVI-Datei die Software *xdvi*. Wenn Sie die Anzeige der Satzdatei anfordern, generiert LyX einen neue Satzdatei und startet das Programm *xdvi*.

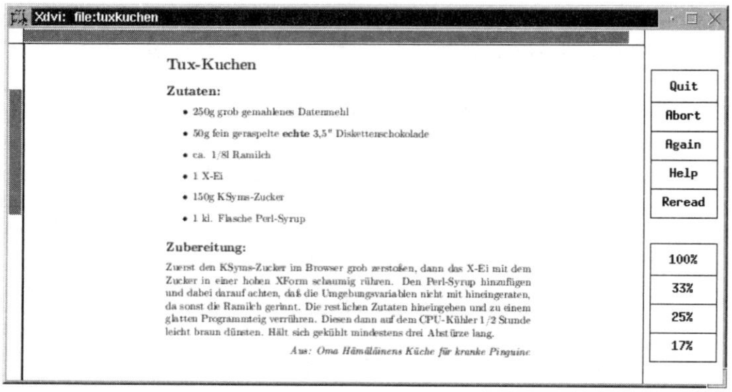

Textdarstellung in der Satzdatei (Ausschnitt)

Welche Möglichkeiten Ihnen *xdvi* bei der Kontrolle Ihrer Satzdateien bietet, können Sie in Kapitel 12.3 nachlesen. Für dieses Beispiel reicht es, wenn Sie das Programm durch einen Klick auf *Quit* wieder beenden.

Text drucken

Drucken Sie jetzt den Text aus, ohne ihn noch einmal zu verändern. Klicken Sie auf das Drucker-Symbol in der Symbolleiste und tragen Sie im Feld *Drucker* den Namen der Druckerwarteschlange ein, die Sie auf Ihrem Rechner konfiguriert haben (wie Sie die Namen Ihrer Druckerwarteschlange herausbekommen, erfahren Sie in Kapitel 5.2 auf Seite 201).

Jetzt wird die DVI-Datei in eine Druckdatei umgewandelt und an das Drucker-Management-System übergeben, das diese Datei im Hintergrund ausdruckt. Sie können LyX auch beenden, ohne dass der Druckvorgang unterbrochen würde. Aber vorher sollten Sie noch Ihre Mühe der Nachwelt erhalten!

Text speichern

Jetzt ist es an der Zeit, unsere Arbeit zu sichern. Klicken Sie auf das Disketten-Symbol in der Symbolleiste, um Ihre Datei abzuspeichern. Einen Dateinamen haben Sie ja bereits angegeben. In der Statusleiste wird Ihnen angezeigt, dass die Datei abgespeichert worden ist, und in der Titelleiste verschwindet der Kommentar *(Geändert)* hinter dem Dateinamen.

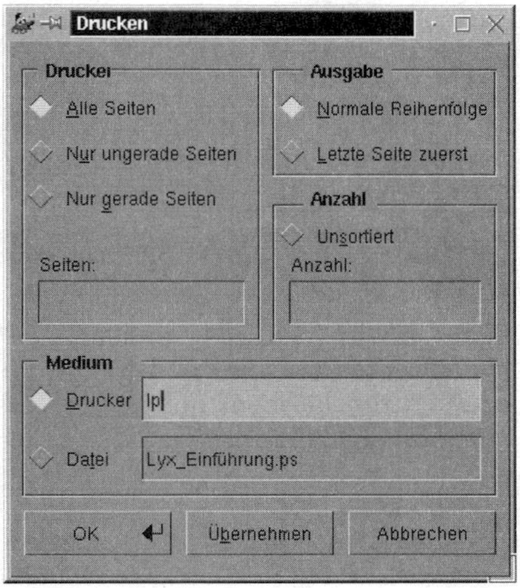

Drucken von Dateien

Zusammenfassung

Sie haben am Ende dieses Workshops eine Datei mit LyX erstellt, ausgedruckt und abgespeichert. Dazu sind Sie nach folgendem Muster vorgegangen:

1. Zuerst legen Sie eine neue Datei an (*Datei/Neu*). Wenn Sie sich bereits eine Vorlage für Ihre neuen Dateien gemacht und diese beim Neuanlegen genutzt haben (*Datei/Neu von Vorlage*), können Sie auf den 2. Punkt verzichten.
2. Dann legen Sie die Eigenschaften der Datei fest: Sie sollten mindestens Sprache und Zeichensatz angeben (*Layout/Dokument*).
3. Jetzt schreiben Sie Ihren Text und formatieren ihn.
4. Am Ende oder auch zwischendurch können Sie sich Ihr Werk in der druckerunabhängigen Satzdatei ansehen (*Datei/DVI anzeigen*). Dieses Format entspricht exakt der Ausgabe auf dem Papier. Nutzen Sie diese Möglichkeit des Korrekturlesens, um Papier zu sparen!

Workshop-Ende

Hilfe zu LyX

Die mit LyX gelieferten Hilfetexte sind sehr umfangreich und fast durchweg in deutscher Sprache zugänglich. Alle Texte sind selbst LyX-Dokumente. Sie finden alle zu einer Installation gehörenden Hilfetexte im Menü *Hilfe*. Da die Hilfedateien Elemente und Formatierungen enthalten, die teilweise erst im Druckbild sichtbar werden, lohnt sich neben dem Blick in das Editierfenster immer auch die Ansicht der DVI- oder sogar PostScript-Ausgabe.

- Ein erster Einstieg bildet die *Einführung*. Hier finden Sie einige grundsätzliche Informationen zu den mitgelieferten Handbüchern.
- Dann sollten Sie einen Blick in das *Tutorium* werfen, insbesondere dann, wenn Sie – wie in der *Einführung* scherzhaft erwähnt wird – LaTeX für das Material halten, aus dem Kondome hergestellt werden.
- Die Referenz für die Nutzung von LyX stellt das *Benutzerhandbuch* dar (und nicht, wie man annehmen könnte, das Referenzhandbuch). Hier finden Sie alle notwendigen Hinweise auf die Dinge, die Sie mit LyX tun können. Sie können mit LyX alles machen, was Sie mit anderen Textverarbeitungssystemen auch tun können, nur hat LyX einen etwas anderen Ansatz. Wenn Sie also der Ansicht sind, etwas ginge nicht, dann glauben Sie sich erst, wenn Sie im Benutzerhandbuch dazu nichts gefunden haben.
- Und wenn Sie sich dann wirklich ernsthaft mit LyX auseinandersetzen, finden Sie in den *Profi-Tipps* die Informationen, mit denen Sie auch die letzten Reserven aus dem Programm herauskitzeln können.

Längere Texte erstellen mit LyX

LyX ist im Grunde das ideale Werkzeug für die Erstellung längerer Texte. Kurze Texte mit komplizierten, grafisch orientierten Layouts sind nicht unbedingt seine Stärke. Die Hilfen, die LyX für das Schreiben von Semesterarbeiten, Artikeln oder gar Büchern anbietet, bieten hohen Komfort auf der Eingabe-Seite und ein gut lesbares, an satztechnischen Standards orientiertes Drucklayout. Das bedeutet, dass die Texte, die Sie mit LyX verfassen, nicht unbedingt durch ausgefallene Originalität, sondern durch solide Satzqualitäten auffallen werden. Alle, die längere Texte von Ihnen lesen müssen, werden es Ihnen danken.

Viele Arbeiten, die Sie bei anderen Textverarbeitungen mühsam selbst in die Hand nehmen müssen, erledigt LyX bzw. das der Ausgabe zu Grunde liegende LaTeX automatisch. Sie müssen nur in einigen Fällen ein paar Hilfen geben, damit die Ausgabe perfekt ist:

- Mit Hilfe der vorgegebenen Druckformate lassen sich Inhaltsverzeichnisse bequem automatisch generieren und an einer beliebigen Stelle in den Text einfügen.
- Die Wörter werden einer automatischen Silbentrennung unterworfen, die in 99 % aller Fälle auch die deutschen Wörter richtig trennt. Bei den wenigen Wörtern, die falsch getrennt werden, können im Wort eingesetzte Trennvorschläge LyX den richtigen Weg weisen.
- Indizes und Bibliografien sind mit einfachen Mitteln machbar, Fußnoten sind ein Kinderspiel. Und die Möglichkeiten, mathematische Formeln auf einfache Art und Weise korrekt zu setzen, sind umfassend.

- Schusterjungen und Hurenkinder werden vermieden. Sie treten nur noch an Stellen auf, an denen Sie als Verfasser LATEX z. B. durch mehrere aufeinander folgend eingebundene Grafiken überfordern. Hier können Sie durch manuelle Seitenumbrüche die Verantwortung für die Ausgabe selbst in die Hand nehmen.
- Und noch ein letzter Vorteil, den Sie nicht unterschätzen sollten: LyX-Dateien werden im ASCII-Format gespeichert. Wenn die Datei auf irgendeine Art irgendwo kaputt geht, können Sie aus den Trümmern Ihrer Datei alle noch intakten „Steine“ herausholen und weiternutzen. Und Sie können auch ohne LyX kleine Änderungen vornehmen.

LyX (und LATEX) können und wollen ihre Abstammung aus dem wissenschaftlichen Umfeld nicht verleugnen. Wenn Sie also für Schule oder Studium ein geeignetes Werkzeug für das Erstellen wissenschaftlicher Arbeiten suchen, finden Sie in LyX ein Werkzeug, das die Satzqualitäten von LATEX mit einer einfachen Bedienung verbindet.

Praxistips für die Arbeit mit LyX

Wie geht man nun am besten an ein größeres Projekt mit LyX heran? Fangen Sie an zu schreiben. Nur wenige Dinge müssen Sie vor dem Beginn des Schreibens beachten. Wenn Sie dann an einen Punkt kommen, wo Ausdrucke für die Korrektur anstehen – selbst wir lesen nicht nur am Bildschirm Korrektur –, können Sie mit dem bestehenden Text die verschiedenen Layouts ausprobieren und dasjenige auswählen, das Ihnen am besten gefällt.

Auswahl des passenden Dokumententyps

Wenn Sie sich bei der Auswahl der Formatierungen auf die vorhandenen Formatvorlagen beschränken, müssen Sie sich keinerlei Gedanken um die Wahl des passenden Dokumenttyps machen. Alle Änderungen, die Sie hinterher vornehmen, werden an allen Stellen innerhalb des Dokuments umgesetzt.

Zwei Dinge sollten Sie vor dem Schreiben einstellen:

- die Anpassung an die deutsche Sprache (siehe Seite 795)
- die Auswahl der von Ihnen genutzten Anführungszeichen.

Zusätzlich sollten Sie sich über den Dokumenttyp im Klaren sein, den Sie benutzen wollen. Über das Menü *Layout/Dokument* können Sie aus der Liste *Klasse* grob drei verschiedene Arten von Dokumenttypen — die bei LATEX Dokumentklassen heißen – auswählen. Diese unterscheiden sich im Layout teilweise erheblich, bieten aber bei der Erstellung des Textes keine großen Unterschiede.

- ***Article***: Artikel haben nur die Überschriftenebenen von *Section* abwärts. Dies ist der Hauptunterschied bei der Bearbeitung und Formatierung des Textes im Vergleich zu den *Book*-Klassen.
- ***Book***: Die Buch-Klassen stellen – neben weiteren buchtypischen Vorlagen – zusätzlich noch die Formatvorlage *Chapter* (engl. Kapitel) zur Verfügung.
- ***Letter***: Die für Briefe gemachten Dokumentklassen besitzen eine andere Gruppe von Formatvorlagen, die auf die speziellen Bedürfnisse des Themas zugeschnitten sind. Dazu gehören Formate für die Absender- und Empfängeradresse und viele weitere. Ein gutes Beispiel ist die Vorlage *dinbrief.lyx*, die auf deutsche Vorgaben zugeschnitten ist und mit der Dokumentklasse *letter (german)* arbeitet.

Die Differenzierungen, die innerhalb der *Article-* oder *Book*-Klassen existieren, sind in der Hauptsache Erweiterungen für Publikationen bestimmter Verlage. Sie sollten, wenn Sie nicht ausdrücklich für diese Verlage publizieren wollen, für Ihre Texte die Standardklassen wählen.

Sie werden beim Schreiben des Textes und der Zuweisung der Formatvorlagen wenig Unterschiede zwischen einer *Article-* oder einer *Book*-Klasse bemerken. Außer dem zusätzlichen Format *Chapter* ist erst einmal kein Unterschied zu bemerken. Den eigentlichen Unterschied merken Sie erst bei der Ansicht der DVI- oder PostScript-Ausgabe. Generell ist zu sagen, dass Sie für Texte mit unter 100 Seiten die Klasse *Article* wählen sollten, während für größere Dokumente die *Book*-Klasse gewählt werden sollte. Dies sind aber nur Empfehlungen, die in Abhängigkeit von der Art des Textes auch gerne umgangen werden. Generell scheint uns die Klasse *Article* beliebter zu sein als *Book*.

Weniger ist mehr: Arbeit mit Zeichensätzen

Zusätzlich zu den Dokumentklassen können Sie ein Zeichensatzschema für ein Dokument festlegen. LyX wird mit sechs verschiedenen Zeichensätzen ausgeliefert, die Sie im Dialog *Layout/Dokument* über das Listenfeld *Zeichensatz* einstellen können. Diese Zeichensätze enthalten aufeinander abgestimmte Schrifttypen, die Ihnen dann als gerade, kursive, geneigte oder Kapitälchen-Schrift jeweils in normaler oder fetter Form zur Verfügung stehen.

Ein Wort noch zum Gebrauch von verschiedenen Schriftarten: Die Vielfalt an oft dilettantisch gemachten Schriftarten, die die Einführung der TrueType-Fonts unter MS-Windows 9x mit sich gebracht hat, hat zu Texten geführt, die nur mehr der Selbstdarstellung der Verfasser dienen, aber nicht mehr lesbar sind. Zu viele Schriftarten in einem Text machen diesen unruhig und erschweren das Lesen. Weniger ist deshalb mehr! Haben Sie in einer Welt, wo alles bunt und schnörkelig sein muss, den Mut, auf Altbewährtes zurückzugreifen. Sie wollen ja nicht mit dem Aussehen, sondern mit dem Inhalt

Ihres Textes beeindrucken. Suchen Sie sich unter den angebotenen Schriftfamilien diejenige aus, die Ihnen am besten gefällt, und benutzen Sie dann die Auszeichnungsmöglichkeiten sparsam und sinnvoll. Dann werden Sie viel beeindruckendere Texte schreiben, als es mit tausend TrueType-Fonts gleichzeitig möglich ist.

Anführungszeichen à la carte

Die Auswahl der Anführungszeichen mag Sie jetzt etwas belustigen, da sie nicht unbedingt wichtig erscheint. Diese werden jedoch direkt in den Text eingefügt. Wenn Sie hinterher das Aussehen der Anführungszeichen ändern, wirkt sich das nicht auf die bereits eingegebenen Anführungszeichen aus. Daher sollten Sie sich vorher entscheiden, welchen Stil Sie bevorzugen.

1 Zum Einstellen der Anführungszeichen wählen Sie das Menü *Layout* und dort den Unterpunkt *Anführungszeichen*.

2 Hinter dem Feld *Art* verbirgt sich eine Auswahlliste. Klicken Sie einfach mitten auf den Text *text*. Dort können Sie jetzt einen passenden Stil auswählen.

3 Lassen Sie sich dabei nicht davon irritieren, dass die Angaben im Auswahlfeld alle doppelte Zeichen enthalten. Die Ausgabe von zwei Zeichen (also ”text” oder ’text’) steuern Sie mit den Schaltflächen *Einfach* und *Doppelt*.

4 Mit *OK* übernehmen Sie die Einstellungen für die weitere Eingabe.

Jedes Mal, wenn Sie die Taste ["] drücken, wird nun das von Ihnen ausgewählte Anführungszeichen eingegeben, und zwar immer passend zur Situation: also am Anfang eines Worts „Anführungszeichen auf“ und am Ende „Anführungszeichen zu“, falls Sie unterschiedliche Anführungszeichen zu Beginn und am Ende ausgewählt haben, z. B. „Text”.

Ohne Text kann ein Absatz nicht leben

Einrückungen und erweiterte Abstände zwischen Absätzen können bei LyX – aus gutem Grund! – nicht mit Leerabsätzen erzeugt werden. Diese Unart bei der Textgestaltung führt jeden Algorithmus in die Irre, der versucht, Hurenkinder und Schusterjungen zu unterbinden. Jeder Absatz, den Sie neu anlegen, hat also erst dann Bestand, wenn Sie ihm etwas Text gönnen. Sobald Sie den Cursor aus einem leeren Absatz herausbewegen, werden der Absatz und der Freiraum gelöscht.

Aber was ist, wenn Sie nun den Abstand zwischen zwei Absätzen vergrößern wollen? Dazu gibt es verschiedene Möglichkeiten, die über das Absatzformat eingestellt werden können:

1 Öffnen Sie über das Menü *Layout* den Dialog *Absatzformat*.

2 Jetzt können Sie in der Sektion *Vertikale Abstände* im Listenfeld *Über* oder *Unter* einen vorgefertigten Abstand auswählen.

3 Oder Sie tragen im Textfeld rechts daneben einen Abstand in einem Maß Ihrer Wahl ein. Sie müssen das Maß jedoch mit eingeben, also z. B. „11mm", damit LyX weiß, welche Maßeinheit Sie benutzen wollen.

4 Soll der Abstand auch beibehalten werden, wenn der Absatz am Anfang einer neuen Seite erscheint, müssen Sie noch den Schalter *Beibehalten* einschalten. Standard ist nämlich, den Abstand auf neuen Seiten wegzulassen und mit dem Absatz am oberen Rand zu beginnen.

Das Inhaltsverzeichnis: Informations- und Navigationshilfe

Auch wenn Sie kein Inhaltsverzeichnis für Ihr Dokument anlegen und auf die Nummerierung der Überschriften verzichten wollen, lassen Sie während der Schreibphase die Nummerierung der Kapitel bestehen. Sie können dann z. B. über *Bearbeiten/Inhaltsverzeichnis* auf ein Dialogfeld zugreifen, das Ihnen eine schnelle Navigation innerhalb des Dokuments über die Verzeichniseinträge erlaubt.

Wenn jedoch ein Inhaltsverzeichnis Ihren Text zieren soll, führen Sie folgende Schritte durch:

1 Bewegen Sie den Cursor im Text an die Position, an der das Inhaltsverzeichnis stehen soll. Wir empfehlen dafür den Anfang des Dokuments, den Sie am einfachsten mit der Tastenkombination [Strg]+[Pos1] erreichen.

2 Wählen Sie aus dem Menü *Einfügen* das Untermenü *Listen & Inhalt*. Dort finden Sie den Eintrag *Inhaltsverzeichnis*.

3 Das Inhaltsverzeichnis wird durch einen Platzhalter repräsentiert. Klicken Sie das graue Feld *Inhaltsverzeichnis* einmal mit der linken Maustaste an, öffnet sich ein Dialogfeld, in dem alle Überschriften des Dokuments angezeigt werden.

4 Alle Überschriften mit einer Nummerierung können für die Navigation innerhalb des Dokuments genutzt werden. Klicken Sie einfach auf die Überschrift: Im Editierfenster wird jetzt dieses Kapitel angezeigt.

Die Nummerierung können Sie nachträglich abstellen. Sie sollten bei der Wahl der Überschriften-Formatierung auf die Nutzung der Formatvorlagen mit einem Stern am Ende verzichten – es sei denn, Sie wissen genau, was Sie mit auf diese Art gekennzeichneten Überschriften tun wollen.

1 Öffnen Sie den Dialog *Layout/Dokument*.

2 Die Ausgabe der Nummerierung vor den Überschriften steuern Sie über die Schaltfläche *Max. Unterabschnitt*. Durch Klicken auf die Pfeile links und rechts neben dem Ziffernfeld erhöhen Sie die Verschachtelungstiefe der nummerierten Überschriftebenen bzw. verringern sie.

Hier ein Beispiel für drei nummerierte Überschriftebenen im *Article*-Layout:

```
1. Ebene 1 (Section)
1.1 Ebene 2 (Subsection)
1.1.1 Ebene 3 (Subsubsection)
Ebene 4 (Paragraph)
Ebene 5 (Subparagraph)
```

3 Die Anzahl der in das Inhaltsverzeichnis übernommenen Überschriftebenen steuern Sie durch das Auswahlfeld *Tiefe d. Inhaltsverzeichnisses*. Ist hier z. B. *3* eingestellt, werden im *Article*-Layout nur die *Section*, die *Subsection* und die *Subsubsection* im Inhaltsverzeichnis aufgeführt.

Automatische Kopf- und Fußzeilen

Die Ausgabe der Kopf- und Fußzeilen legen Sie über die Liste *Seitenstil* im gleichen Dialogfeld (*Layout/Dokument*) fest. Hier haben Sie die Auswahl zwischen den folgenden vordefinierten Stilen:

- ***Empty***: Keine Ausgabe von Kopf- und Fußzeilen.
- ***Plain***: Nur die Seitenzahl erscheint zentriert in der Fußzeile.
- ***Headings***: Diese Darstellung ist abhängig von der Wahl des Ausgabeformats. Wenn Sie einseitig drucken, wird im Kopf links der Titel des Hauptkapitels und rechts die Seitenzahl ausgegeben; drucken Sie doppelseitig, erscheint auf den geraden Seiten links die Seitenzahl und rechts der Titel des Hauptkapitels und auf den ungeraden Seiten links der Titel des Unterkapitels und rechts die Seitenzahl.
- ***Fancy***: Dieser Seitenstil erlaubt Ihnen die Kontrolle über alle Teile der Kopf- und Fußzeilen. Sie müssen jedoch die Anweisungen zur Generierung der Zeilen im LaTeX-Format angeben, da die Unterstützung dieses Stils nicht in LyX integriert ist. Hinweise zur Nutzung finden Sie unter *Hilfe* in den *Profitips* in Kapitel „Erweiterte Möglichkeiten für Kopf- und Fußzeilen".

Aufzählungszeichen festlegen

Ein letztes Goodie wollen wir hier noch erwähnen: die *Auswahl der Aufzählungszeichen*. Hier haben Sie die Möglichkeit, für die vier möglichen Einrückungen einer *Itemize*-Umgebung die Aufzählungszeichen festzulegen.

Um einer Aufzählungsebene ein Symbol zuzuweisen, klicken Sie zuerst auf die Nummer der Aufzählungsebene und dann auf das Symbol. Danach können Sie mit *OK* oder *Übernehmen* die Änderungen aktivieren.

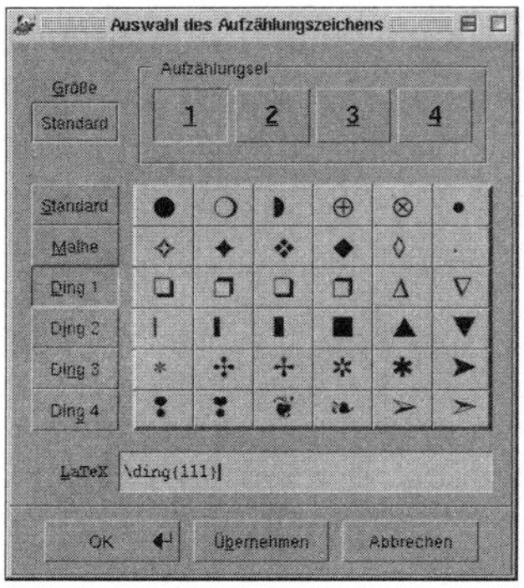

Für die Aufzählungszeichen der Itemize-Umgebung stehen Ihnen viele verschiedene Symbole zur Auswahl

Verweise und Bibliografie-Einträge

Verweise innerhalb des Dokuments werden von LyX automatisch verwaltet. Damit Sie keine Verweise anlegen können, die ins Leere zeigen, müssen Sie immer zuerst die Marke und dann den Verweis anlegen, der auf die Marke zeigt.

1 Gehen Sie mit dem Cursor an die Stelle, zu der Sie einen Verweis anlegen wollen. Wir nehmen einmal an, dass Sie auf ein Kapitel irgendwo in Ihrem Text verweisen wollen. Setzen Sie den Cursor an den Anfang der Überschrift.

2 Jetzt wählen Sie aus dem Menü *Einfügen* den Dialog *Marke*.

3 Geben Sie Ihrer Marke einen Namen und drücken Sie die Enter-Taste oder klicken Sie auf *OK*.

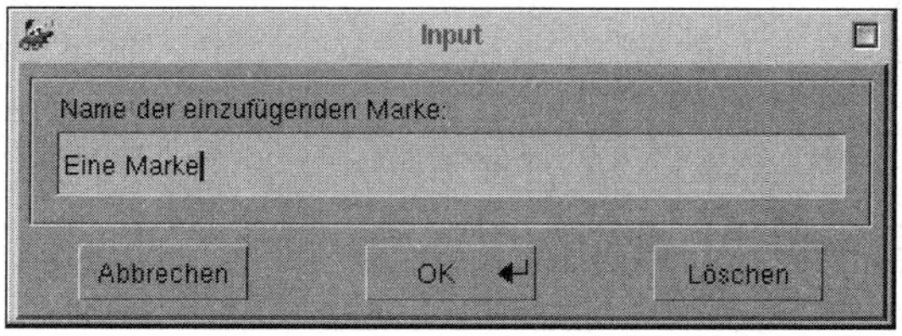

Fügen Sie Marken in Ihren Text ein, ...

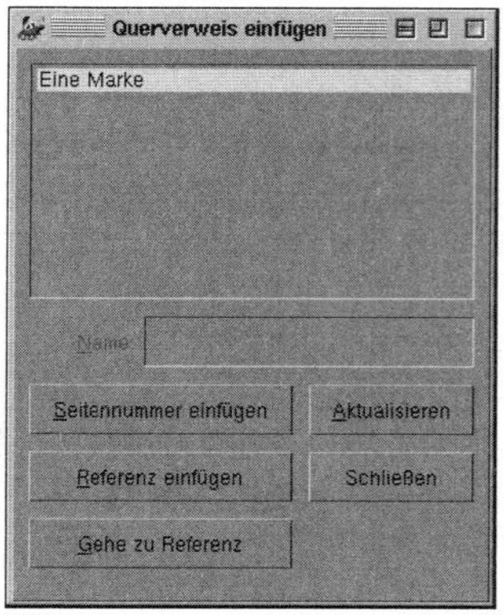

... um darauf verweisen zu können

4 Es erscheint ein graues Kästchen, in dem der Markenname steht.

5 Jetzt gehen Sie an die Position im Text, an der Sie den Verweis auf die eben gesetzte Marke einfügen wollen.

6 Öffnen Sie aus dem Menü *Einfügen* den Dialog *Querverweis*.

7 Der Dialog zeigt Ihnen alle bereits definierten Marken an. Jetzt können Sie mit *Seitennummer einfügen* die Seitennummer einfügen und mit *Referenz einfügen* die Nummer der Überschrift, in der sich die Marke befindet. Dieser Dialog bleibt so lange geöffnet, bis Sie ihn *Schließen*. Wenn Sie neue Marken in Ihrem Text definieren, können Sie die Liste im Dialogfeld über *Aktualisieren* auf den neusten Stand bringen.

Wenn Sie ein Literaturverzeichnis in Ihrem Dokument einrichten müssen, werden Sie von LyX ebenfalls unterstützt. Die Einrichtung funktioniert ähnlich wie mit den Marken und Verweisen: Fügen Sie – vorzugsweise am Ende des Dokuments — das Literaturverzeichnis ein. Jeder Absatz entspricht jetzt einem Eintrag, dessen Aussehen Sie frei gestalten können. Vor jedem Absatz finden Sie ein graues Kästchen, das die „Marke" für den Literatureintrag enthält. Diese Marke können Sie als Literaturverweis in Ihrem Text unterbringen.

1 Gehen Sie an das Ende des Textes, am einfachsten wieder mit einer Tastenkombination, diesmal [Strg]+[Ende].

2 Drücken Sie einmal die [Enter]-Taste, um einen neuen Absatz anzulegen, und

3 geben Sie diesem Absatz aus der Formatvorlagenliste das Format *Bibliography*.

4 LyX legt jetzt eine Überschrift und einen ersten Literatureintrag an. Geben Sie jetzt direkt einen Text ein.

5 Dann können Sie auf das graue Kästchen klicken.

6 In diesem Dialog haben Sie jetzt die Möglichkeit, im Feld *Eintrag* statt einer Zahl eine Textkennung einzutragen, aus der Sie den Literaturverweis besser erkennen können. Dieser Text erscheint hinterher in den grauen Kästchen im Text, wenn Sie einen Verweis auf den Eintrag im Literaturverzeichnis einfügen.

7 In das Feld *Marke* können Sie einen Text eintragen, der die Kennzeichnung dieses Literaturverweises repräsentiert. Tragen Sie hier nichts ein, werden die in den Naturwissenschaften üblichen Zitierweisen mit Nummern, z. B. [1], im Text eingesetzt. Die Geisteswissenschaften zitieren z. B. mit dem Namen des Autors und der Jahreszahl. Hier können Sie dann z. B. „Paul 1999" eintragen, was dann im Text als [Paul 1999] auftaucht.

8 Jetzt bewegen Sie sich an die Stelle im Text, an der ein Literaturverweis eingefügt werden soll.

9 Wählen Sie über das Menü *Einfügen* den Dialog *Zitat*.

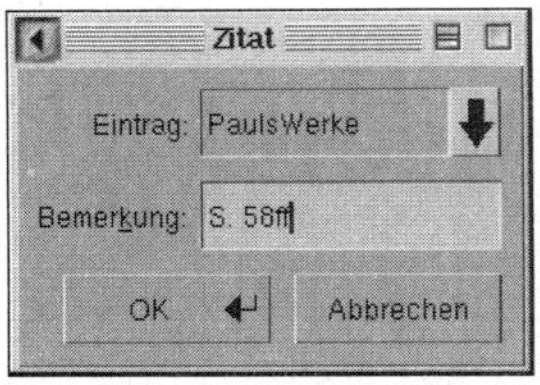

Aus der Bibliografie lassen sich Verweise in den Text einfügen

10 Jetzt können Sie aus der Liste einen bereits bestehenden Eintrag auswählen.

11 Wenn Sie der Zitatangabe zusätzliche Angaben wie z. B. eine Seitenzahl mitgeben wollen, können Sie diese Angaben im Feld *Bemerkung* eintragen.

Lassen Sie sich von der englischen Überschrift für die Literaturliste nicht irritieren. Dies ist ebenfalls nur ein Platzhalter, der in der Druckausgabe durch die an das ausgewählte Sprachmodul angepasste Überschrift ersetzt wird.

12.5 Windows-Programme unter Linux: Emulationen

In den nun gut acht Jahren der Entwicklung und Anwendung von Linux bestand der Ehrgeiz, auch Programme eines anderen auf dem Rechner implementierten Betriebssystems unter Linux laufen zu lassen. Diese Herausforderung ist von verschiedenen Projektgruppen mit teilweise bisher großem Erfolg angenommen worden.

Dominierend ist das kommerzielle Produkt VMware, das inzwischen auch in Linux-Distributionen in einer Demo-Version enthalten ist. Bochs steckt noch in den Kinderschuhen, hat aber schon die Reifephase erreicht. Ursprünglich war es frei verfügbar, heute ist es lizenzpflichtig. Wine dagegen, das mehr oder weniger parallel zu Linux entwickelt wird, ist frei verfügbar.

VMware, der vielseitige Emulator

Die Emulations-Software VMware ist für viele gängige Betriebssysteme verfügbar, sodass zum Beispiel auch eine direkte Installation eines Linux-Systems unter MS Windows möglich ist. Hier jedoch soll es ausschließlich um die Version für Linux gehen, unter der andere Gastsysteme laufen können. Seit der Distribution 6.2 von SuSE ist VMware in einer Testversion mit einer Laufzeit von 30 Tagen enthalten. Danach muss zur weiteren Nutzung die Software erworben werden. RedHat-Anwenderinnen und -Anwender können die Software über das Internet (ca. 3,5 MByte) gegen Registrierung herunterladen und ebenfalls 30 Tage testen. Die Adresse im Internet zu VMware ist *http://www.vmware.com/*.

Im Herbst 1999 ist VMware Version 1.1.1 erschienen. Diese Version ist deutlich performanter als ältere Versionen. Falls Ihre Distribution also eine ältere Version beinhaltet, lohnen sich auf jeden Fall die zusätzlichen Telefonkosten für das aktuelle rpm-Paket. Zu finden ist es im Netz auf

http://www.vmware.com/support/installrpm_linux.html

Installation aus dem Paket

Zur Installation des Pakets nach dem Download müssen Sie unter der Kennung „root" in einem Terminalfenster oder auf der Konsole arbeiten.

S.u.S.E.-Tipp

Falls das VMware-Paket der Linux-6.2-CD installiert wurde, muss es vor der Installation der aktuellen Version deinstalliert werden. Dies geschieht mit:

```
rpm -e vmware
rpm -e vmmodule
```

1 Wechseln Sie in das Unterverzeichnis, das das aktuelle rpm-Paket enthält. Angenommen ist hier */tmp*:

```
cd /tmp
```

2 Installieren sie das Paket mit

```
[root@paco /tmp]# paco:~ # rpm -Uhv VMware-1.1.1-330.i386.rpm
Installing the content of the package.

VMware
##################################################

The installation of VMware 1.1.1 for Linux completed successfully.
You can decide to remove this software from your system at any time
by
invoking the following command: "rpm -e VMware".

Before running VMware for the first time, you need to
configure it for your running kernel by invoking the
following command: "/usr/bin/vmware-config.pl".

Enjoy,

    --the VMware team

[root@paco /tmp]#
```

3 Kommen Sie der Aufforderung nach, VMware zu konfigurieren:

```
/usr/bin/vmware-config.pl
```

Dieses Skript stellt Ihnen einige Fragen, von denen Sie diese beiden mit der Voreinstellung *yes* durch Drücken der Enter-Taste beantworten:

```
Do you want to be able to use the network in your Virtual Machines? [yes]
```

```
Do you want to be able to use host-only networking in your Virtual Machines?
[yes]
```

Dadurch wird ein lokales Netz innerhalb des Rechners zwischen den Systemen eingerichtet.

Die nächste Frage sollte nur mit *yes* beantwortet werden, wenn *dhcpd* läuft, ansonsten dauert die Suche nach einer freien IP-Adresse sehr lange und es wird letztlich keine gefunden.

```
Do you want this script to probe for an unused private subnet? (yes/no/help)
[yes] no
```

In diesem Fall wird nach einer Adresse und der Netzmaske gefragt:

```
What will be the IP address of your host on the private network? 192.168.0.1

What will be the netmask of your private network? 255.255.255.0
```

Haben Sie nach einer Adresse suchen lassen, dann erscheint eine Meldung wie diese:

```
Probing for an unused private subnet (this can take some time).

The subnet 192.168.83.0/255.255.255.0 appears to be unused.
```

Abschließend werden noch rechtliche Informationen zum DHCP-Server ausgegeben. Dazu ist die [Enter]-Taste zu drücken:

```
Press enter to display the DHCP server copyright information.
```

Diese Anzeige wird mit [Q] beendet. Abschließend werden die VMware-Dienste vom Skript gestartet.

```
Starting VMware services:
   Virtual machine monitor                                    done
   Virtual ethernet                                           done
   Bridged networking                                         done
   Host-only networking (background)                          done

The configuration of VMware 1.1.1 build-330 for Linux for this running
kernel
completed successfully.

You can now run VMware by invoking the following command: "/usr/bin/vmware".

Enjoy,

--the VMware team
```

Gastsysteme für VMware konfigurieren

Um nun ein bereits auf dem Rechner installiertes Windows-System unter Linux mittels VMware benutzen zu können, muss für diese virtuelle Maschine eine Konfiguration erstellt werden. Dazu wird das Konfigurationsprogramm von VMWare, der VMware Wizard benutzt.

1 Rufen Sie *vmware-wizard* auf.

2 Das Konfigurationsprogramm meldet sich mit einem Begrüßungsfenster auf dem Bildschirm. Nachdem Sie auf *Next* geklickt haben, wird eine Auswahl der Betriebssysteme angeboten, für die eine Konfiguration vorgenommen werden soll.

3 Klicken Sie dort das an, das bereits auf Ihrer Platte installiert ist. Danach ist der *Next*-Schalter wieder aktiv und mit einem Klick darauf geht's weiter.

4 Nun wird der Pfad eingestellt, in dem die Konfiguration gespeichert werden soll. Voreingestellt ist *$HOME/vmware/⟨typ⟩/*. Mit *Next* geht es zur Einstellung der Festplatte.

5 Klicken Sie auf den Auswahlschalter für *Existing Physical Disk*. Danach wird eine Liste der möglichen IDE-Platten und deren Verfügbarkeit im Fenster angezeigt. Nach dem Klick auf *Next* wird festgelegt, wie und auf welche vorhandenen physischen Partitionen für diese Konfiguration zugegriffen werden kann. Beachten Sie, dass VMware zum Boot-Vorgang Informationen aus dem Verzeichnis */boot* des Linux-Dateibaums lesen muss. Konfigurieren Sie so, wie auf der folgenden Abbildung dargestellt.

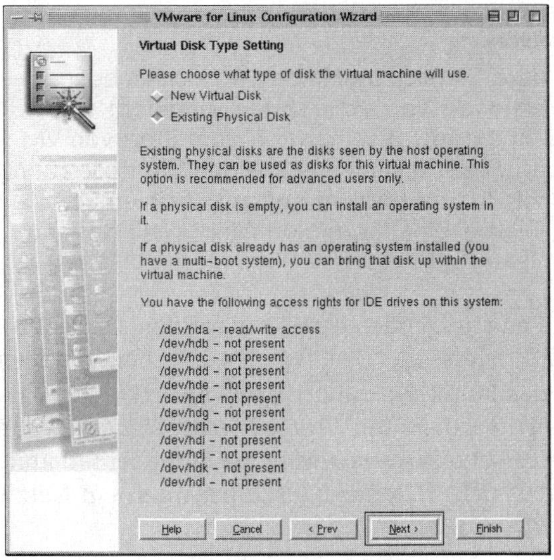

Auswahl des installierten Betriebssystems

Hinweis

Nur IDE-Platten für vorinstallierte Systeme

Falls sich nur SCSI-Platten in Ihrem Rechner befinden, kann VMware MS-Windows nicht emulieren, weil gegenwärtig nur IDE-Platten mit bereits installierten Systemen unterstützt werden. Trotzdem kann auch bei SCSI-Platten MS-Windows unter Linux mit VMware emuliert werden. Dazu ist bei der Konfiguration mit *vmware-wizard* eine virtuelle Platte (virtual disk) auszuwählen, auf der dann MS-Windows installiert werden kann. Dazu

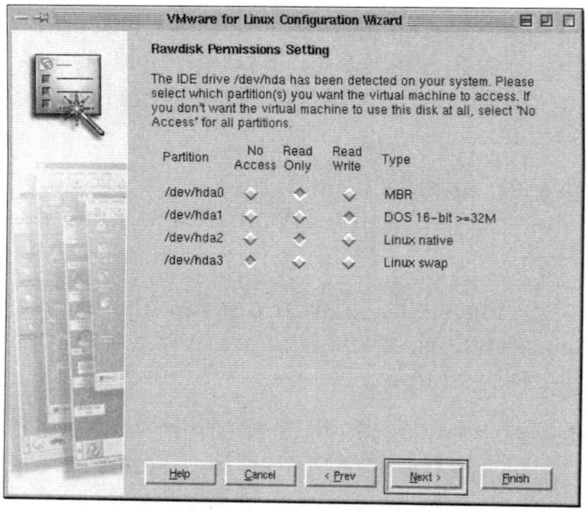

Festlegen der Zugriffsrechte für die Windows-Emulation

wird *vmware* mit Angabe der Konfigurationsdatei gestartet und von der CD installiert. Für den Fall, dass Sie Windows 98 installieren wollen und das Standardverzeichnis für die Konfigurationsdatei übernommen wurde, wird *vmware* so aufgerufen:

vmware vmware/win98/win98.cfg

Hierbei ist angenommen, dass Sie sich im Home-Verzeichnis befinden und auch dort der entsprechende Verzeichnisbaum angelegt wurde. Weiterhin sollte die CD schon eingelegt sein. Nach dem Start von VMware und dem Klick auf den *Power on*-Schalter werden Sie nach dem Boot-Vorgang nach dem Installationsmedium gefragt. Wählen Sie die CD und danach geht alles wie bei einer normalen Windows-Installation vonstatten.

6 In den anschließend folgenden Fenstern werden Disketten- und CD-ROM-Laufwerk aktiviert und der Typ des internen Netzwerksystems festgelegt. Falls das Linux-System als Gateway – Näheres dazu ab Seite 919 – konfiguriert wurde, kann *Bridged Networking* gewählt werden, andernfalls sollte *Host-only Networking* die Wahl sein, damit zwischen Linux und Windows ein Datenaustausch per internem Netzwerk möglich ist.

7 Zum Abschluss werden die erzeugten Konfigurationsdaten angezeigt und mit einem Klick der linken Maustaste auf *Done* gespeichert.

Bevor die Emulation gestartet wird, muss erst noch unter Windows 95/98 eine Kopie des Hardwareprofils erzeugt werden. Dazu muss Linux heruntergefahren und Windows gestartet werden.

1 Wählen Sie auf der Windows-Start-Leiste *Einstellungen/Systemsteuerung*.

2 Starten Sie in der Systemsteuerung *System*.

3 Wählen Sie *HardwareProfile*.

4 Kopieren Sie das Ausgangs-Profil jeweils als „Real Machine“ und als „Virtual Machine“.

5 Beenden Sie Windows und starten Sie Linux erneut.

Jetzt kann zum ersten Mal VMware mit dem vorhandenen Windows gestartet werden, nachdem Sie sich unter X Window angemeldet und eine Terminalemulation geöffnet haben. Dazu geben Sie das Kommando *vmware* und als Parameter den Pfad zu der Konfigurationsdatei an, die mit *vmware-wizard* erzeugt worden ist.

vmware vmware/win95/win95.cfg

Spätestens nachdem das nachfolgend abgebildete Fenster auf Ihrem Bildschirm erscheint, sollte klar sein, dass „VM“ für virtuelle Maschine steht. Wie jede andere Maschine muss auch diese angeschaltet werden. Dies geschieht durch einen Klick auf *Power on*. Danach erscheint ein wohlbekannter Bildschirm.

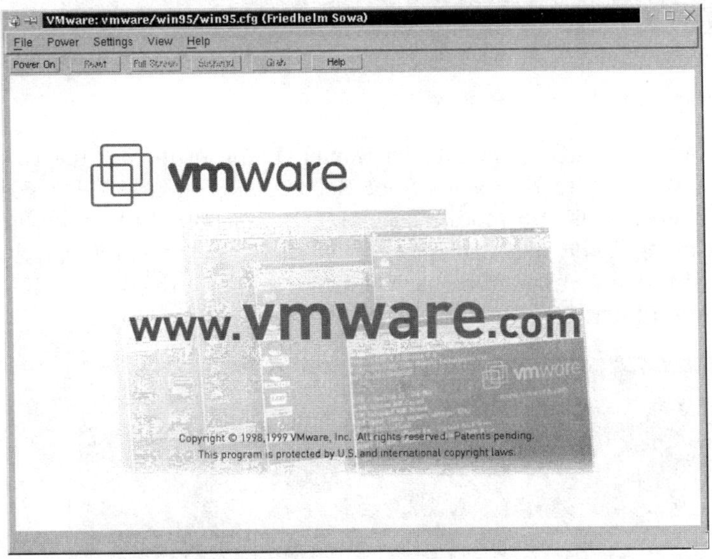

Der Startbildschirm von VMware

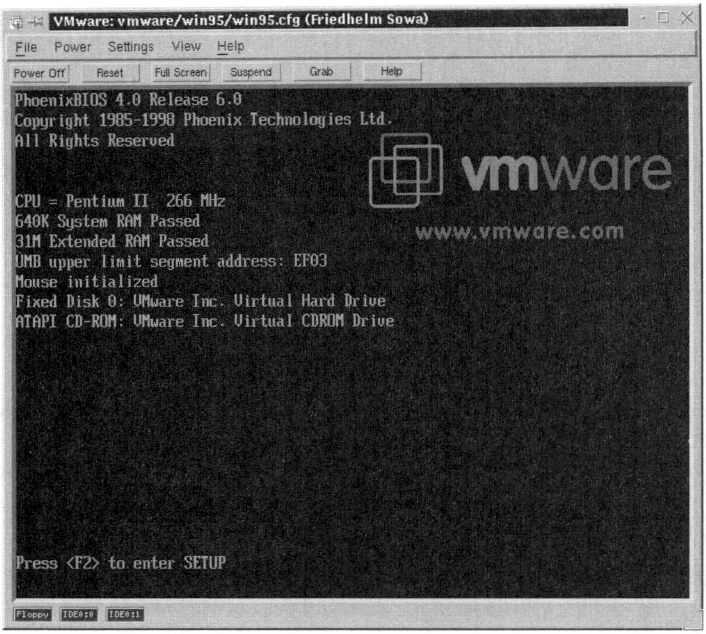

Hochfahren der virtuellen Maschine

Nachdem das BIOS geladen, der Speicher überprüft und die Hardware initialisiert ist, wird der Main Boot Record gelesen und LILO gestartet. Im folgenden Bild ist ein modifiziertes LILO zu sehen. Es handelt sich um das Lilo-Colors Paket, das von *http://www.stack.nl/~stilgar/lilo/* erhältlich ist. Probieren Sie es aber nur aus, wenn Sie genau wissen, was Sie tun. LILO ist empfindlich!

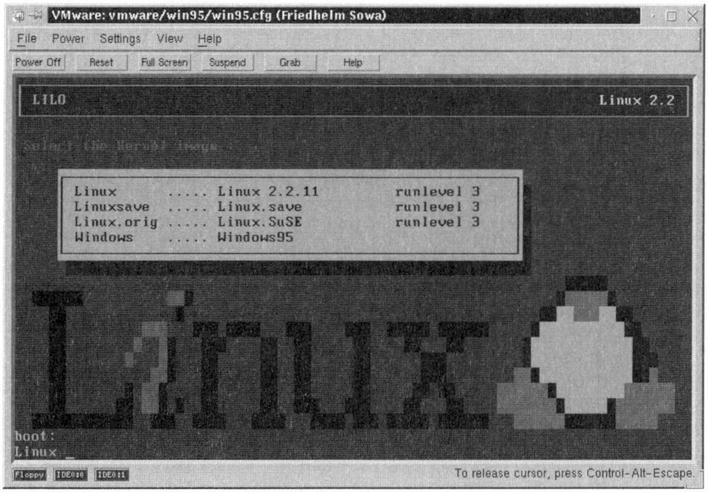

Auswahl des vorinstallierten Betriebssystems

Hier ist nun Windows als das zu startende Betriebssystem anzugeben. Danach erscheint der übliche Startbildschirm.

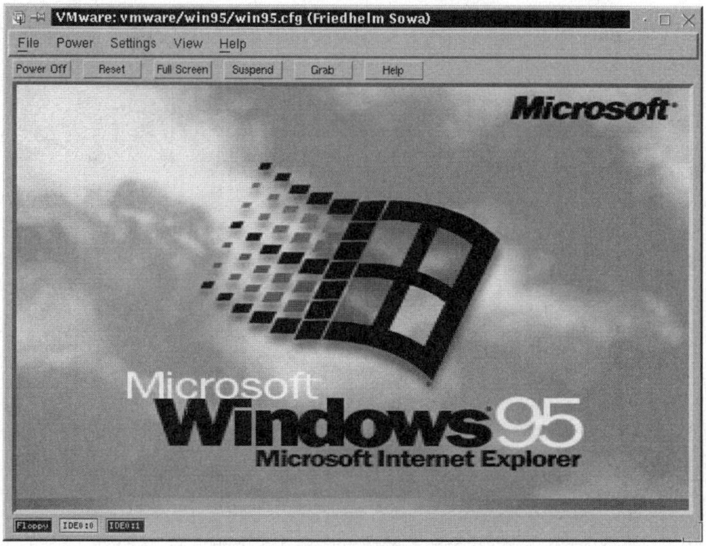

Windows erwacht zum Leben

Kurz danach wird in die Windows-Eingabeaufforderung umgeschaltet und es ist das Hardwareprofile anzugeben, mit dem die Windows-Emulation geladen werden soll. Anschließend wird der Ladevorgang fortgesetzt und es wird die automatische Hardwareerkennung von Windows durchgeführt. Halten Sie dazu die Installations-CD bereit.

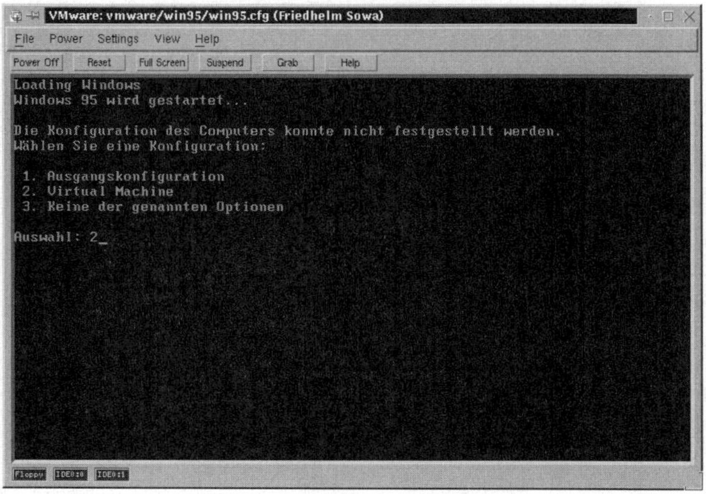

Auswahl des Hardwareprofils für Windows

Nach unter Umständen mehreren Neustarts und wiederholter Hardwareerkennung erscheint dann endlich der Windows-Bildschirm, wie Sie ihn normalerweise gewohnt sind. Dort können Sie dann mit dem Geräte-Manager die Geräte aus dem virtuellen Hardwareprofil löschen, die nicht erkannt wurden oder für die kein Treiber gefunden wurde.

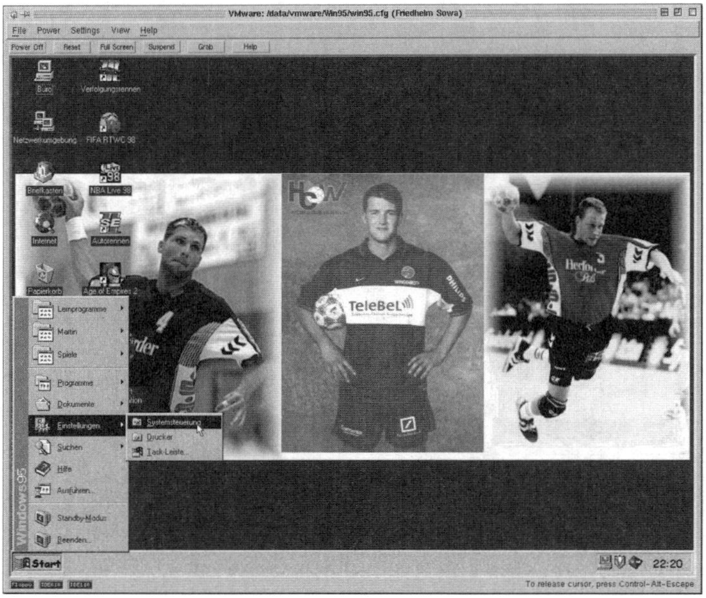

Ein Windows-Desktop eines Handballfans

Im Prinzip ist zu diesem Zeitpunkt die notwendige Arbeit abgeschlossen, um Ihre Windows-Installation unter Linux laufen zu lassen. Für die Performance ist es jedoch besser, wenn noch unter Windows die VMware-Tools *vmware-tools131.exe* installiert werden. Diese können per Download vom VMware-Server (Adresse *http://www.vmware.com/download/downloadtools.html*) geholt werden. Danach haben Sie auch auf einem Bildschirm wie dem folgenden die optimale Performance für die Emulation.

Tipp

VMware schneller im eigenen Bildschirm

Normalerweise startet die virtuelle Maschine in einem Fenster auf dem X Desktop. Im so genannten Full Screen Mode verbessert sich die Geschwindigkeit der grafischen Ausgabe und der Reaktion der Maus. Sie gelangen in den Full Screen Mode entweder durch eine Klick auf die Schaltfläche *Full screen* oder durch Drücken der Tastenkombination Strg+Alt+F8. Auf den meisten Linux-Rechnern läuft X Window auf der siebten virtuellen Konsole, deswegen platziert VMware seinen eigenen Bildschirm auf der ersten freien Konsole nach der X Konsole. Zurück zum X Desktop geht es mit Strg+Alt+Esc.

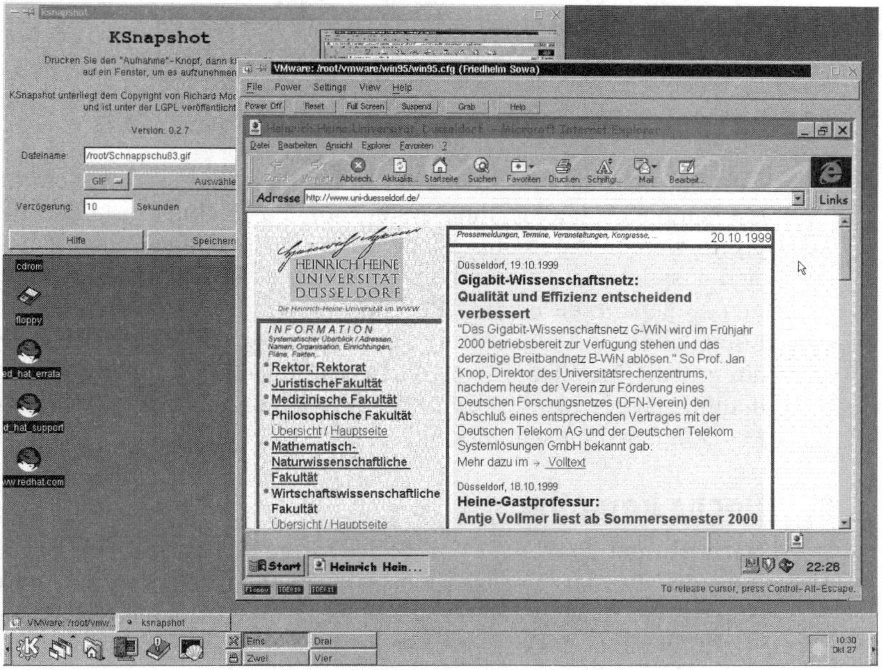

Das Gastsystem innerhalb der KDE-Oberfläche

Bochs Pentium Emulator

Der Bochs Pentium Emulator unterscheidet sich insofern von VMware, als keine physikalischen Platten mit einem vorinstallierten Betriebssystem unterstützt werden. In einer Datei im Linux-Dateisystem wird von Bochs die Festplatte verwaltet, auf der dann Windows 95 oder auch ein anderes Betriebssystem installiert werden kann. Auch das Diskettenlaufwerk findet sich in einer Datei wieder. Dies bedeutet, dass ein bereits installiertes Windows nicht direkt mit Bochs genutzt werden kann. Da sich der Bochs Pentium Emulator allerdings noch in der Entwicklung befindet, kann nicht mit Sicherheit gesagt werden, ob diese Philosophie der Unterstützung so bleiben wird.

Gegenwärtig ist Bochs eben wegen der Tatsache, dass sich dieser Emulator in der Entwicklung befindet, noch in keiner Distribution enthalten. Wie Sie trotzdem an das Paket kommen können, erfahren Sie im Internet auf der Seite *http://www.bochs.com/*, auf der ein Link zur Download-Site *ftp://bochs.com/pub/* führt. Dort sind die verschiedenen freigegebenen Versionen als Archive in der Form *bochs-YYMMDD.tar.gz* abgelegt. Die hier beschriebene Version ist 991102a vom November 1999.

Hinweis

Bedingungen für die Nutzung von Bochs

Da es sich um kommerzielle Software handelt, kann Bochs 30 Tage lang frei evaluiert werden. Danach ist das gesamte Paket entweder wieder von der Platte zu löschen oder es muss registriert werden. Die Registrierungsgebühr beträgt 25 US-Dollar. Weitere Einzelheiten sind der jeweils aktuellen Version des Pakets zu entnehmen.

Falls Sie sich näher mit dem Bochs Emulator befassen wollen, müssen Sie ein komplettes Entwicklungssystem auf dem Rechner installiert haben. Weiterhin werden die *mtools* (siehe Seite 226) benötigt. Außerdem sollten Sie sich ausreichend Zeit nehmen, da Bochs als Interpreter läuft und noch keinen so genannten native CPU code verwendet. Die ersten zwei Aktionen, Kompilation und Einrichtung der Umgebung für Bochs, laufen recht zügig ab, erst die Installation von Windows 95, die im Emulator erfolgt, braucht deutlich länger, als Sie es von der Installation mit VMware oder auch unter MS-DOS gewöhnt sein mögen.

Bochs kompilieren

Nachdem der Download des aktuellen Entwicklungsstandes, zum Beispiel *bochs-991102a.tar.gz*, abgeschlossen ist, entpacken Sie das Archiv in dem Unterverzeichnis, in dem es abgespeichert ist. Öffnen Sie einen X-Terminal, wechseln Sie in das entsprechende Verzeichnis, angenommen ist */tmp*, und rufen Sie das Kommando *tar* auf.

1. *cd /tmp*
   tar -zxvf bochs-991102a.tar.gz

2. Anschließend wechseln Sie in das neu eingerichtete Unterverzeichnis und übersetzen das Paket.

```
cd bochs-991102a
export CFLAGS="-Wall -O3 -m486 -fomit-frame-pointer -pipe"
./configure
make
```

Umgebung einrichten und Bochs konfigurieren

Bevor Bochs etwas sinnvolles tun kann, muss erst einmal das Dateisystem eingerichtet werden. Elementar sind dabei die Festplatte, die Bochs verwalten soll, und das Diskettenlaufwerk. Die folgende Tabelle zeigt, welche Festplatten in der hier benutzten Version eingerichtet werden können.

Größe	Zylinder	Köpfe	Sektoren/Spuren	Sektoren gesamt
10 MByte	306	4	17	20808
20 MByte	615	4	17	41820
30 MByte	615	6	17	62730
46 MByte	940	6	17	95880
62 MByte	940	8	17	127840
112 MByte	900	15	17	229500
126 MByte	256	16	63	258048
472 MByte	1024	15	63	967680
504 MByte	1024	16	63	1032192

1 Eine Platte mit einer Kapazität von 472 MByte wird eingerichtet:

dd if=/dev/zero of=/tmp/bochsdisk bs=512 count=967680

Diese Datei */tmp/bochsdisk* wird durch das Kommando *dd* einfach mit binären Nullen überschrieben. Werden Sie nicht ungeduldig und warten Sie, bis der Prompt wieder da ist. Der Rechner braucht eine gewisse Zeit, bis dieser Job erledigt ist.

2 Zum ersten Start des Emulators ist eine MS-DOS-Bootdiskette erforderlich. Diese muss die Programme *format.com* und *fdisk.exe* enthalten, da diese für die Einrichtung der Festplatte erforderlich sind. Nehmen Sie dazu einfach die Startdiskette Ihrer Windows-Installation und legen Sie sie in das Diskettenlaufwerk ein. Nun wird die Bootdiskette für Bochs eingerichtet:

dd if=/dev/fd0 ibs=512 of=/tmp/bochsfloppy

3 Die letzte Maßnahme vor dem Start ist die Anpassung der Konfigurationsdatei *.bochsrc*, die zuerst gesichert wird:

cp .bochsrc .bochsrc.save

Danach wird *.bochsrc* mit einem Editor geöffnet und so geändert, dass sie folgenden Inhalt hat:

```
megs: 32
boot: c
vgaromimage: bios/VGABIOS-elpin-2.20
floppya: 1_44=/tmp/bochsfloppy, status=inserted
diskc: file=/tmp/bochsdisk, cyl=1024, heads=15, spt=63
romimage: file=bios/BIOS-bochs-990925a, address=0xf0000
log: ./bochs.out
keyboard_serial_delay: 200
floppy_command_delay: 500
vga_update_interval: 300000
ips: 1000000
mouse: enabled=0
private_colormap: enabled=0
i440fxsupport: enabled=0
newharddrivesupport: enabled=1
```

In der ersten Zeile wird festgelegt, wie viel Speicher des RAM von Bochs benutzt werden soll. Passen Sie diese Angabe bitte dem verfügbaren Speicher Ihres Rechners an. Hier sind es 32 MB, die Bochs spendiert werden.

4 Jetzt erfolgt der erste Start:

./bochs boot:a

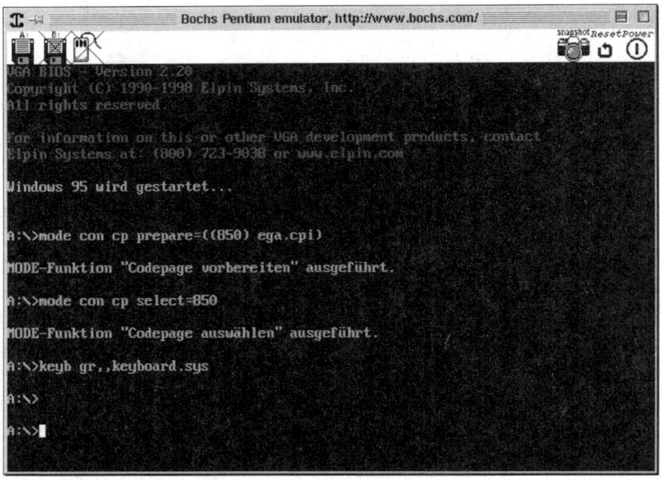

Booten von der Diskette zur Einrichtung der Platte

5 In diesem virtuellen Betriebssystem muss nun zunächst die primäre DOS-Partition eingerichtet werden. Geben Sie im Bochs-Fenster

fdisk

ein und beantworten Sie alle Fragen mit der Eingabetaste. Nach der Aufforderung zum Neustart klicken Sie mit der rechten Maustaste auf die Power-Schaltfläche oben rechts im Bochs-Fenster.

6 Zur Formatierung der Platte wird Bochs erneut gestartet:

./bochs boot:a

7 Nach der Formatierung wird auf der Platte ein Verzeichnis *win95* eingerichtet, das in Kürze die Dateien zur Installation von Windows aufnehmen wird. Die notwendigen Kommandos sind:

format /u /s c:
c:
mkdir win95

Beachten Sie, dass die Zeichen / und : mit der deutschen Tastatureinstellung auf [Umschalt]+[&] und [Umschalt]+[>] liegen. Bochs ist halt noch nicht fertig und die Internationalisierung noch in den frühen Anfängen.

8 Jetzt wird Bochs wieder wie zuvor beendet.

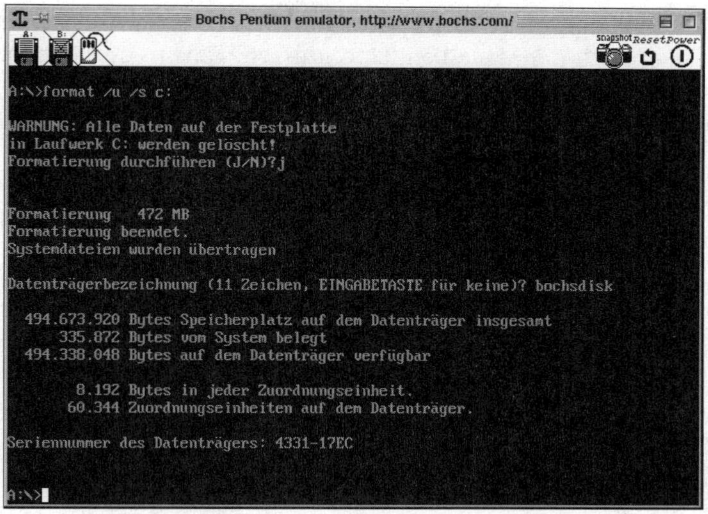

Der Ablauf der Festplattenformatierung unter Bochs

Installieren von Windows 95 mit Bochs

Zur Installations von Windows 95 benötigen Sie die Installations-CD, die in das Laufwerk eingelegt und mit *mount /mnt/cdrom* gemountet wird. Die Installationsdateien werden mit *mtools* auf die für Bochs eingerichtete Platte kopiert. Zuvor muss die Datei */etc/mtools.conf* noch modifiziert werden.

1 Editieren Sie sie und ändern Sie den Eintrag des Laufwerks *c:* wie folgt ab:

```
#drive c: file="/dev/hda1"
drive c: file="/tmp/bochsdisk" partition=1
```

2 Wechseln Sie in das Unterverzeichnis *win95* innerhalb des Mountpoints der CD-ROM und kopieren Sie die dort befindlichen Dateien auf die Platte.

```
cd /mnt/cdrom/win95
mcopy * c:/win95
```

3 Nachdem das erledigt ist, wird Bochs wieder gestartet, diesmal jedoch wird von der Platte gebootet:

```
cd <download-Verzeichnis>/bochs-991102a
./bochs boot:c
```

Daraufhin erscheint Bochs mit einem Fenster, das Ihnen bekannt vorkommen wird. Nach kurzer Zeit wird in den Textmodus umgeschaltet und das Fenster sieht recht wild und farbig aus. Geben Sie einfach in dem Bochs-Fenster das Kommando *cls* ein und schon sehen Sie den normalen DOS-Prompt.

4 Vor der großen Pause, während der Bochs sehr beschäftigt sein wird, geben Sie zur Installation von Windows 95 folgende Kommandos ein:

```
cd win95
setup /C /im /id /is /iq /in
```

Nun erfolgt die normale Installation von Windows. Sie werden im Installationsdialog auch die Maus benutzen müssen. Falls in der Symbolleiste des Bochs-Fensters die Maus mit einem Kreuz als inaktiv dargestellt ist, wird sie bei gleichzeitigem Klick beider Maustasten bzw. der mittleren Maustaste im Bochs-Fenster aktiviert.

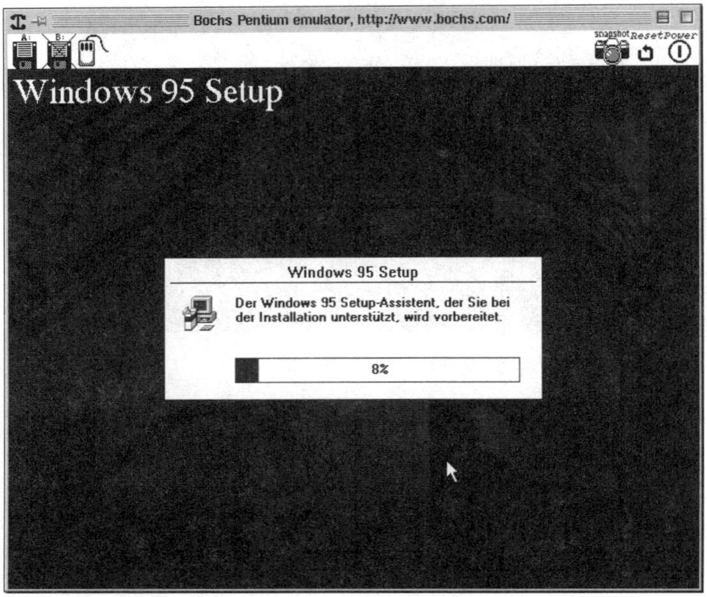

Start der Installation von Windows 95 mit dem Bochs-Emulator

Auf meinem Pentium II, 350 MHz und 192 MB RAM hat die Installation etwas länger als drei Stunden gedauert. Bochs sind anteilig vom Speicher 64 MB zur Verfügung gestellt worden, was sicherlich den Vorgang im Vergleich zu den voreingestellten 32 MB in der *.bochsrc* um einige Minuten verkürzt hat. Aber letztlich tauchte dann doch der Bildschirm mit der Meldung auf, dass die Installation so weit erfolgreich abgeschlossen und nunmehr der Neustart für die letzte Installationsphase durchzuführen wäre.

Als auch der angekündigte Neustart nach einigen Minuten nicht durchgeführt wurde, ist mit Strg+C der Prozess im Xterm abgebrochen und mit *./bochs boot:c* neu gestartet worden. Danach funktionierte der erste Start von Windows 95 einwandfrei.

Durch den bereits bekannten bunten Bildschirm sollten Sie sich nicht irritieren lassen, es dauert bis zur korrekten Ausgabe des Bildschirmhintergrunds noch einige Minuten. Danach geht es weiter mit der automatischen Hardwarekonfiguration und der Einrichtung der Komponenten. Aktiv werden müssen Sie erst wieder bei der Einstellung der Zeitzone und der Druckereinrichtung.

In der getesteten Version wird als verfügbarer Anschluss für die Druckausgabe nur *FILE* angeboten. Sollten Sie den Druckertreiber testen wollen, dann

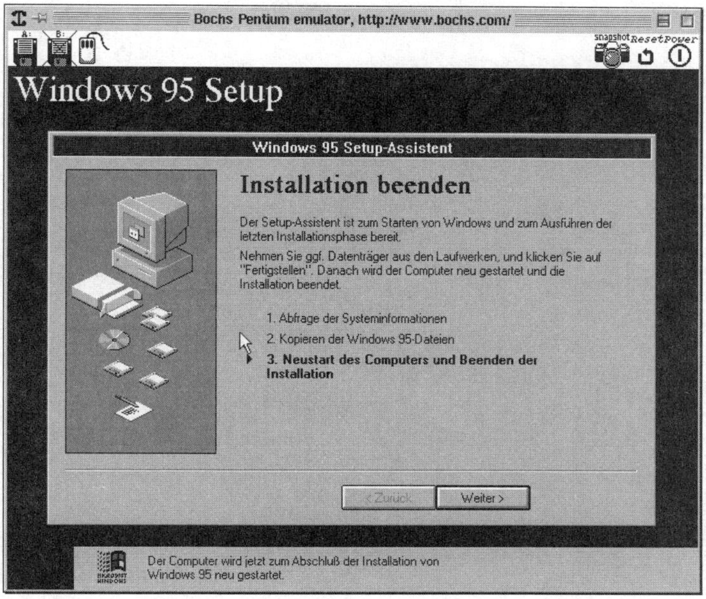

Die letzte Aktion vor dem Neustart.

können Sie mit *mtools* unter Linux über die Ausgabedatei verfügen, indem sie mit *mcopy* vom Bochs-Laufwerk *C:* in das Linux-Dateisystem kopiert wird.

Hinweis

Mausanzeige mit Spur

Falls die Mausbewegungen nach dem ersten Systemstart ganz ungewohnt mit einer Spur angezeigt werden, kann dies leicht über *Einstellungen/Systemsteuerung,* dort mit einem Doppelklick der linken Maustaste auf *Maus* und im Menü über *Bewegung* geändert werden. Klicken Sie dort das Kästchen für *Mausspur* aus.

Falls der Doppelklick auf *Maus* keine Wirkung zeigt, hat ein Klick erst mit der linken, dann mit der rechten Maustaste mehr Erfolg. Im Popup-Menü wählen Sie dann *Öffnen.*

Noch in der Entwicklung: WINE

Mit WINE wurde gegenüber VMware und Bochs ein anderer Ansatz verfolgt. Nicht die vollständige Emulation und Abbildung der Windows-Systeme wurde angestrebt, sondern die Möglichkeit, Windows-Programme isoliert unter Linux ablaufen zu lassen. Auf den Windows-Desktop wird also verzichtet.

Es empfiehlt sich, WINE aus einem Paket der Distribution, das sich entweder auf der CD oder – in einer aktuelleren Version – auf dem FTP-Server der Distributoren befindet, zu installieren, wenn Sie diesen Emulator ausprobieren wollen. Eine Installation über den Sourcecode ist für einen Test sicherlich

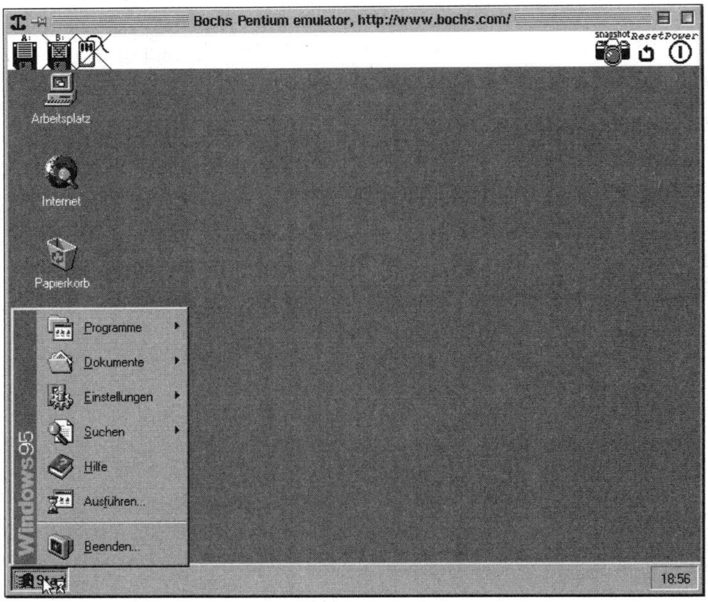

Geschafft, auch Bochs ist Windows-fähig

überzogen, da die Kompilierung recht lange dauert und wegen der Dynamik der Entwicklung und des Status als Alpha-Software nicht gewährleistet ist, dass wirklich alles so wie erhofft funktioniert.

Nach der Installation mit *rpm -i wine.rpm* ist lediglich die Datei */etc/wine.conf* so abzuändern, dass WINE im Linux-Dateisystem die Partition findet, auf der Windows installiert ist. Dazu ist */etc/wine.conf* mit einem Editor zu öffnen und dort zu ändern, wo die Pfade zu Windows-Partition, Diskettenlaufwerk und CD-ROM-Laufwerk anzugeben sind.

```
[Drive A]
Path=/mnt/fd0
Type=floppy
Label=Floppy
Serial=87654321
Device=/dev/fd0

[Drive C]
Path=/mnt/dos
Type=hd
Label=MS-DOS
Filesystem=win95

[Drive D]
Path=/mnt/cdrom
Type=cdrom
Label=CD-Rom
Filesystem=win95
```

In diesem Beispiel werden die Laufwerke A, C und D im Unterverzeichnis */mnt* zu finden sein. Bevor die Emulation eines der Windows-Programme gestartet werden kann, müssen natürlich diese Partition und die Geräte, die genutzt werden sollen, gemounted sein. Auf Seite 224 wurde beschrieben, wie dies für eine CD geschieht, für die Windows-Partition und das Diskettenlaufwerk geht es analog. Für die ganz Eiligen:

```
mount -t vfat /dev/hda1 /mnt/dos
mount -t vfat /dev/fd0 /mnt/floppy
mount -t iso9660 /dev/hdc /mnt/cdrom
```

Bitte beachten Sie, dass die Laufwerkbezeichnungen auf Ihrem Rechner anders sein können. SCSI-Laufwerke spricht Linux als */dev/sdx* an, und wenn Sie mehr als eine Platte haben, ist das CD-ROM-Laufwerk frühestens bei „d" (*/dev/hdd* bzw. */dev/sdd*) dran.

Wenn alle Geräte verfügbar sind, kann aus einer Terminalemulation WINE gestartet werden. Dazu geben Sie nach dem Kommando *wine* den Dateinamen des Windows-Programms an, das gestartet werden soll. Ein Beispiel:

```
wine c:\\Programme\\Zubehör\\mspaint.exe
wine c:\\Programme\\Zubehör\\mspaint.exe
```

Mehr Informationen zu WINE und dem aktuellen Stand der Entwicklung sind im Internet unter der Adresse *http://www.winehq.com/* zu erfahren. Dort ist auch eine Aufstellung der Windows-Programme zu finden, die unter Linux und X Window von WINE emuliert werden können. Eine Liste dieser Programme hier anzufügen macht wenig Sinn, da sie sicherlich schon nach einer Woche nicht mehr aktuell ist und auch viel zu umfangreich wäre.

Erwähnt werden sollten aus dem Office-Bereich Lotus Notes, Word 97, Excel 97 und Quicken Deluxe 98 sowie die Grafikprogramme Paint Shop Pro, PhotoShop und Corel Draw. Auch von Interesse dürften Spiele sein, von denen mehr als 240 mit WINE auszuführen sind. Mangels Kenntnis der Inhalte wollen wir hier keines erwähnen.

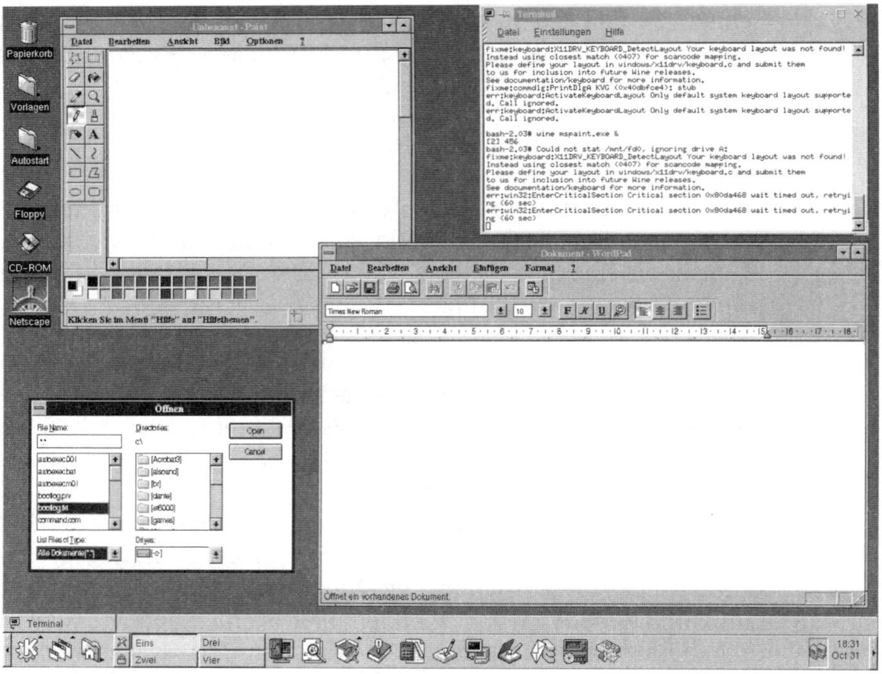

Emulation von MSPaint und WordPad unter Linux

13. Internet-Zugang mit Linux

In diesem Kapitel soll es um die Einrichtung und Nutzung eines Internet-Zugangs unter Linux gehen. Im Verlauf des Kapitels wird auch die Vernetzung eines Linux-PCs in einem lokalen Netz erläutert. Hier kann Linux im Vergleich zu vielen anderen Betriebssystemen richtig „auftrumpfen", da alle üblichen Internet-Standards in einer Unix-Umgebung entstanden sind – Internet-Anwendungen sind gewissermaßen ein „Heimspiel" für Linux. Die Konfiguration eines Einwählzugangs wird leicht gemacht durch diverse Konfigurations-Tools.

Für die Einwahl über Modem stehen zum Beispiel die folgenden Programme zur Verfügung:

- das KDE-Tool *kppp*
- das mit der SuSE-Distribution ausgelieferte Tool *wvdial*
- das Red Hat-Netzwerkkonfigurations-Tool *netcfg*

Alle drei Methoden haben ihre starken Seiten, deshalb kann eine Empfehlung kaum gegeben werden; ob Sie unter RedHat *netcfg* oder *kppp* verwenden oder unter SuSE *wvdial* oder *kppp*, hängt ganz von Ihrem persönlichen Geschmack oder Ihren speziellen Umständen ab. Wenn an Ihrem Linux-Rechner mehrere Personen arbeiten, die sich bei verschiedenen Providern einwählen, sollten Sie sich *kppp* näher ansehen: *kppp* verwaltet für jeden Benutzer eigene Konfigurationsdateien.

Für einen ISDN-Anschluss ist als Konfigurations-Tool vor allem *kISDN* zu nennen. In der SuSE-Distribution kann die ISDN-Konfiguration auch gleich mittels *YaST* erfolgen.

Diese Tools werden weiter unten in diesem Kapitel noch ausführlich besprochen. Vor der Konfiguration steht aber die Auswahl eines Internet-Providers, kurz auch ISP genannt, um die es im folgenden Abschnitt gehen soll.

13.1 Auswahl des Internet-Providers

Um unter Linux Kontakt zu einem Internet-Provider aufnehmen zu können, ist es notwendig, dass der Provider sich an die Internet-Standards hält: Dazu zählen die Einwahl beim Provider über das PPP (**P**oint To **P**oint **P**rotokoll) und der Mail-Zugriff über einen POP3-Server.

Leider gehen einige Provider wie etwa AOL hier eigene Wege und stellen für Microsoft Windows spezielle nicht normkonforme Programme für die Einwahl zur Verfügung – solche Provider können unter Linux nicht angewählt werden!

Alternativ kann Ihr Provider auch statt des PPP-Protokolls das veraltete SLIP (**S**erial **L**ine **IP**)-Protokoll unterstützen; wir beschreiben im Folgenden nur die PPP-Konfiguration und verweisen für SLIP-Zugänge auf das entsprechende HOWTO:
/usr/doc/HOWTO/unmaintained/mini/Dip + SLiRP + CSLIP
oder Kapitel 7.5 des NET-3-HOWTOs: */usr/doc/HOWTO/NET-3-HOWTO*.

(Es gibt darüber hinaus noch die Möglichkeit, einen reinen Terminalzugang zur Anbindung an das Internet zu nutzen; dies wird aber nur in den seltensten Fällen in Frage kommen und sollte generell nur eine Notlösung sein. Zudem müsste hier auf der Gegenseite ebenfalls Software installiert werden, wozu Administratorrechte nötig wären.)

Wir berücksichtigen bei der folgenden Beschreibung auch, dass einige Provider die Anmeldung beim System über PAP (**P**assword **A**uthentication **Pro**tocol) unterstützen, während andere die Eingabe von Name und Passwort über das alte Verfahren eines Login-Prompts durchführen.

Zunächst brauchen Sie einige Daten, die im Folgenden in verschiedene Konfigurationsdateien eintragen werden:

Parameter	Erklärung
username	der Name, unter dem Sie sich bei Ihrem **I**nternet **S**ervice **P**rovider (ISP) anmelden
password	das zugehörige Passwort
nameserver	die Adresse des Name-Servers Ihres ISP (in der Form *a.b.c.d*)
domain	der Name der Domain Ihres ISP, etwa *databecker.de*
telefonnummer	die Nummer, die Sie für die Einwahl verwenden können

Außerdem sollten Sie die folgenden zwei Fragen klären:

- Erfolgt die Anmeldung über das Passwort-Authentifikations-Protokoll PAP?
- Startet der Server nach der Einwahl automatisch PPP, oder muss dafür ein spezieller Befehl eingegeben werden?

13.2 Konfiguration und Einwahl über Modem

Wenn Sie keinen ISDN-Anschluss haben, brauchen Sie für das Einwählen ins Internet ein Modem. Es spielt dabei keine große Rolle, ob Sie sich für ein internes (also eingebautes) oder externes Modem entscheiden. So gut wie alle Modems können unter Linux für das Netz konfiguriert werden. Es gibt allerdings eine große Ausnahme: die so genannten Winmodems oder Softmodems. Das sind keine Modems im eigentlichen Sinn, da ein Großteil der Signalverarbeitung nicht im Modem, sondern auf der CPU des Rechners stattfindet. Diese „Modems" sind nur unter Windows betreibbar.

Konfiguration des Modems

Zunächst gilt es, das Modem zu konfigurieren: Dazu ist prinzipiell nur ein symbolischer Link von */dev/modem* auf die serielle Schnittstelle des Modems, */dev/ttyS0*, */dev/ttyS1* usw., zu setzen. In Linux werden die seriellen Schnittstellen, die Sie von Windows unter der Bezeichnung COM1, COM2 usw. kennen, als */dev/ttyS0*, */dev/ttyS1* ... bezeichnet. Bis vor einiger Zeit waren auch noch die Bezeichnungen /dev/cua1, /dev/cua2 ... üblich. Viele Programme verwenden noch diese veralteten Bezeichnungen, lassen Sie sich davon nicht irritieren. Die folgende Eingabe erzeugt einen symbolischen Link von der der ersten seriellen Schnittstelle – also von COM1 – auf das Modem:

```
paco:~ $ ln -s /dev/ttyS0 /dev/modem
```

Sie können dies aber auch komfortabel mit dem RedHat-Tool *modemtool* oder, falls Sie die SuSE-Distribution eingesetzt haben, direkt mit *YaST* einstellen. Starten Sie dazu als Administrator *root* das entsprechende Programm durch Eingabe von *modemtool* bzw. in der SuSE-Distribution durch den Aufruf von *YaST*. Im letzteren Fall kann dieser Schritt übrigens gleich bei der Installation des Systems erfolgen. Übrigens gehört auch *modemtool* zu den Programmen, die noch die alte Bezeichnung für die seriellen Schnittstellen verwendet. Intern werden die richtigen Anschlüsse (*/dev/ttyS0* ...) verwendet.

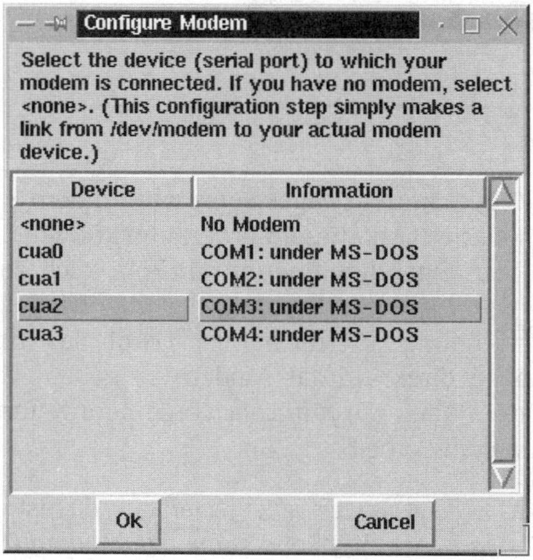

Modem konfigurieren mit modemtool

Wählen Sie hier die von Ihrem Modem verwendete Schnittstelle aus und bestätigen Sie die Auswahl mit *OK*. Darauf wird *modemtool* beendet.

Die folgenden Bilder zeigen die entsprechenden Vorgänge unter *YaST*.

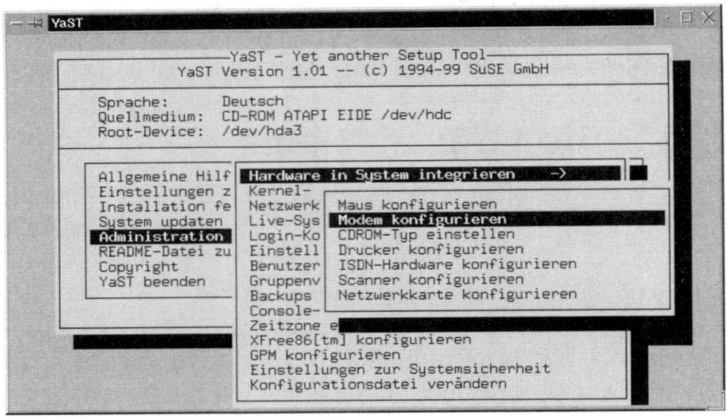

Einstellen des Modems mit YaST

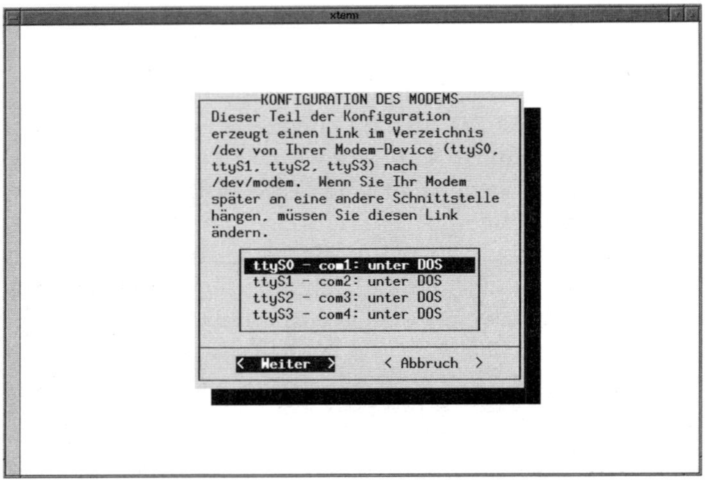

Modem konfigurieren mit YaST

Überprüfen Sie, ob das Modem korrekt angesteuert wird, indem Sie das Terminalprogramm *minicom* starten. Mit diesem Programm können Sie Befehle direkt an das Modem geben. Eigentlich erlaubt *minicom* auch eine direkte Terminalverbindung zu einem anderen Rechner, der über Modem oder direkt über eine serielle Verbindung zu erreichen ist. Damit das funktioniert, ist es in der Lage, Eingaben direkt an das Modem zu geben. Wir wollen hier nur das Modem testen. Wenn Sie *minicom* von einem X-Terminal aus starten, zeigt sich der Minicom-Screen.

Geben Sie die Zeichen „ATZ" [Enter] oder „atz" [Enter] ein; das ist der Befehl zum Initialisieren des Modems. Anschließend sollte das Modem OK zurückmelden. AT-Befehle sind Steuercodes für das Modem (AT entstammt dem Englischen für Attention). Klein-Großschreibung spielt bei Modembefehlen übrigens keine Rolle.

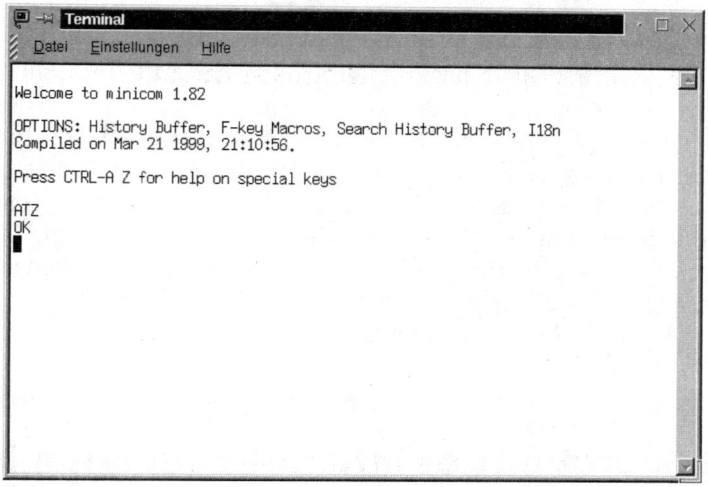

Modem testen mit minicom

Wenn Sie die eingegebenen Zeichen nicht sehen können, haben Sie die falsche Schnittstelle ausgewählt, eine falsche Übertragungsrate justiert oder Ihr externes Modem nicht eingeschaltet. Verlassen Sie *minicom* durch Eingabe von [Strg]+[A] und anschließend [Q]. Die abschließende Frage *Leave without reset* beantworten Sie mit *Yes*.

Profitipp

Wenn *minicom* sich nicht beenden will

minicom stellt einen direkten Anschluss an einen anderen Rechner (oder das Modem) her. Es ermöglicht, alle eingegebenen Zeichen direkt auf die serielle Schnittstelle auszugeben. Damit stellt sich die Schwierigkeit, Zeichenfolgen zu finden, die *minicom* selbst steuern, etwa um das Programm zu beenden oder um es zu konfigurieren. Dies wird je nach *minicom*-Version und Arbeitsumgebung (X-Terminal oder Konsole) unterschiedlich gelöst. Im Allgemeinen sagt *minicom*, durch welche Steuerzeichen es in den „Meta-Modus" kommt. In unserem abgebildeten Beispiel ist dies die Tastenfolge [Strg]+[A] und dann [Z]. Ob diese Zeichenfolge *minicom* erreicht, hängt von der Arbeitsumgebung ab. Wenn Sie auf die von *minicom* vorgegebene Zeichenfolge keine Reaktion bekommen, müssen Sie das Programm „von außen" beenden. Gehen Sie dazu auf einen anderen Bildschirm, etwa indem Sie ein anderes X-Terminal aufmachen oder auf eine andere virtuelle Konsole wechseln. Geben Sie dann die folgenden Kommandos ein:

```
paco:~ # killall -9 minicom
paco:~ # rm /var/lock/LCK..modem
```

Versuchen Sie anschließend, *minicom* mit der Option *-M* zu starten; es wird dann eine andere Steuerzeichenfolge eingestellt, die möglicherweise besser zu Ihrer Arbeitsumgebung passt.

Einwahl mit Hilfe von kppp

Falls Sie KDE installiert haben, steht Ihnen das KDE-Tool *kppp* zur Verfügung. Schön an *kppp* ist die Tatsache, dass jeder Benutzer des Systems eine eigene Konfigurationsdatei verwalten kann. Jeder Nutzer Ihres Linux-Systems kann also seinen eigenen Provider und auch seine eigene Kennung verwalten, auf die andere nicht zugreifen können. Außerdem enthält *kppp* eine Datenbank mit den Gebühren vieler verschiedener Provider, sodass Sie sich schnell einen Überblick über die Kosten des Internet-Zugangs verschaffen können. Diese Daten sind zwar ohne Gewähr und Beweiskraft, aber immerhin liefern sie einen Anhaltspunkt.

▼▼▼ WORKSHOP

Konfiguration des Internet-Zugangs mit kppp

1 Den Startpunkt stellt wie üblich der Aufruf des Programms *kppp* dar. Es erscheint das kppp-Startfenster.

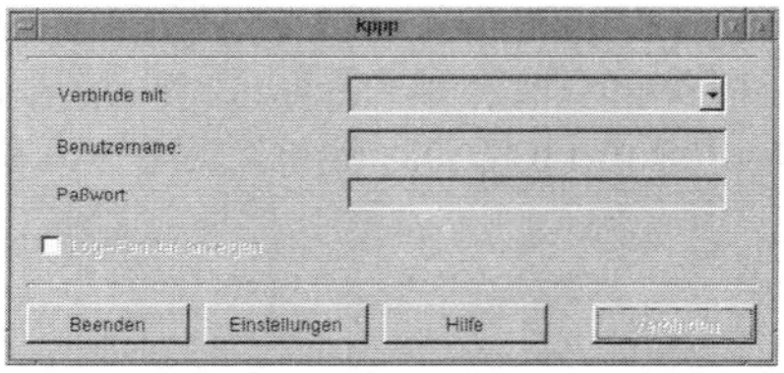

Startfenster von kppp

2 Durch Anklicken von *Einstellungen* wird das Konfigurationsfenster geöffnet.

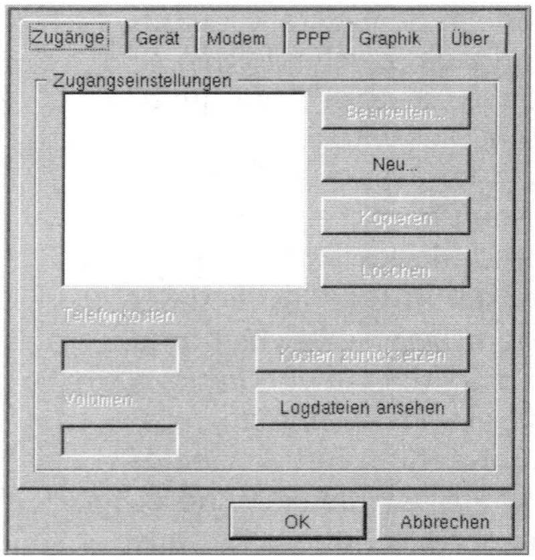

kppp-Konfigurationsfenster

3 Jetzt klicken Sie auf *Neu*, und ein weiteres Konfigurationsfenster erscheint.

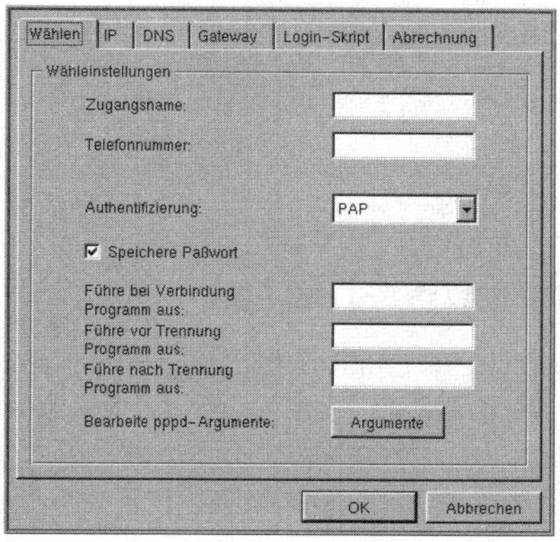

kppp-Konfigurationsfenster

4 Geben Sie jetzt der Konfiguration einen Namen und tragen Sie ihn unter Zugangsname ein. Wie üblich muss jetzt noch die Telefonnumer und die Authentifizierungsart angegeben werden. Klicken Sie auch die übrigen Register dieses Fensters an, um zu sehen, ob noch weitere Einstellungen erforderlich sind.

5 Wenn Sie jetzt *OK* gegeben haben, sehen Sie wieder das erste Konfigurationsfenster. Wählen Sie jetzt der Reihe nach die verschiedenen Register dieses Fensters aus und füllen Sie die dann angezeigten Masken aus, soweit dies erforderlich ist. Wenn alles zu Ihrer Zufriedenheit ist, klicken Sie auf *OK*.

6 Interessant ist vielleicht das Register *Abrechnung*. Wenn Sie hier *Abrechnung ein* wählen, können Sie aus einer Fülle von Telefongesellschaften mit unterschiedlichen Tarifen wählen. Wenn Sie wollen und Sie Ihre Telefongesellschaft finden, markieren Sie sie einfach. Wichtig ist, dass Sie dann auch den richtigen Tarif anwählen: Gemeint ist hier der Tarif, mit dem Sie Ihren Internet-Provider erreichen.

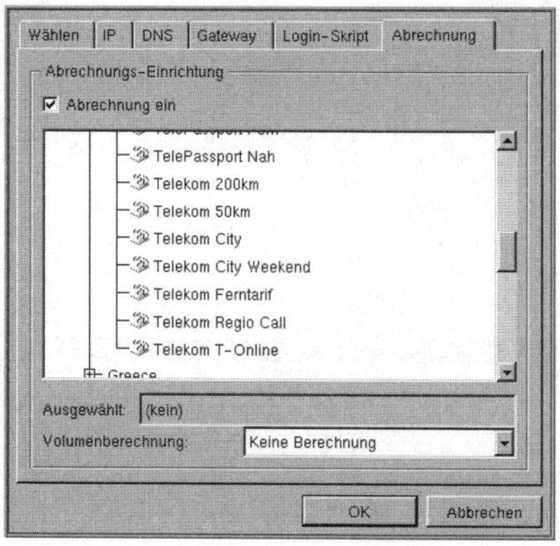

kppp-Konfigurationsfenster

7 Jetzt erscheint wieder das kppp-Startfenster. Hier geben Sie noch Ihren Benutzernamen und Ihr Passwort an, und schon kann es losgehen durch Klicken auf *Verbinden*

Und wo ist die versprochene Abrechnung? Dafür gibt es das Programm *kppplogview*!

Workshop-Ende

Einwahl mit Hilfe von wvdial

In der SuSE-Distribution steht Ihnen schon in YaST eine Konfigurationshilfe für den Modemzugang zur Verfügung. Wenn Sie den Befehlen *Administration des Systems/Netzwerk konfigurieren/PPP-Netzwerk konfigurieren* folgen, wird intern das Tool *wvdialconf* aufgerufen.

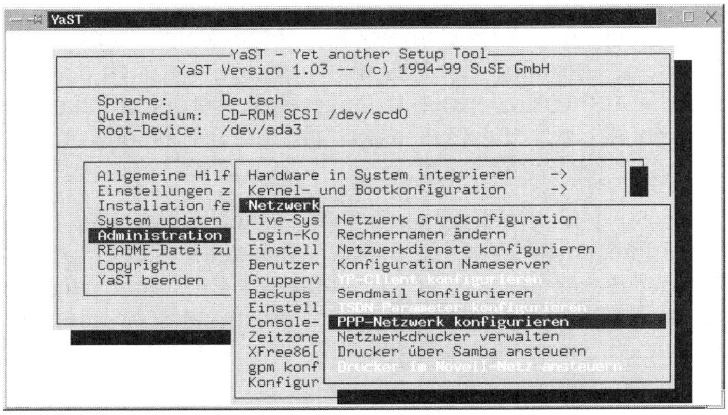

Aufruf von wvdialconf über YaST

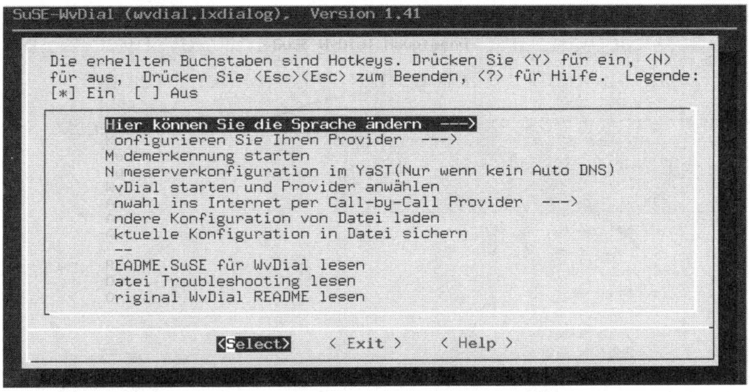

wvdial-Startbildschirm

1 Über den Menüpunkt *Konfigurieren Sie Ihren Provider* erreichen Sie eine Maske, in der Sie die Telefonnummer Ihres Providers, Ihre Benutzerkennung und Ihr Passwort eingeben.

2 Falls Ihr Provider über automatische Nameserver-Konfiguration verfügt, wählen Sie diese aus. Anderenfalls müssen die Nameserver-Einträge von Hand (siehe auch Abschnitt über die Auflösung von Rechnernamen

in IP-Adressen, 844) in die Datei */etc/resolv.conf* oder an einer anderer Stelle im *YaST* angegeben werden.

3 Tragen Sie Ihr Wählverfahren ein; das ist meistens Tonwahl.

4 Befindet sich Ihr Modem hinter einer Telefonanlage, gehen Sie mit dem Cursor auf *Modem an Telefonanlage (kein Wählton)* und aktivieren Sie diese Option durch Drücken der [Leertaste]. Das Modem wird dann so gesteuert, dass es keinen Wählton abwartet.

5 Wenn Ihr Provider die PPP-Authentifizierung vorsieht, geben Sie *PPP-direkt-PAP/CHAP* an.

6 Jetzt können Sie das Untermenü verlassen und die Modemerkennung starten.

7 Testen Sie jetzt die Konfiguration, indem Sie das Feld *wvdial starten und Provider anwählen* auswählen.

8 Erscheint jetzt eine Meldung, dass der PPP-Prozess gestartet wurde, sind Sie jetzt eingewählt und können das Internet benutzen.

9 Rufen Sie *Netscape* auf und versuchen Sie, ein wenig zu „surfen".

10 Falls das noch nicht klappt, überprüfen Sie noch einmal alle vorigen Schritte. Fehlerhinweise können sich in der Datei */var/log/messages* befinden. Mit *less /var/log/messages* können Sie durch dieses File „blättern" und eventuell Hinweise auf die Problemursache finden. Wenn Sie ganz verzweifelt sind, können Sie sich ja noch einmal die vorherigen Abschnitte dieses Kapitels durchlesen. Oft ist es nur eine Kleinigkeit, die man übersehen hat ...

11 Normalerweise waren Sie aber erfolgreich und fragen sich vielleicht jetzt, wie Sie den Internet-Zugang wieder trennen können, damit die Telefonrechnung nicht zu hoch wird. Oder Ihre Kinder stehen hinter Ihnen und wollen ausgerechnet jetzt telefonieren ... Geben Sie [Strg]+[C] ein, dann meldet sich Ihr System ordnungsgemäß ab, das Modem legt auf und Sie können den YaST-Dialog beenden.

YaST2, die grafische Alternative zu YaST, steht Ihnen ab SuSE-Version 7.0 zur Verfügung. Damit können Sie *wvdial* noch wesentlich einfacher konfugieren. Laden Sie nach dem Start von *YaST2* das Modul *Netzwerk/Modem + ISDN*. Sie werden aufgefordert, Ihr Modem einzuschalten, und es startet automatisch ein Erkennungslauf für das verwendete Modem. Klicken Sie auf *Weiter* und Sie erhalten ein Fenster, das mit *Internetzugang – Konfiguration der Internetparameter* beschriftet ist.

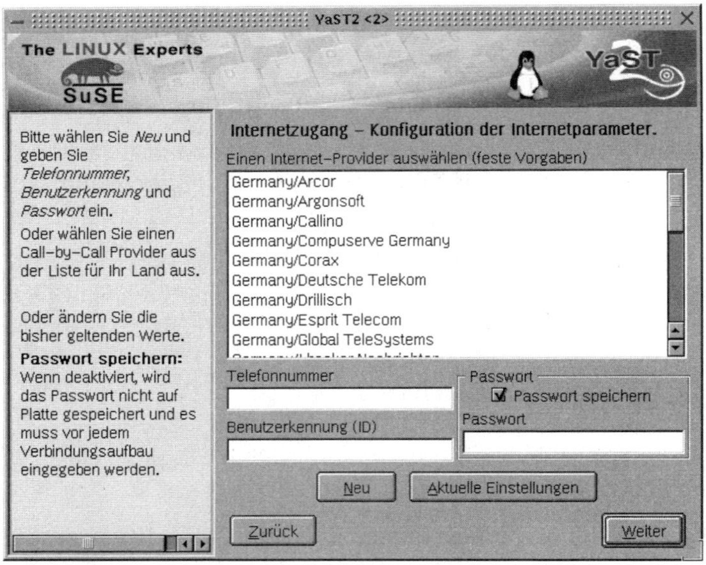

Internetkonfiguration mit YaST2

Wählen Sie *Neu* und tragen Sie Telefonnummer, Benutzerkennung und Paßwort ein. Schalten Sie mit *Weiter* auf das nächste Fenster, das die Konfiguration des Modems anzeigt. Normalerweise ist hier schon alles richtig eingestellt. Klicken Sie auf *Ende* und die Konfiguration ist abgeschlossen.

Einwahl mittels wvdial

Durch einfaches Aufrufen von *wvdial* aus der Kommandozeile heraus starten Sie den Internet-Zugang. Beendet wird wieder wie gehabt durch [Strg]+[C]. Alternativ können Sie in der X Window-Umgebung auch *wvdial.tcl* aufrufen.

Tipp

wvdial im Hintergrund

Wenn Sie *wvdial &* eingeben, wird *wvdial* in den Hintergrund geschickt und Sie können Ihr Terminal, auch während Sie eingewählt sind, weiter nutzen. Wenn Sie die Verbindung beenden wollen, holen Sie *wvdial* durch Eingabe von *fg* wieder in den Vordergrund und drücken anschließend [Strg]+[C].

Sollen an Ihrem System auch andere Userkennungen als *root wvdial* benutzen, tragen Sie die entsprechenden Benutzerkennungen in die Gruppen *uucp* und *dialout* ein. Das geht auch mit *YaST*.

Der Network Configurator netcfg

Verwenden Sie unter RedHat für die Konfiguration Ihres Internet-Zugangs den Network Configurator *netcfg* (*/usr/bin/netcfg*) und nicht das *netconf*-Tool, das Sie über *linuxconf* aufrufen können, da Letzteres einen Fehler hat.

1 Starten Sie den Network Configurator als Administrator *root* unter X Window durch Eingabe von *netcfg* in einem Terminalfenster. Es erscheint der Startbildschirm des Network Configurators.

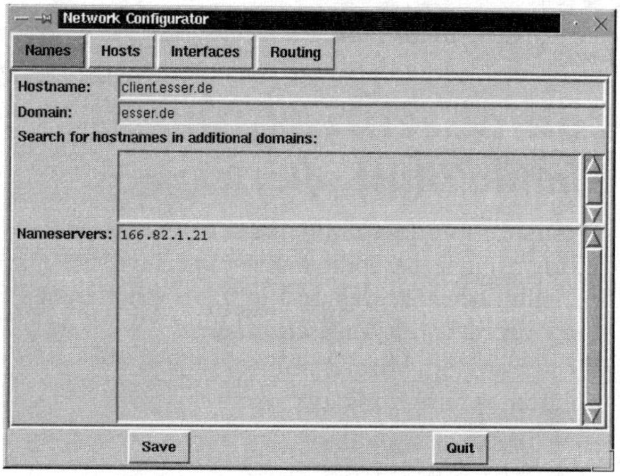

Startbildschirm des Network Configurator

2 Klicken Sie dann auf *Interfaces*, um die Liste aller bereits konfigurierten Netzwerkverbindungen anzeigen zu lassen.

Sie sehen im Beispiel das Loopback-Device *lo* und eine Netzwerkkarte *eth0*, die beide aktiv sind. Die Netzwerkkarte interessiert uns hier noch nicht, sie spielt erst eine Rolle, wenn Ihr Rechner an das lokale Netz angeschlossen werden soll. Dies wird im Einzelnen in Kapitel 13.10 erläutert. Bei Ihnen ist womöglich gar keine Netzwerkkarte vorhanden, Sie schließen sich ja mit dem Modem ans Netz an.

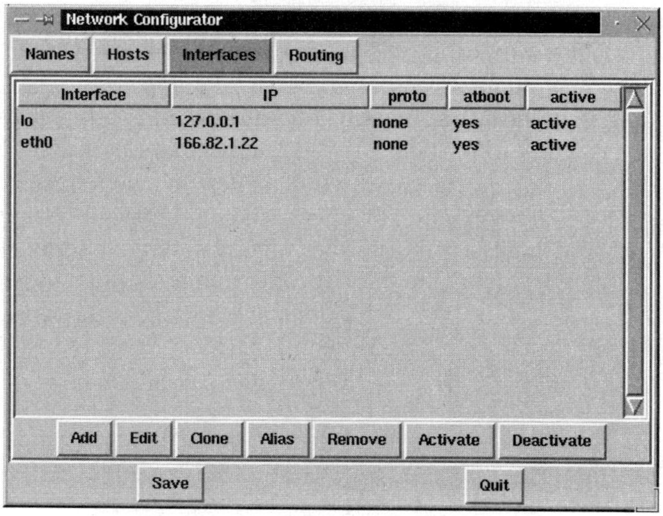

Interfaces-Seite des Network Configurator

3. Klicken Sie nun auf *Add*, um eine neue Verbindung zu erstellen. Voreingestellt ist hier schon der Typ *PPP* – dies können Sie mit *OK* bestätigen.

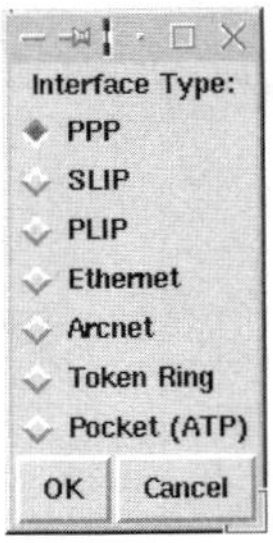

Interface-Typ auswählen im Network Configurator

4. Daraufhin öffnet der Network Configurator ein weiteres Fenster, in dem Sie Ihre Zugangsdaten eintragen können.

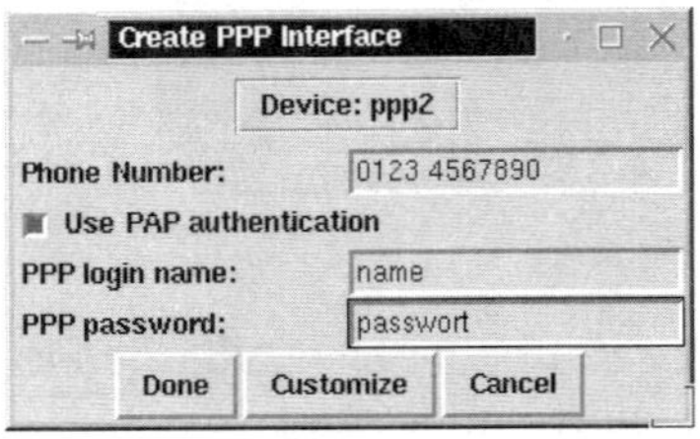

PPP-Interface erzeugen

5. Geben Sie unter *Phone Number* die für die Einwahl nötige Rufnummer Ihres Internet-Providers ein.

6. Wenn Ihr Provider die Passwortabfrage über PAP (**P**assword **A**uthentication **P**rotocol) durchführt, klicken Sie in das Feld *Use PAP authentication* – dieses wird daraufhin rot hinterlegt. Geben Sie dann in den folgenden Feldern Ihren Login-Namen und das Passwort ein.

7. Klicken Sie nun auf *Customize* (engl. anpassen), um weitere Einstellungen vorzunehmen.

8. Im *Hardware*-Dialog des sich öffnenden *Edit PPP Interface*-Fensters können Sie nun unter *Line speed* die maximale Geschwindigkeit Ihres Modems eintragen. Die Geschwindigkeiten, aus denen Sie wählen können, sind dabei nicht die üblichen Modemübertragungsraten (wie 9.600, 14.400, 28.800), sondern Übertragungsraten der seriellen Schnittstelle. Wählen Sie hier einen Wert aus, der höher als Ihre Modemgeschwindigkeit ist, – für ein 14.400er-Modem etwa 19.200, für ein 28.800er-Modem 38.400 und für ein 56K-Modem 115.200.

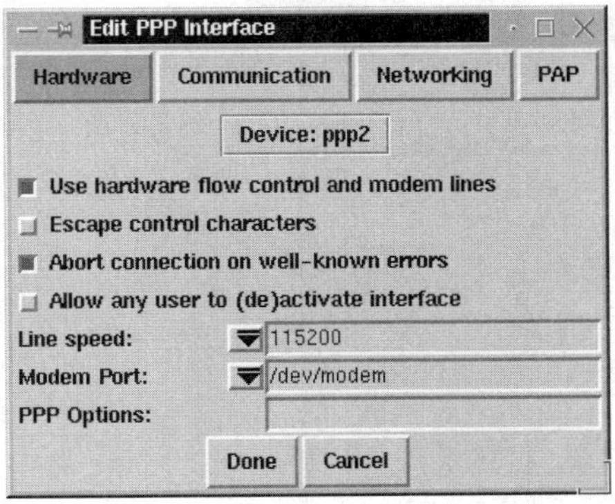

PPP-Interface bearbeiten: Hardware

9 Wenn Sie das Feld *Allow any user to (de)activate interface* aktivieren, kann die Verbindung von jedem Anwender und nicht nur von *root* aufgebaut werden. Dies hat, wenn Sie beispielsweise der einzige Anwender Ihres Linux-Rechners sind, den Vorteil, dass Sie sich nicht für jeden Verbindungsaufbau als Administrator anmelden müssen. Bei einem Mehrbenutzersystem hängt es davon ab, ob Sie anderen Anwendern das Recht einräumen wollen, eine Verbindung aufzubauen und damit Kosten zu verursachen.

10 Das Feld *Modem Port* enthält den Gerätenamen des zu verwendenden Modems, hier wird standardmäßig */dev/modem* eingetragen. Wenn Sie Ihr Modem noch nicht konfiguriert haben, ist dieser Gerätename nicht vorhanden. Wenn das so ist, schlagen Sie nochmal auf Seite 831 nach und konfigurieren Sie das Modem mit *modemtool*. Sie können aber auch (etwa beim Anschluss mehrerer Modems) direkt den Gerätenamen der zugehörigen seriellen Schnittstelle (*/dev/ttyS0*, */dev/ttyS1* ... für COM1, COM2 ...) eintragen.

11 Wechseln Sie nun auf den *Networking*-Dialog. Hier können Sie folgende Einstellungen vornehmen: Aktivieren Sie das Feld *Activate interface at boot time*, um die PPP-Verbindung automatisch bei jedem Rechnerstart zu aktivieren – diese Option ist standardmäßig abgeschaltet, und so sollten Sie es lassen –, es sei denn, Sie freuen sich über hohe Telefonrechnungen. Das *Feld Set default route when making connection* können Sie aktiviert lassen, um nach der Einwahl ins Internet dafür zu sorgen, dass alle nicht lokalen IP-Pakete über dieses Interface geschickt werden. *Restart PPP when connection fails* bewirkt, dass beim Verbindungsabbruch (etwa, weil durch einen Fehler das Modem Ihres Providers aufgelegt hat) die Verbindung automatisch neu aufgebaut wird – so lange, bis Sie das Interface von Hand deaktivieren.

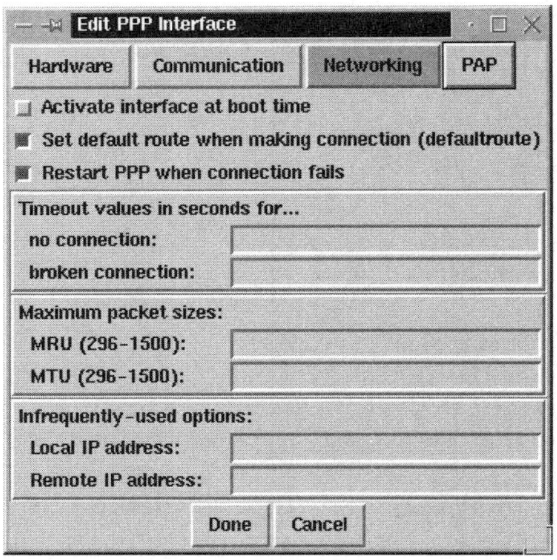

PPP-Interface bearbeiten: Networking

12 Wenn Ihnen Ihr Provider eine statische IP-Adresse zugeteilt hat, können Sie diese im Feld *Local IP address* eintragen; ebenso können Sie die IP-Adresse des Einwahlrechners im Feld *Remote IP address* eintragen, falls diese stets die gleiche ist. Wenn Sie diese Adressen hier eintragen müssen, sind Sie (hoffentlich) von Ihrem Provider entsprechend informiert worden. In der Regel (d. h. bei dynamischer Adressvergabe) können Sie jedoch beide Felder leer lassen.

13 Wechseln Sie nun auf den *Communication*-Dialog. Hier ist bereits die Telefonnummer, die Sie im ersten Konfigurationsschritt ausgewählt haben, eingetragen – in dieser Maske können Sie sie jetzt oder bei späteren Rekonfigurationen ändern (etwa, wenn Ihr Provider Ihnen eine neue, lokale Telefonnummer für die Einwahl anbietet). Unter *Modem Init String* können Sie den AT-Befehl eintragen, der zur Initialisierung an Ihr Modem geschickt wird. (Die Angaben finden sich in Ihrem Modemhandbuch.) Unter *Modem Dial Command* tragen Sie den AT-Befehl ein, den Ihr Modem zum Wählen verwendet: In der Regel wird dies (für Tonwahl) „ATDT" sein. Falls Sie mit Impulswahl wählen möchten, tragen Sie hier „ATDP" ein. Das Feld *Debug connection* können Sie aktivieren, damit beim Verbindungsaufbau ausführlichere Protokollinformationen in die Log-Datei */var/log/messages* geschrieben werden.

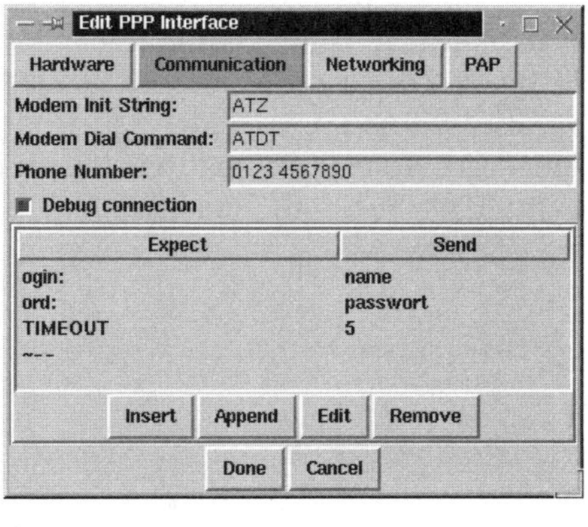

PPP-Interface bearbeiten: Communication

Einloggen ohne PAP

Dieser Abschnitt ist nur relevant, wenn Ihr Internet-Provider nicht das PAP-Verfahren verwendet, sondern eine Anmeldung über einen Login-/Passwort-Prompt (ähnlich Ihrer normalen Anmeldung im Linux-System) verwendet. Dies gilt unter anderem für den Online-Dienst CompuServe. Andernfalls lesen Sie im nächsten Abschnitt („Einloggen mit PAP") weiter.

Im *Communication*-Dialog ist bereits ein Anmeldeskript vorbereitet, das Sie eventuell noch an Ihren Provider anpassen müssen: In den meisten Fällen läuft die Anmeldung über einen simplen Name-Passwort-Dialog, genau wie bei der Anmeldung am Linux-Login. Wenn Ihr Provider jedoch vor oder nach der Übermittlung von Name und Passwort noch andere Daten erwartet, sind hier Änderungen vorzunehmen. In den *expect*-Feldern sind häufig nur Teilstücke der erwarteten Strings angegeben. Damit z. B. sowohl der String *Login:* als auch der String *login:* erkannt werden können, ist hier nur *ogin:* eingetragen. Wählen Sie eine der Skript-Zeilen im unteren Bereich aus, um sie zu bearbeiten: Mit einem Doppelklick auf die Zeile können Sie sie bearbeiten (etwa, um „ogin:" durch einen anderen Text zu ersetzen), ein Klick auf *Remove* entfernt die Zeile ganz, ein Klick auf *Insert* fügt vor der aktuellen, ein Klick auf *Append* hinter der letzten Zeile eine Leerzeile ein, die Sie dann bearbeiten können.

Mit diesen (eventuellen) Änderungen ist die Konfiguration abgeschlossen. Klicken Sie auf *Done*, um Ihre Angaben zu übernehmen.

Einloggen mit PAP

Dieser Abschnitt betrifft Sie nur, wenn Ihr Internet-Provider das PAP-Verfahren (**P**assword **A**uthentication **P**rotocol) zur Überprüfung von Name und Passwort verwendet. Zu diesen Providern zählen unter anderem T-Online und die meisten Hochschulrechenzentren.

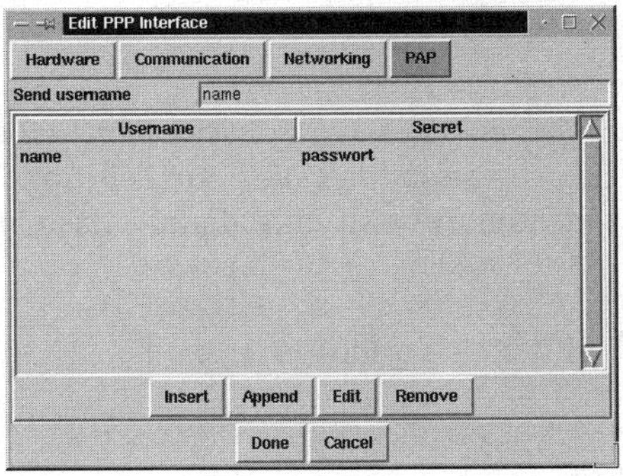

PPP-Interface bearbeiten: PAP

Hier gibt es nicht mehr viel zu tun: Wenn Sie auf *PAP* klicken, können Sie nochmals überprüfen, ob die Felder *Username* und *Secret* die korrekten Werte enthalten – die Authentifizierung über das PAP-Protokoll ist standardisiert, sodass hier keine Skripts oder Ähnliches bearbeitet werden müssen. Klicken Sie auf *Done*, um Ihre Angaben zu übernehmen.

EXKURS

Welche Dateien ändert netcfg?

netcfg ist nur ein Frontend, das Ihnen die Arbeit abnimmt, Eintragungen in diversen Konfigurationsdateien vorzunehmen. Wir wollen Ihnen in diesem Abschnitt kurz erläutern, welche Dateien dies sind und wie Sie diese Eintragungen auch von Hand vornehmen können.

Sie können diesen Abschnitt überspringen und später zum tieferen Verständnis lesen. Übrigens verwenden alle anderen Konfigurations-Tools entweder dieselben Dateien oder benötigen dieselben Daten in etwas anderer Form.

Übersetzung von Rechnernamen in IP-Adressen

Um Internet-Hostnamen (wie *www.databecker.de*) in numerische IP-Adressen (wie *149.221.232.55*) zu übersetzen, gibt es zwei Möglichkeiten. Zum einen enthält die Datei */etc/hosts* eine Liste solcher Übersetzungen. Dort finden Sie bei Verwendung eines lokalen Netzwerks etwa die IP-Adressen aller im lokalen Netz erreichbaren Maschinen. Für die übrigen (nicht lokalen) Rechner kann Linux auf einen Name-Server, im Internet als DNS-System (**D**omain **N**ame **S**ervice) bezeichnet, zugreifen: Wenn diesem ein Rechnername übergeben wird, antwortet er mit der zugehörigen IP-Adresse. Mit den Dateien */etc/resolv.conf* und */etc/host.conf* regeln Sie die Verwendung dieser zwei Möglichkeiten.

Die Datei */etc/resolv.conf* enthält häufig nur die folgenden Zeilen:

```
search domain
nameserver nameserver
```

Wenn Ihr ISP mehr als einen Name-Server angegeben hat, können Sie diese in zusätzlichen Zeilen eintragen – so hat die Datei etwa für CompuServe folgendes Aussehen:

```
search compuserve.com
nameserver 149.174.211.5
nameserver 149.174.213.5
```

Viele Internet-Provider ermöglichen eine dynamische Übergabe von IP-Adressen der Name-Server. Es scheint so, daß dies zur Zeit noch nicht immer zuverlässig funktioniert, achten Sie also bitte darauf, dass hier gültige Werte eingetragen sind.

Die Datei */etc/host.conf* enthält folgende Einträge:

```
order hosts,bind
multi on
```

Durch die Reihenfolge *hosts, bind* wird festgelegt, dass zunächst in der Datei */etc/hosts* nach den IP-Adressen zu Rechnernamen gesucht wird; erst wenn Linux hier nicht fündig wird, wird ein Name-Server verwendet.

Einwahlskripts und -Konfigurationsdateien

Die für die Einwahl bei Internet-Providern nötigen Skripts und Konfigurationsdateien finden Sie im Verzeichnis */etc/sysconfig/network-scripts/*. Die von Ihnen mit *netcfg* angelegten PPP-Verbindungen haben die Namen *ppp0*, *ppp1* usw. Zu diesen Verbindungen finden Sie im *network-scripts*-Verzeichnis die Dateien *ifcfg-ppp0*, *ifcfg-ppp1* usw. (engl. **i**nter**f**ace **c**onfiguration - **p**oint to **p**oint **p**rotocol, Verbindungskonfiguration gemäß Point to Point-Protokoll) sowie die Dateien *chat-ppp0*, *chat-ppp1* usw. Wir nehmen im Folgenden an, dass Sie nur eine Verbindung *ppp0* konfiguriert haben – alle Aussagen lassen sich auf weitere Verbindungen übertragen, indem Sie *ppp0* durch den anderen Namen ersetzen.

Die Datei *ifcfg-ppp0* hat folgenden Inhalt:

```
PERSIST=no
DEFROUTE=yes
ONBOOT=no
INITSTRING=ATZ
MODEMPORT=/dev/modem
LINESPEED=19200
ESCAPECHARS=no
DEFABORT=yes
HARDFLOWCTL=yes
DEVICE=ppp0
PPPOPTIONS=
DEBUG=yes
PAPNAME=<Username>
REMIP=
IPADDR=
BOOTPROTO=none
MTU=
MRU=
DISCONNECTTIMEOUT=
RETRYTIMEOUT=
USERCTL=no
```

Hier finden Sie die meisten der Optionen wieder, die Sie im Konfigurationsprogramm *netcfg* eingetragen haben:

- *PERSIST* (engl. beharren) hat den Wert *yes*, wenn Sie die Option *Restart PPP when connection fails* angewählt haben: In diesem Fall wird bei Verbindungsabbruch sofort neu gewählt, um eine kontinuierliche Verbindung sicherzustellen. (Andernfalls hat es den Wert *no*.) Dies funktioniert aber bei vielen Kommunikationsformen nicht so gut, wie es sich anhört. Darum ist unsere Empfehlung, hier *no* zu wählen. Sie haben dann auch viel bessere Kontrolle darüber, wann eingewählt wird und wann nicht.
- *DEFROUTE* (default route) hat den Wert *yes*, wenn Sie die Option *Set default route when making connection* aktiviert haben: Damit erklären Sie diese Verbindung zur Standardverbindung für alle nicht lokalen IP-Pakete. Das ist normalerweise eine sinnvolle Einstellung. (Andernfalls *no*.)

- *ONBOOT* hat den Wert *yes*, wenn das Interface beim Booten aktiviert werden soll: Dann wird im Rahmen der Netzwerkinitialisierung sofort eine Verbindung zum Internet aufgebaut. Dies werden Sie in der Regel nicht aktivieren wollen. (Andernfalls *no*.)
- *INITSTRING* enthält den Initialisierungs-String, der zur „Begrüßung" an Ihr Modem geschickt wird. Dies ist hier im Beispiel *ATZ*, es kann aber auch ein längeres AT-Kommando sein, mit dem Sie etwa die von der Telekom geforderte Wahlsperre für in Deutschland zugelassene Modems abschalten.
- *LINESPEED* ist die Geschwindigkeit, über die auf der seriellen Schnittstelle mit dem Modem kommuniziert wird.
- *ESCAPECHARS* (engl. **escape char**acters, Unterbrechungszeichen) hat den Wert *yes*, wenn Unterbrechungszeichen in der Übertragung zugelassen werden. (Sonst *no*.)
- *DEFABORT* (engl. **def**ine **abort** conditions, lege Abbruchbedingungen fest) hat den Wert *yes*, wenn bestimmte Standard-Fehlermeldungen beim Verbindungsaufbau ausgewertet werden und zum Abbruch führen sollen. (Sonst *no*.)
- *HARDFLOWCTL* (engl. **Hard**ware **Flow C**on**t**ro**l**, Hardwareflusskontrolle) hat den Wert *yes*, wenn Hardwareflusstkontrolle (RTS/CTS) verwendet werden soll. (Ansonsten *no*.)
- *DEVICE* ist die Gerätedatei, unter der Ihr Modem angesprochen wird – in der Regel */dev/modem*.
- *PPPOPTIONS* enthält zusätzliche Optionen, die dem Daemon *pppd* beim Verbindungsaufbau übergeben werden.
- *DEBUG* hat den Wert *yes*, wenn *pppd* beim Verbindungsaufbau ausführliche Protokollinformationen in die Log-Datei */var/log/messages* schreiben soll. (Andernfalls *no*.)
- *PAPNAME* enthält bei Verwendung des PAP-Protokolls den PAP-Usernamen. (Ansonsten leer.)
- *REMIP* enthält die IP-Adresse des Einwahlrechners Ihres Providers, falls dieser Ihnen explizit eine mitgeteilt hat. (In der Regel leer.)
- *IPADDR* enthält eine statische IP-Adresse für Ihren Rechner, wenn Ihr Provider eine solche an Sie vergeben hat. (Ansonsten leer.)
- *BOOTPROTO* kann die Werte *none*, *dhcp* und *bootp* annehmen.
- *MTU* (**m**aximum **t**ransmit **u**nit) und
- *MRU* (**m**aximum **r**eceive **u**nit) brauchen nur gesetzt zu werden, wenn Ihr Provider dies empfiehlt. (Ansonsten leer.)

- *DISCONNECTTIMEOUT* ist ein Timeout-Wert in Sekunden für die Wiedereinwahl nach einem Verbindungsabbruch.
- *RETRYTIMEOUT* ist ein Timeout-Wert in Sekunden für die Neuwahl nach einem fehlgeschlagenen Verbindungsaufbau (z. B. besetzt).
- *USERCTL* hat den Wert *yes*, wenn normale (nicht-*root*-)Anwender eine Verbindung aufbauen dürfen. (Ansonsten *no*.)

Die Datei *chap-ppp0* hat folgenden Inhalt:

```
'ABORT' 'BUSY'
'ABORT' 'ERROR'
'ABORT' 'NO CARRIER'
'ABORT' 'NO DIALTONE'
'ABORT' 'Invalid Login'
'ABORT' 'Login incorrect'
'' 'ATZ'
'OK' 'ATDT <Telefonnummer>'
'CONNECT' ''
```

Die Zeilen, die mit *'ABORT'* beginnen, beschreiben, wann eine Verbindung als gescheitert angesehen werden soll. Die folgenden Zeilen enthalten den Anfangsdialog zwischen Modem und Rechner. Nach dem Initialisierungsstring und einem *OK* folgt der Befehl an das Modem, die angegebene Telefonnummer zu wählen. Dann wartet der Rechner auf das Ergebnis, bei Erfolg ist das *CONNECT*. Sie können hier Modifikationen vornehmen, etwa wenn Ihr Modem hinter einer Telefonanlage steht. In diesem Fall bedeutet *NO DIALTONE* keinen Fehler, sondern den Normalzustand. Sie müssten dann auch den Befehl zum Wählen verändern: Statt *ATDT* könnte dann hier *ATX3DT* stehen. Genaueres können Sie in Ihrem Modemhandbuch nachlesen.

Wenn Sie sich nicht über PAP, sondern „von Hand“ anmelden, folgen noch die Fragen und Antworten des Anmeldedialogs im Klartext:

```
'ogin:' '<Username>'
'assword:' '<Passwort>'
```

Für die Anmeldung mit dem PAP-Protokoll wird die Datei */etc/ppp/pap-secrets* verwendet:

```
# Secrets for authentication using PAP
# client server secret IP addresses
<username> * <password>
```

Eigentlich ist PAP ein Protokoll, mit dem Rechner und nicht Anwender authentifiziert werden. Dies hat folgenden Sinn: Wenn Sie eine PPP-Verbindung aufgebaut haben, kann diese von jedem anderen Benutzer Ihres Rechners verwendet werden. Daher enthält *pap-secrets* in den Spalten *client* und *server* eigentlich Rechnernamen. Da wir hier aber nur Verbindungen Ihres Rechners zu einem Rechner Ihres ISP betrachten, wird als *client* Ihr *username* angegeben, der *server* ist beliebig (*) und das *secret* ist Ihr Passwort. Die Spalte *IP addresses* kann leer bleiben; wenn Sie dort eine IP-Adresse eintragen, kommt die Verbindung nur zu Stande, wenn diese Adresse als lokale Adresse an Ihren Rechner vergeben werden kann.

Exkurs–Ende

Verbindung auf- und abbauen

Für die Aktivierung eines PPP-Interfaces haben Sie die Wahl zwischen drei Methoden. Unter X Window können Sie wie bei der Konfiguration das Tool *netcfg* aufrufen, auf die Seite *Interfaces* wechseln, dort die gewünschte PPP-Verbindung auswählen und diese durch einen Klick auf *Activate* starten. Es geht aber auch einfacher über die Kommandozeile: Dazu müssen Sie sich nur den Namen des von Ihnen verwendeten PPP-Interfaces merken – in der Regel *ppp0*. Dann können Sie einfach in einer Shell den Befehl „ifup ppp0“ eingeben, und die Verbindung wird aufgebaut. Unter X Window steht darüber hinaus noch ein einfaches Tool zur Verfügung, dessen einzige Verwendung der Auf- und Abbau von Netzwerkverbindungen ist: *usernet*. Wenn Sie es starten, erhalten Sie eine grafische Liste aller konfigurierten Netzwerkinterfaces (einschließlich der PPP-Interfaces) und können mit einem Mausklick die Verbindung auf- oder abbauen. Mit den Farben Rot, Gelb und Grün werden die Zustände down (nicht aktiviert), im Aufbau und up (aktiviert) angezeigt.

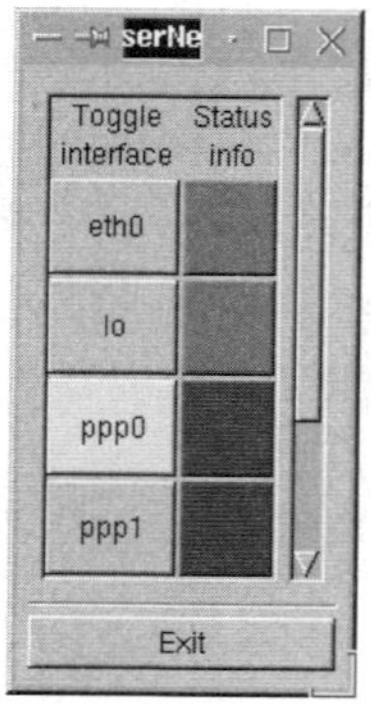

Mit usernet haben Sie die Netzwerkverbindungen im Griff

Steht die Verbindung, dann gibt es kein weiteres Hindernis für den Einsatz der Internet-Anwendung Ihrer Wahl: Mit Netscape können Sie im World Wide Web surfen, ein News-Client ist direkt mit eingebaut. Mehr dazu weiter hinten im Kapitel.

Für den Abbau der Verbindung stehen Ihnen ebenso zwei Varianten zur Verfügung: Die X Window-basierte läuft wieder über das *netcfg*-Tool – nur, dass Sie nun auf *Deactivate* klicken müssen. Das alternative Shell-Kommando ist *ifdown ppp0*.

13.3 ISDN-Konfiguration

Das folgende Kapitel über die ISDN-Konfiguration ist eine überarbeitete Fassung eines Kapitels aus dem Handbuch zur Linux-BIG-PACK-Distribution von DATA BECKER. Es ist ursprünglich geschrieben von Thorsten Westheider (E-Mail: twesthei@phya1.physik.uni-bielefeld.de).

Neben der Möglichkeit, sich über Modem ins Internet einzuwählen, erfreut sich auch die moderne Alternative ISDN (**I**ntegrated **S**ervices **D**igital **N**etwork, diensteintegrierendes digitales Netzwerk) zunehmender Beliebtheit in Linux-Kreisen; dies dürfte nicht zuletzt daran liegen, dass das ISDN4Linux-Team um Karsten Keil einen hervorragenden (und vor allem stabilen) Treiber für einen auf passiven ISDN-Karten sehr verbreiteten Chipsatz entwickelt hat.

Inzwischen verfügt der Treiber für die QuickStep-Karten der Aachener Firma ELSA über eine offizielle Zulassung, d. h., diese Karten dürfen in Verbindung mit dem aktuellen HiSax-Treiber direkt am Netzabschluss des Netzanbieters betrieben werden, alle anderen Typen nur über eine hausinterne Telefonanlage. (Zum Zeitpunkt der Drucklegung ist HiSax 3.1 aktuell; der Standardkernel 2.2.5 enthält allerdings die ältere HiSax-Version 2.8.)

Warum ISDN?

Wenn Sie selbst schon Erfahrungen mit einem Modem gemacht haben, kennen Sie das sicher: Bevor die Verbindung zum Internet-Anbieter steht, vergeht eine geraume Zeit, denn zunächst einmal schluckt der Wählvorgang selbst ein paar Sekunden und im Anschluss vergeht eine weitere Spanne, in der sich das Modem mit der Gegenstelle über die Modalitäten der Verbindung einigt (ab da kostet die Verbindung bereits Geld); danach sind Sie (hoffentlich) mit dem Internet verbunden. Mitunter dauert dieser Vorgang ca. 20 bis 30 Sekunden, paradoxerweise bei 56K-Modems sogar länger als bei langsameren Modems, da hier mehr ausgehandelt werden muss.

Haben Sie dann eine Verbindung ins Internet aufgebaut, kommt die Übertragungsrate (also die Geschwindigkeit, mit der die Daten transportiert werden) mit ins Spiel. Die meisten Modems bieten hier eine Übertragungsrate von etwa 33.600 Bit/s, was in den meisten Fällen auch genügen mag, aber beim Download von größeren Datenmengen die Geduld des Benutzers auf eine harte Probe stellen kann. Zudem ist diese Übertragungsrate ganz empfindlich abhängig von der Qualität der Telefonverbindung und kann durchaus schon mal auf 50 % einbrechen. Dann hilft auch keines der moderneren 56K-Modems.

Tipp

Übertragungsraten

Die „56K" der 56K-Modems beziehen sich auf eine Übertragungsrate von 56.000 Bit/s, die allerdings nur downstream,

d. h. in Richtung vom Server zum PC, erreicht werden können; upstream, d. h. vom PC zum Server, kommen auch diese Modems nicht über die magische Rate von 33.600 Bit/s.

Im Gegensatz dazu bietet ISDN einen rasant schnellen Verbindungsaufbau (ca. zwei bis fünf Sekunden typischerweise) und eine garantierte Übertragungsrate von 64.000 Bit/s in beiden Richtungen (upstream und downstream).

Leider schreckt die hohe Grundgebühr für ISDN (46 DM für einen Standardanschluss bei der Deutschen Telekom) die meisten Interessenten nachhaltig ab; diejenigen aber, die häufig große Datenmengen über das Internet beziehen (Programme, Bilder oder z. B. den neusten Linux-Kernel) sparen unter dem Strich, denn durch die garantierten 64.000 Bit/s halbieren sich die Downloadzeiten – eine gute Internet-Anbindung und einen schnellen FTP-Server vorausgesetzt – und damit natürlich auch die Zahl der Gebühreneinheiten.

Wenn es dagegen einmal schnell gehen muss, lassen sich die beiden von ISDN zur Verfügung gestellten Kanäle auch zu einem einzigen logischen Kanal bündeln (Kanalbündelung, Channel Bundling; im Zusammenhang mit PPP oft auch MPPP, d. h. **M**ulti **P**oint **T**o **P**oint **P**rotocol genannt). Auf diese Weise kann man Downloads mit sage und schreibe 128.000 Bit/s realisieren (immer vorausgesetzt, die Internet-Anbindung ist gut), zahlt dafür aber auch die doppelten Gebühren. Auf den ersten Blick mag das sinnlos erscheinen, kann aber sehr nützlich werden, wenn man extrem große Programme herunterlädt, die z. B. in der Größenordnung von 50 MByte liegen (das gibt's tatsächlich, z. B. StarOffice 5.0 für Linux).

Welche Karte?

ISDN4Linux unterstützt inzwischen fast alle gängigen Typen, dennoch sollte man folgenden wichtigen Punkt beachten:

Hinweis

Hersteller, die ISDN4Linux unterstützen

Die Hersteller der Karten bieten selbst keinerlei Treiber für Linux an, d. h., man sollte sich möglichst für die Karte eines Herstellers entscheiden, der das ISDN4Linux-Team passiv oder aktiv durch Herausgabe von technischen Informationen oder gar Spenden unterstützt; nur dadurch kann die Weiterentwicklung des HiSax-Treibers gewährleistet werden. Besonders hervorgetan haben sich dabei die Firma ELSA aus Aachen (siehe o.) sowie die Firma AVM aus Berlin, daher sind Karten dieser beiden Hersteller erste Wahl und bereiten i. a. auch die geringsten Probleme.

Tipp

Aufpassen beim Kartenkauf!

Das gilt übrigens nicht nur für ISDN, sondern ganz allgemein für alle Typen von Erweiterungskarten: Wenn abzusehen ist, dass Sie die Karte vorwiegend für den Einsatz unter Linux benötigen, erkundigen Sie sich im Vorfeld, ob es bereits Linux-Unterstützung für diese Karte gibt und wie freizügig der jeweilige Hersteller die Herausgabe von technischen Informationen an die Linux-Entwickler handhabt.

Ein Hersteller (dessen Name hier ungenannt bleiben soll) mit einem recht beträchtlichen Marktanteil gibt dagegen keinerlei technische Informationen an das ISDN4Linux-Team weiter und es ist nur dem Tüftler-Geist der I4L-Leute zu verdanken, dass die Karten dieses Herstellers vom aktuellen HiSax unterstützt werden; auf der anderen Seite wirbt dieser Hersteller für seine Karten u. a. mit der Unterstützung unter Linux.

Unterstützte Karten

ISDN4Linux unterstützt inzwischen eine Vielzahl von Karten; in der Datei */usr/src/linux/Documentation/isdn/README.HiSax* findet man eine vollständige Auflistung aller unterstützten Karten. Wir haben uns entschlossen, eine Auswahl zu treffen, die aber den Großteil der verwendeten Karten abdecken sollte.

Hersteller	Modell	Kartentyp
ASUS COM	ISDNLink	ISA Plug & Play
AVM	FRITZ!	ISA
AVM	FRITZ! Plug & Play	ISA Plug & Play
AVM	FRITZ! PCI	PCI
AVM	FRITZ!	PCMCIA
Creatix	Plug & PlayS0	ISA Plug & Play
Creatix	S0Box	
Dr. Neuhaus	Niccy Plug & Play	ISA Plug & Play
Dr. Neuhaus	Niccy PCI	PCI
Eicon.Diehl	DIVA	ISA Plug & Play
Eicon.Diehl	DIVA	PCI
ELSA	Microlink PCC-8	ISA Plug & Play
ELSA	Microlink PCC-16	ISA Plug & Play
ELSA	Microlink PCF	ISA Plug & Play
ELSA	Microlink PCF-Pro	ISA Plug & Play
ELSA	QuickStep 1000	ISA Plug & Play
ELSA	QuickStep 3000	ISA Plug & Play

Hersteller	Modell	Kartentyp
ELSA	QuickStep 1000(pro)	PCI
ELSA	QuickStep 3000(pro)	PCI
ELSA	PCMCIA	PCMCIA
ITK	ix1-micro Rev.2	ISA
MIC		
NETJet	PCI	PCI
Sedlbauer	PC/104	
Sedlbauer	Speed Card	ISA
Sedlbauer	Speed PCI	PCI
Teles	8.0	ISA
Teles	16.0	ISA
Teles	16.3	ISA
Teles	16.3	ISA Plug & Play
Teles	16.3c Plug & Play	ISA Plug & Play
Teles	PCI	PCI
Teles	PCMCIA	PCMCIA
Teles	S0Box	
USR (3com)	Sportster Internal TA	

Sollten Sie glücklicher Besitzer einer PCI-Karte sein, können Sie sich gleich in den nächsten Abschnitt stürzen. Die Besitzer einer ISA-Karte ohne Plug & Play-Unterstützung (so genannte Legacy ISA-Karten) sollten die I/O-Basisadresse und den Interrupt Ihrer Karte kennen; dazu kann man entweder die Unterlagen der Karte konsultieren oder aber in Windows hineinbooten und in der Systemsteuerung nachschauen.

Bei Verwendung einer Plug & Play-fähigen ISA-Karte müssen Sie leider zunächst Ihre Karte vorkonfigurieren. (Siehe hierzu Kapitel 9.8, „ISA-Plug & Play-Karten unter Linux".)

Es geht los ...

Um ISDN unter Linux überhaupt zum Laufen bringen zu können, ist eine gewisse Vorarbeit unumgänglich. Leider gehört die RedHat-Distribution zu den Distributionen, die ISDN sehr stiefmütterlich behandeln; deshalb sind zum Beispiel den Distributionen, die auf RedHat basieren, häufig die notwendigen Tools beigefügt. Die SuSE-Distribution hat ISDN sehr gut in ihr Paket integriert, hier können Sie mit *YaST* oder mit *yastzwo* die notwendigen Vorarbeiten erledigen.

Für das **K** **D**esktop **E**nvironment gibt es inzwischen *kISDN*, ein grafisches Tool zur Konfiguration des Internet-Zugangs und zum Einwählen beim Provider; wir werden im nächsten Abschnitt ausführlich darauf zu sprechen kommen. Falls Sie eine Distribution einsetzen, die ISDN-Tools nicht integriert hat, ist zunächst allerdings etwas Vorarbeit vonnöten:

- Das kISDN-RPM-Paket muss mit dem *rpm*-Befehl installiert werden und vorher müssen einige andere Pakete auf den aktuellen Stand gebracht werden.

  Das Paket *isdn4k-utils* muss installiert werden; es enthält die ISDN-Utilities, die zum Betrieb der ISDN-Karte unumgänglich sind.
- Die notwendigen Einstellungen für den Internet-Zugang müssen gemacht werden; da dies am komfortabelsten mit *kISDN* geht, werden wir hier nicht allzu sehr in die Tiefe gehen.

Loggen Sie sich zuallererst als *root* ein; wie bei allen administrativen Aufgaben unter Linux kann auch die ISDN-Installation nur mit den Rechten des Systemverwalters vorgenommen werden.

Zunächst sollten Sie sicherstellen, ob Sie auch KDE installiert haben:

```
[root@server root]$ rpm -qa | grep kde
kdeadmin-1.1.1pre2-1
kdebase-1.1.1pre2-2
kdegames-1.1.1pre2-2
kdegraphics-1.1.1pre2-1
kdelibs-1.1.1pre2-2
kdemultimedia-1.1.1pre2-1
kdenetwork-1.1.1pre2-1
kdesupport-1.1.1pre2-1
kdeutils-1.1.1pre2-1
switchdesk-kde-1.7.0-1
```

Erhalten Sie hier keine Ausgabe, ist die KDE-Installation zunächst nachzuholen (auch wenn Sie KDE selbst nicht einsetzen wollen).

Ohne KDE kann *kISDN* nicht funktionieren, da es ein KDE-Programm ist.

Das eigentliche kISDN-Paket ist diversen Distributionen beigelegt; Sie müssen auch kISDN jetzt installieren, wenn Sie es für den Internet-Zugang nutzen wollen. Weiter sollten Sie überprüfen, ob die folgenden Pakete installiert sind:

- libstdc++
- ncurses
- isdn4k-utils
- qt-qimgio
- qt-qimgio

Sie können auch einfach versuchen, kISDN direkt zu installieren. Wenn Sie bei der Installation oder beim Aufruf von *kcmkisdn* Fehlermeldungen erhalten, liegt es vermutlich daran, dass eines oder mehrere der oben genannten Pakete nicht installiert sind.

```
paco:~ # rpm -ivv kisdn-1.1.0-1-suse64-kde-1.1.i386.rpm
```

Das hier angegebene Kommando ist ein Beispiel für die Installation von *kISDN* mit der Versionsnummer 1.1.0-1, die schon für SuSE vorbereitet ist. Es gibt auch eine für RedHat vorbereitete Version. Ändern Sie das Kommando also je nach der eingesetzten Distribution und der jeweilig aktuellen Version ab.

Wie bereits erwähnt können Sie unter SuSE auch die bereits in YaST integrierten ISDN-Tools verwenden. Lesen Sie dann in Abschnitt 13.3 weiter.

Wenn Sie es nun gar nicht mehr abwarten können, mit ISDN online zu gehen (was wir durchaus nachvollziehen können), können Sie den folgenden Abschnitt überspringen. Für diejenigen, die sich etwas mehr für die Hintergründe interessieren, möchten wir die grundsätzliche Funktionsweise am Beispiel eines syncPPP-Zugangs etwas genauer erklären.

Hinter den Kulissen

Zunächst muss dem Linux-Kernel die notwendige ISDN-Funktionalität hinzugefügt werden, d. h., der Kernel braucht einen Gerätetreiber für ISDN-Karten und einen Treiber, um das ISDN-Protokoll selbst verstehen zu können. Der Gerätetreiber ist in diesem Fall *hisax.o*, also der so genannte HiSax (der Name leitet sich von den Bezeichnungen zweier ISDN-Chips der Firma Siemens, nämlich HSXC und ISAC ab, die bei passiven ISDN-Karten sehr populär waren; inzwischen unterstützt der HiSax aber auch Karten ohne diesen Chipsatz, weshalb der Name etwas irreführend ist), während *isdn.o* ganz allgemein das ISDN-Protokoll auswertet (also Karten-unabhängig ist). Um das zu erreichen, lädt man einfach das HiSax-Modul mit dem Befehl *modprobe* und übergibt dabei die nötigen Parameter (wie diese Parameter auszusehen haben, ist in */usr/src/linux/Documentation/isdn/README.HiSax* beschrieben).

Als Nächstes braucht man ein ISDN-Interface, d. h. eine Schnittstelle, in der u. a. beschrieben ist, welche Rufnummer beim Aufbau der Verbindung zu wählen ist und welches Protokoll (z. B. synchrones PPP) „gefahren" wird; dies geschieht mit dem Kommando *isdnctrl* (siehe *man isdnctrl* für eine detailliertere Beschreibung).

Dann wird im Falle eines syncPPP-Zugangs (auf den wir uns hier beschränken wollen) ein PPP-Dämon, *ipppd*, gestartet, dessen Aufgabe es ist, den Transport der Daten über das konfigurierte Interface zu übernehmen.

Mit Hilfe des *isdnctrl*-Kommandos lässt sich jetzt ein Einwählvorgang über das konfigurierte Interface anstoßen, d. h., die eingestellte Rufnummer wird gewählt und der *ipppd* beginnt, Daten zu übertragen. Dazu liest er u. a. (im Falle von PAP als Authifizierungsprotokoll) den Inhalt der Datei */etc/ppp/pap-secrets* aus, in der Ihr Username und Ihr Passwort steht, und schickt diese Angaben zum Provider; wenn Letzterer die Angaben als richtig akzeptiert, haben Sie eine Verbindung ins Internet.

Tatsächlich ist die ganze Sache noch etwas komplizierter, denn um überhaupt surfen zu können, muss Ihr Rechner z. B. die Adressen der so genannten Nameserver wissen (Rechner, die Hostnamen in IP-Adressen umsetzen) und das Routing (ein Mechanismus zum korrekten Weiterleiten von IP-Datenpaketen) muss richtig konfiguriert sein. Das würde allerdings den Rahmen dieser Einleitung sprengen; Wir müssen deshalb auf die einschlägige Literatur (z. B. *Network Administrator's Guide* aus dem *Linux Documentation Project (LDP)* oder die FAQ des ISDN4Linux-Teams, zu finden unter *http://www.isdn4linux.de/leafsite/*) zu diesem Thema verweisen.

Die komfortable Alternative: kISDN

An dieser Stelle präsentieren einschlägige ISDN-Dokumentationen für gewöhnlich ein Wirrwarr verschiedenster Shell-Skripts, mit denen der Linux-Einsteiger in der Regel überfordert ist; erschwerend kommt noch hinzu, dass die Linux-Distributoren jeweils mit einer eigenen ISDN-Skript-Lösung aufwarten und daher die Skripts nicht beliebig unter den Distributionen austauschbar sind.

Aus diesem Grund startete 1997 das *kISDN*-Projekt, dessen Ziele eine leichte Konfiguration von ISDN4Linux, komfortabler Auf- und Abbau der ISDN-Verbindung sowie umfangreiche Kontrollmöglichkeiten sind. (Anders als bei einem Modem kann man bei ISDN kein Piepsen oder Blinken beobachten und mitunter steht die Telefonverbindung schon bzw. noch, ohne dass man sich dieser Tatsache bewusst wäre ...)

Wenn Sie *kISDN* lizenzieren, können Sie einige zusätzliche Features aktivieren, die in der mitgelieferten Version nicht funktionieren (z. B. wird Ihr Linux-PC mit Soundkarte und Mikrofon zum vollwertigen Telefon mit Taperecorder und Anrufbeantworter).

Das *kISDN*-Paket besteht zur Zeit aus zwei separaten Teilen:

- Mit *kcmkisdn* – das Prefix *kcm* leitet sich von **K**DE **C**ontrol **M**odule, also der Bezeichnung für ein Modul des KDE-Kontrollzentrums ab – lässt sich eine Konfiguration erstellen; dazu gehören allgemeingültige Angaben zum System (verwendeter ISDN-Kartentyp, Vorwahlnummer etc.) sowie die Erstellung beliebig vieler Internet-Zugänge (sog. Accounts). Sie können dieses Programm (als Administrator *root*) im KDE-Startmenü unter *Einstellungen/Netzwerk/kISDN Konfiguration* finden und per Mausklick starten. Alternativ können Sie es auch in einem Terminalfenster unter der Kennung *root* mit *kcmkisdn* aufrufen.
- Mit *kisdn* kann im Anschluss einer der konfigurierten Zugänge bequem angewählt werden; eine Reihe von Anzeigen gibt Aufschluss darüber, ob die Verbindung geklappt hat, wie lange sie schon steht, wie hoch

die momentane Datentransferrate ist usw. *kisdn* befindet sich im KDE-Startmenü unter *Internet/kISDN* und wird – wie üblich – per Mausklick gestartet; unter GNOME starten Sie es durch Eingabe von *kisdn* in einem Terminalfenster.

Hinweis

Unsicherheit

Beide Programme (*kisdn* und *kcmkisdn*) laufen mit der Benutzerkennung des Systemadministrators (*root*), haben also unbegrenzten Zugriff auf die Systemressourcen (Speicher, CPU, Steckkarten etc.). Dies ist i. A. aus Sicherheitsgründen nicht empfehlenswert, ist aber zumindest im Fall von *kisdn* momentan nicht anders möglich, weil dieses Programm z. B. das HiSax-Modul laden und Passwörter schreiben muss.

Konfiguration mit kcmkisdn

Starten Sie jetzt das Konfigurationsprogramm *kcmkisdn* über das KDE-Startmenü bzw. von der Kommandozeile aus (siehe oben), sollte sich der in der folgenden Abbildung gezeigte Dialog öffnen.

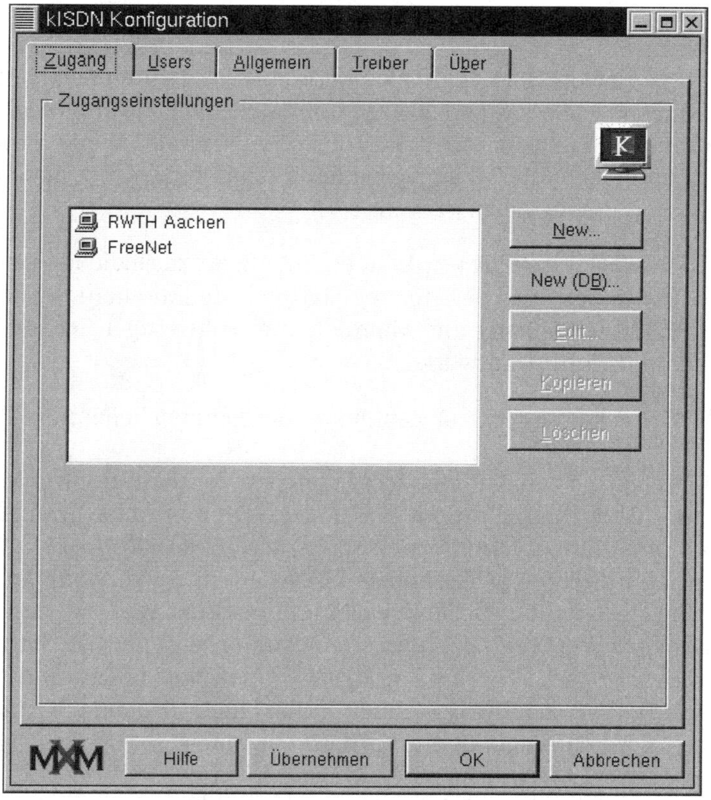

kcmkisdn – Zugangskonfiguration

Die verschiedenen Tabs (kurz für: Register) ermöglichen im Einzelnen die Konfiguration folgender Punkte:

- **Zugang:** In diesem Register können Sie neue Zugänge definieren oder bereits bestehende ändern bzw. löschen.
- **Users:** Hier stellen Sie ein, welche Anwender sich in welche Accounts einwählen dürfen; außerdem können Sie jedem (hier eingetragenen) Anwender eine individuelle Rufnummer zuordnen, sodass später eine bessere Abrechnung der angefallenen Telefongebühren möglich ist.
- **Allgemein:** Hier lassen sich Einstellungen allgemeiner Art vornehmen, die für alle Zugangsdefinitionen gleichermaßen gelten (z. B. lokale Vorwahl und D-Kanal-Protokoll).
- **Treiber:** In diesem Register lässt sich das automatische Laden des Treibermoduls (HiSax) aktivieren; zu diesem Zweck benötigt *kISDN* von Ihnen ein paar Angaben zur verwendeten ISDN-Karte und, sofern es sich bei Ihrer Karte um ein ISA-Plug & Play-Modell handelt, zu Interrupt und I/O-Basisadresse(n).
- **Über:** Hier finden Sie die Versionsnummer des installierten *kISDN* und die Lizenzbedingungen.

Jetzt gibt es prinzipiell zwei Möglichkeiten, die Konfiguration eines neuen Zugangs zu beginnen: Entweder klicken Sie auf die Schaltfläche *New* bzw. *Neu* – dann müssen Sie sämtliche Angaben zu Ihrem Internet-Provider selbst eingeben – oder Sie wählen über die Schaltfläche *New (DB)* bzw *Auswählen* Ihren Provider aus der Datenbank. Ob Letzteres überhaupt möglich ist, hängt natürlich davon ab, ob er bereits in *kISDN*s Datenbank enthalten ist; ein Blick in die Datenbank schadet nicht und man erspart sich unter Umständen die Hälfte der Arbeit.

Die kISDN-Providerdatenbank

Die Auswahl eines Providers aus der Datenbank gestaltet sich verblüffend einfach: Wählen Sie einfach das Land aus, in dem sich Ihr Provider befindet, und Sie erhalten eine Liste der Städte, für die *kISDN*s Datenbank bereits Einträge enthält. Sollten Sie einen passenden Eintrag Ihres Providers in der jeweiligen Stadt – natürlich ist die Stadt gemeint, in der der Zugang Ihres Providers liegt; diese muss nicht zwangsläufig identisch mit Ihrer Heimatstadt sein – finden, klicken Sie diesen Eintrag an und anschließend auf *OK*; sollte Ihr Provider dagegen nicht dabei sein: Pech – dann werden Sie um die manuelle Eingabe der Daten leider nicht umhinkommen und klicken im Datenbank-Dialog auf *Abbrechen*.

Wurde im Datenbank-Dialog ein Provider angewählt und die Auswahl mit *OK* bestätigt, poppt ein kleiner Dialog auf, der Sie nach Benutzernamen und Passwort für den zu konfigurierenden Zugang fragt:

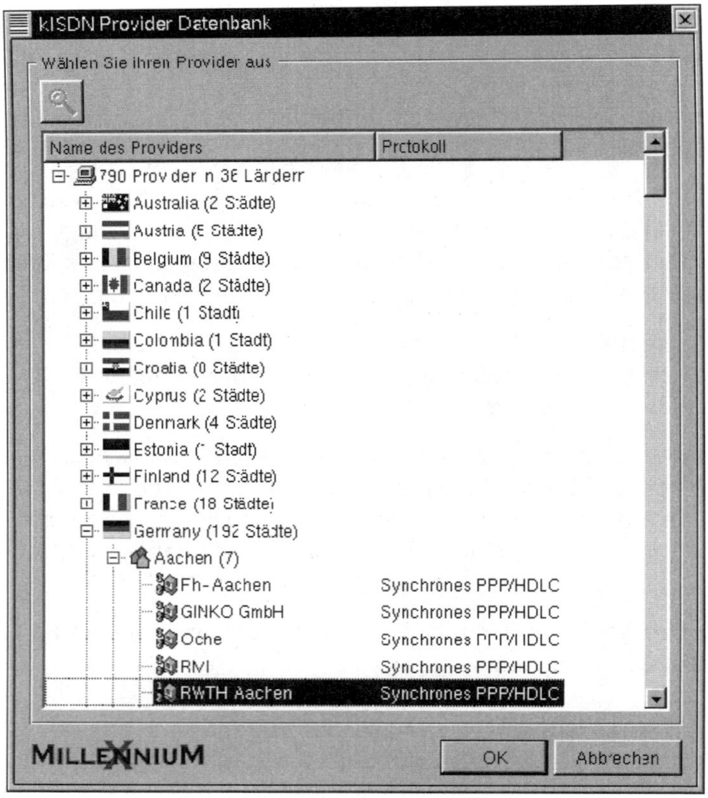

Internet-Provider-Datenbank in kISDN

Eingabe von Benutzername und Passwort bei Auswahl eines Providers aus der Datenbank

Beachten Sie bei der Eingabe des Passworts, dass es nicht im Klartext angezeigt wird; wenn Sie glauben, dass Sie sich vertippt haben, löschen Sie am besten die ganze Zeile und beginnen von vorn.

Damit ist die Konfiguration des Zugangs nahezu komplett; Sie müssen diesen Zugang jetzt nur noch für einen Benutzer auf Ihrem System (zumindest für Sie selbst) freischalten; klicken Sie dazu auf *Apply and go to users dialog* und überschlagen Sie den folgenden Abschnitt „Manuelle Konfiguration“.

Manuelle Konfiguration

Sollte Ihr Internet-Provider noch nicht in der Datenbank aufgeführt sein, klicken Sie im Register *Zugang* auf *Neu*, und der folgende Dialog wird angezeigt:

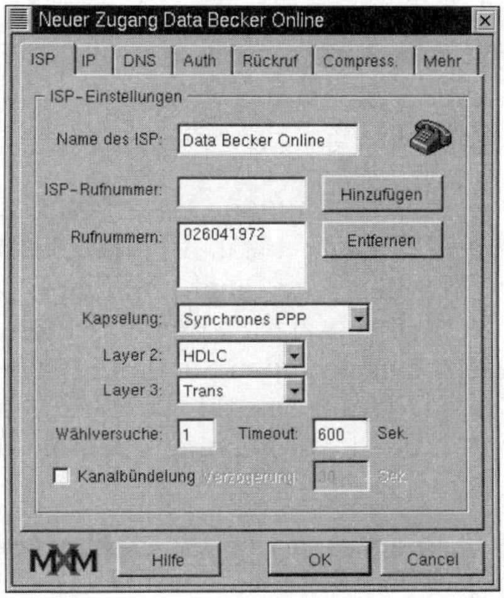

Manuelle Eingabe der Zugangsdaten: Rufnummern und Protokolle

Im Register *ISP* dieses Dialogs sind jetzt folgende Angaben zu machen:

- **Name des ISP**: Eine – willkürliche – Bezeichnung für Ihren Internet-Provider, z. B. T-Online; über diesen Namen werden später die verschiedenen Zugänge in *kISDN* ausgewählt.
- **ISP-Rufnummer**: Geben Sie hier die Rufnummer Ihres Zugangsknotens inkl. Vorwahl an; es sind mehrere Einträge möglich – wenn die erste Nummer aus der Liste besetzt ist, wird die nächste Nummer versucht. Mit der Schaltfläche *Hinzufügen* können Sie beliebig viele Rufnummern angeben, über die Schaltfläche *Entfernen* wird der in der Liste *Rufnummern* markierte Eintrag wieder gelöscht.
- **Kapselung, Layer 2, Layer 3**: Diese Einstellungen spezifizieren, wie die Daten „verpackt“ werden; die Voreinstellung ist *synchrones PPP* und *HDLC*. In 99% der Fälle dürfte diese Einstellung korrekt sein; beachten Sie in diesem Zusammenhang, dass einige wenige Provider ein proprietäres Authentifizierungs- und Übertragungsprotokoll verwenden (z. B. AOL); diese Provider können von Linux aus nicht direkt angesprochen werden. (Das ist nicht ganz richtig: Tatsächlich ist es möglich, z. B. die AOL-Software in einem Windows-Emulator (WINE oder WABI) zu starten und dann eine Verbindung über die ISDN-Modememulation zu bekommen. Über die Details können wir uns leider hier nicht auslassen, weil das eindeutig den Rahmen des Buchs sprengen würde.)

- **Wählversuche**: Hier können Sie angeben, wie viele Einwählversuche *kISDN* bei der/den angegebenen Rufnummer(n) machen soll. Zu bestimmten Zeiten (in Deutschland etwa abends nach 21:00 Uhr – Mondscheintarif bei der Deutschen Telekom) kann es vorkommen, dass die Rufnummer Ihres Providers ständig besetzt ist. Durch eine Voreinstellung von z. B. zehn Einwahlversuchen ersparen Sie sich das ständige Neuwählen von Hand.
- **Timeout**: Hier kann eingestellt werden, nach wie vielen Sekunden ohne Datenübertragung automatisch aufgelegt werden soll.

Gehen Sie anschließend zum Register *IP* über:

Um eine Verbindung ins Internet zu bekommen, brauchen Sie eine IP-Adresse für Ihren Rechner (lokale IP, engl.: local IP) und zusätzlich die IP-Adresse des Rechners auf der Provider-Seite (engl.: remote IP). Ein kleines Beispiel hierzu: Sie haben Netscape gestartet und möchten sich eine Internet-Seite anschauen; zu diesem Zweck tippen Sie die Adresse der Seite im Browser ein und der Browser wiederum schickt diese Anfrage an den Rechner des Providers – aber dazu braucht Ihr Rechner eben die IP-Adresse seines Gegenübers (die remote IP).

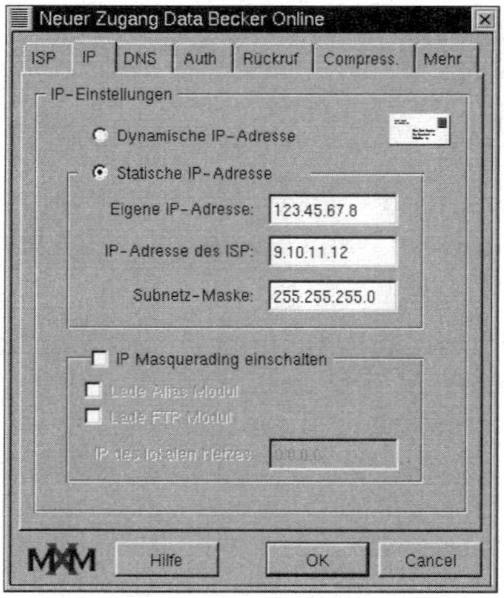

Manuelle Eingabe der Zugangsdaten: IP-Adressen

Umgekehrt muss der Rechner, auf dem die Internet-Seite liegt, wissen, an wen er die Daten schicken soll (wer hat die Seite verlangt?), d. h., er muss die IP-Adresse Ihres Rechners (die lokale IP) kennen. Sie sehen daran schon, dass ohne diese beiden IP-Adressen überhaupt nichts laufen kann. Es ist wie bei einer schriftlichen Korrespondenz: Wenn Sie nicht wissen, wo die Post ist, oder der Briefträger nicht weiß, wo Sie wohnen, können Sie sich nicht über Briefe mit der Außenwelt verständigen.

Nun gibt es zwei verschiedene Möglichkeiten, an diese IP-Adressen zu kommen:

- **Dynamische IP-Vergabe:** Sie haben von Ihrem Internet-Provider keine IP-Adressen bekommen, stattdessen werden die IPs bei jedem Einwählen neu vergeben; dies trifft mit 99% Wahrscheinlichkeit zu.
- **Statische IP-Vergabe:** Ihr Internet-Provider hat Ihnen zwei IP-Adressen, eine local IP und eine remote IP, genannt (bitte nicht mit den IP-Adressen für die Nameserver verwechseln!) sowie eine „Netzmaske".

Die Grundeinstellung ist *Dynamische IP-Adresse* und sehr wahrscheinlich wird diese Einstellung auf Ihren Zugang zutreffen, sodass Sie in diesem Register nichts weiter zu bedenken haben. Handelt es sich in Ihrem Fall dagegen tatsächlich um eine statische IP-Vergabe, klicken Sie den entsprechenden Punkt im *IP*-Dialog an, worauf die darunter liegenden Eingabefelder zugänglich werden; tragen Sie die entsprechenden Adressen dort ein.

Das nächste Register betrifft die Konfiguration der Nameserver-Adressen:

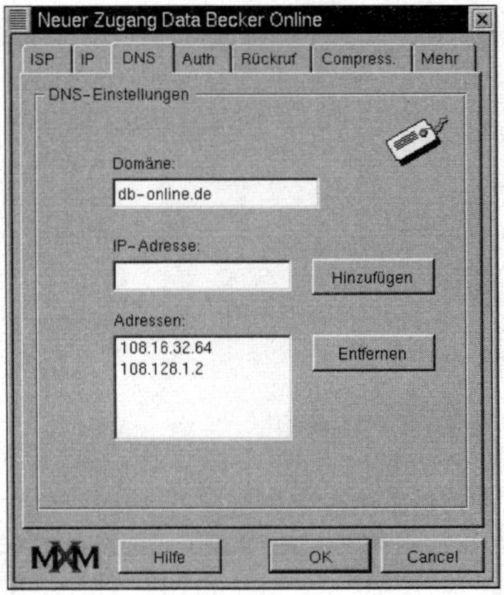

Manuelle Eingabe der Zugangsdaten: DNS-Konfiguration

Ein Nameserver (auch: DNS-Server, DNS: **D**omain **N**ame **S**ervice) ist ein Rechner im Internet, dessen einzige Aufgabe es ist, Hostnamen (also explizite Rechnernamen wie *gurke.erde.kosmos*) in die jeweilige IP-Adresse zu übersetzen (es ist, wie üblich, wesentlich komplizierter, aber für unsere Zwecke reicht diese einfache Erklärung). Wenn Sie also in einem Browser einen URL (**U**niform **R**esource **L**ocator, d. h. die Adresse einer Seite im Internet) eingeben, etwa *http://www.netscape.com*, muss der Domainname *netscape.com* zunächst einmal einer IP-Adresse (in diesem Fall *207.200.73.73*) zugeordnet werden, denn nur über die IP-Adresse kann ein Rechner im Netz angesprochen werden (Sie erinnern sich, das Beispiel mit der Post...).

Ihr Internet-Provider sollte Ihnen eine oder zwei IP-Adressen für die Nameserver genannt haben, die Sie in diesen Dialog eintragen. Unter dem Punkt *Domäne* können Sie einen Domänen-Namen angeben, um den Rechnernamen ggf. ergänzt werden, um dann eine neue Anfrage an den/die Nameserver zu stellen. Wenn Sie etwa häufig auf Rechner einer ganz bestimmten

Domäne (z. B. ein lokales Netzwerk an Ihrer Universität) zugreifen, können Sie diese hier eingeben; fortan können Sie die Rechner dieser Domäne ohne Angabe der Domäne ansprechen (also z. B. *feynman* anstelle von *feynman.physics.uni-mycity.de*, wenn Sie *physics.uni-mycity.de* als Domäne vorgegeben haben).

Im Register *Auth* geht es zum einen um das verwendete Authentifizierungsprotokoll (wie verfährt mein Provider, um sicherzustellen, dass ich der bin, der ich vorgebe zu sein?), zum anderen um die Eingabe des Benutzernamens und des Passworts.

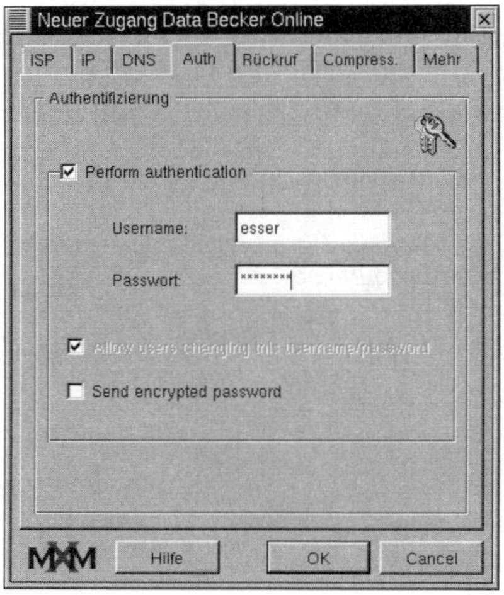

Manuelle Eingabe der Zugangsdaten: Authentifizierung

Wieder gibt es mehrere Möglichkeiten, nämlich:

- Sie brauchen sich überhaupt nicht zu identifizieren; das ist sehr unwahrscheinlich, aber nicht unmöglich (meist hat man dann aber auch eine statische IP-Vergabe). Deaktivieren Sie dann das Feld *Perform authentication*.
- **PAP bzw. CHAP**: Sie müssen sich mit Benutzername und Passwort identifizieren; PAP und CHAP sind zwei verschiedene Protokolle, über die die Übergabe von Name und Passwort gehandhabt wird. Lassen Sie dann das oben genannte Feld aktiviert.

In den Feldern darunter tragen Sie – im Falle von PAP oder CHAP – dann Ihren Benutzernamen und Ihr Kennwort ein; Letzteres erscheint nicht im Klartext, um zu verhindern, dass jemand, der plötzlich auf Sie zukommt, das eingegebene Passwort vom Bildschirm ablesen kann. Klicken Sie nun auf *OK*, um den Zugangsdialog zu schließen, und wählen Sie dann im *kcmkisdn*-Fenster den Register *Users* aus.

Freigabe für Benutzer

Im *Users*-Register können Sie einzelnen Benutzern des ausgewählten Zugangs ein Nutzungsrecht zuweisen. Das sind natürlich zunächst einmal Sie selbst; aber auch andere Szenarien sind denkbar, z. B. Tochter oder Sohn hat Zugriff auf den Rechner. In diesem Fall hat jeder der Benutzer ein eigenes Home-Verzeichnis auf der gleichen Maschine, aber nur Sie sind im Besitz des Passworts für den Systemadministrator *root*. Wenn Sie in diesem Register nicht explizit einen Benutzer Ihrer Maschine angeben, kann dieser auch nicht mit *kISDN* im Internet surfen und unter Umständen bleibt Ihnen so eine gesalzene Telefonrechnung (oder noch Schlimmeres) erspart.

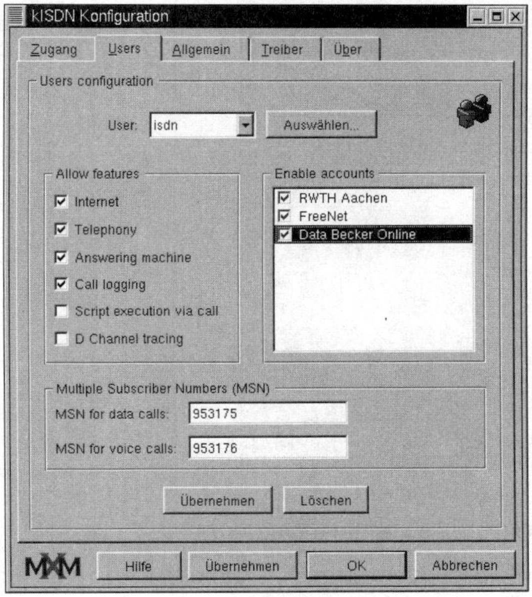

Zugangskonfiguration: Benutzer

Klicken Sie auf *Auswählen*, um eine Liste aller im System vorhandenen User anzeigen zu lassen. Wählen Sie nun aus dieser Liste einen Anwender, für den Sie Zugänge freischalten wollen. Haben Sie auf diese Weise bereits mehrere Anwender ausgewählt, können Sie über das Listenfeld *User* zwischen diesen hin- und herwechseln. Für den so aktivierten Anwender werden die Zugangsberechtigungen angezeigt: Damit dieser sich ins Internet einwählen kann, muss das Feld *Internet* (in der Gruppe *Allow features*) aktiviert sein und unter *Enable accounts* können Sie die Accounts freischalten, die der Anwender verwenden darf. So können Sie individuell verschiedene Accounts für jeden Anwender freischalten.

Klicken Sie auf *Übernehmen*, wenn Sie sich von der Richtigkeit der Einstellungen für den ausgewählten Anwender überzeugt haben; andernfalls werden beim Wechsel auf einen anderen User die gerade eingestellten Änderungen verworfen.

Wiederholen Sie dann die Prozedur für jeden weiteren Anwender, dem Sie Zugriffsrechte auf *kISDN* einräumen wollen.

Allgemeine Einstellungen

Im Register *Allgemein* müssen Sie ein paar allgemeine Einstellung vornehmen, dies sind im Einzelnen:

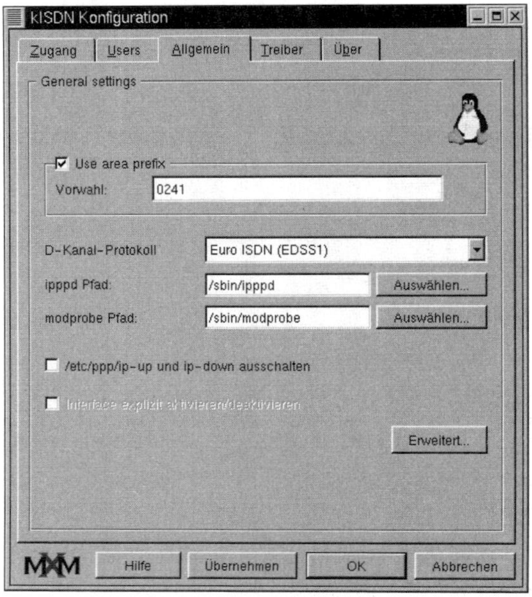

Allgemeine Einstellungen

- **Vorwahl**: Ihre eigene Vorwahl mit führender 0.
- **D-Kanal-Protokoll**: Hier gibt es zwei Möglichkeiten, nämlich *E-DSS1*, das so genannte Euro-ISDN, und *1TR6*, ein alter nationaler Standard, der heutzutage kaum noch verwendet wird (Falle: Manche Telefonanlage fährt 1TR6, auch wenn in der Dokumentation E-DSS1 erwähnt wird).

  ipppd Pfad: Diese Option existiert nur für den Fall, dass Sie den *ipppd* (ISDN-PPP-Dämon) in einem anderen Verzeichnis als */sbin* installiert haben sollten, d. h., in der Regel brauchen Sie hier nichts zu ändern.
- **modprobe Pfad**: Analog können Sie hier einen anderen Pfad für das Tool modprobe angeben, mit dem Kernelmodule (wie der ISDN-Treiber) geladen werden.

Treiberkonfiguration

Zu guter Letzt muss in diesem Register noch der HiSax-Treiber konfiguriert werden:

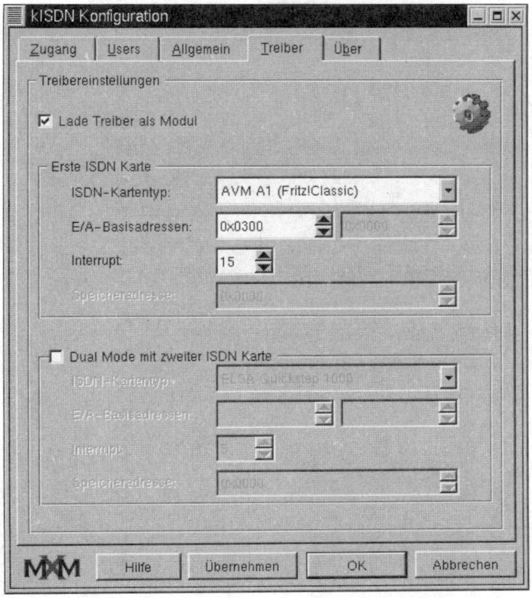

HiSax-Konfiguration

Aktivieren Sie zunächst das Kontrollkästchen *Lade Treiber als Modul* und gehen Sie dann im Bereich *Erste ISDN-Karte* die folgenden Punkte der Reihe nach durch:

- **ISDN-Kartentyp**: Wählen Sie hier den verwendeten Kartentyp aus; daraufhin werden unterhalb dieser Auswahloption Eingabefelder aktiviert bzw. deaktiviert, die Ihnen zeigen, welche speziellen Angaben für die gewählte Karte noch benötigt werden. PCI-Karten bedürfen keiner weiteren Einstellung.
- **E/A-Basisadressen**: Im Falle einer ISA- oder ISA-Plug & Play-Karte müssen Sie hier eine oder gar zwei Ein-/Ausgabe-Basisadressen eingeben; Adressen werden mit führendem *0x* in hexadezimaler Form eingegeben. Wenn Sie eine Plug & Play-Karte besitzen, sollten Sie die Adresse aus dem ISA-Plug & Play-Setup (ebenfalls in diesem Buch beschrieben) kennen, ansonsten müssten Sie die entsprechenden Angaben in der Dokumentation zu Ihrer Karte finden (notfalls kann man sie unter Windows im Geräte-Manager in Erfahrung bringen).
- **Interrupt**: Geben Sie hier den verwendeten Interrupt an; für diese Angabe gilt prinzipiell das bei „E/A-Basisadressen" Gesagte.
- **Speicheradresse**: Lediglich ältere Karten der Firma Teles benötigen diese Angabe; konsultieren Sie hierzu die Dokumentation der Karte und werfen Sie einen Blick in die Datei */usr/src/linux/Documentation/isdn/README.HiSax*.

Klicken Sie abschließend auf *OK*, damit die Eingaben übernommen werden.

Mit ein wenig Glück sollte Ihr Internet-Zugang unter Linux jetzt auf Anhieb funktionieren.

Hinweis

Defaultroute

Falls Sie eine Netzwerkkarte installiert und bei der Konfiguration der Karte eine Defaultroute gesetzt haben (Red Hat Linux schlägt dies automatisch vor), muss diese entfernt werden: *kISDN* stellt sonst fest, dass bereits eine Defaultroute existiert, und setzt diese nicht neu – das Ergebnis wäre, dass Sie sich zwar einwählen können, aber (außer zum Einwahlrechner) keine IP-Verbindung aufbauen können! Die Einstellungen des Netzwerks können Sie mit *linuxconf* (bzw. direkt mit *netconf*) verändern.

Wenn Sie nicht sicher sind, ob eine Defaultroute gesetzt wurde, geben Sie vor dem Start von *kISDN* in einem Terminalfenster den Befehl */sbin/route -n* ein. Erscheint in der Ausgabe eine Zeile, die mit *0.0.0.0* beginnt, dann ist eine solche Route gesetzt. Entfernen Sie diese falsche „Route" durch die Eingabe (wieder in einem Terminalfenster) des folgenden Kommandos:

```
paco:~ # route delete default
```

Kernel 2.2.9 mit HiSax-Treiber 3.1a

Diesen Abschnitt brauchen Sie nur zu lesen, wenn Ihre ISDN-Karte nicht korrekt funktioniert oder Sie aus anderen Gründen die aktuellste Version des HiSax-(ISDN-)Treibers verwenden möchten.

Auf den CDs der neusten Distributionen finden Sie neuere Kernelversionen (ab Kernel 2.2.9), die besser für ISDN vorbereitet sind und Ihre Schwierigkeiten beheben könnten. Zunächst wird das Kernel-rpm-Archiv mit dem Befehl

```
paco:~ # rpm -i kernel-2.2.9-18mdk.i586.rpm
```

installiert. Übersetzen Sie einen solchen Kernel analog zu der Beschreibung in Kapitel 9.5. Vergessen Sie dabei nicht, auch die aktuelle Version des HiSax-(ISDN-)Treibers zu integrieren.

ISDN einrichten mit YaST

Wie bereits erwähnt, ist eine der großen Stärken der SuSE-Distribution die wirklich sehr gute Einbindung von ISDN. Ob man unter SuSE nun *kISDN* oder *YaST* verwendet, die Einrichtung geht normalerweise sehr einfach vonstatten. Im Folgenden soll kurz auf die YaST-Alternative eingegangen werden.

1 Loggen Sie sich als Benutzer *root* ein und starten Sie *YaST*.

2 Unter *Administration des Systems, Hardware in System integrieren* und *ISDN-Karte konfigurieren* erhalten Sie eine Maske, wie in der Abbildung gezeigt.

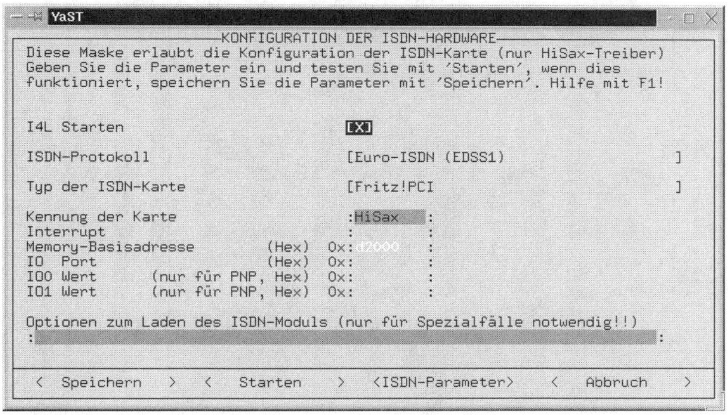

ISDN-Hardwaremaske

3 Füllen Sie diese Maske aus und wählen Sie *Starten*.

4 War dies erfolgreich, können Sie Ihre Konfiguration jetzt abspeichern.

5 Rufen Sie *Netzwerk konfigurieren/Netzwerk Grundkonfiguration* auf.

6 Wandern Sie mit dem Cursor auf eine noch nicht belegte Zeile und legen Sie mit F5 ein neues Device an. Ausgewählt wird *ISDN SyncPP*.

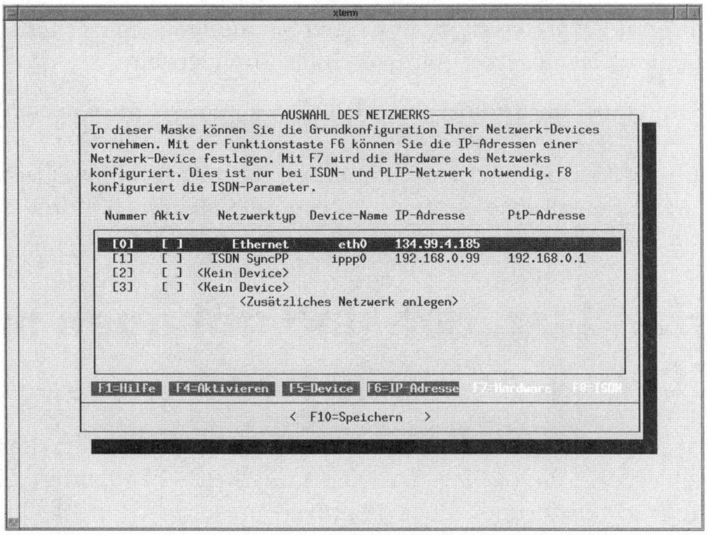

ISDN-Device anlegen

7 Durch Drücken von Enter gelangen Sie in eine weitere Maske. Hier können Sie alle Einstellungen unverändert lassen, nur das *Default Ga-*

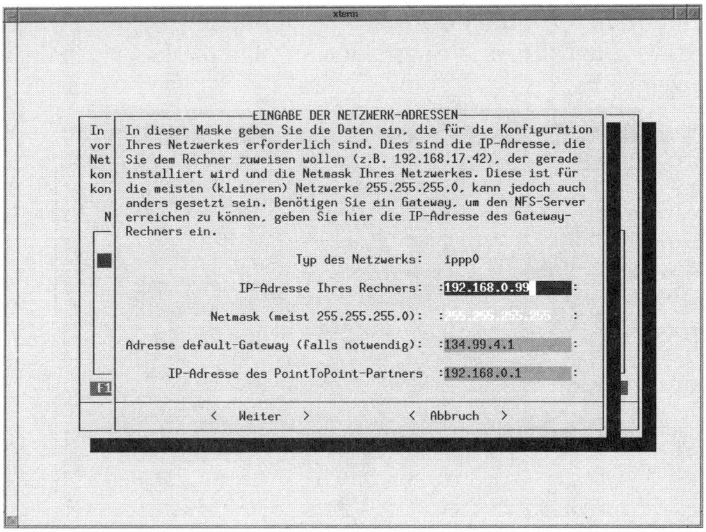

ISDN-Device anlegen

teway muss dieselbe Adresse enthalten wie die Adresse des *Point to Point-Partners*.

8 Nach Beendigung dieser Maske mit *Weiter* muss noch das ISDN-Device mit F4 aktiviert werden.

9 Jetzt können alle Einstellungen mit F10 gespeichert werden.

10 Es folgen die Einstellungen für den Nameserver. Gehen Sie auf *Konfiguration Nameserver*, beantworten Sie die Frage mit *Ja* und tragen Sie dann die Nameserver-Adressen Ihres Providers ein.

11 Damit sind alle Vorarbeiten erledigt. Sie können *YaST* beenden.

Ihr Linux-System ist jetzt so konfiguriert, dass ISDN automatisch gestartet wird, wenn Sie auf eine Netzwerkadresse zugreifen, z. B. durch Aufruf von *Netscape*.

13.4 Verbindung auf- und abbauen mit kISDN

Vorausgesetzt, Sie haben bis hierher alles korrekt konfiguriert (Kernelmodule installiert, ISA-Plug & Play– soweit erforderlich – konfiguriert, Zugang erstellt mit *kcmkisdn* und einem Benutzer zugeordnet), steht einem ersten Ausflug ins Internet nichts mehr im Wege.

Zu diesem Zweck starten Sie jetzt das Einwähl-Frontend *kISDN* vom KDE-Startmenü aus (oder unter GNOME durch Eingabe von „kisdn“), dann sollte sich Ihnen das Monitorfenster von *kISDN* wie in der folgenden Abbildung präsentieren.

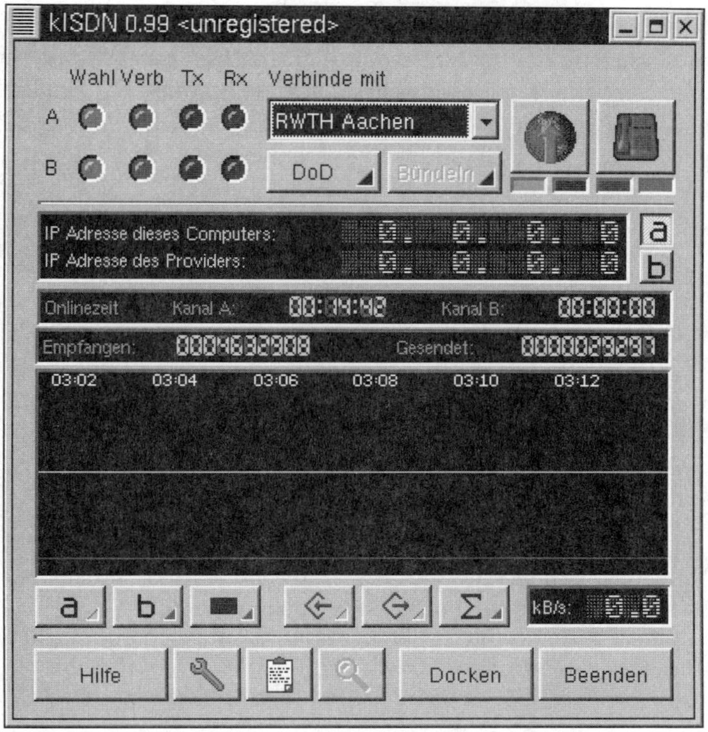

Die Schaltzentrale von kISDN: das Monitorfenster

1 Die Bedienung des Wählfrontends ist sehr intuitiv, auch wenn die Vielzahl der Anzeigen und Knöpfe zunächst verwirrend erscheinen mag. Sie finden links oben im Monitor acht LEDs in den Farben Gelb, Grün und Rot, angeordnet in zwei Reihen; jede dieser Reihen repräsentiert einen der Ihnen zur Verfügung stehenden ISDN-B-Kanäle.

2 Sie brauchen sich aber in der Regel nur auf die obere Reihe zu konzentrieren; die LEDs haben dann – spaltenweise – die folgenden Bedeutungen:

- **Wahl (gelb)**: Die Nummer des Providers, der rechts in der Auswahlbox steht, wird gerade gewählt, die Verbindung steht noch nicht.
- **Verb (grün)**: Es besteht eine telefonische Verbindung mit dem angezeigten Provider (ab jetzt kostet es Geld); das bedeutet aber noch nicht, dass Sie eine Verbindung ins Internet haben.
- **Tx (rot)**: Über die aufgebaute Verbindung werden Daten gesendet (*Transmit*).
- **Rx (rot)**: Über die aufgebaute Verbindung werden Daten empfangen (*Receive*).

3 Rechts neben dem LED-Panel befinden sich zum einen die Provider-Auswahlbox, über die auf die in *kcmkisdn* konfigurierten und zuge-

wiesenen Zugänge zugegriffen werden kann, zum anderen ein Schalter, mit dem sich das automatische Wählen (*Dial on Demand*, Wählen auf Wunsch) aktivieren lässt; eine dreieckige blaue LED zeigt den aktuellen Status an; diverse Programme, wie z. B. *sendmail*, haben die Angewohnheit, zwischendurch den Nameserver kontaktieren zu wollen, und veranlassen *kISDN* – bei eingeschaltetem Dial on Demand –, spontan rauszuwählen. Das kann eine sehr teure Angelegenheit werden, daher sollte man das blaue Lämpchen in erster Linie als Warnsignal betrachten.

4 Rechts neben der Provider-Auswahlbox schließlich befindet sich der Wählschalter: Ein aufwärts gerichteter Pfeil auf dem Schalter deutet an, dass beim Anklicken desselben hinausgewählt wird (link up, Verbindungsaufbau), ein abwärts gerichteter Pfeil hingegen, dass beim Anklicken aufgelegt wird (link down, Verbindungsabbau).

5 Unter diesem Knopf befinden sich zwei rechteckige LEDs, die linke hat die Grundfarbe Grün, die rechte die Grundfarbe Rot. Leuchtet die grüne LED, dann funktioniert der ISDN-Teil im Kernel, leuchtet dagegen die rote, ist mit dem HiSax etwas schief gelaufen (z. B. Modul nicht geladen, falsche Parameter etc.). Schlagen Sie dann noch einmal in Kapitel 9.5 und dort insbesondere in dem Teil über Module (ab Seite 453) nach.

Hinweis

Manuelle Aktivierung des Interfaces nötig

Red Hat Linux 6.0 hat in Verbindung mit *kISDN* ein kleines Konfigurationsproblem: Nach jedem Programmstart von *kISDN* müssen Sie ihm einmalig „auf die Sprünge helfen“, indem Sie (vor dem ersten Klick auf den Einwahl-Schalter) in einem Terminal den Befehl „/sbin/ifconfig ippp0 up“ eingeben. Dieser Befehl muss vom Administrator mit *root*-Rechten ausgeführt werden.

6 Ist alles in Ordnung, können Sie jetzt einmal versuchsweise hinauswählen: Die obere gelbe LED auf der linken Seite sollte aufleuchten (*kISDN* wählt) und kurz danach die grüne LED (die gelbe LED erlischt) – die Telefonverbindung steht. Ihr Rechner und Ihr Internet-Provider tauschen jetzt ein paar Daten aus, was Sie an kurz aufflackernden roten LEDs erkennen können, dann haben Sie in der Regel eine Verbindung ins Internet. Untrügliches Zeichen dafür: Die grüne LED leuchtet konstant und im Display darunter stehen von 0.0.0.0 verschiedene IP-Adressen. Die obere IP ist die momentane Adresse Ihres Rechners im Internet, die untere IP ist die Internet-Adresse Ihres Gegenübers (ein Rechner des Providers), über den Ihre Internet-Verbindung läuft.

7 Darunter werden Sie ein weiteres Display erkennen, auf dem eine Stoppuhr mitläuft; sie zeigt Ihnen an, wie lange die Telefonverbindung bereits besteht; vermutlich wird diese Uhr inzwischen 00:00:10 anzeigen, was bedeutet, dass Sie gerade zehn Online-Sekunden verschenkt haben, deshalb empfehlen wir, jetzt einmal einen Browser (Netscape)

zu starten. Geben Sie versuchsweise einen URL, also die Adresse einer Internet-Seite an, z. B. *http://www.millenniumx.de*, und drücken Sie die [Enter]-Taste.

8 Beobachten Sie, was im großen Display unterhalb der Stoppuhr vor sich geht: *kISDN* zeigt Ihnen grafisch an, wenn Daten transportiert werden, je nach Richtung in einer anderen Farbe (Voreinstellung: Grün = Empfangen, Rot = Senden). Im oberen Teil des grafischen Displays läuft die aktuelle Uhrzeit mit, sodass Sie die einzelnen Teile der Grafik einer konkreten Zeit zuordnen können; nimmt die Übertragungsrate zu, ändert sich der Maßstab des Displays, was sich gut an den näher zusammenrückenden Unterteilungslinien beobachten lässt. Sie können übrigens selbst Einfluss darauf nehmen, was im grafischen Display angezeigt wird, indem Sie einfach mal die Schalter direkt unterhalb des Displays ausprobieren. Wieder bedeutet eine leuchtende (diesmal grüne) LED, dass die entsprechende Funktion ausgewählt wurde. Einen weiteren Anhaltspunkt für die momentane Übertragungsrate in KBit/s bietet die Anzeige rechts von diesen Knöpfen.

9 Sie können den kleinen Ausflug ins Internet jederzeit durch nochmaliges Anklicken des Wählschalters abbrechen (der Pfeil auf dem Schalter weist nach unten) – alle LEDs erlöschen, was bedeutet, dass Sie wieder offline sind.

10 Richten Sie Ihr Augenmerk jetzt noch auf die unterste Button-Reihe. Hier finden Sie einen *Hilfe*-Schalter, der die Online-Hilfe öffnet, in der Sie weitere nützliche Informationen zu *kISDN* finden, einen *Anpassen*-Schalter, der einen Dialog zum weiteren Konfigurieren bietet (Farben, Töne etc.), sowie einen *Docken*-Schalter, mit dem sich *kISDN* ins KDE-Panel versenken lässt:

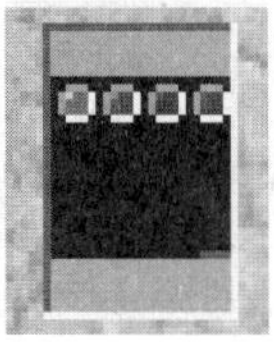

kISDN ins Panel gedockt

11 Das Dock-Fenster von *kISDN* bietet – mit einigen Einschränkungen – die gleiche Funktionalität wie das große *kISDN*-Fenster. Es werden allerdings nur die LEDs des ersten ISDN-Kanals angezeigt und darunter eine stark vereinfachte grafische Anzeige; für kleine Bildschirme ist diese Verfahrensweise ideal. Die Funktionen von *kISDN* lassen sich vom Dock-Window aus nutzen, indem man den Mauszeiger darüber positioniert und dann einmal die rechte Maustaste drückt. Es öffnet sich ein Popup-Menü zum Anwählen der verschiedenen Zugänge und zum Aktivieren von Dial-on-Demand; dieser „gedockte" Zustand kann wieder verlassen werden, indem man im Popup-Menü den Punkt *Öffne Konfiguration* auswählt.

Hinweis

Kein Docken unter GNOME

Wenn Sie den GNOME-Desktop (oder irgendeinen anderen Window-Manager, aber nicht KDE) verwenden, ist die Docking-Funktionalität nicht verfügbar, da hierzu die KDE-Startleiste (*kpanel*) aktiv sein muss. Klicken Sie dann trotzdem auf das Docking-Symbol, erscheint ein neues Fenster, das das kleine Icon enthält. Klicken Sie dann mit der rechten Maus in das Symbol, um das Popup-Menü zu erreichen.

13.5 Flatrates nutzen – Ins Netz mit ADSL, T-DSL...

Zum aktuellen Schlagwort ADSL oder für Telekom-Kunden T-DSL und T-ISDN-DSL werden bald auch für Linux einsatzfähige Lösungen vorhanden sein. Zur Zeit ist noch einiges in der Entwicklungsphase. Nur SuSE hat seit der Version 7.0 ein brauchbares Paket für deutsche Telekom-Kunden in seine Distribution integriert. Es basiert auf dem Softwarepaket PPPoE (**PPP over E**thernet). Informationen zu diesem Projekt finden Sie unter *http://www.suse.de/~bk/PPPoE-project.html* und *http://www.davin.ottawa.on.ca/pppoe/*.

Natürlich muss Ihr Rechner über die entsprechende Hardware verfügen, also über eine Ethernetkarte und über ein T-DSL-Modem. Wenn Sie noch keinen TDSL-Zugang haben, prüfen Sie auf den Webseiten der Deutschen Telekom (*http://www.telekom.de*, ob Ihr Wohngebiet bereits über die notwendige Infrastruktur verfügt.

Wenn Sie alle Voraussetzungen erfüllen, dann kann es losgehen:

- Konfigurieren Sie Ihre Ethernetkarte. Lesen Sie dazu die Anleitung in Kapitel 13.10 ab Seite 904. Sie können eine beliebige IP-Adresse und Netzmaske angeben. Am besten halten Sie die voreingestellten Werte bei. Der Adresse des Default-Gateways muss leer sein.
- Starten Sie das Netzwerk neu. Ob alles auch nach einem Neustart noch stimmt, können Sie am besten überprüfen, wenn Sie jetzt den ganzen Rechner nochmal neu starten.
- Legen Sie sich Ihren T-DSL-Anmeldezettel bereit.
- Rufen Sie unter der Kennung *root YaST2* auf und laden Sie das Modul *T-DSL/ADSL*. Übertragen Sie die Daten von Ihrem Anmeldeformular in das T-DSL/ADSL-Konfigurationsfenster.

  Unter *Ethernetkarte* müssen Sie die Ethernetkarte angeben, an der Sie Ihr ADSL-Modem angeschlossen haben. Dies ist typischerweise eth0. Bei zwei in den Rechner eingebauten Ethernetkarten könnte es eth0 oder eth1 sein.

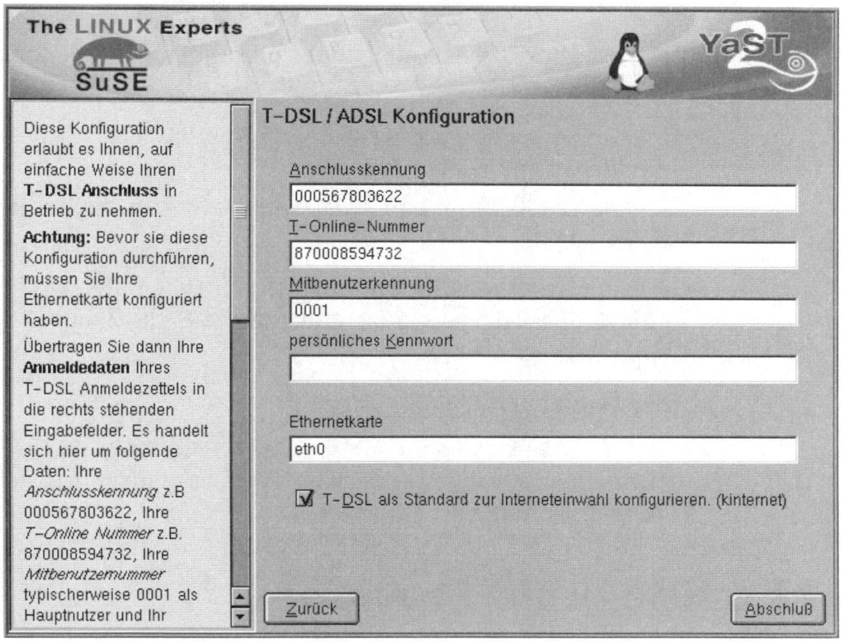

T-DSL konfigurieren

Im der Checkbox *T-DSL als Standard* können Sie bestimmen, ob das SuSE Einwahlscript T-DSL als Standard nutzt. Falls Sie diese Option nutzen, erscheint beim Start von KDE im KDE-Panel ein Icon, über das Sie die Internetverbindung ein- und ausschalten können.

Wenn jetzt Ihre T-DSL-Verbindung nicht funktioniert, dann prüfen Sie die Konfiguration anhand der folgenden Liste:

- Übergrüfen Sie mit *ifconfig*, ob eine Ausgabe für eth0 erscheint. Ist dies nicht der Fall, muss die Netzwerkkonfiguration wiederholt werden
- Vor dem Start sollte in der Ausgabe von *route -nr* in der Spalte *Gateway* nur der Wert *0.0.0.0* stehen. Ist dies nicht der Fall, dann sehen Sie nach, ob in der Spalte *Iface eth0* steht. Ändern Sie dann Ihre Netzwerkkonfiguration und löschen Sie den Default-Gateway-Eintrag. Steht unter *Iface ippp0*, dann setzen Sie eine ISDN-Karte ein und haben bei der Konfiguration die *automatische Einwahl* aktiviert. Wiederholen Sie die ISDN-Konfiguration und aktivieren Sie die *manuelle Einwahl*.
- Starten Sie *pppoed* mit *debug*-Option

  ```
  paco:~ # pppoed -F /etc/ppp/peers/pppoe -D -d 9
  ```

  Beim Verbindungsaufbau gibt *pppoed* Meldungen am Terminalfenster aus und schreibt sie in die Syslog-Datei */var/log/messages*. Damit Sie den Verbindungsaufbau beobachten können, starten Sie vor dem Verbindungsaufbau in einem eigenen Terminalfenster:

```
paco:~ # tail -f /var/log/messages
```

Die Ausgabe dieses Kommandos gibt Ihnen evtl. Hinweise auf die Fehlerquelle.

- Wenn alles richtig aussieht, überprüfen Sie jetzt noch einmal die Routingtabelle mit *netstat -nr*.

  Der *pppd* sollte nun einen Gateway-Eintrag an die Routingtabelle angehängt haben.

- Wenn auch das jetzt in Ordnung ist, sollte die Datei */etc/resolv.conf* einen gültigen Nameservereintrag enthalten, z. B. die Zeile

  ```
  nameserver 194.25.2.129
  ```

  bei T-Online-Kunden.

- Testen Sie Ihren Zugang mit *ping -c10 194.112.123.200* und anschließend mit *ping -c10 www.suse.de*. Wenn dies erfolgreich ist, steht Ihre Verbindung ins Internet.

13.6 Spezielle Provider

In diesem Abschnitt geben wir Ihnen ergänzende Hinweise für die Einwahl bei CompuServe und T-Online, zwei der größten Internet-Provider in Deutschland. Einen AOL-Zugang (America Online) können Sie nicht verwenden, da AOL ein eigenes Protokoll für die Einwahl verwendet und nur über die mitgelieferte (Windows-)Software verwendet werden kann.

Hinweis

Call-by-Call zum Provider

Wenn Ihr Provider nicht in Ihrem Ortsnetz zu erreichen ist, können Sie ihn ohne weiteres auch über Call-by-Call über die für Sie günstigste Telefongesellschaft anwählen. Setzen Sie dazu nur die Kennzahl 010xx des Dienstanbieters vor die Vorwahl in Ihrer Konfiguration – genau so, wie Sie es auch beim normalen Telefonieren machen.

T-Online

T-Online verwendet das PAP-Protokoll zur Überprüfung von Benutzerkennung und Passwort. Als Benutzername muss dabei eine Kombination aus zwölfstelliger Anschlusskennung, Telefonnummer des T-Online-Anschlusses und Mitbenutzernummer verwendet werden. Ein Beispiel:

- Anschlusskennung: 123412341234
- Telefonnummer: 01234/5678

- Mitbenutzernummer: 0001

Aus diesen Daten ergäbe sich als Username: *12341234123401234567 8#0001*. Falls die Telefonnummer genau zwölf Stellen hat, fällt das #-Zeichen zwischen Telefon- und Mitbenutzernummer weg. Die Einwahlnummer ist *0191011*.

CompuServe

CompuServe verwendet – bei Einwahl über einen eigenen CompuServe-Knoten, nicht bei Verwendung der mit Zusatzkosten verbundenen Einwahl über T-Online – ein Anmeldeskript: Sie können hier nicht die vorkonfigurierten Skripts verwenden, sondern müssen sie anpassen: Ersetzen Sie die beiden Zeilen

```
ogin: <username>
ord: <passwort>
```

durch drei neue Zeilen

```
: CIS
: <Compuserve-ID>/GO:PPPCONNECT
ord <Passwort>
```

Über das Anhängsel */GO:PPPCONNECT* aktivieren Sie dabei den PPP-Übergang.

Für das Programm *netcfg* ist die Vorgehensweise auf Seite 843 beschrieben. Wenn Sie es „von Hand" machen wollen, sehen Sie auf Seite 847 nach.

Hochschulrechenzentren

Wenn Sie an einer Hochschule/Universität über einen Einwahlzugang verfügen, sollten Sie in der Regel auf den WWW-Seiten Ihres Hochschulrechenzentrums Informationen für die Einwahl unter Linux finden.

Provider, die keine Informationen zu Linux herausgeben

Einige Provider halten sich äußerst bedeckt, was die notwendigen Informationen für die Konfiguration ihrer Einwahlzugänge unter Linux betrifft. Wenn Sie nicht wissen, welches Verfahren Ihr Provider anwendet, können Sie selbst mit einem Test versuchen, dieses herauszufinden:

Starten Sie dazu das Programm *minicom* und geben Sie den Modembefehl *atdt Telefonnummer* ein, wobei Sie die Einwahlnummer Ihres Providers verwenden. Das Modem wird dann eine Verbindung aufbauen und diese mit einer Meldung der Form *CONNECT 28800* bestätigen. Sofern Sie mit dem Pulswahl-Verfahren arbeiten, geben Sie stattdessen *atdpTelefonnummer* ein.

Warten Sie danach einen Moment, ob ein *Login-*, *Username-* oder ähnlicher Prompt erscheint – falls nicht, drücken Sie die [Enter]-Taste und warten erneut.

Wenn Sie mit dieser Methode einen solchen Prompt erhalten, geben Sie dort Ihren Benutzernamen (gefolgt von Enter) ein und warten auf weitere Lebenszeichen des anderen Rechners.

Sollte etwas Ähnliches wie *Systempassword* erscheinen, brauchen Sie es nicht mit Ihrem Passwort zu versuchen: Ihr Provider verwendet wahrscheinlich direktes PPP mit PAP-Authentifizierung.

Folgt nun ein Passwort-Prompt, geben Sie auch Ihr Passwort ein. Wenn danach eine Reihe kryptischer Symbole auf dem Bildschirm erscheint, wurde von der Gegenseite das PPP-Protokoll gestartet: Sie können dann auflegen (Tastenkombination Alt+H) und *minicom* beenden.

Wenn Sie mit dieser Methode bis zur Aktivierung von PPP gelangt sind, waren Sie erfolgreich. Notieren Sie die genauen Bezeichnungen des Login- und Passwort-Prompts und tragen Sie diese im Einwahlskript (keine Verwendung von PAP) entsprechend ein (siehe hierzu Seite 843 für die Konfiguration mit *netcfg* oder 847, wenn Sie die Eintragungen „per Hand" vornehmen wollen). Dazu sind nur gegebenenfalls die Wörter *ogin:* und *ord:* zu ersetzen: Sollte Ihr Provider beispielsweise die Fragen „Wer sind Sie?" und „Wie lautet der geheime Schlüssel?" verwenden, tragen Sie an Stelle von *ogin:* und *ord:* die Zeichenketten *Sie?* und *ssel?* ein: Es genügt hier stets ein eindeutiges Teilwort, so dass das Einwahlskript nicht die Namens- und Passwortabfragen verwechseln kann.

Wenn überhaupt kein Login- oder sonstiger Prompt (auch nach mehrfachem Drücken von Enter) erscheint und die Gegenseite schließlich einhängt, wird vermutlich das PAP-Protokoll zur Passwortübermittlung verwendet. Versuchen Sie dann, Ihren Zugang (wie weiter oben beschrieben) mit PAP zu konfigurieren.

Wenn all dies nicht hilft, können Sie versuchen, über die Internet-Newsgruppen Rat zu finden, etwa in der Gruppe *comp.os.linux.networking*. Dies setzt natürlich einen alternativen, funktionierenden Internet-Zugang voraus; Sie könnten zu diesem Zweck beispielsweise ein letztes Mal Windows starten und dort die mitgelieferte Software Ihres Providers für den Internet-Zugang nutzen ...

Außerdem könnten Sie ja auch überlegen, den Provider zu wechseln, es gibt schließlich gute Alternativen mit besserer Unterstützung für Linux ...

13.7 Im Internet surfen: Netscape im Einsatz

Hier hat sich Netscape als Standard etabliert. Eine neuere Version des Netscape Communicator ist in den meisten Distributionen enthalten. Leider ist der Einsatz von Netscape für deutschsprachige Windows-Umsteiger etwas gewöhnungsbedürftig: es gibt nur englischsprachige Netscape-Versionen für Linux. Lediglich SuSE bietet ab Version 7.0 eine deutsche Fassung. Außer der Browser-Funktion, die in diesem Kapitel besprochen wird, enthält der Communicator neben dem News-Client auch einen komfortablen Mail-Client, der Mails mit verschiedenen Zugriffsmethoden empfangen und verschicken kann (siehe dazu weiter unten).

WWW-Browser

Wenn Sie all das nicht brauchen, können Sie auch eine reine Browser-Version von Netscape (Netscape Navigator) verwenden, die weniger Speicherplatz braucht.

Sie finden im Netz jedoch noch zahlreiche Alternativen zu Netscape: Amaya ist ein solcher alternativer Browser und präsentiert sich komfortabel und mit eingebautem Editor. Chimera ist noch nicht ausgereift, dafür aber sehr schnell. Für Hartgesottene gibt es auch einen Browser, der ganz ohne jegliche Grafik auskommt: Lynx (auch Teil der RedHat 7.0-Distribution) läuft im Textmodus, also im *xterm*-Fenster oder auch auf jeder Konsole. Das ist praktisch, wenn X Window mal nicht läuft. Darüber hinaus können Sie Zeit sparen, wenn Sie die Tastenkürzel kennen, mit denen sich Lynx bedienen lässt, denn dieses Programm ist unheimlich schnell. Nebenbei eignet es sich auch zum Durchsuchen Ihrer Verzeichnisse: Starten Sie es dazu einfach mit *lynx file:*. Als kleinen Vorteil empfinden viele Anwender, dass die zahlreichen Werbebanner, die auf typischen Internet-Seiten die Download-Zeit verlängern und starke Nerven fordern, im Textmodus natürlich nicht erscheinen – sie werden auch erst gar nicht geladen.

Wenn Sie die KDE-Pakete installiert haben, können Sie auch den eingebauten WWW-Browser von KDE verwenden: Dieser ist schon recht weit entwickelt und bietet unter KDE den Vorteil, keinen weiteren Speicherplatz zu verschwenden, da er als Teil des Datei-Managers *kfm* ohnehin beim Start von KDE geladen wird. Öffnen Sie für den WWW-Zugriff einfach ein Datei-Manager-Fenster und geben Sie statt des URLs *file:/...* einen Internet-URL *http://...* ein; die folgende Abbildung zeigt, wie *kfm* die Startseite von RedHat, *http://www.redhat.com*, darstellt.

Den Microsoft Internet Explorer gibt es übrigens nicht für Linux: Microsoft hat zwar vor kurzem eine Sun-Solaris-Version zur Verfügung gestellt und damit den Unix-Markt betreten, eine Linux-Version ist jedoch nicht geplant.

Netscape als WWW-Browser konfigurieren

Prinzipiell sollten Sie nach der Konfiguration und erfolgtem Verbindungsaufbau sofort mit *Netscape* im Internet surfen können. Wenn Sie jedoch einen WWW-Proxy Ihres Providers verwenden möchten oder wenn Ihr Provider dies von Ihnen verlangt, müssen Sie diesen Proxy zunächst in Netscape eintragen.

RedHat-Startseite in KDEs kfm

Wählen Sie dazu in Netscape den Menüpunkt *Edit/Preferences* und darin die Kategorie *Advanced/Proxies* (evtl. muss dazu auf das kleine Dreieck bei *Advanced* geklickt werden, damit weitere Wahlmöglichkeiten sichtbar werden). Klicken Sie nun auf *Manual proxy configuration* und dann auf *View*, um die Einstellungen zu ändern.

Tragen Sie hier wenigstens unter *FTP Proxy* und *HTTP Proxy* die Daten ein, die Ihnen Ihr Internet-Provider dafür gegeben hat; neben dem Namen des Proxy-Servers müssen Sie auch jeweils einen Port eintragen – dieser ist in vielen Fällen *8080*. Durch einen Klick auf *OK* werden die Einstellungen übernommen.

Bitte beachten Sie, dass Sie Netscape nur konfigurieren können, wenn Sie online sind, da es direkt versucht, die Proxy-Server anzusprechen. Wenn Sie offline sind, erhalten Sie eine Fehlermeldung der Form *Warning: FTP Proxy host mein.proxy.de is unknown* und Netscape speichert die Änderungen nicht.

13.8 Internet-Dienste

Auch wenn für viele das „Surfen“ im Netz die wichtigste Anwendung des Internet ist, gibt es noch eine Fülle weiterer Dienste, die Sie vielleicht ausprobieren möchten. Die wichtigsten möchten wir in diesem Kapitel kurz vorstellen.

Mail-Programme

Die (vielleicht) einfachste Lösung bietet Netscape: Der eingebaute Mail-Client muss nur konfiguriert werden. Aber selbst, wenn Sie den Netscape

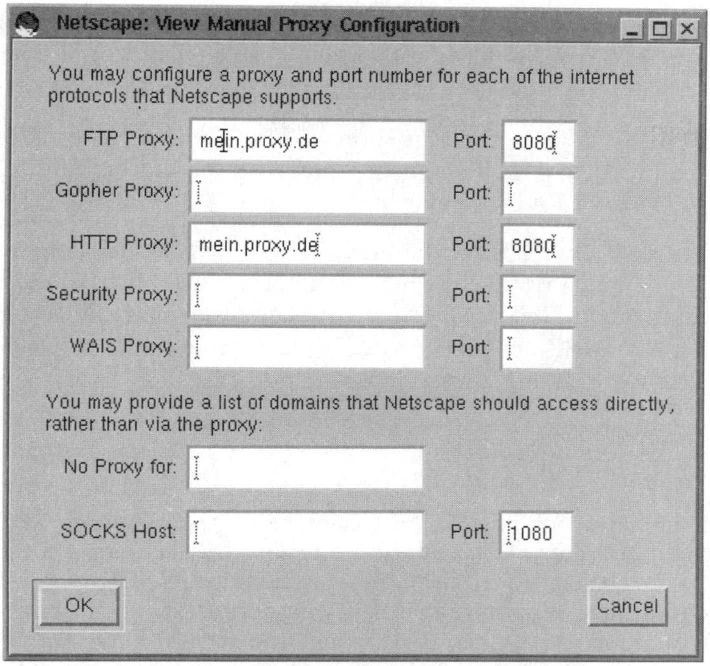

Proxy-Konfiguration in Netscape

Communicator nicht zum Lesen Ihrer Post verwenden möchten, sondern für diesen Zweck eines der vielen anderen Programme unter Linux – mit KDE oder auch im Terminalfenster – auswählen, sollten Sie in Netscape doch die Einstellungen zum Senden von Mail vornehmen. Auf vielen WWW-Seiten finden sich nämlich Verweise auf „mailto Links“ Diese einfache Möglichkeit, mit dem Autor der Seiten direkt in Kontakt zu treten, können Sie nur nutzen, wenn Sie *Netscape* entsprechend vorbereitet haben.

▼▼▼ WORKSHOP

Netscape zum Senden von E-Mail vorbereiten

Zum Senden von E-Mails in *Netscape* sind folgende Eintragungen erforderlich:

1. Wählen Sie den Menüpunkt *Edit* und dann *Preferences*.
2. Klicken Sie auf das Dreieck neben *Mail & Newsgroups*. Es erscheint eine Liste von E-Mail-Optionen.
3. Zunächst werden die persönlichen Absenderdaten durch Aktivieren von *Identity* eingetragen.
4. Tragen Sie unter *Your name* Ihren richtigen Namen und unter *Email address* Ihre E-Mail-Adresse ein. Im Normalfall haben Sie diese ebenfalls

von Ihrem Internet-Provider erhalten; sie wird sich dann zusammensetzen aus Ihrem Benutzernamen, dem *at*-Zeichen @ und dem Domain-Namen Ihres Providers.

5 Wenn Sie wollen, dass Antworten auf Ihre Mails an eine andere Adresse geschickt werden, können Sie unter *Reply-to address* eine solche alternative E-Mail-Adresse eingeben.

6 Das Feld *Organization* können Sie leer lassen oder dort den Namen Ihrer Firma, Hochschule etc. eintragen. Schließlich können Sie noch unter *Signature File* eine Signaturdatei auswählen, die automatisch an alle Ihre Mails angehängt wird: Diese bietet Platz für einige persönliche Daten wie (Post-)Adresse, Telefon und Fax.

Hinweis

Signatur

Viele E-Mail-Benutzer nehmen in ihre Signatur auch noch Zusatzinformationen wie interessante oder witzige Sprüche oder auch aus ASCII-Zeichen zusammengesetzte Grafiken auf – Sie sollten allerdings beachten, dass es im Internet einen inoffiziellen Standard gibt, nach dem die Signatur eine Länge von vier Zeilen nicht überschreiten soll. Wenn Sie dies ignorieren und dann Postings im Usenet (in den Newsgroups) schreiben, könnten Sie erboste Zuschriften anderer Teilnehmer erhalten.

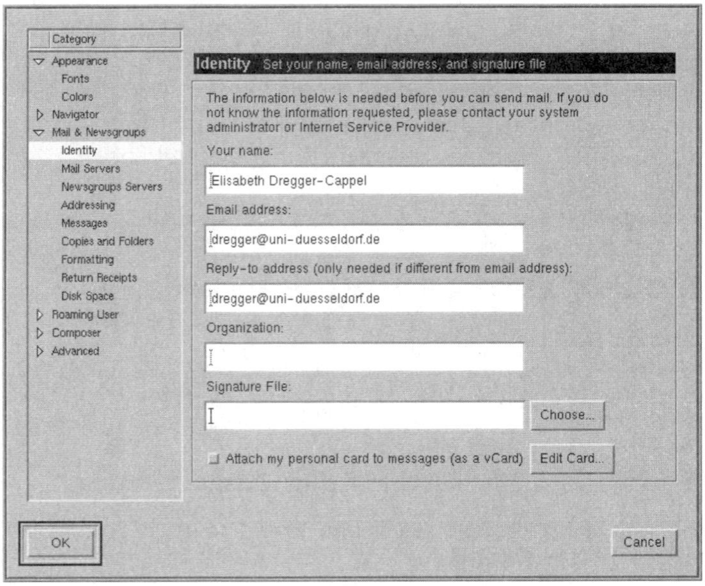

Mail-Identität konfigurieren in Netscape

7 Schließlich findet sich hier noch eine Option *Attach my personal card to messages*. Diese sollten Sie deaktiviert lassen, da ansonsten jede E-Mail und jedes News-Posting als Anhang eine kleine „Visitenkarte“

erhält, die von Benutzern anderer Mail- und News-Programme nicht ausgewertet werden kann und daher oft als störend empfunden wird.

8 Wechseln Sie nun zur Seite *Mail Servers*:

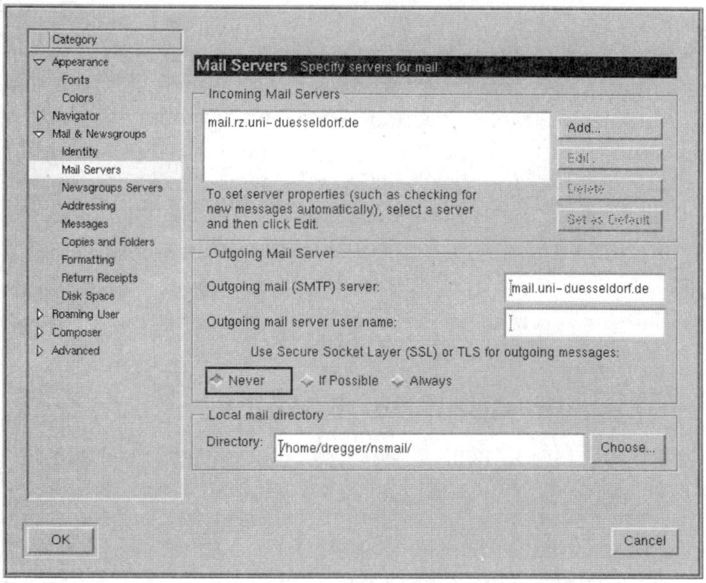

Mail-Server konfigurieren in Netscape

9 Wenn Sie E-Mails aus Netscape nur versenden wollen, muss hier nur das Feld *Outgoing mail (SMTP) server* gesetzt sein. SMTP ist das **S**imple **M**ail **T**ransfer **P**rotocol, das im Internet verwendet wird, um E-Mails von einem Server zu einem anderen in Richtung ihrer Bestimmungsadresse zu übertragen. Seit sich aber auch PCs ins Internet einwählen, wird SMTP auch benutzt, um ausgehende Mails vom PC zum ersten Server zu senden.

Der von Netscape vorgegebene Wert „localhost" setzt voraus, dass Sie auf Ihrem Rechner *sendmail* oder einen anderen so genannten **M**essage **T**ransfer **A**gent (MTA) installiert haben. Sie können sich das so vorstellen, dass das Netscape-Programm Ihre Briefe dann nicht über den Einwahl-Internet-Zugang zu einem auswärtigen Postamt trägt, sondern über eine Internet-Verbindung intern im Linux-Kernel zum Postamt auf dem gleichen Rechner; dieses versucht dann selbstständig evtl. zu einem späteren Zeitpunkt Ihre Post zuzustellen.

Wenn Sie sich dieser Mühe nicht (oder noch nicht) unterzogen haben, tragen Sie als SMTP-Server den Namen des Mail-Servers Ihres Providers (z. B. „mail.provider.de") ein, der zum Versenden von E-Mails benutzt werden soll. In diesem Fall können Sie allerdings nur E-Mails mit *Netscape* verschicken, während Sie online sind – bei Verwendung von *sendmail* werden die Mails in einer Warteschlange gespeichert, bis wieder eine Internet-Verbindung steht.

10 Netscape bietet auch beim Senden von Mail als Option *Secure Socket Layer*, eine von Netscape entwickelte sichere Übertragungsschicht, an. Sie können diese nur nutzen, wenn Ihr Provider SMTP oberhalb des **S**ecure **S**ocket **L**ayer (SSL) anbietet; ansonsten würde die Wahl *Use Secure Socket Layer ... Always* nur zu Fehlermeldungen wie *Connection Refused* (Verbindung verweigert) führen. Sie sollten sich aber auch klarmachen, was „Sicherheit" in diesem Fall bedeutet, wenn Sie etwa Ihre Kreditkartennummer in einer E-Mail weitergeben: Sie besagt hier nur, dass die Übertragung bis zum Mail-Server des Providers mit Verschlüsselung abläuft und bestätigt wird, dass kein Angreifer diesen Server gefälscht hat; die weitere Übertragung und auch der Abruf der Mail beim Empfänger kann aber im Klartext erfolgen.

Workshop-Ende

Netscape zum Abruf der E-Mail konfigurieren

Der Netscape Communicator unterstützt mehrere Verfahren, um die Mail aus Ihrer Mail-Box – beim Mail-Server Ihres Providers oder schon auf Ihrem Linux-Rechner – abzurufen. In jedem Fall legt Netscape die empfangenen Mails in einem eigenen Ordner, einem so genannten Folder ab, in dem Sie alle alten Mails solange Sie wollen aufbewahren und – über Netscape – nachlesen oder bearbeiten (beantworten, weiterleiten, ausdrucken) können.

Die Verfahren zum Abrufen der Mail in Netscape sind:

- POP3 (**P**ost **O**ffice **P**rotocol): Das „klassische" Internet-Protokoll zum Abrufen der Mail aus einer Server-Mail-Box – nach Prüfung von Benutzername und zugehörigem Passwort. POP3 wird von den meisten ISPs unterstützt; einige jedoch stellen POP3 nicht bereit.
- IMAP (**I**nternet **M**essage **A**ccess **P**rotocol): Die Möglichkeiten der IMAP-Spezifikation und deren Implementierung in Netscape gehen weit über den Zugriff auf den Posteingang in der Server-Mail-Box – ebenfalls nach Prüfung von Benutzername und Passwort – hinaus. Sie können bei Verwendung von IMAP in Netscape sämtlich Netscape-Folder (das sind die Unterverzeichnisse, in denen die Mails geordnet aufbewahrt werden können) statt auf dem eigenen Rechner auf dem IMAP-Server verwalten. Dies gilt natürlich nur, wenn Ihr Provider diesen Dienst schon anbietet. Sinn macht eine solche Verlagerung der eigenen Mail-Folder auf den Server dann, wenn Sie diese von unterschiedlichen Rechnern, z. B. zu Hause und im Büro, in gleicher Weise verfügbar haben möchten. Sie sehen dann eine zu Hause abgesandte Mail auch, wenn Sie anschließend von einem anderen Computer und ggf. mit einem anderen, ebenfalls IMAP-fähigen Mail-Programm in Ihrem Sent-Folder stöbern.
- *Movemail*: Dies ist ein – internes oder externes – Hilfsprogramm, mit dessen Hilfe Mails aus einer lokalen Mail-Box auf dem eigenen Rech-

ner (oder einer über das **N**etwork **F**ile **S**ystem (NFS) auf einem Server erreichbaren Mail-Box) in den Eingangs-Folder von *Netscape* kopiert werden. In die Mail-Box müssen sie schon auf andere Weise zugestellt worden sein. Bei einer lokalen Mail-Box kann dies das Linux-Programm *fetchmail* bewerkstelligen – ein Verfahren, das anders als der NFS-Zugriff auch gut funktioniert, wenn der Internet-Zugang über Einwahl erfolgt. Übrigens: Dieses Verfahren gibt es ausschließlich in den Unix-Versionen von Netscape. Diese Alternative werden Sie vielleicht dann in Erwägung ziehen, wenn Ihr Linux-Rechner Bestandteil oder ein Server in einem lokalen Netz ist.

Die erforderlichen Einstellungen in Netscape starten wieder unter dem Menüpunkt *Edit/Preferences* und der Kategorie *Mail Servers*. Seit der Netscape-Version 4.5 gibt es unter *Incoming Mail Servers* eine Eingabeliste für evtl. mehrere Server. Voreingestellt ist hier ein Name *pop*; Sie können diesen durch Anklicken auswählen und nach Betätigen der *Edit*-Schaltfläche anpassen. Alternativ – wenn die Liste leer ist – können Sie über die *Add*-Schaltfläche die Einstellungen für einen Posteingangs-Server hinzufügen. In beiden Fällen sehen Sie das abgebildete Fenster.

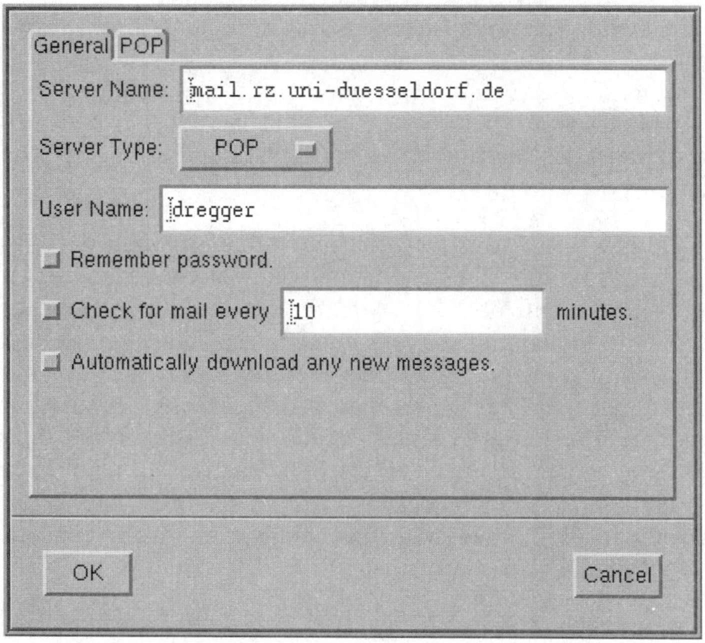

Incoming-Mail-Server konfigurieren in Netscape

Die wichtigste Auswahl ist zunächst eine der Alternativen unter *Server Type* – POP, IMAP, Movemail –, denen die oben beschriebenen, in Netscape implementierten Verfahren zum Abrufen der Mail entsprechen. Nur bei der Wahl von IMAP können Sie überhaupt mehrere Mail-Server für den Posteingang festlegen.

Aber beginnen wir mit der ersten Wahl in den meisten Fällen, einem POP-Server. Zwei Angaben sind es, die Sie wieder von Ihrem Provider bekommen haben sollten: den Domain-Namen des Servers (Feld *Server Name*) und Ihren Benutzernamen (Feld *User Name*). Aber wo bleibt die dritte, das Passwort? Erst wenn Sie im Netscape-Messenger – z. B. über *File/Get New Messages* – den Abruf der Mail vom Server starten, öffnet Netscape ein Eingabefenster zur Abfrage des Passworts. Es genügt aber diese einmalige Eingabe, wenn Sie in der Konfiguration die Option *Remember Password* wählen.

Hinweis

Passwort speichern?

Eine kurze Überlegung zu der Entscheidung, das Passwort zu speichern oder nicht: Auf z. B. einem Windows-PC würden Sie diese Wahl nur treffen, wenn kein anderer Zugang zu Ihrem PC hat. Unter Linux setzt der Zugang zu Ihrer Server-Mail-Box mit gespeichertem Passwort immer noch das Linux-Login voraus.

Eine noch zu erwähnende Option für den Abruf der Mail über Post Office Protocol findet sich beim Netscape Communicator 4.5 unter der Rubrik *POP*: die Option *Leave messages on server*. Standard bei den meisten Mail-Programmen, die POP3 verwenden, ist, dass beim Abruf der Mail sämtliche Mails in der Mail-Box heruntergeladen und nach erfolgreicher Übertragung aus der Mail-Box auf dem Server gelöscht werden; so auch bei Netscape. Ein Verfahren, das Internet-Provider mögen, weil es die Speicherkapazität auf dem Server schont.

Wenn Sie *Leave messages on server* auswählen, entfällt das Löschen nach dem Download – alle Mails bleiben auf dem Server liegen. Sinn macht dies dann, wenn Sie auf Ihre elektronische Post auch von einem anderen Ort aus zugreifen wollen und das für diesen Zweck besser geeignete IMAP nicht zur Verfügung steht (vgl. oben die Erläuterung zu IMAP). Um neue von der bekannten und liegengelassenen Mail unterscheiden zu können, kennt Netscape mehrere, vom Funktionsumfang des POP-Servers abhängige Verfahren. Trotzdem, wenn Sie das Löschen der Mail auf dem Server gänzlich vergessen, kann – je nach Speicherart und Leistungsfähigkeit des Servers – der Zugriff auf Ihre Server-Mail-Box deutlich langsamer werden. Benutzen Sie diese Option deshalb mit Vorsicht!

Die Einstellungen für *Server Name, User Name* und *Remember Password* sind für einen IMAP-Server vollkommen gleich. Von den zahlreichen Wahlmöglichkeiten in Netscape für IMAP in den Rubriken *IMAP* und *Advanced* sei hier nur folgende erwähnt: *Use secure connection (SSL)*. Wenn Ihr Provider IMAP über **S**ecure **S**ocket **L**ayer (SSL) anbietet, können Sie dies ausnutzen, um sicherzugehen, dass Ihr Passwort – und auch Ihre Daten – nur verschlüsselt über das Internet übertragen werden.

Bei der Movemail-Methode wird kein Server-Name und kein Benutzername benötigt. Netscape kennt Ihre Linux-Mail-Box. Unter der Rubrik *Movemail* kann statt des voreingestellten *Builtin*-Movemail ein externes Programm für diese Funktionalität gewählt werden. Die Anforderung an Movemail ist, das Kopieren der Mails aus der Mail-Box nur nach Setzen einer Zugriffssperre (Lock) durchzuführen, um die Integrität der Mail-Box zu sichern und zu verhindern, dass etwa parallel ein anderer Zustellprozess in die Mail-Box schreiben kann. Netscapes eigene Movemail-Funktion verlangt, dass das Mail-Spool-Verzeichnis in Ihrem Linux allgemein schreibbar ist, um dort eine Lock-Datei erzeugen zu können. Dies zu vermeiden, kann ggf. ein Grund sein, nach einem alternativen Movemail zu suchen.

Profitipp

HTML-Format in E-Mails

Aus den zahlreichen Einstellmöglichkeiten in Netscape für die Erstellung und Bearbeitung von E-Mails sei nur noch ein letzter Punkt herausgegriffen. Netscape-Mail hat damit angefangen, als Option oder gar Voreinstellung einzuführen, dass der Text von E-Mail-Nachrichten wie Webseiten in HTML erstellt, versandt und angezeigt wird. Diese Praxis ist in der Internet-Gemeinde sehr umstritten, denn wer seine Mail nicht mit Netscape (oder dem Gegenstück von Microsoft) liest, kann mit dem HTML-Format nicht viel anfangen, vielleicht den Inhalt nur mit Mühe überhaupt lesen. Der Versand als einfacher Text plus HTML-aufbereiteter Text kostet beim Empfänger oft als unnötig verschwendet angesehene Ressourcen. Der Gewinn ist sowieso meist gering: häufig nur bunte Farben, verschiedene Schriftarten und Schriftgrößen.

Beim Erstellen einer neuen Nachricht in Netscape können Sie das Format – einfacher Text, HTML oder beides – jeweils bestimmen. Wenn Sie die Voreinstellung ein für alle Mal ändern wollen, finden Sie die Stelle im *Netscape Communicator 4.5* Menüpunkt *Edit/Preferences*, Rubrik *Mail & Newsgroups/Formatting*, dort *Use the plain text editor to compose messages* anklicken.

Alternativen zu Netscape-Mail

Da Netscape nur unter X Window läuft, sind Alternativen für den Textmodus gefragt. Mutt ist ein sehr mächtiges Mail-Programm, das POP3-Mail-Server, IMAP-Server und die PGP-Verschlüsselung unterstützt. Andere bekannte Mail-Programme für den Textmodus sind *elm* und *pine*. Alle drei sind Teil der RedHat- und der SuSE-Distribution.

Unter X Window bietet sich als Alternative zu *netscape* das KDE-Tool *kmail* an. *kmail* unterstützt ebenfalls POP3, Verschlüsselung mit PGP sowie Attachments, wenn Sie z. B. andere Datenformate an Ihre E-Mails hängen möchten.

Beim ersten Aufruf von *kmail* erscheint automatisch ein Konfigurationsfenster.

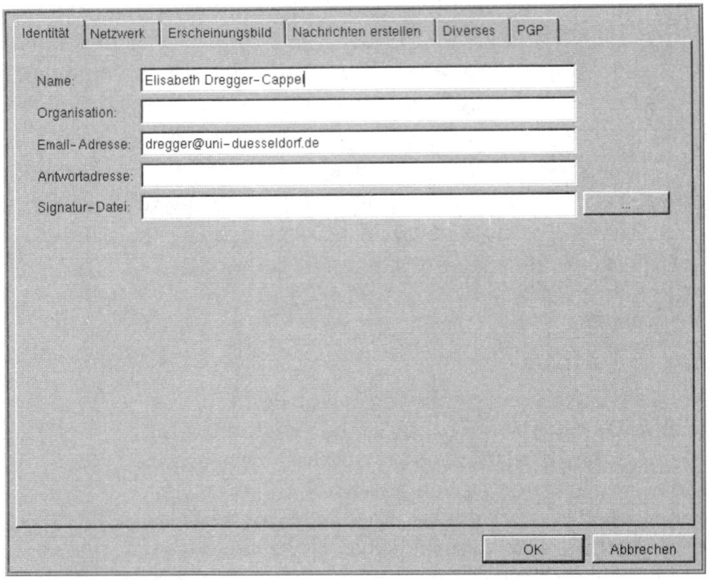

Konfigurationsfenster von kmail

Auf dem Register *Identity* tragen Sie Ihre Werte analog zu den bei *Netscape* beschriebenen Werten ein. Als Nächstes klicken Sie auf das Register *Network*. Es erscheint das folgende Fenster:

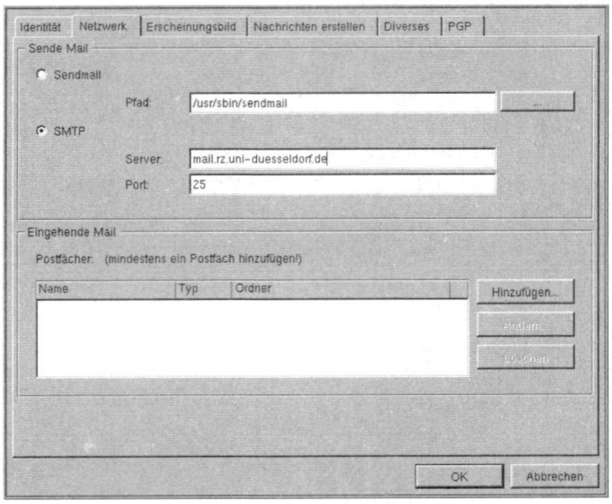

Netzwerk-Konfiguration von kmail

Wenn Sie keine eigenes „Postamt" aufgemacht haben – Ihre Mail also direkt an Ihren Internet-Provider schicken – klicken Sie hier auf *SMTP*. Im unteren Teil ist durch Anwahl von *Add* ein weiteres Fenster aufzumachen.

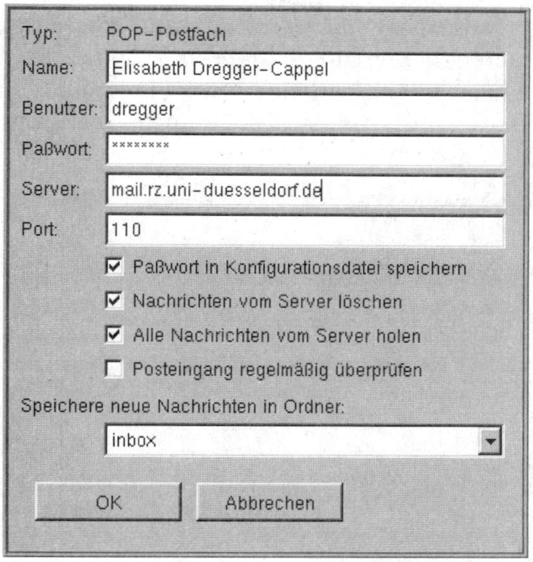

Empfangs-Konfiguration von kmail

Auch hier gilt, bei direktem Abruf der Mail von Ihrem Internet-Provider klicken Sie auf *Pop3*, sonst *Local Mail-Box*. Die übrigen Register des Konfigurationsfenster bieten weitere Einstellmöglichkeiten, mit denen Sie bei Interesse etwas herumspielen können. Nach Anwahl von *OK* erscheint das Hauptfenster. *kmail* ist jetzt einsatzbereit. Wenn Sie später noch etwas an der Konfiguration ändern möchten, können Sie das Konfigurationsfenster jederzeit wieder anwählen durch *File* und *Settings*.

News-Clients

Auch hier bietet Netscape wieder viel Komfort: Sie können mehrere NNTP-Server einstellen, von denen Sie Newsgroups abonnieren wollen. Auf Wunsch lädt das Programm für Sie eine Liste aller auf dem Server bereitgestellten Newsgroups. Ab Netscape 4 speichert der News-Client die gelesenen Header der einzelnen Nachrichten – bei einem späteren Programmaufruf werden nur die wirklich neuen Header nachgeladen.

News-Client von Netscape konfigurieren

Auch den News-Client von Netscape gilt es zunächst zu konfigurieren. Wählen Sie dazu in Netscape erneut den Menüpunkt *Edit/Preferences* und darin dann die Kategorie *Mail & Groups/Groups Server*.

Tragen Sie oben den Namen des Newsservers ein, den Sie verwenden möchten. Erkundigen Sie sich bei Ihrem Provider, ob er einen eigenen Newsserver betreibt. Wenn ja, wird er Ihnen auch die Adresse mitteilen. Darunter ist der Port anzugeben, auf dem der Server angesprochen werden soll: Dieser ist in der Regel 119 (und wird von *Netscape* vorgegeben).

Auch hier gilt: Unter Netscape 4 lässt sich nur dann ein Newsserver eintragen, wenn eine Internet-Verbindung besteht und Zugriff auf den Server möglich ist – Sie müssen die Konfiguration also online durchführen. (Versuchen Sie dies offline, können Sie den Dialog nicht verlassen, ohne die Änderungen zu verwerfen.)

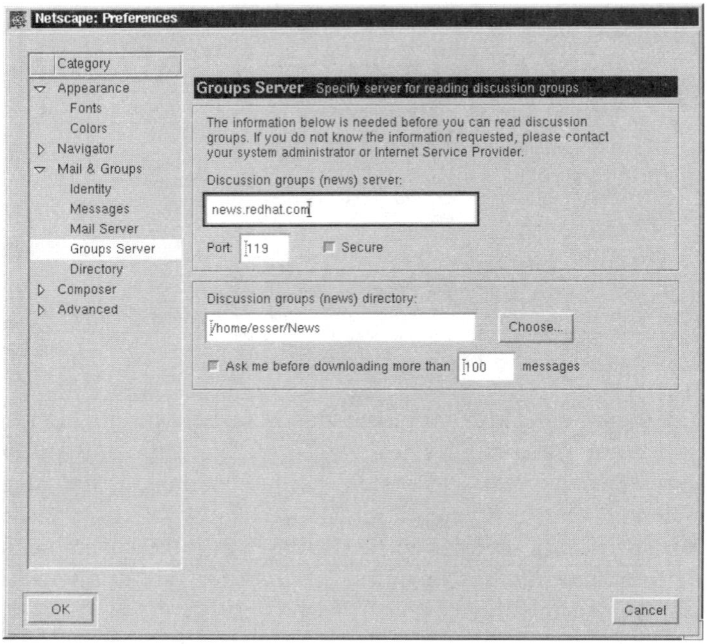

Newsserver konfigurieren in Netscape

Mehrere Newsserver unter Netscape

Häufig werden News-Gruppen nicht auf allen Newsservern angeboten. Wenn Sie beispielsweise die lokalen News-Gruppen verschiedener deutscher Hochschulen (z. B. die Hierarchien *rwth.** und *fernuni.** der RWTH Aachen und der FernUni Hagen) abonnieren möchten, müssen Sie dazu auf mehrere Newsserver zurückgreifen. Auch die Hierarchie *redhat.** ist nur über den offiziellen Red Hat-Newsserver *news.redhat.com* zugänglich.

Öffnen Sie über den Menüpunkt *Communicator/Message Center* das Netscape Message Center – die Nachrichtenzentrale von Netscape. Hier haben Sie direkten Zugriff auf alle E-Mail-Ordner und News-Gruppen. Wählen Sie hier den Menüpunkt *File/New Discussion Server* aus; dann öffnet sich das folgende Dialogfenster:

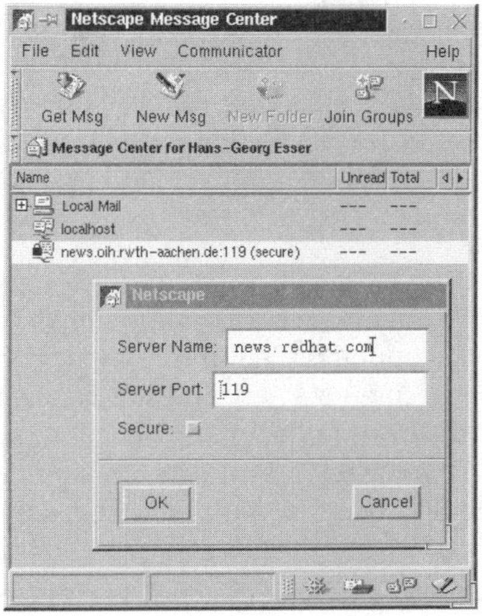

Zusätzliche Newsserver unter Netscape eintragen

Im Message Center können Sie nun bequem zwischen den verschiedenen Newsservern auswählen und sich die jeweils abonnierten News-Gruppen anzeigen lassen.

News-Gruppen abonnieren unter Netscape

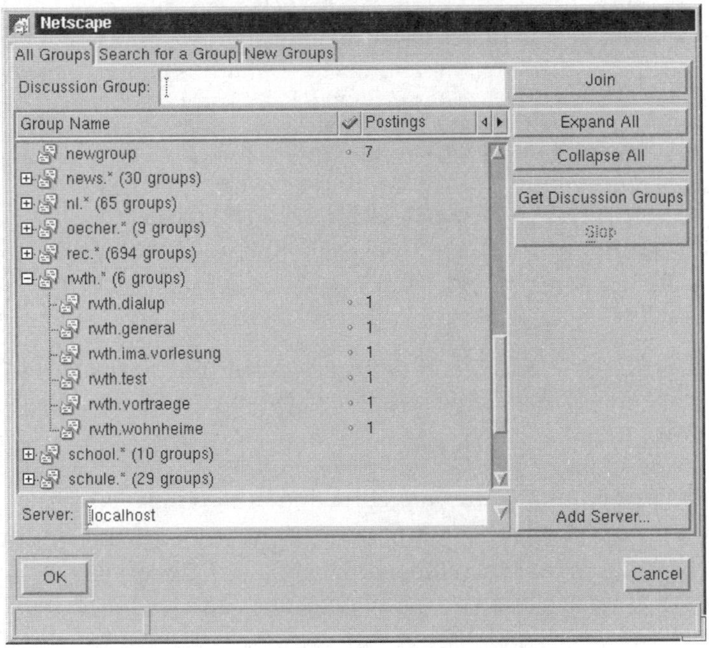

Abonnieren Sie die News-Gruppen Ihrer Wahl mit Netscape

Nach der Auswahl des Newsservers müssen Sie noch die News-Gruppen „abonnieren", die Sie lesen wollen: Über den Menüpunkt *File/Discussion Groups* erhalten Sie eine Liste aller verfügbaren News-Gruppen – diese muss erst vom Newsserver heruntergeladen werden, was eine Weile dauern kann. Sie können nun die Baumstruktur der News-Gruppen nach interessanten Inhalten durchsuchen und ausgewählte Gruppen durch einen Klick in die Spalte mit dem Häkchen abonnieren (in der Zeile erscheint dann auch ein Häkchen).

Andere News-Clients

Für die meisten anderen News-Clients müssen Sie lokal einen Newsserver installieren. Mit dem Befehl *suck* können Sie dann alle neuen Postings bestimmter Newsgroups auf Ihren Rechner ziehen und die Daten mit einem beliebigen News-Reader (etwa *tin, trn, nn* oder auch wieder Netscape) offline lesen. Die Konfiguration eines Newsservers sollten Sie allerdings erst in Betracht ziehen, wenn Sie einige Erfahrungen mit Linux gemacht haben.

Auf andere Rechner zugreifen: Anonymous FTP

Über das **F**ile **T**ransfer **P**rotocol (FTP) werden Dateien übertragen. *Netscape* beherrscht dieses Protokoll (über URLs der Form *ftp://host/dir/\dots /file*).

Um (anonymes) FTP unter Netscape zu nutzen, geben Sie einfach einen FTP-URL ein, und wenn Sie eine Datei herunterladen möchten, klicken Sie diese mit gedrückter [Umschalt]-Taste an. Daraufhin öffnet sich ein Dateidialog, in dem Sie angeben können, wo die Datei (und unter welchem Namen) gespeichert werden soll (siehe Abb. nächste Seite).

Während des Download-Vorgangs wird ein Fortschrittsbalken angezeigt.

xftp ist kompakter und bietet dieselben Möglichkeiten. Übrigens können Sie sowohl mit *xftp* als auch mit Netscape auf Passwort-geschützte FTP-Server zugreifen. Unter Netscape geht dies über URLs der Form *ftp://user@rechnername*.

Auf jeder Konsole oder im *xterm*-Fenster läuft das normale *ftp*-Programm, das zwar keinen besonderen Komfort bietet, dafür aber mächtige Funktionen wie etwa:

- **Wiederaufnahme eines abgebrochenen Downloads**

  Wenn Ihre Internet-Verbindung während eines Downloads zusammengebrochen ist, bleibt eine unbrauchbare, halbgeladene Datei zurück. Diese können Sie aber verwenden, um den Download mit dem *reget*-Kommando von *ftp* wieder aufzunehmen, sofern der FTP-Server dies unterstützt: Starten Sie *ftp* mit „ftp *servername*", geben Sie Namen und Passwort (bei Anonymous-Servern den Namen anonymous oder ftp und als Passwort Ihre E-Mail-Adresse) ein, stellen Sie mit *ascii* oder *binary* den richtigen Übertragungsmodus ein und geben Sie schließlich den Befehl *reget dateiname* ein. *ftp* überträgt nun die Größe Ihrer unvollständigen Datei an den Server und dieser beginnt die Dateiübertragung ab dem nächsten Byte.

- **Download mehrerer Dateien mit Wildcards**

  Um mehrere Dateien (etwa ein ganzes Verzeichnis) von einem FTP-Server zu ziehen, können Sie das *mget*-Kommando von *ftp* verwenden. Wenn Sie vorher noch den Befehl „prom“ eingeben, um Rückfragen abzustellen, werden durch den Befehl *mget Muster* alle zum Muster passenden Dateien des aktuellen Verzeichnisses auf Ihren Rechner übertragen.

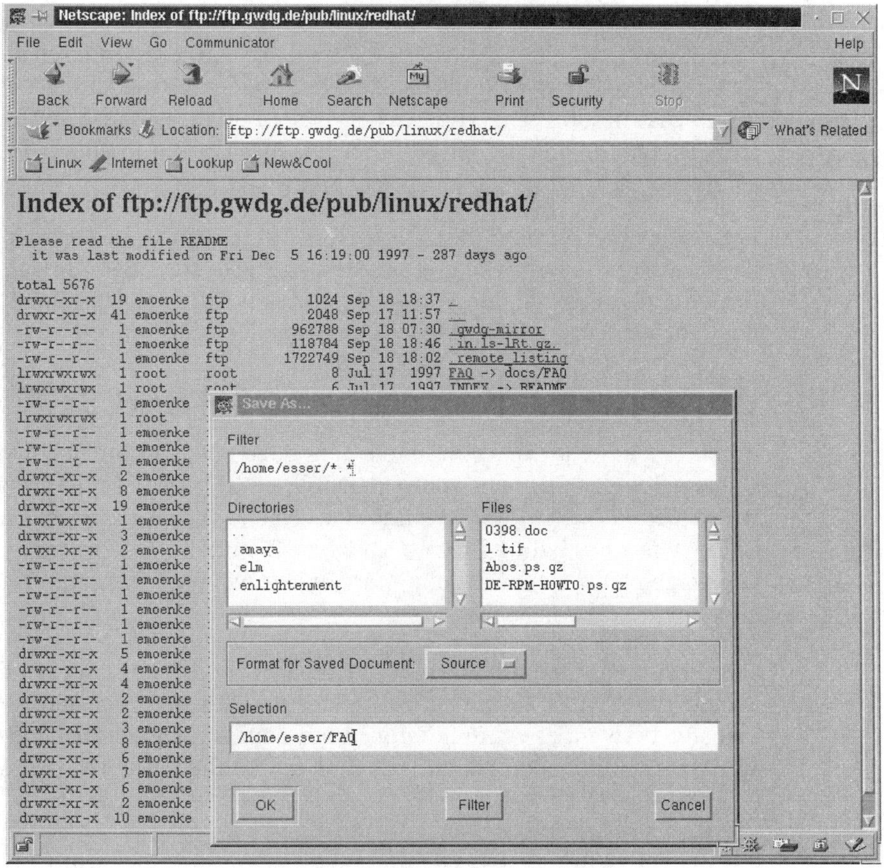

Netscape beim Download von einem FTP-Server

Beenden können die *ftp*-Sitzung durch Eingabe von *quit* oder *bye*.

Telnet

Telnet können Sie verwenden, um sich auf einem anderen Rechner einzuloggen. Die folgenden Zeilen stellen eine exemplarische Telnet-Sitzung dar:

```
paco:~ $ telnet 166.82.1.21
Trying 166.82.1.21...
Connected to 166.82.1.21.
Escape character is '^]'.
```

```
Linux 2.0.35 (server.esser.de) (ttyp0)
server login: esser
Password: Login-Passwort auf dem fremden Rechner
Have a lot of fun...
Last login: Sun Sep 20 14:46:18 on :0 from console.
No mail.
/etc/profile ausgeführt
esser:/home/esser > from
You have no mail.
esser:/home/esser > exit
logout
Connection closed by foreign host.
paco:~ $
```

Kursiv gedruckt sind hier die Eingaben, die auf dem anderen Rechner gemacht werden. Der Prompt hat dort ein anderes Aussehen, da eine andere Linux-Distribution verwendet wird. (Dies könnte genauso gut ein anderes Unix-System oder sogar ein Rechner mit IBM OS/2 und einem Telnet-Server sein.)

In der Regel ist es nicht möglich, sich auf einem anderen Rechner per Telnet direkt als *root* anzumelden – stattdessen muss stets der Umweg über eine Anmeldung als normaler Anwender und den Aufruf des *su*-Befehls gewählt werden.

Die sichere Alternative: SSH und SCP

Immer mehr Anbieter schränken den Zugang zu ihren Rechnern für die Dienste Telnet und nicht-anonymen FTP ein. Das hat seine guten Gründe: Bei Telnet und beim FTP werden alle Daten einschließlich solch sensibler Daten wie die Login-Kennung und das Benutzerpasswort unverschlüsselt übertragen. Das macht es Angreifern leicht, wichtige Daten auszuspionieren oder sogar zu verfälschen.

Sehr viel mehr Sicherheit bietet das SSH/SCP-Protokoll (**S**ecure **SH**ell bzw. **S**ecure **C**o**P**y), das als Ersatz für Telnet und für den nicht-anonymen File-Transfer verwendet werden kann. Auch die Unix-eigenen Dialog- und File-Transfer-Schnittstellen *rlogin*, *rsh* und *rcp* können leicht durch *slogin*, *ssh* und *scp* ersetzt werden.

Für die Anwender ist *ssh* auch zu empfehlen, da es nicht nur mehr Sicherheit, sondern auch mehr Komfort zumindest im Vergleich zu *telnet* und *ftp* bietet. SSH unterliegt keiner Open Source-Lizensierung, ist aber für die private Benutzung und für den Einsatz an Universitäten frei. Übrigens gibt es auch Windows- und Macintosh-Versionen für SSH-Clients. Nähere Informationen finden sich auf der SSH-Homepage: *http://www.ssh.org/*.

Leider ist das SSH-Paket nicht in allen Distributionen (z. B. nicht bei RedHat) enthalten. Überprüfen Sie daher bitte zunächst, ob SSH installiert ist:

```
paco:~ $ rpm -qa|grep ssh
ssh-1.2.27-82
```

Findet sich keine Ausgabe ähnlich der im Beispiel gezeigten, muss nachinstalliert werden. Bei SuSE geht das einfach mit *YaST*. Falls Ihre Distribution das SSH-Paket nicht enthält, können Sie es von *ftp://ftp.ssh.com/pub/ssh/rpms/* herunterladen. Sie installieren das Paket dann mit

```
paco:~ # rpm -i ssh-2.2.0-2.i386.rpm
```

Ändern Sie die Versionsnummern bitte entsprechend ab.

Nachdem Sie nun das SSH-Paket erfolgreich installiert haben, können Sie jetzt die SSH-Clients unmittelbar benutzen. Wir haben die verschiedenen Anwendungsfälle hier einmal am Beispiel aufgeführt:

Einloggen auf einem entfernten Rechner:

```
paco:~ $ slogin alice@julia
alice@julia's password:
Last login: Tue Jun 20 17:12:04 2000 from paco
Have a lot of fun...
No mail.
alice@julia:~ >
```

Wie gewohnt muss bei der Anforderung nach dem Passwort das zu *alice* gehörende Passwort eingegeben werden. Dabei ist *alice* die Userkennung, unter Sie sich auf dem Rechner *julia* einloggen. Wenn man sich unter derselben Kennung wie auf dem lokalen Rechner einloggen will, kann man *alice@* weglassen, also einfach *slogin julia* eingeben. Statt *slogin* kann man in gleicher Weise auf *ssh* verwenden.

Ausführen eines einzelnen Kommandos auf einem entfernten Rechner:

```
paco:~ $ ssh alice@julia ls
alice@julia's password:
datei1
datei2
datei3

paco:~ $
Hier wird das Kommando ls auf dem Rechner julia
ausgeführt.
```

Kopieren einer Datei vom eigenen Rechner auf einen anderen Rechner:

```
paco:~ $ scp z1 alice@julia:z2
alice@julia's password:
z1                          |        664 KB | 664.7 kB/s | ETA: 00:00:00 | 100%
paco:~ $
```

Das vorstehende Beispiel kopiert die Datei *z1* auf den Rechner julia unter dem neuen Namen *z2*. Soll die neue Datei ihren Namen behalten, kann man die Namensangabe nach dem Doppelpunkt weglassen.

Beim Kopieren in die andere Richtung werden einfach die Parameter vertauscht; der entfernte Rechnername muss immer mit einem Doppelpunkt abgeschlossen werden, sonst erkennt *scp* den Rechnernamen nicht als Rechnernamen, sondern als Dateinamen.

Profitipp

Wie Sie die Eingabe von Passwörtern vermeiden können

Wenn auf dem Rechner, auf dem Sie sich einloggen wollen, die RSA-Authentifizierung erlaubt ist – das ist die Voreinstellung für den SSH-Dämon –, dann können Sie die Eingabe von Passwörtern ganz vermeiden. Gehen Sie dazu wie folgt vor:

1. Erzeugen Sie ein RSA-Schlüsselpaar durch Aufruf des Kommandos *ssh-keygen*.
2. Bei der Nachfrage nach der Datei, in der die Schlüssel gespeichert werden sollen, übernehmen Sie die Voreinstellung. Anschließend werden Sie nach einer „passphrase" gefragt: Schicken Sie zweimal leer ab.
3. Hängen Sie den öffentlichen Teil des Schlüsselpaars an die Datei *.ssh/authorized_keys* auf dem Zielrechner an. Das geht z. B. so:

```
paco:~ $ cat .ssh/identity.pub |ssh alice@julia 'cat >> .ssh/authorized_keys'
```

   Natürlich müssen Sie noch einmal das Passwort eingeben.
4. Ab jetzt können Sie einen Dialog öffnen oder Dateien kopieren, ohne dass Sie ein Passwort eingeben müssen.

Kleiner Frontend für SSH: K Secure Shell

Für diejenigen, die Programme lieber per Mausklick aufrufen, gibt es ein kleines KDE-Tool, das den Dialog per SSH über eine grafische Schnittstelle öffnet. Hinter dem KDE-Menüpunkt *Internet* > *K Secure Shell* verbirgt sich das Tool *kssh*, mit dessen Hilfe Sie einfach ein Dialogfenster auf einem entfernten Rechner öffnen können.

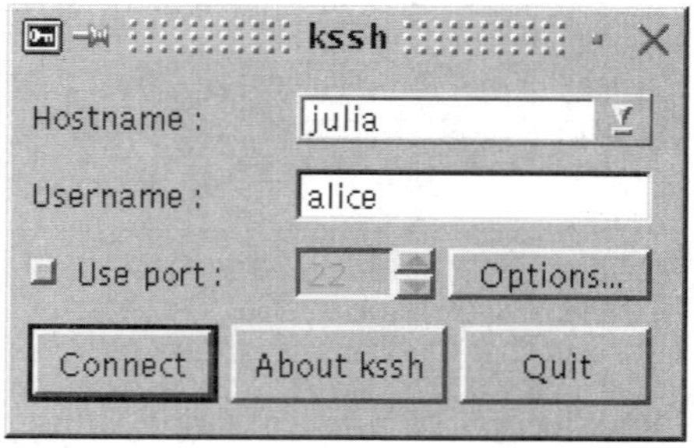

Secure Login per kssh

Tragen Sie in die Felder für *Hostname* und *Username* die gewünschten Werte ein, und los geht's mit einem Klick auf *Connect*. Es öffnet sich ein SSH-Fenster, in das Sie das Passwort für die gewünschte Verbindung eingeben müssen. Anschließend haben Sie ein dem *xterm* ähnliches Fenster zur Kommandoeingabe auf dem entfernten Rechner.

EXKURS

Der Dämon zum Dienst

Natürlich können Sie auch für Ihren eigenen Rechner Zugriffe über SSH ermöglichen. Dazu muss lediglich der SSH-Dämon gestartet sein. Wenn Sie die SuSE-Distribution einsetzen, starten Sie das Skript */etc/rc.d/sshd* mit dem Parameter start. Damit dies regelmäßig bei jedem Neustart passiert, muss die Variable *START_SSHD* gesetzt sein (in *yast* über *Administration des Systems > Konfigurationsdatei* verändern). In anderen Distributionen gehen Sie wie in Kapitel 9.4 beschrieben.

Wenn Sie Veränderungen in der Konfiguration des SSH-Dämons wünschen, können Sie die gut kommentierte Konfigurationsdatei */etc/sshd_config* bearbeiten.

Exkurs-Ende

13.9 Das Internet – Wie es funktioniert

Das Internet ist in aller Munde: Jeder hat das Wort schon einmal gehört, jeder verbindet damit irgendwelche Vorstellungen. Man denkt an weltweit verfügbare Informationen, an Eletronic Shopping, an Kommunikation rund um den Globus. Aber auch negative Assoziationen kommen auf: In der Presse ist zu hören von Hackerangriffen auf Banken oder Verteidigungseinrichtungen, von Kinderpornographie und von konspirativen rechtsradikalen Zirkeln. Die meisten, die selbst schon mal im Netz waren, denken vor allem ans „Surfen", also an das Web. Was das Internet sonst noch alles kann oder wie es funktioniert, wissen die wenigsten. Solange man sich von zu Hause aus nur einwählen und sich ein paar Webseiten ansehen will, braucht man eigentlich auch gar nicht mehr zu wissen. Wenn man aber die volle Power seines Linux-Rechners ausnutzen will, etwa um zu Hause ein lokales Netz zu konfigurieren, oder den PC sogar zum Server machen will, dann sollte man sich doch etwas mehr mit der Funktionsweise des Internet beschäftigen.

Erst einmal: Das Internet ist viel mehr als nur das Web! Es war auch schon lange vor der Erfindung von „http",„www" und „URLs" da. Wir haben im vorigen Abschnitt schon eine ganze Reihe von Anwendungen besprochen, als wichtigste die Electronic Mail. Und jederzeit sind neue Entwicklungen für andere Anwendungen denkbar. Trotzdem, es bleibt dabei: Das Web ist *die* Internet-Anwendung. Darum wollen wir die prinzipielle Funktionsweise des Internet hier auch am Beispiel des Zugriffs auf eine WWW-Seite zeigen.

Nehmen wir als Beispiel eine Seite über den Eiffel-Turm. Wir haben *Netscape* aufgerufen und den „URL" *http://metalab.unc.edu/wm/paris/hist/tour-eiffel.html* eingegeben. Damit wollen wir uns eine Seite im HTML-Format anzeigen lassen, die der Server *metalab.unc.edu* bereithält. Wir wollen uns die Seite */wm/paris/hist/tour-eiffel.html* ansehen. Das *http* am Anfang der Adresse bezeichnet die Übertragungsart: Wenn man sich *HTML*-Seiten ansehen will, werden sie meistens per *http* (**H**ypertext **T**ransport **P**rotocol) übertragen. Die Form der Angabe einer Adresse wird als URL (**U**niform **R**esource **L**ocator) bezeichnet, dem Standard für Adressen von Informationen im Internet. Nach Eingabe der Adresse erscheint (hoffentlich) innerhalb von kurzer Zeit die gewünschte Seite.

Beispielseite im Web: http://metalab.unc.edu/wm/paris/hist/tour-eiffel.html

Verfolgen wir im Geiste mit, was passiert, bis die Seite angezeigt wird.

Wer mit wem? Das Vorspiel

Als Erstes muss der Webbrowser eine Netzwerkverbindung mit dem WWW-Server von *metalab.unc.edu* aufnehmen. Eingegeben haben wir einen symbolischen Namen *metalab.unc.edu*, mit dem das eigentliche Netz aber gar nichts anfangen kann. Diese Namen gibt es im Grunde genommen nur, damit die Adressen von Rechnern in einer menschlichen Sprache ausgedrückt werden können und man sie sich so besser merken kann. Der Browser benötigt eine numerische Adresse, die so genannte IP-Adresse. Also wendet er sich zunächst an ein spezielles Programm, den Domain Name Server. Dieses Programm könnte auf unserem Rechner laufen, wahrscheinlicher ist aber, dass es auf einem ganz anderen Rechner läuft, dessen Adresse unser Rechner aber kennt. Da wir die Eintragungen für einen Internet Service

Provider vorgenommen haben – so wie wir es in den vorigen Abschnitten beschrieben haben – sind auch eine oder mehrere Name Server-Adressen eingetragen worden oder es wurde die automatische Erkennung des Name Servers gewählt. In beiden Fällen kennt der Rechner einen Server, auf dem ein Name Server läuft. Dieser kennt nun aber nicht alle Adressen im gesamten Netz, sondern nur einen kleinen Teil des Netzes, für den er selbst zuständig ist. Was er aber kennt, ist die Adresse von einem, der einen kennt, der wiederum einen kennt, der weiß, wer für den angegebenen Namen zuständig ist. Der letzte in der Kette schließlich löst den Namen auf und schickt die Adresse über alle Zwischenstationen zurück an unseren Rechner. Diese ganze komplizierte Aktion läuft blitzschnell ab, normalerweise innerhalb von weniger als einer Sekunde. In diesem Fall ist die IP-Adresse des Servers *metalab.unc.edu 152.19.254.81*.

Der Name Server-Dienst ist – im Fachjargon gesprochen – ein verteilter Dienst. Jeder Server ist für einen ganz bestimmten Bereich zuständig, er kann aber auch Teile seines Zuständigkeitsbereichs auslagern auf andere Server. Wenn er dann nach einer bestimmten Adresse gefragt wird, leitet er die Anfrage weiter an diesen anderen Server. Ein Name Server, der die Auflösung einer bestimmten Adresse benötigt, hangelt sich zunächst in einer Kette nach „oben", bis er einen findet, der den zuständigen Name Server kennt und diesen einschalten kann.

▼▼▼ **EXKURS**

IP-Adressen

Jeder Rechner im Internet benötigt eine eigene IP-Adresse, über die er eindeutig identifizierbar ist. Als Beispiel wurde oben die Adresse des WWW-Servers von *metalab.unc.edu* gezeigt: *152.19.254.81*. Jede IP-Adresse besteht aus vier Zahlen, die man der Übersichtlichkeit halber durch Punkte voneinander trennt. Die einzelnen Zahlen müssen in ein Byte passen, sie liegen also im Bereich von 0 bis 255. Die 0 und die 255 haben eine Sonderbedeutung und dürfen für die IP-Adresse eines bestimmten Rechners nicht verwendet werden (siehe auch einen Abschnitt weiter).

Wenn Ihr Rechner über einen Internet Provider ans Internet kommt, ist es sehr wahrscheinlich, dass Sie bei jedem Einwählversuch eine neue IP-Nummer zugewiesen bekommen. Der Nummernraum, den Ihr Provider für die Einwähler zur Verfügung stellen kann, ist sehr viel kleiner als die Anzahl seiner Kunden. Andererseits wählen sich ja auch nicht alle gleichzeitig ein, dazu wird ja schon die Menge der Einwählports – die sind nämlich teuer – auch gar nicht ausreichen. Ihr PC ist also nur während der Einwahlzeit eindeutig adressierbar.

Vielleicht erinnern Sie sich: Bei der Konfiguration haben Sie auch eine Netzmaske angegeben, meistens ist das *255.255.255.0*. Mit Hilfe der Netzmaske werden Teilnetze definiert: die Zahlen, die mit 255 maskiert sind, bezeichnen das Teil- oder Subnetz, der Rest ist Rechneradresse innerhalb des Teilnetzes. Wichtig ist das vor allem für die Weiterleitung von Paketen an andere. Rechner im selben Subnetz können direkt adressiert werden, andere werden über ein Gateway weitergeleitet.

Umgekehrt zur Netzmaske verhält sich die Broadcast-Adresse. Bei einer Netzmaske von *255.255.255.0* wird eine Sendung an *x.y.z.255* an alle Rechner im Subnetz verschickt, wenn *x.y.z* die Subnetzadresse darstellt.

Exkurs–Ende

Der Weg zum Ziel – Pakete und Router

Zurück zu unserem Beispiel: Nachdem der Browser nun weiß, an wen er sich wenden kann, formuliert er seine Anfrage an den WWW-Server:

GET //wm/paris/hist/tour-eiffel.html HTTP/1.0

Aus diesem Kommando wird ein Paket geschnürt, auf dem auf der Verpackung die Adresse des absendenden Rechners, die Bestimmungsadresse und eine Service- oder Port-Nummer genannte Information verzeichnet ist. Das Paket hat man sich als Folge von Bits vorzustellen, die ähnlich wie bei einem Telegramm in einem Zug übertragen werden. Die Port-Nummer adressiert den Dienst, ist in unserem Fall die Nummer 80 und bezeichnet den WWW-Server.

Ihr Rechner transportiert das Paket über die Leitung zu unserem Internet Provider oder über das lokale Netz, falls Ihre Maschine direkt angeschlossen ist, bis zu einem „Router". Der Router ist normalerweise ein Spezialgerät, kann aber auch – zum Beispiel in einem kleinen lokalen Netz – ein normaler Computer sein, der in der Lage ist, mit Hilfe von spezieller Hard- und Software zwei oder mehrere Netze miteinander zu verbinden. Wie aus Ihrem Linux-PC ein Router werden kann, wird später in diesem Kapitel noch beschrieben. Gehen wir jetzt mal von einem „richtigen" Router aus, wie er wahrscheinlich von Ihrem Service Provider betrieben wird. Der Router speichert in seinem Memory einen Plan des Internet. Natürlich kann er nicht alle Adressen des weltweiten Netzes kennen, aber immerhin kennt er seine unmittelbare Nachbarschaft komplett und weiß die Wege zu anderen Routern in der „Nähe". Ihr Paket nimmt dann seinen Weg eventuell über mehrere Router im Internet, bis es schließlich sein Ziel erreicht hat. Mit dem */usr/sbin/traceroute* kann man den Weg eines Pakets durch das Netz verfolgen.

```
paco:~ $ /usr/sbin/traceroute metalab.unc.edu
traceroute to metalab.unc.edu (152.19.254.81), 30 hops max, 40 byte packets
 1  192.168.20.1 (192.168.20.1)  126.380 ms  118.436 ms  109.599 ms
 2  bb2541.rz.uni-duesseldorf.de (134.99.128.1)  119.313 ms  119.118 ms  119.5
 3  Uni-Duesseldorf1.WiN-IP.DFN.DE (188.1.6.173)  139.426 ms  119.116 ms  119.
 4  ZR-Koeln1.WiN-IP.DFN.DE (188.1.160.5)  119.415 ms  119.197 ms  123.052 ms
```

```
 5  ZR-Hannover1.WiN-IP.DFN.DE (188.1.144.25)  135.930 ms  118.722 ms  119.639
 6  IR-New-York1.WiN-IP.DFN.DE (188.1.144.78)  409.396 ms  399.137 ms  359.532
 7  dfn.ny1.ny.dante.net (212.1.200.65)  380.443 ms  389.687 ms  379.746 ms
 8  POS4-0-0.GW6.NYC4.ALTER.NET (157.130.18.1)  389.735 ms *  379.877 ms
 9  149.ATM3-0.XR1.NYC4.ALTER.NET (146.188.180.2)  402.375 ms  379.368 ms  399
10  289.ATM2-0.TR1.NYC1.ALTER.NET (146.188.179.26)  405.907 ms  389.654 ms  39
11  104.ATM5-0.TR1.DCA1.ALTER.NET (146.188.136.213)  404.181 ms *  385.413 ms
12  199.ATM7-0.XR1.DCA1.ALTER.NET (146.188.161.133)  390.315 ms * *
13  195.ATM11-0-0.GW2.RDU1.ALTER.NET (146.188.163.169)  400.794 ms  406.926 ms
14  ncren-2.customer.ALTER.NET (157.130.70.34)  409.991 ms  439.837 ms  409.92
15  unc-dmz.ncren.net (192.101.24.38)  410.060 ms  439.829 ms
16  helios.oit.unc.edu (152.2.22.3)  429.944 ms  439.848 ms *
```

Man sieht alle Gateways (oder Router) zwischen meinem Linux-Rechner und dem Server; die Stationen sind der Reihe nach durchnummeriert. Die erste Spalte zeigt IP-Namen und in Klammern die IP-Adressen der Router. Die Pakete wandern also über den Einwählknoten der Firma ISIS Multimedia Net GmbH (ISIS betreibt die Einwählzugänge der Universität Düsseldorf), über den zentralen Router der Universität und weiter über das Gateway zwischen der Universität Düsseldorf zum Wissenschaftsnetz mit noch vielen weiteren Zwischenstationen zum Ziel. Von jedem Router werden drei „Proben" gemacht; die Zeiten hinter dem Gateway-Namen sind die „Turnaround-Zeiten" für jede dieser Proben. Ein * steht für eine nicht ermittelbare Zeit. Noch eine Warnung zum Schluss: *traceroute* erzeugt sehr viel Netzlast und sollte nur zu Diagnosezwecken eingesetzt werden.

Router sind für ihre Spezialaufgabe ziemlich gut gerüstet. Sie sind in der Lage festzustellen, wenn ein Nachbar-Router ausfällt und können dann alternative Wege finden, wenn es sie überhaupt gibt. Und sie stellen fest, wie lange Pakete durchs Netz brauchen, und suchen so automatisch den schnellsten aus.

Im gesamten Internet gibt es buchstäblich Tausende von solch intelligenten Routern, und das macht das Netz so stabil. Fehler in einem Teilsystem können geortet und dann umgangen werden, ohne dass menschliches Eingreifen unmittelbar erforderlich wäre. Örtliche Fehler bleiben so lokal – einzelne Systeme sind dann vielleicht nicht mehr erreichbar –, aber das Netz als Ganzes bleibt intakt.

Hat unser Paket sein Zielsystem erreicht, wird die Servicenummer benutzt, um die Anfrage dem eigentlichen Empfänger, dem WWW-Server, zuzustellen.

Das Medium – TCP/IP

In unserem Beispiel wurde bisher nur eine kurze Anfrage an einen Server gestellt. Die wenigen Bytes können leicht in einem einzigen Paket untergebracht werden. Aber schon die Antwort besteht aus einer größeren Datenmenge. Es müssen also mehrere Pakete in einer genau festgelegten Reihenfolge verschickt werden und es muss sichergestellt werden, dass auch alle Pakete den Empfänger erreichen.

Dazu wird ein spezielles Verfahren, Protokoll genannt, angewendet. Protokolle sind im weltweiten Netz sozusagen die Benimmregeln, die aber anders als bei der zwischenmenschlichen Kommunikation bis ins Einzelne geregelt sein müssen. Für den Transport der Pakete übers Netz werden sogar zwei übereinander geschichtete Protokolle eingesetzt.

Das untere wird IP (**I**nternet **P**rotocol) genannt. Es kennt lediglich das Verfahren, wie einzelne Pakete quer über das Netz von einem Sender zu einem Empfänger geschickt werden. IP garantiert aber nichts: Dieses Verfahren versucht nur, Daten zuzustellen, verlässlich ist das nicht. Wenn ein Paket verloren geht, werden das vielleicht weder Sender noch Empfänger erfahren, da der IP-Sender nicht auf eine Bestätigung wartet und der IP-Empfänger kein Paket erwartet. IP ist einfach schnell und billig, aber nicht sicher.

Das Protokoll oberhalb von IP – TCP – liefert die Kontrolle. Der TCP-Sender unterteilt die Daten, die er verschicken möchte, in Pakete, fein säuberlich nummeriert. Für jedes Paket, das über IP dann schließlich verschickt wird, erwartet der Sender eine Bestätigung. Trifft diese nicht innerhalb einer gewissen Zeit ein, wird das Paket nochmal geschickt. Die Nummer, die jedes Paket mit sich führt, wird vom Empfänger verwendet, um die Daten wieder in die richtige Reihenfolge zu bringen, falls beim Transfer mal etwas durcheinander kommen sollte.

Während IP keine Zusammenhänge zwischen den einzelnen Paketen kennt, läuft die Datenübertragung zwischen den TCP-Partnern in geordneten Bahnen. Ein „Client" baut eine Verbindung zu einem „Server" auf, nach erfolgter Übertragung baut eine der Seiten die Verbindung wieder ab.

Um die Sicherheit komplett zu machen, enthalten die Pakete auch noch Prüfsummen, so dass der Empfänger auch die Integrität der Daten überprüfen kann. Jedes Protokoll – WWW oder besser HTTP ist ein solches Protokoll –, das TCP/IP benutzt, braucht sich also um den sicheren Transport der Daten keine Sorgen zu machen.

Die sichtbare Spitze – Das Anwendungsprotokoll

Zurück zu unserem Beispiel. In unserem Fall sprechen ein WWW-Browser und ein WWW-Server miteinander. Wie schon beim Transport der Daten muss ein genaues Verfahren verwendet werden, damit sich Programme unterhalten können. Ein solches Verfahren nennt man Applikationsprotokoll, in unserem konkreten Fall ist es das HTTP-Protokoll (**H**ypertext **T**ransfer **P**rotokoll). Ein Element haben wir schon eingangs gesehen: es ist das GET. Vielleicht hat es Sie erstaunt, dass man dieses GET so einfach im Klartext darstellen kann. Es ist ein Prinzip im Internet, dass alle Teile so einfach und verständlich sein sollen, wie nur eben möglich. Dazu gehört auch, dass die einzelnen Protokollelemente in menschlicher Sprache abgefasst sind. Das ist natürlich nicht ganz so effizient wie etwa eine Verschlüsselung in einem oder zwei Bytes. Dafür bietet es aber den Vorteil, dass Entwickler neue Verfahren sehr einfach testen können. Auch im Fehlerfall kann man gut überprüfen, ob ein Sender richtige Requests verschickt oder ein Empfänger richtig reagiert. Die etwas größere Datenmenge ist gegenüber diesem Vorteil unerheblich, zumal der Durchsatz im Internet sich eher an der Anzahl der übertragenen Pakete als an der Bitmenge bemisst.

In unserem Beispiel schickt der WWW-Server folgenden Text zurück:

```
HTTP/1.1 200 OK
Date: Fri, 27 Aug 1999 14:05:22 GMT
Server: Apache/1.3.4 (Unix) PHP/3.0.6 mod_perl/1.17
Last-Modified: Mon, 11 Sep 1995 09:46:00 GMT
ETag: "29ce49-119b-30540558"
Accept-Ranges: bytes
Content-Length: 4507
Connection: close
Content-Type: text/html

<html>
<head>
<title>WebMuseum: Paris History: La Tour Eiffel</title>
</head>

<body>

<img src="/wm/gif/webmuseum.gif" width=272 height=41 alt="">
<H1>Paris History: La Tour Eiffel</H1>
<hr>
:
:
```

Vor der ersten Leerzeile sieht man den HTTP-Header; der eigentliche Text (hier ist nur der Anfang abgedruckt) folgt danach.

Hinweis

Das Webmuseum

Die hier als Beispiel gezeigte Seite ist Bestandteil des Webmuseums, das man über *http:sunsite.unc.edu//louvre* erreichen kann. Das Webmuseum wird in viele Teile der Welt gespiegelt, sodass man sich die Bilder, die dort gezeigt werden, auch über einen geografisch näheren Server ansehen kann. Hinweise darauf finden sich auf der „Homepage" des Museums.

13.10 Linux im lokalen Netz

Schon bei der Installation von Linux konnten Sie sich entscheiden, ob Sie Ihren Rechner in ein lokales TCP/IP-Netz einhängen wollten (siehe auch

Kapitel 2.8 auf Seite 85). Hier erfahren Sie, wie Sie diesen Schritt jetzt nachholen können.

Falls Sie jetzt erst ein lokales Netz – zu Hause, im Büro oder in der Schule – aufbauen wollen, dann steht die Planung an erster Stelle. Wie Sie sehen werden, ist Ihr Linux-System für alles gerüstet.

In der Praxis hat sich bei der Technik für lokale Netze das Ethernet durchgesetzt, alle anderen Techniken wie *Token Ring*, *ATM* etc. werden nur in Spezialfällen verwendet und sind zudem sehr teuer. Im ersten Augenblick erscheint vielleicht auch die Kopplung zweier Rechner über ein serielles Kabel verlockend; hier landet man aber sehr schnell in einer Sackgasse: Es können nur jeweils zwei Rechner miteinander verbunden werden, die Verbindung ist langsamer als bei einem Ethernet und die Konfiguration für TCP/IP, dem Standard, auf dem die Netzwerkprogramme aufsetzen, ist viel schwieriger.

▼▼▼ EXKURS

Die Wahl bei der Verkabelung – Twisted Pair oder Koax?

Stand der Technik bei der Ethernet-Verkabelung – zumindest im Bereich des Anschlusses von Arbeitzplatzrechnern – ist heute ohne Zweifel die Twisted Pair-Verkabelung. Bei ihr werden die Leitungen, bestehend aus zwei Paaren verflochtener Kupferadern, sternförmig zu jedem Rechner verlegt. Genauer gesagt enden sie meist an einer Anschlussdose, von der aus die Verbindung zur Netzwerkkarte des Rechners mit einem so genannten Patch-Kabel hergestellt wird. Charakteristisch an den Patch-Kabeln sind die kleinen viereckigen RJ-45-Stecker. An der entsprechenden viereckigen Buchse auf der Netzwerkkarte erkennen Sie, dass diese zumindest auch für Twisted Pair nach der Norm 10 Base T geeignet ist.

Die zu den einzelnen Rechnern sternförmig verlegten Kabel führen zu einem elektronischen Bauteil, einem Hub oder einem Switch: Erst durch Einstecken in eine solche Schaltzentrale wird ein Netz gebildet. Der Unterschied zwischen den beiden Alternativen besteht darin, dass der Hub alle Pakete, die er über ein Kabel empfängt, auf alle Ports hinaussendet – darauf versteht sich ja die Ethernet-Karte, die für sie bestimmten Pakete herauszufiltern –, während der Switch schon selbst selektiert; er lernt, zu welchem seiner „Ports“ welche Ethernet-Adresse gehört.

Zwei Vorteile machen die Wahl von Twisted Pair besonders zukunftssicher:

- Durch einfaches Umstecken am Hub oder Switch – oder einem vorgelagerten Patch-Feld – lassen sich Teilnetze verändern, also z. B. ein Rechner von einem in ein anderes Teilnetz verlagern.

- Die gleichen Kabel können auch für Fast Ethernet (100 MBit/s) verwendet werden, sofern von vorn herein auf die erforderliche Qualität, insbesondere die Abschirmung der Kabel geachtet wurde. Natürlich müssen dann die Netzwerkkarte und der Hub bzw. der Switch für die größere Geschwindigkeit ausgelegt sein, aber die Preisunterschiede sind nicht mehr sehr hoch.

Netzwerkkarte für Twisted-Pair und Thin Ethernet

Obwohl dann diese Vorteile definitiv entfallen, bleibt für kleinere Installationen mit nur einigen Rechnern – vor allem im Privathaus – die andere, ältere Alternative noch interessant: Koax-Kabel, auch Cheaper Net oder Thin Ethernet genannt, nach der Norm 10 Base 2. Diese Verkabelung folgt der so genannten Bus-Struktur, d. h., alle Rechner in dem Netzsegment hängen wie Kettenglieder hintereinander in einer Kette. Die Kettenstücke sind RG-58-Koaxialkabel mit BNC-Steckern an beiden Enden. Verbunden werden diese über T-Stücke, auf die von beiden Seiten BNC-Stecker aufgeschraubt werden können, während das T-Stück selbst direkt auf den BNC-Anschluss der Ethernet-Karte des Rechners aufgedreht wird. Das ganze Netz funktioniert definitiv nicht, wenn die beiden Kettenenden – die äußersten T-Stücke – nicht mit Endwiderständen von 50 Ohm abgeschlossen werden. Das gilt auch schon bei einem Netz mit nur zwei Rechnern.

Der Vorteil der Koax-Verkabelung ist einfach der unschlagbar günstige Preis: Sie müssen keine aktiven Komponenten kaufen außer den Netzwerkkarten selbst, nur Kabel, T-Stücke und zwei Endwiderstände – Artikel für wenige Mark.

In einem Fall gilt dieser Vorteil auch bei einem Twisted Pair-Kabel: Wenn Sie nur zwei Rechner verbinden möchten, geht dies mit einem speziellen Kabel allein, einem Patch-Kabel, bei dem Empfangs- und Sendeleitungen gekreuzt

Koaxial-Verkabelung mit einem T-Stück

sind. Wenn Sie ein solches Kabel kaufen möchten, fragen Sie nach einem „Crossover-Kabel".

▲▲▲ **Exkurs–Ende**

Die Ethernet-Karte müssen Sie so aussuchen, dass sie den passenden Anschluss für die von Ihnen gewählte Verkabelung besitzt. Die meisten heute verkauften Karten sind Kombikarten für 10 bzw. 100 MBit für ein Twisted-Pair-Netz. Die „alten" Karten für Thin Ethernet sind heute – zumindest, wenn sie neu gekauft werden – teurer als der neue Kartentyp. Da in letzter Zeit in vielen Firmen die Verkabelung umgerüstet worden ist, sind diese Karten häufig gebraucht sehr günstig im Handel. Falls Sie schon eine Twisted-Pair-Karte gekauft haben, aber zu Hause doch lieber ein Thin Ethernet verlegen möchten oder schon verlegt haben, dann kommt eventuell für den Anschluss eines einzelnen Rechners mit Twisted-Pair-Karte der Kauf eines Personal Hubs mit wenigen Ports in Betracht. Es gibt Personal Hubs, die Anschlussmöglichkeit für ein Netz mit Koax-Kabeln haben.

Konfiguration des Netzwerkzugangs

Nachdem die Art der Verkabelung geklärt und die Karte eingebaut ist, ist der kompliziertere Teil abgeschlossen. Sie können jetzt zur Konfigurierung der Karte kommen.

▼▼▼ **WORKSHOP**

Anschluss von Linux an das lokale Netz

1 Damit der Kernel überhaupt netzwerkfähig ist, müssen die entsprechenden Programmstücke und Module übersetzt und eingebaut sein. Im Einzelnen muss der Kernel mit folgenden Optionen konfiguriert sein:

- General setup: Networking Support
- Networking options: Unix domain sockets

- Networking options: TCP/IP networking
- Network device support: Network device support
- Network device support: Ethernet (10 or 100 MBit)
- Network device support: Treiber für Ihre Netzwerkkarte

Die von den gängigen Linux-Distributoren mitgelieferten Kernel sind normalerweise bereits entsprechend konfiguriert. Die Treiber für die gängigen Netzwerkkarten sind auch schon berücksichtigt, und zwar meist als Module, die bei Bedarf in den Kernel nachgeladen werden. Sie haben also gute Chancen, ohne Neukonfigurierung des Kernels Ihre Netzwerkkarte nutzen zu können. Sie können prüfen, ob Ihr Kernel die Karte erkennt, indem Sie das Kommando */sbin/ifconfig* unter der Kennung *root* aufrufen. Wenn in der Ausgabe eine Zeile mit *eth0:* beginnt, ist Ihre Karte einsatzfähig. Alternativ liefert auch das *dmesg*-Kommando Hinweise. Die Ausgabe sollte Zeilen enthalten, die etwa so aussehen:

```
paco:~ # dmesg|less

    ...
3c503.c:v1.10 9/23/93  Donald Becker (becker@cesdis.gsfc.nasa.gov)
eth0: 3c503 at i/o base 0x300, node  02 60 8c 43 c0 2e, using internal xcvr.
eth0: 3c503 - 8kB RAM, 8kB shared mem window at 0xd8000-0xd9fff.
    ...
```

Wenn die Ausgabe ähnlich wie hier aussieht und keine Fehlermeldungen auftreten, können Sie mit Punkt 4 weitermachen.

2 Sollte die Ausgabe von *ifconfig* oder *dmesg* kein Device *eth0* anzeigen, kann das bedeuten, dass der Treiber für Ihre Netzwerkkarte als Modul vorliegt.

Die folgende Tabelle zeigt Ihnen den passenden Treiber für Ihre Netzwerkkarte an sowie die möglichen Optionen.

Karte	Modul	Parameter
3Com 3c501	3c501	io irq
3Com 3c503	3c503	io irq xcvr
3Com 3c505	3c505	io irq dma
3Com 3c507	3c507	io irq xcvr
3Com 3c509/3c529/3c579	3c509	debug io irq

Karte	Modul	Parameter
3Com 3c515	3c515	debug options full_duplex rx_copybreak max_interrupt_work
3Com 3c523	3c523	debug io irq
3Com 3c527	3c527	
3Com 3c59x/3c90x	3c59x	debug options full_duplex rx_copybreak max_interrupt_work compaq_ioaddr compaq_irq compaq_device_id
AMD LANCE und PCnet (AT1500/NE2100)	lance	io irq dma
AMD PCI PCnet32 (PCI bus NE2100)	pcnet32	debug options max_interrupt_work rx_copybreak
Ansel Communications EISA 3200	ac3200	io irq mem
Apricot Xen-II on board ethernet apricot	82596	irq
AT-LAN-TEC/RealTek pocket adaptor AT1700	at1700	io irq net_debug
Cabletron E21xx	e2100	io irq mem xcvr
Compaq Netelligent 10/100/NetFlex 3	tlan	
D-Link DE600 pocket adaptor	d600	de600_debug delay_time
D-Link DE620 pocket adaptor	de620	io irq bnc utp clone de620_debug
DE425, DE434, DE435, DE450, DE500	de4x5	io de4x5_debug dec_only args

Karte	Modul	Parameter
DECchip Tulip (dc21x4x) PCI	tulip	debug max_interrupt_work reverse_probe rx_copybreak options full_duplex
DEPCA,DE10x,DE200,DE201,DE202,DE422	depca	debug io irq
Digi Intl. RightSwitch SE-X	dgrs	debug dma hashexpire spantree ipaddr iptrap ipxnet nicmode
EtherWORKS 3 (DE203, DE204, DE205)	ewrk3	io irq
FMV-181/182/183/184	fmv18x	io irq net_debug
HP 10/100VG PCLAN (ISA, EISA, PCI)	hp100	vtophp100_rx_ratio hp100_priority_tx hp100_mode hp100_port hp100_name
HP PCLAN+ (27247B and 27252A)	hp-plus	io irq
Intel EtherExpress 16	eexpress	io irq
Intel EtherExpress Pro	eepro	io irq mem
Intel EtherExpress Pro 100	eepro100	debug options full_duplex congenb txfifo rxfifo txdmacount rxdmacount rx_copybreak max_interrupt_work multicast_filter_limit
NE 2000 / NE 1000 (ISA) NE 2000 (PCI)	ne2k-pci	
NI5210	ni52	io irq memstart memend

Karte	Modul	Parameter
NI6510 (am7990 llancechip)	ni65	io irq dma
Packet Engines Yellowfin Gigabit	yellowfin	max_interrupt_work min_pci_latency mtu debug rx_copybreak options full_duplex
PCMCIA RealTek RTL8129/8139	rtl8139	options full_duplex multicast_filter_limit max_interrupt_work debug
SMC 83c170 EPIC/100	epic100	debug options full_duplex rx_copybreak max_interrupt_work
SMC 9194	smc9194	io irq ifport
SMC Ultra	smc-ultra	io irq
SMC Ultra 32	smc-ultra32	
VIA VT86c100A Rhine-II	via-rhine	max_interrupt_work min_pci_latency debug rx_copybreak options full_duplex
Western Digital WD80x3	wd	io irq mem mem_end

In vielen Fällen ist die Angabe der Parameter nicht notwendig, da die Treiber „vernünftige“ Voreinstellungen haben oder in der Lage sind, bestimmte Parameter selbst zu erfragen. Parameter, die für Sie von Bedeutung sein könnten, sind die IO-Adresse der Karte (io), der Interrupt (irq) und der Parameter für den internen Transceiver (xcvr). Der letzte Parameter sollte bei einem Cheapernet immer auf 0 stehen. Von Fall zu Fall kann es etwas schwierig sein, die IO-Adresse und den Interrupt Ihrer Karte zu ermitteln. Bei manchen Karten werden diese Werte hardwaremäßig „gejumpert“, sie müssen also direkt auf der Karte per Dip-Schalter oder Jumper eingestellt werden. Lesen Sie dazu auch im Handbuch der Netzwerkkarte. Bei anderen gibt es nur DOS- oder Windows-Treiber, mit denen die Werte in Erfahrung gebracht und verändert werden können. In diesen Fällen bleibt leider nur der Start von Windows und die Installation dieser Treiber, um die Parameter zu erfragen.

Testen Sie nun das zu Ihrer Netzwerkkarte gehörende Modul „von Hand". Für eine 3Com 3c503-Karte geht das zum Beispiel so:

```
paco:~ # modprobe 3c503
paco:~ # dmesg|tail

   ...
3c503.c:v1.10 9/23/93  Donald Becker (becker@cesdis.gsfc.nasa.gov)
eth0: 3c503 at i/o base 0x300, node  02 60 8c 43 c0 2e, using internal xcvr.
eth0: 3c503 - 8kB RAM, 8kB shared mem window at 0xd8000-0xd9fff.
```

In der Ausgabe erkennt man, dass die Karte korrekt erkannt wurde; außerdem gibt es keine Fehlermeldungen.

Sollten sich stattdessen hier irgendwelche Fehler zeigen, liegt das Problem möglicherweise an fehlenden Parametern. Versuchen Sie es jetzt mit der Angabe von Parametern. Vielleicht müssen Sie die IO-Adresse selbst setzen. Das könnte dann je nach Ihren Einstellungen so aussehen (hier am Beispiel einer 3Com 3c503-Karte):

```
paco:~ # modprobe 3c503 io=0x350
```

Wenn Sie Parameter angeben müssen, lesen Sie vorher nochmal die entsprechenden Passagen im Handbuch nach.

Klappt auch das immer noch nicht, können wir Ihnen die Lektüre des sehr informativen Ethernet-Howtos empfehlen (*/usr/doc/HOWTO/Ethernet-HOWTO* bzw. in */usr/share/doc/en/howto/Ethernet-HOWTO*), in dem viele der Probleme, die (theoretisch) auftreten können, behandelt und gelöst werden.

Wenn die Karte richtig arbeitet, sollten Sie die Einstellungen noch in Ihre Konfiguration eintragen, sodass sie auch nach dem nächsten Neustart gültig sind. Der Name des Moduls Ihrer Netzwerkkarte muss als „alias" in die Datei */etc/modules.conf* eingetragen werden. Falls Parameter anzugeben sind, so werden sie ebenfalls dort vermerkt. Dazu gehen Sie wie folgt vor:

Öffnen Sie die Datei */etc/modules.conf* mit einem Texteditor und fügen Sie die folgende Zeile an:

```
alias eth0 modulename
options modulname options=wert
```

Dabei ist *modulname* der Name des Treibers für Ihre Netzwerkkarte. Für das Beispiel oben lauten die Zeilen:

```
alias eth0 3c503
options 3c503 io=0x350
```

Sie können überprüfen, ob Ihre Eintragungen korrekt sind, indem Sie *depmod -a* aufrufen. Erhalten Sie von diesem Kommando keine Ausgabe, dann haben Sie keinen Fehler gemacht.

Wenn Sie jetzt das oben erwähnte *ifconfig*-Kommando wiederholen, sollte sich eine *eth0*-Zeile zeigen. Sie können jetzt bei Punkt 4 weiterlesen.

S.u.S.E.-Tipp

Netzwerkkarte per YaST generieren.

Mit der SuSE-Distribution haben Sie immer die Möglichkeit, mit YaST die Ethernet-Karte zu konfigurieren. Wählen Sie nach dem Start von YaST *Administration des Systems/Hardware in System integrieren/ Netzwerkkarte konfigurieren.* Sie sehen das folgende Fenster. Tragen Sie in das Feld *Typ*

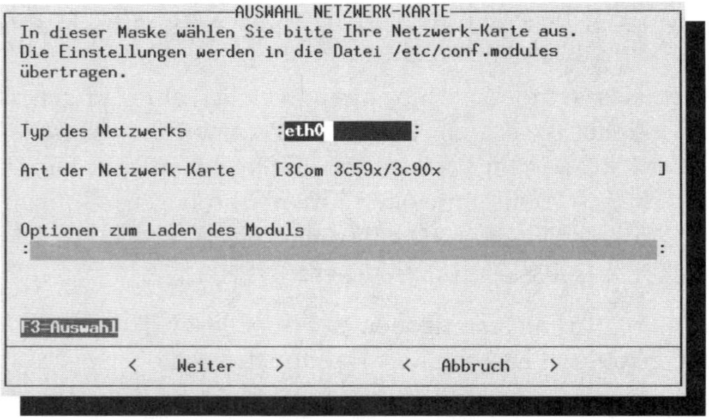

Konfiguration einer Ethernet-Karte

des Netzwerks „eth0" ein. Nach Drücken von Enter öffnet sich ein Menü, in dem verschiedene Netzwerkkarten zur Auswahl angeboten werden.

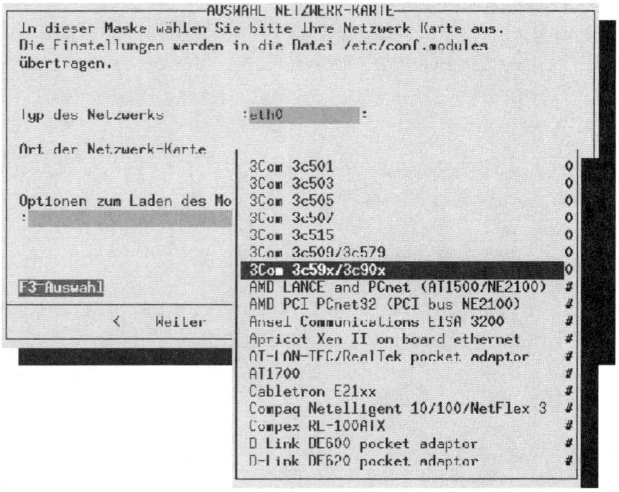

Auswahl des Kartentyps

Wählen Sie jetzt die passende Karte aus und geben Sie die notwendigen Parameter an. Nach Abspeichern der Konfiguration steht Ihnen die Karte zur Verfügung.

3 Wenn Sie hier gelandet sind, heißt das, dass Sie doch in den sauren Apfel beißen und einen neuen Kernel oder zumindest ein neues Modul generieren müssen. Gehen Sie wie in Kapitel 9.5 beschrieben vor und wählen Sie im Untermenü *Network device support* den passenden Treiber am besten als Modul aus.

4 Jetzt geht es endlich an die Einstellung der Adressen. Dafür benötigen Sie noch einige Informationen über Ihre Netzwerkumgebung. Wir stellen uns zwei mögliche Szenarien vor:

- Sie wollen Ihren Rechner in ein bestehendes Netz einhängen.
- Sie wollen ein neues Netz aufbauen.

Im ersten Fall fragen Sie Ihren Netzwerkverwalter nach den folgenden Daten:

- IP-Adresse
- Netzmaske
- Domainname
- Adresse des Gateways oder Routers
- Adresse(n) des Domain Name Server

Ferner sollten Sie ihn bitten, Ihren Rechner selbst in den Name Server einzutragen. Es kann sein, dass Ihr Netzwerkadministrator das Netz dynamisch verwaltet. Sie haben dann keine fest zugeordnete IP-Adresse, Ihr Rechner bekommt bei jedem Neustart eine Adresse per *bootp* oder *dhcp* dynamisch zugewiesen. Die Distributionen von RedHat und SuSE sind für diesen Fall gerüstet. Es wird bei dieser Konfigurationsart jedoch schwer, Server-Dienste auf Ihrem Rechner anzubieten. Falls Sie dies vorhaben, bitten Sie Ihren Administrator, eine Ausnahme zu machen und Ihnen eine feste Adresse zuzuweisen. Im Übrigen stehen auch manche Dienste im Netz aus Sicherheitsgründen für Rechner ohne feste Bindung zwischen IP-Adresse und Domainnamen nicht zur Verfügung.

Lässt Ihr Administrator sich nicht überzeugen, dann benötigt er von Ihnen die Angabe der Ethernet- oder der *MAC*-Adresse. Jede Netzwerkkarte weltweit ist mit einer eindeutigen 12-stelligen Hexadezimal-Nummer ausgestattet, die es unter anderem Routern und Bridges erlaubt, mit Hilfe des **A**ddress **R**esolution **P**rotocol (ARP) Netzwerkanschlüsse und IP-Adressen zuzuordnen. Die Ausgabe des *ifconfig*-Kommandos zeigt diese Adresse an.

```
paco:~ # ifconfig eth0
eth0      Linkverkapselung:Ethernet  HWaddr 02:60:8C:43:C0:2E
          inet addr:192.168.1.1  Bcast:192.168.1.255  Maske:255.255.255.0
          EtherTalk Phase 2 Adr:65280/219
```

```
UP BROADCAST RUNNING MULTICAST  MTU:1500  Metric:1
Empfangene Pakete:0 Fehler:0 Weggeworfen:0 Überlauf:0 Rahmen:0
Verschickte Packete:35 Fehler:0 Weggeworfen:0 Überlauf:0 Rahmen:0
Kollisionen:0
```

Sie finden die benötigte Angabe unter *HWaddr*, hier ist es zum Beispiel die Nummer *02:60:8C:43:C0:2E*. Der besseren Lesbarkeit wegen wird nach je zwei Ziffern ein Doppelpunkt eingefügt.

Auch das *dmesg*-Kommando liefert Ihnen die Hardwareadresse. Für unser Beispiel sieht das so aus:

```
paco:~ # dmesg|grep eth0

eth0: 3c503 at i/o base 0x300, node  02 60 8c 43 c0 2e, using internal xcvr.
eth0: 3c503 - 8kB RAM, 8kB shared mem window at 0xd8000-0xd9fff.
```

Hier ist die MAC-Adresse als *node* bezeichnet und die Zweiergruppen sind durch eine Leerstelle getrennt.

Wenn Sie selbst ein Netz aufbauen wollen, dann sind Sie Ihr eigener Netzwerkverwalter und können die Adressen weitgehend selbst bestimmen. Dabei sind einige Punkte zu beachten: Ist Ihr eigenes Netz ein Teilnetz eines größeren **L**ocal **A**rea **N**etworks (LAN)? Dann wird es wieder einen Administrator geben, der Ihnen ein Subnetz zuweist, innerhalb dessen Sie bei der Vergabe der Adressen völlig frei sind. Bei dieser Gelegenheit können Sie ihn auch bitten, den Name Service für Ihr Subnetz zu übernehmen. Sie teilen ihm dann die IP-Adressen und -Namen der Rechner mit, die in Ihrem Teilnetz in nächster Zeit angeschlossen werden sollen.

Vielleicht wollen Sie aber auch ein kleines Netz aufbauen, das nur über einen Internet Service Provider Anschluss an die weite Welt erhalten soll. Für diesen Fall sind eigene, „private" Nummernräume vorgesehen, die nicht nach außen gegeben werden dürfen. Lesen Sie hierzu auch in Kapitel 13.11. Eine der möglichen Netzadressen ist *192.168.1*, die wir Ihnen hier vorschlagen. Geben Sie beispielsweise Ihrem Rechner die Nummer *192.168.1.11*, der Netzmaske *255.255.255.0*. Soll Ihr Rechner selbst der Gateway sein, dann ist die Adresse des Gateways dieselbe, andernfalls muss später die passende Adresse eingetragen werden.

5 Ganz ähnlich wie bei der Konfiguration eines Einwahl-Anschlusses (siehe auch Kapitel 13.2 auf Seite 838) wird auch der lokale Netzwerkanschluss in der RedHat-Distribution über *netcfg* eingerichtet.

Nach Aufruf von *netcfg* sehen Sie den Startbildschirm. Vergessen Sie nicht, dass Sie jetzt unter der Kennung *root* arbeiten und X Windowgestartet sein muss.

Gehen Sie jetzt die Reiter der Reihe nach durch und machen Sie Ihre Eintragungen:

Names: Unter *Names* werden der Hostname (soweit das noch nicht geschehen ist), der Domainname, wie er Ihnen von Ihrem Administrator genannt worden ist, sowie die Adresse des Name Servers

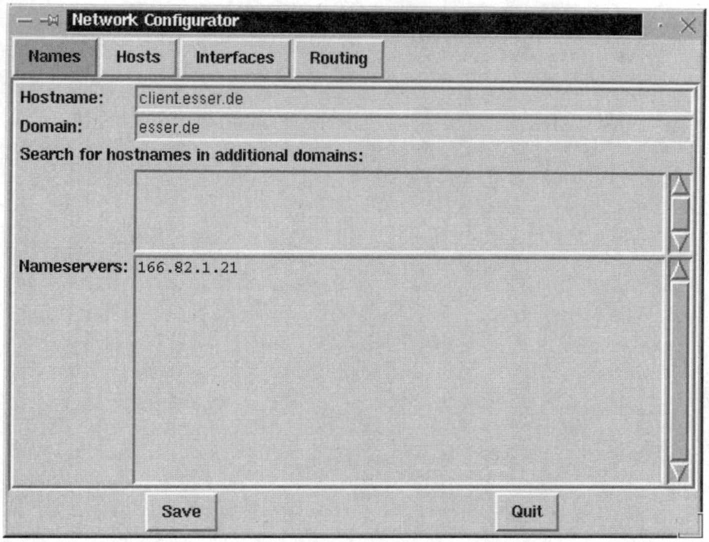

Startbildschirm des Network Configurator

eingetragen. Günstig ist die Angabe mehrerer Name Server, wenn diese zur Verfügung stehen. Bei einem „privaten" Netz kann die Angabe des Domainnamen entfallen. Soll gar keine Verbindung zum Internet aufgebaut werden, braucht auch kein Name Server eingetragen zu werden. Die benötigten Adressen der Rechner in Ihrem lokalen Netz können dann auch alle in der Datei */etc/hosts* verwaltet werden (siehe auch unter Punkt 6).

Hosts: Die Eintragungen des Hostnamens Ihres Rechners erfolgt unter *Hosts*. Tragen Sie hier den Namen und die IP-Adresse Ihres Rechners ein und klicken Sie auf *Add*. An dieser Stelle können Sie übrigens auch weitere Rechner Ihres lokalen Netzes eintragen, wenn diese nicht in einem Name Server erfasst sind.

Interfaces: Bei *Interface* geht es jetzt endlich, endlich ans Eingemachte. Mit *Add* öffnet sich das *Device Chooser*-Fenster, in dem Sie *Ethernet* anklicken. Nach Angabe von *OK* erscheint das *Edit Ethernet/Bus Interface*-Fenster.

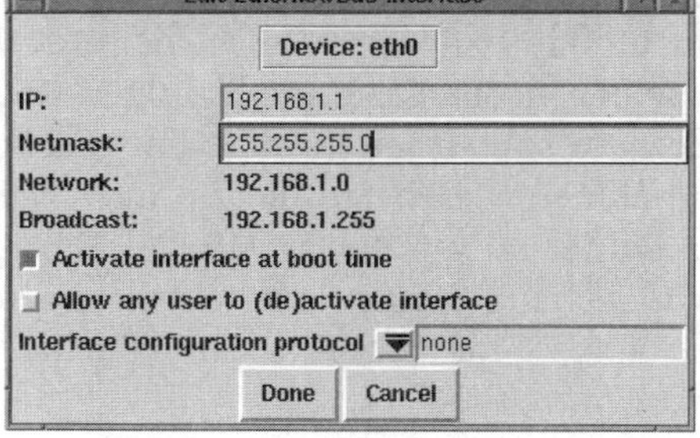

Angabe der Netz-Details bei Konfiguration mit netcfg

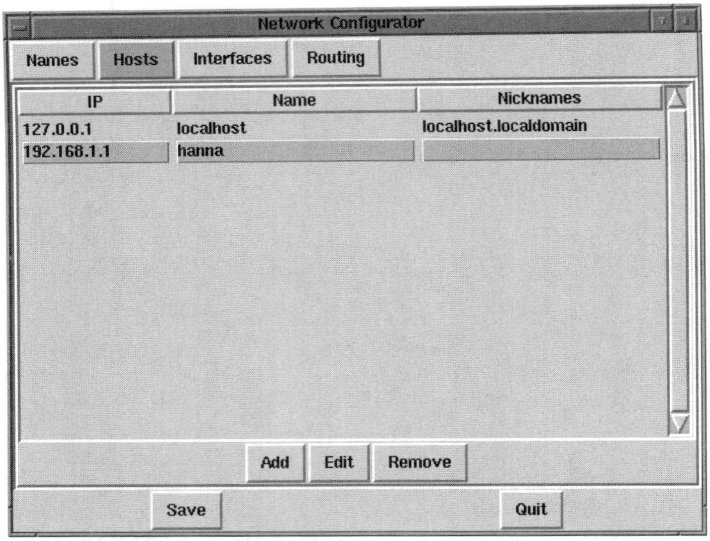

Eintragen des Hostnamens

Nach Angabe der IP-Adresse wird ein Vorschlag für die Netzmaske und Broadcast-Adresse gemacht, korrigieren Sie diese, wenn nötig. Klicken Sie auf *Activate interface at boot time,* damit das Interface automatisch beim Booten aktiviert wird. Aus Sicherheitsgründen wird das nächste Feld nicht aktiviert, sonst könnten Ihnen Ihre Kinder jederzeit das Netz unter den Füßen wegziehen. Der letzte Punkt, *Interface configuration protocol,* ist für diejenigen interessant, denen keine feste Adresse zugewiesen wurde. Der Klick in den Pfeil öffnet ein Pulldown-Menü, in dem Sie das Protokoll für die dynamische Adressvergabe (*bootp* oder *dhcp*) eintragen können. In diesem Fall sollte die Angabe einer IP-Adresse im ersten Feld unterbleiben.

Wenn hier alle Eintragungen gemacht sind, speichern Sie diese mit *Save* ab. Sie kehren dann in das Interface-Menü zurück, der neu eingerichtete Eintrag ist markiert. Aktivieren Sie ihn mit Hilfe des *Activate*-Schalters.

Routing: Wenn Sie einen Kernel mit einer Versionsnummer höher als 2.2 einsetzen, ist die Angabe von Gateways immer dann überflüssig, wenn Ihr Linux-Rechner selbst der Gateway ist. Der Kernel ist dann selbst in der Lage, die richtigen Routen zu finden. Bei älteren Kerneln sollten Sie hier die entsprechenden Einträge von Hand vornehmen. Lesen Sie hierzu auch weiter in Kapitel über Linux als Router oder Gateway (13.11). Gibt es in Ihrem lokalen Netz einen „echten“ Router oder einen anderen Gateway, tragen Sie dessen Adresse hier ein. Aktivieren Sie hier außerdem *Network Packet Forwarding IPv4*.

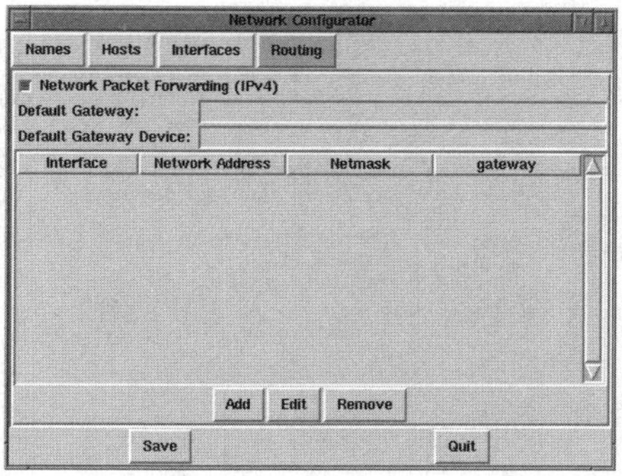

Einstellen des Routings mit netcfg

S.u.S.E.-Tipp

Konfiguration des Netzwerks mit YaST

Nach Aufruf von *YaST* erreichen Sie durch *Administration des Systems/Netzwerk konfigurieren/ Netzwerk Grundkonfiguration* das Netzwerkkonfigurationsmenü. Es öffnet sich das Hauptmenü für die Netzwerkkonfiguration. Wählen Sie hier das erste freie Device und dücken Sie F5.

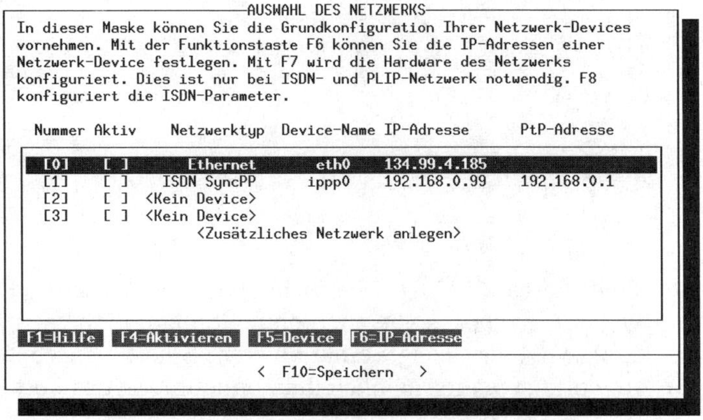

Netzwerkkonfiguration mit YaST

Eine Liste von Netzwerktypen erscheint, wählen Sie *Ethernet.* Mit *Weiter* kommen Sie wieder zurück ins Grundmenü. Zur Eingabe der IP-Adressen wählen Sie F6. Tragen Sie die IP-Adresse Ihres Rechners, die Netzmaske und, falls erforderlich, die IP-Adresse des Gateways ein. Mit F10 werden alle Einstellungen gespeichert. YaST nimmt dann intern alle notwendigen Konfigurationen vor (das kann einen Augenblick dauern). Mit *Weiter* kommen Sie wieder zurück in das YaST-Hauptmenü.

6 Bevor Sie mit „wirklicher“ Arbeit mit dem Netz beginnen, können Sie überprüfen, ob die Konfiguration auch wirklich erfolgreich war. Dazu können Sie das Kommando *ping* verwenden, das ein Echo über IP von einem anderen oder auch vom eigenen Rechner anfordert. In der normalen Konfiguration arbeitet *ping* in einer Endlosschleife. Nach Abbruch mit Strg+C gibt es einige statistische Informationen aus.

(a) Testen der IP-Unterstützung auf dem eigenen Rechner:

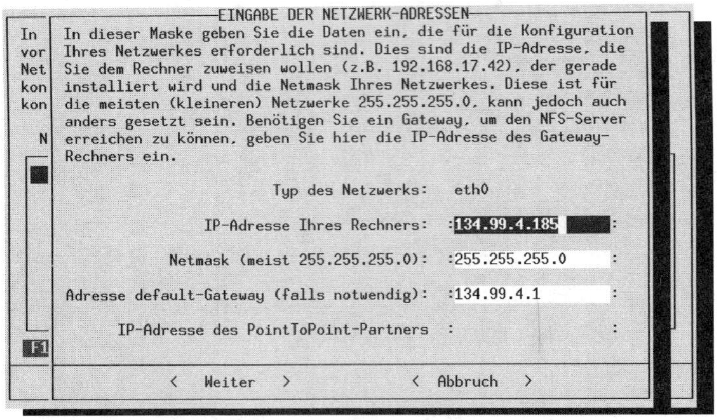

Angabe der IP-Adressen mit YaST

```
paco:~ # ping 127.0.0.1

PING 127.0.0.1 (127.0.0.1): 56 data bytes
64 bytes from 127.0.0.1: icmp_seq=0 ttl=255 time=0.1 ms
64 bytes from 127.0.0.1: icmp_seq=1 ttl=255 time=0.1 ms
64 bytes from 127.0.0.1: icmp_seq=2 ttl=255 time=0.1 ms
64 bytes from 127.0.0.1: icmp_seq=3 ttl=255 time=0.0 ms
64 bytes from 127.0.0.1: icmp_seq=4 ttl=255 time=0.1 ms
   :
Strg+C
--- 127.0.0.1 ping statistics ---
5 packets transmitted, 5 packets received, 0% packet loss
round-trip min/avg/max = 0.0/0.0/0.1 ms
```

Die IP-Adresse *127.0.0.1* bezeichnet den *localhost*. Das Kommando *ping* auf *localhost* sollte auch ohne Konfiguration einer Netzwerkkarte, wie hier gezeigt, funktionieren. Erhält man von *ping* keine Antwort, ist wahrscheinlich die Konfiguration des Kernels falsch.

(b) Testen des Network-Devices:

```
paco:~ # ping 192.168.1.1
PING 192.168.1.1 (192.168.1.1): 56 data bytes
64 bytes from 192.168.1.1: icmp_seq=0 ttl=255 time=0.1 ms
64 bytes from 192.168.1.1: icmp_seq=1 ttl=255 time=0.1 ms
64 bytes from 192.168.1.1: icmp_seq=2 ttl=255 time=0.1 ms
64 bytes from 192.168.1.1: icmp_seq=3 ttl=255 time=0.1 ms
64 bytes from 192.168.1.1: icmp_seq=4 ttl=255 time=0.1 ms
   :
Strg+C
--- 192.168.1.1 ping statistics ---
5 packets transmitted, 5 packets received, 0% packet loss
round-trip min/avg/max = 0.1/0.1/0.1 ms
```

Statt der IP-Adresse *192.168.1.1* geben Sie hier die eigene IP-Adresse ein. Die hier gezeigte Ausgabe zeigt an, dass die Netzwerkkarte ordnungsgemäß konfiguriert ist und arbeitet.

(c) Wenn Ihr lokales Netz nicht nur aus Ihrem eigenen Rechner besteht, können Sie versuchen, ob dieser auf ein *ping* reagiert. Auch der Gateway oder der Router lässt sich so in Anspruch nehmen.

```
paco:~ # ping 192.168.1.2
64 bytes from 192.168.1.1: icmp_seq=0 ttl=255 time=0.1 ms
64 bytes from 192.168.1.1: icmp_seq=1 ttl=255 time=0.1 ms
64 bytes from 192.168.1.1: icmp_seq=2 ttl=255 time=0.1 ms
64 bytes from 192.168.1.1: icmp_seq=3 ttl=255 time=0.1 ms
64 bytes from 192.168.1.1: icmp_seq=4 ttl=255 time=0.1 ms
64 bytes from 192.168.1.1: icmp_seq=5 ttl=255 time=0.1 ms
      :
paco:~ # Strg+C
```

Tut sich hier – anders als in unserem Beispiel – nichts, dann kann es natürlich auch an dem anderen Rechner liegen. Wenn der aber schon erfolgreich am Netz ist, liegt das Problem in der eigenen Konfiguration oder an der Hardware. Es hilft nichts, gehen Sie nochmals alle vorigen Schritte durch und lesen Sie auch das Kapitel 13.13. Vielleicht liegt es nur an einem nicht richtig eingesteckten Stecker oder an einem fehlenden Endwiderstand.

7 Natürlich kann auch die ganze Konfiguration „von Hand" erledigt werden. Ich persönlich finde das eigentlich auch viel einfacher. Das ganze Geheimnis steckt nämlich nur in einem einzigen Kommando, dem *ifconfig*-Befehl.

Mit

```
paco:~ # ifconfig eth0 192.168.1.1 netmask 255.255.255.0 up
```

steht Ihr Netz nämlich auch schon.

Es müssten dann noch einige Eintragungen für den Name Service und den Namen Ihres Rechners im Netz gemacht werden, und fertig wäre die Angelegenheit. Jedenfalls fast: Der Nachteil der obigen Methode liegt darin, dass das *ifconfig*-Kommando nur so lange wirkt, wie Sie Ihren Rechner nicht herunterfahren. Nach einem Neustart müssen Sie das Kommando wiederholen. Sie könnten das Kommando natürlich auch in eine *Start*-Datei eintragen (z. B. in */etc/rc.d/rc.local*), damit es bei jedem Neustart wieder ausgeführt wird. Aber auch darin ist es nicht hundertprozentig sicher: Nach einem System-Update könnten Informationen verloren gehen, auch wenn die Distributoren versprechen, von dieser Datei ihre Finger zu lassen.

Besser ist auf jeden Fall, die Konfigurations- und Startup-Möglichkeiten der jeweiligen Distribution zu verwenden. Leider liegen da auch die Hauptunterschiede der verschiedenen Linux-Varianten.

Bei RedHat werden die Informationen in das Directory */etc/sysconfig/network-scripts* und in die Datei */etc/sysconfig/network* eingetragen. In Kapitel 13.2 wurde beschrieben, wie das für die PPP-Konfiguration funktioniert. Auch hier wird eine Datei mit dem Namen *ifcfg-eth0* für das Device *eth0* angelegt. In unserem Beispiel hat diese Datei den folgenden Inhalt:

```
DEVICE=eth0
USERCTL=no
ONBOOT=yes
BOOTPROTO=none
BROADCAST=192.168.1.255
NETWORK=192.168.1.0
NETMASK=255.255.255.0
IPADDR=192.168.1.1
```

Die allgemeinen Einstellungen finden sich in der Datei */etc/sysconfig/network*, die so aussehen kann:

```
NETWORKING=yes
FORWARD_IPV4=yes
HOSTNAME=hanna
GATEWAYDEV=
GATEWAY=
```

Das „Geheimnis" der RedHat-Konfigurations-Tools ist die Erstellung bzw. Veränderung dieser Dateien. Wenn Sie genau wissen, was Sie tun, können Sie diese Files auch selbst erstellen oder verändern, zum Beispiel, wenn Sie die IP-Adresse verändern wollen.

Die SuSE-Distribution hat ein anderes Konzept. Hier werden grundsätzlich alle spezifischen Systemeinstellungen in der Datei */etc/rc.config* vermerkt. Für die Netzwerkeinträge sieht das zum Beispiel so aus:

Wenn Sie hier Änderungen „von Hand" vornehmen, vergessen Sie bitte nicht, anschließend *SuSEconfig* aufzurufen, damit die geänderten Einstellungen auch in die Startup-Skripts übernommen werden.

Unabhängig von der Distribution sind die Dateien, die für die Koppelung von Domainnamen zu IP-Adressen zuständig sind. Genaueres können Sie zu diesen Dateien in Kapitel 13.2 auf Seite 844 nachlesen. Auf jeden Fall gebraucht wird die Datei */etc/hosts*.

```
127.0.0.1       localhost       localhost.localdomain
192.168.1.1     hanna
```

Jede Zeile von */etc/hosts* enthält einen Eintrag für einen – ganz grob gesprochen – Rechner, sie beginnt mit der IP-Adresse, nach Leerzeichen oder [Tab] folgt der Rechnername, der Domainname. Es können auch mehrere Rechnernamen angegeben werden, dann kann der Rechner auch unter einem Alias angesprochen werden. Von besonderer Bedeutung ist die erste Zeile mit dem Eintrag für *localhost*. Einen solchen Eintrag mit genau dieser IP-Adresse enthält jeder Unix-Rechner. Er gehört zu dem *loopback*-Device und ermöglicht den lokalen Zugriff auf Netzwerkdienste.

Das *loopback*-Device können Sie auch bei der Ausgabe des *ifconfig*-Kommandos sehen.

Die zweite Zeile ist der Eintrag für Ihren Rechner. Falls Sie ein lokales Netz ohne Name Server aufgebaut haben, können Sie alle Rechner in Ihrem Netz auch hier eintragen, Sie können sie dann per Namen ansprechen.

Workshop-Ende

13.11 Router und Gateway: Linux als Tor zum Internet

Router und Gateway: diese Begriffe tauchen im Zusammenhang mit der Internet-Technologie immer wieder auf. Was ein Router ist, haben wir schon in Kapitel 13.8 etwas näher erklärt. In diesem Kapitel wollen wir Ihnen zeigen, wie Sie aus Ihrem Linux-Rechner einen Router oder ein Gateway machen können. Dabei soll auch etwas näher auf den Begriff des Gateways eingegangen werden.

Zweimal Ethernet gleich einmal Router

Die Schritte zum Installieren und Konfigurieren einer Ethernet-Karte lassen sich natürlich ganz genauso zweimal für zwei Ethernet-Karten durchführen. Wenn die beiden Ethernet-Karten an getrennten physikalischen Kabelnetzen angeschlossen sind, werden diesen in der Regel auch getrennte logische IP-Subnetze entsprechen. Dann bekommt der Linux-Rechner auch an jedem der beiden Interfaces – etwa *eth0* und *eth1* – jeweils eine IP-Adresse in dem jeweiligen Subnetz.

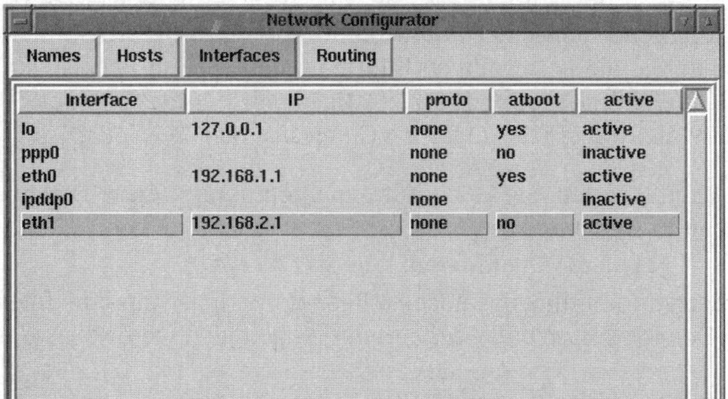

Konfiguration einer zweiten Netzwerkkarte mit netcfg

Und damit ist der Router zwischen den beiden Subnetzen bereits fertig!

Allein aus den IP-Adressen und den Netzmasken an den beiden Interfaces *eth0* und *eth1* gewinnt der Linux-Kernel die erforderliche Information für diese Router-Funktion. Die entsprechenden Daten für das Routing stehen in Einträgen der so genannten Routing-Tabelle im Kernel. Mit dem Kommando *netstat* können Sie die Schnittstellen- und die Routing-Tabelle einsehen.

```
paco:~ # netstat -in
Kernel Schnittstellentabelle
SStelle MTU  Met RX-OK RX-Feh RX-DRP RX-Ülf TX-OK TX-Feh TX-DRP TX-Üb Flg
eth0    1500 0   0     0      0      0      35    0      0      0 BRU
eth1    1500 0   0     0      0      0      0     0      0      0 BRU
lo      3924 0   9     0      0      0      9     0      0      0 LRU
paco:~ # netstat -nr
Kernel IP Routentabelle
Ziel         Router   Genmask         Flags   MSS Fenster irtt Iface
192.168.1.1  0.0.0.0  255.255.255.255 UH        0 0          0 eth0
192.168.2.1  0.0.0.0  255.255.255.255 UH        0 0          0 eth1
192.168.2.0  0.0.0.0  255.255.255.0   U         0 0          0 eth1
192.168.1.0  0.0.0.0  255.255.255.0   U         0 0          0 eth0
127.0.0.0    0.0.0.0  255.0.0.0       U         0 0          0 lo
```

In diesem Beispiel ist *192.168.1.0* das Subnetz, in dem die Netzwerkkarte *eth0* hängt, und *192.168.2.0* für *eth1*. (Diese Beispiel-IP-Adressen können im realen Fall so nicht gewählt werden, da es sich um für Privatnetze reservierte Adressbereiche handelt, die nicht geroutet werden. Wir wollten hier als Beispiel keine „echten“ Adressen nennen.)

Wenn in einem der Subnetze – sagen wir hinter *eth0* – ein anderer Router existiert, der das Bindeglied zum Rest des Internet herstellt, muss dieser unter Umständen noch als Default-Router in einer statischen Route angegeben werden. Auch hier kann das wieder mit *netcfg* erledigt werden. Wählen Sie im Hauptmenü den Reiter *Routing* und dort *Add*. Im sich öffnenden Fenster tragen Sie die notwendigen Informationen ein. Im Beispiel sind dies für *Device eth1*, für *Network 192.168.2.0*, für *Netmask 255.255.255.0* und für *Gateway* die Adresse des externen Gateways, hier *192.168.2.5*.

„Per Hand“ hätten Sie auch für eine temporäre Aktivierung ein *route*-Kommando eingeben können:

```
paco:~ # route add -net default gw 192.168.2.5
```

Damit diese Änderung das nächste Reboot überlebt, muss die folgende Zeile in die Datei */etc/sysconfig/static-routes* eingetragen werden.

```
eth1 net 192.168.2.0 netmask 255.255.255.0 gw 192.168.2.5
```

Alle Rechner im Subnetz hinter *eth0* können dann den Linux-Rechner als Default-Gateway ins Internet verwenden.

Noch eine Anmerkung: Bei der Kernelgenerierung (siehe auch Seite 418) können Sie angeben, ob Ihr Linux-Rechner als Host oder als Router optimiert werden soll. Wenn die Router-Funktion für Sie im Vordergrund steht, denken Sie darüber nach, ob Sie den Kernel mit eingeschalteter Optimierung als Router neu generieren wollen.

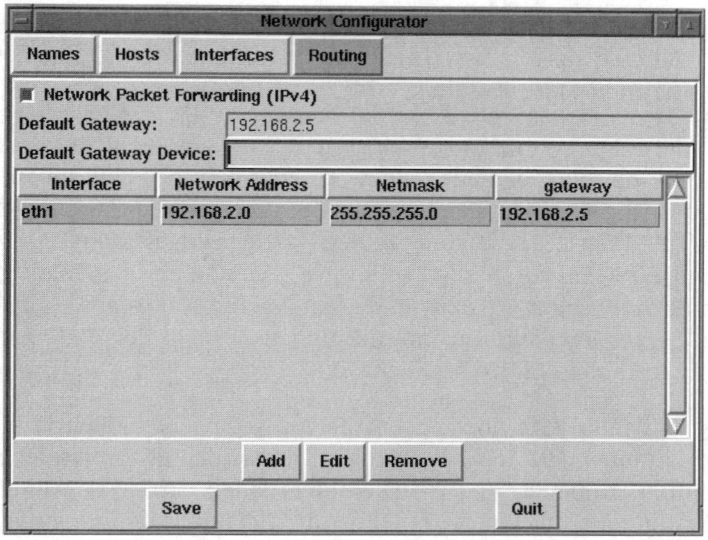

Gateway-Konfiguration im zweiten lokalen Netz

Einmal Ethernet plus einmal Modem oder ISDN: Das perfekte Internet-Gateway

Sie haben einen Linux-Rechner in einem lokalen Netz und mit einem Internet-Zugang über einen Service-Provider per Modem oder besser noch ISDN? Dann liegt es nahe, auch den anderen PCs oder Macs im lokalen Netz über den einen Rechner den Weg ins Internet zu eröffnen – die Pakete von dem einen Draht zum anderen routen, das kann Ihr Linux ja, wie Sie im letzten Abschnitt gelernt haben.

Dabei gibt es aber einen Haken, mit einfachem „Routing“ ist es in diesem, in der Praxis doch sehr häufig vorkommenden Fall nicht getan.

Mit den bisher schon in diesem Kapitel besprochenen Punkten lässt sich das Problem leicht klarmachen. Nehmen wir an, auf einem Windows-PC in Ihrem Netz startet ein Mitbewohner etc. den Browser, um Informationen aus dem Internet zu beschaffen. Der PC könnte z. B. die IP-Adresse *192.168.1.5* in Ihrem Netz haben. Diese Adresse steckt dann als Absenderadresse in den Paketen, die über das Ethernet an den Linux-Rechner und von diesem an den Einwahlknoten des Service-Providers geschickt werden.

Wenn das Paket unverändert über den PPP-Link hinausgeht, wird es vielleicht sogar zu dem Zielsystem, z. B. einem Webserver, durchgeroutet. Dort aber ist spätestens Endstation, denn eine Antwort findet keinen Weg in Ihr privates Netz zurück, und jeder TCP-Verbindungsaufbau führte so zwangsläufig zu einer Zeitüberschreitung.

Sie werden Ihren Service-Provider auch nicht dazu bewegen können, Ihnen mehr als eine IP-Adresse zuzuweisen, für die er das Routing übernimmt. Sie müssen schon mit der einen, bei jedem Einwählen dynamisch zugewiesenen IP-Adresse auskommen. Die Funktion im Linux-Kernel, die das möglich macht, heißt IP-Masquerading.

Wenn diese Funktion passend eingerichtet ist, geschieht mit dem IP-Paket im obigen Beispiel Folgendes: Bevor es über den PPP-Link hinausgeschickt wird, wird die Absenderadresse – *192.168.1.5* im Beispiel – durch die Adresse am PPP-Interface, die vom Service-Provider zugewiesen wurde, ersetzt. Ab dem Einwahlknoten sieht es so aus, als stamme das Paket von Ihrem Linux-Rechner selbst – das ist in diesem Fall die Maskerade. Antworten von einem Server irgendwo im Internet finden deshalb den Weg zurück – zu dem eingewählten Linux-Rechner.

Ein Schritt fehlt jetzt noch, denn die Antwortpakete sollen ja zu dem PC mit IP-Nummer *192.168.1.5* gelangen, damit der PC-Browser eine HTTP-Verbindung aufbauen und ein Dokument laden kann. Die weitere Adressinformation, die der Linux-Kernel für die richtige Zuordnung der IP-Pakete von und zu dem PC im „verkleideten" Netz heranzieht, sind die Portnummern, die es in gleicher Weise in TCP und UDP gibt. Der Browser wird eine Portnummer für den Verbindungsaufbau zum HTTP-Server auswürfeln, sagen wir 1035. Die Masquerading-Funktion im Linux-Kernel ersetzt außer der Quell-IP-Adresse auch diese Quell-Portnummer durch einen neu gewählten Wert und behält die Zuordnung IP-Adresse und Portnummer zur „Masquerading"-Portnummer in einer Tabelle. Die Einträge dieser Tabelle, die erst nach Timer-Ablauf entfernt werden, dienen einerseits der Zuordnung der Antwortpakete innerhalb einer TCP-Verbindung oder auf eine Anfrage über UDP, andererseits der gleichen „Verkleidung" aller Pakete zu einer TCP-Verbindung.

Das Verfahren des Masquerading funktioniert ohne Einschränkungen, solange die Initiative – in Form eines TCP-Verbindungsaufbaus oder einer Anfrage über UDP – von einem Rechner im privaten Netz ausgeht. Dies gilt für das Abrufen oder Senden der Mail etwa vom Service-Provider, für das Surfen im Internet (mit dem HTTP-Protokoll) und auch für einen Telnet-Dialog. Dienste, die einen Verbindungsaufbau zu einem PC im privaten Netz erfordern, funktionieren dagegen nicht.

Auch bei FTP-Dateiübertragungen gibt es Besonderheiten zu beachten. Normalerweise baut ein FTP-Server für jeden Dateitransfer eine Verbindung von seinem Data-Port mit der Nummer 20 zu einem vom Client geöffneten und mittels PORT-Kommando bekannt gemachten auf. Dieses normale Verfahren geht über IP-Masquerading schief. Bei so genannten Passive Mode Transfers des File-Transfer-Protokolls, vom Client angefordert über das PASV-Kommando, werden auch die Verbindungen für Dateiübertragungen vom Client aufgebaut und das Problem entfällt.

Hier einige Informationen zu FTP-Clients auf PCs und Macs:

- Der Netscape-Browser benutzt immer den passiven Modus für FTP-Übertragungen.
- WS_FTP unter Windows bietet unter den *Advanced Profile Parameters* die Option *Passive transfers* in den einzelnen Verbindungsprofilen.
- Fetch auf dem Macintosh hat unter *Customize/Preferences.../Firewall Options* die Wahlmöglichkeit *Use passive mode transfers (PASV)* als globale Einstellung.

Linux für IP-Masquerading vorbereiten

1 Stellen Sie sicher, dass Ihr Linux-Kernel für IP-Masquerading vorbereitet ist. Wenn Sie einen neuen Kernel bauen müssen, achten Sie auf folgende *Networking Options*:

- General setup: Networking Support
- Networking options: Unix domain sockets
- Networking options: TCP/IP networking
- Networking options: IP: firewalling
- Networking options: IP: masquerading

2 Das Kommando, mit dem die Optionen für Masquerading eines Privatnetzes gesetzt werden, heißt in aktuellen Linux-Versionen *ipchains*. Folgende Kommandos – in dem Startskript */etc/rc.d/rc.local* ergänzt – leisten das Gewünschte:

```
ipchains -P forward DENY

ipchains -A forward -s 192.168.1.0/24 -d 0.0.0.0/0 -j MASQ
```

3 Wenn Sie „verkleidete" Verbindungen zur Laufzeit inspizieren möchten, können Sie – als *root* – folgendes Kommando geben:

```
paco:~ # ipchains -M -L -n
IP masquerading entries
prot expire   source        destination    ports
UDP  02:45.23 192.168.1.2   134.99.128.2   32768 (61000) -> 53
TCP  11:52.21 192.168.1.2   134.99.128.2   2054 (61001) -> 23
TCP  00:16.16 192.168.1.2   134.99.128.5   2057 (61003) -> 56372
TCP  14:28.87 192.168.1.2   134.99.128.5   2056 (61002) -> 21
TCP  01:16.32 192.168.1.2   134.99.128.5   2059 (61005) -> 45526
TCP  00:58.12 192.168.1.2   134.99.128.5   2058 (61004) -> 29426
TCP  14:59.81 192.168.1.2   134.99.128.5   2060 (61006) -> 24898
```

In der Spalte *source* finden Sie die IP-Adresse des Rechners Ihres Mit-Surfers, unter *destination* die Zieladresse. Was durch das Masquerading geschieht, sehen Sie in der *ports*-Spalte: Die Quell-Portnummer links wird vom Linux-Kernel durch die in Klammern stehende Nummer ersetzt, wenn das Paket zum Zielport rechts auf dem Zielsystem übertragen wird.

Die erste Zeile stammt von einer DNS-Abfrage (Portnummer 53 über UDP), die zweite Zeile von einer Telnet-Sitzung (Portnummer 23), die vierte von einer FTP-Sitzung (Portnummer 21), alle anderen von zum Teil schon beendeten TCP-Verbindungen von FTP-Datenübertragungen. Bei letzteren ist die Verfallszeit in der Spalte *expires* kürzer als bei noch bestehenden TCP-Verbindungen.

Übrigens: Die Option *-n* verhindert die Namensauflösungen über DNS in den *source*- und *destination*-Spalten und beschleunigt die Kommandoausführung gewaltig.

Ein nicht ganz ernst gemeinter Tipp am Ende: Lassen Sie den Datenschutzbeauftragten nicht über Ihre Schulter gucken, wenn Sie dieses Kommando ausführen, Sie spionieren gerade Ihre Kollegen an den anderen PCs aus!

Tipp: Der perfekte Komfort für Ihre Mit-Surfer

Nennen wir sie einmal Ihre Mit-Surfer – Ihre Mitbewohner oder Kollegen im kleinen Betrieb, die über Ihr Privatnetz den Internet-Zugang des Linux-Rechners mitbenutzen möchten. Diese gelangen von ihren Rechnern aus nur ins Internet, wenn vorher vom Linux-System aus die Verbindung zum Service-Provider hergestellt wurde. Also erst mal Rechner hochfahren, einloggen, Linux-Kommando erinnern ...

Ohne den Rechner (und ggf. das Modem) einzuschalten, geht es natürlich nicht. Für den Rest können Sie es so einrichten, dass Ihre Mit-Surfer die Verbindung von ihrem eigenen Browser auf einem PC oder Mac aufbauen und auch wieder abbauen können. Natürlich nur, wenn Sie dies zulassen möchten, folgen Sie einfach unserem Tipp.

1. Als Voraussetzung brauchen Sie einen HTTP-Server auf dem Linux-Rechner. Am einfachsten können Sie den Apache-Server aus der SuSE- oder der RedHat-Distribution nach Vorgabe installieren. Bei der hier gewählten Lösung sind keinerlei spezielle Module wie PHP erforderlich. Als zusätzliches „Goodie" können Sie die Distributions-eigene Dokumentation mit dem Browser vom eigenen Server abrufen unter *http://localhost/*.

2. Die folgende Perl-Quelle erfassen Sie in einer Datei z. B. mit Namen *dial.cgi* und legen sie ins CGI-Verzeichnis des HTTP-Servers, standardmäßig */home/httpd/cgi-bin* oder */usr/local/httpd/cgi-bin*; die Datei sollte den Mode *-rwxr-xr-x* haben (Kommando: *chmod 755 /home/httpd/cgi-bin/usernetctl.cgi*), damit der HTTP-Server sie auf jeden Fall ausführen kann. Das kleine CGI-Programm basiert entweder auf dem Programm *usernetctl* oder auf *wvdial*, auf denen die in Kapitel 13.2 besprochenen Einwahlkommandos beruhen, und teilt deren Schwächen.

3 Setzen die Variable *$usernetctl* auf 1, wenn Sie *usernetctl* benutzen. Wenn Sie *wvdial* bevorzugen, dann können Sie das Script unverändert lassen.

4 Natürlich müssen vor Benutzung des Scripts die Verbindungsmethoden (also *wvdial* oder *usernetctl*) richtig konfiguriert sein. Lesen Sie dazu in Kapitel 13.2 auf Seite 836 oder auf Seite 838.

5 Damit das Script auch unter dem Apache-Server funktioniert, muss die Apache-Benutzerkennung berechtigt sein, sich einzuwählen. Für *usernetctl* wird dies mit Hilfe des Tools *netcfg* festgelegt. Wenn Sie *wvdial* benutzen, muss die Kennung *wwwrun* in die Gruppen *uucp* und *dialout* eingetragen sein. Außerdem ist es erforderlich, den WWW-Server danach einmal neu zu starten.

```
#!/usr/bin/perl
# Copyright: Elisabeth Dregger-Cappel

# Ggf. zu ändernde Variable:
# 1. $netif: PPP-Interface
$netif = "ppp0";
# 2. $usenetctl
#     = 1: PPP-Interface ist mit netcfg eingerichtet
#     = 0: PPP-Interface ist über wvdialconf (bzw. yast) eingerichtet
$usenetctl = 0;

print "Content-Type: text/html\r\nCache-Control: no-cache\r\n\r\n";
$htdoc = $ENV{'PATH_TRANSLATED'};
$script = $ENV{'SCRIPT_NAME'};

if ($htdoc =~ m|^/\S+| && open(IN,$htdoc))
{ $inbodytag = 0;
  while (<IN>)
  { print $_;
    last if (/<body.*>/i || />/ && $inbodytag);
    $inbodytag = 1 if (/<body/i);
  }
  $dodoc = 1;
  $script .= $ENV{'PATH_INFO'};
}
else
{ print <<"EOF";
<html>
<head>
<title>Zugang zum Internet...</title>
</head>
<body>
EOF
  $dodoc = 0;
}

if ($usenetctl)
{ system("/usr/sbin/usernetctl $netif report");
  $isup = $?;
}
else
{ $isup = 0;
  open(IF,"/sbin/ifconfig $netif|");
```

```
  while (<IF>)
  { $isup = 1 if (/\s+UP\s+/);
    $ipaddr = $1 if (/\s+inet addr:(\S+)\s/);
  }
  close(IF);
}

if ($isup)
{ print "Die Verbindung zum Internet steht!\n";
  print "(IP-Adresse $ipaddr)\n" if (defined($ipaddr));
}
else
{ print "Die Verbindung zum Internet steht <STRONG>nicht</STRONG>!\n";
}

$func = $ENV{'QUERY_STRING'};
$func =~ s/^f=//;
$| = 1;

if ($func eq "up")
{ if ($usenetctl)
  { system("/usr/sbin/usernetctl $netif up");
  }
  else
  { $SIG{SIGCHLD} = "IGNORE";
    $pid = fork();
    if ($pid == 0)
    { $SIG{SIGINT} = "IGNORE";
      $SIG{SIGHUP} = "IGNORE";
      close(STDOUT);
      close(STDERR);
      open(STDOUT,">/tmp/wvdial-cgi.out");
      open(STDERR,">/tmp/wvdial-cgi.err");
      exec("/usr/bin/wvdial");
    }
  }
  print "<STRONG>Verbindung wird jetzt aufgebaut.</STRONG>\n";
}
elsif ($func eq "down")
{ if ($usenetctl)
  { system("/usr/sbin/usernetctl $netif down");
  }
  else
  { system("/usr/bin/killall -TERM wvdial");
  }
  print "<STRONG>Verbindung wird jetzt abgebaut.</STRONG>\n";
}
elsif ($isup)
{ print "<A HREF=\"$script?f=down\">Verbindung abbauen</A>\n";
}
else
{ print "<A HREF=\"$script?f=up\">Verbindung aufbauen</A>\n";
}

if ($dodoc)
{ while (<IN>)
  { print $_;
  }
  close(IN);
```

```
}
else
{ print <<"EOF";
</body>
</html>
EOF
}
```

6 Wenn Ihre Mit-Surfer jetzt die Seite

http://192.168.1.1/cgi-bin/dial.cgi

aufrufen, sehen sie an der Ausgabe, ob die Verbindung steht oder nicht, und haben einen Link, um die Verbindung auf- bzw. abzubauen. Alternativ kann der Aufruf auch so aussehen:

http://192.168.1.1/cgi-bin/dial.cgi/home.html

Dann wird die spezielle Ausgabe des CGI-Programms in eine vorhandene HTML-Seite eingefügt – hier mit Namen *home.html*, die im Dokumentenverzeichnis des Servers (Standard */home/httpd/html*) liegen muss. Eine solche Seite kann z. B. die bevorzugten Links ins Internet enthalten.

13.12 Das eigene Postamt zu Hause – Sendmail & Co.

Sind Sie nur neugierig oder wollen Sie wirklich ein eigenes „Postamt" zu Hause aufmachen? Die Neugier wollen wir hier gerne befriedigen, die anderen seien vorweg gewarnt. Die Installation und die Konfiguration eines Mail-Servers gehört mit zu den kritischsten Punkten bei der Anbindung eines Rechners an das Internet.

Vielleicht sind Sie ob dieser Einleitung ein wenig erstaunt, bisher haben wir Sie immer ermutigt, alles auszuprobieren und so Ihren Linux-Rechner auch „ganz in Besitz zu nehmen". Nur zu: Ausprobieren können Sie den eigenen Mail-Server, ob Sie ihn aber dauerhaft in Betrieb lassen, sollten Sie auch davon abhängig machen, ob Sie Zeit und Muße finden, sich regelmäßig um den Betrieb, um die ankommenden Mails, um Patches usw. zu kümmern. Keine Schwierigkeiten sind zu erwarten, wenn Ihr Rechner oder Ihr lokales Netz keine Anbindung an das Internet hat und Sie nur ein lokale Nachrichtenzentrale brauchen. Es kann ja sein, dass Sie Ihrer Tochter, die erst in den frühen Morgenstunden von der Party heimgekehrt ist, eine dringende Mitteilung per E-Mail machen wollen ... Wenn so was öfter vorkommt: Die Kommunikation per E-Mail ist nicht nur für die weite Welt gedacht.

Nehmen wir den umgekehrten Fall an: Ihr Rechner ist in einem Subnetz Teil eines größeren LANs, dann ist die Erstinstallation eines **M**essages **T**ransfer **A**gents (MTA) mit den in den Distributionen enthaltenen Konfigurationen sehr einfach. Aber gerade in diesem Fall sind die „Folgekosten" hoch. Sie müssen sicherstellen, dass auf Dauer die Betreuung Ihres Mail-Servers gewährleistet ist. Anderenfalls gefährden Sie nicht nur die Betriebsbereitschaft Ihres eigenen Rechners, sondern eventuell den guten Ruf Ihrer gesamten Domain. Und das kann im Internet bedeuten, dass viele Sites im Netz von Ihrer Domain keine Mails mehr annehmen. Aus diesem Grunde lassen zum Beispiel viele Hochschulen Mails einfach nicht durch ihre zentralen Router durch, es sei denn, sie haben einige ausgesuchte Mail-Server passiert oder sind an diese addressiert. Sind die zentralen Mail-Server gut gepflegt, so bedeutet das nicht einmal eine Einschränkung, sondern im Gegenteil größere Sicherheit und besseren Komfort für den Endanwender. Wir werden gleich zeigen, wie Sie auch in einer solchen Umgebung einen sinnvollen Mail-Server aufsetzen können.

Gerade im Bereich der Message Transfer Agents gibt es mehrere gute, konkurrierende Produkte. Das noch immer am häufigsten eingesetzte Programmpaket ist jedoch das „klassische" *sendmail*, das sowohl bei RedHat als auch bei SuSE in den CD-ROMs enthalten ist. Bei SuSE werden alternativ auch noch *smail* und *postfix* angeboten. Achten Sie darauf, dass nur eines der Programme installiert wird, da die Pakete sich gegenseitig stören können. Weitere neuere Alternativen sind *qmail* und *exim*, das im Grunde eine Weiterentwicklung von *smail* darstellt. Leider darf *qmail* zur Zeit (noch) nicht mit den gängigen Distributionen mitgeliefert werden, obwohl es sich gerade für kleinere Installationen durch einfache Konfigurationsmöglichkeiten und große Sicherheit in der Benutzung auszeichnet. *exim* ist in erster Linie geeignet für „große" Mail-Server. Es bietet eine Fülle von Optionen und läuft auch bei größeren Providern als zentraler Mail-Server effektiv auch unter Linux. Falls Sie Interesse haben, können Sie sich auf den Webseiten *http://www.exim.org*, *http://www.qmail.org* und *http:/www.postfix.org* informieren.

Wegen der allgemeinen Verbreitung wollen wir hier Einstiegshilfen für *sendmail* geben, da es leicht verfügbar ist und die Distributoren gute Konfigurationshilfen anbieten. Mehr als einen Einstieg in *sendmail* kann dieses Buch allerdings nicht leisten. Das Programm ist sehr umfangreich und bietet eine Unmenge von Möglichkeiten. Es wurde ursprünglich entwickelt, um E-Mail über unterschiedliche Netze (z. B. UUCP und TCP/IP) zu transportieren. Wir werden uns auf einige grundlegende Aspekte beschränken.

▼▼▼ WORKSHOP

Einrichten eines Mail-Servers

Wie schon so häufig in diesem Kapitel gibt es je nach Distribution gänzlich unterschiedliche Konfigurations-Tools, die im Endeffekt immer zum selben Ziel, nämlich zum Einrichten bestimmter Dateien führen. Im Fall von *sendmail* ist dies die Datei */etc/sendmail.cf*. Aber anders als in anderen Fällen ist die Konfiguration „per Hand" hier nicht zu empfehlen, da */etc/sendmail.cf* eine riesige Datei mit einer ganz eigenen Syntax ist. Um eine genaue Anleitung für die direkte Konfiguration zu geben, wäre ein Buch von demselben Umfang vonnöten, wie das, das Sie gerade in Händen halten.

Wir werden im Folgenden eine Kurzanleitung für verschiedene Anwendungszwecke geben:

- Für einen nicht vernetzten Rechner, bei dem Mail nur für die lokale Kommunikation zwischen den verschiedenen lokalen Benutzern oder zwischen einem Programm und einem Benutzer genutzt werden soll. (Es gibt Programme, die zeitversetzt laufen und über Erfolg oder Misserfolg per E-Mail berichten.)
- Für einen Rechner, von dem man sich aus gelegentlich zwecks E-Mail-Empfang und -Versand ins Internet einwählt.
- Für einen Rechner in einem lokalen Netz mit permanenter Anbindung ans Internet.

1 Zunächst sollten Sie sich vergewissern, ob das Programm *sendmail* schon auf Ihrem Rechner installiert worden ist:

```
paco:~ # rpm -qa|grep sendmail
sendmail-8.9.3-10
```

Ist die Antwort so, wie hier angegeben, dann können Sie beim nächsten Punkt weitermachen. Achten Sie bitte auf die Versionsnummer, sie sollte höher als *8.9* sein. Falls Sie nachinstallierten müssen, suchen Sie in Ihrer Distribution das richtige Paket und installieren es mit

```
paco:~ # rpm -i sendmail-8.9.3-10
```

Die Versionsnummer passen Sie entsprechend an.

2 Kontrollieren Sie die Datei */etc/hosts*. Sieht sie etwa so aus:

```
127.0.0.1        localhost
```

oder so:

```
127.0.0.1        localhost
192.168.1.1      paco
```

dann muss nachkonfiguriert werden.

Unter RedHat rufen Sie dazu das Programm *netconf* auf. Sie finden dort unter *Allgemeines* die Basiskonfiguration Ihres Rechners. Falls hier noch kein Rechnername angezeigt wird, tragen Sie hier einen ein. Wechseln Sie dann weiter zu *Adapter1*. In die zweite Zeile, die mit *Aliase (opt.)* beschriftet ist, muss nun der „vollqualifizierte" Hostname eingetragen werden. Falls Sie eine volle Anbindung an das Internet haben, so ist Ihnen der Domainname mitgeteilt worden. Schreiben Sie dann hier: „paco.*domainname*". Wenn Sie ein Einwähler sind, können Sie hier angeben: „paco.localdomain". Nach dem Bestätigen der Eingabe können Sie *netconf* wieder verlassen. SuSE-Benutzer können YaST verwenden, um die notwendigen Angaben zu machen.

/etc/hosts hat dann etwa das folgende Aussehen:

```
127.0.0.1        localhost
192.168.1.1      paco    paco.localdomain
```

3 Wenn Sie E-Mail nur lokal benutzen wollen, sind Sie hier fertig. Anders als es manchmal in der Literatur zu finden ist, ist es nicht nötig, *sendmail* als Dämon immer gestartet zu haben. Lokale Mail wird immer sofort zugestellt, d. h. in der Mail-Box des Benutzers abgelegt. Dazu wird zwar auch *sendmail* benötigt, aber eben nicht als Hintergrundprozess. Als solcher wird es nur gebraucht, wenn es auf aus dem Netz kommende Mails wartet oder wenn E-Mails zwischengespeichert wurden, weil sie nicht direkt verschickt werden konnten.

4 Für alle anderen ist noch etwas an Feinarbeit nötig. Zunächst ist es in jedem Fall sinnvoll, einen „Smart-Host" anzugeben, das ist der Mail-Server, der alle Ihre E-Mails, die für die weite Welt bestimmt sind, annimmt und weiterleitet. Theoretisch könnten Sie auf die Angabe eines solchen Gateways zwar verzichten, aber normalerweise ist die Benutzung dieser Zwischenstation der schnellste und sicherste Weg, die Mails zu verschicken. Für RedHat-Nutzer geht das so: Rufen Sie wieder *netconf* auf und gehen Sie über *Server-Dienste/Mail delivery system (sendmail)* zu *basic information*. Tragen Sie unter *Gateway* Ihren „Smart-Host" ein. Für Einwähler: Das ist der Mail-Server Ihres Internet-Providers. Sie tragen hier dieselbe Adresse ein, die Sie beispielsweise auch bei der Konfiguration von *netscape* als SMTP-Host angegeben haben (siehe auch Seite 881). Diejenigen, die permanent am Internet angeschlossen sind, tragen hier den Mail-Server ihres lokalen Netzes ein.

Achten Sie darauf, dass als *Mail Gateway Protocol smtp* eingetragen ist.

SuSE-Benutzer können den Smart-Host über YaST setzen: Unter den Konfigurationsvariablen gibt es eine Einstellmöglichkeit für *SENDMAIL_SMARTHOST*.

5 Zur Basiskonfiguration gehört auch noch der Zeitabstand, mit dem die Mail-Queue abgearbeitet werden soll. Bei RedHat ist hier der Wert *1* eingestellt. Es ist sicher nicht sinnvoll, jede Minute einen Übertragungsversuch zu starten, tragen Sie hier einen deutlich höheren Wert ein, z. B. *30*.

6 Lassen Sie auf jeden Fall die Voreinstellung *Enable relay control (spammers)* unverändert. Mit dieser Option wird wirkungsvoll verhindert, dass Ihr Rechner von Spammern (das sind diejenigen, die unerlaubte und unerwünschte Werbemails verschicken) missbraucht werden kann. Wenn über Ihren Rechner solche Massenmails verschickt werden, dann können die Folgen für Sie recht dramatisch sein. Die Internet-Gemeinde reagiert ziemlich allergisch auf diese Form des Missbrauchs ...

7 Eine Mail enthält immer den Absender, der normalerweise aus dem Rechnernamen und der Domain gebildet wird. Dorthin wird auch eine Antwort zugestellt werden. Wenn Sie als Einwähler am Internet teil-

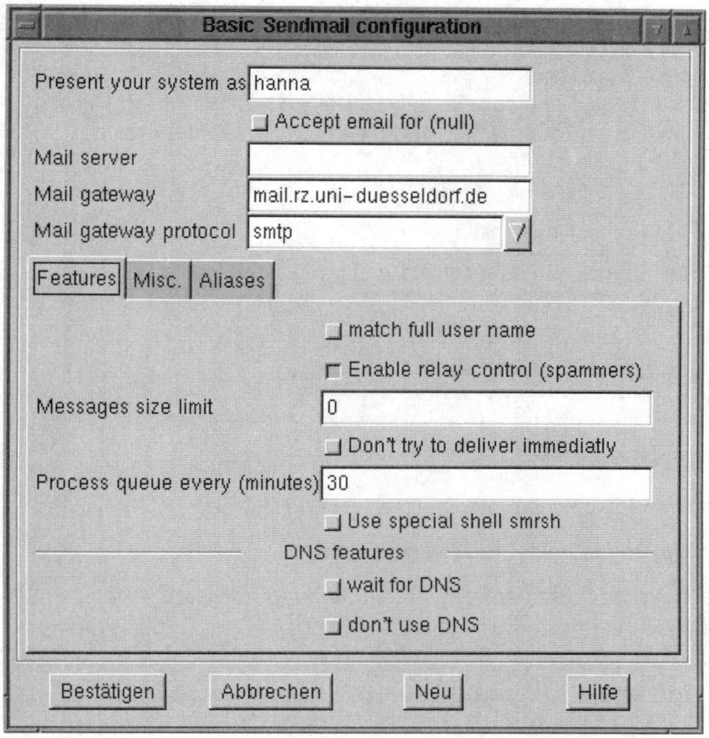

Basiskonfiguration von sendmail

nehmen, dann ist diese Rechneradresse aber nur lokal, also nur Ihnen bekannt. Versuche, an Sie eine Mail mit dieser Adresse zu schicken, müssen zwangsläufig scheitern. Auch kann Ihr Benutzername an Ihrem Linux-Rechner ein ganz anderer sein als der Benutzername bei Ihrem Provider. Darum müssen Sie *sendmail* mitteilen, dass es als Absenderadresse Ihre „offizielle“ Adresse angibt. Das geht über die „Masquerading-Rules“. Mit *netconf* können Sie die „Maskeraden“ einstellen. Vom *sendmail configurator* aus wählen Sie die *masquerading rules*. Im sich öffnenden Fenster auf *neu* klicken und Sie sehen die Maske zum Eintragen der Alias-Namen.

Tragen Sie dort die Adressen von allen Nutzern an Ihrem System ein, die eine Mail-Kennung bei einem Provider besitzen, und zwar die lokale Adresse an Ihrem Linux-Rechner in das *from*-Feld und die Mail-Adresse beim Provider in das *new from*-Feld.

S.u.S.E.-Tipp

Voreingestellte Szenarien von SuSE nutzen.

In der SuSE-Distribution gibt es vorkonfigurierte Varianten von *sendmail*. Nach Aufruf von YaST gehen Sie über *Administration des System/Netzwerkkonfiguration/Mail-System einrichten* und können unter drei Varianten wählen:

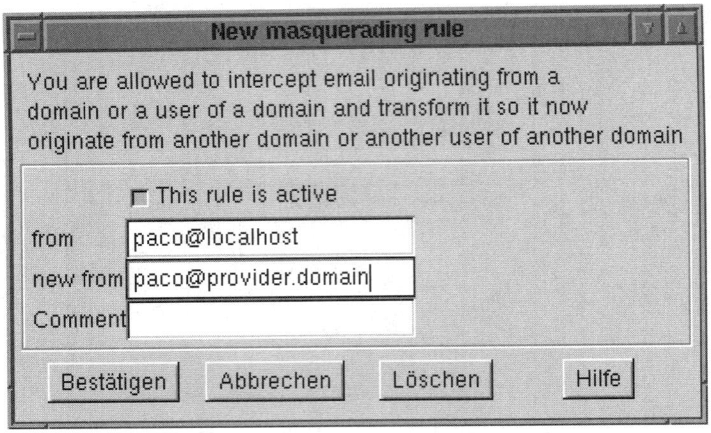

Eintragen von Masquerading rules für sendmail

- *Rechner mit permanenter Netzverbindung (SMTP)*
- *Einzelplatzrechner ohne Netzverbindung*
- *Rechner mit temporärer Netzverbindung (Modem oder ISDN)*

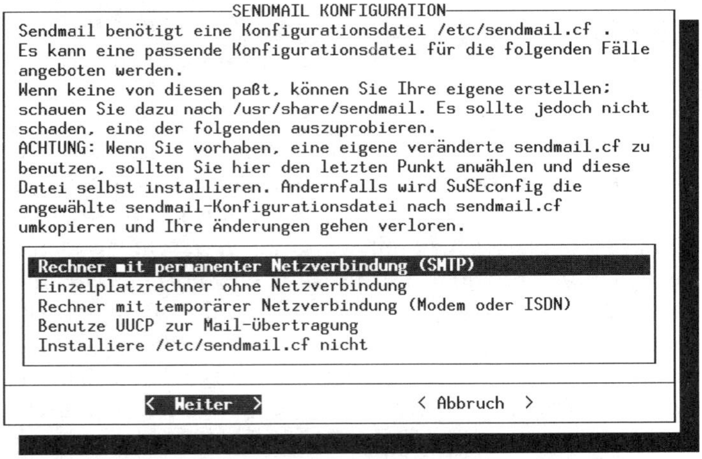

Konfiguration von sendmail mit YaST

Klicken Sie einfach die gewünschte Konfiguration an, *SuSEconfig* wird intern gestartet und erledigt die Grobarbeit für Sie. Wie schon oben erwähnt, sollten aber auch noch einige Variablen eingestellt werden.

8 Das Senden von E-Mails können Sie mit dem sehr einfach gestrickten *mail*-Kommando testen. Versuchen Sie zunächst, einen lokalen Benutzer zu erreichen:

```
paco:~ # mail -v paul
Subject: Test-Mail
Dies ist ein Test
```

```
.
Cc: root
paul... Connecting to local...
paul... Sent
root... Connecting to local...
root... Sent
```

Mit diesem Kommando haben Sie eine Test-Mail an *paul*, mit CC an *root* geschickt.

Wenn *root* und *paul* eine Shell gestartet haben, erhalten Sie die folgende Meldung:

```
You have new mail in /var/spool/mail/paul
```

bzw.:

```
You have new mail in /var/spool/mail/root
```

Beide Benutzer können nun mit diversen Mail-Programmen (z. B. *mail*, *elm* ...) ihre neue Mail abrufen. Mail-Clients, die schon für das Mail-Abrufen direkt vom Provider eingerichtet sind, können Sie hier nicht verwenden. Wenn Sie sich auf Dauer die Mail direkt zu ihrem Rechner schicken lassen wollen (etwa mit *fetchmail*, das weiter unten erklärt wird), können Sie diese Programme später umkonfigurieren, sodass sie die Mails aus der lokalen Mail-Box abrufen.

9 Nachdem alles so weit eingerichtet ist, sollten diejenigen, die mit ihrem Rechner permanent mit dem Internet verbunden sind, *sendmail* als Dämon starten. Das ist auch nötig, wenn Sie Ihre Mails vom Provider mittels *fetchmail* abrufen (siehe dazu auch weiter unten).

Mit einer RedHat-Distribution geben Sie dazu ein:

```
paco:~ # /etc/rc.d/init.d/sendmail start
```

Bei der SuSE-Distribution liegen die Startup-Scripts in einem anderen Verzeichnis. Geben Sie hier Folgendes ein:

```
paco:~ # /etc/rc.d/sendmail start
```

Vergessen Sie nicht, dafür zu sorgen, dass *sendmail* automatisch bei jedem Rechnerneustart mitgestartet wird. (Wie man das macht, ist in Kapitel 9.4 beschrieben.)

Hinweis

Überwachung des Mail-Systems

Ab sofort ist es unbedingt notwendig, dass Sie möglichst täglich die Mail für *root* lesen. Außerdem sollten Sie genau die Log-Datei */var/log/maillog* auf Fehler und sonstige Unregelmäßigkeiten verfolgen.

10 Wenn Sie über einen Internet-Provider an das Internet angeschlossen sind, wird Ihnen Ihre E-Mail nicht über SMTP zugestellt, sondern es wird erwartet, dass Sie sich Ihre Mails per POP selbst abholen. Diese Funktion leistet *sendmail* nicht. Wir haben Ihnen im Abschnitt über die Internet-Dienste (siehe 13.8) einige Mail-Clients vorgestellt, die das für Sie erledigen. Zusammen mit Ihrem eigenen „Postamt zu Hause“

macht das aber wenig Sinn, da Sie dann zweierlei Mail-Clients oder unterschiedliche Konfigurationen benutzen müssten, je nachdem, welche Mails Sie lesen wollen – lokale oder externe.

Elegant gelöst wird das Problem durch *fetchmail*, das in der Lage ist, für Sie die Mail per POP vom Mail-Server Ihres Providers zu holen, wenn Sie gerade eingewählt sind, und in die lokale Mail-Box einzusortieren.

Jeder Benutzer an Ihrem System, der eine Mail-Kennung bei einem Provider besitzt, kann sich sein *fetchmail* selbst einrichten. Alle Optionen mit Ausnahme des Passworts können direkt auf der Kommandozeile angegeben werden, einfacher und eleganter ist jedoch die Verwendung der Konfigurationsdatei *~/.fetchmailrc*. Sie können *~/.fetchmailrc* mit einem Texteditor erzeugen, oder einfacher *fetchmailconf* benutzen, wenn es auf Ihrem System verfügbar ist. Probieren Sie es aus: Wenn Sie unter X Window arbeiten, rufen Sie in einem Terminalfenster *fetchmailconf* auf. Erscheint das *fetchmailconf*-Fenster, dann können Sie gleich hier weitermachen, andernfalls erklären wir Ihnen weiter unten, wie Sie *~/.fetchmailrc* mit einem Texteditor erzeugen können. (*fetchmailconf* erfordert eine Reihe von Softwarepaketen, die installiert sein müssen, wenn es ablauffähig sein soll. Es wäre zu viel der Ehre, wenn man diese nur für dieses eine Programm nachinstallieren müsste.)

11 Sie haben *fetchmailconf* aufgerufen und wählen *Configure fetchmail*. Dann wählen Sie *Novice Configuration*. Es zeigt sich das Konfigurationsfenster für den „Neuling". Tragen Sie in das Feld *New Server* den Namen des Mail-Servers Ihres Providers ein und doppelklicken Sie auf dieses soeben eingetragene Feld. Der Name des Servers wandert in das Listenfeld.

Mail-Server-Liste bei fetchmailconf

12 Nach dem Klicken auf den Server-Namen blendet sich das Host-K auf. Zunächst wählen Sie das Übertragungsprotokoll, das ist normalerweise POP3 oder IMAP. Geben Sie dasselbe Protokoll an, das Sie schon bei der Netscape-Mail-Konfiguration angegeben haben (siehe Seite 881). Tragen Sie unter *New User* Ihren Benutzernamen auf dem Mail-Server ein, darauf wieder doppelklicken und der Name wird unten in der Liste aufgeführt. Nach dem Anklicken des neuen Namens können Sie *Edit* wählen und die weiteren benutzerspezifischen Eintragungen durchführen.

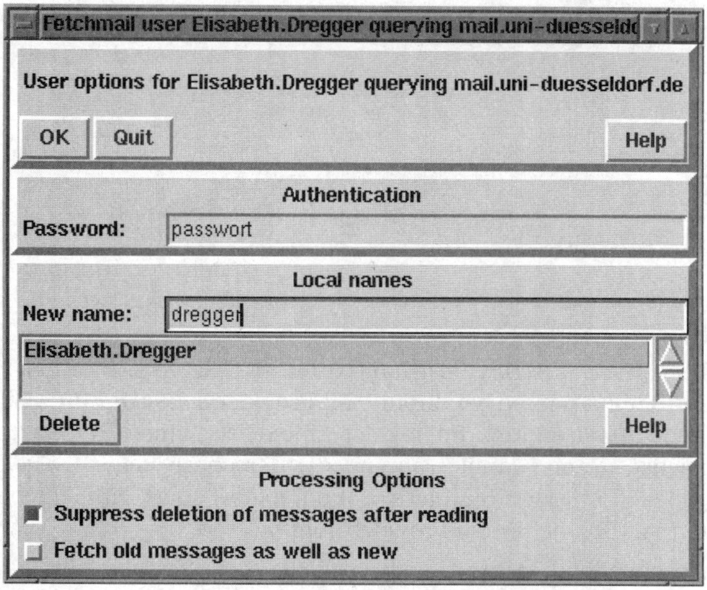

Benutzerkonfiguration bei fetchmailconf

13 Unter *Password* tragen Sie Ihr Mail-Passwort bei Ihrem Provider ein, unter *New Name* ihren lokalen (Linux-)Benutzernamen. Für den Anfang sollten Sie noch die Option *Suppress deletion of messages after reading* ankreuzen, damit während der Testphase keine Mails verloren gehen. Wenn alles klappt, sollten Sie diese Option wieder entfernen. Mit zweimal *OK* landen Sie wieder auf dem „Neulings-Fenster“. Sichern Sie Ihre Konfiguration durch Klicken auf die *Save*-Schaltfläche. Anschließend sind Sie wieder auf dem Anfangsfenster von *fetchmailconf*.

14 Wenn Sie gerade online sind, können Sie Ihre Konfiguration jetzt testen. In dem Fenster, das sich gerade öffnet, können Sie genau verfolgen, was passiert. Im Beispielbild sehen Sie eine Fehlermeldung, die daher rührt, das ich bei der Konfiguration ein falsches Passwort angegeben habe. (Ich wollte mein Passwort hier natürlich nicht veröffentlichen!)

15 Sie wollen *fetchmail* mit dem Texteditor erzeugen. Dann rufen Sie einen Editor auf, etwa *kedit /.fetchmailrc* oder *joe /.fetchmailrc* und tragen folgende Zeilen ein:

```
poll mailserver with proto pop3
```

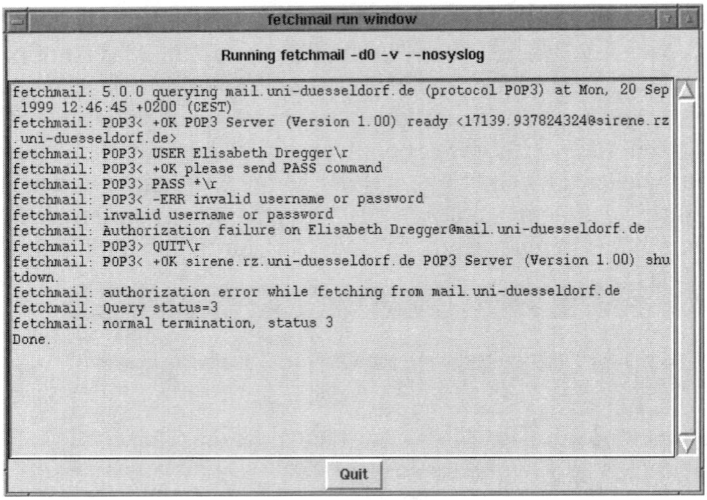

Testen von fetchmailconf

```
username mailserverusername is linuxusername keep
password password
```

Dabei ist *mailserver* der Name Ihres Mail-Servers, *mailserverusername* Ihr Benutzername bei Ihrem Mail-Provider, *password* Ihr Mail-Passwort und *linuxusername* Ihr lokaler Linux-Username. *keep* sollten Sie zunächst setzen, damit während der Testphase keine E-Mails verloren gehen. Entfernen Sie diese Option später, sonst läuft irgendwann Ihre Mail-Box bei Ihrem Provider über.

Anschließend müssen noch spezielle Zugriffsrechte für die Datei *~/.fetchmailrc* gesetzt werden, da *fetchmail* aus Sicherheitsgründen sonst seine Arbeit verweigert.

```
paco:~ $ chmod 600 ~/.fetchmailrc
```

16 *fetchmail* können Sie auch testen, indem Sie es mit der Option *-v* starten. Sie erhalten dann ein genaues Ablaufprotokoll. Vergessen Sie nicht, dass *sendmail* gestartet sein muss.

Workshop-Ende

13.13 Linux kann noch mehr: Druck- und Dateiserver im lokalen Netz

Die große Bedeutung von Unix- und später auch Linux-Systemen lag immer schon im Server-Bereich. Als Desktop-System beginnt Linux eigentlich erst in jüngerer Zeit, eine Alternative zu PCs mit Windows oder DOS oder zu Macs zu werden. Da das Einrichten der Server-Funktionalität für Linux einfach und unproblematisch ist, können auch Sie sich in Ihrem kleinen Büro, zu Hause oder im Informatikraum in Ihrer Schule ein kleines „Client-Server-

System“ einrichten. Das könnte dann so aussehen: Die Kinder haben die (für die Eltern) ausgedienten Macs in ihren Kinderzimmern, im Arbeitszimmer steht der neue Linux-PC, an den auch ein Drucker angeschlossen ist. Für Hausaufgaben und „SimCity“ reichen die Macs allemal noch aus. Sie sind allerdings zu knapp mit Plattenplatz. Also dient der Linux-Rechner als File- und Print-Server für die Macs. Große Dateien können hier gelagert werden und auch die Ausdrucke der Referate werden über den Drucker am Linux-Rechner gedruckt. Die Wohnung wird mit einem billigen Cheapernet (siehe auch Seite 903) verkabelt und die entsprechenden Server-Dienste auf dem Linux-PC installiert.

Linux ist in der Lage, Server-Funktionen auf der Basis von verschiedenen (Defacto-)Standards zu übernehmen. Je nach Umgebung können Sie wählen zwischen SMB-Protokollen, dem „Microsoft-Standard“, IPX, dem Novell-Protokoll oder Appletalk für die Macintosh-Welt.

In diesem Buch werden wir auf die Konfiguration von Samba für den SMB-Server und von Netatalk für einen Appletalk-Server näher eingehen. Auf die Beschreibung von Marsnwe für ein Novell-Netz wollen wir hier verzichten. Sie können sich darüber unter der Adresse *http://www.compu-art.de/download/mars_nwe.html* informieren.

Samba

Es gibt eine Menge Systemverwalter, die für die Administration eines großen Pools von Windows-Rechnern zuständig sind und als File- und Printserver nicht Windows NT einsetzen.

Sie installieren zum Beispiel auf einer Linux-Kiste, genau wie Sie eine vor sich haben, das Programmpaket Samba und ersetzen damit ihren NT-Server, ohne dass irgendein Benutzer an den PCs draußen etwas davon merkt. Es kursieren Geschichten von Leuten, die das gemacht haben, ohne dass die Geschäftsleitung etwas davon wusste, und die wegen der außergewöhnlichen Stabilität und Geschwindigkeit ihres System gelobt wurden. Bei Linux mit Samba gibt es keinen „Blue Screen of Death“ ...

Die Gründe für diesen Umstieg liegen eben genau in der besseren Stabilität, der einfachen Bedienbarkeit und der höheren Geschwindigkeit. Es wurden mehrere vergleichende Benchmarks (das sind Tests, die die Geschwindigkeit von verschiedenen Soft- und Hardwarekomponenten ermitteln) durchgeführt: Das Ergebnis war, dass Samba auf Linux immer mindestens doppelt so schnell war wie Windows NT auf derselben Hardware.

Außerdem wird berichtet, dass Windows NT bei einer größeren Anzahl angeschlossener Geräte (so etwa ab 40) ziemlich „einbricht“. Das passiert bei Samba nicht. Der ganz große Vorteil liegt außerdem darin, dass man Samba umkonfigurieren kann, ohne dass man den Server neu starten muss. Es gibt keine Unterbrechungen für die Clients.

Samba läuft übrigens nicht nur auf Linux, es kann auch auf den meisten Unix-Varianten eingesetzt werden. Hersteller großer Server bieten es als Paket an.

Was für große Einrichtungen richtig ist, kann für Sie nicht falsch sein, selbst wenn es nur *ein* Windows-PC ist, für den Ihr Linux-Rechner Server-Dienste übernehmen soll.

Was genau bietet Samba an:

- File- und Druck-Server für Windows-Clients
- Authentifizierung und Authorisierung
- Namensauflösung
- Dienstankündigung (Browsing)

Als Protokoll werden in der Windows-Welt dabei eigene Verfahren eingesetzt, die aber heute auch auf TCP/IP aufsetzen (können). Einige wichtige Begriffe der Windows- Protokollwelt sollten Sie kennen, bevor wir hier die Installation und Konfiguration von Samba zeigen.

CIFS (Common Internet File System) und SMB (Server Message Block): Damit werden die Verfahren bezeichnet, mit denen in der Microsoft-Welt Datei- und Druckdienste zur Verfügung gestellt werden.

NetBIOS (Network Basic Input Output System): Das ist eine Schnittstelle, auf der CIFS und SMB aufsetzen.

NetBEUI (NetBIOS Enhanced User Interface): Das ist das Protokoll, mit dem NetBIOS-Pakete über Ethernet oder Token Ring geschickt werden können. NetBEUI ist funktoniert nur innerhalb eines LAN, kann also nicht geroutet werden. Wenn alternativ dazu TCP/IP verwendet wird, entfällt dieser Nachteil. Samba unterstützt nur TCP/IP. Auf Ihrem Windows-Rechner muss TCP/IP eventuell nachinstalliert werden. Wenn der PC aber schon Internet-Dienste benutzt, dann ist TCP/IP installiert. Es muss eventuell nur eingestellt werden, dass NetBIOS auch TCP/IP benutzt (siehe dazu auch weiter unten).

Samba besteht aus zwei Hauptkomponenten und einer Reihe von Hilfsprogrammen.

smbd (SMB Daemon): ist zuständig für die File- und Druckdienste. Es wird konfiguriert über eine Datei */etc/smb.conf*. Außerdem behandelt der smbd-Dämon die Authentifizierung über „share mode“ und über „user mode“. Datei- und Druckdienste, die im Netz zur Verfügung gestellt werden, können durch Passwörter geschützt werden. Im Share-Modus wird ein einziges Passwort einem Dienst (Share) zugeordnet. Dieses Passwort wird dann von jedem verwendet, der auf diesen Share zugreifen möchte. Bei der User-Authentifizierung hat jeder Benutzer ein eigenes Login und ein eigenes Passwort. Der Systemadministrator kann jedem Benutzer individuell Zugang zu den verschiedenen Diensten gewähren.

nmbd: Dieser Dämon ist verantwortlich für die beiden anderen Dienste, für das Browsing und die Namensauflösung. Für die Namensauflösung gibt es auch wieder zwei verschiedene Methoden: die Broadcast- und die Point-to-Point-Methode. Das Broadcast funktioniert nur innerhalb eines Subnetzes und erzeugt ein wenig Netzverkehr, der aber normalerweise, da er nicht geroutet wird, nicht weiter stört. Für die anderen Methode wird ein Server, NBNS-Server (**N**et**B**IOS **N**ame Service) benötigt. Die Microsoft Implementierung des NBMS-Servers heißt WINS (**W**indows **I**nternet **N**ame **S**ervice). Diese Server dürfen nicht verwechselt werden mit dem Domain Name Service, WINS bzw. NBMS werden nur von Microsoft-Protokollen genutzt. Zum Schluss gibt es noch das Browsing, es hat nichts mit Webbrowsern zu tun, das hier gemeinte Browsing liefert nur eine Liste der verfügbaren Dienste auf den verschiedenen Servern.

smbclient: Ein einfacher SMB-Client, mit dem man unter Linux auf entfernte SMB Share zugreifen kann, er ist auch gut geeignet, den eigenen Samba-Server zu testen.

nmblookup: Ein NetBIOS name service client, mit dem unter Linux der Name Service von NETBIOS genutzt werden kann.

swat: Das ist ein neues, attraktives Tool, das es erlaubt, Samba über WWW zu konfigurieren.

diverse: Zur Vervollständigung gibt es noch eine Reihe weiterer Hilfsprogramme, mit denen man unter anderem die Konfigurationsparameter testen kann.

▼▼▼ WORKSHOP

Samba in Betrieb nehmen

1 Falls Samba noch nicht bei der Einrichtung von Linux installiert wurde, können Sie das jetzt nachholen durch das übliche *rpm*-Kommando:

```
paco:~ # rpm -i samba-2.0.3-8
```

Dabei ist *samba-2.0.3-8* die derzeit aktuelle Version. Ersetzen Sie die Versionsnummer entsprechend.

2 Falls Sie eine aktuelle Version von *Samba* einsetzen und einen WWW-Server auf Ihrem PC installiert haben, ist der Einsatz von *swat* sehr sinnvoll. Wenn das eine oder andere nicht der Fall ist, müssen alle Konfigurationsänderungen direkt in der Datei */etc/smb.conf* eingetragen werden. Entscheiden Sie sich für den Einsatz von *swat*, dann sind noch einige kleinere Vorarbeiten zu erledigen. *swat* wird über *inetd* gestartet. (Erläuterungen zur Konfiguration von *inetd* finden Sie auf Seite 958.)

Editieren Sie die Datei */etc/inetd.conf* mit Hilfe eines Texteditors. Sie werden dort eine Zeile für *swat* finden:

```
# swat        stream   tcp      nowait.400      root /usr/sbin/swat swat
```

Sollte sich dort, wie hier, noch das Kommentarzeichen finden, dann muss dieses entfernt werden. Die Zeile sollte dann wie folgt aussehen:

```
swat        stream   tcp      nowait.400      root /usr/sbin/swat swat
```

Falls Sie hier ändern mussten, dann muss dem *inetd*-Dämonen ein *HUP*-Signal geschickt werden.

```
paco:~ # killall -HUP inetd
```

Starten Sie dann *Netscape* und wählen Sie die Adresse *http://localhost:901* an. Sie werden nach einer Kennung und einem Passwort gefragt, geben Sie *root* und das *root*-Passwort Ihres Rechners an. Sie sehen die „Homepage" von *swat*.

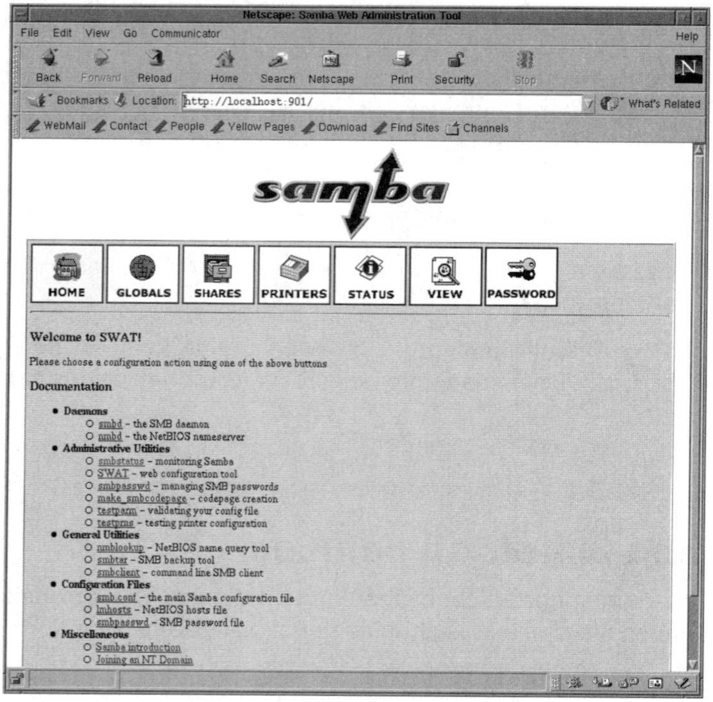

Homepage von swat

3 Nun kann *Samba* schon gestartet werden. Von der Kommandozeile aus geben Sie ein:

```
paco:~ # /etc/rc.d/init.d/smb start
```

Auch über *swat* können Sie *Samba* starten. Klicken Sie dazu auf *STATUS* und dort auf *Start smbd* und auf *Start nmbd*.

4 Starten Sie nun Ihren Windows-PC. Starten Sie über *Arbeitsplatz/Systemsteuerung/Netzwerk* die Netzwerkumgebung Ihres PCs.

Überprüfen Sie, ob Windows für die Arbeit am Netz vorbereitet ist. Folgende Punkte sollten installiert und konfiguriert sein:

- Client für Microsoft-Netzwerke
- TCP/IP mit für Ihr Netz gültiger IP-Adresse und Subnetz-Maske
- Bindungen: TCP/IP mit Client für Microsoft-Netzwerke
- WINs sollte zunächst deaktiviert sein
- primäre Netzwerkanmeldung zunächst Windows-Anmeldung

5 Doppelklicken Sie auf der Arbeitsfläche des PCs auf das Symbol *Netzwerkumgebung*. In dem Fenster der Netzwerkumgebung ist das Icon für das gesamte Netzwerk zu sehen. Nach einer Weile (unter Umständen kann das mehrere Minuten dauern) erscheint darunter ein Computersymbol mit dem Namen Ihres Linux-Rechners. Durch Doppelklicken auf dieses Icon können Sie sich die freigegebenen „Shares“ ansehen.

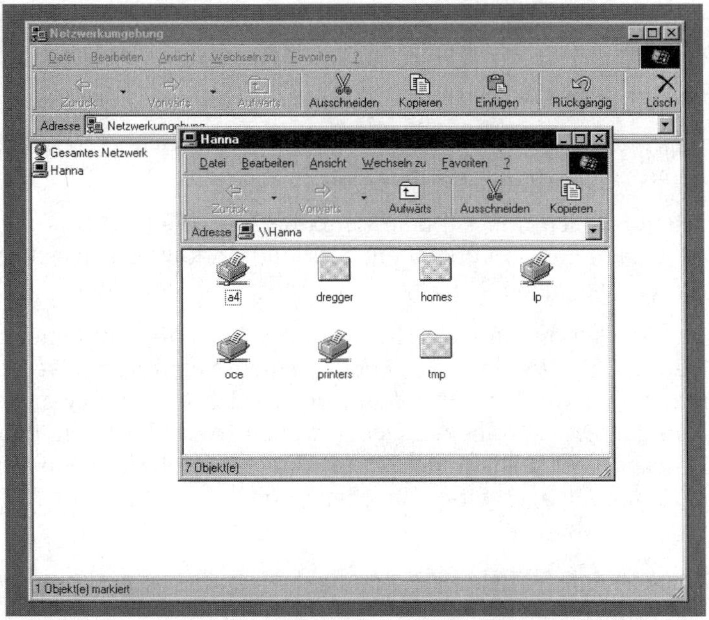

Anzeige der Shares unter Windows

6 Alternativ können Sie auch *Netzlaufwerke verbinden* wählen. Wenn Sie die rechte Maustaste auf das Symbol für *Netzwerkumgebung* klicken, öffnet sich ein Umgebungsmenü, unter dem Sie den Punkt *Verbinden* wählen. Unter *Pfad* geben Sie ein:

```
\\servername\username
```

Dabei ist *servername* der Name Ihres Linux-Rechners und *username* der Name eines Benutzers auf Ihrem Linux-Rechner. Unter diesem Namen müssen Sie sich auch bei Windows angemeldet haben.

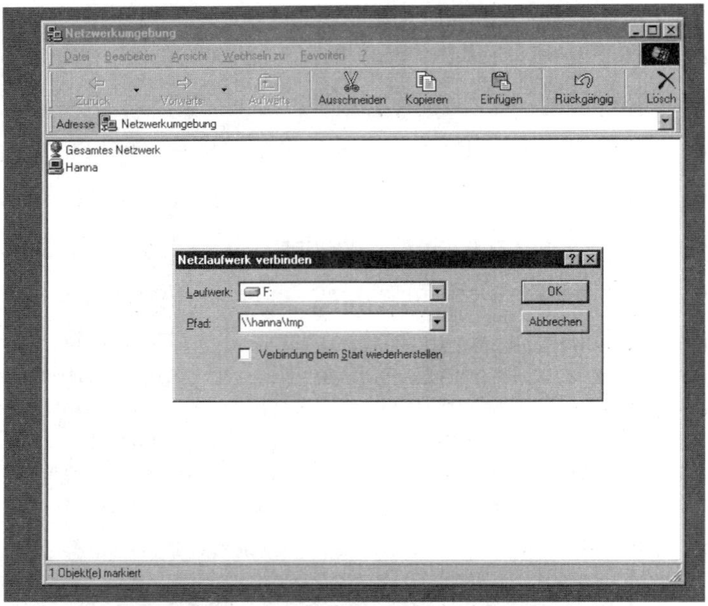

Verbinden von Netzwerklaufwerken

Anschließend sollten Sie auf das Home-Verzeichnis des angegebenen Benutzers zugreifen können.

7 Sehen Sie sich nun auf dem Linux-Rechner die *STATUS*-Seite von *swat* an. Sie können dort erkennen, dass ein Windows-Client sich am Samba-Server angemeldet hat.

8 Die Drucker am Linux-Rechner können Sie am Client benutzen, indem Sie über die Windows-Funktionen einen Netzwerkdrucker konfigurieren. Dabei werden Sie gefragt, ob Sie das Netz durchsuchen wollen oder den Drucker direkt angeben wollen. Wenn Ihr Client den richtigen Drucker nicht selbst findet, dann können Sie ihn wie beim *Netzlaufwerke verbinden* auch direkt angeben durch:

```
\\servername\druckername
```

druckername ist dabei der Name eines Druckers, so wie er in der Datei */etc/printcap* steht.

9 Dies alles hier ist nur die Mini-Mini-Anleitung für Samba. Wenn Ihre Konfiguration nicht so funktioniert, wie Sie es gerne möchten, dann haben Sie erstens ein wenig Geduld. Manchmal tut sich erst nach vielen Minuten etwas auf dem Netz, weil die Microsoft-Protokolle vieles erst aushandeln, und das kann dauern. Wenn auch Geduld nicht weiterhilft, dann sollten Sie ernsthaft in Erwägung ziehen, einen Webserver zu installieren und *swat* zur Konfiguration zu benutzen. Die Installation eines Webservers ist mit den Voreinstellungen aus den Distributionen ganz einfach und robust. Es reicht, das entsprechende Paket zu installieren und dafür zu sorgen, dass der Server auch gestartet wird. Der große Vorteil von *swat* liegt darin, dass Sie sehr einfach verschiedene

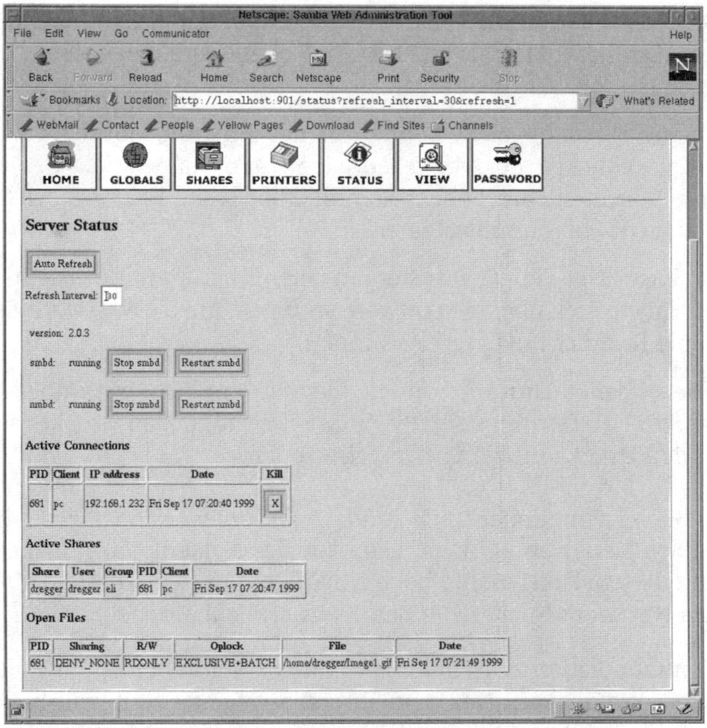

Swat-Statusanzeige bei angemeldetem Client

Parameter ausprobieren können. Außerdem kann für jeden Parameter eine Hilfe angefordert werden. Wenn Sie aus Sicherheitsgründen auf Dauer keinen Webserver laufen lassen wollen, können Sie ihn später ja auch wieder deinstallieren.

Workshop–Ende

Netatalk – oder der Auftritt des Linux-Rechners in der Apple-Welt

Aber vielleicht haben Sie ja keine oder nicht ausschließlich Windows-Rechner in Ihrem lokalen Netz, sondern Apple Macintosh ... Auch in diesem Fall ist es kein Problem, den Linux-Rechner zum Server für die Macs „aufzurüsten".

Die Dienste, die das Macintosh-System im lokalen Netz nutzen kann, sobald der Rechner nur eine Karte und einen Anschluss an ein Ethernet besitzt, sind File-Sharing (AppleShare) und Drucken auf einem Netzwerk-Drucker. In der reinen Apple-Welt können die Dienste so aussehen:

- Bei einem Mac ist die File-Sharing-Funktion gestartet und ein oder mehrere Volumes an registrierte Benutzer oder Gäste freigegeben. Dieser Mac ist so ein File-Sharing-Server.
- Andere Macs im Netz können in der *Auswahl* aus dem Apfel-Menü nach Anklicken des *AppleShare*-Icon den Namen des Servers finden und – nach entsprechender Identifikation – die Volumes des Servers als Netzwerk-Volumes installieren.
- Ein PostScript-fähiger Drucker mit einer Ethernet-Karte wird in den meisten Fällen auch über die Software verfügen, um als Netzwerk-Drucker für Apple-Rechner fungieren zu können.
- Einen solchen Drucker können alle Macs im Netz etwa über den *LaserWriter8*-Druckertreiber in der Auswahl als aktuellen Drucker selektieren, an den Druckaufträge übertragen werden.

Beide Server-Funktionen (File- und Druckserver) kann Ihr Linux-Rechner im lokalen Netz wahrnehmen, wenn Sie das Netatalk-Paket installieren. Als Extra in diesem Paket gibt es noch ein Programm (*pap*), das einen Appletalk-fähigen Netzwerkdrucker von Linux aus erreichbar macht.

Die Kommunikation zwischen Client und Server in der Apple-Welt folgt den Appletalk-Protokollen. Das dem IP entsprechende Protokoll in der *Appletalk*-Familie heißt zum Beispiel DDP (**D**atagram **D**elivery **P**rotocol). Ab dem Macintosh-Betriebssystem MacOS 8.0 kann das File-Sharing auch auf TCP/IP aufsetzen. Der File-Sharing-Server muss dann nicht mehr die Appletalk-Protokolle der dem TCP und IP entsprechenden Schichten verstehen und kann unmittelbar über seine IP-Adresse oder seinen Domainnamen angesprochen werden.

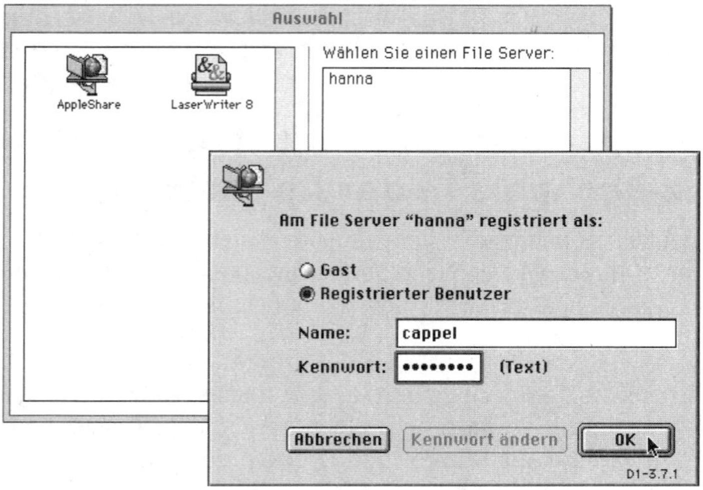

Anmeldung am Linux-Fileserver mit Linux-Login und -Passwort

Und so gehen Sie vor, um mit dem *Netatalk*-Paket aus dem Linux-Rechner einen Appletalk-Server zu machen:

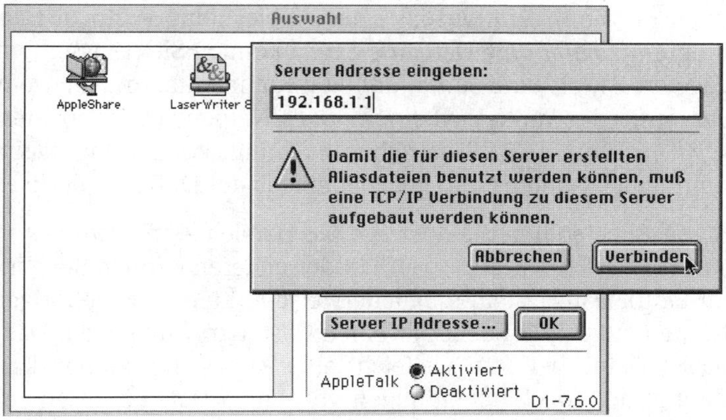

File-Server über IP-Adresse auswählen

1 Wenn Sie Appleshare von Macs nutzen möchten, die ein System älter als MacOS 8.0 besitzen, oder wenn Sie den Linux-Rechner als Druck-Server für Macs einrichten oder von Linux aus auf einem Netzwerkdrucker über Appletalk zugreifen möchten, benötigen Sie einen Kernel mit Unterstützung für die Appletalk-Protokolle der unteren Schichten. Überprüfen Sie, ob unter den *Networking Options* die Option *Appletalk DDP* gesetzt ist. (Siehe auch Seite 420 in Kapitel 9.5.)

2 Installieren Sie ein aktuelles *Netatalk*-Paket. In den gängigen Distributionen ist dieses Paket enthalten. Wenn Sie es noch nicht bei der Erstinstallation mitinstalliert haben, können Sie dies nachholen, indem Sie im entsprechen *RPM*-Verzeichnis das Kommando *rpm -i netatalk-1.4b2+asun2.0a18.2-44* aufrufen. Die Versionsnummer ist die zur Zeit der Drucklegung aktuelle Version von Netatalk in der RedHat-Distribution. Sie muss evtl. angepasst werden.

3 Bei der Installation wird ein Directory mit Konfigurationsdateien angelegt. Bei der angegebenen Version ist das */etc/atalk*. Alle Systemanpassungen werden in diesem Verzeichnis vorgenommen.

4 Das Programm *atalkd* ist die Schaltstelle für Routing- und Namensinformationen im Appletalk-Netz. Sie benötigen es nur bei einer DDP-Unterstützung im Kernel. Die Konfigurationsdatei *atalkd.conf* muss im Normalfall nicht angefasst werden – *atalkd* findet die Interfaces des Rechners von selbst, die Adressvergabe bei Appletalk geschieht ganz dynamisch. Nur der Name des Rechners ist fest, aber den hat Ihr Linux-Rechner schon. Einen Anlass, die Datei *atalkd.conf* zu verändern, kann es etwa geben, wenn der Linux-Rechner zu einem Netz mit einem anderen Appletalk-Router gehört. Dann kann es sinnvoll sein, den Linux-Rechner einer von diesem Router bekannt gemachten Appletalk-Zone und einem Netzbereich zuzuordnen. Genauere Anleitung entnehmen

Sie bitte der man-Page von *atalkd*. In diesen komplexen Fällen sind zudem genauere Kenntnisse der Appletalk-Protokolle erforderlich.

5 Auch die Konfigurationsdatei des Apple Filing Protocol Daemon, des Programms *afpd*, die Datei *afpd.conf* können Sie belassen, wie sie mitgeliefert ist, als eine Sammlung von Kommentaren. Nur wenn Sie dem Server für die Apple-Welt einen neuen Namen geben möchten oder den *afpd* nur über TCP/IP betreiben möchten, können Sie dies durch den Eintrag des Namens und gegebenenfalls der Option *-noddp* erreichen.

6 Einen Blick sollten Sie aber auf die Dateien *AppleVolumes.system* und *AppleVolumes.default* werfen. In der ersteren können Sie Verzeichnisse im Linux-Dateisystem möglicherweise mit einem zugehörigen Volume-Namen auf Apple-Ebene für einen Gastzugriff freigeben. Das andere in dieser Datei, bei dem vielleicht eine Anpassung lohnen kann, ist die Zuordnung von Dateiendungen von Linux-Dateien zu einem Mac-Typ und -Creator. Durch entsprechende Änderungen können Sie erreichen, dass zum Beispiel unter Linux erzeugte Grafikdateien auf dem Mac mit dem Grafikkonverter geöffnet werden.

7 In der *AppleVolumes.default* stehen die Zuordnungen von Linux-Verzeichnissen zu Apple-Volumes, die auf dem Mac sichtbar sind, wenn die Anmeldung als Linux-Benutzer erfolgt. Jeder Benutzer kann dies in einer Datei *AppleVolumes* im eigenen Home-Verzeichnis überschreiben. Die Voreinstellung in der *AppleVolumes.default* reicht für viele Fälle: Eine Zeile, die nur aus einer Tilde besteht und damit jedem Benutzer sein eigenes Home-Verzeichnis unter seinem Benutzernamen zuordnet.

8 Alle Drucker, die unter Linux erreichbar sind, können auch den Mac-Clients zur Verfügung gestellt werden. Dabei spielt es keine Rolle, ob ein Drucker lokal am Linux-Rechner angeschlossen ist oder von dort aus über das Netz zu erreichen ist. Verantwortlich für die Zuordnung ist die Datei *papd.conf*. Diese Datei hat ein ähnliches Format wie */etc/printcap* (das ist die Datei, in der die Linux-Drucker eingetragen werden, siehe auch Seite 196). Zweck dieser Datei ist in erster Linie die Zuordnung von Linux-Druckernamen (oder genauer: von Linux-Warteschlangennamen) auf die Namen, die auf dem Macintosh sichtbar werden. Mit weiteren Parametern kann noch die Druckerbeschreibungsdatei (ppd-Datei) und der Name des Operators, unter dem auf dem Linux-System gedruckt werden soll, angegeben werden. Ein Eintrag für eine Spool-Queue kann z. B. so aussehen:

```
lp:

                        :pr=lp:op=dregger:

                        :pd=/usr/share/lib/ppd/HPLJ_4M.PPD:
```

In diesem Beispiel heißt die Druckerqueue *lp*, der Operator-Name *dregger* und der Pfadname der ppd-Datei ist */usr/share/lib/ppd/HPLJ_4M.PPD*. Bei PostScript-Druckern wird die ppd-Datei vom Drucker-

Hersteller zur Verfügung gestellt. Oft finden Sie sie auf den Webseiten des Herstellers. Wenn Sie nicht fündig werden, lassen Sie die Option einfach weg oder setzen als Pfad die leere Datei */dev/null*. Auch der Operator-Name ist nicht unbedingt erforderlich.

9 Zum Start der Appletalk-Dämonen ist das folgende Kommando einzugeben:

```
paco:~ # /etc/atalk/rc.atalk
```

Damit dies auch bei jedem Neustart automatisch geschieht, kann dieser Aufruf in die Datei */etc/rc.d/rc.local* eingetragen werden. Bei SuSE kann der automatische Start mit Hilfe von YaST konfiguriert werden.

Weiterführende Informationen und die Updates der *Netatalk*-Software erhalten Sie auf der Webseite *http://www.umich.edu/~rsug/netatalk/*.

Einrichten eines Mini-CD-Servers für Macintosh-Clients

Mit allen Voraussetzungen, die wir jetzt haben, ist es ganz einfach, eine Macintosh-CD den Mac-Clients von Linux aus zur Verfügung zu stellen. Voraussetzung ist, dass HFS-Filesystem-Support in den Kernel integriert ist (siehe auch Seite 437). Wenn das erfüllt ist, können Sie jetzt loslegen:

1 In die Datei */etc/atalk/AppleVolumes.system* wird mit einem Texteditor die folgende Zeile eingetragen:

```
/mnt/cdrom LinuxCD
```

2 Es wird eine Macintosh-CD in das CD-Laufwerk des Linux-PCs eingelegt.

3 Die CD wird auf dem Linux-Rechner „gemountet“ durch folgenden Befehl:

```
paco:~ # mount -t hfs /dev/cdrom /mnt/cdrom
```

Lesen Sie dazu auch auf Seite 231. Für die Manipulation oder das Einrichten von Macintosh-Filesystemen auf Linux-Rechnern gibt es ebenfalls gute Unterstützung. Bei Interesse besuchen Sie die Seite *http://www.mars.org/home/rob/proj/hfs*.

4 Auf einem Macintosh-Client klicken Sie im Apfel-Menü auf *Auswahl* und dann auf *AppleShare*. Es erscheint ein Fenster mit dem Namen des Linux-Rechners. In der Auswahl findet sich der Name des CD-Laufwerks, das wir hier *LinuxCD* genannt haben. Wählen Sie dieses aus, wird über die Kennung *gast* oder die eigene Kennung auf dem Linux-PC die CD auf dem Mac bereitgestellt. Auf dem Desktop erscheint ein Symbol *LinuxCD*.

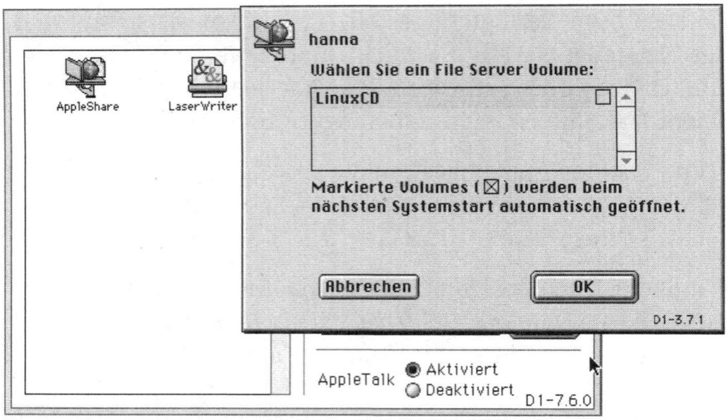

Apple-CD durch Linux zur Verfügung gestellt

13.14 Auf Fehlersuche – Oder wie man sich in sieben Schichten nicht verirrt

Stellen Sie sich die folgende Situation vor: Sie haben Ihren WWW-Browser aufgerufen und wollen auf die Seite *http://metalab.unc.edu/wm/paris/hist/tour-eiffel.html* zugreifen. Als Antwort erhalten Sie nur eine Fehlermeldung, wie sie im Bild dargestellt ist.

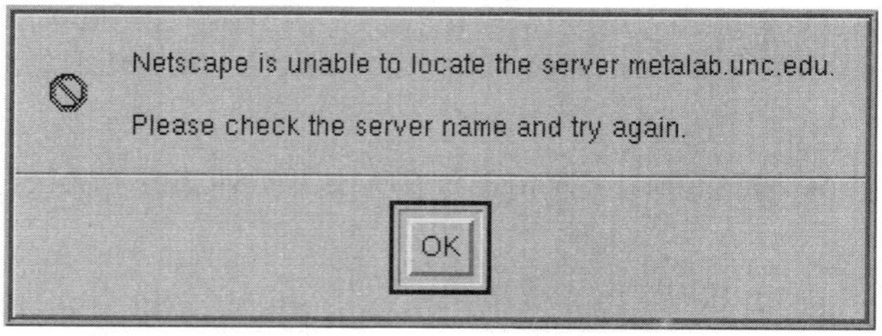

Fehlermeldung beim Zugriff auf eine WWW-Seite

Nun ist guter Rat teuer, was mag diese Fehlermeldung wohl bedeuten? Liegt der Fehler im eigenen System, oder ist etwa der Server defekt, oder was läuft sonst schief? Nun, vielleicht haben Sie sich bei der Eingabe des URLs nur vertippt, auch dann würde diese Fehlermeldung erscheinen.

Wenn die letzte Ursache ausgeschlossen werden kann, dann hilft bei der Fehlersuche nur systematisches Vorgehen. Hilfreich sind dabei natürlich ein paar Kenntnisse über die Netzwerkarchitektur. Ein wenig haben Sie schon in Kapitel über das Internet (Kapitel 13.8) gelernt. Wir wollen das dort Beschriebene hier noch mal ein wenig systematischer vorstellen.

▼▼▼ EXKURS

Das OSI-Sieben-Schichten-Modell

Schon sehr frühzeitig in der Computer-Entwicklungsgeschichte entstand der Wunsch, Computer miteinander in Kontakt treten zu lassen, sie zu vernetzen. Dabei entwickelten die Computer-Hersteller eigene Vorstellungen und Verfahren, mit denen sie ihre Rechner verbanden. Es entstanden „homogene“ Netze, die den Nachteil hatten, dass sie nur sehr schwer mit anderen Netzen in Kontakt treten konnten. Kunden waren gezwungen, wenn sie ein Rechnernetz betreiben wollten, nur Produkte von einem Hersteller einzusetzen. Sie waren damit langfristig an einen Hersteller gebunden. Eine Normierung der Netzwerkprotokolle war aus Sicht der Kunden dringend erforderlich. Verschiedene Organisationen haben an der Vereinheitlichung der Verfahren gearbeitet, die schließlich im Jahr 1982 zur Veröffentlichung des **O**pen **S**ystems **I**nterconnect Reference Model (OSI) durch die Standardisierungs-Organisation ISO führte.

Obwohl es einige Implementierungen des Standards gibt, spielen die genormten Standard-Protokolle in der Praxis eine eher geringe Rolle. Es gibt einige Ausnahmen, z. B. ist der Directory-Service – ein Katalog-Dienst – heute stark im Kommen. Im Ganzen haben sich auf dem Markt die mehr praxisorientierentierten TCP/IP-Protokolle und einige Firmenstandards (Microsoft, Apple) durchgesetzt.

Wichtig ist der OSI-Standard allerdings als theoretisches Modell. Die Abbildung zeigt eine schematische Darstellung der „Sieben Schichten“.

Das Bild zeigt, wie die sieben Schichten aufeinander aufsetzen, jede Schicht spricht mit der Partnerschicht auf der anderen Seite, d. h. auf dem anderen Rechner. Dabei bedient sie sich der Mittel, die die jeweils darunter liegende Schicht anbietet. Wenn Ihnen diese Erklärung zu theoretisch ist, denken Sie an das Telefon. Sie kommunizieren mit einem Gesprächspartner, der weit entfernt ist, jedenfalls zu weit, um Ihre Stimme direkt zu verstehen. Dabei bedienen Sie sich des Telefons, in dessen Mikrofon Sie sprechen. Welche Mittel Ihr Telefon braucht – Leitung, Vermittlungsstellen ... –, braucht Sie nicht weiter zu kümmern.

Das obige Bild ist eine Seitenansicht. Ein andere Sicht kann das Client-Server-Modell liefern, mehr eine Ansicht von „oben“.

Das linke Rechteck zeigt angedeutet Ihr Client-System, rechts den Server und dazwischen das Netz, mit allem, was evtl. dazwischen liegt.

Wie gesagt, das OSI-Modell ist mehr oder weniger theoretisch. Wie so häufig war die Normierungsbürokratie zu langsam, zu schwerfällig und wollte zu vielen Anforderungen gerecht werden. In der Zeit, als die Gremien tagten, drückte die Anwender schon der Schuh nach marktgerechten Lösungen. Und es gab eine: Das amerikanische Verteidigungsministerium konnte sich auf Hersteller-eigene Lösungen nicht einlassen und hatte schon vorher eine eigene Protokoll-Suite zu entwickeln begonnen – das ARPANET (**A**dvanced **R**esearch **P**rojects **A**gency **Net**work). Es hat das nicht allein gemacht, sondern in Zusammenarbeit mit Universitäten und Forschungseinrichtungen der Industrie. Die Protokolle, die in diesem Projekt entwickelt wurden, wa-

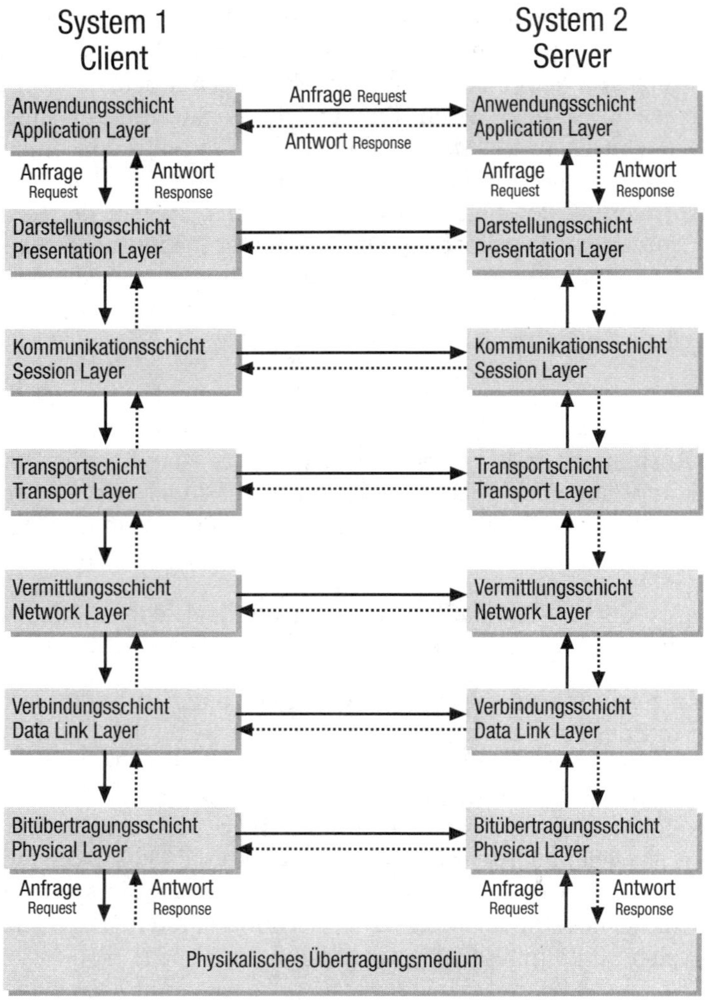

Das ISO/OSI-Schichten-Modell

ren praxisorientiert, standen schnell in Prototypen zur Verfügung und die Normierung war unbürokratisch. Sie sind die Basis des heutigen Internet. Wie das Bild über die Schichten der TCP/IP-Protokoll-Familie zeigt, lassen sich die Schichten aus dem OSI-Modell größtenteils auch auf die Internet-Welt anwenden.

Exkurs–Ende

Zurück zu unserem Problem vom Anfang: Wir können Ihnen verraten, dass diese Fehlermeldung erstens sehr typisch und zweitens bei Fehlern in allen Schichten auftauchen kann.

1 Die Anfrage an den Name Server, die hier den Fehler produziert, ist die erste Aktion nach Eingabe der Anforderung. Wenn der Request auf

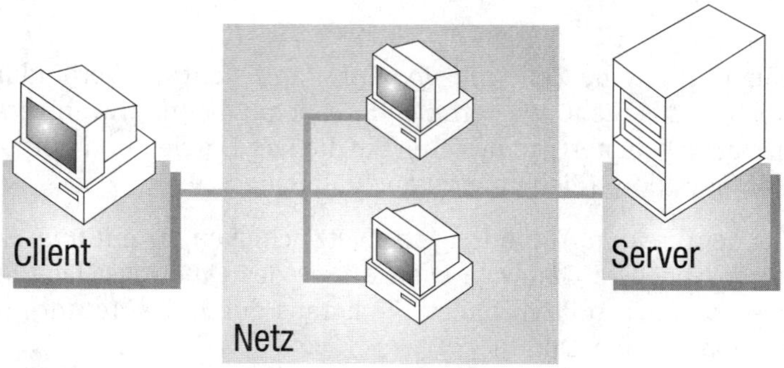

Aufsicht auf das Netz

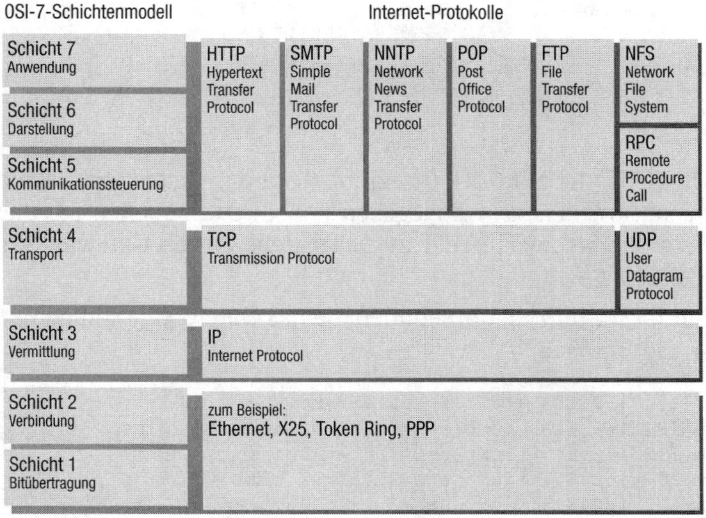

TCP/IP-Protokolle

eine Webseite das erste ist, das man nach der Anmeldung ans Internet macht, dann kann die Fehlermeldung darauf hindeuten, dass die Verbindung zum Netz nicht zu Stande gekommen ist.

2 Zunächst ist die physikalische Schicht zu prüfen. Ist das Modem eingeschaltet? Steckt der Stecker auf der Netzwerkkarte noch? (Nein, wir halten Sie nicht für blöd, die Erfahrung zeigt, dass gerade aus „unerklärlichen" Gründen „abgefallene" Stecker eine der häufigsten Fehlerursachen sind, wer weiß, wer daran herumgespielt hat ...)

3 Bei Einwahl ins Internet können Sie evtl. in die Log-Dateien sehen, ob die Einwahl zu Stande gekommen ist. Eine andere Möglichkeit ist, mit Hilfe des *netstat*-Kommandos die *ppp*-Verbindung zu prüfen.

```
paco:~ $ netstat -in
Kernel Schnittstellentabelle
SStelle MTU Met    RX-OK RX-Feh RX-DRP RX-Ülf     TX-OK TX-Feh TX-DRP TX-Üb Flg
eth0    1500   0       0      0      0      0        35      0      0     0 BRU
lo      3924   0      47      0      0      0        47      0      0     0 LRU
ppp0    1524   0       7      0      0      0         7      0      0     0 OPRU
```

Taucht hier eine Zeile mit *ppp* auf, dann steht die Verbindung auf IP-Ebene. Falls nicht, wiederholen Sie nochmal den Einwahlversuch. Falls das auch scheitert, analysieren Sie die Log-Dateien und überprüfen Ihre Konfiguration. (Siehe hierzu auch ab Seite 829.)

4 Bei der direkten Anbindung ans Netz schicken Sie mit *ping* Echopakete an das nächste Gateway. Die Adresse des Gateways, falls Sie sie vergessen haben sollten, finden Sie heraus durch das *netstat*-Kommando, diesmal mit der Option *-rn*.

```
paco:~ $ netstat -rn
Kernel IP Routentabelle
Ziel            Router          Genmask         Flags   MSS Fenster irtt Iface
192.168.1.1     0.0.0.0         255.255.255.255 UH        0 0          0 eth0
192.168.1.0     0.0.0.0         255.255.255.0   U         0 0          0 eth0
127.0.0.0       0.0.0.0         255.0.0.0       U         0 0          0 lo
0.0.0.0         192.168.1.5     0.0.0.0         UG        0 0          0 eth0
```

Die Zeile, die mit *0.0.0.0* beginnt, zeigt das Gateway an. Wenn Sie statt *netstat -rn netstat -r* angegeben haben, dann suchen Sie die Zeile mit *default*. Das zweite Feld in dieser Zeile ist die Gateway-Adresse, hier *192.168.1.5*.

Mit dieser Information können Sie das Gateway „anpingen".

```
paco:~ $ ping 192.168.1.5

PING 192.168.1.5 (192.168.1.5): 56 data bytes
64 bytes from 192.168.1.5: icmp_seq=0 ttl=32 time=2.022 ms
64 bytes from 192.168.1.5: icmp_seq=1 ttl=32 time=1.436 ms
64 bytes from 192.168.1.5: icmp_seq=2 ttl=32 time=3.148 ms
64 bytes from 192.168.1.5: icmp_seq=3 ttl=32 time=1.417 ms
--- 192.168.1.5 ping statistics ---
4 packets transmitted, 4 packets received, 0% packet loss
round-trip min/avg/max = 1.417/2.005/3.148 ms
```

Strg+C

Wenn, anders als hier, keine Antwort von Ihrem Gateway kommt, dann ist entweder das Gateway ausgefallen oder die Netzverbindung bis zum Gateway. Bevor Sie jetzt zum Netzverwalter laufen, überlegen Sie noch einmal, ob Sie selbst irgendetwas verändert haben, seit es das letzte Mal geklappt hat. Wenn nicht, dann liegt eine echte Störung im lokalen Netz vor.

5 Ab jetzt ist die Fehleranalyse für alle gleich. Testen Sie jetzt, ob der Name Server arbeitet, indem Sie ihm mit der oben beschriebenen Methode ein *ping* schicken. Sie testen damit, ob der Rechner, auf dem der Name Server läuft, erreichbar ist, und nicht, ob der Name Server selbst arbeitet.

Wir sind übrigens immer noch in der Schicht 3.

6 Als letzte Ursache für den Beispiel-Fehler bleibt noch ein Problem beim weltweiten Name-Server-System. Wenn Sie das genauer analysieren wollen, können Sie ein *host*-Kommando absetzen:

```
paco:~ $ host metalab.unc.edu
Host not found, try again.
```

Die obige Antwort zeigt ein temporäres Problem, hier hilft nur Abwarten. Es sind nur Komponenten beteiligt, auf die Sie keinen Einfluss haben und wahrscheinlich auch nicht Ihr Provider. Kommt in der Antwort so etwas vor wie „no such domain" oder „does not exist", dann ist die angegebene Adresse schlicht falsch.

7 Damit haben wir die Fehlermeldung vom Anfang vollständig analysiert. Es handelte sich entweder um ein Problem in den Schichten 1 bis 3 oder um ein Name-Server-Problem. Wenn wir eine andere Fehlermeldung erhalten haben, etwa „Connection refused", dann weist das darauf hin, dass der Rechner, von dem wir eine Webseite lesen wollten, erreichbar ist, aber keine HTTP-Verbindungen annimmt. Auch in diesem Fall eines Fehlers in der Schicht 4 liegt die Problemlösung nicht in Ihrer Hand.

8 Natürlich gibt es eine Fülle von Fehlermeldungen, die wir hier nicht alle vorstellen können. Wichtig für Sie ist eine ungefähre Vorstellung davon, in welchen Bereichen der Protokollhierarchie der Fehler anzusiedeln ist. Wenn Sie sich zudem an das oben vorgestellt Client-Server-Modell erinnern, sollten Sie auch unterscheiden können, ob das Problem an Ihrem Client, im Netz oder beim Server liegt. Bei Problemen beim Server müssen Sie sich evtl. doch an Ihren Provider wenden, der Ihnen sicher helfen wird (zumal Sie sich an ihn ja schon mit einer Fehleranalyse wenden), soweit es in seiner Macht steht. Bei Netzproblemen sind Sie nur verantwortlich bis zum nächsten Übergabepunkt. Alles andere ist Sache des Providers, der Telefongesellschaft oder Ihres lokalen Netzwerkverwalters.

9 Probleme beim Client sind sehr häufig falsche Konfigurationen der unterschiedlichen Netzdienste, z. B. eine falsche Konfiguration des Mail-Clients. Das kommt unter Linux nicht allzu häufig vor, wenn Sie beim Installieren Schritt für Schritt, wie in diesem Buch an vielen Stellen beschrieben, vorgegangen sind. Da in einem Linux-System die einzelnen Komponenten strikt voneinander getrennt sind, treten unerwünschte Seiteneffekte (anders als bei gewissen „Betriebssystemen" aus Redmont) sehr selten auf. Wenn die Konfiguration einmal steht, dann steht sie (fast) für immer.

13.15 Gegen digitalen Datenklau: Sensible Daten sichern

Auch wenn Sie sich nur gelegentlich einwählen, können Sie Opfer eines Hackerangriffs werden. Sie brauchen sich nur eine etwas obskure Webseite anzusehen, die mithört, wer gerade auf sie zugreift. Schon kann Ihr Rechner auf Sicherheitslücken „gescannt" werden, und das, während Sie noch lesen oder schon auf die nächste Seite gewandert sind. Da ist auch die dynamische IP-Adressvergabe kein Schutz. Übrigens treffen diese Art von Attacken nicht nur Linux-Rechner, sondern (und zwar in erster Linie) Windows-PCs. Der Unterschied zwischen Linux und Windows ist nur der, dass Ihre Chancen, sich unter Windows zu schützen, wesentlich schlechter stehen.

Wie machen Sie Ihren Computer sicher?

Nun die Empfehlung lautet: Bringen Sie Ihren Computer in einen Atombunker hinter fünf Meter dicke Stahlbetonwände, vernetzen Sie ihn nicht, lassen Sie niemanden damit arbeiten (auch sich selbst nicht), am besten Sie schalten ihn gar nicht erst ein ...

Ja, werden Sie fragen, wozu habe ich dann einen Computer?

Die Frage ist also falsch gestellt. Sie muss eigentlich lauten: Wie mache ich meinen Computer *ausreichend* sicher? Und: Wie vermeide ich unnötige Risiken? Die Sicherheitsanforderungen an einen Computer in einer Bank sind sicher ganz andere als an einen Heim-PC, von dem aus man sich gelegentlich einwählt.

Zudem kosten umfangreiche Sicherheitsmaßnahmen Zeit und vielleicht auch Geld und machen das System schwerer zu benutzen. Es muss also stets ein Kompromiss gefunden werden zwischen Benutzbarkeit und Sicherheit. Auf der anderen Seite gibt es ein paar ganz einfache Maßnahmen, die unnötige Risiken vermeiden. Im Folgenden wollen wir Ihnen ein paar dieser Dinge zeigen.

Wenn Sie sich umfassender informieren wollen:

- Es gibt einen sehr informativen Text, das Security-HOWTO (zu finden in Ihrem *HOWTO*-Verzeichnis), der grundlegende Aspekte zum Thema Linux auf PCs behandelt.
- Der RFC 2196 (steht für **R**equest **f**or **C**omment, das sind die „Internet-Standards"), zu finden unter dem URL *ftp://ftp.denic.de/pub/rfc/rfc2196.txt*, schlägt einen Maßnahmenkatalog (engl. Policy) für mittlere bis große Einrichtungen vor.
- Die Sicherheitsorganisationen der Netzbetreiber bieten eine Fülle von Informationen zum Thema Sicherheit im Internet. Hier können auch Angriffsversuche und andere Vorfälle gemeldet werden. Die Adresse für Deutschland lautet: *http://www.cert.dfn.de*, die internationale Organisation ist zu erreichen unter *http://www.cert.org*.

▼▼▼ WORKSHOP

Schutz des Linux-PCs gegen unliebsame „Gäste"

Vielleicht sagen Sie sich: Na und? Ich habe keine Geheimnisse! Aber die Motive der Angreifer sind vielfältig: Manchen treibt die pure Lust am Zerstören. Selbst wenn Sie nichts zu verbergen haben (keinen PIN-Code Ihrer Scheckkarte etc.), kann anschließend Ihr System unbrauchbar sein. Oder Ihr System kann nach einer solchen Attacke für kriminelle Aktivitäten genutzt werden, die immer dann ausgeführt werden, wenn Sie gerade online sind ... Gemeint ist hier wirklich kriminell, uns sind Fälle bekannt, bei denen ahnungslose Surfer später Besuch von der Polizei bekommen haben.

Gönnen Sie sich also einige Minuten Zeit, um Ihr System etwas betriebsfester zu machen.

1 Haben Sie ein Auge auf Ihr System. Schauen Sie regelmäßig in die Datei */var/log/messages*. Am einfachsten geht das mit *less /var/log/messages*, wenn Sie die ganze Datei ansehen wollen; interessiert Sie nur das Ende, rufen Sie *tail /var/log/messages* auf. Bekommen Sie ein „Gefühl" dafür, was „normale" Meldungen sind und was ungewöhnlich ist. Das gibt Ihnen im Übrigen auch Hinweise auf fehlerhaftes Verhalten von Software, das Ihnen sonst vielleicht nicht so schnell auffallen würde.

2 Achten Sie in regelmäßigen Abständen auf Updates der von Ihnen installierten Software. Oftmals werden Sicherheitslücken in gängigen Programmen entdeckt, die durch Patches behoben werden können.

3 Dieser Punkt betrifft zwar nicht die Sicherheit im Netz, sondern zu Hause oder an Ihrem Arbeitsplatz: Gewöhnen Sie sich an, auch wenn Sie nur kurz von Ihrem Rechner weggehen, den Bildschirm zu „verschließen". Unter KDE steht dazu zum Beispiel das Programm *klock* zur Verfügung.

4 Achten Sie auf spontane Reboots. Ihr Linux-System ist ein sehr stabiles System, das nur dann neu booten sollte, wenn Sie es veranlasst haben. Wenn Ihr Rechner abstürzt, während Sie online sind, ist das ein absolutes Warnsignal, insbesondere dann, wenn der Rechner gleich wieder hochfährt. Viele der von Hackern installierten „Trojanischen Pferde" werden erst nach einem Neustart des Systems aktiv.

5 Arbeiten Sie so wenig wie nur eben möglich unter der Kennung *root*. Und geben Sie Ihr *root*-Passwort nicht weiter. Wenn Sie Herr über Ihr System bleiben wollen, auch nicht Ihren Kindern. Achten Sie darauf, dass alle Passwörter sicher sind. Sagen Sie auch Ihrem Ehemann, dass weibliche Vornamen als Passwörter ungeeignet sind (auch wenn Sie es noch so gerne haben, dass der während der Arbeit am PC an Sie denkt).

6 Zum Verschlüsseln von E-Mails steht ein extrem gutes Programmpaket *PGP* zur Verfügung, das aber leider aus den USA nicht exportiert werden darf und darum in Distributionen aus den USA nicht enthalten ist. In Europa können Sie sich diese Software von *http://www.pgpi.org* herunterladen. Als freie Alternative gibt es mittlerweile GnuPG, Informationen dazu finden Sie unter *http://www.gnupg.org*.

7 Wenn Sie etwas online bestellen und dabei Ihre Kreditkartennummer angeben müssen, achten Sie darauf, dass der Webserver „secure" ist. Gemeint ist, dass die Übertragung zwischen Ihrem Rechner und der Gegenstelle mit Hilfe von SSL verschlüsselt ist. Sie erkennen solche Webserver unter anderem daran, dass der URL der Seite, auf der Sie die Informationen eintragen, mit *https* statt wie sonst üblich mit *http* beginnt. Außerdem schließt sich beim *Netscape*-Browser bei einer solchen Seite das kleine Vorhängeschloss unten links.

8 Der dickste Punkt an Arbeit betrifft die Netzwerkdienste, die Sie selbst anbieten. Was, Sie wollen gar keine Dienste anbieten? Wahrscheinlich tun Sie es doch. Ein kurzer Blick in die Konfiguration Ihres Systems zeigt, welche Dienste automatisch zur Verfügung gestellt werden. Dazu kurz eine Erklärung, wie überhaupt Netzdienste auf Linux-Rechnern angefordert werden können. Prinzipiell gibt es zwei Möglichkeiten:

- Programme, die solche Dienste anbieten, werden als „Dämonen" oder englisch „daemons" beim Hochfahren des Systems gestartet. Sie können das beim Neustart des Systems beobachten. Vieles, was sich da mit *OK* meldet, sind solche Netzwerkdienste. Die Startup-Prozedur sucht nach Start-Skripts, die in */etc/rc.d/rc5.d*, wenn Ihr System mit X Window gestartet wird, sonst unter */etc/rc.d/rc2.d* zu finden sind. Das kann zum Beispiel so aussehen:

```
paco:~ # ls -l /etc/rc.d/rc5.d

lrwxrwxrwx   1 root     root            15 Jul  4 01:22
                                    K25squid -> ../init.d/squid
lrwxrwxrwx   1 root     root            18 Jul  4 01:22
                                    K30sendmail -> ../init.d/sendmail
lrwxrwxrwx   1 root     root            15 Jul  4 01:22
                                    K50snmpd -> ../init.d/snmpd
lrwxrwxrwx   1 root     root            16 Jul  4 01:22
                                    K55routed -> ../init.d/routed
lrwxrwxrwx   1 root     root            17 Jul  4 01:22
                                    K89portmap -> ../init.d/portmap
lrwxrwxrwx   1 root     root            14 Jul  4 01:22
                                    K92apmd -> ../init.d/apmd
lrwxrwxrwx   1 root     root            16 Jul  4 01:22
                                    K96pcmcia -> ../init.d/pcmcia
lrwxrwxrwx   1 root     root            17 Jul  4 01:22
                                    S10network -> ../init.d/network
lrwxrwxrwx   1 root     root            15 Jul  4 01:22
                                    S15netfs -> ../init.d/netfs
lrwxrwxrwx   1 root     root            16 Jul  4 01:22
                                    S20random -> ../init.d/random
```

```
lrwxrwxrwx   1 root     root           16 Jul  4 01:22
                                    S30syslog -> ../init.d/syslog
lrwxrwxrwx   1 root     root           13 Jul  4 01:22
                                    S40atd -> ../init.d/atd
lrwxrwxrwx   1 root     root           15 Jul  4 01:22
                                    S40crond -> ../init.d/crond
lrwxrwxrwx   1 root     root           14 Jul  4 01:22
                                    S50inet -> ../init.d/inet
lrwxrwxrwx   1 root     root           15 Jul  4 01:22
                                    S55named -> ../init.d/named
lrwxrwxrwx   1 root     root           15 Jul  4 01:22
                                    S55xntpd -> ../init.d/xntpd
lrwxrwxrwx   1 root     root           13 Jul  4 01:22
                                    S60lpd -> ../init.d/lpd
lrwxrwxrwx   1 root     root           13 Jul  4 01:22
                                    S60nfs -> ../init.d/nfs
lrwxrwxrwx   1 root     root           18 Jul  4 01:22
                                    S75keytable -> ../init.d/keytable
lrwxrwxrwx   1 root     root           13 Jul  4 01:22
                                    S85gpm -> ../init.d/gpm
lrwxrwxrwx   1 root     root           15 Jul  4 01:22
                                    S85httpd -> ../init.d/httpd
lrwxrwxrwx   1 root     root           15 Jul  4 01:22
                                    S85sound -> ../init.d/sound
lrwxrwxrwx   1 root     root           13 Jul  4 01:10
                                    S90xfs -> ../init.d/xfs
lrwxrwxrwx   1 root     root           19 Jul  4 01:22
                                    S99linuxconf -> ../init.d/linuxconf
lrwxrwxrwx   1 root     root           11 Jul  4 01:10
                                    S99local -> ../rc.local
```

Die Dateien, deren Namen mit *K* beginnen, sind „Kill-Prozeduren“, werden also bei Herunterfahren des Systems ausgeführt, diejenigen, die mit *S* beginnen, sind Start-Prozeduren. Es handelt sich durchweg um symbolische Links, die eigentlichen Routinen liegen meistens in */etc/rc.d/init.d*.

Profitipp

Startdateien per Hand deaktivieren

Sie können einzelne Dienste einfach aus der Kommandozeile heraus deaktivieren, indem Sie das Start/Stop-Script mit dem Parameter *stop* ausführen. Auf Dauer deaktivieren Sie es, indem Sie die entsprechenden Dateien umbenennen. Ich persönlich mache das so: Ich ersetze das große *S* durch ein kleines *s*, ebenso beim *K*. Das Kommando lautet dann

```
paco:~ # mv /etc/rc.d/rc5.d/S60nfs /etc/rc.d/rc5.d/s60nfs
```

Auf diese Weise behalten Sie die Kontrolle über alle Veränderungen, die Sie vorgenommen haben, und Sie können sie auch leicht wieder rückgängig machen.

S.u.S.E.-Tipp

Die oben beschriebene Methode funktioniert auch bei SuSE. Mit dem Ablaufschema von SuSE sind Sie allerdings besser in Übereinstimmung, wenn Sie die SuSE-eigenen Hilfsmittel benutzen. Dazu können Sie entweder YaST aufrufen und unter *Administration des Systems/Konfigurationsparameter* die Start-Parameter auf *falsch* setzen. Die Variablen, die hierfür in Frage kommen, beginnen alle mit *START*. Gehen Sie also die lange Liste durch, bis Sie zu den Start-Parametern gekommen sind, und setzen Sie die Variablen für die nicht benötigten Dämonen auf *No*. YaST erledigt dann den Rest für Sie.

„Zu Fuß" können Sie die entsprechenden Parameter ersetzen, indem Sie die Datei */etc/rc.d/rc.config* editieren. Auch dort tauchen die *START*-Variablen auf, die Sie mit Hilfe eines Text-Editors umsetzen können. Anschließend ist unbedingt der Aufruf von *SuSEconfig* erforderlich.

- Die zweite Variante ist der Start der Netzwerkdienste über *inetd*. *inetd* ist ein Super-Dämon, der Anfragen für bestimmte Dienste annimmt und dann das nachgefragte Programm bei Bedarf startet. Konfiguriert wird *inetd* über die Datei */etc/inetd.conf*. Nach jeder Veränderung von *inetd.conf* muss der Inet-Dämon „angehupt" werden, damit er merkt, dass sich die Geschäftsgrundlage geändert hat.

  ```
  paco:~ # killall -HUP inetd
  ```

9 Die verschiedenen Distributionen liefern Konfigurations-Tools, die es erleichtern sollen, Dienste zu aktivieren oder zu deaktivieren. Bei RedHat ist da etwa *linuxconf* zu nennen. Die Verwendung scheint uns jedoch etwas kritisch zu sein, da *linuxconf* eigene Vorstellungen über den Systemzustand hat, der nicht unbedingt mit der Realität zu tun hat. Sicherer ist es, „zu Fuß" vorzugehen.

10 Überdenken Sie zunächst die „Standalone-Dämonen". Brauchen Sie wirklich einen eigenen Webserver? Wenn nicht, dann deaktivieren Sie ihn mit der oben beschriebenen Methode.

11 Nun zu den Diensten, die über *inetd* gestartet werden. Jeder Dienst, den Sie hier nicht aktivieren, ist ein potentielles Sicherheitsloch weniger. Sie deaktivieren einen Dienst, indem Sie mit Hilfe eines Texteditors die Datei */etc/inetd.conf* aufmachen und an den Anfang der entsprechenden Zeile ein # setzen.

Ein (zugegeben) sehr restriktiver Vorschlag könnte so aussehen:

```
#
# inetd.conf This file describes the services that will be available
# through the INETD TCP/IP super server.  To re-configure
# the running INETD process, edit this file, then send the
# INETD process a SIGHUP signal.
#
# Version: @(#)/etc/inetd.conf 3.10 05/27/93
#
# Authors: Original taken from BSD Unix 4.3/TAHOE.
# Fred N. van Kempen, <waltje@uwalt.nl.mugnet.org>
#
# Modified for Debian Linux by Ian A. Murdock <imurdock@shell.portal.com>
```

```
#
# Modified for RHS Linux by Marc Ewing <marc@redhat.com>
#
# <service_name> <sock_type> <proto> <flags> <user> <server_path> <args>
#
# Echo, discard, daytime, and chargen are used primarily for testing.
#
# To re-read this file after changes, just do a 'killall -HUP inetd'
#
#echo stream tcp nowait root internal
#echo dgram udp wait root internal
#discard stream tcp nowait root internal
#discard dgram udp wait root internal
#daytime stream tcp nowait root internal
#daytime dgram udp wait root internal
#chargen stream tcp nowait root internal
#chargen dgram udp wait root internal
#time stream tcp nowait root internal
#time dgram udp wait root internal
#
# These are standard services.
#
ftp stream tcp nowait root /usr/sbin/tcpd in.ftpd -l -a
telnet stream  tcp  nowait  root    /usr/sbin/tcpd in.telnetd
#
# Shell, login, exec, comsat and talk are BSD protocols.
#
#shell stream tcp nowait root /usr/sbin/tcpd in.rshd
#login stream tcp nowait root /usr/sbin/tcpd in.rlogind
#exec stream tcp nowait root /usr/sbin/tcpd in.rexecd
#comsat dgram udp wait root /usr/sbin/tcpd in.comsat
#talk dgram udp wait root /usr/sbin/tcpd in.talkd
#ntalk dgram udp wait root /usr/sbin/tcpd in.ntalkd
#dtalk stream tcp waut nobody /usr/sbin/tcpd in.dtalkd
#
# Pop and imap mail services et al
#
#pop-2   stream  tcp     nowait  root    /usr/sbin/tcpd ipop2d
#pop-3   stream  tcp     nowait  root    /usr/sbin/tcpd ipop3d
#imap    stream  tcp     nowait  root    /usr/sbin/tcpd imapd
#
# The Internet UUCP service.
#
#uucp stream tcp nowait uucp /usr/sbin/tcpd /usr/lib/uucp/uucico -l
#
# Tftp service is provided primarily for booting.  Most sites
# run this only on machines acting as "boot servers." Do not uncomment
# this unless you *need* it.
#
#tftp dgram udp wait root /usr/sbin/tcpd in.tftpd
#bootps dgram udp wait root /usr/sbin/tcpd bootpd
#
# Finger, systat and netstat give out user information which may be
# valuable to potential "system crackers."  Many sites choose to disable
# some or all of these services to improve security.
#
#finger stream tcp nowait root /usr/sbin/tcpd in.fingerd
#cfinger stream tcp nowait root /usr/sbin/tcpd in.cfingerd
#systat stream tcp nowait guest /usr/sbin/tcpd /bin/ps -auwwx
```

```
#netstat stream tcp nowait guest /usr/sbin/tcpd /bin/netstat -f inet
#
# Authentication
#
#auth   stream  tcp     nowait    nobody    /usr/sbin/in.identd in.identd -l -e -o
#
# End of inetd.conf

#linuxconf stream tcp wait root /bin/linuxconf linuxconf --http
#swat      stream  tcp    nowait.400     root /usr/sbin/swat swat
```

Jede Zeile der Datei *inetd.conf* beschreibt genau einen Dienst, für dessen Aktivierung *inetd* verantwortlich ist. Zeilen, die mit einem # beginnen, sind Kommentare und werden von *inetd* nicht beachtet.

Tipp

Deaktivieren von Diensten

Deaktivieren Sie Dienste nur über das Setzen von Kommentarzeichen, nicht durch Löschen der Zeile. Wenn später der Dienst doch wieder gebraucht wird, dann kann er leicht wieder aktiviert werden, indem einfach das Kommentarzeichen weggenommen wird. Auch bei anderen Veränderungen, die Sie vornehmen wollen: Machen Sie eine Sicherheitskopie der Zeile, die dann durch Setzen des #-Zeichens „auskommentiert" wird. Die Veränderungen machen Sie dann in der kopierten Zeile.

Die Felder innerhalb einer Zeile haben folgende Bedeutung:

Name des Dienstes: Das sind meistens (aber nicht immer) intuitive Namen für den Dienst, der in dieser Zeile beschrieben wird, z. B. *ftp, telnet, pop3 ...*

Socket Typ: Dieses Feld bezeichnet die Art des Dienstes, verbindungsorientiert (stream) oder verbindungslos (dgram).

proto: Das ist das Transportprotokoll, das für den Dienst genutzt wird: für stream meist tcp, für dgram udp.

flags: Dieses Feld hat nur Bedeutung für Datagramm-Dienste. Es kann die Werte *wait* oder *nowait* haben. Es gibt Dienste, die, wenn Sie von *inetd* einmal gestartet worden sind, nicht ein zweites Mal von *inetd* gestartet werden dürfen, sie bekommen das *wait*-Flag. *nowait*- gekennzeichnete Dienste können beliebig oft von *inetd* gestartet werden.

user: Im Feld *user* wird angegeben, unter welcher Benutzerkennung der Dienst ablaufen soll. Hier wird oft *root* angegeben, aus Sicherheitsgründen können aber auch andere „Pseudokennungen" z. B. *daemon* verwendet werden.

server_path: Hier kann der Programmname des Dämonen mit vollständiger Pfadangabe stehen, z. B. */usr/sbin/in.tftpd*. *internal* heißt, dass *inetd* den Dienst selbst abarbeiten kann. In unserer Beispieldatei finden Sie hier aber meist */usr/sbin/tcpd*, das ist der TCP-Wrapper, der weiter unten erklärt ist.

args: Im Feld *args* können die Programmargumente angegeben werden. Zu den Argumenten zählt eigenartigerweise auch der Programmname selbst, d. h., wenn hier Argumente angegeben werden, dann muss hier auch der Name des Programms stehen.

Gegenüber der RedHat-Standardkonfiguration wurden hier noch die folgenden Dienste deaktiviert.

shell: Gemeint ist mit diesem Punkt die Möglichkeit, von anderen Rechnern aus auf Ihrem Linux-PC Kommandos auszuführen.

login: Hier ist der Dienst *rlogin* gemeint, eine Dialogschnittstelle für andere Unix-/Linux-Rechner. *shell* und *rlogin* sind sehr unsicher. Es gibt viele bekannte „Exploits" dafür – das sind Sicherheitslücken, die von Hackern ausgenutzt werden. Nehmen Sie diesen Dienst auf jeden Fall aus Ihrer Konfiguration heraus, es sei denn, Sie setzen Ihren PC nur im lokalen Netz ein. Für *shell* und *login* gibt es einen sehr sicheren Ersatz, das Paket *ssh*, das in Kapitel 13.8 auf Seite 892 beschrieben ist.

finger: Mit *finger* kann man Informationen über Benutzer auf anderen Rechnern einholen. Es gibt sehr schöne Einsatzmöglichkeiten (zum Beispiel die Bekanntgabe seines public keys, also des öffentlichen Schlüssels, wenn man *PGP* verwendet. Unkonfiguriert ist *finger* aber ein arges Sicherheitsloch, das man unbedingt schließen sollte. Eine Anleitung zu *finger* sprengt leider den Rahmen dieses Buchs.

auth: Mit dieser Option wird der *Ident*-Dämon gestartet. Sie brauchen ihn nur, wenn Sie chatten wollen.

12 Die noch verbleibenden TCP/IP-Dienste (*ftp* und *telnet*) können Sie durch den Einsatz des TCP-Wrappers */usr/sbin/tcpd* sicherer machen. Mit diesem Hilfsmittel haben Sie eine Kontrolle darüber, wer den entsprechenden Dienst benutzen darf. Dies geschieht, indem Sie die Dateien */etc/hosts.allow* und */etc/hosts.deny* bearbeiten. Wie die Namen schon sagen, beschreibt die eine Datei, wer was darf, und die andere, wer was nicht darf. Wenn Ihr Rechner in einem lokalen Netz (IP-Netz 192.168.1) hängt und nur über eine Einwahlverbindung Zugang zum Internet hat, dann sollte in der Datei */etc/hosts.allow* Folgendes stehen:

```
#
# hosts.allow This file describes the names of the hosts which are
# allowed to use the local INET services, as decided
# by the '/usr/sbin/tcpd' server.
#

ALL: 127.
```

```
ALL: 192.168.1.
```

und in der Datei */etc/hosts.deny*

```
#
# hosts.deny This file describes the names of the hosts which are
# *not* allowed to use the local INET services, as decided
# by the '/usr/sbin/tcpd' server.
#

ALL: ALL
```

Die Zeile mit *192.168.1.* kann ganz entfallen, wenn Ihr Rechner nicht in einem lokalen Netz hängt. Ansonsten muss Sie auf die Subnetz-Adresse, die Sie verwenden, abgeändert werden.

Hinweis

Verzicht auf *inetd*

Natürlich können Sie auch *ftp* und *telnet* ganz deaktivieren, wenn Sie es nicht brauchen. In diesem Fall können Sie im hier gezeigten Beispiel ganz auf *inetd* verzichten. Sie können den Start dieses Dämons dann ganz unterbinden, so wie es oben schon gezeigt wurde.

▲▲▲ Workshop-Ende

13.16 Fax

Ja, auch das „Faxen" gehört zu den Netzwerkdiensten, zwar nicht zu denen, die über das Internet zu erreichen sind. Aber auch das Telefonnetz ist ja ein Netz ...

Wenn Sie Ihr Modem schon für die Einwahl vorbereitet haben, dann spricht nichts dagegen, es auch zum Faxen zu benutzen, es sei denn, Ihr Modem ist kein Faxmodem.

Falls Sie ISDN-Benutzer sind, müssen wir Sie hier enttäuschen. Linux kann über die ISDN-Karte nicht faxen. Das liegt daran, dass Faxen sehr zeitkritisch und Linux ein Multi-User-System ist, seine Zeitscheiben gerecht auf alle Prozesse, die nach CPU-Zeit fragen, verteilt. Auch bei ISDN wird ein analoges Modem zum Faxen benötigt.

Mehrere alternative Softwarepakete stehen zur Wahl:

Efax ist ein kleines Programm zum Versenden und Empfang von Faxnachrichten. Es kann mit Faxmodems der Klassen 1, 2 und 2.0 umgehen.

mgetty + sendfax ist eine Sammlung von Programmen für Faxmodems der Klassen 2 und 2.0.

HylaFAX ist ein Faxserver mit vielen ausgefeilten Möglichkeiten. Es ist Client-Server basiert, Clients auf unterschiedlichen Rechnern können das oder die Faxmodems auf einem Server benutzen.

Efax ist kleiner und leichter zu installieren als die beiden anderen Alternativen. Es eignet sich vor allem für Rechner, die nur von einer Person benutzt werden. Mehr Möglichkeiten bietet da schon die *sendfax*-Erweiterung von *mgetty*. Auch hier hält sich der Installationsaufwand noch in Grenzen. Dafür bietet es aber schon einen Multi-User-Support. HylaFAX schließlich ist ein umfangreiches Paket, das geeignet ist, z. B. in einer Büroumgebung einen rechnerbasierten Faxdienst aufzubauen. *mgetty + sendfax* und HylaFAX sollten nicht zusammen auf einem Rechner installiert werden, da sie zum Teil gleiche Dateinamen benutzen. Für Anwender der SuSE-Distribution gibt es ein Frontend von HylaFAX, das SuSEFAX, das eine sehr komfortable Bedienoberfläche bietet. SuSE-Nutzer sollten sich das mal ansehen.

Wir werden hier das Paket *mgetty + sendfax* beschreiben, da es sowohl bei RedHat und bei SuSE in den Distributionen enthalten ist und einen guten Kompromiss zwischen den beiden anderen Alternativen darstellt. Für diejenigen, die sich HylaFAX näher ansehen wollen und es nicht in ihrer Distribution finden, sei hier der URL erwähnt, von dem man sich die Software herunterladen kann: Die Source-Codes gibt es unter *ftp://ftp.sgi.com/sgi/fax/source/* und die Binärversionen unter *ftp://ftp.sgi.com/sgi/fax/binary*. Die Homepage ist *http://www.hylafax.org*, dort gibt es alle Dokumentationen zu HylaFAX.

▼▼▼ **WORKSHOP**

mgetty+sendfax

1 Die Software wird mit dem üblichen *rpm*-Kommando (als *root*) installiert:

```
paco:~ # rpm -i mgetty-sendfax-1.1.14-8
```

oder mit

```
paco:~ # rpm -i sendfax-1.1.21-8
```

Wie üblich muss die Versionsnummer angepasst werden. Ob die erste oder die zweite Variante benutzt werden muß, hängt davon ab, wie *sendfax* gepackt ist.

2 Alle Konfigurationsdateien befinden sich im Directory */etc/mgetty+sendfax*. Zum Versenden von Faxnachrichten muss zunächst die Datei *sendfax.config* angepasst werden. Diese Datei ist bereits mit ausführlichen Kommentaren versehen (Kommentarzeilen beginnen wie üblich mit einem #-Zeichen. Im ersten Teil werden die globalen Voreinstellungen behandelt, der zweite Teil behandelt die verschiedenen Ports, d. h.

die verschiedenen seriellen Schnittstellen, wenn Sie mehrere Modems einsetzen. Unsere Empfehlungen für die notwenigen Eintragungen sind:

verbose steht für geschwätzig. Voreingestellt ist hier *y*, das sollten Sie so lassen, bis alles gut funktioniert. Nach einer gewissen Betriebsdauer können Sie diesen Wert auf *n* setzen, wenn Sie von den vielen Meldungen genervt sind.

debug steht anfangs auf *5*, es wird also sehr viel protokolliert. Verändern Sie den Wert zunächst nicht, später kann man ihn auf *0* oder *1* setzen.

fax-devices Hier geben Sie alle Schnittstellen an, an denen Faxmodems hängen und die Sie zum Faxen benutzen wollen. In der Regel haben Sie ein analoges Modem an einer seriellen Schnittstelle, diese geben Sie hier an, z. B. *ttyS1*. Zur Bezeichung der seriellen Schnittstellen unter Linux können Sie auch nochmal auf Seite 831 nachlesen. Bei mehreren Modems können Sie die verschiedenen Schnittstellen auch durch Doppelpunkt getrennt angeben.

fax-id ist die Telefonnummer, die an die Gegenstelle als Sender übermittelt werden soll. In der Regel ist das Ihre eigene Nummer, am besten geben Sie hier alles mit internationaler Vorwahl an, z. B. *49 211 ...*

dial-prefix ist der Modembefehl, der Ihr Modem zum Wählen veranlasst. Der genaue Code hängt von Ihrem Modem ab, sehen Sie in Ihrem Handbuch nach. Bei den meisten Modems, die nicht hinter einer Telefonanlage hängen, dürfte *ATDT* funktionieren.

max-tries ist die Anzahl der Versuche pro Seite. Voreingestellt ist der Wert auf *3*, was sicher für den Anfang ein sinnvoller Wert ist.

max-tries-continue ist voreingestellt auf *y*. Es bedeutet, dass versucht wird, auf bei Fehlern auf vorherigen Seiten weiterzumachen. Auch hier lautet die Empfehlung, diesen Wert zunächst zu belassen.

Nach diesem allgemeinen Teil folgt der Teil für die einzelnen Modems. In der Datei sind einige Beispiele aufgeführt. Falls Sie „nur" ein Modem besitzen, das der Klasse 2 (bitte beachten: Klasse 2.0 und Klasse 2 sind verschieden!), dann können Sie dies hier nach dem vorgegebenen Muster eintragen.

Sichern Sie die veränderte Datei */etc/mgetty+sendfax/sendfax.config*.

3 In die Datei */etc/mgetty+sendfax/fax.allow* können jetzt alle Benutzer eingetragen werden, die Faxe verschicken dürfen, und zwar ein Benutzer pro Zeile. Angegeben werden hier natürlich nur die Login-Namen, so wie sie dem Linux-System bekannt sind. Das kann etwa so aussehen:

```
root
paco
```

4 Jetzt kann der Faxversand gestartet werden. Haben Sie einen Freund mit Faxgerät, dem Sie mal ein Testfax schicken können? Unter einer

Kennung, die Sie in die Datei *fax.allow* eingetragen haben, können Sie jetzt loslegen: Nehmen Sie eine gerade verfügbare Textdatei oder erzeugen Sie eine mit

```
paco:~ $ echo Die ist ein Testfax von xy > testfax
```

Jetzt können Sie den Versand anstoßen:

```
paco:~ $ faxspool faxnummer testfax
spooling to /var/spool/fax/outgoing/F000005...
spooling testfax...
testfax is format: ascii
GNU GhostScript 5.10 (1998-12-17)
Copyright (C) 1997 Aladdin Enterprises, Menlo Park, CA.  All rights reserved.
This software comes with NO WARRANTY: see the file COPYING for details.
Loading NimbusMonL-Bold font from /usr/share/fonts/default/Type1/n0220041.pfb...
                                   1955884 646159 1320184 31340 0 done.
Printing testfax
Page height = 66.

Putting Header lines on top of pages...

Fax queued successfully. Will be sent at next ''faxrunq'' run.

paco:~ $ faxq
F000005/JOB: queued by paco. 2 page(s) to faxnummer.
paco:~ $
```

Das *faxspool* hat die Textdatei in das passende Format (G3) umgewandelt und in die Faxqueue gestellt. Das kann mit dem *faxq* überprüft werden. Gesendet wird das Fax erst später ...

5 Zunächst zu den Dateiformaten, die von *faxspool* bearbeitet werden können: Das eigentliche Übertragungsformat beim Faxen ist das G3-Format. Damit Sie sich nicht mit dem Konvertieren herumplagen müssen, sind in *faxspool* diverse Formaterkennungs- und Konvertierungsfunktionen eingebaut. Sie können auf diese Weise – wie gesehen – Textdateien, pbm-Dateien (portable bitmap), pgm-Dateien (portable greymap), ppm-Dateien (portable pixmap), PostScript-Dateien und diverse andere Formate verschicken. Voraussetzung dafür ist, dass die entsprechenden Konvertierungs-Tools auch auf Ihrem System installiert sind. Für das richtige Funktionieren von *faxspool* ist besonders die Installation von *GhostScript* wichtig, da dieses Programm schon für die Konvertierung von Textdateien benötigt wird.

Tipp

Wenn Sie eine Programm */usr/bin/pbmtog3* aus einem anderen Paket installiert haben, dann könnte es ein Problem beim Senden von Faxen geben, da dieses Programm einen Fehler enthält (jedenfalls für den Faxversand). Nach Installation von *mgetty+sendfax* löschen Sie die vorgenannte Datei und setzen einen symbolischen Link von */usr/bin/pbm2g3* auf */usr/bin/pbmtog3*. (Das Kommando dazu lautet: *ln -s /usr/bin/pbm2g3 /usr/bin/pbmtog3*.) *pbm2g3* wird mit *mgetty+sendfax* geliefert und behebt den Fehler in *pbmtog3*.

6 Nun zum eigentlichen Versand: Mit dem Kommando *faxrunq* wird das eigentliche Faxen initiiert. Alle „gespoolten" Faxnachrichten werden mit diesem Kommando der Reihe nach abgearbeitet. Dieses Kommando muss von *root* ausgeführt werden, da nur der Systemverwalter die Kontrolle über kostenpflichtige Aktionen haben soll. Zum Testen starten Sie es einmal per Hand und sehen, was passiert ...

7 Wenn Sie sicher sind, dass Ihre Konfiguration „steht", dann können Sie das *faxrunq*-Kommando zur regelmäßigen Bearbeitung vorsehen. Soll etwa stündlich versucht werden, die Faxqueue abzuarbeiten, dann können Sie das etwa mit folgendem Kommando generieren:

```
paco:~ # cat > /etc/cron.hourly/faxrun
#!/bin/sh

/usr/bin/faxrunq
```

Die Eingabe wird mit [Strg]+[D] abgeschlossen.

Zur Verabeitung von *cron*-Jobs lesen Sie bitte auch in Kapitel 9.2.

8 Eine Kontrolle über die Faxqueue haben Sie mit dem Kommando *faxq*, das oben schon gezeigt worden ist. Wenn Sie sich plötzlich anders entscheiden und ein „gespooltes" Fax doch nicht mehr schicken wollen, dann können Sie es mit *faxrm* wieder aus der Warteschlange löschen.

```
paco:~ $ faxq
F000005/JOB: queued by paco. 2 page(s) to rufnr.
F000007/JOB: queued by dregger. 2 page(s) to rufnr.
paco:~ $ faxrm F000005
paco:~ $ faxq
F000007/JOB: queued by dregger. 2 page(s) to rufnr.
```

9 Auf jeder Faxseite können ein oder mehrere Kopfzeilen generiert werden. Das Format dieser Zeilen bestimmen Sie in der Datei */etc/mgetty+sendfax/faxheader*. Öffnen Sie diese Datei als *root* mit einem Texteditor. Sie finden dort die Zeile:

```
FAX  FROM:  **...** 49 89 xxxxxxxx  TO: @T@  PAGE: @P@ OF @M@
```

Wenn Sie eine Kopfzeile folgenden Inhalts wollen:

```
FAX von: rufnr (Vorn Nachn) an: rufnr datum Seite: 1 von 5
```

dann geben Sie ein:

```
FAX von: @ID@ (@N@) an: @T@ @DATE@ Seite: @P@ von @M@
```

Die Zeichenketten mit @ am Anfang und Ende sind sog. Tokens, sie werden durch aktuelle Werte ersetzt. Die Tokens bedeuten im Einzelnen:

@T@ angerufene Faxnummer

@U@ (Login-)Name des Senders

@N@ voller Name des Senders (so, wie er in */etc/passwd* steht)

@P@ aktuelle Seitennummer

@M@ Anzahl Seiten gesamt

@DATE@ Datum und Uhrzeit (so wie sie das *date*-Kommando ausgibt)

@ID@ Faxnummer des Senders (wie sie in der Datei */etc/mgetty+fax/sendfax.config* steht)

@D@ Kurzbezeichnung des Empfängers, diese kann als *-D*-Option beim *faxspool*-Kommando angegeben werden

10 Zum Versand von Faxnachrichten kann ein „Telefonbuch" geführt werden, und zwar sowohl ein systemweites in der Datei */etc/mgetty+sendfax/faxaliases* als auch ein benutzereigenes im Home-Verzeichnis des Benutzers in *$HOME/.faxnrs*. Die Formate der Dateien sind gleich. Es sind einfache Textdateien, die pro Zeile einen Eintrag enthalten. Der Inhalt jeder Zeile ist:

```
alias faxnummer
                    Bezeichnung
```

Für *alias* kann eine Kurzbezeichnung für eine Faxnummer stehen, diese Kurzbezeichnung muss allerdings mindestens ein nicht numerisches Zeichen enthalten. Für *faxnummer* die vollständige Faxnummer inklusive der Vorwahl und Ziffern, die man eventuell braucht, um ein „Amt" zu bekommen. Optional kann als letztes Feld noch eine Kurzbezeichnung angegeben werden, die von *faxspool* statt der *-D*-Option verwendet wird. Ein Beispiel aus der man-Page von *faxspool* ist:

```
gert 0893244814 Gert Doering
```

(Gerd Doering ist der Autor des *mgetty+sendfax*-Programmpakets.)

Bei Aufruf von *faxspool* kann dann statt der Telefonnummer die Kurzbezeichnung angegeben werden. *faxspool* erkennt daran, dass in der Telefonnummer ein Zeichen vorkommt, das keine Ziffer ist, dass es sich um einen „Telefonbucheintrag" handelt, und schaut in den beiden *alias*-Dateien nach.

11 Zum Faxversand gibt es noch eine weitere Konfigurationsdatei, *faxrunq.config*. Hier kann unter anderem eingestellt werden, ob und wie der Sender von Faxnachrichten über Erfolg und Misserfolg informiert wird. Die Voreinstellungen sind für den Anfang sinnvoll, lassen Sie diese Datei zunächst unverändert.

12 Nun zum Faxempfang. Leider kann die Zustellung von empfangenen Faxen mit vertretbarem Aufwand nicht so komfortabel sein wie das Senden, da es sich bei empfangenen Faxnachrichten nur um eine (oder mehrere) Grafikdatei/en handelt, die keinem Benutzer im System so ohne weiteres zugeordnet werden können.

Man kann allerdings ein Programm (*mgetty*) so starten, dass es auf alle ankommenden Rufe auf dem Modem achtet und, falls es sich um Faxnachrichten handelt, diese entgegennimmt und an einer zentralen Stelle hinterlegt. Weiter kann *mgetty* bei Empfang einer Nachricht einen vorbestimmten Benutzer per E-Mail informieren. Alles Weitere ist „Handarbeit".

13 *mgetty* wird über *inittab* gestartet. Mehr zu der Arbeitsweise von *init* und der Bedeutung von *inittab* finden Sie in Kapitel 9.4. Damit in Zukunft Faxe empfangen werden können, tragen Sie die folgende Zeile in die Datei */etc/inittab* ein:

```
f:2345:respawn:/sbin/mgetty ttyS1
```

Dabei ist *ttyS1* die Schnittstelle, an der das Modem hängt. Bitte ändern Sie den Wert entsprechend Ihren Gegebenheiten ab. Achten Sie bitte darauf, dass kein anderes Programm schon auf dieser Schnittstelle sitzt: Wenn es schon eine andere Zeile in */etc/inittab* gibt, in der das Modemdevice aufgeführt wird, dann muss diese Zeile durch Voranstellen eines #-Zeichens auskommentiert werden.

14 Bevor der neue Eintrag in */etc/inittab* aktiviert wird, müssen noch die Konfiguration für *mgetty* angepasst werden. Dies geschieht wieder über eine Datei im Directory */etc/mgetty+sendfax*, der Datei *mgetty.config*. Öffnen Sie diese Datei in einem Texteditor, lesen Sie die Kommentare und passen Sie die Werte nach Ihren Erfordernissen an. Beachten Sie dabei insbesondere die folgenden Variablen:

fax-id: Setzen Sie hier Ihre eigene Faxnummer ein.

rings: Diese, wie auch die folgenden Variablen sind noch nicht in der mitgelieferten *mgetty.config* enthalten. Sie müssen für sie eine neue Zeile einführen, wenn Sie die Voreinstellungen ändern wollen. Die Variable *rings* beschreibt, nach wie vielmal Klingeln das Modem abheben soll. Voreingestellt ist hier *1*. Wenn das Modem am einzigen Telefonanschluss hängt, ist das sicher zu niedrig. Mit nur einmal Klingeln hat man keine Chance mehr, dem Modem zuvorzukommen. Setzen Sie hier einen Wert ein, der zu Ihrer häuslichen Umgebung besser passt.

fax-only: Setzen Sie diese Variable auf jeden Falle auf *yes*. Sonst nimmt *mgetty* auch Datenverbindungen an, und das ist ein Sicherheitsloch, wenn man das nicht richtig konfiguriert hat.

notify: Mit dieser Variablen können Sie einstellen, wer an Ihrem System über ein eingehendes Fax informiert werden soll.

15 Nach diesen vorbereitenden Arbeiten können Sie jetzt Ihr Modem einschalten und die neue */etc/inittab* durch das Kommando

```
paco:~ # telinit q
```

aktivieren. Jetzt brauchen Sie nur noch der Dinge zu harren, die da kommen ...

16 Vielleicht brauchen Sie Ihr Modem ja außer zum Faxempfang auch noch für andere Dinge? Fürs Internet? Und Faxe kommen eher selten und wenn, dann erwarten Sie es. In diesen Fällen hilft nichts: Sie müssen,

wenn Sie auf ein Fax warten, *mgetty* jedes Mal aktivieren und später wieder deaktivieren. Zum Deaktivieren fügen Sie ein Kommentarzeichen # an den Anfang der *mgetty*-Zeile in */etc/inittab* ein und geben das Kommando *telinit q*. Zum Aktivieren geht es genau umgekehrt. Keinesfalls sollte das abschließende *telinit* vergessen werden.

17 So, nun ist ein Fax angekommen. Wie kommen Sie nun dran?

mgetty + sendfax verwaltet ein eigenes Spool-Directory, in dem abgehende und eingehende Faxnachrichten zwischengespeichert werden. Außerdem können Sie hier die Log-Files finden. Sehen Sie nach im Directory */var/spool/fax*.

Sie finden dort eine Reihe Unterverzeichnisse, unter anderem auch das Directory *incoming*. Hier werden die hereinkommenden Faxe abgespeichert. Ein *ls -l* unter der Kennung *root* zeigt z. B. Folgendes an:

```
insgesamt 40
-rw-rw----   1 uucp     uucp          7484 Sep 19 00:52
                        fn7e4179eS1-_-URZSERVICE_.01
-rw-rw----   1 uucp     uucp         31469 Sep 19 00:52
                        fn7e4179eS1-_-URZSERVICE_.02
```

Man erkennt hier, dass am 19. September eine Faxnachricht von *URZ-SERVICE* bestehend aus zwei Seiten eingegangen ist. Am einfachsten und sichersten ist es, diese beiden Dateien (im Beispiel) an einen besseren Platz zu verschieben und dann von dort aus zu bearbeiten. Zum Verschieben der Dateien muss man kurzfristig unter der Kennung *root* arbeiten, dafür ist die Eingabe des *root*-Passworts nötig.

```
paco:~ $ mkdir faxe
paco:~ $ su
Password:
root-passwort
paco:~ # mv /var/spool/fax/incoming/* faxe/
paco:~ # chown paul faxe/*
paco:~ # exit
```

Zum Ansehen und Drucken der Faxnachrichten steht jetzt wieder ein schönes Programm aus der KDE-Umgebung zur Verfügung: *kfax*. Wechseln Sie in das Verzeichnis, in dem Sie Ihre Faxe gespeichert haben, und rufen Sie *kfax* auf. (Das geht natürlich nur unter X Window.) Unter *Datei/Fax hinzufügen* erhalten Sie eine Auswahl der Faxseiten angezeigt. Wenn Sie die erste Seite auswählen, wird sie Ihnen im großen Fenster dargestellt. Die weiteren Seiten können Sie ebenfalls mit *Fax hinzufügen* dahinter hängen, bis Sie schließlich alle Seiten des Faxes zusammenhängend sehen können.

Workshop-Ende

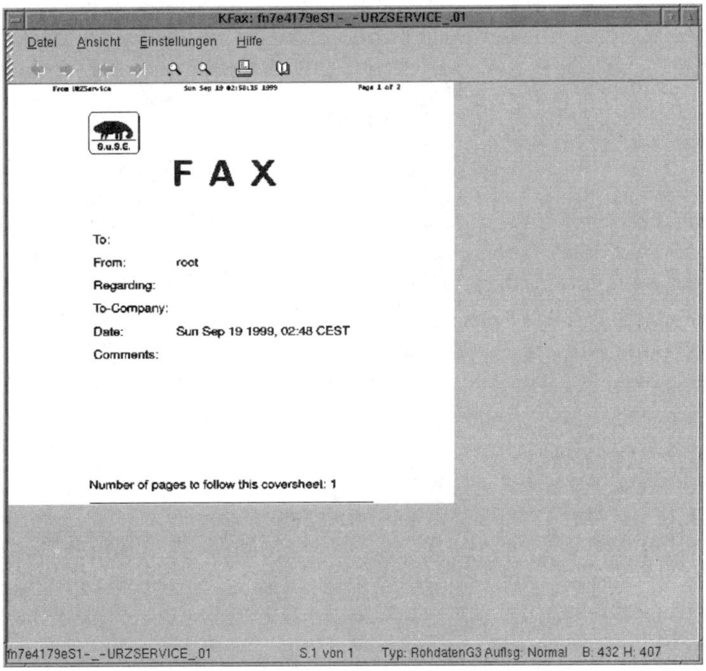

Empfangene Faxnachrichten mit kfax ansehen

14. Einführung in das Programmieren und Automatisieren

Dieses Kapitel wendet sich vor allem an Anwender, die bereits Erfahrungen im Umgang mit Betriebssystemen gesammelt haben und ihre Kenntnisse einsetzen möchten, um ihr Linux-System noch zuverlässiger, benutzerfreundlicher und effizienter einzurichten. Insbesondere für das Verständnis der Shell-Prozeduren wäre es nützlich, Kenntnisse aus dem Bereich der Programmierung mitzubringen; wir können im Rahmen dieses Buchs kein Grundlagenwissen zu diesem Thema vermitteln. (Weitergehende Informationen finden Sie beispielsweise in dem bei DATA BECKER erschienenen Buch „LINUX INTERN".)

14.1 Stapelverarbeitung für Profis: Batch-Programmierung

Die meisten Unix-Shells sind nicht nur reine Bedienoberflächen für das jeweilige Betriebssystem, sondern sind zugleich auch ausgewachsene Programmiersprachen, mit denen man eine Vielzahl unterschiedlicher Aufgaben erledigen kann, besonders aber solche, bei denen es um die Automatisierung von Systemabläufen geht. Die *bash*, die als Standardshell praktisch auf jedem Linux-System vorhanden ist, gehört sogar zu den vielseitigsten und ausgefeiltesten Shells und ersetzt damit auch die bei anderen Betriebssystemen oft notwendigen separaten Skript-Interfaces.

Programme, die die Sprachmittel der Shell nutzen, können so geschrieben werden, dass sie mit allen anderen Unix-Shells ablauffähig sind, soweit diese den Posix-Standard für Shells einhalten (dieser stellt eine Norm dar, die ein Mindestmaß an Kompatibilität zwischen den Unix-Systemen verschiedener Hersteller garantieren soll). Wir wollen aber in diesem Kapitel solche Kompatibilitätsfragen nicht in den Vordergrund stellen; wir gehen davon aus, dass Sie sowieso über kurz oder lang nur noch mit Linux-Rechnern arbeiten wollen und deshalb alle Möglichkeiten nutzen, die Ihnen die *bash* bietet!

Shell-Prozeduren zu schreiben ist keine Kunst

In Kapitel 7.1 haben wir Ihnen bereits Kommandodateien für die Shell vorgestellt, die mit dem Kommando *source* (oder ., also dem Punkt) aufgerufen werden. Während dabei aber alle Kommandos und Zuweisungen, die in der Datei stehen, von der aufrufenden Shell ausgeführt werden und damit auch noch wirksam sein können, wenn die Datei zu Ende gelesen ist, wird eine Prozedurdatei von einem eigenen Shellprozess bearbeitet. Das heißt, es wird eine frische Shell gestartet, die – anders als bei einem Login – ihre Kommandos nicht von einem Terminal liest, sondern aus der Prozedurdatei, und wenn diese fertig bearbeitet ist, beendet sich die Shell wieder. Damit sind auch alle in diesem Shellprozess gesetzten Variablen (auch die Umgebungsvariablen) anschließend wieder zerstört; sie übertragen sich in keiner Weise auf den Aufrufer!

Sie erstellen eine Shell-Prozedur genauso wie eine Shell-Startup-Datei: Mit einem Editor schreiben Sie Kommandos in eine Datei, pro Zeile eines; Kommentare (mit # eingeleitet) und Leerzeilen sind erlaubt. Bezüglich der Zeilenlänge gibt es praktisch keine Begrenzungen; wenn Sie im Interesse der Lesbarkeit ein umfangreiches Kommando auf mehrere Zeilen aufteilen wollen, müssen diese bis auf die letzte alle mit einem Backslash enden.

Ein eigenes Kommando starten

Am einfachsten starten Sie die Shell-Prozedur, indem Sie per Kommando eine neue Shell aufrufen und den Namen der Prozedur als Argument angeben:

```
bash Prozedurdatei
```

(Sie können die *bash* auch mit dem Kommando *sh* aufrufen, wie dies auf anderen Unix-Systemen üblich ist; bei Prozeduren macht dies in der Regel keinen Unterschied.)

Sie können aber aus Ihrer Prozedur ein eigenständiges Kommando machen:

1. Erstellen Sie mit dem Editor eine Kommandodatei, wie oben beschrieben.
2. Fügen Sie ganz am Anfang der Datei eine Zeile ein mit dem Inhalt *#!/bin/bash*. Ihre Prozedur könnte dann beispielsweise so aussehen:
   ```
   #!/bin/bash
   # Meine erste Prozedurdatei
   du -s ~
   ```
3. Speichern Sie die Datei unter dem Namen *ersteproz.sh* ab und beenden Sie den Editor.
4. Die Prozedur soll ein Kommando werden, es muss daher erlaubt sein, sie auszuführen. Setzen Sie die *x*-Berechtigung mit dem Kommando
   ```
   paco:~ $ chmod +x ersteproz.sh
   paco:~ $
   ```
5. Nun können Sie versuchen, das neue Kommando auszuführen:
   ```
   paco:~ $ ersteproz.sh
   ```
6. Es hat nicht geklappt? Erschien eine Meldung
   ```
   bash: ersteproz.sh: command not found
   ```

auf dem Bildschirm? Wahrscheinlich enthält Ihre *PATH*-Variable weder einen Eintrag . (einen Punkt als Bezeichnung des jeweiligen aktuellen Verzeichnisses) noch ausdrücklich das Verzeichnis, in dem Sie Ihre Prozedur abgelegt haben.

7 Versuchen Sie es mit einer ausdrücklichen Verzeichnisangabe, damit Sie die Suche in den *PATH*-Verzeichnissen nicht benötigen:

```
paco:~ $ ./ersteproz.sh
326631  /home/paul
paco:~ $
```

Voilá! Sie sehen die Ausgabe des Kommandos *du -s ~* aus der Prozedur, also die Anzahl der KBytes, die in Ihrem Home-Verzeichnis durch Dateien belegt sind.

8 Wenn Ihnen die Prozedur zu läppisch ist, löschen Sie sie. Wollen Sie sie zum späteren Gebrauch aufbewahren, bringen Sie sie (mit *mv*) in ein Verzeichnis, das im *PATH* enthalten ist, z. B. *~/bin* oder */usr/local/bin*, und geben Sie der Prozedur dabei gleich einen sinnvolleren Namen – unter dem steht sie Ihnen nun als neues Kommando zur Verfügung.

Parameterübergabe an Prozeduren

Wie ein richtiges Kommando, so kann auch die Prozedur beim Aufruf Argumente übergeben bekommen und diese intern benutzen. Anders als Sie das vielleicht von gängigen Programmiersprachen her kennen, gibt es in einer Shell-Prozedur keine Deklaration formaler Parameter; wenn der Aufruf Argumente enthielt, sind diese innerhalb der Prozedur als spezielle Variablen benutzbar. Wenn Sie irgendwo die Zeichenfolge *$1* verwenden, wird an ihrer Stelle der Wert des ersten Arguments in das Kommando eingesetzt; entsprechend stehen *$2*, *$3* bis *$9* für das zweite und die folgenden Argumente (sollten Sie wirklich noch mehr erwarten, müssten Sie dann die Zahl in geschweifte Klammern einschließen, z. B. *${10}*).

Als Besonderheit steht *$0* für den Namen, unter dem die Prozedur aufgerufen wurde, und *$#* für die Anzahl der Argumente, die beim Aufruf insgesamt angegeben wurden (*$0* nicht mitgezählt).

Mit dieser kleinen Prozedur können Sie unsere Aussagen überprüfen:

```
#!/bin/bash

echo "Diese Prozedur wurde mit $# Argumenten aufgerufen."
echo "Das erste war: $1"
echo "Das dritte war: $3"
echo "Der Kommandoname lautete: $0"
```

Speichern Sie sie unter dem Namen *argtest.sh* ab und rufen Sie sie mit verschiedenen Parameterwerten auf (vergessen Sie nicht, die *x*-Berechtigung zu setzen!):

```
paco:~ $ chmod +x argtest.sh
paco:~ $ ./argtest.sh
Diese Prozedur wurde mit 0 Argumenten aufgerufen.
Das erste war:
```

```
Das dritte war:
Der Kommandoname lautete: ./argtest.sh
paco:~ $ ./argtest.sh andante allegro vivace
Diese Prozedur wurde mit 3 Argumenten aufgerufen.
Das erste war: andante
Das dritte war: vivace
Der Kommandoname lautete: ./argtest.sh
paco:~ $
```

Sie sehen schon an diesem Beispiel, dass es nichts ausmacht, Argumente zu benutzen, die beim Aufruf gar nicht angegeben wurden; es wird einfach eine leere Zeichenfolge eingesetzt.

Manche Kommandos wie auch Prozeduren akzeptieren eine beliebig umfangreiche Liste von Argumenten, beispielsweise die Namen zu bearbeitender Dateien (eventuell als Ergebnis eines Wildcard-Ausdrucks). Speziell für diesen Zweck gibt es weitere Sondervariablen: *$@* und *$** liefern beide die komplette Liste aller Argumente. Sie werden beide meist in Anführungszeichen eingeschlossen, und dann offenbaren sie einen wesentlichen Unterschied:

"$@" fügt jedes Argument der Prozedur als eigenes Wort ein, wirkt also wie eine Liste der Form

```
"$1" "$2" "$3" "$4" ...
```

"$*" erzeugt ein einziges Wort, das alle Argumente enthält, wie

```
"$1 $2 $3 $4 ... "
```

In diesem Zusammenhang kann das Kommando *shift* von Nutzen sein; es schiebt gewissermaßen alle Argumente der Prozedur um eine Stelle nach links, wobei das ehedem erste Argument verloren geht, das zweite wird zum ersten usw. Damit kann man gegebenenfalls in einer Schleife (die wir Ihnen auch noch präsentieren werden) ein Argument nach dem anderen abarbeiten, egal, wie viele es sind.

▼▼▼ EXKURS

Shell-Funktionen als Billig-Prozeduren

Zwischen den Aliaszuweisungen, die nicht viel mehr tun, als ein Kommando unter einem anderen Namen bereitzustellen (und dabei gleich noch ein paar Optionen hinzufügen können), und den ausgewachsenen Shell-Prozeduren, die in einer eigenständigen Datei gespeichert werden und zum Ablauf eine eigene Inkarnation der Shell benötigen, gibt es noch ein Mittelding: die Shell-Funktion.

Wir wollen Sie Ihnen an einem Beispiel demonstrieren: Wir haben auf Seite 175 in Kapitel 4.4 gezeigt, wie Sie häufig benutzte Varianten des *ls*-Kommandos als Alias definieren können, beispielsweise *ls -al* als *dir*. Für einen ebenfalls häufigen Anwendungsfall funktioniert dies jedoch nicht, nämlich das Auflisten umfangreicher Verzeichnisse, wenn man die Ausgabe nur mit einem nachgeschalteten *less* vollständig lesen kann:

```
ls -al Verzeichnis | less
```

Mit einer Aliasvereinbarung schafft man es nicht, die Pipeline | *less* noch *hinter* der immer wechselnden Verzeichnisangabe anzuordnen.

Die Shell-Funktion hingegen bietet fast alle Möglichkeiten einer Prozedur, nur wird sie nicht in einer separaten Datei gespeichert, sondern im Arbeitsspeicher der Shell aufbewahrt. Sie können eine Funktion von der Kommandozeile aus im Dialog definieren:

```
paco:~ $ function dirm {
> ls -al "$@" | less
> }
paco:~ $ dirm
total 8066
drwxr-xr-x  39 paul     users         3072 Sep 27 18:34 .
drwxr-xr-x   8 root     root          1024 Sep  2 22:26 ..
-rw-r--r--   1 paul     users         4239 Sep 25 23:24 .X.err
        :
paco:~ $
```

Mit dem Schlüsselwort *function* leiten Sie eine Funktionsdefinition ein; es folgt der Name, hier *dirm*. Die öffnende geschweifte Klammer kennzeichnet den Beginn des „Funktionskörpers“; es erscheint anschließend ein abweichender Shell-Prompt (der so genannte Fortsetzungsprompt, der durch die Umgebungsvariable *PS2* bestimmt wird), bis Sie die Definition abgeschlossen haben.

Daraufhin geben Sie Kommandozeilen ein, die beim Aufruf der Funktion ausgeführt werden sollen; in diesem Fall ist es nur eine. Die spezielle Variablenersetzung "*$@*" fügt an dieser Stelle alle Argumente ein, die beim Funktionsaufruf angegeben werden.

Mit der schließenden geschweiften Klammer ist die Funktionsdefinition komplett, und der normale Shell-Prompt kehrt zurück. Von nun an können Sie die Funktion unter ihrem Namen wie ein gewöhnliches Kommando (oder eine Prozedur) aufrufen; wenn Sie *type dirm* eingeben, verrät Ihnen allerdings die Shell, dass es sich um eine Funktion handelt.

Aus der Tatsache, dass die Shell die Funktionsdefinition in ihrem Innersten bewahrt, ergibt sich schon, dass mit Beendigung der Shell auch die Funktion nicht mehr existiert. Deshalb definiert man die Funktionen meist in einer Shell-Startup-Datei, sodass sie in jeder neuen Shell wieder zur Verfügung stehen.

Exkurs–Ende

Wahr oder falsch: Kommando-Returncodes

Gerade in Prozeduren, innerhalb derer eine Reihe von Kommandos ohne Beaufsichtigung durch unser wachsames Auge abläuft, kommt es darauf an festzustellen, ob ein Kommando gut gegangen ist oder nicht. Wenn ein Kommando eine Fehlersituation meldet, und das tut es per Konvention dadurch, dass es bei seiner Beendigung einen Returncode ungleich Null an die Shell übergibt, dann kümmert das die Shell wenig; so ein Fehler ist kein Grund, die Prozedurbearbeitung abzubrechen. Wenn Sie also auf Fehlerzustände reagieren wollen, müssen Sie die Returncodes von Kommandos testen.

Hierzu gibt es zum einen die spezielle Variable *$?*, die immer den Returncode des letzten von der Shell ausgeführten Kommandos enthält. Dieser ist, wie gesagt, Null, wenn das Kommando (nach seiner eigenen Einschätzung) ordnungsgemäß abgeschlossen wurde; sonst hat er einen Zahlenwert ungleich Null. Was die möglichen Returncodes eines Kommandos im Einzelnen bedeuten, ist kaum standardisiert; wenn Sie Glück haben, finden Sie eine Auflistung der vorkommenden Zahlenwerte und ihrer Bedeutungen in der man-Page zu dem jeweiligen Kommando.

Auch Prozeduren können Returncodes haben

Da sich eine Shell-Prozedur ja als ein ganz normales Kommando verhält, muss auch sie einen Returncode liefern. Dies kann explizit durch ein *exit*-Kommando geschehen, in dem der entsprechende Wert als Parameter angegeben wird (*exit* oder *exit 0* bedeutet OK, *exit 1* oder eine andere Zahl ungleich Null zeigt eine Fehlersituation an). Durch *exit* wird in jedem Fall die Bearbeitung der Prozedur sofort beendet, auch wenn sie noch nicht bis zum Ende gelaufen ist. Ohne *exit* liefert die Prozedur den Returncode des letzten Kommandos zurück, das sie ausgeführt hat.

Kommandos bedingt verketten

Eine weitere Art der Returncode-Auswertung besteht in der bedingten Verkettung von Kommandos: Schreibt man zwei Kommandos hintereinander und setzt zwei Und-Zeichen *&&* dazwischen, so wird das zweite Kommando nur ausgeführt, wenn das erste gut ging, also eine Null zurückgemeldet hat. Ein einfaches Beispiel können Sie am Kommandoprompt nachvollziehen (verwenden Sie einfach Dateinamen, die auf Ihrem Rechner existieren bzw. gerade nicht existieren):

```
paco:~ $ ls -l *.ps
-rw-r--r--   1 paul     users       18183 Aug  3 22:45 hector.ps
-rw-r--r--   1 paul     users       11158 Apr 21  1998 ludwig.ps
-rw-r--r--   1 paul     users      226542 Mar 15  1999 edgar.ps
paco:~ $ ls hector.ps && echo hector ist da
hector.ps
hector ist da
paco:~ $ ls giuseppe.ps && echo giuseppe ist da
ls: giuseppe.ps: Datei oder Verzeichnis nicht gefunden
paco:~ $
```

Das *ls*-Kommando prüft zunächst, ob die angegebene Datei überhaupt vorhanden ist. Wenn nicht, beendet es sich mit einem Returncode von 1; dies führt wie im letzten Beispielkommando dazu, dass ein durch *&&* verkettetes Folgekommando nicht mehr aufgerufen wird. Im anderen Fall, wo die Datei existiert, liefert *ls* eine Null zurück, und das *echo*-Kommando kommt zum Zuge.

Störend sind hier die Fehlermeldungen des *ls*-Kommandos, denn wir haben es ja nur seines Returncodes wegen aufgerufen. Dem kann man abhelfen, indem man die Standard-Fehlerausgabe des *ls* in den Datenmülleimer schickt, und die Standard-Ausgabe am besten gleich mit dazu:

```
paco:~ $ ls hector.ps &>/dev/null && echo hector ist da
hector ist da
paco:~ $ ls giuseppe.ps &>/dev/null && echo giuseppe ist da
paco:~ $
```

(Die Ausgabeumleitung *& >/dev/null* lenkt beide Kanäle, *stdout* und *stderr*, nach */dev/null*. Sie verbindet die Umleitungen *>/dev/null 2>&1*, wie sie in Kapitel 6.6 auf Seite 252 beschrieben sind.)

Während erfahrene Logiker hinter dem *&&* eine Und-Verknüpfung erkennen, besorgt das Gegenstück, ||, die Oder-Verknüpfung: Das damit verkettete Folgekommando wird genau dann ausgeführt, wenn das erste einen Misserfolg gemeldet hat, also einen Returncode ungleich Null.

```
paco:~ $ ls giuseppe.ps &>/dev/null || echo giuseppe fehlt
giuseppe fehlt
paco:~ $
```

Produziert Returncodes: Das Kommando test

In den vorigen Beispielen haben wir das *ls*-Kommando benutzt, um in Abhängigkeit von der Existenz einer Datei einen Returncode zu produzieren. Das war schon umständlich, weil die eigentliche Hauptaufgabe des Kommandos, Ausgaben zu erzeugen, erst abgeklemmt werden musste. Es gibt aber ein Kommando, das darauf spezialisiert ist, diverse Tests auszuführen und je nach Ausgang einen Returncode Null oder ungleich Null zu liefern; sinnigerweise heißt es *test*. Über Aufrufparameter muss man ihm mitteilen, welche Art von Test es durchführen soll und an welchen Objekten. Im letzten Beispiel ging es um die Existenz einer (normalen) Datei; dies wird *test* durch die Option *-f* und den Dateinamen mitgeteilt:

```
paco:~ $ test -f giuseppe.ps || echo giuseppe fehlt
giuseppe fehlt
paco:~ $
```

test hat auch noch den Vorteil, ein Shell-internes Kommando und dementsprechend schnell zu sein.

Die folgende Tabelle beschreibt die wichtigsten Kriterien, nach denen *test* testet:

Testoption	Liefert Returncode 0, wenn ...
-d name	*name* ein Verzeichnis ist.
-e name	*name* existiert (egal ob Datei, Verzeichnis, Gerät ...).
-f name	*name* existiert und eine normale Datei ist.
-L name	*name* ein symbolischer Link ist.
-r name	*name* für diesen Prozess lesbar ist.
-s name	Datei *name* existiert und nicht leer ist.
-w name	*name* für diesen Prozess schreibbar ist.
-x name	*name* für diesen Prozess ausführbar ist.
-O name	*name* diesem Benutzer gehört.
-G name	*name* zur selben Gruppe gehört wie dieser Prozess.
datei1 -nt datei2	*datei1* neuer ist als *datei2*.
datei1 -ot datei2	*datei1* älter ist als *datei2*.
-z string	*string* eine leere Zeichenfolge ist.
string	*string* nicht leer ist.
-n string	*string* nicht leer ist.
string1 = string2	*string1* und *string2* gleich sind.
string1 != string2	*string1* und *string2* ungleich sind.
! ausdruck	*ausdruck* falsch ist.
ausdruck1 -a ausdruck2	*ausdruck1* und *ausdruck2* wahr sind.
ausdruck1 -o ausdruck2	*ausdruck1* oder *ausdruck2* wahr ist.
zahl1 -eq zahl2	*zahl1* und *zahl2* gleich sind.
zahl1 -ne zahl2	*zahl1* und *zahl2* ungleich sind.
zahl1 -lt zahl2	*zahl1* kleiner als *zahl2* ist.
zahl1 -le zahl2	*zahl1* kleiner oder gleich *zahl2* ist.
zahl1 -gt zahl2	*zahl1* größer als *zahl2* ist.
zahl1 -ge zahl2	*zahl1* größer oder gleich *zahl2* ist.

Vorhersagbares Ergebnis: true und false

Damit man nicht in die Versuchung kommt, die immer „wahre" und die immer „falsche" Bedingung trickreich mit *test* zu realisieren, gibt es die Kommandos *true* und *false*, die stets einen Returncode von 0 bzw. 1 liefern.

Hinweis

0 ist wahr, 1 ist falsch

Wenn Sie andere Programmiersprachen kennen, in denen Wahrheitswerte „true" und „false" durch Zahlen dargestellt werden, so ist dort die Zuordnung höchstwahrscheinlich umgekehrt. Denken Sie im Zweifelsfall immer daran, dass die Returncodes der Shell eigentlich Fehlercodes sind und daher die Null für „keinen Fehler", also „true", steht.

Kontrollstrukturen

Die Ergebnisse des *test*-Kommandos und die Returncodes anderer Kommandos kann man natürlich nicht nur in bedingten Kommandoverkettungen auswerten, sondern die Shell bietet auch alle Kontrollstrukturen, die man von anderen Programmiersprachen her gewohnt ist: Verzweigungen, Schleifen, Fallunterscheidungen.

Die Shell erkennt diese anhand bestimmter Schlüsselwörter wie beispielsweise *if*, *then*, *else* und *fi*; da diese zwar reservierte Wörter sind und nicht anderweitig als Kommandonamen verwendet werden können, aber durchaus als Dateinamen auftreten könnten, erkennt die Shell ein solches Schlüsselwort nur am Anfang eines Kommandos, also als erstes Wort in einer Zeile oder nach einem Semikolon.

if-Block

Bedingte Verzweigungen können durch *if*-Blöcke realisiert werden:

```
if Bedingung
then Then-Zweig
else Else-Zweig
fi
```

Zunächst werden die Kommandos ausgeführt, aus denen die *Bedingung* besteht; oft ist dies ein *test*-Aufruf. Wenn dabei ein Returncode Null herauskommt, werden die Kommandos ausgeführt, die auf das *then* folgen, und der *Else-Zweig* übersprungen. War der Returncode ungleich Null, die Bedingung also nicht erfüllt, wird der *Then-Zweig* übersprungen, und die Kommandos zwischen *else* und *fi* werden ausgeführt.

Das Schlüsselwort *else* mitsamt den Kommandos für den *Else-Zweig* darf weggelassen werden; wenn aus irgendwelchen Gründen nach einem *then* oder einem *else keine* Kommandos stehen sollen, fügen Sie dort das Kommando *:* ein – es tut nichts, erfüllt aber die syntaktischen Bedingungen.

Auch eine mehrfache Verzweigung ist möglich:

```
if Bedingung
then Then-Zweig-1
elif Bedingung
then Then-Zweig-2
:

else Else-Zweig
fi
```

Es dürfen beliebig viele *elif-/then*-Paare auftreten; das Schlüsselwort *else* mit dem anschließenden *Else-Zweig* ist wiederum optional.

Beispiel: Parameterüberprüfung

Mit *if* können Sie leicht überprüfen, ob eine Prozedur mit der korrekten Anzahl von Parametern aufgerufen wurde. Im folgenden Beispiel wird von der Prozedur genau ein Argument verlangt, andernfalls bricht sie mit einer Fehlermeldung ab. Der Text dieses Arguments wird zusammen mit Datum und Uhrzeit in einer Datei *letzter_aufruf* gespeichert.

```
#!/bin/bash

if test $# -ne 1
then
    echo "Prozedur $0 will einen Parameter, bekam aber $#" >&2
    exit 1
fi

echo "$1 $(date '+%d.%m.%Y %H:%M')" >letzter_aufruf
```

Das Kommando *date* erzeugt hier eine formatierte Ausgabe von Datum und Uhrzeit (mehr hierzu in Kapitel 7.3 auf Seite 283). Eine Ersetzung der Form *$(...)* bewirkt, dass das zwischen den Klammern stehende Shell-Kommando ausgeführt und dessen komplette Ausgabe an dieser Stelle eingefügt wird. Hier ist es also eine aus Datum und Uhrzeit bestehende Zeichenfolge, die mit *$1* zusammen das Argument des *echo*-Kommandos bildet und wegen der Ausgabeumleitung *>letzter_aufruf* in die Datei *letzter_aufruf* geschrieben wird.

Hinweis

Wozu dienen die umgekehrten Apostrophe?

Manchmal werden Sie eine Kommandosubstitution sehen mit „umgekehrtem Apostroph" (auch Gravis oder Backtick genannt, auf vielen Tastaturen als [Umschalt]+[´] zu finden), zum Beispiel

```
heute=`date '+%d.%m.%Y'`
```

Sie wird bei anderen Unix-Systemen benötigt, die nicht die *bash* als Shell benutzen, und fügt ebenfalls die Ausgabe des zwischen den Backticks stehenden Kommandos ein. Die Schreibweise *$(...)* hat aber den Vorteil, sich deutlicher von normalen Apostrophen *'... '* zu unterscheiden, und ist außerdem sogar noch verschachtelbar.

Aus rein ästhetischen Gründen ersetzt man einen Aufruf *test Bedingung* meist durch die Schreibweise *[Bedingung]*. Die öffnende eckige Klammer wird dabei als Synonym für das Kommando *test* betrachtet, die schließende dient nur zur Verzierung. Wichtig ist allerdings, dass auf den Innenseiten der eckigen Klammern jeweils mindestens ein Blank steht, da sie sonst mit den benachbarten Wörtern zusammengezogen werden. Die Beispielprozedur erhält dann – bei gleicher Funktionalität – folgendes Aussehen:

```
#!/bin/bash

if [ $# -ne 1 ]
then
```

```
    echo "Prozedur $0 will einen Parameter, bekam aber $#" >&2
    exit 1
fi

echo "$1 $(date '+%d.%m.%Y %H.%M')" >letzter_aufruf
```

while-, until-Schleife

Auch in Shell-Prozeduren gibt es die üblichen Schleifenkonstrukte; am meisten verwendet wird die *while*-Schleife, die folgenden Aufbau besitzt:

```
while Bedingung
do Schleifenrumpf
done
```

Wenn die Ausführung der *Bedingung* den Wert „wahr" (also einen Returncode von Null) ergibt, werden die Kommandos des Schleifenrumpfs ausgeführt. Danach geht es wieder zurück zur Prüfung der *Bedingung* und so weiter – bis die Bedingung einmal nicht erfüllt ist; dann wird der *Schleifenrumpf* übersprungen und mit dem ersten Kommando nach dem *done* fortgefahren.

Die (ungebräuchlichere) *until*-Schleife sieht fast genauso aus:

```
until Bedingung
do Schleifenrumpf
done
```

Sie wird in der gleichen Weise ausgeführt wie die *while*-Schleife, nur ist die Bewertung der Bedingung umgekehrt: ein Returncode von Null führt zur Beendigung der Schleife, bei anderen Returncodes wird sie fortgesetzt.

Eine vorzeitige Beendigung aller Schleifen ist möglich, wenn das Kommando *break* im Schleifenrumpf ausgeführt wird. Es veranlasst die sofortige Beendigung der innersten umschließenden Schleife.

Beispiel: Prozedur mit beliebig vielen Argumenten

Wir wollen eine *while*-Schleife einsetzen, um eine beliebig lange Liste von Dateinamen, die der Prozedur als Argumente übergeben werden, zu überprüfen, ob sie in zwei verschiedenen Verzeichnissen enthalten sind. Wird ein Dateiname gefunden, der nicht in beiden Verzeichnissen zu finden ist, soll die Prozedur diesen ausgeben und am Ende einen Returncode von 1 liefern. Die Namen der beiden Verzeichnisse werden als erste Argumente, vor den Dateinamen, an die Prozedur übergeben.

```
#!/bin/bash

if [ $# -lt 2 ]     # sind mindestens die Verzeichnisse angegeben?
then
    echo "zu wenig Argumente!" >&2
    echo "Aufruf: $0 Verzeichnis-1 Verzeichnis-2 Dateiname ..." >&2
    exit 2
fi
verz1=$1; shift     # 1. Argument: Verzeichnis-1
verz2=$1; shift     # 2. Argument: Verzeichnis-2
```

```
ok=1               # wenn $ok diesen Wert behält, war alles gut

while [ $1 ]
do
    dateiname="$1"
    shift          # erstes Argument entsorgen,
                   # andere rücken nach
    if [ -f "$verz1/$dateiname" -a -f "$verz2/$dateiname" ]
    then
        :          # ist OK
    else
        echo "$dateiname ist nicht in beiden Verzeichnissen"
        unset ok
    fi
done

if [ ! $ok ]       # ist irgendwann ein Fehler entdeckt worden?
then               # ja:
    exit 1         #     Prozedur mit Returncode 1 beenden
fi
```

Die *if*-Bedingung innerhalb der *while*-Schleife hat einen *then*-Zweig, in dem nichts zu tun ist: die angegebene Datei ist laut Test mit *-f* in beiden Verzeichnissen vorhanden. Deshalb steht im *then*-Zweig ein leeres Kommando *:*; ganz weggelassen werden darf es aus syntaktischen Gründen nicht. Man hätte auch die Bedingung umkehren können:

```
if [ ! -f "$verz1/$dateiname" -o ! -f "$verz2/$dateiname" ]
```

Dies wirkt jedoch unübersichtlicher.

Das Kommando *exit 2* sorgt dafür, dass ein fehlerhafter Aufruf der Prozedur (mit zu wenigen Argumenten) durch einen besonderen Returncode *(2)* angezeigt wird. Wenn man diese Prozedur irgendwann einmal aus einer anderen Prozedur heraus aufruft, lässt sich dadurch eindeutig auseinander halten, ob die zu prüfenden Verzeichnisse übereinstimmen (Returncode *0*), ob sie sich unterscheiden (Returncode *1*) oder ob die Bearbeitung wegen fehlerhafter Argumente abgebrochen wurde (Returncode *2*).

for-Schleife

Die *for*-Schleife erwartet eine Liste von Wörtern, die der Reihe nach einer Variablen zugewiesen werden. Für jeden dieser Werte wird der Rumpf der *for*-Schleife einmal durchlaufen. Schematisch sieht die Schleife so aus:

```
for Variablenname in Werteliste
do Schleifenrumpf
done
```

Wenn das Schlüsselwort *in* mit der nachfolgenden Werteliste fehlt, werden als Werte die Parameter der laufenden Prozedur verwendet (also *$1*, *$2* ...). Damit kann man das vorangegangene Beispiel auch so schreiben:

```
#!/bin/bash

if [ $# -lt 2 ]    # sind mindestens die Verzeichnisse angegeben?
then
    echo "zu wenig Argumente!" >&2
    echo "Aufruf: $0 Verzeichnis-1 Verzeichnis-2 Dateiname ..." >&2
```

```
fi
verz1=$1; shift     # 1. Argument: Verzeichnis-1
verz2=$1; shift     # 2. Argument: Verzeichnis-2

ok=1                # wenn $ok diesen Wert behält, war alles gut

for dateiname
do
    if [ -f "$verz1/$dateiname" -a -f "$verz2/$dateiname" ]
    then
        :           # ist OK
    else
        echo "$dateiname ist nicht in beiden Verzeichnissen"
        unset ok
    fi
done

if [ ! $ok ]        # ist irgendwann ein Fehler entdeckt worden?
then                # ja:
    exit 1          # Prozedur mit Returncode 1 beenden
fi
```

Fallunterscheidung mit case

Ähnlich wie mit *if... elif* wird auch durch einen *case*-Block eine Programmverzweigung realisiert, die aber nicht auf einer Testbedingung (mit Returncode Null oder ungleich Null) basiert, sondern auf einem Mustervergleich:

```
case String in
Muster-1) Zweig-1 ;;
Muster-2) Zweig-2 ;;
  :
esac
```

Der zwischen den Schlüsselwörtern *case* und *in* angegebene *String* wird nacheinander mit einer Reihe von Wildcard-Mustern verglichen; wenn das Muster auf den *String* passt, wird der nachfolgende *Zweig* bis zum doppelten Semikolon *;;* ausgeführt und dann der *case*-Block verlassen.

Die Muster können so aufgebaut sein wie in Kapitel 7.2 auf Seite 265 beschrieben, also wie beispielsweise im *ls*-Kommando. Damit nicht dieselbe Kommandofolge in mehreren *case*-Zweigen wiederholt werden muss, dürfen mehrere Wildcard-Ausdrücke, durch senkrechten Strich | getrennt, zu einem Muster kombiniert werden: Der entsprechende *case*-Zweig wird dann ausgewählt, wenn mindestens eines dieser Muster auf den Vergleichsstring zutrifft.

Beispiel: ja oder nein?

```
#!/bin/bash
case $1 in
    y* | Y* | j* | J*)  echo "Zustimmung"  ;;
    n* | N*)            echo "Ablehnung"   ;;
    *)                  echo "unbekannt"; exit 1 ;;
esac
```

Diese Beispielprozedur prüft, ob der übergebene Parameter ein *Ja* oder ein *Nein* darstellt: beginnt er mit einem *y* (für *yes*) oder einem *j* (für *ja*) in Groß- oder Kleinschreibung, so wird *Zustimmung* ausgegeben, bei einem *n* (für *nein* oder *no*) *Ablehnung*. In allen anderen Fällen, die durch die Wildcard * erfasst werden, gibt die Prozedur den Text *unbekannt* aus und beendet sich mit einem Returncode von 1.

Wird diese Prozedur unter dem Namen *yesno.sh* abgespeichert und ausführbar gemacht, können wir das Verhalten testen:

```
pixi:~ $ ./yesno.sh ja
Zustimmung
pixi:~ $ ./yesno.sh Yes
Zustimmung
pixi:~ $ ./yesno.sh jau
Zustimmung
pixi:~ $ ./yesno.sh Nein
Ablehnung
pixi:~ $ ./yesno.sh no
Ablehnung
pixi:~ $ ./yesno.sh nee
Ablehnung
pixi:~ $ ./yesno.sh fraglich
unbekannt
pixi:~ $ ./yesno.sh
unbekannt
pixi:~ $
```

Im letzten Fall ist dem Parameter *$1* kein Wert zugewiesen worden, er wird also als leerer String behandelt. Auch dieser passt in der *case*-Abfrage auf das universelle Muster *, und damit wird der letzte *case*-Zweig durchlaufen.

Ein komplexes Beispiel: Dateien klassifizieren und zählen

Die Aufgabenstellung lautet, in einem Verzeichnis, das der Prozedur als Parameter übergeben wird, die Anzahl der Dateien insgesamt (ohne Unterverzeichnisse) und die Anzahlen der TEX-, dvi- und PostScript-Dateien zu bestimmen.

Hier zeigen wir Ihnen zunächst eine möglich Lösung; anschließend werden die einzelnen Abschnitte der Prozedur erklärt und kommentiert.

```
#!/bin/bash

if [ $# -ne 1 ]
then
    echo "Prozedur $0 erwartet ein Argument, fand aber $#" >&2
    exit 1
fi

dir=$1
if [ ! -d $dir ]
then
    echo "Prozedur $0 erwartet Verzeichnisnamen als Argument" >&2
    exit 2
fi
```

```
for datei_basename in $(ls $dir)
do
    datei=$dir/$datei_basename

    if [ ! -f $datei ]
    then
        continue
    fi
    anzdateien=$((anzdateien + 1))
    case $datei in
        *.tex)
            anztexdateien=$((anztexdateien + 1))
            ;;
        *.dvi)
            anzdvidateien=$((anzdvidateien + 1))
            ;;
        *.ps)
            anzpsdateien=$((anzpsdateien + 1))
            ;;
        *)
            ;;
    esac
done
echo "Im Verzeichnis $dir habe ich gefunden:"
echo "    $(printf "%5d" $anztexdateien) TeX-Dateien,"
echo "    $(printf "%5d" $anzdvidateien) dvi-Dateien,"
echo "    $(printf "%5d" $anzpsdateien) PostScript-Dateien,"
echo "    $(printf "%5d" $anzdateien) Dateien insgesamt."
```

Hier nun, wie versprochen, einige Erläuterungen zu dieser Prozedur:

- ```
  if [ $# -ne 1 ]
  then
      echo "Prozedur $0 erwartet ein Argument, fand aber $#" >&2
      exit 1
  fi
  ```

  Hier wird, wie bereits in einem vorhergehenden Beispiel, die Anzahl der übergebenen Argumente geprüft. Stimmt sie nicht mit der Erwartung überein, wird eine Fehlermeldung (mit *>&2*) in die Standard-Fehlerausgabe geleitet und die Prozedur mit einem Fehler-Returncode verlassen.

- ```
  dir=$1
  if [ ! -d $dir ]
  then
      echo "Prozedur $0 erwartet Verzeichnisnamen als Argument" >&2
      exit 2
  fi
  ```

  Eine weitere Überprüfung des Parameters: Ist er tatsächlich der Name eines Verzeichnisses? Für die weitere Verarbeitung wird er in der Variablen *dir* aufbewahrt.

- ```
  for datei_basename in $(ls $dir)
  do
      datei=$dir/$datei_basename
  ```

  Die Liste der Werte, über die die *for*-Schleife iterieren soll, wird als Ausgabe (durch Kommandosubstitution *$(...)*) des *ls*-Kommandos generiert; dieses gibt alle Dateinamen des Verzeichnisses aus.
  ```

Um jede dieser Dateien nun ansprechen zu können, muss der Verzeichnisname noch ergänzt werden; dies wird hier einmal gemacht und in der Variablen *datei* festgehalten.

- ```
  if [ ! -f $datei ]
  then
      continue
  fi
  ```

Die *test*-Option *-f* prüft, ob der nachfolgende Name eine „richtige“ Datei bezeichnet. Das *!*-Zeichen kehrt das Ergebnis des Tests um: Wenn es keine einfache Datei ist (sondern z. B. ein Verzeichnis), gilt die Bedingung des *if* als erfüllt, und es wird das *continue*-Kommando ausgeführt. Dieses bewirkt, dass der laufende Durchgang der *for*-Schleife beendet wird und sofort der nächste Wert an die Reihe kommt.

- ```
  anzdateien=$((anzdateien + 1))
  ```

Durch *$((...))* wird die Shell zum Rechnen veranlasst: Der Inhalt der Klammern muss eine gültige Rechenoperation darstellen; das Ergebnis wird berechnet und anstelle des gesamten Ausdrucks in das Kommando eingesetzt. (Die Shell kann allerdings nur ganze Zahlen, die in Programmiererkreisen auch als Integers bekannt sind, in Berechnungen verwenden.) Beim ersten Durchlauf hat die Variable *anzdateien*, die zum Zählen aller Dateien eingesetzt werden soll, gar keinen Wert; dies ist gleichbedeutend mit einer Null, und sie erhält als Ergebnis dieser Zuweisung den neuen Wert 1. Bei jedem folgenden Schleifendurchlauf wird dieser Wert um 1 erhöht.

- ```
  case $datei in
      *.tex)
          anztexdateien=$((anztexdateien + 1))
          ;;
  ```

In einer Fallunterscheidung mit *case* wird hier getestet, um was für einen Typ von Datei es sich handelt, und zwar anhand der Endung des Dateinamens. Passt der Name auf das Wildcard-Muster **.tex*, so gehen wir davon aus, dass es eine TEX-Datei ist, und erhöhen den Wert der Variablen *anztexdateien* um 1.

- ```
      *.dvi)
          anzdvidateien=$((anzdvidateien + 1))
          ;;
      *.ps)
          anzpsdateien=$((anzpsdateien + 1))
          ;;
      *)
          ;;
  esac
  done
  ```

In gleicher Weise wird für die Dateiendungen *.dvi* und *.ps* verfahren; für jeden dieser Dateitypen gibt es einen eigenen Zähler, der bei Zutreffen der Wildcard-Bedingung um eins erhöht wird.

Die Wildcard * passt auf alle Dateinamen, die durch keine der vorhergehenden Alternativen erfasst wurden; in diesem Fall findet keine weitere Aktion statt.

esac kennzeichnet das Ende der *case*-Verzweigung, *done* das der *for*-Schleife.

- ```
  echo "Im Verzeichnis $dir habe ich gefunden:"
  echo "    $(printf "%5d" $anztexdateien) TeX-Dateien,"
  echo "    $(printf "%5d" $anzdvidateien) dvi-Dateien,"
  echo "    $(printf "%5d" $anzpsdateien) PostScript-Dateien,"
  echo "    $(printf "%5d" $anzdateien) Dateien insgesamt."
  ```

  Zum Schluss der Prozedur werden jetzt noch die Resultate ausgegeben: Jede der Zählvariablen *anz...* wird durch ein eingeschachteltes *printf*-Kommando als Zahl formatiert und in eine Ausgabezeile eingefügt, die mit *echo* auf die Standardausgabe geschrieben wird.

printf: Ausgabeformatierung wie in C

Das Kommando *printf* stellt die Funktion der gleichnamigen C-Bibliotheksroutine auf Shell-Ebene zur Verfügung: Als erstes Argument wird eine Zeichenfolge erwartet, die von *printf* nach *stdout* geschrieben wird. Treten in dieser Zeichenfolge Prozentzeichen *%* auf, so werden die unmittelbar folgenden Zeichen als Formatangabe betrachtet. Für jede dieser Angaben muss das Kommando ein weiteres Argument haben, das entsprechend formatiert an dieser Stelle in den Ausgabestring eingesetzt wird. Beispielsweise wird im Kommando

```
paco:~ $ printf 'User: "%-8s" %06d\n' $LOGNAME $UID
User: "paul    " 001000
paco:~ $
```

der Loginname (aus der Variablen *LOGNAME*) anstelle der Formatangabe *%-8s* in die Ausgabe eingefügt, und zwar linksbündig (wegen des -) in der Länge *8* als String (*s*), und *%06d* wird ersetzt durch die numerische User-ID (aus der Variablen *UID*) mit führenden Nullen (*0*) in *6* Stellen als Zahlenwert (*d*). Das *\n* sorgt für einen Zeilenwechsel nach der Ausgabe.

Die zugegebenermaßen kryptischen Formatschlüssel sind in der man-Page der C-Routine ausführlich erklärt, die Sie mit *man 3 printf* aufrufen können.

14.2 Linux-Einstellungen mit Konfigurationsdateien anpassen

Wie wir schon häufiger erwähnt haben, lassen sich nahezu alle Konfigurationsdateien in einem Linux-System mit jedem normalen Texteditor bearbeiten. Die Bedeutung einiger zentraler Konfigurationsdateien haben wir in diesem Buch beschrieben; ansonsten gibt oft die man-Page des Programms nähere Auskunft, zu dem die Datei gehört. Manche Dateien haben ihre eigene man-Page; versuchen Sie im Zweifelsfall, das Kommando *man* mit dem letzten Teil des Dateinamens (ohne Verzeichnisangabe) aufzurufen.

Leider gibt es für die Benennung von Konfigurationsdateien keine einheitliche Konvention, und so ist es manchmal problematisch, überhaupt fest-
```

zustellen, zu welcher Softwarekomponente die Datei eigentlich gehört. Wir haben daher in der nachfolgenden Tabelle zahlreiche Dateien aufgelistet, die Konfigurationsdaten enthalten. Sie müssen allerdings nicht in jedem System vorhanden sein; dies hängt davon ab, welche Softwarepakete installiert sind (und in einigen Fällen auch von der jeweiligen Distribution). Soweit die Datei oder die Bedeutung der darin enthaltenen Daten in diesem Buch näher erläutert ist, enthält die Tabelle einen entsprechenden Seitenverweis.

Datei	Thema	Seite
/etc/Muttrc	Mail-Client mutt	885
/etc/SuSEconfig/	SuSE-Konfiguration	
/etc/XF86Config	XFree86	612
/etc/at.deny	at-Dämon	375
/etc/atalk/AppleVolumes.default	netatalk (für Macintosh)	943
/etc/atalk/AppleVolumes.system	netatalk (für Macintosh)	943
/etc/atalk/afpd.conf	netatalk (für Macintosh)	943
/etc/atalk/atalkd.conf	netatalk (für Macintosh)	943
/etc/atalk/netatalk.pamd	netatalk (für Macintosh)	943
/etc/atalk/papd.conf	netatalk (für Macintosh)	943
/etc/atalk/rc.atalk	netatalk (für Macintosh)	943
/etc/conf.modules	Linux-Kernel	508
/etc/cron.allow	cron-Dämon	372
/etc/cron.d/	cron-Dämon	372
/etc/cron.daily/	cron-Dämon	372
/etc/cron.deny	cron-Dämon	372
/etc/cron.hourly/	cron-Dämon	372
/etc/cron.monthly/	cron-Dämon	372
/etc/cron.weekly/	cron-Dämon	372
/etc/crontab	cron-Dämon	372
/etc/default/cdrecord	cdrecord	485
/etc/default/useradd	Benutzerverwaltung	370
/etc/diald.conf	Einwahl	849
/etc/exports	Network File System	
/etc/filesystems	mount/umount	224
/etc/fstab	mount/umount	224
/etc/ftpaccess	FTP-Server wuftpd	
/etc/ftpconversions	FTP-Server wuftpd	
/etc/ftpusers	FTP-Server wuftpd	
/etc/gpm-root.conf	gpm	347

Datei	Thema	Seite
/etc/group	Benutzerverwaltung	364
/etc/gshadow	Benutzerverwaltung	364
/etc/host.conf	Nameserver	861
/etc/hosts	Nameserver	861
/etc/hosts.allow	tcpd	958
/etc/hosts.deny	tcpd	958
/etc/hosts.equiv	Remote Login	892
/etc/hosts.lpd	Druckerkonfiguration	196
/etc/httpd/	Webserver apache	924
/etc/hushlogins	Login-Vorgang	
/etc/inetd.conf	inetd	958
/etc/inittab	init	394
/etc/inputrc	GNU readline	
/etc/isapnp.conf	Plug & Play-Unterstützung	496
/etc/issue	Login-Vorgang	
/etc/ld.so.conf	Binder/Lader ld	668
/etc/lesskey	less	282
/etc/lilo.conf	lilo	145
/etc/lmhosts	Samba	937
/etc/mail.rc	mail	928
/etc/mailcap	MIME	718
/etc/mgetty+sendfax/dialin.config	mgetty+sendfax	963
/etc/mgetty+sendfax/fax.allow	mgetty+sendfax	963
/etc/mgetty+sendfax/faxheader	mgetty+sendfax	963
/etc/mgetty+sendfax/faxrunq.config	mgetty+sendfax	963
/etc/mgetty+sendfax/login.config	mgetty+sendfax	963
/etc/mgetty+sendfax/mgetty.config	mgetty+sendfax	963
/etc/mgetty+sendfax/sendfax.config	mgetty+sendfax	963
/etc/mgetty+sendfax/voice.conf	mgetty+sendfax	963
/etc/mime.types	MIME	718
/etc/motd	Login-Vorgang	
/etc/mtab	mount/umount	224
/etc/mtools.conf	Mtools	226
/etc/named.boot	Nameserver	861
/etc/named.conf	Nameserver	861
/etc/netgroup	Nameserver	861

Datei	Thema	Seite
/etc/networks	Nameserver	861
/etc/nologin	Login-Vorgang	
/etc/passwd	Benutzerverwaltung	364
/etc/permissions	Zugriffsrechte (nur SuSE)	
/etc/permissions.d/	Zugriffsrechte (nur SuSE)	
/etc/pine.conf	pine	885
/etc/pinforc	Info-Dateien	691
/etc/powerd.conf	powerd	
/etc/ppp/	PPP (Einwahl)	829
/etc/printcap	Druckerkonfiguration	196
/etc/profile	Bash-Initialisierung	262
/etc/profile.d/	Bash-Initialisierung	262
/etc/protocols	TCP/IP	899
/etc/pwdb.config	Passwortprüfung	
/etc/rc.config	SuSE-Konfiguration	
/etc/rc.config.d/	SuSE-Konfiguration	
/etc/rc.d/	RedHat-Startup	956
/etc/resolv.conf	Nameserver	861
/etc/route.conf	TCP/IP	899
/etc/rpc	RPC	
/etc/rpmrc	rpm	379
/etc/sane.d/	SANE	495
/etc/securetty	Login-Vorgang	
/etc/security/	PAM	366
/etc/sendmail.cf	sendmail	928
/etc/services	TCP/IP	899
/etc/shadow	Benutzerverwaltung	364
/etc/shells	Login-Vorgang	
/etc/skel/	Benutzerverwaltung	215
/etc/smb.conf	Samba	937
/etc/smbpasswd	Samba	937
/etc/ssh*	Secure Shell	892
/etc/sysconfig/network-scripts/	Netzwerk	845
/etc/syslog.conf	syslog	254
/etc/texmf/	TeX	779
/etc/ttytype	Login-Vorgang	

Datei	Thema	Seite
/etc/vimrc	Editor vim	286
/etc/vmware/	vmware	815
/etc/wvdial.conf	wvdial	836
/sbin/init.d/	SuSE-Startup	215
/usr/lib/rpm/rpmrc	rpm	379
/usr/local/lib/xcdroast-0.96x/nonroot.config	xcdroast	485
/usr/local/samba/lib/smb.conf	Samba	937
/usr/src/linux/.config	Linux-Kernelgenerierung	401
/var/spool/cron/	cron-Dämon	372
/var/spool/lpd/lp/general.cfg	printtool	191
/var/spool/lpd/lp/postscript.cfg	printtool	191
/var/spool/lpd/lp/textonly.cfg	printtool	191
~/.acrorc	Acrobat Reader	
~/.bash_history	Bash-Initialisierung	262
~/.bash_login	Bash-Initialisierung	262
~/.bash_logout	Bash-Initialisierung	262
~/.bash_profile	Bash-Initialisierung	262
~/.bashrc	Bash-Initialisierung	262
~/.elm/elmrc	Mail-Client elm	885
~/.fetchmailrc	fetchmail	934
~/.gnupg/	GnuPG (Verschlüsselung)	
~/.joerc	Editor joe	292
~/.kde/share/config/kmailrc	kmail	885
~/.kde/share/config/kppp	kppp	834
~/.kde/share/config/kppplogviewrc	kppplogview	835
~/.lyx	LyX	794
~/.mailcap	MIME	718
~/.mailrc	mail	928
~/.mime.types	MIME	718
~/.muttrc	Mail-Client mutt	885
~/.ncftp/	FTP-Client ncftp	
~/.netscape/preferences.js	Netscape	876
~/.newsrc	News-Client tin	890
~/.pgp/	PGP (Verschlüsselung)	
~/.pinerc	pine	885
~/.ppprc	PPP (Einwahl)	829

Datei	Thema	Seite
~/.rpmrc	rpm	379
~/.signature	Mail-/News-Clients	880
~/.ssh/	Secure Shell	892
~/.xawtv	xawtv	504

15. Troubleshooting, Referenzen und mehr

Dieses letzte Kapitel soll Ihnen als Nachschlageteil zu verschiedenen behandelten Themen dienen. An das Ende haben wir die GNU GPL gesetzt, die Lizenz, unter der Linux selbst und die meisten zugehörigen Programme veröffentlicht werden.

15.1 Troubleshooting

Eigentlich sind wir uns sicher, dass Sie diesen Teil des Buchs nicht brauchen werden. Sollten Sie trotzdem einmal Probleme (neudeutsch „Trouble") mit Ihrem Linux haben, helfen Ihnen die folgenden Seiten weiter.

Probleme bei der Installation

✗ **RedHat-Installation: Die automatische Partitionierung funktioniert nicht, bzw. warum muß ich manuell partitionieren?**

☞ Das Installationsprogramm kann keine boot-fähige Partition unterhalb des 1024. Zylinders anlegen. Daher schaltet es auf die manuelle Partitionierung. Leider hat die RedHat-Installation in der Version 6.1 einen kleinen Fehler: Sehen Sie dazu auch den nächsten Hinweis. → 78

✗ **Die manuelle Partitionierung in der RedHat-Installation kann nicht beendet werden.**

☞ Das Partitionierungsprogramm DiskDruid hält die Partitionierung leider erst in dem Moment für beendet, wenn unter den neu anzulegenden Partitionen eine boot-fähige Partition unterhalb des 1024. Zylinders angelegt werden kann. Dieses Problem taucht nicht auf, wenn die Partitionen bereits alle angelegt worden sind und nur die Mountpoints festgelegt werden müssen. → 78

Sie können die Partitionierung mit dem Tool *fdisk* durchführen, das während der Installation zur Verfügung steht. Gehen Sie dazu wie folgt vor:

1. Wenn Sie während der Installation das Programm DiskDruid erreicht haben, schalten Sie mit der Tastenkombination [Strg]+[Alt]+[F2] auf die Textkonsole um.

2. Jetzt können Sie mit dem Kommando

```
# fdisk /tmp/hda
```

die Partitionierung vornehmen. Ausführliche Hinweise zur Bedienung von *fdisk* finden Sie in Kapitel 9.7 auf Seite 462.

Hinweis

/tmp/hda existiert nicht oder wird von fdisk nicht gefunden

Der Device *hda* wird erst während der grafischen Installation beim Start von DiskDruid angelegt. Wenn Sie vorher auf die Textkonsole umschalten, müssen Sie den Device-Eintrag mit folgenden Kommandos selbst anlegen:

```
# cd /tmp # mknod hda b 3 0 # fdisk hda
```

Wenn Sie die Partitionierung beendet haben und keine Probleme aufgetaucht sind, können Sie mit Alt+F7 wieder auf die grafische Konsole umschalten und die Installation fortsetzen.

3 Wenn Sie die Partitionierungstabelle abspeichern, kann es sein, dass sich fdisk beschwert, dass die in die Partitionierungstabelle geschriebenen Informationen nicht „synchronisiert" werden können. Das bedeutet, dass die Partitionstabelle zwar geschrieben, aber dem System noch nicht bekannt gemacht worden ist. Dies kann z. B. daran liegen, dass DiskDruid noch auf die Festplatte zugreift. Starten Sie daher den Rechner mit Strg+Alt+Entf neu und beginnen Sie die Installation von vorne.

4 Zum Zeitpunkt der Partitionierung werden Ihnen die neu angelegten Partitionen von DiskDruid angezeigt. Jetzt müssen Sie den Partitionen nur noch die passenden Mountpoints zuweisen. Löschen oder verändern Sie keine der bereits angelegten Partitionen, sonst müssen Sie den gesamten Vorgang noch einmal wiederholen!

✗ **RPM kann Pakete nicht installieren.**

☞ Es existieren Abhängigkeiten von anderen Paketen, die nicht oder in der falschen Version installiert sind. Das *rpm*-Kommando oder eine grafische Oberfläche zu *rpm* sagt Ihnen, welche Pakete das sind. Installieren Sie diese nach. → 387

Grundlegende Probleme bei der Arbeit mit Linux

✗ **Linux bootet nicht mehr**

☞ Es gibt verschiedene Ursachen für dieses Problem:

- Wenn Sie bisher Linux immer über eine Bootdiskette gestartet haben, sehen Sie doch einmal nach, ob die Diskette im Laufwerk ist. Oder haben Sie im BIOS die Bootreihenfolge verändert? Sehr unangenehm wäre es, wenn Ihre Bootdiskette das Zeitliche gesegnet hätte. Viele Distributionen haben ein Rettungssystem, z. B. gibt es auf der RedHat-CD im Verzeichnis *images* die Datei *rescue.img*, die Sie zusammen mit der RedHat-Bootdiskette als Rettungssystem nutzen können. Booten Sie von der RedHat-Bootdiskette und geben Sie am Boot-Prompt *rescue* ein.

- Sie benutzen LILO und das System startet nicht mehr von der Festplatte. Sie haben vergessen, nach der Installation eines neuen Kernels LILO aufzurufen. Booten Sie Ihr System mit der Bootdiskette und holen Sie den Aufruf von LILO nach.
- Der Master-Boot-Record Ihrer Festplatte ist bei einer vorangegangenen Aktion beschädigt worden. Booten Sie Ihr System mit der Bootdiskette und rufen Sie LILO auf. Wenn Sie LILO nicht benutzen und mit MS-DOS oder MS-Windows 9x arbeiten, booten Sie von einer Diskette und rufen das Programm *fdisk /mbr* auf. Dadurch wird ein neuer Bootsektor auf die Festplatte geschrieben, der beim nächsten Mal wieder MS-DOS oder MS-Windows 9x bootet.
- Sie benutzen LILO, es wird aber direkt MS-Windows 9x gestartet. Sie haben MS-Windows 9x neu installiert, dabei ist der Master-Boot-Record so verändert worden, daß jetzt direkt MS-Windows 9x gebootet wird. Starten Sie Linux von der Bootdiskette und führen Sie einmal *lilo* aus. Wenn Sie MS-Windows 9x neu hinzugefügt haben, sollten Sie die Datei */etc/lilo.conf* noch um einen Eintrag für MS-Windows 9x ergänzen. ➞ 145
- Es kann auch an Hardwareproblemen liegen: z. B. an einer defekten Festplatte oder einer neu eingebauten Festplatte, die sich mit der alten nicht verträgt oder die nicht richtig gejumpert worden ist.

✗ Wo ist mein „y“?
Es werden nicht die Zeichen ausgegeben, die Sie auf der Tastatur eingegeben haben.

☞ Bei Ihnen ist noch nicht die deutsche Tastaturbelegung geladen. Dieses Problem kann an verschiedenen Stellen auftauchen: Auf der Textkonsole können Sie die Tastaturbelegung mit dem Programm *kbdconfig* ändern. In X Window sollte die Tastaturbelegung eingestellt sein, die auch für die Textkonsole gilt. Nutzen Sie KDE, können Sie mit dem Programm *kikbd* die Tastaturbelegung unabhängig von der in der Textkonsole definierten Belegung einstellen. In allen Fällen ist mit großer Wahrscheinlichkeit die englische Tastaturbelegung eingestellt. Im folgenden Überblick sind die Zeichen, die auf einer anderen Taste liegen, fett markiert:

Auf welcher Taste liegt welches Zeichen?

```
~ ! @ # $ % ^ & * ( ) _ +
` 1 2 3 4 5 6 7 8 9 0 - =

Q W E R T Y U I O P { }
q w e r t y u i o p [ ]

A S D F G H J K L : " |
a s d f g h j k l ; ' \

> Z X C V B N M < > ?
< z x c v b n m , . /
```

✗ **Beim Einloggen über die grafische Benutzeroberfläche lässt sich das Passwort nicht eingeben; die Eingabe hat keine Wirkung.**

☞ Dass beim Eingeben eines Passworts auf dem Bildschirm nichts zu sehen ist, ist beabsichtigt! Dadurch soll verhindert werden, dass Unbefugte Ihre Eingabe mitlesen. Es werden auch keine Sternchen für jedes eingegebene Zeichen angezeigt, damit selbst die Länge des Passworts Ihr Geheimnis bleibt.

✗ **Benutzerpasswort vergessen?**

☞ Loggen Sie sich als Systemverwalter *root* ein oder bitten Sie Ihren Systemverwalter, dies für Sie zu tun. Geben Sie das Kommando *passwd* mit Ihrem Benutzernamen als Parameter ein. Das Programm fragt zweimal nach dem neuen Passwort.

✗ ***root*-Passwort vergessen?**

☞ Starten Sie Linux im „Single User Mode“. Dazu muß während des LILO-Starts die [Umschalt]-Taste gedrückt sein. Es erscheint ein Eingabeprompt. Geben Sie jetzt den Namen Ihres Kernels, ein Leerzeichen und das Wort „single“ ein (also etwa *linux single*). Wenn Sie nicht mehr wissen, wie Ihr Kernel heißt, drücken Sie am LILO-Prompt die [Tab]-Taste. Es werden dann die zur Verfügung stehenden Kernelnamen angezeigt. Schließen Sie die Eingabe mit der [Enter]-Taste ab. Linux bootet dann in den so genannten Single-User-Mode. Der Bootvorgang endet nach dem Mounten der Filesysteme mit einem Shell-Prompt. Geben Sie jetzt auf der Kommandozeile das *passwd*-Kommando ein. Sie werden nach dem neuen Unix-Passwort gefragt. Dieses geben Sie zweimal ein. Anschließend können Sie mit dem Kommando *exit* oder der Tastenkombination [Strg]+[D] den Bootvorgang fortsetzen.

Falls Sie unserem Ratschlag auf Seite 149 gefolgt sind und ein Passwort für den Single User Mode gesetzt haben, können Sie die obige Methode nur anwenden, wenn Sie sich an dieses Passwort erinnern. Verwenden Sie dann die Rettungsdiskette, die Sie nach der Installation angelegt haben sollten. Legen Sie diese ein und starten Sie den Rechner. Linux bootet nun ein Minimalsystem von der Diskette. Auch hier endet der Bootvorgang mit dem Shell-Prompt. Mounten Sie jetzt das Root-Filesystem in das Directory */mnt*, etwa mit dem Kommando *mount /dev/hda1 /mnt*, wenn Ihr Root-Filesystem auf */dev/hda1* liegt. Sie müssen jetzt die Datei */mnt/etc/passwd* oder die Datei */mnt/etc/shadow*, wenn Sie diese aktiviert haben, mit einem Editor bearbeiten. Löschen Sie das zweite Feld in der „root"-Zeile, also alles, was zwischen dem ersten und dem zweiten Doppelpunkt steht. Geben Sie anschließend das Kommando *reboot* ein und entfernen Sie die Rettungsdiskette aus dem Floppylaufwerk. Nachdem Linux wieder ganz normal gebootet ist, können Sie sich ohne Angabe eines Passworts als Benutzer *root* am System anmelden. Vergessen Sie nicht, sofort ein neues Passwort für *root* zu setzen.

✗ **Die Namen von Dateien auf einer Diskette sind verstümmelt; statt *dateiname.txt* erscheint z. B. *datein~1.txt*.**

☞ MS-DOS und Windows erzeugen aus Kompatibilitätsgründen diese abgekürzten Namen. Mounten Sie die Diskette nicht mit dem Dateisystemtyp *msdos*, sondern mit *vfat*. Das Kommando lautet dann beispielsweise:

mount -t vfat /dev/fd0 /mnt → 229

✗ **Sie haben Dateien versehentlich gelöscht und möchten sie wiederhaben.**

☞ Es gibt leider kein *undelete*. Von Ihnen selbst erstellte Dateien haben Sie im günstigsten Fall irgendwann einmal gesichert; vielleicht gibt es auch noch eine Sicherheitskopie vom letzten Editoraufruf (suchen Sie mit *ls -l dateiname** nach Namen, die am Ende *.bak*, ~ oder eine ähnliche Ergänzung tragen). Wenn es sich um (womöglich wichtige) Systemdateien handelt, müssen Sie schlimmstenfalls mit einer Rettungsdiskette booten und einen Reparaturversuch starten oder Ihr Linux gleich neu installieren. → 398

Ein Rat, der womöglich zu spät kommt: Arbeiten Sie nur unter der Kennung *root*, wenn es unbedingt erforderlich ist. Als Normalbenutzer können Sie Systemdateien nicht versehentlich löschen.

✗ **Sie haben eine große Datei gelöscht, aber auf der Platte wird offenbar der Speicherplatz nicht freigegeben (wie das Kommando *df* zeigt).**

☞ Wird auf die Datei noch von irgendeinem Programm zugegriffen? Die Löschung wird dann erst wirksam, wenn das Programm die Datei schließt. (Wie Sie dies herausfinden, steht auf Seite 350.) Oder die Datei ist über Hardlinks mehrfach in Verzeichnissen eingetragen und wird dann erst entfernt, wenn der letzte Link gelöscht ist. → 273

✗ Eine System- (oder Programm-)Meldung huschte so schnell über den Bildschirm, dass Sie sie nicht lesen konnten.

☞ Sowohl die Textkonsole als auch das Terminalfenster der grafischen Oberfläche speichern eine Reihe von Zeilen, die nach oben aus dem Anzeigebereich „hinausgelaufen“ sind: Mit [Umschalt]+[Bild↑] bzw. [Umschalt]+[Bild↓] können Sie in diesem Speicher blättern. Wenn Ihr Terminalfenster einen Scrollbalken besitzt, können Sie diesen natürlich auch zum Blättern benutzen, er greift auf denselben Speicher zu.

Die beim Systemstart ausgegebenen Meldungen können Sie, wenn das System hochgefahren ist und Sie sich eingeloggt haben, mit dem Kommando *dmesg | less* abrufen und in Ruhe lesen.

✗ Sie werden (womöglich in diesem Buch) auf eine Dokumentationsdatei verwiesen, die aber nicht unter dem angegebenen Pfadnamen existiert.

☞ Viele Dokumentationsdateien werden zusammen mit einem Programmpaket installiert. Wenn Sie bei der Linux-Installation dieses Paket nicht ausgewählt haben, ist möglicherweise auch die zugehörige Dokumentation nicht auf Ihrer Festplatte. Installieren Sie also gegebenenfalls das Paket nachträglich; wenn Sie dann feststellen, dass es Ihren Erwartungen nicht entspricht, können Sie es wieder deinstallieren (s. S. 391) – es entstehen Ihnen bei freier Software ja keine Kosten.

Beachten Sie bitte auch, daß gerade die Dokumentationsdateien nicht immer unter einheitlichen Namen installiert werden. In Folge einer Änderung des Linux-Filesystemstandards wandern die meisten Dateien, die bisher unterhalb des Verzeichnisses */usr/doc* zu finden waren, an eine entsprechende Stelle unter */usr/share/doc*, und die Howto-Dateien werden in verschiedenen Distributionen in unterschiedlichen Verzeichnissen abgelegt. Benutzen Sie das *locate*-Kommando (s. S. 353), um die Dateien zu finden, oder verwenden Sie *find* (s. S. 354).

✗ Sie werden auf der Suche nach Dokumentation auf eine Info-Datei verwiesen, können sie aber nicht finden oder nicht lesen.

☞ Wenn Sie mit KDE arbeiten, starten Sie KDEHelp. Es lässt sich ähnlich benutzen wie ein WWW-Browser (nähere Informationen ab Seite 689). Falls Sie keinen Hyperlink finden, der zum gesuchten Thema führt, tippen Sie *info:(Thema)* in das Eingabefeld ein.

Sollten Sie keine grafische Oberfläche zur Verfügung haben, so können Sie das Programm *info* benutzen, das jedoch recht gewöhnungsbedürftig ist. Rufen Sie *pinfo* auf, falls es auf Ihrem System vorhanden ist; es arbeitet ähnlich wie ein Textmodus-Browser (z. B. *lynx*) und lässt sich im Wesentlichen mit den Cursortasten bedienen.

✗ **In einem Dateisystem (in einer Partition, z. B. */usr*) ist nicht mehr genügend Speicherplatz frei, in einem anderen Dateisystem (z. B. */home*) gibt es jedoch noch ausreichend ungenutzten Platz.**

☞ Wenn die „sauberen" Lösungen für Sie (noch) nicht in Frage kommen, nämlich eine weitere Festplatte hinzuzufügen oder alle Dateien zu sichern, die Platte(n) neu zu partitionieren und die Daten wieder einzuspielen, können Sie sich behelfen, indem Sie ein Unterverzeichnis kopieren (beispielsweise mit *cp -a /usr/local /home*) und durch einen symbolischen Link auf die Kopie ersetzen (*rm -rf /usr/local; ln -s /home/local /usr*).

Benutzen Sie aber diese Vorgehensweise nur als Notlösung; nach mehrmaliger Anwendung erhalten Sie ein chaotisch organisiertes System, das sich nicht mehr vernünftig warten lässt!

✗ **Die Schublade des CD-Laufwerks lässt sich nicht öffnen.**

☞ Dies ist normal, solange eine CD gemountet ist. Geben Sie ein *umount*-Kommando für die CD ein; wenn es abgewiesen wird, weil der Datenträger *busy* ist, müssen Sie den Verursacher finden: ein zugreifendes Programm oder ein Terminalfenster, dessen aktuelles Verzeichnis auf der CD liegt (Hinweise hierzu auf Seite 224 und 350). Beenden Sie die Zugriffe und rufen Sie erneut *umount* auf.

✗ **Das System läuft außergewöhnlich langsam.**

☞ Wahrscheinlich beansprucht ein Prozess übermäßig viel Rechenzeit. Mögliche Maßnahmen, diesen herauszufinden, sind beschrieben ab Seite → 247

✗ **Ein Dämon arbeitet nicht.**

☞ Überprüfen Sie, ob der Dämon überhaupt läuft. → 349

Sehen Sie nach, ob es eine Startprozedur für diesen Dämon gibt und ob diese Prozedur auch aktiviert ist. Testen Sie die Startprozedur von der Kommandozeile aus. Prüfen Sie die System-Logdateien auf eventuelle Fehlermeldungen. Falls das alles nicht hilft, starten Sie den Dämon selbst mit eventuellen Debug-Optionen von der Kommandozeile aus. → 375

✗ **Fehler auf der Bootdiskette.**

☞ Setzen Sie das Rettungssystem Ihrer Distribution ein.

Probleme mit der grafischen Oberfläche

✗ **Bei der Arbeit mit der grafischen Oberfläche ist ein Fenster verschwunden.**

☞ Wenn das Fenster nicht von der Anwendung geschlossen wurde, kann es sein, dass es ikonisiert wurde (als verkleinertes Bild an anderer Stelle auf der Arbeitsfläche – mit der mittleren Maustaste anklicken, um es wieder zu aktivieren). Es kann auch von einem anderen Fenster verdeckt sein; KDE bietet die Möglichkeit, über die Fensterliste jedes Fenster gezielt nach vorne zu holen. ➟ 675

✗ **Nach dem Start des Rechners wechselt der Bildschirm ständig zwischen der Meldungskonsole und einem schwarzen Bildschirm.**

☞ Dieser Fehler tritt auf, wenn das grafische Login eingestellt ist und ein Display Manager beim Booten gestartet wird und der X Server nicht hochfahren kann.

Es sind Änderungen an *XF86Config* vorgenommen worden, die den X Server mit einer Fehlermeldung abbrechen lassen. Der Display Manager versucht immer wieder, den X Server zu starten, wodurch es zu dem beschriebenen Verhalten kommt. Ein Reboot mit Strg+Alt+Entf ist erforderlich. Beim Hochfahren geben Sie am LILO-Prompt *vmsuse 2* bzw. *linux 2* ein. Dadurch wird Linux ohne das grafische Login hochgefahren. Sie können nun die Fehlerursache ermitteln. Lesen Sie dazu ab Seite ➟ 614

✗ **Nachdem Sie *startx* aufgerufen haben, erscheint die Fehlermeldung *execve failed for /etc/X11/X (errno 2)* oder *execve failed for /usr/X11R6/bin/X (errno 2).***

☞ Der X Server ist nicht im System vorhanden oder die symbolischen Links sind nicht korrekt gesetzt. ➟ 617

✗ **Der X Server meldet, dass keine gültigen Modi gefunden wurden, und bricht ab.**

☞ Dieser Fehler tritt auf, wenn der X Server die Werte in den Modelines für Ihre Grafikkarte nicht erzeugen kann. Dies kann daran liegen, dass der Speicher nicht ausreicht oder die Frequenz zu hoch eingestellt ist. Lesen Sie dazu Seite ➟ 623

✗ **Bei höheren Auflösungen ist das Bild verzerrt oder flimmert stark.**

☞ Meistens ist die Ursache eine zu hohe RamDac-Geschwindigkeit. Bei der Konfiguration von X mit *SaX* kann im Dialogfenster zur Einstellung der Eigenschaften der Grafikkarte die Geschwindigkeit abgesenkt werden. Danach können die Auflösungen getestet werden, bis die Anzeige einwandfrei ist.

Alternativ können die Frequenzen in *XF86Config* für die entsprechenden Modi verändert werden. Mit *startx* kann dann die Anzeige getestet werden. ➟ 623

✗ **Programme starten nicht!**
Sie wählen aus dem Start- oder Kontextmenü ein Programm aus und es passiert nichts.

☞ Dieser Effekt kann verschiedene Ursachen haben. Um das Problem lösen zu können, benötigen Sie weitere Informationen über den Startvorgang, der aber in X Window nur schwer direkt zu beobachten ist.

Der erste Schritt sollte immer in einer kleinen Denkpause bestehen. Rappelt die Festplatte oder zeigt das CPU-Meter verstärkte Aktivität an, kann es einfach daran liegen, dass gewisse Dinge etwas Zeit brauchen.

Tut sich nichts, sind Sie auf Log-Dateien angewiesen, in denen die nicht startenden Programme vielleicht einen Kommentar abgelegt haben zu dem, was ihnen im Moment nicht behagt. Ein heißer Tip ist hier die Datei *.xsession-errors* in Ihrem Home-Verzeichnis (weitere Tips dazu auf Seite 748). Diese Datei wird aber nur automatisch angelegt, wenn Sie Linux direkt mit X Wind starten.

Haben Sie X Window „zu Fuß" über eine Kommandozeile ge tet, finden Sie vielleicht eine Ausgabe auf der Textkonsole, v der Sie das Kommando zum Start von X Window ausgeführt haben. Haben Sie X Window von der ersten Textkonsole gestartet, versuchen Sie zuerst, das Programm zu starten, und wechseln dann mit [Strg]+[Alt]+[F1] auf diese Konsole. Wenn dort zu viele Informationen ausgegeben werden, sollten Sie zuerst X Window beenden und das Startkommando beim nächsten Aufruf um eine Umleitung der Ausgabe in eine Datei ergänzen: *startx >Datei 2>&1*.

Finden Sie keinerlei Hinweise des Programms auf den zu vermutenden Abbruch, versuchen Sie, das Kommando herauszufinden, über das das Programm gestartet werden soll. Öffnen Sie dann die Kommandozeile und geben Sie das Kommando ein. Spätestens hier sollten Sie einen Hinweis auf die Fehlerquelle bekommen. In vielen Fällen erscheint hier der Hinweis *command not found*. Bedenken Sie, dass die Menüeinträge oft in Vorausschau eingetragen werden, ohne dass das Programm bereits installiert sein muss. → 747

✗ **In VMware arbeitet das private Netzwerk nicht, das für hostonly networking konfiguriert wurde.**

☞ Eine komplette Neuinstallation ist nicht notwendig. Ersetzen Sie in der Datei */etc/vmware/config* bei „vmnet.HostOnlyNetwork" und „vmnet.HostOnlyNetmask" die eingetragenen Werte durch eine freie IP-Nummer und die richtige Netzmaske. → 811

Probleme beim Arbeiten in der Shell

✗ **Ein Dateiname enthält Sonderzeichen (z. B. Blank, $, *); die Datei lässt sich nicht editieren, löschen oder umbenennen.**

☞ Stellen Sie in der Kommandozeile jedem Sonderzeichen einen Backslash \ voran oder schließen Sie den fraglichen Dateinamen in Apostrophe '... ' ein. ➟ 258

Wenn dennoch eine Variablenersetzung stattfinden soll, können Sie Anführungszeichen "... " verwenden. ➟ 261

✗ **Wenn Sie Zeichenfolgen in einem Kommando in Apostrophe einschließen, beschwert sich die Shell mit einer Meldung *command not found*, oder die so markierten Dateinamen werden einfach nicht gefunden.**

☞ Haben Sie den richtigen Apostroph erwischt? Auf der deutschen Standardtastatur finden Sie ihn meist in der oberen Tastenreihe, rechts neben der [ß]-Taste, ohne [Umschalt]-Taste und auf der [#]-Taste als Zweitbelegung mit [Umschalt]-Taste. Je nach Distribution kann aber eines dieser Zeichen anders definiert sein; probieren Sie im Zweifelsfall beide aus.

✗ **Der Name einer Datei beginnt mit einem Minuszeichen (z. B. *-r*), und die Datei lässt sich nicht editieren, löschen oder umbenennen.**

☞ Die meisten Kommandos interpretieren Parameter, die mit - beginnen, als Optionen und nicht als Dateinamen. Stellen Sie eine Verzeichnisangabe voran, z. B. *./-r* statt *-r*, und das Minuszeichen verliert seine Sonderbedeutung. ➟ 213

✗ **Nach einem Programmaufruf passiert nichts mehr, und auch der Kommandoprompt wird nicht wieder angezeigt.**

☞ Wahrscheinlich beendet sich das Programm nicht, weil es entweder auf eine Eingabe von der Tastatur wartet oder noch beschäftigt ist (vielleicht, dank eines Programmierfehlers, ohne jemals fertigzuwerden). Signalisieren Sie zunächst mit [Strg]+[D], dass Sie keine Eingaben (mehr) machen wollen; wenn das nicht wirkt, versuchen Sie, mit [Strg]+[C] den Programmlauf abzubrechen. Weitere (brutalere) Maßnahmen finden Sie auf Seite ➟ 237

✗ **Ein frisch übersetztes oder installiertes Programm wird beim Aufruf nicht gefunden.**

☞ Wenn das Programm im aktuellen Verzeichnis liegt, dieses aber nicht in der *PATH*-Variablen enthalten ist, findet die Shell Ihr Programm nicht. Geben Sie in diesem Fall das Verzeichnis in der Form *./programm* mit an.

Überprüfen Sie mit *ls -l programm*, ob die Berechtigung zum Ausführen gesetzt ist (*rwx*...); wenn nicht, setzen Sie sie mit dem Kommando *chmod +x programm*. ➞ 275

✗ **Beim Editieren der Bash-Kommandozeile funktionieren die Shortcuts mit der [Alt]-Taste nicht.**

☞ [Alt]-Taste in ~/.*Xmodmap* umdefinieren oder [Esc]-Taste verwenden. ➞ 298

✗ **Unleserliche Bildschirmdarstellung.**

☞ Terminal zurücksetzen mit [Strg]+[V] und [Strg]+[O]. ➞ 305

✗ **Sie möchten zur Verfolgung eines Fehlers Meldungen beobachten, die in eine Datei geschrieben werden, ohne ständig die Datei z. B. mit *less* neu aufzurufen.**

☞ Geben Sie das Kommando *tail -f Dateiname* ein; neu erscheinende Meldungen werden dann unmittelbar angezeigt. Mit [Strg]+[C] beenden Sie die Anzeige.

Wenn der Kernel spinnt

✗ **Der Kernel gibt Fehlermeldungen aus.**

☞ Wenn das System weiterläuft, besteht zunächst einmal kein Grund zur Hektik. Bleibt das System stehen (*kernel panic*) – was sehr selten vorkommt –, ist ein Reboot erforderlich. Nähere Hinweise zu beiden Fällen finden Sie ab Seite ➞ 236

✗ **Kernel-Module werden nicht (richtig) geladen.**

☞ Manchmal hilft es, in der Datei */etc/conf.modules* einen Alias, z.B. *alias eth0 modulname*, für das richtige Modul zu setzen. Sonst kann der richtige Treiber auch beim Starten des Systems mit dem Kommando */sbin/modprobe modulname* in das System eingebunden werden. ➞ 455

✗ **Kernel zu groß.**

☞ Wenn Sie sehr viele Treiber in den Kernel integrieren wollen, kann es vorkommen, daß es beim Übersetzen des Kernels zu einer Fehlermeldung kommt. Rufen Sie zum Erzeugen des Kernels *make bzImage* auf. ➞ 447

✗ **Spezielle Hardware lässt sich nicht ansprechen.**

☞ Überprüfen Sie Ihre Kernelkonfiguration. Evtl. müssen Sie einen neuen Kernel erzeugen oder eine passendes Modul übersetzen und installieren. ➞ 402

✗ **Der Zugriff auf das lokale Netz ist sehr langsam.**

☞ Überprüfen Sie Ihre Kernelkonfiguration. Möglicherweise wird ein falscher Treiber für Ihre Netzwerkkarte angesprochen. Überprüfen Sie anhand der Tabelle auf Seite 905, ob Sie das richtige Modul für Ihre Karte verwenden. ➞ 402

Druckprobleme

✗ **Es sind keine Druckausgaben möglich.**

☞ Überprüfen Sie die folgenden Punkte:

- Ist der Kernel richtig konfiguriert? ➞ 446
- Überprüfen Sie ob,
  - *Networking support,* ➞ 410
  - *TCP/IP networking,* ➞ 418
  - *Parallel port support* und ➞ 411
  - *Parallel printer support* ➞ 431

  in der Kernelgenerierung aktiviert worden sind.
- Wird die richtige Druckerschnittstelle angesprochen? ➞ 191
- Wenn keine parallele Schnittstelle angesprochen werden kann, sind die parallelen Schnittstellen im BIOS aktiviert?
- Ist das Netz konfiguriert (auch wenn es nur aus Ihrem eigenen Rechner besteht)? Bringt *ping localhost* eine Ausgabe?
- Ist die Datei */etc/printcap* syntaktisch korrekt? ➞ 196
- Ist der Drucker-Dämon *lpd* gestartet? ➞ 349
- Hat der Drucker früher schon gedruckt? Wenn nötig, können Sie das Spoolsystem zurücksetzen. ➞ 202
- Ist der Druckerfilter richtig konfiguriert?

✗ **Eine große Datei lässt sich wegen Platzmangels nicht drucken.**

☞ Geben Sie beim *lpr*-Kommando den Operanden *-s* an. ➞ 203

✗ **Die Ausgabe auf den Drucker ist unleserlich.**

☞ Es kommen mehrere Ursachen in Frage, die auf die Druckerkonfiguration oder auf die Daten zurückzuführen sind. Bitte prüfen Sie, welche Abhilfe möglich ist, anhand der Checkliste auf Seite ➞ 204

Sonstige Hardware-Probleme

✗ **Probleme nach dem Einbau einer neuen Festplatte.**

☞ Linux erkennt die neue Festplatte nicht korrekt:

- Sind die Platten richtig gejumpert? Eine Festplatte muß als Master, die andere als Slave konfiguriert sein. ➞ 478
- Hat sich die Reihenfolge der Platten durch den Einbau verändert? Booten Sie von der Bootdiskette, ändern Sie die Datei */etc/lilo.conf* und rufen Sie *lilo* auf. ➞ 478

✗ **CDs lassen sich nicht mounten.**

☞ Der Mountpoint oder ein passender Eintrag in der Datei */etc/fstab* fehlt. ➞ 225

✗ **Ich habe das CD-ROM-Laufwerk ungemountet, aber ich kann die CD immer noch nicht aus dem Laufwerk nehmen!**

☞ Ein CD-Player läuft und nimmt das nicht gemountete Laufwerk in Beschlag. Entweder diesen beenden oder mit seiner Hilfe auswerfen. ➞ 716

Probleme mit dem Netz

✗ **Falls Schwierigkeiten bei Netzwerkverbindungen auftreten ...**

☞ Die Ursachen für Schwierigkeiten im Netz können sehr vielschichtig sein. Wie Sie systematisch die möglichen Fehlerquellen eingrenzen können, ist ausführlich in Kapitel 13.13 beschrieben. ➞ 947

✗ **Sie haben RedHat 6.2 auf dem Notebook installiert und trotz eingeschobener PCMCIA-Netzwerkkarte ist das Netz nicht erreichbar.**

☞ Die Ursache liegt an einem kleinen Fehler in der Reihenfolge der Init-Scripts, die beim Booten ablaufen, der einfach zu beheben ist:

Als Benutzer *root* rufen Sie das Programm *ksysv* (siehe Seite 727) auf und ändern die Reihenfolge von *pcmcia* und *network* so ab, dass die Initialisierung des PCMCIA-Kartenmanagers vor der Initialisierung des Netzwerkes erfolgt.

Danach rufen Sie *netcfg* auf, klicken auf die Schaltfläche *Interfaces* und selektieren mit einem Klick auf *eth0* die PCMCIA-Netzwerkkarte. Ein Klick auf *Activate* macht das Netzwerk erreichbar.

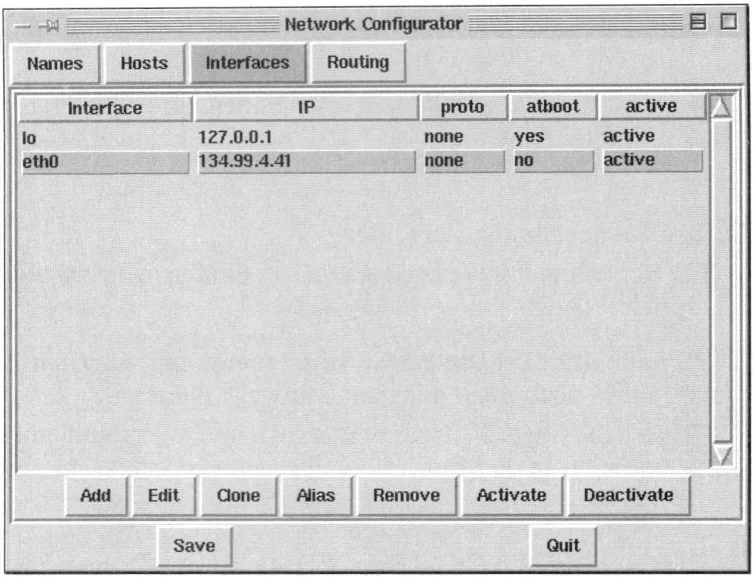

Die Netzwerkkarte ist aktiviert

Nach einem Klick auf die Schaltfläche *Edit* erscheint das folgende Fenster, in dem der Auswahlknopf vor *Activate interface at boot time* gedrückt werden muss.

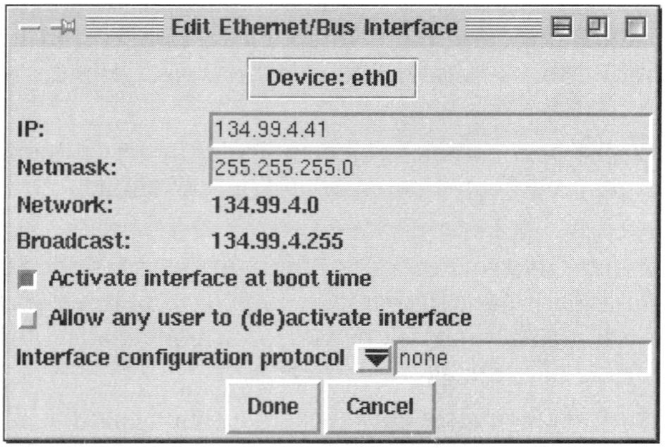

Nun klappt es von Anfang an

Nach einigen Klicks auf *Done, Save* und *Quit* ist dafür gesorgt, dass die Verbindung zum Netzwerk beim Bootvorgang aufgebaut wird.

15.2 Linux-Kommandoreferenz

Die folgende Liste erläutert kurz die für uns wichtigsten Linux-Kommandos. Nicht alle dieser Kommandos können im Buch ausführlich behandelt werden. Wo dies geschieht, verweisen wir auf die entsprechende Seite. Soweit möglich, haben wir auch Hinweise auf man-Pages und andere Hilfequellen aufgeführt.

Wir haben die Liste nach Themen gegliedert. Kommandos, die zu einer bestimmten Umgebung (X Window, KDE oder GNOME) gehören, haben wir am Rand gekennzeichnet. Alle Kommandos können aus einem *xterm* als Shell-Kommandos gestartet werden. Als X Window-, KDE oder GNOME gekennzeichnete Programme benötigen auf jeden Fall die X Window-Umgebung. KDE- und GNOME-Programme erreichen ihre volle Funktionalität nur bei Verwendung des jeweiligen Desktop-Systems.

Prozesse erzeugen und verwalten

bg Programm in den Hintergrund schicken

➞ S. 248, Aufruf *help bg*

disown Prozess von der laufenden Shell entkoppeln

➞ S. 249, Aufruf *help disown*

fg Unterbrochenes Programm im Vordergrund fortsetzen

➞ S. 247, Aufruf *help fg*

jobs Liste aller von der Shell kontrollierten Prozesse ausgeben

➞ S. 248, Aufruf *help jobs*

kill Prozess beenden (oder ein anderes Signal zustellen)

➞ S. 250, Aufruf *help kill*

ps Information über laufende Prozesse ausgeben

ps gibt den Status eines einzelnen Prozesses oder eine Liste der im System aktiven Prozesse aus.

`ps` *Prozessnummer*

Zeigt Informationen zu einem Prozess an.

`aux`	Liste aller Prozesse
`auxww`	dto., ganze Kommandozeile ausgeben

Achtung: Kein Minuszeichen vor Optionen verwenden!

➞ S. 244, *man ps*, Aufruf *ps --help*

pstree Prozesse als Baumstruktur darstellen

➟ S. 243, *man pstree*

top Systemauslastung anzeigen

top gibt einige allgemeine Informationen über die Systemauslastung aus und stellt die (je nach Bildschirmgröße z. B. 17) Prozesse mit der höchsten CPU-Auslastung dar.

➟ S. 246, *man top*

Die Shell steuern und programmieren

. Kommandos aus einer Datei lesen und ausführen

➟ S. 971, Aufruf *help .*

: Kommentarkommando

Anders als bei einem #-Kommentar werden Variablenersetzungen ausgeführt.

➟ S. 979, Aufruf *help :*

[...] Bedingung testen

Das Kommando *[* ist gleichbedeutend mit *test*; es muss mit *]* abgeschlossen werden.

```
test -f Makefile && echo "Datei Makefile ist vorhanden"
[ -f Makefile ] && echo "Datei Makefile ist vorhanden"
```

Beide Kommandos haben die gleiche Wirkung: Es wird mit *-f* auf das Vorhandensein einer Datei getestet und im Falle *true* die Meldung ausgegeben.

➟ S. 980, Aufruf *help [*

alias Aliasnamen für ein Kommando vereinbaren

```
alias ll='ls -l'
```

ll wird als Abkürzung für *ls -l* definiert.

Mit *unalias* kann ein Aliasname wieder aufgehoben werden; *alias* ohne Parameter listet alle definierten Aliasnamen.

➟ S. 175, Aufruf *help alias*

break Schleife (mit *for, while, until*) vorzeitig abbrechen

➟ S. 981, Aufruf *help break*

case Fallunterscheidung

```
case $dateiname in
*.html | *.htm) echo "vermutlich eine HTML-Datei" ;;
*) echo "keine HTML-Datei" ;;
esac
```

Es wird der erste Zweig ausgeführt, bei dem *$dateiname* auf das *Muster)* passt.

➟ S. 983, Aufruf *help case*

continue Schleife (*for, while, until*) erneut durchlaufen

➟ S. 986, Aufruf *help continue*

dirs Verzeichnis-Stack anzeigen (siehe *pushd, popd*)

➟ S. 302, Aufruf *help dirs*

done Ende einer Schleife (*for, while, until*)

➟ S. 981

elif Weitere Bedingung in *if*-Block prüfen

elif verbindet die Funktionen von *else* und *if*:

```
if [ "$LOGNAME" = "root" ]
then
echo "eingeloggt als Administrator"
elif [ "$UID" = "0" ]
then
echo "durch su Administrator geworden"
else
echo "Normalbenutzer"
fi
```

Nur wenn die erste Abfrage den Wert *false* ergibt, wird die Abfrage nach *elif* ausgeführt und nach ihrem Ergebnis weiter verzweigt.

➟ S. 979, siehe Kommando *if*, Aufruf *help if*

else Alternative in einer *if*-Abfrage

➟ S. 979, siehe Kommando *if*

esac Ende einer Fallunterscheidung

➟ S. 983, siehe Kommando *case*

exit Shell beenden

Returncode kann als Parameter angegeben werden.

➟ S. 976, Aufruf *help exit*

export Shell-Variable in die Umgebung exportieren

Die in *export*-Kommandos aufgeführten Shell-Variablen werden an aufgerufene Programme und Prozeduren weitergegeben.

```
EDITOR=joe
export EDITOR
export PS1='\h:\w \$ '
```

Bei der *bash* kann die Wertzuweisung an eine Variable auch im *export*-Kommando vorgenommen werden.

➟ S. 261, Aufruf *help export*

false Kommando, das immer den Returncode 1 (= Fehler) zurückgibt

➟ S. 978, Aufruf *help false*

fi Ende eines *if*-Blocks

➟ siehe Kommando *if*

for Schleife über eine Reihe von Werten

```
for datei in *.tex
do
less $datei
done
```

Für alle hinter *in* angegebenen Werte (hier durch Wildcard ermittelt) werden die Kommandos zwischen *do* und *done* ausgeführt, wobei die angegebene Variable (hier *datei*) nacheinander jeden der Werte annimmt.

➟ S. 982, Aufruf *help for*

function Shell-Funktion definieren

```
function hallo {
echo hallo
}
```

Unter dem nach *function* angegebenen Namen wird Shell-intern ein neues Kommando definiert, das aus den in geschweifte Klammern eingeschlossenen Kommandozeilen besteht. Parameterübergabe wie in normalen Shell-Prozeduren.

➟ S. 975, Aufruf *help function*

help Informationen zu eingebauten Shell-Kommandos anzeigen

➟ Aufruf *help help*

if Bedingte Ausführung von Kommandos

```
if [ "$UID" = "0" ]
then
echo "ich bin Admin"
else
echo "ich bin Normalbenutzer"
fi
```

Wenn die Bedingung nach *if* erfüllt ist, werden die Kommandos nach *then* ausgeführt, sonst die nach *else* (oder keine, wenn der Else-Zweig fehlt).

➟ S. 979, Aufruf *help if*

pushd Verzeichnis wechseln und vorigen Wert sichern

pushd *NeuesVerzeichnis*

Das aktuelle Verzeichnis wird in einem Verzeichnisstack gesichert. Anschließend wird in *NeuesVerzeichnis* gewechselt.

Die Rückkehr in das vorige Verzeichnis ist mit *popd* möglich. Der Verzeichnisstack kann mit *dirs* angezeigt werden.

➟ S. 302, Aufruf *help pushd*

pwd Aktuelles Verzeichnis ausgeben

➟ S. 171, Aufruf *help pwd*

set Shell-Parameter setzen; Variablenwerte ausgeben

Mit *set* können zahlreiche Schalter gesetzt werden, die das Verhalten der Shell beeinflussen. Ohne Parameter bewirkt *set* die Ausgabe aller Umgebungsvariablen und ihrer Werte.

➟ Aufruf *help set*

shift Prozedurparameter verschieben

Der erste Parameter der laufenden Prozedur wird gelöscht, der zweite wird dadurch zum ersten, der dritte zum zweiten usw.

➟ S. 974, Aufruf *help shift*

sleep Zeitablauf abwarten

```
sleep 120
```

wartet 120 Sekunden = 2 Minuten lang, dann beendet sich das Kommando.

➟ *man sleep*, Aufruf *sleep --help*, Info-Datei *sh-utils*

source Kommandos aus einer Datei lesen und ausführen

➟ S. 971, Aufruf *help source*

test Bedingung testen

Als Operand ist ein bedingter Ausdruck anzugeben (Syntax siehe Seite 977). Wenn die Bedingung wahr ist, wird der Returncode *0* gesetzt, sonst *1*. Dieses Kommando wird meist innerhalb von *if*- und *while*-Konstrukten benutzt.

➟ S. 977, Aufruf *help test*

then Einleitung des *then*-Zweigs eines *if*-Blocks

➟ siehe Kommando *if*

true Kommando, das immer den Returncode 0 (= OK) zurückgibt

➟ S. 978, Aufruf *help true*

type Programmdatei zu einem Kommando feststellen

`type` *Kommandoname*

Das Kommando informiert, aus welcher Datei *Kommandoname* geladen würde oder ob es sich um eine Funktion, einen Alias oder ein eingebautes Kommando handelt.

➟ S. 359, Aufruf *help type*

umask Zugriffsrechte für neu angelegte Dateien voreinstellen

umask 077 erlaubt Zugriffe nur für den Eigentümer, *umask 027* verbietet standardmäßig Schreibzugriffe für Mitglieder derselben Gruppe und alle Zugriffe durch Andere.

➟ S. 277, Aufruf *help umask*

unalias Aliasnamen löschen

➟ S. 296, Aufruf *help unalias*

until Kommandos wiederholen, bis Bedingung erfüllt ist

```
until [ -f work/schalter ]
do
sleep 120
done
```

Immer wieder warten, bis die Bedingung (Datei *work/schalter* existiert) erfüllt ist.

➟ S. 981, Aufruf *help until*

while Kommandos wiederholen, solange Bedingung erfüllt ist

```
while [ "$1" ]
do
echo "Parameter gefunden: $1"
shift
done
```

Kommandofolge von *do* bis *done* so lange wiederholen, wie die Bedingung erfüllt ist (hier: wie noch ein Parameter existiert).

➡ S. 981, Aufruf *help while*

Strg+C Programm abbrechen

Durch Drücken von Strg+C wird ein laufendes Programm abgebrochen (sofern das Programm dies nicht unterbunden hat).

➡ S. 237

Strg+Z Programmlauf unterbrechen

Durch Drücken von Strg+Z wird ein laufendes Programm unterbrochen; es erscheint dann ein normaler Shell-Prompt. Das Programm kann mit *fg* wieder fortgesetzt, mit *kill* abgebrochen oder mit *bg* in den Hintergrund geschickt werden.

➡ S. 247

Network-Clients

archie Abfragen der anonymen FTP-Datenbank

➡ *man archie*, Aufruf *archie --help*

elm Mail-Client

Viel benutzter, relativ einfach zu bedienender Mail-Client, Bildschirm-orientiert, auch für den Textmodus geeignet. Wird heute zunehmend durch *mutt* ersetzt.

➡ S. 885, *man elm*, Aufruf *elm --help*

fetchmail Mail von einem POP- oder IMAP-Server empfangen

fetchmail kann im Hintergrund Mail von einem Mail-Server in die lokale Mailbox abrufen. Vor allem geeignet, wenn der eigene Rechner ein lokales Mail-System besitzt und nicht dauerhaft angeschaltet oder am Netz ist und der ISP die Mails nicht von sich per SMTP zustellt.

➡ S. 934, *man fetchmail*

finger Benutzerinformations-System

Anzeigen von Informationen über Benutzer an Unix-/Linux-Systemen. Mit *chfn* können Benutzer die über *finger* verbreiteten Informationen über sich verändern.

➡ *man finger*, Aufruf *finger --help*

ftp Internet File Transfer Client

Kommandozeilen-Interface für den Internet-Standard *File Transfer Protocol*.

➟ *man ftp*

kmail KDE-Mail-Client

POP3-fähiger komfortabler Mail-Client unter KDE.

➟ S. 885, Hilfe-Schalter

krn KDE-News-Reader

➟ Hilfe-Schalter

lynx Textbasierter, sehr schneller HTML-Browser

➟ *man lynx*, Aufruf *lynx --help*

mail Mail-Client aus den ersten Anfangszeiten von E-Mail

Sehr unkomfortabel, wird nur noch in Skripts benutzt, oder wenn gar nichts anderes mehr geht!

➟ *man mail*

mutt Textbasierter, sehr mächtiger Mail-Client

Nachfolger von *elm*. Mit *mutt* kann die E-Mail sowohl vom lokalen Mail-System als auch von einem Mail-Server per POP3 oder IMAP abgerufen werden.

➟ S. 885, *man mutt*, Aufruf *mutt --help*

ncftp Internet File Transfer Client

Komfortable, auch textbasierte Alternative zu *ftp*.

➟ *man ncftp*

netscape Webbrowser mit integrierten E-Mail- und Newsreader-Funktionen

Der *Netscape-Communicator* hat unter Linux etwa denselben Funktionsumfang wie unter MS-Windows und auf Macintosh-Systemen.

➟ S. 876, S. 877, S. 879

nn Textbasierter Newsreader

➟ *man nn*

pap Verbinden und Senden eines Jobs an einen AppleTalk-Drucker

Teil der *netatalk*-Software.

➟ *man pap*, S. 943

pine Mail-Client

Mit *pine* kann die E-Mail sowohl vom lokalen Mail-System als auch von einem Mail-Server per POP3 oder IMAP abgerufen werden.

➟ *man pine*, Aufruf *pine --help*

rcp Kopieren von Dateien über das Netz zwischen Unix-/Linux-Rechnern

Statt *rcp* sollte *scp* verwendet werden.

➟ *man rcp*

rlogin Login auf einem entfernten Unix-/Linux-Rechner

Gilt als nicht sehr sicher. Statt *rlogin* sollte *ssh* eingesetzt werden.

➟ *man rlogin*

rsh Ausführen eines Kommandos auf einem entfernten Unix-/Linux-Rechner

Statt *rsh* sollte *ssh* verwendet werden.

➟ *man rsh*

scp Sicheres Kopieren von Dateien übers Netz

➟ *man scp*, S. 893

ssh Sicherer Shell-Client

ssh ersetzt *rlogin* und *rsh* durch verschlüsselte Varianten. *ssh* steht auch für MS-Windows und Macintosh-Systeme zur Verfügung.

➟ *man ssh*, S. 892

kssh KDE-Frontend zu ssh.

Vereinfacht das Einloggen über eine Secure Shell.

➟ S. 894

telnet Benutzer-Interface zum *telnet*-Protokoll

Ermöglicht Dialog auf anderen Rechnern.

➟ *man telnet*

tin News-Reader, News-Client

➟ *man tin*, Aufruf *tin --help*

trn News-Reader, News-Client

➟ *man trn*, Aufruf *trn --help*

wget Dienstprogramm zum Download von Dokumenten über HTTP und FTP

Erlaubt das Herunterladen von Dokumenten im Batch-Modus.

➟ Info-Datei *wget*, Aufruf *wget --help*

Systemkonfiguration

isapnp Konfigurieren von ISA Plug & Play-Devices

➟ *man isapnp*, S. 496

pnpdump Anzeigen von Informationen über ISA Plug & Play-Devices

➟ *man pnpdump*, S. 496

ksysv KDE-Tool für die Verwaltung von Start-Skripts

Mit *ksysv* können auf bequeme Art und Weise die Start-Skripts, die in den jeweiligen Runleveln gestartet werden, einem Runlevel hinzugefügt oder gelöscht werden.

➟ Hilfe-Schalter, S. 727

kuser Benutzer- und Gruppenverwaltungs-Tool

➟ Hilfe-Schalter, S. 725

loadkeys Tastaturbelegung laden/ändern

Beim Systemstart wird durch *loadkeys* die Belegung der Tastatur definiert; durch spätere Aufrufe können einzelne Tasten umdefiniert werden. *loadkeys* kann (je nach Systemkonfiguration) auch ohne *root*-Berechtigung aufgerufen werden.

➟ S. 304, *man loadkeys*

modemtool Modem-Konfigurationstool

➟ S. 831

mouseconfig Konfigurationstool zum Einstellen der Maus (RedHat)

➟ *man mouseconfig*

setfont Laden des Zeichensatzes für die Konsole (S.u.S.E.)

Mit *setfont* wird ein neuer Zeichensatz in den EGA-/VGA-Zeichengenerator geladen.

```
setfont -16
```

Lädt einen 8×16-Zeichensatz.

➟ *man setfont*

setsysfont Laden des Zeichensatzes für die Konsole

➟ siehe Kommando *setfont*, *man setsysfont*

sndconfig Administrationstool zur Konfiguration der Soundkarte (RedHat)

➟ *man sndconfig*

Texteditor

elvis Clone des vi-Editors

Erweiterte, kompatible Variante des Texteditors *vi*. Durch Eingabe von *:help* rufen Sie die eingebaute Hilfefunktion auf; mit *:q!* können Sie die Hilfe und auch den Editor verlassen.

➟ S. 286, *man elvis*, Aufruf *elvis --help*

emacs Standardeditor des GNU-Projekts

emacs ist ein sehr umfangreicher und mächtiger Texteditor, dessen Bedienung allerdings gewöhnungsbedürftig ist. Mit [Strg]+[H] rufen Sie die eingebaute Hilfefunktion auf.

➟ S. 289, *man emacs*, Aufruf *emacs --help*, Info-Datei *emacs*

joe Joe's Own Editor (Texteditor)

joe ist ein Editor, der auf der Textkonsole verwendet werden kann und in der Benutzung den Borland-/Turbo-Editoren und WordStar ähnlich ist. Mit [Strg]+[K] [H] rufen Sie die eingebaute Hilfefunktion auf.

➟ S. 292, *man joe*

jstar WordStar-kompatible Variante von joe

jstar ist identisch zum Texteditor joe, nur wird eine andere, weitestgehend WordStar-kompatible Tastenbelegung verwendet.

➟ siehe Kommando *joe*, S. 292

kedit KDE-Editor für einfache Textdateien

➟ Hilfe-Schalter

nedit Komfortabler und mächtiger Texteditor für X Window

NEdit ist ein komfortabler Texteditor mit Makrosprache und mächtiger Suchen-/Ersetzenfunktion. Die Bedienung ist einfach und orientiert sich an den Tastenkombinationen aus der Windows-Welt.

➟ *man nedit*

nvi Clone des vi-Editors

Originalgetreue, kompatible Variante des Texteditors *vi*. Durch Eingabe von *:help* rufen Sie die eingebaute Hilfefunktion auf; mit *:q!* können Sie die Hilfe und auch den Editor verlassen.

➟ S. 286, *man nvi*

vi Standard-Texteditor für Unix-Systeme

vi ist auf praktisch allen Unix-Systemen verfügbar. Unter Linux startet das Kommando *vi* einen der Clones *vim*, *elvis* oder *nvi*.

➟ S. 286, *man vi*

vim Clone des vi-Editors

Erweiterte, kompatible Variante des Texteditors *vi*. Durch Eingabe von *:help* rufen Sie die eingebaute Hilfefunktion auf; mit *:q!* können Sie die Hilfe und auch den Editor verlassen.

➟ S. 286, *man vim*

Mit Dateien arbeiten

cd Aktuelles Verzeichnis wechseln

`cd` *NeuesVerzeichnis*

NeuesVerzeichnis wird zum aktuellen Verzeichnis (wenn es existiert und zugänglich ist).

Wenn kein Operand angegeben ist, wird ins Home-Verzeichnis gewechselt; *cd* - wechselt in das zuletzt verlassene Verzeichnis.

➟ S. 268, Aufruf *help cd*

chgrp Gruppenattribut einer Datei ändern

`chgrp users` *Dateiname*

Die Datei wird der Gruppe *users* zugeordnet.

Die Kennung, unter der das Kommando ausgeführt wird, muss *root* oder Eigentümer der Datei und Mitglied der neuen Gruppe sein.

➟ S. 279, *man chgrp*, Aufruf *chgrp --help*, Info-Datei *fileutils*

chmod Zugriffsrechte einer Datei ändern

`chmod a+rx` *Dateiname*

`chmod go-r` *Dateiname*

Das erste Kommando erlaubt allen (*a* steht für *ugo*: Eigentümer, Gruppe und andere) lesenden und ausführenden Zugriff auf die Datei; das zweite nimmt den Mitgliedern der Gruppe und allen anderen das Leserecht weg.

Die neuen Zugriffsrechte können auch als Oktalzahl angegeben werden (755 steht für *rwxr-xr-x*).

➟ S. 278, *man chmod*, Aufruf *chmod --help*, Info-Datei *fileutils*

chown Eigentümer (und Gruppe) einer Datei ändern

`chown root` *Dateiname*

`chown paul.users` *Dateiname*

Im ersten Beispiel wird *root* neuer Eigentümer der Datei; im zweiten erhält die Datei den neuen Eigentümer *paul* und die Gruppe *users*.

Nur *root* darf die Eigentümerschaft von Dateien ändern.

➟ S. 279, *man chown*, Aufruf *chown --help*, Info-Datei *fileutils*

cp Datei(en) kopieren

`cp` *altername neuername*

`cp` *Datei1 Datei2 Verzeichnis*

Im ersten Beispiel wird eine Datei unter einem neuen Namen kopiert, im zweiten mehrere Dateien unter demselben Namen in ein anderes Verzeichnis kopiert.

➟ S. 270, *man cp*, Aufruf *cp --help*, Info-Datei *fileutils*

dd Daten blockweise lesen und schreiben

`dd if=`*Eingabedatei* `of=`*Ausgabedatei* `bs=`*Blockgröße*

liest die *Eingabedatei* mit der angegebenen *Blockgröße* und schreibt die Daten in die *Ausgabedatei*.

Mit der Option *count=Zahl* kann eine Maximalzahl von Blöcken vorgegeben werden.

➟ *man dd*, Aufruf *dd --help*

file Dateityp bestimmen

Die angegebene(n) Datei(en) werden angelesen und anhand einer Tabelle (in */etc/magic*) wird versucht, den Dateityp zu bestimmen.

➟ *man file*

find Dateien in einem Verzeichnisbaum suchen

`find . -name '*.tex'`

Alle *.tex*-Dateien im aktuellen Verzeichnis und seinen Unterverzeichnissen suchen und ihre Namen nach *stdout* ausgeben.

`find /tmp -size +1000k`

Alle Dateien in */tmp* suchen, die größer als 1000 KByte sind.

➟ S. 354, *man find*, Aufruf *find --help*, Info-Datei *find*

ll Oft benutzter Aliasname für *ls -l*

ln Links erzeugen

`ln` *AlterName NeuerName*

Die Datei *AlterName* kann anschließend mit *NeuerName* angesprochen werden; beide Namen sind gleichberechtigt.

`ln -s` *RealerName NeuerName*

NeuerName wird als symbolischer Link erzeugt und verweist auf den realen Namen. Wenn dieser nicht mit einem / beginnt, gilt er relativ zum Verzeichnis des neuen Namens.

NeuerName kann auch ein Verzeichnisname sein; dann wird der letzte Teil des zuerst angegebenen Namens als neuer Name in das Verzeichnis eingetragen. Die Option *-i* bewirkt eine Nachfrage vor dem Löschen einer gleichnamigen Datei; *-f* löscht immer ohne Nachfrage.

➟ S. 272, *man ln*, Aufruf *ln --help*, Info-Datei *fileutils*

ls Namen und Attribute von Dateien anzeigen

Wichtige Optionen: *-l* Dateiattribute ausgeben, *-A* auch versteckte Dateien anzeigen (außer . und ..), *-d* nicht Inhalte, sondern Attribute von Verzeichnissen anzeigen, *-r* rekursiv durch alle Unterverzeichnisse, *-L* symbolische Links auflösen und Zieldatei anzeigen.

➟ S. 264, *man ls*, Aufruf *ls --help*, Info-Datei *fileutils*

mcd MS-DOS-Verzeichnis wechseln

Speziell für das Bearbeiten von DOS-Disketten ohne *mount*.

➟ S. 226, *man mcd*, Info-Datei *mtools*

mcopy Dateien kopieren zwischen MS-DOS und Linux

Speziell für das Bearbeiten von DOS-Disketten ohne *mount*. Die Zeilenenden von Textdateien können zwischen MS-DOS- und Unix-Format konvertiert werden.

➟ S. 226, *man mcopy*, Info-Datei *mtools*

mdel MS-DOS-Datei löschen

Speziell für das Bearbeiten von DOS-Disketten ohne *mount*.

➟ S. 226, *man mdel*, Info-Datei *mtools*

mdeltree MS-DOS-Verzeichnisbaum löschen

Speziell für das Bearbeiten von DOS-Disketten ohne *mount*.

➟ S. 226, *man mdeltree*, Info-Datei *mtools*

mdir Inhalt eines MS-DOS-Verzeichnisses anzeigen

Speziell für das Bearbeiten von DOS-Disketten ohne *mount*.

➟ S. 226, *man mdir*, Info-Datei *mtools*

mrd MS-DOS-Verzeichnis löschen

Speziell für das Bearbeiten von DOS-Disketten ohne *mount*.

➟ S. 226, *man mrd*, Info-Datei *mtools*

mkdir Verzeichnis erzeugen

`mkdir` *Verzeichnis*

Das *Verzeichnis* wird angelegt; es darf noch nicht vorhanden sein.

➟ S. 269, *man mkdir*, Aufruf *mkdir --help*, Info-Datei *fileutils*

mmd MS-DOS-Verzeichnis erzeugen

Speziell für das Bearbeiten von DOS-Disketten ohne *mount*.

➟ S. 226, *man mmd*, Info-Datei *mtools*

mmove MS-DOS-Datei oder -Verzeichnis umbenennen oder verschieben

Speziell für das Bearbeiten von DOS-Disketten ohne *mount*.

➟ S. 226, *man mmove*, Info-Datei *mtools*

mv Dateien umbenennen bzw. verschieben

`mv` *altername neuername*

`mv` *Datei1 Datei2 Verzeichnis*

Im ersten Beispiel wird eine Datei umbenannt, im zweiten mehrere Dateien in ein anderes Verzeichnis verschoben. Das gleichzeitige Umbenennen mehrerer Dateien ist mit *mv* nicht möglich.

➟ S. 264, *man mv*, Aufruf *mv --help*, Info-Datei *fileutils*

rm Dateien löschen

rm löscht Dateien (bzw. entfernt ihre Verzeichniseinträge). Mit *rm -r* können auch Verzeichnisse und (rekursiv) Unterverzeichnisse sowie darin enthaltene Dateien gelöscht werden. Die Option *-i* sorgt für eine Sicherheitsrückfrage vor jedem Löschen, *-f* unterdrückt Rückfragen und Fehlermeldungen.

➟ S. 265, *man rm*, Aufruf *rm --help*, Info-Datei *fileutils*

rmdir Verzeichnis löschen

`rmdir` *Verzeichnis*

Das *Verzeichnis* muss leer sein. Mit *rm -r* können ganze Verzeichnisbäume gelöscht werden, die auch noch Dateien enthalten dürfen.

➟ S. 269, *man rmdir*, Aufruf *rmdir --help*, Info-Datei *fileutils*

touch Anlegen/Änderung einer Datei simulieren

`touch` *Dateiname*

Die angegebene(n) Datei(en) werden (mit der Größe Null) erzeugt, wenn sie nicht existieren; das Änderungsdatum wird auf die aktuelle Zeit hochgesetzt (bzw. kann durch eine Option bestimmt werden).

➟ S. 269, *man touch*, Aufruf *touch --help*, Info-Datei *fileutils*

Systemprogramme

badblocks Suche nach fehlerhaften Blöcken auf ein Plattendevice

➟ *man badblocks*

bash Bourne Again Shell

Die unter Linux meistverwendete Shell. Sie ist weitestgehend kompatibel zu der für Unix-Systeme standardisierten Bourne-Shell *sh*, fügt dieser aber die wichtigsten Erweiterungen der *tcsh* und *ksh* hinzu.

➟ S. 282, *man bash*, Aufruf *bash --help*

chfn Ändern der Finger-Information

➟ *man chfn*, Aufruf *chfn --help*

chsh Ändern der voreingestellten Shell

root kann die Shell jedes Benutzers ändern, andere Benutzer nur ihre eigene.

➟ *man chsh*, Aufruf *chsh --help*

crontab Cron-Dateien verwalten

➟ *man crontab*

date Datum/Uhrzeit anzeigen, Systemuhr stellen

`date`

Datum und Uhrzeit im Standardformat ausgeben.

`date '+%Y-%m-%d %H:%M'`

Ausgabeformat festlegen, hier in der Form *2000-01-23 12:30*.

`date 012312302000`

Systemuhr auf oben genannten Zeitpunkt einstellen (Monat, Tag, Stunde, Minute, Jahr).

➟ S. 283, *man date*, Aufruf *date --help*, Info-Datei *sh-utils*

dmesg Ausgabe oder Kontrolle über den Kernel-Ausgabe-Puffer

du Anzeigen der Verteilung des belegten Plattenplatzes auf Verzeichnissen (disk usage)

➟ *man du*, Aufruf *du --help*, Info-Datei *du*

depmod Verwalten der Abhängigkeiten ladbarer Kernelmodule

➟ *man depmod*, S. 454

df Anzeigen des freien Festplattenplatzes (disk free)

➟ *man df*, Aufruf *df --help*, Info-Datei *df*

faillog Fehlerhafte Login-Versuche anzeigen

In der Datei */var/log/faillog* werden abgelehnte Login-Versuche protokolliert. Dieses Kommando zeigt die letzten Einträge an:

`faillog -a`

für alle Benutzer,

`faillog -u paul`

für den Benutzer *paul*.

faillog setzt normalerweise *root*-Berechtigung voraus.

➟ *man faillog*

fdisk Grundlegendes Linux-Tool für die Festplattenpartitionierung

Wenn nichts mehr geht, geht original *fdisk*. Dieses Tool ist ein auf einer einfachen Kommandozeile basierendes Tool, mit dem Festplatten partitioniert werden können. Es ist auf nahezu jeder Rettungsdiskette anzutreffen und gutmütig.

`fdisk` *fp*

Ruft *fdisk* mit dem Festplattendevice *fp* auf, z. B. */dev/hda*.

➟ *man fdisk*, S. 462

free Arbeitsspeicherbelegung anzeigen

➟ *man free*

fsck Checken und Reparieren eines Linux-Dateisystems

➟ *man fsck*

gdb GNU-Debugger

gdb stellt Programmierern umfangreiche Debugging-Funktionen zur Verfügung. In Verbindung mit den GNU-Compilern ist auch symbolisches Debuggen möglich.

gdb verfügt über eine eigene Anweisungssprache mit eigener Hilfefunktion (Anweisung *help* eingeben).

➟ *man gdb*, Aufruf *gdb --help*, Info-Datei *gdb*

gpg GNU-Programm zum Verschlüsseln und Signieren von Dateien

gpg (**G**NU **P**rivacy **G**uard) ist eine freie, unter der GPL veröffentlichte Alternative zu *pgp*. Durch die Benutzung anderer Algorithmen kann es lizenzfrei für alle Zwecke verwendet werden; die Kompatibilität zu *pgp* mit RSA und IDEA kann durch Zusatzmodule erreicht werden.

➟ *man gpg*, Aufruf *gpg --help*

URL: *http://www.gnupg.org*

groupadd Erzeugen einer neuen (Benutzer-)Gruppe

➟ *man groupadd*

groupdel Löschen einer (Benutzer-)Gruppe

➟ *man groupdel*

groupmod Modifizieren einer Gruppe

```
groupmod -n newgroup users
```

Benennt die Gruppe *users* in *newgroup* um.

groups Anzeigen aller Gruppen, denen der Benutzer angehört

➟ *man groups*, Aufruf *groups --help*, Info-Datei *groups*

halt System anhalten

➟ *man halt*

host Recherche von Hostnamen und IP-Adressen

```
host metalab.unc.edu
```

Anfragen nach der IP-Nummer von *metalab.unc.edu*.

ifconfig Netzwerk-Interface konfigurieren

```
ifconfig eth0
```

Abfrage der Konfiguration von *eth0*.

```
ifconfig eth0 192.168.1.1 netmask 255.255.255.0 up
```

Konfigurieren von *eth0*.

➟ *man ifconfig*

ifdown Netzwerkverbindung abbauen

➟ S. 848

ifup Netzwerkverbindung aufbauen

➟ S. 848

init Prozesskontrolle

init ist der erste Prozess in einem Unix-/Linux-System, der alle übrigen Prozesse kontrolliert. Mit *init* werden die Runlevel gesteuert.

→ *man init*, S. 394

insmod Installieren eines ladbaren Kernelmoduls

→ *man insmod*

ipchains Administration eines IP-Firewalls

→ *man ipchains*, S. 923

kcmkisdn ISDN-Konfiguration

→ S. 855

kcron KDE-Tool für die Verwaltung von Cron-Jobs

Mit *kcron* können Cron-Jobs komfortabel mit Hilfe einer grafischen Oberfläche administriert werden.

→ Hilfe-Schalter, S. 378

kisdn Einwählen über ISDN

→ S. 855

klock Der KDE-Bildschirmschoner als Stand-alone-Anwendung

Wenn Sie den KDE-Bildschirmschoner in einem Skript aufrufen wollen, hört er auf den Namen *klock*. Ein Aufruf hat die gleiche Wirkung wie ein Klick auf das Schloss-Symbol im Panel.

→ Hilfe-Schalter

kppp Komfortables Frontend zu PPP, Einwählen über Modem

→ Hilfe-Schalter, S. 834

kppplogview Anzeigen von Einwählstatistiken

→ Hilfe-Schalter, S. 835

kmedia Die Medienwiedergabe der KDE-Oberfläche

Mit diesem Tool können Sie die gängigsten Audioformate abspielen.

→ Hilfe-Schalter, S. 715

kmincli Eine Mini-Befehlszeile, mit der Programme gestartet und Kommandos ausgeführt werden können

→ Hilfe-Schalter, S. 705

kpm Der Prozess-Manager von KDE

KPM zeigt Ihnen in einer Tabelle die laufenden Prozesse an. Sie können laufende Prozesse mit einem Mausklick anhalten oder beenden.

➟ Hilfe-Schalter, S. 708

KTaskmanager Task-Manager der KDE-Oberfläche, ähnlich dem Task-Manager aus der Windows-Welt

Über den Task-Manager haben Sie Zugriff auf alle laufenden Programme. Sie können Programme oder Ihre Session beenden. Der Aufruf des Task-Managers geschieht wie unter Windows über Strg+Esc.

➟ Hilfe-Schalter

kvt Terminalemulation mit einigen zusätzlichen KDE-Goodies

➟ Hilfe-Schalter

last Letzte Logins anzeigen

In der Datei */var/log/wtmp* werden Zeitpunkt und Dauer aller Logins festgehalten. Dieses Kommando zeigt (zeitlich rückwärtsschreitend) die seit dem letzten Wechsel der *wtmp*-Datei vorgenommenen Einträge an:

```
last | less
```

alle Benutzer,

```
last paul
```

nur den Benutzer *paul.*

Auf vielen Systemen ist */var/log/wtmp* für alle Benutzer lesbar; *last* benötigt dann keine *root*-Berechtigung.

➟ *man last*

lilo Installieren des Boot-Loader

➟ *man lilo, man lilo.conf*, Info-Datei *lilo*, S. 145

linuxconf Interaktives Konfigurationstool für RedHat

Steht textbasiert und als X-Anwendung zur Verfügung.

locate Datei im System finden

```
locate bash
```

gibt alle Dateinamen des Systems aus, die die Zeichenfolge *bash* enthalten.

locate greift auf die von *updatedb* erstellte Datenbank (meist */var/lib/locatedb*) zu. Nur darin verzeichnete Dateien können gefunden werden.

➟ S. 353, *man locate*, Aufruf *locate --help*, Info-Datei *find*

logrotate Tool zum Verwalten von Systemlogdateien

logrotate kann Log-Dateien rotieren, komprimieren und als Mail zuschicken. Es wird gewöhnlich per *cron* gestartet.

➟ *man logrotate*

lsmod Anzeigen der geladenen Kernelmodule

➟ *man lsmod*

lsof Zugriffe auf offene Dateien anzeigen

`lsof` *Dateiname*

gibt Informationen über alle Prozesse aus, die die angegebene Datei momentan eröffnet haben.

Mit *lsof -h* kann die Hilfeanzeige abgerufen werden.

➟ S. 350, *man lsof*

ltrace Bibliotheksaufrufe tracen

`ltrace` *Programmname*

Das Programm wird im Debugmodus gestartet; alle Aufrufe von Shared Libraries (Systembibliotheken) werden abgefangen und protokolliert.

➟ S. 350, *man ltrace*, Aufruf *ltrace --help*

make Übersetzung und Generierung von Dateien automatisieren

In einem *Makefile* kann die Information hinterlegt werden, mit welchen Kommandos eine Datei erzeugt werden kann und von welchen anderen Dateien sie gegebenenfalls abhängig ist. Dies kann von *make* dazu benutzt werden festzustellen, ob die Datei noch aktuell ist oder aus ihren Eingabedateien neu erzeugt werden muss. Die erforderlichen Kommandos werden dann von *make* automatisch aufgerufen.

➟ *man make*, Aufruf *make --help*, Info-Datei *make*

mc Midnight Commander, ein Norton-Commander-Klone

Dieses Tool erinnert an die DOS-Zeiten und wird jedem Norton-Commander-Nutzer einen Wiedersehenseffekt liefern. Nur dass der mc sich an die moderne Linux- und Internet-Welt angepasst hat und zusätzliche Features wie FTP-Zugriffe anbietet.

➟ *man mc*

minicom Kommunikation über serielle Leitungen

➟ *man minicom*, S. 832

mkbootdisk Tool zum Erstellen einer zu Ihrem System passenden Boot-Diskette (RedHat)

`mkbootdisk` *Kernelversion*

Erstellt eine Boot-Diskette mit der jeweiligen Kernelversion, unter Red Hat 6.2 würde man hier z. B. 2.2.14-5 als Option angeben.

➞ *man mkbootdisk*

mkdosfs Erzeugen eines FAT-Filesystems unter Linux

➞ *man mkdosfs*

mke2fs Erzeugen eines Linux-"Second Extended"-Filesystems

➞ *man mke2fs*

mkisofs Erzeugen eines ISO-9660-Filesystems

➞ *man mkisofs*, Aufruf *mkisofs --help*

mknod Erstellen einer Spezialdatei

➞ *man mknod*, Aufruf *mknod --help*

mkswap Systemtool, mit dem eine Swap-Partition formatiert werden kann.

➞ *man mkswap*

modprobe Verwaltung von ladbaren Kernelmodulen

➞ *man modprobe*

mount Dateisystem in Verzeichnisstruktur einhängen

```
mount -t vfat /dev/fd0 /mnt
```

Diskette (im Laufwerk *fd0*) mit dem Dateisystemtyp *vfat* (MS-DOS mit langen Dateinamen) in das Verzeichnis */mnt* einhängen.

```
mount -t iso9660 /dev/hdc /mnt/cdrom
```

CD (mit ISO-Dateisystem) im Master-Laufwerk am 2. IDE-Controller in das Verzeichnis */mnt/cdrom* mounten.

```
mount /mnt/cdrom
```

genügt, wenn alle notwendigen Angaben in die Datei */etc/fstab* eingetragen sind.

➞ S. 224, *man mount*, Aufruf *mount --help*

netcfg Konfigurieren des Netzwerks

➞ S. 838

netconf Konfigurieren des Netzwerks

Teil von *linuxconf*.

netstat Anzeigen von Netzverbindungen, Routing-Tabellen, Interface-Statitiken und anderen Informationen über das Netz und die Netzwerk-Devices

➟ *man netstat*, Aufruf *netstat --help*, Info-Datei *netstat*, S. 919

newgrp Ändern der Gruppenkennung des aktuellen Benutzers

➟ *man newgrp*, Aufruf *newgrp --help*

passwd Systemtool, mit dem Passwörter geändert werden können

➟ *man passwd*

pgp Programm zum Verschlüsseln und Signieren von Dateien

Mit *pgp* (**P**retty **G**ood **P**rivacy) können insbesondere E-Mails, aber auch beliebige andere Dateien signiert (elektronisch unterschrieben) und verschlüsselt werden, um ihre Authentizität sicherzustellen und den Zugriff durch Unbefugte zu verhindern. Es benutzt in der unter Linux meist verwendeten Version 2.6.3i den Public-Key-Algorithmus RSA und das Verschlüsselungsverfahren IDEA, dessen kommerzielle Nutzung aus lizenzrechtlichen Gründen unzulässig ist.

pgp -h zeigt eine Übersicht über die eingebaute Hilfe an.

➟ *man pgp*

pidof Nummern der Prozesse ausgeben, die ein bestimmtes Programm ausführen

➟ S. 349, *man pidof*

ping Senden von *ICMP ECHO_REQUEST* zu einem Rechner über das Netz

➟ *man ping*

poweroff Herunterfahren des Systems und Abschalten des PCs

➟ *man poweroff*

reset Terminal(fenster) normieren

Wenn nach einem Programmabbruch oder durch eine Ausgabe mit Steuerzeichen die Konsole (oder auch das *xterm*-Fenster) in einem unbrauchbaren Zustand ist, kann die Eingabe des Kommandos *reset* helfen.

➟ S. 306

rmmod Entfernen eines ladbaren Kernelmoduls aus dem Kernel

➟ *man rmmod*

rpm Red Hat Package Manager

Der *Red Hat Package Manager* wird als Softwareverwaltungs-Tool bei den meisten Linux-Distributionen eingesetzt. Er ermöglicht das Installieren, das Deinstallieren und das Update von Softwarepaketen. Außerdem ist ein Abfrage-Tool enthalten. *rpm* selbst ist ein zeilenorientiertes Kommando. Zur einfacheren Benutzung stehen KDE-, Gnome und X-basierte Frontends zur Verfügung.

`-i`	Installieren von Softwarepaketen
`-q`	Abfragemodus
`-U`	Upgrade von Softwarepaketen
`-e`	Entfernen von Softwarepaketen

➟ *man rpm*, Aufruf *rpm --help*, S. 379

route Anzeigen der Routing-Tabelle

➟ *man route*

routed Netzwerk-Routing-Dämon

➟ *man routed*

runlevel Anzeigen des momentanen und des vorherigen Runlevels

➟ *man runlevel*

sh Bourne Shell

sh ist eine einfache, aber auf fast allen Unix-Systemen verfügbare Shell-Sprache. Unter Linux wird als *sh* meist die *bash* in einem Kompatibilitätsmodus gestartet, die eine Reihe von Erweiterungen beinhaltet.

➟ *man bash*

shutdown Herunterfahren des Systems

➟ *man shutdown*

strace Systemaufrufe tracen

`strace` *Programmname*

Das Programm wird im Debugmodus gestartet; alle Systemaufrufe werden abgefangen und protokolliert.

Mit *strace -h* kann die Hilfeanzeige abgerufen werden.

➟ S. 350, *man strace*

su Benutzeridentität wechseln

```
su -
```

Administrator werden (*root*).

```
su
```

Wie oben, aber die Shell-Umgebung bleibt erhalten.

```
su - paul
```

Die Identität von *paul* annehmen.

```
su -c 'rm Datei'
```

Nur ein Kommando mit *root*-Rechten ausführen.

Durch Eingabe von *exit* wird die Shell, die unter der neuen Identität läuft, verlassen und in den vorigen Modus zurückgekehrt.

Wenn *su* nicht von *root* aufgerufen wird, muss das Passwort der gewünschten Benutzerkennung angegeben werden.

➟ S. 284, *man su*, Aufruf *su --help*

sync Dateisystem-Puffer auf die Festplatte schreiben

sync sorgt für ein konsistentes Filesystem, wird automatisch von *halt* und *shutdown* ausgeführt.

➟ *man sync*, Aufruf *sync --help*, Info-Datei *sync*

tcpdump Anzeigen des Netzwerkverkehrs

➟ *man tcpdump*, Aufruf *tcpdump --help*

traceroute Anzeigen des Weges, den ein Paket durchs Netz zum Zielhost nimmt

➟ *man traceroute*, Aufruf *traceroute --help*

tripwire Werkzeug zur Integritätsprüfung

Mit *tripwire* können Verzeichnisse und einzelne Dateien auf unbefugte Veränderung geprüft werden. In einer eigenen Datenbank (möglichst auf schreibgeschütztem oder entnehmbarem Datenträger) werden Prüfsummen und Statusinformationen der Dateien gespeichert und mit dem aktuellen Systemzustand verglichen.

➟ *man tripwire*

umount Dateisystem abmelden

```
umount /mnt
```

Das in das Verzeichnis */mnt* gemountete Dateisystem wird abgehängt (sofern keine Zugriffe darauf mehr vorliegen).

➟ S. 224, *man umount*, Aufruf *umount --help*

updatedb locate-Datenbasis neu erstellen

➞ S. 353, *man updatedb*, Aufruf *updatedb --help*, Info-Datei *find*

useradd Anlegen einer neuen Benutzerkennung

➞ *man useradd*, S. 370

userdel Löschen eines Benutzereintrags und der dem Benutzer gehörenden Dateien

➞ *man userdel*, S. 370

usermod Ändern eines Benutzereintrags

➞ *man usermod*, S. 370

X **usernet** Verwalten von Netzwerk-Interfaces mit Hilfe einer grafischen Benutzeroberfläche

➞ *man usernet*

usernetctl Verwalten von Netzwerk-Interfaces

➞ *man usernetctl*, Aufruf *usernetctl --help*

w Eingeloggte Benutzer anzeigen

➞ *man w*

which Herkunft eines Programms anzeigen

`which` *Programmname*

Versucht zu ermitteln, aus welcher Datei das angegebene Programm gestartet würde.

➞ S. 359, *man which*

YaST Installations- und Konfigurationstool der SuSE-Distribution

Filter, Tools

a2ps Dateien für einen PostScript-Drucker aufbereiten

a2ps wird zur Konvertierung von Text- in PostScript-Dateien eingesetzt.

➞ *man a2ps*, Aufruf *a2ps --help*

afio Archivdateien erstellen und bearbeiten

afio ist eine Alternative zu *cpio* und *tar*. Es ist maschinenunabhängig, aber nicht sehr verbreitet.

➞ S. 344, *man afio*, Aufruf *afio --help*

arc Packer/Entpacker für ARC-Archive

➞ S. 346, *man arc*, Aufruf *arc --help*

cat Mehrere Dateien aneinander hängen und nach *stdout* ausgeben

➟ S. 263, *man cat*, Aufruf *cat --help*, Info-Datei *textutils*

compress Dateikomprimierungsprogramm

Mit *compress* komprimierte Dateien können mit fast allen anderen Unix-Systemen ausgetauscht werden. Unter Linux wird meist *gzip* bevorzugt.

➟ S. 340, *man compress*

cpio Archivdateien erstellen und bearbeiten

cpio ist eine (modernere, aber weniger populäre) Alternative zu *tar*.

➟ S. 343, *man cpio*, Aufruf *cpio --help*

echo Text anzeigen

Die Argumente werden (ggf. nach Variablenersetzung) unverändert ausgegeben.

➟ S. 267, Aufruf *help echo*

egrep Dateiinhalte anhand eines regulären Ausdrucks durchsuchen

Andere Schreibweise für *grep -E*; der Suchstring wird als regulärer Ausdruck interpretiert.

➟ S. 314, *man egrep*, Aufruf *egrep --help*

fgrep Dateiinhalte nach fester Zeichenfolge durchsuchen

Andere Schreibweise für *grep -F*; die angegebene Zeichenfolge wird wörtlich gesucht.

➟ S. 314, *man fgrep*, Aufruf *fgrep --help*

grep Nach fester Zeichenfolge oder mit regulären Ausdrücken in Dateien suchen

➟ S. 314, *man grep*, Aufruf *grep --help*

head Anfang einer Datei ausgeben

Liest Daten aus einer Datei oder von *stdin* und gibt die ersten Zeilen (oder Zeichen) nach *stdout* aus.

➟ S. 328, *man head*, Aufruf *head --help*, Info-Datei *textutils*

less Dateiinhalte seitenweise anzeigen

Mit der Eingabetaste wird um eine Zeile, mit der Leertaste um einen Bildschirm weitergeblättert. *q* beendet das Programm.

➟ S. 282, *man less*, Aufruf *less --help*

md5sum MD5-Prüfsumme einer Datei berechnen

➟ S. 327, *man md5sum*, Aufruf *md5sum --help*, Info-Datei *textutils*

more Dateiinhalte seitenweise anzeigen

Mit der Eingabetaste wird um eine Zeile, mit der Leertaste um einen Bildschirm weitergeblättert. *q* beendet das Programm. Eine komfortablere Version ist unter dem Namen *less* verfügbar.

➟ S. 282, *man more*, Aufruf *more --help*

recode Daten zwischen verschiedenen Zeichensätzen und -darstellungen umkodieren

➟ S. 326, *man recode*, Aufruf *recode --help*, Info-Datei *recode*

sort Textdateien sortieren

➟ S. 321, *man sort*, Aufruf *sort --help*, Info-Datei *textutils*

strings Lesbare Zeichenfolgen in Programmdateien finden

➟ S. 350, *man strings*, Aufruf *strings --help*, Info-Datei *binutils*

tail Letzten Teil einer Datei ausgeben

Liest Daten aus einer Datei oder von *stdin* und gibt die letzten Zeilen (oder Zeichen) nach *stdout* aus.

➟ S. 328, *man tail*, Aufruf *tail --help*, Info-Datei *textutils*

taper Datensicherungen auf Band automatisieren

➟ *man taper*

tar Archivdateien (.tar) erstellen und bearbeiten

`tar tvf archiv.tar`

Inhalt der Archivdatei auflisten.

`tar xvzf archiv.tar.gz`

Komprimierte Archivdatei auspacken.

`tar cvzf neues-archiv.tar.gz` *Verzeichnis*

Aus dem *Verzeichnis* und den darin enthaltenen Dateien ein komprimiertes Archiv erstellen.

➟ S. 337, Aufruf *tar --help*, Info-Datei *tar*

tee *stdin* nach *stdout* und in eine Datei ausgeben

➟ S. 324, *man tee*, Aufruf *tee --help*

tr Zeichen in *stdin* umsetzen und nach *stdout* ausgeben

`tr '_#' '-*'` *<Eingabedatei >Ausgabedatei*

Liest *Eingabedatei*, setzt alle Unterstriche in Minuszeichen und alle # in * um und schreibt in die *Ausgabedatei*.

➟ S. 325, *man tr*, Aufruf *tr --help*, Info-Datei *textutils*

wc Zeilen, Wörter und Zeichen in einer Datei zählen

➟ S. 326, *man wc*, Aufruf *wc --help*

xargs Kommandoargumente von *stdin* lesen

`find -name '*.tex' | xargs less`

Ruft das Kommando *less* auf und übergibt ihm die von *stdin* gelesenen Dateinamen, die das *find*-Kommando ermittelt hat.

➟ S. 356, *man xargs*, Aufruf *xargs --help*, Info-Datei *find*

Fax-Software

efax Faxversand und -empfang über Modems der Klassen 1 und 2

➟ *man efax*

fax Erzeugen, Senden, Empfangen, Darstellen und Drucken von Fax-Dokumenten

Teil des *efax*-Pakets

➟ *man fax*

faxq Anzeige der Fax-Spool-Queue

Teil der *mgetty + sendfax*-Software.

➟ *man faxq, man mgetty_fax*, S. 963

faxrm Löschen von Fax-Jobs aus der Fax-Warteschlage

Teil der *mgetty + sendfax*-Software.

➟ *man faxrm, man mgetty_fax*, S. 963

faxrunq Fax-Warteschlange abarbeiten

Teil der *mgetty + sendfax*-Software.

➟ *man faxrunq, man mgetty_fax*, S. 963

faxspool Fax-Jobs in die Fax-Sendewartenschlange stellen

Teil der *mgetty + sendfax*-Software.

➟ *man faxspool, man mgetty_fax*, S. 963

g32pbm Datei im Fax-Gruppe-3-Format in Portable-Bitmap-Format (PBM) umwandeln

Teil der *mgetty + sendfax*-Software.

➟ *man g32pbm, man mgetty_fax*, S. 963

kfax Verwalten und Anzeigen von Fax-Dokumenten

➟ Hilfe-Schalter, S. 963

mgetty Erweiterung von *mgetty* für Fax-Empfang

Ersatz für *getty*, insbesondere gedacht für den Einsatz mit Hayes-kompatiblen Daten- und Daten-/Fax-Modems.

➟ *man mgetty*

mgetty+sendfax Erweiterung von *mgetty* für den Fax-Versand

Das *mgetty + sendfax*-Paket enthält eine Reihe von Programmen für die Fax-Verarbeitung.

➟ S. 963, *man mgetty_fax*

pbm2g3 Datei vom Portable-Bitmap-Format (PBM) in Fax-Gruppe-3-Format wandeln

Teil der *mgetty + sendfax*-Software.

➟ *man pbm2g3, man mgetty_fax*, S. 963

sendfax Versenden von Fax-Nachrichten

Teil der *mgetty + sendfax*-Software. *sendfax* wird normalerweise über *faxrunq* gestartet.

➟ *man sendfax*, S. 963

g3cat Zusammenfassen mehrerer G3-Dokumente

Teil der *mgetty + sendfax*-Software.

➟ *man g3cat, man mgetty_fax*, S. 963

Sonstige Applikationen

applix Applixware-Office-Paket

Ein Anwendungspaket mit MS-Office-ähnlichen Komponenten wie Textverarbeitung, Tabellenkalkulation, Grafik, Datenbank und Präsentationsprogramm.

cdrecord Software zum CD-Brennen

➟ *man cdrecord*, Aufruf *cdrecord --help*

klyx Die KDE-Version des LaTeX-Frontends LyX

Mit KLyX können Sie im Wysiwym-Modus unter X Window LaTeX-Dokumente schreiben. Alle Formatierungen können über Menüs oder Symbolleisten erreicht werden. Auch die Generierung der Druck-Dateien geht einfach und schnell über Menüeinträge.

➟ Hilfe-Schalter

lyx Grafisches Frontend für LaTeX

Mit LyX erstellen Sie Dateien, die mit LaTeX formatiert und ausgegeben werden können. Die Darstellung entspricht Wysiwym. Alle Formatierungen und Druckanweisungen können schnell und einfach über Menüs gegeben werden.

➟ *man lyx*

SANE Scanner-Software

soffice StarOffice

Ein Anwendungspaket mit MS-Office-ähnlichen Komponenten wie Textverarbeitung, Tabellenkalkulation, Grafik, Datenbank und Präsentationsprogramm.

➟ S. 755

xwp Linux-Version des Textverarbeitungsprogramms WordPerfect

xawtv X-basierte Software zum Fernsehen

Mit *xawtv* kann der Linux-PC auch zum Fernsehen genutzt werden. Jeder Benutzer kann eine eigene Konfigruationsdatei mit Kanaleinstellungen, den verfügbaren Fernsehnormen und anderen Einstellungen verwenden. Es kann auch ein Vollbildschirmmodus genutzt werden.

➟ S. 504, *man xawtv*

xcdroast Software zum CD-Brennen

xcdroast ist ein grafisches Frontend für Programme wie *cdrecord* und *mkisofs*. Es erlaubt die eine grafische Benutzerführung beim Brennen von CDs ohne mühsame Eingabe von Kommandozeilenoptionen.

Nur für Kennung *root* und Mitglieder der Gruppe *cdwriter* verfügbar.

➟ S. 485, *man xcdroast*, Aufruf *xcdroast --help*, Hilfe-Schalter

Dämonen

afpd Appletalk-Dämon

Teil der *netatalk*-Software.

➟ *man afpd*, S. 943, S. 946

apmd Power-Management-Server

Server für Laptops.

➟ *man apmd*

atalkd AppleTalk-Manager

Teil der *netatalk*-Software.

➟ *man atalkd*, S. 943, S. 945

bootparamd Server für Boot-Parameter

➟ *man bootparamd*

cron Dämon zum Ausführen von zeitgesteuerten Kommandos (Vixie Cron)

➟ *man cron*

crond Dämon zum Ausführen von zeitgesteuerten Kommandos (RedHat)

➟ *man crond*

exim Alternativer Mail-Server (MTA)

URL: *http://www.exim.org*

getty Terminalprogramm

Initialisiert Terminals an der Konsole und über serielle Leitungen (und evtl. Modems) angeschlossene Bildschirme. Wird von *init* gestartet und erlaubt das Einloggen von Benutzern.

➟ *man getty*

gpm Maus-Server für virtuelle Konsolen

➟ *man gpm*

httpd Apache HTTP-Server

➟ *man httpd*

inetd *Der* Internet-Superserver

➟ *man inetd*, S. 958

innd Internet-Newsserver

➟ *man innd*

lpd Drucker-Server

➟ *man lpd*, S. 205

mingetty Minimal-getty für Konsolen

➟ *man mingetty*

named Internet Domain Name Server

➟ *man named*, S. 896

netatalk Ein Macintosh-Appletalk-Server für einen Unix-/Linux-Rechner

netatalk emuliert einen File- und Printserver für die Macintosh-Welt über IP. Es besteht aus den folgenden Programmen: *afpd, atalkd, etc2ps, papd, psa, psf, aecho, getzones, hqx2bin, macbinary, megatron, nbplkup, nbprgstr, nbpunrgstr, pap, papstatus, psorder, single2bin, unbin, unhex* und *unsingle*.

➟ S. 943

URL: *http://www.umich.edu/~rsug/netatalk/*

nfsd NFS-Service Dämon

NFS erlaubt den Zugriff auf (Unix-/Linux-)Filesysteme über das Netz.

➟ *man nfsd*

papd AppleTalk-Printserver

papd ist Teil der *netatalk*-Software, die auf Linux-Rechnern Server-Dienste für Macintosh-Rechner bereitstellt. *papd* nimmt Druck-Jobs über *Appletalk* entgegen und spoolt sie für *lpr*.

➟ *man papd*, S. 943, S. 946

popd Zurückkehren in Verzeichnis

Es wird in das Verzeichnis gewechselt, das vor dem letzten *pushd* aktuell war; dieser gesicherte Wert wird vom Stack entfernt.

➟ S. 302, Aufruf *help popd*

pppd Dämon für das Point-to-Point-Protokoll

➟ *man pppd*

qmail Alternativer Mail-Server (MTA)

URL: *www.qmail.org*

samba Ein Windows-SMB/CIFS-Fileserver für Unix/Linux

Das *Samba*-Paket emuliert einen Fileserver für Windows-PCs auf Basis der Microsoft-Protokolle. Es kann damit einen Windows-NT-Server ersetzen, ohne dass die (Windows-)Clients umkonfiguriert werden müssten. Das *Samba*-Paket enthält die Programme: *smbd, nmbd, smbclient, testparm, testprns, smbstatus, nmblookup, make_smbcodepage* und *smbpasswd*.

➟ *man samba*, S. 937

URL: *http://www.samba.org*

smbd Dämon, der SMB/CIFS-Dienste anbietet

Teil der *Samba*-Software.

➟ *man smbd*, S. 937, S. 938

snmpd Dämon zum Beantworten von *SNMP*-Requests

*S*imple *N*etwork *M*anagement *P*rotocol (*SNMP*) ist der Standard zur Verwaltung von Netzwerkgeräten.

➟ *man snmpd*

sendmail Message Transfer Agent

Sehr komplexer Mail-Server, viele Funktionen, schwierig zu konfigurieren, obwohl eine Reihe von Konfigurationshilfen zur Verfügung stehen. Der Einsatz sollte gut überlegt werden. Aus Mangel an freien Alternativen ist *sendmail* allen Distributionen beigefügt.

➟ *man sendmail*, S. 928

sshd Dämon für Secure Shell

➟ *man sshd*, S. 895

smail Einfacher Mail-Server (MTA)

Etwas veraltete Alternative zu *sendmail*.

swat Samba-Web-Administrations-Tool

swat erlaubt die Administration von Samba über eine HTTP-Schnittstelle

➟ *man swat*, S. 937, S. 939

syslogd System-Logging-Dienst

➟ *man syslogd*

tcpd Zugangskontrolle für Internet-Dienste

➟ *man tcpd*, S. 961

File Manager + Tools

gmc GNOME Midnight Commander, der Datei-Manager von GNOME

➟ Hilfe-Schalter

gnorpm Grafisches Frontend für RPM unter GNOME

GnoRPM ist das Verwaltungstool für RPM-Dateien, das mit der GNOME-Oberfläche mitgeliefert wird. Es kann aber auch mit anderen Window-Managern verwendet werden.

kdelnk Kein Programm, sondern eine Abkürzung für KDE-Kontrolldateien

Dateien mit der Endung *kdelnk* werden als Informations- und Kontrolldateien angelegt. Mit ihnen werden z. B. die Einträge in den Panel-Menüs und die Mime-Typen verwaltet.

kfind Suchen und Finden von Dateien unter KDE

➟ Hilfe-Schalter, S. 710

kfloppy Disketten formatieren unter KDE

➟ Hilfe-Schalter, S. 706

kfm Der Datei-Manager von KDE

➟ Hilfe-Schalter, S. 695

kpackage KDE-Frontend für die Verwaltung von RPM-Paketen

KPackage ist das KDE-Tool für die Verwaltung von RPM-Dateien. Sie können per Drag & Drop neue Software installieren oder mit wenigen Klicks alte Software deinstallieren.

➟ Hilfe-Schalter

Hilfe, Info ...

apropos man-Pages zu einem Thema oder Stichwort finden

`man -r` *Stichwort*

Alle man-Pages finden, deren Kurzbeschreibung das *Stichwort* enthält.

➟ S. 357, *man apropos*, Aufruf *apropos --help*

info GNU-Infodateien anzeigen

Die Bedienung von *info* ist etwas ungewohnt; *kdehelp* bietet eine einfachere Schnittstelle.

➟ Aufruf *info --help*

kdehelp Online-Hilfe-Betrachter für KDE

kdehelp zeigt Ihnen nicht nur die Online-Hilfe zu KDE an, sondern kann auf ansprechende Art und Weise auch *man*- und *info*-Dateien anzeigen.

➟ Hilfe-Schalter, S. 689

man Anzeige der Online-Dokumentation (man-Pages)

➟ S. 207, Aufruf *man --help, man man*

pinfo Textbasierter Browser für GNU-Infodateien

Benutzung ähnlich wie *lynx*: Durch [→] wird der hervorgehobene Hyperlink aufgerufen, [←] kehrt in das vorige Dokument zurück, blättern mit [↑] und [↓].

➟ *man pinfo*, Aufruf *pinfo --help*

Emulatoren

dosemu DOS-Emulator

Mit dosemu können MS-DOS-Programme unter Linux gestartet werden. In einer virtuellen Maschine werden die von DOS benötigten BIOS-Funktionen zur Verfügung gestellt.

X **vmware** Intel™ x86™-basierter virtueller Rechner

Mit Vmware können unter Linux andere Betriebssysteme in einem virtuellen Rechner installiert und betrieben werden.
➟ S. 815, *man vmware*

X **wine** Windows-Emulator unter Linux

Wine ist ein Emulator für Windowsprogramme und befindet sich noch in der Entwicklung. Zum Einsatz ist eine Windows-Installation auf dem Linux-Rechner notwendig.
➟ S. 827

X Window-Manager

X **afterstep** X11 Window-Manager

AfterStep ist der grafischen Oberfläche von Nextstep™ nachempfunden. Anwendungen sind durch ausklappbare Iconleisten auf dem Desktop und durch Menüs auswählbar. Die Datei *~/.steprc* ist die persönliche Konfigurationsdatei von AfterStep.

➟ S. 589, *man afterstep*

X **fvwm** Virtual Window-Manager für X11

Fvwm ist ein Derivat des alten twm, optimiert hinsichtlich der Speicheranforderung. Optisch unterscheidet er sich vom Vorgänger durch 3D-Fensterdekorationen. Ähnlich wie AfterStep sind Anwendungen über eine Iconleiste und Menüs auswählbar.
➟ S. 596, *man fvwm*

X **fvwm95** Der fvwm mit Win95-Look and Feel

Ähnlich wie Windows 95 hat Fvwm96 eine Start-Schaltfläche, über die ein Popup-Menü geöffnet werden kann. Auf der Task-Leiste erscheinen wie bei Windows 95 die Titel der aktiven Fenster.
➟ S. 596, *man fvwm95*

kwm Der Window-Manager für KDE

kwm ist der speziell für KDE entwickelte Window-Manager, dessen Konfiguration voll über das KDE-Kontrollzentrum vorgenommen wird.

➟ Hilfe-Schalter, S. 599

enlightenment Der Window-Manager für GNOME

Enlightenment ist ein in der Entwicklung befindlicher Window Manager, der die Funktionalität eines Desktop-Systems beinhaltet.

➟ Hilfe-Schalter, S. 591

gnome-session Startet den GNOME-Desktop

In diesem Script werden alle Module gestartet, die von GNOME benötigt werden. Es wird vom Initialisierungsskript für X Window aufgerufen.

➟ *man gnome-session*

wmaker X11 Window-Manager, der an NextStep erinnert

WindowMaker kann als Window-Manager für die Desktops KDE und GNOME genutzt werden. Als selbstständiger Window-Manager eingesetzt, erinnert der Desktop an NextStep. Die Konfiguration erfolgt mit einem integrierten Werkzeug.

➟ S. 599, *man wmaker*, Aufruf *wmaker --help*

X Window-Dienstprogramme

startx Start einer X Session

Das Script *startx* startet, wie der Name schon sagt, X Window. Es kann benutzt werden, wenn X nicht vom Display-Manager hochgefahren wird.

➟ *man startx*

startkde Start des KDE-Desktops

In diesem Script werden alle Module gestartet, die von KDE benötigt werden.

➟ S. 670, *man startkde*

mkfontdir Erzeugung eines Index für X Fonts

Mit mkfontdir werden in den Verzeichnissen der X Window-Zeichensätze Inhaltsverzeichnisse der vorhandenen Fonts erzeugt.

➟ S. 652, Aufruf *mkfontdir --help*

bdftopcf Konvertiert Fonts für X Window

Fonts im Bitmap Distribution Format werden in das für X Window erforderliche Portable Compiled Format umgewandelt.

➟ S. 647, *man bdftopcf*

showrgb Textausgabe der RGB-Farben

Aus der Datenbank der RGB-Farben werden die Farbdefinitionen mit den Rot/Grün/Blau-Anteilen und die symbolischen Namen ausgegeben.

➟ S. 641, *man showrgb*

ttmkfdir Index für TrueType-Fonts unter X Window erzeugen

Um TrueType-Schriften unter X Window nutzen zu können, muss ebenso wie für die ursprünglichen X-Fonts ein Inhaltsverzeichnis im Unterverzeichnis der Schriften erzeugt werden.

➟ S. 652

wmakerconf Konfigurationswerkzeug für WindowMaker

Über eine grafische Oberfläche wird der Window-Manager WindowMaker konfiguriert.

➟ S. 593

wmconfig Konfiguriert Window-Manager (RedHat)

Im Unterverzeichnis *$HOME*.config werden Beschreibungen für Anwendungen definiert in einer Datei *name* und mit *wmconfig* für den bevorzugten Window-Manager in die persönliche Konfiguration übernommen.

```
wmconfig --output kde .wmconfig/name
```

Trägt in das KDE-Menü die eigenen Anwendungen ein.

➟ S. 597, *man wmconfig*

wmaker.inst Ressourcedateien für Windowmaker einrichten

Für jede Kennung, unter der WindowMaker als Window-Manager benutzt werden soll, sind mit wmaker.inst die notwendigen Konfigurationsdateien einzurichten.

➟ S. 600, Aufruf *wmaker.inst --help*

X X Window Server

X ist der generische Name für den X-Server und ein symbolischer Link auf das Programm, das die Grafikkarte betreibt. Der Server wird üblicherweise vom Display-Manager gestartet.

➟ Aufruf *X --help*

X **xconsole** Monitor für Systemmeldungen

Wird beim Hochfahren von X Window gestartet. In einem Fenster werden Systemmeldungen angezeigt, die normalerweise auf der Konsole ausgegeben werden.

➟ S. 585, *man xconsole*, Aufruf *xconsole --help*

xev Ereignisse anzeigen, die in dem von *xev* geöffneten Fenster vorkommen.

➟ S. 607, *man xev*

X **XF86_FBDev** X-Server für den VESA Frame Buffer

➟ S. 550

xfd Gibt alle Zeichen in einem X Font aus

➟ S. 643, *man xfd*

X **xfontsel** Anzeige und Auswahl der X11 Fonts

xfontsel zeigt alle Fonts an, die vom Font-Server verwaltet werden. Über die Auswahl können Fonts in einem aktiven Fenster ausgetauscht werden.

```
xfontsel -pattern "*adobe*"
```

Es werden nur Fonts von Adobe angezeigt.

➟ S. 642, *man xfontsel*

X **xfs** X Font-Server

Der Font-Server verwaltet die für X vorhandenen Fonts und versorgt die grafischen Anwendungen mit den angeforderten Schriften. Üblicherweise wird *xfs* beim Hochfahren des Systems gestartet.

➟ S. 652, *man xfs*

X **xfsft** FreeType Font-Server

Eine erweiterte Version des *xfs*, der auch TrueType-Fonts verwalten kann.

➟ S. 652

X **xkeycaps** Grafisches Werkzeug zur Anzeige und Änderung der Tastaturbelegung

xkeycaps ist ein grafisches Frontend für *xmodmap* und ermöglicht die interaktive Änderung der Tastaturbelegung durch Klick mit der rechten Maustaste auf eine Taste der dargestellten Tastatur.

```
xkeycaps -kbd L102DE
```

Start mit deutscher Tastatur.

Als Layout wählen Sie im Dialog *PC 102 key, wide Delete, tall Enter XFree86 German.*

➟ S. 637, Aufruf *xkeycaps --help*

X **xlsfonts** Auflisten der X Fonts

Zeigt eine Liste der verfügbaren X Fonts an. Über Musterangaben kann eine Eingrenzung des Umfangs der Ausgabe vorgenommen werden.

```
xfontsel -pattern "*adobe*bold*"
```

Es werden nur fette Schriften von Adobe angezeigt.

➟ S. 642, *man xlsfonts*

fslsfonts Listet die Fonts auf, die der X Font-Server verwaltet.

➟ S. 653, *man fslsfonts*, Aufruf *fslsfonts --help*

X **xmodmap** Werkzeug zur Anpassung von Tastatur und Maus

Wird vom Sessionscript gestartet und liest die Datei *$HOME/*.xmodmap, in der individuelle Festlegungen getroffen sind.

```
xmodmap -e "pointer = 3 2 1"
```

Die Maustasten werden für Linkshänder umgestellt.

➟ S. 639, *man xmodmap*

X **xset** Einstellungen für den X-Server setzen

Mit *xset* werden einige Optionen des X-Servers gesetzt.

```
xset fp rehash
```

Der Font-Server liest die Font-Verzeichnisse neu ein.

➟ S. 648, *man xset*, Aufruf *xset --help*

X **xsetbg** Bildschirmhintergrund einstellen

Ein Bild wird als Hintergrund für den Desktop eingesetzt. Ohne Optionen wird das Bild flächendeckend auf dem Hintergrund wiederholt.

`-center`	Das Bild wird zentriert angezeigt.
`-zoom num`	Das Bild wird auf *num* Prozent skaliert.

Daneben gibt es viele weitere Optionen zur individuellen Gestaltung von Hintergründen.

➟ Aufruf *help xsetbg -help*, S. 604

X Window-Konfiguration

X **sax** X Konfiguration (SuSE)

Mit SaX lässt sich X Window menügeführt konfigurieren.

➟ S. 525, Aufruf *sax --help*

sax2 X Konfiguration für Xfree86 4.0 (SuSE)

Mit SaX2 lässt sich X Window auf einer Grafischen Oberfläche konfigurieren.

➟ S. 554, Aufruf *sax2 --help*

SuperProbe Test und Identifikation der Grafikkarte

SuperProbe testet die installierte Videohardware und gibt die gefundenen Informationen auf der Konsole aus. In Ausnahmefällen kann das System nach dem Aufruf von SuperProbe stehen bleiben.

➟ S. 519, *man SuperProbe*

Xconfigurator X Konfiguration (RedHat)

Menügeführte Konfiguration von X Window.

➟ S. 525, *man Xconfigurator*

XF86Setup Vorläufer von SaX und Xconfigurator

➟ S. 541, *man XF86Setup*

xvidtune Video Mode Tuner für XFree86

Mit diesem Programm lassen sich die optimalen Einstellungen für die Modelines der Datei *XF86Config* finden.

➟ S. 608, *man xvidtune*

xf86cfg Konfigurationstool für XFree86 4.0

Mit diesem in XFree86 4.0.1 erstmals verfügbareb Programm läßt sich \X{} grafisch konfigurieren.

➟ S. 574, *man xf86cfg*

X Window Display-Manager

prefdm Nur Red Hat vor Version 6.1

Ein Link von */etc/X11/prefdm* auf den bevorzugten Display-Manager

➟ S. 583

kdm K-Display-Manager: Tool zum grafischen An- und Abmelden

Wird bei der Initialisierung von X Window mit grafischem Login gestartet. Der kdm ist mit Root-Berechtigung über das KDE-Kontrollzentrum konfigurierbar.

➟ S. 731, Hilfe-Schalter

xdm X Display Manager

Das zu XFree86 gehörende grafische Login.

➟ S. 582, *man xdm*

gdm GNOME Display-Manager

Wird bei der Initialisierung von X Window mit grafischem Login gestartet, wenn GNOME der gewählte Desktop ist.

➟ S. 581

X Window-Anwendungen

xterm Terminalemulation für X

➟ Aufruf *help xterm -help, man xterm*

Druckerkommandos

klpq Druckerwarteschlange der KDE-Oberfläche

Mit diesem Tool können Sie sich den aktuellen Status der Druckerwarteschlange anzeigen lassen und Druckaufträge löschen oder neu ordnen.

➟ Hilfe-Schalter, S. 201

lpq Anzeige der Drucker-Queue

➟ *man lpq*, S. 205

lpr Drucken

➟ *man lpr*, S. 205

lprm Löschen eines Druckjobs aus der Druckerwarteschlange

➟ *man lprm*, S. 205

lpc Verwalten der Drucker-Queue

➟ *man lpc*

printtool RedHat-Druckverwaltungs-Tool

➟ S. 191

Archivieren und Komprimieren

ark Frontend für Komprimierungs- und Archivierungstools, ähnlich WinZip

ark dient als Frontend für die verschiedenen Komprimierungs- und Archivierungstools wie *tar*, *zip* und *gzip*. Es wird mit KDE ausgeliefert.

➟ Hilfe-Schalter

arc Packer/Entpacker für ARC-Archive

➟ S. 346, *man arc*, Aufruf *arc --help*

bunzip2 Dateien dekomprimieren

bunzip2 ist gleichwertig zu *bzip2 -d*.

➟ S. 335, *man bunzip2*, Aufruf *bunzip2 --help*

bzcat Datei(en) dekomprimieren und nach *stdout* ausgeben

bzcat wirkt wie ein *cat*-Kommando, das die Eingabedatei(en) zuvor dekomprimiert (mit *bzip2 -d*).

➟ S. 335, *man bzcat*, Aufruf *bzcat --help*

bzip2 Dateien (de-)komprimieren

`bzip2` *Dateiname*

Komprimierte Datei *Dateiname.bz2* erzeugen.

`bzip2 -d` *Dateiname.bz2*
`bunzip2` *Dateiname.bz2*

Datei dekomprimieren; Endung *.bz2* wird dabei entfernt. Beide Kommandos sind gleichwertig.

`... | bzip2 -c | ...`

Filterbetrieb: *bzip2* liest von *stdin* und schreibt nach *stdout*.

bzip2 verwendet einen anderen Algorithmus als *gzip*; es komprimiert in der Regel stärker, aber langsamer.

➟ S. 335, *man bzip2*, Aufruf *bzip2 --help*

gunzip Dateien dekomprimieren

gunzip ist gleichwertig zu *gzip -d*.

➟ S. 334, *man gunzip*, Aufruf *gunzip --help*

gzip Dateien (de-)komprimieren

`gzip` *Dateiname*

Komprimierte Datei *Dateiname.gz* erzeugen.

`gzip -d` *Dateiname.gz*
`gunzip` *Dateiname.gz*

Datei dekomprimieren; Endung *.gz* wird dabei entfernt. Beide Kommandos sind gleichwertig.

`... | gzip -c | ...`

Filterbetrieb: *gzip* liest von *stdin* und schreibt nach *stdout*.

➟ S. 333, *man gzip*, Aufruf *gzip --help*

lha Packer/Entpacker für LHa-Archive

➟ S. 346, *man lha*

unarj Entpacker für ARJ-Archive

→ S. 347

unrar Entpacker für RAR-Archive

→ S. 346

unzip Entpacker für PKZIP-Archive

→ S. 346, *man unzip*, Aufruf *unzip --help*

zcat Datei(en) dekomprimieren und nach *stdout* ausgeben

zcat wirkt wie ein *cat*-Kommando, das die Eingabedatei(en) zuvor dekomprimiert (mit *gzip -d*).

→ S. 335, *man zcat*, Aufruf *zcat --help*

zipinfo Über Inhalt von PKZIP-Archiven informieren

→ S. 346, *man zipinfo*, Aufruf *zipinfo --help*

Einwahl

wvdial PPP-Einwahlsoftware mit eingebauter Intelligenz

→ S. 836

wvdialconf Einwahlsoftware

Dokumentbetrachter, Bildverarbeitung und Grafik

acroread Adobe Acrobat Reader zum Anzeigen von PDF-Dateien

convert Bilddateien in verschiedene Formate konvertieren

Mächtiges Tool aus dem ImageMagick-Paket zur Konvertierung eines Bildes in ein anderes Bildformat.

```
convert img0001.pcd image.tiff
```

Wandelt ein Photo-CD-Bild um in ein TIFF-Bild.

→ *man convert*, Aufruf *convert --help*

X **display** Anzeigen und Bearbeiten eines Bildes

display zeigt ein Bild unter X auf dem Bildschirm an. Durch einen Klick mit der linken Maustaste kann das Bild bearbeitet werden. Ausschneiden, Drehen, Spiegeln sowie Ändern von Helligkeit, Sättigung sind neben etlichen anderen Funktionen möglich.

→ *man display*

X **gimp** Bildbearbeitung und Malprogramm

Das **G**NU **I**mage **M**anipulation **P**rogramm bietet eine Fülle an Werkzeugen zur Bilderstellung und -bearbeitung. In seinem Funktionsumfang erinnert Gimp an bekannte Werkzeuge unter Windows 95/98

➞ *man gimp*, Aufruf *gimp --help*

X **gphoto** Das GNU-Programm zum Auslesen digitaler Kameras

Mit *gphoto* können Bilder aus Digitalkameras vieler Hersteller ausgelesen werden. Fotos werden einfach über ein Menü zu HTML-Seiten zusammengestellt. Einsatz einer Digitalkamera als Webcam ist über die Kommandozeile mittels Scripts realisierbar.

➞ S. 501, *man gphoto*, Aufruf *gphoto --help*

X **gs** GhostScript-Interpreter und Previewer für PostScript und PDF

GhostScript zeigt unter X Window und im VGA-Modus PostScript-Dateien und PDF-Dateien an. Das Programm wird als Druckerfilter für Nicht-PostScript-Drucker verwendet.

➞ S. 784, *man gs*

X **xv** Interaktive Bildanzeige und Bearbeitung unter X Window

Das Programm zeigt Bilddateien vieler unterschiedlicher Formate an und erlaubt ähnlich wie *display* Manipulationen des Bildes. Status: Shareware.

➞ S. 604

Spiele, Spaß und Funware

X **xeyes** Die schönsten Augen Ihres Computers

xeyes ist eines der sinnloseren Programme, die zu Linux existieren. Zwei Augen folgen gebannt Ihren Mausbewegungen. Wann haben Sie es schon einmal so einfach geschafft, jemanden so schön zum Schielen zu bringen?

➞ *man xeyes*

X **xsnow** Wenn Weihnachten vor der Tür steht, ist dieses Programm ein Muss!

xsnow ersetzt die Hintergrundgrafik Ihrer X-Oberfläche durch ein paar Tannen und einen im Hintergrund herumreitenden Weihnachtsmann auf einem Schlitten. Außerdem fallen wunderschön animiert Schneeflocken, die, ab und zu vom Winde verweht, auf Ihren Fenstern kleine Schneewehen bilden. Unsere Wertung: einfach traumhaft!

Shells und Skriptsprachen

awk Mustererkennungs- und Textverarbeitungssprache

awk wird oft zur Ergänzung von Shell-Skripts benutzt, wenn die Bearbeitung von Texten mit den Mitteln der *bash* nicht oder nur sehr umständlich zu realisieren ist.
➟ *man awk*, Aufruf *awk --help*

bash Bourne Again Shell

Die unter Linux meistverwendete Shell. Sie ist weitestgehend kompatibel zu der für Unix-Systeme standardisierten Bourne-Shell *sh*, fügt dieser aber die wichtigsten Erweiterungen der *tcsh* und *ksh* hinzu.

➟ S. 282, *man bash*, Aufruf *bash --help*

ksh Korn-Shell

Ähnlich wie *bash* ist *ksh* eine Erweiterung der ursprünglichen Bourne-Shell. Sie ist auf vielen kommerziellen Unix-Systemen verfügbar; *ksh*-Skripts sind ähnlich, aber nicht immer kompatibel zu *bash*-Skripts.

perl Skriptsprache zur Textverarbeitung und für Internet-Anwendungen

perl-Skripts werden oft anstelle von Shell- und *awk*-Skripts eingesetzt, wenn die Verarbeitung komplizierter ist oder zu langsam wird. Obwohl es für nahezu alle Programmieraufgaben verwendbar ist, wird *perl* meist zur Bearbeitung von Textdateien eingesetzt.

➟ *man perl*, Aufruf *perl --help*

URL: *http://www.perl.org*

python Objektorientierte Skriptsprache

Mit einem ähnlichen Anwendungsgebiet und ähnlichen Vorzügen wie *perl* zeichnet sich *python* durch seine übersichtlichere Syntax und praxisgerechte Objektorientierung aus.

➟ *man python*, Aufruf *python --help*

URL: *http://www.python.org*

sh Bourne Shell

sh ist eine einfache, aber auf fast allen Unix-Systemen verfügbare Shell-Sprache. Unter Linux wird als *sh* meist die *bash* in einem Kompatibilitätsmodus gestartet, die eine Reihe von Erweiterungen beinhaltet.
➟ *man bash*

tcsh Erweiterte C-Shell

tcsh ist eine Shell, die sich in ihrer Syntax stärker an der Programmiersprache C orientiert. Für *tcsh* geschriebene Shell-Skripts sind inkompatibel zu *sh* und *bash*.

➟ *man tcsh*

15.3 Website-Übersicht

Allgemeine Einstiegsseiten

URL	Beschreibung
http://www.linux.org/	die Linux-Homepage, zentrale Linux-Einstiegsseite
http://www.linux.de/	zentrale Einstiegsseite für deutschsprachige Anwender
http://fr.linuxstart.com/	Linux-Startseiten (französisch)
http://www.li.org/	Homepage von Linux International
http://www.fokus.gmd.de/linux/	Woven Goods, deutschsprachige Einstiegsseite zu Linux
http://www.linuxnewbie.org	englischsprachige Einsteigerseite
http://www.tuxfinder.com	TUX Finder, Suchmaschine für Software und Dokumentation
http://www.linux.nomina.de/	Verweise auf kommerzielle Anbieter
http://www.boutell.com/lsm/	Linux Software Map (mit Suchmöglichkeit)
http://fr.rpmfind.net/linux/RPM/	RPM-Archiv und Suchmaschine für RPM-Pakete
http://www.execpc.com/lsm/	die Linux-Softwarekarte, the Linux Software Map (LSM)
http://www-i2.informatik.rwth-aachen.de/arnd/lx_wwwsites.html	Übersicht zu vielen Linux-Seiten
http://www.cs.helsinki.fi/~torvalds/	Homepage von Linus Torvalds
http://www.linuxlinks.com/	Linux Links - The Linux Portal Site
http://de.linuxstart.com/	Linux-Startseiten (deutsch)
http://www.chariott.com/linapps.html	Seite mit Links auf Linux-Anwendungen
http://www.linuxpowered.com/	englischsprachige Linux-Startseite
http://www.LinuxStart.Com/	Linux-Startseiten (englisch)
http://freshmeat.net/	neueste Neuerscheinungen im Bereich Linux-Software
http://www.portalux.com/	umfangreiche Linksammlung
http://eats.com/linux_mac_win.html	Linux Services für Macintosh and Windows Users

Zeitschriften, auch elektronische

URL	Beschreibung
http://www.linux-user.de/	deutschsprachige Linux-Zeitschrift
http://www.linux-magazin.de/	deutschsprachige Linux-Zeitschrift
http://www.heise.de/ix	deutschsprachige UNIX-Zeitschrift
http://www.pcintern.de	PC-Zeitschrift von DATA BECKER
http://www.linuxfocus.org	mehrsprachiges Linux-Magazin
http://lwn.net	Linux Weekly News (englisch)
http://www.linuxjournal.com/	führende englischsprachige Linux-Zeitschrift
http://linuxticker.de	LinuxTicker - Nachrichten zu Linux und Open-Source-Software
http://LinuxTicker.com/	LinuxTicker - Nachrichten zu Linux und Open-Source-Software
http://www.ssc.com/linux/	der Verlag des Linux-Journals
http://www.pro-linux.de	Pro-Linux
http://www.kieser.net/linux.html	Linux News (englisch)
http://linuxdev.net	LinuxDevNet LDN
http://www.linuxgazette.com/	nur elektronisch erscheinende Linux-Publikation (englisch)
http://www.geeknews.org	Geeknews
http://www.linuxworld.com/	Webmagazin mit Nachrichten und Artikeln zu Linux und Open Source
http://www.netnews.opensrc.org	Linux Net News (englisch)
http://linuxpower.com/	Linux Power (englisch)
http://www.linuxbbs.org/	aktuelle Linux-News
http://www.linux-2000.org	Linux 2000 (englisch)
http://www.linux-mag.com	Linux Mag (englisch)
http://linuxtoday.com/index.html	Linux Today
http://www.slashdot.org/	Neuigkeiten rund um Linux

Distributionen

URL	Beschreibung
http://www.suse.de/	Heimat der SuSE-Distribution

URL	Beschreibung
http://www.suse.com/	englischsprachige Einstiegsseite der SuSE-Distribution
http://www.suse.de/fr/	französische Website von SuSE
http://www.redhat.de/	Heimat der RedHat-Distribution, jetzt mit deutscher Website
http://www.redhat.fr/	französische Homepage der RedHat-Distribution
http://www.redhat.com/	Homepage der RedHat-Distribution
http://www.debian.de/	Einstiegsseite des Debian-Projekts für Deutschland
http://www.debian.org/	Homepage des Debian-Projekts (gänzlich freie, nichtkommerzielle Distribution)
http://www.fr.debian.org/	französische Seite des Debian-Projekts
http://linux.corel.com/	Homepage der Corel-Linux-Distribution
http://www.calderasystems.com/	Homepage von Caldera
http://www.openlinux.org	Caldera Open Linux
http://www.slackware.com/	Homepage von Slackware
http://www.linux-mandrake.com/de/	deutschsprachige Einstiegsseite zu Mandrake Linux
http://www.mandrakeuser.org	Forum für Nutzer der Mandrake-Distribution (englisch)
http://www.easylinux.com/	EasyLinux
http://www.pht.com	Turbo Linux
http://www.yellowdoglinux.com	Yellow Dog Linux (Power PC)
http://www.linuxlinks.com/Distributions/	Übersicht über die verschiedenen Distributionen
http://www.LinuxStart.Com/distributions/distributors.html	LinuxStart - Distributions : Distributors
http://www.LinuxStart.Com/distributions/	Übersicht über die verschiedenen Distributionen
http://www.LinuxStart.Com/distributions/mini/floppy.html	LinuxStart - Distributions : Mini : Single Floppy

Kernel

URL	Beschreibung
http://www.kernel.org/	das Linux-Kernel-Archiv
http://www.kernelnotes.org/	Linux-Kernel Informationen
http://www.kernelnotes.de/	Linux-Kernel Informationen
http://www.linuxhq.com/	Linux-Informationen (Schwerpunkt: Kernel)
http://selva.dit.upm.es/~jmseyas/linux/kernel/hackers-docs.html	Linksammlung zum Kernel

Linux-Projekte

URL	Beschreibung
http://metalab.unc.edu/mdw/index.html	Linux Documentation Project
http://howto.tucows.com/	Linux HowTo
http://www.linuxdoc.org	Linux Documentation Project
http://www.tu-harburg.de/~semb2204/dlhp/	deutsches Linux-HOWTO-Projekt
http://www.li18nux.org/	Linux Internationalisierungs-Initiative LI18NUX
http://www.linuxbase.org/	Linux Standard Base (LSB)
http://www.freestandards.org/	Home-Page der Free Standards Group, Zusammenschluß von Linux Standard Base (LSB) und der Linux-Internationalisierungs-Initiative LI18NUX
http://www.fokus.gmd.de/linux/linux-servers.html	Linksammlung zu Linux als Server
http://www.dgs.monash.edu.au/~rajkumar/cluster/index.html	High Performance Cluster mit Linux
http://linux-ha.org/	die Webseite des Linux-Hochverfügbarkeitsprojektes
http://www.linux-as-server.de/	Linux als Server einrichten und konfigurieren
http://ftp.llp.fu-berlin.de/lsoft/index.shtml	wissenschaftliche Applikationen unter Linux, Scientific Applications on Linux (SAL)

URL	Beschreibung
http://gd.tuwien.ac.at:8050/sal1.shtml	wissenschaftliche Applikationen unter Linux, Scientific Applications on Linux (SAL)
http://www.lxschule.de/	Linux-Schul-Server, eine Aktion zur Förderung von Linux und Open-Source-Software an Schulen
http://barthes.ens.fr/atelier/articles/quatravaux-juin-98.html	französischsprachiger Text zum Einsatz von Linux an der Elitehochschule Ecole Normale Superieur und im französischen Bildungssystem
http://www.silkroad.com/linux-bm.html/	Linux Benchmark Archive: Wie schnell ist Ihr Linux-Rechner?
http://www.mosfet.org	KDE 2 Developer News (englisch)
http://www.linux.org.uk/SMP/title.html	Linux SMP
http://glx.on.openprojects.net/	Accelerated GLX
http://www.gnome.org/	das GNOME-Projekt (KDE-Alternative)
http://www.ggi-project.org/	General Graphics Interface (englisch)
http://www.xfree86.org	Xfree 86 Homepage
http://www.linuxvideo.org	Linux Video Projekt
http://www.linuxtv.org	Linux (digitales) TV Projekt
http://www.informatik.hu-berlin.de/~loewis/ntfs/	Das NTFS Dateisystem Projekt
http://www-plateau.cs.berkeley.edu/people/chaffee/fat32.html	Linux FAT32 Support
http://www.yipton.demon.co.uk/	EXT2 Unterstützung für Windows
http://www.linuxppc.org	Power PC Linux Projekt
http://www.macnews.de/_linuxmac/	Linux für Macs
http://www.linux-m68k.org	Amiga Linux Projekt

KDE

URL	Beschreibung
http://www.kde.org/	the K Desktop Environment
http://www.kde.org/mirrors.html	Übersicht übe die Mirror von http://www.kde.org

URL	Beschreibung
http://www.kde.de/	deutsche Site des KDE-Projekts (Mirror von kde.org)
http://www.kde.org/applications.html	Liste aller verfügbaren KDE-Programme
http://lists.kde.org	Archiv der Mailinglisten zu KDE
http://kde.themes.org	viele Links und Informationen zu KDE
http://koffice.kde.org/	Homepage der Office-Suite von KDE
http://www.millenniumx.de	Entwickler von mehreren KDE-Produkten, z. B. kISDN
http://www.troll.no/	Troll Tech Home-Page der QT-Bibliothek, Basis von KDE

Office-Software

URL	Beschreibung
http://www.sun.com/staroffice	Homepage von StarOffice
http://linux.corel.com/products/wpo2000_linux/index.htm	WordPerfect Office 2000 für Linux
http://www.applix.com/applixware	Homepage von Applixware
http://www.dante.de/	DANTE, Deutschsprachige Anwendervereinigung TeX e.V.
http://www.dante.de/TeX-Service-Paket/LinkTeXService.html	TeX-Service des Hochschul-Rechenzentrums der Universität Giessen
http://www.lyx.org	die Homepage zu LyX
http://www.uni-sw.gwdg.de/~pit/LyX/	die Homepage der deutschen Dokumentation zu LyX

Links zu sonstiger Software

URL	Beschreibung
ftp://ftp.ssh.com/pub/ssh/rpms	Download der SSH-Software
http://www.linuxapps.com	Linux-Applikationen
http://www.idiom.com/free-compilers/	Katalog freier Compiler, Interpreter und Sprachtools
http://appwatch.com/Linux/	Application Watch

URL	Beschreibung
http://www.linuxgames.com	Einstiegsseite für Spiele unter Linux (englisch)
http://radio.linux.org.au	Software Datenbank
http://www.cygnus.com/	Homepage von Cygnus (Entwickler von gcc etc.)
http://www.alsa-project.org/	Alsa Sound
http://www.rpm.org	Informationen zu RPM-Softwarepaketen (englisch)
http://sound.condorow.net/	englischsprachige Site zu Sound für/auf Linux
http://www.icewalkers.com	Software-Datenbank
http://www.solucorp.qc.ca/linuxconf/	Homepage von Linuxconf
http://www.linux.org.uk/OSS	Homepage des Open-Sound-Systems (OSS)
http://filewatcher.org/	Software-Datenbank
http://www.themes.org/	Themes (Oberflächengestaltungen) für X-Desktops
http://www.multimedia4linux.de	Multimedia für Linux
http://linux.davecentral.com/	Software für Linux
http://linas.org/linux/db.html	Liste von Datenbanken (SQL) und Datenbankentools für Linux
http://download.cnet.com/ downloads/0-10004.html	Download-Software-Datenbank
http://www.lokigames.com/	Homepage von Loki Entertainment Software, Spiele für Linux
http://www.vividata.com/	OCR-Software für Linux

Linux und Hardware

URL	Beschreibung
http://lhd.datapower.com/	Linux-Hardwaredatenbank
http://www.tuxedo.org/~esr/ clone-hw-guide/	Einkaufsführer für PC-kompatible Hardware
http://www.cs.utexas.edu/users/ kharker/linux-laptop/	Linux Laptop Homepage
http://pcmcia.sourceforge.org/	PCMCIA für Linux

URL	Beschreibung
http://www.linuxhardware.net	englischsprachige Seite zum Linux-Hardware-Know-How
http://www.debian.org/OpenHardware/	Zertifizierung von Hardware für Linux

Sicherheit

URL	Beschreibung
http://www.cert.org	Homepage von Cert, der internationalen Sicherheitsorganisation für das Netz
http://www.ecst.csuchico.edu/~jtmurphy/	Linux Security Homepage
http://www.cert.dfn.de	Homepage von DFN-Cert, der deutschen Sicherheitsorganisation für das Deutsche Forschungsnetz (DFN)

Allgemeine Themen

URL	Beschreibung
http://www.linux.com	Treffpunkt für alle Linux-Nutzer (englisch)
http://www.pathname.com/fhs/	der Standard für die Hierarchie von Filesystemen
http://counter.li.org	Der Linux-Counter
http://stommel.tamu.edu/~baum/linuxlist/linuxlist/linuxlist.html	Linux Software Encyclopedia (englisch)
http://www.userfriendly.org/	mal was Lustiges ...
http://www.databecker.de	Homepage von DATA BECKER
http://www.fsf.org/	Free Software Foundation, die Heimat der Gnus und der GPL
http://www.lwn.net/stocks	Linux-Börse
http://www.linux-buchtip.de/	Tipps und Rezensionen zu Linux-Büchern

Internet-Suchmaschinen

URL	Beschreibung
http://www.altavista.com/	Internet-Suchmaschine
http://webcrawler.com/	Internet-Suchmaschine
http://www.1stlinuxsearch.com	erste Linux Suchmaschine
http://www.hotbot.com/	Internet-Suchmaschine
http://www.yahoo.com/	Internet-Suchmaschine

Linux-Diskussionsforen

URL	Beschreibung
http://www.linuxnow.com/	Programmbibliothek, Diskussionsforum, Dokumentationsarchiv
http://www.cs.helsinki.fi/u/mjrauhal/linux/cola.html	Homepage von comp.os.linux.announce (englisch)
http://www.linuxforen.de/	Linux-Foren-Startseite, User helfen Usern
http://www.linux-community.de	Diskussionsforum für Linux-User
http://www.linuxinfo.de/de/	Willkommen auf www.LinuxInfo.de
http://datania.com/linux/	LINUX FORUM

Linux-User-Groups

URL	Beschreibung
http://www.linux-magazin.de/Usergroups/index_html	Liste deutschsprachiger Linux-Usergroups
http://www.linux.at	österreichische Linux-Seite
http://www.aful.org/aful/lugs.html	Liste de LUG (groupes d'utilisateurs locaux de Linux) francophones
http://www.lugs.ch/	Schweizer Linux-Usergroup

Kapitel Systempflege

URL	Beschreibung
http://www.xcdroast.org/	Homepage von X-CD-Roast
http://www.in-berlin.de/User/kraxel/xawtv.html	Xawtv-Homepage

URL	Beschreibung
http://www.gphoto.org/	Homepage von gPhoto - der GNU-Software für digitale Kameras
http://www.mostang.com/sane/	Homepage von SANE (Scanner Software)
http://www.thp.uni-koeln.de/~ rjkm/linux/bttv.html	BTTV-Seite mit Links zu weiteren Video- und Fernsehinformationen

Kapitel Linux mit grafischer Oberfläche

URL	Beschreibung
http://www.PLiG.org/xwinman/	Übersicht über die verschiedenen X-Window-Manager
http://www.linux-verband.de/Einsatz/	Links zum Euro-Paket
http://www.pop-brb.de/euro	Links zum Euro-Paket
http://www.xig.com/Pages/CardMfgrs/CardChipMfgrIndex.html	Informationen zu den von Accelerated-X unterstützten Grafikkarten
http://www.linux3d.net	3D Accelerator für Linux (englisch)
http://www.metrolink.com/productindex.html	Übersicht der von Metro-X unterstützten Grafikkarten
http://www.joerg-pommnitz.de/TrueType/xfsft.html	Beispiele und Informationen zu TrueType-Fonts für X Windows
http://www.bischoffundpartner.de/Euro_Check.htm	Links zum Euro-Paket
⟩http://www.joerg-pommnitz.de/TrueType/ttmkfdir.tar.gz	Bezugsquelle von ttmkfdir

Kapitel Windows-Programme unter Linux

URL	Beschreibung
http://www.stack.nl/~ stilgar/lilo	Lilo-Colors Paket, modifiziertes Lilo
http://www.vmware.com/	Homepage der VMware
http://www.vmware.com/support/installrpm_linux.html	VMware-RPM-Paket, fertig zur Installation
http://www.vmware.com/download/downloadtools.html	VMware-Tools für Windows
http://www.bochs.com/	Homepage der Bochs-Emulations-Software

Kapitel Internet-Zugang mit Linux

URL	Beschreibung
http://www.postfix.org	Homepage von postfix
http://www.exim.org	Homepage von exim
http://www.qmail.org	Homepage von qmail
http://www.samba.org	Homepage der Samba-Software
http://www.roestock.demon.co.uk/isapnptools/	Homepage der ISA-PNP-Tools
http://www.pgpi.org	die internationale Homepage von PGP
http://www.umich.edu/~rsug/netatalk/	Homepage von Netatalk
http://www.compu-art.de/download/mars_nwe.html	Download von Mars_NWE, des freien Novell-Servers für Linux
http://www.isdn4linux.de/leafsite/	deutschsprachige Dokumentation zu ISDN für Linux
http://www.gnupg.org	Homepage von GnuPG, der freien Alternative zu PGP
ftp://ftp.denic.de/pub/rfc/rfc2196.txt	RFC (Request for Comment), der Sicherheitsfragen behandelt
http://www.hylafax.org/	Homepage der Hylafax-Software
http://www.ssh.org/	Homepage von SSH - Secure Shell
http://www.o2.net/~gromitkc/winmodem.html	Winmodems sind keine Modems, Informationen für Linux-Anwender

Linux-Usergroups im Internet

Eine regelmäßig aktualisierte Liste von deutschen Linux-Usergroups gibt es unter *http://www.linux.de/* unter dem Punkt *User Groups* sowie auf den WWW-Seiten des Linux-Magazins (*http://www.linux-magazin.de/Usergroups/*).

Ort	WWW-Seite bzw. E-Mail-Adresse
Aachen	*http://aachen.heimat.de/alug/*
Aachen	*http://www.ccac.rwth-aachen.de*
Allgäu	*http://www.lugal.de*
Anhalt	*http://www.lug-anhalt.de*
Aschaffenburg	*fdg@ab-lug.de*
Augsburg	*http://www.luga.de*

Ort	WWW-Seite bzw. E-Mail-Adresse
Bad Brückenau	*pumuckel@exit.de*
Bad Hersfeld	*http:// www.lugh.de*
Bad Wildungen	*http:// linuxheaven.cjb.net*
Bamberg	*http:// linux.bnv-bamberg.de/*
Bautzen	*lug-bz@siucs.de*
Berlin	*http:// www.belug.org*
Bochum	*http:// www.ruhr-uni-bochum.de/ linux/*
Bochum	*http:// www.ping.de/ sites/ lecter/ lug.html*
Bodensee	*http:// llugb.amsee.de/*
Bonn	*http:// www.bonn.linux.de/*
Brandenburg a.d. Havel	*http:// www.pop-brb.de/ bralug*
Braunschweig	*http:// www.tu-bs.de/ initiativen/ LUG*
Bremen	*http:// linux.inbremen.de*
Bremerhaven	*http:// linux.hs-bremerhaven.de*
Bretten	*http:// home.linuxbbs.org/~ brelug/*
Burghausen	*http:// www.lug-burghausen.org*
Celle	*http:// www.sebastian-reinecke.de*
Cham	*http:// www.cham.baynet.de/ lugo*
Chemnitz	*http:// www.clug.in-chemnitz.de*
Cottbus	*http:// www.colug.de/*
Cuxhaven	*http:// www.lincux.de*
Damme	*http:// www.damme.de*
Darmstadt	*http:// www.mathematik.tu-darmstadt.de/ dalug/*
Dessau	*http:// zap.to/ linux*
Donauwörth	*http:// www.donau-ries.de/~ drieslug*
Dormagen	*http:// www.dorlug.de*
Dortmund	*http:// www.outerspace.de/ lugrudo/*
Dresden	*http:// lug-dd.schlittermann.de/*
Duisburg	*http:// lugdui.ihg.uni-duisburg.de*
Düsseldorf	*http:// www.dlug.de*
Ebstorf	*support@konqi-werkstatt.de*
Eggenfelden	*http:// www.lug-eggenfelden.org*
Eichstätt	*mendite@mendite.de*
Erlangen	*ea289@fen.baynet.de*
Essen	*http:// www.elug.de*
Essen	*http:// www.uni-essen.de/ initiative/ elista/*

Ort	WWW-Seite bzw. E-Mail-Adresse
Esslingen	*http:// www-stud.fht-esslingen.de/ luges*
Flensburg	*http:// www.flensburg-treff.de*
Frammersbach	*kke@gmx.net*
Frankfurt	*http:// www.uni-frankfurt.de/~ flugs/*
Frankfurt/Oder	*http:// www.Kristian-M.de/ LUG-FFO*
Freiburg	*http:// www.freiburg.linux.de*
Fulda	*http:// lug.rhoen.de*
Fürth	*http:// www.fen-net.de/ aktiv/ flug.html*
Giessen	*http:// lugg.tg.fh-giessen.de*
Göppingen	*http:// lug.fto.de/*
Göttingen	*http:// gulag.de*
Greifswald	*lugg@hnm.de*
Gross-Gerau	*http:// www.cube-ev.org*
Gummersbach	*LUG.Gummersbach1@gmx.net*
Guntersblum	*http:// www.ghks.de/ glug/*
Gunzenhausen	*http:// www.gunnet.de/ linux*
Hagen	*stefan.meister@wtal.de*
Hamburg	*http:// www.hhlug.de/*
Hamburg	*http:// www.angelfire.com/ de/ HMH/*
Hannover	*http:// www.han.de/ lugh/*
Hattingen	*http:// www.hatlug.de*
Heidenheim	*gintonic@ginko.de*
Heilbad Heiligenstadt	*http:// linuxnode.eichsfeld.net*
Hildesheim	*http:// hilug.dnx.de*
Iserlohn	*http:// area51.mfh-iserlohn.de/*
Jever	*http:// www.frilug.de*
Kaiserslautern	*http:// www.unix-ag.uni-kl.de/~ linux/*
Karlsruhe	*http:// www.karlsruhe.linux.de*
Kassel	*http:// www.lug-kassel.de/*
Ketsch	*http:// www.lug-ketsch.de*
Kiel	*http:// www.lug-kiel.de*
Koblenz	*http:// www.colix.org*
Köln	*http:// www.uni-koeln.de/ themen/ linux/*
Konstanz	*http:// llugb.amsee.de/*
Krefeld	*http:// www.lug-kr.de*
Kronach	*http:// www.kronachonline.de/ bnv/ lug*

Ort	WWW-Seite bzw. E-Mail-Adresse
Lahn-Dill-Kreis	*http:// www.ldknet.org/ lug/*
Leipzig	*http:// rzaix340.rz.uni-leipzig.de/~ linux/*
Lindau	*http:// www.allgaeu.org/ lugli*
Lingen/Rheine	*http:// www.spelle.net/ lugs*
Loitsche	*http:// www.t-online.de/ home/ mumumu/*
Lübeck	*http/ /www.linuxuser-luebeck.de*
Lübeck	*poetzsch@foni.net*
Ludwigsburg	*http:// www.lulug.de*
Magdeburg	*http:// w3.mdlug.de/*
Mannheim	*http:// uugrn.home.pages.de*
Marburg	*http:// www.mdlug.de*
Marktredwitz	*ststroes@tirnet.de*
Marl	*http:// lugmarl.home.pages.de*
Minden (Westf.)	*c.dittmann@magrathea.de*
Moers	*opers@syrinx1.du.gtn.com*
München	*http:// www.muc.de/~ cygnus/ mlug/ mlug.html*
München Süd-West	*http:// wlug.acos.net*
Münster	*http:// hottemax.uni-muenster.de/~ grover/ muesli.html*
Neubrandenburg	*http:// home.t-online.de/ home/ lug-nbg*
Nieder-Olm	*info@kkcs.de*
Nienburg	*http:// www.nilug.de*
NRW	*http:// www.linuxfreunde.de*
Nürnberg	*http:// www.align.de/*
Oberpfalz	*http:// www.cham.baynet.de/ lugo/*
Oberwallis	*http:// www.lugo.ch*
Offenburg	*http:// www.lugog.de*
Oldenburg	*http:// www.oldenburg.linux.de*
Osnabrück	*http:// www.lugo.de*
Österreich	*http:// www.luga.or.at*
Ostfriesland	*http:// www.CCO-Online.de/ linux*
Ostwestfalen-Lippe	*http:// www.lug-owl.de/*
Passau	*http:// www.fmi.uni-passau.de/~ fsinfo/ fsinfo.html*
Pforzheim	*http:// www.lug-pforzheim.de*
Ravensberg	*http:// www.uni-bielefeld.de/~ vhsrav/ lugrav.htm*
Ravensburg	*http:// www.infnet.verein.de/ arbeitsgruppe/ linux/*
Regensburg	*http:// www.lugr.de*

Ort	WWW-Seite bzw. E-Mail-Adresse
Regensburg	*http://www.regensburg.franken.de/rlug/*
Regensburg	*http://www.freeunix.de*
Rhein-Neckar	*http://home.pages.de/~uugrn*
Rosenheim	*http://www.kernelpanic.de*
Rostock	*http://linux.baltic.net*
Saalfeld	*http://rvb-net.yi.org/~lug-slf/*
Saar	*http://www.lugs.linux.de/*
Saarbrücken	*http://mathwww.math.uni-sb.de/lugs/*
Saarlouis	*http://www.firestorm.purespace.de/*
Salem/Überlingen	*http://www.computerfritze.de*
Salzburg	*http://www.salzburg.luga.or.at*
Schaumburg	*http://lugs.thepenguin.de*
Schweiz	*http://www.lugs.ch*
Seevetal	*seevetal-lug@gmx.de*
Siegen	*http://www.si.unix-ag.org*
Sinsheim	*http://www.wms-hn.de/underworld/silug.htm*
Speyer	*sandra@tosa.de*
Stade	*Global-Inferno@gmx.net*
Steinfurt	*http://www.stelug.itreff.de*
Stormarn	*http://www.lug-stormarn.eu.org*
Stuttgart	*http://www.lug-s.org/*
Taubertal	*http://www.talug.de/*
Thüringen	*http://www.tlug.de/*
Traunstein	*http://www.spotlight.de/lug/*
Trier	*http://www.trilug.fh-trier.de/*
Tübingen	*http://www.tuebingen.linux.de*
Tuttlingen	*olafs@web.de*
Ulm	*http://www.ctc-seidel.com/lugu/*
Vaihingen	*http://www.vlug.purespace.de*
Verden	*http://www.linux-stammtisch.de*
Villingen-Schwenningen	*http://www.lugs.de.st*
Vorarlberg	*http://lugv.vorarlberg.net*
Waldkraiburg	*http://www.lug-waldkraiburg.org*
Walsrode	*http://www.lug-walsrode.de/*
Weinheim	*http://ccw.iscool.net*
Wien	*lll@radawana.cg.tuwien.ac.at*

Ort	WWW-Seite bzw. E-Mail-Adresse
Wiesbaden	*http:// www.pug.org*
Wilhelmshaven	*http:// www.fh-wilhelmshaven.de/~ linuxag/*
Wolfsburg	*http:// www.lug.wolfsburg.de*
Wolfsburg	*http:// www.unix.necoac.de*
Wuppertal	*http:// linux.wtal.de*
Zwickau	*http:// www.zlug.org*

Linux-Newsgroups

Im Newsnet gibt es zahlreiche News-Gruppen, die sich mit dem Thema Linux beschäftigen. Zentrale Bedeutung hat dabei die Hierarchie *comp.os.linux.**. Ankündigungen neuer Programme und anderer Produkte aus dem Linux-Bereich finden Sie in *comp.os.linux.announce*. Mit allgemeinen Fragen der Systemkonfiguration beschäftigt sich *comp.os.linux.setup*, die Gruppe *comp.os.linux.x* widmet sich dem X Window-System. Für das K Desktop Environment wurde die Gruppe *de.alt.comp.kde* eingerichtet. Diese Gruppen sind über die meisten Newsserver zu beziehen.

Daneben betreibt Red Hat einen eigenen Newsserver *news.redhat.com*, auf dem sich Red Hat-Linux-spezifische News-Gruppen befinden: Ankündigungen zu Red Hat-Produkten bietet *redhat.announce*, in *redhat.general* werden allgemeine Red Hat-Probleme diskutiert, und *redhat.rpm.general* bietet Informationen zum Red Hat-Paketformat RPM und den zugehörigen Dienstprogrammen (*rpm* und *gnorpm*).

15.4 Wichtige Linux-Distributionen im Überblick

Bevor Sie Linux installieren können, müssen Sie sich für eine Distribution entscheiden. Linux ist ja nur der Kernel, die Verbindung zwischen der Hardware und den Benutzerprogrammen. Zum „richtigen“ Betriebssystem fehlen dem puren Linux z. B. sämtliche Kommandos und die Bibliotheken. Hier schlägt die große Stunde der Distributoren. Sie packen zum aktuellen Linux-Kernel alle Programme, Bibliotheken, Installationsroutinen, Quellen etc. dazu und machen daraus ein für den Endanwender „rundes“, einsatzfähiges Produkt.

Ein großer Teil der Programme, die in den diversen Distributionen verwendet werden, ist freie Software und unterliegt der GNU **G**eneral **P**ublic **L**icence (GPL). Sie werden oft – wie auch der Linux-Kernel – von der Internetgemeinde entwickelt und gepflegt. Es handelt sich dann um freie Software, die auch als Quellcode vorliegt. Andere Teile, beispielsweise vielfach die Installationsroutinen, sind Eigenentwicklungen der Distributoren und werden teilweise nicht im Quellcode veröffentlicht.

Ein Blick auf die Webseiten, die Überblicke über die Distributionen geben (z. B. *http://www.LinuxStart.Com/distributions/* oder *http://www.linuxlinks.com/Distributions/*), zeigt schnell, dass es mittlerweile eine Unmenge von verschiedenen Distributionen gibt und die Entscheidung für eine bestimmte Distribution schon allein deshalb schwer fällt. Wenn man mehrere „Experten" fragt oder sich in den einschlägigen Newsgroups umsieht, kann man wahre Glaubenskriege für oder wider bestimmte Distributionen erleben.

Wir wollen Ihnen hier kurz die wichtigsten Distributionen vorstellen und Ihnen einige Entscheidungshilfen an die Hand geben.

RedHat

RedHat ist wohl die weltweit am weitesten verbreitete Distribution. Von RedHat stammt auch das Paketformat RPM, das sich mittlerweile zu einer Art Standard entwickelt hat. Die Installation von RedHat geht außerordentlich schnell vonstatten. RedHat ist vor allem bei erfahrenen Linux-Anwendern sehr beliebt, was zum einen wohl an der schnellen Installation liegt. Zum anderen gilt RedHat als sehr „Unix-like". Die automatische Aufteilung der Festplatte ist in der RedHat-Distribution ebenfalls sehr gut gelöst. Trotzdem empfinden viele Linux-Erstanwender RedHat als ein wenig schwierig. Zwar gibt es mit *linuxconf* ein sehr umfangreiches Tool zur Konfiguration des Systems, wegen der knappen Hilfetexte und des riesigen Umfangs an verstellbaren Parametern ist die Benutzung für den Neuling jedoch kompliziert. Das Softwareangebot ist relativ groß, auf jeden Fall ist alles Wichtige vorhanden. Für Spezialanwendungen muss man jedoch auf andere Quellen zurückgreifen.

Zum Lieferumfang gehören zwei CDs, zwei Bootdisketten und zwei englischsprachige Handbücher. Die Softwarepakete sind natürlich im RPM-Format.

Die Homepage finden Sie unter *http://www.redhat.com*.

SuSE

Im deutschsprachigen Raum wahrscheinlich der Marktführer, erlangt SuSE zunehmend auch international große Bedeutung. Die Installation und die Konfiguration werden mit einem zentralen Tool, dem Programm YaST, erledigt. Seit SuSE-6.3 gibt es YaST auch als grafisches Interface, es heißt dann YaST2. Während bei der älteren Version von YaST die Installation nicht so schnell und automatisch abläuft wie etwa bei RedHat, ist YaST2 ganz auf eine einfache Installation ausgerichtet. Die alte Version steht nach wie vor zur

Verfügung und wird auch für Updates und teilweise noch zur Konfiguration des Systems nach der Installation gebraucht.

Kennzeichnend für die SuSE-Distribution ist der riesige Umfang an mitgelieferter Software. Auch kommerzielle Anwendungen sind teils in Demo-Versionen vorhanden. Gut ist auch die Unterstützung für ISDN.

Zum Lieferumfang gehören sechs CDs, eine Bootdiskette und ein sehr gutes Handbuch für die Installation und die Konfiguration. Zudem vermittelt das Handbuch sehr viel Hintergrundwissen.

Die Homepage finden Sie unter *http://www.suse.de*.

Debian

Im Gegensatz zu den anderen Distributionen unterliegt Debian vollständig der GNU GPL. Debian ist auch im eigentlichen Sinne keine Linux-Distribution, da es sich als unabhängig vom Kernel versteht. Derzeit wird Linux nur deshalb als Kernel eingesetzt, weil es keine brauchbare, freie Alternative gibt. Die Debian-Distribution ist ebenfalls sehr umfangreich, enthält aber natürlich nur freie Software. Die Installation erfolgt textbasiert Schritt für Schritt. Sie ist aber insbesondere für Neulinge schwieriger als die bereits vorgestellten Alternativen. Es gibt auch keine automatische Partitionierung der Festplatte.

Zum Lieferumfang von Debian gehören fünf CDs und ein kleines CD-Booklet.

Die Homepage finden Sie unter *http://www.debian.org*.

Caldera Open Linux

Ebenfalls sehr populäre Linux-Distribution, die vor allem auf den Business-Anwender ausgerichtet ist.

Die Homepage von Caldera finden Sie unter *http://www.calderasystems.com/*.

Mandrake

Mandrake gehört ebenso wie SuSE zu den RedHat-basierten Distributionen. Auch hier haben sich die Mandrake-Entwickler die Mühe gemacht, das Standard-RedHat-Installationssystem durch ein eigenes zu ersetzen, das bei gleichen Möglichkeiten einen etwas besseren Komfort bietet. Ebenso ist die Paketauswahl besser auf KDE abgestimmt als bei RedHat. Wenn Mandrake nicht bei der Unterstützung von ISDN Schwächen aufweisen würde, könnte man – vor allem für den nicht-englischen Sprachraum – Mandrake als das bessere RedHat bezeichnen.

easyLinux

Einfache, über eine grafische Oberfläche leicht zu installierende Distribution, die gerade Linux-Neulinge anspricht. Die aktuelle Hard- und Softwarekonfiguration wird über eine so genannte Registry transparent gespeichert. Die Konfiguration geschieht fast ausschließlich über eigene Tools mit einer einheitlichen auf KDE basierenden Oberfläche. Für die Softwareverwaltung wird *rpm* eingesetzt. Allerdings ist der Umfang der in der Distribution enthaltenen Software nicht sehr groß.

Die Homepage von easyLinux finden Sie unter *http://www.easylinux.com/*.

Corel Linux

Corel Linux ist zum Erscheinungszeitpunkt dieses Buches brandneu auf dem Markt. Der erste Eindruck lässt vermuten, dass sich Corel Linux ebenfalls zu einer guten Alternative entwickeln wird. Corel Linux kann derzeit nur aus dem Netz geladen werden.

Die Homepage von Corel Linux finden Sie unter *http://linux.corel.com/*.

Slackware

Die Slackware ist die „Mutter" aller Distributionen. Ehemals die populärste Distribution, kann Slackware heute eigentlich nur eingefleischten Fans empfohlen werden, da es mit Slackware schwierig ist, den Überblick über die installierte Software zu behalten. Als Paketformat werden immer noch tar-Archive verwendet, die eine automatisierte Verwaltung kaum unterstützen.

Die Homepage von Slackware finden Sie unter *http://www.slackware.com/*.

Entscheidungshilfe

Es ist schwer, eine allgemeine Entscheidungshilfe für eine bestimmte Distribution zu geben. Das Für und Wider hängt zu sehr von persönlichen Vorlieben ab. Als Linux-Neuling sollte man vielleicht ganz pragmatisch an die Sache herangehen: Haben Sie im Bekanntenkreis einen ausgesprochenen Linux-Spezialisten, dann fragen Sie ihn, welche Distribution er einsetzt. Wenn Sie dann auch diese Distribution verwenden, haben Sie schon jemanden, den Sie mal um Hilfe bitten können. Ein guter Rat ist sicher auch, mal in das mitgelieferte Handbuch zu schauen. Wenn Sie das Gefühl haben, dass sie damit zurechtkommen, dann ist das sicher ein Plus für die Distribution.

Eine grobe Einschätzung am Schluss:

Mit RedHat oder einem RedHat-Abkömmling geht man auf Nummer Sicher, da dies die derzeit weltweit verbreitetste Distribution ist.

Für SuSE entscheidet sich, wer eine sehr komplette Distribution schätzt, die auch viele kommerzielle Anwendungen enthält und besonders gut eingedeutscht ist.

SuSE oder Big Pack von DATA Becker kommen in Frage, wenn man einen ISDN-Anschluss für den Internet-Zugang nutzen will.

Schließlich ist Caldera die Alternative, wenn man ein sehr kommerziell aussehendes Produkt einsetzen will.

Wer ein Fan von freier Software ist und diese Idee unterstützen will, wählt Debian.

Wer alles selbst machen und ganz der Herr über sein System bleiben will, kann auch heute noch zur Slackware greifen.

15.5 Unterstützte Hardware

Von cdrecord 1.6 unterstützte CD-Brenner

xcdroast 0.96d basiert auf *cdrecord* 1.6 und unterstützt die folgenden CD-Brenner. Wenn Sie einen nicht unterstützten Brenner verwenden wollen, können Sie im Internet nach neueren Versionen von *cdrecord* suchen. Diese Liste ist der Datei *README.html* aus dem *xcdroast*-Paket entnommen, die auch weitergehende Hinweise enthält zu den Modellen, die in der Tabelle den Hinweis „mit Einschränkungen" tragen. Einige sind beispielsweise nur ab einem gewissen Revisionsstand oder nach einem Firmware-Upgrade betreibbar.

Hersteller	Modell	Bemerkungen
Alle SCSI-3/mmc-kompatiblen Laufwerke		
Alle ATAPI-CD-Brenner		
COMPRO	CW-7502	
Dysan	CR-622	mit Einschränkungen
	CR-1622	
DynaTec	CDM-240J	mit Einschränkungen
	CDM-240	mit Einschränkungen
	CDM-400	mit Einschränkungen
Grundig	CDR-100	
HP	4020i	
	6020i	
	C4324/C4325	
	7100	
	7110	
	7200	
	8100	
Hi-Val	CD-R	mit Einschränkungen
JVC	XR-W2001	mit Einschränkungen
	XR-W2010	mit Einschränkungen
	XR-W2020	mit Einschränkungen
Kodak	PCD-200 oder PCD-200 Plus	
	PCD-225	
	PCD-240	
	PCD-600	ungetestet
Matsushita	CW-7502	
Memorex	CR-622	mit Einschränkungen
	CR-1622	

Hersteller	Modell	Bemerkungen
Microboards	PlayWrite 2000	mit Einschränkungen
	PlayWrite 4000	mit Einschränkungen
	PlayWrite 4001RW	
MicroNet	MasterCD Plus 4x4	mit Einschränkungen
	MasterCD Plus 4x6	
Mitsumi	CR-2401-TS	ungetestet
	CR-2600-TE	
	CR-2801	
	CR-4801	
Olympus	CDS615E	
	CDS620E	mit Einschränkungen
	CD-R2x6	mit Einschränkungen
Optima	Dis Kovery 650 CD-R	mit Einschränkungen
OTI	CDRW 965	
Panasonic	CW-7502	
Philips	CDD 521	mit Einschränkungen
	CDD 521	mit Einschränkungen
	CDD 522	
	CDD 2000	
	CDD 2600	
	CDD 3600	
	CDD 3610	
	Omniwriter 26	
	Omniwriter 26A	
Pinnacle	Micro RCD-1000	mit Einschränkungen
	Micro RCD-5020	mit Einschränkungen
	Micro RCD-5040	mit Einschränkungen
	Micro RCD-4x4	
Pioneer	DW-S114X	
Plasmon	CDR 4220	ungetestet
	RF-4100	
	RF-4102	
	CDR 4400	mit Einschränkungen
	CDR 480	
Plextor	PX-R24CS	mit Einschränkungen
	PX-R412C	
Procom	PCDR 4	mit Einschränkungen
Ricoh	RO-1420C	

Hersteller	Modell	Bemerkungen
	MP-6200	
	MP-6200I	
	MP-6201	
Smart & Friendly	CD-R1002	mit Einschränkungen
	CD-R1004	mit Einschränkungen
	CD-R2004	mit Einschränkungen
	CD-R2006 PLUS	
	CD-R2006 PRO	
	CD-R4000	mit Einschränkungen
	CD-R4006	
	CD-R4012	
	CD-RW226	
Sony	CDU920S	
	CDU924S	
	CDU926S	
	CDU928	
	CDU940S	
TEAC	CD-R50S	
	CD-R55S	
Taiyo	Yuden CD-WO EW-50	
Traxdata	CDR-4120	
	CDRW-4260	
Turtle Beach	2040R	mit Einschränkungen
Wearnes	CD-R622	
	CD-R632P	
Yamaha	CDR-100	
	CDR-102	
	CDR-200	
	CDR-400	mit Einschränkungen
	CDR-401	
	CRW-4001	
	CRW-2260	
	CRW-4260	

Scanner

Treiber für die folgenden Scanner sind in der aktuellen Version von *SANE* (*http://www.mostang.com/sane*) vorhanden:

Hersteller	Modell
Abaton	Scan 300/GS, Scan 300/S
Acer	310s, 610s, 610plus, Prisa 620s
AGFA	Focus GS Scanner, Focus Lineart Scanner, Focus II, Focus Color, Focus Color Plus, Arcus II, StudioScan, StudioScan II, StudioScan IIsi, DuoScan, SnapScan 300, SnapScan 310, SnapScan 600, SnapScan 1236s
Apple	Apple Scanner, OneScanner, ColorOneScanner
Artec/Ultima	AT3, A6000C, A6000C PLUS, AT6, AT12, AM12S, Parallelport-Scanner, USB-Scanner, AS6E
Avision	AV 6240, AV 630 CS, AV 620 CS
Bell and Howell	COPISCAN II 6338, COPISCAN II 2135 - not tested, COPISCAN II 2137(A) - limited testing, COPISCAN II 2138A - not tested, COPISCAN II 3238 - not tested, COPISCAN II 3338(A) - not tested
BlackWidow	BW4800SP
Canon	CanoScan 300, CanoScan 600, CanoScan 2700F
Connectix	Color QuickCam, Greyscale QuickCam
Epson	GT-5000, Actionscanner II, GT-6000, ES-300C, GT-5500, GT-6500, ES-600C, ES-1200C, GT-7000, Perfection 636S, Perfection 636U, Perfection 610, Perfection 1200S, Perfection 1200U, Perfection 1200Photo, Expression 636, Expression 800, FilmScan 200, Perfection 600
Escom	Image Scanner 256
Fujitsu	M3096G
Fujitsu Computer Products of America	SP15C
Genius	ColorPage-HR5 (Pro)
Guillemot International	Maxi Scan A4 Deluxe (SCSI)
HP	HP ScanJet Plus, HP ScanJet IIc, HP ScanJet IIp, HP ScanJet IIcx, HP ScanJet 3c, HP ScanJet 3p, HP ScanJet 4c, HP ScanJet 4p, HP ScanJet 4100C, HP ScanJet 5p, HP ScanJet 5100C, HP ScanJet 5200C, HP ScanJet 6100C, HP ScanJet 6200C, HP ScanJet 6250C, HP ScanJet 6300C, HP ScanJet 6350C, HP PhotoSmart PhotoScanner, HP4200
Kodak	DC210, DC25, DC20
Linotype Hell	Jade, Jade, Jade2, Saphir, Saphir2, Saphir Ultra, Saphir Ultra II, Saphir HiRes, Opal, Opal Ultra
Medion	MD9848

Hersteller	Modell
Microtek	Scanmaker E6, Scanmaker E3, Scanmaker E2, Scanmaker 35t+, Scanmaker 45t, Scanmaker 35, Scanmaker III, Scanmaker IISP, Scanmaker IIHR, Scanmaker IIG, Scanmaker II, Scanmaker 600Z(S), Scanmaker 600G(S), Color PageWiz, keine Parallelport-Modelle!, ScanMaker V300, ScanMaker V310, ScanMaker V600, ScanMaker E3plus, ScanMaker X6, ScanMaker X6EL, ScanMaker X6USB, ScanMaker 330, ScanMaker 630, ScanMaker 636, ScanMaker 9600XL, Phantom 636
Mustek	Paragon MFS-6000CX, Paragon MFS-12000CX, Paragon MFC-600S, Paragon 600 II CD, ScanMagic 600 II SP, Paragon MFC-800S, Paragon 800 II SP, Paragon MFS-6000SP, Paragon MFS-8000SP, Paragon MFS-1200SP, Paragon MFS-12000SP, ScanExpress 6000SP, ScanExpress 12000SP, ScanExpress 12000SP Plus, Paragon 1200 III SP, ScanMagic 9636S, ScanMagic 9636S Plus, Paragon 1200 A3 Pro, Paragon 600 II N, ScanExpress 6000 P, ScanMagic 4800 P, ScanExpress 1200 ED Plus, ScanMagic 1200 ED Plus, ScanExpress 12000 P, 600 III EP Plus, ScanExpress 600 SEP
NEC	PC-IN500/4C, PC-IN600,700,800 series
Nikon	LS-20, LS-30, LS-2000, LS-1000, AX-210
Plustek	OpticPro 19200S, OpticPro 4800P, OpticPro 4830P, OpticPro 600P/6000P, OpticPro 4831P, OpticPro 9630P, OpticPro 9630PL, OpticPro 12000P/96000P, OpticPro 9636P, OpticPro 9636P+/Turbo, OpticPro 9636T, OpticPro 12000T, OpticPro AI3, OpticPro P8, OpticPro P12, OpticPro PT12, OpticPro 19200S, OpticPro 1212U/U12/UT12
Polaroid	DMC
Primax	Colorado 4800, Compact 4800 Direct, Compact 4800 Direct-30, Compact 9600 Direct-30
Ricoh	Ricoh IS50, Ricoh IS60
SHARP	JX-610, JX-250, JX-350, JX-330
Siemens	S9036, 9036 Flachbettscanner, ST400, ST800
Tamarack	Artiscan 6000C, Artiscan 8000C, Artiscan 12000C
Trust	Imagery 1200 SP, Imagery 4800 SP, SCSI Connect 19200
UMAX	Parallelport-Scanner, USB-Scanner, Vista S6, Vista S6E, UMAX S-6E, UMAX S-6EG, Vista-S8, Supervista S-12, UMAX S-12, UMAX S-12G, Astra 600S, Astra 610S, Astra 1200S, Astra 1220S, Astra 2200 (SU), Astra 2400S, Mirage D-16L, Mirage II, Mirage IIse, PSD, PowerLook, PL-II, PowerLook III, PowerLook 2000, PowerLook 3000, Gemini D-16, UMAX VT600, Vista-T630, UC 630, UG 630, UG 80, UC 840, UC 1200S, UC 1200SE, UC 1260
Vobis/Highscreen	HighScan, Scanboostar Premium

15.6 Die GNU GPL (General Public License)

Im Folgenden finden Sie den vollständigen Abdruck der GNU **G**eneral **P**ublic **L**icense (kurz: GPL), unter der der größte Teil des Betriebssystems Linux sowie der Zusatzprogramme erhältlich sind. Da es keine „offizielle" deutsche Übersetzung gibt, verweisen wir wegen der rechtlichen Relevanz auf die englische Originalversion, die Sie mit Sicherheit mehrfach auf der Festplatte in einem der Unterverzeichnisse von */usr/doc* bzw. */usr/share/doc* als Datei *COPYING* finden. Abgedruckt ist hier eine inoffizielle Übersetzung.

Deutsche Übersetzung der GNU General Public License

Erstellt im Auftrag der S.u.S.E. GmbH *[suse@suse.de]* von Katja Lachmann Übersetzungen *[na194@fim.uni-erlangen.de]*, überarbeitet von

Peter Gerwinski *[peter.gerwinski@uni-essen.de]* (31. Oktober 1996)

Diese Übersetzung wird mit der Absicht angeboten, das Verständnis der *GNU General Public License* (GNU-GPL) zu erleichtern. Es handelt sich jedoch nicht um eine offizielle oder im rechtlichen Sinne anerkannte Übersetzung.

Die *Free Software Foundation* (FSF) ist nicht der Herausgeber dieser Übersetzung und sie hat diese Übersetzung auch nicht als rechtskräftigen Ersatz für die Original-GNU-GPL anerkannt. Da die Übersetzung nicht sorgfältig von Anwälten überprüft wurde, können die Übersetzer nicht garantieren, dass die Übersetzung die rechtlichen Aussagen der GNU-GPL exakt wiedergibt. Wenn Sie sichergehen wollen, dass von Ihnen geplante Aktivitäten im Sinne der GNU-GPL gestattet sind, halten Sie sich bitte an die englischsprachige Originalversion.

Die *Free Software Foundation* möchte Sie darum bitten, diese Übersetzung nicht als offizielle Lizenzbedingungen für von Ihnen geschriebene Programme zu verwenden. Bitte benutzen Sie hierfür stattdessen die von der *Free Software Foundation* herausgegebene englischsprachige Originalversion.

This is a translation of the GNU General Public License into German. This translation is distributed in the hope that it will facilitate understanding, but it is not an official or legally approved translation.

The Free Software Foundation is not the publisher of this translation and has not approved it as a legal substitute for the authentic GNU General Public License. The translation has not been reviewed carefully by lawyers, and therefore the translator cannot be sure that it exactly represents the legal meaning of the GNU General Public License. If you wish to be sure whether your planned activities are permitted by the GNU General Public License, please refer to the authentic English version.

The Free Software Foundation strongly urges you not to use this translation as the official distribution terms for your programs; instead, please use the authentic English version published by the Free Software Foundation.

GNU General Public License

Deutsche Übersetzung der Version 2, Juni 1991

Diese Übersetzung ist kein rechtskräftiger Ersatz für die englischsprachige Originalversion!

Vorwort

Die meisten Softwarelizenzen sind daraufhin entworfen worden, Ihnen die Freiheit zu nehmen, die Software weiterzugeben und zu verändern. Im Gegensatz dazu soll Ihnen die *GNU General Public License*, die allgemeine öffentliche GNU-Lizenz, ebendiese Freiheit garantieren. Sie soll sicherstellen, dass die Software für alle Benutzer frei ist. Diese Lizenz gilt für den Großteil der von der *Free Software Foundation* herausgegebenen Software und für alle anderen Programme, deren Autoren ihr Werk dieser Lizenz unterstellt haben. Auch Sie können diese Möglichkeit der Lizenzierung für Ihre Programme anwenden. (Ein anderer Teil der Software der *Free Software Foundation* unterliegt stattdessen der *GNU Library General Public License*, der allgemeinen öffentlichen GNU-Lizenz für Bibliotheken.)

Die Bezeichnung *„freie" Software* bezieht sich auf Freiheit, nicht auf den Preis. Unsere Lizenzen sollen Ihnen die Freiheit garantieren, Kopien freier Software zu verbreiten (und etwas für diesen Service zu berechnen, wenn Sie möchten), die Möglichkeit, die Software im Quelltext zu erhalten oder den Quelltext auf Wunsch zu bekommen. Die Lizenzen sollen garantieren, dass Sie die Software ändern oder Teile davon in neuen freien Programmen verwenden dürfen - und dass Sie wissen, dass Sie dies alles tun dürfen.

Um Ihre Rechte zu schützen, müssen wir Einschränkungen machen, die es jedem verbieten, Ihnen diese Rechte zu verweigern oder Sie aufzufordern, auf diese Rechte zu verzichten. Aus diesen Einschränkungen folgen bestimmte Verantwortlichkeiten für Sie, wenn Sie Kopien der Software verbreiten oder sie verändern.

Beispielsweise müssen Sie den Empfängern alle Rechte gewähren, die Sie selbst haben, wenn Sie – kostenlos oder gegen Bezahlung – Kopien eines solchen Programms verbreiten. Sie müssen sicherstellen, dass auch sie den Quelltext erhalten bzw. erhalten können. Und Sie müssen ihnen diese Bedingungen zeigen, damit sie ihre Rechte kennen.

Wir schützen Ihre Rechte in zwei Schritten: (1) Wir stellen die Software unter ein Urheberrecht (Copyright), und (2) wir bieten Ihnen diese Lizenz an, die Ihnen das Recht gibt, die Software zu vervielfältigen, zu verbreiten und/oder zu verändern.

Um die Autoren und uns zu schützen, wollen wir darüberhinaus sicherstellen, dass jeder erfährt, dass für diese freie Software keinerlei Garantie besteht. Wenn die Software von jemand anderem modifiziert und weitergegeben wird, möchten wir, dass die Empfänger wissen, dass sie nicht das Original erhalten haben, damit von anderen verursachte Probleme nicht den Ruf des ursprünglichen Autors schädigen.

Schließlich und endlich ist jedes freie Programm permanent durch Softwarepatente bedroht. Wir möchten die Gefahr ausschließen, dass Distributoren eines freien Programms individuell Patente lizensieren - mit dem Ergebnis, dass das Programm proprietär würde. Um dies zu verhindern, haben wir klargestellt, dass jedes Patent entweder für freie Benutzung durch jedermann lizenziert werden muss oder überhaupt nicht lizenziert werden darf.

Es folgen die genauen Bedingungen für die Vervielfältigung, Verbreitung und Bearbeitung:

Bedingungen für die Vervielfältigung, Verbreitung und Bearbeitung

Paragraph 0. Diese Lizenz gilt für jedes Programm und jedes andere Werk, in dem ein entsprechender Vermerk des Copyright-Inhabers darauf hinweist, dass das Werk unter den Bestimmungen dieser *General Public License* verbreitet werden darf. Im Folgenden wird jedes derartige Programm oder Werk als „das Programm" bezeichnet; die Formulierung „auf dem Programm basierendes Werk" bezeichnet das Programm sowie jegliche Bearbeitung des Programms im urheberrechtlichen Sinne, also ein Werk, welches das Programm, auch auszugsweise, sei es unverändert oder verändert und/oder in eine andere Sprache übersetzt, enthält. (Im Folgenden wird die Übersetzung ohne Einschränkung als „Bearbeitung" eingestuft.) Jeder Lizenznehmer wird im Folgenden als „Sie" angesprochen.

Andere Handlungen als Vervielfältigung, Verbreitung und Bearbeitung werden von dieser Lizenz nicht berührt; sie fallen nicht in ihren Anwendungsbereich. Der Vorgang der Ausführung des Programms wird nicht eingeschränkt, und die Ausgaben des Programms unterliegen dieser Lizenz nur, wenn der Inhalt ein auf dem Programm basierendes Werk darstellt (unabhängig davon, dass die Ausgabe durch die Ausführung des Programms erfolgte). Ob dies zutrifft, hängt von den Funktionen des Programms ab.

Paragraph 1. Sie dürfen auf beliebigen Medien unveränderte Kopien des Quelltextes des Programms, wie sie ihn erhalten haben, anfertigen und verbreiten. Voraussetzung hierfür ist, dass Sie mit jeder Kopie einen entsprechenden Copyright-Vermerk sowie einen Haftungsausschluss veröffentlichen, alle Vermerke, die sich auf diese Lizenz und das Fehlen einer Garantie beziehen, unverändert lassen und desweiteren allen anderen Empfängern des Programms zusammen mit dem Programm eine Kopie dieser Lizenz zukommen lassen.

Sie dürfen für den eigentlichen Kopiervorgang eine Gebühr verlangen. Wenn Sie es wünschen, dürfen Sie auch gegen Entgelt eine Garantie für das Programm anbieten.

Paragraph 2. Sie dürfen Ihre Kopie(n) des Programms oder eines Teils davon verändern, wodurch ein auf dem Programm basierendes Werk entsteht; Sie dürfen derartige Bearbeitungen unter den Bestimmungen von Paragraph 1 vervielfältigen und verbreiten, vorausgesetzt, dass zusätzlich alle folgenden Bedingungen erfüllt werden:

(a) Sie müssen die veränderten Dateien mit einem auffälligen Vermerk versehen, der auf die von Ihnen vorgenommene Modifizierung und das Datum jeder Änderung hinweist.

(b) Sie müssen dafür sorgen, dass jede von Ihnen verbreitete oder veröffentlichte Arbeit, die ganz oder teilweise von dem Programm oder Teilen davon abgeleitet ist, Dritten gegenüber als Ganzes unter den Bedingungen dieser Lizenz ohne Lizenzgebühren zur Verfügung gestellt wird.

(c) Wenn das veränderte Programm normalerweise bei der Ausführung interaktiv Kommandos einliest, müssen Sie dafür sorgen, dass es, wenn es auf dem üblichsten Wege für solche interaktive Nutzung gestartet wird, eine Meldung ausgibt oder ausdruckt, die einen geeigneten Copyright-Vermerk enthält sowie einen Hinweis, dass es keine Gewährleistung gibt (oder andernfalls, dass Sie Garantie leisten) und dass die Benutzer das Programm unter diesen Bedingungen weiter verbreiten dürfen. Auch muss der Benutzer darauf hingewiesen werden, wie er eine Kopie dieser Lizenz ansehen kann. (Ausnahme: Wenn das Programm selbst interaktiv arbeitet, aber normalerweise keine derartige Meldung ausgibt, muss Ihr auf dem Programm basierendes Werk auch keine solche Meldung ausgeben).

Diese Anforderungen betreffen das veränderte Werk als Ganzes. Wenn identifizierbare Abschnitte des Werks nicht von dem Programm abgeleitet sind und vernünftigerweise selbst als unabhängige und eigenständige Werke betrachtet werden können, dann erstrecken sich diese Lizenz und ihre Bedingungen nicht auf diese Abschnitte, wenn sie als eigenständige Werke verbreitet werden. Wenn Sie jedoch dieselben Abschnitte als Teil eines Ganzen verbreiten, das ein auf dem Programm basierendes Werk darstellt, dann muss die Verbreitung des Ganzen nach den Bedingungen dieser Lizenz erfolgen, deren Bedingungen für weitere Lizenznehmer somit auf die Gesamtheit ausgedehnt werden – und damit auf jeden einzelnen Teil, unabhängig vom jeweiligen Autor.

Somit ist es nicht die Absicht dieses Abschnittes, Rechte für Werke in Anspruch zu nehmen oder zu beschneiden, die komplett von Ihnen geschrieben wurden; vielmehr ist es die Absicht, die Rechte zur Kontrolle der Verbreitung von Werken, die auf dem Programm basieren oder unter seiner auszugsweisen Verwendung zusammengestellt worden sind, auszuüben.

Ferner bringt ein einfaches Zusammenstellen eines anderen Werks, das nicht auf dem Programm basiert, zusammen mit dem Programm oder einem auf dem Programm basierenden Werk auf ein- und demselben Speicher- oder Vertriebsmedium das andere Werk nicht in den Anwendungsbereich dieser Lizenz.

Paragraph 3. Sie dürfen das Programm (oder ein darauf basierendes Werk gemäß Paragraph 2) als Objectcode oder in ausführbarer Form unter den Bedingungen von Paragraph 1 und 2 vervielfältigen und verbreiten – vorausgesetzt, dass Sie außerdem eine der folgenden Leistungen erbringen:

(a) Liefern Sie das Programm zusammen mit dem vollständigen zugehörigen maschinenlesbaren Quelltext auf einem für den Datenaustausch üblichen Medium aus, wobei die Verteilung unter den Bedingungen der Paragraphen 1 und 2 erfolgen muss. Oder:

(b) Liefern Sie das Programm zusammen mit einem mindestens drei Jahre lang gültigen schriftlichen Angebot aus, jedem Dritten eine vollständige maschinenlesbare Kopie des Quelltextes zur Verfügung zu stellen – zu nicht höheren Kosten als denen, die durch den physikalischen Kopiervorgang anfallen -, wobei der Quelltext unter den Bedingungen der Paragraphen 1 und 2 auf einem für den Datenaustausch üblichen Medium weitergegeben wird. Oder:

(c) Liefern Sie das Programm zusammen mit dem schriftlichen Angebot der Zurverfügungstellung des Quelltextes aus, das Sie selbst erhalten haben. (Diese Alternative ist nur für nicht kommerzielle Verbreitung zulässig und nur, wenn Sie das Programm als Objectcode oder in ausführbarer Form mit einem entsprechenden Angebot gemäß Absatz b erhalten haben.)

Unter dem Quelltext eines Werks wird diejenige Form des Werks verstanden, die für Bearbeitungen vorzugsweise verwendet wird. Für ein ausführbares Programm bedeutet „der komplette Quelltext": Der Quelltext aller im Programm enthaltenen Module einschließlich aller zugehörigen Modulschnittstellen-Definitionsdateien sowie der zur Compilation und Installation verwendeten Skripts. Als besondere Ausnahme jedoch braucht der verteilte Quelltext nichts von dem zu enthalten, was üblicherweise (entweder als Quelltext oder in binärer Form) zusammen mit den Hauptkomponenten des Betriebssystems (Kernel, Compiler usw.) geliefert wird, unter dem das Programm läuft – es sei denn, diese Komponente selbst gehört zum ausführbaren Programm.

Wenn die Verbreitung eines ausführbaren Programms oder des Objectcodes dadurch erfolgt, dass der Kopierzugriff auf eine dafür vorgesehene Stelle gewährt wird, so gilt die Gewährung eines gleichwertigen Zugriffs auf den Quelltext als Verbreitung des Quelltextes, auch wenn Dritte nicht dazu gezwungen sind, den Quelltext zusammen mit dem Objectcode zu kopieren.

Paragraph 4. Sie dürfen das Programm nicht vervielfältigen, verändern, weiter lizenzieren oder verbreiten, sofern es nicht durch diese Lizenz ausdrücklich gestattet ist. Jeder anderweitige Versuch der Vervielfältigung, Modifizierung, Weiterlizenzierung und Verbreitung ist nichtig und beendet automatisch Ihre Rechte unter dieser Lizenz. Jedoch werden die Lizenzen Dritter, die von Ihnen Kopien oder Rechte unter dieser Lizenz erhalten haben, nicht beendet, solange diese die Lizenz voll anerkennen und befolgen.

Paragraph 5. Sie sind nicht verpflichtet, diese Lizenz anzunehmen, da Sie sie nicht unterzeichnet haben. Jedoch gibt Ihnen nichts anderes die Erlaubnis, das Programm oder von ihm abgeleitete Werke zu verändern oder zu verbreiten. Diese Handlungen sind gesetzlich verboten, wenn Sie diese Lizenz nicht anerkennen. Indem Sie das Programm (oder ein darauf basierendes Werk) verändern oder verbreiten, erklären Sie Ihr Einverständnis mit dieser Lizenz und mit allen ihren Bedingungen bezüglich der Vervielfältigung, Verbreitung und Veränderung des Programms oder eines darauf basierenden Werks.

Paragraph 6. Jedesmal, wenn Sie das Programm (oder ein auf dem Programm basierendes Werk) weitergeben, erhält der Empfänger automatisch vom ursprünglichen Lizenzgeber die Lizenz, das Programm entsprechend den hier festgelegten Bestimmungen zu vervielfältigen, zu verbreiten und zu verändern. Sie dürfen keine weiteren Einschränkungen der Durchsetzung der hierin zugestandenen Rechte des Empfängers vornehmen. Sie sind nicht dafür verantwortlich, die Einhaltung dieser Lizenz durch Dritte durchzusetzen.

Paragraph 7. Sollten Ihnen infolge eines Gerichtsurteils, des Vorwurfs einer Patentverletzung oder aus einem anderen Grunde (nicht auf Patentfragen begrenzt) Bedingungen (durch Gerichtsbeschluss, Vergleich oder anderweitig) auferlegt werden, die den Bedingungen dieser Lizenz widersprechen, so befreien Sie diese Umstände nicht von den Bestimmungen dieser Lizenz. Wenn es Ihnen nicht möglich ist, das Programm unter gleichzeitiger Beachtung der Bedingungen in dieser Lizenz und Ihrer anderweitigen Verpflichtungen zu verbreiten, dann dürfen Sie als Folge das Programm überhaupt nicht verbreiten. Wenn zum Beispiel ein Patent nicht die gebührenfreie Weiterverbreitung des Programms durch diejenigen erlaubt, die das Programm direkt oder indirekt von Ihnen erhalten haben, dann besteht der einzige Weg, sowohl das Patentrecht als auch diese Lizenz zu befolgen, darin, ganz auf die Verbreitung des Programms zu verzichten.

Sollte sich ein Teil dieses Paragraphen als ungültig oder unter bestimmten Umständen nicht durchsetzbar erweisen, so soll dieser Paragraph seinem Sinne nach angewandt werden; im Übrigen soll dieser Paragraph als Ganzes gelten.

Zweck dieses Paragraphen ist nicht, Sie dazu zu bringen, irgendwelche Patente oder andere Eigentumsansprüche zu verletzen oder die Gültigkeit solcher Ansprüche zu bestreiten; dieser Paragraph hat einzig den Zweck, die Integrität des Verbreitungssystems der freien Software zu schützen, das durch die Praxis öffentlicher Lizenzen verwirklicht wird. Viele Leute haben großzügige Beiträge zu dem großen Angebot der mit diesem System verbreiteten Software im Vertrauen auf die konsistente Anwendung dieses Systems geleistet; es liegt am Autor/Geber, zu entscheiden, ob er die Software mittels irgendeines anderen Systems verbreiten will; ein Lizenznehmer hat auf diese Entscheidung keinen Einfluß.

Dieser Paragraph ist dazu gedacht, deutlich klarzustellen, was als Konsequenz aus dem Rest dieser Lizenz betrachtet wird.

Paragraph 8. Wenn die Verbreitung und/oder die Benutzung des Programms in bestimmten Staaten entweder durch Patente oder durch urheberrechtlich geschützte Schnittstellen eingeschränkt ist, kann der Urheberrechtsinhaber, der das Programm unter diese Lizenz gestellt hat, eine explizite geografische Begrenzung der Verbreitung angeben, in der diese Staaten ausgeschlossen werden, so dass die Verbreitung nur innerhalb und zwischen den Staaten erlaubt ist, die nicht ausgeschlossen sind. In einem solchen Fall beinhaltet diese Lizenz die Beschränkung, als wäre sie in diesem Text niedergeschrieben.

Paragraph 9. Die *Free Software Foundation* kann von Zeit zu Zeit überarbeitete und/oder neue Versionen der *General Public License* veröffentlichen. Solche neuen Versionen werden vom Grundprinzip her der gegenwärtigen entsprechen, können aber im Detail abweichen, um neuen Problemen und Anforderungen gerecht zu werden.

Jede Version dieser Lizenz hat eine eindeutige Versionsnummer. Wenn in einem Programm angegeben wird, dass es dieser Lizenz in einer bestimmten Versionsnummer oder „jeder späteren Version“ *(„any later version“)* unterliegt, so haben Sie die Wahl, entweder den Bestimmungen der genannten Version zu folgen oder denen jeder beliebigen späteren Version, die von der *Free Software Foundation* veröffentlicht wurde. Wenn das Programm keine

Versionsnummer angibt, können Sie eine beliebige Version wählen, die je von der *Free Software Foundation* veröffentlicht wurde.

Paragraph 10. Wenn Sie den Wunsch haben, Teile des Programms in anderen freien Programmen zu verwenden, deren Bedingungen für die Verbreitung anders sind, schreiben Sie an den Autor, um ihn um die Erlaubnis zu bitten. Für Software, die unter dem Copyright der *Free Software Foundation* steht, schreiben Sie an die *Free Software Foundation*; wir machen zu diesem Zweck gelegentlich Ausnahmen. Unsere Entscheidung wird von den beiden Zielen geleitet werden, zum einen den freien Status aller von unserer freien Software abgeleiteten Werke zu erhalten und zum anderen das gemeinschaftliche Nutzen und Wiederverwenden von Software im Allgemeinen zu fördern.

Keine Gewährleistung

Paragraph 11. Da das Programm ohne jegliche Kosten lizenziert wird, besteht keinerlei Gewährleistung für das Programm, soweit dies gesetzlich zulässig ist. Sofern nicht anderweitig schriftlich bestätigt, stellen die Copyright-Inhaber und/oder Dritte das Programm so zur Verfügung, „wie es ist", ohne irgendeine Gewährleistung, weder ausdrücklich noch implizit, einschließlich – aber nicht begrenzt auf – Marktreife oder Verwendbarkeit für einen bestimmten Zweck. Das volle Risiko bezüglich Qualität und Leistungsfähigkeit des Programms liegt bei Ihnen. Sollte sich das Programm als fehlerhaft herausstellen, liegen die Kosten für notwendigen Service, Reparatur oder Korrektur bei Ihnen.

Paragraph 12. In keinem Fall, außer wenn durch geltendes Recht gefordert oder schriftlich zugesichert, ist irgendein Copyright-Inhaber oder irgendein Dritter, der das Programm wie oben erlaubt modifiziert oder verbreitet hat, Ihnen gegenüber für irgendwelche Schäden haftbar, einschließlich jeglicher allgemeiner oder spezieller Schäden, Schäden durch Seiteneffekte (Nebenwirkungen) oder Folgeschäden, die aus der Benutzung des Programms oder der Unbenutzbarkeit des Programms folgen (einschließlich – aber nicht beschränkt auf - Datenverluste, fehlerhafte Verarbeitung von Daten, Verluste, die von Ihnen oder anderen getragen werden müssen, oder dem Unvermögen des Programms, mit irgendeinem anderen Programm zusammenzuarbeiten), selbst wenn ein Copyright-Inhaber oder Dritter über die Möglichkeit solcher Schäden unterrichtet worden war.

Ende der Bedingungen

Anhang: Wie Sie diese Bedingungen auf Ihre neuen Programme anwendbar machen

Wenn Sie ein neues Programm entwickeln und wollen, dass es von größtmöglichem Nutzen für die Allgemeinheit ist, dann erreichen Sie das am besten, indem Sie es zu freier Software machen, die jeder unter diesen Bestimmungen weiterverbreiten und verändern kann.

Um dies zu erreichen, fügen Sie die folgenden Anmerkungen zu Ihrem Programm hinzu. Am sichersten ist es, sie an den Anfang einer jeden Quelldatei zu stellen, um den Gewährleistungsausschluss möglichst deutlich darzustellen; außerdem sollte jede Datei mindestens eine „Copyright"-Zeile besitzen sowie einen kurzen Hinweis darauf, wo die vollständige Lizenz gefunden werden kann.

[eine Zeile mit dem Programmnamen und einer kurzen Beschreibung]
Copyright (C) 20*[yy]* *[Name des Autors]*

This program is free software; you can redistribute it and/or modify it under the terms of the GNU General Public License as published by the Free Software Foundation; either version 2 of the License, or (at your option) any later version. This program is distributed in the hope that it will be useful, but WITHOUT ANY WARRANTY; without even the implied warranty of MERCHANTABILITY or FITNESS FOR A PARTICULAR PURPOSE. See the GNU General Public License for more details. You should have received a copy of the GNU General Public License along with this program; if not, write to the Free Software Foundation, Inc., 675 Mass Ave, Cambridge, MA 02139, USA.

Auf Deutsch:

[eine Zeile mit dem Programmnamen und einer kurzen Beschreibung]
Copyright (C) 20*[jj]* *[Name des Autors]*

Dieses Programm ist freie Software. Sie können es unter den Bedingungen der GNU General Public License, wie von der Free Software Foundation herausgegeben, weitergeben und/oder modifizieren, entweder unter Version 2 der Lizenz oder (wenn Sie es wünschen) jeder späteren Version. Die Veröffentlichung dieses Programms erfolgt in der Hoffnung, dass es Ihnen von Nutzen sein wird, aber OHNE JEDE GEWÄHRLEISTUNG – sogar ohne die implizite Gewährleistung der MARKTREIFE oder der EIGNUNG FÜR EINEN BESTIMMTEN ZWECK. Details finden Sie in der GNU General Public License. Sie sollten eine Kopie der GNU General Public License zusammen mit diesem Programm erhalten haben. Falls nicht, schreiben Sie an die Free Software Foundation, Inc., 675 Mass Ave, Cambridge, MA 02139, USA.

Fügen Sie auch einen kurzen Hinweis hinzu, wie Sie elektronisch und per Brief erreichbar sind.

Wenn Ihr Programm interaktiv ist, sorgen Sie dafür, dass es nach dem Start einen kurzen Vermerk ausgibt:

Gnomovision version 69, Copyright (C) 20*[yy]* *[Name des Autors]* Gnomovision comes with ABSOLUTELY NO WARRANTY; for details type 'show w'.

This is free software, and you are welcome to redistribute it under certain conditions; type 'show c' for details.

Auf Deutsch:

Gnomovision Version 69, Copyright (C) 20*[jj]* *[Name des Autors]* Für Gnomovision besteht KEINERLEI GARANTIE; geben Sie 'show w' für Details ein. Gnomovision ist freie Software, die Sie unter bestimmten Bedingungen weitergeben dürfen; geben Sie 'show c' für Details ein.

Die hypothetischen Kommandos 'show w' und 'show c' sollten die entsprechenden Teile der GNU-GPL anzeigen. Natürlich können die von Ihnen verwendeten Kommandos anders heißen als 'show w' und 'show c'; es könnten auch Mausklicks oder Menüpunkte sein – was immer am besten in Ihr Programm passt.

Soweit vorhanden, sollten Sie auch Ihren Arbeitgeber (wenn Sie als Programmierer arbeiten) oder Ihre Schule einen Copyright-Verzicht für das Programm unterschreiben lassen. Hier ein Beispiel; ändern Sie bitte die Namen:

Yoyodyne, Inc., hereby disclaims all copyright interest in the program „Gnomovision" (which makes passes at compilers) written by James Hacker.

[Unterschrift von Ty Coon], 1 April 1989 Ty Coon, President of Vice

Auf Deutsch:

Die Yoyodyne GmbH erhebt keinerlei urheberrechtlichen Anspruch auf das Programm „Gnomovision" (einem Schrittmacher für Compiler), geschrieben von James Hacker.

[Unterschrift von Ty Coon], 1. April 1989 Ty Coon, Vizepräsident

Diese *General Public License* gestattet nicht die Einbindung des Programms in proprietäre Programme. Ist Ihr Programm eine Funktionsbibliothek, so kann es sinnvoller sein, das Linken proprietärer Programme mit dieser Bibliothek zu gestatten. Wenn Sie dies tun wollen, sollten Sie die GNU Lesser General Public License anstelle dieser Lizenz verwenden.

15.7 Die LGPL (Lesser GPL)

Im Folgenden finden Sie den vollständigen Abdruck der **L**esser **G**eneral **P**ublic **L**icense (kurz: LGPL, früher: Library GPL), unter der verschiedene Linux-Bibliotheken erhältlich sind. Da es keine allgemein anerkannte deutsche Übersetzung gibt, drucken wir sie in der Originalsprache Englisch ab.

GNU Lesser General Public License

[This is the first released version of the Lesser GPL. It also counts as the successor of the GNU Library Public License, version 2, hence the version number 2.1.]

Preamble

The licenses for most software are designed to take away your freedom to share and change it. By contrast, the GNU General Public Licenses are intended to guarantee your freedom to share and change free software–to make sure the software is free for all its users.

This license, the Lesser General Public License, applies to some specially designated software packages–typically libraries–of the Free Software Foundation and other authors who decide to use it. You can use it too, but we suggest you first think carefully about whether this license or the ordinary General Public License is the better strategy to use in any particular case, based on the explanations below.

When we speak of free software, we are referring to freedom of use, not price. Our General Public Licenses are designed to make sure that you have the freedom to distribute copies of free software (and charge for this service if you wish); that you receive source code or can get it if you want it; that you can change the software and use pieces of it in new free programs; and that you are informed that you can do these things.

To protect your rights, we need to make restrictions that forbid distributors to deny you these rights or to ask you to surrender these rights. These restrictions translate to certain responsibilities for you if you distribute copies of the library or if you modify it.

For example, if you distribute copies of the library, whether gratis or for a fee, you must give the recipients all the rights that we gave you. You must make sure that they, too, receive or can get the source code. If you link other code with the library, you must provide complete object files to the recipients, so that they can relink them with the library after making changes to the library and recompiling it. And you must show them these terms so they know their rights.

We protect your rights with a two-step method: (1) we copyright the library, and (2) we offer you this license, which gives you legal permission to copy, distribute and/or modify the library.

To protect each distributor, we want to make it very clear that there is no warranty for the free library. Also, if the library is modified by someone else and passed on, the recipients should know that what they have is not the original version, so that the original author's reputation will not be affected by problems that might be introduced by others.

Finally, software patents pose a constant threat to the existence of any free program. We wish to make sure that a company cannot effectively restrict the users of a free program by obtaining a restrictive license from a patent holder. Therefore, we insist that any patent license obtained for a version of the library must be consistent with the full freedom of use specified in this license.

Most GNU software, including some libraries, is covered by the ordinary GNU General Public License. This license, the GNU Lesser General Public License, applies to certain designated libraries, and is quite different from the ordinary General Public License. We use this license for certain libraries in order to permit linking those libraries into non-free programs.

When a program is linked with a library, whether statically or using a shared library, the combination of the two is legally speaking a combined work, a derivative of the original library. The ordinary General Public License therefore permits such linking only if the entire combination fits its criteria of freedom. The Lesser General Public License permits more lax criteria for linking other code with the library.

We call this license the "Lesser" General Public License because it does Less to protect the user's freedom than the ordinary General Public License. It also provides other free software developers Less of an advantage over competing non-free programs. These disadvantages are the reason we use the ordinary General Public License for many libraries. However, the Lesser license provides advantages in certain special circumstances.

For example, on rare occasions, there may be a special need to encourage the widest possible use of a certain library, so that it becomes a de-facto standard. To achieve this, non-free programs must be allowed to use the library. A more frequent case is that a free library does the same job as widely used non-free libraries. In this case, there is little to gain by limiting the free library to free software only, so we use the Lesser General Public License.

In other cases, permission to use a particular library in non-free programs enables a greater number of people to use a large body of free software. For example, permission to use the GNU C Library in non-free programs enables many more people to use the whole GNU operating system, as well as its variant, the GNU/Linux operating system.

Although the Lesser General Public License is Less protective of the users' freedom, it does ensure that the user of a program that is linked with the

Library has the freedom and the wherewithal to run that program using a modified version of the Library.

The precise terms and conditions for copying, distribution and modification follow. Pay close attention to the difference between a "work based on the library" and a "work that uses the library". The former contains code derived from the library, whereas the latter must be combined with the library in order to run.

GNU LESSER GENERAL PUBLIC LICENSE TERMS AND CONDITIONS FOR COPYING, DISTRIBUTION AND MODIFICATION

0 This License Agreement applies to any software library or other program which contains a notice placed by the copyright holder or other authorized party saying it may be distributed under the terms of this Lesser General Public License (also called "this License"). Each licensee is addressed as "you".

A "library" means a collection of software functions and/or data prepared so as to be conveniently linked with application programs (which use some of those functions and data) to form executables.

The "Library", below, refers to any such software library or work which has been distributed under these terms. A "work based on the Library" means either the Library or any derivative work under copyright law: that is to say, a work containing the Library or a portion of it, either verbatim or with modifications and/or translated straightforwardly into another language. (Hereinafter, translation is included without limitation in the term "modification".)

"Source code" for a work means the preferred form of the work for making modifications to it. For a library, complete source code means all the source code for all modules it contains, plus any associated interface definition files, plus the scripts used to control compilation and installation of the library.

Activities other than copying, distribution and modification are not covered by this License; they are outside its scope. The act of running a program using the Library is not restricted, and output from such a program is covered only if its contents constitute a work based on the Library (independent of the use of the Library in a tool for writing it). Whether that is true depends on what the Library does and what the program that uses the Library does.

1 You may copy and distribute verbatim copies of the Library's complete source code as you receive it, in any medium, provided that you conspicuously and appropriately publish on each copy an appropriate copyright notice and disclaimer of warranty; keep intact all the notices that refer to

this License and to the absence of any warranty; and distribute a copy of this License along with the Library.

You may charge a fee for the physical act of transferring a copy, and you may at your option offer warranty protection in exchange for a fee.

2 You may modify your copy or copies of the Library or any portion of it, thus forming a work based on the Library, and copy and distribute such modifications or work under the terms of Section 1 above, provided that you also meet all of these conditions:

(a) The modified work must itself be a software library.

(b) You must cause the files modified to carry prominent notices stating that you changed the files and the date of any change.

(c) You must cause the whole of the work to be licensed at no charge to all third parties under the terms of this License.

(d) If a facility in the modified Library refers to a function or a table of data to be supplied by an application program that uses the facility, other than as an argument passed when the facility is invoked, then you must make a good faith effort to ensure that, in the event an application does not supply such function or table, the facility still operates, and performs whatever part of its purpose remains meaningful.

(For example, a function in a library to compute square roots has a purpose that is entirely well-defined independent of the application. Therefore, Subsection 2d requires that any application-supplied function or table used by this function must be optional: if the application does not supply it, the square root function must still compute square roots.)

These requirements apply to the modified work as a whole. If identifiable sections of that work are not derived from the Library, and can be reasonably considered independent and separate works in themselves, then this License, and its terms, do not apply to those sections when you distribute them as separate works. But when you distribute the same sections as part of a whole which is a work based on the Library, the distribution of the whole must be on the terms of this License, whose permissions for other licensees extend to the entire whole, and thus to each and every part regardless of who wrote it.

Thus, it is not the intent of this section to claim rights or contest your rights to work written entirely by you; rather, the intent is to exercise the right to control the distribution of derivative or collective works based on the Library.

In addition, mere aggregation of another work not based on the Library with the Library (or with a work based on the Library) on a volume of a storage or distribution medium does not bring the other work under the scope of this License.

3 You may opt to apply the terms of the ordinary GNU General Public License instead of this License to a given copy of the Library. To do this, you must alter all the notices that refer to this License, so that they refer to the ordinary GNU General Public License, version 2, instead of to this License. (If a newer version than version 2 of the ordinary GNU General Public License has appeared, then you can specify that version instead if you wish.) Do not make any other change in these notices.

Once this change is made in a given copy, it is irreversible for that copy, so the ordinary GNU General Public License applies to all subsequent copies and derivative works made from that copy.

This option is useful when you wish to copy part of the code of the Library into a program that is not a library.

4 You may copy and distribute the Library (or a portion or derivative of it, under Section 2) in object code or executable form under the terms of Sections 1 and 2 above provided that you accompany it with the complete corresponding machine-readable source code, which must be distributed under the terms of Sections 1 and 2 above on a medium customarily used for software interchange.

If distribution of object code is made by offering access to copy from a designated place, then offering equivalent access to copy the source code from the same place satisfies the requirement to distribute the source code, even though third parties are not compelled to copy the source along with the object code.

5 A program that contains no derivative of any portion of the Library, but is designed to work with the Library by being compiled or linked with it, is called a "work that uses the Library". Such a work, in isolation, is not a derivative work of the Library, and therefore falls outside the scope of this License.

However, linking a "work that uses the Library" with the Library creates an executable that is a derivative of the Library (because it contains portions of the Library), rather than a "work that uses the library". The executable is therefore covered by this License. Section 6 states terms for distribution of such executables.

When a "work that uses the Library" uses material from a header file that is part of the Library, the object code for the work may be a derivative work of the Library even though the source code is not. Whether this is true is especially significant if the work can be linked without the Library, or if the work is itself a library. The threshold for this to be true is not precisely defined by law.

If such an object file uses only numerical parameters, data structure layouts and accessors, and small macros and small inline functions (ten lines or less in length), then the use of the object file is unrestricted, regardless of whether it is legally a derivative work. (Executables containing this object code plus portions of the Library will still fall under Section 6.)

Otherwise, if the work is a derivative of the Library, you may distribute the object code for the work under the terms of Section 6. Any executables containing that work also fall under Section 6, whether or not they are linked directly with the Library itself.

6 As an exception to the Sections above, you may also combine or link a "work that uses the Library" with the Library to produce a work containing portions of the Library, and distribute that work under terms of your choice, provided that the terms permit modification of the work for the customer's own use and reverse engineering for debugging such modifications.

You must give prominent notice with each copy of the work that the Library is used in it and that the Library and its use are covered by this License. You must supply a copy of this License. If the work during execution displays copyright notices, you must include the copyright notice for the Library among them, as well as a reference directing the user to the copy of this License. Also, you must do one of these things:

(a) Accompany the work with the complete corresponding machine-readable source code for the Library including whatever changes were used in the work (which must be distributed under Sections 1 and 2 above); and, if the work is an executable linked with the Library, with the complete machine-readable "work that uses the Library", as object code and/or source code, so that the user can modify the Library and then relink to produce a modified executable containing the modified Library. (It is understood that the user who changes the contents of definitions files in the Library will not necessarily be able to recompile the application to use the modified definitions.)

(b) Use a suitable shared library mechanism for linking with the Library. A suitable mechanism is one that (1) uses at run time a copy of the library already present on the user's computer system, rather than copying library functions into the executable, and (2) will operate properly with a modified version of the library, if the user installs one, as long as the modified version is interface-compatible with the version that the work was made with.

(c) Accompany the work with a written offer, valid for at least three years, to give the same user the materials specified in Subsection 6a, above, for a charge no more than the cost of performing this distribution.

(d) If distribution of the work is made by offering access to copy from a designated place, offer equivalent access to copy the above specified materials from the same place.

(e) Verify that the user has already received a copy of these materials or that you have already sent this user a copy.

For an executable, the required form of the "work that uses the Library" must include any data and utility programs needed for reproducing the executable from it. However, as a special exception, the materials to be distributed need not include anything that is normally distributed (in either source or binary form) with the major components (compiler, kernel, and so on) of the operating system on which the executable runs, unless that component itself accompanies the executable.

It may happen that this requirement contradicts the license restrictions of other proprietary libraries that do not normally accompany the operating system. Such a contradiction means you cannot use both them and the Library together in an executable that you distribute.

7 You may place library facilities that are a work based on the Library side-by-side in a single library together with other library facilities not covered by this License, and distribute such a combined library, provided that the separate distribution of the work based on the Library and of the other library facilities is otherwise permitted, and provided that you do these two things:

(a) Accompany the combined library with a copy of the same work based on the Library, uncombined with any other library facilities. This must be distributed under the terms of the Sections above.

(b) Give prominent notice with the combined library of the fact that part of it is a work based on the Library, and explaining where to find the accompanying uncombined form of the same work.

8 You may not copy, modify, sublicense, link with, or distribute the Library except as expressly provided under this License. Any attempt otherwise to copy, modify, sublicense, link with, or distribute the Library is void, and will automatically terminate your rights under this License. However, parties who have received copies, or rights, from you under this License will not have their licenses terminated so long as such parties remain in full compliance.

9 You are not required to accept this License, since you have not signed it. However, nothing else grants you permission to modify or distribute the Library or its derivative works. These actions are prohibited by law if you do not accept this License. Therefore, by modifying or distributing the Library (or any work based on the Library), you indicate your acceptance of this License to do so, and all its terms and conditions for copying, distributing or modifying the Library or works based on it.

10 Each time you redistribute the Library (or any work based on the Library), the recipient automatically receives a license from the original licensor to copy, distribute, link with or modify the Library subject to these terms and conditions. You may not impose any further restric-

tions on the recipients' exercise of the rights granted herein. You are not responsible for enforcing compliance by third parties with this License.

11 If, as a consequence of a court judgment or allegation of patent infringement or for any other reason (not limited to patent issues), conditions are imposed on you (whether by court order, agreement or otherwise) that contradict the conditions of this License, they do not excuse you from the conditions of this License. If you cannot distribute so as to satisfy simultaneously your obligations under this License and any other pertinent obligations, then as a consequence you may not distribute the Library at all. For example, if a patent license would not permit royalty-free redistribution of the Library by all those who receive copies directly or indirectly through you, then the only way you could satisfy both it and this License would be to refrain entirely from distribution of the Library.

If any portion of this section is held invalid or unenforceable under any particular circumstance, the balance of the section is intended to apply, and the section as a whole is intended to apply in other circumstances.

It is not the purpose of this section to induce you to infringe any patents or other property right claims or to contest validity of any such claims; this section has the sole purpose of protecting the integrity of the free software distribution system which is implemented by public license practices. Many people have made generous contributions to the wide range of software distributed through that system in reliance on consistent application of that system; it is up to the author/donor to decide if he or she is willing to distribute software through any other system and a licensee cannot impose that choice.

This section is intended to make thoroughly clear what is believed to be a consequence of the rest of this License.

12 If the distribution and/or use of the Library is restricted in certain countries either by patents or by copyrighted interfaces, the original copyright holder who places the Library under this License may add an explicit geographical distribution limitation excluding those countries, so that distribution is permitted only in or among countries not thus excluded. In such case, this License incorporates the limitation as if written in the body of this License.

13 The Free Software Foundation may publish revised and/or new versions of the Lesser General Public License from time to time. Such new versions will be similar in spirit to the present version, but may differ in detail to address new problems or concerns.

Each version is given a distinguishing version number. If the Library specifies a version number of this License which applies to it and "any later version", you have the option of following the terms and conditions either of that version or of any later version published by the Free Software Foundation. If the Library does not specify a license version number, you may choose any version ever published by the Free Software Foundation.

14 If you wish to incorporate parts of the Library into other free programs whose distribution conditions are incompatible with these, write to the author to ask for permission. For software which is copyrighted by the Free Software Foundation, write to the Free Software Foundation; we sometimes make exceptions for this. Our decision will be guided by the two goals of preserving the free status of all derivatives of our free software and of promoting the sharing and reuse of software generally.

NO WARRANTY

15 BECAUSE THE LIBRARY IS LICENSED FREE OF CHARGE, THERE IS NO WARRANTY FOR THE LIBRARY, TO THE EXTENT PERMITTED BY APPLICABLE LAW. EXCEPT WHEN OTHERWISE STATED IN WRITING THE COPYRIGHT HOLDERS AND/OR OTHER PARTIES PROVIDE THE LIBRARY "AS IS" WITHOUT WARRANTY OF ANY KIND, EITHER EXPRESSED OR IMPLIED, INCLUDING, BUT NOT LIMITED TO, THE IMPLIED WARRANTIES OF MERCHANTABILITY AND FITNESS FOR A PARTICULAR PURPOSE. THE ENTIRE RISK AS TO THE QUALITY AND PERFORMANCE OF THE LIBRARY IS WITH YOU. SHOULD THE LIBRARY PROVE DEFECTIVE, YOU ASSUME THE COST OF ALL NECESSARY SERVICING, REPAIR OR CORRECTION.

16 IN NO EVENT UNLESS REQUIRED BY APPLICABLE LAW OR AGREED TO IN WRITING WILL ANY COPYRIGHT HOLDER, OR ANY OTHER PARTY WHO MAY MODIFY AND/OR REDISTRIBUTE THE LIBRARY AS PERMITTED ABOVE, BE LIABLE TO YOU FOR DAMAGES, INCLUDING ANY GENERAL, SPECIAL, INCIDENTAL OR CONSEQUENTIAL DAMAGES ARISING OUT OF THE USE OR INABILITY TO USE THE LIBRARY (INCLUDING BUT NOT LIMITED TO LOSS OF DATA OR DATA BEING RENDERED INACCURATE OR LOSSES SUSTAINED BY YOU OR THIRD PARTIES OR A FAILURE OF THE LIBRARY TO OPERATE WITH ANY OTHER SOFTWARE), EVEN IF SUCH HOLDER OR OTHER PARTY HAS BEEN ADVISED OF THE POSSIBILITY OF SUCH DAMAGES.

END OF TERMS AND CONDITIONS

How to Apply These Terms to Your New Libraries

If you develop a new library, and you want it to be of the greatest possible use to the public, we recommend making it free software that everyone can redistribute and change. You can do so by permitting redistribution under these terms (or, alternatively, under the terms of the ordinary General Public License).

To apply these terms, attach the following notices to the library. It is safest to attach them to the start of each source file to most effectively convey the exclusion of warranty; and each file should have at least the "copyright" line and a pointer to where the full notice is found.

one line to give the library's name and a brief idea of what it does.

Copyright © *year name of author*

This library is free software; you can redistribute it and/or modify it under the terms of the GNU Lesser General Public License as published by the Free Software Foundation; either version 2 of the License, or (at your option) any later version.

This library is distributed in the hope that it will be useful, but WITHOUT ANY WARRANTY; without even the implied warranty of MERCHANTABILITY or FITNESS FOR A PARTICULAR PURPOSE. See the GNU Lesser General Public License for more details.

You should have received a copy of the GNU Lesser General Public License along with this library; if not, write to the Free Software Foundation, Inc., 59 Temple Place, Suite 330, Boston, MA 02111-1307 USA.

Also add information on how to contact you by electronic and paper mail.

You should also get your employer (if you work as a programmer) or your school, if any, to sign a "copyright disclaimer" for the library, if necessary. Here is a sample; alter the names:

Yoyodyne, Inc., hereby disclaims all copyright interest in the library `Frob' (a library for tweaking knobs) written by James Random Hacker.

***signature of Ty Coon*, 1 April 1990**
Ty Coon, President of Vice

That's all there is to it!

A

B

C

D

H

I

J

K

L

M

N

Q

R

S

T

U

V

W

X

Y

Z